Interventionen bei Lernstörungen

Interventionen bei Lernstörungen

Förderung, Training und Therapie in der Praxis

herausgegeben von
Gerhard W. Lauth, Matthias Grünke
und Joachim C. Brunstein

2., überarbeitete und erweiterte Auflage

HOGREFE

GÖTTINGEN · BERN · WIEN · PARIS · OXFORD · PRAG
TORONTO · BOSTON · AMSTERDAM · KOPENHAGEN
STOCKHOLM · FLORENZ · HELSINKI

Prof. Dr. Gerhard W. Lauth, geb. 1947. 1968–1974 Studium der Psychologie in Mainz. 1979 Dissertation. 1983 Habilitation. 1975–1992 Wissenschaftlicher Mitarbeiter an der Erziehungswissenschaftlichen Hochschule Rheinland-Pfalz und an der Universität Oldenburg. 1992–1997 Professor für Entwicklungsförderung und Rehabilitation an der Universität Dortmund. Seit 1997 Professor für Psychologie und Psychotherapie an der Universität zu Köln. Arbeitsschwerpunkte: Psychotherapie bei Verhaltens- und Entwicklungsstörungen, Verhaltenstherapie, Klinische Entwicklungspsychologie.

Prof. Dr. Matthias Grünke, geb. 1969. 1992–1998 Studium der Psychologie an der Universität Erlangen-Nürnberg. 1999 Promotion. 2003 Habilitation. 1998–2004 Wissenschaftlicher Mitarbeiter und Assistent an der Universität Köln. Zwischen 2003 und 2005 Vertretungsprofessuren an verschiedenen Hochschulen. 2005–2007 Professor für Pädagogik und Didaktik im Förderschwerpunkt Lernen an der Universität Oldenburg. Seit 2007 Professor für Konzeption und Evaluation schulischer Förderung im Schwerpunkt Lernen am Department für Heilpädagogik und Rehabilitation der Universität Köln. Forschungsschwerpunkte: Effektivität von Unterrichtsmethoden, Vermittlung von Lernstrategien, sonderpädagogische Forschungsmethoden.

Prof. Dr. Joachim C. Brunstein, geb. 1957. 1976–1983 Studium der Psychologie in Gießen. 1986 Promotion. 1993 Habilitation. 1998–2004 Professor für Pädagogische Psychologie an der Universität Potsdam. Seit 2004 Professor für Pädagogische Psychologie an der Universität Gießen. Forschungsschwerpunkte: Interventionsforschung, Selbstreguliertes Lernen beim Lesen und Schreiben, Leitungs- und Machtmotivation.

Bibliografische Information der Deutschen Bibliothek
Die Deutsche Bibliothek verzeichnet diese Publikation in der Deutschen Nationalbibliografie; detaillierte bibliografische Daten sind im Internet über http://dnb.dnb.de abrufbar.

Göttingen • Bern • Wien • Paris • Oxford • Prag • Toronto • Boston
Amsterdam • Kopenhagen • Stockholm • Florenz • Helsinki
Merkelstraße 3, 37085 Göttingen

http://www.hogrefe.de
Aktuelle Informationen • Weitere Titel zum Thema • Ergänzende Materialien

Satz: ARThür Grafik-Design & Kunst, Weimar
Fotografien: Thomas Jobs, Jobs Photography, Bonn
Druck: Media-Print Informationstechnologie, Paderborn
Printed in Germany
Auf säurefreiem Papier gedruckt

ISBN 978-3-8017-2486-3

Inhaltsverzeichnis

Vorwort zur zweiten, überarbeiteten und erweiterten Auflage

Seit der ersten Auflage dieses Bandes hat sich mit Blick auf die Behandlung von Lernstörungen einiges zum Positiven verändert. Die empirische Befundlage ist beachtlich angewachsen. Wir wissen heute deutlich mehr als noch vor zehn Jahren darüber, welche Ansätze bei welchen Kindern und Jugendlichen besonders gut anschlagen, mit welchen Methoden welche Ziele erreichbar sind, welche Arten von Rückmeldungen in welcher Weise motivierend wirken, wie sich Fortschritte sinnvoll erfassen lassen und welche Rolle die Person des Lehrers, Therapeuten oder Trainers bzw. der Lehrerin, Therapeutin oder Trainerin in der Intervention spielt. Dazu liegen umfassende Metaanalysen vor, die zu einem recht übereinstimmenden Ergebnis kommen: Fördermethoden sind hauptsächlich dann erfolgreich, wenn neue Wissensinhalte und strukturierende Lernfähigkeiten schrittweise eingeübt und Rückmeldungen zum Lernfortschritt gegeben werden. Eine tragfähige therapeutische oder pädagogische Beziehung ist zwar hilfreich, reicht für sich allein aber nicht aus.

Unstrittig ist auch, dass gravierende Lernschwierigkeiten mit Problemen in der Informationsverarbeitung, mit einer unzureichenden metakognitiven Handlungssteuerung und mit einem Mangel an geeigneten Lernstrategien einhergehen. Grundlegende Fertigkeiten fehlen oder werden nicht mit ausreichender Routine beherrscht, das Vorwissen ist lückenhaft und es wird zu wenig Zeit für das Lernen aufgewandt. Die Verbindung zu den Umgebungsbedingungen in Elternhaus und Schule wird durchaus gesehen, aber weit weniger als früher ideologisch diskutiert. Vielmehr herrscht eine relativ sachliche und pragmatische Sichtweise vor, die sich auf eine solide Diagnostik und eine rasche Linderung der jeweiligen Lernstörung konzentriert.

Doch trotz eines besser fundierten und breiteren Wissens über die Behandlung von Lernstörungen ist die Anzahl der betroffenen Kinder und Jugendlichen nach wie vor zu hoch. Bedauerlicherweise werden Lernstörungen noch immer allzu oft als eine Art „Betriebsunfall“ angesehen, der mehr oder weniger schicksalhaft hingenommen und eher verwaltet als kuriert wird. Viel zu selten kommt es vor, dass evidenzbasierte Unterrichtskonzepte, Übungsprogramme oder Lerntherapien systematisch und gezielt angewendet werden. Trotz aller guten Absichten, Lernstörungen frühzeitig zu begegnen, herrscht das Prinzip „wait to fail“ vor. Häufig werden lerngestörte Schülerinnen und Schüler einfach als „begriffsstutzig“ betrachtet. Selten wird mehr getan, als sie wiederholt zu belehren. Man erklärt ihnen zum wiederholten Male die Regeln der Rechtschreibung oder der Bruchrechnung, ohne dass sie diese jedoch verstehen. Die Konsequenzen sind gravierend: Viel zu viele junge Menschen verlassen die Schule ohne formalen Abschluss und mit unzureichenden Fähigkeiten, um ihr privates und berufliches Leben meistern und erfüllend ausgestalten zu können.

Durch die fortschreitende schulische Inklusion aller Kinder und Jugendlichen hat das Thema „Lernstörungen“ in der allgemeinen und fachlichen Öffentlichkeit in den letzten Jahren enorm an Aufmerksamkeit gewonnen. Man kann sich dieser Problematik einfach nicht mehr entziehen. Vielmehr werden Leistungsprobleme in den Schulen mehr und mehr allgegenwärtig. Lernstörungen sind dadurch mehr denn je zu einer gesamtgesellschaftlichen Herausforderung geworden. Es gibt ein gewisses Einverständnis darüber, dass man sie früh erkennen und mit konstruktiven Mitteln behandeln sollte. Die irrige Einstellung, dass sich die Schwierigkeiten im Laufe der Zeit von allein auswachsen und man den Betroffenen nur die nötige Zeit zugestehen müsse, um ihre Rückstände selbst aufzuholen, findet sich nur noch selten.

Was jetzt noch fehlt, sind geeignete Methoden. Es wird immer wieder darauf hingewiesen, dass Lernstörungen nicht bloß per „Nachhilfe“ oder durch ermutigenden Zuspruch zu kurieren sind, sondern spezielle Verfahren benötigt werden. Deshalb muss man auf evidenzbasierte Förderansätze zurückgreifen und sie konsequent zum Einsatz bringen. Diese Methoden stehen im Mittelpunkt des vorliegenden Buches. Um ihren Einsatz in der Praxis zu erleichtern, werden sie möglichst anschaulich und nachvollziehbar beschrieben.

Für die überarbeitete und erweiterte Neuauflage dieses Buches wurden die Kapitel der Erstauflage auf den neuesten Stand gebracht. Die meisten Texte erfuhren eine grundlegende Überarbeitung. Andere wurden gänzlich neu geschrieben. Zu bestimmten Themen bot es sich an, zusätzliche Kapitel in den Band aufzunehmen. Im Bereich der Förderung des rechnerischen Denkens wurden beispielsweise große Fortschritte gemacht, was in drei Kapiteln über Vorläuferfertigkeiten, Basisfertigkeiten und elaborierte Fertigkeiten des Rechnens berücksichtigt wird. Neu sind auch die Beiträge zur Frühförderung und zum Konzept „Response-to-Intervention“, sodass der Gedanke der Prävention in der Neuauflage ein stärkeres Gewicht erhält.

Im Bereich der Vermittlungstechniken haben wir ein eigenes Kapitel über Verfahren der direkten Instruktion aufgenommen, weil sich die explizite Unterweisung als eines der erfolgreichsten Mittel zur Behandlung von Lernstörungen erwiesen hat. Ein Überblick zum Nutzen von Interventionen, einschließlich der dazu aktuell verfügbaren Metaanalysen, findet sich in einem gleichfalls neuen Kapitel über Wirkfaktoren des Lernens.

In der Neuauflage finden sich auch Aussagen, wie man Lernstörungen in gestufter Weise zunächst im Klassenunterricht, dann in Kleingruppen und schließlich – wenn die vorausgehenden Mittel nicht gefruchtet haben – in spezielleren Kursen begegnen kann. Dadurch bietet das Werk Hilfestellungen im Hinblick darauf, wie die verschiedenen Konzepte in allen gängigen Settings einsetzbar sind.

In der Neuauflage unseres Buches präsentieren wir Aufsätze, in denen renommierte Kolleginnen und Kollegen Interventionsmethoden darstellen, deren Wirksamkeit belegt ist und die sich zugleich auch in der Praxis bewährt haben. Wir hegen die Hoffnung, dass wir mit diesem Band einen Betrag dazu leisten können, dass sich diese Ansätze weiter verbreiten werden.

Unser Dank gilt der Redaktion des Hogrefe Verlags – und hier besonders Frau Kathrin Rothauge – für die freundliche, geduldige und ermutigende Begleitung unseres Publikationsprojekts. Ebenso möchten wir uns bei Frau Amira Laws bedanken, die das Buch als studentische Mitarbeiterin von Anfang an inhaltlich und organisatorisch begleitet hat. Ohne ihren Einsatz wäre unser Vorhaben sicher nicht in vergleichbarer Zeit zu einem guten Ende geführt worden.

Köln und Gießen, im Januar 2014

Gerhard W. Lauth
Matthias Grünke
Joachim C. Brunstein

Vorwort zur ersten Auflage

Lernstörungen treten bei Kindern und Jugendlichen in unseren Schulen mit überraschender Häufigkeit und geradezu regelmäßig auf. Bedauerlicherweise werden sie allzu oft als eine Art „Betriebsunfall" angesehen, mehr oder weniger als schicksalhaft hingenommen und organisatorisch und institutionell daher eher verwaltet als aufgefangen. Die Konsequenzen sind gravierend: Unzureichende Lernergebnisse, Lernunlust, ungünstige Schulkarrieren und familiäre Belastungen häufen sich. Lernstörungen schlagen sich in Form persönlichen Leids nieder, das die Kinder und Jugendlichen, aber auch ihre Familien betrifft.

Leider bleiben viele Lernstörungen unbehandelt, häufig werden sie zu spät erkannt. Die davon betroffenen Kinder und Jugendlichen finden dann nicht die Hilfen, die sie benötigen und die an sich auch möglich wären. Dies hat uns als Herausgeber bewogen, ein Buch zur Behandlung und Vorbeugung bei Lernstörungen vorzulegen. Der Band soll praktisch bewährte und empirisch überprüfte Interventionen aus der Psychologie zusammenfassen, sie aber über den engeren Kreis psychologischer Berater, Trainer und Therapeuten hinaus auch für Pädagogen, Lehrer, Mitarbeiter der Schulverwaltungen sowie Bildungspolitiker zugänglich machen. Um ein breites Spektrum geeigneter Verfahren und Maßnahmen darzustellen, haben wir namhafte Vertreter der Klinischen, Sonderpädagogischen und Pädagogischen Psychologie für die Mitarbeit gewinnen können. Unser Ziel bestand darin, bewährte Ansätze aus diesen drei Gebieten zusammenzustellen und in einer praktikablen und leicht verständlichen Form an Leser zu vermitteln.

Der erste Teil des Buches gibt einen knappen Überblick über die wichtigsten Arten von Lernstörungen. Der zweite Teil beschreibt Interventionen, die sich bei der Behandlung von Lernstörungen in spezifischen Inhaltsbereichen (z. B. Lesen, Schreiben, Rechnen) als effektiv erwiesen haben. Der dritte Teil ergänzt diese Ausführungen durch die Darstellung von Behandlungstechniken, die für Interventionen bei Lernstörungen generell geeignet sind und sich als nützlich erwiesen haben. Die insgesamt 41 Einzelbeiträge sind in jeweils gleicher Weise gegliedert. Jeder Beitrag beginnt mit einem Fallbeispiel, das den Inhaltsbereich und die zugehörige Intervention veranschaulicht. Sodann geht es um die Definition der Störung, ihre Häufigkeit und Altersverteilung sowie die Darstellung der jeweiligen Intervention (Therapie, Training oder Prävention) und ihrer Wirksamkeit. Jede Intervention wird sowohl in ihrem prinzipiellen Vorgehen als auch „Schritt für Schritt" in ihrem konkreten Ablauf beschrieben. Zudem werden Hinweise zur organisatorischen Umsetzung der Interventionen in Schule und Familie gegeben.

Die Methoden und Verfahren, die zur Behandlung von Lernstörungen vorgeschlagen und diskutiert werden, sind mittlerweile sehr umfangreich. Dennoch wird die Frage nach der Wirksamkeit und Nützlichkeit solcher Methoden zu selten gestellt. In diesem Buch haben wir versucht, uns auf diejenigen Verfahren zu beschränken, die nach heutigem Wissensstand die größten Erfolgschancen bieten. Die Interventionen werden handlungsorientiert dargestellt. Dadurch soll ihre Anwendung in der Praxis erleichtert werden. Aus diesem Grund haben wir auch großen Wert auf eine allgemein verständliche Darstellung gelegt.

Die Psychologie verfügt über ein reiches Inventar verhaltenstherapeutisch orientierter und kognitions- sowie lerntheoretisch begründeter Verfahren zur effektiven Behandlung und Prävention von Lernstörungen. Wir hoffen, dass diese Verfahren zunehmend Verbreitung und Anwendung finden werden. Es steht zu viel auf dem Spiel, nämlich die Entwicklungschancen junger Menschen und letztlich das Wohl der Gesellschaft, als dass die außerordentlich hohe Rate an Lernstörungen, die bei Kindern und Jugendlichen in unseren Schulen festzustellen ist, einfach hingenommen oder bloß organisatorisch verwaltet werden kann.

Ein weiterer Gedanke ist uns wichtig und durchzieht die Beiträge dieses Bands: Lernstörungen werden zumeist nur als Defizite angesehen; sie beschreiben, was Kinder *nicht* können. Kinder sind aber generell lernfähig. Um ihnen effektiv helfen zu können, braucht man eine positive Vorstellung davon, was sie können und was gutes Lernen letztlich ausmacht. Dementsprechend zielen die hier vorgestellten Interventionsmethoden darauf ab, zunächst mit Hilfestellung, Unterstützung und Anleitung Kinder zu fördern, die gravierende Schwierigkeiten beim Lernen v. a. in der Schule zeigen. Das Ziel der Interventionen besteht jedoch darin, selbstständiges Lernen zu ermöglichen und die dafür erforderlichen Fertigkeiten zu vermitteln. Damit kommt ein Entwicklungsgedanke ins Spiel, der für die Orientierung der Interventionen wichtig ist: Kindern soll durch die jeweilige Intervention ermöglicht werden, ihre geistigen, motivationalen und emotionalen Ressourcen beim Lernen besser auszuschöpfen.

Wir haben vielen Personen für das Zustandekommen dieses Buches zu danken. Zunächst natürlich den Autoren für ihre anregenden und konzisen Beiträge und auch dafür, dass sie den strengen Vorgaben zur Abfassung der Artikel sehr verständnisvoll und elegant gefolgt sind. Martina Schmidt und Stephan Freese haben die redaktionellen Arbeiten mit größter Sorgfalt erledigt. Herr Dr. Michael Vogtmeier und Frau Dipl. Psych. Kathrin Rothauge vom Hogrefe Verlag haben das Entstehen des Buchs von Beginn an unterstützend begleitet. Nicht zuletzt gilt unser Dank Herrn Sascha Loss, der für die Fotos sorgte.

Köln und Potsdam, im Sommer 2003

Gerhard W. Lauth
Matthias Grünke
Joachim C. Brunstein

Teil 1

Lernstörungen: Arten, Klassifikation und Entstehungsbedingungen

1. Lernstörungen im Überblick: Arten, Klassifikation, Verbreitung und Erklärungsperspektiven

Gerhard W. Lauth, Joachim C. Brunstein und Matthias Grünke

1.1 Welche Lernstörungen gibt es?

Lernstörungen bezeichnen nichts anderes als Minderleistungen beim absichtsvollen Lernen. Sie äußern sich darin, dass das gewünschte Können, Wissen und Verhalten (z.B. Lesen, Rechnen, Schreiben, Mitarbeit) nicht in ausreichender Qualität, nicht mit ausreichender Sicherheit sowie nicht in der dafür vorgesehenen Zeit erworben wird: Die erwarteten Leistungsergebnisse werden trotz angemessener Lernangebote nicht erreicht, sodass den betroffenen Schülerinnen und Schülern mehr oder minder umfangreiche Störungen des Lernens zugeschrieben werden.

Weitgehend übereinstimmende Klassifikationen solcher Störungen finden sich in der „Internationalen Klassifikation Psychischer Störungen" der Weltgesundheitsorganisation (ICD-10; deutsche Fassung von Dilling, Mombour, Schmidt & Schulte-Markwort, 2011) und in dem „Diagnostischen und Statistischen Manual Psychischer Störungen" (DSM-IV-TR; deutsche Fassung von Saß, Wittchen, Zaudig & Houben 2003), das von der American Psychiatric Association herausgegeben wird. Nach beiden Diagnosesystemen sind Lernstörungen (oder „umschriebene Entwicklungsstörungen schulischer Fertigkeiten" nach ICD-10, F81) nur dann zu diagnostizieren, wenn gravierende Leistungsdefizite in einem spezifischen schulischen Inhaltsbereich festgestellt werden, zugleich aber gilt, dass sich die allgemeine Denkfähigkeit (Intelligenz) im „Normalbereich" befindet (IQ>70) und das Niveau der schulischen (Minder-)Leistung deutlich übertrifft (sogenanntes *Diskrepanzkriterium*). Praktisch bedeutet dies, dass ein Kind, bei dem eine Lernstörung diagnostiziert wird, eine gravierende schulische Minderleistung im Vergleich zu seiner Altersgruppe aufweisen muss (was gemeinhin bei einem Prozentrang $\leq 10\%$ als gegeben gilt), zugleich aber über eine Intelligenz verfügt, die deutlich über dem Niveau seiner eigenen Schulleistung liegt (1.2 bis 1.5 Standardabweichungen bzw. 12 bis 15 *T-Wert*-Punkte). Für die Grundlagenforschung werden sogar noch strengere Kriterien vorgegeben. Beispielsweise wird gefordert, dass die schulischen Minderleistungen 2 Standardabweichungen unterhalb des Mittelwerts der Altersgruppe liegen sollen. Zusätzlich muss bei der Diagnose ausgeschlossen werden, dass Mängel in der Beschulung (z.B. Schulversäumnisse oder unqualifizierter Unterricht) für die Minderleistung verantwortlich sind. Sinnesstörungen oder neurologische Schädigungen sind gleichfalls auszuschließen (s. dazu im Überblick die Diagnoseleitlinien der Deutschen Gesellschaft für Kinder- und Jugendpsychiatrie und Psychotherapie, 2007).

Nach Klauer und Lauth (1997) lassen sich Lernstörungen wie folgt klassifizieren (s. Tabelle 1):

Tabelle 1: Arten von Lernstörungen (nach Klauer & Lauth, 1997)

	Bereichsspezifisch (partiell)	**Allgemein (generell)**
Vorübergehend (passager)	Lernrückstände in Einzelfächern	Schulschwierigkeiten Neurotische Störung
Überdauernd (persistierend)	Lese-Rechtschreib-schwäche Rechenschwäche	Lernschwäche Lernbehinderung Lernbeeinträchtigung Geistige Behinderung

- Lernstörungen können *inhaltlich begrenzt* oder *allgemein* sein. Inhaltlich begrenzte Lernstörungen, wie die *Lesestörung* (DSM-IV, 315.00) bzw. die *Lese- und Rechtschreibstörung* (ICD-10, F81.0), die *Isolierte Rechtschreibstörung* (ICD-10, F81.1), die *Störung des schriftlichen Ausdrucks* (DSM-IV, 315.2; ICD-10, F81.8) und die *Rechenstörung* (DSM-IV, 315.1; ICD-10, F81.2) sind durch deutliche Minderleistungen in einem Lernbereich definiert, während in den sonstigen Unterrichtsfächern eine gute Lernfähigkeit vorliegt und die allgemeine Intelligenz ein mittleres Niveau aufweist. Bei allgemeinen Lernstörungen (z. B. *Kombinierte Störung schulischer Fertigkeiten*: ICD-10, F81.2; *Nicht näher bezeichnete Lernstörung:* DSM-IV, 315.9; ICD-10, F81.9) sowie bei *Lernbehinderung* (vgl. ICD-10, F81.9) und *Leichter Geistiger Behinderung* (DSM-IV, 317.00; ICD-10, F70.-) ist das Lernen „auf breiter Front" in den meisten schulischen und teilweise auch in außerschulischen Bereichen beeinträchtigt. Bei einer leichten geistigen Behinderung sind die intellektuellen Fähigkeiten begrenzt (IQ zwischen 50 und 70). Die Schulfähigkeit ist jedoch gegeben.
- Lernstörungen können eher *vorübergehend* oder *überdauernd* sein. Vorübergehende Lernstörungen beziehen sich zumeist auf Leistungseinbußen, die als Reaktion auf kritische Ereignisse und situative Umbrüche auftreten (Schul- und Klassenwechsel, Reifungskrisen, Erlebnisstörungen, Neuorientierungen). Überdauernde Lernstörungen verharren hingegen. Die daraus hervorgehenden Lernrückstände verschlimmern sich oft über die Zeit (Klicpera & Gasteiger-Klicpera, 1993), sodass mit negativen Konsequenzen für die Schullaufbahn der betroffenen Kinder und Jugendlichen gerechnet werden muss (Esser & Schmidt, 1993). Wie stabil Lernstörungen sind, hängt allerdings maßgeblich davon ab, ob gezielte Interventionen (z. B. spezifische vorschulische und schulische Förderangebote) frühzeitig angeboten (Torgesen, 2009) und fachlich versiert durchgeführt werden (Fuchs, Compton, Fuchs, Paulsen, Bryant & Hamlett, 2005).

Einzelne Lernstörungen werden *per se* als relative Minderleistung definiert. Mit dem Begriff „Underachiever" (DSM-IV, V62.30: *Schulschwierigkeiten*) werden z. B. Schülerinnen und Schüler bezeichnet, die ihre intellektuellen Fähigkeiten nicht in angemessener Weise in schulische Leistungen umsetzen können (z. B. wegen mangelnder Motivation, hoher Leistungsangst oder defizitären Lernstrategien). Im Erwachsenenalter kann dieses Phänomen stabil bleiben und berufliche Minderleistungen und soziale Anpassungsschwierigkeiten zur Folge haben (McCall, Evahn & Kratzer, 1992).

1.2 Verbreitung von Lernstörungen

Lernstörungen sind weit verbreitet (s. Tabelle 2). Im Jahr 2010 beendete etwa jeder zwanzigste Jugendliche in Deutschland seine Schullaufbahn ohne Hauptschulabschluss (Statistisches Bundesamt, 2011). In den letzten 10 Jahren wiederholten alljährlich 2–3 % der Schülerinnen und Schüler in Deutschland eine Klasse. In absoluten Zahlen ausgedrückt waren dies pro Jahr ca. 250.000 Schülerinnen und Schüler (Klemm, 2009). Im Rahmen der PISA-2003 Studie gab fast jeder vierte Jugendliche in der Gruppe der 15-Jährigen an, in seiner Schullaufbahn mindestens einmal die Klasse wiederholt zu haben (Prenzel et al., 2004). Die durch Klassenwiederholungen verursachten Mehrausgaben im Bildungssystem werden in Deutschland auf über 900 Millionen EUR pro Jahr geschätzt (Klemm, 2009) – eine Investition, deren Nutzen fragwürdig ist, weil sich die Schulleistung dadurch zumeist nicht verbessert (Hattie, 2009).

Tabelle 2: Ausgewählte Zahlen zur Verbreitung von Lernstörungen

Schulversagen:	
Schulabgang ohne Hauptschulabschluss im Abgangsjahr 2010	6.1 %
(Quelle: Statistisches Bundesamt, Juli 2011)	
Klassenwiederholung:	
Schuljahr 2007/08	2.6 %
Anteil 15-Jähriger mit mindestens einer Klassenwiederholung in der Schullaufbahn (PISA 2003)	23 %
(Quelle: Klemm, 2009)	
Prävalenzraten für Lernstörungen im Schulalter:	
Lese-Rechtschreibstörung	6–8 %
Rechenstörung	5–8 %
(Quelle: Hasselhorn & Schuchardt, 2006)	

Lese-Rechtschreibstörungen sind bei mehr als 5 % der Schulkinder anzutreffen (Esser & Schmidt, 1993). Unter den Grundschulkindern liegt der Anteil mit 7 bis 8 % etwas höher als bei Kindern und Jugendlichen der Sekundarstufe I (ca. 6 %; Hasselhorn & Schuchardt, 2006). Auf 5 bis 8 % wird der Anteil der Schülerinnen und Schüler mit einer Rechenstörung geschätzt (Hasselhorn & Schuchardt, 2006).

Lernstörungen sind aber auch bezüglich des Geschlechts ungleich verteilt. Das Risiko für eine Lese-Rechtschreibstörung ist bei Jungen doppelt bis dreifach so hoch wie bei Mädchen. Bei einer Rechenstörung ist das Risiko für Jungen und Mädchen in etwa gleich stark ausgeprägt.

Bei diesen Angaben ist zu bedenken, dass Lernstörungen gemäß ICD und DSM aufgrund des IQ-Diskrepanzkriteriums eher eng und konservativ definiert werden. Verlässt man dieses Kriterium und legt nur das unzureichende Lernergebnis zugrunde, so erhöht sich die Zahl der betroffenen Kinder und Jugendlichen ganz erheblich. Nach Ergebnissen der PISA-2000 Studie (Baumert et al., 2001) wiesen seinerzeit 10 % der 15-Jährigen in Deutschland ein Leseniveau auf, das *unterhalb* des absolut erforderlichen Minimums für das verständige Lesen einfachster Textinformationen lag. Zwar ging der Anteil der 15-Jährigen mit gravierendsten Defiziten im Leseverständnis in den letzten 10 Jahren in Deutschland auf ca. 5 % zurück; der Anteil der insgesamt „schwachen Leser" wird in PISA 2009 aber immer noch mit 18.5 % der 15-Jährigen beziffert (Klieme et al., 2010). Solche Fälle häufen sich bei Kindern aus Familien der sozialen Grundschicht und Familien mit Zuwanderungshintergrund.

Ähnliche Ergebnisse liefern internationale Vergleichsstudien zu den Leistungen von Grundschulkindern in Deutschland. Nach den Ergebnissen der IGLU- und TIMSS-Studien 2011 (Institut für Schulentwicklungsforschung, 2012) sind derzeit bei jedem fünften bis sechsten Viertklässler in Deutschland gravierende Leistungsschwächen im Lesen (15.4 %), Rechnen (19.3 %) und naturwissenschaftlichen Wissen (22.0 %) festzustellen. Bei Kindern aus bildungsfernen Schichten und aus Familien mit Zuwanderungshintergrund häufen sich diese Fälle wiederum. Fast ein Drittel der Kinder, in deren Elternhaus nie oder nur manchmal Deutsch gesprochen wird, erreichen in der 4. Klasse nicht das erwünschte Kompetenzniveau. Bei diesen Kindern sind erhebliche Schwierigkeiten beim schulischen Lernen in der Sekundarstufe I vorprogrammiert. Geradezu alarmierend ist dann auch die Tatsache, dass im Jahr 2010 annähernd 13 % der Jugendlichen „ausländischer Herkunft" die Schule ohne Hauptschulabschluss verließen (Statistisches Bundesamt, 2011).

1.3 Woher kommen Lernstörungen?

Moderne Erklärungen für Lernstörungen sind sehr konkret (Swanson, Graham & Harris, 2003). Sie gehen von dem aus, was gelernt werden soll. Was müsste der Lernende tun, um eine bestimmte Anforderung meistern zu können (z. B. die Bedeutung eines gelesenen Textes zu verstehen)? Wie sollte er dabei vorgehen? Welche Anforderungen stellt eine Aufgabe an sein (Vor-)Wissen, Denken und an seine Anstrengungsbereitschaft? Verfügt der Lernende über diese Voraussetzungen? Setzt er seine Kenntnisse beim Lernen auch wirklich ein? Lernen wird somit als eine Handlung gesehen, die sich in ihrem Ablauf und in ihren Voraussetzungen präzise beschreiben lässt. Im Einzelnen lassen sich vier Komponenten des Lernens unterscheiden, in denen lerngestörte Kinder markante Defizite aufweisen können:

- *Basisfertigkeiten.* Damit sind grundlegende Fertigkeiten der Informationsverarbeitung gemeint, wie die Fähigkeit, die Aufmerksamkeit gezielt auf Lerninhalte zu richten,

Informationen herauszulösen, akustische Informationen aufzunehmen und visuelle Vorlagen zu analysieren. Sofern diese Fertigkeiten nicht in ausreichendem Maße vorhanden sind, wird auch der Erwerb höherwertiger Leistungen behindert (z. B. Inhalte ordnen, Kategorien bilden, Erfahrungen abspeichern, Regel- und Begriffssysteme ausbilden).

- *Wissens- und Begriffssysteme.* Vorwissen und begriffliche Schemata sind zwingend erforderlich, um sich neue Kenntnisse zuverlässig und dauerhaft aneignen zu können. Sie erweisen sich als der beste Prädiktor für die spätere Schulleistung (Stern, 1998). Es ist davon auszugehen, dass lernschwache Kinder von einer reduzierten Wissensbasis ausgehen, sodass es ihnen schwer fällt, sich neue Wissensinhalte anzueignen. Wenn dann noch Mängel im strategischen Wissen dazu kommen (z. B. in der Beherrschung kognitiver Strategien, welche die Aufnahme, Speicherung und den Abruf verbaler Informationen fördern), wird der Erwerb neuen Wissens zusätzlich erschwert.
- *Metakognitive Fertigkeiten.* Hierunter fallen gedankliche Aktivitäten, die das eigene Vorgehen beim Lernen widerspiegeln und der Planung, Überwachung und Steuerung von Lernhandlungen dienen. Metakognitive Aktivitäten umfassen sowohl die Reflexion als auch die bewusste Steuerung („exekutive Kontrolle“) des eigenen Lernens. Das Spektrum solcher Aktivitäten reicht von der Registrierung des Verlaufs und Erfolgs des eigenen Lernens über den gezielten und vorausplanenden Einsatz aufgabenspezifischer Strategien bis hin zur Analyse von Fehlern. Lernschwache und lernbeeinträchtigte Kinder wenden solche bewussten Vorgehensweisen nicht von sich aus an. Sie erweisen sich insofern als wenig selbstgesteuert und selbstreflektiert. Daher wirkt ihr Lernen oft planlos und unsystematisch. Das Lernen wird dadurch ineffektiv. Infolgedessen werden die beabsichtigten Lernergebnisse zumeist nicht erreicht.
- *Motivation.* Lern- und Anstrengungsbereitschaft sind Voraussetzungen dafür, dass Lernhandlungen selbstständig begonnen, ausgestaltet und bis zum Erreichen eines „Qualitätszieles“ aufrechterhalten werden. Ein positives Selbstbild der eigenen Begabung wirkt hier ebenso begünstigend wie ein dauerhaftes Interesse am Lerngegenstand. Nicht zuletzt erfordert Lernen immer wieder die Überwindung von Schwierigkeiten. Wie gut dies gelingt, hängt von der wahrgenommenen Selbstwirksamkeit ab, d. h. von der Erwartung, angestrebte Lernergebnisse durch eigenes Bemühen erreichen zu können. Schülerinnen und Schüler mit Lernstörungen haben meist nur geringes Vertrauen in ihre Lernfähigkeit.

Eine Person, die nicht ausreichend gut lernt, weist nach unserem Verständnis in mindestens einem der vorgenannten Bereiche gravierende Probleme und Defizite auf. Diese Schwierigkeiten gilt es zu herauszufinden und durch passende, maßgeschneiderte Interventionen zu überwinden.

Exkurs: Was geschieht beim Lernen?

Lernen beruht darauf, dass Informationen aufgenommen, gespeichert und zum Zweck der Verhaltenssteuerung abgerufen und eingesetzt werden. Abstrakt gesagt besteht Lernen darin, dass bestehende Wissens- und Erfahrungsmuster (Kodierungen) unter dem Eindruck neuer Erfahrungen (Enkodierungen) verändert werden. Beim Lernen werden Nervenzellen aktiviert und einzelne Nervenzellen durch komplexe Synapsenverbindungen miteinander verknüpft. Dafür muss ein Lerninhalt (z. B. ein neu zu lernender Begriff, eine Rechenregel) mehrmals in sogenannten reverbatorischen Kreisen ein Erregungsmuster durchlaufen. Auf diese Weise verschalten sich Nervenzellen zu Zellverbänden, die den gelernten Sachverhalt nicht nur speichern, sondern auch die Bereitschaft erzeugen, bei erneuter Aktivierung rasch und stark zu reagieren. Beispielsweise können wir ein einmal schon gut gelerntes Gedicht wieder vergessen haben, es aber schnell wieder erinnern und dann auch rascher erneut lernen. Die zugrundeliegenden Zellverschaltungen sind teilweise noch vorhanden und die gebahnten Wege können wieder beschritten werden.

Entscheidend für den Erfolg beim absichtsvollen Lernen ist daher, dass ein Inhalt mehrmals gleiche, regelhafte Erregungsmuster hervorruft. Erst dadurch eröffnet sich die Chance, dass die notwendigen Synapsenverbindungen entstehen. Im Alltag wird das entweder durch die Unterrichtsmethodik (eine Lehrkraft sorgt z. B. durch wiederholtes Üben für die Festigung des Lernstoffs) oder durch selbstgesteuertes Lernen erreicht (z. B. eine Schülerin bzw. ein Schüler wiederholt von sich aus die neu zu lernenden Französischvokabeln). Lernen setzt demzufolge eine „regelhafte Informationszufuhr“ voraus, die wiederum regelhafte Abspeicherungen entstehen lässt und dadurch zum erwünschten Lerngewinn führt. Hieraus ergeben sich zwei prinzipielle Ansätze zur Erklärung von Lernstörungen:

- *Lernstörungen durch unzureichende Informationsverarbeitung.* Eine Schülerin bzw. ein Schüler weist Wissenslücken auf und schafft es nicht, die wichtigsten Lerninhalte (Buchstaben, Phoneme, Zahlbegriff, Grammatikregeln, Grundregeln der Physik) zu behalten und sicher anzuwenden. Das Kind bzw. der Jugendliche bleibt infolgedessen zunehmend hinter den Lernzielen zurück und entwickelt allmählich eine Lernstörung (z. B. eine Lese-Rechtschreibschwäche, Rechenstörung, mangelnde Fähigkeiten zum Aufsatzschreiben, eine Schwäche für Textaufgaben). Dafür können mangelnde Lernvoraussetzungen (geringes Sprachbewusstsein, allgemeine Entwicklungsverzögerung, Gedächtnisschwäche, Konzentrationsprobleme), aber auch so „triviale“ Gründe wie längere Fehlzeiten verantwortlich sein. Die Intervention hat entsprechend dafür zu sorgen, dass die bestehenden Wissenslücken geschlossen werden. Es geht also um „Nachlernen“, bei dem das betroffene Kind den Lernstoff (z. B. Buchstaben, Phoneme) in einem exakt geplanten Übungsprogramm nacharbeitet. „Nachhilfe“, bei der der Lernstoff einfach wiederholt, neu erklärt oder „veranschaulicht“ wird, reicht hier aber in den seltensten Fällen aus. Vielmehr wird ein systematisches Übungsprogramm benötigt.
- *Lernstörungen entstehen durch mangelnde oder ungeeignete Lernaktivität.* Beispielsweise wird zu wenig Zeit und Anstrengung investiert. Das Lernen erfolgt nicht „vertieft“ bzw. durchdringend, sondern nebenbei und ohne größeren Qualitätsanspruch. Beispielsweise wird ein Text nur flüchtig gelesen, unbekannte Begriffe werden nicht nachgeschlagen, der Inhalt wird nicht veranschaulicht und das Gelesene am Ende nicht noch einmal zusammengefasst. Klar, dass der Text dann auch nicht genug verstanden und zu einer späteren Gelegenheit wiedergegeben werden kann. In diesem Fall liegt keine wirkliche Unfähigkeit vor; vielmehr mangelt es an geeigneten Strategien, die das Lernen wirkungsvoller machen könnten. Die Intervention muss deshalb dafür sorgen, dass das Kind (oder der Jugendliche)

gezielter, intensiver und bereitwilliger arbeitet. Dies geschieht einerseits durch die Einübung von Lernkompetenzen und Lernstrategien, andererseits aber auch durch die Motivierung, Lernaktivitäten aufzunehmen und mit der erforderlichen Ausdauer auszuführen.

Obwohl sich beide Erklärungen in der Praxis überschneiden, ergeben sich für beide Bedingungshintergründe der Lernstörung unterschiedliche Schwerpunkte in der Intervention. Deshalb muss man sie klar voneinander unterscheiden und in der diagnostischen Untersuchung ermitteln, woran es hauptsächlich liegt, wenn eine Schülerin oder ein Schüler so schlecht lernt, dass sie bzw. er hinter den Leistungsstandards der eigenen Klasse oder Altersgruppe deutlich zurückbleibt.

Ansätze zur Erklärung von Lernstörungen

Lernstörungen durch mangelnde Informationsverarbeitung

Die vorherrschende Erklärung für Lernstörungen besteht darin, dass Kinder das erforderliche Wissen nicht erworben haben, obgleich sie denselben Unterricht wie ihre erfolgreicheren Mitschülerinnen und Mitschüler besucht haben. Woran liegt das? Warum lernen manche Kinder nicht genau so gut wie andere zu lesen, schreiben oder rechnen?

Untersuchungen zur sogenannten *Überselektivität* zeigen, dass lerngestörte Kinder eingehende Informationen (z. B. Unterrichtsbeiträge einer Lehrkraft) nicht präzise einordnen können (Brack, 2001). Sie haben offensichtlich kein System, das ihnen eine regelhafte Informationsaufnahme ermöglicht. Stattdessen greifen sie einzelne Informationen eher willkürlich und zufällig aus der Vielfalt dargebotener Informationen heraus. Die eingehenden Informationen bleiben flüchtig, notwendige Vernetzungen und Tiefenverarbeitungen finden nicht statt. „Zug um Zug" entstehen Lernrückstände, obwohl geradezu verzweifelte Versuche unternommen werden, dies zu verhindern. Solche Defizite wurden vor allem bei Kindern mit eingeschränkten allgemeinen Lernvoraussetzungen (z. B. Entwicklungsverzögerungen), aber auch mit bereichsspezifischen Lernrückständen (z. B. beim Lesen und Schreiben) beobachtet. Als Erklärung werden vor allem die beiden folgenden Gründe angeführt:

- *Fehlende Lernvoraussetzungen*. Bei lerngestörten Kindern sind teils sublime und teils offenkundige Einschränkungen in ihren Lernvoraussetzungen festzustellen. Kinder mit Lese-Rechtschreibstörungen haben beispielsweise bei Schulbeginn einen reduzierten Wortschatz, können sich neue Lautfolgen weniger gut einprägen und haben Schwierigkeiten, gesprochene Sprache wahrzunehmen. Sie weisen Defizite im *phonologischen Rekodieren*, im *phonematischen Bewusstsein* und in *der lexikalischen Entwicklung* auf. Bei Kindern mit allgemeinen Lernstörungen findet man oft Minderleistungen, die ihr Lernen an wichtigen Punkten beeinträchtigen: mangelnde Sprachkompetenz, Defizite im Arbeitsgedächtnis, unzureichende selektive Aufmerksamkeit und kognitive Entwicklungsverzögerungen. Ferner haben sie oft ein zu geringes und zu wenig vernetztes inhaltliches Wissen (z. B. unzureichende Vokabel- und Buchstabenkenntnisse), oft fehlen ihnen auch Vorerfahrungen mit den Aufgaben, die ihnen in der Schule angetragen werden. Bei Schülerinnen und Schülern mit allgemeinen Lernschwierigkeiten findet man zumeist sowohl einen Mangel an Vorkenntnissen als auch Defizite in Lernstrategien (z. B. hinsichtlich Gedächtniseinspeicherung, Selbststeuerung und Bedürfnisaufschub), was ihnen den Erwerb neuen Wissens wiederum deutlich erschwert.

- *Einschleichende Lernstörungen*. Man stellt sich gerne vor, dass es zwingende Gründe für Lernstörungen geben muss und dass diese Gründe letztlich in der Person des Lernenden zu suchen sind. Weit seltener wird anerkannt, dass sich eine Lernstörung eher nebenbei und quasi zufällig entwickelt. Längsschnittuntersuchungen, die das Entstehen von Lernstörungen in *statu nascendi* beobachten, zeigen aber, dass eine Lernstörung recht undramatisch beginnen kann: Das Kind findet bei der Einschulung ungünstige Bedingungen vor oder bringt ungünstige Lernvoraussetzungen mit. Daraus entwickeln sich zunächst anfängliche Schwierigkeiten, die sich – weil der Unterricht voranschreitet und die Schwierigkeiten nicht behoben werden – allmählich zu gravierenden Lernstörungen auswachsen. Solche, sich ganz allmählich einschleichenden Lernstörungen werden häufig erst spät erkannt und daher auch nicht rechtzeitig kuriert. Manchmal fallen lernschwache Schülerinnen und Schüler überhaupt erst dann im Unterricht auf, wenn schwierigere und voraussetzungsvollere Aufgaben an sie gestellt werden (z.B. ungeübter Diktate schreiben).

Das Interventionsziel muss hier zuerst in einem *systematischen Nachlernen* des bisher Versäumten bestehen. Als lerntheoretisch begründete Interventionsverfahren bieten sich Komplexitätsreduktion, direkte Instruktion und ein systematischer Aufbau von Wissen und Fähigkeiten an. Diese Methoden beruhen darauf, dass das Schwierigkeitsniveau der Aufgaben auf den individuellen Kenntnisstand abgesenkt wird. Von diesem Startpunkt aus werden die Lernaufgaben so ausgewählt, dass sie allmählich schwieriger werden und fortschreitende Lerngewinne stattfinden. Dabei wird ein systematisches Übungsprogramm durchlaufen. Dazu gehört, dass (a) der Lernende (überhaupt) zu Reaktionen veranlasst wird, (b) korrekte Reaktionen sofort belohnt werden, falsche Reaktionen hingegen möglichst schon im Ansatz verhindert und korrigiert werden und (c) alle Instruktionen und Aufgabenstellungen möglichst einfach und klar formuliert werden. Erst wenn der Lerngewinn gesichert ist, werden schwierigere Aufgaben eingesetzt.

Solche Maßnahmen sollten möglichst frühzeitig ergriffen werden. Wünschenswert wäre, dass Lernstörungen frühzeitig diagnostiziert und bereits in ihrem Entstehungsstadium behandelt werden (Bradley, Danielson & Hallahan, 2002). Präventive Maßnahmen sollten sich aber nicht auf die Grundschule beschränken, sondern bereits in Kindergärten und Vorschuleinrichtungen stattfinden (z.B. durch die Förderung von Vorläuferfertigkeiten des Schriftspracherwerbs).

Lernstörungen durch mangelnde oder ungeeignete Lernaktivität

Eine „gute“ Lernerin bzw. ein „guter“ Lerner geht anders vor als eine „schlechte“ Lernerin bzw. ein „schlechter“ Lerner. In der einschlägigen Forschung wurde hierfür eine „Typik“ des guten bzw. wirksamen Lernens entwickelt. Diese dient als Orientierungshilfe, um Ziel und Richtung einer Intervention festzulegen. Nach dieser Typik halten sich wirksame Lernerinnen und Lerner beim Lernen an einen nachvollziehbaren Ablauf und besitzen die dafür notwendigen Lernvoraussetzungen. Sie zeichnen sich dadurch aus, dass sie über Strategien der Informationsentnahme und -verarbeitung verfügen, wie zum Beispiel Bedeutungsverknüpfungen zu bilden, auf Vorerfahrungen zurückzugreifen, den

„Kern“ einer Aussage zu bestimmen und Memorierungstechniken anzuwenden. Sie setzen zudem Strategien ein, mit denen sie ihr Lernen organisieren. Beispielsweise planen sie die einzelnen Etappen des Lernverlaufs, teilen sich ihre Zeit gut ein und berücksichtigen dabei, dass es auch schwierige Passagen beim Lernen geben wird.

Erfolgreiche Lernerinnen und Lerner sind bewusste Lernerinnen und Lerner. Sie sind also „metakognitiv“ aktiv. Beispielsweise leiten sie ihre Lernhandlungen durch Selbstanweisungen an, formulieren eigene Fragen und überwachen ihre Lernfortschritte an den entscheidenden „Eckpunkten“ des Lernvorganges (z. B. bei der Zielbestimmung, der persönlichen Vergewisserung des Vorwissens, der Überwachung des Lernverlaufes und der Überprüfung des Endergebnisses). Sie regulieren ihre Motivation, beachten Emotionen, die beim Lernen auftauchen, und können impulsive Handlungstendenzen kontrollieren. Mit anderen Worten: Erfolgreiche Lernerinnen und Lerner sind kognitiv und motivational aktiv, reflektieren und optimieren ihr eigenes Lernen, bearbeiten eine Aufgabe dadurch vertieft und erwerben auf diesem Weg fundierte Kenntnisse und Fertigkeiten. All dies impliziert, dass erfolgreiche Lernerinnen und Lerner recht viel Zeit verwenden, um Wissen zu erwerben, es einzuüben und in unterschiedlichen Kontexten flexibel anzuwenden.

Lerngestörte Kinder verhalten sich anders: In der Hauptsache verwenden sie weniger Zeit für das Lernen. Vielmehr versuchen sie mit geringem persönlichem Aufwand „durchzukommen“. Im Einzelnen heißt das, dass sie sich weniger Mühe geben, um die Lernaufgabe zu verstehen, ihnen das erforderliche Vorwissen für die Lernaufgabe fehlt, ihnen seltener unmittelbare Lösungsmöglichkeiten einfallen, ihre Lernmotivation aufgrund negativer Vorerfahrungen gering oder misserfolgsorientiert ist. Stattdessen überwiegen Ausweichtendenzen, weil eine Lernaufgabe aufgrund früherer negativer Erfahrungen Angst vor erneutem Versagen weckt. All dies führt dazu, dass lerngestörte Kinder weniger effektiv lernen. Das liegt nicht primär daran, dass sie unbegabt, dumm oder widerspenstig sind, sondern hauptsächlich daran, dass sie das zum Lernen Notwendige nicht bereitwillig und selten ohne äußeren Druck vollführen. Sie lernen eben peripher, d. h.: nur insoweit als sie unmittelbar dazu genötigt werden. Infolgedessen erleben sie Lernen nur selten als befriedigend. Sie weichen Lernaufgaben lieber aus und machen das Lernen nicht zu ihrem Anliegen. Lernen ist eben nicht ihre Sache.

Pressley, Borkowski und Schneider (1987) haben die vorgenannten Punkte in einem Modell des „Good Strategy Users“ zusammengefasst. Strategische Lernerinnen und Lerner verfügen demzufolge über ein breites und vernetztes Fachwissen, kennen zahlreiche effektive Strategien des Wissenserwerbs, sind sich bewusst, wann sie diese Strategien sinnvoll einsetzen können, und reflektieren fortlaufend die Wirksamkeit ihres Lernens. Sie vertrauen darauf, dass sie neue Fähigkeiten erwerben können, verfolgen Ziele, welche auf den Zuwachs eigener Kompetenzen ausgerichtet sind, glauben an die Nützlichkeit eigener Anstrengung und interpretieren Fehler „angstfrei“ als willkommene Gelegenheit, etwas dazuzulernen. Entsprechend positiv und differenziert sind ihre Fähigkeitsselbstkonzepte ausgeprägt.

Von diesem Ideal der „guten Informationsverarbeitung“ sind lernschwache Kinder weit entfernt. Sie verfügen kaum über wirksame Strategien, wissen wenig über deren Anwendungsbedingungen, überwachen ihr Lernen kaum und bemerken daher auch nicht, wenn sie Fehler machen oder sich beim Lernen „auf dem Holzweg" befinden. Gerade bei neuen und komplexen Aufgaben sind sie daher überfordert. Als Konsequenz entstehen Defizite im Wissenssystem und ihr Lernen wird zunehmend unsystematisch und zufallsgesteuert. Mehr noch, die damit verbundenen Misserfolge schlagen früher oder später in Entmutigung um, erzeugen Gefühle der Überforderung und resultieren letztlich in Inaktivität. Hierdurch schließt sich ein Teufelskreis, in dem kognitive und motivationale Defizite beim Lernen ineinander greifen und sich „inkompetentes Lernen" verfestigt (Klauer & Lauth, 1997).

Die Intervention folgt dem Modell der „guten Informationsverarbeitung". Mit speziellen Maßnahmen soll erreicht werden, dass die Schülerinnen und Schüler bewusst und möglichst selbstgesteuert lernen. Die *Intensität und Qualität von Lernhandlungen* soll gesteigert und ein interessegeleitetes Lernen erreicht werden (Lauth, Husein & Spieß, 2006; Brunstein & Spörer, 2010). Um das zu erreichen, bieten sich vor allem drei Ansatzpunkte an:

- Durch *operante Verstärkung* werden vorteilhafte Lernhandlungen begünstigt. Auch kleine Lernfortschritte können (und müssen) durch die Einführung regelhafter Feedbacksysteme „sichtbar" gemacht werden; Anstrengung sollte sich lohnen, d. h. mit angenehmen Konsequenzen verbunden sein. Das eigentliche Zielverhalten (etwa selbstgesteuertes Lernen) wird dabei über eine systematische Verstärkung des Annäherungsverhaltens (Shaping) schrittweise angebahnt. Alle Bemühungen, die mit dieser Methode verknüpft sind, laufen darauf hinaus, dass sich die Lernerin bzw. der Lerner wieder (oder erstmals) als wirksam erlebt; also Kontrolle über sein Lernen erlangt, weiß was falsch und was richtig ist, über Lösungswege entscheiden kann und das Lernen zunehmend in die eigene Hand nimmt.
- Um die Qualität von Lernaktivitäten zu verbessern, bedarf es der *systematischen Vermittlung von Lernstrategien*. Hier geht es darum, dass eine Schülerin bzw. ein Schüler „Schritt für Schritt" Fertigkeiten erwirbt, die es ihm ermöglichen, Lernaufgaben durch spezifische Denk- und Lernstrategien besser zu lösen. Je nach Aufgabenbereich sollten schulschwache Kinder und Jugendliche z. B. lernen, wie sie ihr Gedächtnis besser nutzen, einen Aufsatz klarer konzipieren oder eine Rechenaufgabe zuverlässiger lösen können. Die Vermittlung der zugehörigen Strategien erfordert Modellverhalten, systematische Anleitung und Hilfestellung und vor allem ausgedehntes Üben. All dies kann durch Tutorinnen und Tutoren sowie durch Lerngruppen zusätzlich unterstützt werden.
- Damit die Intervention nachhaltig wirkt, werden die *Selbstwirksamkeitsüberzeugungen* des Kindes gestärkt. Hier bietet es sich an, die Fördermaßnahmen um ein Attribuierungstraining zu ergänzen. Dabei geht es hauptsächlich darum, dass Erfolge auf wachsende Fähigkeit, Misserfolge aber auf mangelnde Anstrengung zurückgeführt werden.

Die aufgeführten Methoden haben umso größere Aussicht auf Erfolg, je mehr sie in der Alltagswelt des Kindes oder Jugendlichen verankert werden können. Infolgedessen ist es erforderlich, Lehrkräfte und Eltern in die Intervention mit einzubeziehen (z. B. im Rahmen von Elternhaus-basierten Verstärkungsplänen und Lernhilfe-Unterweisungen; vgl. Harwell & Jackson, 2008; Kellaghan, Stoane, Alvarez & Bloom, 1993).

Lernstörungen als Folge sozial-ökologischer Übergänge

Die PISA-Studien haben eindrücklich gezeigt, wie eng gerade auch in Deutschland der schulische Lernerfolg mit der sozialen Herkunft zusammenhängt (Entorf, 2005). Das Anspruchsniveau der Eltern, der Anregungsgehalt der häuslichen Lernumgebung, die Vermittlung von Arbeits- und Werthaltungen in der Familie und das Erlernen von sozialen Verhaltensmustern beeinflussen das Lernverhalten hauptsächlich auf zwei Wegen:

- *Auswirkungen auf die Lernaktivität.* Inwieweit wünschenswerte Lernaktivitäten entfaltet werden, ist nicht zuletzt eine Frage des *sozioökonomischen Kontextes*, in dem Kinder heranwachsen. Elternhaus und Schule bilden für das Kind ein Mesosystem, das sein Lernen fördern, aber auch behindern kann. Im negativen Fall sind beide Lebenswelten sehr unähnlich strukturiert, d. h. sie verlangen dem Kind sich widersprechende oder zumindest nicht gleichsinnige Rollen, Tätigkeiten, Wertorientierungen und Realitätskonstruktionen ab. Beide Umwelten ergänzen sich nicht. Hierdurch wird das schulische Lernen erschwert. Schulisches Lernen wird darüber hinaus durch die Anregung und Unterstützung von Lernaktivitäten im familiären Umfeld gefördert. Hierzu zählen die Bereitstellung Neugier und Interesse weckender Lernmaterialen, die Vorgabe anspruchsvoller Ziele, die Anregung und Gewährung von Selbstständigkeit sowie die elterliche Unterstützung des Kindes in schulischen Belangen (Bradley, Caldwell & Rock, 1988) – Bedingungen, die von Eltern leistungsschwacher Kinder nur selten in zufrieden stellender Weise verwirklicht werden (Seligman, 2000).
- *Auswirkungen auf die Lernvoraussetzungen.* Die Lernvoraussetzungen von Kindern sind sehr unterschiedlich. In der sozialen Grundschicht häufen und kombinieren sich ungünstige Voraussetzungen, wie mangelnde Sprachkompetenz, Konzentrationsprobleme, Defizite in der Selbststeuerung und geringe Anstrengungsbereitschaft bei der Bearbeitung kognitiver Anforderungen (Bryan & Bryan, 1990). Der soziale Status der Eltern wirkt sich teils direkt und teils indirekt – z. B. über gehäufte Erziehungsprobleme – nachteilig auf schulische Leistungen aus, wobei dem Aufmerksamkeitsverhalten im Unterricht eine vermittelnde Rolle zukommt (deJong, 1993). Dies kann leicht innerhalb eines Diathese-Stress-Modells erklärt werden: Bei lernschwachen Kindern häufen sich biologische Risikofaktoren (z. B. häufigere Erkrankungen, Geburtskomplikationen), die allerdings erst im Zusammenwirken mit sozialen Risiken (z. B. mangelnder Anregungsgehalt der häuslichen Lernumgebung) zu Entwicklungsbeeinträchtigungen führen. Diese manifestieren sich in Übergangssituationen (z. B. wenn das Kind zum Kindergarten oder zur Schule kommt), die das Kind nur schwer bewältigen kann, als offene und damit diagnostizierbare Lernstörungen.

In solchen Fällen muss sich eine Intervention an zwei Zielen orientieren:

(1) *Vernetzung und Kooperation der Mikrosysteme „Elternhaus“ und „Schule“ stärken.* Beide Umwelten begegnen Kindern immer noch viel zu häufig als voneinander getrennte Lebensumwelten. Solange „es mit dem Kind in der Schule läuft“, haben Eltern und Lehrkräfte zumeist nur wenige und zumeist sehr ritualisierte Kontakte (z. B. bei Elternsprechtagen, Schulfesten). Erst wenn Schwierigkeiten in schulischen Leistungen oder im sozialen Verhalten auftreten, werden Eltern in der Hoffnung hinzugezogen, dass sie die Schulprobleme durch ihren erzieherischen Einfluss beheben. Ohne Unterstützung ist

dies aber für viele Eltern eine Überforderung. Günstiger wäre es, beide Lebenswelten möglichst früh und konstruktiv miteinander zu verbinden (Kellaghan et al., 1993). Dies kann beispielsweise geschehen, indem (a) Eltern lerngefährdeter Kinder regelmäßig Rückmeldungen über die Lernfortschritte ihrer Kinder erhalten und systematisch in der häuslichen Förderung ihrer Tochter oder ihres Sohnes angeleitet werden; (b) Eltern leseschwacher Kinder Teilaufgaben im Unterricht übernehmen, um dadurch das Interesse ihrer Tochter oder ihres Sohnes für das Lesen zu fördern; (c) Eltern oder andere aktive Gemeindemitglieder im Unterricht auftreten und alltagspraktische Tätigkeiten unterrichten (Tischlern, Metallarbeiten); und (d) der Übergang zwischen Kindergarten und Schule insgesamt durchlässiger gestaltet wird, sodass Anpassungsschwierigkeiten in der Schule bereits im Vorfeld verhindert werden (etwa indem eine Grundschullehrkraft bereits im Kindergarten unterrichtet oder Kindergartengruppen gastweise den Schulunterricht besuchen).

(2) *Ungünstige Lernvoraussetzungen frühzeitig erkennen und beheben*. Kinder, die ihre Schullaufbahn mit ungünstigen Lernvoraussetzungen beginnen (z. B. Defiziten in der Sprachentwicklung), sollten möglichst frühzeitig erkannt und dann auch gezielt im schulischen Kontext gefördert werden. Dies geschieht häufig nicht (Kavale & Forness, 1999). Entweder wird die Lernstörung zu spät erkannt und dann einseitig Unzulänglichkeiten des Kindes und seines Elternhauses angelastet. Oder es werden Maßnahmen ergriffen, die unzuverlässig sind und im Ergebnis wirkungslos bleiben. Weist die Qualität des Regelunterrichts dann auch noch Defizite auf (weil z. B. die Anforderungen nicht ausreichend individualisiert und die Unterrichtszeiten nicht effektiv genutzt werden), verschlimmern sich die ohnehin schon bestehenden Lernprobleme leistungsschwacher Schülerinnen und Schüler zusätzlich (s. May, 2001). Erfolgreiche Schulen gehen anders vor. Typisch dafür ist ein mehrstufiger Ansatz, der folgende Schritte umfasst (vgl. Fletcher & Vaughn, 2009):

- Durch regelmäßige Überprüfung und Dokumentation des Lernstands im jeweiligen Unterrichtsfach werden Kinder mit einem Risiko für eine Lernstörung (z. B. beim Lesen oder Rechnen) frühzeitig erkannt. Im besten Fall geschieht dies bereits in einer vorschulischen Einrichtung, die eng mit der Schule kooperiert.
- Der Regelunterricht (z. B. zum Schriftspracherwerb in der 1. Klasse) wird daraufhin überprüft, ob er auf „Evidenz basiert", d. h. nach bisherigen wissenschaftlichen und praktischen Erfahrungen auch wirklich Erfolg verspricht (z. B. Programme zum Erstleseunterricht, flüssigen Lesen, Rechnen mit Textaufgaben). Andernfalls wird das Lehrpersonal in der Anwendung von solchen Instruktionsmethoden geschult, die für leistungsschwache Kinder nachweislich besser geeignet sind. Wertvolle Informationen dazu liefern Evaluationsagenturen, die ihre Ergebnisse auf eine auch für Praktiker verständliche Weise darstellen und leicht zugänglich machen (z. B. „What Works Clearinghouse" oder „Best Evidence Encyclopedia").
- Kinder, die vom Regelunterricht nicht hinreichend profitieren, werden intensiv diagnostiziert, um die Ursache ihrer Lernschwierigkeit herauszufinden (z. B. Defizite im Wortschatz und im Sprachverstehen). Darauf baut die Planung der Intervention auf, die innerhalb des Verantwortungsbereichs der (Regel-)Schule durchgeführt wird: zuerst in fachlich angeleiteten Lerngruppen und – sofern dies nicht zum erwünschten Ergebnis führt – durch eine Einzelförderung (1 Lehrkraft für 1 Kind). Verhaltens-

schwierigkeiten (z. B. Aufmerksamkeitsprobleme, undiszipliniertes Verhalten, Lernunlust) werden in die Intervention einbezogen (z. B. durch ein Programm zur operanten Verstärkung des erwünschten Verhaltens). Die Durchführung erfolgt durch Lehrpersonal, das speziell für diese Interventionsprogramme geschult wird (z. B. in der Durchführung eines Programms zur Förderung der Lautbewusstheit). Die Eltern werden über das Vorgehen informiert und nach Möglichkeit aktiv in die Intervention einbezogen (z. B. durch die Vereinbarung von Vorlese-Aktivitäten, um den Wortschatz und das Hörverständnis des Kindes zu verbessern).
- Um Rückfällen entgegenzuwirken, werden die geförderten Kinder nach Abschluss der Intervention mindestens 1 Jahr lang engmaschig beobachtet (z. B. durch monatliche Erhebungen ihres Lernstands relativ zu den Zielen des Lehrplans). Werden neuerdings Lernrückstände festgestellt, so wird die Förderung wieder aufgefrischt.

Schulen (oder auch ganze Schulbezirke), die dieses Vorgehen konsequent befolgen und den Erfolg ihrer Maßnahmen regelmäßig kontrollieren, verhelfen nicht nur Kindern mit bereits auffälligen Lernproblemen zu mehr Lernerfolgen. Sie wirken auch präventiv, indem sie die Anzahl der Kinder reduzieren, die andernfalls im Verlauf ihrer Schullaufbahn eine Lernstörung entwickeln würden (Torgesen, 2009).

1.4 Literatur

Grundlegende Literatur

Brack, U. (2001). *Überselektive Wahrnehmung bei retardierten Kindern*. Göttingen: Hogrefe.

Bradley, R., Danielson, L. & Hallahan, D. P. (Eds.). (2002). *Identification of learning disabilities: Research to practice*. Mahwah, NJ: Erlbaum.

Fletcher, J. M. & Vaughn, S. (2009). Response to intervention: Preventing and remediating academic difficulties. *Child Development Perspectives, 3,* 30–37. doi: 10.1111/j.1750-8606.2008.00072.x

Hasselhorn, M. & Schuchardt, K. (2006). Lernstörungen: Eine kritische Skizze zur Epidemiologie. *Kindheit und Entwicklung, 15,* 208–215. doi: 10.1026/0942-5403.15.4.208

Klauer, K. J. & Lauth, G. W. (1997). Lernbehinderungen und Leistungsschwierigkeiten bei Schülern. In F. E. Weinert (Hrsg.), *Psychologie des Unterrichts und der Schule* (Enzyklopädie der Psychologie, Themenbereich D, Serie I, Pädagogische Psychologie) (S. 701–738). Göttingen: Hogrefe.

Pressley, M., Borkowski, J. G. & Schneider, W. (1987). Cognitive strategies: Good strategy users coordinate metacognition and knowledge. In R. Vasta & G. White (Eds.), *Annals of child development* (*Vol. 5*, pp. 89–129). Greenwich, CT: JAI Press.

Swanson, H. L., Graham, S. & Harris, K. (Eds.). (2003). *Handbook of learning disabilities*. New York: Guilford.

Weiterführende Literatur

Baumert, J., Klieme, E., Neubrand, M., Prenzel, M., Schiefele, U., Schneider, W., Stanat, P., Tillmann, K.-J. & Weiß, M. (Hrsg). (2001). *PISA 2000 – Basiskompetenzen von Schülerinnen und Schülern im internationalen Vergleich*. Opladen: Leske + Budrich.

Bradley, L., Caldwell, B. M. & Rock, S. L. (1988). Home environment and school performance: A ten-year follow-up and examination of three models of environmental action. *Child Development, 59,* 852–867. doi: 10.2307/1130253

Brunstein, J. C. & Spörer, N. (2010). Selbstgesteuertes Lernen. In D. H. Rost (Hrsg.), *Handwörterbuch Pädagogische Psychologie* (4. Aufl., S. 751–759). Weinheim: Beltz & PVU.

Bryan, T. H. & Bryan, J. H. (1990). Social factors in learning disabilities: An overview. In H. L. Swanson & B. K. Keogh (Eds.), *Learning disabilities: Theoretical and research issues* (pp. 131–138). Hillsdale, NJ: Erlbaum.

deJong, P. F. (1993). The relationship between students' behavior at home and attention and achievement in elementary school. *British Journal of Educational Psychology, 63,* 201–213.

Dilling, H., Mombour, W., Schmidt, M. H. & Schulte-Markwort, E. (Hrsg.). (2011). *Internationale Klassifikation psychischer Störungen. ICD-10 Kapitel V (F). Diagnostische Kriterien für Forschung und Praxis* (5. Aufl.). Bern: Huber.

Entorf, H. (2005). PISA Ergebnisse, sozialökonomischer Status der Eltern und Sprache im Elternhaus: Eine international vergleichende Studie vor dem Hintergrund unterschiedlicher Einwanderungsgesetze. *Tertium Comparationis: Journal für International und Interkulturell Vergleichende Erziehungswissenschaft, 11,* 134–151.

Esser, G. & Schmidt, M. H. (1993). Die langfristige Entwicklung von Kindern mit Lese-Rechtschreibschwäche. *Zeitschrift für Klinische Psychologie, 22,* 100–116.

Fuchs, L. S., Compton, D. L., Paulsen, K., Bryant, J. D. & Hamlett, C. L. (2005). The prevention, identification, and cognitive determinants of math difficulty. *Journal of Educational Psychology, 97,* 493–513. doi: 10.1037/0022-0663.97.3.493

Harwell, J. M. & Jackson, R. W. (2008). *The complete learning disabilities handbook: Ready-to-use strategies & activities for teaching students with learning disabilities.* San Francisco, CA: Wiley.

Hattie, J. (2009). *Visible learning: A synthesis of over 800 meta-analyses relating to achievement.* New York: Routledge.

Institut für Schulentwicklungsforschung der Technischen Universität Dortmund (2012). IGLU/PIRLS 2011 und TIMSS 2011. Pressinformationen. http://www.ifs-dortmund.de/pirls2011.html. Download vom 11. 12. 2012.

Kavale, K. A. & Forness, S. R. (1999). *Efficacy of special education and related services.* Washington, DC: American Association on Mental Retardation.

Kellaghan, T., Stoane, K., Alvarez, B. & Bloom, B. S. (1993). *The home environment and school learning.* San Francisco, CA: Jossey-Bass.

Klemm, K. (2009). *Klassenwiederholungen – teuer und unwirksam. Eine Studie zu den Ausgaben für Klassenwiederholungen in Deutschland.* Gütersloh: Stiftung Bertelsmann.

Klicpera, C. & Gasteiger-Klicpera, B. (1993). *Lesen und Schreiben – Entwicklung von Schwierigkeiten. Die Wiener Längsschnittuntersuchungen über die Entwicklung, den Verlauf und die Ursachen von Lese- und Schreibschwierigkeiten in der Pflichtschulzeit.* Bern: Huber.

Klieme, E., Artelt, C., Hartig, J., Jude, N., Köller, O., Prenzel, M., Schneider, W. & Stanat, P. (Hrsg.). (2010). *PISA 2009 – Bilanz nach einem Jahrzehnt.* Münster: Waxmann.

Lauth, G. W., Husein, S. & Spieß, R. (2006). Lernkompetenztraining bei leistungsschwachen Grundschülern. *Kindheit und Entwicklung, 15,* 229–238. doi: 10.1026/0942-5403.15.4.229

May, P. (2001). *Lernförderlicher Unterricht. Teil 1: Untersuchung zur Wirksamkeit von Unterricht und Förderunterricht für den schriftsprachlichen Lernerfolg. Ergebnisse der Evaluation des Projekts „Lesen und Schreiben für alle" (PLUS).* Frankfurt a. M.: Peter Lang.

McCall, R. B., Evahn, C. & Kratzer, L. (1992). *High school underachievers: What do they achieve as adults?* Newbury Park, CA: Sage.

Prenzel, M., Baumert, J., Blum, W., Lehmann, R., Leutner, D., Neubrand, M., Pekrun, R., Rost, J. & Schiefele, U. (Hrsg.). (2004). *PISA 2003 – Der Bildungsstand der Jugendlichen in Deutschland: Ergebnisse des zweiten internationalen Vergleichs*. Münster: Waxmann.

Saß, H., Wittchen, H.U., Zaudig, M. & Houben, I. (Hrsg.). (2003). *Diagnostisches und statistisches Manual psychischer Störungen – Textrevision*. Göttingen: Hogrefe.

Seligman, M. (2000). *Conducting effective conferences with parents of children with disabilities*. New York: Guilford.

Statistisches Bundesamt (2011). *Bildung und Kultur: Allgemeinbildende Schulen* (Fachserie 11, Reihe 1, Schuljahr 2010/2011). Wiesbaden.

Stern, E. (1998). Die Entwicklung schulbezogener Kompetenzen: Mathematik. In F.E. Weinert (Hrsg). *Entwicklung im Kindesalter* (S. 95–113). Weinheim: Beltz & PVU.

Torgesen, J.K. (2009). The response to intervention instructional model: Some outcomes from a large-scale implementation in reading first schools. *Child Development Perspectives, 3*, 38–40. doi: 10.1111/j.1750-8606.2009.00073.x

Material

Deutsche Gesellschaft für Kinder- und Jugendpsychiatrie und Psychotherapie (Hrsg). (2007). *Leitlinien zur Diagnostik und Therapie von psychischen Störungen im Säuglings-, Kindes- und Jugendalter* (3. Aufl.). Köln: Deutscher Ärzte Verlag.

2. Underachievement: Wenn Schülerinnen und Schüler weniger leisten als sie könnten

Joachim C. Brunstein und Cornelia Glaser

Fallbeispiel

Leistungen

Katholische Religionslehre	*befriedigend*
Deutsch	*befriedigend*
Mathematik	*befriedigend*
Heimat- und Sachunterricht	*befriedigend*
Kunsterziehung	*befriedigend*
Musikerziehung	*gut*
Sporterziehung	*gut*

Jonas (9;4 Jahre alt) besucht die 4. Klasse einer Grundschule. Die Mutter sucht gemeinsam mit ihrem Sohn eine schulpsychologische Beratungsstelle auf. Als Anlass gibt sie „Leistungsprobleme in der Schule" an. Zudem möchte sie herausfinden, welche weiterführende Schule Jonas besuchen soll. Im Erstgespräch berichtet sie, dass Jonas' schulische Leistungen bis einschließlich der 2. Klasse stets gut, im Rechnen sogar sehr gut gewesen seien. Insgesamt sei ihm die Schule sehr leicht gefallen. Zu Beginn der 3. Klasse habe es dann einen Wechsel der Klassenlehrerin gegeben. Seine Zeugnisnoten seien auf befriedigend „abgerutscht". Im Elterngespräch habe sich die Lehrerin beklagt, Jonas beteilige sich zu selten am Unterricht. Er reagiere nur, wenn sie ihn direkt anspreche. Allerdings seien die Antworten dann meist richtig. Häufig wirke er im Unterricht aber lustlos, oft auch „geistig abwesend". An Gruppenarbeiten beteilige er sich gar nicht. Nur wenn sie mit einem neuen Thema beginne, sei er vorübergehend bei der Sache. Es fehle ihm aber an Ausdauer; er übe kaum und verliere schnell das Interesse. Auch bei den Hausaufgaben mangele es ihm an Fleiß. Die Mutter bestätigt, dass die Hausaufgaben für Jonas „eine echte Qual" seien. Er verbummle die Zeit, fange viel zu spät an und beschäftige sich lieber „mit anderen Sachen". Häufig bearbeite er die Aufgaben nur oberflächlich und unvollständig (z. B. Deutschaufsätze). Fehler kontrolliere er gar nicht. Ihr Mann sei in schulischen Dingen tolerant; sie selbst mache sich jedoch große Sorgen und schimpfe oft mit Jonas, weil er sich in schulischen Angelegenheiten zu wenig bemühe.

Jonas berichtet, dass ihm die Schule nicht so wichtig sei. Er langweile sich im Unterricht und ärgere sich, wenn er von seiner Lehrerin vor der Klasse ermahnt werde. Wie er sich in seinen Noten verbessern könnte, wisse er nicht. In der Klasse habe er einen Freund, mit dem er gemeinsam eine Musikschule besucht (Jonas spielt seit seinem 6. Lebensjahr Geige). Ansonsten sei er lieber mit den Freunden seines älteren Bruders zusammen. Die Mutter wünscht sich, dass Jonas ebenso wie sein Bruder das Gymnasium besucht. Die Lehrerin rät hingegen zum Übergang auf die Realschule, weil seine Leistungen nicht gut genug sind und es ihm an Sorgfalt und Fleiß fehle.

Im Rahmen einer testdiagnostischen Untersuchung wurde mit Jonas die Wechsler Intelligence Scale for Children (WISC-IV; Petermann & Petermann, 2011) durchgeführt. Sein Gesamt-IQ lag bei 128. Das Profil für Sprachverständnis, Wahrnehmungsbezogenes Logisches Denken, Arbeitsgedächtnis und Verarbeitungsgeschwindigkeit wies nur geringe Schwankungen auf. Den höchsten Wert erreichte Jonas beim Wahrnehmungsbezogenen Logischen Denken (Durchschnitts-IQ = 132). Im Nachgespräch berichtet Jonas, dass ihm die „kniffligen" Aufgaben zum Matrizentest (Erfassung der fluiden Intelligenz) am meisten Spaß gemacht hätten.

2.1 Definition und diagnostische Kriterien nach ICD-10

Als Underachiever werden Schülerinnen bzw. Schüler bezeichnet, die in ihren schulischen Leistungen (Noten und Schulleistungstests) weit hinter dem Niveau ihrer intellektuellen Grundfähigkeiten (Intelligenz) zurückbleiben. In der Schule schöpfen sie ihr Lernpotenzial nicht annähernd aus. Die Diskrepanz zwischen Fähigkeit und Leistung lässt sich auf drei Wegen bestimmen:

- In der klinischen Praxis werden die Werte von (sprachfreien) Intelligenztests und von Schulleistungstests nach Normtabellen standardisiert. Danach wird die Differenz der beiden Standardwerte gebildet. Underachievement liegt vor, wenn der Standardwert des Intelligenztests deutlich (d.h. etwa 1.5 Standardabweichungen) über dem Standardwert des Schulleistungstests liegt.
- Psychologische Forschungsarbeiten schätzen die zu erwartende Schulleistung aus den Werten von Intelligenztests mit regressionsstatistischen Verfahren. Underachievement liegt vor, wenn die tatsächliche Schulleistung erwartungswidrig ist, also weit unterhalb der aufgrund der Intelligenz anzunehmenden Schulleistung liegt.
- In der Bildungssoziologie wird Underachievement in Abhängigkeit von der Schulform definiert (Uhlig, Solga & Schupp, 2009). Underachiever sind demzufolge Schülerinnen und Schüler, deren intellektuelles Leistungsniveau einer höheren Schulform entspricht (z.B. Gymnasialniveau) als derjenigen, die tatsächlich besucht wird (z.B. eine Realschule).

Underachievement ist in der Regel bereichsübergreifend: Relativ zur Intelligenz liegen zumeist Einbußen im Lesen und Schreiben vor, die dann auch Beeinträchtigungen in anderen Schulfächern nach sich ziehen (z.B. bei Textaufgaben in Mathematik). Längsschnittstudien zeigen, dass Kinder, die in der Schule erwartungswidrig schlechte Leistungen erbringen, ein erhöhtes Risiko aufweisen, später auch im Beruf weniger zu erreichen als es mit Blick auf ihre Fähigkeiten zu erwarten wäre (McCall, Evahn & Kratzer, 1992).

Weder ICD noch DSM führen Underachievement als eigenständige Lernstörung auf. Das DSM berücksichtigt Underachievement jedoch als V-Kategorie (V62.3; Schulschwierigkeiten: Mangelhafte Noten oder bedeutsame Leistungsmängel bei einer Person mit ausreichenden intellektuellen Fähigkeiten). Im ICD-System ist Underachievement in der Z-Kategorie aufgeführt (Z55; Kontaktanlässe in Bezug auf die Ausbildung). Bei Underachievement handelt es sich demzufolge um eine Auffälligkeit, die Anlass zur Beobachtung und Beratung gibt. Die Kodierung „Underachievement" schließt die Diagnose einer

Entwicklungsstörung aus. Zur Abgrenzung von Schülerinnen und Schülern mit normalen bzw. erwartungsgetreuen Schulleistungen sowie von solchen mit spezifischen Lernstörungen werden folgende Kriterien zur Bestimmung von Underachievern angewendet:

- Die Werte, die Underachiever in standardisierten Schulleistungstests erreichen, liegen um mindestens 1.5 Standardabweichungen (bzw. 2 Standardabweichungen bei Anwendung der ICD-Forschungskriterien) unterhalb der Leistung, die aufgrund ihrer Intelligenz zu erwarten wäre. Sind die schulischen Leistungen deutlich unterdurchschnittlich, die Intelligenz dagegen durchschnittlich ausgeprägt, so ist Underachievement als umschriebene Entwicklungsstörung schulischer Fertigkeiten zu diagnostizieren (s. Kapitel 3, 4, 5). Dazu werden die entsprechenden ICD-Kategorien verwendet (F81).
- Typische Underachiever sind überdurchschnittlich begabt, erreichen in Schulleistungstests aber höchstens durchschnittliche Leistungen (Rost & Sparfeldt, 2009). Ihre Noten liegen im mittleren bis unteren Bereich. Underachiever werden von Lehrkräften selten erkannt, sondern wegen ihrer mäßigen schulischen Leistungen in ihren intellektuellen Fähigkeiten unterschätzt.

Die Diagnose Underachievement setzt zwingend eine gründliche Intelligenzdiagnostik voraus. Indizien, die auf das Vorliegen von Underachievement hindeuten, werden in Kasten 1 aufgeführt.

Kasten 1: Indizien für das Vorliegen von Underachievement
(zitiert nach Rost & Sparfeldt, 2008, S. 61–62)

- Die Schülerin bzw. der Schüler zeigt besondere (intellektuelle) Leistungen in außerschulischen/außerunterrichtlichen Bereichen.
- Die Schülerin bzw. der Schüler hat sehr gute Leistungen in der Vergangenheit (Grundschule) erbracht, es ist danach jedoch ein massiver Leistungseinbruch erfolgt. Damit ist weder der „übliche" Leistungsknick beim Übergang in weiterführende Schulen noch der häufig in der Pubertät zu beobachtende vorübergehende Leistungsabfall gemeint.
- Die Schülerin bzw. der Schüler fällt bei der Einführung neuer Unterrichtsthemen besonders positiv auf (schnelle Auffassungsgabe), scheint aber im weiteren Unterrichtsverlauf „abzuschalten".
- Die Schülerin bzw. der Schüler passt nicht auf oder ist abwesend, bringt aber dann und wann (insbesondere bei schwierigen Themen) auffallend gute Beiträge.
- Die Schülerin bzw. der Schüler meldet sich nicht im Unterricht, weiß aber die richtige Antwort, wenn man nachfragt.
- Eltern, Nachbarn oder andere Bezugspersonen beobachten trotz schlechter Schulleistungen besondere Fähigkeiten und Expertise.

2.2 Epidemiologie, Verbreitung und Altersrelevanz der Störung

Legt man strenge Diagnosekriterien an, so sind zwischen 5 % und 10 % der Schülerinnen und Schüler als Underachiever zu bezeichnen (Hinshaw, 1992). Jungen sind häufiger als Mädchen betroffen und zeigen die entsprechenden Symptome vergleichsweise früher (McCall et al., 1992). Eine Häufung von Underachievement findet sich bei Kindern der sozialen Grundschicht. Kinder, deren Eltern keinen akademischen Abschluss haben, weisen ein deutlich höheres Underachievement-Risiko auf und besuchen häufiger eine Schulform, die ihr kognitives Potenzial nicht ausschöpft, als Kinder aus Familien, in denen mindestens ein Elternteil über einen akademischen Abschluss verfügt (Uhlig, Solga & Schupp, 2009). Über komorbide Störungen ist Folgendes bekannt (Hinshaw, 1992):

- Underachievement und externalisierende Verhaltensstörungen überlappen sich bei etwa 20 % der Fälle.
- Bei jüngeren Schülerinnen und Schülern steht Underachievement vor allem mit hyperkinetischen Störungen im Zusammenhang (ICD-F90). Bei älteren Schülerinnen und Schülern (Jugendalter) tritt Underachievement gehäuft in Verbindung mit Störungen des Sozialverhaltens auf (ICD-F91).
- Leistungsangst kann in der Genese von Underachievement eine Rolle spielen, gehört aber nicht zum eigentlichen Kern des Syndroms. Underachiever fürchten den schulischen Misserfolg nicht, sondern akzeptieren ihn scheinbar ungerührt als unabänderlich.

2.3 Bedingungsmodell: Entstehung und Aufrechterhaltung der Störung

Die vorherrschenden Modelle führen die Entstehung und Aufrechterhaltung von Underachievement in erster Linie auf einen Mangel beim strategischen Lernen (Borkowski & Thorpe, 1994; Sparfeldt & Buch, 2010) und auf motivationale Besonderheiten zurück.

- Underachiever weisen demzufolge gravierende Defizite in der Beherrschung von *Lernstrategien* auf, die für den Erwerb und die Anwendung neuen Wissens benötigt werden (z. B. Lese-, Rechen- und Schreibstrategien). Sie wissen wenig über die Anwendungsbedingungen von Strategien und benutzen ihr strategisches Wissen auch dann nicht, wenn es für die Bearbeitung einer Aufgabe benötigt wird.
- Defizite in Lernstrategien werden durch *metakognitive Defizite* verfestigt. Underachiever zeigen kaum Aktivitäten, welche für die Planung, Überwachung und Regulation des eigenen Lernverhaltens erforderlich sind. Sie handeln beim Lernen unbedacht und übereilt, reflektieren die an sie gestellte Aufgabe nicht, achten kaum auf Fehler und brechen eine Aufgabe ab, noch bevor sie fertiggestellt ist.
- Schwache Schulleistungen unterminieren das Selbstvertrauen. Die *Selbstwirksamkeitserwartungen* von Underachievern sind daher gering. Misserfolge erklären sie mit Fähigkeitsmangel; Erfolge führen sie hingegen auf Glück oder die Leichtigkeit der Aufgabe zurück. Underachiever stellen keinen Zusammenhang zwischen Lernerfolgen einerseits und strategischem Vorgehen bzw. eigenem Bemühen andererseits her.
- In der Konsequenz ist die *Lernmotivation* von Underachievern gering. Sie investieren deutlich weniger Lernzeit als erfolgreichere Schülerinnen und Schüler – auch wenn ihre Selbsteinschätzung davon abweichen mag. Dieses Motivationsdefizit hat eine selbstwertschützende Funktion: Wer nicht lernt, braucht Misserfolge nicht mit mangelnder Fähigkeit erklären.

2.4 Diagnostik im Überblick

(1) *Testpsychologische Untersuchung*. Zur Feststellung von Underachievement müssen zunächst Lese-, Rechtschreib- und Rechenleistungen diagnostiziert und mit den intellektuellen Grundfähigkeiten verglichen werden. Dazu bietet sich folgendes Vorgehen an:

- Zur Diagnostik kognitiver Fähigkeiten wird ein mehrdimensionaler Intelligenztest durchgeführt. Beim Einsatz der Kaufman Assessment Battery for Children (K-ABC; Kaufman & Kaufman, 2009) ist beispielsweise folgendes Vorgehen angezeigt: (a) Abklärung der allgemeinen intellektuellen Leistungsfähigkeit mithilfe der Skala intellektueller Fähigkeiten (SIF); (b) Erfassung von Lese-, Rechtschreib- und Rechenleistungen mit der Fertigkeitenskala (FS); (c) nach Ausschluss anderer Lernstörungen (F81.0 bis F81.3) sollte der Wert der Fähigkeitsskala (SIF) mindestens 1.5 Standardabweichungen über dem Wert der Fertigkeitenskala (FS) liegen. Die Normierung der K-ABC ist allerdings schon veraltet. Bei Jonas wurde daher der WISC-IV (Petermann & Petermann, 2011) als Intelligenzdiagnostikum eingesetzt. Im Vergleich zu ihren Vorgängerversionen enthält die Version IV deutlich mehr sprachfreie Untertests, insbesondere auch zur fluiden Intelligenz. Bei Kindern mit Migrationshintergrund ist zu beachten, dass die Untertests zum Sprachverständnis nur bedingten Aufschluss über die generelle kognitive Fähigkeit bieten. Alternativ (um z. B. ein Screening durchzuführen) oder ergänzend dazu (um z. B. die Diagnose zu erhärten) können Grundintelligenzskalen, wie etwa der CFT-20 R (Weiß, 2008), zur Identifikation von Underachievern eingesetzt werden.
- Zur Bestimmung der schulischen Leistungen sind standardisierte Schulleistungstests zu verwenden. Die Bereiche Lesen, Rechtschreiben und Rechnen sollten mit normierten Tests überprüft und mit den Ergebnissen des Intelligenztests verglichen werden (s. dazu Anhang D). Ergänzend sind Schulnoten als Informationsquelle zu berücksichtigen, da diese auf die Schullaufbahn einen maßgeblichen Einfluss ausüben (z. B. auf die Empfehlung zum Schulübergang am Ende der Grundschule).
- Es ist abzuklären, ob komorbide Verhaltensstörungen vorliegen (Hyperkinetische Störungen, F90; Störungen des Sozialverhaltens, F91; Störung mit sozialer Ängstlichkeit, F93.2). Besteht ein Verdacht, dass die Minderleistungen neurologisch begründet sein könnten (also z. B. auf eine Epilepsie oder eine Sinnesstörung zurückzuführen sind), so ist eine ärztliche Untersuchung zwingend notwendig.
- Darüber hinaus sollten mögliche naheliegende Einflussgrößen von Underachievement, wie metakognitives Wissen (Schlagmüller, Visé & Schneider, 2001), Lern- und Arbeitsverhalten (Keller & Thiel, 1998), Fähigkeitsselbstkonzept (Schöne, Dickhäuser, Spinath & Stiensmeier-Pelster, 2012) sowie Ursachenerklärungen für Erfolg und Misserfolg (Stiensmeier-Pelster, Schürmann, Eckert & Pelster, 1994), testpsychologisch überprüft werden.

(2) *Therapierelevante Diagnostik*. Wichtige Aufschlüsse für die Festlegung von Förderzielen und Interventionsmaßnahmen ergeben sich aus nachfolgend beschriebenem Vorgehen:

- *Orientierende Verhaltensanalyse*. Zunächst werden Informationen über die Entwicklungsbedingungen in Schule und Elternhaus erhoben (vgl. Anhang A). Dabei sind folgende Fragen abzuklären: Wie war die bisherige Leistungsentwicklung? Wie gut ist die Beteiligung am Unterricht? Wie beurteilen Lehrkräfte das Arbeitsverhalten der Schülerin bzw. des Schülers? Welche Leistungserwartungen haben die Eltern? Sind in letzter Zeit familiäre Belastungen aufgetreten? Wird das Kind bzw. der Jugendliche zum Lernen angeregt und unterstützt? Sind die Eltern bereit, sich an der Intervention zu beteiligen?

- *Diagnostik des Lernverhaltens.* Zur Vorbereitung der Intervention sollte das Lern- und Arbeitsverhalten bei ausgewählten Aufgaben beobachtet werden (Arbeitsproben mit Lese-, Schreib- und Rechenaufgaben). Besonderes Augenmerk ist auf das strategische Vorgehen und das Ausdauerverhalten zu richten. Die Schülerin bzw. der Schüler wird aufgefordert, genau zu erklären, wie er bei der betreffenden Aufgabe vorgeht. Aus den resultierenden Denkprotokollen lassen sich Rückschlüsse auf Lernrückstände, Strategiedefizite und Hilflosigkeitssymptome beim Lernen ziehen.

2.5 Interventionsziele

Die Förderung zielt darauf ab, die Qualität und Quantität von Lernhandlungen zu erhöhen. Erfolgreich ist die Intervention dann, wenn sich die schulischen Leistungen verbessern und sich dem Intelligenzniveau angleichen. Folglich konzentrieren sich die Ziele auf folgende Bereiche:

- Vermittlung von Lernstrategien (z. B. zum Leseverständnis und zur Textkomposition; s. Kapitel 12 und 14) und Arbeitstechniken (z. B. Zeiteinteilung), die unzureichend beherrscht werden (s. Kapitel 21);
- Anregung metakognitiver Aktivität (Selbstkontrolle des Lernverhaltens; s. Kapitel 28) und Aufbau leistungsförderlicher Ursachenerklärungen (Attributionstraining; s. Kapitel 40);
- Steigerung der Lernmotivation (s. Kapitel 18 und 20) und Förderung selbstregulierten Lernens (Formulierung eigener Lernziele, Selbstbeobachtung und Selbstverstärkung).

Sind bei einer Schülerin oder einem Schüler bereits gravierende Wissenslücken festzustellen, empfiehlt sich ein Übungsprogramm, um diese möglichst rasch zu schließen. Liegen Symptome der Lernunlust vor, sollten hierbei operante Verfahren der Verhaltensmodifikation mit einbezogen werden (s. Kapitel 18, 19, 35, 39).

2.6 Intervention im Überblick

Von einer Stabilisierung des Underachievement-Syndroms ist ab einem Alter zwischen 10 und 12 Jahren auszugehen. Interventionen sollten nach Möglichkeit früher einsetzen, um einer Verfestigung entgegenzuwirken. Folgendes Vorgehen ist angezeigt:

(1) *Übernahme von Selbstverantwortung.* Underachiever „wollen“ mitunter nicht lernen (Keller, 2011). Sie sind dann nicht bereit, Verantwortung für das eigene Lernen zu übernehmen und setzen therapeutischen Interventionen „Widerstände“ entgegen. Liegen dafür Indizien vor, so empfiehlt es sich, zu Beginn der Intervention verbindliche Ziele und Verhaltensregeln zu vereinbaren. Das therapeutische Vorgehen ist im Wesentlichen

konfrontierend und mündet in die Aushandlung von Verhaltensverträgen ein (s. Kapitel 39). Kasten 2 illustriert das Vorgehen in Anlehnung an ein von Mandel und Marcus (1988) empfohlenes Verfahren.

(2) *Strategieerwerb, Selbstkontrolle und Reattribution.* Diese drei für die Lerntherapie von Underachievern zentralen Interventionsbereiche sollten wie folgt miteinander kombiniert werden:

- Zunächst werden, je nach diagnostizierten Defiziten, aufgabenspezifische Strategien vermittelt (Lese-, Schreib-, Rechen- und Gedächtnisstrategien). Dies geschieht durch Modelllernen und Selbstinstruktionstraining (s. Kapitel 36).
- Einsatz, Steuerung und Überwachung der Lernstrategien werden systematisch trainiert. Übereiltem Handeln wird durch die Einübung von Selbstverbalisierungen entgegengewirkt („Stopp – erst Planen, dann Schreiben!“). Danach ist abzuklären, wann genau welche Strategie einzusetzen ist. Vor allem aber ist der erfolgreiche Einsatz der Strategie zu überprüfen.

Kasten 2: Leitfaden zur Förderung von Selbstverantwortung bei Underachievern

1. **Allgemeine Zielvereinbarung**
   Leistungsverbesserung wird als verbindliche und selbstverantwortete Zielsetzung mit der Schülerin bzw. dem Schüler vereinbart. Dies erfolgt in der Form eines Vertrags. Es ist darauf zu achten, dass das Mädchen oder der Junge eigene Ambitionen für die Förderung formuliert.
2. **Erkundende Problemanalyse**
   Im Rahmen einer Exploration sind die Gründe für die bestehenden Lernprobleme und die Hindernisse auf dem Weg zum Erfolg aus Sicht des jeweiligen Kindes oder Jugendlichen zu eruieren.
3. **Konfrontation mit selbstverantworteten Lerndefiziten**
   Dem Kind oder Jugendlichen sind bezüglich seines Lernverhaltens eventuell vorhandene Diskrepanzen zwischen seinen subjektiven Eindrücken und den tatsächlichen Gegebenheiten aufzuzeigen. So wäre etwa denkbar, dass die Schülerin oder der Schüler schätzt, täglich ein bis zwei Stunden für die Hausaufgaben aufzuwenden. Ein Wochenprotokoll, das gemeinsam mit der Mutter angefertigt wird, zeigt jedoch, dass es täglich höchstens 20 Minuten sind. Ein solcher Widerspruch ist dem Mädchen oder dem Jungen unmissverständlich, aber dennoch auf eine respektvolle und einfühlsame Weise vor Augen zu führen.
4. **Konsequenzen von Lerndefiziten und Selbstentschuldigungen**
   Mithilfe einer gemeinsamen Verhaltensanalyse sind die Konsequenzen mangelnder Lernaktivität zu verdeutlichen. So kann es beispielsweise sinnvoll sein, dass sich ein bestimmter Schüler den folgenden Zusammenhang vergegenwärtigt: „Wenn ich nach dem Mittagessen zu meinem Freund gehe, werde ich mit meinen Hausaufgaben nicht mehr fertig und am nächsten Tag deshalb von meiner Lehrerin ermahnt.“ Besondere Aufmerksamkeit ist auf „Ausreden“ zu richten („ich war zu müde;“ „wir hatten zu viel auf;“ „mein Freund hat mich angerufen“), mit denen Versäumnisse im Lernen entschuldigt werden.

5. **Vereinbarung von Lösungsplänen**
   Mit der Schülerin bzw. dem Schüler (und ggf. den Eltern) ist ein Plan zur Lösung des spezifischen Lernproblems zu erarbeiten. So könnte ein betreffendes Kind bzw. ein betreffender Jugendlicher etwa folgendes Vorhaben formulieren: „Wenn ich nach Hause komme, esse ich zuerst zu Mittag; danach höre ich für 15 Minuten Musik und beginne dann sofort mit den Schularbeiten. Ich lerne für zwei Stunden und mache nach einer Stunde für zehn Minuten Pause. In mein Tagebuch trage ich ein, wann ich begonnen und wann ich aufgehört habe. Wenn das Telefon klingelt, gehe ich nicht dran. Meine Mutter sorgt dafür, dass während dieser Zeit weder der Fernseher läuft noch meine kleine Schwester in mein Zimmer kommt."
6. **Erfolgskontrolle**
   Die Ausführung des Plans wird ggf. mit Unterstützung der Eltern und Lehrkräfte kontrolliert. Für die Einhaltung ist ein Belohnungssystem unter Einbezug von Aktivitäts- und Austauschverstärkern zu vereinbaren. Treten Schwierigkeiten auf (eigene Versäumnisse werden neuerdings mit dem „zu schönen Wetter" begründet), müssen die vorangehend beschriebenen Schritte erneut durchlaufen werden.

- Im Rahmen der Intervention werden lernförderliche Attributionen aufgebaut (s. Kapitel 40). Jeder noch so kleine Erfolg wird von der Trainerin bzw. dem Trainer oder der Förderlehrkraft sofort zurückgemeldet und ausdrücklich auf das planvolle Vorgehen der Schülerin bzw. des Schülers zurückgeführt. Dies dient einerseits der Stärkung des Selbstvertrauens. Mindestens ebenso wichtig ist, dass für die Schülerin bzw. den Schüler der Zusammenhang zwischen korrektem Strategieeinsatz und zunehmendem Lernerfolg klar erkennbar wird.

Die Kombination der drei vorgenannten Interventionselemente hat sich in der Förderung von Underachievern bewährt und ist einem isolierten Training einzelner Elemente vorzuziehen (Borkowski & Thorpe, 1994).

(3) *Motivierung und Aufbau selbstregulierten Lernens*. Bei Underachievern sollte kein Interesse an schulbezogenen Aktivitäten vorausgesetzt werden. Vielmehr ist, wie bereits erwähnt, mit Motivationsproblemen zu rechnen, die in der Lerntherapie verringert werden sollten. Hierfür empfehlen sich zwei Maßnahmen:
- Motivierungsprinzipien, wie sie in der Therapie von Lernstörungen Praxis sind (s. Kapitel 18). Im Einzelnen bedeutet dies Folgendes: Es werden Schwierigkeitsgrade gewählt, die anspruchsvoll, aber zu meistern sind; es werden individualisierte Rückmeldungen zu Lernfortschritten erteilt; es werden operante Verstärker eingesetzt (d.h. neben Lob und Anerkennung auch Austauschverstärker, die nach einem vereinbarten Punktesystem zu verteilen sind); es werden Aufgaben verwendet, die alltagsnah und interesseweckend sind (ein sportbegeisterter Junge schreibt beispielsweise einen Erlebnisbericht über ein Fußballspiel; vgl. Kapitel 20).
- Schrittweiser Aufbau von Selbstmotivierung. Dies lässt sich durch folgende Maßnahmen erreichen: (a) Die Schülerin bzw. der Schüler wird dazu angeregt, überprüfbare Ziele für das eigene Lernen zu formulieren. Diese Ziele beziehen sich zunächst auf die korrekte Anwendung der Strategien, die im Zuge der Förderung einzuüben sind (prozessorientierte Ziele). Mit zunehmender Beherrschung der Strategie können selbst

gesetzte Ziele dann auch auf das eigentlich angestrebte Lernergebnis bezogen werden, bis hin zur Verbesserung der schulischen Noten (ergebnisbezogene Ziele). Alle Ziele sind in Form von Verhaltensbegriffen zu spezifizieren, da sie sich nur so überprüfen lassen. (b) Die Schülerin bzw. der Schüler wird darin angeleitet, das eigene Lernverhalten systematisch zu beobachten, um es anschließend mit den eigenen Zielen zu vergleichen. Beispielsweise wird in einem Lernprotokoll oder Lerntagebuch festgehalten, wie lange gelernt worden ist und ob dabei auf die geplanten strategischen Vorgehensweisen zurückgegriffen wurde. (c) Die dabei registrierten Lernerfolge können per se motivierend sein. Zusätzlich wird vermittelt, wie man sich selbst belohnen kann, wenn man die eigenen Ziele erreicht (z. B. durch Kontingenzverträge, welche die Schülerin bzw. der Schüler gleichsam mit sich selbst abschließt; s. Kapitel 35).

(4) *Zusammenarbeit mit Elternhaus und Schule*. Kooperation mit Eltern und Lehrkräften ist für die Intervention in zweifacher Hinsicht relevant:

- *Abbau abträglicher Interaktionsmuster*. Alle Bemühungen um eine erfolgreiche Intervention werden zunichte gemacht, wenn die Förderbemühungen von Eltern und Lehrkräften durchkreuzt werden. Strebt man im Rahmen der Intervention beispielsweise an, bei einem Schüler oder einer Schülerin ein leistungsförderliches Attributionsmuster aufzubauen, dann hat dies wenig Aussicht auf Erfolg, solange die Eltern und Lehrkräfte weiterhin mangelnde Fähigkeit für die schlechten Schulleistungen eines Underachiever verantwortlich machen. Hier empfiehlt es sich, dysfunktionales Erziehungsverhalten anhand konkreter Beobachtungen (z. B. im Unterricht oder bei den Hausaufgaben; vgl. Anhang B) zu bestimmen und möglichst unmittelbar ins Positive zu ändern (ein Kind z. B. zu ermutigen und zu unterstützen, wenn es bei einer Aufgabe Schwierigkeiten hat).
- *Aufbau förderlicher Interaktionsmuster*. Vor allem die Eltern können in zweifacher Hinsicht in den Aufbau des erwünschten Lernverhaltens einbezogen werden: (a) Sie wirken bei der Beobachtung und Bekräftigung des therapeutisch intendierten Verhaltens mit (Lob für vollständige Hausaufgaben, Anregung und Belohnung von freiwilligem Lernen). (b) Sie unterstützen ihr Kind beim strategischen Lernen. Dies setzt voraus, dass Eltern die betreffenden Strategien kennen und selbst korrekt anwenden können. Dieses Vermögen muss ggf. vermittelt und eingeübt werden (im Prinzip mit den gleichen Methoden, die oben für die Kinder beschrieben wurden; vgl. Kapitel 29).

Zusammenfassend ist eine Intervention bei Underachievement umso Erfolg versprechender, je mehr es gelingt, kognitive und metakognitive Fertigkeiten aufzubauen, förderliche Attributionsmuster zu vermitteln und Eltern und Lehrkräfte in die Intervention einzubeziehen. Ist das Underachievement-Syndrom bereits stabil, so sind neben unterstützenden Maßnahmen auch Maßnahmen zur Förderung der Selbstverantwortung durchzuführen. Bei Interventionen ist zudem zu berücksichtigen, welche Schulform besucht wird und ob diese dem kognitiven Leistungsniveau des Kindes oder Jugendlichen entspricht. Kasten 3 skizziert, wie sich diese Gesichtspunkte in ein Interventionsprogramm („SELBST") integrieren und umsetzen lassen, das Döpfner, Walter, Rademacher und Schürmann (2006) für Jugendliche mit Leistungs-, Beziehungs- und Selbstwertproblemen entwickelt haben. SELBST hat sich in klinischen Einzelfallstudien bei Jugendlichen mit Leistungsproblemen, die nicht auf Begabungsdefizite zurückzuführen sind, gut bewährt. Die Wirksamkeit von SELBST bei der Behandlung von Jugendlichen mit Leistungsstörungen liegt nach Walter und Döpfner (2006) je nach Erfolgskriterium im mittleren bis hohen Bereich.

Kasten 3: „SELBST" – Ein Therapieprogramm für Jugendliche mit Selbstwert-, Leistungs- und Beziehungsproblemen
(Döpfner, Walter, Rademacher & Schürmann, 2006)

Dieses Therapieprogramm integriert Interventionsmaßnahmen, die auf den drei Ebenen Jugendlicher, Eltern und Lehrkräfte durchgeführt werden. SELBST ist nicht auf ein spezifisches Störungsbild (i. S. von ICD oder DSM) hin ausgerichtet, sondern berücksichtigt, dass bei Jugendlichen (12 bis 16 Jahre) Mischformen unterschiedlicher Problembereiche (schulische Leistungen, soziale Beziehungen in der Familie und zu Gleichaltrigen, Selbstwert) auftreten können. Der Planung, Durchführung und Evaluation der Interventionen geht eine differenzierte Problem- und Zielanalyse voraus. Bei den Interventionen werden drei Bereiche unterschieden: Leistung, soziale Beziehungen und Selbstwert. Das Therapiemodul „Leistungsstörungen" umfasst auf den drei Interventionsebenen z. B. folgende Maßnahmen, die je nach den Ergebnissen der diagnostischen Phase ausgewählt und durchgeführt werden:

- *Jugendlicher.* Überprüfung, ob eine angemessene Beschulung vorliegt (ggf. Maßnahmen zur Umschulung); Schließen von Wissenslücken; Aufbau spezifischer Fertigkeiten (z. B. beim Lesen und Rechnen); Vermittlung von Organisations- und Lernstrategien; Maßnahmen zum Aufbau der Lernmotivation und zur Reduzierung von Versagensängsten, einschl. Umstrukturierung der zugehörigen „dysfunktionalen" Kognitionen (z. B. ungünstige Attributionen).
- *Eltern.* Modifikation des Erziehungsverhaltens und zugehöriger Erziehungseinstellungen, insb. im Hinblick auf Belohnungs- und Bestrafungsverhalten, Modelllernen und Unterstützung des Jugendlichen z. B. in schulischen Angelegenheiten.
- *Lehrkräfte.* Kooperation bei der Rückmeldung des schulischen Leistungs- und Sozialverhaltens des Jugendlichen und ggf. Einbindung in die Durchführung der Intervention.

Zur Modifikation des Problemverhaltens werden Techniken der kognitiven Verhaltenstherapie eingesetzt (insb. Selbstmanagement-Therapie). Mit zunehmendem Therapiefortschritt wird die therapeutische Unterstützung schrittweise ausgeblendet. Zur Sicherung der Nachhaltigkeit der Intervention werden außerdem je nach Bedarf (z. B. bei einem „Rückfall") Auffrischungssitzungen durchgeführt. Die Evaluation der Interventionsergebnisse erfolgt multi-dimensional und bezieht neben klinischen Urteilen (durch eine Therapeutin bzw. einen Therapeuten) und Testergebnissen die Selbsteinschätzungen des Jugendlichen sowie Angaben von Eltern und Lehrkräften über Verhaltensänderungen mit ein.

2.7 Literatur

Grundlegende Literatur

Mandel, H. P. & Marcus, S. I. (1988). *The psychology of underachievement: Differential diagnosis and differential treatment.* New York: Wiley.

Rost, D. H. & Sparfeldt, J. (2008). „Underachievement" aus psychologischer und pädagogischer Sicht. In Hessisches Kultusministerium (Hrsg.), *Hochbegabung und Schule* (S. 56–63). Fulda: Druckerei des Amtes für Lehrerbildung.

Sparfeldt, J. & Buch, S. R. (2010). Underachievement. In D. H. Rost (Hrsg.), *Handwörterbuch Pädagogische Psychologie* (4. Aufl., S. 877–886). Weinheim: Beltz & PVU.

Weiterführende Literatur

Borkowski, J. G. & Thorpe, P. K. (1994). Self-regulation and motivation: A life-span perspective on underachievement. In D. H. Schunk & B. J. Zimmerman (Eds.), *Self-regulation of learning and performance* (pp. 45–73). Hillsdale, NJ: Erlbaum.

Hinshaw, S. P. (1992). Externalizing behavior problems and academic underachievement in childhood and adolescence: Causal relationships and underlying mechanisms. *Psychological Bulletin, 111,* 127–155. doi: 10.1037/0033-2909.111.1.127

McCall R. B., Evahn, C. & Kratzer, L. (1992). *High school underachievers: What do they achieve as adults?* Newbury Park, CA: Sage.

Rost, D. H. & Sparfeldt, J. R. (2009). Hochbegabt und niedrig leistend. In S. Lin-Klitzing, D. Di Fuccia & G. Müller-Frerich (Hrsg.), *Begabte in der Schule: Fördern und Fordern* (S. 138–167). Bad Heilbrunn: Klinkhardt.

Uhlig, J., Solga, H. & Schupp, J. (2009). Bildungsungleichheit und blockierte Lernpotenziale: Welche Bedeutung hat die Persönlichkeitsstruktur für diesen Zusammenhang? *Zeitschrift für Soziologie, 38,* 418–440.

Walter, D. & Döpfner, M. (2006). Die Behandlung von Jugendlichen mit Leistungsstörungen mit dem SELBST-Programm – Kurzzeiteffekte. *Verhaltenstherapie, 16,* 257–265. doi: 10.1159/000095553

Material

Döpfner, M., Walter, D., Rademacher, C. & Schürmann, S. (Hrsg). (2006). *SELBST – Ein Therapieprogramm für Jugendliche mit Selbstwert-, Leistungs- und Beziehungsstörungen.* Göttingen: Hogrefe.

Kaufman, A. S. & Kaufman, N. L. (2009). *Kaufman Assessment Battery for Children (K-ABC)* (dt. Bearbeitung von P. Melchers & U. Preuß; *8. Aufl.*). Frankfurt: Pearson.

Keller, G. (2011). *Ich will nicht lernen* (4. Aufl.). Bern: Huber.

Keller, G. & Thiel, R.-D. (1998). *Lern- und Arbeitsverhaltensinventar (LAVI).* Göttingen: Hogrefe.

Petermann, F. & Petermann, U. (Hrsg.). (2011). *Wechsler Intelligence Scale for Children – Fourth Edition (WISC-IV).* Frankfurt: Pearson.

Schlagmüller, M., Visé, M. & Schneider, W. (2001). Zur Erfassung des Gedächtniswissens bei Grundschulkindern: Konstruktionsprinzipien und empirische Bewährung der Würzburger Testbatterie zum deklarativen Metagedächtnis. *Zeitschrift für Entwicklungspsychologie und Pädagogische Psychologie, 33,* 91–102. doi: 10.1026//0049-8637.33.2.91

Schöne, C., Dickhäuser, O., Spinath, B. & Stiensmeier-Pelster, J. (2012). *Skalen zur Erfassung des schulischen Selbstkonzepts (SESSKO; 2. Aufl.).* Göttingen: Hogrefe.

Stiensmeier-Pelster, J., Schürmann, M., Eckert, C. & Pelster, A. (1994). *Attributionsstil-Fragebogen für Kinder und Jugendliche.* Göttingen: Hogrefe.

Weiß, R. H. (2008). *Grundintelligenztest Skala 2 – Revision (CFT 20-R) mit Wortschatztest und Zahlenfolgentest – Revision (WS/ZF-R).* Göttingen: Hogrefe.

3. Rechenschwäche

Jens Holger Lorenz

Fallbeispiel

Silke (7;11 Jahre) lebt zu Hause in ländlicher Umgebung zusammen mit ihren Eltern und den beiden älteren Schwestern. Körperlich erscheint sie dünn, fast zerbrechlich. Sie besucht die zweite Klasse einer Grundschule und nimmt dort am Mathematikförderunterricht teil. Sie wirkt sehr schüchtern und antwortet auf Fragen nur knapp. Anforderungen versucht sie sofort und ohne Kommentar nach zu kommen. Silke braucht sehr lange, um zu den Lösungen einzelner Aufgaben zu gelangen. Sie rechnet ohne Material die folgenden Additionsaufgaben:

60 + 7 = 72 52 + 6 = 66 41 + 8 = 58 23 + 47 = 34 73 + 7 = 30.

Beim Notieren des Ergebnisses schreibt Silke die Ziffern von rechts nach links und verdreht dabei häufig die Zahlen (z. B. 64 statt 46). An Textaufgaben wagt sie sich gar nicht heran; in den Klassenarbeiten lässt sie die entsprechenden Aufgaben aus. Die Eltern sind besorgt, da sie sich ähnlich gute Leistungen wie bei Silkes beiden Schwestern erhofft hatten. Die Lehrerin ist hilflos und kann sich Silkes „bizarre Ergebnisse" nicht erklären. Außer in Mathematik zeigt Silke durchschnittliche Schulleistungen. Die Abklärung der Intelligenz durch eine an der Grundschule tätige Sonderpädagogin mithilfe der verkürzten Version des Snijders-Oomen Nicht-verbalen Intelligenztests (SON-R 5½-17) von Snijders, Tellegen und Laros (2005) ergibt einen IQ von 105. Internistisch und neurologisch sind keine Auffälligkeiten festzustellen.

3.1 Definition und diagnostische Kriterien nach ICD-10

In der ICD-10 werden unter dem Punkt F81.2 folgende Diagnosekriterien einer Rechenstörung aufgeführt:

- Die Beeinträchtigung darf nicht allein durch eine allgemeine Intelligenzminderung oder eine unangemessene Beschulung erklärbar sein.

- Das Defizit betrifft vor allem die Beherrschung grundlegender Rechenfertigkeiten, wie Addition, Subtraktion, Multiplikation und Division, weniger die höheren mathematischen Fertigkeiten, die für Algebra, Trigonometrie, Geometrie oder Differential- und Integralrechnung benötigt werden.
- Die Lese- und Rechtschreibfähigkeiten müssen im Normbereich liegen.
- Die Störung darf nicht die Folge einer neurologischen, psychiatrischen oder anderen Krankheit sein. Allerdings muss die Beeinträchtigung in jedem Fall gravierende Ausmaße aufweisen (d. h. die Rechenleistungen liegen in einem standardisierten Test unterhalb des 10. Perzentils), um von einer Rechenstörung sprechen zu können.

3.2 Epidemiologie, Verbreitung, Altersrelevanz der Störung und Komorbidität

Internationale Untersuchungen zeigen, dass 5 bis 8 % der schulpflichtigen Kinder eines Altersjahrgangs eine Rechenschwäche aufweisen *(Entwicklungsdyskalkulie)*. Abgegrenzt wird dieses Phänomen von einer im Erwachsenenalter erworbenen Rechenschwäche (sogenannte *Akalkulie*), die meist auf Hirnverletzungen oder raumfordernden Prozessen beruht und der eine intakte Rechenfähigkeit voraus ging. Rechengestörte Kinder sind aber keineswegs als einheitliche Gruppe aufzufassen. Gemeinsam ist ihnen lediglich das Versagen im mathematischen Unterricht.

Es scheint, zumindest in Deutschland, mehr rechenschwache Mädchen zu geben (Landerl & Kaufmann, 2008). Rechenschwäche tritt, sieht man von traumatischen Hirnläsionen oder progressiven, raumfordernden Prozessen ab, hauptsächlich in der Grundschule auf. Wenn sie dort nicht behandelt wird, dann kann sie bis in höhere Klassen fortbestehen. Ein plötzliches Auftreten in der Sekundarstufe I ist eher unwahrscheinlich.

Kinder und Jugendliche mit massiven Problemen in Mathematik können auch gleichzeitig gravierende Schwierigkeiten im Lesen und/oder Rechtschreiben aufweisen (liegt die allgemeine intellektuelle Leistungsfähigkeit im durchschnittlichen Bereich, so spricht man in diesem Fall von einer kombinierten Störung schulischer Fertigkeiten bzw. von einer allgemeinen Lernschwäche, s. Kapitel 5). Auch eine Komorbidität mit hyperkinetischen Störungen (ICD-10, F90) ist nicht selten. Treten die Rückstände im Rechnen zusammen mit Auffälligkeiten im Lesen und/oder Rechtschreiben auf, dann liegen verbale Verursachungsfaktoren zugrunde, anderenfalls non-verbale (v. Aster & Lorenz, 2005; Jacobs & Petermann, 2005; Landerl & Kaufmann, 2008).

3.3 Bedingungsmodell: Entstehung und Aufrechterhaltung der Störung

Für rechengestörte Kinder und Jugendliche lassen sich die folgenden Symptome nennen:

- Sie sind in der Regel zählende Rechner, die selten andere Rechenstrategien beherrschen oder einsetzen. Ihr zählendes Rechnen führt dazu, dass sie in Zahlen bzw. ihren Repräsentanten in Arbeitsmitteln und in Rechenoperationen keine Strukturen erkennen, sondern jede Aufgabe als neues Zählproblem angehen. Damit gelingt ihnen der

Aufbau des Zahlensystems nicht; insbesondere die Bedeutung der Dezimalstruktur erschließt sich ihnen nicht. Es bleibt ihnen z. B. verschlossen, dass die Ziffer 7 in den Zahlen 27, 76, 745 verschiedene Bedeutungen hat.

- Sie sehen in den Ziffern und Zahlzeichen lediglich Symbole, die in einer bestimmten Weise zu verbinden sind. Sie glauben, nur die Regeln für das Verknüpfen von Zeichen erlernen zu müssen, so dass Fehllösungen darauf hinweisen, dass eine falsche Regel angewendet wurde. Zahlen und Rechenoperationen bleiben für sie sinnentleert.
- Sie haben Probleme, zwischen verschiedenen Darstellungsformen hin und her zu wechseln (z. B. von Handlungen zu Bildern, von Texten zu Symbolen, von Symbolen zur Sprache). Sie bilden keine Vernetzungen zwischen verschiedenen Erfahrungsbereichen aus. Mathematik bleibt auf einen engen Ausschnitt des Erlebens beschränkt und bedeutungsarm.

Welche kognitiven Prozesse laufen beim Rechnen ab? Wie repräsentieren wir Zahlen im Kopf? Wie rechnen wir eigentlich die Aufgabe 38 + 19 = ? Neuropsychologische Untersuchungen zeigen, dass Zahlen meist in Form einer Geraden gedacht werden, dem sogenannten „mentalen Zahlenstrahl". Wir sehen die Zahl 19 z. B. zwischen 10 und 20 liegen, sehr nahe an der 20. Zahlen werden *nicht* (nur) mit Anzahlen verbunden, sondern mit Längenbeziehungen in einem vorgestellten Zahlenraum: 20 ist doppelt so viel wie 10 und halb so viel wie 40. Die *Nähe* von Zahlen zueinander (z. B. zwischen 19 und 20) führt dazu, dass viele Erwachsene bei der Aufgabe 38 + 19 = ? „38 + 20 – 1 = ?" rechnen (eine sehr günstige Strategie). Hingegen denkt kein Mensch an 38 Apfelsinen, denen er noch 19 hinzufügt. Diese Zahlbeziehungen entstehen in der Vorstellung durch Handlungen mit Anschauungsmaterial, d. h. es werden im Raum (geometrisch) Handlungen (zeitlich) durchgeführt (Dehaene, 1999; v. Aster & Lorenz, 2005). Dies macht deutlich, dass das Erlernen arithmetischer Inhalte durch die Beeinträchtigung verschiedener kognitiver Faktoren gestört sein kann, vor allem durch (s. Tabelle 1):

- *Mangelnde Vorstellungsfähigkeit.* Die Kinder müssen über eine hinreichende Vorstellungsfähigkeit verfügen, um Handlungen in der Anschauung durchzuführen (Wissens- und Begriffssysteme).
- *Unzureichendes Sprachverständnis.* Die Kinder müssen die komplizierten Sprachkonstruktionen verstehen, die im Mathematikunterricht verwendet werden. Der Mathematikunterricht verlangt ein präzises Verständnis präpositionaler (an, bei, unter, zwischen, über, vor, nach, rechts, links, hinter etc.), kausaler (wenn … dann, immer dann, wenn …, manche, keiner, alle, fast alle, nie) und relationaler Begriffe (größer als, kleiner als, dicker als, rauer als, die Zahl, die um 3 kleiner ist als 17 etc.). Die Anforderungen sind höher als im muttersprachlichen Unterricht, wenn man etwa die Aussagen „Ergänze zu den folgenden Zahlen 100" und „Ergänze die folgenden Zahlen auf 100" vergleicht, die in einem Fall die Addition, im anderen Fall die Subtraktion verlangen; oder „Gib mir die blauen und die runden Plättchen"; „Gib mir die blauen, runden Plättchen"; „Gib mir die Plättchen, die blau und rund sind"; „Gib mir die Plättchen, die blau oder rund sind" (Werner, 2009).
- *Unzureichendes Gedächtnis.* Die Kinder müssen die zu memorierenden Inhalte behalten. Der hierarchische Aufbau des arithmetischen Anfangsunterrichts verlangt ihrem Gedächtnis mehr ab als andere Unterrichtsfächer. Zudem ist, etwa im Gegensatz zum Lesen lernen, das mathematische Lernen nicht zu einem bestimmten Zeitpunkt abge-

schlossen, sondern erstreckt sich über die gesamte Schulzeit. Allerdings ist zu beachten, dass diejenigen Inhalte leicht behalten werden, die auch verstanden wurden und mit anderen Wissensinhalten verknüpft werden. Ein unverstandener Inhalt, der ohne Vernetzung mit anderen Wissensbereichen bleibt, wird hingegen schnell vergessen. Insofern ist schnelles Vergessen ein Indikator für Unverständnis und mangelnde Vertiefung. Wenn Kinder keine hinreichende Zahlenraumvorstellung entwickelt haben, werden Rechnungen wie im Fallbeispiel nicht im vorgestellten Zahlenraum verortet, sondern lediglich sprachlich kodiert. Damit sind die Gedächtnisanforderungen ungleich höher und können die vorhandene Gedächtniskapazität leicht überfordern. Dies

Tabelle 1: Kognitive Fähigkeiten zum Aufbau von Rechenfertigkeiten

Fähigkeiten	notwendig für	Störungssymptomatik
Vorstellungsfähigkeit	den Aufbau von Zahlenvorstellung und Rechenoperationen; die Ausbildung eines anschauungsmäßigen Zahlenraumes	Zählendes Rechnen, kein Erkennen der Größenbeziehungen zwischen Zahlen, Umkehrung der Rechenoperationen, Schwierigkeiten bei Textaufgaben. Typische Fehler: Kein Verorten von Zahlen am Zahlenstrahl möglich; Abstände zwischen Zahlen werden nicht erkannt; Verdopplungen und Halbierungen sind nicht möglich; kein Schätzen (und damit Korrektur) möglich (liegt 3×255 näher an 7.500, 75 oder 750?); keine Operationsfindung im Sinne von „Zahlensinn“ (3□6=9, 5□4=20, 18□2=9, 15□3=12).
Sprachrezeption	das Verstehen der komplexen Erklärungen über räumliche und zeitliche Handlungsabläufe	Falsche Handlungsdurchführung, Probleme bei Textaufgaben, („Jan hat 3 Murmeln, Silvie hat 5 Murmeln mehr. Wie viele hat sie?“ – „5, denn im Text steht sie hat 5, und das ist mehr als 3“)
Gedächtnis	die (wenigen) zu memorisierenden Inhalte bei sonstigem Verstehen der Zahl- und Operationszusammenhänge	Trotz Übens keine Behaltensleistung beim Kleinen Einspluseins, kleinen Einmaleins; schriftliche Rechenverfahren sind im Ablauf fehlerhaft
Rechts-Links Diskriminationsfähigkeit	die Schreibrichtung der Zahlen (entgegen der Hörrichtung), die Operationsrichtung	Zahleninversion (57–75), Operationsumkehr (+ statt –, × statt :), Kombination von beiden wie 45+3=24 (oder 51,15, 57, 84); Umkehrung der Zeichenrichtung beim Nachmalen von Figuren; Orientierung am eigenen Körper und im Raum gelingt nur unzureichend

erklärt, warum Silke selten ihre Lösungswege beschreiben kann. Während andere Kinder die arithmetischen Operationen als Bewegungen im Zahlenraum erinnern und ihnen die geometrische Unterfütterung als Stütze dient, ist Silke auf ihre nur sprachlich geleitete Sequenzierung der Teilschritte angewiesen, denen aber keine sinnhafte Bedeutung unterliegen muss.

- *Mangelnde Rechts-Links-Unterscheidung*. Diese ist notwendig, um die Beziehung zwischen Zahlen in der Anschauung entwickeln zu können (Vorgänger, Nachfolger), Zahlen zu schreiben und (in der Vorstellung) die richtige Rechenoperation durchzuführen. In der Förderpraxis zeigt sich, dass die meisten Kinder ein diesbezügliches Entwicklungsdefizit aufweisen. Dies führt zu typischen Fehlern, insbesondere zu Zahlenverdrehungen (57 statt 75) und Operationsumkehrungen, die diagnostisch wesentlich sind. So rechnete Silke in dem Eingangsbeispiel 73 + 7 = 30, indem sie statt der 73 die 37 als Ausgangszahl nahm und statt der Addition die Subtraktion verwendete. Diese Problematik ist bei Kindern mit (neurologisch entwicklungsbedingter) unausgeprägter Hemisphärendominanz zu beobachten. Die Kinder fallen auf, indem ihr linkes Auge, die rechte Hand, der linke Fuß und das rechte Ohr dominant sind. Eine Überprüfung ist leicht mit einem Screening-Verfahren durchzuführen (Kaufmann & Wessolowski, 2006); mit welcher Hand wird gefangen, werden die Zähne geputzt, wird geklatscht, wird die Schere gehalten, wird der Spitzer bewegt; mit welchem Bein wird gehüpft; an welches Auge wird das Fernrohr gehalten; mit welchem Ohr wird die tickende Uhr überprüft?).

3.4 Diagnostik im Überblick

Die Diagnostik erfüllt zwei Ziele:

- Aufdecken der inhaltlichen Lücken und Verständnisschwierigkeiten beim Kind;
- Benennen der kognitiven Schwierigkeiten, die zu dem schulischen Leistungsversagen geführt haben bzw. dieses aufrechterhalten.

Sie verläuft in folgenden Schritten:

(1) *Durchführung eines Rechentests*. In Deutschland besteht das Problem, dass genormte Leistungstests, die für die Diagnose einer Rechenschwäche notwendig sind, nicht vorliegen. Sie befinden sich nach wie vor erst in der Entwicklung. Im Allgemeinen werden die „Deutschen Mathematiktests" (DEMAT) (Krajewski, Küspert, Schneider & Visé, 2002; Krajewski, Liehm & Schneider, 2004; Roick, Gölitz, Hasselhorn, 2004; Gölitz, Roick & Hasselhorn, 2006) verwendet. Sie dienen als Kriterium für das Vorliegen einer Rechenschwäche. Daneben wurde in den letzten Jahren eine Reihe diagnostischer Rechentests entwickelt, die für unterschiedliche Altersgruppen zu empfehlen sind:

- Osnabrücker Test zur Zahlbegriffsentwicklung (OTZ) (v. Luit, Rijt & Hasemann, 2001);
- Neuropsychologische Testbatterie für Zahlenverarbeitung und Rechnen bei Kindern (ZAREKI-R) (v. Aster, Weinhold, Zulauf & Horn, 2006);
- Rechenfertigkeiten- und Zahlenverarbeitungs-Diagnostikum für die 2. bis 6. Klasse (RZD 2-6) (Jacobs & Petermann, 2005);
- Heidelberger Rechentest (HRT) (Haffner, Baro, Parzer & Resch, 2005)
- Hamburger Rechentest 1-4 (HARET 1-4) (Lorenz, 2005).

(2) *Fehleranalyse*. Klassenarbeiten und Hausaufgaben werden auf die zugrunde liegende Fehlerstruktur analysiert (Kaufmann & Wessolowski, 2006; Werner, 2009). Dabei geht man von der Arbeitshypothese aus, dass die Kinder bei ähnlich strukturierten Aufgaben immer nach den gleichen Schemata vorgehen (Lösungsmuster) und dass man ihre Denkwege aus ihren Fehllösungen erschließen kann (s. Kasten 1). So lässt sich aus den Lösungen 35 + 24 = 77, 16 + 15 = 67 schließen, dass das Kind „von außen nach innen" addiert.

Kasten 1: Beispiele für fehlerhafte Lösungen		
363 × 574 5118 1425 2514 528564	3276 –2593 1323	3276 –2593 2883
Multiplikation von links bei allen Faktoren	„kleinere von größerer Zahl" (Abstandsbegriff)	Übertrag abgezogen

Gleichzeitig wird diagnostiziert, auf welcher Präsentationsebene ein Kind eine Aufgabe lösen kann. Ein mündlich dargebotenes Problem stellt andere bzw. höhere Anforderungen an den Schüler bzw. die Schülerin als ein schriftlich dargebotenes, da das Kind hier besser ausgeprägte Fähigkeiten im Hinblick auf Gedächtnis und Sprachrezeption benötigt. Des Weiteren beschreibt man das Rechenverhalten des Kindes auf der curricularen und auf der kognitiven Ebene.

- Auf curricularer Ebene sind beispielsweise Aussagen verortet wie: „das Kind zählt", „hat die Zehnerzerlegung nicht automatisiert", „zählt nicht in Zehnerschritten", „beherrscht nicht das Einmaleins", „beherrscht die schriftlichen Rechenverfahren, kann aber Textaufgaben nicht lösen".
- Aussagen auf der kognitiven Ebene stellen Vermutungen über die kognitiven Fähigkeiten an, wie z. B.: „das Kind invertiert Zahlen aufgrund einer Schwäche in der Rechts-Links-Unterscheidung", „es hat keine Vorstellung über Zahlbeziehungen ausgebildet", „es kann sich Zwischenergebnisse der Handlungen nicht merken".

So zeigt sich im Eingangsbeispiel, dass Silke bei der Aufgabe 60 + 7 = 72 an den Fingern abzählt und die 7 als eine Hand und zwei Finger zeigt, was von ihr als „12" angesehen wird. Bei der zweiten Aufgabe, 52 + 6 = 66, rechnet sie zählend 62 + 5: „62, 63, 64, 65, 66", d. h. es handelt sich um den bei zählenden Rechnern häufig vorkommenden Fehler um 1 (vgl. Lorenz, 2003). Bei 41 + 8 = 58 rechnet sie vor: „4 + 1 = 5 und dann noch die 8", entsprechend bei 23 + 47 = 34, 23 + 7 = 30, 30 + 4 = 34. Auch hier ignoriert Silke die Stellenwerte.

(3) *Überprüfung der Gedächtniskapazität*. Hierzu werden Arbeitsproben (z. B. Koffer packen) bzw. Untertests aus gängigen Intelligenz- oder Entwicklungstests herangezogen. So enthält beispielsweise die Kaufman-Assessment Battery for Children (K-ABC) von Kaufman und Kaufman (2009) sowie der Psycholinguistische Entwicklungstest

(PET) von Angermaier (1977) jeweils einen Untertest, bei dem es um das kurzfristige Behalten von Zahlenfolgen geht. Zur Überprüfung des Arbeitsgedächtnisses eignen sich darüber hinaus die Untertests „Wortreihe“, „Räumliches Gedächtnis“ und „Gesichter und Orte“ aus der K-ABC sowie „Symbolfolgen“ aus dem PET.

(4) *Anamnese.* Die schulische Leistung entsteht aus dem Zusammenwirken von Persönlichkeitsmerkmalen (im weitesten Sinne) des Kindes, der didaktisch-methodischen Darbietung (Schule, Lehrkräfte, Schulbuch, Veranschaulichungsmittel) und Merkmalen des sozialen Umfeldes (Elternhaus) (vgl. Gaidoschik, 2011; Jacobs & Petermann, 2007). Welche dieser Faktoren an der Entstehung der Rechenstörung beteiligt sind, wird im Rahmen eines Interviews mit den Eltern (und ggf. der Lehrkraft) bestimmt. Dabei werden die folgenden Themen angesprochen:

- Frühkindliche Symptomatiken (z. B. Entwicklungsverzögerung, vgl. Kapitel 7);
- Vorliegen einer Aufmerksamkeitsstörung;
- spezifische kognitive Ausfälle aufgrund von Verzögerungen in der motorischen Entwicklung;
- belastende häusliche Situationen (z. B. kein ungestörtes Lernumfeld, Scheidungsproblematik);
- Erziehungshaltung und Erziehungsweisen der Eltern.

So ist im Beispiel Silkes zu beachten, dass sie als Nesthäkchen von den anderen vier Familienmitgliedern verwöhnt wird (so die Elternaussage). Die Schwestern helfen ihr bei den Hausaufgaben, kümmern sich um ihre schulischen Belange und nehmen ihr die Verantwortung ab. Dies führt nach Meinung der Klassenlehrerin dazu, dass sich Silke im Unterricht nicht meldet und, wenn sie aufgerufen wird, sehr leise, fast unhörbar spricht. Bei Aufgaben, die im Unterricht bearbeitet werden, schreibe sie von der Nachbarin ab, eigenständiges Arbeiten versuche sie zu vermeiden. Sei aber keine Nachbarin anwesend, dann schreibe sie impulsiv, fast überstürzt ein Ergebnis auf das Blatt, ohne die Aufgabe zu überprüfen. Die Lehrerin führt dies darauf zurück, dass Silke nicht wisse, was sie machen solle und daher ihr Vorgehen auch nicht planen könne.

(5) *Beobachtungen zur motorischen Entwicklung.* Im Rahmen ungeleiteter Beobachtungen in Spiel- oder Malsituationen sind Hinweise auf Beeinträchtigungen in der motorischen Entwicklung, im Vorstellungsvermögen und in der Links-Rechts-Unterscheidung zu sammeln (Lorenz, 2003).

(6) *Psychometrische Bestimmung der kognitiven Leistungsfähigkeit.* Schließlich sind fehlersensitive Leistungstests einzusetzen, um typische Fehler bei Rechnungen sowie umgrenzte kognitive Defizite in der Vorstellung, der Sprachrezeption, der Raumorientierung, des Gedächtnisses und der Hemisphärendominanz in ihrem quantitativen Ausmaß zu bestimmen. Infrage kommen hier der Frostig-Entwicklungstest der visuellen Wahrnehmung (FEW; Büttner, Dacheneder, Schneider & Weyer, 2008), der Benton-Test (BT; Benton, Benton-Sivan, Spreen & Steck, 2009), die Tübinger Luria-Christensen Neuropsychologische Untersuchungsreihe für Kinder (TÜKI; Deegener, Dietel, Hamster, Koch, Matthaei, Nödl, Rückert, Stephani & Wolf, 1997), der Southern-California-Sensory-Integration-Test (SCSIT; Ayres, 1980) und das Diagnostikum für Cerebralschädigung II (DCS-II; Weidlich, Derouiche & Hartje, 2011).

3.5 Interventionsziele

Die Förderung verfolgt parallele *Ziele* im curricularen, kognitiven und emotional-motivationalen Bereich (s. Tabelle 2).

Tabelle 2: Beispiele für Förderziele in unterschiedlichen Bereichen

Bereich	Beispiele
Curricular	Im 20er-Raum: – Zählkompetenz als notwendige Voraussetzung des Rechnens, die dann abzulösen ist durch heuristische Strategien wie Verdoppeln und Fastverdoppeln (6+7=6+6+1) oder Zehnernähe (7+9=7+10−1, 16−9=16−10+1); – Zahlzerlegung (15−7=15−5−2, 8+6=8+2+4); Im 100er-Raum: – Operationsverständnis (+, −, ×, :); – Zahldarstellung im Dezimalsystem; – Strategieentwicklung für das Lösen von Textaufgaben (Übersetzen in andere Repräsentationsformen wie Bilder, Handlungen am Material, Rückübersetzungen von symbolisch repräsentierten Gleichungen in Sprache oder Bilder, „Erfinde eine Geschichte zu 3+5×4!").
Kognitiv	– Vorstellungsfähigkeit durch geometrische und körperbezogene Übungen; – Einpräge- und Behaltensstrategien (z. B. durch Bildung von Obereinheiten oder Rehearsal-Verfahren); – Sprachverständnis (Verbalisierungsstrategien, Verbindung von Handlung und Sprachbegleitung); – Verbesserung der Raumorientierung und Raumlagebeziehungen (Übungen am eigenen Körper); – Motorik; – Übertragung zwischen den Repräsentationsformen: Sprache (Text) – Bild – Handlung – (mathematische) Symbole.
Emotional-motivational	– Erleben eigener Fähigkeit, Kompetenzentwicklung für (subjektiv) schwierige Aufgaben; – Abbau der Ängstlichkeit und des Vermeidungsverhaltens; – Erhöhung der Konzentrationsfähigkeit bei komplexen Anforderungen – Abbau der Ängste der Eltern; – Anleitung zur Mitarbeit.

Im obigen Beispiel beruht Silkes Ängstlichkeit auf ihrer ungünstigen Lernbiografie, d. h. der wiederholten Erfahrung von Fehlern und Unverständnis. Bekanntlich ist nichts erfolgreicher als der Erfolg selbst. Silke muss bewusst erleben können, dass sie über die Fähigkeit verfügt, Anforderungen eigenständig zu bewältigen. Dies gelingt nicht mit einem inhaltsfreien positiven Selbstwerttraining („In Mathe 6, aber dennoch glücklich!"), sondern kann nur durch die konkrete Erfahrung vermittelt werden, dass das Kind Fähigkeiten besitzt, die es bislang nicht eingesetzt hat. Diese Fähigkeiten müssen gleichsam unter der Schicht des zählenden Rechnens freigelegt werden. Deshalb müssen alle drei in Tabelle 2 aufgeführten Zielbereiche in die Förderung mit einbezogen werden.

3.6 Interventionen im Überblick

Die Intervention konzentriert sich auf die individuellen Schwierigkeiten des Kindes. In diesem Sinne existiert kein genormtes Programm, das für alle rechenschwachen Kinder gleichermaßen geeignet ist. Vielmehr sind jeweils Anpassungen an die speziellen curricularen Hürden, die kognitiven Defizite (wenn vorhanden) und die emotional-motivationalen Hemmungen vorzunehmen. Die Intervention orientiert sich an folgenden Prinzipien:

(1) *Ausbildung eines vertieften Verständnisses für den Zahlenraum bis 20.* Rechenschwache Kinder verbleiben bis zur Klasse 8 (und teilweise auch noch danach) zählende Rechner. Dies ist auf ein unzureichend aufgebautes Verständnis der Zahlbeziehungen im Zahlenraum bis 20 zurückzuführen, der im Unterricht (zumindest für diese Kinder) zu früh verlassen wurde. Sinnvollere Rechenstrategien wurden von ihnen nicht aufgebaut und konnten sich daher später beim Rechnen im 100er-Raum nicht mehr entwickeln. Dies wird nun in der Therapie nachgeholt. Dabei werden auf der Basis des vorhandenen Wissens vereinfachende und wirkungsvolle (weil übertragbare) Strategien aufgebaut, wie zum Beispiel:

- *Verdoppeln/Fastverdoppeln.* Kinder wissen häufig $6+6=12$, verwenden dieses Wissen aber nicht bei $6+7$.
- *Zehnerergänzung.* Kinder wissen $7+3=10$ oder $9+1=10$, verwenden dieses Wissen aber nicht bei $7+4=7+3+1$, $7+5=7+3+2$, $9+6=9+1+5$, $9+8=9+1+7$.
- *Zehnernähe.* Kinder wissen $7+10=17$, verwenden dieses Wissen aber nicht bei $7+9=7+10-1$ oder $16-9=16-10+1$.

Für den Strategieerwerb genügt es nicht, anschauliches Material zu verwenden, da rechenschwache Kinder beim Zählen der Klötze oder Perlen, der Striche am Zahlenstrahl oder der Felder der Hundertertafel haften bleiben. Vielmehr bedarf es der Bewusstmachung und des Nachdenkens über die Zahlrelationen. Wesentlich ist daher die Auswahl geeigneter Veranschaulichungshilfen (vgl. Gaidoschik, 2011; Lorenz, 2003). Da arithmetische Inhalte von den Kindern selbst konstruiert werden müssen und Zahlen im menschlichen Denken in Form einer Zahlengerade repräsentiert sind, sind Materialien vorzuziehen, die Eigenkonstruktionen erlauben und fördern. In den Niederlanden und in Deutschland hat sich die Verwendung des „leeren Zahlenstrahls" durchgesetzt, an dem die Kinder ihre Rechenoperationen durchführen, demonstrieren und korrigieren können. Hierdurch wird die Entwicklung von Zahlbeziehungen erleichtert, da diese direkt gezeichnet werden müssen (s. v. Aster & Lorenz, 2005; Dehaene, 1999). Handlungen an konkretem Material dienen lediglich als Zwischenstufe, auf der die halb-abstrakte Vorstellung des Zahlenraumes aufbaut. Ein geeignetes Interventionsmaterial liegt mit der

„Förder- und Diagnose-Box Mathe" (Kaufmann & Lorenz, 2006) für den Grundschulbereich vor, das insbesondere von Lehrkräften verwendet wird.

(2) *Strategien im Zahlenraum bis 100.* Wenn die Rechenstrategien im 20er-Raum etabliert sind, werden sie auf den 100er-Raum erweitert. In ähnlicher Form – und durch die Darstellung am „leeren Zahlenstrahl" unterstützt – entwickeln die Kinder flexible Strategien für die Addition und Subtraktion:

- 41 – 38 als Ergänzung 38 + 3 = 41 (weil diese Zahlen nahe beieinander liegen);
- 82 – 46 als Zehner-Einer-Strategie 82 – 40 – 6;
- 54 – 19 als Sprungstrategie 54 – 20 + 1 (Zehnernähe).

Die einzelnen Strategien setzen voraus, dass einfache Formen als Zwischenschritte beherrscht werden, etwa 82 – 40 oder 54 – 20. Die komplexeren Strategien leiten sich davon ab. Wesentlich ist auch bei rechenschwachen Kindern, dass sie ein Verständnis für die Zahlbeziehungen entwickeln, das auf der geometrischen Vorstellung des Zahlenraumes beruht. Der „leere Zahlenstrahl" hat sich als Veranschaulichungs- und Darstellungsmittel in der Dyskalkulietherapie hervorragend bewährt. Konkrete Materialien sind lediglich in der Anfangsphase von Bedeutung. Die konkrete Handlungsausführung muss in der Therapie bald unterbrochen werden; die Kinder werden dann aufgefordert zu sagen, wie die Handlung weitergeführt würde. Dies fordert von ihnen, sich die Handlung und ihr Ergebnis *vorzustellen*, statt in der bloßen Manipulation des Materials zu verharren (was das zählende Rechnen eher noch unterstützt).

(3) *Textaufgaben.* Textaufgaben verlangen die Übersetzung von sprachlich repräsentierten Situationen in ein mathematisches Kalkül. Die Therapie fördert dies durch wechselweises Übersetzen von einer Repräsentationsform in die andere. Zwischen Sprache (Text), Handlung, Bild und mathematischen Symbolen wird hin- und hergewechselt; jede Form muss in jede andere transformiert werden können. Damit wird ein breites Begriffsnetz aufgebaut. Eine Reduktion auf die Übersetzung Sprache – Symbole greift hier zu kurz. Sie ist auch im Sinne eines übergeordneten Lernziels, nämliche der Alltagstauglichkeit, unzureichend.

Aber auch auf der Ebene der Transformation Sprache (Text) – Symbole kommt es weniger auf die arithmetische Lösung als auf den Lösungsprozess an. Aus diesem Grund haben sich Aufgabentypen bewährt, die von den Kindern verlangen, die richtige Operation bzw. Folge von Operationen auszuwählen, ohne dass sie die eigentliche Rechnung durchführen. („Wie rechnest du bei dieser Aufgabe?": „erst Plus, dann Mal"; „erst Minus, dann Geteilt"; „erst Mal, dann Plus"; erst Geteilt, dann Mal"). Geeignetes Fördermaterial liegt für diesen sehr kritischen Bereich, in dem rechenschwache Kinder meist zu scheitern drohen, inzwischen vor (Kaufmann & Röttger, 2007, 2008).

(4) *Geometrie.* Die Förderung soll immer geometrische Einheiten enthalten. Hierbei sind Aufgaben zur *Kopfgeometrie* wesentlich (also Aufgaben zur Raumvorstellung, die im Kopf gelöst werden müssen: „Zerlege ein Quadrat durch zwei Geraden so, dass zwei Dreiecke und ein Parallelogramm entstehen!", „Zerlege einen Würfel mit einem geraden Schnitt so, dass die Schnittfläche ein regelmäßiges Sechseck ergibt!"). Die Kopfgeometrie stellt das Komplement zum Kopfrechnen dar und ist eine unverzichtbare Übungseinheit. Die Übungen laufen gestuft ab und beziehen sich auf Aufgaben aus den Bereichen

Würfeldrehung, Würfelabrollen, Würfel- und Quadernetze, Orientierungsübungen (Landkarten), Spirolaterale.

(5) *Automatisierung.* Die Zahl der Therapiestunden reicht in der Regel nicht, um eine wirkungsvolle Automatisierung (z. B. Auswendiglernen der Zahlensätze im Zahlenraum bis 20; Beherrschung des kleinen Einmaleins) zu erreichen. Hier ist die Mitarbeit der Eltern gefragt, die dazu spezifisch angeleitet werden. Ihre Unterstützung besteht im Wesentlichen darin, für störungsfreie Arbeitsbedingungen zu sorgen und das Kind für eine längerfristige konzentrierte Beschäftigung mit entsprechenden Übungsaufgaben sowie für Lernfortschritte zu belohnen (vgl. Kapitel 35). Dabei ist es wichtig, dass die Eltern aus der sonstigen curricularen Arbeit und den Erklärungen heraus gehalten werden. Zu oft kommt es sonst zu kognitiven Konflikten bei den rechenschwachen Kindern, die in der Schul- oder Förderstunde einen bestimmten Rechenweg hören, nachmittags aber dann vom Großvater einen zweiten und abends von der Mutter noch einen dritten (und jeweils anderen) Rechenweg vorgemacht bekommen. Außerdem dürfen Eltern die Hausarbeiten ihrer Kinder nicht korrigieren, da die Fehler diagnostisch wichtig sind.

Auch bei älteren Kindern (bis zur 8. Klasse) zeigt sich in der Förderpraxis, dass die kritischen Inhalte in den ersten beiden Grundschuljahren liegen. Der Zahlenraum bis 20 bereitet meist noch erhebliche Schwierigkeiten und muss erneut aufgebaut werden. Zudem sind die Rechenoperationen (v. a. die Division) meist unverstanden. Kasten 2 zeigt einige Beispiele für Aktivitäten, die für die Förderung rechnerischer Fertigkeiten eingesetzt werden.

Kasten 2: Übungen zum Aufbau von Rechenfertigkeiten

(1) Vorstellungsfähigkeit üben
Übungen auf Karopapier, nach Diktat Strichzüge zeichnen („drei Kästchen nach oben, zwei nach links, ...“), Übungen mit dem eigenen Körper („Gehe drei Schritte nach vorn, drehe dich nach rechts, gehe wieder zwei Schritte“), Übungen mit Spirolateralen auf Kästchenpapier und auf isometrischem Papier, Halbierungen/Verdoppelungen, sehr viele geometrische Problemstellungen.

(2) Gedächtnis fördern
Einprägestrategien an arithmetischen Zahlenfolgen (Muster nutzen), memotechnische Verfahren, gedächtnisentlastende Strukturbildung, Verstehenstiefe durch Vernetzung.

(3) Curriculare Inhalte
Eigenkonstruktionen der Kinder, Auswahl geeigneter Veranschaulichungshilfen („leerer Zahlenstrahl“), Entscheidungsbäume bei Textaufgaben, angepasste Zehnerüberschreitung; Wiederholung und Festigung des Zahlenraumes bis 20 (Basisfertigkeiten, Wissens- und Begriffssysteme, metakognitive Fertigkeiten).

(4) Motivation anregen
Erleben eigener Leistungsfähigkeit bei subjektiv schwierigen Aufgaben durch angepasste Lernschritte, Selbstbestätigung, Reflexion über eigenes Vorgehen, Wahrnehmung des eigenen Lernfortschritts (z. B. reduzierter Zeitbedarf bei ähnlichen Aufgabenformaten).

(5) Verbindung der Rechenoperationen mit Alltagshandeln
Erneuter Aufbau der Rechenoperationen aus den vom Kind ausgeführten Handlungen (Symbole als Handlungsprotokoll); Erfinden von Alltagshandlungen zu Rechentermen („Erzähle eine Geschichte, die zu 4×7–3 passt."); Beziehung zwischen Geometrie und Arithmetik thematisieren (z. B. Verdoppeln/Halbieren – geometrisch und arithmetisch; Multiplikation als Fläche veranschaulichen).

(6) Eltern einbeziehen
Modelllernen, Shaping für ko-therapeutisches Verhalten für spezifische curriculare Inhaltsbereiche; Angstreduktionsverfahren, Abbau übertriebener Leistungserwartungen; Aufbau von Selbstwertgefühlen beim Kind, Anleitung zur Erfahrungserweiterung der Kinder in Größenbereichen (Länge, Zeit, Geld, Gewicht, Fläche, Volumen).

3.7 Literatur

Grundlegende Literatur

Fritz, A., Ricken, G. & Schmidt, S. (2009). *Rechenschwäche: Lernwege, Schwierigkeiten und Hilfen bei Dyskalkulie*. Weinheim: Beltz.

Landerl, K. & Kaufmann, K. (2008). *Dyskalkulie*. München: Reinhardt.

von Aster, M. & Lorenz, J. H. (Hrsg.). (2005). *Rechenstörungen bei Kindern: Neurowissenschaft, Psychologie, Pädagogik*. Göttingen: Vandenhoeck & Ruprecht.

Weiterführende Literatur

Dehaene, S. (1999). *Der Zahlensinn: Oder warum wir rechnen können*. Basel: Birkhäuser. doi: 10.1007/978-3-0348-7825-8

Gaidoschik, M. (2011). *Rechenschwäche – Dyskalkulie*. Hamburg: Persen.

Landerl, K. & Kaufmann, K. (2008). *Dyskalkulie*. München: Reinhardt.

Lenart, F., Holzer, N. & Schaupp, H. (Hrsg.). (2003). *Rechenschwäche-Rechenstörung-Dyskalkulie: Erkennung/Prävention/Förderung*. Graz: Leykam.

Material

Angermaier, M. J. W. (1977). *Psycholinguistischer Entwicklungstest (PET)*. Weinheim: Beltz.

Ayres, J. (1980). *Southern-California-Sensory-Integration-Test (SCSIT)*. Los Angeles, CA: Western Psychology Services.

Benton, A. L., Benton-Sivan, A., Spreen, O. & Steck, P. (2009). *Der Benton-Test* (8., überarb. u. erg. Aufl.). Bern: Huber.

Büttner, G., Dacheneder, W., Schneider, W. & Weyer, K. (2008). *Frostigs Entwicklungstest der visuellen Wahrnehmung – 2 (FEW-2)*. Göttingen: Hogrefe.

Deegener, G., Dietel, B., Hamster, W., Koch, C., Matthaei, R., Nödl, H., Rückert, N. Stephani, U. & Wolf, E. (1997). *Tübinger Luria-Christensen Neuropsychologische Untersuchungsreihe für Kinder (TÜKI)*. Weinheim: Beltz.

Gölitz, D., Roick, T. & Hasselhorn, M. (2006). *Deutscher Mathematiktest für vierte Klassen (DEMAT 4)*. Göttingen: Hogrefe.

Haffner, J., Baro, K., Parzer, P. & Resch, F. (2005). *Heidelberger Rechentest (HRT 1-4)*. Göttingen: Hogrefe.

Jacobs, C. & Petermann, F. (2005). *Rechenfertigkeiten- und Zahlenverarbeitungs-Diagnostikum für die 2. bis 6. Klasse (RZD 2-6)*. Göttingen: Hogrefe.

Jacobs, C. & Petermann, F. (2007). *Rechenstörungen*. Göttingen: Hogrefe.

Jacobs, C. & Petermann, F. (2012). *Diagnostik von Rechenstörungen* (2., überarb. u. erw. Aufl.). Göttingen: Hogrefe.

Kaufman, A. S. & Kaufman, N. L. (2009). *Kaufman Assessment Battery for Children (K-ABC)* (dt. Bearbeitung von P. Melchers & U. Preuß; *8. Aufl.*). Frankfurt: Pearson.

Kaufmann, S. & Lorenz, J. H. (2006). *Förder- und Diagnose-Box Mathe*. Braunschweig: Schroedel.

Kaufmann, S. & Röttger, A. (2007). mathe:pro *Sachrechenbox 1/2*. Braunschweig: Westermann.

Kaufmann, S. & Röttger, A. (2008). mathe:pro *Sachrechenbox 3/4*. Braunschweig: Westermann.

Kaufmann, S. & Wessolowski, S. (2006). *Rechenstörungen: Diagnose und Förderbausteine*. Seelze: Klett.

Krajewski, K., Küspert, P., Schneider, W. & Visé, M. (2002). *Deutscher Mathematiktest für erste Klassen (DEMAT 1+)*. Göttingen: Hogrefe.

Krajewski, K., Liehm, S. & Schneider, W. (2004). *Deutscher Mathematiktest für zweite Klassen (DEMAT 2+)*. Göttingen: Hogrefe.

Lorenz, J. H. (2003). *Lernschwache Rechner fördern*. Berlin: Cornelsen.

Lorenz, J. H. (2005). *Hamburger Rechentest 1-4 (HARET 1-4)*. Hamburg: Behörde für Bildung und Sport.

Luit, J. E. H. van, Rijt, B. A. M. van de & Hasemann, K. (2001). *Osnabrücker Test zur Zahlbegriffsentwicklung (OTZ)*. Göttingen: Hogrefe.

Roick, T., Gölitz, D. & Hasselhorn, M. (2004). *Deutscher Mathematiktest für dritte Klassen (DEMAT 3+)*. Göttingen: Hogrefe.

Snijders, J. T., Tellegen, P. J. & Laros, J. A. (2005). *Snijders-Oomen Non-verbaler Intelligenztest (SON 5½-17; 3., korr. Aufl.)*. Göttingen: Hogrefe.

von Aster, M., Weinhold Zulauf, M. & Horn, R. (2006). *Neuropsychologische Testbatterie für Zahlenverarbeitung und Rechnen bei Kindern (ZAREKI-R, 2. Aufl.)*. Frankfurt: Pearson.

Weidlich, S., Derouiche, W. & Hartje, W. (2011). *Diagnosticum für Cerebralschädigung-II (DCS-II)*. Bern: Huber.

Werner, B. (2009). *Dyskalkulie – Rechenschwierigkeiten: Diagnose und Förderung rechenschwacher Kinder an Grund- und Sonderschulen*. Stuttgart: Kohlhammer.

4. Lese-Rechtschreibschwäche

Barbara Gasteiger-Klicpera und Christian Klicpera †

Fallbeispiel

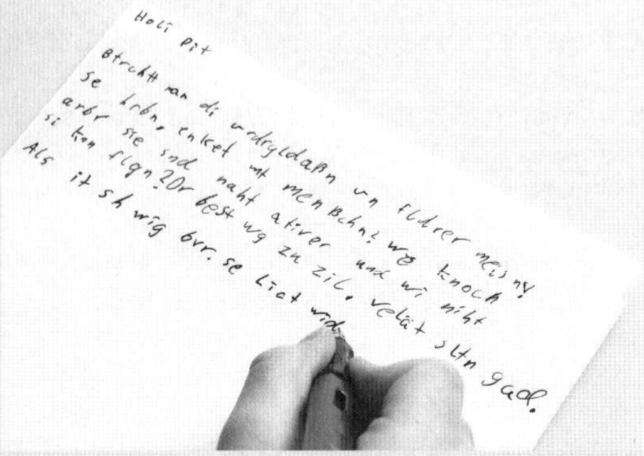

Markus (2. Klasse Grundschule) wird von seiner Lehrerin zur Förderung im Lesen und Rechtschreiben empfohlen. Selbst kurze Wörter, die im Unterricht bereits ausführlich geübt worden sind, liest er nur sehr holprig und stockend. Dabei fällt besonders auf, dass er Wörter verwechselt, einzelne Wortteile falsch liest oder ganz weglässt. Die Überprüfung seiner Lesevoraussetzungen enthüllt, dass er nur elementare Buchstabenkenntnisse besitzt und Pseudowörter (d. h. bedeutungslose, aber aussprechbare Buchstabenfolgen wie z. B. „liramo“) weder zusammenlauten noch erlesen kann. Zusammenhängende Texte, die ihm vorgelesen werden, versteht er jedoch. Beispielsweise kann er die vorgelesenen Texte nacherzählen, was sein prinzipielles auditives Textverständnis belegt.

Im Rechtschreiben zeigen sich gleichfalls Schwierigkeiten. Markus kann häufig vorkommende, kurze Wörter relativ fehlerlos schreiben. Bei komplexeren und unbekannten Wörtern macht er aber viele Fehler. Pseudowörter kann er fast überhaupt nicht schreiben. Beim Schreiben macht er sehr viele, grobe Fehler. Er lässt dabei ganze Wortteile aus oder schreibt sie völlig falsch nieder.

4.1 Definition und diagnostische Kriterien nach ICD-10

Die Lese- und Rechtschreibstörung zählt zur Gruppe der umschriebenen Entwicklungsstörungen schulischer Fertigkeiten, wobei im ICD-10 (Dilling, Mombour & Schmidt, 2011) zwei Diagnosekategorien unterschieden werden:

- die (kombinierte) Lese- und Rechtschreibstörung (F81.0), bei der sowohl der Leseprozess als auch das Rechtschreiben deutlich hinter der vom Alter her zu erwartenden Leistung zurückbleibt;
- die isolierte Rechtschreibstörung (F81.1), bei der sich die Schwierigkeiten des Kindes auf das Rechtschreiben beschränken, während der Leseprozess nicht gestört ist.

Laut ICD-10 müssen zur Diagnose einer Lese-Rechtschreibstörung die Leistungen des Kindes unter dem Niveau liegen, das aufgrund seines Alters, seiner allgemeinen Intelligenz und seiner Beschulung zu erwarten ist. In den diagnostischen Leitlinien der ICD-10 werden folgende Störungsmerkmale genannt:

- Das wichtigste Merkmal besteht in einer deutlichen Beeinträchtigung der Lese- und Rechtschreibentwicklung und einem entsprechend großen Rückstand in den zugehörigen Fertigkeiten. Die Störung muss sich deutlich auf die schulischen Leistungen auswirken.
- In den ersten Grundschulklassen (bzw. bei starker Betroffenheit auch später noch) äußert sich eine Lese-Rechtschreibschwäche in einem sehr fehlerhaften Lesen. ICD-10 verweist hier auf Auslassen, Ersetzen, Verdrehen und Hinzufügen von Wörtern oder Wortteilen sowie die Vertauschung von Wörtern im Satz oder von Buchstaben in Wörtern. Die Kinder sind nicht in der Lage, mehr als kurze und vertraute Wörter zu lesen.
- In höheren Klassen zeigt sich die Störung in einem sehr langsamen, stockenden und mühevollen Lesen. ICD führt als Symptome eine auffallend niedrige Lesegeschwindigkeit, Startschwierigkeiten beim Vorlesen, langes Zögern, Verlieren der Zeile und ungenaues Phrasieren auf. Hinzu treten häufig Schwierigkeiten beim Rechtschreiben.
- Auch das Leseverständnis kann beeinträchtigt sein. Die Kinder sind dann nicht in der Lage, das Gelesene in eigenen Worten wiederzugeben, aus dem Gelesenen Schlussfolgerungen zu ziehen und es mit ihrem allgemeinen Wissen zu verknüpfen.

Als „umschrieben" wird die Störung bezeichnet, weil sich die Schwierigkeiten im Lesen und Rechtschreiben auf dem Hintergrund einer sonst unauffälligen Entwicklung zeigen, d. h. andere Fähigkeiten des Kindes sind weitgehend intakt. Als *Ausschlusskriterien* gelten:

- geistige Behinderung;
- Sehstörung;
- eine erworbene Hirnschädigung oder -krankheit;
- unangemessene bzw. offensichtlich ungenügende Beschulung.

Die Einengung der Diagnose auf die Diskrepanz zwischen Lese-Rechtschreibleistung und Intelligenz wird in den letzten Jahren infrage gestellt, weil Kinder mit höherer vs. geringerer Intelligenz sich in der Art ihrer Schwierigkeiten beim Lesen und Rechtschreiben nicht wesentlich unterscheiden und gleichermaßen positiv auf Fördermaßnahmen ansprechen (Klicpera, Schabmann & Gasteiger-Klicpera, 2010). Ein Prozentrang von weniger als 15 in einem standardisierten Lese- oder Rechtschreibtest kann für die Diagnose einer Lese- oder Rechtschreibstörung als ausreichend erachtet werden.

4.2 Epidemiologie, Verbreitung und Altersrelevanz der Störung

Nach internationalen Schätzungen sind in den industrialisierten Ländern 4 bis 7 % der Schülerinnen und Schüler lese-rechtschreibschwach (Hasselhorn & Schuchardt, 2006); 5 bis 10 % der Jugendlichen und Erwachsenen beherrschen das Schreiben und Lesen nicht ausreichend, um ihren Alltag zu meistern. Sie sind nicht in der Lage, einfache Anweisungen zu lesen oder Formulare auszufüllen. Annähernd ein Zehntel der Schülerinnen und Schüler verlässt die Schule ohne ausreichende Kenntnisse des Lesens und Schreibens. Jungen sind von Leseschwierigkeiten mindestens doppelt so häufig betroffen wie Mädchen. Beim Rechtschreiben ist dieser Unterschied noch deutlicher zu Ungunsten der Jungen ausgeprägt. Zudem werden weit mehr Jungen als Mädchen wegen einer Lese-Rechtschreibschwäche zur Förderung überwiesen. Bezüglich komorbider Störungen ist Folgendes bekannt:

- Lese-Rechtschreibstörungen sind häufig mit Rechenschwierigkeiten verknüpft („Kombinierte Schulleistungsstörung“, s. Kapitel 5). Etwa drei Viertel der Schülerinnen und Schüler mit umschriebenen Rechenstörungen haben auch eine Lese-Rechtschreibstörung. Häufig werden auch Schwierigkeiten der motorischen Koordination oder Sprachschwierigkeiten (ICD-10: F.80) festgestellt.
- Schwächen im Lesen und Rechtschreiben werden häufig von emotionalen Problemen und Verhaltensschwierigkeiten begleitet. Kinder mit Lese-Rechtschreibstörungen besitzen im Vergleich zu unauffälligen Kindern zumeist ein niedrigeres Selbstwertgefühl und ein geringeres Selbstkonzept schulischer Fähigkeiten.
- Aufmerksamkeitsschwierigkeiten und Hyperaktivität gehen oft mit Lese-Rechtschreibschwierigkeiten einher. Ein Drittel bis zur Hälfte der in klinischen Einrichtungen vorgestellten hyperaktiven Kinder ist von einer umschriebenen Lese-Rechtschreibstörung betroffen.
- Lese- und Rechtschreibschwierigkeiten sind über die Schulzeit sehr stabil. Kaum ein Schüler (bzw. eine Schülerin), der am Ende der 1. Klasse größere Schwierigkeiten beim Lesen und Rechtschreiben hat, schafft es – ohne intensive Intervention – diese Schwierigkeiten bis zum Ende der Pflichtschulzeit zu überwinden.

4.3 Bedingungsmodell: Entstehung und Aufrechterhaltung der Störung

Eine Lese-Rechtschreibschwäche entsteht durch charakteristische Fertigkeitsmängel, die zum Teil genetisch bedingt sind (Schulte-Körne, 2002, 2011):

- *Defizite in der phonologischen Bewusstheit.* Die Einsicht in die Lautstruktur der Sprache spielt beim Erstleseunterricht eine wichtige Rolle, denn beim Lesen müssen Wörter in Laute (Phoneme) zergliedert und Laute wiederum zu Wörtern zusammengesetzt werden. Bei Vorschulkindern lässt sich diese Vorläuferfertigkeit des Lesens an der Bildung von Reimen und Alliterationen (d. h. von Wörtern mit gleichem Anlaut, wie z. B. „Wind und Wetter“) erkennen. Kinder, die Schwierigkeiten im Erstleseunterricht aufweisen, zeigen häufig Defizite in der phonologischen Bewusstheit. Allerdings wird diese Fähigkeit im Erstleseunterricht intensiv eingeübt.
- *Defizite in der phonologischen Informationsverarbeitung.* Das Erlernen des Lesens und Schreibens setzt phonologisches Rekodieren (d. h. die Fähigkeit, Buchstabenfolgen in Lautfolgen zu übersetzen und umgekehrt) und die innere Repräsentation der Buchstabenfolgen im Gedächtnis (d. h. die Zuordnung von Buchstaben zu Lauten) voraus. Defizite in diesen Bereichen beeinträchtigen das Lesen- und Schreibenlernen erheblich. Dauert beispielsweise die lautsprachliche Rekodierung schriftlicher Symbole zu lange, haben die Kinder am Ende des Erlesens eines Worts die Anfangslaute bereits wieder vergessen und das Zusammenziehen von Lauten zu gesprochenen Wörtern (Lautsynthese) misslingt. Bei ineffektivem Rekodieren ist zudem der Zugriff auf

das semantische Lexikon beeinträchtigt. Dementsprechend fällt es leseschwachen Kindern schwer, bedeutungshaltige Wörter von Pseudowörtern zu unterscheiden. Eine Speicherschwäche für Schriftwörter bewirkt, dass Kinder sehr viele Lerndurchgänge benötigen, bis sie sich ein Wort exakt (d. h. in seiner genauen Schreibweise) merken können.

- *Defizite in der seriellen Benennungsgeschwindigkeit.* Dabei geht es um die Fähigkeit, Zahlen und Gegenstandsbilder zu benennen und beim Lesen von einem Wort auf das nächste umschalten zu können. Beim Lesen kommt es nicht so sehr auf die Geschwindigkeit an, mit der gelesene Wörter artikuliert werden. Entscheidend ist vielmehr, dass durch die Buchstabenfolge Wörter, die im „orthografischen Lexikon" gespeichert sind, automatisch aktiviert werden, sodass das zu lesenden Wort entsprechend rasch „erkannt" wird. Beim Schreiben (z. B. beim Diktat) ist es umgekehrt: Durch die phonologische Wortform werden bereits gespeicherte Worteinträge abgerufen, an denen sich das Kind beim Niederschreiben orientiert. Leseschwache Kinder zeigen häufig Defizite bei der Speicherung von Schriftwörtern, was zu einem fehlerhaften und verlangsamten Lesen sowie zahlreichen Rechtschreibfehlern führt.
- *Visuelle Verarbeitungsstörung.* Obwohl bei lese- und rechtschreibschwachen Kindern die basalen Sinnesfunktionen *per definitionem* intakt sind, werden bei manchen Kindern spezielle visuelle Verarbeitungsschwächen vermutet (z. B. eine unzureichende Steuerung der Blickbewegungen). Besondere Beachtung fand die Hypothese, dass bei leseschwachen Kindern das magnozelluläre System beeinträchtigt ist, das für die Verarbeitung rasch wechselnder visueller Reize verantwortlich ist. Nach gegenwärtigem Kenntnisstand dürfte dies jedoch nur für eine Untergruppe der leseschwachen Kinder gelten (vgl. Schulte-Körne, 2002).
- *Defizite im Lernverhalten.* Da Kinder mit Lese-Rechtschreibschwierigkeiten häufig auch Aufmerksamkeitsstörungen zeigen, ist davon auszugehen, dass mangelndes Durchhaltevermögen und Konzentrationsschwächen im Unterricht sowie bei den Hausaufgaben zu den Schwierigkeiten beitragen.
- *Fehlende Förderung in Familie und Schule.* Fehlende Leseaktivitäten in der Familie (z. B. Vorlesen, gemeinsames Lesen, Reimspiele) erhöhen das Risiko, dass Kinder beim Lesen- und Schreibenlernen zurückbleiben. Die Bedeutung des Unterrichts ist daran erkennbar, dass selbst in Parallelklassen oft beträchtliche Unterschiede im Leistungsstand der Schülerinnen und Schüler bestehen. Dafür sind sowohl Unterschiede in der Klassenführung (z. B. im Disziplinierungsverhalten und in der Ermöglichung eines störungsfreien Unterrichts) als auch im didaktischen Vorgehen verantwortlich (z. B. in der Systematik, mit der Graphem-Phonem-Korrespondenzen eingeführt werden; oder im Angebot an zusätzlichen Hilfen, wie etwa Übungen zur Förderung der phonologischen Bewusstheit oder zum Behalten der Graphem-Phonem-Korrespondenzen durch Handzeichen; s. Klicpera & Gasteiger-Klicpera, 1998).

Lese- und Rechtschreibschwierigkeiten sind über die Schulzeit sehr stabil. Kaum ein Schüler (bzw. eine Schülerin), der am Ende der 1. Klasse größere Schwierigkeiten beim Lesen und Rechtschreiben hat, schafft es – ohne intensive Intervention – diese Schwierigkeiten bis zum Ende der Pflichtschulzeit zu überwinden. Schulkinder, denen das Lesen von Beginn an große Mühe bereitet, lesen in ihrer Freizeit nur sehr wenig, meist gar nicht, und können die Freude am Lesen nicht entdecken. Dadurch verfestigen sich ihre Lesedefizite. Aber auch innerhalb der Schule können sie von den Lernangeboten nicht ausreichend profitieren. Da ihre Geschwindigkeit beim Lesen gering ist, werden sie bei gleicher Übungszeit mit weniger schriftlichem Material konfrontiert als normal lesende Schülerinnen und Schüler. Dies führt zu einer weiteren Vertiefung ihrer Rückstände. Aufgrund der mangelnden Übung besteht die Gefahr, dass Gelerntes wieder vergessen wird. Zudem ist die Bedeutung des Lesens für andere schulische Fertigkeiten zu bedenken (z.B. beim Lesen von Textaufgaben im Rechenunterricht). Geringe Leseaktivität führt nicht nur zu Defiziten in der Erweiterung des Wortschatzes, sondern auch im Erwerb des Weltwissens während der Schulzeit.

4.4 Diagnostik im Überblick

Die Diagnostik verfolgt zwei Ziele:
(1) Schülerinnen und Schüler, die im Lesenlernen gefährdet sind, sollen möglichst frühzeitig erkannt und gefördert werden.
(2) Leistungsbereiche, die den Schülerinnen bzw. Schülern besondere Schwierigkeiten bereiten, sollen so präzise wie möglich ermittelt werden, damit die Förderung maßgeschneidert darauf zugeschnitten werden kann.

Eine Diagnostik mit standardisierten Tests für Lesen und Rechtschreiben ist erst ab Ende der 1. Klasse möglich. Davor können Verfahren eingesetzt werden, die sich am jeweiligen Leselehrgang orientieren (Fischer & Gasteiger-Klicpera, 2013; Klicpera, Humer, Gasteiger-Klicpera et al., 2008a, b) (s. Kasten 1).

Kasten 1: Aufbau eines am Leselehrgang orientierten Testverfahrens zur Diagnostik von Schwierigkeiten beim Erlernen des Lesens und Schreibens

Eine Überprüfung des Entwicklungsstands im Lesen und Schreiben ist etwa zehn Wochen nach Beginn der 1. Klassenstufe sinnvoll oder spätestens dann, wenn die Schülerinnen und Schüler mit den ersten acht Buchstaben im Unterricht vertraut gemacht wurden. In einem „synthetisch" vorgehenden Unterricht werden den Kindern die Buchstaben explizit vorgestellt. Die zu lesenden Wörter werden aus den bereits bekannten Buchstaben aufgebaut. Bei der Testung wird zunächst überprüft, wie viele der bekannten Buchstaben die Kinder lesen und auf Ansage korrekt schreiben können. Dann werden alle im Unterricht schon gelesenen Wörter zusammengestellt und 16 bekannte Wörter unterschiedlicher Länge (drei bis sechs Buchstaben) ausgewählt. Parallel dazu wird eine Liste von zwölf neuen Wörtern erstellt, welche die Kinder im Unterricht zwar noch nicht gelesen haben, die aber aus den schon bekannten Buchstaben zusammengesetzt sind. Schließlich wird eine Liste mit acht Pseudowörtern aus den bekannten Buchstaben gebildet. Diese Wörter sollen die Kinder in einer Einzeltestung laut vorlesen, wobei auf ihr Verhalten beim Lesen (spontanes Lesen ohne bzw. mit vorheriger Pause, Lautieren und Zusammenschleifen der Buchstaben, nur Lautieren der Buchstaben, Verweigern des Lesens) und die Korrektheit des Erlesenen geachtet wird. Etwa ein Drittel der gelesenen Wörter sollen die Kinder anschließend niederschreiben. Die Leistung der Kinder bei diesem Test gibt einen zuverlässigen Einblick in ihren Entwicklungsstand beim Lesen und Schreiben. Lese- und rechtschreibschwache Kinder können nach zehn bis zwölf Wochen Unterricht ca. zwei Drittel der bekannten Wörter, aber weniger als ein Fünftel der neuen Wörter und der Pseudowörter korrekt lesen. Ein ähnlich zusammengestellter und am jeweils verwendeten Leselehrgang orientierter Test kann auch in der zweiten Hälfte des Schuljahres verwendet werden. Hier sind die Anforderungen entsprechend größer.

Für die *Früherkennung von Risikokindern* empfiehlt sich die „Würzburger Leise-Lese-Probe" (Küspert & Schneider, 2011), die sich auch für ein Screening ganzer Schulklassen eignet. Das Verfahren erfasst die Lesegeschwindigkeit (die Kinder sollen zu niedergeschriebenen Wörtern ein dazu passendes Bild aus vier Vorlagen auswählen). Zur Überprüfung der Rechtschreibleistung eignen sich Lückentextdiktate, die für jede Klassenstufe normiert sind und dazu dienen, eine erste Einschätzung der Schwierigkeiten bei der Aneignung der Schriftsprache vorzunehmen (Warnke, Hemminger, Roth & Schneck, 2001).

Zur genaueren *Abklärung der Schwierigkeiten beim Lesen und Rechtschreiben* ist eine Einzeltestung der Kinder zwingend erforderlich. Hierbei geht es zunächst um die Entwicklung der mündlichen Lesefähigkeit. Beim mündlichen Lesen ist sowohl auf die Sicherheit (korrektes Lesen) als auch auf die Geschwindigkeit (flüssiges Lesen) zu achten. Eine umfassende Diagnostik beinhaltet zudem eine Überprüfung des Leseverständnisses, das mit dem auditiven Verständnis verglichen wird (d. h. dem Verständnis für vorgelesene Texte, das z. B. bei Markus im eingangs geschilderten Fallbeispiel nicht beeinträchtigt ist). In höheren Klassenstufen wird zudem das schriftliche Ausdrucksverhalten überprüft (z. B. anhand von Aufsätzen). Für eine differenziertere Diagnostik steht mit dem „Salzburger Lese- und Rechtschreibtest" (SLRT-II; Moll & Landerl, 2010) ein normiertes Verfahren zur Verfügung, das auch das Lesen von Pseudowörtern umfasst. Generell gilt, dass die Lesegeschwindigkeit zwar ein guter Indikator für die allgemeine Lesefähigkeit ist, ihre alleinige Prüfung aber keine individuell angepasste Förderplanung ermöglicht. Neben der Überprüfung des generellen Leistungsstands ist bei der diagnostischen Untersuchung unbedingt auf Folgendes zu achten:

- Beim Lesen sollte geprüft werden, wie die Kinder mit unterschiedlich vertrauten und unterschiedlich langen Wörtern umgehen. Kinder mit Lesestörungen haben beim Lesen unvertrauter Wörter sowie von Pseudowörtern besonders große Schwierigkeiten.
- Beim Rechtschreiben sollte sowohl das lauttreue Schreiben (d. h. die Übersetzung von Phonemen in Grapheme, wie z. B. „fa-rad" für Fahrrad) als auch das regelgeleitete, orthografisch korrekte Schreiben überprüft werden. Die Analyse der Art der Schreibfehler gibt Hinweise auf den Entwicklungsstand des Kindes und ermöglicht gezielte Maßnahmen zu seiner Förderung.
- Die Testung der Kinder sollte durch Informationen über ihr Leseverhalten in der Klasse sowie im Elternhaus ergänzt werden. Gespräche mit Eltern und Lehrkräften dienen zudem dem Zweck, Möglichkeiten zur Unterstützung der Intervention durch Elternhaus und Schule zu ermitteln. Bei entsprechenden Hinweisen ist eine Abklärung des Hör- und Sehvermögens, der Sprachentwicklung sowie von Verhaltensauffälligkeiten angezeigt.

4.5 Interventionsziele

Das Interventionsziel besteht darin, das Lesen und Schreiben des Kindes systematisch zu verbessern. Das Vorgehen hat sich am Entwicklungsstand des Kindes und an seinen besonderen Schwierigkeiten (z. B. Probleme bei der Buchstaben-Laut-Zuordnung; fehlerhaftes oder stark verlangsamtes Lesen; fehlende Kenntnis orthografischer Regeln) zu orientieren.

- Im Vorschulalter liegt der Akzent auf der Förderung der phonologischen Bewusstheit (s. Kapitel 10), um Lese- und Rechtschreibschwierigkeiten bereits vor der Einschulung entgegenzuwirken.
- In der Phase des Erstleseunterrichts (bei gravierenden Defiziten aber auch später noch) ist besonderes Gewicht auf die Förderung der Buchstabenkenntnis, der Buchstaben-Laut-Zuordnung und der phonologischen Rekodierung zu legen. Schwierigkeiten in der korrekten Zuordnung der Buchstaben zu Lauten und umgekehrt werden von den Kindern mitunter verschleiert, indem sie die Wörter schon vorher lesen und auswendig lernen. Die Verwendung von Pseudowörtern schließt diese Möglichkeit aus.
- Sobald grundlegende Lesefertigkeiten beherrscht werden, besteht das nächste Ziel darin, die Lesegeschwindigkeit zu erhöhen. Dies kann durch Übungen zum raschen Erkennen kurzer Wörter und zur Silbengliederung längerer Wörter erreicht werden und ist wiederum Voraussetzung dafür, dass auch das Verständnis für das Gelesene verbessert werden kann. Nur wenn die Kinder in ihrem Leseverständnis so weit fortgeschritten sind, dass sie dem Verlauf einer Geschichte folgen können, besteht Aussicht, dass das Lesen für sie zu einer lohnenden Tätigkeit wird.
- Im Vergleich zur Förderung des Schreibens gilt der Leseförderung die erste Priorität. Verzögerungen in der Leseentwicklung erhöhen die Gefahr, dass das Kind auch im Rechtschreiben zurückbleiben wird.

4.6 Interventionen im Überblick

Derzeit stehen mehrere empfehlenswerte Interventionsprogramme zur Einzel- und Kleingruppenförderung zur Verfügung. In der Anfangsphase des Lesens konzentrieren sich Lesetherapien auf Übungen zur Lautbewusstheit (z. B. spielerische Übungen mit Reimwörtern, Austausch von Vokalen – „Fuchs Du hust du Guns gustuhlun" – und Wörtern ähnlichen Klangs, aber unterschiedlicher Bedeutung, wie „Maus" und „Haus"), zur Buchstabenkenntnis sowie vor allem zur Festigung der Buchstaben-Laut-Zuordnungen. Die Lautsynthese wird durch Übungen zum Verschmelzen von Einzellauten zu Wörtern eingeübt. Prinzipiell ist es wünschenswert, die Übungen in Schule (z. B. Förderunterricht) und Kindergarten (zur Prävention im Vorschulalter) zu integrieren. Bei gravierenden Defiziten wird jedoch eine systematische Einzelfallförderung durchgeführt. Bewährt haben sich u. a. folgende Programme (für einen ausführlicheren Überblick s. Kapitel 11):

- *Lesen Lernen durch lauttreue Leseübungen* von Findeisen, Melenk und Schillo (2000). Dieses Programm beinhaltet Übungen zum lauttreuen Lesen und Schreiben, die für den Grundschul- und Förderunterricht geeignet sind. Die Leseübungen schreiten „synthetisch" von kleineren zu größeren Einheiten voran, d. h. vom Lautieren, über das Zusammenschleifen der Laute bis zum Lesen ganzer Wörter und Sätze. Die Kinder lernen zudem, Laute zu identifizieren und verschiedene Laute zu unterscheiden. Das Programm umfasst ein Sprechtraining und legt besonderen Wert auf eine sorgsame Aussprache (durch Übungen zur Sprechmotorik und Artikulation). Die Rechtschreibung wird anhand lautgetreuer Diktate geübt. Daher wird strikt vermieden, lauttreues mit regelgeleitetem Rechtsschreiben zu vermischen (wie dies häufig bei Diktaten im Unterricht der Fall ist). Der Schwerpunkt liegt auf der Einübung von phonematischen Kompetenzen (z. B. der Laut-Buchstaben-Zuordnung und der Unterscheidung ähnlich klingender Laute, wie *b* und *p* oder *g* und *k*). Die Diktate eigenen sich auch für Übungen zu Hause.

- *Lautgetreue Lese-Rechtschreibförderung* von Reuter-Liehr (2008). Dieses Programm bietet exakt ausgearbeitete Übungsstunden für lese- und rechtschreibschwache Kinder ab der 3. und der 5. Klasse an. Grundprinzipien sind: (a) Die Betonung des silbenweisen Mitsprechens beim Schreiben und das Einüben des silbenweisen Lesens. Ziel ist die Angleichung des Sprechens an die Rechtschreibung bzw. die Hochsprache. Es soll übermäßig genau und in Silben gegliedert artikuliert werden. Dazu begleitend werden bestimmte Körperbewegungen (Arm- und Schreitbewegungen) ausgeführt. (b) Die Analyse der lauttreuen Schreibweise von Wörtern. Das Förderprogramm ist in sechs Phonemstufen gegliedert, bei denen die Zuordnung der Phoneme und Grapheme immer schwerer zu durchschauen ist. (c) Die Unterstützung des Behaltens der Buchstaben-Laut-Zuordnung durch den Einsatz von Handzeichen für alle Buchstaben bzw. Phoneme. Das Programm arbeitet mit spielerischem Material und eignet sich für den Einsatz in Kleingruppen ebenso wie zur Einzelfallförderung. Zudem umfasst es häusliche Übungen.
- *Kieler Leseaufbau und Rechtschreibaufbau* von Dummer-Smoch und Hackethal (2001, 2011). Diese Programme eignen sich für Kinder mit gravierenden Rückständen im Lesen und Rechtschreiben (z. B. auch für Kinder, die in den höheren Klassen noch Mühe mit basalen Leseprozessen haben, aber auch für erwachsene Analphabeten). Der Leselehrgang umfasst ca. 60 Stunden und steigert in kleinsten Schritten den Schwierigkeitsgrad der Übungen (z. B. bei der Einführung von Vokalen und Konsonanten und deren Kombination zu unterschiedlich schwierigen Wörtern). Das Erlernen der Graphem-Phonem-Korrespondenzen wird durch Lautgebärden unterstützt. Neben Übungsmaterialien in Form von Lese- und Übungsheften werden Spiele, Karteikarten und Lernsoftware angeboten. Der Rechtschreibaufbau beginnt mit dem Üben lauttreuer Wörter, für die noch kein Regelwissen erforderlich ist, und ist vom Material her auf den Leselehrgang abgestimmt.

Andere Programme richten sich an Schülerinnen und Schüler, die bereits die Anfangsphase des Lesenlernens gemeistert haben. Diese Maßnahmen sind allerdings nur sinnvoll, wenn sie über einen längeren Zeitraum und wenigstens 2-mal pro Woche durchgeführt werden. Ein Beispiel dafür ist das *Marburger Rechtschreibtraining* von Schulte-Körne und Mathwig (2009). Dieses Training ist für Kinder geeignet, die bereits die einfachen Phonem-Graphem-Zuordnungen beherrschen, jedoch noch Mühe mit dem Behalten und der Anwendung orthografischer Regeln haben. Das Ziel des Programms besteht darin, Kindern systematisches Wissen über die wichtigsten Rechtschreibregeln zu vermitteln, die in der Form von Visualisierungshilfen und Entscheidungsbäumen illustriert und eingeübt werden. Das Programm eignet sich besonders für die Einzelförderung, kann aber auch in Gruppen von bis zu fünf Kindern durchgeführt werden. Sein Erfolg wurde bei Kindern ab der 2. Klasse nachgewiesen (für Kinder der 1. Klasse ist es nicht geeignet, weil diese noch keine gefestigten Kenntnisse über Buchstaben und Laut-Buchstaben-Zuordnungen besitzen).

Hat sich erst einmal ein größerer Rückstand im Lesen und Rechtschreiben eingestellt, sind Interventionen zeitintensiv und mühsam. Es ist daher empfehlenswert die Entstehung solcher Schwierigkeiten und damit ein Zurückbleiben während der Phase des Erstleseunterrichts, durch frühzeitige Fördermaßnahmen, zu verhindern.

4.7 Literatur

Grundlegende Literatur

Klicpera, C. & Gasteiger-Klicpera, B. (1998). *Psychologie der Lese- und Schreibschwierigkeiten – Entwicklung, Ursachen, Förderung* (2. Aufl.). Weinheim: Beltz & PVU.

Klicpera, C., Schabmann, A. & Gasteiger-Klicpera, B. (2010). *Legasthenie*. München: Reinhardt.

Schulte-Körne, G. (Hrsg.). (2002). *Legasthenie: Zum aktuellen Stand der Ursachenforschung, der diagnostischen Methoden und der Förderkonzepte*. Bochum: Winkler.

Weiterführende Literatur

Hasselhorn, M. & Schuchardt, K. (2006). Lernstörungen: Eine kritische Skizze zur Epidemiologie. *Kindheit und Entwicklung, 15,* 208–215. doi: 10.1026/0942-5403.15.4.208

Schulte-Körne, G. (2011). Lese- und Rechtschreibstörung im Grundschulalter: Neuropsychologische Aspekte. *Zeitschrift für Psychiatrie, Psychologie und Psychotherapie, 59,* 47–55. doi: 10.1024/1661-4747/a000051

Wolf, M. (Ed.). (2001). *Dyslexia, fluency and the brain*. Parkton, MD: York Press.

Material

Dilling, H., Mombour, W. & Schmidt, M.H. (Hrsg.). (2011). *Internationale Klassifikation psychischer Störungen: ICD-10, Kapitel V (F). Klinisch-diagnostische Leitlinien* (8. Aufl.). Bern: Huber.

Dummer-Smoch, L. & Hackethal, R. (2001). *Handbuch zum Kieler Rechtschreibaufbau* (4. Aufl.). Kiel: Veris Verlag.

Dummer-Smoch, L. & Hackethal, R. (2011). *Handbuch zum Kieler Leseaufbau*. (8. Aufl.). Kiel: Veris Verlag.

Findeisen, U., Melenk, G. & Schillo, H. (2000). *Lesen lernen durch lauttreue Leseübungen* (Bd. 1–3; 4. Aufl.). Bochum: Winkler.

Fischer, U. & Gasteiger-Klicpera, B. (2013). *Der Frühe-Lesefähigkeits-Test (FLT I und II)*. Duisburg: UVRR.

Klicpera, C. & Gasteiger-Klicpera, B. (1998). Die ersten Stadien der Entwicklung von Lese- und Rechtschreibschwierigkeiten. *Heilpädagogische Forschung, 24,* 163–175.

Klicpera, C., Humer, R., Gasteiger-Klicpera, B. & Schabmann, A. (2008a). *Der Wiener Früherkennungstest WFT.* Funkelsteine. Wien: Dorner.

Klicpera, C., Humer, R., Gasteiger-Klicpera, B. & Schabmann, A. (2008b). *Der Wiener Früherkennungstest WFT. Mia und Mo*. Wien: Dorner.

Küspert, P. & Schneider, W. (2011). *Würzburger Leise Leseprobe – Revision (WLLP-R). Ein Gruppentest für die Grundschule*. Göttingen: Hogrefe.

Moll, K. & Landerl, K. (2010). *Lese- und Rechtschreibtest (SLRT-II; 2. Aufl.): Weiterentwicklung des Salzburger Lese- und Rechtschreibtests (SLRT)*. Bern: Huber.

Reuter-Liehr, C. (2008). *Lautgetreue Lese-Rechtschreibförderung (Bd. 1): Eine Einführung in das Training der phonemischen Strategie auf der Basis des rhythmischen Syllabierens mit einer Darstellung des Übergangs zur morphematischen Strategie* (3. Aufl.). Bochum: Winkler.

Schulte-Körne, G. & Mathwig, F. (2009). *Das Marburger Rechtschreibtraining. Ein regelgeleitetes Förderprogramm für rechtschreibschwache Kinder* (4. Aufl.). Bochum: Winkler.

Warnke, A., Hemminger, U., Roth, E. & Schneck, S. (2001). *Legasthenie – Leitfaden für die Praxis: Begriff – Erklärung – Diagnose – Behandlung – Begutachtung*. Göttingen: Hogrefe.

5. Allgemeine Lernschwäche (Kombinierte Schulleistungsstörung nach ICD-10)

Gerhard W. Lauth

Fallbeispiel

Bianca (ca. 9;6 Jahre alt) besucht die zweite Klasse der Grundschule. Sie lebt mit ihrer Mutter und zwei Geschwistern zusammen. Bianca wurde altersgemäß in die erste Klasse der Grundschule eingeschult, wo sie zunächst unauffällig mitarbeitete. Nach einem halben Jahr fiel sie der Klassenlehrerin aber durch ihr verträumtes Verhalten auf. Sie beteiligte sich nur selten am Unterricht und zeigte nur geringes Interesse am Unterrichtsstoff. Auf Ansprache der Lehrerin wusste sie selten, worum es gerade ging. Obwohl sie in der ersten Klasse nur geringe Leistungsfortschritte machte, wurde sie in die zweite Klasse versetzt. Hier vergrößerten sich ihre schulischen Lernrückstände jedoch zunehmend. Bianca ließ sich nun leicht entmutigen und hing – statt nachzufragen – lieber ihren eigenen Gedanken nach. Aufgrund des geringen Lernerfolges wiederholt sie nun die zweite Klasse. Nach Aussage ihrer Klassenlehrerin stört Bianca den Unterricht eigentlich nie; sie sei jedoch sehr verträumt und passiv. Auch mit den anderen Kindern habe sie nur wenig Kontakt. Eine Überprüfung anhand von Arbeitsproben zum Lesen, Schreiben und Rechnen ergibt, dass Bianca die Buchstaben verwechselt, nur wenige Wörter schreiben und nur wenige Rechenoperationen (einfache Additionsaufgaben) ausführen kann. Sie benötigt viel Zeit und muss immer wieder ermutigt werden, um bei der Sache zu bleiben. Die Überprüfung der Intelligenz anhand eines mehrdimensionalen Untersuchungsverfahrens (Kaufman Assessment Battery for Children, K-ABC; Kaufman & Kaufman, 2009) ergibt einen Intelligenzstatus von IQ = 84. Relative Minderleistungen zeigen sich vor allem im Bereich der sequentiellen Informationsverarbeitung (nonverbales Arbeitsgedächtnis), ein Ergebnis, das sich auch in anschließenden weiteren Untersuchungen bestätigt.

5.1 Definition und diagnostische Kriterien nach ICD-10

Eine kombinierte Schulleistungsstörung (ICD-10; F81.3) ist durch gravierende Schwierigkeiten sowohl beim Lesen bzw. der Rechtschreibung als auch beim Rechnen (Grundrechenarten) gekennzeichnet. Die Leistungen liegen in beiden Lernbereichen eindeutig unter dem Niveau, das aufgrund von Alter, Intelligenz und Beschulung zu erwarten ist

(s. Anhang D). Eine solche Störung liegt laut ICD-10 (Forschungskriterien) dann vor, wenn folgende *Kriterien* erfüllt sind:

- Minderleistungen in standardisierten Schulleistungstests um mindestens zwei Standardabweichungen gegenüber der Altersnorm oder der Leistungserwartung (Intelligenz);
- ein Intelligenzquotient von mindestens 70;
- Ausschluss (extremer) Unzulänglichkeiten in der Erziehung bzw. der Beschulung;
- Behinderung der Schulausbildung sowie des Alltagsverhaltens durch die Störung;
- Ausschluss von Seh- oder Hörstörungen bzw. neurologischen Erkrankungen.

5.2 Epidemiologie, Verbreitung und Altersrelevanz der Störung

Von einer allgemeinen (kombinierten) Lernstörung sind insgesamt 3.3 % der Schülerinnen und Schüler betroffen. Darüber hinaus liegen weitere allgemeine Lernstörungen bei folgenden Problemen vor:

- Schulversagen (Abgang von der allgemeinbildenden Schule ohne Hauptschulabschluss) — 6 bis 7 %
- Wiederholen einer Schulklasse (Repetieren) — 4 bis 5 %
- Allgemeine Lernschwäche (im Sinne der „Nicht näher bezeichneten Entwicklungsstörung schulischer Fertigkeiten"; F81;3) — bis 3 %

Jungen leiden häufiger darunter als Mädchen (im Verhältnis 2 : 1). Ferner stammen lerngestörte Kinder überzufällig oft aus ungünstigeren sozialen Verhältnissen oder sind „ausländischer Herkunft" (22 % der ausländischen Schülerinnen und Schüler bleiben ohne Hauptschulabschluss, vgl. Statistisches Bundesamt, 2010).

5.3 Bedingungsmodell: Entstehung und Aufrechterhaltung der Störung

Bei einer kombinierten Schulleistungsstörung handelt es sich um eine allgemeine und tendenziell überdauernde Lernbeeinträchtigung (s. Kapitel 1). Infolgedessen muss man auch von allgemeinen und bereichsübergreifenden Ursachen ausgehen. Es sind im Wesentlichen *drei Bedingungsmomente*, die zum Zustandekommen und Fortbestehen beitragen:

(1) *Unzureichende (funktionale) Lernvoraussetzungen*. Es liegen oft grundlegende Beeinträchtigungen in den Lernvoraussetzungen vor (etwa mangelnde Sprachkompetenz, mangelndes Arbeitsgedächtnis, unzureichende selektive Aufmerksamkeit, mangelnde Kapazität des semantischen Gedächtnisses, kognitive Entwicklungsverzögerungen).

(2) *Unzureichende (metakognitive) Lernaktivitäten*. Die Kinder erweisen sich als ineffektive und „konzeptionslose" Lernerinnen und Lerner. Ihre Selbststeuerung, Selbstüberwachung, Planung und Anstrengungsbereitschaft ist gering. Oft arbeiten sie sehr unselbstständig, zögern den Arbeitsbeginn hinaus, lassen sich die Aufgabe erneut erklären, wissen nicht weiter und arbeiten gerade nur soweit, wie sie gerade unterstützt werden. Teilweise beginnen sie aber auch mit den Lernaufgaben, ohne sich einen Überblick verschafft zu haben,

arbeiten rasch. impulsiv und fehlerhaft und geben bei Schwierigkeiten rasch auf. Im Allgemeinen fällt auf, dass sie sich selten handlungsstrukturierende Fragen zur Aufgabe und zu ihrem eigenen Vorgehen stellen (z. B. „Worum geht es bei dieser Aufgabe?"), sich kaum Selbstanweisungen geben (z. B. „Das ist sehr schwierig. Ich muss hier genau achtgeben!"), bei Problemen nicht auf allgemeinere Strategien zurückgreifen (etwa den Fehler analysieren), ihr Lernen weit weniger überwachen (z. B. das Lernen fortlaufend beobachten und es bei ausbleibendem Erfolg korrigieren) und nur selten ihre Lernerfahrungen reflektieren (z. B. den Lernweg im Nachhinein überdenken). Stattdessen beobachtet man zumeist rasche und unbedachte Lernhandlungen, die auch nur flüchtige und ungenaue Eindrücke erzeugen. Der Lerngewinn ist auch dementsprechend gering (vgl. Klauer & Lauth, 1997).

(3) *Unzureichende Wissensvoraussetzungen.* Im Verlaufe der Beschulung entstehen zunehmend größere Lernrückstände (z. B. wegen mangelnder Buchstabenkenntnisse, mangelnder Kenntnis von Rechenregeln, unzureichender Grammatikkenntnisse in Englisch, unzureichendem deklarativem Wissen über Lernaufgaben), die ein eher zufälliges Lernverhalten („Overselection") begünstigen. Die Kinder sind dann immer weniger in der Lage, dem allfälligen Unterricht zu folgen. Ihr Lerndefizit vergrößert sich fortlaufend, während sich ihre metakognitiven und strategischen Lernmöglichkeiten verringern.

Dies verbindet sich mit einem zumeist niedrigen Begabungsselbstbild, mit geringen Selbstwirksamkeitserwartungen und mit misserfolgsängstlichem Verhalten (z. B. Fokussierung auf den eigenen Misserfolg, Ausmalen des eigenen Scheiterns, Lageorientierung). Die lerngestörten Kinder glauben nicht, dass sie die Lernaufgaben angemessen lösen können. Infolgedessen verwenden sie auch nur wenig Zeit und Mühe auf das Lernen, sondern arbeiten rasch oder warten auf Hilfe. Dazu gehört auch, dass sie schulischen Anforderungen auf vielfältige Weise ausweichen (z. B. durch Kaspern, Raten, Unterrichtsstörungen, geringe Unterrichtsbeteiligung, psychosomatische Beschwerden), was die bestehenden Schwierigkeiten in einem Teufelskreis verstärkt und den Status als „schlechte Lernerin" bzw. „schlechter Lerner" verfestigt. So sind sie immer weniger in der Lage, förderliches Lernverhalten und angemessene Lernstrategien (durch Selbstreflexion und Selbstoptimierung) auszubilden. Stattdessen begegnen sie auch schon bekannten Lernaufgaben auf dem Niveau von „Neulingen" (Good-Strategy-User-Modell; Pressley, 1986).

5.4 Diagnostik im Überblick

(1) *Differenzialdiagnostik.* Um zu bestimmen, ob eine kombinierte Schulleistungsstörung vorliegt, muss zunächst das Ausmaß der Minderleistung spezifiziert werden. Ferner sind vordergründige Erklärungen (etwa Seh- und Hörstörungen, extreme Unzulänglichkeiten in der Erziehung und Beschulung) auszuschließen. Für die Diagnosestellung sind mithin folgende Maßnahmen zwingend notwendig:

- Abklärung der *allgemeinen intellektuellen Leistungsfähigkeit*, möglichst durch einen mehrdimensionalen Intelligenztest (etwa Kaufman Assessment Battery, K-ABC von Kaufman & Kaufman, 2009; WISC-IV nach Petermann & Petermann, 2011). Zur Einschätzung des Intelligenzniveaus sollten besonders die sprachfreien Untertests herangezogen werden, weil die Kinder in den sprachgebundenen Untertests aufgrund ihrer Lese-Rechtschreibstörungen erwartungsgemäß schlechter abschneiden.

- Untersuchung der *Lese-, Rechtschreib- und Rechenleistungen* anhand standardisierter und altersnormierter Schulleistungstests (s. Anhang C) sowie Einholen von möglichst exakten Leistungsbewertungen durch die unterrichtenden Lehrerinnen und Lehrer.
- Abklärung von *Seh- bzw. Hörstörungen* oder neurologischen Erkrankungen, um vordergründige Funktionseinschränkungen auszuschließen.
- Abklärung der *bisherigen Entwicklungsbedingungen* in Schule und Elternhaus.

Ferner ist zu untersuchen, ob weitere, komorbide Verhaltensstörungen (etwa Hyperkinetische Störungen, F90; Störung des Sozialverhaltens, F91; Störung mit sozialer Ängstlichkeit, F93.2) vorliegen. Falls es Hinweise dafür gibt, sollte das diagnostische Interview psychischer Störungen *DIPS* durchgeführt werden (Unnewehr, Schneider & Margraf, 2009).

(2) *Therapierelevante Diagnostik*. Darüber hinaus empfehlen sich folgende diagnostische Maßnahmen, um Therapieziele zu bestimmen und die Intervention zu planen:

- *Orientierende Verhaltensanalyse* über die bisherige Entwicklung des Kindes und seine Lerngeschichte (Inhalte: bisherige Entwicklung des Kindes, Verlauf und Art der Lernschwierigkeiten, familiäre Anregungsbedingungen, Leistungsziele der Eltern, Wertschätzung schulischer Leistung, Unterstützung des Kindes in schulischen Belangen, Analyse der Unterrichtsbedingungen; s. Anhang A).
- *Beobachtung* der Unterrichtsbedingungen sowie des Unterrichts und des Lernverhaltens des Kindes (beispielsweise beim Hausaufgaben machen, Lesen, Schreiben; s. Anhang B).
- In begründeten Fällen *Untersuchung der funktionalen Lernvoraussetzungen* (z. B. Gedächtnis, Konzentrationsfähigkeit, selektive Aufmerksamkeit). Hinweise auf eingeschränkte funktionale Lernvoraussetzungen ergeben sich vor allem aus der orientierenden Verhaltensanalyse und aus dem Abschneiden des Kindes in einzelnen Untertests des WISC-IV oder der K-ABC (z. B. beim Gedächtnis, in der Konzentration, in der räumlichen Orientierung). Anhand weiterer Arbeitsproben und Testverfahren (etwa Gedächtnisproben, Untersuchung der Konzentrationsfähigkeit, Überprüfung des Instruktionsverständnisses) sollte dann geklärt werden, ob tatsächlich ein solcher Leistungseinbruch vorliegt und inwieweit dieser zu den schulischen Minderleistungen beiträgt. Der Nachweis für einen solchen Leistungseinbruch wird im Zuge der verhaltensanalytischen Diagnostik geführt: Behält das Kind Informationen im Schulalltag wirklich schlechter? Gibt es Situationen, in denen es etwas aufgenommen, aber allzu rasch wieder vergessen hat? Lernt das Kind besser, wenn die Gedächtnisanforderungen gering sind oder wenn es in seinen Gedächtnisleistungen unterstützt wird (z. B. durch Bilder, Aufzeichnungen)?

5.5 Interventionsziele

Die Förderung hat vor allem die förderlichen Lernaktivitäten zu steigern und eine immer eigenständigere Auseinandersetzung mit den Lerninhalten anzubahnen. Je nach Einzelfall werden folgende Teilziele verfolgt:

- Falls *funktionale Lernvoraussetzungen* beeinträchtigt sind, sind die allgemeinen Grundlagen für das weitere Lernen zu vermitteln (etwa Förderung des Arbeitsgedächtnisses, Ausbildung eines ausreichenden Aufmerksamkeitsverhaltens). Zuvor ist je-

doch der Nachweis zu führen, dass diese funktionalen Mängel wirklich die Lernstörung hervorbringen und ihre „Beseitigung" das Lernen nachdrücklich verbessert (vgl. Heubrock, 2011). Es sollen nicht beliebige Lernvoraussetzungen geschult werden, sondern nur solche, welche die allgemeine Lernschwäche wirklich hervorrufen. Denn bei sehr vielen Kindern werden zwar relative Minderleistungen identifiziert (beispielsweise in der sequentiellen Informationsverarbeitung, beim Gedächtnis oder in der Konzentrationsfähigkeit). Allerdings sind diese für die vorliegende Lernstörung nicht hauptverantwortlich. Die Tatsache, dass ein Kind bestimmte Dinge weniger gut kann, bedeutet ja noch nicht, dass das auch der Grund für sein schlechtes Lernen ist. Trägt also eine bestehende Gedächtnisschwäche zur Entstehung und Aufrechterhaltung der allgemeinen Lernschwäche bei? Erst wenn diese Frage plausibel mit „ja" beantwortet werden kann, lohnt es, Gedächtnisprozesse (im Bestreben, die Lernstörung zu vermindern) zu schulen.
- Vermittlung von Lernstrategien, die den Kindern nahe bringen, wie sie in einer Schritt-für-Schritt-Folge komplexere Aufgaben lösen können. Dabei werden ihnen solche Strategien nahe gebracht, die sie noch unzureichend beherrschen, die aber von besonderer Bedeutung für das schulische Lernen sind (z. B. Handlungspläne zum Verständnis von Texten, zum Lösen von Aufgaben aus dem Bereich der Grundrechenarten, zur Bearbeitung von Textaufgaben usw.).
- Operante Verstärkung gewünschter Lernaktivitäten durch Lehrkräfte und Eltern (z. B. im Rahmen von Token-Programmen oder individualisierten Rückmeldungen).

Diese Maßnahmen sollen möglichst alltags- und schulnah umgesetzt werden (z. B. in Kooperation mit den Lehrkräften und Eltern, orientiert an schulischen Inhalten, direkt im Unterricht).

5.6 Interventionen im Überblick

Verbesserung der funktionalen Lernvoraussetzungen. Hierbei geht es vor allem um die Verbesserung des Arbeitsgedächtnisses, der Aufmerksamkeitsfähigkeit, der Kategorisierung, des raschen Erkennens von Regelhaftigkeit und der sprachlichen Verarbeitung, denn erfahrungsgemäß haben Kinder mit allgemeinen Lernstörungen besonders in diesen Bereichen Schwierigkeiten. Vor Beginn der Intervention ist allerdings genau abzuklären, ob (a) diese Funktionen wirklich unzureichend beherrscht werden *und* ob (b) dieser Mangel die derzeitige Lernstörung tatsächlich „verursacht".

Erst wenn auf diesem Wege plausibel wird, dass es an den funktionalen Lernvoraussetzungen fehlt, wird ein Training in den Lernvoraussetzungen durchgeführt. Es beruht vor allem auf:

(1) *Training von Gedächtnisfähigkeiten.* Dabei werden die Kinder angehalten, die Gedächtnisinhalte aktiv „einzuspeichern" (sie sollen etwa die jeweils relevanten Informationen sortieren, Selbstwiederholungen einsetzen oder Bedeutungszusammenhänge herausarbeiten). Man kann ihnen hierbei beispielsweise Bild- (etwa aus gängigen Memory-Spielen) oder Wortkarten mit konkreten Objekten (etwa Apfel, Kirsche, Erdbeere,

Schaufel, Schraubenzieher) vorlegen. Die Kinder sollen die Karten genau anschauen und die jeweiligen Objekte (laut) benennen, die einzelnen Objekte mittels der Karten in Kategorien sortieren (etwa Obst, Werkzeuge), sich die Objekte durch Selbstwiederholungen (inneres Sprechen) einprägen und ihre Gedächtnisleistung selbst überprüfen. Bei komplexeren Inhalten muss die Schülerin bzw. der Schüler vor dem „aktiven Einspeichern" aber entscheiden, worauf es wirklich ankommt, und sich nur die wichtigen Dinge merken. Beliebt ist dafür folgende Prozedur: Texte werden vorgelegt, das Kind bildet anhand der Überschrift Erwartungen zum Text aus, es liest die Geschichte, unterstreicht wichtige Passagen und fasst die Geschichte in einem selbst formulierten Satz zusammen.

Es empfiehlt sich, diese Merkstrategien und Merkfähigkeiten auch im Alltag zu fördern, beispielsweise:

- Die Mutter fertigt mit dem Kind zusammen einen Einkaufzettel an. Beide gehen anschließend zusammen einkaufen. Das Kind versucht, sich sechs Gegenstände im Kopf zu merken und in den Regalen zu finden.
- Während einer längeren Autofahrt merken sich die einzelnen Familienmitglieder, welche Autos sie überholt haben (z. B. roter Opel, blauer VW, silberfarbener Audi). Die einzelnen Familienmitglieder prägen sich die Reihenfolge von zunächst sechs, dann acht und schließlich zehn Autos ein. Sie sprechen darüber, was sie getan haben, um die Reihenfolge behalten zu können.
- Ein Elternteil schaut sich zusammen mit dem Kind eine Fernsehsendung an. Das Kind wiederholt anschließend der Reihe nach, was geschehen ist und wer dabei auftrat.

Solche Aktivitäten werden vier- bis fünfmal in der Woche durchgeführt. Die Eltern halten die Art der Übung, die Uhrzeit und den Verlauf in einem „Übungstagebuch" fest, das jeweils von einer ausgebildeten Fachkraft eingesehen und kommentiert wird.

(2) *Kategorisieren.* Dabei geht es um das rasche und sichere Einordnen von Informationen und um das Erkennen von Regelhaftigkeiten. Hierzu hat Klauer (2007, 2009; s. a. Kapitel 27) ein Training zum induktiven Denken entwickelt, das die Kinder gezielt anleitet, Informationen als übereinstimmend, unterschiedlich, unter Oberbegriffe subsumierbar oder als übertragbar auf neue Situationen zu erkennen. Es regt also zum Denken und aktiven Umgang mit neuen Informationen an. Es empfiehlt sich, diese Trainingsinhalte mithilfe der Eltern auch im Alltag zu schulen. Beispiele dafür sind:

- Während einer längeren Autofahrt schauen sich die einzelnen Familienmitglieder an, welche Autos vorbeifahren und diskutieren, was die einzelnen Autos gemeinsam haben bzw. worin sie sich unterscheiden (z. B. Farbe, Funktion als PKW oder Lastwagen, Aussehen, Hersteller, Motorstärke, Kaufpreis). Sie bestimmen etwa das Gemeinsame und Unterschiedliche zwischen einem silberfarbenen Audi und einem roten Opel.
- Ein Elternteil schaut sich zusammen mit dem Kind eine Fernsehsendung an. Das Kind beschreibt mit dem Erwachsenen anschließend, was die Figuren gemeinsam haben, worin sie sich unterscheiden und welche Typen aufgetreten sind. Es sagt auch, nach welchen Kriterien es die Ähnlichkeit bzw. Unterschiedlichkeit bewertet.

Diese Aktivitäten werden mit den Eltern verabredet. Dabei wird vereinbart, dass sie vier- bis fünfmal in der Woche solche spielerischen Übungen durchführen und ein „Übungstagebuch" führen.

(3) *Vermittlung von Lernstrategien*. Hier wird den Kindern ein „schrittweises“ Vorgehen nahegebracht, mit dem sie komplexere Anforderungen der Reihe nach bewältigen können (Lesen einer Passage aus einem Sachkundebuch, Verstehen einer Textaufgabe, Anfertigung von Notizen, Schreiben eines Aufsatzes; s. dazu Kapitel 12, 14 und 21). Diese Strategien ermöglichen ein schrittweises Lösen einzelner Aufgaben. Wichtige Eckpunkte derartiger Handlungspläne sind Aufgaben- oder Problemanalyse, Zielbestimmung, Planung des Vorgehens, Umgang mit negativen Gefühlen beim Lernen (Frustration, Langeweile), Überprüfung des Ergebnisses. Diese Teilschritte werden oft auch als exekutive Metakognitionen bezeichnet.

Zur Vermittlung der Lernstrategien setzt man insbesondere die Methoden des Selbstinstruktionstrainings, des kognitives Modellierens, der heuristischen Erkenntnisdialoge und des Lerntagebuchs ein. Oft wird dies durch Textbücher, Manuale, bildliche Veranschaulichungen und Kurzvorträge unterstützt. Die Trainerin bzw. der Trainer bildet das strategische Vorgehen beim jeweiligen Kind durch Erklärungen, Modelldemonstrationen, Selbstanweisungen oder Erkenntnisdialoge aus. Hierzu werden geeignete „mehrschrittige“ Aufgaben (z. B. Bildergeschichten, Textaufgaben, Themenstellungen für einen Aufsatz) herangezogen, mit deren Hilfe sich die teils allgemeinen, teils inhaltsspezifischen Vorgehensweisen ausbilden lassen.

Gelenkte Selbstreflexionen (etwa metakognitive Tagebücher, Arbeitsrückblicke, Lernkonferenzen, Lernpartnerschaften zwischen zwei Schülerinnen bzw. Schülern) sorgen des Weiteren dafür, dass das Lernen selbst zum Gegenstand von Überlegungen, Planungen und Schlussfolgerungen wird. Dabei geht es darum, wie man lernt. Ob die einmal gelernten Strategien im Alltag aber auch wirklich angewandt werden, hängt vom Echo ab, das sie bei Eltern und Lehrkräften finden. Sie sollten die Handlungspläne durch Prompts (also durch Erinnerungshilfen) abrufen und ihren Einsatz andererseits durch positive Rückmeldungen, soziale Verstärkungen, Eintragung von Leistungsrückmeldungen in ein „Feedback-Heft“ o. ä. belohnen. Denn die Schülerin bzw. der Schüler wird nur solche Lernstrategien übernehmen, die Erfolge bringen. Ferner werden die Selbstwirksamkeitserwartungen und die Selbstverantwortlichkeit gefördert.

Bei der Vermittlung von Lernstrategien geht man in folgenden Schritten vor:

- *Geeignete Lernaufgaben auswählen*, für die die Lernstrategien ausgebildet werden sollen. Hier ergeben sich Aufgabenbereiche, die nur unzureichend beherrscht werden, aber für das schulische Weiterkommen wichtig sind, beispielsweise Leseverständnis (Wesentliches aus dem Text entnehmen), Aufsatzschreiben, dem Unterricht folgen, Textaufgaben, Rechnen und Bruchrechnung.
- *Die Lernstrategien für sich entdecken*. Eine Strategie beschreibt in einer schrittweisen Abfolge, wie man von einem Ausgangspunkt zum Ziel kommt. Einzelne Schritte sind allgemeiner Natur, andere inhaltlich definiert (s. Kasten 1). Im Allgemeinen muss die Lerntrainerin bzw. der Lerntrainer die Strategie im Selbstversuch herausfinden, also die Lernaufgabe selbst lösen, sich den eigenen Lösungsweg verdeutlichen, festhalten, welche Schritte im Tun und Denken durchlaufen wurden, das eigene Vorgehen als Selbstanweisungen formulieren und überprüfen, ob die übermittelte Abfolge nützlich und vollständig ist (z. B. die Abfolge mit guten Schülerinnen und Schülern diskutieren; andere Schülerinnen und Schüler zu ihrem Vorgehen befragen bzw. bei ihrem Vorgehen beobachten).

Kasten 1: Beispiel für eine Lernstrategie

Montague und Bos (1986) empfehlen diese Strategie für die Lösung mathematischer Textaufgaben:

1. Lautes Lesen des Problems
2. Lautes Beschreiben des Problems
3. Visualisieren des Problems im Sinne der Entwicklung von anschauungsgebundenen Bildern
4. Formulieren des Problems
5. Bildung von Hypothesen über die Anzahl der notwendigen Lösungsschritte und die hierbei benötigten Operationen
6. Abschätzung der richtigen Lösung (das Lösungsspektrum wird vorausschauend und überschlägig kalkuliert)
7. Berechnung der Lösung
8. Selbstkontrolle

Im Rahmen dieser Lösungsabfolge sind besonders die Schritte „Abschätzung der richtigen Lösung" und „Formulieren des Problems" hervorzuheben. Die beiden Autorinnen berichten, dass die Vermittlung dieser Lernstrategie zu signifikanten Verbesserungen der mathematischen Leistungsfähigkeit führt und auch auf komplexere Aufgaben generalisiert wird. Die Strategie festigt sich im Laufe der Zeit, was in einer Nachuntersuchung nach drei Monaten festgestellt wird.

- *Aufgaben, mit denen die Lernstrategie eingeübt werden kann, zusammenstellen.* Die Aufgaben fangen leicht an und steigern sich in ihrer Schwierigkeit, Komplexität und Unterrichtsnähe. Gerade bei lernschwachen Kindern sollte man das strategische Vorgehen zunächst an schulfernem Material (z. B. Suchaufgaben, Bildgeschichten) einüben und dann auf Lernaufgaben übergehen. Die Aufgabensammlung sollte für etwa zwölf Sitzungen ausreichen.
- *Durchführung des Lerntrainings (einzeln oder in Gruppen).* Dabei bedient man sich in aller Regel des kognitiven Modellierens, bei dem die Trainerin bzw. der Trainer zunächst „vormacht, wie es geht" (s. Kapitel 36). Die Lernstrategien werden beispielsweise mithilfe des lauten Denkens anschaulich und nachvollziehbar dargestellt. Dann werden die Kinder angehalten, die betreffende Strategie Zug um Zug zu übernehmen. Die Lernstrategien können aber auch durch Erkenntnisdialoge, kurze Vorträge oder Diskussionen mit den Kindern vorbereitet werden.
- *Unterstützung des strategischen Verhaltens durch Eltern und Lehrkräfte.* Beide müssen über das Training der Lernstrategien informiert sein (Was wird vermittelt? Worin besteht die Strategie? Worauf kommt es dabei an?). Sie sollen das Kind bei den Hausaufgaben oder im Unterricht an die Strategien erinnern (z. B.: „Sag' zuerst wie Du vorgehst!", „Was machst Du der Reihe nach?", „Was kannst Du jetzt tun?"). Dafür eignen sich Erkenntnisdialoge, Bildsymbole (Signalkarten) und direkte Anweisungen (z. B.: „Sprich laut aus, was Du tust!"). Außerdem sollen sie der Schülerin bzw. dem Schüler genügend Zeit zum Nachdenken und Planen geben.
- *Anleitung des Kindes zur Selbstbeobachtung.* Das Kind hält beispielsweise auf einem Fragebogen fest, wann und wo es sich an die Lernstrategien hält, führt ein Lerntagebuch oder diskutiert mit einer Bezugsperson (Mutter, Lehrkraft, Freundin oder Freund,

Lernpartnerin bzw. Lernpartner), inwieweit es beim Lernen auf Strategien zurückgegriffen hat.

- *Operante Unterstützung der Lernaktivitäten*. Ob die vermittelten Fertigkeiten beim Lernen und beim Unterricht nun wirklich eingesetzt werden, ist von der Verstärkung im Alltag abhängig. Eltern und Lehrkräfte sollten also die Beteiligung am Unterricht und die Lernfortschritte systematisch verstärken (durch ein Token-Programm; individuelle Rückmeldungen; ein „Leistungsheft", Lob).

Integrierte Programme kombinieren die Vermittlung von Lernvoraussetzungen mit der Vermittlung von Lernstrategien. Ein Beispiel hierfür ist das Lernkompetenztraining von Lauth, Husein und Spieß (2006), das zunächst Gedächtnisprozesse, die Erfassung von Informationen und die Einordnung sowie die Kategorisierung von Informationen schult und sodann komplexere Strategien (z. B. zum Aufsatzschreiben, Gedichte lernen, Textverstehen) ausbildet. Den Schlussteil bilden systematische Übungen, um das Vorgehen auf den Unterricht zu übertragen. Das oft auch *schwierige Unterrichts- und Sozialverhalten* der Kinder wird in aller Regel nur in zweiter Linie berücksichtigt, weil ein Rückgang zu erwarten ist, wenn sich allmählich Lernerfolge einstellen.

5.7 Literatur

Grundlegende Literatur

Klauer, K. J. & Lauth, G. W. (1997). Lernbehinderungen und Leistungsschwierigkeiten bei Schülern. In F. E. Weinert (Hrsg.), *Enzyklopädie der Psychologie (Themenbereich D, Serie I Pädagogische Psychologie, Psychologie des Unterrichts und der Schule)* (S. 701–738). Göttingen: Hogrefe.

Lauth, G. W., Husein, S. & Spieß, R. (2006). Lernkompetenztraining bei leistungsschwachen Grundschülern. *Kindheit und Entwicklung, 15,* 229–238. doi: 10.1026/0942-5403.15.4.229

Weiterführende Literatur

Heubrock. D. (2011). Teilleistungsstörungen (Merkfähigkeits- und Wahrnehmungsstörungen). In G. W. Lauth, U. B. Brack & F. Linderkamp (Hrsg.), *Verhaltenstherapie bei Kindern und Jugendlichen – ein Praxishandbuch* (S. 122–134). Weinheim: Psychologie Verlags Union.

Pressley, M. (1986). The relevance of the good strategy user model to the teaching of mathematics (Special issue: Learning strategies). *Educational Psychologist, 21,* 139–161. doi: 10.1080/00461520.1986.9653028

Material

Kaufman, A. S. & Kaufman, N. L. (2009). *Kaufman Assessment Battery for Children (K-ABC)*. (Dt. Bearbeitung von P. Melchers & U. Preuß, 8. Aufl.). Frankfurt: Pearson.

Klauer, K. J. (2007). *Denktraining I. Ein Programm zur intellektuellen Förderung*. Göttingen: Hogrefe.

Klauer, K. J. (2009). *Denktraining II. Ein Programm zur intellektuellen Förderung*. Göttingen: Hogrefe.

Montague, M. & Bos, C. S. (1986). The effect of cognitive strategy training on verbal math problem solving performance of learning disabled adolescents. *Journal of Learning Disabilities, 19,* 26–33. doi: 10.1177/002221948601900107

Petermann, F. & Petermann, U. (Hrsg.). (2011). *Wechsler Intelligence Scale for Children – Fourth Edition (WISC-IV).* Frankfurt: Pearson.

Statistisches Bundesamt (2010). *Bildung und Kultur, Fachserie 11, Reihe 1 – Allgemeinbildende Schulen/Schuljahr 1996/97.* (Bestellnummer 21 10 100-97700). Stuttgart: Metzler-Poeschel.

Unnewehr, S., Schneider, S. & Margraf, J. (2009). *Diagnostisches Interview psychischer Störungen des Kindes- und Jugendalters (DIPS-K)* (2. Aufl.). Heidelberg: Springer Verlag.

6. Lernbehinderung

Matthias Grünke und Michael Grosche

Fallbeispiel

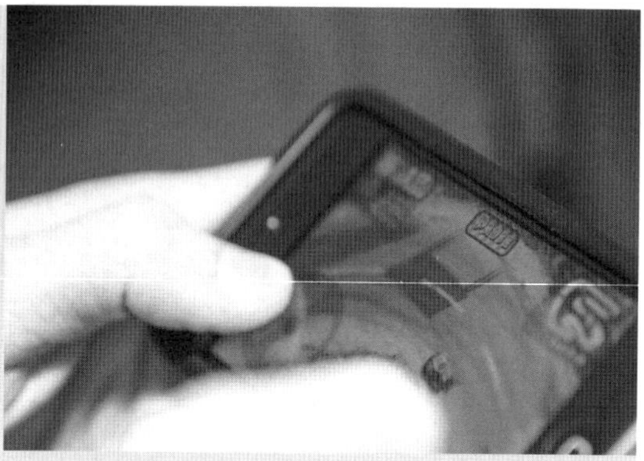

Dennis (9;3 Jahre) ist das dritte von vier Kindern; er besucht die zweite Klasse einer Grundschule. Auf Druck seiner Lehrerin wenden sich die Eltern an den schulpsychologischen Dienst, da er seit seiner um ein Jahr zurückgestellten Einschulung in allen zentralen Schulfächern (v. a. Deutsch, Mathematik und Sachkunde) weit hinter den Anforderungen zurück bleibt. Die Versetzung in die nächste (dritte) Klasse muss bereits sechs Monate vor Schuljahresende als stark gefährdet angesehen werden.

Die Eltern beschreiben Dennis als verschlossen und aggressiv gegenüber seinen Geschwistern. Seine Hausaufgaben erledige er nur unter Zwang, wobei er sich hierbei kaum länger als ein paar Minuten hintereinander konzentrieren könne und häufig die Geduld verliere. Zwar hätten seine älteren Geschwister ebenfalls Schulprobleme, diese seien aber nicht so schwerwiegend. Im Erscheinungsbild wirkt der leicht übergewichtige Junge sowohl fein- als auch grobmotorisch beeinträchtigt. Die testdiagnostische Abklärung seiner allgemeinen intellektuellen Begabung mithilfe der Kaufman Assessment Battery for Children (K-ABC) von Kaufman und Kaufman (2009) erweist sich als sehr mühsam, da sie aufgrund der geringen Aufmerksamkeitsspanne von Dennis auf zwei Tage verteilt und jeweils durch mehrere Pausen unterbrochen werden muss. Die Leistungen sind in allen Untertests unterdurchschnittlich; in der Skala intellektueller Fähigkeiten (SIF) erreicht er einen Standardwert von 68.

6.1 Definition und diagnostische Kriterien nach ICD-10

Eine Lernbehinderung liegt dann vor, wenn schwerwiegende, anhaltende und umfängliche Schwierigkeiten bei der Bewältigung von intellektuellen Leistungsanforderungen festgestellt werden. Sie gilt als eine besonders ausgeprägte Form einer Minderleistung bei der absichtsvollen und aktiven Verarbeitung sowie bei der Abspeicherung von Wissen. Die Einschränkungen zeigen sich in erster Linie beim Erwerb kognitiv-verbaler und abstrakter Inhalte (v. a. Lesen, Rechtschreiben und Rechnen). Betroffene profitieren auch von speziellen pädagogischen Hilfen nur sehr eingeschränkt. Die Bezeichnung „Lernbehinderung" wurde als schulorganisatorischer Begriff im Zuge einer Neuordnung des bundesdeutschen Föderschulwesens in den 1960er Jahren in die Fach- und Amtssprache eingeführt, um das deutliche Zurückbleiben schulischer Leistungen hinter den gesellschaftlich festgelegten schulischen Normen zu charakterisieren. Damit sind für diese Diagnose sowohl intraindividuelle Leistungsrückstände als auch eine Nicht-Erfüllung sozialer und normativer Erwartungen kennzeichnend. Der Begriff findet sich allerdings weder in einem der gängigen Klassifikationssysteme (z. B. im ICD-10), noch existiert im internationalen Sprachgebrauch ein entsprechender Parallelbegriff. Ungeachtet dessen gibt es in jeder als modern bezeichneten Gesellschaft Kinder und Jugendliche, deren Leistungen hinter den Anforderungen des jeweiligen Bildungssystems zurück bleiben, wobei die Rückstände folgende Kriterien erfüllen:

Tabelle 1: Merkmale von lernbehinderten Schülerinnen und Schülern im Vergleich zu unauffälligen Schülerinnen und Schülern (in Anlehnung an Lauth & Grünke, 2005; Souvignier, 2008)

Mangelnde metakognitive Handlungssteuerung
– Sie planen ihre Lösungswege nur lückenhaft und oberflächlich. – Sie sind kaum dazu in der Lage, ihren eigenen Wissenserwerb zu beobachten, ihre Lernfortschritte zu kontrollieren und ihren Lernweg zu modifizieren. – Sie denken zu wenig darüber nach, um welche Art von Problem es sich im konkreten Fall handeln könnte und wie man eine Lösung dafür am besten erreichen würde.
Mangelnde Beherrschung von Lernstrategien.
– Es fällt ihnen schwer, ein geplantes Vorgehen auch zielstrebig umzusetzen. – Ihnen fehlen nötige (Teil-)Fertigkeiten, um Lern-, Denk- und Gedächtnisstrategien erfolgreich anzuwenden.
Mangelnde Motivation und Konzentration
– Sie zeigen häufig eine zu geringe Anstrengungsbereitschaft und Konzentration. – Sie investieren zu wenig „Nettolernzeit" und brechen ihre Bemühungen zu rasch ab. – Sie lassen sich schnell ablenken und verfallen leicht in Aktivitäten, die für ihr Lernen hinderlich sind (z. B. Raten und Herumkaspern).
Mangelndes bereichsspezifisches Wissen
– Ihnen fehlen in vielen Bereichen die notwendigen inhaltlichen Vorkenntnisse (z. B. im Hinblick auf das Einmaleins, das Bruchrechnen oder die phonologischen Regeln unserer Sprache). – Sie besitzen eine zu schmale Wissensbasis. Deshalb können sie den neuen Lernstoff viel zu selten mit vorhandenen Erfahrungen und Kenntnissen verknüpfen.

- sie betragen mindestens zwei bis drei Schuljahre;
- sie betreffen mehrere Unterrichtsfächer (v. a. Deutsch und Mathematik);
- sie persistieren über mehrere Jahre;
- sie sind nicht Folge eines unzureichenden Lernangebots, sondern stehen im Zusammenhang mit Rückständen in der allgemeinen Intelligenz (der IQ liegt zwischen der ersten und der dritten negativen Standardabweichung, also bei den meisten Tests zwischen 55 und 85);
- sie können nicht auf eine Sinnesschädigung zurückgeführt werden.

Für junge Menschen, die im Sinne dieser Kriterien als lernbehindert gelten, lassen sich zusätzlich eine Reihe von typischen Leit- und Begleitmerkmalen nennen, die in Tabelle 1 aufgeführt sind. Da es auch im außerschulischen Kontext (z. B. in der Vorschule oder in der Berufsausbildung) zahlreiche Menschen gibt, die gravierende, überdauernde und allgemeine Leistungsausfälle zeigen, muss sich die Diagnose nicht nur auf Menschen im schulpflichtigen Alter beziehen. Im vorliegenden Kapitel geht es jedoch ausschließlich um diese Gruppe.

Im Alltag wird der Begriff der Lernbehinderung oft anders verwendet als oben dargestellt. Man benutzt ihn zuweilen als Label für Kinder und Jugendliche, die eine spezielle Förderschule besuchen bzw. bei denen ein sonderpädagogischer Förderbedarf im Lernen diagnostiziert worden ist. Viele dieser Mädchen und Jungen verfügen aber über eine mindestens durchschnittliche Allgemeinintelligenz und eine hinreichende Lernfähigkeit. Ihr Schulversagen hat andere Ursachen: In zahlreichen Fällen weisen sie einen Migrationshintergrund auf und können wegen ihrer unzureichenden deutschen Sprachkenntnisse vom Unterricht nicht in der erhofften Weise profitieren (Linderkamp & Grünke, 2007). Diese Kinder und Jugendlichen entsprechen nicht den Schülerinnen und Schülern, die im Fokus dieses Kapitels stehen.

6.2 Epidemiologie, Verbreitung und Altersrelevanz der Störung

Die Prävalenz von Lernbehinderungen lässt sich nur näherungsweise schätzen, da es sich hierbei um keine wissenschaftlich gängige Kategorie handelt, die in einem der üblichen Klassifikationssysteme aufgeführt ist. Es lässt sich jedoch festhalten, dass laut Statistischem Bundesamt (2011) derzeit ca. 4.3 % aller schulpflichtigen Kinder und Jugendlichen eine spezielle Förderschule besuchen. Etwa die Hälfte wird in speziellen Einrichtungen für Schülerinnen und Schüler mit gravierenden Lernschwierigkeiten unterrichtet. Das Verhältnis zwischen Mädchen und Jungen beträgt dort ungefähr 2 : 3. Der Anteil von jungen Menschen aus sozial benachteiligten Verhältnissen ist mit 80 bis 90 % sehr hoch.

Kinder und Jugendliche, die in der Schule umfassend versagen, zeigen deutlich häufiger psychische Auffälligkeiten als normal begabte. Am häufigsten treten Störungen des Sozialverhaltens (ICD-F91), hyperkinetische Störungen (ICD-F90) und tiefgreifende Entwicklungsstörungen (ICD-F84) auf.

6.3 Bedingungsmodell: Entstehung und Aufrechterhaltung der Störung

Die Entstehung einer manifesten Lernbehinderung lässt sich am besten mithilfe eines Diathese-Stress-Modells erklären:

- *Unzureichende individuelle Lernvoraussetzungen.* Lernen und Intelligenz gehen immer mit bestimmten Vorgängen im Zentralnervensystem einher und sind vom Funktionieren der neurophysiologischen Prozesse abhängig. Die mit Intelligenz assoziierten Strukturen betreffen vor allem parieto-frontale Hirnareale, aus deren Interaktion intelligentes Verhalten erwächst (Jung & Haier, 2007). Verhältnismäßig intelligente Menschen nutzen ihr Gehirn viel effizienter als weniger intelligente, indem sie kleinere Areale für Lern- und Intelligenzleistungen verwenden und sie weniger stark aktivieren müssen. Im Unterschied dazu führen Lernbehinderungen und leichte Intelligenzminderungen zur quantitativen Überaktivierung weiter Teile der parieto-frontalen Hirnareale. Lernen und Intelligenzleistungen sind deshalb aufwendiger, langsamer und energieraubender (erhöhter Metabolismus von Sauerstoff und Glucose). Man kann jedoch kaum davon ausgehen, dass sich lernbehinderte und normal-begabte Kinder strukturell-qualitativ in ihren Gehirnen unterscheiden. Plomin und Kovas (2005) argumentieren beispielsweise, dass beide Gruppen keine genetisch distinkten diagnostischen Kategorien darstellen, sondern lernbehinderte Kinder lediglich das untere Ende der normalverteilten Intelligenz bzw. Schulleistung repräsentieren.
- *Ungünstige Sozialisationsfaktoren.* Zwar belegen zahlreiche Studien, dass sich individuelle Unterschiede in der Intelligenz zu etwa 50 bis 80 Prozent auf gemeinsame genetische Faktoren zurückführen lassen (Rost, 2009). Allerdings schwächt sich die Stärke der Erblichkeit unter ungünstigen Umweltbedingungen ab und das Umfeld gewinnt für die Intelligenzentwicklung zunehmend an Bedeutung (Harden, Turkheimer & Loehlin, 2007). Dies ist v. a. in anregungsarmen Elternhäusern der Fall, in denen wichtige Sozialisationsfaktoren wie Leistungsorientierung, Sprachverhalten, Denk- und Arbeitsstil, Stetigkeit oder soziales Problemlösen relativ wenig kultiviert werden. Derartige Bedingungen finden sich häufig in Familien aus der sozialen Grundschicht, in denen ungünstige sozioökonomische Bedingungen (geringes Einkommen, niedriger Berufsstatus der Eltern, beengte Wohnverhältnisse) vorherrschen.
- *Folgen auf der Ausführungs- und der motivationalen Ebene.* Wirkt eine beeinträchtigte Gehirnentwicklung mit einer unzureichenden Förderung zusammen, so erhöht sich das Risiko besonders in den ersten Lebensjahren. Zunächst kommt es dabei zu punktuellen Entwicklungsverzögerungen, die sich in relativen Minderleistungen äußern (beispielsweise in der Sprachkompetenz, im Arbeitsgedächtnis oder bei der selektiven Aufmerksamkeit). Werden diese Rückstände nicht frühzeitig durch eine geeignete Förderung in der Familie oder in der Schule ausgeglichen, entstehen daraus langfristige Nachteile im Wissenserwerb und in der Aneignung geeigneter Lernstrategien. Da sich die betroffenen Kinder im Laufe ihrer Entwicklung vergleichsweise wenig Wissen aneignen, verfügen sie über eine zu schmale Lernbasis, um neue Erfahrungen einordnen und strukturieren zu können. Die Folge ist ein zunehmender Mangel an zielgerichteten Aktivitäten (z. B. Formulierung von Lernzielen, Bewertung des Lernprozesses oder Verknüpfung des Lernverhaltens mit den Lernergebnissen)

und ein Überschuss an ungeeigneten Aktivitäten (z. B. Raten, Kaspern oder aggressive Übergriffe auf Mitschülerinnen oder Mitschüler). Ein derart ungünstiges Lernverhalten führt zu zahlreichen Misserfolgs- und Versagenserlebnissen. Der Motivation und der Anstrengungsbereitschaft sind derartige Erfahrungen kaum zuträglich. Das Begabungsselbstbild entwickelt sich im Zuge dieses „Teufelskreises" entsprechend negativ und die schulische Kausalattribuierung ist entsprechend misserfolgsorientiert (Klauer & Lauth, 1997). Diese motivationalen Faktoren gewinnen mit zunehmendem Schweregrad mehr und mehr an Bedeutung.

Zudem sind die Verhaltensweisen und Gedankengänge, die lernbehinderte Schülerinnen und Schüler zum Zweck des Wissenserwerbs einsetzen, wenig breit gefächert und bleiben im Ergebnis wirkungslos. Oftmals verwenden sie ihr begrenztes Repertoire an Lernstrategien auch nicht situationsangemessen. Ohne den Einsatz geeigneter Lerntechniken ist es aber schwer möglich, neues Wissen aufzunehmen.

6.4 Diagnostik im Überblick

Differentialdiagnostik

Um beurteilen zu können, ob die schulischen Rückstände eines Kindes oder Jugendlichen als Ausdruck einer Lernbehinderung (und nicht etwa einer bereichsspezifischen Lese-Rechtschreibschwäche oder einer vorübergehenden verzögerten Entwicklung) anzusehen sind, ist eine fundierte Diagnostik mit folgenden Schwerpunkten durchzuführen:

(1) *Quantifizierung schulrelevanter Leistungen (v.a. der Bereiche Lesen, Schreiben und Rechnen).* Mithilfe standardisierter Mehrfächertests wird festgestellt, inwieweit die Leistungen einer Schülerin bzw. eines Schülers der Altersnorm entsprechen. Kritisch im Sinne der eingangs angeführten Definition von Lernbehinderung ist ein Entwicklungsrückstand von zwei bis drei Schuljahren. Ein Vergleich der individuellen Subtestwerte mit denen der Normstichprobe ermöglicht darüber hinaus eine (beurteilungsfehlerfreie) Einschätzung der Leistungen in mehreren Fächern. Als geeignete Verfahren bieten sich u. a. die jeweils aktuellen Versionen der Schulleistungsbatterie zur Erfassung des Lernstandes in Mathematik, Lesen und Schreiben (SBL I und SBL II) von Kautter, Storz und Munz (2000 bzw. 2002) an.

(2) *Prüfung der Allgemeinintelligenz.* Um eine Lernbehinderung annehmen zu können, muss sich der IQ zwischen der ersten und dritten negativen Standardabweichung eines standardisierten Intelligenztests (also meist zwischen 85 und 55) bewegen. Für die Diagnostik sollten Instrumente herangezogen werden, die ein breites Spektrum verbaler und nicht sprachlicher Leistungen erfassen. Dies leisten z. B. folgende Verfahren:

- Kaufman-Assessment Battery for Children (K-ABC) von Kaufman und Kaufman (2009);
- Wechsler Intelligence Scale for Children – Fourth Edition von Petermann und Petermann (2011);
- Non-verbaler Intelligenztest für Kinder und Erwachsene im Alter von 6;0 bis 40;11 Jahren (SON-R 6-40) von Tellegen, Laros und Petermann (2012);
- Adaptives Intelligenz Diagnostikum (AID 2) von Kubinger (2009).

Während mittels des SON-R 6-40 die non-verbale Intelligenz auch bei nicht deutschsprachigen Kindern erhoben werden kann, erlaubt das AID 2 darüber hinaus die Testung der verbalen Intelligenz bei deutsch- und türkischsprachigen Kindern.

(3) *Analyse der bisherigen Schulentwicklung*. Im Rahmen explorativer Interviews mit Lehrkräften und Eltern ist zu klären, ob die Überforderung im Regelunterricht des öffentlichen Bildungssystems bereits seit mehreren Jahren besteht und bislang auch durch eine gezielte individuelle Unterstützung nicht entscheidend gemildert werden konnte. Erfolgten bislang keine konkret zu benennenden Hilfestellungen in der Schule oder Familie, kann die Diagnose einer Lernbehinderung nicht erfolgen.

(4) *Ausschluss von Sinnesschädigungen als Ursache für die Lernrückstände*. Falls Anhaltspunkte für Probleme beim Sehen und Hören vorliegen, ist eine fachärztliche Untersuchung zu veranlassen.

(5) *Erfassung komorbider Verhaltensstörungen*. Bei entsprechendem Verdacht ist mittels klinischer Interviews (wie dem Kinder-DIPS von Unnewehr, Schneider und Margraf, 2009) zu prüfen, ob psychische Auffälligkeiten vorliegen, die mit dem Lernverhalten in Zusammenhang stehen (wie etwa Aufmerksamkeitsdefizit-/Hyperaktivitätsstörungen).

Förderdiagnostik

So notwendig es aus formalen Gründen auch sein mag, das Leistungsniveau einer Schülerin bzw. eines Schülers in standardisierter Weise zu erfassen, so unerheblich erweist sich dies mit Blick auf die Förderung. Schulische Rückstände können niemals losgelöst von den pädagogischen Bedingungen verstanden und erklärt werden. Deshalb kommt es in erster Linie darauf an, das Lernverhalten der betreffenden Mädchen und Jungen vor dem Hintergrund des vergangenen, momentanen und zukünftigen Unterrichts- und Förderangebots zu verstehen. Hinweise und Anhaltspunkte dafür liefern die folgenden Schritte, die zugleich auch die Intervention vorbereiten:

(1) *Analyse des Lernverhaltens*. Hier wird mittels differenzierter Beobachtungen erhoben, wie das Kind an verschiedene Schulaufgaben herangeht (lässt es sich leicht ablenken, geht es nach Versuch und Irrtum vor, perseveriert es?). Die Beobachtung sollte unter möglichst „natürlichen" Bedingungen erfolgen (etwa im Unterricht oder bei den Hausaufgaben). Falls die Schülerin bzw. der Schüler hierzu Auskunft geben kann, bietet sich außerdem ein nachträgliches direktes Erfragen der gewählten Lösungswege oder ein begleitendes Kommentieren der kognitiven Vorgänge nach der Methode des lauten Denkens an.

(2) *Erfassung motivationaler Faktoren*. Die Beobachtung des Arbeitsverhaltens liefert (v. a. bei Aufgaben mit ansteigender Schwierigkeit oder nach Misserfolgen) Informationen über verschiedene Aspekte der Steuerung und Aufrechterhaltung des Lernvorgangs. Besonders interessant ist hierbei, wie das Kind die Ergebnisse seiner bisherigen Anstrengungen attribuiert und wie es seine Fähigkeiten im Hinblick auf die erfolgreiche Bewältigung zukünftiger Aufgaben einschätzt. Um diese Informationen strukturiert zu erheben, kann beispielsweise der Handlungsregulationsbogen (HRB) von Emmer, Hofmann und Matthes (2007) herangezogen werden.

(3) *Analyse der Rahmenbedingungen.* Inwieweit schulische Leistungsrückstände zu Tage treten, ist in hohem Maße vom schulischen und familiären Umfeld abhängig. Besucht das Kind etwa eine besonders leistungsstarke Klasse? Unter welchen Bedingungen findet der Unterricht statt? Verfügt das Kind zu Hause über einen Raum, in dem es ungestört arbeiten kann? Unterstützen die Eltern ihre Tochter oder ihren Sohn bei den schulischen Bemühungen? Antworten auf all diese Fragen lassen sich differenziert mithilfe des in Anhang A dieses Bandes aufgeführten Leitfadens für „Verhaltensanalytische Interviews bei Lernstörungen" erarbeiten und zusammen mit allen anderen relevanten Informationen im Sinne des S-O-R-K-C-Schemas zu einer individuellen Verhaltensgleichung verdichten.

(4) *Identifikation von Ressourcen.* Um bei der Intervention an vorhandene Stärken und Interessen anknüpfen zu können, ist es wichtig, Teilbegabungen des Kindes in allen denkbaren Bereichen (z. B. Musik, Sport, Zeichnen) zu eruieren. Außerdem ist nach potenziellen Unterstützungsmöglichkeiten im Alltag der Schülerin bzw. des Schülers Ausschau zu halten (etwa durch Geschwister, Großeltern, Klassenkameradinnen und -kameraden, Lerngruppen).

6.5 Interventionsziele

Erfolgt die Intervention (bzw. Prävention) bereits im Vorschulalter, so besteht eine hohe Wahrscheinlichkeit, den Einfluss vieler der o. g. Risikofaktoren frühzeitig „abpuffern" zu können. Es lassen sich in diesem Zusammenhang drei Behandlungsziele nennen:

- *Förderung der Lernfähigkeit.* Wie beschrieben, lässt sich ein Zuwenig an zielgerichteten und ein Zuviel an ungeeigneten Aktivitäten in erster Linie auf Strategie- und Wissensdefizite zurückführen. Die Aufhebung dieser beiden Schwächen ist ein zentrales Ziel der Intervention, wobei der Schwerpunkt auf der Vermittlung von allgemeinen Lernkompetenzen und Lernstrategien liegt, die bei unterschiedlichen Inhalten eingesetzt werden können (die Aufmerksamkeit auf die Aufgabe richten, die Aufgabe zuerst beschreiben und sie definieren, bei der Sache bleiben usw.).
- *Steigerung der Lernaktivität.* Ein weiterer Schwerpunkt der Intervention ist darauf ausgerichtet, dass ein Kind angemessene Erklärungen (Attributionen) für seine Erfolge und Misserfolge findet, seine Leistungsansprüche den eigenen Möglichkeiten anpasst und sich angemessen hohe Ziele setzt (anstatt eine Aufgabe sofort zu beenden, nur weil die Lösung beim ersten Versuch misslingt). Weil lernbehinderte Mädchen und Jungen langjährige und nachdrückliche Misserfolge erlitten haben, stellt die Förderung ihres leistungsbezogenen Selbstvertrauens ein wichtiges und nachdrücklich anzustrebendes Ziel der Intervention dar.
- *Abflachung sozial-ökologischer Übergänge.* In vielen Fällen bietet die Lebenswelt der Kinder kaum Anknüpfungspunkte an die Standards der „Mittelschichtinstitution" Schule (oder der Arbeitswelt von Jugendlichen). Die Intervention muss sich daher konsequent an den realen Umgebungsbedingungen der Kinder orientieren und sowohl das Elternhaus als auch die Schule in ein kooperatives Arbeitsbündnis einbeziehen (ohne dass die Schülerinnen und Schüler dabei der „sozialen Identität" ihres Milieus beraubt werden).

Wenn das Mädchen oder der Junge psychische Auffälligkeiten zeigt, die das Lernen beeinträchtigen (etwa bei Hyperkinetischen Störungen und Ängsten), so stellt deren Reduktion ein weiteres Behandlungsziel dar.

Über die Ziele kann im Einzelfall nur auf der Grundlage der vorausgehenden Diagnostik entschieden werden. Wesentlich dafür ist die Rekonstruktion der Lernschwierigkeit: Worin besteht sie genau? Wie hat sie sich entwickelt? Welche Faktoren erhalten sie aufrecht? Welcher Erfolg ist bei einer bestimmten Förderung zu erwarten? Welcher langfristige Vorteil ergibt sich daraus? Diese Fragen werden im Rahmen der Gesamtbetrachtung der diagnostischen Erkenntnisse und deren Ausarbeitung zu einem Bedingungsmodell der individuellen Problemsituation beantwortet (s. Anhang A).

6.6 Interventionen im Überblick

Zur Intervention bei Lernbeeinträchtigungen haben sich insbesondere explizite, redundanzreiche, schrittweise aufeinander aufbauende, feedback-intensive und lehrkraftgesteuerte Instruktionsformen bewährt (Grünke, 2006a; Kirschner, Sweller & Clark, 2006). Bei der konkreten Umsetzung werden die vorhandenen Ressourcen der Schülerin bzw. des Schülers möglichst optimal genutzt (indem z. B. die Übungen an den Interessen der Kinder und Jugendlichen ausgerichtet und geeignete Bezugspersonen als „Co-Therapeutinnen" bzw. „Co-Therapeuten" in die Intervention einbezogen werden).

(1) *Vermittlung von Lernstrategien und metakognitivem Wissen.* Die Förderung von grundlegenden Lernstrategien steht im Vordergrund der Intervention (s. Kapitel 21). Hierzu zählen hautsächlich:

- *Elaborationsstrategien* (z. B. Generierung mentaler Bilder oder eines sinnvollen Satzes, der die Einzelelemente der zu lernenden Inhalte verknüpfen kann),
- *Organisationsstrategien* (z. B. Herausarbeiten wesentlicher Gedanken, Fakten und Zusammenhänge) sowie
- *Wiederholungsstrategien* (z. B. aktives und wiederholtes Aufzählen oder Benennen von Einzelelementen eines zu lernenden Inhalts).

Da diese Vorgehensweisen von lernbehinderten Schülerinnen und Schülern oftmals nicht beherrscht bzw. nicht spontan angewendet werden, müssen sie ihnen erst einmal nahegebracht werden. Liegen, wie dies bei einer Lernbehinderung typisch ist, übergreifende und überdauernde Leistungsrückstände vor, so müssen viele der notwendigen Lernstrategien von Grund auf neu erworben werden. Nach Mercer, Mercer und Pullen (2011) bietet sich dafür ein systematischer und differenzierter Interventionsplan an, der folgende Schritte umfasst:

- *Herstellen von Compliance* und *Aufbau von Motivation.* Die Lehrkraft erläutert den Schülerinnen und Schülern das Ziel der Strategie und stellt ihnen die Erfolge in Aussicht, die durch deren Anwendung ermöglicht werden.
- *Beschreiben der Strategie.* Die Lehrkraft erklärt den Schülerinnen und Schülern den Zweck und Aufbau der Strategie möglichst anschaulich und detailliert.
- *Modellieren der Strategie.* Die Lehrkraft demonstriert den Schülerinnen und Schülern das Ausführen der Strategie im Rahmen mehrerer Aufgabenstellungen. Mithilfe

der Methode des lauten Denkens verdeutlicht sie dabei die Gedankengänge und Verhaltensweisen, die bei der Anwendung der Strategie zum Tragen kommen.

- *Verbales Elaborieren und Wiederholen.* Die Schülerinnen und Schüler beschreiben der Lehrkraft den Zweck der Strategie und benennen dabei die wesentlichen Ausführungsschritte.
- *Kontrolliertes Üben.* Die Schülerinnen und Schüler wiederholen die von der Lehrkraft demonstrierten Teilschritte anhand ausgewählter Materialien. Die Lehrkraft gibt dazu individuelle Rückmeldungen.
- *Fortgeschrittenes Üben.* Die Lehrkraft blendet ihr Modellverhalten nach und nach aus, während die Schülerinnen und Schüler weiter üben. Die verwendeten Materialien werden den in der Schule üblichen Anforderungen immer weiter angenähert.
- *Verstärken und Vorbereiten auf den Transfer.* Die Lehrkraft lobt die Schülerinnen und Schüler für die bislang erworbenen Kompetenzen. Die bereits erzielten Erfolge führt sie auf die Anstrengungen und Fähigkeiten der Schülerinnen und Schüler zurück. Außerdem erläutert sie ihnen, wie sie das bisher Erreichte auf alltägliche Situationen übertragen können.
- *Transfer und Generalisieren.* Gemeinsam mit den Schülerinnen und Schülern bestimmt die Lehrkraft Aufgaben aus unterschiedlichsten Lebensbereichen, bei denen die erlernte Strategie nutzbringend anzuwenden ist. Gemeinsam wird diskutiert, wie die Strategie ggf. so abzuwandeln ist, dass sie bei einer bestimmten Aufgabe die erhoffte Wirkung erzielt. Zusammen mit den Schülerinnen und Schülern vereinbart die Lehrkraft außerdem, wie sich diese für die Anwendung der Strategie in Zukunft selbst belohnen können.

Für die Vermittlung übergeordneter Vorgehensweisen bei der Lösung kognitiver Probleme existieren mehrere Trainingsprogramme, die sich für die Arbeit mit lernbehinderten Kindern und Jugendlichen eignen. Dies trifft z. B. auf das besonders gründlich evaluierte „Denktraining" Klauers zu (2001; Klauer & Phye, 2008), das die Fähigkeit zum induktiven Denken und Lernen (d. h. das Vermögen, Regelhaftigkeiten und Gesetzmäßigkeiten zu entdecken) deutlich und nachhaltig verbessern kann (s. Kapitel 27).

(2) *Vermittlung bereichsspezifischen Wissens.* Die betroffenen Mädchen und Jungen müssen beim Erwerb grundlegender schulischer Kenntnisse (Buchstaben-Laut-Zuordnungen, Wortschatz, Grundrechenarten usw.) aktiv und direkt unterstützt werden. Hierbei ist es wichtig,

- die neu einzuspeichernden Informationen mit vertrautem, bereits enkodiertem Material zu verbinden (*Mnemotechniken*, s. Kapitel 24) und sie auf vielfältige Aufgaben anzuwenden;
- kontinuierlich Rückmeldungen über den jeweiligen Leistungsstand zu geben und jeden erfolgreich ausgeführten Teilschritt positiv zu verstärken (*Kontingenzmanagement*, s. Kapitel 35);
- die Schwierigkeit der zu bearbeitenden Aufgaben am bisherigen Leistungsniveau auszurichten und erst bei sichtbaren Lernfortschritten allmählich zu steigern *(Shaping).*

Diese Bedingungen können bei allen denkbaren schulischen Inhalten umgesetzt werden. Kasten 1 zeigt ein Beispiel dafür.

Kasten 1: Förderung des physikalisch-technischen Verständnisses bei lernbehinderten Schülerinnen und Schülern

Wie erfolgreich eine Realisierung der genannten didaktischen Prinzipien im Zusammenhang mit der Vermittlung von bereichsspezifischem Wissen sein kann, zeigt ein Beispiel von Masendorf, Lengsdorf und Grünke (2001). Die Autoren konfrontierten eine Gruppe lernbehinderter Jugendlicher im Rahmen einer Unterrichtsreihe zu fundamentalen physikalischen Gesetzmäßigkeiten regelmäßig mit verschiedenen Experimenten bzw. Aufgaben. So sollte jede Schülerin und jeder Schüler z. B. zwischen zwei im Abstand von etwa 20 cm aufgestellten Pappbechern eine Brücke aus einem Blatt Papier (DIN A4) bauen, auf der ein dritter Pappbecher stehen konnte. Die Jugendlichen mussten selbstständig erkennen, dass der Becher nur dann getragen wird, wenn sich die Last durch ein vorheriges ziehharmonikaartiges Falten des Papiers auf die einzelnen schräg gestellten Wände verteilt. Das hinter diesem Phänomen stehende Gesetz der Statik wurde daraufhin mithilfe mehrerer Anschauungsmaterialen aus dem Alltag (z. B. Wellblech oder Wellpappe) detailliert erarbeitet und mithilfe von Aufgaben in ansteigender Schwierigkeit (und bei kontinuierlicher Erfolgsrückmeldung) verinnerlicht. Eine Prüfung des nach 14 Einheiten erworbenen Wissens durch den Mannheimer Test zur Erfassung des physikalisch-technischen Problemlösens (MTP) offenbarte einen Zuwachs von über zwei Standardabweichungen gegenüber einer untrainierten Kontrollgruppe. Die Werte der geförderten Schülerinnen und Schüler erreichten im Durchschnitt sogar das Niveau von Studierenden der Sonderpädagogik.

(3) *Förderung der Motivation.* Hierbei stehen all jene Prozesse im Vordergrund, die das Lernverhalten einleiten, steuern oder aufrechterhalten. Engagement, Ausdauer und Zielstrebigkeit sollen langfristig erhöht werden. Dies geschieht durch folgende Maßnahmen:

- *Anwendung grundlegender Motivationsprinzipien.* Um die Bereitschaft aufzubauen, das gewünschte Lernverhalten mit der notwendigen Intensität, Regelmäßigkeit und Ausdauer auszuführen, ist es erforderlich, (a) angemessen schwierige Aufgaben auszuwählen und bereit zu stellen, (b) bereits erreichte Zwischenziele positiv zu verstärken (vgl. Kapitel 18) und c) (Teil-)Erfolge auf die Anstrengungen und Fähigkeiten der Schülerin bzw. des Schülers zurückzuführen (vgl. Kapitel 40).
- *Ausbildung eines realistischen Anspruchsniveaus.* Bei ihrem eigenen Zielsetzungsverhalten sollten sich die Kinder und Jugendlichen möglichst eng an ihrem eigenen Lernvermögen orientieren. Deshalb ist es sinnvoll, dass sie ihre Leistungen immer wieder vor Beginn einer Aufgabe neu einschätzen. Bei dieser Gelegenheit lässt sich auch gut diskutieren, worin die Schülerinnen und Schüler die Gründe für ihre erreichten Ergebnisse sehen (eigene Anstrengung, Fähigkeit, Glück oder die Schwierigkeit der Aufgabe). Das oben erwähnte Trainingsprogramm von Emmer et al. (2007) enthält viele Vorschläge für dafür geeignete Übungen (s. Kasten 2).

Kasten 2: Schulung eines realistischen Anspruchsniveaus
(nach Emmer et al., 2007, S. 95)

Die Lehrkraft führt die jeweilige Aufgabe zunächst selbst durch und verbalisiert hierbei ihre Gedanken zur Einschätzung des Schwierigkeitsniveaus, zur Beurteilung der eigenen Fähigkeiten und zum Setzen eines realistischen Zieles. Im Anschluss übt die Schülerin bzw. der Schüler im Verlauf mehrerer Durchgänge, das eigene Leistungsniveau immer realistischer einzuschätzen, wobei folgende Phasen zu durchlaufen sind:

- *Probephase:* Die Schülerin bzw. der Schüler hat Gelegenheit, die Aufgabenschwierigkeit kennenzulernen und die dafür benötigten Fähigkeiten abzuwägen.
- *Zielsetzungsphase:* Die Schülerin bzw. der Schüler gibt für jeden Durchgang an, welches Leistungsziel sie bzw. er sich stecken will.
- *Vergleichs- und Diskussionsphase:* Nach jedem Durchgang stellt die Schülerin oder der Schüler gemeinsam mit der Lehrkraft die Differenz zwischen Ziel und Leistung fest; ggf. erörtern sie mögliche Gründe für die dabei hervortretenden Unterschiede.

Bei den Aufgaben handelt es sich in erster Linie um Konzentrationsübungen, bei denen nicht nur jeweils reaktionsrelevante, sondern alle Zeichen innerhalb bestimmter Zeitvorgaben bearbeitet werden müssen. Auf dem Arbeitsblatt „Die Zeichen der alten Griechen" geht es beispielsweise darum, innerhalb von 30 Sekunden möglichst viele richtige Buchstaben des griechischen Alphabets zu umkreisen und gleichzeitig möglichst viele nicht dazugehörige Zeichen durchzustreichen.

Falsche Zeichen: ∀ ∃ ℜ ℑ ∇ ϒ

Χ	ϒ	Ι	Ε	Ο	ℜ	Μ	∃	Κ	Γ	ℑ	Ο	∀	Σ	ϒ	Υ	ϑ
ℜ	∀	Ι	Η	∃	ϒ	Μ	Ο	Ω	Ξ	Ψ	Α	ℑ	Ζ	Ξ	Φ	∀
ℑ	Ι	Ν	ϒ	Ρ	ℜ	Θ	Γ	Σ	Κ	Ρ	∇	Ο	Ω	Β	Ξ	Γ
Λ	∃	∀	Υ	ϒ	Β	Γ	Η	∇	Ρ	Β	ϑ	ℑ	Θ	Υ	Λ	Ι
Φ	ϑ	Ω	Ξ	ℜ	Β	Κ	ℑ	Σ	∀	ϒ	Φ	Ε	Η	Π	Ο	Ζ
ϑ	Λ	Γ	ϒ	Η	Φ	∃	Ψ	Ξ	Θ	ℑ	Ε	∀	∇	Τ	Φ	ϒ
Δ	∀	ℜ	Ι	ϑ	Τ	∇	Τ	Η	Ο	∃	Δ	ς	Β	Ξ	Ψ	Ξ
Ζ	Κ	Υ	Τ	Ζ	∇	Ε	ℑ	∃	Ζ	ℜ	ϒ	Ε	Γ	Σ	ς	Ν
ϑ	Λ	Ω	∇	Θ	Α	Σ	∃	ϒ	Φ	Β	∇	Η	Φ	Ρ	ℑ	Υ
Θ	Δ	Φ	Ε	Υ	ℑ	∀	Ι	Ρ	Κ	Φ	Δ	ℜ	Γ	Η	∇	Η
Ρ	Λ	ℜ	Β	Σ	Π	ℜ	Ω	Γ	Δ	ϒ	Κ	ℑ	∃	Δ	Σ	Ω
ℜ	∀	Η	Φ	Κ	Ω	Λ	Τ	Ξ	∇	Χ	Δ	Θ	ϑ	Σ	ℑ	ℜ
Φ	Υ	Ρ	Λ	ℑ	Ω	∀	∃	Λ	Δ	Σ	Ψ	ς	ϒ	Υ	Κ	Λ
Τ	Κ	Α	Π	∇	∃	Γ	Η	Σ	ϒ	∀	Φ	Ω	Υ	Κ	Ο	Ξ
∇	Σ	ℜ	Η	ϒ	Κ	Ε	Ζ	Ω	Ρ	Ο	Ι	Φ	Η	Α	ℑ	∃

- *Kognitive Umstrukturierung irrationaler Einstellungen*. Die Schülerinnen und Schüler sollen situationsangemessene und vernünftige („rationale") Überzeugungen ausbilden (z. B. „Nur weil meine Noten in Mathe bisher schlecht waren, bedeutet das nicht, dass meine Leistungen durch nichts in der Welt verbessert werden könnten" oder „Ich habe sowohl Stärken als auch Schwächen; meine schulischen Probleme machen mich deswegen nicht gleich zu einem Versager"). Hierfür wird die Technik des kognitiven Umstrukturierens herangezogen (vgl. Grünke, 2008), die mittels Modellierung zielführende und realistische Selbstverbalisierungen ausbildet sowie deren Umsetzung positiv verstärkt. Nach der Formulierung einiger Beispiele für „funktionale Gedanken" lässt die Lehrkraft die Schülerinnen und Schüler verschiedene Karten ziehen, auf denen schulische Misserfolge beschrieben werden. Jeder ernst gemeinte Versuch, auf die Problemstellung mit einer rationalen Bewertung zu antworten, wird durch Lob oder Tauschverstärker honoriert.

(4) *Abflachung sozial-ökologischer Übergänge*. Um lernbehinderten jungen Menschen ein Zurechtfinden in der Schule oder in der Arbeitswelt zu erleichtern, ist auf zwei Ebenen anzusetzen:

- *Vorbereitung auf die Anforderungen des jeweils folgenden Mikrosystems*. Die *Denkspiele mit Elfe und Mathis* von Lenhard, Lenhard und Klauer (2011) sollen Vorschul- und Grundschulkinder in ansprechender Weise mit den Prinzipien des analytischen Vergleichens vertraut machen und sie damit auf die Leistungsziele der Schule vorbereiten. Bei dem an der Universität zu Köln entwickelten Ansatz des „Jobcoachings" (vgl. Grünke, 2006b) beginnt die berufliche Orientierung von lernbehinderten Jugendlichen spätestens ein Jahr vor dem eigentlichen Schulabschluss. Sie absolvieren regelmäßig Praktika in Ausbildungsbetrieben und werden mithilfe empirisch fundierter Fördermodule nach dem Baukastenprinzip sukzessive an die Berufsanforderungen herangeführt (s. Kapitel 45).
- *Einbezug des familiären Umfeldes*. Viele Eltern von lernbehinderten Mädchen und Jungen befinden sich selbst in schwierigen Lebenslagen. Es fällt ihnen deshalb schwer, Förderangebote für ihre Kinder nicht als Belastung oder Zumutung, sondern als Hilfeleistungen zu empfinden. Der Erfolg jeglicher Interventionsbemühungen hängt jedoch stark davon ab, inwieweit sie von den sozialen Bezugssystemen der Betroffenen unterstützt werden. Möglicherweise vorhandene Ressentiments auf der Seite der Eltern lassen sich am besten überwinden, indem man ihnen mit Wertschätzung begegnet und sie nicht als Objekte erzieherischer Maßnahmen betrachtet. Sie sollten als Expertinnen und Experten für ihre eigene Lebenssituation und die ihrer Kinder aktiv in die Intervention eingebunden werden. Zahlreiche Vorschläge hierfür haben z. B. Mercer, Mercer und Pullen (2011) unterbreitet.

6.7 Literatur

Grundlegende Literatur

Lauth, G. W. & Grünke, M. (2005). Interventionen bei Lernstörungen. *Monatsschrift Kinderheilkunde, 153,* 640–648. doi: 10.1007/s00112-005-1167-5

Linderkamp, F. & Grünke, M. (2007). Lern- und Verhaltensstörungen: Klassifikation, Epidemiologie, Prognostik. In F. Linderkamp & M. Grünke (Hrsg.), *Lern- und Verhaltensstörungen: Genese, Diagnostik & Intervention* (S. 13–28). Weinheim: Beltz.

Souvignier, E. (2008). Lernbehinderung. In W. Schneider & M. Hasselhorn (Hrsg.), *Handbuch Pädagogische Psychologie* (S. 663–671). Göttingen: Hogrefe.

Weiterführende Literatur

Grünke, M. (2006a). Zur Effektivität von Fördermethoden bei Kindern und Jugendlichen mit Lernstörungen. *Kindheit und Entwicklung, 15,* 239–254. doi: 10.1026/0942-5403.15.4.239

Harden, K. P., Turkheimer, E. & Loehlin, J. C. (2007). Genotype by environment interaction in adolescents' cognitive aptitude. *Behavior Genetics, 37,* 273–283. doi: 10.1007/s10519-006-9 113-4

Jung, R. E. & Haier, R. J. (2007). The parieto-frontal integration theory (P-FIT) of intelligence: Converging neuroimaging evidence. *Behavioral and Brain Sciences, 30,* 135–187. doi: 10.1017/S0140525X07001185

Kirschner, P. A., Sweller, J. & Clark, R. E. (2006). Why minimal guidance during instruction does not work: An analysis of the failure of constructivist, discovery, problem-based, experiential, and inquiry-based teaching. *Educational Psychologist, 41,* 75–86. doi: 10.1207/s15326985 ep4102_1

Klauer, K. J. & Lauth, G. W. (1997). Lernbehinderungen und Lernschwierigkeiten bei Schülern. In F. E. Weinert (Hrsg.), *Psychologie des Unterrichts und der Schule (Enzyklopädie der Psychologie, Themenbereich D, Serie I)* (S. 701–738). Göttingen: Hogrefe.

Klauer, K. J. & Phye, G. D. (2008). Inductive reasoning: A training approach. *Review of Educational Research, 78,* 85–123. doi: 10.3102/0034654307313402

Plomin, R. & Kovas, Y. (2005). Generalist genes and learning disabilities. *Psychological Bulletin, 131,* 592–617. doi: 10.1037/0033-2909.131.4.592

Rost, D. H. (2009). *Intelligenz – Fakten und Mythen.* Weinheim: Beltz.

Material

Emmer, A., Hofmann, B. & Matthes, G. (2007). *Elementares Training bei Kindern mit Lernschwierigkeiten.* Neuwied: Luchterhand.

Grünke, M. (2006b). An evaluation of a supported employment program for adolescents with serious learning difficulties in Germany. In G. Sideridis & D. Scanlon (Eds.), *A multidisciplinary approach to learning disabilities: Integrating education, motivation, and emotions* (pp. 104–115). Weston, MA: LDW.

Grünke, M. (2008). Rational-emotive Erziehung. In H. Julius & B. Gasteiger-Klicpera (Hrsg.), *Handbuch der Pädagogik und Psychologie bei Behinderungen: Förderschwerpunkt soziale und emotionale Entwicklung* (S. 486–496). Göttingen: Hogrefe.

Kautter, H., Storz, L. & Munz, W. (2000). *Schultestbatterie zur Erfassung des Lernstandes in Mathematik, Lesen und Schreiben I (SBL I).* Weinheim: Beltz.

Kautter, H., Storz, L. & Munz, W. (2002). *Schultestbatterie zur Erfassung des Lernstandes in Mathematik, Lesen und Schreiben II (SBL II).* Weinheim: Beltz.

Klauer, K. J. (2001). Training des induktiven Denkens. In K. J. Klauer (Hrsg.), *Handbuch kognitives Training* (S. 165–209). Göttingen: Hogrefe.

Kubinger, K. D. (2009). *Adaptives Intelligenz Diagnostikum 2 (AID 2)* (2. Aufl.). Göttingen: Hogrefe.

Lenhard, A., Lenhard, W. & Klauer, K. J. (2011). *Denkspiele mit Elfe und Mathis*. Göttingen: Hogrefe.

Masendorf, F., Lengsdorf, R. & Grünke, M. (2001). Berufsvorbereitung von Jugendlichen aus Schulen für Lernbehinderte durch Förderung des praktisch-technischen Verständnisses. *Heilpädagogische Forschung, 27,* 170–174.

Kaufman, A. S. & Kaufman, N. L. (2009). *Kaufman-Assessment Battery for Children (K-ABC)* (dt. Bearbeitung von P. Melchers & U. Preuß; 8. Aufl.). Frankfurt: Pearson.

Mercer, C. D., Mercer, A. R. & Pullen, P. C. (2011). *Teaching students with learning problems*. Boston: Pearson.

Petermann, F. & Petermann, U. (Hrsg.). (2010). *Wechsler Intelligence Scale for Children – Fourth Edition* (WISC-IV). Frankfurt: Pearson.

Statistisches Bundesamt (2011). *Bildung und Kultur: Allgemeinbildende Schulen, Fachserie 11/ Reihe 1*. Wiesbaden: Statistisches Bundesamt.

Tellegen, P., Laros, J. & Petermann, F. (2012). *Non-verbaler Intelligenztest für Kinder und Erwachsene im Alter von 6;0 bis 40;11 Jahren (SON-R 6-40)*. Göttingen: Hogrefe.

Unnewehr, S., Schneider, S. & Margraf, J. (2009). *Kinder-DIPS: Diagnostisches Interview bei psychischen Störungen im Kindes- und Jugendalter* (2. Aufl.). Göttingen: Hogrefe.

7. Lernschwächen bei Entwicklungsverzögerungen

Armin Castello, Matthias Grünke und Andreas Beelmann

Fallbeispiel

© Claudia Paulussen – Fotolia.com

Vanessa ist 3 Jahre und 7 Monate alt. Ihre Sprache ist einfach (Zweiwortsätze), ihr Wortschatz klein und ihre Aussprache so undeutlich, dass meist nur ihre Eltern sie verstehen. Sie läuft noch unbeholfen und fällt häufig hin, da sie offenbar Hindernisse übersieht. Auf Treppen steigt sie im Nachstellschritt, das Klettern auf Stühle gelingt ihr meistens erst nach mehreren Anläufen. Vanessa weint oft ohne ersichtlichen Grund und ist kaum in der Lage, sich selbst zu beschäftigen. Im Alltag sucht sie häufig die Aufmerksamkeit ihrer Mutter und beginnt zu provozieren, wenn dies nicht unmittelbar gelingt. Auch auf einfache Anweisungen der Eltern (z. B. „Hol bitte mal deine Jacke!") reagiert sie in der Regel nicht.

In der Schwangerschaft kam es bei Vanessas Mutter zu Durchblutungsstörungen in der Plazenta. Das Kind wurde vermutlich in Folge der ungenügenden Versorgung im Mutterleib zweieinhalb Monate zu früh geboren und verbrachte die ersten Wochen seines Lebens in einem Brutkasten. Die „Meilensteine" der motorischen Entwicklung (z. B. Sitzen, Krabbeln, Stehen, Laufen) erreichte Vanessa erst mit einer Verzögerung von mehreren Monaten. Sie hat einen zwei Jahre älteren Bruder und eine dreieinhalb Jahre ältere Schwester, deren Entwicklung keine nennenswerten Störungen aufweist. Mittlerweile fühlen sich die Eltern von der alltäglichen Lebensbewältigung überfordert und beschäftigen sich nur selten bewusst mit ihren Kindern. Vanessas Auffälligkeiten wurden von ihnen bislang weitgehend ignoriert. Auf Drängen des Kinderarztes sucht die Mutter schließlich mit ihrer Tochter eine Frühfördereinrichtung auf. Ein dort tätiger Psychologe stellt bei Vanessa im Rahmen einer Untersuchung mithilfe des Wiener Entwicklungstests (WET) von Kastner-Koller und Deimann (2012) Verzögerungen in allen dort untersuchten Entwicklungsbereichen fest, insbesondere im Hinblick auf die Fein- und Grobmotorik sowie im sprachlichen Bereich. Ihre allgemeine intellektuelle Leistungsfähigkeit, gemessen mit der Wechsler Preschool and Primary Scale of Intelligence-III (WPPSI-III) von Petermann (2011), liegt im weit unterdurchschnittlichen Bereich (Gesamt-IQ = 60). Die medizinischen Befunde sind hingegen unauffällig.

7.1 Definition und diagnostische Kriterien nach ICD-10

Eine Entwicklungsverzögerung besteht in tiefgreifenden Einschränkungen in der Informationsverarbeitung und Handlungsregulierung im Kleinkind- bzw. Vorschulalter. Sie äußert sich vornehmlich in Störungen der Entwicklung

- der Intelligenz,
- der Wahrnehmung,
- der Sprache und/oder des Sprechens,
- des Gedächtnisses und/oder der Merkfähigkeit,
- der Aufmerksamkeit und Konzentration und/oder
- des problemlösenden Denkens.

Entwicklungsverzögerung ist eine vorläufige Diagnose, die dann gestellt wird, wenn

- die diagnostischen Ergebnisse widersprüchlich sind,
- die Prognose unsicher ist und/oder
- das Störungsprofil keiner eindeutigen Kategorie (bspw. des Klassifikationssystems ICD-10) zugeordnet werden kann.

Entwicklungsverzögerungen bergen das Risiko in sich, dass sie im weiteren Verlauf zu spezifischen Störungen werden, die dann einer der folgenden ICD-10-Klassifikationen zuzuordnen sein könnten:

- leichte bis mittlere Intelligenzminderung (F70);
- umschriebene Entwicklungsstörungen schulischer Fertigkeiten (F81);
- leichtere Formen tiefgreifender Entwicklungsstörungen (F84) (Brack, 2008).

Entwicklungsverzögerungen betreffen als Phänomen, das per definitionem nur im Kleinkindalter auftritt, nicht unmittelbar schulisches Lernen. Je geringer jedoch die Möglichkeiten einer Einflussnahme sind und je weniger wirksame Förderansätze zur Anwendung kommen, desto gravierender kann der Einfluss auf spätere Schulleistungen sein.

7.2 Epidemiologie, Verbreitung und Altersrelevanz der Störung

Der Anteil von Kindern, die zumindest vorübergehende Entwicklungsprobleme aufweisen, liegt bei etwa 10 %. Als massiv entwicklungsgefährdet gelten Kinder dann, wenn ihre Leistungen in mehrdimensionalen Entwicklungstests unter dem 5. Perzentil liegen (s. Anhang D). Im ungefähren Verhältnis von 3 : 2 sind Jungen etwas häufiger von einer Entwicklungsverzögerung betroffen als Mädchen.

7.3 Bedingungsmodell: Entstehung und Aufrechterhaltung der Störung

Die Verzögerung der Entwicklung kann durch unterschiedliche Faktoren verursacht worden sein und entsteht aus dem Zusammenwirken von biologischen und umweltbezogenen Risikofaktoren (vgl. Heubrock & Petermann, 2000), wie nachfolgend beschrieben:

(1) *Neuronale Faktoren.* Hierunter fallen verschiedene prä-, peri- oder postnatal erworbene Schädigungen des Zentralnervensystems.

- Zu den typischen pränatalen Schädigungen zählen genetisch bedingte Fehlbildungen, welche die Größe oder die Struktur des Gehirns betreffen (z. B. Dandy-Walker-Syndrom), Chromosomenanomalien (z. B. Morbus Down), genetisch bedingte Stoffwechselstörungen (z. B. Phenylketonurie), Embryopathien nach Substanzmissbrauch durch die Mutter (z. B. Alkoholembryopathie bzw. fetales Alkoholsyndrom [FAS], das zu den häufigsten Ursachen zählt, oder Nikotinmissbrauch; in den letzten Jahren tritt die mütterliche Stressbelastung in den Fokus wissenschaftlicher Studien, wobei sich kurz- und langfristige Effekte zeigen; Petermann, Petermann & Damm, 2008).
- Perinatale Schädigungen sind z. B. Sauerstoffmangel-Syndrome und Schädigungen, die durch Komplikationen nach einer Frühgeburt (z. B. intraventrikuläre Hirnblutungen oder Atemnot-Syndrom) ausgelöst werden.
- Als postnatale Schädigungen lassen sich schließlich Encephalopathien aufgrund von Vergiftungen (z. B. Kohlenmonoxid-Intoxikation) oder von Unfällen (z. B. Ertrinken mit anschließender Reanimation) nennen.

(2) *Frühgeburt.* Eine Geburt vor dem Ende der 37. Schwangerschaftswoche geht verstärkt mit einer direkten Schädigung des Zentralnervensystems einher (s. o.). Allerdings treten bei den betroffenen Kindern häufig auch andere medizinische Komplikationen auf (z. B. Blutvergiftungen, Krampfanfälle, Bradykardien, bronchopulmonale Dysplasie), welche die Gehirnentwicklung indirekt beeinträchtigen können und das Risiko einer Entwicklungsverzögerung erhöhen. Eine Frühgeburt kann vielfältige Ursachen haben (z. B. Gestose, Infektionen, Diabetes der Mutter); die Prävalenzrate liegt in Europa bei ca. 7 %.

(3) *Sensorische Beeinträchtigungen.* Ist die Sinnesentwicklung verzögert und die sensorische Wahrnehmung eingeschränkt, so behindert dies die intellektuelle Entwicklung. Besonders problematisch sind hierbei weitgehende Störungen der Seh- und Hörfähigkeit zu nennen. Letztere können u. a. die Sprachentwicklung beeinträchtigen. Eltern und betroffene Kinder bemerken eine bestehende oder sich langsam entwickelnde Beeinträchtigung oftmals nicht. Wiederholte Kontrollen sind in diesem Bereich daher besonders angezeigt.

(4) *Ausgeprägte Vernachlässigung und Misshandlung.* Erfährt ein Kind in seinen ersten Lebensjahren nur wenig körperliche und affektive Zuwendung oder kognitive Anregung, so kann dies die geistige Entwicklung beeinträchtigen (frühkindliches Deprivationssyndrom). Gleiches gilt für die verschiedenen Formen der körperlichen Misshandlung (Schläge, Stöße, Schütteln, Verbrennungen) und des sexuellen Missbrauchs (aktive oder passive Beteiligung von Kindern an sexuellen Aktivitäten). Da Entwicklungsverzögerung als Risikofaktor für das Entstehen von Vernachlässigung und Misshandlung gilt, besteht die Gefahr eines Teufelskreises, in dem sich Entwicklungsprobleme und die Misshandlung gegenseitig verstärken.

(5) *Fehl- und Mangelernährung.* Mangelzustände schienen zwar der Vergangenheit anzugehören, treten jedoch wieder gehäuft auf. Einseitige Ernährung kann hier u. a. zu Vitaminmangelerscheinungen führen. So spielt etwa das Vitamin B1 als Vorläufer eines Koenzyms im Kohlehydrathaushalt eine zentrale Rolle bei der Signalübertragung im Nervensystem. Bei fehlender Zufuhr von B1 kann es zu Störungen kommen.

Die gewichtigsten ätiologischen Faktoren im Entstehen einer Entwicklungsverzögerung stellen biologische Einflüsse dar, während psychosoziale Aspekte die Symptomatik meist sekundär verstärken. Allerdings zeigen einschlägige Untersuchungen, dass auch die Auswirkungen von ausschließlich genetisch bedingten Abweichungen in der Entwicklung des Zentralnervensystems durch eine geeignete Förderung und/oder kompensierende Schutzfaktoren abgeschwächt werden können.

7.4 Diagnostik im Überblick

Die Diagnostik verfolgt mehrere Ziele:

- die Leistungen werden in möglichst vielen Funktionsbereichen erfasst, um das Störungsbild und die Gesamtfähigkeiten zu konkretisieren;
- es werden kognitive Teilstärken erhoben, an die die Intervention anknüpft;
- andere Faktoren, die das momentane Störungsprofil ungünstig beeinflussen, werden identifiziert;
- fundierte Hypothesen über das Zustandekommen und die Stabilisierung der vorhandenen Defizite werden entwickelt;
- die Bedeutung der einzelnen Störungsbereiche für die weitere Entwicklung des Kindes werden abgeschätzt;
- ein individueller Förderplan wird formuliert.

Die Diagnostik erfolgt in einem sich wiederholenden Prozess, der aus Informationssammlung, Hypothesenbildung und Hypothesenprüfung besteht. Die Aufgabe der Diagnostik besteht im Laufe der Behandlung auch darin, den Erfolg der Förderung zu überprüfen. Denn die Komplexität frühkindlicher Reifungsprozesse, die in Abhängigkeit von der ständigen Interaktion zwischen biologischen und umweltbezogenen Faktoren stattfindet, erfordert eine regelmäßige Neueinschätzung des Status Quo (Brack, 2008). Diagnostik bezieht folgende Informationsquellen mit ein:

- *Standardisierte Entwicklungstests.* Hier sind Verfahren zu wählen, die eine größere Zahl an Subtests mit jeweils eigenen Normen enthalten. Auf diese Weise lässt sich eine breite Palette unterschiedlicher Bereiche erfassen und miteinander in Beziehung setzen. Tabelle 1 gibt einen Überblick über wichtige mehrdimensionale Entwicklungstests und die dort geprüften Aspekte.
- *Standardisierte Intelligenztests.* Eine intellektuelle Leistungsfähigkeit, die außerhalb der statistischen Norm liegt, ist ein zentrales Kriterium für die Diagnose von Entwicklungsverzögerungen. Zur Ermittlung des Status Quo bieten sich die Bayley Scales of Infant Development (Reuner, Rosenkranz, Pietz & Horn, 2007) an, die als allgemeiner Entwicklungstest (kognitive und motorische Skala) nicht nur über das Intelligenzniveau, sondern auch über den Entwicklungsstand des Kindes differenzierte Informationen liefern. Zu den Instrumenten, die ab zweieinhalb Jahren einsetzbar sind, zählen die Wechsler Preschool and Primary Scale of Intelligence-III (WPPSI-III) von Petermann (2011), die Kaufman Assessment Battery for Children (K-ABC) von Kaufman und Kaufman (2009) und der Snijders-Oomen Nicht-verbale Intelligenztest (SON-R 2½-7) von Tellegen, Laros und Petermann (2007). Da die Durchführung eines 30 Minuten oder länger dauernden Leistungstests für kleinere Kinder häufig eine hohe Be-

lastung darstellt, kann es angebracht sein, das jeweilige Verfahren nur teilweise bzw. in mehreren Etappen durchzuführen.

- *Verhaltensbeobachtungen.* Neben Beobachtungen, die bereits während der Durchführung von Entwicklungs- und Intelligenztests angestellt werden können, ist das Verhalten des Kindes auch während freier Spielsituationen und in der Interaktion mit Familienangehörigen bzw. Bezugspersonen sehr aussagekräftig. Sobald das Problem- und das Zielverhalten etwas genauer spezifiziert worden sind, soll eine strukturierte und kriteriengeleitete Beobachtung im Elternhaus bzw. durch die Eltern durchgeführt werden.
- *Gespräche mit den Erziehungsberechtigten.* Elterninterviews geben Auskunft über die Vorgeschichte der Störungen (wie etwa: relevante genetische Belastungen, Komplikationen während, bei oder nach der Schwangerschaft, Infektionskrankheiten, Unfälle, Umweltbelastungen), die derzeitige Lebenssituation des Kindes und seine (soziale) Integration. Da die Erinnerungen der Eltern oft unscharf sind, sollte man sich sowohl den Mutterpass als auch das Heft über die durchgeführten Vorsorgeuntersuchungen vorlegen lassen. Zur strukturierten Erfassung der notwendigen Informationen sind u. a. die Elternfragebögen für die Früherkennung von Risikokindern (ELFRA) von Grimm und Doil (2006) geeignet.

Tabelle 1: Gebräuchliche Entwicklungstests

Verfahren	Alter in Jahren	Dauer in Minuten	Skalen
Entwicklungstest 6 Monate – 6 Jahre (ET 6-6) von Petermann, Stein und Macha (2008)	0;6–6	20 bis 60	Körper- und Handmotorik, kognitive, emotionale, Sprach- und Sozialentwicklung
Griffith-Entwicklungsskalen (GES) von Brandt und Sticker (2001)	0;1–2	20 bis 60	Motorik, Persönlich-Sozial, Hören und Sprechen, Auge und Hand, Leistungen
Münchner Funktionelle Entwicklungsdiagnostik (MFED) von Hellbrügge (1994)	0–3	50	Krabbeln, Sitzen, Laufen, Greifen, Handgeschicklichkeit, Perzeption, Sprechen, Sprachverständnis, Sozialkontakt, Selbstständigkeit
Wiener Entwicklungstest (WET) von Kastner-Koller und Deimann (2012)	3–6	60	Motorik, visuelle Wahrnehmung, Gedächtnis, kognitive, sprachliche und sozial-emotionale Fähigkeiten

Eine enge Kooperation mit medizinischen Fachdisziplinen soll verhindern, dass Sinnesbeeinträchtigungen als mögliche Ursachen für Entwicklungsdefizite übersehen werden. Die gesammelten Informationen lassen sich in Form einer funktionalen Bedingungsanalyse (im Sinne des S-O-R-K-C-Schemas) verdichten (s. Anhang A). Aus einer solchen

Gleichung ergeben sich meist spezifische Ansatzpunkte für eine Förderplanung. Hierbei sind individuelle Schwächen unmittelbar anzugehen; individuelle Stärken werden zur Unterstützung neuer Lernprozesse genutzt. Sobald die vorliegenden Informationen dies ermöglichen, sollte statt einer Entwicklungsverzögerung eine entsprechende Kategorie aus der ICD-10 diagnostiziert werden.

7.5 Interventionsziele

Das übergeordnete Anliegen einer Behandlung von Entwicklungsverzögerungen ist die Prävention sekundärer Lernstörungen. Entwicklungsverzögerte Kinder haben im Gegensatz zu ihren „unauffälligen" Altersgenossen in verschiedenen Bereichen gravierende Probleme, Informationen aus der Umwelt aufzunehmen, zu verarbeiten, zu speichern und in Handlungen umzusetzen (Brack, 2006). Dadurch wird leicht auch das schulische Lernen in Mitleidenschaft gezogen. Insofern verfolgt die Intervention im Wesentlichen zwei Ziele:

- *Förderung der Informationsverarbeitung:* Dem Kind soll die Fähigkeit vermittelt werden, relevante Informationen aus seiner Umwelt aufzunehmen, sinnvoll zu strukturieren und mit seinem Vorwissen so zu verknüpfen, dass es aus den Einzeldaten brauchbare Schlüsse und verallgemeinerte Erfahrungen ableiten kann.
- *Förderung der Handlungsregulation:* Das Kind soll lernen, Aufgaben möglichst selbstständig zu bewältigen, bspw. den Lösungsweg in aufeinander aufbauende und zielführende Handlungsschritte zu unterteilen, diese umzusetzen und Ausführungskomplikationen ggf. so abzuwenden, dass das Ziel noch erreicht werden kann.

Dabei werden bevorzugt Aufgaben gestellt, die entwicklungsrelevante Fertigkeiten einüben (z. B. Blickkontakt, Fokussierung, Sprachverständnis, ausdauerndes Spielen, Benennen oder Kategorisieren). Die Förderung beginnt bei den grundlegenden Problemen und mit einfachen Aufgaben (Brack, 2008).

7.6 Interventionen im Überblick

Werden Defizite in der Informationsverarbeitung und der Handlungsregulierung frühzeitig erkannt, so bestehen aufgrund der Plastizität des Gehirns gute Möglichkeiten zur positiven Beeinflussung. Deshalb ist die Intervention umso erfolgversprechender, je früher sie ansetzt. Bis zum Alter von etwa zwei Jahren nimmt die Anzahl der synaptischen Verbindungen im Neocortex ständig zu, danach werden solche Bahnen zurückgebildet, die bislang nicht oder kaum genutzt wurden.

Bei vielfältigen Beeinträchtigungen ist eine generelle Entwicklungsförderung im Sinne einer Frühförderung oder Entwicklungstherapie(vgl. Kapitel 41) zu bevorzugen. Dabei sollen Erziehung und Entwicklungstherapie eng miteinander verzahnt werden. So versucht etwa die Montessori-Pädagogik, die kognitive Entwicklung unabhängig von bestimmten Störungen zu fördern (Brack, 2006). Nach Sameroff und Fiese (2000) bestehen auf Basis eines handlungsorientierten Entwicklungsmodells drei grundlegende Möglichkeiten dafür:

- Förderung/Training der kindlichen Fertigkeiten bezogen auf seine Informationsverarbeitung und Handlungsregulation („remediate“);
- Veränderung der elterlichen Erwartungen/Einstellungen gegenüber ihrem Kind und seinen Entwicklungsmöglichkeiten („redefine“);
- Verbesserung der elterlichen Erziehungskompetenzen („reeducate“).

Förderung/Training kindlicher Fertigkeiten

Bei Vorliegen einer Entwicklungsretardierung können bestimmte Fertigkeiten gezielt gefördert werden. Hierfür bieten sich zwei unterschiedliche Herangehensweisen an:
- *Förderung des explorierenden Spielverhaltens.* Diese dient dazu, die eigenständige Handlungsregulation zu stärken. Da dem Spiel in der frühen Kindheit eine zentrale Rolle bei der Entwicklung geistiger Funktionen zukommt und entwicklungsverzögerte Kinder oft ein in Art und Ausmaß eingeschränktes Spielverhalten wie z. B. weniger Eigeninitiative zeigen, ist eine diesbezügliche Förderung – etwa durch eine verstärkte Bereitstellung besonderer Spielmaterialien oder häufigere und strukturiertere Anregungen seitens der Eltern oder im Rahmen einer professionellen Behandlung – unabdingbar. Grundlegende Prinzipien in der Durchführung sind eine häufige Wiederholung von Übungen und die gezielte Aufmerksamkeitssteuerung der kindlichen Spielaktivität durch Eltern bzw. Professionelle.
- *Verhaltensformung/Shaping.* Dabei werden komplexe Verhaltensmuster zunächst in Einzelfertigkeiten aufgeteilt, die sukzessive gelernt werden, bis das Zielverhalten komplett aufgebaut wurde. Zeigt ein Kind beispielsweise einen sehr impulsiven und unkonzentrierten Arbeitsstil, so kann ein erstes Teilziel darin bestehen, dass es die jeweiligen Übungsmaterialien zunächst nur kurz betrachtet. Später soll es dann lernen, eine einfache Arbeitsanweisung umzusetzen, bevor es schließlich in der Lage ist, sich für längere Zeit und ohne Eingreifen der Eltern mit einer Aufgabenstellung zu beschäftigen. Ausgangspunkt der Förderung ist das diagnostisch erhobene Leistungsniveau in den verschiedenen Entwicklungsbereichen. Die Anforderungen bei den Übungen und die Übergänge zur jeweils nächsten Stufe sind eindeutig und konkret festzulegen, damit Kriterien für das laufende Übungsprogramm formuliert werden und eine unmittelbare Verlaufskontrolle möglich wird. Das Tempo des Vorgehens orientiert sich an den Fortschritten des Kindes. Dies bedeutet, dass erst dann zur nächstschwierigeren Aufgabe übergegangen wird, wenn die vorherigen Aufgaben mit ausreichender Sicherheit bewältigt wurden. Die Stufenfolge wird dem Verlauf der Behandlung angepasst und je nach Bedarf verkürzt, ergänzt oder geändert.

Die Steuerung des Verhaltens erfolgt grundsätzlich über positive Verstärkung, um die Lernbereitschaft des Kindes sicher zu stellen. Jeder „Schritt in die richtige Richtung“ wird so lange durch einen adäquaten Verstärker honoriert, bis ihn das Kind regelmäßig zeigt. Erst dann wird die Aufgabenschwierigkeit erhöht und von nun an nur noch das komplexere Verhalten verstärkt. Dies geschieht so lange, bis schließlich das Zielverhalten auch ohne Verstärkung für Teilverhaltensweisen sicher gezeigt wird (Borg-Laufs &

Hungerige, 2001). Auf der ersten Stufe des Förderplans sind hauptsächlich materielle Belohnungen einzusetzen. Später gewinnen verbale Verstärker (Lob) zunehmend an Bedeutung. Alle Verstärker sollen sehr sorgfältig gewählt, in kleinen Mengen vergeben und laufend in ihrer Wirkung überprüft werden.

Veränderung von elterlichen Erwartungen und Einstellungen zum Kind und seinen Entwicklungsmöglichkeiten

Für die kognitive Förderung entwicklungsretardierter Kinder ist die alltägliche Interaktion mit den Eltern besonders wichtig. Das elterliche Interaktionsverhalten soll an das Entwicklungsniveau des Kindes angepasst sein. Schätzen Eltern (oder auch andere Interaktionspartner) die spezifischen Defizite und eingeschränkten Handlungsmöglichkeiten, aber auch die vorhandenen Entwicklungspotenziale falsch ein, so kommt es zu systematischen Über- oder Unterforderungen des Kindes im Alltag, was im einen wie im anderen Fall negative Folgen für dessen weitere Entwicklung mit sich bringt. Daher ist es wichtig, dass Eltern und professionell Tätige in ihrem Interaktionsverhalten beachten: a) den jeweiligen Entwicklungsstand, einschließlich einer orientierenden Ausrichtung der Förderung auf die nächste zu erwartende Entwicklungsstufe („Stufe der nächsthöheren Entwicklung" sensu Wygotski) sowie b) den Beeinträchtigungsgrad im Hinblick auf die Geschwindigkeit der Informationsverarbeitung und die Auswahl von angemessenen Umweltangeboten.

Bezogen auf die Arbeit mit Eltern bieten sich zwei Ansatzpunkte, um über eine realistische Wahrnehmung der Entwicklungspotenziale die Eltern-Kind-Interaktion positiv zu beeinflussen:

- Die *Bereitstellung von Informationen* über die spezifischen Entwicklungsrisiken und die speziellen Bedürfnisse der Kinder (z. B. über den Entwicklungsverlauf und die potenziellen Entwicklungsprobleme frühgeborener Kinder oder über die Notwendigkeit einer kontinuierlichen Außenanregung bei eingeschränktem Explorationsverhalten) und
- die *Förderung von Beobachtungskompetenzen* der Eltern (z. B. Wahrnehmung von Überforderung bei Unlustreaktionen der Kinder, Einschätzung und positive Verstärkung nach Eigeninitiative der Kinder).

Förderung der Eltern in konkreten Erziehungskompetenzen

Die Schulung der Eltern in konkreten Erziehungskompetenzen ist notwendig, um den veränderten Entwicklungsbedingungen gerecht zu werden. Grundsätzlich ist sicherzustellen, dass Eltern

- die primäre Versorgung ihrer Kinder gewährleisten,
- angemessene Umweltangebote (Spiele, Spielmaterialien) auswählen,
- das verringerte Entwicklungstempo im Umgang mit ihren Kindern berücksichtigen,
- die Aufmerksamkeit des Kindes strukturieren,

- verhaltenssteuernde Hinweise geben und Hilfen bereitstellen, die das Kind zum Erfolg im Handlungsvollzug führen.

Bei verhaltenstherapeutischen Interventionen können die Erziehungsberechtigten zudem die *Rolle von Kotherapeuten* einnehmen. Die Behandlung von Entwicklungsverzögerungen fordert regelmäßige, wenn möglich sogar tägliche Übungen, um erfolgversprechend zu sein. Die Therapeutin bzw. der Therapeut übernimmt somit oftmals nur anleitende und supervidierende Funktionen, während den Eltern die eigentliche Arbeit mit dem Kind zufällt. Dafür bietet sich folgendes Vorgehen an:

- *Operationalisierung des Förderplans.* Die festgesetzten Behandlungsziele werden darin in kleine Schritte eingeteilt und zu einem einfachen Programm zusammengestellt (z. B. für die Sprachförderung). Es umfasst in aller Regel tägliche Übungen, die jeweils etwa eine halbe Stunde lang durchgeführt werden. Wichtig ist, dass die Eltern genaue Anweisungen enthalten, wie sie die Übungen durchführen und die vom Kind gezeigten Leistungen dokumentieren sollen (s. Kasten 1).
- *Training der Co-Therapeutinnen und Co-Therapeuten.* Die Therapeutin bzw. der Therapeut demonstriert den Eltern das adäquate Verhalten während der Übungssitzungen im Rollenspiel. Dieses ist durch folgende Merkmale gekennzeichnet: Wenig sprechen, Zielverhalten unmittelbar loben, keine Kritik äußern, unerwünschtes Verhalten ignorieren und einfache, klare Hinweise geben. Die Erziehungsberechtigten üben die Umsetzung dieser Vorgaben mit der Therapeutin bzw. dem Therapeuten ein (ggf. mit Unterstützung einer Videoanalyse).
- *Durchführung der Intervention.* Die Eltern führen das geplante Übungsprogramm durch. Zu Beginn der Intervention geschieht dies jeweils zu einer festgesetzten Zeit an einem festgesetzten Ort. Später werden diese Rahmenbedingungen mehr und mehr gelockert und in das Alltagsleben überführt.
- *Supervision der Intervention.* Die Therapeutin bzw. der Therapeut wertet den Verlauf der Übungen und die Fortschritte beim Kind in regelmäßigen Abständen (wöchentlich bis zweiwöchentlich) mit den Eltern aus. Gründe für bisherige Erfolge und Schwierigkeiten werden anhand der Dokumentationen analysiert. Auf Basis der hierbei gezogenen Schlussfolgerungen modifiziert die Therapeutin bzw. der Therapeut die Anweisungen und Übungen für die folgenden Tage bzw. Wochen.

Die Förderplanung richtet sich nach dem jeweiligen Bedarf des entwicklungsverzögerten Kindes. Wie die dargestellten Möglichkeiten im konkreten Fall umgesetzt werden, hängt zum einen von den konkreten diagnostischen Informationen, zum anderen aber auch von den vorhandenen Möglichkeiten vor Ort ab.

Langfristig sind die Interventionen erfolgreicher, wenn eine kontinuierliche und dauerhafte Förderung der Kinder in den Familien stattfinden kann. Hier hat in den letzten Jahren die sogenannte „Marte-Meo-Methode" immer mehr an Bedeutung gewonnen. Sie unterstützt die „entwicklungsfördernde" Eltern-Kind-Interaktion. Auf der Basis videografisch aufgezeichneter familiärer Interaktionssituationen werden positive Interaktionsweisen der Eltern identifiziert und konkret benannt. Die Eltern werden darin bestärkt und unterstützt, diese gezielter und öfter umzusetzen. Leider liegen für diese in der Praxis offenbar sehr erfolgreiche Methode noch keine kontrollierten Evaluationsstudien vor.

Kasten 1: Förderung eines Kindes mit sprachlichen Verzögerungen: Prinzip der Verhaltensformung
(aus Brack, 2006)

Das sprachretardierte Kind steht an der Schwelle zum Einwortsatz.

(1) Bitte fertigen Sie eine Liste an, in der Sie die ersten sinnvollen Wörter Ihres Kindes („Mama", „Wau-Wau", „Auto") ebenso notieren wie andere Lautäußerungen, die Sie im Alltag von Ihrem Kind hören (z. B. „ba", „di" usw.). Setzen Sie bitte etwa 20 Äußerungen in die Liste ein.

(2) Bitte stellen Sie zu den Übungen jeweils den Fruchtjoghurt bereit, den Ihr Kind besonders gerne mag. Geben Sie bitte zugleich außerhalb der Übungen Ihrem Kind prinzipiell keine Süßigkeiten mehr.

(3) Bitte üben Sie täglich möglichst zwischen 17.00 und 17.20 Uhr, wenn Sie am meisten Ruhe haben, sich mit Ihrem Kind zu beschäftigen. Notieren Sie bitte die genauen Zeiten des Anfangs und Endes der Übungen auf dem Registrierblatt.

(4) Fangen Sie, wie wir geübt haben, mit etwas Nahrung auf dem Löffel den Blick des Kindes und sprechen Sie dann eines der Wörter oder einen der Laute von der Liste vor. Wenn das Kind in etwa fünf Sekunden Ihre Äußerung verständlich nachspricht, geben Sie ihm unmittelbar die Nahrung und loben es. Tut es das nicht bzw. spricht etwas anderes, dann ignorieren Sie das bitte, warten etwa 10 Sekunden und fangen erneut den Blick für die nächste Äußerung.

(5) Gehen Sie auf diese Art die 20 notierten Äußerungen in beliebiger, stets wechselnder Reihenfolge durch. Beachten Sie aber bitte, dass Sie jeweils alle 20 Äußerungen bearbeitet haben, bevor Sie die Reihe erneut durchgehen.

(6) Bitte sprechen Sie außer den Übungsäußerungen und dem Lob nichts in der Übung. Achten Sie vor allem darauf, dass Sie das Kind nicht tadeln, zum Mitmachen auffordern usw. Es darf sich auf dem Stuhl frei bewegen. Wenn es aber die normale Sitzposition verlässt, indem es vom Stuhl heruntergeht, sich umdreht usw., dann korrigieren Sie es mit nur so viel Kraft, wie notwendig. Achten Sie dabei darauf, dass Sie das Kind auf keinen Fall in irgendeiner Form bestrafen.

(7) Wenn das Kind richtig nachgesprochen hat, registrieren Sie hinter der entsprechenden Äußerung jeweils ein „+"; sonst ein „–".

(8) Bitte bringen Sie die Liste beim nächsten Besuch zur Therapiekontrolle mit.

7.7 Literatur

Grundlegende Literatur

Brack, U. B. (2006). Verhaltenstherapeutische Förderung entwicklungsgestörter Kinder. In F. Petermann (Hrsg.), *Kinderverhaltenstherapie: Grundlagen, Anwendungen und Ergebnisse* (S. 98–117). Baltmannsweiler: Schneider.

Brack, U. B. (2008). Entwicklungsretardierung. In G. W. Lauth, U. B. Brack & F. Linderkamp (Hrsg.), *Verhaltenstherapie mit Kindern und Jugendlichen* (S. 86–95). Weinheim: Beltz.

Petermann, U., Petermann, F. & Damm, F. (2008). Entwicklungspsychopathologie der ersten Lebensjahre. *Zeitschrift für Psychiatrie, Psychologie und Psychotherapie, 56,* 243–253.

Sameroff, A. J. & Fiese, B. H. (2000). Transactinal regulation: The developmental ecology of early intervention. In J. P. Shonkoff & S. J. Meisels (Eds.), *Handbook of early childhood intervention* (pp. 135–159). Cambridge, UK: Cambridge University Press.

Weiterführende Literatur

Borg-Laufs, M. & Hungerige, H. (2001). Operante Verfahren. In M. Borg-Laufs (Hrsg.), *Lehrbuch der Verhaltenstherapie mit Kindern und Jugendlichen, Band 2: Interventionsmethoden* (S. 373–401). Tübingen: dgvt.

Bünder, P., Sirringhaus-Bünder, A. & Helfer, A. (2009). *Handbuch der Marte-Meo-Methode*. Entwicklungsförderung mit Videounterstützung (S. 60–86). Göttingen: Vandenhoeck & Ruprecht.

Heubrock, D. & Petermann, F. (2000). *Lehrbuch der Klinischen Kinderneuropsychologie: Grundlagen, Syndrome, Diagnostik und Intervention*. Göttingen: Hogrefe.

Material

Brandt, I & Sticker, E. J. (2001). *Griffith-Entwicklungsskalen (GES) zur Beurteilung der ersten beiden Lebensjahre*. Göttingen: Beltz.

Grimm, H. & Doil, H. (2006). *Elternfragebögen für die Früherkennung von Risikokindern (ELFRA)*. Göttingen: Hogrefe.

Hellbrügge, T. (1994). *Münchner Funktionelle Entwicklungsdiagnostik*. Göttingen: Hogrefe.

Kastner-Koller, U. & Deimann, P. (2012). *Der Wiener Entwicklungstest (WET; 3. Aufl.)*. Göttingen: Hogrefe.

Kaufman, A. S. & Kaufman, N. L. (2009). *Kaufman Assessment Battery for Children (K-ABC)* (dt. Bearb. von P. Melchers & U. Preuß; 8. Aufl.). Frankfurt: Pearson.

Petermann, F. (Hrsg.). (2011b). *Wechsler Preschool and Primary Scale of Intelligence – III (WPPSI-III; 2. Aufl.)*. Frankfurt am Main: Pearson Assessment.

Petermann, F., Stein, I. A. & Macha, T. (2008). *Entwicklungstest 6 Monate bis 6 Jahre (ET 6-6; 3. Aufl.)*. Frankfurt am Main: Pearson Assessment.

Reuner, G., Rosenkranz, J., Pietz, J. & Horn, R. (Hrsg.). (2007). *Bayley Scales of Infant Development (Bayley II, 2nd ed.)* – Deutsche Fassung. Frankfurt: Pearson.

Tellegen, P. J., Laros, J. A. & Petermann, F. (2007). *Snijders-Oomen Non-verbaler Intelligenztest für Kinder im Alter von 2;6 bis 7;11 Jahren (SON-R 2½-7)*. Göttingen: Hogrefe.

Teil 2

Interventionen: Inhalte, Ziele und Vorgehensweisen

8. Ausrichtung und Konzeption der Interventionen

Joachim C. Brunstein, Gerhard W. Lauth und Matthias Grünke

8.1 Worum geht es?

Eine Lernstörung liegt vor, wenn ein Kind (oder ein Jugendlicher) grundlegende Lernziele des Schulunterrichts nicht erreicht und in zentralen Bereichen schulischer Fertigkeiten (Lesen, Schreiben, Rechnen) gravierende Leistungsrückstände zeigt. Bevor die klinische Diagnose „Lernstörung“ (bzw. die Feststellung einer „umschriebenen Entwicklungsstörung schulischer Fertigkeiten“ nach ICD-10) erfolgen kann, ist jedoch auszuschließen, dass die festgestellte Leistungsschwäche auf Intelligenzdefizite, Störungen der Sinnesfunktionen oder eine unzulängliche Beschulung zurückgeht (s. Kapitel 1). Aufgrund dieser Ausschlusskriterien werden Lernstörungen – im Vergleich zu allgemeinen Leistungsschwächen – sehr viel enger eingegrenzt, mit der Folge, dass nur ein kleiner Kreis derjenigen Schülerinnen und Schüler, die in ihren Leistungen hinter den Erwartungen bzw. hinter den Leistungen ihrer Mitschülerinnen und Mitschüler zurückbleiben, als „lerngestört“ einzuordnen ist.

Legt man der Diagnose die (sehr strengen) Forschungskriterien diagnostischer Manuale zugrunde, so muss ein Kind, dem z. B. eine „Lese-Rechtschreibstörung“ zugeschrieben wird, in einem standardisierten Test ein Ergebnis erzielen, das mindestens 2 Standardabweichungen unter seiner allgemeinen Begabung liegt. Mit einem Beispiel ausgedrückt: Hat ein Kind eine exakt durchschnittliche Intelligenz (IQ von 100), so könnte ihm eine Lese-Rechtschreibstörung nach diesem Kriterium nur dann „bescheinigt“ werden, wenn es bei einem Schulleistungstest zu den 2 % der schwächsten Kinder seiner Altersgruppe im Lesen und Rechtschreiben gehört (d. h. höchstens 2 % der Kinder seiner Altersgruppe dürften dann ebenso schwache oder noch schwächere Leistungen beim Lesen und Rechtschreiben zeigen). Die in der Praxis angewendeten „Diskrepanzkriterien“ sind allerdings etwas weniger streng definiert (s. Kapitel 1).

Wenn nun aber weder fehlende Begabung, noch neurologische Erkrankungen oder Mängel der Beschulung für die Leistungsschwäche verantwortlich sind, so stellt sich die Frage, durch welche Ursachen eine Lernstörung entsteht und durch welche Bedingungen sie aufrechterhalten wird. In Kapitel 1 haben wir dafür drei zentrale Gründe angeführt:

- Das Kind legt nicht die an sich gebotenen Lernaktivitäten an den Tag (es bereitet sich z. B. nicht auf Klassenarbeiten vor, hält sich nicht an Strategien, rät, arbeitet überhastet und völlig planlos).
- Das Kind hat Wissenslücken bzw. unzureichende inhaltliche Lernvoraussetzungen (z. B. wird das 1 × 1 nicht gekonnt, die Buchstaben werden nicht beherrscht, die Zuordnung von Buchstaben zu Lauten gelingt nicht sicher, der Wortschatz in Englisch ist unzureichend, das Bruchrechnen wurde nicht verstanden) und wird, weil der Unterricht laufend voranschreitet, immer weiter überfordert, verarbeitet die dort angebotenen Inhalte nicht mehr und zeigt keinerlei Fortschritte beim Lernen.
- Elternhaus und Schule sind unterschiedlich strukturiert und verlangen dem Kind ungleiche Verhaltensweisen ab (z. B. im Hinblick auf den sozialen Umgang, die Sprache oder die Wertsetzungen). In einem solchen Fall ist ein Mädchen oder Junge nur unzureichend auf die Schule vorbereitet.

Je nach Art der Lernstörung und je nach dem Entwicklungsstand des Kindes offenbaren sich diese Ursachen dann sehr konkret, zugleich auch höchst individuell und bei unterschiedlichen Kindern mitunter ganz verschieden: Bei einem Kind, das sich am Ende der Grundschulzeit befindet, zeigt sich eine Leseschwäche üblicherweise anhand einer viel zu langsamen Geschwindigkeit beim Lesen von Sätzen und Texten. Ein Erstklässler versagt beim Lesen hingegen schon „früher“: Während er z. B. versucht, den Endlaut eines Wortes zu erfassen, hat er dessen Anfangslaut schon wieder vergessen und muss deshalb mit dem mühevollen Erlesen des Worts (und dem Zusammenschleifen der Laute) wieder von vorn beginnen. Trotz dieses Unterschieds (Defizite im schnellen und weitgehend automatisierten Abruf von Wörtern aus dem „mentalen Lexikon“ versus Defizite in der Buchstaben-Laut-Zuordnung; s. Coltheart, 2005) teilen beide Kinder eine Gemeinsamkeit: Beide zeigen gravierende Defizite in der phonologischen Informationsverarbeitung (s. dazu Kapitel 4). Diese Defizite werden beim lauten Vorlesen auch für außenstehende Beobachter (also z. B. die Klassenlehrerin oder die Eltern) ganz offenkundig sicht- bzw. hörbar (beide Kinder können eben nicht so lesen, wie dies den meisten ihrer Altersgefährten gelingt).

Wirksame Interventionsprogramme zeichnen sich dadurch aus, dass sie möglichst direkt an den unmittelbaren Ursachen der Lernstörung angreifen (s. z. B. Chen, 2005). Dies

- setzt wissenschaftlich fundierte Kenntnisse über die Bedingungen voraus, die für die Entstehung und Aufrechterhaltung einer Lernstörung verantwortlich sind und
- erfordert zwingend, dass bei jedem einzelnen Kind (oder Jugendlichen) sorgfältig die Ursachen „seiner“ Lernbeeinträchtigung geprüft werden (z. B. gründliche Abklärung der „Symptome“ durch Tests und Verhaltensbeobachtungen; genaue Einengung der Lernbeeinträchtigung in ergänzenden Arbeitsproben; Ermittlung von bedingenden Faktoren, wie z. B. fehlendes Sprachverständnis, zu geringer Wortschatz).

Für die Durchführung einer erfolgversprechenden Intervention werden im weiteren Verlauf der Förderung geeignete „Instrumente“ und „Werkzeuge“ gebraucht. Gefragt ist somit „Know how“ über therapeutische Techniken, Methoden der Instruktion, Lernmaterialien und Trainingsverfahren, mit denen sich die störungsbedingenden Faktoren zuverlässig in die erwünschte Richtung verändern lassen. In Abgrenzung zur unverbindlichen (und mitunter unverantwortlichen) Haltung: „Anything goes!“ (irgendwie wird es schon klappen; mein Gefühl, meine Erfahrung, meine persönlichen Überzeugungen sagen mir: so müsste es funktionieren) wird bei der Auswahl der Intervention die Frage gestellt, „What works?“, d. h.: Welche Vorgehensweisen haben sich im vorliegenden Fall wissenschaftlich bewährt, wirken zuverlässig und möglichst nachhaltig, sind zudem praktisch erprobt und durchführbar und werden von Kindern, Eltern und Lehrkräften auch angenommen (andernfalls wird eine wichtige Bedingung des Interventionserfolgs – die Verankerung der Intervention im Alltag des Kindes – nicht erfüllt)?

Zu den Stärken solcher auf *gesicherter Evidenz* beruhender Verfahren gehört, dass sie nicht nur bei Kindern mit Lernstörungen wirkungsvoll einzusetzen sind. Meist helfen sie leistungsschwachen Kindern ebenso gut (Weber, Marx & Schneider, 2002); oder sie eignen sich für vorbeugende Maßnahmen, die eine Lernstörung im Entstehen verhindern oder im Anfangsstadium eindämmen. Nicht selten ist zu beobachten, dass die gleichen Verfahren (direkte Instruktion, Strategievermittlung, tutorielles und kooperatives Lernen, kognitives Modellieren und verbale Selbstanleitungen) selbst völlig unauffälligen Schülerinnen und Schülern den Weg zum erfolgreicheren Lernen ebnen (vgl. Hattie, 2009).

Schülerinnen und Schüler mit Lernstörungen sind aber darauf angewiesen, dass eine Intervention nicht nach Schema F angewendet wird, sondern auf ihre individuelle Situation zugeschnitten wird. Dies gilt für:

- die erforderliche Qualität und Dauer der „Behandlung“ (wenn z. B. eine langwierige Rechtschreibtherapie geplant wird);
- die Berücksichtigung der besonderen und meist ungünstigen Lernvoraussetzungen des Kindes (eine Schülerin bzw. ein Schüler mit einer allgemeinen Lernschwäche lernt z. B. auch in der Therapie nur sehr langsam);
- Einschränkungen des Leistungswillens (Lernunlust ist z. B. nicht nur eine denkbare Ursache, sondern auch eine mögliche Folgen schulischen Versagens);
- all die weiteren Folgen und Begleiterscheinungen der jeweiligen Lernstörung (wenn ein Schüler z. B. seine Frustration über schulische Misserfolge dadurch „maskiert“, dass er den Unterricht stört und seine Situation durch das auffällige Verhalten zusätzlich verschlechtert).

8.2 Was ist vor der Intervention zu tun?

Der Auswahl, Planung und Durchführung der Intervention gehen also stets diagnostische Untersuchungen voraus. Diese haben vor allem zu klären, ob die Kriterien einer Lernstörung erfüllt sind, welche Art der Lernstörung vorliegt und welche Interventionsziele bzw. Behandlungsmethoden angebracht sind. Dabei empfiehlt es sich, dem nachstehenden diagnostischen Grundmuster zu folgen:

- *Orientierende Verhaltensanalyse* zum Sammeln wichtiger Informationen über die bisherige Entwicklung des Kindes, den Verlauf und die Art seiner Lernschwierigkeiten, die derzeitige Bewertung seines Lernstands durch die Lehrkraft, die familiären Anregungsbedingungen, die Leistungsziele der Eltern, deren Wertschätzung für schulische Leistungen sowie ihre Unterstützung des Kindes in schulischen Belangen und die Bedingungen, unter denen das Kind in der Schule unterrichtet wird (s. dazu den in Anhang A aufgeführten Interviewleitfaden).

- *Erste Einordnung* der Lernstörung als isoliert versus allgemein bzw. vorübergehend versus überdauernd. Liegt eine isolierte Lernstörung vor? Wenn ja, so müsste es auch genaue und eingrenzbare Gründe dafür geben, dass das Lernen in einem ganz bestimmten Fach, nicht aber in den anderen beeinträchtigt ist (z. B. mangelndes Vorwissen, isolierte Schwierigkeiten im Bereich der Informationsverarbeitung). Oder ist die Lernstörung allgemein, also in mehreren Fächern spürbar? Dann müsste es auch einen allgemeinen Grund dafür geben (z. B. Entwicklungsverzögerungen, zu geringe Motivation, mangelndes Instruktions- und Sprachverständnis, soziale Unvereinbarkeiten zwischen Elternhaus und Schule, Ängstlichkeit und mangelnde Lernaktivitäten).
- *Direkte Verhaltensbeobachtung* in beispielhaften Lernsituationen (etwa bei den Hausaufgaben, beim Diktat, bei Rechenaufgaben, im Unterricht). Dabei wird beobachtet, wie die Aufgaben gelöst werden, um herauszufinden, warum es zu den festgestellten Minderleistungen kommt. Liegt es beispielsweise am planlosen Vorgehen, an mangelnder Anstrengung, geringer Arbeitsintensität, an Wissenslücken oder mangelnder Konzentration (etc.)? In dieser Phase der Befunderhebung werden Hypothesen über das Vorhandensein der inhaltlichen Lernvoraussetzungen (z. B. Vorwissen, Regelsysteme, Formeln) gebildet (für ein Beobachtungsschema für Hausaufgabensituationen s. Anhang B).
- *Individuelle Untersuchung* der relevanten Schulleistungen (z. B. Lesen, Rechtschreiben, Rechnen, allgemeine Schulleistungen) anhand standardisierter, altersnormierter Schulleistungstests (für eine Auswahl geeigneter Tests s. Anhang C).
- *Abklärung der relevanten inhaltlichen Lernvoraussetzungen* (z. B. Zahlbegriffsverständnis, Buchstabenkenntnisse, Fertigkeiten des Rechnens bei Zehnerüberschreitung anhand von Arbeitsproben).
- *Abklärung der allgemeinen intellektuellen Leistungsfähigkeit* möglichst durch einen mehrdimensionalen Intelligenztest (z. B. Kaufman Assessment Battery for Children, K-ABC, von Kaufman & Kaufman, 2009; oder Wechsler Intelligence Scale for Children – Fourth Edition, WISC-IV, von Petermann & Petermann, 2011).
- *Abklärung von funktionellen Leistungsbeeinträchtigungen* (z. B. Probleme mit dem Arbeitsgedächtnis, der Konzentration oder der visuellen Diskrimination). In aller Regel geschieht dies jedoch nur dann, wenn es im Verlauf der bisherigen Diagnostik konkrete Anhaltspunkte dafür gibt.
- Im Verdachtsfall: *Abklärung von Seh- bzw. Hörstörungen* oder neurologischen Erkrankungen.
- *Formulierung eines funktionalen Bedingungsmodells*, das die schulischen Minderleistungen schlüssig erklärt. Um auf Basis aller erhobenen Angaben eine angemessene Interventionsplanung vornehmen zu können, müssen die Informationen dahingehend bewertet und geordnet werden, inwieweit sie ursächliche oder aufrechterhaltende Bedingungen für die jeweilige Lernstörung bzw. fehlende Bedingungen für ein adäquates Lernverhalten darstellen. Als praktische Hilfe kann hier das sogenannte S-O-R-K-C-Schema aus der Verhaltenstherapie dienen (Kanfer & Saslow, 1965; s. Anhang A).

8.3 Welche Ansatzpunkte ergeben sich für die Intervention?

Lernstörungen unterscheiden sich sowohl im Hinblick auf den Umfang und die Spezifik der Störung als auch bezüglich ihrer Verursachung sowie den Bedingungen ihrer Aufrechterhaltung. Entsprechend ergeben sich jeweils unterschiedliche Schwerpunkte für die Intervention, wie in Tabelle 1 anhand einiger Beispiele gezeigt wird. Wie und mit welchen Methoden die jeweiligen Ziele erreicht werden können, wird in Anlehnung an die in diesem Band beschriebenen Verfahren in Tabelle 2 aufgeführt.

Tabelle 1: Interventionsziele für die drei verschiedenen Formen von Lernstörungen

Art der Lernstörung	Störungstypik	Interventionsziel	Interventionsmethode	Beispiele
– Unzureichendes Lernverhalten	– Geringe oder zu oberflächliche Lernaktivität	– Förderliche Lernaktivitäten steigern – Förderliche Lernaktivitäten ausbilden	– Operante Verstärkung – Vermittlung von förderlichen Vorgehensweisen	– Die Lehrkraft verstärkt die aktive Unterrichtsbeteiligung. – Dem Kind werden die Lernstrategien vermittelt.
– Inhaltliche Lernrückstände	– Zufällige Informationsaufnahme	– Gezielter Aufbau der Lerninhalte	– Verhaltensausformung (Shaping) – Komplexitätsreduktion und direkte Instruktion	– Vermittlung von Rechtschreibkenntnissen – Zielgenaue Vermittlung von Wissen
– Fehlende Lernvoraussetzungen	– Widersprüchliche Verhaltenserwartungen in Elternhaus und Schule	– Vernetzung von Elternhaus und Schule – Kompensatorische Vermittlung von Lernvoraussetzungen	– Gestaltung von ökologischen Übergängen – Verbesserung der Lernvoraussetzungen und Funktionstraining	– Eltern werden mit eigenen Aufgaben in den Unterricht einbezogen. – Gedächtnistraining im Alltag; Förderung von phonologischer Bewusstheit durch Eltern und Erzieherinnen bzw. Erzieher

Tabelle 2: Überblick zu Zielen, Inhalten und Methoden der Intervention, die in diesem Band beschrieben werden

Interventionsziel	Interventionsbereich	Zugeordnete Titel der Kapitel	Kapitelnummer
Qualität und Intensität von Lernaktivitäten erhöhen	Funktionale Lernvoraussetzungen verbessern; selbstgesteuertes Lernen vermitteln	Vermittlung von Lernstrategien und selbstreguliertem Lernen	21
		Förderung bei visuell-räumlicher Wahrnehmungs- und Konstruktionsstörung	23
		Förderung von Gedächtnisprozessen (Gedächtnistraining)	24
		Förderung von Aufmerksamkeit und Konzentration	25
		Förderung begrifflich-kategorialer Verarbeitung	26
		Förderung des induktiven Denkens und Lernens	27
		Förderung von Metakognition und strategischem Lernen	28
		Selbstinstruktionstraining	36
	Lernmotivation steigern	Motivierung durch operante Verstärkung	18
		Förderung von Unterrichtsbeteiligung	19
		Förderung von Interessen	20
		Förderung regelkonformen Verhaltens im Unterricht	22
		Lernerfolge belohnen: Kontingenzmanagement	35
		Verhaltensverträge	39
		Attributionstraining	40
Lernrückstände aufholen	Wissen aufbauen; Fertigkeiten einüben; aufgabenspezifische Strategien vermitteln	Aufbau von Lesefertigkeiten	11
		Förderung des Leseverständnisses durch „Reziprokes Lehren“	12
		Aufbau von Rechtschreibkenntnissen	13
		Förderung der Schreibkompetenz	14

Tabelle 2: Fortsetzung

Interventionsziel	Interventionsbereich	Zugeordnete Titel der Kapitel	Kapitelnummer
Lernrückstände aufholen	Wissen aufbauen; Fertigkeiten einüben; aufgabenspezifische Strategien vermitteln	Aufbau mathematischer Kompetenzen:	
		Vermittlung von Basiskompetenzen zum Rechnen	16
		Aufbau elaborierter Rechenfähigkeiten	17
		PC-gestützte Übungsprogramme	31
		Das Üben mit der Wortkartei	32
		Komplexität reduzieren und kontinuierliche Fortschritte ermöglichen	33
		Direkte Instruktion	34
		Tutorielles Lernen	38
Zusammenarbeit zwischen Elternhaus und Schule verbessern	Startbedingungen verbessern; schulischem Versagen entgegenwirken	Förderung von phonologischer Bewusstheit	10
		Förderung des Zahlenverständnisses	15
		Frühprävention von Lernstörungen	41
		Response to Intervention als schulisches Förderkonzept	42
		Gestaltung von Förderunterricht	43
	Kooperationen herstellen; Übertragung in den Alltag sichern	Anleitung von Eltern sowie Erzieherinnen und Erziehern zur Hausaufgabenbetreuung	29
		Eltern und Lehrkräfte als Mediatorinnen und Mediatoren	37
		Ökologische Übergänge:	
		Vom Kindergarten in die Schule	44
		Von der Schule in den Beruf	45

Intensität und Qualität von Lernaktivitäten erhöhen

Mangelnde Lernaktivitäten spielen bei der Entstehung und Aufrechterhaltung von Lernstörungen eine entscheidende Rolle. Wenn eine Schülerin bzw. ein Schüler zu wenig Zeit für das Lernen aufwendet oder wenn Lerninhalte nur oberflächlich verarbeitet werden, bleibt das Lernergebnis unbefriedigend. Das Ausmaß (Lernzeit) und die Qualität (Tiefenverarbeitung) des Lernens entscheiden also ganz vordergründig über den Lernerfolg. Mangelnde Lernaktivitäten sind entweder ursächlich an Lernstörungen beteiligt (die Kinder wissen z. B. nicht, „wie“ sie wirkungsvoll lernen können) oder sind die Folge bisheriger Misserfolge beim Lernen (z. B. Leistungsverweigerung nach Fehlschlägen). Auf jeden Fall führen sie zu einer Verfestigung der Anfangsschwierigkeiten. Wenn die Lernstörungen auf Defizite in der Qualität und Quantität von Lernhandlungen zurückgehen, sind die beiden folgenden Interventionsmaßnahmen angezeigt:

(1) *Voraussetzungen für die Informationsverarbeitung verbessern, selbstreguliertes Lernen vermitteln.* Zunächst muss festgestellt werden, ob eine Schülerin bzw. ein Schüler über geeignete Vorgehensweisen verfügt, um das eigene Lernen so zu steuern und zu kontrollieren, dass schulische Aufgaben erfolgreich bewältigt werden können. Solange Rückstände in diesem Bereich bestehen, erweist sich die bloße Steigerung der Übungszeit als wenig effektiv. Vielmehr muss sichergestellt werden, dass das Lernen geplant und durchdacht erfolgt; dass sich eine Schülerin oder ein Schüler beim Lernen konzentriert und aufmerksam bei der Sache bleibt; dass Informationen mit der erforderlichen Systematik aufgenommen, kategorisiert und in eine Ordnung gebracht werden; dass Lerninhalte abgespeichert und später wieder abgerufen werden; und dass bei alledem das eigene Lernen überwacht, Fehler kontrolliert und die Vorgehensweisen schrittweise optimiert werden.

Defizite in Gedächtnisfunktionen, in der sprachlichen und räumlich-visuellen Informationsverarbeitung, im logischen Denken und in der Konzentration beeinträchtigen das Lernen auf breiter Front (s. Kapitel 5) und werden deshalb in vielen schulischen Anforderungsbereichen sichtbar. Ist dies der Fall, so sollte die Intervention Maßnahmen zur Verbesserung der Aufmerksamkeit und Selbststeuerung, des Denkens und der Informationsverarbeitung sowie des Gedächtnisses und der metakognitiven Überwachung umfassen, denn erst dadurch werden die Voraussetzungen hergestellt, damit mehr Anstrengung auch zu besseren Ergebnissen beim Lernen führt.

Um Kompetenzen zum zielgerichteten Handeln und zur Steuerung des Lernprozesses zu vermitteln, hat sich bei lerngestörten Kindern die Arbeit mit Selbstinstruktionen bewährt. Bevor eine Schülerin oder ein Schüler das gewünschte Verhalten selbst zeigen kann, muss es zunächst durch ein Modell vorgemacht werden, wobei jeder Schritt in Form einer verbalen Erläuterung („lautes Denken“) am praktischen Beispiel verdeutlicht wird. Danach erfolgt eine Phase des angeleiteten Übens, die erneut nach Prinzipien des Selbstinstruktionstrainings gestaltet wird. Schritt für Schritt übernimmt das Kind die Anleitungen der Lerntrainerin bzw. des Lerntrainers, bis es die gewünschte Vorgehensweise zunächst mithilfe eines inneres Dialogs (vom „lauten“ zum „inneren“ Sprechen), später dann aber weitgehend selbstständig und automatisiert ausführen kann. Um den Lerntransfer zu sichern, sollte die vermittelte Vorgehensweise (z. B. eine Strategie zum besseren Behalten und Abruf von Gedächtnisinhalten) anhand *unterschiedlicher* Beispiele eingeübt werden. Die dafür erforderlichen metakognitiven Aktivitäten (geplantes, bedachtes und fehlerkontrollierendes Vorgehen) werden mit der Schülerin bzw. dem Schüler in Erkenntnisdialogen besprochen und sollten erneut durch Beispiele veranschaulicht werden (ggf. auch in angeleiteten Kleingruppen).

(2) *Lernmotivation erhöhen.* Hierdurch ist sicherzustellen, dass vorhandene Kompetenzen (z. B. Lernstrategien, Rechenfähigkeiten) auch tatsächlich umgesetzt werden und – was noch wichtiger ist – dass ausreichend viel Zeit für das Lernen und Üben aufgewendet wird. Zunächst geht es um die „Fremdmotivierung", bei der z. B. eine Therapeutin unter Einbeziehung der Klassenlehrerin und der Eltern eines Kindes, dessen Fortschritte lobt und dafür Belohnungen bereithält (z. B. im Rahmen eines Token-Systems). Das dazugehörige Verhalten soll dann aber schrittweise in die Verantwortung des Kindes übertragen werden, bis sich dieses zumindest ansatzweise auch selbst motivieren kann. Zur (Fremd-)Motivierung gehören im Kern drei Maßnahmen:

- Liegen gravierende Defizite in der Lernbereitschaft vor (was bei lerngestörten Kindern eher die Regel als die Ausnahme ist), werden *operante Verstärker* eingesetzt, um die Wahrscheinlichkeit von Lernhandlungen zu erhöhen (z. B. Aktivitäts- oder Tauschverstärker). Verstärkt bzw. belohnt wird (a) der Lernvorgang selbst sowie (b) jeder einzelne Lernschritt (sich an den Schreibtisch setzen, die Aufgabe abschreiben, usw.). Dies geschieht durch Rückmeldungen, die einerseits informativ und andererseits anerkennend sind. Die korrekte Anwendung einer Regel oder Strategie wird sofort belohnt, ihre fehlerhafte Anwendung wird ebenso direkt und sofort korrigiert; auch auf kleine Lernfortschritte folgt eine lobende Anerkennung.
- Motivierung erfolgt zudem durch die Auswahl von *Aufgaben mit angemessener Schwierigkeit.* Im Unterschied zum Lernen im Schulalltag, bei dem die lerngestörten Kinder häufig von den Lernaufgaben überfordert sind, sollen bei der Förderung ausschließlich Aufgaben gestellt werden, die das einzelne Kind prinzipiell bewältigen kann. Die Aufgabenschwierigkeit wird stets an den Lernstand des Kindes angepasst, was Erfolge sichert und für konzentriertes Arbeiten sorgt.
- Die *Ursachenerklärung* von Lernergebnissen ist gleichfalls zu verändern, indem die Schülerinnen und Schüler dazu angehalten werden, ihre Lernerfolge auf die eigene Person und ihr Vorgehen sowie auf den Einsatz erhöhter Anstrengung und Konzentration zurückzuführen. Dadurch soll ihre Überzeugung gestärkt werden, dass sie wirksame Lernerinnen bzw. Lerner sind und durch ihr eigenes Tun zum Erfolg kommen können.

Sobald die gewünschten Folgen hinsichtlich Lernziel und Lernqualität eingetreten sind, wird das fremdmotivierende Verhalten allmählich ausgeblendet. Die Motivierung geht schrittweise in die Verantwortung des Lernenden über. Der Schülerin bzw. dem Schüler wird „nahegebracht", mit sich selbst Verhaltensverträge abzuschließen und sich für ihre Einhaltung auch zu belohnen (z. B. in Form einer Selbstverstärkung für das eigene Lernen in einem ungeliebten Schulfach). Ebenso ist ein „realistisches" Zielsetzungsverhalten – d. h. das Gegenstück zur Vorgabe von Aufgaben mittlerer Schwierigkeit – eigens einzuüben (Wilbert, 2010). Trainings zur Reattribution setzen an der Selbstbewertung von Lernergebnissen an und zielen darauf ab, dass Schülerinnen und Schüler von sich aus ihre Erfolge auf wachsende Fähigkeit, ihre Fehler hingegen auf unzureichende Bemühungen zurückführen. All dies dient dazu, die Effekte einer Intervention über ihren Abschluss hinaus auch stabil zu halten. Um den Aufbau selbstmotivierenden Verhaltens zu fördern, werden anschauliche und praktikable Verfahren zur Selbstbeobachtung des eigenen Lernverhaltens eingeübt (z. B. durch Anleitungen, wie Lernprotokolle und Lerntagebücher anzufertigen sind). Vorteilhaft ist außerdem, wenn die Aufgaben und Materialien mit den Interessen der Schülerinnen und Schüler verbunden werden. Dadurch wird ihre Bereitschaft geweckt, für das Lernen von sich aus mehr Zeit zu investieren und dabei auch vertiefend über die Inhalte nachzudenken (z. B. neues Wissen mit bereits vorhandenem Vorwissen zu verbinden).

Lernrückstände aufholen

Liegen deutliche und grundlegende inhaltliche Lernrückstände vor, so kann das betroffene Kind die verfügbaren Lernangebote immer weniger nutzen. Hier sind also nicht die Lernaktivitäten beeinträchtigt, sondern es fehlen die inhaltlichen Voraussetzungen für die nächsten Lernschritte. Ein Kind kennt beispielsweise nur wenige Buchstaben des Alphabets, beherrscht das Einmaleins nicht sicher oder weist deutliche Lücken in der Englischgrammatik auf. Oder es weiß nicht, wie es sich den Sinn eines Textes erschließen soll, einen Aufsatz selbstständig verfassen kann oder welche Regeln es beim Rechnen und in der Rechtschreibung verwenden sollte. Da ihm dieses grundlegende Wissen fehlt, greift es auf zufällig ausgewählte Informationen zurück (Überselektivität) und zeigt sich im Unterricht kognitiv überlastet. Klar, dass es in diesem Falle nicht vom Unterricht profitiert und mehr und mehr der Klasse hinterherhinkt.

In diesem Fall ergeben sich für die Intervention zwei Ansatzpunkte:

(1) *Wissen aufbauen, Fertigkeiten einüben.* Hier geht es darum, dass die bestehenden Wissenslücken (z. B. fehlende Kenntnisse von Buchstaben, Phonem-Graphem-Zuordnungen, Wortbedeutungen oder der räumlichen Verortung von Zahlenrelationen) geschlossen und mangelhaft ausgebildete Fertigkeiten (z. B. flüssiges Lesen, sichere Beherrschung der Addition und Subtraktion, lautgetreues Schreiben) eingeübt werden. Hierfür eignen sich Verfahren, welche die Lernsituation für das Kind klar strukturieren und die Lerninhalte auf das Wesentliche eingrenzen. Die wichtigsten Interventionsverfahren dafür sind die direkte Instruktion und die Komplexitätsreduktion. Beide verbindet die Erfahrung, dass Kinder mit Lernstörungen grundlegende Kenntnisse und Fertigkeiten am ehesten erlernen, wenn die Lerninhalte geradlinig vermittelt und in gut überschaubare Teilschritte eingeteilt werden.

Genauso wichtig ist das angeleitete und selbstständige Üben; denn erst durch Üben werden neu erworbene Kenntnisse automatisiert, sodass sie dann auch mit steigender Flüssigkeit und Genauigkeit ausgeführt werden (z. B. wird flüssiges Lesen nur dann erreicht, wenn ein Kind, das sich damit schwertut, einen bestimmten Text *wiederholt* liest). Da sich Falsches, ebenso wie Richtiges, durch Wiederholung verfestigt, ist es wichtig, dass das Kind beim Üben sofortige Rückmeldungen erhält, wenn es eine Aufgabe richtig löst (z. B. ein Wort aus dem Karteikasten korrekt abschreibt) und ebenso unmittelbar korrigiert wird, wenn es einen Fehler macht (zur Wirksamkeit von kontinuierlichen Rückmeldungen s. Kasten 1).

Kasten 1: Kalkulierbare Rückmeldungen und Lernfortschritte

Wenn das eigene Lernen mit kalkulierbaren Rückmeldungen über die Richtigkeit der erreichten Ergebnisse verbunden ist, können Lernwege systematisch verbessert und eine zunehmend förderliche Lernstrategie ausgebildet werden. Goldman, Mertz und Pellegrino (1989) haben dies eindrucksvoll bei Kindern gezeigt, die nur langsam und fehlerhaft rechnen konnten. Allein schon der Umstand, dass sie einfache Rechenaufgaben (Addition) mit ansteigender Schwierigkeit bearbeiteten und Rückmeldungen zur Richtigkeit ihrer Lösungen erhielten, ließ ein niveauvolleres, komplexeres und in Ansätzen strategischeres Lösungsverhalten entstehen. Notwendig dafür ist allerdings, dass die Lernergebnisse verbindlich werden, also kein vorübergehendes, zufälliges Ereignis bleiben, sondern als richtig oder falsch erkannt und mit günstigen bzw. ungünstigen Vorgehensweisen verknüpft werden. Die einzelnen Lernerfahrungen verdichten sich dann zu kategorialen Erkenntnissen, Begriffen und Begriffssystemen, Regeln und letztlich auch Strategien. Die Initialzündung dafür liefern die Formulierung von Lernzielen, die Feststellung, ob die gesetzten Kriterien erreicht worden sind und die Verknüpfung des eigenen Lernverhaltens mit den erzielten Ergebnissen. Dieser Prozess wird anfänglich von Lehrkräften und Erwachsenen gesteuert, geht dann aber zunehmend in die Verantwortung der Schülerin bzw. des Schülers über.

Die jeweilige Intervention besteht also keineswegs aus einer bloßen „Nachhilfe". Vielmehr werden gesicherte Erkenntnisse der Lerntheorie angewandt. Dazu gehören auch Regeln, wie erforderliche Kenntnisse systematisch aufgebaut (Shaping) und die Komplexität von Lernsituationen so zugeschnitten werden kann, dass der Lernerfolg gesichert ist. Dafür sind die folgenden Lernbedingungen maßgebend:

- Das Kind bearbeitet, jeweils bezogen auf sein Kenntnisniveau, mittelschwere Aufgaben.
- Es wird bei seinem Lernen zu sichtbaren Reaktionen veranlasst (etwa ein Wort abschreiben oder einen Satz in eigenen Worten wiedergeben).
- Falsche Antworten werden bereits im Entstehen verhindert bzw. sofort korrigiert, damit sich die gemachten Fehler nicht verfestigen können.
- Richtige Antworten werden sofort positiv belohnt (durch positive Rückmeldungen und Verstärker).
- Mit fortschreitendem Lernerfolg werden zunehmend schwierigere Aufgaben eingeführt. Hierbei gilt die Regel, dass man erst dann zu der nächsten Schwierigkeitsstufe übergeht, wenn mindesten 80 bis 90 % der Aufgaben des vorherigen Schwierigkeitsniveaus korrekt gelöst worden sind.

Diese Lernbedingungen können auch anhand PC-gesteuerter Lernprogramme realisiert werden. Alle Erfahrungen zeigen aber, dass lerngestörte Kinder nicht gleichsam „alleine und verlassen" an den Computer gesetzt werden sollten, sondern dass die Bearbeitung der Aufgaben anzuleiten, zu verstärken und zu überwachen ist, ggf. in Verbindung mit gezielten, aber sparsamen Hilfen, wenn eine Schwierigkeit nicht gemeistert wird (sparsam, weil aufwändige Erklärungen das Kind noch mehr verwirren).

(2) *Aufgabenspezifische Strategien vermitteln*. Bereits in der Grundschule werden Anforderungen gestellt, die äußerst komplex und anspruchsvoll sind, weil sie das Kind vor ein offenes Problem stellen (z. B. einen Erlebnisaufsatz über den Zoobesuch neulich schreiben), ihm Wissen aus unterschiedlichen Inhaltsbereichen abverlangen (z. B. beim Lösen einer Textaufgabe) und das Ergebnis erst durch die Ausführung vieler, aufeinander abgestimmter Teilschritte ermittelt werden kann. Selbst wenn ein Kind schon flüssig liest, mag es außerstande sein, die Kernidee dessen, was es gelesen hat, zu erkennen oder gar in eigenen Worten wiederzugeben. Und ein anderes Kind, das zwar einigerma-

ßen sicher Zahlen addieren, subtrahieren und multiplizieren kann, weiß dennoch nicht, wie sich eine Textaufgabe in ein „Rechenmodell" umwandeln lässt, auf das es sein Wissen anwenden kann (stattdessen „verrechnet" das Kind die in der Textaufgabe aufgeführten Zahlen mehr oder weniger willkürlich).

Für höhere schulische Leistungen sind ein gesichertes Wissen und gut eingeübte Fertigkeiten unabdingbar (beispielsweise hat ein Kind, das einen geringen Wortschatz besitzt und außerdem auch nicht flüssig liest, keine Chance, den Sinn eines Textes zu erfassen); häufig reichen diese Fertigkeiten aber nicht aus. Vielmehr kommt es zusätzlich darauf an, Kindern (oder auch Jugendlichen) Strategien zu vermitteln, mit deren Hilfe sich die Bearbeitung der Aufgabe in eine geordnete Abfolge von Handlungsschritten bzw. Gedankengängen bringen lässt (z. B. Strategien für sinnentnehmendes Lesen, für die Lösung algebraischer Probleme oder für das Schreiben von Aufsätzen). Insofern sind Strategien nichts anderes als ein Mittel oder „Werkzeug" dafür, dass eine Aufgabe, die auf den ersten Blick zu schwierig und verwirrend wirkt, drastisch vereinfacht wird (ähnlich wie das sichere Erlernen einer Regel eine bestimmte Art von Rechtschreibproblem löst), sodass sie sich nun mit der erforderlichen Systematik auch erfolgversprechend bearbeiten lässt. Aufwändig bleibt allerdings die Vermittlung der Strategien selbst. Dass Kinder, trotz einer Lernstörung, selbst anspruchsvolle Strategien in unterschiedlichsten Inhaltsbereichen erwerben können, sodass auch „höhere" geistige Leistungen für sie erreichbar werden, ist eine der wichtigsten Erkenntnisse, welche die Forschung über Lernstörungen im letzten Jahrzehnt zu Tage gefördert hat (s. Kapitel 30).

Das Kernelement der Vermittlung von Lernstrategien bildet die *kognitive Modellierung* des erwünschten Vorgehens. Bei Kindern mit Lernstörungen ist es häufig angebracht, den Übergang von der Fremd- zur Selbstanleitung schrittweise anzubahnen (typischerweise in Form eines Selbstinstruktionstrainings). Außerdem wird die Strategieanwendung durch Gedächtnishilfen (für das Merken und Abrufen der Handlungsschritte) und veranschaulichende Lernmaterialien erleichtert. „Arbeitsblätter", wie sie im Schulunterricht verwendet werden, können dabei unterstützend wirken, ersetzen aber nicht die Anregung reflektierender bzw. metakognitiver Gedanken zur Planung, Überwachung und Korrektur des eigenen strategiegeleiteten Verhaltens. Um ein planvolles und fehlerkorrigierendes Vorgehen („Wie kann ich meine Lösung durch eine Gegenrechnung kontrollieren?" „Wie kann ich meine Zusammenfassung noch kürzer machen?" „Habe ich Zeit und Ort des Geschehens schon anschaulich beschrieben?") zu ermöglichen, sind auch hier Modellverhalten und (angeleitetes) Üben gefragt. Dabei ist es durchaus vorteilhaft, wenn andere Kinder einbezogen werden (z. B. in Projektgruppen, Lerntandems oder Lernkonferenzen), denn gerade für jüngere Schülerinnen und Schüler ist es meist einfacher, eine Vorgehensweise mit anderen zu „besprechen" als sie in aller Stille zu „überdenken".

Zusammenarbeit zwischen Elternhaus und Schule verbessern

Ökologische Entwicklungstheorien machen deutlich, dass der Übergang von einem Mikrosystem in ein anderes immer mit einem gewissen Risiko behaftet ist. Der Wechsel vom Kindergarten in die Schule oder der Übertritt von der Schule in die Arbeitswelt sind Beispiele für solche Übergangsstufen, deren Bewältigung lernschwächeren Schülerinnen und Schülern häufig schwer fällt. Das Risiko ist besonders hoch, wenn die vorherige Umwelt das Kind oder den Jugendlichen nur unzureichend auf die nachfolgende Umwelt vorbereitet hat. Beim Übergang vom Elternhaus in die Schule entstehen Probleme vor allem durch unzureichende Lernvoraussetzungen (etwa mangelndes Sprachverständnis oder Rückstände in Mengen- und Zahlvorstellungen) sowie durch die Unvereinbarkeit sozialer und leistungsbezogener Anforderungen (z. B. Ausdauerverhalten oder Regelung sozialer Konflikte).

Das elterliche Engagement für schulische Belange variiert erfahrungsgemäß sehr stark. Im ungünstigen Fall werden in Elternhaus und Schule Erwartungen und Anforderungen gestellt, die für die Schülerinnen und Schüler isoliert nebeneinander stehen oder sogar Rollen- und Wertkonflikte heraufbeschwören.

Für die Intervention ergeben sich daraus zwei Ansatzpunkte:

(1) *Startbedingungen verbessern, schulischem Versagen entgegenwirken.* Hier geht es darum, die Basis für erfolgreiches Lernen möglichst noch vor oder gleich zu Beginn des Schuleintritts zu legen. Damit Grundschulkinder das Lesen, Schreiben und Rechnen zuverlässig erlernen können, sollten sie Vorläuferfertigkeiten beherrschen, die bereits vor Schuleintritt ausgebildet werden (z. B. Lautbewusstheit oder Vorstellungen über den „Zahlenraum“). Hier kommt es darauf an, Kinder mit (Entwicklungs-)Rückständen möglichst früh zu erkennen und gezielt zu fördern. Die dafür verfügbaren und bewährten Programme sollten in der Schlussphase der Kindergartenzeit (Vorschule) oder spätestens zu Beginn des Schuleintritts zum Einsatz gelangen. Bei Maßnahmen zur Frühprävention, die teils noch sehr viel früher einsetzen (z. B. bei Kindern aus Armutsverhältnissen möglichst bereits mit Beginn des Spracherwerbs) ist eine enge Zusammenarbeit mit den Eltern unabdingbar, denn die entsprechenden Maßnahmen werden in der Familie und gemeindenahen Einrichtungen durchgeführt. Ansatzpunkte zur Förderung liegen nicht nur im kognitiven (z. B. Verbesserung der sprachlichen Voraussetzungen), sondern auch im sozial-emotionalen Bereich (z. B. eine sichere Bindung zwischen Eltern und Kind aufbauen; die Familie bei der Bewältigung psychosozialer Belastungen unterstützen).

Dennoch enden solche „frühen“ Interventionen nicht mit dem Schuleintritt. Vielmehr kann auch die Schule selbst einen Beitrag dazu leisten, dass Risiken für Lernstörungen gemindert und die Gefahr des Schulversagens eingedämmt wird. Dies kann beispielsweise durch einen fachkundig durchgeführten Förderunterricht geschehen oder im günstigsten Fall durch ein schulisches Präventionsprogramm bewerkstelligt werden. Hier geht es darum, risikobehafteten Kindern genau diejenigen Fertigkeiten zu vermitteln, die sie für den erfolgreichen Besuch des Regelunterrichts benötigen (z. B. einen ausreichenden Wortschatz aufbauen, die Beziehung zwischen Phonemen und Graphemen erlernen oder grundlegende Funktionen der Aufmerksamkeit und des Gedächtnisses schulen). Eine weitere wichtige Erkenntnis des vergangenen Jahrzehnts besteht darin, dass solche Maßnahmen nicht nur realisierbar, sondern auch wirksam sind, sofern die Voraussetzungen dafür in Gesetzgebung und Schulorganisation mit wünschenswerter Verbindlichkeit hergestellt werden (Jimerson, Burns & VanDerHeyden, 2007).

(2) *Kooperationen herstellen, Übertragung in den Alltag sichern.* Sind schulische Minderleistungen Ausdruck gravierender Unterschiede zwischen den Lebenswelten „Eltern-

haus“ und „Schule“, so muss die Intervention auf eine engere „Verschaltung“ dieser beiden Mikrosysteme abzielen (und Gleiches gilt für die Vernetzung schulischer und beruflicher Umwelten beim Eintritt in die Arbeitswelt). Hier geht es primär darum, zwischen beiden Systemen ein Verhältnis der positiven Interdependenz herzustellen, d. h. im Wesentlichen: Eltern und Lehrkräfte stimmen ihre erzieherischen Ziele und Handlungen aufeinander ab (ggf. unter Anleitung einer professionellen Beraterin bzw. eines Beraters).

Wie kann die Kooperation zwischen Schule und Elternhaus im Dienste des Kindes gefördert werden? Grundsätzlich bieten sich hierfür zwei Strategien an:

- Die Eltern werden systematisch in den Kontext der Schule eingebunden und an seiner Ausgestaltung beteiligt. Man zieht sie beispielsweise zur Unterstützung des schulischen Lernens heran. Die zugehörigen Maßnahmen können von der Teilhabe an schulischen Entscheidungen (z. B. hinsichtlich des Curriculums, der Lehrmethoden oder der Gestaltung des Förderunterrichts) bis hin zur aktiven Mitwirkung im Schulunterricht reichen (etwa beim Erstlese-Unterricht oder der lebensnahen Ausgestaltung des Sachkunde-Unterrichts, indem dort auf die beruflichen Erfahrungen und Fertigkeiten der Eltern zurückgegriffen wird).
- Die Schule wirkt durch eigene Hilfen in das Elternhaus hinein. Mütter und Väter erhalten beispielsweise systematische Anleitungen, um das Lernen ihrer Kinder zu Hause zu fördern (etwa bei der Betreuung der Hausaufgaben oder bei der Gestaltung häuslicher Leseaktivitäten). Wichtig ist, dass diese Hilfen nicht gleichsam nebenbei vom unterrichtenden Klassenlehrer oder von der Klassenlehrerin erteilt werden, sondern in ein wissenschaftlich begründetes Programm eingebettet sind. Denn sowohl die bisherigen Praxiserfahrungen als auch wissenschaftliche Untersuchungen belegen, dass die „Verhaltenstipps“ von Lehrkräften oftmals allzu unbedarft und vordergründig sind als dass sie wirksam sein könnten. Darüber hinaus darf nicht übersehen werden, dass ungünstige Lernvoraussetzungen auf der Seite des Kindes häufig auch begrenzte Fördermöglichkeiten auf der Seite seiner Eltern widerspiegeln (z. B. geringe Sprachkompetenz). In diesem Fall kann es sinnvoll oder sogar notwendig sein, entsprechende Kompetenzen zunächst an Eltern zu vermitteln (etwa in Form eines Elterntrainings), bevor diese dann als Mediatorinnen bzw. Mediatoren das schulische Lernen ihrer Kinder unterstützen.

Beide Strategien lassen sich auf weitere für die Bewältigung sozial-ökologischer Übergänge (wie z. B. dem Schuleintritt) relevante Mikrosysteme übertragen. Im Rahmen von *Even Start*, einem in mehr als 20 Bundesstaaten der USA öffentlich geförderten Vor- und Grundschulprogramm, werden z. B. Kooperationen zwischen Elternhaus und Schule bereits in Vorklassen angebahnt, bevor dann im Verlauf der Grundschule eine weitere Vertiefung erfolgt (etwa indem Eltern für zwei Jahre täglich für mindestens 15 Minuten im Schulunterricht mitarbeiten; vgl. Robinson, 2012). Kindergarten und Vorschule können somit als Schnittstelle genutzt werden, um Eltern enger in die schulische Entwicklung ihrer Kinder einzubinden, aber auch, um ihnen die dafür erforderlichen Fertigkeiten zu vermitteln (z. B. hinsichtlich des Erwerbs und der Vermittlung von Lesefertigkeiten). Auf diesem Weg lässt sich der „kritische“ Übergang vom Kindergarten in die Schule erleichtern bzw. abflachen. Der Erwerb schulischer Fertigkeiten kann bereits in der „Vorschule“

unter Beteiligung der späteren Lehrerinnen und Lehrer vorbereitet werden. Kinder mit Lernrisiken können dann frühzeitig erkannt und gefördert werden, noch bevor sich ihre ungünstigen Lernvoraussetzungen zu gravierenden Lernstörungen ausgewachsen haben.

Bei alledem bleibt zu beachten, dass Eltern nicht zu Hilfslehrkräften ausgebildet werden sollen. Vermutlich ist noch zu wenig bekannt, dass durch ganz alltägliche gemeinsame Aktivitäten im häuslichen Umfeld die Entwicklung „schulrelevanter" Fertigkeiten manchmal „ganz von allein" oder „quasi nebenbei" gefördert werden kann: Um Zahl- und Mengenvorstellungen auszubilden, sind nicht nur Würfelspiele vorteilhaft; alltagsnahes Rechnen können Kinder auch beim Kochen und Backen mit ihren Eltern erlernen (LeFevre, Skwarchuk, Smith-Chant, Fast & Kamawar, 2009), ohne dass dies das „offizielle Ziel" der gemeinsamen Aktivität sein müsste.

Die Zusammenarbeit mit Eltern und Schule ist auch für gezielte psychologisch-therapeutische Interventionen von zentraler Bedeutung. Eine Intervention wirkt vor allem dann, wenn sie oft, alltagsnah und durch vertraute Bezugspersonen durchgeführt oder zumindest unterstützt wird. Schon deshalb ist die konstruktive Mitarbeit der Eltern, aber auch der Lehrerinnen und Lehrer gefragt. Eltern werden als Mediatoren eingesetzt, die in Absprache tätig werden und die Förderung ihrer Kinder im Alltag übernehmen. Dazu erhalten sie Anleitungen, wie sie beispielsweise das Gedächtnis, die Konzentration und die sprachliche Entwicklung ihrer Kinder fördern (Topping, 1986) sowie deren Erfolge motivierend unterstützen und bekräftigen können (Wahler, 2004). Auf diesem Weg werden notwendige Lernvoraussetzungen aufgebaut, die dem Auftreten von Lernstörungen entgegenwirken (ebenso wie Rückfällen nach einer bereits erfolgten Intervention). Ansonsten besteht die Gefahr, dass die gewünschten Effekte auf die therapeutische Situation begrenzt bleiben („In der Therapie macht das Kind zwar gut mit, nur am Unterricht beteiligt es sich leider nach wie vor nicht"), weil die zugehörigen Maßnahmen unzureichend verschränkt und daher auch nicht auf die häusliche und schulische Lernumwelt übertragen werden. Schon deshalb ist es wichtig, Eltern und Lehrkräfte in lerntherapeutische Vereinbarungen einzubeziehen (z. B. hinsichtlich der Festlegung der Regeln, nach denen Lernaktivitäten in Schule und Elternhaus zu bekräftigen sind). Erst die Verzahnung der Maßnahmen zwischen allen relevanten Bezugspersonen ermöglicht es, der Entwicklung und Verfestigung von Lernstörungen wirksam und nachhaltig zu begegnen.

8.4 Literatur

Grundlegende Literatur

Chen, H.-T. (2005). *Practical program evaluation: Assessing and improving planning, implementation, and effectiveness*. Thousand Oaks, CA: Sage.

Hattie, J. (2009). *Visible learning: A synthesis of over 800 meta-analyses relating to achievement*. New York: Routledge.

Jimerson, S. R., Burns, M. K. & VanDerHeyden, A. M. (Eds.). (2007). *Response to intervention: The science and practice of assessment and intervention*. New York: Springer. doi: 10.1007/978-0-387-49053-3

Weiterführende Literatur

Coltheart, M. (2005). Modeling reading: The dual-route approach. In M. J. Snowling & C. Hulme (Eds.), *The science of reading: A handbook* (pp. 6–23). Oxford: Blackwell.

Goldman, S. R., Mertz, D. L. & Pellegrino, J. W. (1989). Individual differences in extended practice functions and solution strategy for basic addition facts. *Journal of Educational Psychology, 81,* 481–496. doi: 10.1037/0022-0663.81.4.481

LeFevre, J.-A., Skwarchuk, S.-L., Smith-Chant, B. L., Fast, L., Kamawar, D. & Bisanz, J. (2009). Home numeracy experiences and children's math performance in the early school years. *Canadian Journal of Behavioral Sciences, 42,* 55–66. doi: 10.1037/a0014532

Robinson, P. A. (2012). Literacy engagement and parental development through Even Start family literacy participation. *Journal of Research and Practice for Adult Literacy, Secondary, and Basic Education, 1,* 19–29.

Topping, K. J. (1986). *Parents as educators: Training parents to teach their children.* Cambridge, MA: Brookline Books.

Wahler, R. G. (2004). Direct and indirect reinforcement processes in parent training. *Journal of Early and Intensive Behavior Intervention, 1,* 120–128

Weber, J.-M., Marx, P. & Schneider, W. (2002). Profitieren Legastheniker und allgemein lese-rechtschreibschwache Kinder in unterschiedlichem Ausmaß von einem Rechtschreibtraining? *Psychologie in Erziehung und Unterricht, 49,* 56–70.

Wilbert, J. (2010). *Förderung der Motivation bei Lernstörungen.* Stuttgart: Kohlhammer.

Material

Kanfer, F. H. & Saslow, G. (1965). Behavioral analysis: An alternative to diagnostic classification. *Archives of General Psychiatry, 12,* 529–538. doi: 10.1001/archpsyc.1965.01720360001001

Kaufman, A. S. & Kaufman, N. L. (2009). *Kaufman Assessment Battery for Children (K-ABC)* (dt. Bearbeitung von P. Melchers & U. Preuß; 8. Aufl.). Frankfurt: Pearson.

Petermann, F. & Petermann, U. (Hrsg.). (2011). *Wechsler Intelligence Scale for Children – Fourth Edition (WISC-IV).* Frankfurt: Pearson.

9. Evaluation von Interventionen durch Einzelfallstudien

Joachim C. Brunstein & Henri Julius

Fallbeispiel

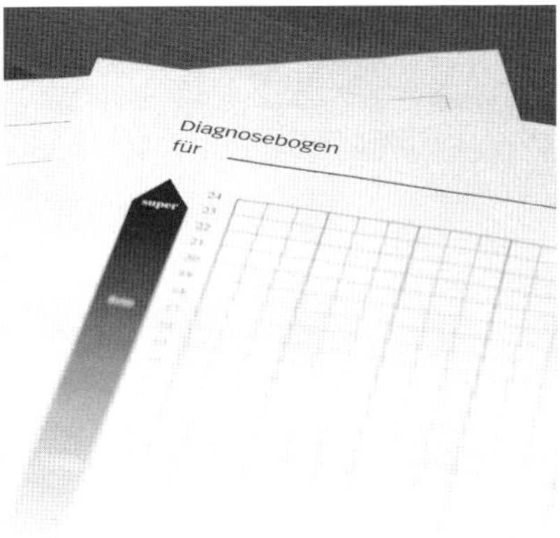

Michael, Anja und Felix besuchen jeweils die 2. Klasse einer Grundschule. Sie gehen jedoch in verschiedene Klassen. Ihren Klassenlehrerinnen fallen sie schon seit längerer Zeit durch schwache Rechtschreibleistungen auf. Die drei Kinder sollen ihre Rückstände nun in Förderstunden aufholen. Die dort tätige Förderlehrerin setzt zur Verbesserung der Rechtschreibung ein einfaches Verfahren ein (s. dazu auch Kapitel 13): Zuerst diktiert sie ein Wort. Danach soll das Kind das diktierte Wort laut nachsprechen. Anschließend soll das Kind das gehörte Wort in seine Laute zerlegen und diese „Laut für Laut“ aussprechen. Und erst danach wird das Wort vom Kind niedergeschrieben. Wenn es dabei einen Fehler macht, wird dieser von der Förderlehrerin sofort korrigiert, indem sie das Kind auffordert, die genannte Methode unter Berücksichtigung des jeweiligen Fehlers nochmals bei dem gleichen Wort anzuwenden.

Die Förderlehrerin möchte überprüfen, ob dieses Verfahren das lautgetreue Rechtschreiben tatsächlich verbessern wird. Dafür plant sie einen Zeitraum von vier Wochen ein. An vier Tagen jeder Schulwoche wird jedem Kind eine Liste von 12 Testwörtern diktiert, die *nicht* eingeübt wurden, sondern ausschließlich dazu dienen, den Erfolg der Förderung zu ermitteln. Per Los wird bestimmt, wann bei jedem Kind die Förderung beginnt: Bei Michael ist dies die 2., bei Anja die 3. und bei Felix die 4. Woche. Sobald die Förderung beginnt, wird sie an vier Tagen der Schulwoche durchgeführt. Wenn ein Kind die neue Methode kennenlernt, soll es diese auch bei den Testwörtern anwenden, indem es die Wörter „innerlich“ nachspricht.

Nach Abschluss des vierwöchigen Zeitraums überprüft die Förderlehrerin den Erfolg dieses Vorgehens. Dazu trägt sie für Michael, Anja und Felix die Anzahl der richtig geschriebenen Testwörter in ein Diagramm ein, das die Ergebnisse veranschaulicht. Als Programm verwendet sie dafür Microsoft Excel (für eine praktische Anleitung zur Verwendung dieses Programms bei der Auswertung von Einzelfallstudien s. Riley-Tillman & Burns, 2009). Nachdem sie die Ergebnisse „visuell inspiziert“ hat, stellt sie fest, dass jedes der drei Kinder am Ende des jeweiligen Förderzeitraums mehr

Wörter richtig geschrieben hat als dies vor der Förderung der Fall war. Außerdem errechnet sie, dass die Kinder im Durchschnitt bei knapp ⅔ der Testungen in der Förderphase eine Rechtschreibleistung erreichten, die über dem Niveau ihrer *besten* Leistung vor Beginn der Förderung lag.

Das Vorgehen der Förderlehrerin wird in diesem Kapitel noch genauer erläutert werden. Im Abschnitt 9.4 werden die Ergebnisse der drei Kinder ausführlich dargestellt. Dabei wird auch erläutert werden, wie der Erfolg der Förderung noch exakter bestimmt werden kann. Zum besseren Verständnis ist es aber sinnvoll, zunächst das grundlegende Vorgehen in Einzelfallstudien nachzuvollziehen.

9.1 Einführung

Aus rechtlichen wie aus ethischen Gründen sind Interventionen, insbesondere wenn sie bei Kindern durchgeführt werden, auf ihre Wirksamkeit hin zu überprüfen. Einerseits gilt es herauszufinden, ob sich eine Schülerin oder ein Schüler nachvollziehbar verbessert hat; anderseits möchte man prüfen, ob eine Fördermethode tatsächlich wirksam ist und auch in der Anwendung auf konkrete Einzelfälle funktioniert. Groß angelegte Gruppenuntersuchungen bieten dafür zwar eine grundlegende Orientierung. Die dort ermittelten Effektstärken (s. dazu Kapitel 30) lassen sich aber nicht im Verhältnis 1 : 1 auf einen konkreten Einzelfall übertragen, also etwa auf ein bestimmtes Kind, das in einem bestimmten Kontext von einer bestimmten Person gefördert wird. Vielmehr muss im Einzelfall – d. h. bei einem oder auch mehreren Kindern, die eine bestimmte Förderung erhalten – stets eine interventionsbegleitende Erfolgskontrolle durchgeführt werden.

Üblicherweise greift man dafür auf kontrollierte Einzelfallexperimente zurück, denn sie ermitteln sowohl die Wirkung im Einzelfall als auch – bei hinreichender methodischer Kontrolle und mehrfacher praktischer Anwendung – die übergreifende Wirkung der gewählten Methode (für einen Überblick, s. Kazdin, 2011). Dabei wird geprüft, wie das *Einsetzen* oder *Absetzen* einer Intervention (oder Abänderungen der Intervention) das infrage stehende Zielverhalten, also entweder ein erwünschtes Verhalten, das erhöht werden soll, oder ein unerwünschtes Verhalten, das reduziert werden soll, verändert. Beispielsweise soll bestimmt werden, ob:

- ein Lesetraining die Leseflüssigkeit verbessert;
- eine Rechtschreibförderung die Fehlerzahl in Diktaten reduziert;
- ein Verstärkerprogramm die Häufigkeit des Meldens im Unterricht erhöht.

Bei diesen drei Beispielen stellen die Lesegeschwindigkeit, die Fehlerzahl und die Meldehäufigkeit die *abhängigen Variablen* dar; denn es soll ja überprüft werden, ob sich diese Merkmale in Abhängigkeit von der jeweils eingesetzten Intervention in der erwünschten Richtung verändern oder nicht. Das Interventionsverfahren stellt hingegen die *unabhängige Variable* dar, weil es systematisch variiert werden kann. Es liegt also in der Hand des Untersuchers bzw. der Untersucherin, „wann" (z. B. ab welchem Zeitpunkt) und „wie" (z. B. in welcher Form und mit welcher Intensität) die Methode ausgeführt wird. Die einfachste Möglichkeit, eine unabhängige Variable zu verändern, besteht darin, sie zu einem vorab bestimmten Zeitpunkt einzuführen und das infrage stehende Zielverhalten sowohl vor dem Einsatzzeitpunkt als auch danach mehrmals zu beobachten. Verändert sich nun die abhängige Variable, so kann dies als ein erster Anhaltspunkt gewertet werden, dass das eingesetzte Verfahren zumindest im vorliegenden Fall wirksam war.

Dieser Schluss ist aber nur dann angebracht, wenn zugleich ausgeschlossen werden kann, dass andere Gründe für die beobachtete Veränderung der abhängigen Variable verantwortlich sind. Dies ist anzuzweifeln, wenn die Intervention mit anderen Ereignissen zusammenfällt, welche die Änderung der abhängigen Variablen ebenso ausgelöst haben könnten. Dies ist beispielweise der Fall, wenn:

- das Lesetraining mit der Versetzung in eine andere Klasse einhergeht;
- die Rechtschreibförderung mit dem Beginn einer Ritalin-Behandlung zusammenfällt;
- mit der Aufnahme des Verstärkerprogramms eine zusätzliche Förderlehrerin in die Klasse kommt.

In jedem dieser Fälle besteht die Gefahr, dass die Ergebnisse durch eine *konfundierende Variable* (hier: Klassenwechsel, medikamentöse Behandlung, die Person der Förderlehrerin) verzerrt worden sind. Nicht die eigentliche Intervention, sondern die begleitenden Umstände hätten dann die Verbesserung im Lesen, Rechtschreiben und Melden bewirkt. Da Menschen dazu neigen, positive Ereignisse auf das eigene Tun zurückzuführen (z. B. den beobachteten Lernerfolg eines Kindes auf den Einsatz einer bevorzugten Fördermethode), ist es erforderlich, solche Störvariablen zu kontrollieren, um der Gefahr von Fehlinterpretationen und Selbsttäuschungen zu entgehen. Dafür gibt es zwei Ansatzpunkte:

- Die *abhängige Variable* (Zielverhalten) wird möglichst oft *vor* und *nach* dem Einsetzen der Intervention erfasst. Wiederholte Beobachtungen sichern nicht nur die Befunde ab (wenn sich ein Kind an 15 aufeinanderfolgenden Tagen im Unterricht häufiger als früher meldet, so ist dieses Ergebnis als zuverlässiger zu werten als wenn die Verbesserung nur an zwei Tagen beobachtet wird); sie dämmen auch die Gefahr von Zufallseffekten ein (an einem bestimmten Tag war das Kind vielleicht schlecht gestimmt, weil ihm sein Geburtstaggeschenk missfiel, und so hat es sich an diesem Tag im Unterricht gar nicht gemeldet). Erst aus dem Verlauf von Daten, die über viele Zeitpunkte und in verschiedenen Untersuchungsphasen gesammelt werden, lassen sich zuverlässige Rückschlüsse über die Wirkung einer Intervention ziehen. Zudem entspricht dieses Vorgehen der Vorstellung, dass Interventionen meist nicht sofort, sondern erst über einen längeren Zeitraum wirken und Fortschritte im Zielverhalten nur schrittweise erreicht werden.
- Die *unabhängige Variable* wird mehrfach und möglichst vielfältig abgeändert. Beispielsweise wird die Intervention nach einer gewissen Zeit wieder abgesetzt, später dann aber erneut eingeführt. Dabei wird fortlaufend beobachtet, ob sich das Zielverhalten mit dem Ein- und Absetzen jeweils mitverändert (z. B.: Nehmen die Unterrichtsstörungen wieder zu, nachdem das Verstärkerprogramm ausgesetzt worden ist? Gehen sie erneut zurück, wenn das Programm abermals eingeführt wird?). Oder die Methode wird bei mehr als nur einem „Einzelfall", also bei mehreren Kindern angewandt, wobei der genaue Zeitpunkt, zu dem die Intervention einsetzt, systematisch

variiert wird. Mit diesem Vorgehen, das auch von der Förderlehrerin im eingangs beschriebenen Fallbeispiel umgesetzt wurde, lassen sich Störvariablen, wie z. B. Klassenwechsel, Schulfeste oder Bundesjugendspiele, sichtbar machen und dadurch auch besser kontrollieren.

9.2 Versuchspläne

Grundrate

Um die Wirkung einer Intervention zuverlässig nachweisen zu können, werden in der Einzelfall-Forschung Versuchspläne eingesetzt. Fast alle beginnen mit einer *A-Phase*, in der die Grundrate des Zielverhaltens bestimmt wird. In dieser Phase wird der Ausgangszustand der abhängigen Variable wiederholt beobachtet, ohne dass dabei irgendeine Intervention erfolgt. Die Ergebnisse, wie z. B. die Häufigkeit eines bestimmten Verhaltens oder die Anzahl korrekter Lösungen bei schulischen Aufgaben, werden grafisch dargestellt. Abbildung 1 zeigt dies am Beispiel eines Kindes, dessen Unterrichtsbeteiligung (freiwilliges Melden) an fünf Tagen beobachtet worden ist.

Aus dem Verlauf der Grundrate lässt sich abschätzen, wie es ohne Intervention weitergehen wird (dargestellt als schraffierter Balken in Abbildung 1). Die Frage ist nun, ob die Intervention diese Tendenz unterbricht und einen anderen bzw. positiveren Verlauf herbeiführt. Die Grundrate wird also als Standard verwendet, an dem die Wirksamkeit einer nachfolgenden Intervention gemessen wird. Voraussetzung dafür ist allerdings,

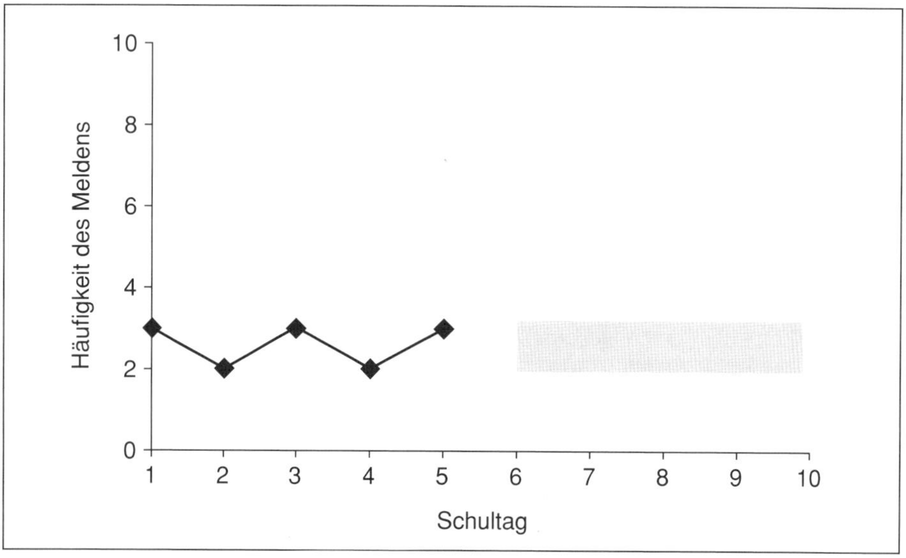

Abbildung 1: Grundrate des Zielverhaltens. Auf der x-Achse werden die Messzeitpunkte, auf der y-Achse die Verhaltenshäufigkeiten abgetragen. Der graue Querbalken zeigt die erwartete Häufigkeit des Meldens an, sofern keine Intervention erfolgt.

dass die Grundrate „prädiktiv" ist: Sie muss eine zuverlässige Schätzung des Ausgangszustandes liefern *und* auf dieser Grundlage eine Vorhersage des weiteren Verlaufs ermöglichen. Abbildung 1 zeigt einen geradezu idealen Verlauf der in einer Grundrate gewonnenen Daten: Die Häufigkeit des Meldens verändert sich kaum, was eine gesicherte Prognose über den weiteren Verlauf ermöglicht.

Basale Versuchspläne

Der einfachste Versuchsplan arbeitet mit zwei Phasen: Auf die Grundrate (A-Phase) folgt eine Intervention (B-Phase). Abbildung 2 verdeutlicht dies am Beispiel eines PC-gestützten Rechentrainings. Damit übt Selina (8 Jahre, 2. Klasse Grundschule) jeden Tag eine Viertelstunde lang Additionsaufgaben, zu denen sie vom Programm sofort Rückmeldungen erhält („Gut gemacht!", „Probiere es noch, mal" usw.). Gezeigt wird die Anzahl der richtigen Lösungen.

Obwohl sich Selina während der Intervention deutlich steigert und von Tag zu Tag besser wird, kann dieses an sich erfreuliche Ergebnis nicht mit hinreichender Sicherheit auf das Lernen mit dem PC-Programm zurückgeführt werden. Denn ein A-B-Plan kann nie ganz ausschließen, dass die beobachtete Veränderung teilweise oder sogar ganz durch konfundierende Variablen hervorgebracht worden ist. Vielleicht erhielt Selina zeitgleich auch noch Nachhilfeunterricht oder ihre Eltern übten mit ihr mehr als früher.

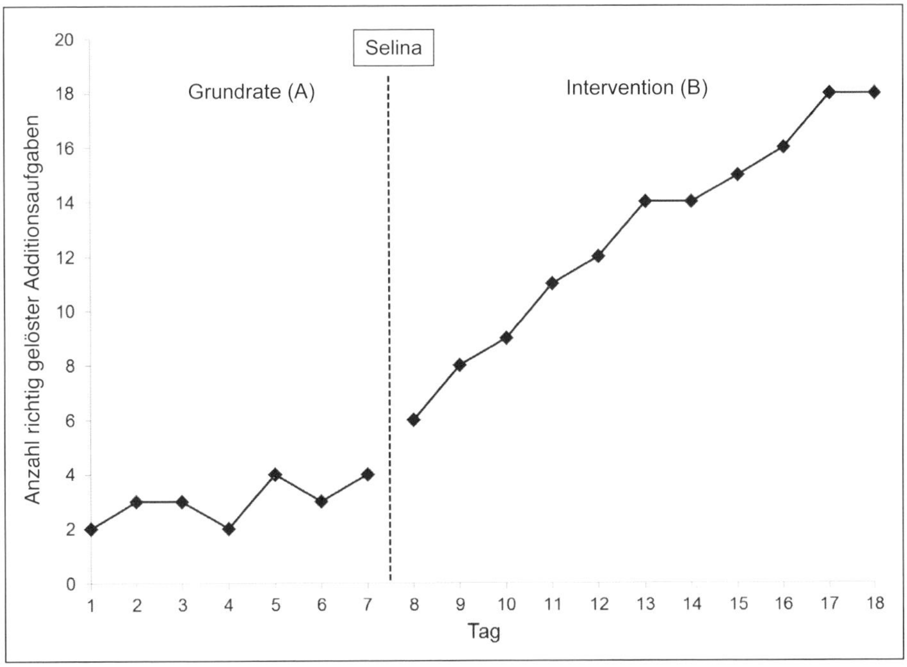

Abbildung 2: Ein Beispiel für den Aufbau eines A-B-Versuchsplans

Umkehrpläne

Bei Umkehrplänen wird eine bestimmte Intervention mehrfach ausgesetzt und wieder aufgenommen. Abbildung 3 zeigt, wie häufig sich Marc (9 Jahre, 3. Klasse einer Grundschule), in den täglich stattfindenden Deutschstunden gemeldet hat. In den B-Phasen belohnte die Deutschlehrerin Marcs Engagement mit Münzverstärkern, die Marc bei seinen Eltern gegen kleinere Belohnungen eintauschen konnte (s. dazu Kapitel 35). In den A-Phasen setzte sie die Verstärkung aus (Marc erhielt hier keinen Münzverstärker, auch wenn er sich gemeldet hatte). Wenn die Unterrichtsmeldungen bei der Vergabe von Münzverstärkern ansteigen *und* bei ihrem Aussetzen wieder absinken, so wie dies in Abbildung 3 gezeigt wird, so kann die Wirksamkeit der Intervention unmittelbar und sogar mehrfach belegt werden. Dies erhöht die *interne Validität* des Einzelfallexperiments: Denn die Sicherheit, mit der Änderungen in der abhängigen Variablen (Melden) auf Änderungen in der unabhängigen Variablen (Einsetzen versus Absetzen des Münzverstärkersystems) zurückgeführt werden können, nimmt zu, wenn bei mehreren Wechseln von „A nach B“ stets die gleiche Verhaltensänderung zu beobachten ist.

Unter den Interventionen, die auf die Behandlung von Lernstörungen abzielen, lassen sich nur wenige durch einen Umkehrplan evaluieren. Denn für viele dieser Interventionen gilt, dass die Effekte auf den Erwerb von Wissen und Fertigkeiten abzielen, sodass das einmal Erlernte nicht gleich wieder vergessen oder verlernt werden wird. In solchen Fällen kehrt die Häufigkeit des Zielverhaltens nach Ausblenden der Intervention nicht zum Ausgangsniveau zurück, sodass sich die Wirksamkeit der Intervention durch einen Umkehrplan nicht belegen lässt. Auch aus ethischen Gründen kann es in bestimmten Fällen fragwürdig sein, wenn man eine Intervention wieder zurücknimmt, die sich bereits als wirksam erwiesen hat (wenn z. B. ein gefahrenreiches Verhalten zurückkehrt, das durch die Intervention reduziert worden ist).

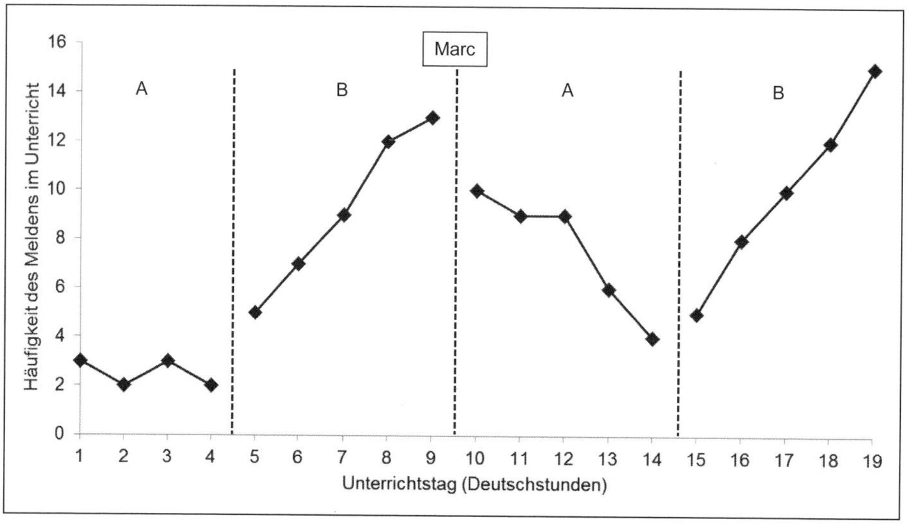

Abbildung 3: Ein Beispiel für die Erweiterung zu einem A-B-A-B-Versuchsplan

Multiple Grundratenversuchspläne

Solche Probleme können durch Versuchspläne mit multiplen Grundraten überwunden werden. Abbildung 4 zeigt zunächst ein Beispiel. Dargestellt werden die Daten aus der Förderung von Lisa (10 Jahre), die in der 4. Klasse mit gravierenden Schwierigkeiten in der Rechtschreibung zu kämpfen hatte. Lisa beherrschte zwar die lautgetreue Rechtschreibung recht sicher. Bei der Anwendung von Rechtschreibregeln, wie der Mitlautverdopplung, der Verwendung des Dehnungs-h und der Verschriftlichung des lang gesprochenen *i*, tat sie sich jedoch ausgesprochen schwer und machte sehr viele Fehler (s. dazu Kapitel 13). Mithilfe der Methode der direkten Instruktion (s. Kapitel 34) wurde bei Lisa das erforderliche Regelwissen systematisch aufgebaut und mit Beispielwörtern eingeübt. Die Regelbeherrschung wurde nach jeder (Förder-)Stunde anhand untrainierter Wörter geprüft. Die Erhebungen zu den Rechtschreibfertigkeiten begannen für alle drei Regeln zum gleichen Zeitpunkt. Variiert wurde aber die Länge der Grundrate bzw. die Dauer der A-Phase, in der keine spezielle Förderung in der Anwendung der jeweiligen Regel stattfand.

Im Prinzip ist ein multipler Grundratenversuchsplan nichts anderes als eine zeitlich versetzte Aneinanderreihung von mehreren A-B-Plänen. Die einzelnen Pläne unterscheiden sich in der Länge ihrer Grundraten- und Behandlungsphasen. Wird eine Intervention mittels eines solchen Versuchsplans auf ihre Effektivität hin überprüft, können kausale Zusammenhänge zwischen Verhaltensänderung und Intervention nur dann angenommen werden, wenn sich die Veränderung in allen B-Phasen zeigt, während sie bei den noch nicht behandelten Grunderhebungen ausbleibt. In Abbildung 4 ist dieser kritische Bereich schraffiert eingezeichnet.

Multiple Grundratenversuchspläne können in drei Varianten durchgeführt werden. Sie überprüfen die Wirksamkeit einer Intervention anhand (a) mehrerer *Verhaltensweisen*, (b) unterschiedlicher *Situationen* und/oder (c) verschiedener *Personen*.

(1) *Multipler Grundratenversuchsplan über Verhaltensweisen*. Hier gibt es bei dem gleichen Kind verschiedene Verhaltensaspekte, auf die eine bestimmte Intervention einwirken soll. Bei Lisa betrafen diese Aspekte unterschiedliche Regeln der Rechtschreibung. Um die Effektivität der Intervention nachzuweisen, sollte gezeigt werden, dass die eingesetzte Methode auf jeden Verhaltensaspekt *spezifisch* wirkt, d. h. dass die gewünschte Wirkung bei jedem Aspekt erst dann eintritt, wenn mit der Förderung begonnen wird. Bei Lisa war dies offenbar der Fall: Mit dem Einsetzen der Intervention bei Regel 1 verbesserte sie sich zunehmend in der richtigen Schreibung der zugehörigen Testwörter, ohne dass sie sich zugleich auch bei solchen Wörtern verbesserte, die nach einer anderen, noch untrainierten Regel aufgebaut waren. Bei den Wörtern zu den Regeln 2 und 3 setzte die Verbesserung erst ein, nachdem die betreffende Regel mit der gleichen Methode vermittelt und eingeübt worden war. Der Nachweis einer solchen spezifischen Wirkung wird erschwert, wenn mehrere Verhaltensaspekte so eng miteinander verknüpft sind, dass Verbesserungen in einem Aspekt automatisch auch Verbesserungen in einem anderen Aspekt nach sich ziehen. Die ausgewählten Aspekte sollten daher einer jeweils gesonderten Förderung bedürfen.

(2) *Multipler Grundratenversuchsplan über Situationen*. Hier gibt es verschiedene Situationen, in denen sich ein positives Verhalten zeigen soll; beispielsweise die Mitarbeit in

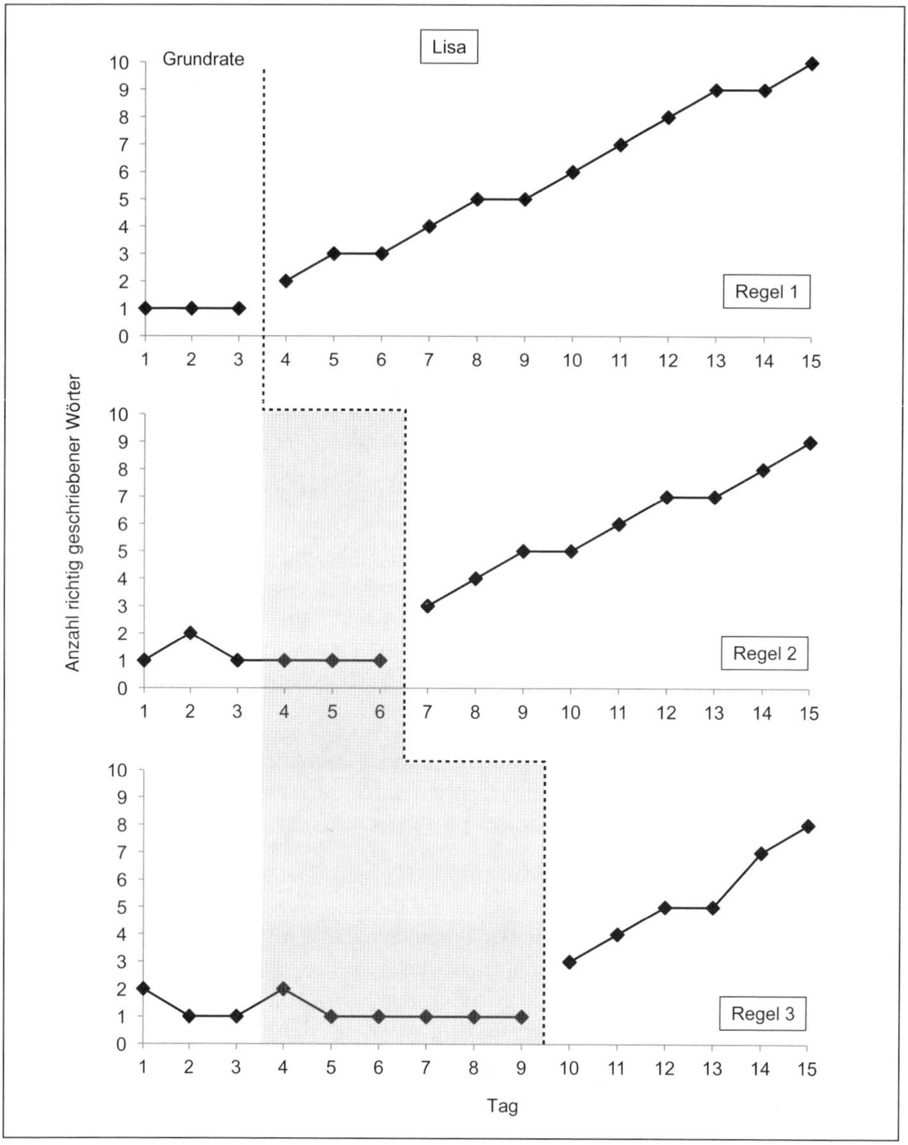

Abbildung 4: Ein Beispiel für den Aufbau eines multiplen Grundratenversuchsplans über Verhalten (hier: Erlernen unterschiedlicher Rechtschreibregeln mit einer Methode der direkten Instruktion)

Deutsch, in Sachkunde und in Mathematik. Eine mögliche Fragestellung wäre dementsprechend: Fördert ein Attributionstraining (s. Kapitel 40) die Mitarbeit in allen drei Unterrichtsfächern oder ist eine spezifische Intervention in jedem einzelnen Unterrichtsfach vonnöten? Auf den ersten Blick erscheinen generalisierende Effekte wünschenswert: Eine Verbesserung der Mitarbeit in Deutsch zieht „irgendwie" auch mehr Mitarbeit in Sachkunde und Mathematik nach sich. Tatsächlich wird durch solche mutmaßlichen Transfereffekte die Interpretation der Untersuchungsergebnisse erschwert.

Wenn zeitgleich Änderungen in vielen Situationen eintreten, könnte sehr leicht eine unberücksichtigte Störvariable dafür verantwortlich sein.

(3) *Multipler Grundratenversuchsplan über Personen.* Hier werden die Auswirkungen einer Behandlung bei mehreren Personen untersucht (s. dazu das Fallbeispiel am Beginn des Kapitels). Die Intervention wird mit einer Person gestartet, während die anderen noch unbehandelt bleiben, aber bereits beobachtet werden. Eine dafür typische Fragestellung wäre: Wirkt die Intervention zuverlässig bei allen beobachteten Personen? Die Verbesserung sollte erst dann eintreten, wenn die entsprechende Person mit der Behandlung an der Reihe ist. Am Ende sollte sie aber bei allen Personen Positives bewirkt haben. Ein Vorteil dieses Versuchsplans besteht darin, dass mehrere Personen zumeist unabhängiger voneinander sind als Verhaltensaspekte und Situationen, auf die sich eine Intervention bei derselben Person bezieht. Für multiple Grundratenpläne über Personen gilt jedoch die Voraussetzung, dass die einbezogenen Personen in allen untersuchungsrelevanten Merkmalen (Alter, Biografie, Lernfähigkeit, Vorkenntnisse usw.) weitestgehend miteinander übereinstimmen müssen. Aus diesem Grund werden in Einzelfallstudien umfangreiche Daten zu Personenmerkmalen berichtet.

Kriterien-Veränderungs-Design

Weil viele Behandlungsziele, wie z. B. der Aufbau regelkonformen Verhaltens oder die Förderung der Unterrichtsbeteiligung, nur in aufeinander folgenden Teilschritten erreicht werden können, sind sogenannte Kriterien-Veränderungs-Designs in der Praxis sehr gebräuchlich. Mit ihrer Hilfe versucht man nachzuweisen, dass eine Intervention ganz allmählich zu einer Annäherung an das angestrebte Zielkriterium führt. Dafür wird die Interventionsphase (B) in Teilabschnitte (B1, B2 usw.) untergliedert, wobei die Interventionsmethode beibehalten, der Standard, an dem das Verhalten gemessen wird, aber von Abschnitt zu Abschnitt erhöht wird, bis er dem letztlich anvisierten Kriterium entspricht. Die Intervention erweist sich als schlüssig und wirksam, wenn sich das beobachtete Verhalten diesem Kriterium immer weiter annähert.

Abbildung 5 zeigt, wie viele Minuten Frank (12 Jahre, 6. Klasse Realschule) für die Anfertigung seiner täglichen Hausaufgaben verwendet. Die Intervention zielt darauf ab, die Arbeitszeit schrittweise zu erhöhen. Dies wird durch einen Verhaltensvertrag (s. Kapitel 39) versucht, in dem genau festgelegt wird, bei welchem Zeiteinsatz Frank eine Belohnung von seinen Eltern erhält. Allerdings wird die Messlatte immer höher gelegt. Zu Beginn (B1) erhält Frank schon dann eine Belohnung, wenn er wenigstens 15 Minuten für die Hausaufgaben verwendet. Das ist zwar viel zu wenig, aber schon deutlich mehr Zeit als während der Grundrate (A). In der nächsten Phase (B2) muss Frank dann schon 25 Minuten einsetzen und später bzw. am Ende des Programms (B5) müssen es sogar 75 Minuten sein, bevor er eine Belohnung erhält. Abbildung 5 verdeutlicht, dass sich Frank auf diese Weise ganz allmählich dem Zielkriterium (B5) nähert, das in den vorangehenden Phasenabschnitten (B1 bis B4) schrittweise angesteuert worden ist. Dies in einem einzigen Schritt „erzwingen" zu wollen, hätte Frank vermutlich überfordert und die Intervention scheitern lassen.

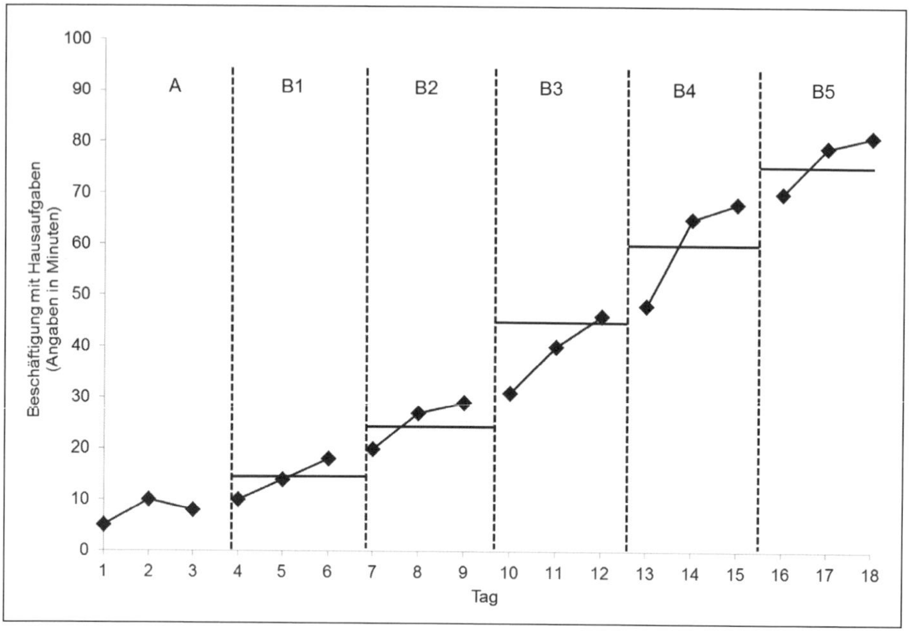

Abbildung 5: Ein Beispiel für den Aufbau eines Kriterien-Veränderungs-Versuchsplans (nach Julius, Schlosser & Goetze, 2000). Die waagrechten Linien stehen für das abschnittsweise Kriterium. Die Belohnung wird erst ab Erreichen des jeweiligen Kriteriums erteilt.

Versuchspläne für alternierende Behandlungen

Die bisher vorgestellten Versuchspläne überprüfen die Wirksamkeit einer *einzelnen* Maßnahme. In der Praxis gibt es aber häufig mehrere vergleichbare oder miteinander konkurrierende Behandlungsmöglichkeiten, so dass sich die Frage stellt: Welche Maßnahme ist die wirksamere und welche eignet sich am besten für ein bestimmtes Kind? Um dies herauszufinden, werden mindestens zwei Interventionen abwechselnd bzw. „alternierend" durchgeführt. Ein Beispiel für einen solchen Versuchsplan wird in Kasten 1 und in Abbildung 6 beschrieben.

Kasten 1: Beispiel für einen Versuchsplan mit alternierenden Behandlungen

Der Klassenlehrer einer dritten Grundschulklasse hat bei Sven „soziale Interaktionsstörungen" in Form aggressiv-impulsiven Verhaltens beobachtet. Sven hat es nicht gelernt, Provokationen aus dem Wege zu gehen oder angemessen darauf zu reagieren. Die Daten der Grundrate, die vier Tage lang während der Hofpausen durch Verhaltensbeobachtungen erhoben wurden, zeigen, in welchem Ausmaß Sven mit provozierenden Situationen in sozial akzeptabler Weise umgehen kann. Abbildung 6 verdeutlicht, dass seine Erfolgsrate (Prozentsatz angemessener Reaktionen) auf niedrigstem Niveau zwischen 0 % und 10 % schwankt.

Die Grundratenerhebung bestätigt, dass Svens Verhalten veränderungsbedürftig ist. Aus der Literatur (s. Petermann, Koglin, Natzke & von Marées, 2013) und aus „praktischen Erfahrungen" ist bekannt, dass eine soziale Fertigkeit wie „sich nicht provozieren lassen" auf unterschiedliche Weise aufgebaut werden kann. Zum Beispiel könnte Sven vermittelt werden, sich physisch dem Ort des problematischen Geschehens so früh wie möglich zu entziehen; nennen wir diese Intervention hier einmal Behandlung X. Sven könnte aber auch dazu angehalten werden, einen inneren Dialog mit sich zu führen, der selbstberuhigende Verbalisierungen zum Inhalt hat; dieses Methode sei hier Behandlung Y genannt. Die zur Entscheidung anstehende Frage lautet dann: Welche der beiden Behandlungen erzielt bei Sven die besseren Ergebnisse?

Die Intervention läuft so ab, dass Sven zunächst nahe gebracht wird, wie er Problemsituationen mithilfe der beiden Behandlungsstrategien X und Y bewältigen kann. Anschließend wird er angewiesen, Intervention X bzw. Intervention Y zu vorher festgesetzten Tagen jeweils am Vor- und am Nachmittag anzuwenden. Welche Strategie Sven vormittags und welche er nachmittags erprobt, wird für jeden Tag per Münzwurf bestimmt. So wird vermieden, dass die Tageszeit als konfundierende Variable den relativen Erfolg der beiden Behandlungsmethoden beeinflussen kann.

Abbildung 6 zeigt, zu wie viel Prozent Sven nunmehr auf provozierende Situationen sozial angemessen reagiert hat. Seine Daten dokumentieren, dass Intervention Y (Selbstberuhigung) Intervention X (Vermeidung) deutlich überlegen ist. Für Intervention X wird im Mittel eine Erfolgsrate von lediglich 30 % registriert. Intervention Y steigert die Erfolgsrate hingegen unmittelbar auf 40 % und erhöht sie weiter bis auf 100 % am Ende der Beobachtung. Für Sven ist Intervention Y somit wirksamer als Intervention X. Ob dies bei einem anderen Kind genauso oder anders wäre, müsste dann neuerdings geprüft werden.

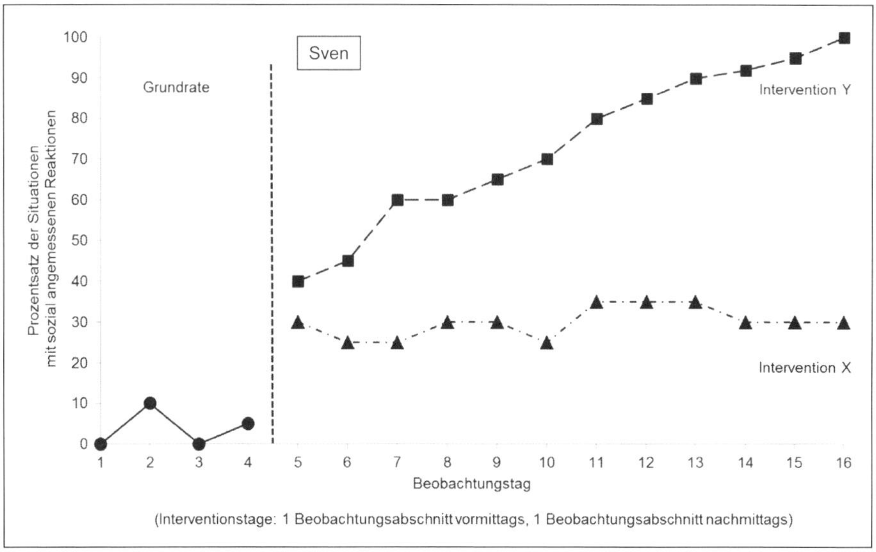

Abbildung 6: Beispiel für den Aufbau eines Versuchsplans mit alternierenden Interventionen

Bei alternierenden Behandlungen ist es wichtig, dass die miteinander zu vergleichenden Methoden in ständiger Abwechslung eingesetzt werden können. Ist diese Voraussetzung erfüllt, sind solche Versuchspläne für die Praxis sehr nützlich. Denn oftmals ist nicht von vornherein klar, welches Verfahren bei welchem Kind die besten Ergebnisse erbringt. Dann ist es angebracht, unterschiedliche Vorgehensweisen zunächst in einer Erprobungsphase miteinander zu vergleichen. Für die „dauerhafte“ Therapie wird diejenige Variante ausgewählt, die sich bei dem betreffenden Kind gegenüber anderen Varianten als vielversprechender erwiesen hat. Je nach Kind können sich also unterschiedliche Behandlungen als besonders wirksam erweisen. Ein weiterer praktischer Vorteil solcher Versuchspläne besteht darin, dass eine vorgeschaltete Grundratenerhebung nicht *zwingend* erforderlich ist, das Kind also nicht unbedingt zuerst die Warteschleife einer A-Phase durchlaufen muss, bevor die eigentliche Behandlung beginnt (man denke hier an ein Kind mit antisozialem Verhalten). Allerdings sollten dann in die Interventionsphase auch solche Sitzungen eingestreut werden, in denen keine Behandlung erfolgt. Mitunter kann es schwierig sein, mehrere Interventionen innerhalb einer einzigen Sitzung oder am gleichen Tag gemeinsam durchzuführen. In solchen Fällen werden die Interventionen auf mehrere Sitzungen verteilt. Ihre Abfolge wird durch Zufall bestimmt, was viele Fehlerquellen ausschließt. Sollen z. B. zwei Interventionen miteinander vergleichen werden, so könnte für je zwei aufeinanderfolgende Sitzungen per Münzwurf entschieden werden, in welcher Sitzung welches Verfahren angewendet wird.

Zudem sind bei alternierenden Behandlungsplänen folgende Punkte zu beachten:
- Weil zeitgleich oder zeitnah zwei Interventionen eingesetzt werden, besteht die Möglichkeit, dass beide Maßnahmen nur gemeinsam zu dem erwünschten Interventionsergebnis führen.
- Möglicherweise hängt die Wirksamkeit beider Methoden von der Reihenfolge ab, in der die Förderungen durchgeführt werden (Sequenzeffekte).
- Beide Maßnahmen können einen positiven oder negativen Einfluss auf die andere Intervention haben (Übergreifeffekte).

Um solche Effekte zu kontrollieren, müssen die Behandlungen in zufälliger Abfolge durchgeführt werden.

9.3 Auswertungen der Daten

Visuelle Inspektion

Die häufigste Form der Datenauswertung besteht bei Einzelfallstudien in der „visuellen Inspektion“ der Datenverläufe (Gast & Spriggs, 2010). Dafür werden die Daten grafisch dargestellt. Wie in allen hier vorgestellten Beispielen geschieht dies in der Regel durch ein einfaches Liniendiagramm, in dem die Häufigkeit des Zielverhaltens für jeweils eine Zeiteinheit (z. B. ein Tag, eine Unterrichtsstunde, eine Trainingssitzung) auf der y-Achse abgetragen wird. Die Zeiteinheiten werden auf der x-Achse abgetragen.

Abbildung 7 zeigt Beispiele für typische Muster im Datenverlauf über eine A-Phase (Grundrate) und eine sich daran anschließende B-Phase (Intervention). Die beiden wichtigsten Kriterien für die visuelle Inspektion sind die vergleichende Betrachtung (a) der

Niveaus und (b) der Trends in den beiden Phasen. Veränderungen im Niveau beziehen sich auf Unterschiede, die zwischen zwei Untersuchungsphasen in der durchschnittlichen Ausprägung des Zielverhaltens festzustellen sind. Ermittelt wird das (durchschnittliche) Niveau, indem der Mittelwert oder, besser noch, der Median des Verhaltensmerkmals über die Zeitpunkte jeder Phase gebildet wird. Unter einem Trend versteht man demgegenüber die systematische Zu- oder Abnahme des Zielverhaltens über die Zeitpunkte einer Untersuchungsphase. Eine Veränderung im Trend liegt vor, wenn sich die Kurvenverläufe zweier Phasen deutlich voneinander unterscheiden.

Diagramm I in Abbildung 7 verdeutlicht einen Niveauunterschied zwischen den beiden Phasen. Dabei fällt auf, dass sich das Niveau unmittelbar nach Einsetzen der B-Phase sprunghaft erhöht. Dies deutet darauf hin, dass die Intervention in diesem Fall sofort wirkt, im Unterschied zu Fällen, bei denen der Interventionseffekt nur verzögert oder erst allmählich eintritt. Allerdings lässt sich in *Diagramm I* keine Änderung des Trends von A nach B feststellen, so wie dies in *Diagramm II* deutlich zu erkennen ist. Dort beginnt die zweite Phase zwar auf dem Niveau, auf dem die erste Phase endete. Die Intervention bewirkt jedoch kontinuierliche Fortschritte und führt ganz allmählich zu einem Anstieg des Zielverhaltens. Bei einem solchen sich langsam aufbauenden Interventionseffekt sollte bei der Evaluation die Aufmerksamkeit besonders auf das Niveau des Zielverhaltens in der Schlussphase der Intervention gerichtet werden. Denn in diesem Fall

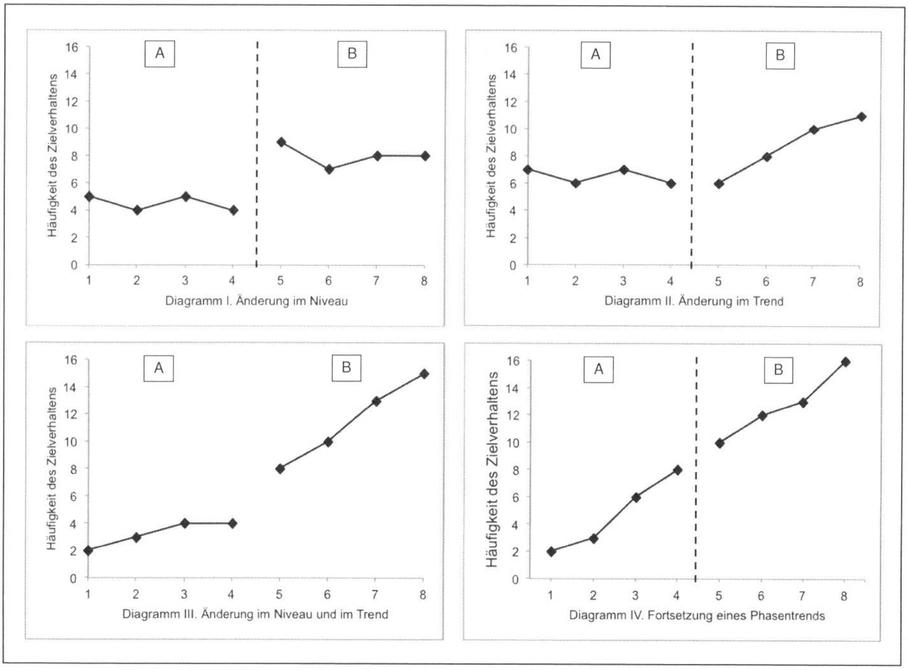

Abbildung 7: Wichtige Muster für Niveau- und Trendkriterien, anhand derer Rückschlüsse auf die Wirksamkeit einer Intervention (B-Phase) im Vergleich zur Grundrate (A-Phase) gezogen werden können. Beim Zielverhalten handelt es sich um ein erwünschtes Verhalten.

ist das Endniveau (z. B. die drei letzten Messungen einer B-Phase) für die Beurteilung des Interventionserfolgs ausschlaggebender als die Betrachtung des Durchschnittswerts der kompletten B-Phase. *Diagramm III* zeigt den Idealfall, dass das Zielverhalten sofort mit Beginn der B-Phase sprunghaft zunimmt und im Verlauf der Intervention Schritt für Schritt weiter gesteigert bzw. verbessert wird. Hier liegen besonders deutliche Unterschiede sowohl im Niveau wie auch im Trend zwischen den beiden Phasen vor.

Kriterien der Wirksamkeit

Über die Wirksamkeit einer Intervention wird in Einzelfallstudien im Wesentlichen auf der Grundlage zweier Informationen entschieden:

- Beim Vergleich der Messungen (Verhaltensbeobachtungen oder Leistungstests) in einer A-Phase und einer nachfolgenden B-Phase sollten die Daten der beiden Phasen möglichst „überlappungsfrei" sein. Blickt man beispielsweise auf die in Abbildung 2 dargestellten Rechenleistungen Selinas zurück, so ist festzustellen, dass sie bei allen Interventionszeitpunkten bessere Leistungen erreichte als bei den Zeitpunkten während der Grundrate. Um den Prozentsatz der (Nicht-)Überlappung zu bestimmen, vergleicht man am besten Messwert-Paare, d. h. jeden Zeitpunkt der Intervention mit jedem einzelnen Zeitpunkt der Grundrate. Weil dies mitunter zeitaufwändig ist, empfiehlt es sich, dafür einen Online-Rechner zur Hilfe zu nehmen, wie er beispielsweise auf der Internetseite *http://www.singlecaseresearch.org/* angeboten wird.
- Neben dem Grad der Nicht-Überlappung muss, wie oben erwähnt, immer auch der Trend, also die Veränderung im Zielverhalten von Zeitpunkt zu Zeitpunkt beachtet werden. Ist der Trend in einer A-Phase „flach", in einer nachfolgenden B-Phase jedoch „steil", so ist dies ein deutlicher Hinweis, dass die Intervention Lernfortschritte bewirkt, so wie dies z. B. in Abbildung 2 für Selina gezeigt wird. Folgt nun neuerdings eine zweite A-Phase, so sollte sich der Trend der B-Phase wieder umkehren und das Zielverhalten allmählich auf die Ausgangssituation der ersten A-Phase zurückkehren. Genau dies geschah z. B. bei Marc (s. Abbildung 3), als die Belohnung seiner Unterrichtsmeldungen wieder zurückgenommen wurde. Setzt dann die Intervention erneut ein, so sollte sich der Trend abermals umkehren. In Abbildung 3 ist dies beim Übergang von der zweiten A-Phase zur zweiten B-Phase zu erkennen. Kritisch ist, wenn ein deutlicher Trend bereits in der Grundrate festzustellen ist, der sich dann nach Einsetzen der Intervention unverändert fortsetzt. *Diagramm IV* in Abbildung 7 verdeutlicht dies. Obgleich sich die Daten der beiden Phasen überhaupt nicht überschneiden, ist kaum zu übersehen, dass die Intervention eigentlich nichts bewirkt hat, was nach dem Verlauf der Grundrate nicht schon zu erwarten war. Mit dem oben angegebenen Online-Rechner können nicht nur Überlappungsmaße, sondern auch Trendmaße bestimmt werden. Zudem ist es möglich, den Grad der Nicht-Überlappung zweier Phasen für den Einfluss von Trends zu kontrollieren, sofern diese bereits in der Grundrate zu erkennen sind.

Einen Überblick zu Überlappungs- und Trendmaßen, die in der Einzelfallforschung gebräuchlich sind, geben Parker, Vannest und Davis (2011). Ein Beispiel für *eines* dieser Maße, das sich auch in der Praxis gut anwenden lässt, wird im Abschnitt 9.4 vorgestellt und dort auf das eingangs beschriebene Fallbeispiel angewendet. Liegt für eine bestimmte

Intervention eine größere Anzahl an Einzelfallstudien vor, so können deren Ergebnisse in *Einzelfall-Metaanalysen* zusammengefasst werden (s. Kapitel 30). Auf dieser Grundlage lassen sich dann auch verallgemeinernde Schlussfolgerungen über die Wirksamkeit einer Intervention ziehen.

Statistische Absicherung

Häufig besteht ein Interesse, die in Einzelfallstudien festgestellten Interventionseffekte statistisch abzusichern, was vom Prinzip her meint: Aussagen über wirksame Interventionen mit einer Irrtumswahrscheinlichkeit von weniger als 5 % zu treffen (Köhler, 2008). Dazu sollen hier nur zwei Verfahren kurz aufgeführt werden:

(1) *Zeitreihentests.* Die Messungen, die in Einzelfallstudien durchgeführt werden, sind *zeitlich* bestimmt (z. B. an jedem Tag, zweimal pro Woche, usw.). Zur Auswertung der so gewonnenen Daten eignen sich grundsätzlich Zeitreihenanalysen. Damit lassen sich beispielsweise Entwicklungstrends im Datenverlauf, aber auch Brüche, Unterbrechungen und Veränderungen darin (z. B. bei einem Phasenwechsel) genauer bestimmen. Zeitreihenanalysen sind aber reich an Voraussetzungen und in der statistischen Durchführung ziemlich anspruchsvoll. In der Regel setzen sie mindestens 50 Beobachtungen pro Phase voraus. Diese Bedingung lässt sich in Einzelfall-Interventionsstudien nur selten erfüllen. Für Beispiele zur Anwendung von Zeitreihenanalysen in der Einzelfallforschung verweisen wir daher auf eine ausführlichere Darstellung in Barlow, Nock und Hersen (2009).

(2) *Randomisierungstests.* Randomisieren bedeutet wörtlich: etwas durch Zufall bestimmen. Die Idee ist, dass Größen, die per Zufall bestimmt werden (z. B. der exakte Einsatzpunkt einer Intervention oder die Zuweisung von Kindern zu einer von mehreren Grundraten) relativ robust gegen Verzerrungen durch Störvariablen und den Einfluss systematischer Fehlerquellen sind (Kratochwill & Levin, 2010). Randomisierungstests stellen bestimmte Anforderungen an die Ausgestaltung der Versuchspläne. Das Grundprinzip lässt am Beispiel eines Plans mit A- und B-Phasen veranschaulichen.

Angenommen ein Token-Programm zur Verbesserung der Unterrichtsbeteiligung soll durch drei A-Phasen und drei B-Phasen überprüft werden. Für die Abfolge der Phasen gibt es nach den Regeln der Kombinatorik 20 unterschiedliche Möglichkeiten („nur" 20, weil die drei A-Phasen und die drei B-Phasen in sich jeweils identisch sind). Welche Abfolge soll nun aber ausgewählt werden? Diese Frage wird durch die *zufällige* Ziehung genau einer der 20 Abfolgen beantwortet, wobei bestimmte Abfolgen, die praktisch nicht machbar sind oder unzweckmäßig erscheinen, vorab auszuschließen sind. Die ausgewählte Abfolge wird dann durchgeführt und es werden die zugehörigen Daten erhoben (z. B. Beobachtungen zur mündlichen Beteiligung an je vier Tagen für jede einzelne Phase). Das Ergebnis wird als Differenz B – A berechnet. Von der durchschnittlichen Unterrichtsbeteiligung in den B-Phasen wird somit die durchschnittliche Beteiligung in den A-Phasen abgezogen. Nimmt man nun weiter an, die Differenz sei positiv, was zumindest den Anschein erweckt, dass die Intervention wirksam gewesen ist, so stellt sich die Frage: Lässt sich dieses Ergebnis mit hinreichender Zuverlässigkeit gegen die Möglichkeit des Irrtums absichern? Um dies zu prüfen, werden den erhobenen Daten in der exakt gegebenen Reihenfolge nun auch alle anderen vorab ermittelten Kombinationen von A- und B-Phasen zugeordnet. Und für jede dieser 19 Kombinationen wird dann wieder die kritische Differenz B – A bestimmt. Unter Anwendung eines Wahrscheinlichkeitskalküls lässt sich so bestimmen, ob das ermittelte Ergebnis weitgehend irrtumssicher ist.

Randomisierungstests eignen sich nur dann für die statistische Absicherung von Interventionseffekten, wenn sich eine recht hohe Anzahl möglicher Kombinationen „machen" lässt. Beim hier gegebenen Beispiel wäre 20 tatsächlich das absolute Minimum, um den Interventionserfolg mit einer Irrtumswahrscheinlichkeit von höchstens 5 % absichern zu können (1/20 = 0.05). Dafür müsste die ausgewählte Kombination allerdings unter allen denkbaren Kombinationen das beste Ergebnis liefern. Randomisierungstests eignen sich sehr gut, um den Erfolg alternativer Behandlungen miteinander zu vergleichen. Besteht allerdings keine feste Erwartung, welche von zwei Behandlungen die wirksamere ist, so werden noch weit mehr, nämlich doppelt so viele Kombinationen benötigt, damit überhaupt eine Chance besteht, das Ergebnis (Unterscheiden sich die beiden Interventionen voneinander?) statistisch abzusichern. Bei schnell wechselnden Behandlungen, so wie etwa bei Sven in Abbildung 6, lässt sich diese Voraussetzung allerdings meist gut erfüllen.

Anwendungen finden Randomisierungstests auch bei Versuchsplänen mit multiplen Grundraten. Für die vielfältigen Einsatzmöglichkeiten, die dieses Verfahren in der Einzelfallforschung bietet, verweisen wir auf die einschlägige Fachliteratur (z. B. Grünke, 2012; Dugard, File & Todman, 2011).

9.4 Fallbeispiel: Bestimmung der Effektstärke in einer Einzelfallstudie

Um nun auf das eingangs beschriebene Fallbeispiel zurückzukommen: Die vorangehenden Abschnitte verdeutlichen, dass die Förderlehrerin die Verbesserung der Rechtschreibung von Michael, Anja und Felix mit einem *multiplen Grundratenversuchsplan über Personen* geprüft hat. Zwar begann sie mit den Testungen bei allen drei Kindern zum gleichen Zeitpunkt; die Intervention begann für die drei Kinder aber zeitversetzt. Dadurch, dass die Förderlehrerin die Kinder per Zufall den Einsatzzeitpunkten zugewiesen hat, konnte sie viele mögliche Fehlerquellen kontrollieren oder auch ganz ausschließen, denn der Zufall wirkt systematischen Fehlern entgegen.

Abbildung 8 zeigt die Ergebnisse. Ein erster Blick auf die drei Liniendiagramme vermittelt den Eindruck, dass das eingesetzte Verfahren bei allen drei Kindern „offenbar" wirksam war. Denn im Verlauf der Förderung zeigte jedes Kind Lernfortschritte. Ein zweiter Blick verrät allerdings, dass die Wirkung der Förderung nicht ganz perfekt gewesen sein kann. Denn bei allen drei Kindern gab es während der Förderphase auch Tage, an denen ihre Rechtschreibung schlechter oder zumindest nicht besser war als in der vorangehenden Phase zur Bestimmung der Grundrate.

Damit stellt sich die Frage, wie die Wirksamkeit des eingesetzten Verfahrens genauer beziffert werden kann. Parker, Hagan-Burke und Vannest (2007) haben mit dem „Prozentsatz *aller* nicht-überlappenden Datenpunkte" *(PAND)* ein Maß entwickelt, das den Grad der „Überlappungsfreiheit" zwischen Grundratenerhebung und Interventionsphase numerisch erfasst. Beim vorliegenden Beispiel wird die Berechnung wie folgt durchgeführt:

- Zuerst wird bei jedem der drei Kinder bestimmt, welche Datenpunkte aus dem jeweiligen Liniendiagramm entfernt werden müssten, damit die Ergebnisse für Intervention und Grundrate frei von jeglicher Überlappung sind.
- Wichtig ist, dass dabei nur so viele Datenpunkte entfernt werden, wie dies für die Überlappungsfreiheit unbedingt erforderlich ist. In Abbildung 8 sind die dafür relevanten Datenpunkte durch gestrichelte Kreislinien gekennzeichnet.

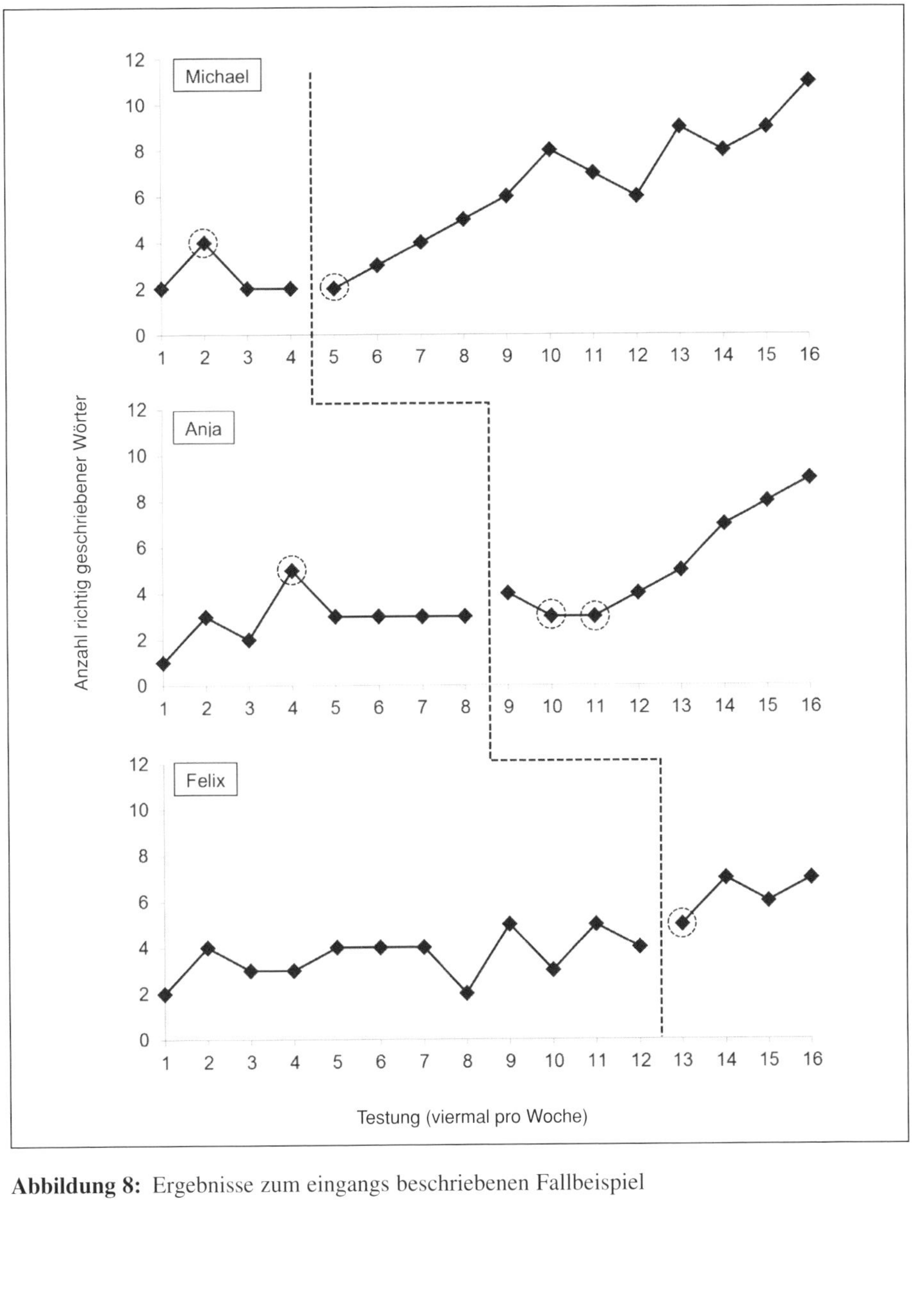

Abbildung 8: Ergebnisse zum eingangs beschriebenen Fallbeispiel

- Danach wird die Anzahl der Überlappungen über alle drei Kinder aufsummiert (2 [Michael] + 3 [Anja] + 1 [Felix] = 6 überlappende Datenpunkte) und zur Gesamtzahl der Testungen (3 Kinder × 16 Zeitpunkte = 48 Testungen) ins Verhältnis gesetzt: 6/48 = 0.125 (oder 12.5 %).
- Zieht man diesen Anteil überlappender Daten von 1 ab, so erhält man den gesuchten Wert: *PAND* = 1 – 0.125 = 0.875 (oder 87.5 %).

Wären die Daten aus Grundraten- und Interventionsphasen völlig überlappungsfrei, so würde das Ergebnis *PAND* = 1 lauten. In diesem Fall wäre der niedrigste Wert in einer Interventionsphase immer noch höher als der höchste Grundratenwert. Ein *PAND*-Wert von 0.50 (die Hälfte der Datenpunkte müsste entfernt werden) würde hingegen bedeuten, dass die Wirkung der Intervention rein zufällig zustande kam. Mit anderen Worten: die Intervention wäre dann völlig unwirksam. Wenn sich für *PAND* ein Wert über 0.90 bzw. über 90 % ergibt, so spricht dies dafür, dass die Förderung einen „starken" Effekt auf das Zielverhalten ausgeübt hat. Im vorliegenden Beispiel wird diese Grenze mit 87.5 % nicht ganz erreicht; dennoch ist der Effekt, den die Förderung auf die Rechtschreibung der drei Kinder ausgeübt hat, durchaus beachtlich und kann etwas pauschal als „mittelstark" eingeordnet werden (so werden Effekte bezeichnet, die zwischen 70 % und 90 % Überlappungsfreiheit liegen).

Ein Vorteil des *PAND* besteht darin, dass sich aus diesem Wert auch das gebräuchlichere Effektstärkemaß *d* (nach *Jacob Cohen*) bestimmen lässt (Parker & Hagan-Burke, 2007). Dafür ist allerdings ein Zwischenschritt erforderlich. Aus dem *PAND*-Wert wird zunächst ein Koeffizient abgeleitet *(Phi)*, der die Stärke des Zusammenhangs zwischen den Untersuchungsphasen (Grundrate versus Intervention) und der Höhe der Testergebnisse (hier: Anzahl richtig geschriebener Wörter) anzeigt. Danach kann *d* direkt berechnet werden. Hier die beiden Gleichungen, die dafür benötigt werden:

(1) $Phi = (2 \times PAND) - 1.$

(2) $d = (2 \times Phi) / \sqrt{(1 - Phi^2)}$

Nur auf den ersten Blick wirkt diese Berechnung kompliziert. Die Formeln (1) und (2) lassen sich ebenso wie die Formel zur Berechnung des *PAND* (1 – [Anzahl der überlappenden Datenpunkte/Anzahl aller Datenpunkte]) ohne größere Mühe unter Microsoft Excel (oder ein anderes Rechenprogramm) eintragen, sodass dann nur noch die Anzahl der Messzeitpunkte und die Anzahl der überlappenden Datenpunkte einzugeben sind, um das Ergebnis für die Bestimmung der Effektstärke-Maße *PAND, Phi* und *d* zu erhalten. Wendet man die Berechnung auf das vorliegende Beispiel an, so ergibt sich eine Effektstärke von *d* = 2.27 (bei *Phi* = 0.75) und damit ein Wert, der ebenso wie das Ergebnis für *PAND* die Wirksamkeit des eingesetzten Verfahrens zur Förderung der Rechtschreibung belegt.

Bei diesem Vorgehen sind einige wichtige Punkte zu berücksichtigen. Zunächst ist an ganz praktische Aspekte zu denken:

- Die Bestimmung der Effektstärke von Einzelfallstudien, in die mehrere Kinder eingebunden werden, bietet keinen Ersatz für die genaue Betrachtung eines *jeden* Einzelfalls. Blickt man auf Abbildung 8, so drängt sich z. B. der Eindruck auf, dass Anja während der ersten Förderstunden kaum Fortschritte gemacht hat; später dann aber schon. Vielleicht hatte Anja anfänglich Schwierigkeiten, sich die neue Methode anzueignen; oder sie war zurückhaltend gegenüber der neuen Lehrerin; oder sie genierte sich mitzuarbeiten, weil sie die Rolle als „Förderkind" als peinlich empfand. Hierüber können nur sorgfältige Beobachtungen und Gespräche mit dem Kind Aufschluss geben.

- Wenngleich dies nicht zwingend ist, so arbeiten multiple Grundratenversuchspläne über Personen doch häufig mit einem festen Zeitkriterium (hier: 16 Testungen pro Kind). Da die Grundraten für verschiedene Kinder unterschiedlich lang sind, unterscheidet sich für sie auch die Länge der Interventionsphase. Vorliegend fällt z. B. auf, dass Marc am Ende der Förderung (12 Förderstunden) immerhin 11 von 12 Wörtern richtig schrieb, während es bei Felix (4 Förderstunden) nur 7 von 12 Wörtern waren. In der Praxis sollte die Förderung bei Felix nicht abrupt abgebrochen, sondern solange fortgesetzt werden, bis auch er ein bestimmtes Zielkriterium sicher erreicht.
- So positiv die hier berichteten Fördereffekte anmuten mögen: vollends überzeugen können sie nicht. Was dafür noch fehlt, sind im Wesentlichen zwei Dinge: (1) Aus dem Fallbeispiel geht nicht hervor, ob Marc, Anja und Felix seit Beginn der Förderung auch im Unterricht bessere Diktate schrieben und ob sie dabei auf die in den Förderstunden vermittelte Methode zurückgriffen. (2) Ebenso wenig ist aus dem Fallbeispiel zu erfahren, ob die in den Förderstunden erzielten Lernfortschritte zeitlich stabil blieben. Eine qualitativ anspruchsvolle und praktisch aussagefähige Einzelfall-Interventionsstudie würde beide Aspekte berücksichtigen müssen. Obligatorisch ist die Prüfung von Transfereffekten (Wirkt die Intervention auch in andere Situationen hinein?) und die Prüfung der Nachhaltigkeit (Sind die erreichten Effekte z. B. auch noch zwei Monate nach der Förderung erkennbar?). Ggf. sind ergänzende Maßnahmen einzuleiten, wie z. B. „Auffrischungsstunden" oder systematische Absprachen zwischen der hier tätigen Förderlehrerin und den Klassenlehrerinnen der drei Kinder (s. dazu Kapitel 43).

Kein Effektstärkemaß passt zu allen Einzelfallstudien gleich gut und kann dort jede Frage beantworten. Diese Einschränkung gilt auch für die hier vorgestellte *PAND*-Berechnung:

- Ein zuverlässiger Wert für *PAND* lässt sich nur dann ermitteln, wenn mindestens 20 Datenpunkte vorliegen. Bei Versuchsplänen mit multiplen Grundraten gilt, dass die Gesamtzahl der Messungen in den Interventionsphasen der Gesamtzahl der Messungen während der Grundraten in etwa entsprechen sollte.
- *PAND* berücksichtigt keine Informationen über Trends. Würde man beispielsweise für *Diagramm IV* in Abbildung 7 einen Wert für *PAND* berechnen, so wäre das Ergebnis 1, weil der Trend der Grundrate bei der Berechnung des *PAND* keine Rolle spielt.
- Sind Trends in den Grundraten zu erkennen (beispielsweise aufgrund der wiederholten Bearbeitung ähnlicher Aufgaben), so sind Maße der Nicht-Überlappung dafür jedenfalls zu korrigieren. Ansonsten sind die Ergebnisse unzuverlässig und verleiten dazu, die Wirksamkeit der Intervention zu überschätzen. Der oben erwähnte Online-Rechner bietet die Möglichkeit, ein Maß der Effektstärke *(TAU-U)* zu berechnen, das für konfundierende Trendeffekte „bereinigt" werden kann (s. Parker, Vannest, Davis & Sauber, 2011).

9.5 Literatur

Grundlegende Literatur

Barlow, D. H., Nock, M. K. & Hersen, M. (2009). *Single case experimental designs: Strategies for studying behavior change* (3rd ed.). New York: Pergamon Press.

Julius, H., Schlosser, R. & Goetze, H. (2000). *Kontrollierte Einzelfallstudien*. Göttingen: Hogrefe.

Kazdin, A. E. (2011). *Single-case research designs: Methods for clinical and applied settings* (2nd ed.). New York: Oxford University Press.

Weiterführende Literatur

Gast, D. L. & Spriggs, A. D. (2010). Visual analysis of graphic data. In D. L. Gast (Ed.), *Single subject research methodology in behavioral sciences* (pp. 199–233). New York: Routledge.

Grünke, M. (2012). Statistische Auswertung von Daten aus Einzelfallstudien mit Hilfe von Randomisierungstests. *Empirische Sonderpädagogik, 4,* 247–264.

Köhler, T. (2008). *Statistische Einzelfallanalyse*. Weinheim: PVU.

Kratochwill, T. R. & Levin, J. R. (2010). Enhancing the scientific credibility of single-case intervention research: Randomization to the rescue. *Psychological Methods, 15,* 124–144. doi: 10.1037/a0017736

Parker, R. I. & Hagan-Burke, S. (2007). Single case research results as clinical outcomes. *Journal of School Psychology, 45,* 637–653. doi: 10.1016/j.jsp.2007.07.004

Parker, R. I., Hagan-Burke, S. & Vannest, K. J. (2007). Percentage of all non-overlapping data (PAND): An alternative to PND. *The Journal of Special Education, 40,* 194–204. doi: 10.1177/00224669070400040101

Parker, R. I., Vannest, K. J. & Davis, J. L. (2011). Effect size in single-case research: A review of nine nonoverlap techniques. *Behavior Modification, 35,* 303–322. doi: 10.1177/0145445511399147

Parker, R. I., Vannest, K. J., Davis, J. L. & Sauber, S. B. (2011). Combining nonoverlap and trend for single-case research: Tau-U. *Behavior Therapy, 42,* 284–299. doi: 10.1016/j.beth.2010.08.006

Material

Dugard, P., File, P. & Todman, J. (2011). *Single-case and small-n experimental designs: A practical guide to randomization tests* (2nd ed.). New York: Routledge.

Petermann, F., Koglin, U., Natzke, H. & von Marées, N. (2013). *Verhaltenstraining in der Grundschule: Ein Präventionsprogramm zur Förderung emotionaler und sozialer Kompetenzen* (2. Aufl.). Göttingen: Hogrefe.

Riley-Tillman, T. C. & Burns, M. K. (2009). *Evaluating educational interventions: Single-case design for measuring response to intervention*. New York: Guilford.

10. Förderung von phonologischer Bewusstheit

Wolfgang Schneider und Petra Küspert

Fallbeispiel

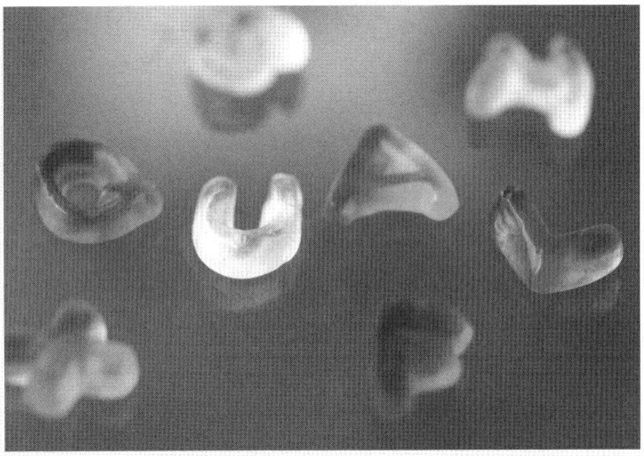

Jonas (6;2) verbringt sein letztes Jahr im Kindergarten und ist damit ein Vorschulkind. Er lebt mit seinen Eltern sowie einer Schwester und einem Bruder zusammen. Beide Geschwister sind bereits eingeschult. Während die Schwester keine schulischen Probleme zeigt, bestehen beim Bruder, der die dritte Klasse besucht, erhebliche Schwierigkeiten beim Lesen und Schreiben. Jonas wurde beim Einschulungstest im Kindergarten hinsichtlich seines kognitiven, motorischen, sozialen und motivationalen Entwicklungsstands als „schulreif" eingestuft. Er interessiert sich für Zahlen und kleine Rechenaufgaben und ist in der Lage, seinen Vornamen zu schreiben. Am Vorschulprogramm des Kindergartens nimmt er gerne und erfolgreich teil. Sprechen und Sprache sind unauffällig. Bei Übungen, die sich auf das Erkennen formaler Aspekte der gesprochenen Sprache beziehen, schneidet er jedoch deutlich schwächer ab als gleichaltrige Kinder. Beispielsweise hat er große Probleme, sich Gedichte oder Liedertexte zu merken. Die sich reimenden Zeilenenden kann er nicht als Gedächtnisstütze nutzen. Es gelingt ihm auch nicht, zu vorgegebenen Wörtern passende Reimwörter zu finden. Er beachtet nur semantische Aspekte, verbindet also z. B. „Haus" mit „Tür" statt „Haus" mit „Maus." Auch die Silbengliederung (z. B. beim rhythmisierenden Sprechen von Liedertexten) gelingt ihm kaum. Bei der Untersuchung mit dem „Bielefelder Screening zur Früherkennung von Lese-Rechtschreibschwierigkeiten" (Jansen, Mannhaupt, Marx & Skowronek, 2002) zeigt Jonas Schwächen in den Untertests „Pseudowörter Nachsprechen", „Reimen", „Laute Assoziieren" und „Silben Segmentieren". Daher ist davon auszugehen, dass Jonas ein hohes Risiko für die Entwicklung von Lese-Rechtschreibschwierigkeiten aufweist.

Die Intervention besteht darin, dass Jonas an einem Programm zur Förderung der phonologischen Bewusstheit und einem Buchstaben-Laut-Training teilnimmt. Der erste Programmbaustein („Hören, lauschen, lernen I" nach Küspert & Schneider, 2008) erstreckt sich über 10 Wochen und erfordert tägliche Sitzungen von 10 bis 15 Minuten. Diese Förderung wird als Gruppentraining von den Erzieherinnen und Erziehern des Kindergartens mit den Vorschulkindern durchgeführt. Auch die Eltern werden mit einbezogen. Sie erhalten eine zum Trainingsprogramm passende Multimedia-CD mit Sprachspielen („Hören – Sehen – Lernen", Coninx & Stumpf, 2007) und üben mit Jonas zu Hause. Durch diese Förderung, in der immer feinere formale Einheiten der gesprochenen Sprache (Wörter – Silben – Laute) behandelt werden, erwirbt Jonas Schritt für Schritt die Bewusstheit um die Lautstruktur unserer Sprache und damit eine bedeutsame Voraussetzung für das Erlernen der Schriftsprache in der Schule. Durch den Einsatz des zweiten Trainingsbausteins („Hören, lauschen, lernen II" nach Plume & Schneider, 2004) wird ihm das Prinzip der Buchstaben-Laut-Verbindung exemplarisch und auf sehr spielerische Weise vermittelt. Nach Abschluss des Trainings zeigt er einen deutlichen Kompetenzzuwachs hinsichtlich seiner phonologischen Bewusstheit und des Phonem-Graphem-Vorwissens. Die Prognose für den Schriftspracherwerb in der Grundschule ist jetzt günstig.

10.1 Kurzbeschreibung der Methode und ihres theoretischen Hintergrunds

Untersuchungen zur Prävention bei Lese-Rechtschreibproblemen haben gezeigt, dass grundlegende Fertigkeiten zum Erwerb der Schriftsprache bereits vor Schuleintritt entwickelt werden (Schneider & Näslund, 1999; Marx, 2007). Als sogenannte „Vorläufermerkmale" sind sie für den späteren Erfolg beim Erlernen des Lesens und Schreibens ausschlaggebend. Eine der wichtigsten Vorläuferfertigkeiten stellt die *phonologische Bewusstheit* dar. Generell versteht man darunter die Fähigkeit, die Lautstruktur der gesprochenen Sprache analysieren und manipulieren zu können. Dabei unterscheidet man zwischen phonologischer Bewusstheit im weiteren und im engeren Sinne (Marx, Jansen, Mannhaupt & Skowronek, 1993). Im weiteren Sinne bezieht sich phonologische Bewusstheit auf die Fähigkeit, größere Einheiten der Sprache wie Wörter, Silben oder Reime bestimmen zu können (z. B. Wörter in Sätzen und Silben in Wörtern zu unterscheiden; Reime zu erkennen und Reime zu bilden). Im engeren Sinne geht es hingegen um die Fähigkeit, auch kleinere Einheiten der Sprache, also die Laute (oder Phoneme) eines gesprochenen Wortes zu erkennen (z. B. den Anfangs- und den Endlaut eines Worts; oder die Segmentierung eines Worts in seine Laute sowie umgekehrt die Verbindung von Lauten zu einem Wort). Beim Lesenlernen muss das Kind seine Aufmerksamkeit erstmals bewusst auf den Aufbau des Sprachsystems richten, es muss also die phonologische Bewusstheit im engeren Sinne erwerben. Diese wird im Unterschied zur phonologischen Bewusstheit im weiteren Sinne nicht auf natürliche Weise im Verlauf des Vorschulalters erworben, sondern bildet sich erst im Zuge des Erstleseunterrichts zu Schulbeginn allmählich aus. Liegen bei einem Kind Defizite in der phonologischen Verarbeitung vor (z. B. bei der Analyse und Synthese von Phonemen; vgl. Kapitel 4) so muss mit Schwierigkeiten beim Schriftspracherwerb gerechnet werden.

Ergebnisse aus Längsschnittstudien (Klicpera & Gasteiger-Klicpera, 1993; Landerl & Wimmer, 1994; Marx et al., 1993; Schneider, 2008) zeigen, dass Defizite in der phonologischen Bewusstheit (z. B. beim Erkennen von Reimen wie im oben beschriebenen Fallbeispiel) das problemfreie Erlernen des Lesens und Schreibens in der Schule gefährden. Bei etwa 5 bis 10 % der Kinder eines Altersjahrgangs sind gravierende Rückstände in der phonologischen Bewusstheit vor dem Schuleintritt festzustellen. Folglich liegt es nahe, sie durch gezielte Fördermaßnahmen auszugleichen und dadurch dem Auftreten von Lese- und Schreibproblemen vorzubeugen. Ein viel beachtetes Förderprogramm haben Lundberg, Frost und Petersen (1988) in Schweden vorgelegt. Sie konnten zeigen, dass sich phonologische Bewusstheit bei Vorschulkindern gezielt trainieren lässt, sodass die förderlichen Effekte des Übungsprogrammes noch bis zum Ende der Grundschulzeit nachweisbar sind. In Anlehnung an die Arbeiten von Lundberg und seinen Mitarbeiterinnen und Mitarbeitern hat unsere Arbeitsgruppe ein entsprechendes Programm für den deutschen Sprachraum entwickelt („Würzburger Trainingsprogramm", „Hören, lauschen, lernen I"; vgl. Küspert & Schneider, 2008; Schneider, 2001), das ähnlich positive Ergebnisse erbringt.

Das Ziel der Würzburger Trainingsprogramme („Hören, lauschen, lernen I und II") besteht darin, dass Kinder Rückstände in der phonologischen Bewusstheit möglichst noch vor Schulbeginn aufholen und nachfolgend ihre Vorwissensbasis auf Buchstaben-Laut-Ebene stabilisieren sollen. Entsprechend wurden die Programme als Gruppentraining für Kindergärten konzipiert, eignen sich aber auch zur individuellen Förderung im Elternhaus oder in therapeutischen Einrichtungen. Die Würzburger Trainingsprogramme kombinieren den schrittweisen Aufbau phonologischer Kompetenzen („Hören, lauschen, lernen I"; Küspert & Schneider, 2008) mit nachfolgenden Übungen zur Buchstaben-Laut-Zuordnung („Hören, lauschen, lernen II"; Plume & Schneider, 2004). Zur zusätzlichen häuslichen Unterstützung kann durch eine Multimedia-Version („Hören, Sehen, Lernen", Coninx & Stumpf, 2007) die Förderintensität ausgebaut werden. Bemühungen um eine Verbesserung der phonologischen Bewusstheit dürfen nicht mit einem vorgezogenen Erlernen des Lesens und Schreibens verwechselt werden. Im Vordergrund steht vielmehr die akustische Unterscheidung sprachlicher Segmente wie Wörter, Reime, Silben und Phoneme („Hören, lauschen, lernen I") bzw. die Laut-Buchstaben-Zuordnung, in die Kinder durch phantasievolle Übungen, wie beispielsweise Buchstaben-Laut-Geschichten, Turnen von Buchstaben oder Verknüpfung von Anlauten mit Buchstaben, eingeführt werden („Hören, lauschen, lernen II").

Die Programme sind spielerisch gestaltet. Sie sollen den Kindern nicht nur einen Einblick in die Lautstruktur der Sprache vermitteln, sondern auch die Freude beim Umgang mit sprachlichem Material fördern. Die Übungen werden auf einer DVD („Hören, lauschen, lernen – vorgespielt"; Küspert & Schneider, 2007) demonstriert.

10.2 Indikation der Methode

Programme zur Förderung der phonologischen Bewusstheit sind indiziert, wenn Kinder vor dem Schuleintritt gravierende Schwierigkeiten zeigen, die Lautstruktur der gesprochenen Sprache zu erkennen, also Wörter, Silben und Phoneme identifizieren und voneinander unterscheiden zu können. Beim Einsatz der hier vorgestellten Würzburger Trainingsprogramme sind folgende Punkte zu beachten:

- Die Programme eignen sich zur Förderung von Vorschulkindern, die die Struktur der gesprochenen Sprache nicht ausreichend gut nachvollziehen können und sich beispielsweise schwer damit tun, Reime zu bilden, Wörter in Silben zu zerlegen und Silben zu Wörtern zusammenzuziehen. Das Training kann speziell mit solchen Risikokindern durchgeführt werden. Es besteht aber auch die Möglichkeit, alle Vorschulkinder eines Kindergartens in die Förderung einzubeziehen. Das Tempo sollte sich dann am schwächsten Kind der Gruppe orientieren.

- Die Trainingsprogramme wurden zwar für Vorschulkinder speziell im letzten Halbjahr der Kindergartenzeit entwickelt, eignen sich aber auch für die Förderung sogenannter „Kann-Kinder", über deren Einschulung noch zu entscheiden ist. Für wesentlich jüngere Kinder sind sie hingegen nicht geeignet, da hier die Gefahr der Überforderung besteht.
- Die Trainingsprogramme sind auch für die Durchführung in Sprachheilkindergärten empfehlenswert. Hier sollte – jeweils orientiert am Leistungsstand der Kinder – ein entsprechend langsameres Vorgehen gewählt werden. Auch Vorschulkinder mit Sprechstörungen (etwa Stammeln) können durch diese Förderung eine zufriedenstellende phonologische Bewusstheit aufbauen. Ihre Unterstützung im Kindergarten ersetzt jedoch keinesfalls eine sprachtherapeutische Behandlung.
- Auch für Migrantenkinder sind die Programme geeignet, wobei auch hier ein verlangsamtes und individualisiertes Vorgehen vonnöten sein kann (Weber, Marx & Schneider, 2007).

10.3 Detaillierte Beschreibung des Vorgehens

Diagnostik von Defiziten in der phonologischen Bewusstheit

Vorschulkinder, die besondere Risiken für die Ausbildung von Lese- und Rechtschreibschwierigkeiten aufweisen, können durch folgende diagnostische Verfahren erkannt werden:

- Das *Bielefelder Screening* (Jansen et al., 2002) ist ein Grobsiebverfahren, das zur Früherkennung von Lese- und Rechschreibschwierigkeiten zehn bzw. vier Monate vor der Einschulung eingesetzt wird. Neben phonologischer Bewusstheit werden auch Gedächtnis- und Aufmerksamkeitsleistungen erfasst. Die Schwierigkeit der Aufgaben ist so gewählt, dass sich Kinder im unteren Drittel der Leistungsverteilung gut differenzieren lassen. Phonologische Bewusstheit wird durch Aufgaben zur Silbensegmentierung, Reimkompetenz, Phonemanalyse (Erkennung des Anlauts eines Wortes) und Phonemsynthese (Verbindung von Lauten) überprüft. Für die Erfassung des Gedächtnisses und der Aufmerksamkeitssteuerung werden drei Arten von Aufgaben eingesetzt: (a) Die Zugriffsgeschwindigkeit auf das mentale Lexikon wird über das schnelle Benennen der Farben unfarbiger bzw. falschfarbiger Objekte geprüft. (b) Die phonetische Rekodierung im Arbeitsgedächtnis wird über die Artikulationsgenauigkeit gemessen, wobei vorgesprochene Pseudowörter (z. B. „sambambula") korrekt wiederholt werden sollen. (c) Die visuelle Aufmerksamkeit wird mit Wort-Vergleich-Suchaufgaben erfasst; dabei hat das das Kind (als Nichtleser) die Aufgabe, ein abgebildetes Standardwort (z. B. „Klar") mit Alternativwörtern (z. B. „Klar" – „Kloß" – „Spar") zu vergleichen, von denen eines dem Standardwort entspricht. Das Screening wird in Einzeltestungen von ca. 30 Minuten Dauer durchgeführt.
- Wünschenswert, weil ökonomisch, wäre es natürlich, ein Verfahren wie das Bielefelder Screening auch als Gruppentest einsetzen zu können. Barth und Gomm (2004)

entwickelten einen solchen *Gruppentest zur Erfassung der phonologischen Bewusstheit für Kindergartenkinder und Schulanfänger*. Der Test enthält Aufgaben zur Reimerkennung, Silbensegmentierung, Anlautanalyse, Lautsynthese, Wortlängen-Erfassung und Identifikation von Endlauten. Er wird entweder in der Mitte des letzten Kindergartenjahrs durchgeführt und kann dann ein vorschulisches Training der phonologischen Bewusstheit veranlassen. Oder man lässt ihn zum Schulanfang bearbeiten, um die Lernausgangslage zu erfassen und Kinder mit besonderem Förderbedarf in ihrer schulischen Entwicklung zu unterstützen. Die Durchführungszeit beträgt inklusive einer Pause etwa 60 Minuten.

- Mit dem *Münsteraner Screening* (Mannhaupt, 2006a) liegt ein weiteres standardisiertes Gruppentestverfahren für die Schuleingangsphase vor. Dieses Instrument lehnt sich an das *Bielefelder Screening* an und enthält Aufgaben zur phonologischen Bewusstheit, zum verbalen Kurzzeitgedächtnis, zum Abruf aus dem Langzeitgedächtnis und zur visuellen Aufmerksamkeitssteuerung. Die Durchführungszeit beträgt ca. 30 Minuten.
- Ein weiteres standardisiertes Verfahren zur Erfassung der phonologischen Bewusstheit im Grundschulalter sind die *Basiskompetenzen für Lese-Rechtschreibleistungen* (BAKO) von Stock, Marx und Schneider (2003). Dieser Test eignet sich zur Überprüfung phonologischer Kompetenzen von Grundschulkindern zum Ende der 1. bis 4. Klassenstufe. Er wird in Einzelsitzungen durchgeführt und umfasst 74 Aufgaben, die sieben Untertests zugeordnet werden: (a) Segmentieren von Pseudowörtern, (b) Ersetzen von Vokalen in Wörtern, (c) Bestimmung des Restwortes nach Eliminierung des Anfangslautes, (d) Lautkategorisierung, (e) Bestimmung von Vokallängen in Wörtern, (f) Phonemvertauschung in Wörtern (durch Vertauschen der beiden ersten Laute wird z. B. aus dem Wort ‚Löwe‘ das Pseudowort ‚Ölwe‘) sowie (g) Lesen der Wortumkehr (ein vorgegebenes Wort soll rückwärts wiedergegeben werden). Die Durchführungszeit beträgt ca. 30 Minuten.

Förderung durch die Würzburger Trainingsprogramme

Das Würzburger Trainingsprogramm „Hören, lauschen, lernen I“ bietet vielseitige Übungen an, durch die Vorschulkinder in spielerischer Weise lernen, die lautliche Struktur der Sprache zu erkennen. Dadurch soll der Erwerb der Schriftsprache in der Schule erleichtert und Risiken für Lese-Rechtschreibschwierigkeiten entgegengewirkt werden. Das kombinierte Training verknüpft Übungen zur phonologischen Bewusstheit *(Hören, lauschen, lernen I)* mit nachfolgenden Übungen zur Buchstaben-Laut-Zuordnung *(Hören, lauschen, lernen II).*

(1) „Hören, lauschen, lernen I“ (Küspert & Schneider, 2008) besteht aus 57 „Sprachspielen“ zu sechs aufeinander aufbauenden Übungseinheiten und wird im letzten Halbjahr der Kindergartenzeit von den Erzieherinnen und Erziehern durchgeführt. Es erstreckt sich bei isolierter Durchführung über einen Zeitraum von 20 Wochen, wobei täglich Übungen von 10 bis 15 Minuten durchgeführt werden. Sollen „Hören, lauschen, lernen I“ und „Hören, lauschen, lernen II“ nacheinander durchgeführt werden, wird ersteres nach 10 Wochen beendet und mit dem zweiten Programm begonnen, das weitere 10 Wochen dauert. Somit beansprucht sowohl die alleinige Durchführung von „Hören, lauschen lernen I“ wie auch die Kopplung der beiden Programme (I und II) eine Trainingszeit von

insgesamt 20 Wochen. Die Übungen werden mit vielen Bildern, Bewegungs- und Singspielen ausgestaltet. Den exakten Ablauf des Programms regelt ein im Manual enthaltener Trainingsplan. Im Einzelnen umfasst „Hören, lauschen, lernen I" die folgenden Übungseinheiten:

- *Lauschspiele:* Das Training beginnt mit Lauschspielen, bei denen die Kinder üben, ihre Aufmerksamkeit auf Geräusche zu richten. Während die Erzieherin bzw. der Erzieher ein bestimmtes Geräusch erzeugt (Papier zusammenknüllen, Schlüsselbund fallen lassen), sollen die Kinder mit geschlossenen Augen genau zuhören, um das Geräusch danach benennen zu können. Dadurch sollen die Kinder lernen, sich auf die Geräusche ihrer Umgebung zu konzentrieren, und genaues Zuhören einüben.
- *Reimen:* In der zweiten Woche lernen die Kinder, formale Merkmale der gesprochenen Sprache zu beachten. Hierzu werden Reimspiele eingesetzt. Zu Beginn spricht die Erzieherin bzw. der Erzieher einen Reim vor und lässt ihn von den Kindern wiederholen. Dazu werden viele bekannte Kinderreime verwendet. Später dürfen die Kinder dann selber zu vorgegebenen Wörtern zugehörige Reimwörter bilden (z. B.: „Eine Schnecke kroch um die ... Ecke.").
- *Sätze und Wörter:* Ab der dritten Woche lernen die Kinder, dass sich (gesprochene) Sätze in kleinere Einheiten, nämlich in Wörter, zerlegen lassen. Die Kinder bekommen z. B. die Aufgabe, in vorgesprochenen Sätzen (anfangs Zwei-Wort-Sätze, später dann längere Sätze) jedes einzelne Wort durch Hinlegen eines Bauklötzchens zu markieren (z. B. drei Klötzchen für den Satz: „Oliver spielt Gitarre"). Im weiteren Verlauf der Übungen lernen die Kinder, Wörter miteinander zu verbinden, sodass ein neues (zusammengesetztes) Wort entsteht (z. B. aus den Wörtern „Schnee" und „Mann" das zusammengesetzte Wort „Schneemann").
- *Silben:* Ab der fünften Woche werden Übungen zu Silben durchgeführt. Hier sammeln die Kinder erste Erfahrungen damit, dass sich Wörter in Silben zerlegen lassen (Analyse) und dass sich umgekehrt Wörter aus mehreren Silben zusammenfügen lassen (Synthese). Die Kinder „klatschen" z. B. einzelne Silben in Wörtern (E-le-fant) und lernen, einzelne von der Erzieherin vorgegebene Silben zu einem Wort zu verbinden.
- *Anlaute:* In der siebten Trainingswoche wird dann die kleinste sprachliche Einheit eingeführt: der Laut bzw. das Phonem. Während sich die Kinder in den vorangehenden Übungen noch auf größere sprachliche Einheiten oder den Rhythmus der Sprache beziehen konnten, müssen sie nun eine schwierige Abstraktionsleistung erbringen, da Laute ko-artikuliert werden und entsprechend schwer zu isolieren sind. Um ihnen diese Aufgabe zu erleichtern, beginnt die fünfte Übungseinheit mit der Bestimmung des Anlautes im Wort. Zunächst werden noch relativ leicht erkennbare Phoneme wie Vokale oder dehnbare Laute (/m//s//r/) behandelt; später werden dann auch Plosivlaute (/p//k//t/) eingeführt. Der Eintritt in die Welt der Laute wird den Kindern erleichtert, indem möglichst viele Sinneserfahrungen angesprochen werden: Laute können gehört werden, wir können sie an der Mundstellung des Anderen erkennen oder über die Resonanzräume unseres Körpers erspüren. Zunächst spricht die Erzieherin bzw. der Erzieher die Wörter vor, dehnt dabei den Anlaut (z. B. Nnnn-adel) und lässt die Kinder nachsprechen. Dann sollen die Kinder Bildkarten nach Wörtern sortieren, die den gleichen Anlaut aufweisen. Schließlich üben sie, den Anlaut vom Rest des Wortes zu isolieren (aus Rrr-eis wird Eis) sowie neue Anlaute zu Wörtern hinzuzufügen (aus Ohr wird Rrrr-ohr).

- *Laute:* Diese Übungseinheit, bei der es um die Analyse und Synthese von Lauten geht, wird ab der elften Woche durchgeführt. Hier lernen die Kinder, sich auf Laute innerhalb des Wortes zu konzentrieren. Die Trainingseinheit beginnt mit Übungen zum Zusammenziehen einzelner Laute zu einem Wort (*Phonemsynthese*). Zu Beginn spricht die Erzieherin bzw. der Erzieher kurze Wörter in Einzellauten vor (/h//u//t/), lässt die Kinder wiederholen und das Wort benennen. Danach wird das Zerlegen eines Wortes in seine Lautbestandteile (*Phonemanalyse*) eingeübt, wobei die Erzieherin bzw. der Erzieher kurze Worte langsam vorspricht und die Kinder die Einzellaute benennen sollen. Später wird in Spielen der Umgang mit Lauten geübt. Die Kinder sollen z. B. aus einem Bilderset dasjenige Bild heraussuchen, auf dem das längste Wort dargestellt ist; oder sie sollen sich aus einer Anzahl von Bildkarten, die auf dem Tisch liegen, diejenigen herausnehmen, auf denen Wörter mit einer bestimmten Anzahl von Lauten dargestellt sind.

(2) „Hören, lauschen, lernen II“ (Plume & Schneider, 2004), der zweite Teil des Würzburger Trainingsprogramms, besteht aus Übungen zur Buchstaben-Laut-Zuordnung. Das Programm soll die auditive Wahrnehmung eines Lautes mit dessen visueller Repräsentation (dem Buchstaben oder Graphem) verknüpfen. Es enthält sowohl Übungen, bei denen ein Laut einem bestimmten Buchstaben zugeordnet wird, als auch Übungen, bei denen Buchstaben mit Anlauten verknüpft werden. Dabei geht es nicht um eine vollständige Erschließung des Alphabets, sondern um eine Erläuterung des zentralen Prinzips. Daher werden in den Übungen nicht alle, sondern nur diejenigen zwölf Buchstaben berücksichtigt, die in der ersten Klasse am häufigsten vorkommen (A, E, M, I, O, R, U, S, L, B, T, N). „Hören, lauschen, lernen II“ erfordert eine Durchführungszeit von 10 Wochen und umfasst Sitzungen von 10 bis 15 Minuten, die 5-mal pro Woche durchgeführt werden. Der exakte Ablauf ist in einem Manual dokumentiert. Das Training gliedert sich in zwei Abschnitte:

- Der erste Abschnitt umfasst die *Verknüpfung eines einzelnen Lautes mit dem zugehörigen visuellen Symbol* und umgekehrt. Zu diesem Zweck werden Buchstaben-Laut-Geschichten eingesetzt. Dabei wird jeder einzelne Laut in ein Szenario eingebettet, in dem dieser dann mit einem Buchstaben verknüpft wird. Bei der Einführung des Buchstabens „A“ wird z. B. ein Arztbesuch nachgespielt, bei dem man den Mund öffnen und „Aaah“ sagen muss. Die Grapheme werden zusätzlich in Form von Tastbuchstaben vorgegeben und können dadurch auch erfühlt werden. Andere Übungen, wie z. B. das „Buchstabenturnen“, tragen dazu bei, dass die Buchstabenform motorisch kodiert werden kann. Die Palette der Übungen umfasst zudem den Umgang mit „Buchstabenwürfeln“, bei denen zufällig geworfene Buchstaben schnell identifiziert werden sollen, und „Buchstabenkartenspiele“, bei denen ein gezogener Buchstabe korrekt zu benennen ist.
- Im zweiten Abschnitt geht es im Wesentlichen darum, den *Anlaut* eines Wortes mit dem zugehörigen Buchstaben zu verknüpfen. Die Kinder lernen beispielsweise, den Anlaut von Wörtern wie „Ameise“ oder „Apfel“ zu erkennen und mit dem Buchstaben „A“ zu verbinden. Das vorrangige Ziel besteht darin, eine Gedächtnisstütze zur Einprägung von Graphem-Phonem-Korrespondenzen zu schaffen. Weitere spielerisch gestaltete Übungen sind das „Anlaut-Lotto“ und das „Anlautdomino“. Beim Anlaut-Lotto sind Buchstaben mit Bildern zu verbinden, die den entsprechenden Anlaut auf-

weisen. Beim Anlautdomino werden die Karten so aneinander gelegt, dass neben einem Buchstaben jeweils das Bild mit dem korrespondierenden Anlaut liegt (z. B. ein „A“ neben dem Bild eines Apfels).

10.4 Hinweise für die organisatorische Umsetzung

- Die Trainingsprogramme wurden speziell für Kindergärten entwickelt. Sie sind für die Durchführung im letzten Halbjahr der Vorschulzeit gedacht. Hierfür ist ein ruhiger, separater Raum erforderlich. Die Kleingruppen sollten aus vier bis acht Kindern bestehen. Bei Jungen oder Mädchen mit gravierenden Problemen oder zusätzlichen Störungen (z. B. im Aufmerksamkeitsbereich) kann eine individuelle Förderung in einer Beratungsstelle oder therapeutischen Praxis angezeigt sein.
- Die Trainingsmanuale enthalten neben einer detaillierten Beschreibung der Übungseinheiten einen exakt einzuhaltenden Zeitplan, der die gesamte Interventionsphase regelt. Die Programme sind weitgehend selbsterklärend. Sie enthalten alle notwendigen Informationen über theoretische Hintergründe und die praktische Umsetzung der Übungen und befähigen die Erzieherinnen und Erzieher so zur selbstständigen Durchführung. Zudem werden Fortbildungsveranstaltungen angeboten, die den Erzieherinnen die notwendige Sicherheit bei der Umsetzung der Trainingsprogramme geben.
- Diese Förderung ist nur dann effizient, wenn sie konsequent, systematisch und vollständig durchgeführt wird. Vor allem schwächere Kinder benötigen kontinuierliches (d. h. tägliches) Üben in relativ kurzen Zeiteinheiten (10 bis 15 Minuten). Auch der hierarchische Aufbau der Übungseinheiten ist unbedingt einzuhalten.
- Das passende Multimedia-Programm („Hören, Sehen, Lernen“) kann zur begleitenden Unterstützung des Gruppentrainings eingesetzt werden. Es eignet sich zudem auch für das häusliche Üben (wenn z. B. keine Förderung im Kindergarten erfolgt). Eltern sollten sich bei der Durchführung des Programms von geschulten Fachkräften in Frühförderungs- und Beratungsstellen anleiten lassen. Hinweise auf Defizite in der Lautbewusstheit sollten in einer dafür geeigneten fachpsychologischen oder sprachtherapeutischen Einrichtung abgeklärt werden.

10.5 Wirksamkeit und Wirksamkeitsbedingungen im Kindergarten und in der Grundschule

In drei groß angelegten Studien, in denen jeweils ca. 200 Vorschulkinder gefördert und mit Kindern aus Kontrollgruppen verglichen wurden, ließ sich belegen, dass die Würzburger Trainingsprogramme kurz-, aber auch langfristig effektiv sind (vgl. Schneider & Marx, 2008). Die Kombination der Förderung der phonologischen Bewusstheit mit dem Training der Buchstaben-Laut-Zuordnung erwies sich langfristig als besonders erfolgreich. Ähnliche Ergebnisse werden auch aus internationalen Studien berichtet (Bus & van IJzendoorn, 1999). Die geförderten Kinder waren gegenüber nicht geförderten Kindern im Hinblick auf das Lesen und Schreiben bis gegen Ende der Grundschulzeit im Vorteil. In einer Studie, die speziell auf die Förderung von Risikokindern ausgerichtet war (ermittelt über das „Bielefelder Screening“), zeigte sich, dass die mit dem kombinierten Training („Hören, lauschen, lernen" I+II) geförderten Kinder während der ersten drei Grundschuljahre annähernd vergleichbare (und damit unauffällige) Leistungen im Lesen und Schreiben zeigten wie die Kinder aus einer unausgelesenen Vergleichsgruppe.

Phonologisch orientierte Förderprogramme liegen mittlerweile auch für den Beginn der Grundschulzeit vor, sind jedoch nicht allesamt gründlich evaluiert. Ihnen ist gemeinsam, dass sie mit einem Screening-Verfahren kombiniert angeboten werden. Mit dem „Münsteraner Trainingsprogramm" (Mannhaupt, 2006b) steht ein Förderprogramm zur phonologischen Bewusstheit bei Schulkindern der ersten Klasse zur Verfügung, das auf dem Bielefelder bzw. Münsteraner Screening aufbaut. Es bezieht sich auf die dort erfassten Kompetenzbereiche und bietet insgesamt 80 Übungen und Spiele zu den Förderbereichen Satz, Wort, Silben und Laute an. Das Förderprogramm „Leichter lesen und schreiben lernen mit der Hexe Susi" (Forster & Martschinke, 2002) ist eng an das Diagnoseinstrument „Rundgang durch Hörhausen" (Martschinke, Kirschhock & Frank, 2001) gekoppelt und fördert Komponenten der phonologischen Bewusstheit im engeren und weiteren Sinne im Verlauf des ersten Schuljahres. Schließlich steht mit PHONIT (Stock & Schneider, 2011) ein Trainingsprogramm zur Verbesserung der phonologischen Bewusstheit und der Rechtschreibleistung innerhalb der Klassenstufen 1–3 zur Verfügung, das konzeptuell und inhaltlich eng auf das oben erwähnte Diagnoseinstrument BAKO (Stock et al., 2003) abgestimmt ist.

Obgleich diese Fördermaßnahmen die phonologische Bewusstheit von Schulanfängern offenbar verbessern können, ist ihre Transferwirkung auf den Schriftspracherwerb bisher unklar geblieben. Eine Evaluationsstudie von Einsiedler, Frank, Kirschhock, Martschinke und Treinies (2002) zum Programm von Forster und Martschinke (2002) ergab, dass dieses Training die phonologische Kompetenz zwar auch noch im Verlauf des ersten Grundschuljahrs verbesserte, das Lesenlernen aber nur ein wenig förderte. Eine von Stock und Schneider (2011) zu PHONIT durchgeführte Studie erbrachte hingegen in allen drei untersuchten Klassenstufen sowohl bedeutsame Steigerungen der phonologischen Kompetenzen, als auch einen positiven Transfer auf die Rechtschreibleistungen der Kinder. Insgesamt scheinen die beschriebenen Fördermaßnahmen insbesondere für Kinder mit Entwicklungsrückständen im phonologischen Bereich gut geeignet zu sein.

10.6 Literatur

Grundlegende Literatur

Lundberg, I., Frost, J. & Petersen, O. P. (1988). Effects of an extensive program for stimulating phonological awareness in preschool children. *Reading Research Quarterly, 23*, 253–284. doi: 10.1598/RRQ.23.3.1

Schneider, W. (2001). Training der phonologischen Bewusstheit. In K. J. Klauer (Hrsg.), *Handbuch kognitives Training* (2. Aufl., S. 69–95). Göttingen: Hogrefe.

Schneider, W. & Marx, P. (2008). Früherkennung und Prävention von Lese- Rechtschreibschwächen. In F. Petermann & W. Schneider (Hrsg.), *Enzyklopädie der Psychologie, Serie V (Entwicklungspsychologie), Band 7: Angewandte Entwicklungspsychologie* (S. 237–273). Göttingen: Hogrefe.

Weiterführende Literatur

Bus, A. G. & IJzendoorn, M. H. van (1999). Phonological awareness and early reading: A meta-analysis of experimental training studies. *Journal of Educational Psychology, 91,* 403–414. doi: 10.1037/0022-0663.91.3.403

Einsiedler, W., Frank, A., Kirschhock, E.-M., Martschinke, S. & Treinies, G. (2002). Der Einfluss verschiedener Unterrichtsformen auf die phonologische Bewusstheit sowie auf Lese-Rechtschreibleistungen im ersten Schuljahr. *Psychologie in Erziehung und Unterricht, 49,* 194–209.

Klicpera, C. & Gasteiger-Klicpera, B. (1993). *Lesen und Schreiben – Entwicklung und Schwierigkeiten.* Bern: Huber.

Landerl, K. & Wimmer, H. (1994). Phonologische Bewusstheit als Prädiktor für Lese- und Schreibfertigkeiten in der Grundschule. *Zeitschrift für Pädagogische Psychologie, 8,* 153–164.

Marx, H., Jansen, H., Mannhaupt, G. & Skowronek, H. (1993). Predictions of difficulties in reading and spelling on the basis of the Bielefeld screening. In H. Grimm & H. Skowronek (Eds.), *Language acquisition problems and reading disorders: Aspects of diagnosis and intervention* (pp. 219–242). Berlin: De Gruyter.

Marx, P. (2007). *Lese- und Rechtschreiberwerb.* Paderborn: Schöningh.

Schneider, W. (2008). Entwicklung der Schriftsprachkompetenz vom frühen Kindes- bis zum frühen Erwachsenenalter. In W. Schneider (Hrsg.), *Entwicklung von der Kindheit bis zum Erwachsenenalter – Befunde der Münchner Längsschnittstudie LOGIK* (S. 167–185). Weinheim: Beltz.

Schneider, W. & Näslund, J. C. (1999). The impact of early phonological processing skills on reading and spelling in school. In F. E. Weinert & W. Schneider (Eds.), *Individual development from 3 to 12: Findings from the Munich Longitudinal Study* (pp. 126–147). Cambridge: Cambridge University Press.

Weber, J., Marx, P. & Schneider, W. (2007). Die Prävention von Lese- Rechtschreibschwierigkeiten bei Kindern mit nichtdeutscher Herkunftssprache durch ein Training der phonologischen Bewusstheit. *Zeitschrift für Pädagogische Psychologie, 21,* 65–76.

Material

Barth, K. & Gomm, B. (2004). *Gruppentest zur Erfassung phonologischer Bewusstheit bei Kindergartenkindern und Schulanfängern.* München: Ernst Reinhardt.

Coninx, F. & Stumpf, P. (2007). *Hören – Sehen – Lernen. Die Solinger Sprachspiele zur phonologischen Bewusstheit und Laut-Buchstaben-Zuordnung.* Göttingen: Vandenhoeck & Ruprecht.

Forster, M. & Martschinke, S. (2002). *Leichter lesen und schreiben lernen mit der Hexe Susi.* Donauwörth: Auer.

Jansen, H., Mannhaupt, G., Marx, H. & Skowronek, H. (2002). *Bielefelder Screening zur Früherkennung von Lese-Rechtschreibschwierigkeiten (BISC; 2. Aufl.).* Göttingen: Hogrefe.

Küspert, P. & Schneider, W. (2008). *Hören, lauschen, lernen – Sprachspiele für Kinder im Vorschulalter* (6. Aufl.). Göttingen: Vandenhoeck & Ruprecht.

Küspert, P. & Schneider, W. (2007). *Hören, lauschen, lernen – vorgespielt. Anleitung zur Durchführung des Trainingsprogramms (DVD).* Göttingen: Vandenhoeck & Ruprecht.

Mannhaupt, G. (2006a). *Münsteraner Screening zur Früherkennung von Lese- Rechtschreibschwierigkeiten (MÜSC).* Berlin: Cornelsen.

Mannhaupt, G. (2006b). *Münsteraner Trainingsprogramm. Ein Programm zur Förderung der phonologischen Bewusstheit für den Schulanfang.* Berlin: Cornelsen.

Martschinke, S., Kirschhock, E.-M. & Frank, A. (2001). *Diagnose und Förderung im Schriftspracherwerb. Der Rundgang durch Hörhausen.* Donauwörth: Auer.

Plume, E. & Schneider, W. (2004). *Hören, lauschen, lernen II.* Göttingen: Vandenhoeck & Ruprecht.

Stock, C., Marx, P. & Schneider, W. (2003). *Basiskompetenzen für Lese-Rechtschreibleistungen. Ein Test zur Erfassung der phonologischen Bewusstheit vom ersten bis vierten Grundschuljahr (BAKO)*. Göttingen: Beltz.

Stock, C. & Schneider, W. (2011). *PHONIT – Ein Trainingsprogramm zur Verbesserung der phonologischen Bewusstheit und der Rechtschreibleistung im Grundschulalter*. Göttingen: Hogrefe.

11. Aufbau von Lesefertigkeiten

Christian Klicpera † und Barbara Gasteiger-Klicpera

Fallbeispiel

Lea war bereits in der 1. Klasse der Grundschule als lese-recht-schreibschwach aufgefallen. In der 3. Klasse las sie nach längerer Förderung zwar relativ fehlerfrei, aber sehr langsam und mühevoll. Das vordringliche Ziel der Intervention bestand deshalb darin, ihre Lesegeschwindigkeit zu erhöhen, sodass sie auch längere zusammenhängende Texte lesen konnte. Im Förderunterricht wurde mit Lea die Methode des wiederholten Lesens eingeübt. Aus einem Buch, für das sie sich interessierte, wurde eine Geschichte auf Kassette aufgenommen, wobei bewusst etwas langsamer gesprochen wurde. Die Kassette wurde ihr, gemeinsam mit einem Kassettenrecorder, den Kopfhörern und dem geschriebenen Text, ausgehändigt. In der Förderstunde hörte sie sich die Geschichte zuerst an und las dabei laut mit. Nach einer kurzen Übung der Wörter, bei denen sie Unsicherheiten gezeigt hatte, bekam sie die Kassette mit nach Hause. Sie sollte sie öfters anhören, dabei laut mitlesen und die Lautstärke allmählich reduzieren, bis sie die Geschichte selbst flüssig vorlesen konnte. Nachdem dies mit einer Geschichte geklappt hatte, wurde das gleiche Vorgehen auf andere Geschichten ausgedehnt. Zunächst waren die Geschichten noch sehr kurz. Sobald Lea aber etwas Übung hatte, wurden sie länger (bis zu 20 Seiten), sodass sie einen Spannungsbogen aufbauen und sie in ihren Bann ziehen konnten. Die Aufnahmen wurden möglichst attraktiv gestaltet. Verschiedene Sprecher übernahmen die Rollen der vorkommenden Personen. Außerdem wurde die Geschichte mit Musik und Geräuschen untermalt. Lea sollte sich die Geschichte wenigstens einmal täglich anhören und dabei mitlesen. Ein Teil der Geschichte sollte sie mehrmals üben, damit sie ihn am nächsten Tag in der Förderstunde vorlesen konnte. Anfangs musste sie jede Geschichte 20- bis 30-mal üben, bevor es ihr möglich war, sie flüssig zu lesen. Die Anzahl der Wiederholungen verringerte sich jedoch mit der Zeit, weil sie eine größere Geläufigkeit im Lesen erreichte.

11.1 Kurzbeschreibung der Methoden und ihres theoretischen Hintergrunds

Bei der Leseförderung können vielfältige Methoden eingesetzt werden. Sie lassen sich am besten nach dem Fertigkeitsniveau der Schülerinnen bzw. Schüler differenzieren. Zusätzlich sind Maßnahmen, die begleitend zum Unterricht eingesetzt werden, von Maßnahmen zu unterscheiden, die speziell zur Förderung lernschwacher Schülerinnen und Schüler gedacht sind. Somit ergeben sich drei Ansätze:

- *Präventive Konzepte*, die in erster Linie die notwendigen Grundlagen für das leichtere Erlernen des Lesens schaffen wollen und deshalb primär im Kindergarten und Vorschulunterricht oder auch begleitend zum Erstleseunterricht eingesetzt werden. Hier geht es vor allem um die Förderung der phonologischen Bewusstheit. Zwischen der phonologischen Bewusstheit bei Schuleintritt und dem Erfolg beim Lesen- und Schreibenlernen besteht in alphabetischen Schriftsystemen ein enger Zusammenhang. Kindern, die schon bei Schuleintritt in der Lage sind, die Laute eines Wortes zu identifizieren und auszugliedern sowie isoliert gesprochene Laute „zusammenzulauten“, fällt der Erstleseunterricht leichter als Kindern, die diese Voraussetzung bei der Einschulung nicht besitzen.
- *Begleitende Fördermaßnahmen*, die im Erstleseunterricht in der ersten Klasse und bei anhaltenden Schwierigkeiten in der Lesesicherheit auch noch in den höheren Klassen durchgeführt werden. Hier handelt es sich um Ansätze, die bei Kindern zum Tragen kommen, die beim Erlernen der grundlegenden Schritte des Lesens Schwierigkeiten haben, die also stockend und fehlerhaft lesen. In der Schule soll der Aufbau der basalen Lese- und Rechtschreibfertigkeiten innerhalb der ersten beiden Schuljahre erfolgen. In der Geschwindigkeit des Vorgehens im Erstleseunterricht gibt es jedoch beträchtliche Unterschiede zwischen verschiedenen Klassen. In Österreich wird beispielsweise (wenigstens in den östlichen Bundesländern, Wien und Niederösterreich) meist so rasch vorgegangen, dass das Vorstellen und Erlernen der Buchstaben bereits nach einem halben Jahr abgeschlossen ist. Dieses rasche Vorgehen und die mangelnde Differenzierung zwischen einzelnen Gruppen von Schülerinnen und Schülern bedingt, dass Kinder mit geringeren Lernvoraussetzungen beim Lesen- und Schreibenlernen zurückbleiben. Hier gilt es, diese Schwierigkeiten frühzeitig zu erkennen und die Schülerinnen und Schüler noch während des Erstleseunterrichts zusätzlich zu unterstützen und zu fördern.
- Methoden, die auf eine *Erhöhung der Leseflüssigkeit* bzw. der Geläufigkeit und Geschwindigkeit beim Lesen abzielen. Neben dem Erlernen des schrittweisen Erlesens aufgrund des Wissens um Graphem-Phonem-Zuordnungen besteht ein wichtiger Teil der Leseförderung in der Erhöhung des Anteils der Wörter, die rasch erkannt und gelesen werden können, und damit in der Förderung der Aneignung eines *Sichtwortschatzes*. Zum Sichtwortschatz gehören jene Wörter, die ohne hörbares langsames

„Erlesen" innerhalb einer Sekunde gelesen werden können. Ziel der Förderung ist die Ausweitung des Sichtwortschatzes auf den Großteil der häufig vorkommenden Wörter und damit die Steigerung der Lesegeschwindigkeit durch die Automatisierung des Worterkennungsvorgangs.

11.2 Indikation der Methoden

Grundsätzlich sollte die Förderung der Kinder, die durch mangelnde Lernvoraussetzungen für den Leseunterricht bzw. durch ein Zurückbleiben im Leseunterricht auffallen, so früh wie möglich erfolgen. Geschieht dies nicht, so besteht die Gefahr, dass sich die Schwierigkeiten der Kinder verfestigen und der Abstand im Leistungsstand zu den Mitschülerinnen und Mitschülern immer größer wird, da die betroffenen Kinder weniger vom Unterricht profitieren und zudem auch außerhalb des Unterrichts weniger lesen.

- Maßnahmen zur *Förderung der phonologischen Bewusstheit* (s. Kapitel 10) sind zur Prävention von Leseschwierigkeiten vor allem bei jenen Kindern angezeigt, die am Beginn des letzten Kindergartenjahres zum schwächsten Fünftel der Kinder gehören bzw. bei einem Screeningtest für die Prognose von Lese- und Rechtschreibschwierigkeiten (z. B. dem „Bielefelder Screening", BISC, von Jansen, Mannhaupt, Marx & Skowronek, 2002) als Risikokinder ausgewiesen werden. An sich ist eine zusätzliche Förderung der schwächeren Schülerinnen und Schüler auch in der 1. Grundschulklasse noch möglich. Mit nachhaltigen Transfereffekte auf den Schriftspracherwerb ist bei einem solch späten Zeitpunkt der Förderung aber nicht mehr zu rechnen (Einsiedler, Frank, Kirschhock, Martschinke & Treinies, 2002; s. dazu auch Kapitel 10).
- Begleitende *Fördermaßnahmen während des Erstleseunterrichts* in der 1. Klasse und bei anhaltenden Schwierigkeiten in der Lesesicherheit auch in den höheren Klassen benötigen vor allem Kinder, die Schwierigkeiten beim Einprägen der Graphem-Phonem-Korrespondenzen sowie beim Zusammenlauten und Gliedern der Wörter zeigen. Um bei sich abzeichnenden Leseschwierigkeiten möglichst früh intervenieren zu können, ist es ratsam, bereits die ersten Stadien der Leseentwicklung aufmerksam zu verfolgen und jenen Kindern, die hier zurückbleiben, gezielte Hilfen anzubieten (z. B. in Lerntherapien oder im Förderunterricht). Dies kann bei einigen Kindern bereits nach einigen Monaten offensichtlich sein, bei anderen wird man die Schwierigkeiten beim Erlesen unbekannter Wörter bzw. von Pseudowörtern erst später bemerken.
- Maßnahmen zur *Förderung der Leseflüssigkeit* bzw. der Geläufigkeit und Geschwindigkeit beim Lesen sind bei Kindern ab der 2. Klasse angezeigt, sofern sie keine angemessene, mit ihren Mitschülerinnen und Mitschülern vergleichbare Erhöhung der Lesegeschwindigkeit erreichen. Die schwächeren Kinder benötigen zusätzliches Training vor allem im wiederholten Lesen von Wörtern. Auch muss darauf geachtet werden, ihre Lesemotivation zu fördern. Angezeigt ist dies vor allem bei Kindern, die bei Lesetests (z. B. dem „Lese- und Rechtschreibtest", SLRT-II, von Moll & Landerl, 2010) durch eine geringe Lesegeschwindigkeit auffallen.

11.3 Detaillierte Beschreibung des Vorgehens

Präventive Ansätze: Förderung der phonologischen Bewusstheit

Zur Prävention von Lese-Rechtschreibschwierigkeiten hat sich in verschiedenen Ländern ein Training der phonologischen Bewusstheit bewährt. Für den deutschen Sprachraum wurde von Küspert und Schneider (1999) ein in Schweden entwickeltes Programm adaptiert und erweitert. Verteilt auf das gesamte letzte Kindergartenjahr wird vor allem mit den schwächeren Schülerinnen und Schülern bzw. jenen, die diese Lautbewusstheit noch nicht ausreichend ausgebildet haben, die Aufgliederung von Wörtern in kleinere Einheiten (beginnend mit der Gliederung in Anfangslaut und Wortrest), die Identifizierung von Lauten und das Zusammenschleifen von Lauten zu Silben und Wörtern geübt. Eine Beschreibung dieses Programms findet sich in Kapitel 10 in diesem Band. Wichtig ist, dass ein Training phonologischer Bewusstheit nur in Kombination mit einem Buchstabentraining hilfreich ist, und dass es darüber hinaus die Defizite eines schwachen Leseunterrichts nicht auszugleichen vermag.

Begleitende Fördermaßnahmen während des Erstleseunterrichts in der 1. Klasse und bei anhaltenden Schwierigkeiten in der Lesesicherheit in den höheren Klassen

(1) *Förderung des Behaltens der Buchstaben-Laut-Zuordnung*. Eine der grundlegenden Voraussetzungen für das Lernen einer alphabetischen Schrift besteht darin, sicher zu wissen, welche Buchstaben welchem Laut zugeordnet sind bzw. umgekehrt welche Laute die verschiedenen Buchstaben repräsentieren. Da Kinder mit Lese- und Rechtschreibschwierigkeiten häufig besondere Schwierigkeiten in der Buchstaben-Laut-Zuordnung haben, muss dies speziell geübt werden. Ein solches Training kann bereits vor Schulbeginn im letzten Kindergartenjahr einsetzen und ist vor allem dann erfolgreich, wenn es mit Übungen zur Förderung der phonologischen Bewusstheit kombiniert wird.

Eine Möglichkeit, den Kindern das Behalten der Buchstaben-Laut-Zuordnungen zu erleichtern, besteht darin, diese Zuordnungen mit *Handzeichen* zu unterstützen (Blumenstock, 1997). Dafür sind viele unterschiedliche Systeme vorgeschlagen worden, die man grob danach einteilen kann, wieweit die Handzeichen auf die Buchstabenform oder auf die Art der Lautbildung hinweisen. Sinnvoller erscheinen uns Handzeichen, die auf die Art der Lautbildung hinweisen (Kossow, 1977). Solche Handzeichen können begleitend zum Erstleseunterricht vermittelt werden und dürften dabei allen Kindern helfen, den schwächeren wie auch den besseren (diesen allerdings nur in einer Übergangsphase, in der sie noch unsicher sind und eher beim Erlernen des Rechtschreibens als des Lesens). Eine weitere Möglichkeit, den Kindern die Identifikation der Laute, die mit den Buchstaben verbunden sind, zu erleichtern und diese besser einzuprägen, besteht darin, ihnen die Artikulation der Laute vor Augen zu führen und sie die Artikulation auch im Spiegel selbst beobachten zu lassen (Schaubilder hierzu finden sich bei Kossow, 1991, und bei Findeisen, Melenk & Schillo, 2000).

(2) *Unterricht im phonologischen Rekodieren.* Zur Prävention von Leseschwierigkeiten ist ein systematischer Unterricht im phonologischen Rekodieren notwendig, der den Kindern ausreichend Gelegenheit zum Üben der erworbenen Fertigkeiten bietet und einen motivierenden Kontext bzw. viele Anregungen für das Lesen schafft. Das deutsche Schriftsystem verfügt über eine hohe Regelmäßigkeit in den Graphem-Phonem-Zuordnungen (Ausnahmen beschränken sich in erster Linie auf Fremdwörter). Die Aneignung dieser Zuordnungen wird dadurch erleichtert, dass in häufigen Wörtern immer wieder dieselben Zuordnungen vorkommen und die Sprache damit relativ leicht durchschaubar ist. Diese Regelmäßigkeit nutzen Leselehrgänge für den Erstleseunterricht, indem nur Wörter eingeführt bzw. verwendet werden, für die die Graphem-Phonem-Zuordnungen schon bekannt sind. Ein Abweichen von diesem Prinzip bedeutet eine deutliche Erschwernis gerade für diejenigen Kinder, die mit wenigen Lernvoraussetzungen in die Schule eingetreten sind. Um den Kindern das Lesenlernen zu erleichtern, führt man Übungen mit der Silbentreppe durch. Dabei werden an einen Konsonanten verschiedene Vokale angehängt und die Silben vor- und rückwärts gelesen (Findeisen et al., 2000).

(3) *Interventionen im Rahmen des Erstleseunterrichts.* Eine Hoffnung besteht darin, Leseschwierigkeiten bereits in den ersten Monaten der 1. Klasse zu erkennen und den Kindern durch zusätzliche Förderung ein Aufholen dieser Schwierigkeiten zu ermöglichen. Dieses frühzeitige Erkennen muss sich natürlich am Vorgehen im verwendeten Leselehrgang orientieren. Systematische Erfahrungen mit frühzeitigen Interventionen im Erstleseunterricht gibt es bisher fast ausschließlich im anglo-amerikanischen Sprachraum (z. B. *Reading Recovery*). Die Interventionsprogramme setzen auf möglichst vielfältige Leseerfahrungen (s. Kasten 1). Die Ergebnisse zeigen, dass bei einer zusätzlichen Betreuung der schwächsten Leser von einer halben Stunde täglich (idealerweise in Form einer Einzelbetreuung) der Großteil der Kinder selbst gravierende Rückstande innerhalb von 3 bis 4 Monaten aufholen kann (Pinnell, Lyons, Deford, Bryk & Seltzer, 1994).

Kasten 1: Reading Recovery – Frühzeitige Förderung im Erstleseunterricht

Reading-Recovery-Programme zielen auf eine frühzeitige Förderung des Lesens in der 1. Klasse ab. Die Förderung besteht darin, den Kindern durch das Lesen einer kurzen Geschichte zusätzliche Gelegenheit zum Üben, aber auch zum Erwerb von Lesestrategien zu geben. Besonders erfolgreiche Programme im englischsprachigen Bereich (Schwartz, 2005) verbinden die Leseübungen mit einem systematischen Unterricht in den Graphem-Phonem-Zuordnungen und damit im phonologischen Rekodieren. Dies müsste bei Programmen im deutschsprachigen Bereich, wo die Graphem-Phonem-Zuordnungen noch viel regelmäßiger sind, zusätzlich betont werden. Viele Übungsformen, die erfahrene Grundschullehrkräfte verwenden und die z. B. von Findeisen et al. (2000) sowie von Blumenstock (1997) zusammengestellt wurden, können dabei helfen, Schwierigkeiten zu überwinden, die Kinder beim Behalten der Buchstaben-Laut-Zuordnungen, bei der Ausbildung der phonologischen Bewusstheit und der darin eingeschlossenen Phonemanalyse und -synthese zeigen. Dies gilt etwa für das Anbahnen des Lesens über das Lautieren, das allmähliche Zusammenfügen der Laute bis zum richtigen Zusammenlauten und Auf- und Abbauübungen mit der Lesetreppe.

Allerdings bleibt zu bedenken, dass von einer frühen Förderung vor allem jene Schülerinnen und Schüler profitieren, die wegen unzureichender familiärer Unterstützung mit geringeren Lernvoraussetzungen und mit mangelnden phonologischen Fertigkeiten in die Schule kommen. Diese Kinder benötigen mehr Übung im Lesen und Schreiben, aber auch eine Vertiefung der phonologischen Bewusstheit. Schülerinnen und Schüler mit größeren Defiziten in phonologischen Fertigkeiten können jedoch mit dieser Form der Förderung die Anfangsphase des Schriftspracherwerbs nicht bewältigen. Sie brauchen noch zusätzliche Hilfen und mehr Übungsgelegenheiten (Vellutino et al., 1996).

(4) *Förderung von Worterkennen und Sicherheit im Lesen in höheren Klassen.* Auch in den nächsten Klassenstufen muss sich die Förderung an der Art und dem Ausmaß der Schwierigkeiten im mündlichen Lesen orientieren. Kinder, die noch Probleme beim Behalten der den Buchstaben zugeordneten Laute und beim Erlesen kurzer, einfach aufgebauter Wörter haben, benötigen weiterhin Hilfe beim Einprägen dieser Verbindungen und beim Zusammenlauten der Buchstaben in der Lautsynthese. Zum einen könnten Lautgebärden auch später noch eine Unterstützung darstellen. Zum anderen ist bei größeren Leseschwierigkeiten auch die Auswahl einfach strukturierter und den Kindern gut vertrauter Wörter empfehlenswert (Blumenstock, 1997). Dafür eignen sich Förderlehrgänge, in denen Wörter mit zunehmendem Schwierigkeitsgrad und Lesematerialien mit größtmöglicher Lauttreue verwendet werden (s. Kapitel 4). Dies gilt etwa für den „Kieler Leseaufbau" (Dummer-Smoch & Hackethal, 2011), die „Lautgetreuen Leseübungen" (Findeisen et al., 2000) und das Förderprogramm von Reuter-Liehr (2006). Im letztgenannten Programm werden sechs Phonemstufen unterschieden, die in Kasten 2 skizziert sind.

Kasten 2: Phonemstufen im Programm von Reuter-Liehr (2006)

- **Phonemstufe 1:** Hier kommen nur nicht lautgleiche Vokalzeichen sowie Buchstaben für Dauerkonsonanten vor. Beim Umgang mit mehrsilbigen Wörtern wird das silbengliedernde Sprechen eingehalten und die Doppelkonsonanten werden in einen aus- und anlautenden Teil gegliedert („sch" und „ch" als Ausnahme, bei der das Graphem am Silbenende und -anfang wiederholt wird).
- **Phonemstufe 2:** Hier werden Dauerkonsonanten (h, z, j, ch) eingeführt, die leicht mit anderen Konsonanten verwechselt bzw. nicht immer realisiert werden. Zudem werden harte und weiche Stoppkonsonanten an intervokalischen Stellen vorgestellt.
- **Phonemstufe 3:** Es werden Konsonantenhäufungen innerhalb einer Silbe eingeführt, wobei am Silbenanfang beide und am Silbenende wenigstens der erste dauerhaft aussprechbar sein müssen.
- **Phonemstufe 4:** Behandelt werden nun Konsonantenhäufungen, ergänzt durch Verbindungen, in denen ein Verschlusslaut an erster Stelle steht.
- **Phonemstufe 4a:** Das „qu" wird eingeführt.
- **Phonemstufe 4b:** Es werden Konsonantenhäufungen wie „st" und „sp" sowie dreigliedrige Konsonantenverbindungen „str", „spl" und „spr" eingeführt.
- **Phonemstufe 5:** Behandlung von „ie" als Schreibung des /i:/
- **Phonemstufe 6:** Schreibung des „ß" (Unterscheidung des scharfen und des weichen s)

Sobald die Übungen den Bereich der einsilbigen Wörter überschreiten, ist es angezeigt, das Erlesen durch Übungen der Wortanalyse zu ergänzen. Diese unterstreichen die Redundanz der Sprache, indem sie die Zusammensetzung der Wörter aus häufiger vorkommenden Buchstabengruppen, aus Silben oder auch aus Morphemen (Wortkern und grammatische Endung) betonen und dadurch das Erlesen in einen stufenweisen Prozess umgestalten, der durch die Identifikation größerer, bekannter Einheiten erleichtert wird. In den vorhandenen deutschsprachigen Förderprogrammen wird besonders die Silbengliederung als Hilfe betont. Das Programm von Reuter-Liehr (2006) führt die Silbengliederung als eine dem Lesen und Schreiben vorausgehende Aktivität ein. Durch das *Silbenschreiten* und ähnliche Aktivitäten sollen die Kinder auch beim Lesen und Schreiben an eine längere aufbauende Phase der Silbengliederung gewöhnt werden. Zunächst sollen die Kinder die Wörter in Silben gliedern, indem sie bei jeder Silbe einen Schritt setzen und dabei jeweils mit den Armen schwingen. Dann sollen sie beim Lesen diese Gliederung vornehmen, um danach die Silbengliederung in die Texte durch das Einzeichnen von Silbenbögen unter die Worte einzutragen.

Aneignung eines Sichtwortschatzes und Erhöhung der Lesegeschwindigkeit

Um die Informationsaufnahme zu beschleunigen und die Wahrnehmungsgeschwindigkeit beim Lesen zu steigern, bietet sich folgendes Vorgehen an:

(1) *Einsatz von „Blitzkarten"*. Die zu lesenden Wörter werden jeweils einzeln auf Karten geschrieben und beim Üben in Gruppen von fünf bis zehn Wörtern vom Kind zunächst erlesen. Danach sind die Karten immer kürzer zu zeigen, bis die Präsentation nur noch knapp 1 Sekunde beträgt. Dieses Vorgehen verlangt dem Kind ein zunehmend rascheres Benennen der Wortkarten ab. Hierdurch werden Wahrnehmungsstrategien eingeübt: Die Schülerinnen bzw. Schüler erlesen Buchstaben nicht mehr sequenziell (also Buchstabe für Buchstabe), sondern erfassen simultan größere Worteinheiten (z. B. Silben oder ganze Wörter). Für diese Übungen kann ein Computer eingesetzt werden, der das Lesematerial mit variabler Präsentationszeit darbietet.

(2) *Erhöhung der Lesegeläufigkeit durch „wiederholtes" Lesen*. Bei Kindern, welche die Graphem-Phonem-Zuordnungen bereits beherrschen, besteht ein weiteres Ziel darin, die Geläufigkeit des Lesens bei verbundenen Texten zu steigern. Dies kann zum Teil durch rascheres Erkennen und raschere Wiedergabe einzelner Wörter erreicht werden. Es braucht dazu allerdings viel Übung. Die Fortschritte in der Lesegeschwindigkeit, die ein Kind bei einzelnen Wörtern erreicht, werden nämlich zunächst kaum auf andere Worte übertragen. Aus diesem Grund ist als zusätzliche Übungsform das wiederholte Lesen von Texten zu empfehlen (Klicpera & Gasteiger-Klicpera, 1998), so wie dies im Fallbeispiel von uns beschrieben worden ist.

(3) *Gruppierung des Wortmaterials*. Der Mechanismus, der für die Beschleunigung der Worterkennung und Lesegeschwindigkeit verantwortlich ist, besteht in der Bildung größerer Einheiten (z. B. Silben und Buchstabengruppen; vgl. Levy, 2001) und der schnelleren Zugänglichkeit und rascheren Abrufbarkeit solcher Einheiten. Deshalb kommt es beim Üben entscheidend darauf an, Wörter nach gemeinsamen Merkmalen (z. B. glei-

che Vor- oder Nachsilben) bzw. nach Merkmalen, die dem Kind besonders schwer fallen (z. B. Verwechslungen von -chs, -ks und -xs) zu Gruppen zusammenzustellen und beim Üben des Lesens die kritischen Einheiten besonders hervorzuheben. Die Darbietung erfolgt mithilfe eines Computers oder der bereits oben erwähnten Blitzkarten.

(4) *Unterstützung der Lesemotivation*. Um eine Erhöhung der Lesegeläufigkeit zu erreichen, ist es wesentlich, die Lesemotivation der Kinder zu stärken. Dies kann durch Erleichterung des Zugangs zu interessantem, der Altersstufe des Kindes entsprechendem Lesematerial geschehen. Um leseschwache Kinder nicht zu überfordern, ist es günstig, ihnen Lesetexte anzubieten, in denen gezielt auf eine hohe Lesbarkeit (etwa in der Wortwahl) geachtet wird. Tacke (1999) hat zur Unterstützung von Fördermaßnahmen besonders geeignete Lesehefte herausgegeben, die für verschiedene Schulstufen vorliegen. Für den Erfolg der Förderung ist es wichtig, dass die Bemühungen des Kindes von Beginn an von Erfolg gekrönt sind (d. h., dass die Schwierigkeit der Texte für das Kind gut zu meistern sein muss). Auch die Interessen der Schülerinnen und Schüler sollten berücksichtigt werden (s. Kapitel 20). Für manche Jungen werden Sport- oder PC-Zeitschriften das richtige Lesematerial sein, für andere Tier- oder Abenteuergeschichten. Wichtig ist, dass das Lesematerial für die Kinder interessant und spannend ist und von der Schwierigkeit her so abgestuft wird, dass keine Gefühle des Versagens aufkommen können.

11.4 Hinweise für die organisatorische Umsetzung

- *Frühförderung während des Erstleseunterrichts*. Die frühzeitige Förderung von Kindern, die beim Erlernen des Lesens und Schreibens Schwierigkeiten haben, erscheint besonders sinnvoll und ist auch höchst effektiv. Durch frühe Fördermaßnahmen können zudem negative Folgen von Leseschwierigkeiten, wie Desinteresse und negative Leseeinstellungen, verhindert werden. Daher sollten in der Schule zusätzliche Personen für die individuelle Betreuung von Kindern mit Leseschwierigkeiten zur Verfügung stehen. Erfahrungen aus dem amerikanischen Raum zeigen, dass dies nicht unbedingt voll ausgebildete Lehrkräfte sein müssen. Vieles kann auch durch engagierte und für diese Aufgabe angeleitete Laien übernommen werden. Aber selbst wenn Lehrkräften diese Aufgabe übertragen wird, benötigen sie dafür eine besondere Vorbereitung und Supervision. Die Durchführung der Förderung muss in enger Abstimmung mit dem Klassenunterricht erfolgen und sollte zeitlich begrenzt sein, wobei der Erfolg möglichst kontinuierlich zu überprüfen ist.
- *Realisierung von Förderprogrammen in der Schule*. An sich ist die Schule der passende Ort für zusätzliche Fördermaßnahmen. Allerdings besteht die Gefahr, dass die Intervention in Konkurrenz zu den regulären Unterrichtsangeboten tritt und daher oft nur halbherzig durchgeführt wird. Detaillierte Untersuchungen in Österreich konnten gravierende Mängel bei der Auswahl der Kinder für die Fördermaßnahmen und bei der Durchführung dieser Kurse nachweisen (Klicpera, Gasteiger-Klicpera & Schabmann, 1993). Dies ist sicher nicht überall in gleicher Weise der Fall. Wenn die Kurse aber keinem klaren Konzept folgen und keine Vorkehrungen zu ihrer Qualitätssicherung getroffen werden, dann ist die Gefahr groß, dass ihr Effekt gering bleibt (s. Kapitel 42 und 43).

- *Mitschülerinnen und Mitschüler als Tutorinnen und Tutoren.* Neben Erwachsenen können auch Schülerinnen und Schüler im Unterricht die Leseförderung sehr gut übernehmen (s. Kapitel 38). Bewährt hat sich sowohl die Arbeit in Kleingruppen als auch die Partnerarbeit (s. Kasten 3). Schülerinnen und Schüler bevorzugen leistungsheterogene Gruppen, in denen sie sich gegenseitig helfen können und nicht zu sehr auf die Unterstützung der Lehrkraft angewiesen sind. Es ist allerdings notwendig, den Schülerinnen und Schülern klare Anweisungen und Arbeitsaufträge zu erteilen (Topping & Ehly, 1998). Für ihre Zusammenarbeit benötigen sie eine konkrete Anleitung – und zwar sowohl für die Bildung der Gruppen als auch für die Aufgabenverteilung innerhalb der Gruppe.
- *Zusammenarbeit mit den Eltern.* Viele Fördermaßnahmen können auch von den Eltern durchgeführt werden (McElvany & Artelt, 2007). Allerdings brauchen sie eine entsprechende Beratung und Begleitung (s. Kapitel 37). Da die Hausaufgabensituation auf leseschwache Kinder oft sehr belastend wirkt, ist in der Beratung vor allem auf die Entlastung und Unterstützung der Eltern zu achten (s. Kapitel 29). Eltern sollten nicht die Therapeutinnen und Therapeuten ihrer Kinder sein! Im Vordergrund sollten das gemeinsame Lesen und das Vorlesen der Kinder stehen. Da in der Schule zu wenig Zeit bleibt, die Kinder selbstständig lesen zu lassen (außer wenn die Methode des gepaarten Lesens angewendet wird), müssen die Eltern den Kindern bei den ersten Schritten des Lesenlernens beiseite stehen. Diese ersten Schritte sind für lese-rechtschreibschwache Kinder besonders mühsam. Es besteht hier eine gewisse Gefahr, dass Eltern zu viel Druck auf ihre Kinder ausüben, sodass diese die Freude am Lesen gänzlich verlieren. Um das gemeinsame Lesen interessanter und abwechslungsreicher zu gestalten, wurden verschiedene Ideen entwickelt. Ein Beispiel dafür ist auch hier das „*Paired Reading*" (s. Kasten 3). Eltern und Kinder lesen abwechselnd eine spannende Geschichte. Wichtig ist, dass das Kind vom Inhalt der Geschichte gefesselt ist, dass es also wissen will, was weiter passiert und wie die Geschichte ausgehen wird (Morgan & Lyon, 1979). Beim gemeinsamen Lesen kommt es nicht so sehr auf bestimmte Techniken an, sondern darauf, die Eltern regelmäßig dazu zu motivieren, mit den Kindern zu lesen, und ihnen dabei zu helfen, das Lesen für die Kinder so interessant wie möglich zu gestalten. Daher ist es wichtig, dass die Eltern darauf achten, Schwierigkeiten des Kindes vorherzusehen und mit Fehlern so umzugehen, dass der Lesefluss nicht zu sehr gestört wird. Sonst bleibt von der spannenden Geschichte nämlich nichts mehr übrig.

Kasten 3: „Paarweises Lesen" nach Topping und Ehly (1998)

Eine im anglo-amerikanischen Sprachraum erprobte und in ihrer Effektivität erwiesene Technik stellt das paarweise Lesen dar. In der Schulklasse werden Paare gebildet, die sich aus einer besseren Leserin oder einem besseren Leser (Tutorin oder Tutor) und einer schwächeren Leserin oder einem schwächeren Leser (Tutandin oder Tutand) zusammensetzen. Beide sollen dreimal wöchentlich für je eine halbe Stunde miteinander ein Buch lesen, wobei das leseschwächere Kind vom lesestärkeren unterstützt wird (die Dauer dieser Übungen sollte mindestens acht Wochen betragen). Die Leseaktivität wechselt zwischen dem gemeinsamen lauten Lesen und dem Vorlesen des schwächeren Kindes ab. Das schwächere Kind kann solange vorlesen, bis ihm ein Fehler unterläuft. Für die Korrektur der Lesefehler gibt es eine genaue Prozedur: Die Tutorin bzw. der Tutor soll der Tutandin bzw. dem Tutanden wenigstens vier Sekunden Zeit zur Selbstkorrektur geben. Danach sagt sie bzw. er selbst das richtige Wort, das die Tutandin bzw. der Tutand daran anschließend wiederholt. Bei der Einweisung in diese Methode werden alle Schülerinnen und Schüler darauf hingewiesen, dass die Bücher sehr interessant und schön zu lesen sind, dass es aber darauf ankommt, die Vorzüge der Bücher selbst zu entdecken. Die Paare sollen daher auch über den Inhalt der Bücher miteinander sprechen. Jedes Kind soll am Ende des gemeinsamen Lesens einige Fragen zum Inhalt beantworten. Dadurch wird die Aufmerksamkeit auf das Sinnverständnis des Buchtextes gelenkt. Wichtig ist, dass die Lehrkraft die Arbeit der Lernpaare überwacht und Fehlentwicklungen (z. B. bei der Aufgabenteilung) sofort korrigiert.

11.5 Wirksamkeit und Wirksamkeitsbedingungen

Eine große Zahl an Untersuchungen aus unterschiedlichen Ländern zeigt, dass *phonologische Bewusstheit* trainierbar ist (s. Kapitel 10). Einige Studien konnten auch längerfristige Effekte auf das Lesen- und Schreibenlernen belegen. Zudem dürfte mit einem solchen Training das Risiko reduziert werden, dass genetisch belastete Kinder später Lese- und Rechtschreibschwierigkeiten entwickeln (allerdings sprechen Kinder mit einer familiären Belastung auf dieses Training deutlich schlechter an).

Maßnahmen zur Förderung der Lesesicherheit und des Worterkennens zeichnen sich durch *keine* hohen Effektstärken aus. Nach Swanson (1999) beträgt bei Schülerinnen und Schülern mit Teilleistungsstörungen die Effektstärke (ES) aber immerhin ES = 0.59. Eine länger dauernde Förderung führt nicht unbedingt zu besseren Resultaten als eine kürzere. Der Erfolg einer Intervention hängt auch nicht von der Intelligenz der Kinder ab. Bei Kindern in den beiden ersten Klassen, die eine zusätzliche Förderung während des Erstleseunterrichts erhalten, sind die Erfolge deutlich größer. Phonologische Defizite reduzieren die Erfolgschancen jedoch ganz erheblich. Hier ist zu bedenken, dass Fortschritte in der Lesesicherheit nicht automatisch Fortschritte in der Lesegeschwindigkeit nach sich ziehen.

Bezüglich der *Förderung der Geläufigkeit und Geschwindigkeit beim Lesen* wurde nachgewiesen, dass Übungen zur Erhöhung der Worterkennungsgeschwindigkeit zumindest kurzfristig eine deutliche Steigerung der Lesegeschwindigkeit bewirken. Allerdings sind die Wörter wenigstens 15-mal zu wiederholen, damit diese Steigerung auch noch nach einiger Zeit nachweisbar ist. Um auch längerfristig eine deutliche Steigerung der Lesegeschwindigkeit zu erzielen, ist tägliches Üben im raschen Lesen notwendig (Mercer, Campbell, Miller, Mercer & Lane, 2000). Aktuelle Metaanalysen sprechen davon, dass eine zusätzliche Förderung von etwa 50 Minuten über einen Zeitraum von mindestens zwei Monaten durchschnittlich nötig ist, um bei Kindern mit LRS eine spürbare Steigerung der Lesegeschwindigkeit zu bewirken (Torgesen, 2005).

11.6 Literatur

Grundlegende Literatur

Klicpera, C. & Gasteiger-Klicpera, B. (1998). *Psychologie der Lese- und Schreibschwierigkeiten – Entwicklung, Ursachen, Förderung* (2. Aufl.). Weinheim: Beltz & PVU.

Klicpera, C., Gasteiger-Klicpera, B. & Schabmann, A. (1993). *Lesen und Schreiben – Entwicklung und Schwierigkeiten. Die Wiener Längsschnittuntersuchungen über die Entwicklung, den Verlauf und die Ursachen von Lese- und Schreibschwierigkeiten in der Pflichtschulzeit*. Bern: Huber.

Swanson, H. L. (1999). Reading research for students with LD: A meta-analysis of intervention outcomes. *Journal of Learning Disabilities, 32*, 504–532. doi: 10.1177/002221949903200605

Weiterführende Literatur

Einsiedler, W., Frank, A., Kirschhock, E. M., Martschinke, S. & Treinies, G. (2002). Der Einfluss verschiedener Unterrichtsmethoden auf die phonologische Bewusstheit sowie auf die Lese- und Rechtschreibleistungen im 1. Schuljahr. *Psychologie in Erziehung und Unterricht, 49*, 194–209.

McElvany, N. & Artelt, C. (2007). Das Berliner Eltern-Kind Leseprogramm: Konzeption und Effekte. *Psychologie in Erziehung und Unterricht, 4*, 314–332.

Mercer, C. D., Campbell, K. U., Miller, M. D., Mercer, K. D. & Lane, H. B. (2000). Effects of a reading fluency intervention for middle schoolers with specific learning disabilities. *Learning Disabilities Research and Practice, 15*, 179–189. doi: 10.1207/SLDRP1504_2

Pinnell, G. S., Lyons, C. A., Deford, D. E., Bryk, A. S. & Seltzer, M. (1994). Comparing instructional models for the literacy education of high-risk first graders. *Reading Research Quarterly, 29*, 8–39. doi: 10.2307/747736

Schwartz, R. M. (2005). Literacy learning of at-risk first-grade students in the Reading Recovery early intervention. *Journal of Educational Psychology, 97*, 257–267. doi: 10.1037/0022-0663.97.2.257

Topping, K. & Ehly, S. (Eds.). (1998). *Peer-assisted learning*. Mahwah, NJ: Erlbaum.

Torgesen, J. K. (2005). Recent discoveries on remedial interventions for children with dyslexia. In M. J. Snowling & C. Hulme (Eds.), *The science of reading: A handbook* (pp. 521–537). Oxford, UK: Blackwell.

Vellutino, F. R., Scanlon, D. M., Sipay, E. R., Small, S. G., Pratt, A., Chen, R. S. & Denckla, M. B. (1996). Cognitive profiles of difficult-to-remediate and readily remediated poor readers: Early intervention as a vehicle for distinguishing between cognitive and experiential deficits as basic causes of specific reading disability. *Journal of Educational Psychology, 88*, 601–638. doi: 10.1037/0022-0663.88.4.601

Material

Blumenstock, L. (1997). *Handbuch der Leseübungen. Vorschläge und Materialien zur Gestaltung des Erstleseunterrichts mit Schwerpunkt im sprachlich-akustischen Bereich* (6. Aufl.). Weinheim: Beltz.

Dummer-Smoch, L. & Hackethal, R. (2011). *Handbuch zum Kieler Leseaufbau* (8. Aufl.). Kiel: Veris Verlag.

Findeisen, U., Melenk, G. & Schillo, H. (2000). *Lesen lernen durch lauttreue Leseübungen*. Bochum: Winkler.

Jansen, H., Mannhaupt, G., Marx, H. & Skowronek, H. (2002). *Bielefelder Screening zur Früherkennung von Lese- Rechtschreibschwierigkeiten (BISC; 2. Aufl.).* Göttingen: Hogrefe.

Klicpera, C. & Gasteiger-Klicpera, B. (1996). Auswirkungen einer Schulung des zentralen Hörvermögens nach edu-kinesiologischen Konzepten auf Kinder mit Lese- und Rechtschreibschwierigkeiten. *Heilpädagogische Forschung, 22,* 57–64.

Kossow, H.J. (1977). *Zur Therapie der Lese-Rechtschreibschwäche: Aufbau und Erprobung eines theoretisch begründeten Therapieprogramms.* Berlin: VEB Deutscher Verlag der Wissenschaften.

Kossow, H.J. (1991). *Leitfaden zur Bekämpfung der Lese-Rechtschreibschwäche. Übungsbuch und Kommentare* (2. Aufl.). Berlin: VEB Deutscher Verlag der Wissenschaften.

Küspert, P. & Schneider, W. (1999). *Hören, lauschen, lernen. Sprachspiele für Kinder im Vorschulalter. Würzburger Trainingsprogramm zur Vorbereitung auf den Erwerb der Schriftsprache.* Göttingen: Vandenhoeck & Ruprecht.

Levy, B.A. (2001). Moving the bottom: Improving reading fluency. In M. Wolf (Ed.), *Dyslexia, fluency and the brain* (pp. 357–379). Parkton, MD: York Press.

Moll, K. & Landerl, K. (2010). *Lese- und Rechtschreibtest (SLRT-II).* Göttingen: Hogrefe.

Morgan, R. & Lyon, E. (1979). „Paired reading“ – a preliminary report on a technique for parental tuition of reading-retarded children. *Journal of Child Psychology and Psychiatry, 20,* 151–160. doi: 10.1111/j.1469-7610.1979.tb00495.x

Reuter-Liehr, C. (2006). *Lautgetreue Lese-Rechtschreibförderung* (Bd. 3, 3. Aufl.). Bochum: Winkler.

Tacke, G. (1999). *Flüssig lesen lernen.* Donauwörth: Auer.

12. Förderung des Leseverständnisses durch „Reziprokes Lehren“

Nadine Spörer, Anke Demmrich und Joachim C. Brunstein

Fallbeispiel

Jana (11 Jahre) besucht die 5. Klasse einer Grundschule. Ihre Klassenlehrerin beschreibt sie als ein „ruhiges“ Kind. Sie sei zwar aufmerksam, beteilige sich aber kaum am mündlichen Unterricht. Zudem gebe Jana zu schnell auf, wenn sie eine Aufgabe nicht sofort verstehe. Ihre Leistungen im Fach Deutsch seien insgesamt „ausreichend“, mitunter aber nur „mangelhaft“. Im „Kognitiven Fähigkeitstest“ (Heller & Perleth, 2000) erzielt Jana im nicht verbalen Bereich eine durchschnittliche Punktzahl, die einem IQ von 100 entspricht. Im verbalen Teil sind ihre Leistungen unterdurchschnittlich (IQ = 83). Ihr Lese- und Hörverständnis sowie ihre Fähigkeit, Wörter zu dekodieren, werden mit „Knuspels Leseaufgaben“ (Marx, 1998) überprüft. Hier erreicht sie Werte, die mehr als eine Standardabweichung unter dem Durchschnitt liegen. Bei der Beantwortung von Verständnisfragen, die den Schülerinnen und Schülern ihrer Klasse zu erzählenden Texten vorgelegt werden, liegt Janas Leistung am untersten Ende der Klassenleistung.

Die Intervention besteht darin, dass Jana Zusatzunterricht zur Förderung des Leseverständnisses erhält. Die Förderung erstreckt sich über den Zeitraum von acht Wochen (zwei Schulstunden pro Woche) und wird nach der Methode des „Reziproken Lehrens“ durchgeführt. Die Lerngruppe besteht aus sechs Kindern, die von einer geschulten Lerntrainerin angeleitet werden. In 16 Sitzungen erwirbt Jana die vier Lesestrategien *Klären* („Welche Wörter verstehe ich nicht?“), *Zusammenfassen* („Was ist der Kern einer Aussage?“), *Fragen* („Was würde die Lehrerin zu diesem Text fragen?“) und *Vorhersagen* („Wie wird der Text weitergehen?“). Nach Abschluss des Trainings zeigt Jana deutliche Verbesserungen in ihrem Leseverständnis. Ihre Leistung entspricht jetzt annähernd dem Klassendurchschnitt.

12.1 Kurzbeschreibung der Methode und ihres theoretischen Hintergrunds

Reziprokes Lehren ist eine Interventionsmethode, die Palincsar und Brown (1984) entwickelt haben, um Kinder mit gravierenden Rückständen im Leseverständnis zu fördern. Ausgangspunkt bildeten Beobachtungen, die Annemarie Palincsar als Lehrerin im Förderunterricht machte: Kinder, die an sich flüssig lesen konnten (d. h. mit angemessenem Tempo Texte korrekt vorlasen), hatten mitunter große Schwierigkeiten, die Bedeutung des gelesenen Textes zu erfassen. Sie lasen, ohne zu verstehen, was sie gelesen hatten. Wie aber konnte solchen Kindern geholfen werden? Palincsar und Brown gingen in zwei Schritten vor: Zuerst ermittelten sie Lesestrategien, die es Schulkindern ermöglichen, sich die Bedeutung des Gelesenen zu erschließen. Danach entwickelten sie eine Methode, wie sich Kinder die betreffenden Strategien in einem überschaubaren Zeitraum (ca. acht Wochen) aneignen können.

Um wirksame Lesestrategien zu ermitteln, orientierten sich Palincsar und Brown an Erkenntnissen der Leseforschung. Gute Leser wissen beispielsweise, dass der Zweck des Lesens in der Erfassung der Bedeutung liegt (und nicht nur im Ablesen oder Auswendiglernen des Textes). Sie aktivieren das Vorwissen, das sie zu einem Thema besitzen, konzentrieren sich auf die Kernideen eines Textes und bewerten die innere Stimmigkeit seiner Aussagen. Zudem ziehen sie aus dem Gelesenen Schlussfolgerungen, überprüfen deren Richtigkeit und überwachen fortlaufend, ob sie ihr Ziel, den Sinn des Gelesenen zu erfassen, erreicht haben. Aus diesen Merkmalen „guten Lesens" leiteten Palincsar und Brown vier Strategien ab, die leseschwachen Kindern lernen sollten:

- Unklarheiten beseitigen, um Verständnisprobleme auszuräumen und schwierige Textpassagen zu klären;
- Textabschnitte in eigenen Worten zusammenfassen, um sie auf ihre Kernaussagen zu reduzieren;
- eigene Fragen zum Text stellen, um die gelesenen Aussagen vertiefend zu elaborieren und Fortschritte im Sinnverständnis zu kontrollieren;
- Vorhersagen treffen, um den erfassten Sinn des bisher Gelesenen auf nachfolgende Textpassagen anzuwenden und dabei zu prüfen, ob die Vorhersagen zutreffend sind.

Beim reziproken Lehren werden diese Strategien in Kleingruppen auf das Lesen von Texten angewandt. Beteiligt sind vier bis sechs Schülerinnen und Schülern, die gemeinsam einen Text Abschnitt für Abschnitt bearbeiten. Der Begriff „reziprokes Lehren" meint dabei Folgendes: Für jeden Textabschnitt bestimmt die Gruppe ein Kind, das die Rolle der „Gruppenlehrerin" bzw. des „Gruppenlehrers" übernimmt. Die übrigen Kinder übernehmen die Rolle der Schülerinnen und Schüler. Die Rollen werden von Abschnitt zu Abschnitt zwischen den Kindern gewechselt. Nur zu Beginn übernimmt eine dafür qualifizierte Lerntrainerin (oder eine eigens dafür geschulte Lehrkraft) die Aufgabe, die Strategien genau zu erläutern und ihre Anwendung vorzumachen (in diesem Kapitel wird beispielhaft stets von einer *Trainerin* gesprochen; diese Aufgabe kann ebenso von einem *Trainer* übernommen werden).

Das Besondere dieser Methode besteht darin, dass die Kinder selbst Aufgaben übernehmen, die sonst eine Lehrkraft zu erfüllen hat. In der Rolle der „Gruppenlehrerin" bzw. des „Gruppenlehrers" entscheiden sie, welches andere Kind eine bestimmte Strategie anwenden soll, und bewerten, ob die Antwort inhaltlich richtig ist und die Strategie korrekt angewendet worden ist. Für viele Grundschulkinder ist Lesen eine Aktivität, bei der man Sätze Wort für Wort dekodiert; diese Aktivität endet mit dem Erreichen des Punkts am Satzende. Beim reziproken Lehren werden Schülerinnen und Schüler hingegen bei der Nutzung von Lesestrategien von anderen Schülerinnen und Schülern unterstützt, so dass gemeinsam die Bedeutung eines Textes erarbeitet, und das Verstehen des Textes als Ganzes gefördert wird.

Den theoretischen Hintergrund bilden Modelle des selbstregulierten Lernens (Zimmerman, 1998). Beim selbstregulierten Lernen greifen kognitive und metakognitive Komponenten des Wissenserwerbs eng ineinander: Schülerinnen und Schüler setzen sich eigene Lernziele, wählen aufgabenadäquate Bearbeitungsstrategien aus, überwachen die Strategieanwendung und prüfen, ob diese zum gewünschten Ziel geführt hat (z. B. den Sinn eines Textes erfassen zu können). Ausschlaggebend für selbstreguliertes Lernen sind somit die Selbstbeobachtung der eigenen Lernaktivität und darauf aufbauende Korrekturprozesse, die das eigene Lernen verbessern. Beim reziproken Lehren übernehmen Schülerinnen und Schüler die Aufgabe der Gruppenlehrkraft. Sie steuern und überwachen dann die Bearbeitung der Aufgaben. Die Gruppenlehrkraft fordert Mitglieder der Lerngruppe beispielsweise auf, eine bestimmte Lesestrategie anzuwenden, und kontrolliert, bewertet und unterstützt die korrekte Ausführung der betreffenden Strategie. Teilweise macht sie eine Strategie selbst vor, so wie dies auch eine Lehrexpertin oder ein Lehrexperte tun würde.

12.2 Indikation der Methode

Reziprokes Lehren eignet sich prinzipiell für Kinder, die Rückstände im Leseverständnis zeigen. Die Kinder müssen aber über ausreichende Dekodierfähigkeiten verfügen. Sie sollten in der Lage sein, Wörter und Sätze flüssig und korrekt zu lesen, und über einen altersangemessenen Wortschatz verfügen. Andernfalls müssen vor dem eigentlichen Leseverständnistraining grundlegendere Lesefertigkeiten, wie Leseflüssigkeit und Wortschatz, eingeübt werden (z. B. in einem Vorschalttraining, das dem eigentlichen Leseverständnistraining vorangestellt wird).

Vor der Intervention sollte eine gründliche Diagnostik der Lesekompetenz durchgeführt werden. Bei Grundschulkindern bieten sich etwa folgende Verfahren an, um verständnisbezogene Leseleistungen, einschl. der dafür relevanten Vorläuferfertigkeiten (Leseflüssigkeit, Sprachverstehen, Hörverstehen) zu erfassen: „Knuspels Leseaufgaben“ (KNUSPEL-L; Marx, 1998); „Würzburger Leise Leseprobe“ (WLLP-R; Schneider, Blanke, Faust & Küspert, 2011); „Ein Leseverständnistest für Erst- bis Sechstklässler“ (ELFE 1-6; Lenhard & Schneider, 2006); „Hamburger Schulleistungstest für vierte und fünfte Klassen“ (HST 4/5; Mietzel & Willenberg, 2001). Die intellektuellen Fähigkeiten der Kinder sollten im Normalbereich liegen (IQ > 85). Dies wird mit sprachfreien Intelligenztests, wie z. B. den entsprechenden Untertests des „Kognitiven Fähigkeitstests“ von Heller und Perleth (2000) überprüft.

12.3 Detaillierte Beschreibung des Vorgehens

Reziprokes Lehren kann bei Kindern ab der 3. Klasse eingesetzt werden, hat sich aber auch bei Jugendlichen und Erwachsenen bewährt (z. B. bei Studienanfängern mit unzureichenden Lesestrategien; vgl. Hart & Speece, 1998). Das Verfahren lässt sich im regulären Unterricht, im Förderunterricht oder in Fördergruppen außerhalb des Unterrichts anwenden. Das Training ist in eine Einführungs- und in eine Durchführungsphase untergliedert. Für die Einführung sollten drei Stunden (je 45 Minuten), für die Durchführung 10 bis 15 Stunden veranschlagt werden. Der Ablauf lässt sich wie folgt beschreiben:

Die erste Trainingsstunde

Das Ziel der ersten Stunde besteht darin, die Kinder für das Training zu motivieren und die Anwendung der beiden ersten Strategien – Klären und Zusammenfassen – zu demonstrieren. Zunächst erarbeitet die Trainerin im Gespräch mit den Schülerinnen und Schülern, warum es wichtig ist und warum es mal leichter und mal schwieriger fällt, einen Text zu verstehen. In diesem Zusammenhang stellt die Trainerin den Begriff der „Strategie“ vor, indem sie mit den Kindern diskutiert, welche Lesestrategien sie bereits nutzen und welche weiteren Strategien darüber hinaus nützlich sein könnten, um den Sinn eines Textes zu erschließen. Anschließend wird die erste Strategie, das Klären unklarer Wörter und Textstellen, vorgestellt. Die Einführung dieser und jeder weiteren Strategie erfolgt in drei Schritten:

(1) Die Trainerin erklärt zunächst, was die zu vermittelnde Strategie bedeutet und wofür sie nützlich ist. Die Kinder sollen verstehen, was mit der Bezeichnung der betreffenden Strategie gemeint ist (Vorhersagen lässt sich beispielsweise anhand der Analogie der „Wettervorhersage“ veranschaulichen).
(2) Die Trainerin demonstriert durch kognitives Modellieren die Anwendung der Strategie. Anhand eines Textbeispiels beschreibt sie Schritt für Schritt, wie sie vorgeht, und verbalisiert dabei laut ihre handlungsleitenden Gedanken.
(3) Die Kinder üben sodann die Strategie selbst ein. Die Trainerin wählt ein Kind aus, das die Strategie anwenden soll. Dieser Schritt wird mehrmals wiederholt, so dass alle Kinder ausreichend Gelegenheit haben, die Anwendung der Strategie zu erproben und das Vorgehen schrittweise zu verinnerlichen.

Die Trainerin vermittelt den Kindern, dass es beim Klären darum geht, die Bedeutung von schwierigen (oder unbekannten) Wörtern oder Sätzen herauszufinden. Die Kinder werden angeleitet, dazu wie folgt vorzugehen: Zuerst sollen sie versuchen, sich die Bedeutung der Wörter gegenseitig zu erklären. Hilft dies nicht weiter, lesen sie das unklare Wort nochmals, danach den Satz, in dem das Wort steht. Führt auch dieses Vorgehen nicht zum Erfolg, suchen sie nach Hinweisen im Text (z. B. in anderen Sätzen des gelesenen Abschnitts), die auf die Bedeutung des Worts hindeuten könnten. Solche Hinweise können Erklärungen in Klammern oder Kommata sein. Zudem werden die Kinder auf Hinweiswörter wie „oder“, „diese“, „es“, und „sie“ aufmerksam gemacht. Schließlich lernen die Kinder, wie sie zusätzliche Informationsquellen, wie z. B. ein Lexikon, dazu benutzen können, um die genaue Bedeutung eines Wortes herauszufinden. Beim gemeinsamen Üben hält sich die Trainerin zunehmend zurück, gibt den Schülerinnen und Schülern aber weiterhin Tipps und erteilt ihnen Rückmeldungen zum korrekten Vorgehen bei der Strategieanwendung („Denkt daran, wie ich das eben gemacht habe! Ich habe zuerst gefragt, ob jemand von euch das Wort kennt. Danach habe ich gelesen, was in dem Satz vor und nach dem Wort steht.“).

Die zweite Strategie, die in dieser Stunde eingeführt wird, ist das Zusammenfassen von Textabschnitten. Die Trainerin fragt zunächst, was sich die Kinder unter dieser Strategie vorstellen, und erarbeitet mit ihnen, warum es nützlich ist, einen Textabschnitt in einer knappen und treffenden Aussage zusammenzufassen (d. h.: den Kern der Textaussagen zu erfassen). Anschließend demonstriert sie, wie man einen Abschnitt Schritt für Schritt zusammenfasst. Die Kinder lernen, eine Zusammenfassung zu erstellen, indem sie (a) die Hauptperson bzw. Hauptsache benennen; (b) die wichtigsten Dinge, die über die Hauptperson bzw. Hauptsache berichtet werden, in eigenen Worten wiedergeben; und (c) die so ermittelten Informationen in einem Satz miteinander verbinden. Beim nächsten Abschnitt werden die Kinder aktiv einbezogen („Nachdem ich den Abschnitt gelesen habe, überlege ich mir als erstes, wer hier die Hauptrolle hat. Wer kann mir denn die Hauptperson oder Hauptsache nennen?“). Auf diese Weise erlernen sie allmählich, eine Zusammenfassung zu erstellen.

Die zweite Trainingsstunde

Die zweite Stunde beginnt mit einer Wiederholung der vorangehend behandelten Strategien. Danach wird die dritte Strategie, das Stellen eigener Fragen zum Text, von der Trainerin eingeführt. Aus der ersten Stunde ist den Kindern bereits vertraut, dass ihre Trainerin zuerst die Bedeutung und den Nutzen dieser Strategie mit ihnen herausarbeitet („Warum ist Fragen eine gute Lesestrategie?“). Danach stellt die Trainerin das konkrete Vorgehen beim Fragen vor. Sie betont, dass die Kinder von Beginn an *verständnisorientierte* Fragen stellen sollen, „so wie sie auch eine Lehrerin stellen könnte“ („Welche Frage könnt ihr stellen, wenn ihr wissen wollt, ob jemand den Text verstanden hat?“). Dazu werden mit den Kindern die wichtigsten Fragewörter (wie, wo, warum, was, wer, wann) erarbeitet. Zudem lernen die Kinder, *einfache* Fragen, die sich mithilfe eines einzigen Textabschnitts beantworten lassen, von *komplexen* Fragen zu unterscheiden, die sich nur durch die Verbindung mehrerer Textstellen beantworten lassen.

Im zweiten Teil der Stunde wird die vierte Lesestrategie, das Vorhersagen, eingeführt. Beim Vorhersagen geht es darum, Vermutungen zu äußern, worum es im folgenden Textabschnitt gehen wird. Die Kinder lernen, *wahrscheinliche* von *unwahrscheinlichen* Vorhersagen zu unterscheiden. Um wahrscheinliche Vorhersagen treffen zu können, werden die Kinder aufgefordert, bei der Vorhersage auf ihr eigenes Vorwissen zurückzugreifen. Handelt es sich beispielsweise um einen Text über ein bestimmtes Tier, so äußern Kinder häufig Vermutungen, die sich auf Themen wie Aussehen, Nahrungssuche oder Aufzucht der Jungen beziehen. Des Weiteren lernen die Kinder, ihre Vorhersagen auf der Grundlage des bereits gelesenen Textes zu formulieren. Wird in einem Abschnitt eine Frage aufgeworfen, bleibt dort aber unbeantwortet, so lässt sich vermuten, dass die Antwort im nächsten Abschnitt gegeben wird. Die Einübung dieser Strategie entspricht dem oben beschriebenen Vorgehen. Die Trainerin macht die Strategieanwendung zunächst selbst vor. Danach fordert sie die Kinder auf, eigene Vermutungen zum Fortgang des Textes zu äußern. Um sicherzustellen, dass sich die Kinder auf wahrscheinliche Vorhersagen konzentrieren, sollte die jeweils geäußerte Vermutung auch begründet werden.

Die dritte Trainingsstunde

Das Ziel dieser Stunde besteht darin, die Kinder mit den Aufgaben und der Rollenverteilung beim reziproken Lehren vertraut zu machen. Die Kinder erfahren, dass sie in den kommenden Stunden die vier Lesestrategien in kleinen Gruppen üben werden. Sie hören zudem, dass sie während der Gruppenarbeit abwechselnd die Rolle der „Gruppenlehrkraft" (gegenüber den Kindern wird stets von der „Lehrerin" oder dem „Lehrer" gesprochen) und der „Schülerin" bzw. des „Schülers" übernehmen werden. Es wird ihnen erklärt, dass die Gruppenlehrkraft folgende Aufgaben zu erfüllen hat:

- Sie bestimmt, welches Kind den Textabschnitt laut vorlesen soll. Danach fordert sie die anderen Gruppenmitglieder auf, eine bestimmte Strategie anzuwenden. Praktisch hat es sich bewährt, die Strategien nach einer festen Abfolge anzuwenden (Klären – Zusammenfassen – Fragen – Vorhersagen). Mit wachsender Routine kann die Reihenfolge variiert und die Auswahl der Strategien flexibler gestaltet werden.
- Nachdem eine Schülerin bzw. ein Schüler die Strategie ausgeführt hat (z.B. eine Zusammenfassung erstellt hat), gibt ihm die Gruppenlehrkraft eine Rückmeldung über die Qualität der Ausführung und die Korrektheit der Antwort. Stets soll die Gruppenlehrkraft Hinweise zur Verbesserung geben. In diesen Korrekturprozess werden die übrigen Gruppenmitglieder mit einbezogen.
- Hat die Gruppe Schwierigkeiten, eine Strategie anzuwenden, so gehört es zu den Aufgaben der Gruppenlehrkraft, die Anwendung der betreffenden Strategie noch einmal vorzumachen. Damit die Teammitglieder daraus etwas lernen, soll die Gruppenlehrkraft die eigenen Überlegungen laut aussprechen, so wie dies die Trainerin vorgemacht hat („Ich sollte als erstes die Hauptperson nennen.").
- Nachdem ein Abschnitt vollständig bearbeitet worden ist, bestimmt die Gruppenlehrkraft, welche Schülerin oder welcher Schüler diese Rolle für den nächsten Abschnitt übernimmt. Diesbezüglich gilt die Regel, dass die Rolle der Lehrkraft über die Sitzungen hinweg gleichmäßig auf *alle* Kinder verteilt wird.

Zur Unterstützung erhält die „Lehrerin" bzw. der „Lehrer" eine Merkkarte, auf der alle wesentlichen Aufgaben notiert sind (s. Abbildung 1). Die Gruppenmitglieder haben in ihrer Rolle als „Schülerin" bzw. als „Schüler" die Aufgabe, das zu tun, wozu sie die Gruppenlehrkraft jeweils auffordert, nämlich den Textabschnitt laut vorzulesen, eine Strategie anzuwenden, die Antwort mithilfe der Gruppe zu verbessern und ggf. anderen Gruppenmitgliedern zu helfen.

Bevor die Kinder mit der Gruppenarbeit beginnen, werden Regeln für die Zusammenarbeit vereinbart und auf einem gut sichtbaren Plakat notiert („Wir hören einander zu!"). Zudem erarbeitet die Trainerin im Gespräch mit den Kindern, wodurch sich eine gute Rückmeldung auszeichnet („Das Kind, das die Aufgabe der Lehrerin oder des Lehrers übernimmt, hat die wichtige Aufgabe, den anderen zu helfen. Es sagt, was eine Schülerin oder ein Schüler gut gemacht hat und was noch besser gemacht werden sollte."). Beispiele für gute Rückmeldungen werden an der Tafel festgehalten („Deine Zusammenfassung war gut, aber noch etwas zu lang. Versuche einmal, alles, was du gerade gesagt hast, in einem einzigen Satz zu sagen!"). Zur Veranschaulichung des erwünschten Verhaltens modelliert die Trainerin das Verhalten einer „guten Lehrkraft". Sie fordert ein Kind auf, einen Textabschnitt vorzulesen. Dann bittet sie die Kinder, Unklarheiten zu benennen, Zusammenfassungen zu formulieren und Fragen zum Text zu stellen. Danach fragt sie, worum es im folgenden Abschnitt gehen könnte. Nach jeder Anwendung einer Strategie erteilt sie ermutigende und konstruktive Rückmeldungen. Dabei greift sie gezielt auf die gemeinsam mit den Kindern erarbeiteten Beispiele zurück.

Merkzettel für die „Lehrerin“ bzw. den „Lehrer“

1. Suche ein Kind aus, das den Absatz vorliest.
2. Sage dem Kind, ob es gut gelesen hat und was es vielleicht noch besser machen könnte.
3. Fordere das Kind auf, die vier Lesestrategien anzuwenden. Sage ihm, wie gut es dies gemacht hat und was es noch verbessern könnte.
4. Bestimme die nächste Gruppenlehrerin oder den nächsten Gruppenlehrer und reiche das Kärtchen weiter.

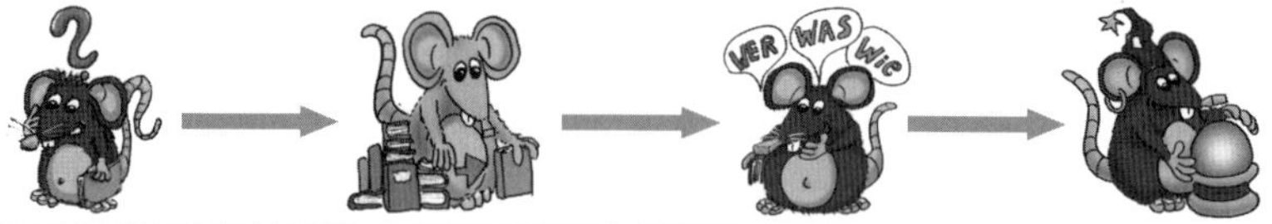

1. Klären	2. Zusammenfassen	3. Fragen	4. Vorhersagen
Sage: **„Hat jemand ein Wort, das geklärt werden sollte?“** Hilfe: **„Wer kann das Wort erklären?“** **„Wenn du das Wort nicht kennst, lies den Satz vor und nach dem Wort.“** Zum Schluss: **Sage, was gut gemacht worden ist und was noch besser gemacht werden könnte.**	Sage: **„Wer möchte den Absatz in eigenen Worten zusammenfassen?“** Hilfe: **„Wer ist die Hauptperson oder die Hauptsache?“** **„Was ist das Wichtigste über die Hauptperson oder die Hauptsache?“** **„Versuche das Wichtigste in einem Satz zu sagen.“** Zum Schluss: **Sage, was gut gemacht worden ist und was noch besser gemacht werden könnte.**	Sage: **„Wer möchte eine Frage stellen?“** Hilfe: **„Welche Fragen würde eine Lehrkraft stellen?“** **„Mit welcher Frage findet man heraus, ob jemand den Text verstanden hat?“** Zum Schluss: **Sage, was gut gemacht worden ist und was noch besser gemacht werden könnte.**	Sage: **„Wer möchte eine Vorhersage treffen?“** Hilfe: **„Was haben wir schon erfahren?“** **„Ist das denn eine wahrscheinliche Vorhersage?“** Zum Schluss: **Sage, was gut gemacht worden ist und was noch besser gemacht werden könnte.**

Abbildung 1: Beispiel einer Merkkarte für dasjenige Kind, das jeweils die Rolle als „Gruppenlehrerin“ oder „Gruppenlehrer“ übernimmt (nach Seuring, 2010)

Die vierte Trainingsstunde

Ab der vierten Trainingsstunde sind die Kinder erfahrungsgemäß in der Lage, in ihren Kleingruppen „reziprok“, d. h. im Dialog miteinander zu arbeiten. Am Beginn dieser und jeder weiteren Stunde werden die Strategien des reziproken Lehrens knapp rekapituliert. Jeder Gruppe sollten mindestens zwei unterschiedliche Texte zur Verfügung stehen. Je nach Interessenslage entscheidet die Gruppe, welchen Text sie lesen möchte.

Während die Gruppe zunehmend selbstständiger arbeitet, beobachtet die Trainerin die Zusammenarbeit und erteilt ggf. Hilfestellungen. Hat ein Kind beispielsweise eine Frage gestellt, die für das Verständnis des Textes wesentlich ist, so kann es dafür – zusätzlich zur Rückmeldung durch das Kind, das die Rolle als „Lehrerin“ bzw. „Lehrer“ übernimmt – auch durch die Trainerin gelobt werden („Das war wirklich eine tolle Frage!“). Zudem greift die Trainerin unterstützend, aber konsequent ein, wenn die Kinder übersehen, dass sie inhaltliche Fehler machen oder ihre Rolle nicht richtig ausfüllen. Wenn beispielsweise ein Kind eine unpräzise Zusammenfassung formuliert, die „Lehrerin“ oder der „Lehrer“ die Antwort aber als gut bewertet und mit der nächsten Strategie fortfahren will, greift die Trainerin ein und fordert die Kinder auf, die Zusammenfassung neu zu bewerten und Verbesserungsvorschläge zu machen („War die Zusammenfassung wirklich kürzer als der Text?“). In diesen Korrekturprozess sollten alle Gruppenmitglieder einbezogen werden, bevor die Trainerin selbst weiterhilft („Was meint ihr: Was könnte bei dieser Zusammenfassung noch weggelassen werden?“).

Gegen Ende jeder Sitzung sollten fünf Minuten eingeplant werden, in denen die Gruppenmitglieder ihre Zusammenarbeit reflektieren. Jedes Gruppenmitglied erhält die Möglichkeit, Positives *und* Verbesserungswürdiges zu berichten. Zusammen mit der Trainerin werden gemeinsame Lösungen diskutiert, die in der nächsten Sitzung umzusetzen sind und auf ihre Realisierung hin überprüft werden (erneut am Ende der Sitzung).

Die folgenden Trainingsstunden

Im weiteren Verlauf des Trainings zieht sich die Trainerin immer mehr zurück. Nur noch gelegentlich bzw. bedarfsweise gibt sie Hilfestellungen und Hinweise, sodass die Kinder immer mehr die Verantwortung für das gemeinsame Lernen übernehmen. Die Trainerin greift nur ein, wenn etwas schief geht (z. B. bei Verletzung von Gruppenregeln) oder die Lerngruppe um Hilfe bittet (vgl. dazu den im Anhang aufgeführten Trainingsausschnitt). Zur Veranschaulichung der Lernfortschritte empfiehlt es sich, in regelmäßigen Abständen ein kurzes Leseverständnisquiz durchzuführen. Die Bearbeitung erfolgt individuell. Die Lernzuwächse werden von Quiz zu Quiz mittels anschaulicher Diagramme visualisiert. Anhand ihrer Lernkurven können die Schülerinnen und Schüler feststellen, dass ihre Fähigkeit, Texte zu verstehen, durch die neu erworbenen Strategien stetig zunimmt.

12.4 Hinweise für die organisatorische Umsetzung

Die Größe der Lerngruppen sollte vier bis maximal sechs Kinder umfassen. Bei größeren Gruppen besteht die Gefahr, dass zu selten Gelegenheit zur Übernahme der Rolle als „Lehrerin“ bzw. „Lehrer“ besteht. Das Textmaterial sollte einheitlich gestaltet werden und in klar erkennbare Abschnitte unterteilt sein, denn die Texte werden abschnittsweise gelesen und bearbeitet. Der Schwierigkeitsgrad muss dem Leseniveau angepasst werden. Die Themen sollten den Interessen der Kinder entsprechen. Wie oben erwähnt, hat es sich praktisch bewährt, für jede Sitzung unterschiedliche Texte zur Verfügung zu stellen, damit die Lerngruppe selbst entscheiden kann, welchen Text sie gerne lesen möchte.

Während der Gruppenarbeit sitzen die Kinder an zusammengerückten Tischen. Lese- und Informationsmaterial (Lesebücher, Nachschlagewerke) sollten griffbereit sein. Die Trainerin sollte darauf achten, dass die Kinder jederzeit respektvoll und hilfsbereit miteinander umgehen. Abwertende Reaktionen (wenn ein Kind z. B. nicht gleich die Antwort weiß und daraufhin von einem anderen Kind unterbrochen wird) sind freundlich, aber bestimmt zu unterbinden. Kooperatives und unterstützendes Verhalten wird lobend verstärkt. In schwierigen Fällen kann dafür auch ein Verstärkungsplan vereinbart werden (s. Kapitel 18 und 35).

Reziprokes Lehren kann von erfahrenen Lerntrainerinnen, aber auch von geschulten Lehrkräften umgesetzt werden. Der Durchführung des Verfahrens ist ein mehrwöchiges Training voranzustellen. Neben inhaltlichen und organisatorischen Fragen der Programmdurchführung ist insbesondere zu gewährleisten, dass die Methode des kognitiven Modellierens sowie das Vorgehen bei der Anleitung und Unterstützung der Gruppenarbeit beherrscht werden. Bei Lehrkräften, die reziprokes Lehren im Regelunterricht verwenden wollen, ist es zudem wichtig, die organisatorische Umsetzung der Methode im Kontext des Klassenunterrichts vorauszuplanen (Hacker & Tenent, 2002).

Wenn Kinder wenig Erfahrung mit dem Lernen in Gruppen haben, sollte zusätzliche Zeit für Team bildende Maßnahmen eingeplant werden. Wird im Klassenverband gearbeitet, so kann beispielsweise jede Gruppe ein gemeinsames Wappen gestalten, das anschließend der ganzen Klasse vorgestellt wird. Die Wappen werden zu Beginn jeder Trainingsstunde auf die Gruppentische gestellt, sodass jedes Kind rasch zu seinem Tisch findet und Streitereien vermieden werden.

Die Dauer der Einführung und der Durchführungsphase werden an das Vorwissen der Schülerinnen und Schülern angepasst. Es macht keinen Sinn, nach einem starren Zeitplan zu verfahren und bereits mit der Durchführungsphase zu beginnen, wenn die Einführungsphase noch nicht verstanden worden ist. Erfolgt die Förderung im Klassenverband, sollte außerdem folgende Regel beachtet werden: Je größer die Klasse ist (und damit auch die Anzahl der Lerngruppen), desto mehr Zeit sollte für die Durchführungsphase veranschlagt werden. Ansonsten besteht die Gefahr, dass die Lehrkraft überfordert wird und den Überblick über die Zusammenarbeit in den unterschiedlichen Lerngruppen verliert.

12.5 Wirksamkeit und Wirksamkeitsbedingungen

Reziprokes Lehren ist ein sehr erfolgreiches Förderprogramm (Hattie, 2009). In einer Metaanalyse, die auf 16 Studien basierte, fanden Rosenshine und Meister (1994), dass reziprokes Lehren sowohl bei standardisierten Tests ($d=.32$) als auch bei schul- und alltagsnahen Leseverständnisaufgaben ($d=.88$) herkömmlichen bzw. unterrichtsüblichen Methoden der Leseförderung überlegen ist. Spörer, Brunstein und Kieschke (2009) bestätigten dies in einer Untersuchung an deutschsprachigen Schulen ($d=.57$ bei einer Follow-Up Messung mit einem standardisierten Leseverständnistest). Bei der ersten Erprobung ihres Interventionsprogramms fanden Palincsar und Brown (1984), dass extrem leseschwache Schüler der 7. Klasse nach einem 6-wöchigen Training (1 Förderstunde pro Schultag) Rückstände von bis zu 2 Schuljahren aufholen konnten. Diese Effekte erwiesen sich über einen Zeitraum von 1 Jahr als stabil. Die Wirksamkeit des reziproken Lehrens wurde hauptsächlich bei Schülerinnen und Schülern zwischen dem 5. und 8. Schuljahr überprüft. Mittlerweile liegen jedoch Befunde auch aus der Grundschule ab der 3. Klasse vor (Spörer et al., 2009).

Zur Wirksamkeit der einzelnen Strategien gibt es nur vereinzelt Untersuchungen. Rosenshine und Meister (1994) berichteten, dass „Fragen stellen“ und „Zusammenfassungen formulieren“ die stärksten Wirkkomponenten im Training darstellen. Ähnlich fanden Spörer et al. (2009), dass die Strategie des Zusammenfassens eine zentrale Stellung in der Förderung des Leseverständnisses einnimmt. Dabei darf jedoch nicht übersehen werden, dass andere Komponenten des Trainings, die sehr unscheinbar daher kommen, wie z. B. die Klärung von Wortbedeutungen, erst die Grundlage zum Erfassen von Kernaussagen schaffen (s. dazu das Beispiel im Anhang). Zudem konnten Spörer et al. (2009) die Annahme belegen, dass die Übernahme der Rolle als Gruppenlehrer bzw. -lehrerin durch die Teammitglieder die Wirksamkeit des Trainings erhöht und der *dauerhaften* Anleitung der Gruppe durch eine ausgebildete Trainerin vorzuziehen ist.

Reziprokes Lehren wurde ursprünglich für leistungshomogene Gruppen, nämlich für Kinder mit gravierenden Verständnisschwierigkeiten beim Lesen konzipiert. Erfolgreiche Umsetzungen im Regelunterricht zeigen jedoch, dass nicht nur leseschwache, sondern auch lesestarke Schülerinnen und Schüler von dieser Form des gemeinsamen Lernens profitieren (Seuring & Spörer, 2010). Innerhalb des Klassenkontextes erfolgt die Umsetzung typischerweise in leistungsheterogenen Gruppen, in denen lesestarke und leseschwache Teammitglieder gemeinsam versuchen, ihre individuellen Leseleistungen zu verbessern.

12.6 Literatur

Grundlegende Literatur

Palincsar, A. S. & Brown, A. L. (1984). Reciprocal teaching of comprehension-fostering and comprehension-monitoring activities. *Cognition & Instruction, 1*, 117–175. doi: 10.1207/s1532690xci0102_1

Rosenshine, B. & Meister, C. (1994). Reciprocal teaching: A review of the research. *Review of Educational Research, 64,* 479–530. doi: 10.3102/00346543064004479

Spörer, N., Brunstein, J.C. & Kieschke, U. (2009). Improving students' reading skills: Effects of strategy instruction and reciprocal teaching. *Learning & Instruction, 19,* 272–286. doi: 10.1016/j.learninstruc.2008.05.003

Weiterführende Literatur

Hacker, D.J. & Tenent, A. (2002). Implementing reciprocal teaching in the classroom: Overcoming obstacles and making modifications. *Journal of Educational Psychology, 94,* 699–718. doi: 10.1037/0022-0663.94.4.699

Hart, E.R. & Speece, D.L. (1998). Reciprocal teaching goes to college: Effects of postsecondary students at risk for academic failure. *Journal of Educational Psychology, 90,* 670–681. doi: 10.1037/0022-0663.90.4.670

Hattie, J. (2009). *Visible learning: A synthesis of over 800 meta-analyses relating to achievement.* London, New York: Routledge.

Schünemann, N., Spörer, N. & Brunstein, J.C. (2013). Integrating self-regulation in whole-class reciprocal teaching: An analysis of incremental effects on fifth graders' reading comprehension, reading strategies and self-efficacy for reading. *Contemporary Educational Psychology, 38,* 289–305.

Seuring, V.A. (2010). *Förderung des Leseverständnisses mit Methoden des reziproken Lehrens: Effekte unterrichtsintegrierter Trainings für Schülerinnen und Schüler der 5. Klasse.* Dissertation. Justus-Liebig-Universität Gießen.

Seuring, V.A. & Spörer, N. (2010). Reziprokes Lehren in der Schule: Förderung von Leseverständnis, Leseflüssigkeit und Strategieanwendung. *Zeitschrift für Pädagogische Psychologie, 24,* 191–205. doi: 10.1024/1010-0652/a000016

Zimmerman, B.J. (1998). Academic studying and the development of personal skill: A self-regulatory perspective. *Educational Psychologist, 33,* 73–86. doi: 10.1080/00461520.1998.9653292

Material

Heller, K.A. & Perleth, C. (2000). *Kognitiver Fähigkeitstest für 4. bis 12. Klassen, Revision (KFT 4-12+ R).* Göttingen: Beltz.

Lenhard, W. & Schneider, W. (2006). *Ein Leseverständnistest für Erst- bis Sechstklässler (ELFE 1-6).* Göttingen: Hogrefe.

Marx, H. (1998). *Knuspels Leseaufgaben (KNUSPEL-L).* Göttingen: Hogrefe.

Mietzel, G. & Willenberg, H. (2001). *Hamburger Schulleistungstest für vierte und fünfte Klassen (HST 4/5).* Göttingen: Hogrefe.

Schneider, W., Blanke, I., Faust, V. & Küspert, P. (2011). *Würzburger Leise Leseprobe Revision (WLLP-R).* Göttingen: Hogrefe.

12.7 Anhang

Beispieldialog zum Reziproken Lehren

Im Folgenden wird ein Ausschnitt einer Trainingssitzung wiedergegeben und kommentiert. Es wird deutlich, dass die Lesestrategien nur bei Bedarf eingesetzt werden. Die Kinder dieser Gruppe, zu der sechs Kinder der 5. Klasse einer Grundschule gehören, haben bereits 7-mal mit der Methode Texte bearbeitet. An der Unterhaltung sind die Kinder Ariane, Jonas und Peter beteiligt. Ariane wird von der anleitenden Trainerin als erste Gruppenlehrerin bestimmt.

Arbeiten an der Überschrift

Trainerin: Wir fangen den nächsten Text an. (teilt die Texte aus) Okay, Ariane fängt an und ist zuerst die Lehrerin.

Ariane: Jonas, lies mal die Überschrift vor.

Jonas: „Eisbären".

Ariane: Peter, was würdest Du denn sagen, was darin so alles steht? *(Vorhersagen)*

Peter: Wie sie leben und wie sie sich ernähren.

Ariane: Und Jonas?

Jonas: Ja, da wird wahrscheinlich drinstehen, wie sie leben, sich ernähren, wie sie ihre Jungen aufziehen und der erste Abschnitt wird wahrscheinlich das Aussehen behandeln und die Lebensweise.

Ariane: Weiß jeder, was Eisbären sind? *(Klären)*

Peter: Ja.

Arbeiten am ersten Textabschnitt. Hier werden zuerst, nachdem der Text vorgelesen wurde, die Unklarheiten beseitigt. Im Anschluss daran macht eines der Kinder eine Zusammenfassung, dann überlegen sich die Kinder Fragen zum Text. Bevor es zum nächsten Textabschnitt geht, machen die Kinder noch Vorhersagen.

Ariane: Peter, lies bitte vor!

Peter: (liest vor) „Der Eisbär ist eines der größten und stärksten fleischfressenden Tiere. Er kommt nur in der Arktis vor. Wenn er ausgewachsen ist, wiegt er bis zu 1.600 Pfund. Mit seinem langen, schweren Körper und schmalen Kopf wirkt er schwerfällig; er kann sich aber sehr schnell bewegen. Der Eisbär kann sich im Wasser leicht bewegen. Die meisten Tiere müssen heftig paddeln, um sich über Wasser zu halten, aber der Eisbär kann lange Zeit ruhig im Wasser treiben. Luftkammern in seinem Fell sowie eine ölige Haut und eine dicke Fettschicht ermöglichen es ihm, sich über Wasser zu halten."

Jonas: (wendet sich an Ariane) Ich hab mal eine Frage. Was bedeutet denn „Pfund"? *(Klären)*

Ariane:	Wo steht das?
Jonas:	Hier (zeigt auf die Stelle): „1.600 Pfund“.
Ariane:	Pfund ist, ich glaube, so wie Kilo (blickt sich vergewissernd zur Trainerin).
Jonas:	Kann man also auch sagen: „1.600 Kilogramm“?
Ariane:	Ich glaub schon.
Peter:	Ich glaub nicht, na sonst hätte es ja nicht einen anderen Namen.
Jonas:	Im Mathebuch steht das vielleicht. Doch, stimmt, das steht im Mathebuch. (zu Ariane) Darf ich es holen? (Jonas steht auf, holt das Mathebuch und sucht die Seite).
Jonas:	Pfund ist eine Maßeinheit. Hier steht es. Zusammenhänge zwischen Maßeinheiten. 1 Pfund = 500 Gramm = 0,5 Kilogramm. Weiß das jeder? Ein Pfund bedeutet 500 Gramm. Also könnte man das jetzt auch umrechnen: 1.600 Pfund sind (die Jungs rätseln)
Trainerin:	Halt, halt! Noch einmal! (Jonas schaut die Trainerin an) Wie viel Gramm sind denn ein Pfund?
Jonas:	500 Gramm.
Trainerin:	Und wie viel ist das?
Jonas:	Ein halbes Kilogramm.
Trainerin:	Was musst du jetzt also tun?
Jonas:	Durch 2 teilen. Das sind 800 Kilogramm.
Trainerin:	Ja.
Ariane:	Gibt es sonst noch Unklarheiten? *(Klären)*
Peter:	Luftkammern, was ist denn das? Also Kammern mit Luft.
Jonas:	Also das ist so etwas Ähnliches wie eine Schwimmblase bei Fischen. Ist doch auch ne Luftkammer. Ist halt ein Körperteil, wo der Bär Luft speichert.
Ariane:	Jonas, fass mal bitte zusammen! *(Zusammenfassen)*
Jonas:	Ich? (zu Ariane) Darf ich das Wichtigste unterstreichen? (Ariane nickt und Jonas unterstreicht sich das Wichtigste)
Jonas:	(mehr zu sich selbst) Was mach ich es mir eigentlich so schwer? (deckt den Text mit einem anderen Blatt ab). So, also es geht, es handelt um den Eisbären, er ist eins der größten und stärksten fleischfressenden Tiere, (Pause), und er wiegt 1.600 Pfund oder 800 Kilogramm, er kann sich sehr gut über Wasser halten, weil er hat Luftkammern und Fettschichten, wo sich die anderen Tiere sehr schwer tun bei, und ja, das war's und es ist das Wichtigste.
Ariane:	Gut.
Jonas:	Und? Einfach nur gut?

Ariane: Ja, war gut. (überlegt eine Weile) Okay, Peter, stell' mal eine Frage! *(Fragen)*

Phillipp: Eine Frage? (Ariane nickt)

Peter: Wieso muss sich der Eisbär, also, wieso muss sich der Eisbär – Wieso kann sich der Eisbär im Wasser leicht bewegen? (Jonas meldet sich)

Jonas: Weil er Luftkammern hat und dickes Fett – und leichtes Fell und Fettschichten.

Ariane: (zu Peter) War es richtig?

Peter: Ja, es war richtig.

Ariane: Und Jonas jetzt noch eine Frage. *(Fragen)*

Jonas: Wie war denn seine Frage?

Ariane: Gut. Mittel. (schaut wieder zu Jonas)

Jonas: Ich denke nach, weil er hat ja schon die Frage, die also, den Hauptteil des Textes gesagt, also die den Hauptteil des Textes beantwortet, gesagt, also fällt mir nur eine leichte ein: Wie viel wiegt der Eisbär?

Peter: 1.600 Pfund oder 800 Kilogramm.

Jonas: (zu Peter) Würde ich mir nochmal drüberschreiben, sonst vergisst Du's nach einer Weile (schreibt sich selbst die Umrechnungsformel auf den Text)

Ariane: War wirklich eine leichte Frage. (schaut zu Jonas) Und Jonas, was glaubst Du, was im nächsten Abschnitt kommt? *(Vorhersagen)*

Jonas: Sein Aussehen und seine Ernährung.

Ariane: Und jetzt der nächste Abschnitt. (die Jungs schauen sie fragend an, weil sie nicht wissen, wer von ihnen jetzt der Lehrer sein soll) Wer möchte denn? (beide melden sich – Ariane zählt ab) – Peter.

13. Aufbau von Rechtschreibkenntnissen

Michaela Greisbach

Fallbeispiel

Nicole (8;6 Jahre) wurde aufgrund einer Empfehlung der Erzieherin im Kindergarten erst mit 7 Jahren eingeschult. Schon zu Beginn des Lese- und Schreiblernunterrichtes fiel auf, dass sie die Einzellaute beim Lautieren von Buchstabenfolgen nicht miteinander verknüpfen konnte (z. B. die Verbindung der Laute /m a m i/ zu <Mami>). Das Erlesen von Wörtern gelang ihr nur mit Unterstützung. Früh auffällig waren Nicoles Probleme, Buchstabengestalten abzuspeichern und sie in einer angemessenen Zeit wieder abzurufen. Jetzt, zu Beginn des zweiten Schuljahres, zeigt sich ein massives Versagen auf dem Gebiet der Rechtschreibung (vgl. Kasten 1) bei ansonsten durchschnittlichen Leistungen im Rechnen. Die Eltern suchen auf Anraten der Lehrerin außerschulische Unterstützung.

Kasten 1: Beispiel aus einem Diktat von Nicole

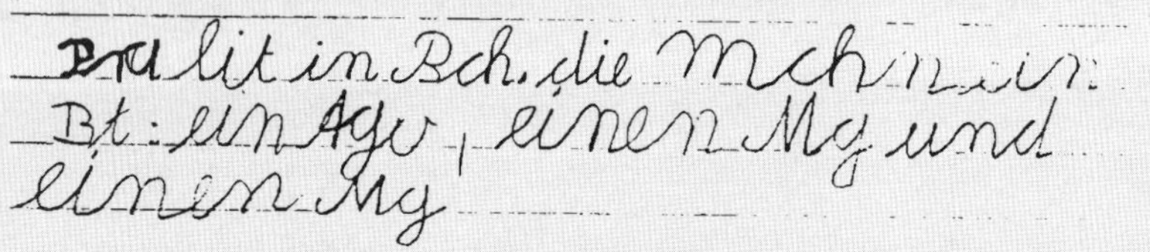

Diktierter Text: Petra liest im Buch. Sie malt ein Bild: ein Auge, eine Nase und einen Mund. *Erläuterung:* Das *P* (erste Reihe links), das *B* (zweite Reihe links) und der *Doppelpunkt* sind von der Lehrerin auf Bitte des Kindes ergänzt worden.

Nicoles Testleistung im Rechtschreibtest für 1. Klassen (RST 1; Rathenow & Raatz, 1993) bestätigt mit einem Prozentrang von 3.1 (Prozentrang-Band 0–9, Mädchen) die Beobachtung der Lehrerin. Ein zusätzlich durchgeführter Buchstabentest zeigt, dass Nicole nicht alle Buchstaben benennen kann. Ihre Seh- und Hörfähigkeit erweisen sich bei einer Überprüfung jedoch als unauffällig. Aufgrund der Testleistungen im RST 1 und der qualitativen Analyse ihrer Schreibleistungen wird geschlossen, dass Nicole erst ansatzweise Einsicht in den Bezug zwischen Buchstaben und Lauten erlangt hat (beginnende alphabetische Phase nach Frith, 1985).

Die Intervention besteht in der *Entwicklungsgemäßen Rechtschreibförderung* und richtet sich – dem Niveau des Schriftspracherwerbs von Nicole entsprechend – auf folgende Ziele: a) die Förderung der phonologischen Bewusstheit im engeren Sinne (d.h. die Identifikation, Analyse und Manipulation auf Lautebene); b) die Festigung der bereits beherrschten Buchstaben-Laut-Beziehungen; c) die Sicherung weiterer Buchstabengestalten mithilfe von Lauthandzeichen; d) die silbenorientierte Förderung der Rechtschreibkenntnisse. Bei Nicole zeigt sich schon nach kurzer Zeit, dass die eingeführten Lauthandzeichen die Speicherung der Buchstabengestalten erfolgreich unterstützen, so dass der Schwerpunkt der weiteren Förderung in der Vermittlung der Silbensegmentierung besteht.

13.1 Kurzbeschreibung der Methode und ihres theoretischen Hintergrunds

Betrachtet man die historische Entwicklung der Rechtschreibförderung, so sind über die Zeit sehr unterschiedliche Methoden verwendet worden. Der Weg führte von rein *kompensatorischen (Wahrnehmungs-)Trainings* hin zum konkreten und modellgeleiteten Üben, wie es die *Entwicklungsgemäße Rechtschreibförderung* vorsieht:

(1) *Störungen auf funktionaler Ebene:* In den 60er und 70er Jahren wurden Förderansätze sehr stark durch die Legastheniedefinition beeinflusst, die als ein zentrales Element der Bestimmung von Lese- und Rechtschreibschwierigkeiten die „intakte" oder „relativ gute Intelligenz" vorsah. Mögliche Ursachen für das Scheitern beim Lesen und Schreiben sah man im Kind selbst gegeben. Beispielsweise wurde die Störung auf eine Minimale Cerebrale Dysfunktion, eine zu schwach ausgeprägte Hemisphärendominanz, auf Defizite in der visuellen Wahrnehmung, auf Raum-Lage-Labilität, Linkshändigkeit, Gliederungs- und Differenzierungsschwächen sowie Lautnuancentaubheit zurückgeführt. Entsprechend kamen Programme zum Einsatz, welche die zentralen Voraussetzungen für das Erlernen des Lesens und Schreibens verbessern sollten. Bevorzugt wurden dabei sogenannte Funktionstrainings wie zum Beispiel Frostigs Übungen zur Förderung der visuellen Wahrnehmung (Frostig, Horne & Miller, 1977). Diese waren primär auf die Verbesserung der Fähigkeiten im Bereich der visu-motorischen Koordination, der Figur-Grund-Unterscheidung, der Formkonstanz, der Raum-Lage-Wahrnehmung und der Erfassung räumlicher Beziehungen ausgerichtet. Eine direkte Förderung der Lese- oder Rechtschreibleistungen stand nicht im Vordergrund (Greisbach, 2010).

(2) *Rechtschreibung als Entwicklungsprozess:* Ausgelöst durch die Legastheniedebatte und fehlende Erfolge bei der Förderung von Legasthenikern (Scheerer-Neumann, 2008; Walter, 2005; Weber, Marx & Schneider, 2002) besann man sich Ende der 70er Jahre auf die Analyse des Lese- und Schreibprozesses und seiner möglichen Störungen. Damit verband sich die Frage, welche Voraussetzungen für erfolgreiches Lesen- und Schreibenlernen erfüllt sein müssen. Als richtungsweisend erwies sich ein Forschungsansatz, der den Schriftspracherwerb mittels eines Entwicklungsmodells interpretierte (Frith, 1985). Tabelle 1 gibt einen Überblick über die von Valtin (2006) postulierten Entwicklungsstufen. Schwierigkeiten beim Erwerb des Lesens und (Recht-)Schreibens werden

nun als Verzögerungen im Entwicklungsverlauf interpretiert, wobei die Übergänge von einer Entwicklungsstufe zur nächst höheren als mögliche „Stolpersteine" gesehen wurden. Weiterentwicklungen, wie das Kompetenzentwicklungsmodell von Klicpera, Schabmann und Gasteiger-Klicpera (2010), berücksichtigen neben der individuellen Entwicklung auch Teilfertigkeiten sowie die Art der Instruktion.

Tabelle 1: Entwicklungsmodell für das Lesen- und Schreibenlernen nach Valtin (2006, S. 139)

Fähigkeiten und Einsichten des Kindes	Lesen	Schreiben
Nachahmung äußerer Verhaltensweisen	„Als-ob"- Lesen	Kritzeln
Kenntnis einzelner Buchstaben	Naiv-ganzheitliches Lesen	Malen von Buchstabenreihen, Malen des eigenen Namens
Beginnende Einsicht in den Buchstaben-Laut-Bezug Kenntnis einiger Buchstaben/Laute	Benennen von Lautelementen, häufig am ersten Buchstaben orientiert	Verschriften prägnanter Lautelemente, Skelettschreibungen (HS für Hase)
Einsicht in die Buchstaben-Laut-Beziehung	Buchstabenweises Erlesen (G-a-r-t-e-n), gelegentlich ohne Sinnentnahme	Nach dem Prinzip „Schreibe wie du sprichst" (Rola – Roller/hoite – heute/mia – mir)
Verwendung orthografischer Muster	Fortgeschrittenes Erlesen: Verarbeitung größerer Einheiten (z. B. mehrgliedrige Schriftzeichen, Silben, Endungen wie -en, -er)	Verwendung orthografischer Muster (Auslautverhärtung, Umlaute), gelegentlich auch falsche Generalisierungen (Oper statt Opa)
Automatisierung von Teilprozessen	Entfaltete Lesefähigkeit	Dudenschreibweise

Die *Entwicklungsgemäße Rechtschreibförderung* orientiert sich an dieser Modellvorstellung. Sie klärt zunächst diagnostisch, welche Einsichten das Kind über das System der Schriftsprache bislang hat. Diese Hypothesen gilt es zu stützen und weiterzuentwickeln. Ausgangspunkt der Förderung ist also immer die Entwicklungsstufe, auf der sich das Kind aktuell befindet. Die darauf folgenden Interventionsmaßnahmen gehen von diesem diagnostizierten Entwicklungsstand aus und setzen dazu passende Methoden ein, um die Rechtschreibleistung mithilfe einer direktiven Vermittlung zentraler Kompetenzen (z. B. Simonsen & Gunter, 2001) zu verbessern. Die jeweiligen Ziele und die Wahl der Fördermethoden werden den Fortschritten des Kindes angepasst. Dies verlangt eine regelmäßige Überprüfung der Lernfortschritte in der Therapie (Strathmann, Klauer & Greisbach, 2010).

Insgesamt gilt folgender Grundsatz bei einer (Lese-)Rechtschreibstörung: Nur das konkrete Üben des Rechtschreibens (und des Lesens) auf dem entwicklungsgemäßen Niveau des Kindes führt zu Verbesserungen beim Rechtschreiben (und beim Lesen).

13.2 Indikation der Methode

Eine Förderung von Rechtschreibkenntnissen ist dann angezeigt, wenn die Leistungen einer Schülerin bzw. eines Schülers in einem standardisierten Rechtschreibtest unterhalb des Prozentrangs 25 liegen. Dies ist vornehmlich bei folgenden Störungsbildern der Fall:

- kombinierte Lese- und Rechtschreibstörung (ICD-10, F81.0; vgl. Kapitel 4);
- isolierte Rechtschreibstörung (ICD-10, F81.1);
- allgemeine Lernschwäche (ICD-10, F81.3; s. Kapitel 5);
- Lernbehinderung (s. Kapitel 6).

Binnendifferenzierende Maßnahmen im Schulunterricht sind bei einem Prozentrang zwischen 11 und 25, klassenübergreifende Fördergruppen bei einem Prozentrang zwischen 6 und 10, außerschulische Fördermaßnahmen hingegen bei einem Prozentrang von 5 und niedriger angebracht (Müller, 2003a).

13.3 Detaillierte Beschreibung des Vorgehens

Kasten 2: Rechtschreibentwicklung und -förderung

Beginnende Einsicht in den Buchstaben-Laut-Bezug

- Förderung der phonologischen Bewusstheit
- Einführung und Sicherung der Buchstabengestalten sowie deren Lautwerte
- Einführung von Lauthandzeichen
- Förderung der Grafomotorik

Einsicht in die Buchstaben-Laut-Beziehung

- Festigung der Einsicht in die Buchstaben-Laut-Beziehungen
- Einführung von Buchstabenkombinationen (z. B.: ei, au, eu/äu, ch/sch, st, sp)
- silbenorientierte Förderung
- Anbahnung eines Grundwortschatzes (Lernwörter)

Verwendung orthografischer Muster

- morphemorientierte Förderung
- Sicherung des Grundwortschatzes
- Einführung bzw. Vertiefung von Rechtschreibregeln
- Anleitung zur Nutzung eines Wörterbuchs

Eine Förderung von Rechtschreibleistungen kann erst dann beginnen, wenn das Kind Einsicht in die phonematische Struktur der Sprache entwickelt hat. Die Intervention geht vom Stand der bisher erreichten Rechtschreibleistung aus (vgl. Kasten 2) und bahnt den jeweils nächsthöheren Entwicklungsschritt an. Die Aufgabenschwierigkeit bewegt sich stets auf mittlerem Niveau. Neben der Verbesserung der Rechtschreibleistung zielt die

Intervention darauf ab, das Selbstbild und die Selbsttätigkeit der Schülerin bzw. des Schülers beim Lernen zu fördern. Dazu zählt die Nutzung von Wortlisten oder Wörterbüchern sowie der Umgang mit Materialien und Medien, die Möglichkeiten zur Selbstkontrolle bieten, wie beispielsweise der Einsatz von Lernsoftware (s. Kapitel 31) oder das Üben mit der Wortkartei (s. Kapitel 32). Die Intervention verläuft in folgenden Schritten:

Diagnostische Untersuchung

Die Diagnostik erfasst in einem verhaltensanalytischen Zugang die Schwierigkeiten, die momentan zu beobachten sind. Dazu werden Gespräche mit der Klassenlehrkraft geführt, Hefte eingesehen und Schreibübungen durchgeführt. Daran schließen sich dann weitere, nun mehr hypothesengeleitete Untersuchungen an:

- Die Rechtschreibleistung des Kindes wird mittels eines normierten und standardisierten Tests erfasst, etwa mit einer altersentsprechenden Version des *Diagnostischen Rechtschreibtests* von Müller (2003a, b, c) und von Grund, Haug und Naumann (2003a, b) oder mit der 2012 neu standardisierten *Hamburger Schreib-Probe* von May.
- Bei Verdacht auf grafomotorische Schwierigkeiten wird ein entsprechender Test, wie z. B. die *Graphomotorische Testbatterie* (GMT; Rudolf, 1986), durchgeführt (zumindest aber eine detaillierte Beobachtung von Schreibübungen).
- Eine zusätzliche Überprüfung der Seh- und Hörfähigkeit ist notwendig, um mögliche Sinnesbeeinträchtigungen auszuschließen.

Interventionsmaßnahmen

Die darauf folgende Intervention orientiert sich am Leistungs- und Entwicklungsstand des Kindes. Dem entsprechend kommen folgende Methoden zum Einsatz:

(1) *Förderung der Einsicht in Buchstaben-Laut-Korrespondenzen*

- *Schulung der phonologischen Bewusstheit.* Eine der wichtigsten Einsichten, die ein Kind auf dem Weg zur automatisierten Rechtschreibung erwerben muss, ist die Erkenntnis, dass Sprache neben einer inhaltlichen Ebene auch eine formale Struktur hat: Der Lautstrom der gesprochenen Sprache ist in einzelne Sätze, Wörter, Silben und Einzellaute zerlegbar. Treten Schwierigkeiten beim Erlernen der Schriftsprache zu einem sehr frühen Zeitpunkt auf, so sollten die verschiedenen Teilfertigkeiten zur Ausbildung der phonologischen Bewusstheit geübt werden. Dazu zählen u. a. die Satzsegmentierung, das Syllabieren, das Erkennen und Produzieren von Reimen, das Isolieren von An-, In- und Auslauten sowie die Phonemanalyse und -synthese. In Kapitel 10 wird beschrieben, wie die Lautbewusstheit von Kindern noch vor dem Schuleintritt gefördert werden kann. Für die Schuleingangsphase bieten sich z. B. das Münsteraner Trainingsprogramm (Mannhaupt, 2008), der Lehrgang „Leichter lesen und schreiben lernen mit der Hexe Susi" (Forster & Martschinke, 2008) oder PHONIT, ein Programm zur Verbesserung der phonologischen Bewusstheit und der Rechtschreibleistung im Grundschulalter von Stock und Schneider (2011) an.
- *Einführung und Sicherung der Buchstaben und Laute.* Immer wieder zeigen Testergebnisse, dass Kinder auf dieser Entwicklungsstufe selbst am Ende des zweiten Schul-

jahres nicht alle Buchstabenformen sicher und automatisiert schreiben können. Fragen wie „Wie ging noch mal das große G?“ zeigen die Unsicherheit beim Umgang mit den Elementen der Schriftsprache. Ist ein rascher Abruf der notwendigen Schreibbewegungen nicht möglich, kann das Kind auch größere Einheiten nicht erfassen (wie z. B. Silben oder Konsonantenhäufungen). Es scheitert oft schon am ersten wahrgenommenen Laut. Hier erleichtert die Einführung eines Lautgebärdensystems (d. h. einer grob- bzw. feinmotorischen Gedächtnishilfe) den Speicherungsprozess. Bei der Auswahl eines solchen Systems, wie z. B. das lehrgangsunabhängig gestaltete von Schäfer und Leis (2008), sollte beachtet werden, dass die Gebärden unauffällig im Unterricht produzierbar sind und nicht ausgrenzend oder stigmatisierend wirken. Kinder mit Speicherschwierigkeiten greifen gerne auf statische oder dynamische Gebärden als Gedächtnisstütze zurück. Wichtig ist die Modellfunktion der Lehrkraft. Buchstabengestalt und Laut werden gleichzeitig mit dem entsprechenden Laut-Hand-Zeichen eingeführt. Zunächst sind die Zeichen intensiv zu üben. Sind diese gefestigt, so reichen oft schon ihre Andeutungen durch die Lehrerin oder durch den Lehrer (oder ggf. durch einen Elternteil) aus, damit die gespeicherte Information abgerufen wird.

- *Förderung der Schreibbewegung*. Ein weiterer Aspekt, der auf dieser Stufe der Schreibentwicklung eine Rolle spielt, ist die Förderung der Grafomotorik. Das Ziel muss darin bestehen, dass das Kind flüssig und unverkrampft schreibt. Dies wird durch die Förderung der Körperkontrolle, Kopfbewegung, Augen-Hand-Koordination, Diadochokinese (Drehbewegung im Handgelenk), Daumenopposition sowie eines angepassten Muskeltonus erreicht. Letztendlich soll das Kind seine eigene Schrift lesen können. Zur Förderung der Grafomotorik empfiehlt Schilling (2004) folgende didak-

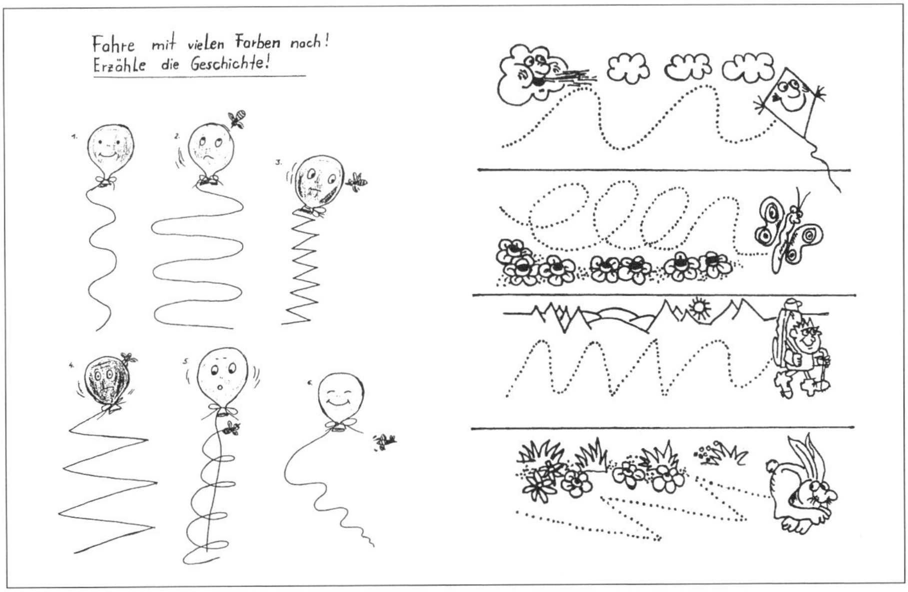

Abbildung 1: Zwei Studienarbeiten zum Projekt Grafomotorik am Seminar für Lernbehindertenpädagogik der Universität zu Köln

tische Prinzipien: a) von der gebundenen zur freier werdenden Bewegung; b) von der großräumigen zur kleinräumigen Bewegung; c) von der anschaulich-einfachen zur abstrakt-komplexen Darstellung; d) von der Förderung einzelner Elemente einer Bewegungsklasse (Linien, Striche, Zielstriche, Bögen bzw. Kreise, Zielpunkte, Winkel) zu Variationen und Verknüpfungen unterschiedlicher Elemente. Pauli und Kisch (2008) berücksichtigen in ihrem Programm, das sich an der kindlichen Entwicklung des Malens orientiert, neben den grundlegenden Formen der Schrift auch die Schreibhaltung (vgl. Abbildung 1).

(2) *Förderung der Einsicht in strukturelle Regelmäßigkeiten*

- *Festigung der Buchstaben-Laut-Beziehung.* Zunächst ist das Wissen um die Beziehungen zwischen den Buchstaben und den Lauten zu festigen. Ein rascher Abruf der gespeicherten Buchstabengestalten und Lautwerte ist notwendig, um auch neues Wortmaterial erfassen und schreiben zu können. Buchstabenkombinationen wie z. B. <ei>, <st> oder <sp>, werden in ihrer Abweichung von der Lautsprache bestimmt und eingeübt. Erste, leichte Ableitungsregeln beim <äu> lassen das Kind die Regelhaftigkeiten des Sprachsystems entdecken.
- *Vermittlung von Lernstrategien.* Ein wesentlicher Bestandteil jeder Intervention zum Aufbau von Rechtschreibkenntnissen ist die systematische Vermittlung von Lernstrategien. Hierbei ist die Einsicht anzubahnen, dass schriftsprachliche Informationen nicht als Einzelbuchstaben im Kurzzeitgedächtnis gespeichert werden, sondern in größeren Einheiten, den sogenannten Chunks. Es lassen sich jedoch nur diejenigen Informationen „bündeln", die als Verknüpfungen im Langzeitgedächtnis repräsentiert sind. Umfangreiche Studien konnten nachweisen, dass die Aufnahme, Speicherung und der Abruf von Sprachinformationen zu Beginn des Schriftspracherwerbs durch die Silbensegmentierung erleichtert wird (Walter, 1996). Neuere Lese-Schreiblehrgänge und Fördermethoden, wie der Kieler Lese- und Rechtschreibaufbau (Dummer-Smoch & Hackethal, 2001, 2011) oder das Basistraining von Kleinmann (2011), zeigen, wie durch die Einführung von Silben der Schriftspracherwerb auf dieser Stufe unterstützt werden kann. Die Programme sind sehr systematisch aufgebaut und orientieren sich in erster Linie an lautgetreuen Wörtern. Strategien, wie das Mitsprechen, Mitschwingen, das synchrone Sprechschreiben und das Silbenbogenlesen bei Reuter-Liehr (2008), unterstützen dabei den Schriftspracherwerb auf dieser frühen Stufe der Entwicklung.
- *Aufbau eines Grundwortschatzes.* Neben der silbenorientierten Förderung ist die Einführung eines Grundwortschatzes ein weiteres zentrales Element der Rechtschreibförderung. Kurzwörter, die in Texten häufig vorkommen, wie *der, die, das, und, sind, ist, hat, er, sie, wir*, sind häufig zu üben. So kann ein Grundstock von sicher beherrschten Wörtern aufgebaut werden. Es empfiehlt sich, dazu eine Lernkartei zu führen (vgl. Kapitel 32), mit der das Kind auch selbstständig üben kann. Als Material bietet z. B. Sennlaub (2007) einen für Erstklässler geeigneten Anfangswortschatz und ein „Erstes Wörterverzeichnis" für das 2. Schuljahr an.

(3) *Förderung von orthografischen Mustern*

- *Förderung von Lernstrategien:* In Weiterführung der silbenorientierten Förderung besteht die nächste Aufgabe darin, das Gedächtnismaterial so zu strukturieren, dass zunehmend größere sprachliche Einheiten verarbeitet werden können. Hierzu hat sich die Morphem-Methode bewährt. Durch das Training von Vorsilben, Wortstämmen und Endungen *(an-fahr-en, Vor-fahr-t, ge-fähr-lich)* können von der Schülerin bzw. von dem Schüler strukturelle Sprachmerkmale entdeckt werden, die über die reine Sprechsilbe hinausgehen. Eine sehr umfangreiche Übersicht bietet hier das Morphemtraining von Kleinmann (2009). Unterstützend ist diese Methode auch beim Aufbau von Rechtschreibregeln einsetzbar. Viele Rechtschreibphänomene, wie die Umlautkonstanz *(laufen, er läuft)*, die Auslautverhärtung *(Rind, Rinder, er legt, legen)* und zum Teil auch die Doppelkonsonanz (*rennen, er rennt*) und die Groß- und Kleinschreibung (*Schönheit, verantwortlich*) können so verdeutlicht werden. Längerfristig besteht das Ziel darin, die Sprachverarbeitung auf der Wortebene zu fördern, wobei hierbei auch Elemente von Wortgrammatik und Satzbau zu berücksichtigen sind.

- *Einübung von Rechtschreibregeln:* Mit dem Marburger Rechtschreibtraining von Schulte-Körne und Mathwig (2009) liegt ein Förderprogramm für das regelgeleitete Rechtschreiben vor. Ausgehend von der Unterscheidung von Selbst- und Mitlauten sowie der Länge und Kürze eines Vokals werden Rechtschreibphänomene wie die

Richtig schreiben lernen müssen alle üben!

Vor allem schwierige Wörter muss man sorgfältig abschreiben, einmal, zweimal, bis man sie kann.

Vier Schritte helfen dir beim Abschreiben:

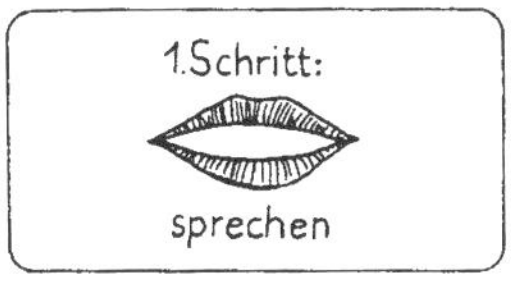

Ich spreche das Wort deutlich!

Wenn das Wort mehr als eine Silbe hat, kannst du es langsam in Silben sprechen.

Ich merke mir schwierige Stellen!

Du kannst schwierige Stellen farbig nachfahren oder markieren. Du kannst auch sagen, was schwierig ist.

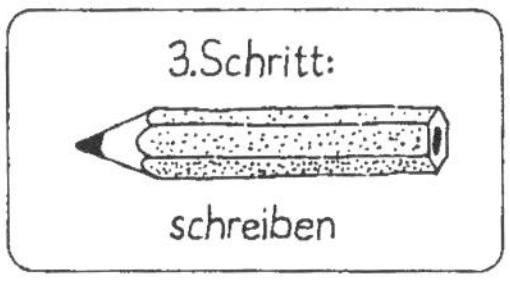

Ich schreibe das Wort auf!

Du kannst das Wort nochmals lesen. Dann solltest du es abdecken. Beim Schreiben kannst du auch sprechen.

Ich prüfe!

Wenn du einen Fehler gefunden hast, schreibst du das Wort gleich nochmals.

Abbildung 2: Signalkarten mit Regeln zum Grundwortschatztraining

Groß- und Kleinschreibung, die Auslautverhärtung, Dehnung und Konsonantenverdopplung vermittelt.
- *Sicherung des Grundwortschatzes:* Rechtschreibwissen und Rechtschreibsicherheit sind nur durch die Einführung und Festigung eines Grundwortschatzes zu erlangen. Hier bietet sich die Arbeit mit Karteikastensystemen an (vgl. Kapitel 32). Der Lernstoff muss überschaubar und begrenzt sein. Auch Schreibübungen sind sinnvoll, wenn sie ein planvolles, strukturiertes und schrittweises Erarbeiten neuer Wörter nahe legen, wie es z. B. die Freiburger Rechtschreibschule (Michel, 2013) mit den vier FRESCH-Strategien bietet. Abbildung 2 zeigt ein Beispiel, bei dem das Erlernen von Regeln durch Signalkarten unterstützt wird (nach Wespel, 1992).
- *Nutzung eines Wörterbuchs als Arbeitstechnik:* Ein weiterer wichtiger Zugang zu einem selbstgesteuerten Aufbau von Rechtschreibkenntnissen ist die Nutzung eines Wörterbuchs. Dabei sollte in zwei Schritten vorgegangen werden: Zunächst ist es wichtig, dass die Kinder die Reihenfolge des Alphabets sicher beherrschen. Daran schließen sich dann Übungen zum Nachschlagen im Wörterbuch an. Nur bei einem kontinuierlichen Gebrauch des Wörterbuchs (z. B. in Förderstunden, im Unterricht und bei den Hausaufgaben) kann ein schnelles und erfolgreiches Suchen in Nachschlagewerken erreicht werden.

So wie für die meisten Förderbereiche gilt auch für die Rechtschreibförderung, dass die Übungen abwechslungsreich gestaltet sein und verschiedene Sinne ansprechen sollten (etwa durch Höraufgaben mit Audiodateien, unterschiedliche Schreibutensilien, Stempel, Fühlkästen, Arbeit mit der Filztafel, Schiefertafel und mit Knete). Als motivierendes Medium, das in der Therapie nicht fehlen darf, ist der PC zu nennen. Der Einsatz reicht von der Verwendung reiner Schreib- und Textverarbeitungsprogramme bis hin zum (selbstständigen) Üben mit pädagogisch und didaktisch bewährter Lernsoftware (s. Kapitel 31). Generell sollte das Übungs- und Lernmaterial
- überschaubar und einfach strukturiert sein, sodass wichtige Lernstrategien von Grund auf (neu) erarbeitet werden können,
- präzise Aufgabenstellungen und einfache Instruktionen enthalten,
- die Interessen der Schülerinnen und Schüler ansprechen und
- häufiges Üben in unterschiedlichen Kontexten ermöglichen (einen Brief schreiben; eine Email verfassen; eine Einkaufsliste zusammenstellen; Einladungen zu einer Geburtstagsfeier anfertigen usw.).

13.4 Hinweise für die organisatorische Umsetzung

Das geschilderte Vorgehen ist relativ aufwändig und erfordert regelmäßiges Üben über längere Zeit. Idealerweise findet die Förderung werktäglich in einer Kleingruppe oder zu Hause mit den Eltern als Mediatorinnen bzw. Mediatoren statt (s. Kapitel 37). Die Lehrkraft erstellt hierbei ein auf das Schulkind individuell abgestimmtes Programm, das auf einer deutlich niedrigeren Stufe ansetzt als der parallel verlaufende Rechtschreibunterricht in der Schule. Die einzelnen Förderstunden sollten nach einer gleichbleibenden Struktur ablaufen. Denn nur wenn die Kinder wissen, was sie erwartet bzw. was von ihnen erwartet wird, können sie ein Gefühl der Sicherheit entwickeln. Regelmäßige Entspannungsphasen sind dabei mit einzuplanen.

Eine Kleingruppenförderung wirkt sich schon deshalb motivierend aus, weil Schülerinnen und Schüler dabei die Erfahrung machen, dass sich auch andere Kinder mit der deutschen Orthografie „herumschlagen". Werden die Eltern als Mediatorinnen bzw. Mediatoren einbezogen, so ist darauf zu achten, dass die häuslichen Übungen überschaubar sind; sie dienen primär der Festigung und Überprüfung des erworbenen Rechtschreibwissens. Die Eltern werden angewiesen, die Förderung zu einer bestimmten Zeit an einem bestimmten Ort und für eine bestimmte Dauer durchzuführen, klare Anweisungen zu geben, richtiges Schreiben sofort zu loben, keine Kritik zu üben, Lernfortschritte anhand einer Prozentkurve der richtig geschriebenen Wörter zu dokumentieren und Lernerfolge ggf. durch Tokens zu verstärken, die sich am Ende der Woche gegen eine Belohnung (z. B. einen Kinobesuch oder ein kleines Spielzeug) eintauschen lassen.

13.5 Wirksamkeit und Wirksamkeitsbedingungen

Gezielte Rechtschreibübungen führen zu bedeutsamen Fortschritten, wenn sie die Komplexität der Anforderungen reduzieren, nach ihrer Schwierigkeit gestaffelt sind, regelmäßig und häufig durchgeführt werden und auf den Erwerb von strategischem Lernen ausgerichtet sind (Swanson, Hoskyn & Lee, 1999). Kognitive Lernvoraussetzungen, wie die Intelligenz, haben nur geringen Einfluss auf den Trainingserfolg. Weber, Marx und Schneider (2002) konnten keinen Unterschied hinsichtlich des Trainingsgewinns zwischen Legasthenikern ($IQ \geq 85$) und allgemein lese-rechtschreibschwachen Kindern ($IQ < 85$) feststellen.

Positiv scheinen sich dagegen gutes Sprachverständnis, Integration in die Klassengemeinschaft (und somit auch in die Fördergruppe) und das Leistungsniveau vor Beginn der Förderung auf den Interventionserfolg auszuwirken (Klicpera & Gasteiger-Klicpera, 1995).

Eine besonders gut bewährte Methode zur Verbesserung der Rechtschreibleistung stellt das Training von Segmentierstrategien dar (auf Silben- oder auf Morphembasis) (vgl. z. B. Walter, 1996). Demgegenüber wird die Wirksamkeit anderer Methoden, wie zum Beispiel des Einsatzes von Lautgebärden, derzeit kritisch diskutiert. Neuere Metaanalysen zur Wirksamkeit deutschsprachiger Förderansätze stellen Effektstärken im Bereich von $d = 0.53$ (Lesetraining) und $d = 0.78$ (Schreibtraining) bzw. beim kombinierten Lese-Rechtschreibtraining von $d = 0.88$ fest (Ise, Dolle, Pixner & Schulte-Körne, 2012).

13.6 Literatur

Grundlegende Literatur

Frith, U. (1985). Beneath the surface of developmental dyslexia. In K. E. Patterson, J. C. Marshall & M. Coltheart (Eds.), *Surface dyslexia: Cognitive neuro-psychological studies of phonological reading* (pp. 301–330). Hillsdale: Erlbaum.

Klicpera, C. & Gasteiger-Klicpera, B. (1995). *Psychologie der Lese- und Schreibschwierigkeiten.* Weinheim: Psychologie Verlags Union.

Klicpera, C., Schabmann, A. & Gasteiger-Klicpera, B. (2010). *Legasthenie. Modelle, Diagnose, Therapie und Förderung.* München: Ernst Reinhardt Verlag.

Valtin, R. (2006). Förderung von Kindern mit Schwierigkeiten beim Schriftspracherwerb (LRS). In B. Hofmann & A. Sassa (Hrsg.), *Legasthenie. Lese-Rechtschreibstörungen oder Lese-Rechtschreibschwierigkeiten?* (S. 127–148). Berlin: Deutsche Gesellschaft für Lesen und Schreiben.

Weiterführende Literatur

Greisbach, M. (2010). Visuelle und auditive Wahrnehmung. In B. Hartke, K. Koch & K. Diehl (Hrsg.), *Förderung in der schulischen Eingangsstufe* (S. 121–142). Göttingen: Hogrefe.

Ise, E., Engel, R. R. & Schulte-Körne, G. (2012). Was hilft bei der Lese-Rechtschreibstörung? Ergebnisse einer Metaanalyse zur Wirksamkeit deutschsprachiger Förderansätze. *Kindheit und Entwicklung, 21* (2), 122–136. doi: 10.1026/0942-5403/a000077

Scheerer-Neumann, G. (2008). Die Definition von Lese-Rechtschreibschwäche und Legasthenie: Eine unendliche Geschichte? In B. Hofmann & R. Valtin, *Checkpoint Literacy. Tagungsband 2 zum 15. Europäischen Lesekongress 2007 in Berlin* (S. 108–121). Berlin: Deutsche Gesellschaft für Lesen und Schreiben.

Simonsen, F. & Gunter, L. (2001). Best practices in spelling instruction: A research summary. *Journal of Direct Instruction, 1,* 97–105.

Strathmann, A, Klauer, K. J. & Greisbach, M. (2010). Lernverlaufsdiagnostik – dargestellt am Beispiel der Entwicklung der Rechtschreibkompetenz in der Grundschule. *Empirische Sonderpädagogik,* 64–77.

Swanson, H. L., Hoskyn, M. & Lee, C. (1999). *Interventions for students with learning disabilities: A meta-analysis of treatment outcomes.* London: Guilford.

Walter, J. (2005). Diskrepant oder nicht-diskrepant: Ist das noch die Frage? *Sonderpädagogik, 35* (2), 63–79.

Weber, J.-M., Marx, P. & Schneider, W. (2002). Profitieren Legastheniker und allgemein lese-rechtschreibschwache Kinder in unterschiedlichem Ausmaß von einem Rechtschreibtraining? *Psychologie in Erziehung und Unterricht, 49* (1), 56–70.

Material

Bartnitzky, H. (2009). Rechtschreiben und Grammatik sind Verbündete. Das Gehirn sucht die Regel. *Grundschulmagazin, 24* (1), 8–12.

Dummer-Smoch, L. & Hackethal, R. (2002). *Handbuch zum Kieler Rechtschreibaufbau.* Kiel: Veris Verlag.

Dummer-Smoch, L. & Hackethal, R. (2011). *Handbuch zum Kieler Leseaufbau.* Kiel: Veris Verlag.

Forster, M. & Martschinke, S. (2008). *Leichter lesen und schreiben lernen mit der Hexe Susi. Übungen und Spiele zur Förderung der phonologischen Bewusstheit.* Donauwörth: Auer Verlag.

Frostig, M., Horne, D. & Miller, A. M. (1977). *Visuelle Wahrnehmungsförderung.* Dortmund: Borgmann.

Grund, M., Haug, G. & Naumann, C. L. (2003a). *Diagnostischer Rechtschreibtest für 4. Klassen (DRT 4).* Göttingen: Hogrefe.

Grund, M., Haug, G. & Naumann, C. L. (2003b). *Diagnostischer Rechtschreibtest für 5. Klassen (DRT 5).* Göttingen: Hogrefe.

Kleinmann, K. (2009). *Die Wortbaustelle. Morphemtraining für LRS-Schüler.* Augsburg: Brigg Pädagogik.

Kleinmann, K. (2011). *Lese-Rechtschreib-Schwäche? Das Basistraining – anschaulich und systematisch.* Horneburg: Persen.

Mahlstedt, D. (1999). *Lernkiste Lesen und Schreiben. Fibelunabhängige Materialien zum Lesen und Schreiben lernen für Kinder mit Lernschwächen*. Weinheim: Beltz.
Mannhaupt, G. (2008). *Münsteraner Trainingsprogramm. Förderung der phonologischen Bewusstheit am Schulanfang*. Berlin: Cornelsen.
May, P. (2012). *Die Hamburger Schreib-Probe (1–9)*. Hamburg: Verlag für pädagogische Medien.
Michel, H.-J. (2013). *Freiburger Rechtschreibschule. Grundlagen, Diagnosemöglichkeiten, praktische Übungen*. Lichtenau: AOL Verlag.
Müller, R. (2003a). *Diagnostischer Rechtschreibtest für 1. Klassen (DRT 1)*. Göttingen: Hogrefe.
Müller, R. (2003b). *Diagnostischer Rechtschreibtest für 2. Klassen (DRT 2)*. Göttingen: Hogrefe.
Müller, R. (2003c). *Diagnostischer Rechtschreibtest für 3. Klassen (DRT 3)*. Göttingen: Hogrefe.
Pauli, S. & Kisch, A. (2008). *Geschickte Hände: Feinmotorische Übungen für Kinder in spielerischer Form*. Dortmund: verlag modernes lernen.
Rathenow, P. & Raatz, U. (1993). *Rechtschreibtest für 1. Klassen (RST1)*. Weinheim: Beltz.
Reuter-Liehr, C. (2008). *Lautgetreue Lese-Rechtschreibförderung, Band 1: Eine Einführung in das Training der phonemischen Strategie auf der Basis des rhythmischen Syllabierens*. Bochum: Winkler Verlag.
Rudolf, H. (1986). *Graphomotorische Testbatterie (GMT)*. Weinheim: Beltz.
Schäfer, H.& Leis, N. (2008). *Lesen und Schreiben im Handumdrehen. Lautgebärden erleichtern den Schriftspracherwerb in Förderschule und Grundschule*. München: Ernst Reinhardt Verlag.
Schilling, F. (2004). *Spielen. Malen. Schreiben. Marburger graphomotorische Übungen*. Dortmund: Verlag Neues Lernen.
Schulte-Körne, G. & Mathwig, F. (2009). *Das Marburger Rechtschreibtraining*. Bochum: Winkler.
Sennlaub, G. (2007). *Von A bis Zett. Wörterbuch für Grundschulkinder mit Anfangswortschatz*. Berlin: Cornelsen.
Stock, C. & Schneider, W. (2011). *PHONIT, ein Trainingsprogramm zur Verbesserung der phonologischen Bewusstheit und der Rechtschreibleistung im Grundschulalter*. Göttingen: Hogrefe.
Walter, J. (1996). *Förderung bei Lese- und Rechtschreibschwäche*. Göttingen: Hogrefe.
Wespel, M. (1992). Alle Kinder mit Rechtschreibschwierigkeiten fördern. *Die Grundschule, 12*, 26–31.

14. Förderung der Schreibkompetenz

Cornelia Glaser

Fallbeispiel

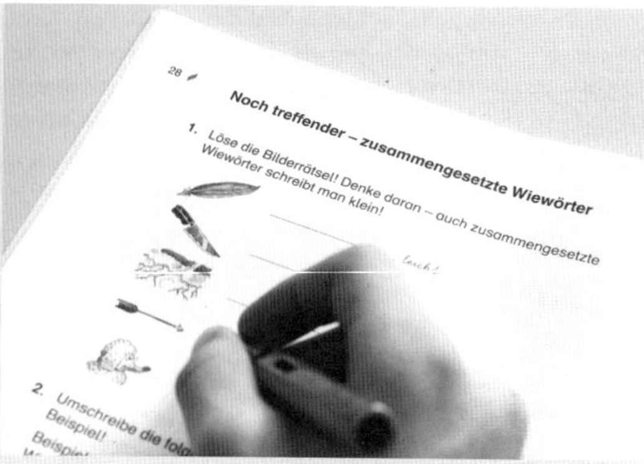

Daniel ist 11 Jahre und besucht die 4. Klasse einer Grundschule. Seine Leistungen beim Aufsatzschreiben werden von seiner Lehrerin als mangelhaft beurteilt. Sie sagt, Daniel lasse seit einem Jahr keinerlei Fortschritte erkennen. Seine Aufsätze seien zu kurz, inhaltlich unvollständig, ungegliedert, ohne Zusammenhang, wirkten „hingeschmiert" und zeigten keinerlei Spannung. Da Daniel schon immer schlechte Noten für seine Aufsätze bekam, „hasst" er es inzwischen, Aufsätze zu schreiben. Die schlechten Noten ärgern ihn zwar, er hat aber keine Idee, was er besser machen könnte. Die Anleitungen, die er von seiner Lehrerin im Unterricht erhält, könne er sich nicht merken. Daher verstehe er auch nicht, warum er so schlechte Noten bekomme.

Daniel nimmt an einer „Schreibklasse" teil, in der ein „Selbstregulatorisches Aufsatztraining" durchgeführt wird (Förderunterricht in einer Kleingruppe mit 4 Schülerinnen und Schülern). In sechs 90-minütigen Sitzungen (pro Woche je 1 Sitzung) werden mit ihm folgende Vorgehensweisen beim Aufsatzschreiben eingeübt: (1) Daniel werden Strategien zum Planen, Schreiben und Überarbeiten von Aufsatztexten vermittelt *(Erwerb von Schreibstrategien)*. (2) Daniel wird darin angeleitet, die Ausführung dieser Strategien selbst zu überwachen und ggf. so zu korrigieren, dass der entstehende Text seinen Schreibabsichten immer besser entspricht *(Selbstüberwachung und Selbstkorrektur)*. (3) Daniel wird aufgefordert, sich eigene Ziele zu setzen und zu sagen, welche Verbesserungen er bei der Anwendung der neu erlernten Strategien erreichen möchte *(Zielsetzung)*. Er überwacht zudem, ob er seinen Zielen näher kommt. Um ihm dies zu erleichtern, erhält er fortlaufend Rückmeldungen über die Qualität seiner Aufsätze *(Selbstbewertung)*. (4) Mit Daniel wird besprochen, dass Fortschritte, die er in der Strategiebeherrschung macht, auch Verbesserungen in der Qualität seiner Aufsatztexte hervorbringen *(Stärkung der Selbstwirksamkeit)*.

14.1 Kurzbeschreibung der Methode und ihres theoretischen Hintergrunds

Die hier vorgestellte Methode zur Förderung der Schreibkompetenz beruht auf der Vorstellung, dass die Fähigkeit eigene Texte zu produzieren in einem zeitaufwändigen und mühevollen Prozess reflektierenden Lernens erworben wird. Dabei wird Wissen darüber erworben, welche Textsorten es gibt (z. B. eine Erzählung, ein Bericht, eine Argumentation) und wie diese aufgebaut sind. Mit der Zeit werden auch Strategien ausgebildet, um beispielsweise eine Erzählung zu planen, niederzuschreiben und zu überarbeiten. Wenn nun ein neuer Text geschrieben wird, kommt dieses Hintergrundwissen wieder ins Spiel und muss so auf die Schreibaufgabe angewendet werden, dass ein inhaltlich vollständiger, innerlich zusammenhängender, gut verständlicher und stilistisch ansprechender Text entsteht. Hierfür werden aufgabenspezifische Strategien (z. B. eine Strategie zur Planung eines Aufsatztextes) benötigt, die der Schreibende fortlaufend überwachen und kontrollieren muss, um sein Vorgehen so auszuformen, dass der Text die gewünschte Qualität erhält, also beispielsweise zum Anlass passt, verständlich ist und ansprechend auf Leser wirkt (Glaser & Brunstein, 2008; Zimmerman & Risemberg, 1997).

Leitideen, wie ein planvolles und reflektiertes Vorgehen beim Schreiben gefördert werden kann, hat Zimmerman (1998) in einem zyklischen Trainingsmodell des selbstregulierten Lernens unterbreitet. Nach seiner Vorstellung sind dafür vier Aktivitäten notwendig, die eng miteinander verwoben sind:

- Zielsetzung und Strategieplanung;
- Überwachung des korrekten Strategieeinsatzes;
- Bewertung der Ergebnisse des Strategieeinsatzes;
- Selbstbewertung des Lernerfolgs und der erzielten Leistungsergebnisse.

Das Attribut „zyklisch" bringt zum Ausdruck, dass die vier vorgenannten Aktivitäten aufeinander aufbauen und so ineinander greifen, dass Veränderungen in einem Merkmal (z. B. Bewertung des Strategieerfolgs) korrigierende Maßnahmen auch bei den übrigen Merkmalen zur Folge haben (z. B. Veränderungen in der Auswahl von Strategien).

Diese Prinzipien finden sich in Schreibstrategietrainings wieder, die Schülerinnen und Schülern mit Lernstörungen oder mit gravierenden Schwierigkeiten beim Schreiben ein planvolles, strategisches und reflektierendes Vorgehen vermitteln. Hierfür haben sich folgende Vorgehensweisen bewährt (Graham & Harris, 2009; Pressley, Mohan, Fingert, Reffitt & Raphael-Bogaert, 2007):

- Den Schülerinnen und Schülern werden genre-spezifische Schreibstrategien vermittelt, mit deren Hilfe sie ihre Texte planen, überprüfen und korrigieren können. Dabei wird ihnen auch Wissen über die Besonderheiten der jeweiligen Textsorte vermittelt (z. B. erzählende, berichtende und argumentative Texte).
- Mit den Schülerinnen und Schülern werden selbstregulatorische Techniken eingeübt (Zielsetzung, Selbstüberwachung und Selbstbewertung), mit deren Hilfe sie ihr stra-

tegiegeleitetes Vorgehen beim Abfassen eines Textes selbst überwachen und ggf. verbessern können. Die gleichen Techniken werden eingesetzt, um eigene Lernfortschritte zu erfassen und Verbesserungen in der Aufsatzqualität für die Schülerinnen und Schüler sichtbar zu machen.

- Die Schreibstrategien und die selbstregulatorischen Techniken werden den Schülerinnen und Schülern durch Vormachen der Arbeitsweise an einem Beispiel unter lauter Verbalisierung aller handlungsleitenden Gedanken vermittelt (kognitives Modellverhalten). Dabei wird ihnen auch demonstriert, wie sich Schwierigkeiten beim Schreiben (z. B. eine Schreibblockade) überwinden lassen.
- Am Anfang erhalten die Schülerinnen und Schüler intensive Anleitungen und mehr Hilfen. Beides wird allmählich reduziert. Die Vermittlung schreitet über Phasen des kooperativen Übens voran und schließt mit der selbstständigen Ausführung von Schreibaufgaben ab.

Ein gut bewährtes Trainingsprogramm, das diesem Vorgehen entspricht, haben Harris und Graham (1996) mit dem *Self-Regulated Strategy Development* (SRSD) Modell vorgelegt. Den Schülerinnen und Schülern werden Schreibstrategien sowie Methoden zur Selbstüberwachung und Selbststeuerung des Schreibprozesses, einschließlich Vorausplanung und Überarbeitung des Textes vermittelt. Zudem wird strategisches Wissen über Schreibaufgaben aufgebaut und die Motivation zum Schreiben gefördert.

14.2 Indikation der Methode

Programme zur Förderung der Schreibkompetenz eignen sich besonders für Schülerinnen und Schüler, die

- über wenig Strategiewissen verfügen;
- kaum Zeit und Anstrengung in die Planung und Revision ihrer Aufsätze investieren;
- die Überwachung und Korrektur des Schreibprozesses vernachlässigen;
- ihre Schreibleistung unrealistisch einschätzen.

Der Einsatz solcher Programme ist indiziert, wenn es hauptsächlich um den Aufbau von Fertigkeiten zur Abfassung von Texten geht. In abgewandelter Form kann die Methode auch bei Schülerinnen und Schülern eingesetzt werden, die nicht nur Schwierigkeiten bei der Textproduktion, sondern auch Defizite beim flüssigen Schreiben und in der Rechtschreibung aufweisen. In diesem Fall muss das Programm natürlich an die Lernvoraussetzungen des Kindes angepasst werden, indem:

- Handschrift und Rechtschreibung zeitweise ausgeblendet werden und der Textproduktion Vorrang eingeräumt wird;
- die Instruktionsphase vertieft wird, wobei kognitives Modellverhalten zu einem vollständigen Selbstinstruktionstraining ausgebaut wird (vgl. Kapitel 36);
- das Aufsatztraining mit einem Training basaler Schreibfertigkeiten kombiniert wird (etwa einem Training der Rechtschreibung oder der flüssigen Handschreibung; vgl. Kapitel 13).

14.3 Detaillierte Beschreibung des Vorgehens

Die folgende Darstellung orientiert sich an dem SRSD-Programm von Harris und Graham (1996) sowie einem darauf aufbauenden selbstregulatorischen Aufsatztraining (SAT), das Glaser (2005; für eine detaillierte Beschreibung vgl. Glaser, Keßler & Palm, 2011; Glaser & Palm, 2014) für deutschsprachige Schülerinnen und Schüler ab dem Ende der Grundschulzeit entwickelt hat. Das Programm umfasst 4 bis 6 Trainingseinheiten, deren Durchführungszeit an das Leistungsniveau der Kinder angepasst wird. Es wird in Kleingruppen mit 4 bis 5 Schülerinnen und Schülern in Förderstunden oder im Klassenunterricht durchgeführt. Die Trainingssitzungen finden ein- oder zweimal wöchentlich über einen Zeitraum von 3 bis 6 Wochen statt. Thema und Genre der Aufsätze (Bildergeschichten, Erlebniserzählungen) werden auf den Lehrplan abgestimmt. Jede Trainingseinheit besteht aus drei Bausteinen:

(1) Strategieinstruktion (Erläuterung und Begründung des strategischen Vorgehens) durch die Trainerin (in diesem Kapitel wird stets von der *Trainerin* gesprochen; prinzipiell kann es sich ebenso um einen *Trainer* handeln) oder eine dafür geschulte Lehrkraft (in den meisten Untersuchungen wurden eigens ausgebildete Trainerinnen für die Durchführung der Unterrichtsstunden eingesetzt);

(2) kognitives Modellieren von Schreibstrategien und Selbstregulationstechniken beim Abfassen von Texten;

(3) individuelles Einüben der vermittelten Strategien unter Anleitung der Lerntrainerin.

Erste Trainingseinheit: Schreibstrategien, Selbstbewertung und Zielsetzung

Den Schülerinnen und Schülern wird grundlegendes Wissen über die Struktur und den Inhalt erzählender Texte vermittelt, einschließlich der zugehörigen Strategien und Gedächtnisstützen. Darüber hinaus werden die Schülerinnen und Schüler angeleitet, die Qualität ihrer Aufsätze danach zu bewerten, inwieweit es ihnen gelungen ist, die jeweils erlernte Strategie beim Schreiben umzusetzen. Hierfür bietet sich folgendes Vorgehen an:

- Die Trainerin erarbeitet, teils direkt erklärend und teils im Dialog mit den Schülerinnen und Schülern, am Beispiel einer kurzen Geschichte (a) die *A-H-A-Strategie* (Anfang, Hauptteil, Abschluss) zur Organisation von Aufsatztexten und (b) die *7-W-Fragen-Strategie* zur Erzeugung der wichtigsten Aufsatzelemente (Wer ist die Hauptperson? Was ist ihr Ziel? Wo und Wann spielt die Geschichte? Was sind die Handlungsschritte? Was ist der Höhepunkt? Wie endet die Geschichte?). Damit sich die Schülerinnen und Schüler Struktur und Inhalt erzählender Texte leicht einprägen können, erhalten sie ein Lesezeichen, das die A-H-A-Strategie sowie die 7-W-Fragen illustriert.
- Danach stellt die Trainerin den Schülerinnen und Schülern das sogenannte *7-W-Fragen-Protokoll* vor. Auf diesem Protokoll sind die betreffenden Fragen als Symbole dargestellt. Jedem Symbol ist ein Kästchen zugeordnet, das von der Trainerin durch ein Häkchen markiert wird, wenn das betreffende Element tatsächlich in der Geschichte der Schülerinnen bzw. der Schüler enthalten ist.

- Im nächsten Schritt werden die Schülerinnen und Schüler darin angeleitet, vor dem Schreiben einer Geschichte Vorsätze zu bilden, was sie dieses Mal besser machen möchten. Die Trainerin regt die Kinder dazu an, besonders auf solche Geschichtenelemente zu achten, die in dem vorangehenden 7-W-Fragen-Protokoll als fehlend ausgewiesen worden sind – Geschichtenelemente, die also im Aufsatz nicht ausreichend genug berücksichtigt worden sind.
- Abschließend macht die Trainerin die Kinder mit der *3-Schritte-Technik* vertraut, die sie bei der Abfassung ihrer Aufsätze beachten sollen. Die 3 Schritte sind: a) *Planen* – d. h. Ideen sammeln, diese ordnen und miteinander verknüpfen; b) *Schreiben* – d. h. Ideen in Sätze und in Textabschnitte umwandeln; c) *Überarbeiten* – d. h. den soweit geschriebenen Text nach inhaltlichen (Vollständigkeit), strukturellen (Aufbau) und stilistischen Kriterien (Ausdruck) überarbeiten.

Die Geschichte, die Daniel vor Beginn des Trainings zu einer Bilderserie geschrieben hat, besteht aus fünf lose aneinander gereihten Sätzen. Seine Geschichte endet abrupt. Ziel, Ort und Zeit des Geschehens werden nicht benannt. Ein Höhepunkt ist nicht erkennbar. Als Daniel sein 7-W-Fragen-Protokoll für diese Geschichte durcharbeitet, findet er dort nur die Kästchen mit den Symbolen für Person und Handlung markiert. Daniel ist zuversichtlich, dass ihm A-H-A und die 7-W-Fragen, inkl. der zugehörigen Gedächtnisstütze, beim Schreiben seines nächsten Aufsatzes helfen werden. In Absprache mit der Trainerin nimmt er sich vor, besonders auf das Ziel der Hauptperson und den Höhepunkt der Geschichte zu achten.

Zweite Trainingseinheit: Strategische Planung

Mithilfe eines *Geschichtenplans* (s. Abbildung 1), der die 7-W-Fragen durch Symbole veranschaulicht, werden die Schülerinnen und Schüler darin angeleitet, die Gliederung ihres Aufsatzes festzulegen, noch bevor sie mit dem eigentlichen Schreiben beginnen. Die Kinder lernen, ihre Ideen zu ordnen und schriftlich zu fixieren. Außerdem werden sie angeleitet, ihre Pläne kritisch zu reflektieren und solange zu ergänzen und abzuändern, bis ein vollständiger und in sich stimmiger Plan vorliegt. Vorgegangen wird dabei folgendermaßen:
- Die Trainerin entwickelt zum Thema einer Bildgeschichte Ideen, indem sie Vorwissen aktiviert („Wo habe ich so etwas schon einmal gesehen und erlebt?"), Brainstorming praktiziert („Was fällt mir noch alles dazu ein?") und die Schülerinnen und Schüler um Mithilfe bittet („Habt ihr noch weitere Ideen?").
- Die Trainerin sortiert die Ideen nach der A-H-A-Strategie in die zugehörigen Textabschnitte (Anfang, Hauptteil, Ende) und ordnet sie nach der sachlogischen Abfolge der 7-W-Fragen (Was geschieht zuerst? Was geschieht danach?). Danach trägt sie die Ideen stichwortartig in den Geschichtenplan ein.
- Anschließend überprüft die Trainerin, ob ihre Ideensammlung vollständig ist. Für noch fehlende Geschichtenelemente schreibt sie Stichworte auf, wobei sie auch Ideen der Schülerinnen und Schüler aufgreift („Auf dem Geschichtenplan fehlt noch ein Stichwort für die Zeit. Ich überlege, wann meine Geschichte spielen könnte?").
- Zum Schluss überlegt die Trainerin „laut denkend", wie sie ihre Ideen in Sätze umwandeln könnte. Zunächst sucht sie beispielsweise nach einem treffenden Einfüh-

Abbildung 1: Beispiel für einen Geschichtenplan zur Planung eines Aufsatztextes (aus Glaser & Palm, 2014)

rungssatz („Womit fange ich an?“). Dabei prüft sie unterschiedliche Formulierungen. Um beim Schreiben keine Stichpunkte zu übersehen, hakt sie das jeweilige Symbol auf dem Geschichtenplan ab, sobald sie den betreffenden Inhalt als Satz notiert hat.

Daniel sieht auf seinem 7-W-Fragen-Protokoll, dass er beim Planen seines ersten Aufsatzes an Ziel und Höhepunkt gedacht hat, wie er es sich auch vorgenommen hat. Dennoch hat er insgesamt nur vier der sieben W-Fragen in seine Geschichte eingebaut. Das heißt: Sein Aufsatz ist noch immer unvollständig. Daniel ist zuversichtlich, dass ihm der Geschichtenplan helfen wird, das nächste Mal an *alle* Elemente zu denken. Konkret nimmt er sich vor, beim Planen und Schreiben des zweiten Aufsatzes besonders auf den Ort und die Zeit der Geschichte zu achten. Diese Vornahmen trägt er in sein Protokoll ein.

Dritte Trainingseinheit: Selbstkontrolle und Selbstkorrektur

Die Trainerin modelliert, wie sie eine *Checkliste* einsetzt, um die Qualität eines Textentwurfs zu kontrollieren. Danach zeigt sie Schritt für Schritt, wie sie bei der Überarbeitung des Entwurfs vorgeht. Darüber hinaus werden die Schülerinnen und Schüler mit einem „erweiterten“ *7-W-Fragen-Protokoll* vertraut gemacht. Auf diesem Protokoll wird vermerkt, inwieweit der Geschichtenanfang anschaulich beschrieben worden ist. Das Vorgehen gliedert sich wie folgt:

- Die Trainerin liest einen fiktiven Aufsatz einer Schülerin bzw. eines Schülers laut vor und hakt auf der Checkliste die Elemente ab, die in der Geschichte verwirklicht wurden (die also tatsächlich vorhanden sind). Fehlende Elemente bleiben unmarkiert. Im Anschluss daran demonstriert sie, wie sie alle fehlenden Elemente in eigens dafür vorgesehene Leerzeilen in den Text einfügt. Jedes ergänzte Element hakt sie wiederum auf der Checkliste ab.
- Die Trainerin liest dann den Text noch einmal durch. Dabei überlegt sie laut, wie sie den Geschichtenanfang noch anschaulicher gestalten kann („Die Person kann sich ein Leser immer noch nicht gut vorstellen. Ich muss also genauer beschreiben, wie die Person aussieht und welche Eigenschaften sie hat.“). Elemente, die noch besser beschrieben werden könnten, markiert sie auf der Checkliste.
- Anschließend überarbeitet die Trainerin den Geschichtenanfang. Dafür benutzt sie eine *Ausgestaltungskarte*, auf der abwechslungsreiche Adjektive und Adverbien (z. B. für die Eigenschaften und das Aussehen einer Person) sowie bildhafte Beschreibungen (z. B. für Jahreszeiten, Tageszeiten, Landschaften, Gebäude) aufgelistet sind. Sie denkt laut darüber nach, welche Wörter und Umschreibungen für eine anschauliche Gestaltung des Geschichtenanfangs taugen, und fügt diese in die entsprechende Leerzeile in den Text ein.
- Abschließend erläutert die Trainerin, wie die Schülerinnen und Schüler aus dem „erweiterten“ 7-W-Fragen-Protokoll ablesen können, inwieweit ihnen die sprachliche Ausgestaltung von Person, Ziel, Zeit und Ort gelungen ist. Zudem bespricht sie mit den Kindern, welche Ziele sie sich für ihren nächsten Aufsatz setzen wollen.

Seinem 7-W-Fragen-Protokoll entnimmt Daniel, dass er beim Schreiben seines zweiten Aufsatzes an alle inhaltlichen Elemente gedacht hat. Daniel ist stolz und will sich nun auf die Ausgestaltung des Geschichtenanfangs konzentrieren. Er glaubt, dass ihm die Checkliste dabei helfen wird, noch bessere Geschichten zu schreiben. In seinem 7-W-Fragen-Protokoll vermerkt er, dass er in der dritten Trainingsgeschichte versuchen will, die Hauptperson, ihr Ziel und den Ort der Geschehnisse anschaulich zu beschreiben.

Vierte Trainingseinheit: Sprachliche Ausgestaltung

Hier lernen die Kinder stilistische „Kniffe" kennen, mit denen sie den Hauptteil einer Geschichte spannender und abwechslungsreicher gestalten können. Dafür gibt es eine weitere *Ausgestaltungskarte*, auf der abwechslungsreiche Verben und Adjektive sowie Beispielphrasen zur bildlichen Beschreibung von Handlung, Höhepunkt und Ende der Geschichte notiert sind. Darüber hinaus erhalten die Kinder wiederum ein *7-W-Fragen-Protokoll*, einschließlich zugehöriger Zielsetzungen, mit dessen Hilfe sie ihre Geschichten selbst bewerten können. Der Ablauf dieser Sitzung gliedert sich wie folgt:

- Die Trainerin liest den Hauptteil einer fiktiven Geschichte einer Schülerin bzw. eines Schülers laut vor. Nach jedem Satz überlegt sie, welche gängigen Verben (sagen, gehen, sehen usw.) durch stilistisch anspruchsvollere Ausdrücke (flüstern, schreien, schleichen, laufen, blicken, betrachten) ersetzt werden könnten. Außerdem ermittelt sie Stellen, in die ausdrucksstarke Adjektive (fleißig, enttäuscht, fröhlich) eingefügt werden könnten. Alle verbesserungswürdigen Stellen markiert sie im Text.
- Sodann demonstriert die Trainerin, wie sie die Ausgestaltungskarte benutzt, um eintönige Verben durch ausdrucksstärkere zu ersetzen („Anstelle von *gehen* kann ich hier besser *schleichen* schreiben." „Hier passt *schreien* besser als *sagen*.") sowie abwechslungsreiche Adjektive hinzuzufügen.
- Anschließend liest die Trainerin diejenigen Sätze im Hauptteil vor, die den Höhepunkt der Geschichte beschreiben. Gemeinsam mit den Kindern markiert sie Textstellen, die von spannenden Ausdrücken und bildlichen Beschreibungen für die Gedanken und Gefühle (Angst, Freude, Wut, Überraschung) der beteiligten Personen profitieren könnten.
- Mithilfe der Ausgestaltungskarte sucht die Trainerin jetzt nach passenden Ausdrücken und bildhaften Beschreibungen für Gedanken und Gefühle (z. B. „Vor Freude in die Luft springen." „Vor Wut auf den Boden stampfen.") und schreibt diese in die dafür vorgesehenen Leerzeilen („Hier hat meine Hauptperson also große Angst. Das beschreibe ich am besten durch die Redewendung „Vor Angst den Atem anhalten."). Für den Abschluss der Geschichte wählt sie gemeinsam mit den Kindern eine Beschreibung aus, die bildhaft und anschaulich illustriert, wie sich die Hauptperson nun, am Ende der Geschichte fühlt.
- Abschließend demonstriert die Trainerin, dass sie zukünftig zusätzliche Kästchen auf den 7-W-Fragen-Protokollen markieren wird, wenn Handlung, Höhepunkt und Ende der Geschichte treffend beschrieben werden. Die Kinder regt sie dazu an, ihre Ziele und Vornahmen darauf zu konzentrieren, wie sie die sprachliche Ausgestaltung des Hauptteils und Endes einer Geschichte weiter verbessern könnten.

Daniel hat erneut Fortschritte gemacht. Im 7-W-Fragen-Protokoll seines letzten Aufsatzes sind nun die Symbole für jede der W-Fragen markiert. Zusätzlich sind die Kästchen zur sprachlichen Ausgestaltung von Person und Ziel abgehakt. Daniel sagt der Trainerin, dass ihm die Checkliste dabei geholfen hat, diejenigen Geschichtenteile zu ergänzen, die er sonst beim Schreiben immer ausgelassen hatte. In der vierten Sitzung will er sich auf die Ausgestaltung des Handlungsablaufs und Höhepunkts konzentrieren. Entsprechend markiert er die zugehörigen Kästchen in seinem 7-W-Fragen-Protokoll.

Fünfte und sechste Trainingseinheit: Wiederholen und Üben

Diese beiden Sitzungen dienen dazu, dass die Schülerinnen und Schüler die Anwendung der vermittelten Strategien einüben, konsolidieren und selbstständig ausführen. Die Trainerin nimmt sich jetzt zurück und dosiert ihre Unterstützung nur noch so, wie dies nach dem individuellen Kenntnisstand der Kinder angezeigt ist. Mit zunehmender Beherrschung der Strategien reduziert sie das Ausmaß der Anleitung. Sie achtet darauf, dass die Kinder ihre Aufsätze ohne Hilfsmaterialien schreiben. Am Ende des Trainings sollen sie in der Lage sein, ihre Aufsätze selbstständig zu planen, aufzuschreiben und zu überarbeiten.

14.4 Hinweise zur organisatorischen Umsetzung

Defiziten im Aufsatzschreiben kann präventiv begegnet werden, wenn das Training bereits ab der 4. Klasse in den Regelunterricht integriert wird. Die Förderung sollte eng mit den Inhalten des Lehrplans verzahnt werden. Bei Kindern, die wie Daniel gravierende Schwierigkeiten im Aufsatzschreiben zeigen und darüber hinaus allgemeine Lern- und Verhaltensschwierigkeiten aufweisen, sollte das Programm im Förderunterricht als Einzel- oder Kleingruppentraining durchgeführt werden. Um den Transfer in den Regelunterricht zu erleichtern und der Gefahr zu begegnen, dass in Training und Unterricht widersprüchliche Anweisungen erteilt werden, sollte das Vorgehen in den Förderstunden mit der Fachlehrerin abgestimmt werden (s. Kapitel 43).

14.5 Wirksamkeit und Wirksamkeitsbedingungen

Sowohl Gruppenuntersuchungen als auch Einzelfallstudien belegen, dass Programme zur Förderung der Schreibkompetenz, die auf dem SRSD-Ansatz aufbauen, Schreibleistungen von Schülerinnen und Schülern am Ende der Grundschulzeit sowie in der Sekundarstufe I deutlich und nachhaltig verbessern (Graham, 2006). Das hier beschriebene Selbstregulatorische Aufsatztraining fördert die Schreibleistung (Textqualität), das Strategiewissen und die Schreibfertigkeiten (z. B. Planen und Revidieren) von Schülerinnen und Schülern. Zudem erzielt es positive Effekte auf die schreibbezogene Selbstwirksamkeitseinschätzung (Brunstein & Glaser, 2011; Glaser & Brunstein, 2007a, b; Glaser, Keßler & Brunstein, 2009). Die Wirksamkeit liegt im hohen Bereich ($d > .80$). Das Programm ist vielseitig einsetzbar: Es kann in den Regelunterricht integriert werden (bei mindestens 2 Schulstunden pro Woche), lässt sich aber auch gezielt für die Einzelförderung schreibschwacher Schülerinnen und Schüler verwenden (z. B. im Förderunterricht).

Wirksamkeit, Nachhaltigkeit und Transfer des Schreibtrainings werden nachweislich erhöht, wenn Methoden des selbstgesteuerten Lernens in die Schreibförderung integriert werden (Brunstein & Glaser, 2011; Glaser & Brunstein, 2007a). Kinder mit Lernstörungen haben oft in mehreren Bereichen Schwierigkeiten (z. B. im Wissen, in der Konzentration, in der Strategiebeherrschung und in der Lernmotivation). Daniel hatte beispielsweise neben seinen Aufsatzproblemen auch Schwierigkeiten, über einen längeren Zeitraum konzentriert an einer Aufgabe zu arbeiten und sich selbst zum Schreiben zu motivieren. In solchen Fällen ist es angezeigt, in die Förderung der Schreibkompetenz auch Maßnahmen zur Verbesserung des Arbeitsverhaltens einzubinden. Hierfür sind operante Methoden der Verhaltensmodifikation besonders geeignet (Glaser, Palm & Brunstein, 2012; Lane, Harris, Graham, Weisenbach, Brindle & Morphy, 2008).

14.5 Literatur

Grundlegende Literatur

Glaser, C. & Brunstein, J. C. (2008). Förderung selbstregulierten Schreibens. In W. Schneider & M. Hasselhorn (Hrsg.), *Handbuch der Psychologie: Pädagogische Psychologie* (S. 371–380). Göttingen: Hogrefe.

Graham, S. & Harris, K. R. (2009). Evidence-based writing practices: Drawing recommendations from multiple sources. Teaching and learning writing. *British Journal of Educational Psychology, Monograph Series II, 6*, 95–111.

Pressley, M., Mohan, L., Fingert, L., Reffitt, K. & Raphael-Bogaert, L. (2007). Writing instruction in engaging and effective elementary settings. In S. Graham, C. A. MacArthur & J. Fitzgerald (Eds.), *Best practices in writing instruction* (pp. 13–27). New York: Guilford.

Weiterführende Literatur

Brunstein, J. C. & Glaser, C. (2011). Testing a path-analytic mediation model of how self-regulated writing strategies improve upper-elementary school students' composition skills: A randomized controlled trial. *Journal of Educational Psychology, 103*, 922–938. doi: 10.1037/a0024622

Glaser, C. & Brunstein, J. C. (2007a). Improving fourth-grade student' composition skills: Effects of strategy instruction and self-regulation procedures. *Journal of Educational Psychology, 99*, 297–310. doi: 10.1037/0022-0663.99.2.297

Glaser, C. & Brunstein, J. C. (2007b). Förderung von Fertigkeiten zur Überarbeitung narrativer Texte bei Schülern der 6. Klasse: Effekte von Revisionsstrategien und selbstregulatorischen Prozeduren. *Zeitschrift für Pädagogische Psychologie, 21*, 51–63. doi: 10.1024/1010-0652.21.1.51

Glaser, C., Keßler, C. & Brunstein, J. C. (2009). Förderung selbstregulierten Schreibens bei Viertklässlern: Effekte auf strategiebezogene, holistische und subjektive Maße der Schreibkompetenz. *Zeitschrift für Pädadgogische Psychologie, 23*, 5–18. doi: 10.1024/1010-0652.23.1.5

Glaser, C., Palm, D. & Brunstein, J.C. (2012). Schreibstrategieinstruktion bei Viertklässlern mit und ohne Problemverhalten: Effekte von Selbstüberwachung und operanter Verstärkung auf Schreibleistung und Arbeitsverhalten. *Zeitschrift für Pädagogische Psychologie, 26,* 19–30. doi: 10.1024/1010-0652/a000057

Graham, S. (2006). Strategy instruction and teaching of writing: A meta-analysis. In C.A. Mac Arthur, S. Graham & J. Fitzgerald (Eds.), *Handbook of writing research* (pp. 187–207). New York: Guilford.

Lane, K.L., Harris, K.R., Graham, S., Weisenbach, J., Brindle, M. & Morphy, P. (2008). The effects of self-regulated strategy development on the writing performance of second grade students. *Journal of Special Education, 41,* 234–253. doi: 10.1177/0022466907310370

Zimmerman, B.J. (1998). Academic studying and the development of personal skill: A self-regulatory perspective. *Educational Psychologist, 33,* 73–86. doi: 10.1080/00461520.1998.9653292

Zimmerman, B.J. & Risemberg, R. (1997). Becoming a self-regulated writer: A social cognitive perspective. *Contemporary Educational Psychology, 22,* 73–101. doi: 10.1006/ceps.1997.0919

Material

Glaser, C. (2005). *Förderung der Schreibkompetenz bei Grundschülern: Effekte einer integrierten Vermittlung kognitiver Schreibstrategien und selbstregulatorischer Fertigkeiten.* Dissertationsschrift: Universität Potsdam. http://opus.kobv.de/ubp/volltexte/2005/217/.

Glaser, C., Keßler, C. & Palm, D. (2011). *Aufsatztraining für 5. bis 7. Klassen: Ein Manual für Lehrkräfte mit Unterrichtsmaterialien.* Göttingen: Hogrefe.

Glaser, C. & Palm, D. (2014). *Aufsatztraining für 4. bis 6. Klassen: Ein Lehrermanual mit Unterrichtsmaterialien zur Förderung von Schreibkompetenz und Arbeitsverhalten.* Göttingen: Hogrefe.

Harris, K.R. & Graham, S. (1996). *Making the writing process work: Strategies for composition and self-regulation* (2nd ed.). Cambridge, MA: Brookline Books.

15. Förderung des Zahlverständnisses

Kristin Krajewski

Fallbeispiel

Nina (7 Jahre) besucht seit drei Monaten die erste Klasse der Grundschule. Sport, Kunst, Mu sik, Religion, Sachkunde und das Lesen- und Schreibenlernen machen ihr großen Spaß, nur im Mathematikunterricht tut sie sich zunehmend schwer. Beim Schreiben von Ziffern, Aufsagen der Zahlwortfolge und beim Eins-plus-Eins-Rechnen im Zahlenraum bis 10 hat sie keine Schwierigkeiten. Jedoch scheitert sie an Aufgaben, bei denen Zahlen im Zahlenraum bis 10 in kleinere Zahlen zerlegt werden sollen. Sie wirkt dann völlig blockiert, kann ihr Eins-plus-Eins-Wissen nicht mehr anwenden und spricht auf keine Hilfestellung der Lehrerin an. Die in einer Erziehungsberatungsstelle durchgeführte diagnostische Untersuchung zeigt, dass Nina eine durchschnittliche Intelligenz hat und keine Auffälligkeiten in ihrer motorischen, sozialen oder emotionalen Entwicklung aufweist. In einer ergänzenden Untersuchung ihrer numerischen Fähigkeiten zeigt sich, dass Nina Dinge immer nur von links nach rechts auszählt und nie eine andere Reihenfolge wählt, wenn sie die Anzahl einer Menge ermitteln soll. Es stellt sich heraus, dass sie noch keine adäquate Zahlvorstellung aufgebaut hat. Vor allem versteht sie nicht, dass Zahlen Mengen und Größen repräsentieren. Im Gespräch mit den Eltern stellt sich heraus, dass Nina schon sehr früh damit begonnen hatte, ihren älteren Bruder beim Zählen nachzuahmen, und mit ihm gemeinsam Kopfrechenaufgaben auswendig lernte.

Die Intervention wird in zusätzlichen Förderstunden in oder außerhalb der Grundschule durchgeführt. Mithilfe des Programms „Mengen, zählen, Zahlen“ (Krajewski, Nieding & Schneider, 2007) sollen Ninas Lücken im numerischen Grundverständnis systematisch geschlossen werden. Nach der achtwöchigen Förderung hat Nina ein Größenverständnis von Zahlen erworben: Sie weiß jetzt also, dass Zahlen unterschiedlich große Mengen und Größen repräsentieren, dass also beispielsweise 5 größer ist als 3, weil zur Zahl 5 mehr Dinge gehören als zur Zahl 3. Zudem versteht sie jetzt, dass der Unterschied zwischen zwei Zahlen wieder eine Menge ist, die sich mit einer Zahl darstellen lässt.

15.1 Kurzbeschreibung der Methode und ihres theoretischen Hintergrunds

Das nachfolgend beschriebene Verfahren „Mengen, zählen, Zahlen" (MZZ; Krajewski, Nieding & Schneider, 2007) dient der Prävention und Intervention bei Kindern mit Rechenschwächen (s. Kapitel 3). Es eignet sich besonders für Kinder im Vorschulalter und im ersten Schuljahr, kann bei vorliegender Rechenschwäche aber auch darüber hinaus eingesetzt werden. Es hat sich zudem bei Schülerinnen und Schülern mit einem Förderschwerpunkt im Lernen oder in der geistigen Entwicklung bewährt. Im Mittelpunkt steht die Verbesserung eines sicheren Zahlverständnisses. Dazu lernen die Kinder die Zahlen bis 10 in Verbindung mit entsprechenden Anzahlen und Größen kennen. Zudem wird ein grundlegendes Verständnis für Relationen zwischen Zahlen („ist drei größer/mehr als" oder „ist zwei kleiner/weniger als") erzeugt. Die Förderung orientiert sich an vier Prinzipien:

- *Inhaltsspezifische Förderung.* MZZ zielt unmittelbar auf mathematische statt auf unspezifische Inhalte.
- *Systematischer, entwicklungsorientierter Kompetenzaufbau.* Zunächst werden Zahlen- und Ziffernkenntnis gesichert und Größenvorstellungen von Zahlen aufgebaut. Danach werden höhere Kompetenzen vermittelt, die auf das Verständnis für die Beziehungen zwischen Zahlen zielen.
- *Ressourcenorientierte Förderung.* MZZ berücksichtigt die begrenzten Arbeitsgedächtnisressourcen von Kindern und macht ihnen Aufbau, Regeln und abstrakte Strukturen des Zahlenraums bis 10 durch strukturorientierte Darstellungsmittel äußerlich klar „sichtbar".
- *Fokussierung der Aufmerksamkeit.* Das Programm lenkt die Aufmerksamkeit der Kinder ausschließlich auf numerische Lerninhalte und lässt alles Nebensächliche weg (Krajewski & Ennemoser, 2010).

MZZ orientiert sich an drei Ebenen in der Entwicklung numerischen Denkens (Krajewski, 2007, 2013): (a) Numerische Basisfertigkeiten, (b) einfaches Zahlverständnis und (c) tiefes Zahlverständnis (s. dazu Abbildung 1). Diese Ebenen lassen sich wie folgt beschreiben:

- *Ebene 1: Numerische Basisfertigkeiten (Zahlwörter ohne Größenbezug).* Bereits Säuglinge können zwischen der Ausdehnung und dem Volumen zweier Mengen differenzieren (*Größenunterscheidung*). Allerdings können sie noch nicht zwischen diskreten Anzahlen oder „Stückzahlen" unterscheiden. Unabhängig hiervon beginnen Kinder etwa ab zwei Jahren *Zahlwörter aufzusagen* und bringen diese zunehmend auch in die richtige Abfolge. Sie verstehen jedoch noch nicht, dass die aufgesagten Zahlen für Mengen und Größen stehen. Beispielsweise „zählen" sie an den Fingern „eins-zwei-drei", wissen aber noch nicht, dass zum Wort „drei" *alle* drei bisher abgezählten Finger gehören. Die „Drei" steht für sie einzig für den (dritten) Mittelfinger.
- *Ebene 2: Einfaches Zahlverständnis (Verknüpfung von Zahlwörtern mit Mengen und Größen).* Zahlen werden jetzt mit Mengen oder Größen in Verbindung gebracht. Die Verknüpfung bildet sich in zwei Phasen heraus. (a) Ab etwa drei Jahren verstehen Kinder, dass Zahlwörter groben Mengenbegriffen entsprechen, wie beispielsweise „wenig", „viel", oder „sehr viel" *(unpräzise Größenrepräsentation).* So wissen sie

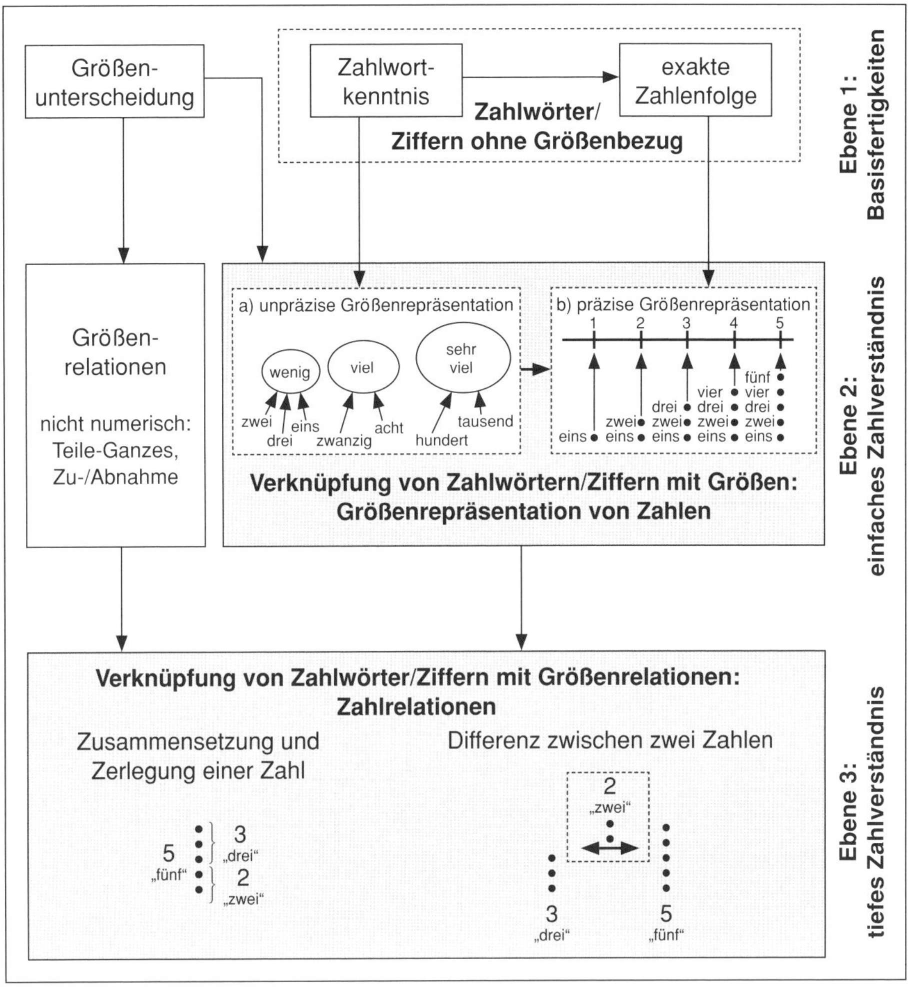

Abbildung 1: Entwicklungsmodell der Zahl-Größen-Verknüpfung (nach Krajewski, 2007, 2013)

hier bereits, dass manche Zahlwörter (etwa „zwei" oder „eins") für „wenig" stehen; andere Zahlwörter (z. B. „zwanzig") bringen sie mit „viel" in Verbindung; und Zahlwörter wie „hundert" oder „tausend" speichern sie unter dem Begriff „sehr viel" ab. Da sie Zahlwörter aber nur sehr groben Größenkategorien zuordnen, können sie nahe beieinander liegende Zahlen noch nicht voneinander unterscheiden (z. B. „15" und „16", denn beide Zahlen bedeuten für sie „viel"). (b) In der nächsten Phase *(präzise Größenrepräsentation)* wird die aufsteigende Zahlenfolge mit exakt aufsteigenden Quantitäten in Verbindung gebracht *(Anzahlseriation)*. Jedes einzelne Zahlwort wird einer exakten Anzahl von Elementen zugeordnet *(Kardinalverständnis)*. Unabhängig von diesem Verständnis entwickelt sich auch das Verständnis für *Größenrelationen ohne Zahlbezug* weiter. Die Kinder erkennen, dass sich numerisch unbestimmte Mengen und Größen („alle") in Teilmengen („einige" und „einige") zerlegen und wieder

zusammensetzen lassen und dass sich Mengen und Größen quantitativ nur dann verändern, wenn etwas hinzukommt oder verschwindet.
- *Ebene 3: Tiefes Zahlverständnis (Verknüpfung von Zahlwörtern mit Größenrelationen).* Hier beginnen Kinder zu verstehen, dass eine Zahl (z. B. fünf) in kleinere Zahlen (z. B. drei und zwei) zerlegt und wieder zusammengesetzt werden kann *(Zusammensetzung und Zerlegung von Zahlen).* Außerdem erkennen sie, dass der Unterschied zwischen zwei Zahlen selbst wieder eine Zahl ergibt *(Zahldifferenzen).*

Diese Entwicklungsfolge wird für verschiedene Repräsentationsformen (Zahlwörter, Ziffern, Material zum Anfassen, bildliche Darstellung) nicht zwangsläufig gleichzeitig durchlaufen. Beispielsweise kann es vorkommen, dass ein Kind im Umgang mit verbalen Zahlwörtern (also „drei", „acht" oder „zehn") bereits das Anzahlkonzept (Ebene 2) beherrscht, während es mit Ziffern (also 3, 8 oder 10) noch gar nicht vertraut ist und sich hier noch auf Ebene 1 befindet. Zudem werden die höheren Ebenen im kleinen Zahlenraum (z. B. bis 20) früher erreicht als in größeren Zahlräumen (z. B. bis 100), sodass sich ein Kind für verschiedene Teile der Zahlwortreihe gleichzeitig in verschiedenen Entwicklungsphasen befinden kann.

Die beschriebenen Fähigkeiten bilden das Fundament der Grundschulmathematik. Die meisten Leistungsunterschiede, die Kinder im Fach Mathematik am Ende der Grundschulzeit aufweisen, lassen sich durch Unterschiede im Größenverständnis von Zahlen (Ebene 2) erklären; Unterschiede, die bereits vor Schuleintritt festzustellen sind (Krajewski & Schneider, 2009). Diese Defizite wachsen sich nicht von allein aus, sondern pflanzen sich in die Grundschule fort und sind selbst in der Sekundarstufe festzustellen (Ennemoser & Krajewski, 2013; Moser-Opitz, 2007). Selbstredend gefährden diese Rückstände den Erfolg in der Schulmathematik dauerhaft.

15.2 Indikation der Methode

Mit dem Förderprogramm sollen gravierende Mängel und Lücken im Zahlverständnis behoben und geschlossen werden. Das ist vor allem dann nötig, wenn einem Kind
- noch unklar ist, dass Zahlen mit Größen verknüpft sind, aufsteigende Zahlen also für zunehmende Stückzahlen, Volumina, Längen und Zeiteinheiten stehen (Verständnis von Kardinalzahlen, s. Ebene 2);
- das Verständnis dafür fehlt, dass Beziehungen zwischen Zahlen entsprechende Beziehungen zwischen Mengen und Größen widerspiegeln, dass also Zahlen in andere Zahlen zerlegt werden können und dass der Unterschied zwischen zwei Zahlen wieder eine Zahl ist (Verständnis für Zahlbeziehungen; s. Ebene 3);
- das Kopfrechnen nur durch Auswendiglernen gelingt, es aber scheitert, wenn die Rechenaufgabe anschaulich dargestellt oder in eine andere Aufgabe überführt werden soll (beispielweise weiß das Kind zwar, dass „zwei und drei gleich fünf ergibt"; die Frage „wie viele von zwei bis fünf fehlen", kann es aber dennoch nicht beantworten).
- Rechenaufgaben im Zahlenraum bis 20 unverständlich sind (z. B. wenn eine solche Aufgabe selbst am Ende der Grundschulzeit nur durch Zählen gelöst werden kann).

Die Förderung ist ferner bei einer isolierten Rechenstörung (ICD-10, F 81.2) und bei einer kombinierten Schulleistungsstörung (ICD-10, F 81.3) angezeigt, ggf. auch bis in die Sekundarschulzeit hinein (vgl. Kapitel 3 in diesem Band).

15.3 Detaillierte Beschreibung des Vorgehens

Diagnostik

In der diagnostischen Untersuchung werden Rückstände im Zahlverständnis durch die beiden folgenden Verfahren bestimmt:

(1) *Test mathematischer Basiskompetenzen im Kindergartenalter* (MBK 0, Krajewski, in Vorbereitung). Dieses Verfahren eignet sich für Kinder im Alter zwischen vier und sieben Jahren. Es wird als Einzeltest durchgeführt und dauert etwa eine halbe Stunde. Geprüft wird, wie gut ein Kind:
(a) numerische Basisfertigkeiten beherrscht, also z. B. die *Zahlenfolge* und die *Ziffern von 1 bis 20* kennt. Dazu dienen Aufgaben, wie „Zahlenfolge vorwärts", „Zahlenfolge rückwärts" und das „Bestimmen von Nachfolgern und Vorgängern" sprachlich dargebotener Zahlen (Ebene 1).
(b) das *Anzahlkonzept* (Zuordnung von Mengen zu Zahlen und umgekehrt), die *Anzahlseriation* (in eine Lücke aufsteigender Anzahlen soll die passende Anzahl eingefügt werden), *Zahlvergleiche* (Größenvergleiche zweier Zahlen) und *Mengenvergleiche* (Vergleich von Mengen, bei denen räumliche Ausdehnung und Anzahl nicht korrespondieren) beherrscht (Ebene 2).
(c) *Anzahlunterschiede* für vorgegebene Punktereihen erfasst und bei *Textaufgaben* ein Verständnis für Zahlbeziehungen zeigt (Ebene 3).

(2) *Test mathematischer Basiskompetenzen ab Schuleintritt* (Ennemoser, Krajewski & Sinner, in Vorb.). Dieses Gruppenverfahren wurde für die vier Quartale des ersten Grundschuljahres normiert und beansprucht etwa eine Schulstunde. Hier werden folgende Leistungen erfasst:
(a) die Kenntnis der Ziffern *(Zahlendiktat)* und der Zahlenfolge bis 20 (Ergänzen von *Zahlenlücken*), Ebene 1;
(b) das *Anzahlkonzept* (Zuordnung von Mengen zu Zahlen), die *Anzahlseriation* (in eine Lücke aufsteigender Anzahlen ist die passende Anzahl einzufügen), *Zahlvergleiche* (Größenvergleiche zweier Zahlen) und die Orientierung auf dem *Zahlenstrahl*, Ebene 2;
(c) das Verständnis für *„Eins-mehr"* und *„Eins-weniger"* (d. h. dafür, dass Nachfolger- bzw. Vorgängerzahlen ein Element mehr oder weniger enthalten), die *Zerlegung von Zahlen* und *Teil-Ganzes-Beziehungen* sowie das Verständnis für die Beziehungen zwischen Zahlen, überprüft durch vier *Textaufgaben*, Ebene 3.

Förderung

Mit dem Förderprogramm „Mengen, zählen, Zahlen" wird das Verständnis von Zahlen Schritt für Schritt aufgebaut oder nachgeholt. Für die Förderung sind 24 halbstündige Sitzungen vorgesehen, die über einen Zeitraum von acht Wochen verteilt werden (also drei Sitzungen pro Woche). Das Programm wird jedoch nicht in einem starren Zeittakt, sondern abhängig von den Lernfortschritten des Kindes durchlaufen. Wichtiger ist, dass ein Kind das vorgesehene Lernziel jeder Sitzung erreicht hat, bevor es zu den Lernaufgaben der nächsten Sitzung weitergeht. Die Kästen 1 bis 3 verdeutlichen das Vorgehen.

Dem Programm liegt eine Handanweisung bei, in der für jede Sitzung angegeben wird:
- welches Material benötigt wird (Material);
- was bereits vor der Sitzung vorbereitet werden sollte (Vorbereitung);
- über welche Kompetenzen ein Kind am Ende dieser Sitzung verfügen sollte (Ziele),
- durch welche Fragen der Kompetenzerwerb unterstützt wird (Leitfragen);
- was genau zu tun ist, zu welchen einzelnen Erkenntnissen die Kinder dabei gelangen und wie sie diese sprachlich wiedergeben sollten (Durchführung);
- wie ein Kind am Ende der Sitzung zusammenfassen soll, was es dazu gelernt hat (Abschluss).

Kasten 1: Förderschwerpunkt „Größenrepräsentation von Zahlen"

© Kristin Krajewski

Ziele. Das Kind soll „sich bewusst machen" und besser verstehen, dass hinter Zahlen Mengen bzw. Größen stehen. Zahlwörter, Ziffern und Mengen werden zum Anzahlkonzept verknüpft (Kompetenzebenen 1 und 2). Dies wird über folgende Teilziele erreicht:
- Beherrschen der Zahlenfolge und der Ziffern von 1 bis 10 (Ebene 1)
- Einordnen von Zahlen in die Zahlenfolge, z. B. 4, 5, ?, 7 (Ebene 1)
- Zuordnen von Mengen zu Zahlen und umgekehrt (Ebene 2)
- Übertragung von Mengen und Zahlen in korrespondierende Darstellungsweisen (Zahlwort, Ziffer, Menge) (Ebene 2)

Materialien. Es werden Materialien verwendet, bei denen die *Anzahl* der Elemente mit der *Ausdehnung* bzw. mit dem *Volumen* der Gesamtmenge korrespondiert. Eine „größere" Zahl wird also auch „sichtbar mehr". Für alle Zahlen werden die gleichen Materialien verwendet (z. B. 3 Kinder, 3 blaue Chips, 3 Finger für die Zahl 3; und entsprechend 5 Kinder, 5 blaue Chips, 5 Finger für die Zahl 5).

Leitfragen. Folgende Fragen sollen das Kind zur gedanklichen Auseinandersetzung mit den Aufgaben und Materialien anregen: Zähle, wie viele das sind! Welche Zahl ist das? Wohin gehört diese Zahl? Welche Zahl kommt zwischen diese beiden Zahlen? Warum sage ich vier, tippe aber nur eins an? Welche Menge passt zu dieser Zahl? Was haben alle Kärtchen zu einer Zahl gemeinsam? Wodurch unterscheiden sich die Zahlen voneinander? Woher weißt du das? Wie hast du das herausgefunden?

Sitzungen. 6

Bei der Förderung mit MZZ werden Materialen eingesetzt (z. B. eine „Zahlentreppe“), die den Zahlenraum anschaulich verdeutlichen und das Wesentliche der Zahlen (nämlich die Größenrelationen von Zahlen) wiederspiegeln. Durch die Auseinandersetzung mit diesen Darstellungsmitteln erlangen die Kinder grundlegende mathematische Erkenntnisse.

Kasten 2: Förderschwerpunkt „Größenordnung der Zahlen“

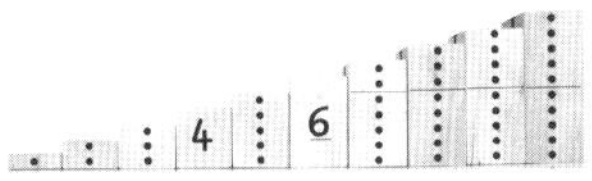

© Kristin Krajewski

Ziele. Dem Kind soll vermittelt werden, dass Zahlen aufgrund ihrer Mächtigkeit (Anzahl, Größe) miteinander verglichen werden können und die Zahlenfolge daher eine Folge aufsteigender Größen ist (Kompetenzebene 2). Dies wird über folgende Teilziele erreicht:

- Beherrschung der Begriffe: mehr = mehr Dinge = größere Zahl = längerer Zahlenstreifen = größere Zahlenstufe; weniger = weniger Dinge = kleinere Zahl = kürzerer Zahlenstreifen = kleinere Zahlenstufe
- Anzahlen eins bis zehn in die richtige Reihenfolge bringen
- Vergleichen von Zahlen und Verbalisierung von Unterschieden; z. B.: „Vier Chips sind mehr als drei Chips.“
- Bestimmung der genauen Position einzelner Anzahlen in der Zahlenfolge
- Anzahlen mit Längen und Höhen verknüpfen und dabei Folgendes erkennen: Große Anzahlen bilden große Stufen und lange Reihen. Kleine Anzahlen bilden kleine Stufen und kurze Reihen.
- Erkennen, dass zur nächsten Zahl immer eins dazukommt (Ebene 3; Zunahme-um-Eins-Prinzip)

Leitfragen. Beispiele dafür sind: Bei welcher Zahl sind mehr/weniger Dinge? Welche Dinge sind dort mehr/weniger als hier? Wie viele Dinge liegen bei dieser Zahl mehr als bei der anderen? Welche Zahl ist kleiner und welche Zahl ist größer? Welche Menge (Anzahl) fehlt in der Reihe? Warum ist die Reihe bei der 4 länger/kürzer als bei der 3/7? Warum ist der Turm, die Zahlenstufe bei der 6 größer/kleiner als bei der 4/8? Wo liegt eins mehr, eins weniger? Welcher Punkt, Streifen, Finger ist von der vorherigen Zahl zu dieser Zahl hinzugekommen? Woher weißt du das? Wie hast du das herausgefunden?

Sitzungen. 12

Kasten 3: Förderschwerpunkt „Teil-Ganzes-Beziehungen und Differenzen zwischen Zahlen“

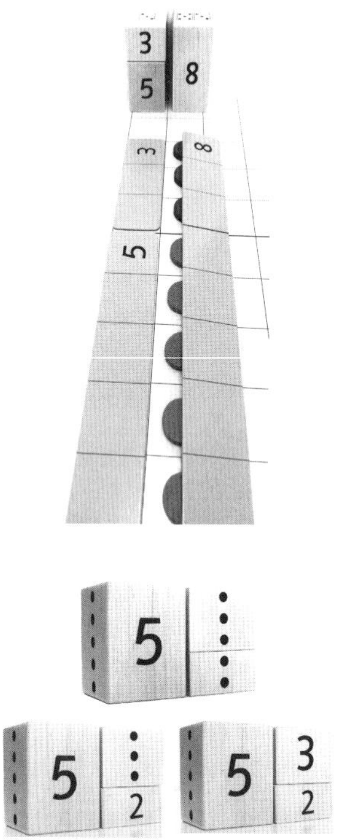

Ziele. Hier wird gezielt das Verständnis gefördert, dass Beziehungen zwischen Mengen mit Zahlen dargestellt werden können. Die Kinder sollen sich darüber klar werden, dass sich Zahlen in andere Zahlen zerlegen und aus ihnen zusammensetzen lassen und dass der Unterschied zwischen zwei Zahlen wieder eine Zahl ist (Kompetenzebene 3). Dies wird über folgende Teilziele erreicht:

- Ermitteln der Anzahl einer Gesamtmenge (Gesamtzahl, Gesamtgröße)
- Veranschaulichen und feststellen, dass sich größere Zahlen aus kleineren Zahlen zusammensetzen
- Veranschaulichen und feststellen, dass der Unterschied zwischen zwei Zahlen wieder eine Zahl ist

Leitfragen. Wie viel sind beide Zahlen zusammen? Welche Zahl ist so hoch wie beide zusammen? Welche Zahl ist so lang wie beide zusammen? Welche Karte hat so viele Kinder wie beide zusammen? Wie viele Dinge gehören zu dieser Zahl mehr/weniger als zur anderen Zahl? Wie viel ist dies Zahl mehr/weniger als diese Zahl? Woher weißt du das? Wie hast du das herausgefunden?

Sitzungen. 6

Die Kinder werden dazu angeleitet, Gesetzmäßigkeiten der Zahlen visuell zu erfassen (z. B. größere Anzahlen nehmen mehr Volumen ein) und sie sich zugleich auch sprachlich bewusst zu machen (z. B.: „8 ist größer als 7, denn zur 8 gehören mehr Dinge [und mehr Volumen] als zur 7.“). Dabei greifen sie stetig auf die zur Verfügung gestellten Darstellungsmittel zurück und erwerben, üben und festigen Erkenntnisse über die Zahl am äußerlich sichtbaren Modell. Dadurch wird auch das Gedächtnis der Kinder entlastet, das oft unzureichend ist.

15.4 Hinweise für die organisatorische Umsetzung

Das Programm kann in der Kleingruppe wie auch in der Einzelförderung eingesetzt werden. Bei schwachen Kindern sollte eine Gruppengröße von vier bis sechs Kindern keinesfalls überschritten werden. Gut geeignet ist das Programm für eine präventive Förderung bei Vorschulkindern sowie im ersten halben Jahr nach dem Schuleintritt. Die Förderung kann auch als Bestandteil des Anfangsunterrichts im Schulfach Mathematik stattfinden. Hierfür sollte mindestens ein zweiter Materialkoffer einbezogen werden.

15.5 Wirksamkeit und Wirksamkeitsbedingungen

Das MZZ-Programm hat sich bei Kindergartenkindern mit einem Risiko für Rechenschwäche, bei Vorklassen-Kindern und bei Grundschulkindern mit verzögerter mathematischer Entwicklung sowie bei Schülerinnen und Schülern mit einem Förderschwerpunkt im Lernen oder in der geistigen Entwicklung bewährt. In der ersten Erprobung verbesserten sich MZZ-geförderte Kindergartenkinder in ihrem Zahlverständnis sowohl kurz- als auch langfristig stärker als Kinder, die ein Denktraining oder eine andere mathematische Förderung erhalten hatten (Krajewski, Nieding & Schneider, 2008). Darüber hinaus konnte gezeigt werden, dass MZZ eine differenzierte Frühförderung ermöglicht, die auf den jeweiligen Entwicklungsstand des Kindes abgestimmt ist (Krajewski, Renner, Nieding & Schneider, 2008).

Hasselhorn und Linke-Hasselhorn (2013) führten das MZZ-Programm mit Kindern durch, die vom Schuleintritt zurückgestellt worden waren und eine Vorklasse besuchten. Hierbei ergaben sich große Effektstärken für die Förderung mathematischer Grundkompetenzen. In drei weiteren Studien bewirkte eine Förderung mit MZZ-Bestandteilen (Förderschwerpunkte 2 und 3) bei rechenschwachen Erstklässlern bedeutsame Effekte auf die schulischen Mathematikleistungen. Eine Leistungssteigerung war im Verständnis von Teil-Ganzes-Beziehungen (Kompetenzebene 3) und in Sachaufgaben zu verzeichnen (Ennemoser & Krajewski, 2007) und ließ sich mit zeitlicher Verzögerung auch im Basisrechnen beobachten (Sinner, 2011). Aktuelle Ergebnisse belegen, dass sich ähnliche Effekte bei einer unterrichtsintegrierten Förderung erzielen lassen (z. B. Ennemoser, 2010) und dass auch Schülerinnen und Schüler mit einem Förderschwerpunkt im Lernen oder in der geistigen Entwicklung zumindest kurzfristig von einer Förderung durch MZZ profitieren (Kuhl, Sinner & Ennemoser, 2012; Sinner & Kuhl, 2010).

15.6 Literatur

Grundlegende Literatur

Krajewski, K. (2013). Wie bekommen die Zahlen einen Sinn: ein entwicklungspsychologisches Modell der zunehmenden Verknüpfung von Zahlen und Größen. In M. von Aster & J. H. Lorenz (Hrsg.), *Rechenstörungen bei Kindern: Neurowissenschaft, Psychologie, Pädagogik* (2., überarb. Aufl., S. 155–179). Göttingen: Vandenhoek & Ruprecht.

Krajewski, K. & Ennemoser, M. (2010). Die Berücksichtigung begrenzter Arbeitsgedächtnisressourcen in Unterricht und Lernförderung. In H.-P. Trolldenier, W. Lenhard & P. Marx (Hrsg.), *Brennpunkte der Gedächtnisforschung* (S. 337–365). Göttingen: Hogrefe.

Krajewski, K. & Schneider, W. (2009). Early development of quantity to number-word linkage as a precursor of mathematical school achievement and mathematical difficulties: Findings from a four-year longitudinal study. *Learning and Instruction, 19*, 513–526. doi: 10.1016/j.learninstruc.2008.10.002

Weiterführende Literatur

Ennemoser, M. (2010). Training mathematischer Basiskompetenzen als unterrichtsintegrierte Maßnahme in Vorklassen. *Empirische Pädagogik, 24* (4), 336–352.

Ennemoser, M. & Krajewski, K. (2007). Effekte der Förderung des Teil-Ganzes-Verständnisses bei Erstklässlern mit schwachen Mathematikleistungen. *Vierteljahreszeitschrift für Heilpädagogik und ihre Nachbargebiete, 76,* 228–240.

Ennemoser, M. & Krajewski, K. (2013). Entwicklungsorientierte Diagnostik mathematischer Basiskompetenzen in den Klassen 5 bis 9. In M. Hasselhorn, A. Heinze, W. Schneider & U. Trautwein (Hrsg.), *Diagnostik mathematischer Kompetenzen*. Göttingen: Hogrefe.

Hasselhorn, M. & Linke-Hasselhorn, K. (2013). Fostering early numerical skills at school start in children at risk for mathematical achievement problems: A small sample size training study. *International Education Studies, 6* (3), 213–220.

Krajewski, K. (2007). Entwicklung und Förderung der vorschulischen Mengen-Zahlen-Kompetenz und ihre Bedeutung für die mathematischen Schulleistungen. In G. Schulte-Körne (Hrsg.), *Legasthenie und Dyskalkulie: Aktuelle Entwicklungen in Wissenschaft, Schule und Gesellschaft* (S. 325–332). Bochum: Winkler.

Krajewski, K., Nieding, G. & Schneider, W. (2008). Kurz- und langfristige Effekte mathematischer Frühförderung im Kindergarten durch das Programm „Mengen, zählen, Zahlen". *Zeitschrift für Entwicklungspsychologie und Pädagogische Psychologie, 40,* 135–146. doi: 10.1026/0049-8637.40.3.135

Krajewski, K., Renner, A., Nieding, G. & Schneider, W. (2008). Frühe Förderung von mathematischen Kompetenzen im Vorschulalter. *Zeitschrift für Erziehungswissenschaft, 10,* Sonderheft 11/2008, 91–103.

Kuhl, J., Sinner, D. & Ennemoser, M. (2012). Training Quantity-Number Competencies in Students with Intellectual Disabilities. *Journal of Cognitive Education and Psychology, 11,* 128–142. doi: 10.1891/1945-8959.11.2.128

Moser-Opitz, E. (2007). Rechenschwäche/Dyskalkulie. *Theoretische Klärungen und empirische Studien an betroffenen Schülerinnen und Schülern*. Bern: Haupt.

Sinner, D. (2011). *Prävention von Rechenschwäche durch ein Training mathematischer Basiskompetenzen in der ersten Klasse*. Dissertationsschrift. Universität Gießen.

Sinner, D. & Kuhl, J. (2010). Förderung mathematischer Basiskompetenzen in der Grundstufe der Schule für Lernhilfe. *Zeitschrift für Entwicklungspsychologie und Pädagogische Psychologie, 42,* 241–251. doi: 10.1026/0049-8637/a000026

von Aster, M. (2005). Wie kommen Zahlen in den Kopf? In M. von Aster & J. H. Lorenz (Hrsg.), *Rechenstörungen bei Kindern: Neurowissenschaft, Psychologie, Pädagogik* (S. 13–33). Göttingen: Vandenhoek & Ruprecht.

Material

Ennemoser, M., Krajewski, K. & Sinner, D. (in Vorb.). *Test mathematischer Basiskompetenzen ab Schuleintritt (MBK 1+)*. Göttingen: Hogrefe.

Krajewski, K. (2008). *Mathematik plus – Zahlentreppe: Lehrmittel für das 1. Schuljahr*. Berlin: Cornelsen.

Krajewski, K. (in Vorb.). *Test mathematischer Basiskompetenzen im Kindergartenalter (MBK 0)*. Göttingen: Hogrefe.

Krajewski, K., Nieding, G. & Schneider, W. (2007). *Mengen, zählen, Zahlen: Die Welt der Mathematik verstehen (MZZ)*. Berlin: Cornelsen.

16. Vermittlung von Basiskompetenzen zum Rechnen

Jürgen Wilbert

Fallbeispiel

Marcel ist 8 Jahre alt und besucht die dritte Klasse einer Grundschule. Seit dem Ende der Sommerferien werden dort die ersten Arbeiten in Mathematik geschrieben. Marcels Lehrerin fallen seine schlechten Leistungen vor allem in den grundlegenden mathematischen Operationen (Addieren, Subtrahieren, Multiplizieren und Dividieren) auf. Selbst für die Lösung einfacher Additionsaufgaben im Zahlenraum bis 20 benötigt Marcel sehr lange.

Die Lehrerin sucht Rat im zuständigen Förderzentrum und eine Sonderpädagogin wird hinzugezogen. Diese führt mit dem Jungen den Heidelberger Rechentest (HRT 1-4) von Haffner, Baro, Parzer und Resch (2005) durch. Dabei zeigt er vor allem in den Subskalen zu mathematischen Operationen sehr geringe Leistungen, die auf eine Rechenschwäche hindeuten (die entsprechenden Prozentränge sind jeweils kleiner als 10). Des Weiteren beobachtet die Sonderpädagogin den Unterricht und stellt fest, dass dieser sowohl ansprechend als auch didaktisch gelungen ist. Offenbar sind die Schülerinnen und Schüler gut dazu in der Lage, dem Stoff zu folgen. Daher wird beschlossen, Marcels grundlegende Fähigkeit zur Zahlenkombination (mathematische Operationen mit Zahlen, die durch Abzählen oder durch Abruf aus dem Langzeitgedächtnis gelöst werden können) in Einzelsitzungen nach den Prinzipien der direkten Instruktion zu fördern. Dazu wird das Trainingsprogramm Math-Flash herangezogen. Hierdurch soll Marcel an das Leistungsniveau seiner Mitschülerinnen und Mitschüler zum Ende der zweiten Klasse herangeführt werden. Die Intervention findet in der Zeit des offenen Ganztags in der Schule statt.

Durch regelmäßige Tests verfolgt die Sonderpädagogin Marcels Fortschritte. Er spricht gut auf das Training an und verbessert sich kontinuierlich. Nach vier Monaten erreicht er das Förderziel. Marcel kann die Ergebnisse einfacher Rechenoperationen schnell und korrekt aus dem Gedächtnis abrufen. Dadurch fällt es ihm auch leichter, Textaufgaben zu lösen, da nun mehr Ressourcen für das Verständnis vorhanden sind. Insgesamt gelingt ihm wieder der Anschluss an das Leistungsniveau seiner Klasse im Mathematikunterricht.

16.1 Kurzbeschreibung der Methode und ihres theoretischen Hintergrunds

Rechenstörungen werden in der Regel ab dem dritten Schuljahr festgestellt. Bis dahin haben sich mathematische Defizite soweit etabliert, dass sie klar erfassbar sind (Fletcher, Lyon, Fuchs & Barnes, 2007). Für Schülerinnen und Schüler in den ersten Schuljahren stellen die beiden nachfolgenden Fähigkeiten eine besonders große Herausforderung dar:

- *Der Erwerb von mathematischem Faktenwissens*. Darunter versteht man die im Langzeitgedächtnis abgespeicherten Ergebnisse einfacher Rechenvorgänge (z. B. 4 + 5 = 9). Wenn diese Grundoperationen gut und sicher beherrscht werden, führt das zu einer ganz erheblichen Entlastung des Arbeitsgedächtnisses: Zwischenergebnisse sind schnell aus dem Gedächtnis abrufbar und müssen nicht erst durch aufwändiges Abzählen bestimmt werden. Komplexe Rechenaufgaben lassen sich infolgedessen störungsfreier lösen. Mängel im mathematischen Faktenwissen liegen hauptsächlich daran, dass Schülerinnen bzw. Schüler unausgereifte Abzählstrategien verwenden, was ihre erhöhten Rechenfehler erklärt und die Zeit zum Lösen von einfachen Rechenaufgaben verlängert.
- *Der Erwerb von Kompetenzen zum Lösen von Textaufgaben*. Dafür müssen Kinder sprachliche Informationen in mathematische Repräsentationen umstellen. Ist dies gelungen, so sind die entsprechenden Rechenvorgänge durchzuführen. Schließlich muss das Ergebnis wieder in den Bedeutungszusammenhang der Textaufgabe eingebunden und in eine Textaussage umgeformt werden.

Defizite in diesen beiden Fähigkeitsgebieten stellen ein hohes Risiko für die Ausbildung einer Rechenschwäche dar. Beide Beeinträchtigungen hängen zudem mit einer Reihe weiterer kognitiver Funktionsstörungen zusammen, nämlich mit:

- einer reduzierten Kapazität des Arbeitsgedächtnisses,
- einer beeinträchtigten phonologischen Verarbeitung und
- einer unzureichend ausgebildeten nonverbalen Problemlösefähigkeit.

Mathematisches Faktenwissen und mangelnde Komponenten zum Lösen von Textaufgaben können unabhängig voneinander gestört sein. Schwierigkeiten beim Erwerb von Kompetenzen in den beiden genannten Bereichen münden in aller Regel in Probleme bei der Entwicklung höherer mathematischer Fähigkeiten (Fuchs et al., 2006).

Der Erwerb sicherer arithmetischer Kompetenzen verläuft über mehrere Entwicklungsabschnitte. Für die meisten Kinder stellen Abzählstrategien die Grundlage für das erfolgreiche Durchlaufen der Entwicklungsstufen zur Fähigkeit des Addierens dar. Die Aufgabe „2 + 5" wird beispielsweise in drei aufeinander aufbauenden Entwicklungsstufen gelöst:

1. Das Kind bildet zunächst zwei und fünf Elemente, z. B. indem es mit den Fingern der linken Hand bis zwei zählt und mit den Fingern der rechten Hand bis fünf. Anschließend zählt es wieder von eins beginnend die Finger beider Hände ab. Das Ergebnis ist dann die Zahl, mit der das letzte Element (der letzte Finger) bezeichnet wurde.
2. Im weiteren Verlauf geht das Kind dann dazu über, vom ersten Summanden an weiter hochzuzählen. Dazu benennt es den ersten Summanden und zählt dann unter Verwendung der Finger weiter aufwärts bis die Anzahl der Finger dem zweiten Summanden entspricht.

3. In einer dritten Stufe erkennt das Kind die Kommutativität der beiden Summanden und beginnt nun mit dem größeren und zählt unter Zuhilfenahme der Finger um die Größe des zweiten Summanden weiter zum Ergebnis. Das wiederholte (und richtige) Rechnen führt zu immer stärker werdenden Verknüpfungen zwischen den Aufgaben und deren Resultaten.

Schließlich sind die Assoziationen so stark, dass der Gedächtnisabruf zur Beantwortung einer Aufgabe schneller und zuverlässiger ein Ergebnis liefert als das Abzählen. Das Kind vollzieht einen Strategiewechsel. Kinder mit einer Rechenschwäche durchlaufen grundsätzlich die gleichen Stufen beim Erwerb arithmetischer Kompetenzen wie Kinder ohne Probleme beim Rechnen. Allerdings verharren sie länger auf einer Stufe als ihre unauffälligen Altersgenossen. Wirksame Fördermaßnahmen setzen daher an der aktuellen Entwicklungsstufe des Kindes an, um ihm bei der Überwindung der Hürde zum nächsten Level zu helfen.

Für den Aufbau mathematischen Faktenwissens bei Kindern mit eingeschränkter kognitiver Kapazität sind direkte Instruktionsmethoden besonders geeignet, da diese optimal die begrenzten Arbeitsgedächtnisressourcen nutzen. Mithilfe der hier vorgestellten Intervention wird der Erwerb mathematischen Faktenwissens auf Grundlagen von sieben Prinzipien gefördert (Fuchs et al., 2008):

1. *Explizite Instruktionen.* Kinder mit Lernstörungen im mathematischen Bereich profitieren in besonderem Maß von einer klaren direkten Vorgabe der Lerninhalte. Explizite Instruktionen entlasten das Arbeitsgedächtnis, da nicht erst die Aufgabenstellung selbstständig generiert und behalten werden muss, bevor sie bearbeitet werden kann.
2. *Ausgeprägtes Instruktionsdesign.* Beim Instruktionsdesign sind die einzelnen Lernschritte und die dazu korrespondierenden Aufgaben in ihrer Abfolge äußerst genau festzulegen. Die Lerninhalte werden sehr differenziert zergliedert und dem Kind nacheinander dargeboten. Dadurch minimieren sich Lernherausforderungen.
3. *Starke konzeptuelle Basis.* Die Ziele und die Teilschritte des Instruktionsdesigns müssen den Erkenntnissen über den Ablauf des Erwerbs mathematischer Fähigkeiten folgen. Die notwendigen Interventionsschritte, die aus einem diagnostizierten Ausgangszustand Lernfortschritte herbeiführen, können nun auf der Grundlage eines solchen Entwicklungsmodells abgelehnt werden.
4. *Einüben und Trainieren („Drill and Practice").* Die Einheiten mathematischen Faktenwissens sind klein und die einzuübenden Prozeduren von geringer Komplexität. Das Ziel ist es, einen automatisierten, arbeitsgedächtnisschonenden und schnellen Abruf dieses Wissens während der Aufgabenbearbeitung zu ermöglichen.
5. *Zusammenfassende Überprüfungen.* Jede Trainingseinheit schließt mit einer Prüfung der Lerninhalte der gesamten Einheit ab. Die Schülerin bzw. der Schüler erhält direkte und konkrete Rückmeldungen über individuelle Lernerfolge und den erreichten Lernstand. Dies fördert selbstregulierte Lernprozesse.
6. *Einsatz von Motivatoren.* Schülerinnen und Schüler mit Lernstörungen haben häufig schulisches Versagen erlebt und neigen deshalb zur Leistungsvermeidung. Zugleich sind aber eine hohe Motivation und Anstrengungsbereitschaft notwendige Voraussetzungen für effektives Lernen. Daher ist es wichtig, motivationale Anreize in die Instruktion einzubauen (s. Kapitel 18). Die Schülerinnen und Schüler werden dadurch in ihrer Aufmerksamkeitsregulierung und Arbeitsbereitschaft unterstützt.

7. *Lernfortschrittsmessung*. Lernproblematiken sind vielschichtig und die zeitlichen Verläufe des Lernens individuell unterschiedlich. Selbst effektive Interventionsmethoden wirken zuweilen nur bei einem Teil der Schülerinnen und Schüler. Durch kontinuierliche Überwachung des Lernfortschritts können diejenigen Mädchen und Jungen identifiziert werden, die nicht auf die Intervention reagieren. Dadurch lassen sich Interventionen effektiver auf die einzelnen Kinder anpassen.

16.2 Indikation der Methode

Die eben skizzierten Prinzipien eignen sich für Kinder, die bei der Addition und Subtraktion im Zahlenraum bis 20 deutlich zu lange auf Abzählstrategien verharren bzw. ungeeignete Strategien anwenden, um Ergebnisse von Rechenoperationen aus dem Gedächtnis abzurufen. Zur Diagnostik dieser Problematik können die Subskala „Rechenoperationen" des „Heidelberger Rechentests" (Haffner, Baro, Parzer & Resch, 2005) und der „Arithmetik" Subtest des „Deutschen Mathematiktests für dritte Klassen" (Roick, Göllitz & Hasselhorn, 2004) herangezogen werden. Die genannten Schwierigkeiten sind für Mädchen und Jungen charakterisierend, die unter einer Rechenstörung nach ICD-10 leiden (s. Kapitel 3). Weisen Kinder zu geringe pränumerische Kompetenzen auf, so ist es nicht zielführend, ihnen schon in dieser Entwicklungsphase mathematisches Faktenwissen im Bereich der Grundrechenarten zu vermitteln.

16.3 Detaillierte Beschreibung des Vorgehens

Grundlage eines erfolgreichen Trainings ist eine Verschränkung der Diagnostik des Lernverlaufes und der jeweiligen Fördermaßnahmen. Abbildung 1 veranschaulicht diesen Zusammenhang. Der diagnostische Prozess steht zu Beginn der Intervention. Anhand von Leistungstests, Beobachtungen, Arbeitsproben und Gesprächen mit den beteiligten Personen wird ein individuelles Förderziel festgelegt. So kann es beispielsweise sein, dass ein Kind in einem standardisierten Verfahren bei Subtraktionsaufgaben im zweistelligen Bereich nur einen Prozentrang von weniger als 10 erreicht. Eine genaue Beobachtung mit einer anschließenden Aufforderung zum „lauten Denken" bestätigt später, was eine genaue Analyse der konkreten Ergebnisse ($70-18=53$, $55-12=44$, $85-27=59$, ...) zuvor bereits nahegelegt hat: Das Kind löst die Aufgabe in zwei Sprüngen, indem es zunächst die Zehner voneinander abzieht und im Anschluss die Einer unter Zuhilfenahme der Finger sehr aufwändig zurückzählend subtrahiert. Beim zweiten Schritt unterläuft ihm jedoch meist ein Fehler (das Kind verzählt sich).

Das Anliegen der Intervention hat sich hierbei eng am Curriculum zu orientieren. Im eben vorgestellten Beispiel ginge es etwa darum, die Fähigkeiten des Kindes im Hinblick auf das Durchführen von Subtraktionsaufgaben auf das Niveau einer durchschnittlichen Schülerin bzw. eines durchschnittlichen Schülers zum Ende der zweiten Klasse zu heben (v. a. durch explizites Vormachen ökonomischer und zielführender Strategien und durch das Vermitteln von mathematischem Faktenwissen durch einschleifendes Üben). Die Lernfortschrittsmessung begleitet die einzelnen Sitzungen. Bewegen sich die

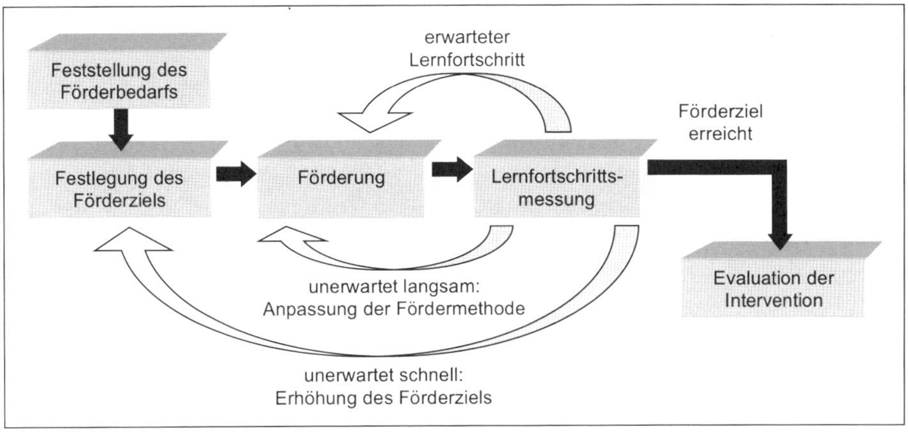

Abbildung 1: Diagnostik und Lernfortschrittsmessung als Teil des Interventionsprozesses

Fähigkeiten einer Schülerin bzw. eines Schülers anscheinend auf dem gewünschten Niveau, findet eine abschließende summative Evaluation der Intervention statt. Diese beruht wiederum auf Lernstandtests, Unterrichtsbeobachtungen und Arbeitsproben.

Die Lernstandmessung in jeder Sitzung erfolgt nach dem Prinzip der curriculumbasierten Messung (CBM). Im Anschluss an jede Fördereinheit bearbeiten die Schülerinnen und Schüler einen dreiminütigen Test. Dabei werden ihnen zufällig Aufgaben auf dem Zielniveau vorgelegt und sie versuchen, so viele Aufgaben wie möglich in der vorgegebenen Zeit zu lösen. Konkret können dies z. B. Aufgaben zur Zahlenkombination sein. Dabei wird als Resultat die Anzahl der richtigen Ziffern zu jeder Aufgabe zusammengezählt und in einen Graphen eingetragen (s. Abbildung 2).

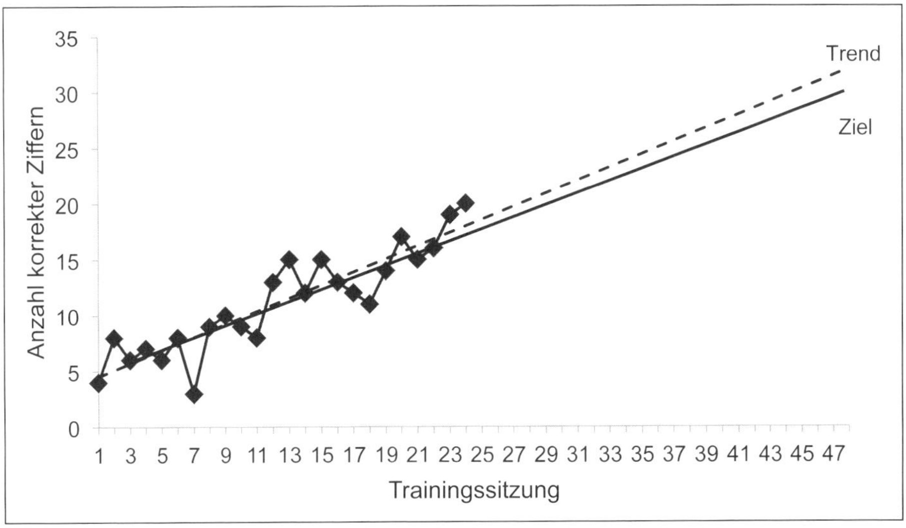

Abbildung 2: Lernfortschrittsmessung zur formativen Evaluation des Trainings

Durch die Mittelung der ersten drei Messungen wird das Ausgangsniveau der Schülerin bzw. des Schülers festgelegt. Dort beginnend wird eine Gerade zum Zielniveau in der letzten Trainingswoche gezogen. Die Gerade bildet das Vergleichsmaß, an dem sich die Entwicklung des Mädchens oder Jungens im Verlauf des Trainings beurteilen lässt. Wenn sie oder er dreimal in Folge den entsprechenden Wochenwert der Zielgerade unterschreitet, dann ist die Erreichung des Trainingsziels gefährdet. In einer genaueren Analyse muss in diesem Fall entschieden werden, ob a) das Trainingsziel herabgesetzt werden sollte, b) das Training zu modifizieren ist oder c) das Training für die Schülerin bzw. den Schüler ungeeignet ist, so dass ein anderes Training auszuwählen ist.

Durch das Einfügen einer Trendlinie (gestrichelte Linie in Abbildung 2) lässt sich erkennen, ob die Schülerin bzw. der Schüler ggf. größere Lernfortschritte macht. Entsprechend kann dann das Trainingsziel erhöht oder das Training intensiviert werden.

Die Intervention findet regelmäßig und zeitlich dicht gestaffelt statt (z. B. 16 Wochen à 3 Sitzungen mit einer Dauer von ca. 25 Minuten). Die zu lernenden Aufgaben sind der Schülerin bzw. dem Schüler eindeutig und direkt zu präsentieren. So kommen z. B. für das Training mit Flash-Cards Karteikarten zum Einsatz, auf denen jeweils eine Rechenaufgabe notiert ist. Die Lerninhalte werden kriterial, d. h. in Form konkreter Aufgaben festgelegt. Das Standardset des Trainings mit Flash-Cards besteht aus 200 Karten mit Additions- und Subtraktionsaufgaben, in denen die Subtrahenden und Addenden 0 bis 9 enthalten sind (s. Anhang zu diesem Kapitel). Das fehlerfreie und zügige Beantworten der Rechenaufgaben auf den Flash-Cards ist dann das Lernziel des Trainings.

Die Inhalte der einzelnen Trainingssitzungen bauen konsekutiv aufeinander auf. Zu Beginn stehen leichte Aufgaben und am Ende schwere, wobei die Übergänge an Erkenntnisse zum Erwerb arithmetischer Fähigkeiten geknüpft sind. Das lernpsychologische Grundprinzip des Trainings ist die Wiederholung mit dem Ziel der Bildung von Assoziationen zwischen der Aufgabenstellung und dem Ergebnis der Aufgabe. Als Lösungsstrategien werden den Schülerinnen und Schülern zunächst adäquate Abzählstrategien vermittelt, die dann im Laufe des Trainings immer weiter durch eine Gedächtnisabrufstrategie zu ersetzen sind.

Dem Prinzip expliziter Instruktion folgend ist jede Sitzung identisch gegliedert, wodurch das Arbeitsgedächtnis der Schülerin bzw. des Schülers entlastet wird. Dies ermöglicht eine effiziente Nutzung der Trainingszeit. Der Ablauf eines starken instruktionalen Designs soll hier am Beispiel des Math-Flash Trainings illustriert werden. Jeder Termin gliedert sich bei dieser Intervention in fünf Phasen:

1. *Aufwärmphase mit Flash-Cards (Dauer: 2 Minuten).* Die Trainerin oder der Trainer zieht per Zufall einzeln Flash-Card Aufgaben aus dem Standardset und die Schülerin bzw. der Schüler gibt eine Antwort. Bei korrekter Antwort wird die Karte auf einen „Korrekt"-Stapel abgelegt. Bei falscher Antwort wird das Mädchen bzw. der Junge aufgefordert, das Ergebnis durch Abzählen zu finden. Dann erfolgt das Ablegen der Karte auf dem „Inkorrekt"-Stapel. Nach zwei Minuten zählt die Schülerin bzw. der Schüler die korrekten Antworten und trägt das Ergebnis für die Sitzung in einen Graphen ein.
2. *Konzeptuelle und strategische Instruktionen.* In der Phase des Trainings erklärt man der Schülerin bzw. dem Schüler neue Konzepte und Strategien oder wiederholt be-

reits gelernte Inhalte. Abzählstrategien können durch Allegorien an Modellen und Handlungen demonstriert und eingeübt werden. Dies kann beispielsweise unter der Zuhilfenahme von Bauklötzen geschehen, wobei sich die Addition durch das Nehmen und die Subtraktion durch das Weglegen der Klötze erklären lässt. Es ist weiterhin möglich, diese Grundrechenarten durch einen auf dem Boden gezeichneten Zahlenstrahl zu erläutern, wobei das Addieren als Vorwärtsschreiten und das Subtrahieren als Rückwärtsgehen beschrieben werden. Im Mittelpunkt stehen die zwei Strategien „Du weißt es, oder du zählst es!". Zur Verfestigung der Strategie wird das Abzählen geübt und die Schülerin bzw. der Schüler wird aufgefordert, zu erklären, wie dies bei Additions- und Subtraktionsaufgaben geschieht. Es folgt ein gemeinsames Erarbeiten der sitzungsspezifischen Aufgaben unter Zuhilfenahme des Zahlenstrahls und von Gegenständen.

3. *Sitzungsspezifische Flash-Card Übung (Dauer: 1 Minute).* Entsprechend der Aufwärmübung werden wieder einzeln Flash-Cards dargeboten. Hierbei finden Aufgaben mit dem Lerninhalt der jeweiligen Sitzung Verwendung (s. Tabelle 1). Nach einer Minute werden die Karten auf dem „Korrekt"-Stapel gezählt. Ein Eintragen des Ergebnisses in einen Graphen erfolgt nicht. Die Trainerin bzw. der Trainer merkt sich aber das Ergebnis und ermutigt die Schülerin bzw. den Schüler, bei den folgenden Sitzungen des gleichen Lerninhalts, sein Ergebnis zu verbessern.
4. *Computergestützte Übung (Dauer: 7½ Minuten).* Zur weiteren Steigerung der Abrufflüssigkeit und zur Erfassung des Lernziels der Sitzung wird eine computergestützte Übung durchgeführt. Diese enthält zehn Aufgaben mit dem Inhalt der aktuellen Sitzung und fünf Wiederholungsaufgaben aus früheren Fördereinheiten. Dem Mädchen bzw. dem Jungen werden eine Aufgabe und deren Lösung sehr kurz (etwa eine Sekunden) präsentiert (z. B.: $4+3=7$). Danach leert sich der Bildschirm und die Schülerin bzw. der Schüler wird aufgefordert, die Aufgabe und die Lösung nun selbst einzugeben. Wird dabei ein Fehler gemacht, wird das Kind erneut zur richtigen Eingabe animiert. Die Aufgabe endet nach 7½ Minuten oder wenn die zehn sitzungsspezifischen Aufgaben zweimal korrekt beantwortet wurden. Am Ende erhält die Schülerin bzw. der Schüler durch das Programm eine Rückmeldung darüber, wie gut sie oder er das Lernziel der Sitzung erreicht hat. Die Trainerin oder der Trainer erhält ebenfalls eine Rückmeldung: Hat die Schülerin oder der Schüler die zehn Aufgaben zweimal in den 7½ Minuten korrekt beantwortet hat, erscheint „Lernziel erreicht" auf dem Bildschirm, ansonsten „Wiederholen". Wenn das Lernziel erreicht oder vier Sitzungen zu einem Lernziel abgeschlossen wurden, beginnt die folgende Sitzung mit dem nächsten Aufgabenpaket.
5. *Prüfung des Lernerfolgs mit Papier und Stift (Dauer: 2 Minuten).* Zum Schluss erhält die Schülerin bzw. der Schüler ein Blatt mit 15 zufällig gewählten Aufgaben aus dem Aufgabenpaket der Sitzung. Sie bzw. er hat eine Minute Zeit, so viele Aufgaben wie möglich zu lösen. Danach wendet sie bzw. er das Blatt und erhält weitere 15 Aufgaben und erneut eine Minute Zeit. Die Trainerin bzw. der Trainer umkreist die korrekten Aufgaben und die Schülerin bzw. der Schüler nimmt das Arbeitsblatt mit nach Hause.

Jede Sitzung wird durch ein systematisches Verstärkerprogramm zur Steigerung der Motivation, der Aufmerksamkeit und der Arbeitsbereitschaft begleitet. So kann die Schülerin bzw, der Schüler in jeder Phase der Sitzung beispielsweise einen Stern bekommen, der jedoch verwehrt wird, wenn sie bzw. er unaufmerksam war oder sich nicht richtig angestrengt hat. Zusätzlich ist es möglich, die Schülerin bzw. den Schüler darin zu unterstützen, die eigene Willensanstrengung über die gesamte Dauer des Trainings aufrecht zu erhalten, indem man ihr bzw. ihm eine weitere Belohnung für das erfolgreiche Durchlaufen der Fördersitzungen anbietet (z. B. können die Sterne auf eine Sternenkarte mit Feldern geklebt werden, die zu einer Schatzkiste führen. Wenn die Schülerin bzw. der Schüler alle Felder beklebt hat, gibt es dafür ein kleines Geschenk.

Tabelle 1: Übersicht über den Ablauf der 48 Sitzungen

Sitzung	Aufgaben	Methode
1 und 2	+1 und –1 (2+1; 8+1; 7–1; 4–1; ...)	Lösung anhand eines Modells des Zahlenstrahls sowie zählbaren Gegenständen (z. B. Bausteine); Erläuterung des Kommutativgesetzes.
3 und 4	+0 und –0 (2+0; 8+0; 7–0; 4–0; ...)	Lösung anhand eines Modells des Zahlenstrahls sowie zählbare Gegenstände.
5 und 6	+1, –1, +0, –0	Siehe Sitzung 3+4
Kriterien des zielerreichenden Lernens werden eingeführt. Diese werden am Ende jeder Sitzung geprüft. Jeder Aufgabentyp wird mindestens 1 und maximal 4 Sitzungen lang behandelt.		
7	Doppelungen der Zahlen 0 bis 6 (0+0, 1+1, 2+2, ..., 6+6) (0–0, 2–1, 4–2, ..., 12–6)	Rehearsal (wiederholtes nachsprechen); Aufgaben und Lösungen werden gesungen.
8	+2 und –2	Lösung anhand eines Modells des Zahlenstrahls sowie zählbaren Gegenständen.
9	Zwei Rechenstrategien werden eingeführt („Man weiß es, oder man zählt es“): *Auswendig erinnern* oder wenn der Abruf nicht sofort gelingt, *Aufwärtszählen.* Beim Aufwärtszählen werden die Finger oder der Zahlenstrahl zur Hilfe genommen. Bei Additionsaufgaben wird von der größeren Zahl ausgehend die kleinere Zahl hochgezählt. Die Antwort ist die letzte Zahl, die ausgesprochen wird. Bei Subtraktionsaufgaben wird ein neuer Begriff eingeführt: die *Minusnummer* ist der Subtrahend und die *Startnummer* ist der Minuend. Beim Aufwärtszählen wird mit der Minusnummer angefangen und solange mit den Fingern hochgezählt, bis die Startnummer erreicht ist. Die Antwort ist die Anzahl verwendeter Finger. In allen weiteren Sitzungen werden die Schülerinnen und Schüler an die beiden Strategien erinnert.	

Tabelle 1: Fortsetzung

Sitzung	Aufgaben	Methode
10 bis ~ 27	Einführung zusätzlicher Aufgabesets. Beginnend mit dem 5er-Set (Additionsaufgaben mit dem Resultat 5 und Subtraktionsaufgaben mit dem Minuend 5), dann das 6er-, 7er-, ..., 12er-Set. Pro Set werden maximal 4 Sitzungen verwendet.	
~ 28 bis 48	Doppelung der Zahlen 7 bis 10 (s. Sitzung 7) Bearbeitung der 13er- bis 18er-Sets	

16.4 Hinweise für die organisatorische Umsetzung

Das hier beschriebene Training wurde zur Einzelförderung konzipiert. Die dahinterstehenden Prinzipien lassen sich jedoch auch in Schulklassen und oder Kleingruppen anwenden. Hierbei dürfen die Grundsätze des ausgeprägten Instruktionsdesigns und der direkten Leistungsrückmeldung nicht vernachlässigt werden. Dies bedeutet, dass für jede Schülerin bzw. jeden Schüler der Leistungsstand diagnostiziert und darauf aufbauend ein Förderplan entwickelt werden muss, in dem das Lernziel und die einzelnen Teilziele sowie die konkreten Aufgaben zur Erreichung der Ziele festzulegen sind. In der Umsetzung wird dies besonders bei leistungsheterogenen Gruppen schwierig, weil die Mitglieder unterschiedliche Lerntempos an den Tag legen. Eine übermäßig starke Binnendifferenzierung in einer Lerngruppe ist für die Lehrkraft aufgrund des hohen Arbeitsaufwandes schwer zu leisten. Eine Möglichkeit diesen Aufwand zu reduzieren, besteht darin, Schülerinnen bzw. Schüler mit gleichem Leistungsniveau in homogenen Lerngruppen zusammenzuführen. Als weitere Option bietet sich an, in heterogenen Gruppen das Instruktionsdesign an den schwächeren Kindern der Lerngruppe auszurichten und so kleingliedrig zu gestalten, dass alle Schülerinnen und Schüler das sitzungsspezifische Lernziel erreichen können. In jedem Fall kommt der diagnostischen Begleitung des Lernprozesses ein zentraler Moment in der Intervention zu, dessen Anteil und Bedeutung mit der Heterogenität und Größe der Trainingsgruppe steigt.

16.5 Wirksamkeit und Wirksamkeitsbedingungen

Die Wirksamkeit direkt-instruktiver Interventions- und Unterrichtsmethoden bei lerngestörten Schülerinnen und Schülern ist gut belegt und in verschiedenen Fächern wiederholt gezeigt worden (Grünke, 2006). Das Trainingsprogramm „Math Flash" wurde in den USA von Fuchs und Kollegen bei 133 Schülerinnen und Schülern mit substanzieller Rechenschwäche evaluiert (Fuchs et al., 2008). Die Zuordnung zu einer Interventions- und einer Kontrollgruppe erfolgte hierbei zufällig. Zum Abschluss der Förderung zeigten die Mädchen und Jungen in der Interventionsgruppe deutliche Fortschritte in der Fähigkeit zur Zahlenkombination (Effektstärke, $d = 0.85$).

Es muss an dieser Stelle jedoch darauf hingewiesen werden, dass keine Methode bei allen Schülerinnen und Schülern gleichermaßen wirkungsvoll ist. So zeigten in der Trainingsstudie von Fuchs et al. (2008) 14 % der Schülerinnen und Schüler der Interventionsgruppe keine oder eine nur geringe Verbesserungen. Dieser Gruppe sogenannter „Non-Responder" kann nur dann geholfen werden, wenn Trainingsverläufe auf individueller Ebene kontinuierlich evaluiert und bei zu geringer Wirksamkeit an die spezifischen Voraussetzungen der Lernenden angepasst werden (s. Kapitel 42).

16.6 Literatur

Grundlegende Literatur

Fuchs, L. S., Fuchs, D., Compton, D. L., Powell, S. R., Seethaler, P. M., Capizzi, A. M., et al. (2006). The cognitive correlates of third-grade skill in arithmetic, algorithmic computation, and arithmetic word problems. *Journal of Educational Psychology, 98,* 29–43. doi: 10.1037/0022-0663.98.1.29

Fuchs, L. S., Fuchs, D., Powell, S. R., Seethaler, P. M., Cirino, P. T. & Fletcher, J. M. (2008). Intensive intervention for students with mathematics disabilities: Seven principles of effective practice. *Learning Disability Quarterly, 31,* 79–92.

Grünke, M. (2006). Zur Effektivität von Fördermethoden bei Kindern und Jugendlichen mit Lernstörungen: Eine Synopse vorliegender Metaanalysen. *Kindheit und Entwicklung, 15,* 238–253. doi: 10.1026/0942-5403.15.4.239

Weiterführende Literatur

Fletcher, J. M., Lyon, G. R., Fuchs, L. S. & Barnes, M. A. (2007). *Learning disabilities: From identification to intervention.* New York: Guilford.

Fuchs, L. S., Compton, D. L., Fuchs, D., Paulsen, K., Bryant, J. D. & Hamlett, C. L. (2005). The prevention, identification, and cognitive determinants of math difficulty. *Journal of Educational Psychology, 97,* 493–513. doi: 10.1037/0022-0663.97.3.493

Material

Haffner, J., Baro, K., Parzer, P. & Resch, F. (2005). *Heidelberger Rechentest (HRT 1-4).* Göttingen: Hogrefe.

Roick, T., Göllitz, D. & Hasselhorn, M. (2004). *Deutscher Mathematiktest für dritte Klassen (DEMAT 3+).* Göttingen: Hogrefe.

16.7 Anhang

Flash-Card Set der 200 Additions- und Subtraktionsaufgaben

0+0=	2+0=	4+0=	6+0=	8+0=	0−0=	2−2=	4−4=	6−6=	8−8=
0+1=	2+1=	4+1=	6+1=	8+1=	1−0=	3−2=	5−4=	7−6=	9−8=
0+2=	2+2=	4+2=	6+2=	8+2=	2−0=	4−2=	6−4=	8−6=	10−8=
0+3=	2+3=	4+3=	6+3=	8+3=	3−0=	5−2=	7−4=	9−6=	11−8=
0+4=	2+4=	4+4=	6+4=	8+4=	4−0=	6−2=	8−4=	10−6=	12−8=
0+5=	2+5=	4+5=	6+5=	8+5=	5−0=	7−2=	9−4=	11−6=	13−8=
0+6=	2+6=	4+6=	6+6=	8+6=	6−0=	8−2=	10−4=	12−6=	14−8=
0+7=	2+7=	4+7=	6+7=	8+7=	7−0=	9−2=	11−4=	13−6=	15−8=
0+8=	2+8=	4+8=	6+8=	8+8=	8−0=	10−2=	12−4=	14−6=	16−8=
0+9=	2+9=	4+9=	6+9=	8+9=	9−0=	11−2=	13−4=	15−6=	17−8=
1+0=	3+0=	5+0=	7+0=	9+0=	1−1=	3−3=	5−5=	7−7=	9−9=
1+1=	3+1=	5+1=	7+1=	9+1=	2−1=	4−3=	6−5=	8−7=	10−9=
1+2=	3+2=	5+2=	7+2=	9+2=	3−1=	5−3=	7−5=	9−7=	11−9=
1+3=	3+3=	5+3=	7+3=	9+3=	4−1=	6−3=	8−5=	10−7=	12−9=
1+4=	3+4=	5+4=	7+4=	9+4=	5−1=	7−3=	9−5=	11−7=	13−9=
1+5=	3+5=	5+5=	7+5=	9+5=	6−1=	8−3=	10−5=	12−7=	14−9=
1+6=	3+6=	5+6=	7+6=	9+6=	7−1=	9−3=	11−5=	13−7=	15−9=
1+7=	3+7=	5+7=	7+7=	9+7=	8−1=	10−3=	12−5=	14−7=	16−9=
1+8=	3+8=	5+8=	7+8=	9+8=	9−1=	11−3=	13−5=	15−7=	17−9=
1+9=	3+9=	5+9=	7+9=	9+9=	10−1=	12−3=	14−5=	16−7=	18−9=

17. Aufbau elaborierter Rechenfähigkeiten

Elsbeth Stern, Klaus Hasemann und Matthias Grünke

Fallbeispiel

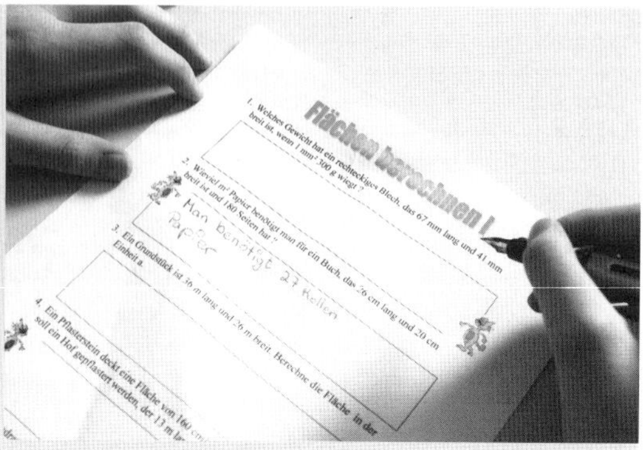

Jonatan (10;3 Jahre) besucht die 4. Klasse einer Grundschule. Er ist ein zurückhaltender und unauffälliger Junge. Bis zum Beginn des Schuljahres war seine Versetzung zu keinem Zeitpunkt gefährdet – seine Mathematiknoten schwankten zwischen „befriedigend" und „ausreichend". Mit der steigenden Komplexität von Textaufgaben unter Einbezug von Multiplikationen und Divisionen in der 4. Klasse nahmen seine Leistungen jedoch über die ersten Wochen und Monate kontinuierlich ab. Bei einer diagnostischen Abklärung durch den schulpsychologischen Dienst zeigte er eine durchschnittliche Allgemeinintelligenz. Allerdings wies das Profil der Ergebnisse aus dem Kombinierten Leistungsinventar zur allgemeinen Schulleistung und für Schullaufbahnempfehlungen in der vierten Klasse (KLASSE 4) von Lenhard, Hasselhorn und Schneider (2011) erhebliche Schwankungen auf: Die Rechtschreibung war altersgemäß ausgeprägt (PR 65) und das Textverständnis lag noch am unteren Rand des Durchschnittsbereichs (PR 25). Im Sachrechnen offenbarte er jedoch gravierende Schwächen (PR 10). Jonatan verfügte demnach zwar über ein akzeptables Faktenwissen und beherrschte die Grundrechenarten auf einem ausreichenden Niveau, er hatte jedoch augenscheinlich noch kein vernetztes mathematisches Denken entwickelt. Es fiel ihm sehr schwer, seine Fertigkeiten zur Durchführung basaler Operationen dann passend einzusetzen, wenn er selbst erkennen musste, wie er diese bei der Lösung alltagsbezogener Probleme anzuwenden hatte. Sein ansonsten recht passables Textverständnis kam bei mathematischen Aufgabenstellungen offenbar schnell an seine Grenzen. Jonatan gelang es in diesem Kontext nicht, die relevanten Informationen aus einer Passage herauszulesen und in entsprechende Rechenaufgaben zu übersetzen.

Im Zuge einer dreimal pro Woche stattfindenden Förderung in einer von einer Sonderpädagogin geleiteten Kleingruppe sollte bei Jonatan die Kompetenz zum elaborierten Einsatz seiner Rechenfähigkeiten bei Alltagsproblemen verbessert werden. Anhand von Materialien aus dem Programm Mathe 2000 (Wittmann & Müller, 2008, 2010a, b, 2011) stellte die Lehrkraft zunächst sicher, dass Jonatan die grundlegenden Rechenprozeduren beherrschte. Anschließend vermittelte sie ihm in direktiver Weise, wie man Textaufgaben systematisch löst. Dabei griff sie auf die „Solve it!"-Strategie (Reid & Lienemann, 2006) zurück, die auf dem Selbstinstruktionstraining beruht.

Zeitgleich veranschaulichte sie Jonatan das jeweilige Vorgehen mithilfe räumlich-visueller Bilder. Bereits nach etwa eineinhalb Monaten zeigten sich bei ihm deutliche Verbesserungen.

17.1 Kurzbeschreibung der Methode und ihres theoretischen Hintergrunds

Üblicherweise zielt der Schulunterricht darauf ab, Rechenfertigkeiten kleinschrittig über das Üben von Algorithmen und Fakten zu vermitteln. Hierbei werden den Kindern wiederholt Aufgaben der gleichen Art vorgegeben. Derartige lehrkraftgesteuerte Übungen dienen primär dem Erwerb von numerischem Faktenwissen. Die meisten Mädchen und Jungen lernen auf diese Art im Zuge der ersten drei Schuljahre, die Grundrechenarten relativ gut und fehlerfrei auszuführen. Elaborierte Rechenfähigkeiten gehen jedoch darüber hinaus. Sie ermöglichen es, Konzepte flexibel zu nutzen und ihre alltagsrelevante Bedeutung zu erkennen. Es ist unmöglich, ein Kochrezept einer flexiblen Anzahl von Personen anzupassen, die Kosten für einen Einkauf zu überschlagen oder die Farbe für das Streichen einer Hauswand planvoll zusammen zu mischen, ohne dabei rechnen zu müssen. Kinder ohne ausreichend elaborierte Rechenfähigkeiten können die Einzelschritte vorgegebener Additions-, Subtraktions-, Multiplikations- oder Divisionsaufgaben zwar oft „mechanisch" und dabei sogar korrekt ausführen. Allerdings fehlt ihnen die Kompetenz, solche Fragestellungen erfolgreich zu bearbeiten, bei denen es darauf ankommt, zu erkennen, welche Teilschritte und mathematischen Operationen jeweils zum Ziel führen. Deswegen scheitern sie häufig an alltagsrelevanten Anforderungen wie den eben genannten. Zweifelsohne hängen die Schwierigkeiten der Schülerinnen und Schüler in vielen Fällen damit zusammen, dass die vorausgegangene Verinnerlichung der Vorläufer- und Basiskompetenzen nicht in ausreichender Tiefe stattgefunden hat. Dies äußert sich u. a. darin, dass sie Zahlen lediglich als Möglichkeit zur quantitativen Bezeichnung einer bestimmten Menge begreifen und sie hauptsächlich zum Zählen benutzen (Stern, 2008; Stern, Felbrich & Schneider, 2006). Sie verstehen nicht, dass sich durch Zahlen auch Beziehungen zwischen Mengen zum Ausdruck bringen lassen.

In der Schule sind elaborierte Rechenfähigkeiten insbesondere beim Lösen von Text- oder Sachaufgaben gefordert. Unter einer Textaufgabe versteht man eine mathematische Problemstellung, die in Form eines Fließtextes präsentiert wird (wenn der Alltagsbezug hierbei besonders realistisch ist, wird von einer Sachaufgabe gesprochen). Eine besondere Herausforderung besteht dann darin, dass sprachliche Informationen in ein mathematisches Situationsmodell zu übertragen sind. Dass einem Mädchen oder Jungen ein vertieftes mathematisches Verständnis fehlt, wird in der Schule oft erst dann bemerkt, wenn Textaufgaben bearbeitet werden müssen.

Die Ausführung elaborierter Rechenfähigkeiten erweckt rasch den Anschein, als würde es sich hierbei stets um einen innovativen Prozess handeln, der von zu Fall zu Fall auf jeweils einzigartigen und neu zu entdeckenden Denkwegen beruht. Dies ist aber nur teilweise so. Viele unserer Handlungen beruhen auf Automatismen. Zahlreiche Wege zur

Lösung bestimmter Probleme, die wir in der Vergangenheit schon einmal beschritten haben, sind in unseren Gehirnen als kompakte Informationen abgespeichert, die bei ähnlichen Herausforderungen wieder abgerufen werden. Im Verlauf unserer Entwicklung entsteht so ein immer umfangreicherer Speicher für vielschrittige Handlungsabfolgen. Sind diese effektiv und setzen wir sie zielführend ein, so ermöglichen sie es uns, unseren Alltag besser zu meistern. Wir befinden uns dann nicht mehr in der Verlegenheit, für jede an uns herangetragene Aufgabe das Rad neu erfinden zu müssen, sondern greifen auf bereits bewährte Lösungswege zurück. Bei der Vermittlung elaborierte Rechenfähigkeiten geht es um das Erreichen folgender Ziele:

(1) *Aufbau obligatorischer Basiskompetenzen*. Kindern kann die Einsicht in Relationen zwischen Zahlen und die Fähigkeit zum Wechsel zwischen verschiedenen Repräsentationsformen eines Problems mithilfe von Mathe 2000 vermittelt werden (Wittmann & Müller, 2008; 2010a; 2010b; 2011). Das Programm enthält eine Vielzahl unterschiedlicher Materialien (Wendeplättchen, Zwanzigerfeld, Hundertertafel, Stellentafel, Zahlenstrahl, Wendekarten, Poster zum Einspluseins und Einmaleins), die für Schulkinder der Klassen 1 bis 4 geeignet sind. Das Vermittlungsprinzip ist das „aktiv-entdeckende" Lernen. Die Kinder werden je nach Fähigkeit in die Arbeit mit Materialien eingeführt, mit deren Hilfe schrittweise ein besseres Verständnis für immer komplexere Sachverhalte aufgebaut wird. Eine zentrale Rolle spielt dabei die räumliche Anordnung von Zahlenplättchen. Diese können als Zahlenstrahl oder in einer 10 × 10 Matrix zu einer Hundertertafel angeordnet werden.

(2) *Aufbau der Fertigkeit zur selbstständigen Informationssuche*. Um die Mathematik im Alltag flexibel nutzen zu können, ist es wichtig, über Techniken für eine selbstständige Informationssuche, -verarbeitung und -speicherung zu verfügen. Bei einer entsprechenden Förderung greift die Lehrkraft in Analogie zu einem verhaltenstherapeutischen Selbstinstruktionstraining auf Vorgehensweisen zurück, mit deren Hilfe erfolgreiche Lernerinnen und Lerner (wie sie selbst) ihr Ziel erreichen. Die einzelnen Handlungsschritte werden den betreffenden Kindern nach Maßgabe des „Self-Regulated Strategy Development Models" von Harris und Graham (1996) zunächst in kleinen, konkreten Abfolgeeinheiten unter Verwendung visueller Erinnerungshilfen (z. B. eines Plakats) redundanzreich präsentiert. Es folgt ein konkretes Vormachen anhand spezifischer Aufgaben. Im Anschluss üben die Mädchen und Jungen die Umsetzung der Strategie mit zunehmend komplexeren Problemstellungen, während die Lehrkraft ihnen kontinuierliche Rückmeldungen gibt und ihnen bei Bedarf assistiert.

(3) *Aufbau der Fähigkeit, Aufgabenstellungen grafisch zu verdeutlichen*. Besonders bei komplexen Problemen kann es dem Verständnis sehr zuträglich sein, den Sachverhalt in irgendeiner Form grafisch darzustellen (etwa durch Skizzen oder Schaubilder). Ein wesentlicher Teil der Schülerinnerinnen und Schüler setzt diese Art der Hilfe bei der Bearbeitung von Textaufgaben im Laufe der Zeit ohnehin ein, ohne dafür eigens angeleitet worden zu sein. Auf Kinder mit gravierenden Schwierigkeiten im elaborierten Rechnen trifft dies in der Regel nicht zu. Sie sind die meiste Zeit über nicht dazu in der Lage gewesen, zwischen verschiedenen Repräsentationsformen eines Problems zu wechseln. Ihnen fehlt die Übung. Mit zunehmender Verfestigung der notwendigen Basisfertigkeiten liegt es nahe, den Schülerinnen und Schülern diese Kompetenz explizit zu vermit-

teln. Die Erfahrung hat gezeigt, dass sie im Allgemeinen auch dann nicht von sich aus damit anfangen, visuelle Hilfestellungen anzufertigen, wenn ihre Rückstände in grundlegenden Bereichen mehr oder minder aufgeholt sind. Bei den meisten entsprechenden Förderkonzepten werden den Mädchen und Jungen spezifische Vorlagen zur Verfügung gestellt, in die sie die relevanten Informationen aus dem Text eintragen und dabei ordnen bzw. miteinander in Beziehung setzen sollen. Eine notwendige Voraussetzung bei der sinnvollen Einbeziehung von Diagrammen in den Lösungsprozess stellt natürlich die Wahl einer geeigneten Vorlage dar (je nachdem, ob es bei der Aufgabe darum geht, Informationen zu verändern, zu gruppieren oder zu vergleichen). Auch hier erfolgt die Vermittlung über ein Vormachen, ein Üben unter Anleitung sowie ein eigenständiges Üben (v. Garderen, 2007).

(4) *Aufbau inhaltsübergreifender Kompetenzen.* Elaboriertes Rechnen ist auch davon abhängig, inwieweit verschiedene übergreifende kognitive Fähigkeiten in ausreichendem Maße ausgebildet sind: Links-Rechts-Unterscheidung, räumlich-konstruktive Vorstellungen, Funktionen des Arbeitsgedächtnisses und selektive Aufmerksamkeit. Oftmals sind diese Kompetenzen zwar prinzipiell vorhanden; sie werden aber bei der Bearbeitung von Textaufgaben nur unzureichend aktiviert und in die Ausarbeitung der Aufgabenlösung zu wenig eingebracht. Dies gilt es im Zuge der Förderung zu verändern. Außerdem ist es wichtig, durch geeignete Rückmeldungen (besonders aber durch die Vermittlung leistungsförderlicher Attributionen) die Motivation zu fördern und etwaige Versagensängste abzubauen. In Fächern wie Geschichte, Biologie oder Englisch ist oftmals die korrekte Reproduktion von auswendig gelernten Inhalten gefragt. Bei der Umsetzung elaborierter Rechenfähigkeiten geht es demgegenüber vor allem darum, unter Anwendung bestimmter Algorithmen und mithilfe kognitiver Strategien Lösungen für Probleme zu finden. Dafür reicht das Abrufen von abgespeicherten Inhalten nicht aus; gefordert ist vielmehr deren praktische und flexible Anwendung. Derartige Aufgabenstellungen beanspruchen das Arbeitsgedächtnis viel mehr als dies beim Wiedergeben historischer Jahreszahlen oder beim Nennen der Bedeutung englischer Vokabeln der Fall ist. Da das Arbeitsgedächtnis für übermäßige Nervosität und Ängstlichkeit sehr anfällig ist, wirkt sich beides in diesem Kontext besonders ungünstig auf die Leistung aus (Simon & Grünke, 2010).

17.2 Indikation der Methode

Eine spezielle Förderung des elaborierten Rechnens ist dann indiziert, wenn die Leistungen in einem standardisierten Test zur Erfassung der Fähigkeit, Textaufgaben zu lösen, unterhalb des Prozentrangs 15 liegen. Dies ist in erster Linie bei folgenden Störungsbildern der Fall:

- Rechenstörungen (ICD-10; F81.2);
- Allgemeine Lernschwäche (ICD-10; F81.3; s. Kapitel 5);
- Lernbehinderung (s. Kapitel 6).

Während Kinder und Jugendliche mit guten intellektuellen Voraussetzungen oftmals auch ohne besonderes Zutun mathematische Kompetenzen zur Bewältigung von Alltagsproblemen ausbilden, benötigen schwächere Kinder besondere Anregungen, um ein entsprechendes Verständnis zu entwickeln.

17.3 Detaillierte Beschreibung des Vorgehens

Diagnostik

Zu Beginn der Förderung steht eine differenzierte Diagnostik, bei der Informationen zur kognitiven Leistungsfähigkeit, zur Gedächtniskapazität, zur Schulleistung, zu den vorherrschenden Lernbedingungen und zu eventuellen Sinnesschädigungen einzuholen sind. Für die Erfassung der Kompetenz zum Lösen von Textaufgaben kann u. a. auf das Rechenfertigkeiten- und Zahlenverarbeitungs-Diagnostikum für die 2. bis 6. Klasse (RZD 2-6) von Jacobs und Petermann (2005), auf das Testverfahren zur Dyskalkulie bei Kindern (ZAREKI-R) von v. Aster, Weinhold und Horn (2006) oder auf die Basisdiagnostik Mathematik für die Klassen 4 bis 8 (BASIS-MATH 4-8) von Moser Opitz, Reusser, Moeri Müller, Anliker, Wittich, Freesemann und Ramseier (2010) zurückgegriffen werden. Doch auch ohne ein vorhandenes Verfahren ist es oft möglich, Anhaltspunkte für eine Förderung zu erhalten, sofern das jeweilige Kind dazu bereit ist, seine Gedanken beim Lösen von Aufgaben zu verbalisieren.

Bei Jonatan kam hierdurch eine recht eigenwillige Strategie zum Vorschein: „Wenn das Wort ‚mehr' vorkommt, addiert man, und wenn das Wort ‚weniger' vorkommt, subtrahiert man. Wenn in der Aufgabe eine große Zahl und eine kleine Zahl vorkommen, muss ich subtrahieren oder dividieren. Wenn sich die große Zahl durch die kleine Zahl teilen lässt, dividiere ich. Wenn zwei große Zahlen vorkommen, muss ich addieren. Wenn zwei kleine Zahlen vorkommen, muss ich multiplizieren".

Aufbau obligatorischer Basiskompetenzen

Die Vermittlung von vernetztem mathematischem Denken vollzieht sich im Rahmen des oben erwähnten Programms Mathe 2000 (Wittmann & Müller, 2008; 2010a; 2010b; 2011) bzw. in seiner Erweiterung von Hasemann und Stern (2002) in folgenden Schritten:

- *Nutzen der Repräsentationsform mithilfe von Zahlen.* Bevor die Kinder lernen, sich schwierige Textaufgaben am Zahlenstrahl oder an der Hundertertafel (s. Abbildung 1) zu vergegenwärtigen, nutzen sie diese Veranschaulichungen zunächst mit Zahlen. Denkspiele der folgenden Art sind möglich: „Ich denke mir zwei Zahlen, die eine ist um 5 größer als die andere. Welche Zahlen auf der Hundertertafel könnten das sein?". Oder man könnte auf der Hundertertafel „wandern": „Ich stehe auf der 16 und gehe drei Schritte nach unten und zwei nach links. Auf welcher Zahl stehe ich?" Ein anderes Beispiel für eine Übung ist die Mister-X-Übung am Zahlenstrahl. Dabei wird ein (bis auf die 0 und die 100) leerer Zahlenstrahl – also einfach eine Linie – an die Tafel gezeichnet, und die Lehrkraft (oder eine Schülerin bzw. ein Schüler) schreibt an die Rückseite der Tafel eine Zahl zwischen 0 und 100. Die Spielerinnen und Spieler versuchen diese Zahl zu erraten, indem sie den Zahlbereich immer weiter einengen, wobei ihnen nur mitgeteilt wird, ob die genannte Zahl zu groß oder zu klein ist; die Spielerinnen und Spieler haben höchstens 10 Versuche.

1	2	3	4	5	6	7	8	9	10
11	12	13	14	15	16	17	18	19	20
21	22	23	24	25	26	27	28	29	30
31	32	33	34	35	36	37	38	39	40
41	42	43	44	45	46	47	48	49	50
51	52	53	54	55	56	57	58	59	60
61	62	63	64	65	66	67	68	69	60
71	72	73	74	75	76	77	78	79	70
81	82	83	84	85	86	87	88	89	80
91	92	93	94	95	96	97	98	99	100

0—1—2—3—4—5—6—7—8—9—10—11—12—13——————————100

Abbildung 1: Hundertertafel und Zahlenstrahl

- *Anwenden der Hundertertafel auf das Lösen von Textaufgaben.* Nachdem die Kinder ausgiebig die Nutzung von Zahlenstrahl und Hundertertafel zur Veranschaulichung von Beziehungen zwischen Zahlen geübt haben, werden die Repräsentationsformen auf Textaufgaben angewendet. So sind beispielsweise folgende Aufgaben zu lösen: Im zweiten Halbjahr hat Lukas 21 Stunden. Er hat 4 Stunden mehr als Emily. Wie viele Stunden hat Emily? (Aufgabe 1). Emma hat 24 Stunden in der Woche. Sie hat 6 Stunden mehr als Philip. Ralf hat 5 Stunden mehr als Philip. Wie viele Stunden hat Ralf weniger als Emma? (Aufgabe 2). Für Aufgabe 1 können die Kinder in der Hundertertafel die 21 suchen; da 21 laut Aufgabentext vier mehr ist als die gesuchte Zahl, lässt sich diese leicht durch vier Schritte rückwärts auf der Tafel ermitteln. Sollte als Lösung „25" (21+4 wegen des Schüsselwortes „mehr") genannt werden, so ist die Kontrolle anhand der Hundertertafel einfacher und naheliegender als wenn die Rechenoperation direkt aus dem Aufgabentext entnommen worden wäre: Die 21 (die Stundenzahl von Lukas) wird markiert. Da Lukas *mehr* Stunden hat als Katrin, kann deren Stundenzahl nicht größer sein als 21. Der Zahlenstrahl lässt ganz ähnliche Überlegungen zu. Die Kinder werden ermutigt, mit unterschiedlichen Markierungen oder Farben die einzelnen Schritte in der Hundertertafel oder auf dem Zahlenstrahl abzutragen. Die Aufgabe 2 enthält zwei zusätzliche Schritte, die sich ebenso anhand der Hundertertafel oder des Zahlenstrahls modellieren lassen.

- *Durchführen der Rechnung.* Nachdem die Aufgabe an der Hundertertafel oder dem Zahlenstrahl modelliert wurde, sollen die Kinder eine Rechnung aufstellen, die im Falle der Aufgabe 1 „21 – 4 = 17“ lauten könnte, und im Falle von Aufgabe 2 „24 – 6 + 5 = 23, 24 – 23 = 1“. Wichtig ist, dass jede mathematisch korrekte Rechnung, die von der Schülerin bzw. vom Schüler kommt, akzeptiert wird. Kinder sollen ja die Flexibilität im Umgang mit mathematischen Symbolen lernen. Wenn die Mädchen oder Jungen eine umständliche Rechnung gewählt haben, könnte man ihnen eine einfachere Rechnung anbieten und sie fragen, ob diese auch korrekt ist.
- *Ausblenden der Repräsentationsform.* Wenn die Kinder die Modellierung der Aufgaben auf der Repräsentationsform sicher beherrschen, so werden sie im Anschluss dazu angeregt, sich bei derselben Aufgabe mit anderen Zahlen von dem konkreten Veranschaulichungsmittel zu lösen. Dies kann geschehen, indem sie auf einer vorgestellten Hundertertafel mental operieren. Die Schülerinnen und Schüler werden dazu angehalten, die Augen zu schließen (wer will, mag noch „blinzeln“) und den rechnerischen Lösungsweg zu verbalisieren. Weitere Aufgaben sind dann möglichst ganz ohne Hilfsmittel zu lösen.

Förderung effektiver Lernstrategien

Ist ein konzeptuelles mathematisches Verständnis in ausreichender Tiefe vorhanden, können die Kinder dazu angeleitet werden, Routinen bei der Bearbeitung von Textaufgaben zu entwickeln. Dies vollzieht sich im Zuge folgender Phasen (vgl. Scheffler & Grünke, 2010):

- *Einzelschritte festlegen.* Zunächst gilt es, ein erfolgreiches und ökonomisches Vorgehen bei der Lösung von Textaufgaben in wenige (vier bis sieben) und prägnante Handlungsanweisungen zu übersetzen. In der Literatur finden sich zahlreiche Vorschläge im Hinblick auf die Inhalte dieser Schritte. Sie sind jedoch nirgends verbindlich festgelegt, da sie in Abhängigkeit von der Art und der Komplexität einer Aufgabe variieren. Bei der Ausgestaltung des Vorgehens stehen Lehrkräfte vor der Herausforderung, eine sinnvolle Balance zwischen zu allgemein und zu spezifisch formulierten Schritten zu finden. Sind die Angaben zu komplex, lassen sie sich schwer auf eine bestimmte Situation übertragen; sind sie zu individuell, passen sie evtl. nur für einen einzigen Problemtyp. Reid und Lienemann (2006) präsentieren mit ihrer „Solve it!“-Strategie ein Vorgehen, das sich auf eine breite Palette an einfachen Fragestellungen anwenden lässt (s. Kasten 1).
- *Motivieren.* Nach der Festlegung der Einzelschritte geht es darum, den Kindern auf ansprechende und motivierende Weise zu erläutern, dass die Umsetzung des gleich präsentierten Vorgehens in hohem Maße dazu beiträgt, ihnen das Lösen von Textaufgaben zu erleichtern. Hierbei ist zu betonen, dass Erfolg aus Anstrengung und der Anwendung des gleich präsentierten Vorgehens resultiert.
- *Vormachen.* In diesem Stadium wird den Kindern die Abfolge der vorab ausgearbeiteten Schritte erläutert. Dies geschieht über eine Verbalisierung der relevanten Gedankengänge. Man tut also als Lehrkraft so, als würde man die Aufgabe gerade selbst lösen. Dabei kommentiert man das eigene Vorgehen. Es ist an dieser Stelle von entscheidender Bedeutung, eine einfache und eindeutige Sprache zu verwenden. Dies erfordert einige Übung. Gerade wenn es um die Formulierung von automatisierten oder

meist unbewusst ablaufenden Gedanken geht, besteht eine große Gefahr, auf viele Füllworte, schwer verständliche Ausdrücke und lange Sätze zurückzugreifen. Das Lösen von Textaufgaben wird im Übrigen nicht nur einmal, sondern mehrfach demonstriert, wobei der Problemtypus und der Schwierigkeitsgrad stets konstant zu halten sind. Oft bietet es sich an, bei der Demonstration des Vorgehens visuelle Hilfestellungen mit einzubeziehen (z. B. Wandplakate, auf denen die einzelnen Schritte kurz und knapp aufgeführt sind).

- *Unter Anleitung üben lassen.* In dieser Phase sollen die Kinder das Vorgehen selbst durchführen. Sie erhalten hierzu zunächst besonders einfache Problemstellungen, bei deren Bearbeitung sie von der Lehrkraft stets geführt und unterstützt werden. Jedes Bemühen ist durch Lob zu verstärken. Die Mädchen und Jungen sollen hierbei die Erfahrung machen, dass Textaufgaben für sie durchaus lösbar sind. Deswegen ist es wichtig, das Niveau so niedrig zu halten, dass sie sich zu keiner Zeit überfordert fühlen. Das Vorgehen eines Kindes beim gelenkten Durchlaufen der einzelnen Teilschritte wird in Kasten 1 dargestellt.
- *Eigenständig üben lassen.* Die Mädchen und Jungen sollen das Vorgehen nun relativ selbstständig zum Einsatz bringen. Eine in diesem Zusammenhang zweckvolle Möglichkeit besteht darin, sie in Zweiergruppen an Problemstellungen arbeiten zu lassen. Das erste Kind übernimmt hierbei die Funktion der Lehrkraft, das zweite die der Schülerin bzw. des Schülers. Die Rollenverteilung kann nach einigen Durchgängen getauscht werden. Neben derartigen tutoriellen Lernarrangements sind später auch Phasen der Einzelarbeit sinnvoll, bei denen sich die Kinder alleine mit Problemen auseinandersetzen.
- *Transfer sichern.* Bislang wurde dafür plädiert, Problemtypus und Schwierigkeitsgrad bei den zu bearbeitenden Aufgaben während der kognitiven Förderung möglichst konstant zu halten. Haben die Kinder die Verfahrensweise allerdings gut verinnerlicht, können das Anspruchs- und Komplexitätsniveau gesteigert werden. Auch eine Abwandlung der Aufgabenart ist zu diesem Zeitpunkt sinnvoll. Je sicherer die Mädchen und Jungen in der Anwendung bestimmter Strukturierungshilfen sind, umso mehr kann man sie mit offenen Lernsituationen konfrontieren, in denen der eigenständige und flexible Einsatz der neu erworbenen Kompetenzen angebracht erscheint.

Kasten 1: Schritte beim Lösen einer Textaufgabe

Lies die Aufgabe
Das Kind liest: „Vor einer Kinokasse stehen dreizehn Menschen. Zwei davon bezahlen und gehen mit ihren Eintrittskarten in den Saal. Vier weitere Besucher kommen hinzu. Wie viele Leute stehen nun vor der Kasse?“

Wiederhole die Aufgabe in eigenen Worten
Das Kind paraphrasiert: „Dreizehn Leute warteten mal in einer Schlage. Zwei davon gingen weg, aber vier stellten sich dazu. Man muss nun herausfinden, wie viele Menschen sich am Schluss in der Schlange befinden.“

Unterstreiche die wichtigsten Informationen
Das Kind markiert die folgenden Worte in seinem Text: „dreizehn Menschen“, „zwei … gehen … in den Saal“, „Vier … kommen hinzu“.

Plane Dein Vorgehen

Das Kind antizipiert seine Rechnung: „Ich muss von der ursprünglichen Zahl (dreizehn) zwei abziehen und später vier dazuzählen. Es geht also zuerst um eine Minus-, dann um eine Plusaufgabe."

Löse die Rechenaufgaben

Das Kind führt die Rechnung durch: „13 − 2 = 11; 11 + 4 = 15. Die Lösung lautet also 15."

Kontrolliere Dein Ergebnis

Das Kind überprüft sein Resultat: „Meine Lösung lautet 15, weil von den 13 Leuten erst zwei weggegangen, und dann vier dazugekommen sind. Das Ergebnis stimmt also."

Aufbau der Fähigkeit, Aufgabenstellungen grafisch zu verdeutlichen

Bei relativ anspruchsvollen Textaufgaben ist es hilfreich, ein strategisches Vorgehen um einen zusätzlichen Schritt zu erweitern. Dies kommt allerdings erst dann in Betracht, wenn die Kinder bereits ein vergleichsweise hohes Niveau an Rechenexpertise erreicht haben. Eine solche Erweiterung besteht darin, während des Wiederholens der Aufgabenstellung in eigenen Worten, des Unterstreichens der wichtigsten Informationen sowie der Planung des Vorgehens (s. Kasten 1) eine grafische Darstellung anzufertigen, die den Kern des Problems repräsentiert. Hierzu muss zunächst einmal erkannt werden, um welche Art von Textaufgabe es sich handelt (Geht es um eine einfache oder mehrfache Addition? Sind Vergleiche zwischen verschiedenen Mengen anzustellen? Müssen Gruppierungen vorgenommen werden?). Je nach Typ stellt die Lehrkraft geeignete Vorlagen zur Verfügung. Die Vermittlung erfolgt nach dem gleichen Prinzip wie die oben beschriebene Förderung von Lernstrategien. Kasten 2 verdeutlicht dies mit einem Beispiel.

Kasten 2: Grafische Darstellung einer Textaufgabe

Frage: In der Klasse von Frau Jobs befinden sich insgesamt 23 Kinder. Davon sind 16 Mädchen. Wie viele Jungen besuchen die Klasse?

Grafische Veranschaulichung:

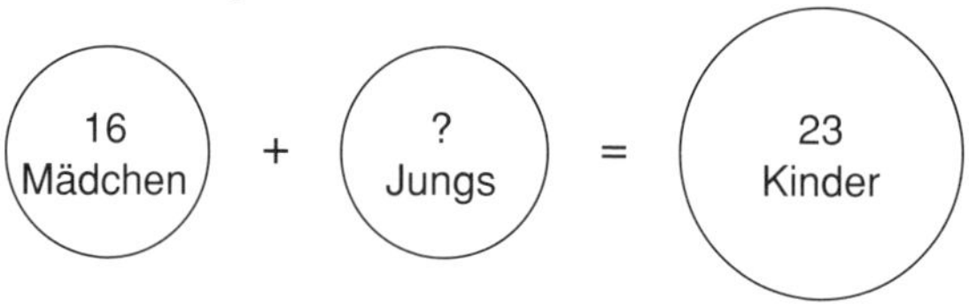

Umgeformte Rechnung: 23 − 16 = ? = 7

Antwort: In die Klasse von Frau Jobs gehen sieben Jungen.

Stärkung inhaltsübergreifender Voraussetzungen

Gedächtnisleistungen und Metakognitionen können über die Vermittlung geeigneter Strategien, z. B. mithilfe von Modelllernen und Selbstinstruktion, gefördert werden (s. Kapitel 21, 24, 28 und 36). Eine Erhöhung der Aufmerksamkeit geschieht etwa durch die

Schaffung eines Rahmens, in dem konzentriertes Arbeiten möglich wird (z. B. Rhythmisierung des Trainings mit Aktivations- und Entspannungsphasen unter Berücksichtigung zeitlicher Konzentrationsspannen, hohe Nutzung der Lernzeit für die Bearbeitung des Stoffs, aktive Überwachung der Einzelarbeit der Kinder, Ansprechen mehrerer Sinnesmodalitäten). Die Motivation wird durch die Verwendung eingängiger Materialien erhöht. Außerdem werden selbst kleinste Lernzuwächse von der Lehrkraft lobend verstärkt. Lernfortschritte werden auf Anstrengung, die Anwendung adäquater Strategien und wachsende Fähigkeiten zurückgeführt (internale Attribuierung), während Misserfolge der Aufgabenschwierigkeit oder unglücklichen Umständen zugeschrieben werden (externale Attribuierung) (s. Kapitel 40). Auf diese Weise wird einem negativen Selbstbild im Bereich mathematischer Fähigkeiten entgegengewirkt.

17.4 Hinweise für die organisatorische Umsetzung

Die Intervention findet ca. dreimal pro Woche als Einzelförderung oder in der Kleingruppe außerhalb des regulären Unterrichts statt. Hierbei sollten die Übungen so gestaltet sein, dass sie eine – allerdings zu bewältigende – Herausforderung für die Kinder darstellen (d. h. die Lösung sollte nicht auf den ersten Blick sichtbar sein). Die Förderung ist nur von Personen einzusetzen, die sich mit dem theoretischen Hintergrund des Erwerbs von mathematischen Kompetenzen beschäftigt haben, da ansonsten zu befürchten ist, dass die Möglichkeit zum verstehenden Lernen nicht gegeben wird. Deswegen ist auch von Elternarbeit abzuraten.

17.5 Wirksamkeit und Wirksamkeitsbedingungen

Bisherige Studien über die Wirksamkeit von Methoden zur Verbesserung mathematischer Kompetenzen bei rechenschwachen Kindern konnten insgesamt recht hohe Trainingsgewinne dokumentieren (Ise, Dolle, Pixner & Schulte-Körne, 2012). Das skizzierte Programm von Hasemann und Stern (2002) wurde in einer Schulstudie an drei Klassen der Klassenstufe 2 in 12 Unterrichtsstunden erprobt. Um die spezifischen Vorteile des in einem integrativen Training vermittelten Arbeitens mit bestimmten Veranschaulichungsformen zu erfassen, wurde neben einer nach herkömmlichen Methoden im Lösen von Textaufgaben unterrichteten Gruppe eine weitere Vergleichsgruppe eingerichtet, bei der die lebensnahe Veranschaulichung der in den Textaufgaben beschriebenen Situationen im Mittelpunkt stand. Vor und nach den Trainingsprogrammen wurden arithmetisches Faktenwissen, anspruchsvolle Kästchenaufgaben sowie Textaufgaben vorgegeben. Der Leistungsfortschritt in allen drei Aufgabenarten war bei der Gruppe, die Veranschaulichungsformen aus Mathe 2000 nutzte, signifikant größer als bei den beiden Vergleichsgruppen. Ein weiteres beachtliches Ergebnis war, dass gerade die Schülerinnen und Schüler mit schwächeren Eingangsvoraussetzungen bei dem integrierten Trainingsprogramm die größten Lernfortschritte erzielen.

Der Einsatz von Strategieinstruktionen (ggf. in Verbindung mit grafischen Hilfestellungen) gilt im Hinblick auf eine Verbesserung elaborierter Rechenfähigkeiten als die effektivste Fördermöglichkeit (Reid & Lienemann, 2006). In der Metaanalyse von Kroesbergen und van Luit (2003) erreichten derartige Ansätze im Schnitt eine gewichtetet Effektstärke von $d = 1.45$.

17.6 Literatur

Grundlegende Literatur

Hasemann, K. & Stern, E. (2002). Die Förderung des mathematischen Verständnisses anhand von Textaufgaben – Ergebnisse einer Interventionsstudie in Klassen des 2. Schuljahres. *Journal für Mathematikdidaktik, 23,* 222–242. doi: 10.1007/BF03338957

Stern, E. (2008). Verpasste Chancen? Was wir aus der LOGIK Studie über den Mathematikunterricht lernen können. In W. Schneider (Hrsg.), *Entwicklung von der Kindheit bis zum Erwachsenenalter: Befunde der Münchner Längsschnittstudie LOGIK.* Weinheim: Beltz.

Stern, E., Felbrich, A. & Schneider, M. (2006). Mathematik lernen. In D. Rost (Hrsg.), *Handwörterbuch Pädagogische Psychologie* (S. 461–469). Beltz: Weinheim.

Weiterführende Literatur

Garderen, D. von (2007). Teaching students with LD to use diagrams to solve mathematical word problems. *Journal of Learning Disabilities, 40,* 540–553. doi: 10.1177/00222194070400060501

Ise, E., Dolle, K., Pixner, S. & Schulte-Körne, G. (2012). Effektive Förderung rechenschwacher Kinder: Eine Meta-Analyse. *Kindheit und Entwicklung, 21,* 181–192. doi: 10.1026/0942-5403/a000083

Kroesbergen, E. H. & Luit, J. E. H. van (2003). Mathematics interventions for children with special educational needs. A meta-analysis. *Remedial and Special Education, 24,* 97–114. doi: 10.1177/07419325030240020501

Material

Harris, K. & Graham, S. (1996). *Making the writing process work: Strategies for composition and self-regulation.* Cambridge, MA: Brookline Books.

Jacobs, C. & Petermann, F. (2005). *Rechenfertigkeiten- und Zahlenverarbeitungs-Diagnostikum für die 2. bis 6. Klasse (RZD 2-6).* Göttingen: Hogrefe.

Lenhard, W., Hasselhorn. M. & Schneider, W. (2011). *Kombiniertes Leistungsinventar zur allgemeinen Schulleistung und für Schullaufbahnempfehlungen in der vierten Klasse (KLASSE 4).* Göttingen: Hogrefe.

Lorenz, J. H. & Radatz, H. (1993). *Handbuch des Förderns im Mathematikunterricht.* Hannover: Schroedel.

Moser Opitz, E., Reusser, L., Moeri-Müller, M., Anliker, B., Wittich, C., Freesemann, O. & Ramseier, E. (2010). *Basisdiagnostik Mathematik für die Klassen 4 bis 8 (BASIS-MATH 4-8).* Göttingen: Hogrefe.

Reid, R. & Lienemann, T. O. (2006). *Strategy instruction for students with learning disabilities.* New York: Guilford.

Scheffler, K. & Grünke, M. (2010). Denken. In B. Hartke, K. Koch & K. Diehl (Hrsg.), *Förderung in der Schuleingangsstufe* (S. 143–162). Stuttgart: Kohlhammer.

Simon, H. & Grünke, M. (2010). *Förderung bei Rechenschwäche*. Stuttgart: Kohlhammer.

Stern, E. & Staub, F. (2000). Mathematik lernen und verstehen: Anforderungen an die Gestaltung des Mathematikunterrichts. In E. Inckermann, J. Kahlert & A. Speck-Hamdan (Hrsg.), *Sich Lernen leisten. Grundschule vor den Herausforderungen der Wissenschaft* (S. 90–100). Luchterhand Verlag.

von Aster, M., Weinhold Zulauf, M. & Horn, R. (2006). *Neuropsychologische Testbatterie für Zahlenverarbeitung und Rechnen bei Kindern (ZAREKI-R; 2. Aufl.)*. Frankfurt: Pearson.

Wittmann, E. C. & Müller, G. N. (2008). *Mathe 2000: Probieren und Kombinieren: Arbeitsheft für das 4. Schuljahr*. Stuttgart: Klett.

Wittmann, E. C. & Müller, G. N. (2010a). *Mathe 2000: Verstehen und Trainieren: Arbeitsheft für das 1. Schuljahr*. Stuttgart: Klett.

Wittmann, E. C. & Müller, G. N. (2010b). *Mathe 2000: Verstehen und Trainieren: Arbeitsheft für das 2. Schuljahr*. Stuttgart: Klett.

Wittmann, E. C. & Müller, G. N. (2011). *Mathe 2000: Verstehen und Trainieren: Arbeitsheft für das 3. Schuljahr*. Stuttgart: Klett.

18. Motivierung durch operante Verstärkung

Friedrich Linderkamp

Fallbeispiel

Der 14-jährige Dominik ist eigentlich ein durchschnittlicher Schüler, der allerdings im Rechnen schon immer Probleme gehabt hat. Aktuell ist er in der 8. Klasse einer Gesamtschule und es gab erneut eine „6" im Zeugnis. Die Eltern machen sich nun große Sorgen um seine weitere Schullaufbahn, zumal sein Mathematiklehrer eine immer größere Lustlosigkeit und Passivität im Unterricht beklagt und Dominik sich immer mehr durch Kaspereien hervortut. Zudem lässt er jede Motivation bei den Hausaufgaben vermissen. In der diagnostischen Untersuchung (Gespräch mit den Eltern, Verhaltensbeobachtungen im Unterricht, Lehrergespräch, Arbeitsproben) werden große Lerndefizite in der Mathematik deutlich, vor allem im Bereich der Prozent- und Zinsrechnung. Eine ergänzende Überprüfung seiner Lernvoraussetzungen mit dem Adaptiven Intelligenz Diagnostikum 2 (AID 2, Kubinger, 2009) erbrachte eine durchschnittliche Grundintelligenz (Gesamt-IQ = 109).

Im Gespräch werden zunächst alle bestehenden Probleme und Unzufriedenheiten und danach die Wünsche und Ziele Dominiks und seiner Eltern thematisiert. Die Angaben werden auf Karten notiert und im Konsens nach ihrer Wichtigkeit geordnet. Auf dieser Grundlage wird vertraglich vereinbart, dass Dominik dreimal in der Woche je zwanzig Minuten lang Mathematikaufgaben übt und seine Hausaufgaben nach verbindlichen Regeln macht (s. Abbildung 1). Dominik verpflichtet sich zudem, sich in jeder Mathematikstunde wenigstens zweimal mündlich zu beteiligen, zumindest bei den einfachen Prozentaufgaben, die er im Prinzip schon verstanden hat. Gleiches gilt für die in zwei Wochen beginnenden Stunden in Geometrie (Winkelmaße). Es werden Belohnungen vereinbart. So erhält Dominik nach fünf gelungenen häuslichen Übungen eine Eintrittskarte für die Eislaufbahn. Nach vier Wochen werden neue Vereinbarungen für einen Anschlussvertrag erörtert und beschlossen. Im Laufe der ersten beiden Wochen zeigt Dominik bereits deutliche Verbesserungen in seiner Arbeitshaltung und erzielt bessere Leistungsergebnisse, so dass ihm eine „3–4" im nächsten Zeugnis in Aussicht gestellt wird.

Dominik & Dominiks Mutter schließen folgenden

Vertrag

Herr Berger (Mathematiklehrer) stellt am Anfang der Woche drei Aufgabenzettel mit Mathe-Übungsaufgaben zusammen und gibt sie Dominik mit nach Hause. Die Aufgabenzettel sind für jeweils eine Übungseinheit am Montag, Mittwoch und Freitag im Umfang von 20 Minuten vorgesehen.

Dominik beginnt diese Aufgaben immer um 16.40 Uhr und übergibt den bearbeiteten Aufgabenzettel um 17.00 Uhr seiner Mutter.

Während dieser Zeit ist Dominiks Mutter in der Wohnung und steht auf Abruf für Hilfen zur Verfügung.

Dominiks Mutter darf aber nur dann dazu kommen, wenn Dominik sie darum gebeten hat.

Nach Abgabe des Aufgabenzettels kontrolliert Dominiks Mutter, ob Dominik ohne zu schmieren und gemäß den vorangestellten Beispielaufgaben die Aufgaben bearbeitet hat. Wenn dies der Fall ist, zeichnet sie den Zettel ab und macht einen roten Stern in den Küchenkalender. Wenn Dominik 5 Sterne zusammen hat, finanziert seine Mutter ihm einen Eintritt für die Eislaufbahn.

Dieser Vertrag tritt ab kommenden Montag in Kraft und gilt bis zu den Weihnachtsferien.

Freitag, 14. 11. 2012 ____________ Dominik ____________ Dominiks Mutter

Abbildung 1: Therapievertrag

18.1 Kurzbeschreibung der Methode und ihres theoretischen Hintergrunds

Bei Kindern mit Lernstörungen werden meistens auch Probleme der Lern- und Leistungsmotivation beklagt: das Bestreben, Lerngewinne zu erzielen fehlt, das Kind bemüht sich nicht ausreichend um Erfolge und glaubt auch selbst kaum mehr daran, eine Aufgabe durch eigene Anstrengung meistern zu können. Dies ist zwar stets auf konkrete Lernerfahrungen zurückzuführen, aktuell hängt es aber mit unzureichenden, fehlenden oder dysfunktionalen Anreizen zusammen. In der Intervention gilt es deshalb, wirksame Anreize für angemessenes Lernverhalten einzusetzen. Um das Auftreten erwünschten Verhaltens zu fördern (z. B. Erledigung von Hausaufgaben, Melden im Unterricht), werden vor allem Methoden des operanten bzw. Verstärkungslernens angewendet, wobei als modifizierende Methoden sowohl Belohnungen als auch Bestrafungen, die dem Verhalten folgen, zum Einsatz kommen. Tabelle 1 stellt die verschiedenen Formen der Verstärkung in systematischer Ordnung dar.

Tabelle 1: Formen der Verstärkung beim operanten Lernen

	Positiver Reiz	**Aversiver Reiz**
Dargeboten	positive Verstärkung ➔ Belohnung C+	direkte Bestrafung ➔ Bestrafung C–
Entfernt	indirekte Bestrafung ➔ Bestrafung ₵+	negative Verstärkung ➔ Belohnung ₵–

In der pädagogischen Verhaltensmodifikation wurde bereits früh und konsequent versucht, angemessenes Lernverhalten durch eine gezielte operante Verstärkung auszubilden. Dem liegt die Erkenntnis zugrunde, dass sich die Auftretenshäufigkeit eines Verhaltens erhöht, wenn es möglichst konsequent, kontingent und vorhersagbar belohnt wird. Ferner auch dann, wenn eine (erwartete) unangenehme Konsequenz entfällt – etwa wenn eine Strafe durch Wohlverhalten vermieden wird (negative Verstärkung).

Es handelt sich hierbei um lerntheoretische Erkenntnisse, die bereits in den 20er Jahren des vergangenen Jahrhunderts experimentell belegt wurden und ab den 50er Jahren (in den USA) explizit auf den schulischen Kontext bezogen wurden. Als Wegbereiter gilt hier Skinner (1954), dessen „Programmierte Unterweisung“ auf lerntheoretischen Erkenntnissen beruht: Einer Schülerin bzw. einem Schüler wurden im Rahmen aufeinander folgender kleinerer Lerneinheiten dosiert Informationen dargeboten, die zu speichern waren und in folgenden Prüfungsphasen kontrolliert wurden, wobei sofortiges Feedback erfolgte („Lernzielorientierter Unterricht“). Es kamen „programmierte Arbeitshefte“ zum Einsatz, mit denen starke und schwache Schülerinnen und Schüler zusammen unterrichtet werden konnten. Der Lernerfolg wurde durch einen Aufgabenkatalog gemessen und war zum Teil beträchtlich. Dies lag auch daran, dass jede Schülerin und jeder Schüler das eigene Tempo wählen konnte. Der über die Lernziele vorgegebene Unterrichtsablauf konnte entsprechend automatisiert werden, wodurch dem Computer damals schon eine besondere Bedeutung zukam. In den 60er und 70er Jahren wurde jedoch scharfe Kritik an diesem systematischen Lehrprogramm geübt, weil es zu starr, zu undemokratisch und ethisch bedenklich erschien.

Die Forschung zur pädagogischen Verhaltensmodifikation konnte dann aber zeigen, dass durch operante Techniken sehr komplexe Verhaltensweisen wie Selbstkontrolle, Kreativität, Kritikfähigkeit und Autonomie aufgebaut werden können. Hierfür sind insbesondere Prozesse der Selbstverstärkung hilfreich (Kern, 1974). Von daher haben sich die oft allzu großen Bedenken gegenüber den lerntheoretischen und operanten Ansätzen aktuell wieder deutlich vermindert und man greift wieder stärker auf diese Prinzipen zurück, indem beispielsweise ein angemessenes „Classroom Management“ gefordert wird und Störungen (z. B. Mutismus, mangelnde Mitarbeit, Störverhalten) einzelner Kinder mittels individualisierter Interventionen auch im Unterricht behandelt werden.

Um derart weit reichende Effekte zu erzielen, ist allerdings eine gezielte und systematische Verstärkung erforderlich (vgl. Reinecker, 1999; Linderkamp, 2009). Folgende Aspekte sind dabei zu verwirklichen:

(1) *Definition eines (positiven) Zielverhaltens*, das auch tatsächlich erreichbar ist (z. B. sich im Unterricht zweimal melden; die Hausaufgaben in befriedigender Qualität machen; die Englischvokabeln täglich in das Vokabelheft übertragen; sich von alleine an die ungeliebten Rechenaufgaben setzen).

(2) *Bestimmung von angemessenen Verstärkern*, die auf das Zielverhalten folgen. Als Verstärker eignen sich:
- Materielle Verstärker (z. B. Süßigkeiten, Spielsachen)
- Aktivitätsverstärker (z. B. Spielen, Basteln, Kino gehen)
- Soziale Verstärker (z. B. verbales Lob, Nicken, Lächeln, Körperkontakt).

Bei der Auswahl der Verstärker werden die Wünsche und Bedürfnisse des Kindes berücksichtigt (für kleine Kinder Nahrungsverstärker, z. B. ein Eis; für größere Kinder Aktivitätsverstärker, z. B. Besuch des Skating-Platzes). Ferner gilt es, eine angemessene Dosierung der Verstärkungsintensität zu finden; beispielsweise explizites Lob, zugewandt und freundlich aber nicht überschwänglich, materielle Verstärker sollen attraktiv sein (vom Harry-Potter-Radiergummi bis zur Kino-Eintrittskarte) jedoch keinen unangemessen hohen materiellen Wert haben.

Der Einsatz der Verstärker erfolgt gemäß entsprechenden Verstärkerplänen, die beispielsweise zunächst eine kontinuierliche sofortige Verstärkung für den Verhaltensaufbau, später jedoch nur eine intermittierende Verstärkung (systematisch oder unsystematisch) für die Aufrechterhaltung der Effekte vorsehen. Ferner können Verstärkerpläne eindimensional (Verstärker gibt es für ein bestimmtes Verhalten) oder auch mehrdimensional angelegt sein, indem
- *sequenziell* zunächst ein Zielverhalten (Reduzierung von Unterrichtsstörungen) und darauf folgend ein anderes Verhalten (aktive Unterrichtsbeteiligung) angestrebt werden;
- *alternierend* der Fokus der Verstärkung z. B. in Wochenfrist wechselt oder
- *parallel* beide Arten des Zielverhaltens gleichzeitig angegangen werden.

(3) *Registrierung und kontingente (reaktionsnahe) Verstärkung* des Zielverhaltens möglichst unmittelbar, eindeutig und ausschließlich auf das gezeigte Verhalten hin (s. dazu auch Kapitel 35).

18.2 Indikation der Methode

Durch operante Verstärkung sollen die Lernaktivitäten eines Kindes gesteigert werden. Dies ist vor allem bei Motivationsproblemen angezeigt, die mit folgenden Störungen im Zusammenhang stehen:
- Lern- und Leistungsstörungen (ICD-10: F81);
- Anpassungsstörungen (ICD-10: F43.20–28);
- Underachievement (vgl. Kapitel 2).

18.3 Detaillierte Beschreibung des Vorgehens

(1) *Problemanalyse*. Der Intervention geht eine differenzierte, mehrschrittige Diagnostik in Form einer Problemanalyse voraus. Zunächst werden in einem *strukturierten Interview* mit den Bezugspersonen (Eltern und Lehrkräfte) sowie mit dem Kind selbst (insbesondere bei älteren Kindern) die Bedingungsfaktoren für die mangelnden Lernaktivitäten bestimmt. Dafür sind folgende Leitfragen bedeutsam:

- Wie und seit wann äußern sich die Motivationsprobleme?
- Welche Schulfächer sind davon betroffen?
- Sind spezielle Auslösebedingungen dafür bekannt (kritische Lebensereignisse, chronische Erkrankung, psychosoziale Probleme der Familie)?
- Sind die Motivationsprobleme des Kindes in dessen Persönlichkeitsmerkmalen (z. B. Schüchternheit) begründet?
- Wie reagiert das Kind auf Erfolg und Misserfolg?
- Wie reagiert das soziale Umfeld (Gleichaltrige, Lehrkräfte) auf das Verhalten des Kindes?
- Gibt es Situationen, in denen die Motivationsprobleme nicht bestehen?
- Welche Vorlieben und Stärken hat das Kind?
- Welche Interaktionsverläufe sind in kritischen Leistungssituationen zu beobachten (z. B. Mutter besteht auf Fertigstellung einer Hausaufgabe → Tochter oder Sohn weint → Mutter gibt nach).

Zur Verifizierung der Problemanalyse wird eine gezielte *Verhaltensbeobachtung* (z. B. bei den Hausaufgaben, beim Lernen, im Unterricht) durchgeführt. Dabei können unterschiedliche Typen von Beobachtungsprotokollen zum Einsatz kommen.

- *Häufigkeitsprotokolle:* Der Beobachter stellt fest, wie häufig ein bestimmtes Verhalten innerhalb einer bestimmten Zeitspanne auftritt (gut geeignet für die Beobachtung kurzfristiger Verhaltensweisen wie Hauen, Schwatzen, einer Mitschülerin bzw. einem Mitschüler helfen; vgl. Abbildung 2).
- *Dauerprotokolle:* Es wird aufgezeichnet, wie lange ein bestimmtes Verhalten (z. B. Aufstehen vom Platz, Tagträumen, konzentriertes Arbeiten) andauert.
- *Intervallprotokolle:* Diese erfassen sowohl die Häufigkeit als auch die Dauer eines Verhaltens.

Es folgt die Auswertung der Beobachtungsergebnisse mittels einer *funktionalen Verhaltensanalyse* (s. dazu Anhang A in diesem Band). Damit wird der Zusammenhang (Kontingenz) zwischen Verhalten und unmittelbarer Konsequenz erfasst: Welches Verhalten erhält welche Art (belohnende oder aversive) Verstärkung? Auf diese Weise wird deutlich, welche Verstärkungsbedingungen zu den motivationalen Verhaltensproblemen beitragen. Entsprechend ist in einem ersten Schritt ein bestimmtes Problemverhalten zu fokussieren und die zeitliche Abfolge der Verhaltensäußerungen zu registrieren. Es folgt die funktionale Interpretation des Geschehens als Abfolge konkreter Stimuli und Verhaltensäußerungen. Im Ergebnis können schließlich typische (inadäquate) Verstärkungsmuster identifiziert werden (s. Tabelle 2).

Erforderlich ist zudem die *Überprüfung der Leistungsvoraussetzungen,* insbesondere im Bereich kognitiver Fähigkeiten. Wie steht es um die kognitiven Lernvoraussetzungen?

Tabelle 2: Verstärkerkontingenzen für Dominik (Fallbeispiel): Beispiele aus dem Unterricht

Positives Beispiel	Negatives Beispiel
1. Dominik redet mit Kai. 2. Lehrer kommt und ermahnt beide (aversiver Reiz). 3. Kai rechnet. 4. Dominik bekritzelt Tischplatte. 5. Lehrer kommt zu Kai und lobt ihn (positive Verstärkung); ignoriert Dominik (Löschung). 6. Dominik schaut auf Kais Heft, dann auf sein eigenes Heft. 7. Lehrer kommt zu Dominik: „Genau Dominik, so kannst Du anfangen, wie Du es bei Kai siehst, prima, hier oben geht's los." (positive Verstärkung).	1. Dominik redet mit Kai. 2. Lehrer kommt und ermahnt beide (aversiver Reiz). 3. Kai rechnet. 4. Dominik bekritzelt Tischplatte. 5. Lehrer kommt zu Dominik und schimpft lautstark, was das denn wieder solle (aversiver Reiz). 6. Dominik bockt, Mitschülerinnen und Mitschüler werden aufmerksam (positive Verstärkung). 7. Dominik kritzelt weiter. 8. Lehrer schimpft erneut lautstark, winkt dann ab; entfernt sich (negative Verstärkung).

Hierzu werden mehrdimensionale Intelligenztests und standardisierte Schulleistungstests eingesetzt (z. B. Adaptives Intelligenz Diagnostikum 2 [AID 2], Kubinger 2009).

(2) *Erörterung der Ausgangssituation und Zielvereinbarung*. Die gewonnenen diagnostischen Befunde werden mit den Bezugspersonen (Eltern, Lehrkräfte) besprochen. Darauf aufbauend erfolgt die Festlegung eindeutiger und sehr konkreter (verhaltensbezogener) Ziele (z. B. sich pro Mathematik-Stunde wenigstens zweimal melden, dreimal wöchentlich 20 Minuten zusätzliche Rechenaufgaben lösen). Ferner wird definiert, wie das Zielverhalten zu registrieren ist: Von wem wird es wann festgehalten (z. B. Lehrer immer nach der Mathe-Stunde; Mutter nach den Hausaufgaben)? Wie wird es vermerkt (z. B. auf einem eigens erstellten Formular – ggf. mit Prozentangaben bzgl. gelingenden Verhaltens)? Für die Zielvereinbarung (s. o. Abbildung 1) ist es wichtig, dass:

- die Wünsche und Bedürfnisse der Schülerin bzw. des Schülers, der Eltern und der Lehrkräfte in konstruktiver Weise abgeglichen werden;
- positive Ziele vereinbart werden, die auch vom Kind als sinnvoll und erreichbar betrachtet werden;
- eine Orientierung am Verhalten der Schülerin bzw. des Schülers und nicht vorrangig am Ergebnis erfolgt.

(3) *Ausführung*. Auf Grundlage der getroffenen Übereinkunft wird das Zielverhalten von nun an gemäß der Vereinbarung verstärkt, z. B. durch:

- soziale Verstärkung in Form positiver Zuwendung mittels vereinbarter Zeichen (z. B. Daumen hoch bei konstruktivem Unterrichtsbeitrag Dominiks);
- materielle Verstärkung;
- Vergabe von Tokens (Sternchen ins Heft) am Ende der Mathematik-Stunde;
- Bestrafung bei größeren Störungen (z. B. provozierend-störendes Verhalten) durch verbales Tadeln oder Abzug von Tokens;
- Ignorieren (Löschung; bei kleineren Störungen).

Die Verstärkung folgt einem genauen Plan (*Verstärkungssystem)*, wobei sich in der Regel ein *Token-System* empfiehlt (s. a. Kapitel 31). Hierbei handelt es sich um generalisierte Verstärker (z. B. in Form von Aufklebern, Marken, Pappsternchen), die gesammelt und nach vereinbartem Modus gegen materielle oder auch Handlungsverstärker eingetauscht werden. Solche Token-Systeme tragen zur Strukturierung bzw. Kontrolle schwieriger Situationen bei, insbesondere wenn sie zu einem *Response-Cost-System* erweitert werden (Token-Abzug bei – zuvor definiertem – Fehlverhalten). Die Therapiepläne sehen oft eine *Verhaltensformung (Shaping)* vor: Ein Kind wird für die dem Zielverhalten allmählich immer näher kommenden Verhaltensteile systematisch belohnt. So wird etwa eine Schülerin beim Lösen einer komplexeren Mathematikaufgabe in der Weise verstärkt, dass sie zuerst bereits für das „saubere" und geordnete Aufschreiben der Zahlen belohnt wird; sodann, wenn sie zu Teillösungen kommt; und zuletzt wenn die komplette Aufgabe richtig ist.

(4) *Kontrolle der Wirksamkeit.* Über eine stetige Registrierung des gelungenen oder weniger gelungenen Zielverhaltens erfolgt eine genaue Wirksamkeitskontrolle der Intervention und zwar über die beteiligten Bezugspersonen (in der Regel über die Mutter, z. B. direkt nach den erledigten Hausaufgaben, und über die Lehrkraft, z. B. direkt nach jeder Mathestunde) sowie durch das Kind selbst mittels Selbstbeobachtungsbögen (s. Abbildung 2). Die protokollierten Ergebnisse gelungenen Verhaltens werden in überschaubaren Zeitabständen in Ergebniskonferenzen besprochen und mittels verhaltensbezoge-

Mein

Detektivbogen

Name: *Dominik*

Thema: *Mündliche Beteiligung im Mathematik-Unterricht*

Datum	Beteiligung			Wie war die Situation?
	0 x	1 x	2 x	
17.11.		x		vorher: bisschen komisch, bisschen Angst gehabt nachher: o.k.; bisschen stolz
19.11.	x			vorher: keinen Bock gehabt nachher: enttäuscht („Berger" war sauer)
21.12.			x	vorher: aufgeregt, bisschen Angst gehabt nachher: super!
				vorher: nachher:

Abbildung 2: Selbstbeobachtungsbogen

nem Feedback durch die Bezugspersonen und durch (Ermutigungen zur) Selbstbekräftigung des Kindes („Das habe ich gut hin bekommen") sozial sowie über das Eintauschen der Tokens belohnt.

Sofern es gelungen ist das Zielverhalten aufzubauen, empfiehlt sich zur weiteren Verstärkung der Einsatz von *Intervallplänen*, die in solchen zeitlichen Abständen wirksam werden, dass das Verhalten zwar aufrechterhalten, seine Häufigkeit jedoch nicht weiter erhöht wird. Im Zuge der erreichten Lernfortschritte können die externen Verstärker ggf. durch *Selbstverstärkung* in Form einer Zuteilung von Tokens (gemäß vereinbartem Modus) durch das Kind selbst abgelöst werden, um sie schließlich durch *Selbstbekräftigungen* zu ersetzen.

18.4 Hinweise für die organisatorische Umsetzung

Prinzipien des operanten Lernens sind im Unterricht problemlos anwendbar, wobei der Intervention auch hier eine sorgfältige Verhaltensanalyse vorausgeht. Dabei werden Intensität, Häufigkeit und Dauer des „kritischen" Verhaltens durch wiederholte Messungen fest gestellt und auf dieser Grundlage die Modifikationsziele bestimmt. Im Falle Dominiks soll beispielsweise die Häufigkeit der Beteiligung im Mathematikunterricht erhöht und provozierendes Verhalten verringert werden (vgl. Abbildung 3). Es folgt

Name: Dominik   Tag: 17.11.   Fach: Mathematik

Zeit	Beteiligungen	Störungen	Stärke*
8.15			
8.20		//	3; 1
8.25		//	1; 1
8.30		/	1
8.35			
8.40		//	2; 2
8.45			
8.50	/		
8.55		//	1; 3
9.00			

* 1 = wenig problematisch; 2 = ziemlich problematisch; 3 = sehr problematisch

Abbildung 3: Häufigkeitsprotokoll (Strichliste) mit zwei kritischen Verhaltensweisen

die Auswahl geeigneter Verstärker, die in einen spezifischen Verstärkerplan Eingang finden.

Bei Dominik empfiehlt sich beispielsweise ein paralleler Verstärkerplan: Beim Aufzeigen im Mathematik-Unterricht erhält er soziale Verstärkung durch verbales Lehrerlob nach der Stunde und bei zweimaliger Beteiligung erfolgt in Gegenwart Dominiks die Vergabe zweier Tokens durch Eintrag von zwei roten Sternchen ins Heft; nach zehn Tokens werden diese gegen einen Brief an die Mutter eingelöst, die daraufhin einen Kinobesuch finanziert. Provokationen der Stufe 1 werden ignoriert (gelöscht). Ab Stufe 2 werden Störungen aktiv unterbunden. Aversive Reaktionen seitens des Lehrers sollten vermieden werden; stattdessen können in Gegenwart Dominiks Sternchen gestrichen werden.

Bei der Verhaltensmodifikation in der Schule kommen auch ganz eigene Prinzipien bzw. Techniken zur Anwendung. So lässt sich im schulischen Kontext gut das sogenannte *Premack-Prinzip* anwenden. Dabei werden Verhaltensweisen mit hoher Auftretenshäufigkeit eingesetzt, um die Auftretenswahrscheinlichkeit einer Verhaltensweise mit niedriger Auftretenshäufigkeit zu erhöhen. Beispielsweise wird das Lösen einer Rechenaufgabe durch ein darauf folgendes beliebtes Bewegungsspiel sozial verstärkt. Das Premack-Prinzip eignet sich auch für die Verhaltensmodifikation in Gruppen.

Im Weiteren wird es im schulischen Kontext nicht selten vorkommen, dass ein Kind zur Erreichung des Zielverhaltens zunächst einige Hilfestellung benötigt, um die Zielhandlung anzugehen. Hier könnte eine Lehrkraft dem Kind bei der Lösung einer Aufgabe aktiv zuarbeiten bzw. es anleiten und gleichzeitig für das gelungene Vorgehen durch Lob sozial verstärken (*Prompting*). In unserem Fallbeispiel hat Dominik einige Wissensrückstände im Bereich Prozentrechnung, so dass eine gewünschte mündliche Beteiligung des Kindes im Matheunterricht mittels Prompting unterstützt werden sollte, damit sie auch erfolgreich gelingen kann: „O. K., Dominik, diese Aufgabe kannst Du gut hin bekommen: Beim Auflösen des Bruches ¾ kann man ja die Zahlen dividieren und wie könnte das hier an der Tafel in der nächsten Zeile geschehen? … genau Du nimmst zuerst den *Zähler*, die 3 und dann … genau, geteilt durch … richtig, die 4, den … *Nenner*, genau richtig, prima“.

Für das Gelingen von Verhaltensmodifikationen im schulischen Kontext ist es unabdingbar, dass eine unbelastete und unterstützende Beziehung zwischen Lehrkraft und Kind aufgebaut wird. Die Lehrkraft sollte die Probleme des Kindes als verhaltensbezogene und von der jeweiligen Unterrichtssituation abhängige Größen betrachten (und nicht als stabile Merkmale des Kindes). Dazu ist es notwendig, die Schülerin bzw. den Schüler nach einer individuellen Bezugsnorm zu beurteilen.

18.5 Wirksamkeit und Wirksamkeitsbedingungen

Operante Verstärkung ist auch bei Lern- Leistungs- und Anpassungsstörungen wirksam. Im Rahmen einer über zehn Jahre währenden Längsschnittstudie mit 678 Schülerinnen und Schülern aus 27 ersten Klassen aus sozioökonomisch benachteiligten Lebenskontexten konnten Bradshaw, Zmuda, Kellam und Ialongo (2009) die hohe Wirksamkeit eines präventiv ausgerichteten und verhaltensorientierten Klassenraum-Management-Programms belegen (angelehnt an das „Good Behavior Game“ von Barrish, Saunders & Wolf, 1969). Die operante Steuerung der Kinder bei direkter Instruktion und stärkerer Bezugnahme auf die Lehrinhalte erwies sich als deutlich wirksamer (bessere Schulleistungen, weniger sonderpädagogische Hilfen, mehr Schulabschlüsse und College-Einschreibungen) als ein breiter angelegtes und aufwändigeres Programm, das den Schwerpunkt auf die verbesserte Zusammenarbeit zwischen Eltern, Lehrkräften und weiteren Fachleuten legte. Und Glaser, Palm und Brunstein (2012) konnten in einer Studie mit 117 Viertklässlern zeigen, dass im Rahmen einer unterrichtsintegrierten Schreibförderung insbesondere Schülerinnen und Schüler mit aggressivem und hyperaktivem Problemverhalten nicht nur von der Vermittlung von Schreibstrategien und selbstregulatorischer Prozeduren, sondern zusätzlich auch von der operanten Verstärkung ihres Arbeitsverhaltens profitierten.

Auf der Grundlage einer umfassenden Metaanalyse zur Wirksamkeit der operanten Verstärkung forderten Cameron und Pierce (1994) die verstärkte „Implementierung von Verstärkungssystemen im Klassenzimmer.“ Um die Lernmotivation von Kindern mit gravierenden Lernschwierigkeiten zu verbessern, dürfte es unerlässlich sein, Prinzipien der operanten Verstärkung zu nutzen. Schließlich ist der Einsatz von Belohnungssystemen bei Kindern sehr beliebt und führt zudem zu einem Kompetenzgewinn auf Seiten der verantwortlichen Bezugspersonen.

18.6 Literatur

Grundlegende Literatur

Kern, H. (1974). *Verhaltensmodifikation in der Schule*. Stuttgart: Kohlhammer.

Reinecker, H. (1999). Methoden der Verhaltenstherapie. In: Reinecker, H. (Hrsg.), *Lehrbuch der Verhaltenstherapie* (S. 147–333). Tübingen: dgvt.

Skinner, B. F. (1954). The science of learning and the art of teaching. *Harvard Educational Review, 24*, 86–97.

Weiterführende Literatur

Bradshaw, C. P., Zmuda, J. H., Kellam, S. G. & Ialongo, N. S. (2009). Longitudinal impact of two universal preventive interventions in first grade on educational outcomes in high school. *Journal of Educational Psychology, 101*, 926–937. doi: 10.1037/a0016586

Cameron, J. & Pierce, W. D. (1994). Reinforcement, reward, and intrinsic motivation: A meta-analysis. *Review of Educational Research, 64*, 363–423. doi: 10.3102/00346543064003363

Glaser, C., Palm, D. & Brunstein, J. C. (2012). Schreibstrategieinstruktion bei Viertklässlern mit und ohne Problemverhalten: Effekte von Selbstüberwachung und operanter Verstärkung auf Schreibleistung und Arbeitsverhalten. *Zeitschrift für Pädagogische Psychologie, 26*, 19–30. doi: 10.1024/1010-0652/a000057

Material

Barrish, H. H., Saunders, M. & Wolf, M. M. (1969). Good Behavior Game: Effects of individual contingencies for group consequences on disruptive behavior in a classroom. *Journal of Applied Behavior Analysis, 2*, 119–124.

Kubinger, K. D. (2009). *Adaptives Intelligenz Diagnostikum – Version 2.2 (AID 2) samt AID 2-Türkisch*. Göttingen: Beltz.

Linderkamp, F. (2009). Operante Methoden. In J. Margraf. & S. Schneider, (Hrsg.), *Lehrbuch der Verhaltenstherapie, 3. Band: Verhaltenstherapie – Störungen des Kindes- und Jugendalters* (S. 209–220). Heidelberg: Springer.

19. Förderung von Unterrichtsbeteiligung

Bodo Hartke und Johann Borchert

Fallbeispiel

Marko (8 Jahre) besucht die zweite Grundschulklasse. Er lebt gemeinsam mit einer jüngeren Schwester bei seinen Eltern. Im ersten Schuljahr waren seine Leistungen noch gut, seit Beginn der zweiten Klasse verschlechterten sie sich aber ständig. Zu Hause sitzt er manchmal bis zu sechs Stunden an seinen Hausaufgaben, ohne viel zustande zu bringen. Auf Anraten der Klassenlehrerin hat die Mutter die tägliche Hausaufgabenzeit nun auf maximal 45 Minuten begrenzt. Im Unterricht fordert Marko von Anfang an eine hohe Aufmerksamkeit der Klassenlehrerin. Er ignoriert ihre Arbeitsanweisungen und Aufforderungen zumeist, verlangt stattdessen aber häufig ihre Hilfe. Bei Aufgaben, die er nicht sofort sicher lösen kann, hört er auf zu arbeiten. In diesen Fällen wendet er sich prompt an die Lehrerin („Ich kann das nicht! Wie geht das?"). Im Unterricht wirkt Marko unbeteiligt, unkonzentriert, uninteressiert und verträumt, stört aber kaum. Oft spielt oder malt er.

Die Überprüfung des Leistungsstandes in Deutsch und Mathematik deckten Leistungsrückstände im Lesen und Rechnen auf (v. a. beim Zehnerübergang). Markos intellektuelle Leistungsfähigkeit liegt, gemessen mit dem Hamburg-Wechsler Intelligenztest für Kinder (HAWIK IV; Petermann & Petermann, 2010), im durchschnittlichen Bereich (IQ (105), ebenso wie seine Konzentrationsleistungen (Sorgfalt, Ausdauer, Arbeitstempo) im „Differentiellen Leistungstest – KG" (DL-KG; Kleber, Kleber & Hans, 2000).

Um den Jungen besser in den Unterricht zu integrieren, wurden folgende Interventionen eingeleitet: Die Lehrerin legte Marko Aufgaben vor, die seinem Leistungsstand entsprachen. Für selbstständiges Arbeiten lobte sie ihn sofort (Lob seiner Anstrengung) und bekräftigt seine Fähigkeiten (Hervorhebung seiner Begabung). Zudem wurde mit Marko vereinbart, dass er sich mindestens zweimal pro Stunde freiwillig melden sollte, was die Lehrerin stets durch ein kurzes Lob oder anerkennendes Nicken belohnt. Außerdem wurde ein Protokollbogen zur Selbstbeobachtung und Selbstkontrolle eingesetzt. Marko notiert, wann er die Lehrerin um Hilfe bat und ob diese Hilfe auch tatsächlich notwendig war. Die Mutter soll Marco zum zügigen und selbstständigen Erledigen seiner Hausaufgaben anhalten und als Belohnung einen Punkt vergeben, wenn er die Hausaufgaben in der vereinbarten Zeit und mit ausreichender

Qualität erledigt. Die Punkte kann Marko für eine gemeinsame Spielzeit mit dem Vater einlösen. Vier Wochen nach Beginn dieser Intervention war bei Marko eine deutliche Steigerung der Unterrichtsaktivität zu verzeichnen. Marko meldete sich jetzt 3- bis 4-mal freiwillig pro Stunde. Er erwartete immer noch Hilfen von der Lehrerin, die er allerdings erst nach der Aufforderung erhielt, es erst einmal allein zu versuchen.

19.1 Kurzbeschreibung der Methode und ihres theoretischen Hintergrunds

Unterrichtsbeteiligung umfasst alle Aktivitäten, die Schülerinnen und Schüler ausführen, um an den Aufgaben und Themen einer Unterrichtsstunde zu arbeiten. Das Spektrum reicht von passiver Aufmerksamkeit (z. B. Zuhören), über die Befolgung von Anweisungen (z. B. ein Arbeitsblatt lesen), bis zur aktiven und selbstständigen Mitarbeit (z. B. sich melden, Fragen stellen, Vorschläge unterbreiten, sich in Gruppendiskussionen engagieren). Inwieweit sich Schülerinnen und Schüler am Unterricht beteiligen, wird bedingt durch ihre Motivation (z. B. Interesse am Fach) und ihren Fähigkeiten (z. B. Vorkenntnissen), aber auch von den Anregungsbedingungen des Unterrichts (z. B. Lehrmethoden, Klassenklima und Unterrichtsmaterialien) sowie Einflüssen des Elternhauses (z. B. den schulischen Einstellungen der Eltern) ab. Eine hohe Unterrichtsbeteiligung wird durch folgende Faktoren begünstigt:

- *Schülerinnen und Schüler*. Durch schulische Erfolge (und entsprechend gutes fachliches, strategisches und metakognitives Wissen), hohe Leistungsmotivation, ein positives Selbstkonzept eigener Fähigkeiten, hohe Aufmerksamkeit und Konzentration, geringe Ängstlichkeit und ausreichende soziale Fertigkeiten.
- *Unterricht*. Durch eine angemessene Schwierigkeit der Anforderungen, aktivierende Unterrichtsformen (Diskussionen, Projekte, kooperatives Lernen), verstärkendes Verhalten der Lehrkraft (z. B. Lob für Mitarbeit), verständliche Instruktionen (einfach, klar und anschaulich), interesseweckende Lerninhalte (z. B. lebensnahe Aufgaben) und ein unterstützendes und partnerschaftliches Lernklima (z. B. Beteiligung der Schülerinnen und Schüler an Unterrichtsentscheidungen).
- *Elternhaus*. Durch Väter und Mütter, die schulische Interessen verstärken und altersangemessen auf die sorgsame Erledigung schulischer Aufgaben (z. B. Hausaufgaben) achten.

Die Gründe für geringe Unterrichtsbeteiligung sind also vielfältig. Bei einem gravierenden Mangel wirken zumeist fehlende schulische Erfolge, Wissenslücken, belastende Erklärungen für Misserfolge (fehlende Begabung) und hohe Ängstlichkeit auf der Seite der Schülerin bzw. des Schülers mit autoritärem Erziehungsverhalten, Desinteresse, Überforderung und monotonem Unterricht auf der Seite der Schule und des Elternhauses zusammen. Eine Intervention zur Steigerung der Unterrichtsbeteiligung umfasst dementsprechend drei Ansatzpunkte:

- *Adaptiver Unterricht*. Anpassung der Anforderungen an die Lernvoraussetzungen der Schülerinnen und Schüler, insbesondere an ihr Vorwissen und ihre Interessen; Ein-

satz aktivitätsanregender Unterrichtsmethoden, wie z.B. kooperatives und selbstgesteuertes Lernen.
- *Verstärkung von aktivem und selbstverantwortlichem Verhalten.* Einsatz operanter Techniken und Verfahren zur Selbstkontrolle für den Aufbau und die Aufrechterhaltung angemessener Unterrichtsbeiträge.
- *Anleitung der Eltern* zur Förderung außerschulischen Lernens (z.B. bei den Hausaufgaben).

19.2 Indikation der Methoden

Eine angemessene Unterrichtsbeteiligung ist zweifelsohne ein bereits an sich erstrebenswertes Ziel. Darüber hinaus gibt es spezielle Indikationen, die Unterrichtsbeteiligung anzuregen. Dies gilt insbesondere für Schülerinnen und Schülern mit:
- Leistungsängstlichkeit oder geringer Leistungsmotivation;
- Mutismus;
- Underachievement (s. Kapitel 2).

Bei gravierenden Leistungs- und Verhaltensproblemen (z.B. Aufmerksamkeitsstörungen, Störungen des Sozialverhaltens, Lese-Rechtschreibschwäche) ist die Förderung der Unterrichtsbeteiligung nur als ergänzende Maßnahme zu einer systematischen Lern- und Verhaltenstherapie geeignet.

19.3 Detaillierte Beschreibung des Vorgehens

(1) *Beobachtung der Unterrichtsbeteiligung.* Zunächst stellt sich die Frage, ob im gegebenen Fall tatsächlich eine unzureichende Beteiligung vorliegt. Hierzu wird eine Verhaltensbeobachtung anhand des Münchner Aufmerksamkeitsinventars (MAI) (Helmke & Renkl, 1992) durchgeführt (s. Kasten 1).

Kasten 1: Münchener Aufmerksamkeitsinventar (MAI)
(nach Helmke & Renkl, 1992)

Der Unterrichtskontext wird nach vier fachlichen (lehrkraftzentrierter Unterricht, Stillarbeit, Tests und Übergangsphasen) und vier nicht fachlichen Bereichen (Musik, Klassenführung, prozedurale und private Interaktionen) kategorisiert. Zur Erfassung des Arbeitsverhaltens werden Zeitstichproben genommen, in denen die Aufmerksamkeit *aller* oder auch *einzelner* Kinder im Unterricht erfasst wird:
- *On-Task, passiv.* Schülerinnen bzw. Schüler tun im Unterricht das, was sie tun sollten, z.B. an die Tafel sehen, eine Aufgabe schriftlich bearbeiten.
- *On-task, aktiv.* Schülerinnen bzw. Schüler zeigen spontanes, selbstinitiiertes Engagement, wie z.B. sich freiwillig melden oder Fragen stellen.
- *On-Task, reaktiv.* Schülerinnen bzw. Schüler reagieren angemessen auf Anforderungen der Lehrkraft, z.B. eine Frage beantworten oder etwas aufsagen.

- *Off-Task, passiv.* Ohne den Unterrichtsverlauf zu stören, werden angebotene Lernmöglichkeiten verpasst, z. B. weil eine Schülerin bzw. ein Schüler „döst" oder unter dem Tisch spielt.
- *Off-Task, aktiv.* Der Unterrichtsverlauf wird offenkundig gestört; ein Kind oder ein Jugendlicher unterhält sich z. B. laut oder streitet mit Mitschülerinnen oder Mitschülern.
- *No-Task.* Lernangebote werden weder genutzt noch verpasst, weil momentan keine Aufgabenstellung vorliegt.

Nach einer vorher festgelegten Reihenfolge werden alle Schülerinnen und Schüler in mehreren Zyklen für je 5 Sekunden beobachtet. Dabei wird eine Kodierung der Aufmerksamkeit sowie der Kontextbedingungen vorgenommen. Das Verfahren erfordert einen hohen zeitlichen Aufwand, weist jedoch hohe Zuverlässigkeit und Validität auf (s. Helmke & Renkl, 1992).

(2) *Bedingungsanalyse der unzureichenden Unterrichtsbeteiligung*. Die mangelnde Unterrichtsbeteiligung einer einzelnen Schülerin bzw. eines einzelnen Schülers kann sehr unterschiedlich bedingt sein. Um die Gründe herauszufinden, werden folgende Fragen hypothesengeleitet geprüft:

Fragen zur Klassenführung.
- Stimmen die Unterrichtsanforderungen mit dem Vorwissen und dem Können der Schülerin bzw. des Schülers überein?
- Ist der Unterricht angemessen strukturiert (z. B. Gliederung des Unterrichts in Lernphasen; Passung von Lehrmethoden, Lernmaterialien und Lernzielen)?
- Liegt eine Über- oder Unterforderung der Schülerin bzw. des Schülers vor?
- Versteht die Schülerin bzw. der Schüler die Instruktionen der Lehrkraft?
- Werden (selbst kleine) Beiträge der Schülerin bzw. des Schülers positiv aufgenommen und verstärkt?
- Wird das Meidungsverhalten (mangelnde Unterrichtsbeteiligung) verstärkt?

Fragen zum Verhalten und zu den Leistungsmöglichkeiten der Schülerin bzw. des Schülers.
- Bestehen Leistungsrückstände, die eine erfolgreiche Mitarbeit im Unterricht erschweren?
- Versteht das Kind die Erklärungen und Arbeitsanweisungen im Unterricht?
- Hat das Kind inhaltliche Interessen, die zur Steigerung der Motivation mit Lernaufgaben verknüpft werden können?
- Weiß das Kind, was von ihm erwartet wird?
- Kann sich das Kind gegen Ablenkungen „abschotten" und sich willentlich auf eine Aufgabe konzentrieren?
- Verfügt das Kind über grundlegende Fähigkeiten zur Mitarbeit im Unterricht (Zuhören, Informationen umsetzen, sich an Gesprächsregeln halten)?
- Kann das Kind systematisch arbeiten, d. h. nach der Erschließung der Aufgabenstellung die Aufgabe in notwendigen Schritten bearbeiten und das Ergebnis kontrollieren?
- Kann sich das Kind überschaubare und kurzfristig erreichbare Ziele setzen?
- Traut sich das Kind in Gegenwart anderer Kinder zu arbeiten? Fürchtet es sich vor „Hänseleien" oder Kritik?

- Welche Wirkungen haben außerschulische Einflüsse auf sein Verhalten im Unterricht?

Hierzu dienen systematische und unsystematische Verhaltensbeobachtungen, explorierende Gespräche mit der Klassenlehrkraft, der Schülerin bzw. dem Schüler und den Eltern sowie lernzielorientierte Kurztests. Das Ergebnis der Diagnostik sollte zu Aussagen über Schwerpunkte der Förderung führen.

(3) *Förderung der Beteiligung durch schülerinnen- bzw. schüleradäquaten Unterricht.* Eine Schülerin bzw. ein Schüler kann sich nur dann am Unterricht beteiligen, wenn sie bzw. er Erklärungen, Impulse, Veranschaulichungen und die Sprache der Lehrkraft versteht, der Unterricht hinsichtlich des Schwierigkeitsgrades und der Menge der Aufgaben der eigenen Leistungsfähigkeiten entspricht und entwicklungsbedingte Lernvoraussetzungen (Motivation, Konzentrationsfähigkeit, kognitive, motorische sowie emotionale und soziale Entwicklung) berücksichtigt werden. Um die erforderliche Passung zwischen den Fähigkeiten der Schülerinnen und Schüler auf der einen Seite und den Unterrichtsanforderungen auf der anderen Seite herzustellen, empfehlen sich folgende Maßnahmen:

- *Innere Differenzierung.* Hier werden innerhalb des Klassenverbands Gruppen leistungshomogener Schülerinnen und Schüler gebildet, die entsprechend ihres Kenntnisstands gezielt gefördert werden. Dazu gehört die Anpassung der Aufgabenschwierigkeit an das individuelle Leistungsniveau, gezielte Hilfen durch die Lehrkraft und zusätzliche Hilfen für leistungsschwächere Kinder (z. B. durch Lernen mit Tutorinnen oder Tutoren; vgl. Kapitel 38).
- *Individualisierung.* Prinzipien der inneren Differenzierung werden hier nicht mehr auf ganze Gruppen in der Klasse, sondern jetzt auch auf einzelne Schülerinnen und Schülern angewandt. Voraussetzung dafür ist ein hierarchisch aufbereiteter Lehrstoff und eine fortlaufende, den Lernprozess begleitende Diagnostik. Als besonders wirksam erweist sich bei lernschwachen Schülerinnen und Schülern eine Verbindung von individualisierten Lernprogrammen und positiver Verstärkung.
- *Adaptiver Unterricht.* Nach diesem Konzept (vgl. Hartke, 2000; Walter, 2008) wird der Unterricht in einer Weise ausgeführt, dass er den individuellen Lernvoraussetzungen der Schülerin bzw. des Schülers entspricht. Dabei wird zunächst seine Lernleistung mittels Kurztests und Arbeitsproben erfasst. Danach erfolgt eine Vorgabe von Aufgaben, die dem Leistungsstand des Kindes bzw. des Jugendlichen entsprechen. Besonders zu Anfangs sind die Instruktionen in hohem Maße strukturiert und kleinschrittig aufgebaut. Die Lernzeit wird an die Fähigkeiten der Schülerin bzw. des Schülers angepasst, d. h. es wird so viel Zeit gegeben, wie dies für das Erreichen des Lernziels nötig ist (z. B. durch zusätzliche Förderstunden, Hausaufgabenhilfen). Die Lernfortschritte werden fortlaufend festgehalten. Zudem erhält die Schülerin bzw. der Schüler Lernhilfen (z. B. zur Veranschaulichung von Aufgaben), die den persönlichen Erfordernissen entsprechen. Lernmaterial und Aufgaben sind soweit wie möglich auf die Interessen des Kindes bzw. des Jugendlichen abgestimmt (z. B. bei der Auswahl von Lesestoff). Schritt für Schritt wird die Schülerin bzw. der Schüler an der Auswahl der Aufgaben und Themen beteiligt, weil das Lernen dadurch zunehmend selbstständiger wird. Adaptiver Unterricht zielt darauf ab, Wissenslücken und Lernrückstände möglichst rasch zu schließen, sodass auch die Motivation anwächst, sich im Unterricht wieder aktiver zu engagieren.

(4) *Verstärkung angemessenen Unterrichtsverhaltens.* Zur Förderung des unterrichtsbezogenen Verhaltens von Schülerinnen und Schülern eignen sich Methoden der kognitiven Verhaltensmodifikation. Bei Marko wurde ein Verfahren der Selbstbeobachtung und Selbstbewertung eingesetzt, damit er sein hilfesuchendes und unselbstständiges Verhalten im Unterricht (v. a. während der Stillarbeit) besser zu kontrollieren lernt.

Da Marko in Phasen der Stillarbeit stets Hilfen von seiner Klassenlehrerin einforderte, wurde mit ihm vereinbart, mithilfe eines Protokollbogens in vier Unterrichtstunden zu registrieren, wie oft er solche Hilfen unbedingt benötigt (Selbstbeobachtung). Die Strichliste, die er dazu führte, zeigte in jeder Stillarbeitsphase circa sieben erwartete Hilfen. Daraufhin traf die Lehrerin mit ihm folgende Regelung:

(a) Marko protokolliert bereits *vor* Beginn der Arbeitsphase, ob er mit weniger als sieben Hilfen auskommen kann.

(b) Marko kann Hilfen bei der Lehrerin anfordern. Bevor er sie erhält, muss er allerdings folgende Fragen in seinem Protokoll beantworten: „Schaue ich auf meine Aufgabe?"; „Denke ich an meine Aufgabe?"; „Arbeite ich an meiner Aufgabe?". Nur wenn er diese Fragen mit „Ja" beantwortet, wird er die Lehrerin um Hilfe bitten.

Am Ende jeder Unterrichtsstunde bewerten sowohl Marko als auch die Klassenlehrerin, wie erfolgreich die Stillarbeitsphase war: ob die anfängliche Einschätzung der Anzahl notwendiger Hilfen realistisch war und wie gut sich Marko beim Arbeiten kontrollieren konnte. Besonders erfolgreiche Stunden werden von der Klassenlehrerin mit Tokens verstärkt (vgl. Borchert, 1996; Schöll, 1997).

Um Lernmotivation aufzubauen und eine Steigerung der Unterrichtsbeteiligung gerade bei leistungsschwächeren Schülerinnen und Schülern zu erreichen, werden an der individuellen Bezugsnorm orientierte Rückmeldungen (Lob, positive Verstärkung) gegeben (Rheinberg & Krug, 2004). Die momentanen Leistungen werden also im Vergleich zu vorher erbrachten Leistungen beurteilt. Bei Erfolg wird das Kind gelobt und ihm mitgeteilt, was es gut gemacht hat. Bei Misserfolg wird es auf seinen Fehler hingewiesen und die Lösung gemeinsam mit der Lehrkraft erarbeitet. Das Kind sollte sein Arbeitsergebnis sofort korrigieren und dafür auch sofort gelobt werden.

(5) *Kooperation mit den Eltern.* Ansatzpunkt für die Zusammenarbeit mit den Eltern sind die Hausaufgaben sowie die elterliche Erziehung des Kindes zu Selbstständigkeit und Eigenverantwortung. Als Schlüssel für die Beratung bieten sich in erster Linie die Hausaufgaben an. Die Eltern erhalten eine genaue Anleitung, wie sie die Hausaufgaben angehen sollen. Hierzu es empfiehlt sich, nach der in Kapitel 29 dargestellten Methode vorzugehen:

- Mit dem Kind wird erörtert, welche Aufgaben heute dran sind.
- Das Kind bestimmt, in welcher Reihenfolge es die Aufgaben machen will.
- Er sagt, wie viel Zeit für jede Aufgabe verwendet werden soll.
- Die Arbeitszeit wird, nachdem die ersten Hausaufgabenteile gemacht worden sind, gestoppt (Küchenwecker) und die Qualität der Arbeit vom Kind und dem betreuenden Elternteil bestimmt.

- Wenn die Zeit eingehalten und eine ausreichende Qualität erreicht wurde, wird jeweils ein Punkt vergeben; eine bestimmte Anzahl von Punkten kann gegen eine belohnende Aktivität eingetauscht werden (z. B. eine Freizeitaktivität).
- Die Eltern werden professionell beraten (z. B. von einer entsprechend geschulten Lehrkraft) und mit diesem Vorgehen vertraut gemacht.
- Die Lehrkraft sollte regelmäßig Rückmeldungen über das Leistungsverhalten des Kindes an die Eltern geben (z. B. in einem Heft, das dafür angelegt wird).

(6) *Evaluation*. Nach 6 bis 8 Schulwochen werden kriterienorientierte Verhaltensbeobachtungen durchgeführt und mit den Ausgangsdaten verglichen. Dies geschieht z. B. mit dem Münchener Aufmerksamkeitsinventar (MAI) von Helmke und Renkl (1992) oder mittels einer systematischen Registrierung der Zahl der Unterrichtsmeldungen pro Schulstunde. Wurde vor dem Beginn der Förderung die Grundrate der Unterrichtsbeteiligung ermittelt, lassen sich präzise Aussagen über Fördererfolge und ihre Nachhaltigkeit treffen.

Die hier genannten Interventionen zur Förderung der Unterrichtsbeteiligung werden von Hartke und Vrban (2008) in ihrer Handreichung für Lehrkräfte „Schwierige Schüler – 49 Handlungsmöglichkeiten bei Verhaltensauffälligkeiten" praxisnah beschreiben. Das Material besteht aus Hilfen zur Beschreibung des Verhaltens des Kindes in der Klasse, zur Zielfindung und Handlungsauswahl sowie zur Überprüfung der Wirksamkeit.

19.4 Hinweise für die organisatorische Umsetzung

Das vorgeschlagene Vorgehen wird von der einzelnen Lehrkraft mit Unterstützung einer Therapeutin bzw. eines Therapeuten umgesetzt. Diese Person sollte die angesprochene Diagnostik und Evaluation übernehmen, den Interventionsplan erstellen und ihn mit der Lehrkraft erörtern, sowie die Durchführung supervidieren. Dazu sind nach dem Mediatorinnen- bzw. Mediatorenmodell (s. Kapitel 37) regelmäßige Rückmeldungen und Absprachen notwendig, die gegebenenfalls auch zu einer Änderung des Vorgehens führen.

19.5 Wirksamkeit und Wirksamkeitsbedingungen

Die Unterrichtsbeteiligung von schwachen Lernerinnen und Lernern wird nachdrücklich durch eine klare Strukturierung des Lernens verbessert. Dafür gliedert die Lehrkraft den Unterrichtsstoff in überschaubare Einheiten. Die entscheidenden Inhalte werden durch Aufgabenstellung und Fragetechnik entwickelt und vermittelt.

Die Kombination lehrkraftzentrierter Instruktionsformen mit auf die Schülerinnen und Schüler zentrierten Elementen führt zu einem erfolgreichen schulischen Arbeitsverhalten, besserem Sozialverhalten, gesteigerter Lernmotivation und Eigenverantwortung für das Lernen sowie zu deutlich gesteigerten Schulleistungen (vgl. Hartke, 2000). Diese Leistungsvorteile sind im Vergleich zu „unbehandelten" Kontrollklassen zeitlich stabil. Als wirksam erweisen sich darüber hinaus Methoden der Verhaltensmodifikation, in denen die Unterrichtsbeteiligung vereinbart und operant verstärkt wird. In einer Wirksamkeitsstudie mit 180 dritten Klassen, in denen jeweils ein Kind mit Leistungsrückständen eine Intervention erhielt, die den Unterricht an die Schülerin bzw. den Schüler anpasste und die Beteiligung positiv verstärkte, konnten deutliche Fördereffekte in den Bereichen „Verhalten“ und „Lesefertigkeiten“ nachgewiesen werden (Hartke, Diehl & Vrban, 2008).

19.6 Literatur

Grundlegende Literatur

Borchert, J. (1996). *Pädagogisch-therapeutische Interventionen bei sonderpädagogischem Förderbedarf.* Göttingen: Hogrefe.

Hartke, B. (2000). Unterrichtsformen. In J. Borchert (Hrsg.), *Handbuch der Sonderpädagogischen Psychologie* (S. 364–380). Göttingen: Hogrefe.

Hartke, B., Diehl, K. & Vrban, R. (2008). Planungshilfen zur schulischen Prävention – Früherkennung und Intervention bei Lern- und Verhaltensstörungen. In: J. Borchert, B. Hartke & P. Jogschies (Hrsg.), *Frühe Förderung entwicklungsauffälliger Kinder und Jugendlicher* (S. 218–234). Stuttgart: Kohlhammer.

Walter, J. (2008). Adaptiver Unterricht erneut betrachtet: Über die Notwendigkeit systematischer formativer Evaluation von Lehr- und Lernprozessen und die daraus resultierende Diagnostik und Neudefinition von Lernstörungen nach dem RTI-Paradigma. *Zeitschrift für Heilpädagogik, 59,* 202–215.

Weiterführende Literatur

Corno, L. & Snow, R. E. (1986). Adapting teaching to individual differences among learners. In M. C. Wittrock (Ed.), *Handbook of research on teaching* (pp. 605–629). New York: Macmillan.

Rheinberg, F. & Krug, S. (2004). *Motivationsförderung im Schulalltag* (3. Aufl.). Göttingen: Hogrefe.

Wang, M. C. (1992). *Adaptive education strategies: Building on diversity.* Baltimore, MD: Brooks Publishing.

Material

Hartke, B. & Vrban, R. (2008). *Schwierige Schüler: 49 Handlungsmöglichkeiten bei Verhaltensauffälligkeiten.* Horneburg: Persen.

Helmke, A. & Renkl, A. (1992). Das Münchner Aufmerksamkeitsinventar (MAI): Ein Instrument zur systematischen Verhaltensbeobachtung der Schüleraufmerksamkeit im Unterricht. *Diagnostica, 38,* 130–141.

Kleber, E. W., Kleber, G. & Hans, O. (2000). *Differentieller Leistungstest – KG (DL-KG).* Göttingen: Hogrefe.

Petermann, F. & Petermann, U. (2010). *Hamburg-Wechsler-Intelligenztest für Kinder IV (HAWIK-IV).* Bern: Huber.

Schöll, G. (1997). *Förderung von Aufmerksamkeit in der Grundschule. Ein metakognitiv orientierter Trainingsansatz.* Münster: Waxmann.

20. Förderung von Interessen

Ulrich Schiefele

Fallbeispiel

Der in einer Erziehungsberatungsstelle tätige Lerntherapeut betreut eine Gruppe von fünf Schülerinnen und Schülern der 7. Klasse einer Realschule. Ihre Lernaktivität innerhalb, aber auch außerhalb des Unterrichts ist nach Aussage der Klassenlehrerin sehr mangelhaft. Sie zeigen keinerlei Beteiligung am Unterricht und machen ihre Hausarbeiten, falls überhaupt, nur sehr unvollständig. Besonders gravierend sind ihre Defizite in den Fächern Mathematik und Physik. Hier haben sich ihre Leistungen im laufenden Schuljahr dramatisch verschlechtert, sodass bei einigen die Versetzung gefährdet ist. Eine diagnostische Untersuchung ergibt, dass die kognitiven Fähigkeiten der beteiligten Schülerinnen und Schüler unauffällig sind. In einem Gespräch wird jedoch deutlich, dass ihre Einstellung zur Schule, besonders aber zum mathematisch-naturwissenschaftlichen Unterricht, gleichgültig bis ablehnend ist. Sie vermögen dem Lernstoff keinerlei Bedeutung abzugewinnen, wissen nicht, „wofür all die komplizierten Berechnungen gut sein sollen", und lernen nur, wenn es unbedingt nötig ist (z. B. unmittelbar vor einer Klassenarbeit). Die Klassenlehrerin berichtet, dass ihre Versuche, die Schülerinnen und Schüler durch gutes Zureden und mahnende Hinweise zum Lernen zu motivieren, erfolglos geblieben sind. Sie zeigten keinerlei freiwillige Mitarbeit, wirkten gelangweilt und wiesen mittlerweile deutliche Rückstände gegenüber ihren Mitschülerinnen und Mitschülern auf.

Der Lerntherapeut vereinbart mit den Schülerinnen und Schülern, diese Rückstände in einem Nachhilfeprogramm (zwölf einstündige Gruppentreffen) aufzuholen, das ihr Interesse an Mathematik und Physik wecken soll. In den Sitzungen werden schulische Lerninhalte mit lebenspraktischen Anwendungen und Freizeitinteressen verknüpft *(persönliche Bedeutsamkeit)*. Die Schülerinnen und Schüler erhalten Gelegenheit, Aufgaben selbst auszuwählen *(Selbstbestimmung)*, werden aber dazu angehalten, die Schwierigkeit so zu dosieren, dass die Aufgaben für sie mit Anstrengung zu bewältigen sind *(Kompetenz)*. Während und nach der Bearbeitung erhalten sie von dem Lerntherapeuten Rückmeldungen zu ihrem Vorgehen. Lernfortschritte werden lobend anerkannt, Schwierigkeiten gemeinsam in der Gruppe diskutiert. Die Schülerinnen und

Schüler bearbeiten Aufgaben im Team *(soziale Einbindung)*, wobei jedes Mitglied die eigenen Lösungsideen erläutert und dazu von den anderen Mitgliedern Rückmeldungen und Hilfestellungen erhält.

Als Ergebnis der Intervention ist festzustellen, dass die Schülerinnen und Schüler Freude an den Gruppensitzungen und allmählich auch an der Bearbeitung der Aufgaben entwickeln. Sie arbeiten zuerst zögerlich, dann aber immer häufiger auch freiwillig und aktiv mit. Darüber hinaus melden sie sich z. B. von sich aus zu Wort und haben weniger Angst, etwas Falsches zu sagen. Auch aus dem Schulunterricht berichtet ihre Lehrerin, dass sie nun aktiver mitarbeiten. Sie melden sich, machen eigene Vorschläge, wie eine Aufgabe zu lösen ist, und fertigen ihre Hausarbeiten mit größerer Sorgfalt an. Ihre Lernrückstände haben sie auch nach zwölf Stunden noch nicht völlig aufgeholt, aber zumindest die Versetzung ist, wie die Klassenlehrerin mitteilt, jetzt bei keinem von ihnen gefährdet.

20.1 Kurzbeschreibung der Methode und ihres theoretischen Hintergrunds

Im Bereich des schulischen Lernens äußert sich Interesse darin, dass eine Schülerin bzw. ein Schüler einem Lerngegenstand (z. B. einem Unterrichtsfach oder einem Aufgabengebiet) hohe Wertschätzung entgegenbringt und die Beschäftigung damit als emotional befriedigend erlebt. Interesse ist daran erkennbar, dass sich eine Schülerin bzw. ein Schüler freiwillig, intensiv und über längere Zeit mit einem Thema beschäftigt (z. B. auch in der Freizeit), dass sie bzw. er dabei positive Gefühle erlebt (Lernfreude), von sich aus mehr über das Thema erfahren will (Neugier) und ihr bzw. sein Wissen und Können fortlaufend erweitern möchte (Kompetenzzuwachs; Krapp, 1998, 2010; Schiefele, 2009). Eine zentrale Voraussetzung dafür ist, dass eine Lerntätigkeit mit der Erfüllung grundlegender Bedürfnisse nach *Kompetenz*, *Selbstbestimmung* und *sozialer Einbindung* verbunden wird (Deci & Ryan, 2002). Im Schulunterricht werden diese Bedürfnisse beispielsweise zufrieden gestellt, wenn Schülerinnen und Schüler positive Rückmeldungen zu ihrer Kompetenz erhalten (insbesondere zu ihren Lernfortschritten), wenn sie bestimmte Aspekte des Unterrichtsgeschehens selbst beeinflussen können (z. B. die Auswahl der Themen und Aufgaben) und wenn sie von Lehrkräften partnerschaftlich (statt autoritär und bevormundend) behandelt werden.

Desinteresse liegt hingegen vor, wenn einem Lerngegenstand bzw. einer Lernhandlung keinerlei persönliche Bedeutung zugemessen wird (vgl. Kasten 1). Gelernt wird dann höchstens unter Zwang (z. B. wegen der Androhung von Bestrafungen) und zur Vermeidung negativer Konsequenzen (z. B. einer schlechten Prüfungsleistung). Selbst dann bleibt die Beschäftigung mit dem Lerngegenstand jedoch oberflächlich (weil keine Lernstrategien eingesetzt werden), erfolgt nur sporadisch (immer kurz vor einer Prüfung) und umfasst keine Reflexion der eigenen Lerntätigkeit (ein Text wird auswendig gelernt, ohne dass er verstanden wird). Desinteresse kann fachspezifisch sein (z. B. Abneigung gegenüber einem Schulfach), aber auch mehrere oder sogar alle Unterrichtsfächer betreffen. Im letztgenannten Fall liegt ein Zustand völliger „Demotivation" vor, der z. B. darauf beruhen kann, dass sich eine Schülerin oder ein Schüler in der Schule generell überfordert fühlt, unter starker Angst leidet oder eine depressive Störung aufweist.

Kasten 1: Merkmale von Desinteresse an einem Unterrichtsfach

Der Schüler bzw. die Schülerin

- stuft das betreffende Fach für sich als nutz- oder bedeutungslos ein;
- zeigt keine freiwilligen Lernaktivitäten;
- lernt ausschließlich auf äußere Veranlassung hin (d. h. fremdgesteuert);
- erlebt die Beschäftigung mit dem Lerngegenstand als langweilig und mühsam;
- macht sich keine eigenständigen Gedanken, die notwendig wären, um neu aufgenommene Informationen mit dem Vorwissen zu verknüpfen;
- setzt nur Lernstrategien ein, die wenig aufwändig sind (z. B. Auswendiglernen für eine kurzfristig bevorstehende Prüfung) und bestenfalls ein Minimum an Leistung sichern.

Mangelndes Interesse an den in der Schule gelehrten Fächern ist aus zwei Gründen folgenreich:

(1) Interesse (bzw. Desinteresse) beeinflusst sowohl die Quantität als auch die Qualität von Lernhandlungen (Schiefele, 2009). Der quantitative Effekt besteht darin, dass interessierte Schülerinnen und Schüler freiwillig sehr viel mehr Zeit für das Lernen (z. B. in einem bestimmten Fach) verwenden als desinteressierte Schulkinder. Letztere lernen und üben weniger, sodass sich mit der Zeit gravierende Lernrückstände einstellen. Der qualitative Effekt besteht darin, dass interessierte Schülerinnen und Schüler, im Vergleich zu desinteressierten, sehr viel anspruchsvollere Kriterien an das eigene Lernen anlegen. Beim Lernen aus Sachtexten geht es ihnen beispielsweise darum, Zusammenhänge zu erkennen, wichtige von nebensächlichen Aspekten zu unterscheiden und das neu erworbene Wissen auf veränderte Aufgabenstellungen anzuwenden. Hierzu setzen sie Strategien der Tiefenverarbeitung ein (z. B. die Verbindung der Inhalte eines Textes mit dem eigenen Vorwissen) und verwenden metakognitive Strategien (z. B. geplantes Vorgehen und Überwachung des eigenen Lernfortschritts). Bei desinteressierten Schulkindern sind solche Strategien viel seltener zu beobachten. Aus der Verknüpfung von zu geringer Lernaktivität mit einer oberflächlichen Bearbeitung von Aufgaben resultieren tiefgreifende Defizite im Verständnis eines Lernstoffgebiets. Die daraus folgenden Leistungsminderungen und Versagenserlebnisse verstärken dann nur noch das ohnehin schon vorhandene Desinteresse.

(2) Interessen beeinflussen persönliche Entscheidungen im Bildungsverlauf (Krapp, 1997). Welche Leistungskurse in der gymnasialen Oberstufe gewählt werden, hängt z. B. maßgeblich von den Interessen der Schülerinnen und Schüler ab. Fehlendes Interesse ist mit der Vermeidung anspruchsvoller Anforderungen verknüpft und wirkt sich entsprechend negativ auf die Kompetenzen aus, die eine Schülerin oder ein Schüler in einem bestimmten Unterrichtsfach (oder auch in mehreren Fächern) erwirbt.

Das Ziel der Interessenförderung besteht darin, den *persönlichen Wert* bzw. den *Bedeutungsgehalt eines Lerngegenstands* für den Lernenden zu erhöhen, sodass sich dieser freiwillig, aktiv und vertieft mit dem Lerngegenstand auseinander setzt und in der Lerntätigkeit positive Gefühle erlebt, welche sich auf die Lerntätigkeit selbstbelohnend auswirken. Zur Interessenförderung bieten sich vier Ansatzpunkte an:

- Förderung der Kompetenzwahrnehmung;
- Förderung der Selbstbestimmung;
- Förderung der sozialen Einbindung;
- Förderung der persönlichen Bedeutsamkeit des Lerngegenstands.

Interventionen in allen vier Bereichen tragen dazu bei, dass der persönliche Bezug zu einem Lerngegenstand vertieft wird. Die Auseinandersetzung mit dem Lerngegenstand wird dann als persönlich bedeutungsvoll erachtet. Die drei erstgenannten Bereiche beinhalten *indirekte* Methoden zur Förderung von Interessen. Das Interesse an einem Fachgebiet wird dadurch gesteigert, dass die Lerntätigkeit mit der Befriedigung grundlegender Bedürfnisse verbunden wird. Maßnahmen, die der vierten Kategorie zuzuordnen sind, zielen *direkt* darauf ab, das Interesse an einem Lernstoff zu erhöhen (z. B. durch die Verdeutlichung der lebenspraktischen Bedeutsamkeit eines Lerngebiets).

20.2 Indikation der Methode

Bei der Anwendung von Maßnahmen zur Interessenförderung sind folgende Punkte zu beachten:

- Interessenförderung ist angezeigt, wenn Lernstörungen auf quantitativ (Lernzeit) und qualitativ (strategische und reflektierte Bearbeitung) unzureichenden Lernaktivitäten beruhen.
- Interessenförderung ist bei Schülerinnen und Schülern angezeigt, die aufgrund geringer Motivation ihre kognitiven Fähigkeiten nicht in angemessener Weise in schulische Leistungen umsetzen („Underachievement"; s. Kapitel 2).

Der wichtigste Anwendungsbereich der schulischen Interessenförderung liegt in den naturwissenschaftlichen Fächern (insbesondere Mathematik und Physik). Gerade hier geht das Interesse im Laufe der Schulzeit kontinuierlich zurück, wobei dieser negative Trend bei Mädchen noch weitaus stärker als bei Jungen ausgeprägt ist. Beruhen die Lernstörungen hingegen auf fehlenden Basisfertigkeiten, eingeschränkten Wissens- und Begriffssystemen oder massiven emotionalen Belastungen (z. B. Leistungsangst), so müssen primär diese Problembereiche behandelt werden. In diesen Fällen kann die Förderung schulischer und fachbezogener Interessen nur eine Ergänzung sein, um die Lernbereitschaft zu erhöhen.

20.3 Detaillierte Beschreibung des Vorgehens

Diagnostische Voruntersuchung

Vor Beginn der Förderung werden folgende Bereiche abgeklärt:

- Zur Erfassung von Interessen bieten sich befragende Methoden an. Neben Bereichen des Desinteresses (bis hin zu Abneigungen gegenüber bestimmten Schulfächern) sollten stets positive Interessensgebiete (z. B. im Freizeitbereich) erfasst werden, da diese als Anknüpfungspunkte in der Interessenförderung genutzt werden. Ein Interessen-

interview beginnt mit Fragen zu Interessen und Abneigungen innerhalb und außerhalb der Schule („Womit beschäftigst Du Dich in der Schule/in der Freizeit besonders gerne?" „Was machst Du in der Schule besonders ungern"), die dann in einem verhaltensdiagnostischen Interview (s. Anhang A) hinsichtlich ihrer auslösenden Bedingungen (z. B. autoritäres Verhalten der Lehrkraft, Überforderung durch die Aufgaben) und Konsequenzen (Langeweile, Versagensängste, Vermeidung von Anstrengung) vertieft werden. Um das Interessensprofil einer Schülerin bzw. eines Schülers zu erfassen (einschließlich berufsorientierter Neigungen), können strukturierte Fragebogen eingesetzt werden (Brickenkamp, 1990; Bergmann & Eder, 2005).
- Es sollte geprüft werden, ob Basisfertigkeiten, Wissensbestände und metakognitive Fertigkeiten in ausreichendem Maße vorhanden sind, um einen Lernerfolg zu gewährleisten (vgl. dazu die in Anhang C aufgeführten Tests). Falls gravierende Defizite in einem oder mehreren dieser Bereiche bestehen, werden zusätzliche Maßnahmen ergriffen, um beispielswiese die Wissensvoraussetzungen einer Schülerin oder eines Schülers zu verbessern (z. B. Lese-, Schreib- und Rechenfertigkeiten; s. Kapitel 11 bis 14, 16 und 17).
- Es wird überprüft, ob der beobachtete Interessenmangel (geringe Lernaktivität, oberflächliche Bearbeitung von Aufgaben) auf andere motivationale und emotionale Probleme zurückzuführen ist (z. B. Prüfungs- und Schulangst). Auch in diesem Fall sollten vor oder neben der Interessenförderung zusätzliche Maßnahmen ergriffen werden, um die entsprechenden Probleme direkt anzugehen (z. B. durch Maßnahmen zum Abbau von Leistungsangst).

Förderung von Interessen

Interessenförderung konzentriert sich auf vier Bereiche: Förderung der *wahrgenommenen Kompetenz*, der *Selbstbestimmung*, der *sozialen Einbindung* und des *Bedeutungsgehalts des Lerngegenstands*. Jeder dieser Bereiche umfasst übergeordnete Interventionsziele, die genauer spezifiziert und mit konkreten Interventionsmaßnahmen verbunden werden müssen, damit sie von einer Lehrkraft oder einer Lerntherapeutin bzw. einem Lerntherapeuten realisiert werden können.

(1) *Förderung der Kompetenzwahrnehmung*. Die Förderung der Kompetenzwahrnehmung zielt darauf ab, die Lernaktivität zu steigern und Fortschritte im Kenntniszuwachs mit eigener Anstrengung und strategischem Vorgehen zu verknüpfen. Es geht also darum, dass beim Lernen das Vertrauen in die eigenen Fähigkeiten gestärkt wird. Dies kann auf folgende Weise erreicht werden:
- *Rückmeldungen und Bekräftigungen*. Um die Motivation von desinteressierten Schülerinnen und Schülern aufzubauen, benötigen sie positive Rückmeldungen zu ihrem Können. Auch kleine Lernfortschritte sollten, jeweils gemessen am individuellen Kenntnisstand, zurückgemeldet werden. Negative Rückmeldungen (Tadel, Warnungen, Vorwürfe) verstärken problematische Lernhaltungen noch zusätzlich (z. B. die Abneigung gegen Mathematik) und sind daher strikt zu meiden. Auch bei Schwierigkeiten sollten Lehrkräfte, Eltern und lerntherapeutisches Fachpersonal eine positive Haltung zum Können der Schülerin bzw. des Schülers einnehmen. Dazu gehören die Bekräftigung seiner Fähigkeiten, Verweise auf frühere Lernerfolge und Ermutigun-

gen, weiter zu machen (für Beispiele aus dem Bereich der Hausaufgabenbetreuung vgl. Anhang B).

- *Förderung aktiver Beteiligung und lebenspraktischer Anwendungen.* Interesse wird durch möglichst reale und lebensnahe Lernhandlungen und eigene Aktivitäten gefördert. Selbst etwas zu tun ist wirksamer als es nur gezeigt zu bekommen. Wenn dies in konkreten und alltagspraktischen Anwendungen realisiert wird, ergeben sich rasch positive Folgen. Im Fach Deutsch sollen die Schülerinnen und Schüler z. B. eine Kurzgeschichte in ein Theaterstück umwandeln und es dann mit verteilten Rollen spielen; im Fach Biologie diskutieren die Schülerinnen und Schüler das ethische Problem von Tierexperimenten und nehmen dabei kontroverse Standpunkte ein; in naturwissenschaftlichen Fächern dürfen sie selbstständig experimentieren und ihre Erkenntnisse an lebenspraktischen Aufgaben ausprobieren (z. B. Trinkwasser analysieren, Bodenschadstoffe bestimmen).
- *Den Lernstoff klar, strukturiert und anschaulich präsentieren.* Obwohl es nahezu eine Selbstverständlichkeit ist: Interesse im Unterricht kann nur dann entwickelt werden, wenn Instruktionen einfach (d. h. sprachlich klar statt kompliziert), anschaulich (d. h. beispielhaft statt abstrakt) und strukturiert (d. h. der Sachlogik einer Aufgabe folgend) erteilt werden. Gerade bei Schülerinnen und Schülern mit Leistungsproblemen besteht ansonsten die Gefahr, dass sie das Interesse bereits wegen des fehlenden Verständnisses der Aufgabenstellung verlieren und deshalb auch keine Erfahrungen des eigenen Könnens machen (s. Kapitel 19 und 33).
- *Soziale Unterstützung.* Um Interesse zu fördern, sollten Schülerinnen und Schüler bei der Lösung von Aufgaben in dem Maße unterstützt werden, wie es angesichts ihres Kenntnisstandes erforderlich ist, um einen Lernerfolg zu erreichen. Dazu gehört zunächst, dass die Schwierigkeit der Aufgaben an den Kenntnisstand angepasst wird (d. h. die Schülerin bzw. der Schüler muss in der Lage sein, eine Aufgabe bei hinreichender Anstrengung zu lösen). Zudem ist überreglementierendes Verhalten zu vermeiden, da Fremdkontrolle mit einem Verlust an Interesse an einer Lerntätigkeit verbunden ist. Statt die Hausaufgaben ihres Kindes durch ständige Anweisungen, Befehle, Korrekturen und kritische Anmerkungen zu begleiten (sodass das Kind am Ende nicht mehr weiß, wer die Aufgaben eigentlich gemacht hat), ist es besser, wenn eine Mutter ihr Kind einen Teil der Aufgaben selbstständig bearbeiten lässt, um daran anschließend mit ihm die aufgetretenen Schwierigkeiten zu besprechen.

(2) *Förderung der Autonomie.* Interesse kann nur dann entwickelt werden, wenn Schülerinnen und Schüler ein Mindestmaß an Autonomie und Selbstbestimmtheit beim Lernen erleben. Dies wird gefördert, indem ihnen Handlungsspielräume und Wahlfreiheiten eröffnet werden. Dafür sind z. B. folgende Vorgehensweisen geeignet:

- *Mitbestimmung.* Die Schülerinnen und Schüler werden an der Auswahl des Lernstoffs und der Lernziele beteiligt. Am Beginn einer Unterrichtswoche vereinbart z. B die Lehrkraft gemeinsam mit ihren Schülerinnen und Schülern, an welchen Aufgaben und Themen diese arbeiten wollen; dazu setzen sie gemeinsam Ziele fest und entwickeln einen Zeit- und Arbeitsplan, in dem festgelegt wird, bis wann welche Ziele zu erreichen sind.
- *Handlungsspielräume.* Es werden Lernmethoden eingesetzt, die ein hohes Maß an Selbststeuerung erlauben und Handlungsspielräume bieten. Dafür eigenen sich Pro-

jektunterricht, Freiarbeit und kooperatives Lernen in Teams weit mehr als Methoden des Frontalunterrichts (vgl. dazu auch Kapitel 19).

- *Aushandeln von Verhaltensregeln.* Notwendige Zwänge (z. B. Verhaltensregeln im Unterricht oder in der Kleingruppe) werden erklärt und im Sinne vereinbarter, statt einseitig vorgegebener (bzw. fremdbestimmter) Regeln ausgehandelt und fixiert (z. B. in einer schriftlichen Vereinbarung zum Teamverhalten, deren Einhaltung von den Kindern bzw. den Jugendlichen gemeinsam überprüft wird).
- *Selbstbewertung.* Auf negative Konsequenzen (z. B. Androhung von Strafen, ermahnende Hinweise auf Prüfungen) wird bewusst verzichtet. Stattdessen werden den Schülerinnen und Schülern Techniken vermittelt, wie sie ihre eigenen Lernfortschritte dokumentieren können (z. B. besonders gelungene Unterrichtsarbeiten in einer Arbeitsmappe sammeln und Lernkurven anlegen, die Fortschritte sichtbar machen).
- *Ankopplung an übergeordnete Ziele.* Uninteressant erscheinende, aber notwendige Teile des Lehrstoffs (z. B. die Durchführung komplizierter mathematischer Berechnungen) werden dadurch interessant, dass sie mit einem persönlich bedeutungsvollen und lebenspraktisch relevanten Oberziel verknüpft werden (die eingeübten Berechnungen werden z. B. auf die Erklärung eines Phänomens der Astronomie, wie der Bestimmung der Flugbahn eines Kometen, angewandt und später mit der tatsächlichen Flugbahn verglichen).

(3) *Förderung der sozialen Einbindung.* Eine weitere Möglichkeit, Interesse für einen Lerngegenstand zu fördern, besteht darin, die Lerntätigkeit sozial einzubinden. Dazu sind folgende Maßnahmen geeignet:

- *Teamarbeit.* Hier bearbeiten die Schülerinnen und Schüler in Kleingruppen gemeinsam eine Aufgabenstellung (z. B. ein Unterrichtsprojekt), die ihnen selbst persönlich bedeutungsvoll erscheint (weil sie sich z. B. selbst für das Projekt entschieden haben). Die Bearbeitung erfordert einen intensiven sozialen Austausch zwischen den Mitgliedern der Gruppe. Jedes Mitglied übernimmt die Verantwortung für eine Teilaufgabe und diskutiert diese mit den Mitschülerinnen und Mitschülern.
- *Hervorhebung des Verhältnisses zwischen Lehrkraft und Schülerinnen bzw. Schülern.* Lehrkräfte sollten zum Ausdruck bringen, dass sie an den Lernfortschritten ihrer Schülerinnen und Schüler tatsächlich interessiert sind. Zudem sollten sie das Lernen selbst zum Unterrichtsthema machen. Beispielsweise werden die Schülerinnen und Schüler in Gruppengesprächen angeregt, zu reflektieren, wie sie lernen, welche Arbeitstechniken sie einsetzen (z. B. beim Lesen eines Textes), wie sie mit Schwierigkeiten fertig werden und wie sie sich zum Lernen motivieren (s. Kapitel 28).

(4) *Die persönliche Bedeutsamkeit des Lerngegenstands fördern.* Während die bislang aufgeführten Interventionsbereiche Interesse dadurch fördern, dass eine Lerntätigkeit mit der Befriedigung grundlegender Bedürfnisse verbunden wird, geht es bei den folgenden Maßnahmen darum, den subjektiven Wert von Lerngegenständen (Aufgaben, Themen, Unterrichtsfächern) direkt zu erhöhen. Hierfür sind folgende Maßnahmen geeignet:

- *Das Ziel des Lernens muss klar und persönlich bedeutungsvoll sein.* Die Lernenden müssen einen hinreichend plausiblen Grund sehen, etwas Bestimmtes zu lernen. Die Bedeutung des Lernstoffs muss nachvollziehbar sein (z. B. Mathematik als Grundlage des technischen Fortschritts oder Englisch als zentrale Sprache bei internationalen Kontakten erkennen). Nur so können sie den Lernstoff als subjektiv bedeutsam erleben und beurteilen, ob der Lernstoff mit eigenen Zielen und Interessen übereinstimmt.

- *Lehrkräfte sollen ihr eigenes Interesse am Stoffgebiet zum Ausdruck bringen.* Interesse wirkt ansteckend und kann daher am besten vermittelt werden, wenn Pädagoginnen und Pädagogen selbst als „interessierte Modelle“ fungieren und ihre Freude und Begeisterung in einem Unterrichtsfach offen zum Ausdruck bringen. Eine Lehrkraft erzählt z. B., warum sie sich für ein bestimmtes Unterrichtsfach entschieden hat, was sie an einer Aufgabenstellung reizt und fasziniert und wie sie bei der Bearbeitung einer Aufgabe Gefühle der Neugier und Freude erlebt.
- *Den emotionalen Gehalt des Lernstoffs erhöhen.* Der Lernstoff sollte mit emotionalen Erlebnissen verbunden werden, indem z. B. spannende oder persönlich bewegende biografische Daten zu bedeutenden Forschern bzw. Forscherinnen berichtet werden (z. B. Stephen Hawking und seine Krankheitsgeschichte im Unterrichtsfach Physik).
- *Praktische Anwendungsmöglichkeiten hervorheben.* Desinteressierte Schülerinnen und Schüler sehen zumeist keinerlei Beziehung zwischen dem, was sie in einem Schulfach lernen, und dem, was sie im Alltag erleben bzw. benötigen. Anwendungsbezogene und lebensnahe Inhalte werden demgegenüber als interessant erlebt. Aus diesem Grund (d. h. aufgrund ihrer Lebensnähe) ist z. B. Biologie die einzige Naturwissenschaft, die auch bei Schülerinnen auf großes Interesse stößt. Es ist daher erstrebenswert, die praktische Bedeutsamkeit von Lerninhalten aufzuzeigen. Dies kann zum Beispiel durch einen problemorientierten Unterricht erfolgen, der mit einem praktisch wichtigen Problem beginnt (z. B. Ernährung und Gesundheit), zu dessen Lösung der darauf folgende Lernstoff (z. B. Lebensmittelchemie) beiträgt.
- *Den Lernstoff mit „natürlichen“ Interessen verbinden.* Ein zu lehrender Stoff wird für die Schülerinnen und Schüler interessanter, wenn er sich mit bereits vorhandenen Interessen verbinden lässt. Zu diesem Zweck ist es sinnvoll, die Interessen der Schülerinnen und Schüler zu kennen (z. B. indem persönliche Interessen im Unterricht erörtert werden) und dann zu versuchen, diese in den Unterricht zu integrieren bzw. mit dem aktuellen Lernstoff zu verbinden. Mädchen können z. B. stärker für Naturwissenschaften interessiert werden, wenn physikalische Gesetze auf Bereiche angewendet werden, die für sie generell interessant sind (die Arbeitsweise einer Pumpe wird zum Beispiel anhand der Funktionsweise des menschlichen Herzens erläutert).
- *Für Abwechslung und Neuheit sorgen.* Die Stoffvermittlung sollte abwechslungsreich sein. Dazu gehört z. B. die Variation der Sozialform (direkte Instruktion, Gruppenarbeit, individuelles Lernen) und der Art der Lernmaterialien und -medien (z. B. Einführung von computerunterstütztem Unterricht).
- *Kognitive Konflikte erzeugen.* Kognitive Konflikte zwischen bestimmten Tatsachen und dem eigenen Wissen erhöhen das Interesse an einem Lerngegenstand. Beispiele dafür sind: Die Schülerinnen und Schüler entdecken, dass ihr Wissen bestimmten empirischen Gegebenheiten widerspricht (z. B. dass die jährliche Niederschlagsmenge in Italien größer ist als in England); oder sie werden auf etwas Erstaunliches und auf den ersten Blick schwer Erklärbares an einem an sich vertrauten Phänomen hingewiesen (z. B. Warum ist der Himmel blau? Warum schimmert ein Ölfleck auf der Straße?).

Verknüpfung und zeitliche Abfolge der Fördermaßnahmen

Bei der Verknüpfung der Fördermaßnahmen sollten alle vier Ansatzpunkte beachtet werden: Die Aufgabe bzw. Themenstellung sollte interesseweckend gestaltet werden (durch Lebensnähe, Bedeutsamkeit, Aktualität, Neuartigkeit, Möglichkeiten zu selbstständigem Handeln), Kompetenzerfahrungen vermitteln (z. B. durch die kontinuierliche Registrierung und Rückmeldung von Lernfortschritten), Möglichkeiten zur Selbstbestimmung bieten (z. B. durch Mitbestimmung bei der Themen- und Aufgabenwahl) und in soziale Aktivitäten (z. B. Teamarbeit, Exkursionen) eingebunden werden. Kasten 2 demonstriert die Verknüpfung am Beispiel einer Förderstunde aus dem eingangs beschriebenen Fall.

Kasten 2: Beispielhafter Verlauf einer Förderstunde (vgl. Fallbeispiel)

Die Lerntherapeutin bzw. der Lerntherapeut

- äußert Verständnis für die Probleme der Schülerinnen und Schüler (z. B. „Mathematik und Physik sind schwierige Fächer, die leider nicht immer gut unterrichtet werden"). *(soziale Einbindung)*
- bringt ihre bzw. seine eigenen Erfahrungen als Kind ein und erzählt, was sie bzw. er an den Fächern Mathematik und Physik besonders spannend und interessant fand. *(persönliche Bedeutsamkeit)*
- hebt die praktische Bedeutsamkeit des Stoffes und der Aufgaben hervor, indem sie oder er z. B. Lebensbereiche nennt und gemeinsam mit den Schülerinnen und Schülern erarbeitet, in denen der Stoff angewendet werden kann. *(persönliche Bedeutsamkeit)*
- verbindet die schulischen Aufgaben und Arbeitsmaterialien gezielt mit praktischen Anwendungen und den Freizeitinteressen der Schülerinnen und Schüler (z. B. Bremswegberechnung bei einem Motorrad; später werden die Berechnungen auf dem Verkehrsübungsplatz überprüft). *(persönliche Bedeutsamkeit)*
- hat Aufgaben und Materialien unterschiedlicher Schwierigkeitsgrade vorbereitet, um die Schülerinnen und Schüler zu Beginn nicht zu überfordern und das Anforderungsniveau langsam zu steigern. *(Kompetenz)*
- gibt den Schülerinnen und Schülern die Möglichkeit, selbst Aufgaben(-gebiete) auszuwählen, die sie bearbeiten möchten. *(Selbstbestimmung)*
- gibt kontinuierlich Rückmeldungen zu den Lernfortschritten und leitet die Schülerinnen und Schüler darin an, ihre Fortschritte selbst zu registrieren (z. B. durch Lernkurven). *(Kompetenz)*
- lässt die Aufgaben im Team bearbeiten, sodass sich die Schülerinnen und Schüler über ihre Lösungen und Strategien wechselseitig austauschen und das Gruppenergebnis gemeinsam präsentieren können. *(Kompetenz und soziale Einbindung)*
- verbalisiert wiederholt, dass es ihr bzw. ihm wichtig ist, dass alle Schülerinnen und Schüler die Aufgaben und den Stoff gut verstehen. *(soziale Einbindung)*

Zu Beginn der Intervention geht es vor allem darum, einen motivierenden Einstieg zu schaffen und die Aufmerksamkeit auf die Trainingsmaterialien zu lenken. Dabei spielt die Person der Lerntherapeutin bzw. des Lerntherapeuten eine wichtige Rolle. Sie (die Person) ist hier ganz besonders gefordert, indem sie eine partnerschaftliche und persönlich offene Beziehung zu den Schülerinnen und Schülern aufbaut. Es sind insbesondere folgende Maßnahmen gefragt: Vertrauen in die Kompetenz der Schülerinnen und Schüler äußern, sie partnerschaftlich behandeln und die eigene Beziehung zu dem infrage stehenden Themengebiet (z. B. die Mathematik im obigen Fallbeispiel) einbringen. In der nächsten Phase der Intervention wird es vor allem wichtig sein, die Eigenaktivität der Schülerinnen und Schüler anzuregen, Selbstbestimmung zu ermöglichen und die praktische Relevanz des fraglichen Stoffgebietes zu vermitteln. In einer dritten Phase der Fördermaßnahme geht es dann vor allem um eine Festigung und intensive Förderung des überdauernden individuellen Sachinteresses. Neben den bereits genannten Aspekten stehen hier besonders folgende Maßnahmen im Vordergrund: den emotionalen Gehalt des Lernstoffs erhöhen, vorhandene Interessen der Lernerinnen und Lerner einbeziehen und für Abwechslung, Neuheit und kognitive Konflikte sorgen.

20.4 Hinweise für die organisatorische Umsetzung

Die beschriebenen Maßnahmen zur Interessenförderung können (und sollten) generell in den Schulunterricht integriert werden. Besonders vorteilhaft ist, wenn sie nicht nur von einzelnen Lehrkräften bzw. in bestimmten Klassen und Unterrichtsfächern realisiert werden, sondern als Entwicklungsprojekt auf der Ebene einer gesamten Schule umgesetzt werden. Hierbei wirken alle Lehrkräfte einer Schule zusammen, um interessefördernde Unterrichtsprojekte zu entwickeln (vgl. Maehr & Midgley, 1991). Von besonderer Bedeutung ist die Interessenförderung für Schülerinnen und Schüler, die bereits ausgeprägte Abneigungen gegen bestimmte Unterrichtsfächer entwickelt haben. Hier bieten sich zwei Möglichkeiten zur Umsetzung von Interventionen an: Entweder werden im Regelunterricht heterogene Gruppen gebildet (z. B. zu einem Unterrichtsprojekt), in denen desinteressierte Schülerinnen und Schüler gezielt mit interessierten Mitschülerinnen und Mitschülern in Lernteams zusammengefasst werden (die interessierten Mädchen und Jungen dienen dabei als Modelle und Vorbilder); oder es werden spezielle Fördergruppen eingerichtet (z. B. für Schülerinnen und Schüler, die aufgrund ihrer unzureichenden Lernaktivität bereits gravierende Leistungsrückstände entwickelt haben), die von eigens ausgebildeten Lehrkräften oder Lerntherapeutinnen bzw. Lerntherapeuten angeleitet werden (so wie dies auch im Fallbeispiel geschehen ist, bislang jedoch noch wenig Verbreitung gefunden hat). Bei der Interessenförderung ist die Arbeit in Lerngruppen der individuellen Förderung einzelner Schülerinnen oder Schüler vorzuziehen, da sich die meisten der oben beschriebenen Maßnahmen nur im Rahmen der Gruppenarbeit realisieren lassen.

20.5 Wirksamkeit und Wirksamkeitsbedingungen

Die Wirksamkeit der dargestellten Maßnahmen zur Interessenförderung ist in zahlreichen Untersuchungen nachgewiesen worden (Bergin, 1999). In den meisten Studien werden jedoch keine Angaben zur Effektstärke gemacht. Zudem werden zumeist nur Einzelmaßnahmen auf ihre Wirksamkeit hin geprüft. Die Tatsache, dass viele der beschriebenen Maßnahmen signifikante Effekte hervorbringen, lässt darauf schließen, dass ihre Bündelung noch deutlichere und auch praktisch bedeutsame Wirkungen erzielt (Bergin, 1999). In der Entwicklung solcher Programme zur systematischen Interessenförderung wird zurzeit eine der wichtigsten Aufgaben der Interessenforschung gesehen.

Besonders effektiv ist die Förderung von Interessen dann, wenn sie mit der Vermittlung von Lernstrategien (vgl. Kapitel 21) kombiniert wird (z. B. beim Lesen von Texten; Schiefele, 2009). Die Förderung von Interesse erhöht die Bereitschaft, dass die neu erworbenen Strategien auch tatsächlich auf eine Lernaufgabe angewendet werden.

20.6 Literatur

Grundlegende Literatur

Bergin, D. A. (1999). Influences on classroom interest. *Educational Psychologist, 34,* 87–98. doi: 10.1207/s15326985ep3402_2

Krapp, A. (1998). Entwicklung und Förderung von Interessen im Unterricht. *Psychologie in Erziehung und Unterricht, 44,* 185–201.

Prenzel, M. (1997). Sechs Möglichkeiten, Lernende zu demotivieren. In H. Gruber & A. Renkl (Hrsg.), *Wege zum Können* (S. 33–44). Bern: Huber.

Weiterführende Literatur

Brophy, J. E. (2004). *Motivating students to learn.* Mahwah, NJ: Erlbaum.

Deci, E. L. & Ryan, R. M. (2002). Overview of self-determination theory: An organismic dialectical perspective. In E. L. Deci & R. M. Ryan (Eds.), *Handbook of self-determination research* (pp. 3–33). Rochester, NY: University of Rochester Press.

Hartinger, A. (2006). Interesse durch Öffnung des Unterrichts – wodurch? *Unterrichtswissenschaft, 34,* 272–288.

Krapp, A. (1997). Interesse und Studium. In H. Gruber & A. Renkl (Hrsg.), *Wege zum Können* (S. 45–58). Bern: Huber.

Krapp, A. (2010). Interesse. In D. H. Rost (Hrsg.), *Handwörterbuch Pädagogische Psychologie* (4. Aufl., S. 311–323). Weinheim: Beltz.

Maehr, M. & Midgley, C. (1991). Enhancing student motivation: A schoolwide approach. *Educational Psychologist, 26,* 399–427. doi: 10.1080/00461520.1991.9653140

Schiefele, U. (2009). Situational and individual interest. In K. R. Wentzel & A. Wigfield (Eds.), *Handbook of motivation at school* (pp. 197–222). New York/London: Routledge.

Schiefele, U. & Wild, K.-P. (Hrsg.). (2000). *Interesse und Lernmotivation: Untersuchungen zur Entwicklung, Förderung und Wirkung.* Münster: Waxmann.

Material

Bergmann, C. & Eder, F. (2005). *Allgemeiner Interessen-Struktur-Test mit Umwelt-Struktur-Test (AIST-R mit UST-R): Revision.* Göttingen: Hogrefe.

Brickenkamp, R. (1990). *Die Generelle Interessen-Skala (GIS).* Göttingen: Hogrefe.

Prenzel, M. (1995). Zum Lernen bewegen: Unterstützung von Lernmotivation durch Lehre. *Blick in die Wissenschaft, 4,* 58–71.

Prenzel, M. & Lankes, E.-M. (1989). Wie Lehrer Interesse wecken und fördern können. In S. Bäuerle (Hrsg.), *Der gute Lehrer* (S. 66–81). Stuttgart: Metzlar.

21. Vermittlung von Lernstrategien und selbstreguliertem Lernen

Gerhard W. Lauth, Matthias Grünke und Joachim C. Brunstein[1]

Fallbeispiel

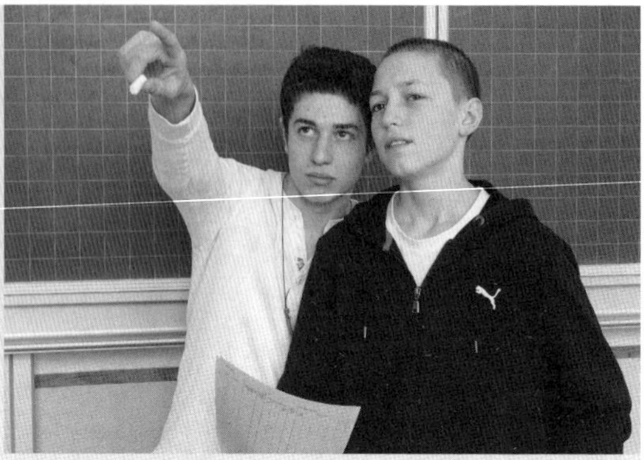

Patrick ist neun Jahre alt und besucht seit Kurzem die 4. Grundschulklasse. In den beiden ersten Schuljahren lagen seine Leistungen im Durchschnittsbereich. Er konnte dem Unterricht gut folgen und beteiligte sich aktiv daran. Seit Mitte des 3. Schuljahres ließen seine Leistungen jedoch plötzlich nach. Möglicherweise hing das mit der neuen Klassenlehrerin und ihrem veränderten Unterrichtsstil zusammen. Während Patricks vorherige Klassenlehrerin den Unterricht stark vorstrukturierte und den Schülerinnen und Schülern nur wenig Selbstständigkeit abforderte, individualisiert und öffnet die neue Kollegin den Unterricht sehr viel stärker. Sie lässt beispielsweise in Wochenplänen, an Stationen und in Freiarbeit lernen.

Trotz anfänglicher Schwierigkeiten kamen die meisten Kinder mit dieser Umstellung im Laufe der Zeit gut zurecht. Patrick fiel es jedoch auffallend schwer, sein Lernen selbst in die Hand zu nehmen. Seine Lehrerin und seine Mutter waren sich darin einig, dass es Patrick nicht an fachlichem Wissen fehlte, sondern dass seine Probleme auf sein planloses Vorgehen zurückzuführen waren. Sowohl im Unterricht als auch bei den Hausaufgaben zeigte er vor allem dann Probleme, wenn eine Aufgabe aus mehreren Teilschritten bestand, die genau geplant und kontrolliert werden mussten (z. B. Textaufgaben lösen oder einen Aufsatz schreiben). Patrick brauchte dann immer sehr lange, um überhaupt anzufangen. Danach arbeitete er stockend, ging unsystematisch vor und gab sehr schnell auf, wenn erste Schwierigkeiten auftraten. Falls sein Lösungsansatz nicht funktionierte, veränderte er sein Vorgehen nicht. Stattdessen sagte er dann: „Ich kann das sowieso nicht". Auf direktes Nachfragen konnte Patrick zwar einige Lernstrategien benennen, die für bestimmte schulische Aufgaben geeignet sind (z. B. vor dem Schreiben eines Textes eine Gliederung zu erstellen). Er wendete dieses Wissen allerdings weder im Unterricht noch zu Hause an.

Gemeinsam mit drei weiteren Schülern hat Patrick angefangen, an einem von einer Sonderpädagogin geleiteten Lerntraining teilzunehmen, das zweimal pro Woche statt-

---

1 Das Kapitel beruht auf der Überarbeitung einer Version, die Frau Mackowiak für die Erstausgabe 2003 geschrieben hat. Wir danken für die Überlassung der Erstfassung.

findet. Dort wird er mit Strategien zum Lesen, Schreiben und Rechnen vertraut gemacht. Außerdem lernt er, diese mit metakognitiven Aktivitäten zu verknüpfen, die der Planung, Überwachung und Korrektur des eigenen Vorgehens dienen. Als Aufgaben kommen zunächst schulferne Materialien zum Einsatz (z. B. Cartoons, Knobelaufgaben, logische Reihen und Master Mind). Später werden schrittweise schulnahe Problemstellungen eingeführt. Die Sonderpädagogin macht die Lernstrategien zunächst vor. Danach fordert sie die Kinder auf, die Anwendung der gezeigten Methode selbst zu erproben. Dabei macht sie Verbesserungsvorschläge und gibt Rückmeldungen zum korrekten Vorgehen. Zunehmend zieht sie sich dann aber zurück und lässt die Kinder immer eigenständiger arbeiten. Die Aufgaben und Materialien werden so ausgewählt, dass sie für die Schüler mit einiger Anstrengung gut lösbar sind. Erfolge verstärkt sie durch Lob und durch die Vergabe von Plastikchips, die am Ende jeder Stunde von den Kindern für Spielminuten eingetauscht werden können. Lernerfolge führt die Sonderpädagogin ganz ausdrücklich auf die Anstrengung und die wachsende Fähigkeit der Schüler zurück.

Die Eltern werden über die Inhalte der Sitzungen informiert. Darüber hinaus erhalten sie Anregungen, wie sie die Anwendung der Lernstrategien zu Hause unterstützen können (z. B. bei der gemeinsamen Planung einer Unternehmung für das Wochenende). Die Intervention läuft nun schon ein halbes Jahr und mittlerweile zeigen sich bei Patrick (ähnlich wie bei den anderen Kindern) deutliche Fortschritte. Patrick beteiligt sich z. B. wieder stärker am Unterricht und erledigt seine Aufgaben sorgfältig. Die im Training erworbenen Strategien wendet er auch in der Klasse und bei den Hausaufgaben an. Bei Schwierigkeiten gibt er nicht sofort auf. Er prüft seine Ergebnisse und bemüht sich um Verbesserungen, wenn er damit nicht zufrieden ist.

21.1 Kurzbeschreibung der Methode und ihres theoretischen Hintergrunds

Unter strategischem und selbstreguliertem Lernen ist ein Prozess zu verstehen, bei dem Menschen ohne direkte Anleitung durch Andere (z. B. Lehrkräfte oder Eltern) neues Wissen erwerben und vorhandene Kompetenzen anwenden. Um hierzu fähig zu sein, müssen Schülerinnen und Schüler ihr Vorgehen beim Lernen genau planen, es fortlaufend überwachen und so lange stetig verbessern, bis der erwünschte Erfolg eintritt. Das Interesse an diesem Thema wurde durch die „kognitive Wende" in den 70er Jahren des letzten Jahrhunderts inspiriert (vgl. dazu Bruer, 1993). In Untersuchungen zu geistigen Vorgängen (wie der Verbalisierung von Gedankengängen vor, während und nach der Bearbeitung einer Aufgabe) zeigte sich, dass erfolgreiche Lernerinnen und Lerner ihre Vorgehensweisen durch „innere Gespräche" quasi selbst anleiteten. Sie planten ihren Lernprozess sorgfältig („Welche Ziele habe ich beim Lernen? Wie muss ich vorgehen, um diese Aufgabe zu lösen?"), vergewisserten sich ihrer Fortschritte („Was habe ich bereits erreicht? Was ist mir noch nicht gelungen?") und hielten bei Schwierigkeiten inne (z. B. wenn sie eine Textpassage nicht verstanden hatten), um über bessere Lösungswege nachzudenken. Bei schwächeren Lernerinnen und Lernern fanden sich kaum Indizien für ein solches reflektierendes Denken. Typisch für sie waren überhastete, zufallsgesteuert wirkende und unüberlegte Vorgehensweisen. Daraus entwickelte sich die Idee, schwächere Lernerinnen und Lerner so zu schulen, so dass sie über ein „strategisches" Vorgehen mehr Erfolge erreichen (Sideridis & Citro, 2009).

In den letzten 20 Jahren hat das Interesse an diesem Thema weiter zugenommen. Das „Lernen des Lernens" (ein Ausdruck, der auf Wilhelm von Humboldt zurückgeht) soll Kindern und Jugendlichen nicht nur vermittelt, sondern in der Schule auch umfassend abverlangt werden. Im Unterricht findet Lernen oft ohne direkte Anleitung im Rahmen von Projekten oder sonstigen offenen Arrangements statt. Bei der Anfertigung der Hausaufgaben steht einem Kind gewöhnlich ebenfalls keine Lehrkraft zur Seite, die Anweisungen erteilt, Lösungen prüft und Hilfestellungen gibt. In solchen Situationen sind Schülerinnen und Schüler darauf angewiesen, ihr Lernen selbst zu organisieren, d. h. sich eigene Ziele zu setzen, Lösungswege zu entwickeln, Ergebnisse zu bewerten und Schlussfolgerungen für das weitere Lernen zu ziehen. Selbstreguliertes Lernen gehört heute auch ganz offiziell zu den zentralen Bildungszielen des Schulunterrichts (Deutsches PISA-Konsortium, 2003). Als fächerübergreifende Kompetenz soll es dazu beitragen, das eigene Wissen ein Leben lang zu erweitern. Zugleich setzt selbstreguliertes Lernen aber ein Bündel von „Skills" voraus, die zumeist mühevoll erlernt und eingeübt werden müssen. Diese Fertigkeiten hat Pressley (1986) in einem Modell des „Good Strategy Users" dargestellt. Es beschreibt, was „gutes" Lernen im Kern ausmacht. Nach Pressley gehören dazu an erster Stelle die folgenden *kognitiven Merkmale*:

- eine breite und vertiefte Wissensbasis;
- die Beherrschung von Strategien, mit deren Hilfe sich Aufgaben erfolgreich bearbeiten lassen;
- ein differenziertes Wissen darüber, für welche Aufgaben welche Strategien (oder Kombinationen von Strategien) am besten geeignet sind;
- die Fähigkeit, den eigenen Lernfortschritt zu beobachten und über Möglichkeiten nachzudenken, wie das eigene Vorgehen noch weiter zu verbessern ist.

Zum guten Lernen gehören zusätzlich aber auch bestimmte motivationale Überzeugungen. Gute Lernerinnen und Lerner zeichnen sich nach Pressley dadurch aus, dass sie:

- davon überzeugt sind, etwas erlernen zu können, und sich die dafür erforderlichen Fähigkeiten nicht einfach absprechen („Mathe kann ich eben nicht");
- Fehler und Schwierigkeiten als natürlichen Bestandteil des Lernens betrachten und fest daran glauben, durch Anstrengung zum Erfolg zu gelangen;
- keine Angst davor haben, beim Lernen zu versagen;
- das, was sie lernen, mit persönlichen Interessen und Zukunftsvorstellungen verbinden (z. B. mit einem Beruf, für den sie sich interessieren).

Lernschwache Schulkinder gehen anders vor. Sie beschäftigen sich mit einer Aufgabe meist nur recht oberflächlich, nehmen sich kaum Zeit für die Vorbereitung, arbeiten dann verhältnismäßig unsystematisch und prüfen kaum die erzielten Ergebnisse. Ihr Wissen ist oft lückenhaft. Sie kennen kaum effektive Strategien und setzen die (wenigen) ihnen zur Verfügung stehenden Möglichkeiten selten bis gar nicht ein. Ihre motivationale Haltung zum Lernen wird durch Gefühle der Unlust, Versagensängste und den fehlenden Glauben an die eigenen Fähigkeiten geprägt.

Pressleys (1986) Modell des wohl durchdachten, strategiegeleiteten und engagierten Lernens bietet wichtige Anhaltspunkte, wie in solchen Fällen vorzugehen ist. Zuallererst kommt es darauf an, Strategien zu vermitteln, mit denen Schülerinnen und Schüler bestimmte Aufgaben effektiver bearbeiten können. Derartige Vorgehensweisen stellen gleichsam das Werkzeug dar, mit dem sich Problemstellungen und Materialien so bearbeiten lassen, dass überzeugende Ergebnisse zustande kommen (z. B. eine gelungene Zusammenfassung eines gelesenen Textes; die Erstellung eines inhaltlich und formal ansprechenden Aufsatzes; die Lösung einer Textaufgabe; s. dazu Kapitel 12, 14 und 16). Darüber hinaus sollen Schülerinnen und Schüler dazu angeleitet werden, ihre Strategien reflektiert anzuwenden, sich beim Lernen eigene Ziele zu setzen, die Art der Aufgabe zu analysieren, den Einsatz ihres Vorgehens vorausplanend durchzudenken, die dabei erreichten Ergebnisse zu kontrollieren und ihren Weg ggf. zu verändern, falls er offenbar nicht zum Erfolg führt. Je neuer Lernaufgaben sind und je mehr Teilschritte für ihre Lösung benötigt werden, umso stärker sind Schülerinnen und Schüler auf ein strategisches Vorgehen angewiesen.

Arten von Lernstrategien

Mandl und Friedrich (2006) haben eine Systematik erstellt, in der kognitive von motivational-emotionalen Strategien unterschieden werden:

(1) *Kognitive Strategien*. Diese Techniken dienen dazu, neues Wissen aufzunehmen, es gedanklich zu ordnen, es abzuspeichern und es wieder abzurufen, um es auf neue Aufgaben anwenden zu können. Folgende Strategien haben sich für diesen Zweck bewährt:

- *Elaborationsstrategien* dienen dazu, neue Informationen mit bestehenden Wissensstrukturen zu verbinden und sie sich dadurch leichter zu merken. Beispiele dafür sind: Vorwissen aktivieren, Fragen zum Lernstoff stellen, sich Notizen machen, Vorstellungsbilder erzeugen und Gedächtnisstützen verwenden.
- *Organisationsstrategien* helfen dabei, neue Informationen zu strukturieren und zu einem Gesamtbild zusammenzufügen. Beispiele dafür sind: die Auflistung der Kernideen eines Textes, die Gliederung einer Schreibaufgabe und das Erstellen von Grafiken, Tabellen und Diagrammen, die einen komplexen Sachverhalt auf das Wesentliche reduzieren und ihn dadurch leichter verständlich machen.
- *Selbstkontroll- und Selbstregulationsstrategien* gliedern den Lernprozess in eine Abfolge wohldurchdachter und überschaubarer Schritte. Ein Beispiel dafür bietet folgendes Vorgehen: Planen („Was muss ich bei dieser Aufgabe eigentlich tun?"), Beobachten („Bin ich der Lösung schon näher gekommen?"), Bewerten („Nein, so geht es leider nicht!") und Korrigieren („Das muss ich noch einmal anders versuchen!").
- *Strategien der Wissensnutzung* dienen dazu, vorhandene Inhalte abzurufen und neu miteinander zu verknüpfen, damit sie an die jeweilige Aufgabe angepasst werden können (z. B. beim Lösen von komplexen Problemen, beim Schreiben von Texten oder bei der Ausarbeitung einer Argumentationskette). Hierzu gehört, dass eine Lernerin oder ein Lerner den eigenen Wissensspeicher abruft (z. B. „Woran erinnert mich die Aufgabe? Kenne ich Ähnliches?").

(2) *Motivationale und emotionale Strategien*. Diese Methoden beeinflussen die Aufgabenwahl (Schwierigkeit und Inhalt), die Anstrengungsbereitschaft und die Ausdauer beim

Lernen. Sie werden auch dafür eingesetzt, um eine für das Lernen geeignete Stimmungslage herzustellen (z. B. um Lernunlust zu überwinden oder Ängste abzubauen). Beispiele dafür sind folgende Vorgehensweisen:

- positive Zielsetzungen verfolgen und Anreize für das Lernen erzeugen;
- sich für Lernergebnisse oder Zwischenresultate belohnen:
- negative Emotionen wie Frustration und aversive Tendenzen überwinden:
- Lernerfolge als Ergebnis von Können und Bemühen erklären;
- beim Lernen Emotionen beachten und ihnen nachgehen (z. B. wenn eine Lösung „komisch" wirkt).

Kennzeichen selbstregulierten Lernens

Damit Lernstrategien die erhoffte Wirkung entfalten können, ist es zweckmäßig, sie in ein Gesamtgefüge selbstregulierender Handlungen einzubinden. Wie dies geschieht, hat Zimmerman (2000) anhand der folgenden drei Phasen verdeutlicht:

- *Planungsphase.* Bevor eine Aufgabe bearbeitet wird, ist zunächst zu prüfen, um welche Art von Anforderung es überhaupt geht (ein Sachbericht wird z. B. anders geschrieben als eine Erlebniserzählung). Darauf bauen die Formulierung eigener Lernziele („Was will ich erreichen?") und die Vorausplanung der Bearbeitung auf („Über welche Strategien verfüge ich? Mit welchen Strategien kann ich mein Ziel erreichen?"). Günstig dafür ist, wenn die Aufgabe mit eigenen Interessen verbunden wird und die bzw. der Lernende davon überzeugt ist, die ausgewählten Strategien auch in der Anwendung zu beherrschen (hohe Selbstwirksamkeitserwartung).
- *Handlungsphase.* In dieser Phase wird die Aufgabe unter Einsatz der dazu ausgewählten Lernstrategien bearbeitet. Hierbei ist es wichtig, das eigene Vorgehen genau zu überwachen. Ist die Strategie beispielsweise noch unvertraut, so muss sehr viel Aufmerksamkeit auf ihre korrekte und kleinschrittige Ausführung gerichtet werden. Selbstinstruktionen erleichtern dies (s. Kapitel 36). Zugleich gilt es, sich vor Ablenkungen abzuschirmen (z. B. indem man störende Gegenstände wie etwa eine tickende Uhr aus der Umgebung entfernt). Überwacht werden zudem die Lernfortschritte. Hierfür prüft die oder der Lernende, ob die betreffende Strategie auch zum gewünschten Ergebnis führt („Hilft mir die Technik des Unterstreichens tatsächlich dabei weiter, die Kernideen eines Textes herauszufinden und die Bedeutung des Gelesenen zu erkennen?").
- *Selbstreflexion.* Ist die Aufgabenbearbeitung (vorläufig) beendet, so schätzt die bzw. der Lernende das Resultat der eigenen Bemühungen ein. Diese Selbstbewertung richtet sich zunächst auf die Frage, ob die angestrebten Ziele erreicht worden sind. Sie umfasst aber auch eine kritische Prüfung dessen, was „noch nicht so gut gelaufen" ist, was also in Zukunft weiter verbessert werden kann. Diese reflektierenden Gedanken leiten bereits die Planung der nächsten Lernaufgabe ein. Günstig ist, wenn sich die Lernbereitschaft durch förderliche Attributionen unterstützen lässt (s. Kapitel 40): Fortschritte werden auf wachsende Fähigkeiten, suboptimale Ergebnisse auf unzureichende Anstrengungen zurückgeführt.

Ziegler und Stöger (2005, S. 28) haben die Vorzüge sich selbst regulierender Lernerinnen und Lerner wie folgt auf den Punkt gebracht:

- Sie prüfen genau den Inhalt und den Schwierigkeitsgrad einer Problemstellung. Außerdem verbinden sie die Aufgabe mit einem eigenen Ziel und planen den Einsatz dafür geeigneter Strategien.
- Sie wenden die betreffende Vorgehensweise nicht „blind“ oder „starr“ an, sondern stimmen sie flexibel auf die jeweilige Aufgabe ab. Dabei prüfen sie, ob die Strategie (oder ein Paket aus mehreren Strategien) auch den erwarteten Nutzen erbringt (hier: das Erreichen des selbstgesteckten Ziels).
- Sie überprüfen und bewerten die Ergebnisse ihres Lernens und wenden die dabei gewonnenen Erkenntnisse an, um neue Aufgaben noch wirkungsvoller bearbeiten zu können („Was lief gut?“, „Wo habe ich noch Schwächen?“, „Was fällt mir noch schwer?“, „Was muss ich noch stärker üben?“).

21.2 Indikation der Methode

Die Förderung von strategischem und selbstreguliertem Lernens bietet sich immer dann an, wenn komplexe, störanfällige und von Schülerinnen und Schülern frei zu gestaltende Leistungen gefordert werden (z. B. einen Aufsatz schreiben, die Hausaufgaben erledigen, sich auf eine Prüfung vorbereiten). Kinder und Jugendliche scheitern an diesen Anforderungen, wenn sie entweder keine geeigneten Strategien zur Bewältigung der Aufgaben kennen, solche Strategien nicht ausreichend beherrschen oder diese zumindest nicht von sich aus anwenden. In beiden Fällen empfiehlt es sich, die Vorgehensweisen unmittelbar zu lehren und dabei ihre Nützlichkeit hervorzuheben. Die Vermittlung von Lernstrategien ist besonders angezeigt bei:

- Allgemeinen Lernschwächen und -störungen (Kombinierte Störung schulischer Fertigkeiten, ICD-10 F81.3; s. Kapitel 5),
- nicht näher bezeichneten Entwicklungsstörungen schulischen Lernens (ICD-10 F81.9; signifikante Beeinträchtigung des Lernens bei unauffälliger Intelligenz);
- Lernbehinderungen (s. Kapitel 6);
- Underachievement (d. h. bei Schülerinnen und Schülern, die ihre intellektuellen Fähigkeiten nicht adäquat in schulische Leistungen umsetzen können; s. Kapitel 2).

Bei inhaltlich begrenzten Lernstörungen (z. B. Rechenschwäche oder Lese-Rechtschreibschwäche; s. Kapitel 3 und 4) liegen gravierende Lücken im schulischen Wissen vor. Die Vermittlung eines strategischen Zugangs zum Lernen und der Aufbau selbstregulierender Handlungen bieten hier nur ein organisatorisches Gerüst, das systematisches Nachlernen und Einüben basaler Fertigkeiten unterstützt.

21.3 Detaillierte Beschreibung des Vorgehens

Strategische Lernaktivitäten werden im Rahmen spezieller Trainings ausgebildet. Dafür bietet sich folgendes Vorgehen an (Ziegler & Stöger, 2005):

(1) *Abklärung von Intelligenz und Schulleistung*. In der Diagnostik ist zunächst eine Abklärung der allgemeinen intellektuellen Leistungsfähigkeit durch einen mehrdimensio-

nalen Intelligenztest angezeigt (z. B. Kaufman Assessment Battery for Children [K-ABC] von Kaufman & Kaufman, 2009). Darüber hinaus geben standardisierte, altersnormierte Schulleistungstests (z. B. Schulleistungsbatterie zur Erfassung des Lernstandes in Mathematik, Lesen und Schreiben [SBL I und SBL II] von Kautter, Storz & Munz, 2000, 2002) sowie ergänzende Leistungsbeurteilungen durch die Lehrkräfte Hinweise darauf, ob Wissenslücken oder unzureichende Lernvoraussetzungen vorliegen (z. B. mangelnde Lese-, Rechtschreib- und Rechenleistungen; Wissensdefizite in Einzelfächern).

(2) *Abklärung der strategischen Lernaktivitäten*. Hierbei wird überprüft, ob das Kind nützliche Lernstrategien kennt (Strategiewissen), sie spontan einsetzt (Nutzung) und dadurch seine Leistungen steigern kann (Mediation). Dies lässt sich mit folgenden Hilfsmitteln erfassen:

- *Fragebögen und Lernstrategieinventare* (Artelt, 2000) ermitteln die Nutzungshäufigkeit verschiedener Strategien. Leider werden hierbei selten die Angemessenheit der Wahl und die Qualität der Ausführung berücksichtigt. Hinzu kommt, dass Aussagen über den Gebrauch von Lernstrategien nicht unbedingt die tatsächliche Anwendung widerspiegeln (Spörer & Brunstein, 2006).
- *Direkte Beobachtung der Lernaktivität* (z. B. bei der Bearbeitung von Hausaufgaben oder Arbeitsproben). Hierbei wird festgehalten, inwieweit eine Schülerin bzw. ein Schüler z. B. Lösungswege plant, sich Notizen macht, innehält und Zwischenergebnisse überprüft.
- *Lautes Denken*. Hier lösen die Kinder oder Jugendlichen eine Lernaufgabe und sprechen aus, wie sie vorgehen. Diese Technik kann auch als nachträgliches Lernprotokoll ausgeführt werden, wobei die Schülerin bzw. der Schüler eine Aufgabe löst und im Nachhinein berichtet, wie sie bzw. er vorgegangen ist. Beide Methoden eignen sich für Mädchen und Jungen ab dem 10. Lebensjahr. Sie ermöglichen eine handlungsnahe Analyse des strategischen Vorgehens und kommen häufig zu valideren Aussagen als Angaben in Fragebögen.

Die in Kasten 1 aufgeführten Leitfragen liefern Hinweise zur Identifizierung möglicher Strategiedefizite in den von Mandl und Friedrich (2006) genannten Bereichen.

Kasten 1: Leitfragen zur Identifizierung von Strategiedefiziten

Hinweise auf Probleme in der Verwendung (meta-)kognitiver Strategien
- Wird das Lernziel verstanden? Werden Teilziele beim Lernen formuliert?
- Werden die wesentlichen Aspekte einer Aufgabe identifiziert?
- Wird auf Vorerfahrung und auf Vorwissen zurückgegriffen?
- Werden Notizen gemacht?
- Werden Lerninhalte durch Wiederholung präsent gehalten?
- Wird das Lernmaterial strukturiert? Werden Bedeutungszusammenhänge zwischen Lerninhalten gebildet?
- Werden Diagramme und Tabellen erstellt, um den Lernstoff zu strukturieren?
- Sind selbst gerichtete Fragen zu beobachten? Wird das Lernen durch Selbstanweisungen angeleitet?
- Werden Strategien auf ihre Brauchbarkeit hin verglichen?
- Werden Fortschritte überwacht? Werden Fehler bemerkt? Werden Korrekturen vorgenommen? Wird das Lernen reflektiert und optimiert?

Hinweise auf Probleme bei der Verwendung von Emotions- und Motivationsstrategien

- Besteht Interesse an der Aufgabe? Wird der Nutzen der Aufgabe für das eigene Lernen herausgearbeitet?
- Ist die Aufmerksamkeit auf die Aufgabe gerichtet? Gelingt es dem Lernenden, sich gegen ablenkende Einflüsse abzuschirmen?
- Besteht die Bereitschaft, sich anzustrengen? Wird bei auftretenden Schwierigkeiten die Anstrengung erhöht?
- Gelingt es der oder dem Lernenden, negative Emotionen (z. B. Frustration, Angst, Langeweile) zu regulieren? Welche Techniken werden dazu eingesetzt (Entspannung, Selbstbelohnung usw.)?
- Glaubt die oder der Lernende daran, die Aufgabe erfolgreich bewältigen zu können? Werden angemessene Erklärungen für Erfolge und Misserfolge gegeben?

Hinweise auf Probleme in Kooperationsstrategien und in der Ressourcennutzung

- Wird ausreichend viel Zeit für das Lernen eingeplant? Wird bei längerfristigem Lernen ein Zeitplan erstellt?
- Werden Medien zur Informationsgewinnung genutzt (z. B. Bücher, Lexika, Internet)?
- Werden Expertinnen und Experten hinzugezogen, um an wichtige Informationen zu gelangen?
- Werden Ziele gemeinsam verfolgt? Wird der Lernstoff aufgeteilt? Werden wichtige Informationen ausgetauscht?

(3) *Ableitung des zu vermittelnden Vorgehens.* Das konkrete Vorgehen bei der Förderung von strategischen Lernaktivitäten ergibt sich aus den Antworten auf zwei Fragen: (a) Welche Handlungsschritte müssen beim Lösen einer Aufgabe ausgeführt werden (Anforderungsstruktur der Aufgabe)? (b) Was tut die oder der Lernende tatsächlich während der Aufgabenbearbeitung (realisiertes Verhalten)? Treten Diskrepanzen zwischen den Anforderungen der Aufgabe und dem gezeigten Verhalten der oder des Lernenden auf, so ist eine Förderung angezeigt und hilfreich.

(4) *Durchführung der Förderung.* Hierfür stehen verschiedene Methoden zur Verfügung:

- *Instruktionspsychologische Maßnahmen*, bei denen die Lehrkraft über förderliche Lernaktivitäten informiert und diese demonstriert. Hierbei geht es um die Erarbeitung und Vermittlung sowie um die Erprobung verschiedener Vorgehensweisen (z. B. „Welche Strategien gibt es? Welche sind wann sinnvoll einzusetzen? Was tue ich, wenn ich nicht weiterkomme?“).
- *Gelenkte Selbstreflexionen* zur Anbahnung metakognitiver und strategischer Lernprozesse (z. B. mittels eines Arbeitsrückblicks oder einer Lernkonferenz). Eine besonders sinnvolle Methode stellt in diesem Zusammenhang das Führen von Lerntagebüchern dar. Durch sie lassen sich die eigenen Lernprozesse gut dokumentieren („Wann habe ich was gemacht? Was war erfolgreich? Wo habe ich Schwierigkeiten gehabt? Was muss ich als nächstes tun?“). Ebenso dienen Lernkonferenzen dazu, den eigenen Weg zu reflektieren und zu optimieren.
- *Gestaltung von Übungssequenzen unter Verwendung realitätsnaher Problemstellungen.* Ganz wesentlich sind in diesem Kontext wiederholte Übungsphasen, in denen Lernstrategien situationsspezifisch erprobt werden, um auf diese Weise herauszufinden, wann welche Handlungen erfolgreich sind.

- *Modellierungstechniken* zur Vermittlung und Modifizierung des Lernverhaltens (z. B. durch lautes Denken, heuristische Dialoge, Selbstinstruktionen). Zuweilen stellt sich während der Bearbeitung einer Problemstellung heraus, dass ein ursprünglich eingeschlagener Weg ganz offenkundig nicht zum gewünschten Ziel führt. Um zu vermitteln, wie man das eigene Vorgehen bei Bedarf korrigiert, bearbeitet die Lehrkraft selbst eine Aufgabe, bei der sie ihre eingangs ausgewählte Technik austauscht und dabei in einfachen Worten verbalisiert, was ihr dabei durch den Kopf geht. Anschließend erproben die Schülerinnen und Schüler die Strategien selbst anhand mehrerer Beispiele. Bei Bedarf bietet die Lehrkraft kleine Hilfestellungen in Form kurzer Anleitungen an. Nach und nach sollten die Schülerinnen und Schüler ihren Lernprozess aber eigenständig regulieren.
- *Operante Verstärkung* zur Förderung angemessener Lernaktivitäten. Gerade zu Beginn des Strategieerwerbs sind häufige Rückmeldungen unabdinglich. Dies kann durch den Einsatz eines Token-Systems (für lernstrategische Handlungen werden symbolische Verstärker vergeben, die sich anschließend gegen attraktive Vergünstigungen eintauschen lassen) oder durch zeitnahe mündliche Rückmeldungen (soziale Verstärkung) geschehen. Ziel sollte es hierbei stets sein, dass die Schülerinnen und Schüler langfristig die Vorteile der Strategienutzung selbst erkennen und ihren Erfolg darauf zurückführen.
- *Lernpartnerschaften* mit Mitschülerinnen bzw. mit Mitschülern zur Analyse und Änderung des Lernverhaltens. Der wechselseitige Erwerb von Wissensinhalten und Kompetenzen im Rahmen eines tutoriellen oder reziproken Lernarrangements ist eine sehr sinnvolle Möglichkeit, um gelernte Inhalte zu verfestigen (s. Kapitel 12 und 38). Er lässt sich durch geeignete Materialien (z. B. Kärtchen mit Schlüsselbegriffen, die für die Präsentation und Wiederholung des Lernstoffs eingesetzt werden sollen) wirkungsvoll unterstützen. Dabei ist zu beachten, dass die Strategievermittlung durch Beobachtungs- und Reflexionsprozesse begleitet wird (vgl. Huber, 2006).

Für die konkrete Gestaltung der Förderung empfiehlt sich folgendes Vorgehen, mit dem die Voraussetzungen zum selbstgesteuerten und strategischen Lernen nach und nach aufgebaut und verfestigt werden (s. Stöger, Sontag & Ziegler, 2009; Zimmerman, Bonner & Kovach, 1996):

1. *Selbsteinschätzung*. Diese Kompetenz wird eingeübt, indem die Schülerinnen und Schüler vor dem Bearbeiten einer Aufgabe den voraussichtlich damit verbundenen Aufwand überschlagen. Die Lehrkraft bietet ihnen hierzu unterschiedliche Problemstellungen an, aus denen sich die Kinder oder Jugendlichen etwas aussuchen sollen. Mit der Zeit lernen sie immer besser, ihre eigenen Fähigkeiten in Anbetracht unterschiedlich anspruchsvoller Herausforderungen realistisch einzuschätzen. Unterstützt werden kann dieser Prozess auch durch das gemeinsame Erarbeiten von Fragen (z. B. „Warum ist diese Aufgabe für mich leicht oder schwer? Was unterscheidet die Aufgaben? Was kann ich bei dieser Aufgabe gut, wobei habe ich noch Schwierigkeiten?“).

2. *Ableitung eines Lernziels*. Das Setzen angemessener Ziele ist relevant, um selbstreguliert lernen zu können. Eine Förderung kann nur gelingen, wenn die Schülerinnen und Schüler anhand geeigneter Aufgabentypen einüben, auch eigenständig Vorsätze zu formulieren. Um das Ziel im Zusammenhang mit einer Problemstellung zu klären, werden

Lernende dazu angehalten, darüber nachzudenken, was sie erwartet. Ein lautes Vorlesen ist zunächst sehr hilfreich, um alle wesentlichen Informationen zu sammeln, die es anschließend in eigenen Worten zu beschreiben gilt. Zur Vertiefung können je nach Aufgabe Visualisierungstechniken eingesetzt werden. Dies hat sich sowohl auf der Vorstellungsebene („Stell dir bildlich vor, was in der Aufgabe verlangt wird!“) als auch auf der Ebene der konkreten Anschauung („Mache eine Skizze von dem Problem!“) als nützlich erwiesen. Andere Darstellungsformen sind Tabellen, Grafiken und Mind Maps. All diese Techniken dienen dazu, zu überprüfen, ob das Lernziel richtig verstanden wurde und ob der Ausgangs- bzw. der Zielzustand korrekt repräsentiert sind.

3. *Strategische Planung*. Auf dieser Stufe entscheidet die oder der Lernende über das eigene Vorgehen. Die Auswahl einer geeigneten Strategie erleichtert die rasche Zielerreichung. Dabei muss die Schülerin bzw. der Schüler den Ablauf der Lösungsschritte „vorausdenken“ (z. B. „Was ist zu tun, um das Ziel zu erreichen? Welche Schritte sind notwendig?“). Hierfür eignet sich die Methode des „lauten Denkens.“ Die oder der Lernende wird aufgefordert, die eigenen Gedanken laut zu äußern. Das Vorgehen kann dabei zunächst modellhaft demonstriert und anschließend durch Fragen angeregt werden (z. B. „Was denkst du jetzt? Was könntest du noch tun?“), bis das Kind oder der Jugendliche dies selbstständig beherrscht. Alle Ideen sind zu notieren, um einen Vergleich zwischen alternativen Lösungswegen und notwendigen Lösungsstrategien zu erleichtern („Welche Wege zum Ziel fallen dir ein? Wie kannst du herausfinden, welche Möglichkeit die bessere ist? Welche Strategien hast du bei ähnlichen Aufgaben früher schon mal gewählt?“). Zum Abschluss muss sich die oder der Lernende für einen konkreten Plan entscheiden („Welches ist für dich der erfolgversprechendste Weg und warum?“). Dieser kann entweder alle Zwischenschritte bis zur Erreichung des Lernziels beinhalten (was manchmal hohe Anforderungen stellt) oder sich jeweils auf verschiedene Teilziele beziehen.

4. *Strategieanwendung*. Das Lernziel wird in der Regel mittels verschiedener Lösungsschritte erreicht, die nacheinander zu durchlaufen sind. Dies erfordert zum einen ein Repertoire bereichs- und aufgabenspezifischer Strategien (s. dazu z. B. Kapitel 12, 14, 16), zum anderen aber auch die Fähigkeit, die Konsequenzen unterschiedlicher Handlungsalternativen und Vorgehensweisen abzuwägen, zu vergleichen und sich für die erfolgversprechendste Alternative zu entscheiden. Eine bewährte Möglichkeit besteht darin, gemeinsam mit dem Kind bzw. dem Jugendlichen (oder einer kleinen Gruppe) verschiedene Strategien zu erarbeiten, um Informationen darüber zu bekommen, wann, wo und warum der Einsatz welcher Technik sinnvoll ist (konditionales Strategiewissen, z. B. „Weißt du, wann diese Strategie günstig ist und wann nicht? Worauf kommt es an, ob diese Strategie erfolgreich ist?“).

Da gerade zu Beginn einer Förderung der Einsatz von Lernstrategien sehr fehleranfällig ist, sollten zunächst nur wenige Methoden gleichzeitig eingeübt werden. Dies geschieht am besten über einen längeren Zeitraum von mehreren Wochen. Durch die wiederholte Erfahrung im Umgang mit jeweils wenigen Techniken wird den Kinder und Jugendlichen immer wieder vor Augen geführt, dass zwischen ihrem Verhalten und dem Ergebnis ihrer Bemühungen ein Zusammenhang besteht. Wichtig ist dabei, unrealistische Erfolgsbewertungen auf Seiten der oder des Lernenden anzusprechen. Insbesondere beim Einüben einer neuen Strategie bringt diese nämlich nicht immer sofort den erhofften Erfolg. Daher sollte sich die Aufmerksamkeit zunächst auf die sorgfältige und korrekte Ausführung der Strategie und erst danach (wenn die Strategieanwendung weitgehend gesichert ist) auf das damit erzielte Ergebnis konzentrieren. Ansonsten besteht die Gefahr, dass die Motivation, die neue Strategie einzusetzen, schwindet, bevor die Strategie überhaupt beherrscht wird.

Mit der Zeit kann mit einem solchen Vorgehen ein metakognitives Wissen über die Anwendung verschiedener Vorgehensweisen aufgebaut werden. Als vorteilhaft hat sich erwiesen, Schülerinnen und Schüler gute und weniger günstige Strategien bei verschiedenen Aufgaben erproben und bewerten zu lassen. Da solche Prüf- und Bewertungsprozesse im Grundschulalter nur selten spontan auftreten, müssen sie zumindest bei jüngeren Mädchen und Jungen direkt angeregt werden.

5. *Strategieüberwachung und Strategieanpassung*. Entscheidend für die erfolgreiche Bewältigung von Aufgaben ist die Überwachung des Lösungsprozesses. Diese sogenannte exekutive Kontrolle beinhaltet Mechanismen der Steuerung, der Koordination, der Bewertung und der Regulation des eigenen Handelns (verbunden mit dem Ziel, das eigene Lernen möglichst effizient zu gestalten). Beispielsweise werden erfolgreiche Handlungsschritte registriert, Fehler erkannt bzw. korrigiert und Strategien den jeweiligen Erfordernissen einer Aufgabe angepasst. Unter Umständen ist dieser Prozess des Anwendens, Überwachens und Anpassens mehrmals zu durchlaufen, bis die Lösung gelingt. Gerade hier zeigen lernschwache Schülerinnen und Schüler Rückstände: Sie kontrollieren ihre Lernaktivitäten nicht, beginnen mit ineffektiven Techniken und ignorieren auftretende Fehler. Daraus resultiert ein Teufelskreis negativer Lernerfahrungen, der sich ungünstig auf die Motivation auswirkt.

Die Förderung exekutiver Kontrollprozesse ist ein wesentlicher Bestandteil der Verbesserung des Lernens. Wichtig ist, dass die oder der Lernende klare und adäquate Kriterien für eine Überwachung der eigenen Lernstrategien verwendet und sich dabei Fragen stellt, wie z. B.: „Woran merke ich, dass eine Strategie erfolgreich ist und mich weiterbringt?“ oder „An welchen Stellen muss ich mein strategisches Vorgehen noch verbessern; wo mache ich Fehler, was kann ich noch nicht so gut, was will ich das nächste Mal ändern?“ Zu Beginn kann es daher vorteilhaft sein, die Schritte der Überwachung und Anpassung (inklusive der Formulierung angemessener Kriterien) modellhaft zu demonstrieren und dabei das eigene Handeln durch sprachliche Äußerungen zu verdeutlichen. Das modellierte Verhalten lässt sich dann vom Kind bzw. Jugendlichen nach und nach übernehmen, bis es bzw. er in der Lage dazu ist, das eigene Lösungshandeln mithilfe von Selbstinstruktionen für sich zu kontrollieren (s. Kapitel 36).

6. *Bewertung des Ergebnisses*. Am Ende beurteilt die oder der Lernende, ob das Ziel erreicht ist und die gewählte Strategie erfolgreich war. Das Ergebnis wird also ebenso abgewogen wie der Lernprozess selbst. Lerntagebücher bieten eine gute Möglichkeit, um Lernvorgänge zu reflektieren. Lernkurven und Diagramme veranschaulichen die Lernfortschritte. Das daraus gewonnene Wissen kann für die Planung weiterer Maßnahmen und neuer Aufgaben sehr nützlich sein. Erst wenn Schülerinnen und Schüler Zusammenhänge zwischen ihrem Lernverhalten und dem Lernergebnis herstellen können, werden

sie ihre Erfahrungen auch auf zukünftige Bemühungen anwenden und ihre Lernstrategien optimieren können.

Strategiewissen allein ist noch keine Garantie für die Nutzung einer Strategie. Auch emotionale und motivationale Prozesse spielen dabei eine wichtige Rolle. So sind lernschwache Mädchen und Jungen häufig misserfolgsorientiert. Sie geben bereits bei ersten Schwierigkeiten auf oder trauen sich die Übertragung einer Strategie auf neue Aufgaben nicht zu. Entsprechend ist es wichtig, dass Kinder und Jugendliche angemessene Erklärungen (Attributionen) für ihre Erfolge und Misserfolge heranziehen. Führen sie diese nicht auf ihr Lernverhalten, sondern auf unkontrollierbare Ursachen (wie Pech bzw. Glück oder ihre Fähigkeiten) zurück, sind sie wenig motiviert, sich bei zukünftigen Lernaufgaben anzustrengen. Daher ist es wichtig, angemessene Ursachenzuschreibungen einzuüben (s. Kapitel 40).

7. *Kooperation mit Bezugspersonen.* Schließlich werden bei Bedarf verschiedene Bezugspersonen, wie etwa die Eltern oder die Klassenlehrkraft, in die Förderung einbezogen, damit sie das strategische Lernverhalten auch außerhalb der Förderung unterstützen. Hierzu sollten sie über die von den Kindern oder Jugendlichen erworbenen Lernstrategien informiert und dazu angeleitet werden, ihnen bei der Nutzung ihrer Kompetenzen zu helfen (z. B. im Zusammenhang mit dem Anfertigen von Hausaufgaben; s. Kapitel 29).

21.4 Hinweise für die organisatorische Umsetzung

Konzepte zur Förderung von strategischem und selbstreguliertem Lernen lassen sich in Form eines Einzel- oder Kleingruppentrainings realisieren. Die Sitzungen dauern 30 bis 40 Minuten und sollten regelmäßig ein- bis zweimal pro Woche stattfinden. Hierbei ist es wichtig, den Strategieerwerb und die Strategieanwendung schrittweise in die Verantwortung der bzw. des Lernenden zu übertragen. Grundsätzlich lassen sich diese Trainingsmaßnahmen auch im regulären Unterricht implementieren. Um zu vermeiden, dass an die Schülerinnen und Schüler widersprüchliche Anforderungen gestellt werden, ist es wichtig, dass sich die Lehrkräfte im Kollegium abstimmen. Borkowski und Muthukrishna (1992) empfehlen, Lehrerinnen und Lehrern folgende Kenntnisse zu vermitteln:

- Sie erhalten ausführliche Informationen darüber, was Lernstrategien sind, wie sie wirken und welcher Nutzen ihr Einsatz erbringt.
- Sie werden in das Modell des „Good Strategy User“ eingeführt. Dadurch sollen sie besser verstehen, dass es nicht allein genügt, Schülerinnen und Schülern ein breites Repertoire von Strategien zu vermitteln. Es ist ebenso wichtig, genau zu verstehen, für welche Aufgaben welche Strategien besonders nützlich sind.
- Sie werden über die Bedeutung metakognitiver Aktivitäten aufgeklärt (insbesondere die Planung, Überwachung und Korrektur von Lernhandlungen). Außerdem erfahren sie, wie sich solche Aktivitäten in den Unterricht einbinden lassen (z. B. durch Lerntagebücher und Gruppendiskussionen).
- Sie werden in die Beantwortung der Frage mit einbezogen, wie die Schülerinnen und Schüler im Rahmen verschiedener Unterrichtsfächer zu strategischem und selbstre-

guliertem Lernen angeregt werden können. Zudem sollen sie bei der Planung von Maßnahmen mitwirken, welche die Lernbereitschaft der Kinder und Jugendlichen erhöhen und eventuell bestehende Versagensängste mindern können (z. B. durch die Belohnung von Lernfortschritten und die Verbalisierung förderlicher Attributionen für Erfolg und Misserfolg).

- Bei lernschwachen Mädchen und Jungen ist es stets angezeigt, eine Förderung zusätzlich auch außerhalb des Regelunterrichts durchzuführen (z. B. im Förderunterricht; s. Kapitel 43). Bei einem Training in Kleingruppen sollten die Inhalte und das Tempo auf die jeweiligen Lernvoraussetzungen abgestimmt werden. Zur Festigung und Verallgemeinerung der erworbenen Strategien ist es zudem vorteilhaft, die Eltern in die Förderung mit einzubeziehen (z. B. bezüglich der Hausaufgaben).

21.5 Wirksamkeit und Wirksamkeitsbedingungen

Ein Training von Lernstrategien wird in der Fachliteratur als wirksame Intervention angesehen. Die Befundlage ist sehr vielversprechend, weil gleich sechs neue Metaanalysen vorliegen, welche die Wirksamkeit dieser Interventionsform bei Schülerinnen und Schülern mit gravierenden Lernproblemen prüften (Gajria, Jitendra, Sood & Sacks, 2007; Gersten, Chard, Jayanthi, Baker, Morphy & Flojo, 2009; Graham & Harris, 2003; Jitendra, Edwards, Sacks & Jacobson, 2004; Scruggs, Mastropieri, Berkeley & Graetz, 2010; Swanson, 2001). Sie bewerten den Nutzen übereinstimmend als „stark“ (Effektstärken zwischen 1.10 und 2.11; s. Kapitel 30). Nur Swanson (2001) kommt in seiner Metaanalyse für „Problemlösen“ (z. B. mehrschrittig zu lösende Textaufgaben im Rechnen oder das Erstellen von Aufsätzen) auf eine mittlere Effektstärke von 0.47. Der Anregung von Metakognition wird eine Effektstärke von 0.57 bescheinigt. Die Metaanalyse Swansons lässt zudem erkennen, dass sich die Wirksamkeit der Strategievermittlung erhöht, wenn sie mit Wissensvermittlung verbunden wird. Insofern gilt die Vermittlung von Lernstrategien zweifelsohne als Maßnahme mit einer sehr gut gesicherten Wirksamkeit. Dies trifft auch auf den Kontext des Schulunterrichts zu. In der umfassendsten Metaanalyse über Einflussgrößen des schulischen Lernerfolgs ermittelte Hattie (2009) eine Effektstärke von 0.60 für die Vermittlung von Lernstrategien und 0.69 für die Anregung der Metakognition. Einzelne Metaanalysen verweisen darauf, dass die Wirksamkeit auch davon abhängt, wer die Intervention durchführt. Bei Lehrerinnen und Lehrern ergeben sich geringere Effektstärken als bei Forscherinnen und Forschern (Dignath & Büttner, 2008).

21.6 Literatur

Grundlegende Literatur

Artelt, C. (2000). *Strategisches Lernen*. Münster: Waxmann.

Mandl, H. & Friedrich, H. F. (2006). *Handbuch Lernstrategien*. Göttingen: Hogrefe.

Pressley, M. (1986). The relevance of the good strategy user model to the teaching of mathematics. *Educational Psychologist, 21*, 139–161. doi: 10.1080/00461520.1986.9653028

Stöger, H., Sonntag, C. & Ziegler, A. (2009). Selbstreguliertes Lernen in der Grundschule. In F. Hellmich & S. Wernke (Hrsg.), *Lernstrategien im Grundschulalter. Konzepte, Befunde und praktische Implikationen* (S. 91–104). Stuttgart: Kohlhammer.

Weiterführende Literatur

Borkowski, J. G. & Muthukrishna, N. (1992). Moving metacognition into the classroom: „Working models“ and effective strategy teaching. In M. Pressley, K. R. Harris & J. T. Guthrie (Eds.), *Promoting academic literacy* (pp. 477–501). Orlando, FL: Academic Press.

Bruer, J. T. (1993). *Schools for thought: A science of learning in the classroom.* Boston, MA: MIT Press.

Deutsches PISA-Konsortium (2003). *PISA 2000: Ein differenzierter Blick auf die Länder der Bundesrepublik Deutschland.* Verfügbar unter: www.mpib-berlin.mpg.de/pisa/PISA-E_Vertief_Zusammenfassung.pdf [27.02.12]

Dignath, C. & Büttner, G. (2008). Components of fostering self-regulated learning among students. A meta-analysis on intervention studies at primary and secondary school level. *Metacognition & Learning, 3,* 231–264. doi: 10.1007/s11409-008-9029-x

Gajria, M., Jitendra, A. K., Sood, S. & Sacks, G. (2007). Improving comprehension of expository text in students with LD: A research synthesis. *Journal of Learning Disabilities, 40,* 210–225. doi: 10.1177/00222194070400030301

Gersten, R., Chard, D. J., Jayanthi, M., Baker, S. C., Morphy, P. & Flojo, J. (2009). Mathematics instruction for students with learning disabilities: A meta-analysis of instructional components. *Review of Educational Research, 79,* 1202–1242. doi: 10.3102/0034654309334431

Graham, S. & Harris, K. (2003). Students with learning disabilities and the process of writing: A meta-analysis of SRSD studies. In H. L. Swanson, K. R. Harris & S. Graham (Eds.), *Handbook of learning disabilities* (pp. 323–344). New York: Guilford.

Hattie, J. (2009). *Visible learning: A synthesis of over 800 meta-analyses relating to achievement.* London, UK: Routledge.

Huber, A. A. (2006). *Wechselseitiges Lehren und Lernen als spezielle Form Kooperativen Lernens.* Unveröffentlichte Habilitationsschrift. Weingarten: Pädagogische Hochschule Weingarten.

Jitendra, A. K., Edwards, L. L., Sacks, G. & Jacobson, L. A. (2004) What research says about vocabulary instruction for students with learning disabilities. *Exceptional Children, 70,* 299–322.

Scruggs, T. E., Mastropieri, M. A., Berkeley, S. & Graetz, J. (2010). Do special education interventions improve learning of secondary content? A meta-analysis. *Remedial and Special Education, 31,* 437–449. doi: 10.1177/0741932508327465

Spörer, N. & Brunstein, J. C. (2006). Erfassung selbstregulierten Lernens mit Selbstberichtsverfahren: Ein Überblick zum Stand der Forschung. *Zeitschrift für Pädagogische Psychologie, 20,* 147–160. doi: 10.1024/1010-0652.20.3.147

Swanson, H. L. (2001). Research on interventions for adolescents with learning disabilities: A meta-analysis of outcomes related to higher-order processing. *The Elementary School Journal, 101,* 331–348. doi: 10.1086/499671

Zimmerman, B. J. (2000). Attaining self-regulation: A social cognitive perspective. In M. Boekaerts, P. R. Pintrich & M. Zeidner (Eds.), *Handbook of self-regulation.* San Diego, CA: Academic Press.

Material

Kautter, H., Storz, L. & Munz, W. (2000). *Schultestbatterie zur Erfassung des Lernstandes in Mathematik, Lesen und Schreiben I (SBL I; 2. Aufl.).* Göttingen: Beltz.

Kautter, H., Storz, L. & Munz, W. (2002). *Schultestbatterie zur Erfassung des Lernstandes in Mathematik, Lesen und Schreiben II (SBL II; 2. Aufl.).* Göttingen: Beltz.

Kaufman, A. S. & Kaufman N. L. (2009). *Kaufman-Assessment Battery for Children (K-ABC)* (dt. Bearbeitung von P. Melchers & U. Preuß; 8. Aufl). Frankfurt: Pearson.

Sideridis, G. D. & Citro, T. A. (2009). *Classroom strategies for struggling learners.* Weston, MA: LDW.

Ziegler, A. & Stöger, H. (2005). *Trainingshandbuch selbstregulierten Lernens I. Lernökologische Strategien für Schüler der 4. Jahrgangsstufe Grundschule zur Verbesserung mathematischer Kompetenzen.* Lengerich: Papst.

Zimmerman, B. J., Bonner, S. & Kovach, R. (1996). *Developing self-regulated Learners: Beyond achievement and self-efficacy.* Washington, DC: American Psychological Association. doi: 10.1037/10213-000

22. Förderung regelkonformen Verhaltens im Unterricht

Henri Julius

Fallbeispiel

Lasse, Lukas und Patrick besuchen seit einer Woche die vierte Klasse einer neuen Grundschule. Zuvor waren sie an einer Schule, in der ihre Klassenlehrkräfte in den letzten beiden Jahren vier Mal gewechselt hatten. Alle Jungen kommen aus einem Elternhaus, in dem beide Eltern berufstätig sind und von daher wenig Zeit mit ihren Kindern verbringen können. Im Unterricht fallen Lasse, Lukas und Patrick dadurch auf, dass sie wiederholt dazwischen reden, sich unerlaubt vom Platz entfernen und der Lehrerin oftmals nicht zuhören. Die Häufigkeit dieser Regelverstöße wurde über einen Zeitraum von einer Woche täglich erfasst. Das Störverhalten dieser Jungen lag weit über dem Klassendurchschnitt. Um die Häufigkeit ihrer Regelverstöße zu reduzieren, erläuterte die Lehrerin der Klasse noch einmal die einzuhaltenden Verhaltensregeln. Anhand von Beispielen wurde jede einzelne der sechs Vorgaben (z. B. ‚wenn wir auf dem Platz sitzen, darf nur einer sprechen' oder ‚wenn man etwas sagen will, muss man sich melden') verdeutlicht. Im Anschluss beschrieb die Lehrerin, welche Reaktionen ihrerseits auf die Regelverstöße erfolgen. Dies reicht von einfachen Maßnahmen (wie nonverbalen Hinweisen in Form von z. B. Blicken) bis hin zum zeitweiligen Ausschluss aus dem Klassengeschehen. Zusätzlich wurden bei Lasse, Lukas und Patrick regelkonforme Verhaltensweisen systematisch mithilfe eines Token-Programms verstärkt. Nach drei Wochen zeigte sich, dass sich die Zahl der Regelverstöße bei den Jungen um 80 % reduziert hatte und nun im Durchschnitt der Klasse lag.

22.1 Kurzbeschreibung der Methoden und ihres theoretischen Hintergrunds

Um regelkonformes Verhalten im Unterricht zu fördern, steht Lehrkräften ein breites Spektrum von Maßnahmen zur Verfügung, das vom spannenden Unterricht bis zum zeitweisen Ausschluss einer Schülerin bzw. eines Schülers aus der Klassengemeinschaft reicht. Der Großteil dieser Maßnahmen wird unter dem Oberbegriff des Classroom Management zusammengefasst. Weitere Maßnahmen sind im Ansatz der Kooperativen Verhaltensmodifikation enthalten.

- Techniken des *Classroom Management* konzentrieren sich auf die Interaktion zwischen der Lehrkraft und den Schülerinnen bzw. Schülern, die Einführung von Regeln und Verstärkungen für deren Einhaltung, die Durchführung des Unterrichts und die Gestaltung des Klassenraums. Diese Maßnahmen beruhen im Wesentlichen auf Ergebnissen der empirischen Unterrichtsforschung und den Prinzipien der pädagogischen Verhaltensmodifikation.
- Die *Kooperative Verhaltensmodifikation* zielt darüber hinaus auf die Verbesserung der Interaktion zwischen Lehrkräften und Schülerinnen bzw. Schülern bei der Lösung von Konflikten ab. Aus einer gemeinsamen Problemanalyse des Unterrichtsgeschehens entwickeln Lehrkraft und Schulklasse verbindliche Verhaltensregeln, deren Einhaltung der Verantwortung beider Seiten unterliegt.

22.2 Indikation der Methoden

Classroom Management und Kooperative Verhaltensmodifikation zielen gleichermaßen auf die Förderung regelkonformen Verhaltens im Unterricht ab. Beide Methoden unterscheiden sich hinsichtlich der Voraussetzungen, welche die Schülerinnen und Schüler mitbringen sollten. Dementsprechend gibt es auch einen geringen Unterschied im Anwendungsbereich:

- In der kooperativen Verhaltensmodifikation steht die Selbststeuerung der Kinder und Jugendlichen im Vordergrund. Grundlegende Fähigkeiten darin sind für den Einsatz der Methode erforderlich. Das Vorgehen ist indiziert bei Disziplinproblemen im Unterricht: Obgleich Regeln überschritten werden, können grundlegende Kompetenzen im Bereich der Selbststeuerung auf Seiten der Schülerinnen und Schülern vorausgesetzt und daher auch für die Intervention genutzt werden.
- Die Methoden des Classroom Management sind der traditionellen (operanten) Verhaltensmodifikation verpflichtet. Selbstkontrolle auf der Seite der Schülerinnen und Schüler wird in diesem Ansatz nicht vorausgesetzt, sondern allenfalls angestrebt. Classroom Management ist indiziert bei Disziplinproblemen im Unterricht, wobei die Fähigkeit zur Selbststeuerung bei den Schülerinnen und Schülern eher schwach ausgeprägt ist.

22.3 Detaillierte Beschreibung des Vorgehens

In erster Linie trägt ein Unterricht, der an die Fähigkeiten und Bedürfnisse der Schülerinnen und Schüler angepasst ist, dazu bei, Regelüberschreitungen im Unterricht vorzubeugen. Schon bei der Gestaltung des Klassenraums ist darauf zu achten, dass die Lehrkraft jede Schülerin und jeden Schüler im Blickfeld behält und dass die Kinder oder Jugendlichen leichten Zugang sowie gute Sicht zu häufig verwendeten Materialien und Medien des Unterrichts haben (Emmer & Evertson, 2008).

Darüber hinaus werden mit dem Begriff des Classroom Managements Maßnahmen bezeichnet, die eine störungsfreie und kooperative Mitarbeit der Schülerinnen und Schüler im Unterricht aufbauen und aufrechterhalten (Cangelosi, 2007). Hierzu zählen vor allem:

(1) *Gestaltung der Interaktion zwischen Lehrkraft und Schulklasse.* Seit Kounins (1970) Arbeiten ist bekannt, dass Unterrichtsstörungen (und damit Regelverstöße) mit Unterschieden im Verhalten der Lehrkräfte einhergehen. Nach Kounin (1970), dessen Ergebnisse auf umfangreichen Videoanalysen beruhen, zeichnet sich das Verhalten von Pädagoginnen und Pädagogen, die nur selten mit Disziplinschwierigkeiten im Unterricht zu kämpfen haben, durch folgende Merkmalen aus.

- *Allgegenwärtigkeit*: Die größte Auswirkung auf eine geringe Häufigkeit von Regelüberschreitungen hat die Fähigkeit der Lehrkraft, „allgegenwärtig zu sein“. Damit ist gemeint, dass sie zu jeder Zeit darüber auf dem Laufenden ist, was im Klassenzimmer vor sich geht, und dies den Schülerinnen und Schülern auch zu verstehen gibt, indem sie bei Unterrichtsstörungen rechtzeitig und umsichtig eingreift. Sie wendet sich dann aber den Initiatoren der Unterrichtsstörungen und nicht deren Mitläufern zu (Havers, 1998; Kounin, 1970; Rheinberg & Hoss, 1979).
- *Überlappung*: Damit ist die Fähigkeit der Lehrkraft gemeint, mit Disziplinproblemen umzugehen, ohne den Unterrichtsfluss zu unterbrechen.
- *Flüssigkeit*: Es geht um die Fähigkeit der Lehrkraft, Unterrichtsabläufe unterbrechungsfrei und fließend zu gestalten. Die einzelnen Tätigkeiten der Schülerinnen bzw. der Schüler sowie der Lehrkraft folgen zügig aufeinander, sodass es keine (oder nur wenige) Leerlaufphasen gibt. Die Schülerinnen und Schüler wissen zu jedem Zeitpunkt, was von ihnen erwartet wird (Havers, 1998; Kounin, 1970).
- *Gruppenfokussierung:* Der Schwerpunkt der Aufmerksamkeit der Lehrkraft liegt auf Gruppen von Schülerinnen und Schülern oder auf der ganzen Klasse (Fragen werden z. B. an alle, statt nur an einzelne Kinder oder Jugendliche gestellt, sodass die ganze Klasse aktiviert wird).

(2) *Einführung und Einhaltung von Regeln.* Wenn regelkonformes Verhalten gefördert werden soll, ist es zunächst wichtig, Regeln für eine Klassengemeinschaft einzuführen. Insbesondere im Grundschulalter sollte man sich auf höchstens sechs Regeln beschränken. Sie sollten immer positiv formuliert werden, z. B.: „Wenn die Lehrkraft oder eine Schülerin bzw. ein Schüler etwas sagt, sollen die Kinder sie oder ihn ansehen und zuhören“ oder „Wenn jemand etwas sagen möchte, meldet sie/er sich“. Gerade bei Kindern im Grundschulalter ist darauf zu achten, dass die Regeln auch verstanden werden. Dazu ist es sinnvoll, sie mit Beispielen zu verdeutlichen. Die Akzeptanz von Klassenregeln steigt, wenn alle Schülerinnen und Schüler mit dem Regelsatz übereinstimmen und die Regeln nicht einfach von der Lehrkraft vorgegeben werden. Um eine solche Akzeptanz zu erreichen, ist es sinnvoll, die Schülerinnen und Schüler an der Erarbeitung und Formulierung der Regeln zu beteiligen.

Regeln, so Havers (1998, S. 9), „die ohne Konsequenzen übertreten werden können, sind wertlos“. Deshalb ist es in einem zweiten Schritt wichtig, Maßnahmen für Regelverstöße in der Klassengemeinschaft festzulegen. Diese Maßnahmen werden nach gestufter Eindringlichkeit bereitgehalten: Auf leichte, eher alltägliche Regelverstöße wird nach dem Prinzip der geringsten Intervention reagiert. Führt die zuerst eingesetzte Maßnahme aber nicht zum Ziel, folgen weitere Maßnahmen aus einer Hierarchie mit steigendem „Härtegrad" (Slavin, 1997):

- *Nonverbale Hinweise.* Die Reaktion der Lehrkraft mit nonverbalen Hinweisen in Form von z.B. missbilligenden Blicken ist die schwächste Intervention, um Regelverstöße mit Konsequenzen zu belegen. So kann die Lehrkraft Störungen beenden, ohne die Konzentration und Aufmerksamkeit der anderen Schülerinnen und Schüler zu beeinträchtigen.
- *Positive Verstärkung.* Auf den nächsten beiden Hierarchiestufen sollte die Lehrkraft mit positiver Verstärkung reagieren. Dazu kann sie entweder regelkonformes Verhalten bei anderen Schülerinnen und Schülern verstärken, oder sie verstärkt systematisch das regelkonforme Verhalten des fraglichen Kindes oder Jugendlichen. So erhöht sich die Wahrscheinlichkeit des Auftretens des erwünschten, mit dem Fehlverhalten inkompatiblen Verhaltens. Gleichzeitig sinkt die Auftretenshäufigkeit der Regelverstöße.
- *Verbale Ermahnungen.* Zeigen diese Interventionen keinen Erfolg, sollte die Lehrkraft die Schülerin bzw. den Schüler an die verletzte Regel erinnern, indem sie eine Ermahnung ausspricht. Zunächst nur einmal, und wenn diese Erinnerung nichts bewirkt, mehrmals. Verbale Ermahnungen sollten direkt nach dem Störverhalten erfolgen, konstruktiv und positiv sein und sich nur auf das Verhalten und nicht auf die Person beziehen.
- *Bestrafung.* Erst im letzten Schritt dieser Interventionshierarchie sollten negative Konsequenzen auf den Regelverstoß erfolgen. Diese Strafreize sollten von kurzer Dauer sein, mittelmäßig unangenehm und direkt im Anschluss an die wiederholte Regelübertretung erfolgen (s. Kasten 1). So könnte eine Schülerin bzw. ein Schüler, nach wiederholten, erfolglosen Erinnerungen an die Regel, andere bei der Stillarbeit nicht zu stören, beispielsweise dadurch bestraft werden, dass sie bzw. er in der nächsten Pause Arbeiten zum Allgemeinwohl der Klassengemeinschaft erledigen muss.

Kasten 1: Bestrafung

Der wohl bedeutsamste und schon von Skinner (1968) formulierte Nachteil liegt darin, dass Bestrafungen negative Gefühle wie Wut oder Angst auslösen, die das Lernen beeinträchtigen und eine negative Einstellung zur Schule begünstigen. Sind Bestrafungen unumgänglich, sollte die Lehrerin oder der Lehrer bei einer bestimmten Schülerin oder einem bestimmten Schüler beachten, dass:

- sie oder er genau weiß, wofür die Bestrafung erfolgt;
- die Bestrafung nicht zu einem Zeitpunkt erfolgt, zu dem die Schülerin oder der Schüler aufgeregt ist;
- die Schülerin bzw. der Schüler nach der Bestrafung wieder in das Unterrichtsgeschehen integriert wird, ohne dass die Lehrerin oder der Lehrer nochmals auf den Regelverstoß Bezug nimmt;
- das Verhalten bei seinem Beginn und nicht erst bei Beendigung bestraft wird;
- regelkonformes Verhaltens systematisch verstärkt wird.

(3) *Analyse der Ursachen.* Bei häufigen Regelverstößen ist es angebracht, die Ursachen bzw. aufrechterhaltenden Bedingungen dafür zu klären. Hierzu wird eine funktionale Analyse des Problemverhaltens durchgeführt (s. Anhang A in diesem Band), die in folgenden Schritten abläuft:

- Das Zielverhalten wird operationalisiert und möglichst durch die Erhebung einer Grundrate (s. dazu Kapitel 9) quantifiziert.
- Die vorausgehenden und nachfolgenden Bedingungen, die dieses Verhalten aufrechterhalten, werden bestimmt. Nach Slavin (1997) sollte dabei das Augenmerk auf den nachfolgenden Verstärkungen durch die Lehrkräfte und durch die Mitschülerinnen und Mitschüler gerichtet werden (s. Kasten 2).
- Im nächsten Schritt sind geeignete Interventionen auszuwählen, um die Häufigkeit der Regelüberschreitungen zu reduzieren.

Kasten 2: Ungewollte Verstärkung von Regelverstößen

In vielen Unterrichtssituationen lässt sich beobachten, dass Lehrkräfte Regelverstöße ungewollt verstärken, indem sie der betreffenden Schülerin oder dem betreffenden Schüler gerade jetzt besondere Aufmerksamkeit widmen. Eine weitere und noch schwerer auszuschaltende Verstärkerquelle sind die Mitschülerinnen und Mitschüler, die das Fehlverhalten in Form von Aufmerksamkeit, aber auch Anerkennung belohnen. Grundsätzlich gilt, dass je häufiger und regelmäßiger eine Konsequenz erfolgt ist, desto leichter lässt sich das infrage stehende Verhalten abbauen. Eine intermittierende Verstärkung, die zudem noch unregelmäßig auf das Verhalten erfolgt, hat hingegen eine hohe Löschungsresistenz des Zielverhaltens zur Folge. Eine negative Verstärkung von Regelverstößen liegt vor, wenn es Schülerinnen oder Schülern gelingt, durch Regelverstöße langweiligem Unterricht oder unangenehmen Aufgaben zu entgehen, indem sie als Konsequenz diesen Verhaltens z. B. zeitweilig aus dem Unterrichtsgeschehen ausgeschlossen werden oder die Langeweile durch wiederholte Ermahnungen unterbrochen wird.

Hierzu bieten sich Maßnahmen der pädagogischen Verhaltensmodifikation an. Hat die Lehrkraft z.B. festgestellt, dass die Regelüberschreitungen verstärkt werden, so sind diese Verstärker auszublenden. Ist dies nicht möglich, weil z. B. die Verstärkung von den Mitschülerinnen und Mitschülern ausgeht, so ist das betroffene Mädchen oder der betroffene Junge durch eine kurze Auszeit von dieser Verstärkerquelle zu isolieren. Parallel zur Ausblendung bzw. Abschirmung von Verstärkern sollte in jedem Fall regelkonformes Verhalten durch positive Verstärkung weiter aufgebaut und gefestigt werden. Dieses Ziel lässt sich durch den Einsatz von Token-Programmen (s. Kapitel 18) wirkungsvoll erreichen. Ist ein solches Programm etabliert, können Schülerinnen und Schüler bei Regelübertretungen mit Verstärkerentzug bestraft werden, indem man ihnen für die verschiedenen Arten von Regelverstößen eine vorher festgelegte Anzahl von Tokens entzieht. Diese Form der Bestrafung ist weniger aversiv als die direkte Bestrafung, in der ein Strafreiz gesetzt wird, und geht deshalb auch mit weniger negativen Begleiterscheinungen bei der Schülerin bzw. beim Schüler einher (z.B. Trotz, Unwilligkeit, Widerspruch, Ärger).

Wenn die Einhaltung von Regeln mit Verstärkungen belohnt und/oder der Verstoß gegen Regeln mit dem Entzug von Tokens bestraft wird, sollte man einen Kontingenzvertrag abfassen, der die Verhaltensziele und die dazugehörigen Verhaltensweisen und Konsequenzen festhält (s. Kapitel 35). Dieser Vertrag sollte auf Freiwilligkeit und Zustimmung aller Beteiligten beruhen (für Beispiele dazu s. Kapitel 39).

Der wohl größte Nachteil operanter Methoden der Verhaltensmodifikation liegt in der Fremdsteuerung bzw. Fremdkontrolle des Verhaltens der Schülerinnen und Schüler. Diese Kritik wurde von Redlich und Schley (1978) aufgegriffen, um den Ansatz der Kooperativen Verhaltensmodifikation zu entwickeln. Nach Ansicht dieser beiden Autoren sollte Unterricht prinzipiell die Selbststeuerungsfähigkeit der Kinder und Jugendlichen stärken. Wie die Bezeichnung ihres Ansatzes schon nahe legt, stellen die Autoren die Entwicklung und das Aushandeln von Verhaltensregeln als kooperatives Element in den Vordergrund. Schülerinnen bzw. Schüler und Lehrperson entwickeln die Unterrichtsregeln aus einer gemeinsamen Problemanalyse des Unterrichtsgeschehens. Dies geschieht auf folgendem Wege:

- Wie in klassischen Problemlösemodellen (vgl. Lauth, 2008), so erfolgt auch hier in einem ersten Schritt die Analyse des Problems – z. B. Regelübertretungen im Unterricht – und zwar sowohl aus der Perspektive der Lehrperson als auch aus der Perspektive der Schülerinnen und Schülern.
- In einem weiteren Schritt werden gemeinsame bzw. komplementäre Ziele von Schülerinnen bzw. Schülern und Lehrkräften gesetzt.
- Um diese Ziele zu erreichen, werden handlungsleitende Regeln sowohl für die Schülerinnen und Schüler als auch für den Lehrer bzw. die Lehrerin formuliert. (z. B. „die Schülerinnen und Schüler rufen keine Antworten in die Klasse, die Lehrkraft nimmt keine Zwischenrufe auf").
- Die Einhaltung dieser Regeln wird nicht durch die externe Kontrolle der Lehrkraft in Form von Verstärkungen und Bestrafungen überwacht, sondern durch Selbstbeobachtungen und Selbstbewertungen der Schülerinnen und Schüler im Klassenverband. Diese werden in Form von Grafiken oder Schaubildern klassenöffentlich gemacht.

Beide Verfahren (Classroom Management und Kooperative Verhaltensmodifikation) ergänzen sich. Denn während Methoden der Kooperativen Verhaltensmodifikation sich von vornherein auf die Selbststeuerung der Schülerinnen und Schüler konzentrieren, setzen die Maßnahmen des Classroom Management zunächst auf die Fremdkontrolle und gehen erst in der letzte Phase zum selbstkontrollierten Verhalten über. Für Kinder und Jugendliche mit einer gering ausgeprägten Selbstkontrolle ist es deshalb wichtig, das erwünschte Verhalten zunächst mithilfe fremdgesteuerter Maßnahmen des Classroom Managements zu erlernen, bevor dieses Verhalten dann durch Methoden der Kooperativen Verhaltensmodifikation ihrer Selbstkontrolle überantwortet wird. Bei Kindern und Jugendlichen, deren Fähigkeit zur Selbstkontrolle stärker entwickelt ist, wäre es hingegen sinnvoll, sie direkt mit den Methoden der Kooperativen Verhaltensmodifikation zu fördern.

22.4 Hinweise für die organisatorische Umsetzung

Bei der Einführung von Regeln sollte darauf geachtet werden, dass dies bereits zu Anfang des Schuljahres geschieht. Eine ganze Reihe empirischer Untersuchungen zeigt, dass die ersten Tage im Schuljahr kritisch für das Erschaffen einer Klassenordnung sind (Emmer, Evertson & Anderson 1980; Weinstein & Mignano, 1993).

Die verhaltensmodifizierenden Programme können sich sowohl auf einzelne Kinder und Jugendliche als auch auf die gesamte Klasse beziehen. Bei den individualisierten Programmen ist es häufig sinnvoll, die Eltern einzubeziehen. So ist es z. B. möglich, dass eine Schülerin oder ein Schüler wöchentlich eine Beurteilung in Form einer Tabelle erhält, auf der die Häufigkeiten regelkonformen Verhaltens während der Woche festgehalten sind. Diese Tabelle wird den Eltern vorgelegt, die ihr Kind bei Erreichen einer bestimmten Verhaltenshäufigkeit belohnen. Der Vorteil solcher Programme liegt darin, dass Belohnungen von Eltern zumeist einen hohen Verstärkerwert aufweisen, weil sie in der Regel eine größere Bedeutung für ihr Kind haben als die Lehrkraft und ihnen zudem eine größere Bandbreite von Verstärkern (z. B. Freizeitaktivitäten) zur Verfügung steht.

Programme zur Verhaltensmodifikation für die ganze Klasse greifen zumeist auf Münzverstärkungskonzepte zurück. Bei einem solchen Ansatz können alle Kinder einer Klasse für regelkonformes Verhalten Tokens sammeln und gegen vorher festgelegte Verstärker (z. B. zusätzliche Spielzeiten) eintauschen. Bei Gruppenkontingenz-Programmen wird die Klasse auf der Grundlage von Verhalten belohnt, das alle Schülerinnen und Schüler in der Klasse zeigen müssen. Legt ein Kind bzw. ein Jugendlicher das erwünschte, regelkonforme Verhalten nicht an den Tag, entfällt der Verstärker. Der Nachteil solcher Programme liegt darin, dass einzelne Schülerinnen und Schüler Gefahr laufen, von der Klassengemeinschaft Repressionen zu erleiden, wenn sie das erwünschte Verhalten nicht zeigen.

22.5 Wirksamkeit und Wirksamkeitsbedingungen

Sowohl die Wirksamkeit des Classroom Management als auch die Wirksamkeit der kooperativen Verhaltensmodifikation ist durch viele Untersuchungen belegt (z. B. Hintzpeter, 1985). Die Beziehung zwischen der Häufigkeit von Regelverstößen und verschiedenen Merkmalen des Verhaltens von Lehrkräften ist im deutschen Sprachraum beispielsweise von Rheinberg und Hoss (1979) untersucht worden. Ihr Ergebnis legt – ebenso wie die amerikanischen Untersuchungen – nahe, dass die Fähigkeit der Lehrkraft, zu jeder Zeit zu bemerken, was im Klassenzimmer vor sich geht, eine wesentliche Rolle bei der Förderung regelkonformen Verhaltens spielt.

Allen vorgestellten Maßnahmen zur Förderung regelkonformen Verhaltens ist gemein, dass deren Effektivität von der Qualität der Beziehungen zwischen Lehrkräften und Schülerinnen bzw. Schülern abhängt (Julius, Gasteiger-Klicpera & Kißgen, 2009). Dies gilt besonders dann, wenn regelkonformes Verhalten nicht erzwungen wird, sondern aus dem gemeinschaftlichen Miteinander von Lehrerinnen und Lehrern einerseits und ihren Schülerinnen und Schülern andererseits erwächst.

22.6 Literatur

Grundlegende Literatur

Cangelosi, J. S. (2007). *Classroom management strategies. Gaining and maintaining students' cooperation* (6th ed.). New York: Wiley.

Emmer, E.T. & Evertson, C.M. (2008). *Classroom management for middle and high school teachers*. Needham Heights, MA: Allyn & Bacon.
Redlich, A. & Schley, W. (1978). *Kooperative Verhaltensmodifikation*. München: Urban & Schwarzenberg.

Weiterführende Literatur

Hintzpeter, R. (1985). *Empirische Überprüfung verschiedener Interventionsprogramme zur Förderung der Kommunikation im Unterricht*. Frankfurt: Lang.
Julius, H., Gasteiger-Klicpera, B. & Kißgen, R. (2009). *Bindung im Kindsalter: Diagnostik und Intervention*. Göttingen: Hogrefe.
Lauth, G.W. (2008). Problemlösen. In G.W. Lauth, F. Linderkamp, S. Schneider & U.B. Brack (Hrsg.), *Verhaltenstherapie mit Kindern und Jugendlichen* (S. 616–624). Weinheim: Beltz.
Slavin, R. (1997). *Educational psychology: Theory and practice*. Boston: Allyn & Bacon.

Material

Emmer, E., Evertson, C. & Anderson, L. (1980). Effective classroom management at the beginning of the school year. *Elementary School Journal, 80,* 219–231. doi: 10.1086/461192
Havers, N. (1998). Disziplinschwierigkeiten vermeiden. *Grundschule, 30,* 8–9.
Julius, H. (2001). Bindungstheoretisch abgeleitete Interventionen für die schulische Arbeit mit verhaltensgestörten Kindern. *Heilpädagogische Forschung, 26,* 175–192.
Kounin, J. (1970). *Discipline and group management in classrooms*. New York: Holt, Reinhart and Winston.
Rheinberg, F. & Hoss, J. (1979). Störungen und Mitarbeit im Unterricht: Eine Erkundungsstudie zu Kounins Kategorisierung des Lehrerverhaltens. *Zeitschrift für Entwicklungspsychologie und Pädagogische Psychologie, 11,* 244–249.
Skinner, B.F. (1968). *The technology of teaching*. New York: Appleton-Century-Crofts.
Weinstein, C. & Mignano, A. (1993). *Organizing the elementary school classroom. Lessons from research and practice*. New York: McGraw-Hill.
Wolfgang, C.H. (1995). *Solving discipline problems*. Boston: Allyn & Bacon.

23. Förderung bei visuell-räumlicher Wahrnehmungs- und Konstruktionsstörung

Claus Jacobs und Franz Petermann

Fallbeispiel

Johanna (9;4 Jahre; 4. Klasse Grundschule) lebt mit ihrem jüngeren Bruder (7;1) und ihren Eltern zusammen. Diese berichten, dass Johanna große Probleme beim Rechnen hat. Häufig misslänge ihr bereits, mehrstellige Zahlen abzulesen und aufzuschreiben. Sie schreibe Zahlen und Buchstaben nämlich oft spiegelverkehrt. Beim Kopfrechnen benötige sie die Finger und bringe die Grundrechenarten durcheinander. Im Zahlenraum bis 20 könne sie nur mithilfe konkreter Materialien arbeiten (z. B. Zahlenstrahl und Hundertertafel).

Die Eltern berichten weiterhin, dass Johanna schon im Kindergarten Puzzeln, Basteln, Malen und Regelspiele gemieden habe. Beim Malen seien ihre Bilder auch nach der Aussage der Kindergärtnerin „nicht altersgemäß" gewesen. Rechts-Links-Zuordnungen fielen ihr auch heute noch schwer. Mengen, Längen und Größen könne sie nicht gut schätzen. Beim Schreiben halte sie sich häufig nicht an die Linien und Ränder des Hefts. Vor Schultagen, an denen Mathematik unterrichtet wird, klage sie häufig über Bauchschmerzen und Kopfweh.

Mit Johanna wird zuerst eine neuropsychologische Untersuchung durchgeführt. Überprüft werden die allgemeine Intelligenz sowie bestimmte Wahrnehmungsfähigkeiten. Das Ergebnis des Intelligenztests (WISC-IV; Petermann & Petermann, 2011) zeigt, dass Johanna nur sehr schwache Leistungen beim „Wahrnehmungsgebundenen Logischen Denken" aufweist. Besonders zeigt sich dies beim Mosaiktest und beim Rechnerischen Denken, ansatzweise aber auch im Matrizen-Test. Die Untersuchung ihrer visuell-räumlichen Leistungen bestätigen die von den Eltern berichteten Schwierigkeiten. Dennoch erreicht Johanna einen durchschnittlichen Gesamt-IQ von 97. Durchschnittlich (und damit unauffällig) sind z. B. ihre Ergebnisse zum Sprachverständnis, zum Arbeitsgedächtnis und zur Verarbeitungsgeschwindigkeit. Rechentests und Arbeitsproben bestätigen, dass Johanna gravierende Defizite im Rechnen hat. Aufgrund dieser Befunde werden im Fall Johannas folgende Diagnosen erteilt: (a) „Rechenstörung" (ICD-10, F81.2); „sonstige Entwicklungsstörungen" (visuell-räumliche Wahrnehmungs- und Konstruktionsstörung; F88); soziale Ängstlichkeit (F93.2).

Die Therapie beginnt mit einer neuropsychologischen Behandlung, die 20 Sitzungen mit jeweils 50 Minuten umfasst. Im Mittelpunkt stehen Johannas Schwächen in der visuell-räumlichen Informationsverarbeitung. In der Therapie lernt sie, wie eingehende Informationen zu interpretieren sind. Dazu wird sie z. B. darin angeleitet, visuelle Reize und Handlungen so zu versprachlichen, dass sich eine altersangemessene visuell-räumliche Wahrnehmung aufbauen kann. Die Schwierigkeit der Aufgaben wird allmählich erhöht. Eingesetzt werden zudem Standardverfahren der Verhaltenstherapie (z. B. ein Verstärkerplan). Nach erfolgreichem Abschluss dieser ersten Therapiestufe wird dann Johannas Rechenschwäche gezielt angegangen.

23.1 Kurzbeschreibung der Methode und ihres theoretischen Hintergrunds

Schon früh wurde vermutet, dass Lernstörungen durch ganz bestimmte Beeinträchtigungen in einzelnen Funktionen der Wahrnehmung (visuell und auditiv), der Informationsverarbeitung und der psychomotorischen Koordination zustande kommen. Ihren Ursprung hat diese Vorstellung in den beiden nachfolgend beschriebenen Forschungstraditionen:

In den 50er Jahren des vergangenen Jahrhunderts legte der russische Psychologe *Alexander Lurija* den Grundstein für die Entwicklung der Neuropsychologie. Auf der Grundlage von Fallberichten beschrieb er die Folgen von Hirnverletzungen sowie die Prinzipien der Informationsverarbeitung im Gehirn. Das Erkennen einer Farbe, die Erinnerung eines Ereignisses, die Ausführung eines Arbeitsauftrages beruhen nach Lurijas (1973) Vorstellung auf dem Zusammenspiel verschiedener Gehirnzentren. Selbst einfache Tätigkeiten werden nicht von nur einer einzigen Gehirnregion („Areal") bestimmt, sondern von mehreren, miteinander verschalteten „funktionellen Systemen" im Gehirn gesteuert. Fällt nun innerhalb eines bestimmten Systems ein einzelnes Teilsystem aus (z. B. durch eine Verletzung oder neurologische Erkrankung), so organisiert sich der gesamte Funktionskomplex neu. Diese Neuordnung kann durch Trainieren unterstützt werden. Wie aber sollten dafür geeignete Übungen gestaltet werden? Für Lurija war klar, dass die nicht (mehr) gekonnte Tätigkeit (z. B. Gesichter erkennen, Diktate schreiben, Entfernungen einschätzen) „selbst", d. h. ganz direkt und unmittelbar geübt werden sollte, wobei jeder Schritt, der für die Gesamtleistung erforderlich ist, einzeln zu trainieren ist.

In den 1970er Jahren griff *Johannes Graichen* (1979) Lurijas Erkenntnisse auf und baute sie zu einer Theorie der „Teilleistungsstörungen" aus. Diese Theorie besagt, dass eine Handlung dann misslingt, wenn ein Teilprozess, der für ihre Ausführung notwendig ist, nicht sicher beherrscht wird. Ein Kind kann beispielsweise beim Diktat scheitern, weil seine Fähigkeit akustisch-auditive Informationen zu unterscheiden, nicht ausreichend ausgeprägt ist (das Kind kann z. B. Laute, die es „hört", nicht mit gebotener Schärfe unterscheiden). Diese Fähigkeit wird aber dafür benötigt, um das, was z. B. eine Lehrerin diktiert auch korrekt niederzuschreiben. Es ist so, als ob in einer Kette einzelner Schritte der Informationsverarbeitung ein ganz bestimmtes Glied fehlt, sodass an dieser Stelle die gesamte Verarbeitung zusammenbricht und die Gesamtleistung unmöglich wird. Die Folgen einer solchen „Fehlfunktion" sind unterschiedlich, meist aber gravierend und weitreichend (s. Muth, Heubrock & Petermann, 2001): Neben dem Ausfall der Teilleistung selbst, können generell auch die Aufmerksamkeit und Merkfähigkeit in Mitleidenschaft gezogen sein, was sich anhand eines breiten Spektrums sichtbarer Einschränkungen zeigt (z. B. Störungen der Grafomotorik, des Lesens oder des Rechnens). Zudem reagiert ein Kind auch emotional auf das, was es einfach nicht kann; Ängstlichkeit, Rückzugsverhalten und Vermeidung sind die Folge davon (so wie bei Johanna im Fallbeispiel).

Die zweite Tradition geht auf eine U. S.-amerikanische Arbeitsgruppe um *Byran Rourke* (Rourke et al., 1971) zurück. Seit den späten 1960er Jahren versuchte Rourke, Lernstörungen anhand spezifischer „Auffälligkeiten" im Intelligenzprofil der betroffenen Kinder zu erklären (vgl. Petermann, Knievel & Tischler, 2010). Dafür wurden den Kindern, so wie dies auch heute üblich ist, mehrdimensionale Intelligenztests vorgelegt und die sich daraus ergebenden „Profile" auf hervorstechende Leistungseinbrüche hin durchgesehen. Auffallende, aber eingrenzbare Schwächen im Profil liefern nach Rourke gezielte Hinweise auf die Ursachen von Lese-, Schreib- und Rechenschwierigkeiten. Sind die Ursachen aber erst einmal bekannt, können sie auch durch eine gezielte Schulung der dafür relevanten Informationsverarbeitung (z. B. im visuell-räumlichen oder im sprachlichen Denken) gezielt angegangen werden.

Auf diesen beiden Traditionen gründet die Entwicklung von Therapien für Funktionsstörungen. Gemeint sind also eingrenzbare Fähigkeiten (oder Teilleistungen), die im Falle ihres Ausfalls oder einer Einschränkung die Lern- und Handlungsfähigkeit in vielen Verhaltensbereichen beeinträchtigen. Obgleich es unterschiedliche Klassifikationen für solche Störungen gibt (vgl. Heubrock & Petermann, 2000; Petermann et al., 2010), herrscht doch Einigkeit darüber, dass Teilleistungsschwächen über die Feststellung auffälliger Diskrepanzen zu bestimmen sind (s. a. Kapitel 1 und 8 sowie Anhang D in diesem Band). Demnach ist eine Teilleistungsschwäche etwa im Bereich räumlich-konstruktiver Fähigkeiten nur dann zu diagnostizieren, wenn die zugehörigen Leistungen eines Kinds mindestens 2 Standardabweichungen unterhalb seiner allgemeinen Intelligenz liegen. Ähnlich wie dies bei der Diagnose von Lernstörungen der Fall ist (s. Kapitel 1), werden in der Praxis meist weniger strenger Maßstäbe angelegt (z. B. 1 oder 1.2 Standardabweichungen).

Häufig äußert sich eine Funktionsstörung in bestimmten Anpassungs- und Verhaltensschwierigkeiten (s. Muth, Heubrock & Petermann, 2001), wie etwa den folgenden:
- Einschränkungen in der Feinmotorik;
- Defizite in räumlich-konstruktive Leistungen (z. B. beim Zeichnen und bei Puzzle-Spielen);
- Probleme, sich auf neue Anforderungen und Situationen einzustellen;
- Beeinträchtigungen im logisch-schlussfolgernden Denken;
- ängstliches Verhalten (Vermeiden und Verweigerung von Anforderungen).

Funktionsstörungen können angeboren sein, aber auch erworben werden:
- *Angeborene Funktionsstörungen* gehen hauptsächlich auf genetische Ursachen (z. B. Williams-Beuren-Syndrom, Neurofibromatose Typ I), auf Alkoholembryopathie, Frühgeburt, Epilepsie oder das Tourette-Sydrom zurück.
- Beispiele für *erworbene Funktionsstörungen* sind Schlaganfälle, Schädel-Hirn-Traumata und Vergiftungen (z. B. mit Blei, Quecksilber oder Kohlenmonoxid).

- *Entwicklungsbedingte Funktionsstörungen* werden hauptsächlich durch Hirnreifungsstörungen und eine Dysfunktion der rechten Hirnhälfte bedingt (z. B. bei einer unzureichenden Reifung der Faserbündel, welche die beiden Hirnhälften miteinander verbinden; s. Muth et al., 2001).

Die Interventionen orientieren sich an folgenden Vorstellungen:

- *Wahrnehmung* ist ein aktiver Vorgang, der sich in mehreren Verarbeitungsstufen vollzieht: Objekte bzw. deren Aspekte, wie Größe, Form und Farbe, werden als Sinnesreize aufgenommen, an das zentrale Nervensystem weitergeleitet und dort auf dem Hintergrund von abgespeichertem Wissen und Vorerfahrungen interpretiert und eingeordnet. Wenn die Sinneseindrücke nicht den Erwartungen entsprechen, werden zusätzliche Informationen eingeholt. Die Aufnahme und Verarbeitung von Informationen kann durch Übung und Training geschult werden.
- *Raumwahrnehmung und räumliche Orientierung* beruhen auf Vergleichsprozessen, die auf abgespeicherte Schemata zurückgreifen. Ein solches Schema (z. B. für Körpergröße, Handspanne oder Schrittlänge) kann man sich als eine „innere Schablone" vorstellen. Jede Schablone liefert einen Maßstab, mit dem sich Höhen, Breiten oder Entfernungen einfacher und besser abschätzen lassen. Um sich im Raum sicher orientieren und bewegen zu können, sind Kinder darauf angewiesen, solche Schablonen auszubilden. In der Therapie dienen sie als Hilfsmittel, um die beeinträchtige Funktion zu stärken bzw. besser ausbilden zu können.
- Auch die *Merkfähigkeit für visuell-räumliche Informationen* resultiert aus dem Zusammenspiel mehrerer Einzelleistungen. Dazu gehören die (selektive und anhaltende) Ausrichtung der Aufmerksamkeit auf einen bestimmten Gegenstand; die Entschlüsselung und Kategorisierung seiner Eigenschaften und die Übertragung des so eingeordneten Objekts in eine sprachliche Bezeichnung, unter der es dann abgespeichert wird. Dass diese Leistungen nicht immer ganz einfach sind, wird deutlich, wenn man z. B. an eine komplexe geometrische Figur denkt, die nur kurz dargeboten wird. Danach soll die Figur möglichst exakt nachgezeichnet oder aus einer Sammlung einzelner Teilstücke so zusammengesetzt (bzw. „rekonstruiert") werden, dass das Ergebnis der Vorlage genau entspricht. Hier ist es wichtig, die Gesamtleistung in Teilschritte aufzugliedern, die im Training dann der Reihe nach eingeübt werden, am besten in Verbindung mit Aufgaben, die sich an den Alltagserfahrungen des Kindes orientieren (Heubrock & Petermann, 2000).

Die Behandlungsprogramme bauen die jeweils beeinträchtige Funktion also schrittweise auf. Zuerst muss bestimmt werden, welcher Funktionsbereich beeinträchtigt ist (z B. die Erfassung der visuellen Eigenschaften eines Objekts; die Rekonstruktion von Objekten aus einzelnen Elementen; oder auch beides bzw. ggf. anderes). Danach wird die betreffende Funktion entweder durch ein Schulungsprogramm gezielt trainiert (was allerdings voraussetzt, dass sie zumindest rudimentär ausgebildet ist) oder es wird versucht, sie kompensatorisch auszugleichen (ein bekanntes Beispiel für eine solche Kompensation ist die Schärfung der auditiven und taktilen Wahrnehmung bei Menschen, die erblindet sind). Um dies zu erreichen (vorliegend wird nur der Fall der Einübung einer beeinträchtigen Funktion behandelt), haben sich – neben angeleitetem und systematischem Üben – Standardverfahren der Verhaltenstherapie bewährt: Verhaltensformung, Komplexitätsreduktion, operante Verstärkung und Selbstinstruktion (s. dazu die zugehörigen Kapitel in diesem Band).

Der Behandlung liegen folgende Prinzipien zugrunde (vgl. Lepach & Petermann, 2011):
- Das Zielverhalten (bzw. die gewünschte „Endleistung") wird in mehrere Teilkomponenten untergliedert, die dann gezielt gefördert bzw. ausgebildet werden.
- Der Therapeut bzw. die Therapeutin fungiert als Modell und verdeutlicht das Vorgehen durch Selbstverbalisierungen (so wie auch das Kind sein eigenes Verhalten später durch Selbstanweisungen steuern soll).
- Der Schwierigkeitsgrad der Übungen wird schrittweise erhöht bzw. der wachsenden Leistungsfähigkeit des Kindes angepasst.
- Die in der Therapie eingeübten Leistungen werden durch „Hausaufgaben" unterstützt, damit sie sich verfestigen und auf Alltagsituationen übertragen werden können. Hierfür werden die Eltern mit einbezogen.

23.2 Indikation der Methode

Eine neuropsychologische „Übungsbehandlung" ist für Kinder vorgesehen, bei denen eine deutliche Diskrepanz zwischen ihren allgemeinen Fähigkeiten (Intelligenz) und ihren Leistungen in einzelnen Funktionsbereichen besteht. Bei den räumlich-konstruktiven Fähigkeiten ist eine solche Diskrepanz z. B. offensichtlich, wenn zwischen zwei Testverfahren (bzw. zwei Untertests eines Intelligenztests) ein Unterschied von 2 Standardabweichungen (bzw. 20 *T*-Wertpunkten) besteht. Folgende Informationen sind für die Indikationsstellung relevant:
- Zwischen dem Index „Wahrnehmungsgebundenes Logisches Denken" (WLD) und dem „Sprachverständnis" (SV) im WISC IV besteht ein Unterschied von mindestens 15 IQ-Punkten (s. Petermann et al., 2010);
- In Testverfahren, die ganz gezielt bestimmte Wahrnehmungs- und Konstruktionsleistungen überprüfen, ergeben sich auffällige Ergebnisse (z. B. im Abzeichentest für Kinder, ATK, von Heubroch, Eberl & Petermann, 2004);
- Es liegen weitere Beeinträchtigungen liegen vor, wie z. B. das Unvermögen, die Uhr abzulesen, gravierende Schwierigkeiten beim Rechnen, Lesen und Schreiben (einschl. Grafomotorik) oder auch Defizite, die im Kunst- und Werkunterricht oder beim Erlernen alltagsnaher psychomotorischer Fertigkeiten (z. B. Fahrradfahren) sichtbar werden.

Da die ICD-10 keine eigenen Kategorien für visuell-räumliche Funktionsstörungen vorsieht, werden diese der etwas unscharfen Kategorie „sonstige Entwicklungsstörungen" (ICD-10, F88) zugeordnet (so wie dies auch bei Johanna der Fall war). Anlass zur Abklärung einer Wahrnehmungsstörung geben folgende Hinweise:
- Auffälligkeiten in der *Motorik*, wie z. B. Bewegungsängstlichkeit, unkoordinierte Bewegungen, Hyperaktivität, feinmotorische Auffälligkeiten, Störungen der Raumwahrnehmung und der visuomotorischen Koordination;
- auf den *Hautsinn* bezogene Auffälligkeiten, wie z. B. taktile Abwehr oder ein anderer konkreter Verdacht auf taktil-kinästhetische Wahrnehmungsstörungen;
- auf das *akustische Sinnessystem* bezogene Auffälligkeiten, wie z. B. ausbleibende Reaktionen auf akustische Reize, Schwierigkeiten in der Unterscheidung solcher Reize und bei der Interpretation von Geräuschen; außerdem auffällige Verzögerungen in der Sprachentwicklung und im Sprachverstehen;

- auf das *visuelle Sinnessystem* bezogene Auffälligkeiten, wie z. B. fehlende Zuwendung zu visuellen Reizen oder Schwierigkeiten beim Verstehen von Bildern, im Erkennen von Details und beim Unterscheiden verschiedener Formen und Farben;
- Entwicklungsrückstände beim Erlernen des *Lesens, Rechnens und Schreibens*.

23.3 Detaillierte Beschreibung des Vorgehens

Behandlung und Diagnostik werden nachfolgend am Beispiel der räumlich-konstruktiven Funktionsstörung dargestellt. Bei anderen Funktionsstörungen gelten aber die gleichen Prinzipien.

Neuropsychologische Diagnostik

Der Therapie geht eine gründliche neuropsychologische Diagnostik voraus. Darin wird festgestellt, welche Störung genau vorliegt und woran die Übungsbehandlung ansetzen soll. Dazu werden folgende Maßnahmen durchgeführt:

- *Anamnese, Exploration und Verhaltensanalyse* mit den Eltern bzw. Lehrkräften und mit dem Kind. Darin wird die bestehende Problematik aufgeschlüsselt (s. dazu Anhang A), Hinweise auf Funktionsstörungen werden eingegrenzt und überprüft.
- *Prüfung der Intelligenz* anhand eines mehrdimensionalen Intelligenztests (z. B. WISC IV). Die Ergebnisse der Untertests werden in ein Intelligenzprofil übertragen, in dem sie dann miteinander verglichen werden. Wenn sich die Testergebnisse zum Sprachverständnis und zu visuell-räumlichen bzw. konstruktiven Leistungen um mehr als 1.2 Standardabweichungen unterscheiden, kann dies als erhärtender Hinweis auf das Vorliegen einer Funktionsstörung gewertet werden (bei einer Abweichung in Höhe von 2 Standardabweichungen ist das Ergebnis noch eindeutiger bzw. klinisch auffälliger).
- *Abklärung der Funktionsfähigkeit* anhand spezieller Testverfahren, wie z. B. a) Abzeichentest für Kinder (ATK; Heubrock et al., 2004); b) Testbatterie für visuelle Objekt- und Raumwahrnehmung (VOSP; Warrington, James, Beckers & Canavan, 1992); c) Diagnostikum für Cerebralschädigung (DCS-II; Weidlich, Derouiche & Hartje, 2011); d) Frostigs Entwicklungstest der visuellen Wahrnehmung (FEW-2; Büttner, Dacheneder, Schneider & Weyer, 2008); und e) den Untertests „Mosaik-Test" und „Bilder Ergänzen" aus dem WISC-IV (Petermann & Petermann, 2011).
- *Beobachtungen bei Arbeitsproben*, mit deren Hilfe geprüft wird, ob bzw. wie das Kind mit alltagsbezogenen Anforderungen umgeht und wie es eine Funktionsschwäche ggf. kompensiert.

Fallbeispiel Johanna: Ergebnisse der testpsychologischen Untersuchung

Wie eingangs beschrieben, absolvierte Johanna eine umfangreiche neuropsychologische Untersuchung, bei der sowohl ihre allgemeine Intelligenz als auch spezifische Wahrnehmungsfähigkeiten überprüft wurden. Die Untersuchung erbrachte folgende Ergebnisse (zum Intelligenzprofil s. Abbildung 1):

- einen durchschnittlichen Gesamt-IQ von 97 im WISC IV (Petermann & Petermann, 2011);
- ein gut durchschnittliches Sprachverständnis (IQ = 107);
- eine durchschnittliche Leistung im Arbeitsgedächtnis (IQ = 105) und eine gleichfalls durchschnittliche Verarbeitungsgeschwindigkeit (IQ = 100).
- Nur im Wahrnehmungsgebundenen Logischen Denken schnitt Johanna unterdurchschnittlich ab (IQ = 81). Der Unterschied zu den vorausgehend genannten Intelligenzleistungen war klinisch bedeutsam.

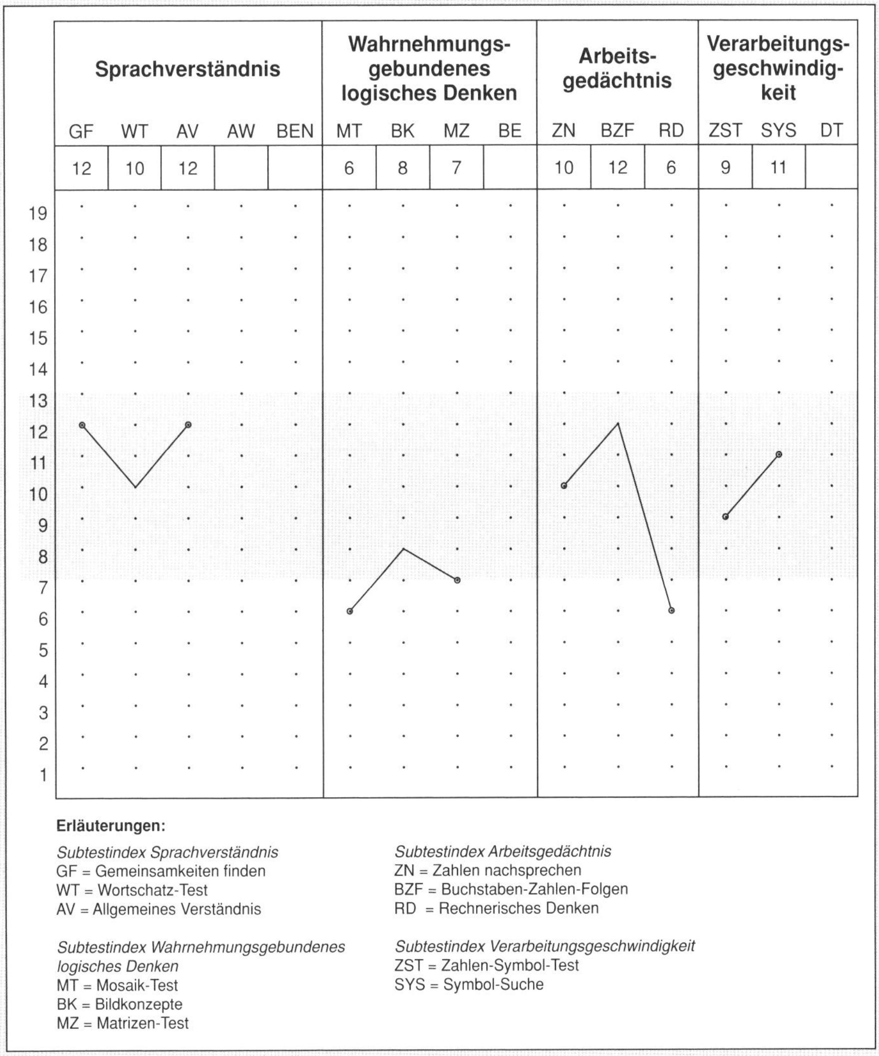

Abbildung 1: WISC-IV-Profil von Johanna

- Im Mosaiktest (6 Wertpunkte) sowie im Rechnerischen Denken (6 Wertpunkte) schnitt Johanna unterdurchschnittlich ab. Das Ergebnis des Matrizen-Tests war grenzwertig (7 Wertpunkte).
- Die gezielte Prüfung der visuell-räumlichen Wahrnehmungs- und Konstruktionsleistung erbrachte sowohl im Abzeichentest für Kinder (Heubrock et al., 2004) als auch in der Visual Object and Space Perception Battery (Warrington et al., 1992) auffällige Befunde. Johannas Leistungen lagen bei beiden Tests im auffälligen Bereich (für ein Beispiel aus dem Abzeichentest s. Abbildung 2). Besondere Schwierigkeiten zeigte sie bei den Untertests zum Abschätzen von Größenverhältnissen, zur Raumlage und zur mentalen Rotation, bei der Einschätzung der Position eines Objektes im Raum, bei Mengenschätzungen und im räumlichen Vorstellungsvermögen.
- Auch in den Subtests des Rechenfertigkeiten- und Zahlenverarbeitungs-Diagnostikums (RZD 2-6; Jacobs & Petermann, 2005), die visuell-räumliche Leistungen erfordern, zeigte Johanna unübersehbare Schwächen. Fehler machte sie vor allem durch Vertauschen der Einer- mit der Zehnerposition, beim Lesen und Schreiben von Zahlen, in der Schätzung von Mengen und in der Positionsbestimmung auf dem Zahlenstrahl. Außerdem zählte Johanna beim Rechnen immer noch mit den Fingern.

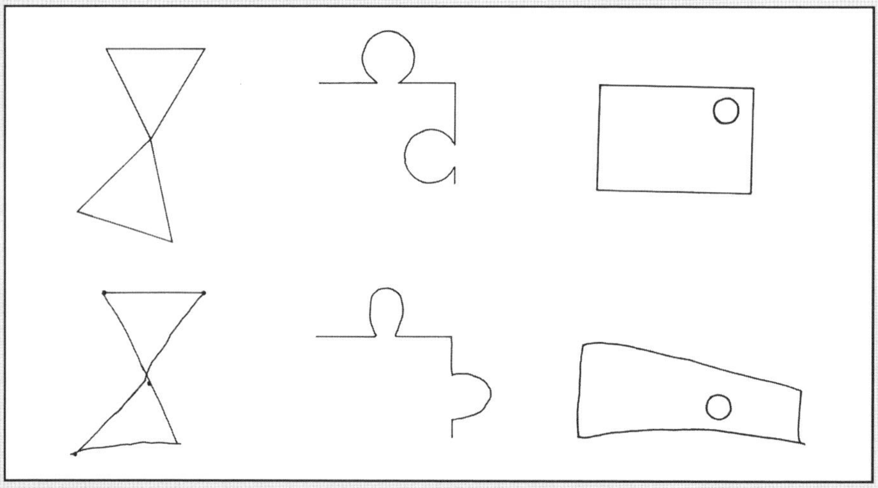

Abbildung 2: Ein Beispiel aus dem Abzeichentest für Kinder (Fallbeispiel: Johanna)

Neuropsychologische Übungsbehandlung

Ziel der Behandlung ist die Verbesserung der beeinträchtigten Funktionen. Dies wird hier beispielhaft anhand einer Therapie der räumlich-konstruktiven Störung dargestellt. Dafür werden die folgenden Therapiemodule bereitgestellt:

1. *Psychoedukation.* Die Behandlung beginnt mit einer ausführlichen Psychoedukation (Aufklärung über das Störungsbild und Vermittlung von Veränderungswissen) der El-

tern und des Kindes. Im Anschluss erfolgt ein ca. fünf Therapiestunden umfassender Beziehungsaufbau zwischen Therapeut bzw. Therapeutin und Kind.

2. *Aufgabenauswahl.* Die Aufgaben werden dem Alter und dem individuellen Leistungsstand angepasst, wie es bei der Komplexitätsreduktion und direkten Instruktion üblich ist (s. Kapitel 33 und 34). Pro Therapiestunde werden vier Aufgaben eingesetzt, die in ihrer Schwierigkeit gestaffelt sind. Gearbeitet wird an der Nullfehlergrenze. Im Verlauf der Therapie werden die Aufgabenschwierigkeiten dem Lernfortschritt des Kindes entsprechend gesteigert.
3. *Festlegung von Therapiezielen* (s. Kasten 1), die das Kind innerhalb von etwa fünf Sitzungen erreichen kann.
4. *Therapeutische Hausaufgaben* (sogenannte „Geheimaufträge") ergänzen die Therapiestunden. Darin werden Übungen vereinbart, welche die in der Therapie erlernten Fertigkeiten automatisieren sollen.
5. *Verstärkung von Zielerreichungen/Erfolgen.* Für jedes erreichte Ziel erhält das Kind in jeder Sitzung einen Punkt. Hat es eine vorher festgelegte Anzahl von Punkten (etwa 50) erreicht, kann es seine Gewinnpunktekarte gegen einen materiellen Verstärker eintauschen.
6. In *Zusammenarbeit mit Eltern und Kind* wird ein Verstärkerplan erstellt. Zum Aufbau von Lern- und Leistungsmotivation wird ein Punkteplan eingesetzt, mit dem sich das Kind Belohnungen verdienen kann (vgl. Lepach & Petermann, 2011). Für die Therapiestunde selbst wird ein „Gewinnvertrag" mit dem Kind vereinbart. Erfüllt es die abgesprochenen Ziele wird es in der Therapiestunde mit Spielzeit belohnt.

Kasten 1: Zielhierarchie für 5 Sitzungen

1. Ich habe meine Geheimaufträge zu Hause erledigt.
2. Ich arbeite gut mit.
3. Ich kenne alle einfachen Linien.
4. Ich kann einfache Wörter mit den Linien beschreiben.
5. Ich kann geometrische Figuren mit den Linien beschreiben.
6. Ich kann die Worte links, rechts, oben und unten sicher verwenden.

Die Therapie greift im Wesentlichen auf drei Arbeitsformen zurück:

- Der *Therapeut bzw. die Therapeutin macht als Modell* das Verhalten beispielhaft unter verbaler Selbstanweisung vor und das Kind setzt diese Verhaltensweisen um, indem es sowohl die Verhaltensweise ausführt als auch die daran gekoppelten Anweisungen ausspricht. Etwa: „Strecke deinen linken Arm senkrecht nach oben und deinen rechten Arm waagerecht nach links."
- Der *Therapeut bzw. die Therapeutin als Anweiser.* Das Kind setzt sprachliche Anweisungen des Therapeuten bzw. der Therapeutin in Handlungen um und wiederholt dabei die Anweisungen. „Zeichne ein Dreieck in die ober linke Ecke deines Blattes, mit der Spitze nach unten."
- Das *Kind als Anweiser und Kontrolleur.* Das Kind beschreibt einen Wahrnehmungsinhalt (etwa eine vor ihm liegende Zeichnung) und weist den Therapeuten bzw. die Therapeutin an (etwa: „Zeichne eine Waagerechte in die obere linke Ecke deines Blattes"). Der Therapeut bzw. die Therapeutin setzt genau das um, was das Kind sagt.

Fehlen Angaben, so dass der Wahrnehmungsinhalt nicht eindeutig beschrieben ist, ersetzt der Therapeut bzw. die Therapeutin absichtlich die fehlende Angabe durch eine falsche. Gibt das Kind im gerade beschriebenen Beispiel nicht an, dass es die obere linke Ecke des Blattes sein soll, formuliert also etwa nur „in die linke Ecke", würde der Therapeut bzw. die Therapeutin absichtlich die linke untere Ecke wählen, damit das Kind bei der Kontrolle merkt, dass in seiner Versprachlichung noch etwas gefehlt hat.

Beschreibung des Übungsprogramms

Die einzelnen Sitzungen haben einen ähnlichen Aufbau: Zu Beginn der Sitzung werden die therapeutischen Hausaugaben (Geheimaufträge) besprochen. Anschließend wird ein Blick auf die Zielhierarchie geworfen. Einen Punkt hat das Kind bereits sicher, wenn es den Geheimauftrag erledigt hat. Dann werden drei bis vier Aufgabenstellungen angegangen. Am Ende der Stunde wird den Eltern kurz erläutert, was aus welchem Grund zu Hause zu üben ist und was das Kind in dieser Stunde gelernt hat.

Das Übungsprogramm besteht aus einer Reihe von Aufgaben, die der Schwierigkeit nach gestaffelt sind und die gestörte Funktion systematisch aufbauen sollen. Beim Training der räumlich-konstruktiven Fähigkeiten besteht der Verlauf aus folgenden Abschnitten:

(1) *Aufbau einer vertrauensvollen Beziehung.* In der Regel kommen die Kinder nicht aus eigenem Antrieb, sondern weil ihre Eltern oder Lehrkräfte der Meinung sind, dass sie Hilfe benötigen. Es ist also nicht vorauszusetzen, dass die Kinder von sich aus motiviert sind, sich mit den für sie häufig mit Misserfolgserlebnissen behafteten Aufgabeninhalten zu beschäftigen. Deshalb wird in den ersten fünf Therapiesitzungen eine tragfähige Beziehung zum Kind aufgebaut. Hierfür werden Spiele eingesetzt. Es soll erreicht werden, dass das Kind wirklich gerne kommt. Wenn das Kind den Therapeuten bzw. die Therapeutin mag und bereit ist, sich anzustrengen, dann kann nach der Besprechung der Zielhierarchie und dem Abschluss des Gewinnvertrages mit den neuropsychologisch fundierten Aufgabeninhalten begonnen werden.

(2) *Das Erlernen der einfachen Linien.* In dieser Phase lernt das Kind, was eine Senkrechte, eine Waagerechte, eine Schräge und ein Halbkreis ist. Die Lage dieser Linien im Raum wird eingeübt und mittels Eselsbrücken veranschaulicht (z. B. eine Waage für Waagerechte, Schiffe versenken für Senkrechte, eine Wippe für Schräge). Der Therapeut bzw. die Therapeutin skizziert zuerst die Veranschaulichungen auf humorvolle Weise. Danach werden die Linien in verschiedenen Übungen eingesetzt, wie z. B. den folgenden:

- *Wegbeschreibungen:* Dazu wird mit Malerkrepp ein Muster auf den Boden geklebt (s. Abbildung 3). Das Kind wird nun gebeten, sich an die linke untere Ecke des Musters zu stellen und so schnell wie möglich den Anweisungen des Therapeuten bzw. der Therapeutin zu folgen. Zuerst wird nur eine Anweisung, später dann mehrere hintereinander gegeben, wie etwa: „Gehe eine Schräge von links unten nach rechts oben, dann eine Waagrechte nach rechts und dann eine Senkrechte nach oben".
- *Kind als Anweiser:* Das Kind lenkt den Therapeuten bzw. die Therapeutin durch das Muster.

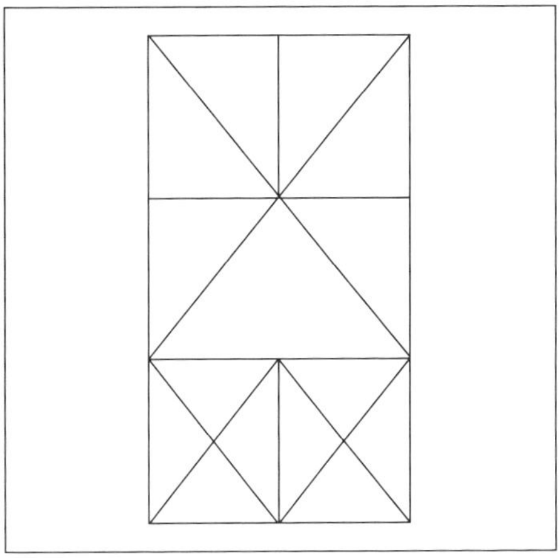

Abbildung 3: Beispielaufgabe aus dem „Mathefix"-Training (s. Jacobs & Petermann, in Vorb.).

- *Mentale Rotationen.* Dafür muss das Kind sich dem Therapeuten bzw. der Therapeutin direkt gegenüber hinstellen und alles so sagen, wie der Therapeut bzw. die Therapeutin es sieht, also um 180% gedreht.
- *Geleiten durch einen Hindernis-Parkour.* Dieser Wird aus Stühlen, Kissen und Tischen hergestellt. Der Therapeut bzw. die Therapeutin steuert das Kind mittels Anweisungen durch den Parkour. Danach bittet er oder sie das Kind, die Augen zu schließen und steuert es durch einen anderen Parkour. Dann ist das Kind an der Reihe, durch eigene Anweisungen, den Therapeuten bzw. die Therapeutin durch den Parkour zu führen. Der Therapeut bzw. die Therapeutin macht genau, was ihm gesagt wird. Fehlen Raumrichtungsangaben, ersetzt er sie durch vermutlich nicht gemeinte. Häufig wird dann viel gemeinsam gelacht.

(3) *Papier-und-Bleistift-Aufgaben.* Mit vier Linien (Senkrechte, Schräge, Waagerechte und Halbkreis) lassen sich alle großen Druckbuchstaben, aber auch alle Zahlen beschreiben. Das Kind schreibt seinen Namen (beispielsweise Max) anhand der folgenden Anweisung, die es vom Therapeuten bzw. von der Therapeutin erhält:

> „Beginne bitte links unten auf deinem Blatt. Zeichne eine Senkrechte von unten nach oben, zeichne vom oberen Ende der Senkrechten eine Schräge nach rechts unten, vom unteren Ende dieser Schrägen zeichne eine Schräge nach oben rechts, vom oberen Ende dieser Schrägen eine Senkrechte nach unten. Nun lasse etwas Platz und zeichne dann eine Schräge von links unten nach rechts oben, vom oberen Ende der Schrägen zeichne eine Schräge nach rechts unten, gehe auf dieser Schräge bis zur Hälfte zurück und verbinde die beiden Schrägen durch eine Waagerechte nach links. Lasse etwas Platz und zeichne eine Schräge von links unten nach rechts oben, dann zeichne eine Schräge von links oben nach rechts unten, welche die gerade gezeichnete Schräge genau in der Mitte durchtrennt."

Bei der Automatisierung denkt sich jeder ein Wort aus und verrät nur die Anzahl der Buchstaben. Dann verrät man sich gegenseitig immer eine Linie und zu welchem Buchstaben diese gehört. Wer zuerst errät, wie das Wort der „Mitspielerin" bzw. des „Mitspielers" lautet, hat gewonnen.

(4) *Orientierungsaufgaben.* Dafür geht der Therapeut bzw. die Therapeutin mit dem Kind in einen leeren Raum und bittet es, sich einzuprägen, wo sich Tür, Fenster, Wand oder ein anderer Orientierungspunkt befinden. Dann wird das Kind aufgefordert, sich an einen bestimmten Ort im Raum zu stellen und die Augen zu schließen. Nun steuert der Therapeut bzw. die Therapeutin das Kind durch den Raum, und zwar in etwa wie folgt: „Gehe eine Senkrechte nach oben, dann eine Schräge nach links oben, mache eine Vierteldrehung nach links und jetzt eine Waagrechte nach rechts".

Der Therapeut bzw. die Therapeutin bewegt sich so im Raum, dass seine bzw. ihre Stimme nicht als Orientierungspunkt verwendet werden kann. Am Ende der Anweisungen wird das Kind gebeten, seine Position mithilfe der eingeprägten Orientierungspunkte zu bestimmen, etwa: „Ich stehe rechts vor dem Fenster".

(5) *Das Erlernen von Formen und ihrer Position im Raum.* In einem weiteren Schritt werden geometrische Formen mithilfe der Linien beschrieben, sodass ihre Unterschiede und Gemeinsamkeiten deutlich werden. Gerne wird auch mit Schokolade gearbeitet, die in allen wichtigen Formen (Kreis, Rechteck, Quadrat, Dreieck) verfügbar ist. Werden die Formen gut beherrscht, sollen sie direkt bei der Beschreibung von Mustern verwendet werden. Schließlich werden aus den geometrischen Formen komplexere zweidimensionale Zeichnungen erstellt (etwa: Haus, Auto, Schiff). Hier kann dann auch mit Moosgummiformen gearbeitet werden.

(6) *Das Erlernen von Figuren und ihrer Position im Raum.* Bisher wurde nur im zweidimensionalen Raum eine Position bestimmt. Nach dem Erlernen der Figuren (Würfel, Quader, Kugel, Zylinder, Kegel, Pyramide) wird anhand einer Vielzahl von Übungen auch deren Position im Raum bestimmt. Wie bei den Formen werden zunächst Gemeinsamkeiten und Unterschiede herausgearbeitet. Auch bei der Beschreibung der Oberflächen wird auf die erlernten Formen zurückgegriffen. Die Zusammensetzung geometrischer Figuren ergibt dann reale, nicht abstrakte Objekte. Neue Vokabeln und Zuordnungen, wie *vorne, hinten, davor, dahinter, darüber, darunter, dazwischen*, müssen erlernt und mit der jeweiligen Darstellung verbunden werden.

(7) *Das Erlernen von mentaler Rotation und der Darstellung von Bewegung.* In der letzten Phase der Therapie soll das Kind lernen, Bewegungen zweidimensional darzustellen; etwa einfache Sportübungen wie Hampelmann oder Kniebeuge oder einen über den Boden prellenden Ball. In der Folge muss dann noch die mentale Rotation, also das Drehen eines Objekts in der Vorstellung erlernt werden. Dabei wird zunächst im zweidimensionalen Raum operiert. So müssen etwa Muster auf einer Legoplatte nachgebaut werden. Der Therapeut bzw. die Therapeutin macht es vor. Er oder sie legt ein Muster vor das Kind und setzt sich ihm gegenüber hin. Die Aufgabe besteht darin, dass der Therapeut bzw. die Therapeutin das Muster nun genauso baut, wie es das Kind sieht. Der Therapeut bzw. die Therapeutin versprachlicht das Vorgehen etwa so: „Ich sehe einen gelben Stein, links oben senkrecht, mit acht Punkten. Dann muss ich diesen bei mir senkrecht nach rechts unten bauen." Ähnliche Aufgaben werden auch mit Zeichnungen und 90-Grad Rotationen bearbeitet. Dann erfolgen Übungen im dreidimensionalen Raum, z. B. mit Bauklötzen. So stellt der Therapeut bzw. die Therapeutin etwa ein Stofftier auf den Kopf und baut vor ihm einige gleichgroße Türme auf; danach wird eine Papp-Platte auf

die Türme gelegt. Dann erläutert der Therapeut bzw. die Therapeutin dem Kind, dass das Stofftier den Tisch für die Decke und die Papp-Platte für den Boden hält. Das Kind soll nun beschreiben, was das Stofftier sieht. Gelingt die mentale Rotation schnell und sicher, kann von einem guten Behandlungserfolg ausgegangen werden.

Andere Funktionstrainings, z. B. für auditive Verarbeitungsstörungen, motorisch bedingte Schreibstörungen, Störungen der Verarbeitung neuer Informationen, Störungen des Problemlösens und Beeinträchtigungen der Konzeptbildung, sind ähnlich aufgebaut. Auch sie üben die Funktion, um die es geht, in gestufter und möglichst unmittelbarer Weise.

23.4 Wirksamkeit und Wirksamkeitsbedingungen

Heubrock, Petermann, Jacobs und Muth (2001) verglichen eine Kontrollgruppe ($n=6$) mit einer Behandlungsgruppe ($n=23$), die ein Training für räumlich-konstruktive Fähigkeiten erhielt, und fanden, dass das Training einzelne Untertestwerte eines Intelligenztests verbesserte und nach dem Urteil der Eltern vom Kind auch in den Alltag übertragen wurde. Kinder mit gutem Sprachvermögen profitieren von den Trainingsverfahren ganz besonders. Außerdem tragen Motivation und Engagement der Kinder wesentlich zum Erfolg bei. Dabei hilft der verhaltenstherapeutische Rahmen, aber auch die spielerische Gestaltung der Aufgaben und nicht zuletzt die emotional positiv wirkende Persönlichkeit des Therapeuten bzw. der Therapeutin.

Untersuchungen zur Wirksamkeit neuropsychologischer Funktionstrainings bei Lernstörungen zeigen, dass sich hauptsächlich die jeweils geübte Funktion verbessert, die Lernleistung aber weitgehend unberührt bleibt. Ise et al. (2012) stellten z. B. fest, dass ein Funktionstraining bei Rechenschwierigkeiten nur eine geringe Wirksamkeit von $d=0.19$ erzielt. Günstigere Befunde haben Swanson et al. (1999) berichtet. In Kontrollgruppenstudien reichten die Effektstärken für die Einübung von Wahrnehmungsfunktionen von 0.08 bis 2.12, bei einer mittleren Effektstärke von $d=0.75$. Die Wirkung der Intervention ist bereichsspezifisch: Ein Wahrnehmungstraining übt nicht das Rechnen oder Schreiben, sondern eben nur das Wahrnehmen. Dies verdeutlicht, dass ein neuropsychologisches Funktionstraining nur in begründeten Fällen durchgeführt und in aller Regel – so wie bei Johanna im Fallbeispiel – von der Förderung des Rechnens, Lesens oder Schreibens begleitet bzw. gefolgt werden sollte.

23.5 Literatur

Grundlegende Literatur

Anderson, J. R. (2007). *Kognitive Psychologie* (6. Aufl.). Heidelberg: Springer.

Heubrock, D. & Petermann, F. (2009). *Klinische Kinderneuropsychologie*. Göttingen: Hogrefe.

Kendall, E. R., Schwartz, J. H. & Jessel, T. M. (1996). *Neurowissenschaften*. Heidelberg: Spektrum.

Petermann, F. (Hrsg.). (2013). *Lehrbuch der Klinischen Kinderpsychologie* (7., veränderte Aufl.). Göttingen: Hogrefe.

Weiterführende Literatur

Graichen, J. (1979). Teilleistungsschwächen. *Stimme Sprache Gehör, 3,* 158–166.

Heubrock, D., Petermann, F., Jacobs, C. & Muth, D. (2001). Effizienz neuropsychologischer Therapie bei Kindern mit räumlich-konstruktiven Störungen – Psychometrische und psychosoziale Effekte. *Kindheit und Entwicklung, 10,* 105–113. doi: 10.1026//0942-5403.10.2.105

Ise, E., Dolle, K., Pixner S. & Schulte-Körne, G. (2012). Effektive Förderung rechenschwacher Kinder – eine Metaanalyse. *Kindheit und Entwicklung, 21,* 181–192. doi: 10.1026/0942-5403/a000083

Lepach, A. C. & Petermann, F. (2011). Verhaltenstherapie in der Kinderneuropsychologie. In F. Petermann (Hrsg.), *Kinderverhaltenstherapie. Grundlagen und Anwendungen* (4., vollständig veränderte Aufl., S. 180–202). Baltmannsweiler: Schneider Verlag Hohengehren.

Lurija, A. R. (1973). *The working brain.* New York: Penguin.

Petermann, F., Knievel, J. & Tischler, L. (2010). *Nichtsprachliche Lernstörungen.* Göttingen: Hogrefe.

Rourke, B. P., Young, G. C. & Flewelling, R. W. (1971). The relationship between WISC verbal-performance discrepancies and selected verbal, auditory, perceptual, visual-perceptual, and problem-solving abilities in children with learning disabilities. *Journal of Clinical Psychology, 27,* 475–479. doi: 10.1002/1097-4679(197110)27:4<475::AID-JCLP2270270421>3.0.CO;2-R

Swanson, H. L., Lee, C., Hoskyn, M. W. & Hoskyn, M. (1999). *Interventions for students with learning disabilities: A meta-analysis of treatment outcomes.* New York: Guilford.

Material

Büttner, G., Dacheneder, W., Schneider, W. & Weyer, K. (2008). *Frostigs Entwicklungstest der visuellen Wahrnehmung-2 (FEW-2).* Göttingen: Hogrefe.

Heubrock, D., Eberl, I. & Petermann, F. (2004). *Abzeichentest für Kinder (ATK).* Göttingen: Hogrefe.

Jacobs, C. & Petermann, F. (2005). *Rechenfertigkeiten- und Zahlenverarbeitungs-Diagnostikum für die 2. bis 6. Klasse (RZD 2-6).* Göttingen: Hogrefe.

Jacobs, C. & Petermann, F. (in Vorb.). *Mathefix-Modultraining.* Göttingen: Hogrefe.

Muth, D., Heubrock, D. & Petermann, F. (2001). *Training für Kinder mit räumlich-konstruktiven Störungen. Das neuropsychologische Gruppenprogramm DIMENSIONER.* Göttingen: Hogrefe.

Muth, D. & Petermann, F. (2008). *Training für Kinder mit räumlich-konstruktiven Störungen. Das neuropsychologische Einzeltraining DIMENSIONER II.* Göttingen: Hogrefe.

Petermann, F. & Petermann. U. (Hrsg.). (2011). *Wechsler-Intelligence Scale for Children (WISC IV).* Frankfurt: Pearson Assessment.

Warrington, E., James, M., Beckers, K. & Canavan, A. (1992). *Testbatterie für visuelle Objekt- und Raumwahrnehmung (VOSP).* Frankfurt: Pearson Assessment.

Weidlich, S., Derouiche, A. & Hartje, W. (2011). *Diagnostikum für Cerebralschädigung-II (DCS-II).* Bern: Huber.

24. Förderung von Gedächtnisprozessen (Gedächtnistraining)

Gerhard Büttner und Claudia Mähler

Fallbeispiel

Der neunjährige Tobias wird in einer Beratungsstelle für Lernschwierigkeiten und Teilleistungsstörungen vorgestellt. Er wiederholt die zweite Klasse in der Grundschule und hat noch immer sowohl beim Lesen und Schreiben als auch beim Rechnen Schwierigkeiten. Die Eltern vermuten eine Lese-Rechtschreibschwäche. Eine diagnostische Untersuchung von Intelligenz, von Aufmerksamkeits- und Gedächtnisfähigkeiten und von Teilleistungen im Schreiben, Lesen und Rechnen mittels einer sehr umfangreichen Testbatterie ergibt folgendes Bild: Trotz eines unterdurchschnittlichen Intelligenzstatus (IQ = 72) fallen die Teilleistungen im Lesen, Schreiben und Rechnen knapp durchschnittlich aus. Auffällig sind schlechte Gedächtnisleistungen in allen überprüften Teilbereichen (auditives und visuelles Gedächtnis). Verhaltensbeobachtungen in der Schule und während der Testdiagnostik machen deutlich, dass Tobias vor allem in Überforderungssituationen sehr flüchtig arbeitet, Arbeitsaufträge wieder vergisst und insgesamt nur wenig vom Unterricht behält. Da er dennoch recht gut motiviert ist und die Lehrerin ihn gern unterstützen möchte, wird gemeinsam überlegt, mit welchen Lern- und Gedächtnisstrategien Tobias seine Gedächtnisprobleme kompensieren kann. Gezielte Wiederholungsstrategien sollen ebenso zum Einsatz kommen wie metakognitive Strategien zur eigenen Lernplanung und Lernüberwachung. Lehrerin und Eltern wollen die vereinbarten Vorgehensweisen im Unterricht und bei den Hausaufgaben erproben und ihren Einsatz anleiten. Ob damit Tobias' Lernverhalten so nachhaltig verbessert werden kann, dass er das Klassenziel erreicht, ist noch offen.

24.1 Kurzbeschreibung der Methode und ihres Hintergrunds

Trainingsbausteine zur Verbesserung von Gedächtnisleistungen gründen auf Mehrspeichermodellen des Gedächtnisses (z. B. Atkinson & Shiffrin, 1968). In diesen Modellen wird postuliert, dass Informationen zunächst über sensorische Register aufgenommen werden und anschließend, gelenkt durch Aufmerksamkeitsprozesse, zu einem geringeren

Teil in einen Kurzzeitspeicher gelangen, in dem sie weiter verarbeitet und für die Speicherung im Langzeitgedächtnis bereitgehalten werden. Eine theoretische Weiterentwicklung lieferte Baddeley (2007), indem er den Kurzzeitspeicher als Arbeitsgedächtnis definierte, das von einer zentralen Exekutive gesteuert wird und drei Subsysteme, die *phonologische Schleife*, den *visuell-räumlichen Notizblock* und den *episodischen Puffer*, enthält. Die Aufgabe dieses Arbeitsgedächtnisses besteht zum einen darin, Informationen kurzfristig für anstehende Verarbeitungsprozesse (z. B. für Rechenoperationen oder für das Verstehen eines Arbeitsauftrages oder eines Textzusammenhanges) verfügbar zu halten. Zum anderen hat das Arbeitsgedächtnis die Aufgabe, Informationen in geeigneter Weise aufzubereiten und präsent zu halten, um sie im Langzeitgedächtnis so abzulegen, dass sie zu einem späteren Zeitpunkt wieder aufgegriffen werden können.

Die Qualität der Übertragung vom Kurzzeit- in das Langzeitgedächtnis ist somit ausschlaggebend für individuelle Abrufleistungen. Dieser Übertragungsprozess hängt vor allem von der Kapazität des Kurzzeit- und Arbeitsspeichers und den strategischen Aktivitäten des Individuums ab, die wiederum wesentlich durch das metakognitive Wissen über das eigene Gedächtnis und über die Anwendung von Strategien bestimmt sind. Darüber hinaus hat auch die vorhandene Wissensbasis einen bedeutsamen Einfluss auf Gedächtnisleistungen.

Gedächtnisprozesse lassen sich durch Maßnahmen unterstützen, die entweder unmittelbar der Förderung von Lernkompetenzen des Individuums dienen, oder die zum Ziel ha ben, durch die Gestaltung der Lernumgebung, der Aufgabenstellungen und der Struktur der Lernaktivitäten die Anforderungen an das Gedächtnis (memory load) zu beeinflussen (Holmes, Gathercole & Dunning, 2010).

Wirksame Trainingsmaßnahmen, die beim Individuum selbst ansetzen, beziehen sich zum einen darauf, die Effizienz der Gedächtnisprozesse zu steigern. Im Vordergrund steht hier die Förderung von *Strategiegebrauch* und *Metakognition*. Zum anderen zielen diese Interventionen darauf ab, durch wiederholtes Üben von spezifischen Gedächtnisaufgaben die Leistungsfähigkeit des Arbeitsgedächtnisses zu verbessern. Eine Erweiterung der Wissensbasis kann im zeitlichen Rahmen eines Trainings nicht geleistet werden. Aufgrund dieser Einschränkung konzentrieren sich Trainingsaktivitäten in erster Linie auf

- die Erweiterung des Wissens über das Gedächtnis (deklaratives Metagedächtnis);
- die Verbesserung der Fähigkeit, Gedächtnisstrategien anzuwenden (strategische Kompetenzen);
- die Verbesserung der Fähigkeit, den eigenen Lernprozess zu überwachen und zu regulieren (exekutive Metakognitionen);
- die Steigerung der Funktionstüchtigkeit des Arbeitsgedächtnisses.

Um festzustellen, welche Strategien im Einzelfall trainiert (z. B. Wiederholungsstrategien, Elaborationsstrategien, Organisationsstrategien) bzw. welche Prozesse der eigenen Lernüberwachung verbessert werden sollten, sind eine individuelle Diagnostik und (darauf aufbauend) eine individuelle Interventionsplanung erforderlich. Bei der Planung von Interventionsmaßnahmen ist nicht nur die individuelle Problemstellung zu berücksichtigen, sondern auch das Alter der betroffenen Person. Je jünger das Kind ist, umso weniger komplex und anspruchsvoll können die Strategien sein, die vermittelt werden, um Gedächtnisleistungen zu verbessern.

Für ältere Kinder (5. und 6. Klasse) stehen Programme zur Verfügung, die spezifisch darauf ausgerichtet sind, die Gedächtnisleistung beim *Lernen aus Texten* zu verbessern. Mithilfe solcher Maßnahmen wird versucht, effektive Trainingselemente (wie z. B. das modellgeleitete Einüben selbstständiger Strategieanwendung, die explizite Vermittlung metamemorialen Strategiewissens oder auch die Verknüpfung der trainierten Gedächtnisaktivität) mit einer persönlicher Zielmotivation zu verbinden (vgl. hierzu Mähler & Hasselhorn, 2001).

24.2 Indikation der Methode

Gedächtnisprobleme bei Kindern treten kaum als isolierte Störung auf. Entsprechend gibt es in keinem der gebräuchlichen internationalen Klassifikationssysteme psychischer Störungen (ICD-10 oder DSM 5) eine Diagnose „Gedächtnisstörung". Ein Training von Gedächtnisfertigkeiten ist vor allem angezeigt

- bei Kindern mit Schulschwierigkeiten und Teilleistungsstörungen, für deren Entstehung u.a. Gedächtnisdefizite verantwortlich sind (z. B. kombinierte Schulleistungsstörung; ICD-10; F 81.3; vgl. Kapitel 5);
- bei Kindern mit leichter Intelligenzminderung (ICD-10; F 70);
- bei Kindern mit Lernbehinderungen (vgl. Kapitel 6).

Eine Indikation liegt dann vor, wenn ein unzureichendes *Lernverhalten* (hier also ein nicht-strategisches Gedächtnisverhalten) für die Lernstörung verantwortlich ist. Das Interventionsziel besteht somit in der Ausbildung förderlichen Strategieverhaltens. Es ist aber auch denkbar, mit einem Lern- und Gedächtnistraining unzureichende *Lernvoraussetzungen* (z. B. Gedächtnisdefizite im Rahmen einer Minderbegabung) zumindest teilweise zu kompensieren.

24.3 Detaillierte Beschreibung des Vorgehens

Die grundlegende Zielsetzung von Maßnahmen zur Förderung von Lern- und Gedächtnisprozessen bei Kindern und Jugendlichen besteht darin, Bedingungen zu verbessern, die das Einspeichern, das Behalten und die Wiedergabe von Informationen erleichtern. Auf individueller Ebene lässt sich dies dadurch erreichen, indem kognitive Kompetenzen gefördert werden. Auf der Ebene der Lernumwelt stehen adaptive Maßnahmen im Vordergrund, die darauf ausgerichtet sind, die kognitive Belastung bei der Verarbeitung von Information zu reduzieren.

Diagnostik

Zunächst ist zu klären, ob tatsächlich gravierende Gedächtnisprobleme vorliegen und welcher Art sie sind (z. B. unzureichendes Gedächtniswissen, unzureichende Anwendung strategischer Verhaltensweisen). Überprüft werden die vorhandenen Speicher- und Verarbeitungskapazitäten und das konkrete Vorgehen des Kindes bei Lern- und Gedächtnisaufgaben. Die Diagnostik beruht auf folgenden Säulen:

(1) *Verhaltensanalyse*. Ausgangspunkt sind häufig Beobachtungen von Lehrkräften oder Eltern, dass das Kind Arbeitsaufträge vergisst, dass es sich an seine Hausaufgaben erinnert oder dass es ohne Hilfestellungen nicht in der Lage ist, über den vergangenen Schultag oder über das vergangene Wochenende zu berichten. In einer ersten Verhaltensanalyse werden Informationen dieser Art aus dem Alltag des Kindes in systematisierter Form erhoben: Bei welchen Aufgabenstellungen und in welchen Situationen treten Gedächtnisprobleme besonders häufig auf? Wie äußern sich die Schwierigkeiten konkret? Wie lange dauern die Probleme bereits an? Was wurde bisher unternommen, um die Schwierigkeiten zu überwinden? Unter welchen Umständen sind evtl. günstigere Leistungen zu erwarten?

(2) *Überprüfung der Arbeitsgedächtniskapazität*. Hinter den Schwierigkeiten eines Kindes, Arbeitsaufträge kurzfristig zu behalten oder sich langfristig Fakten und Ereignisse einzuprägen und sie bei Bedarf wieder abzurufen, können zumindest teilweise Kapazitätsprobleme im Kurzzeit- und im Arbeitsspeicher vermutet werden. Um Kapazitätsaspekte zu überprüfen, werden in der Regel standardisierte Gedächtnistests (z. B. Zahlennachsprechen – vorwärts oder rückwärts) durchgeführt. Alternativen zu solchen standardisierten Subtests aus Intelligenztests sind der Mottier-Test aus dem Zürcher Lese-Test von Linder und Grissemann (1996), bei dem Kunstwörter wie *godu* oder *bigadonafera* nachgesprochen werden sollen, der Selective Reminding Test von Buschke (1973), bei dem akustisch dargebotene Begriffe aus dem Alltagsleben in mehreren Lerndurchgängen bis zur perfekten Wiedergabe gelernt werden sollen, oder das Nachklopfen unterschiedlich langer Folgen von Klopfzeichen. Eine umfassende Prüfung der Arbeitsgedächtniskapazität kann mit der computergestützten standardisierten Arbeitsgedächtnistestbatterie für fünf- bis zwölfjährige Kinder (AGTB 5-12) erfolgen (Hasselhorn et al., 2012).

(3) *Überprüfung strategischer und metamemorialer Kompetenzen*. Zur Erfassung von strategischem Verhalten, von metamemorialem Wissen über das eigene Gedächtnis oder von Fähigkeiten zur Überwachung und zur Regulation von Gedächtnisaktivitäten stehen keine standardisierten Messinstrumente zur Verfügung. Dennoch lassen sich auch zu diesen Aspekten von Gedächtnisaktivitäten wichtige Informationen systematisch erheben. Metamemoriales Wissen kann mit der Würzburger Testbatterie zum deklarativen Metagedächtnis (Schlagmüller, Visé & Schneider, 2001) erfragt werden. Ob ein Kind Gedächtnisstrategien tatsächlich anwendet und ob es dabei sein Verhalten gezielt plant, kontrolliert und bei Bedarf reguliert, kann bei älteren Kindern (gegen Ende des Grundschulalters) mithilfe einer Checkliste abgeklärt werden, in der gefragt wird, ob das Kind

- den Lernstoff üblicherweise wiederholt *(Rehearsal)*,
- versucht, das Einprägen (Enkodieren) von Lernstoff durch bildhafte Assoziationen zu erleichtern *(Elaboration)*,
- Lernmaterial ordnet und strukturiert *(Organisation)* und Zusammenhänge eventuell mithilfe einer Zeichnung veranschaulicht *(Visualisierung)*,
- den Lernprozess beobachtet und sicherstellt, dass es das tut, was die Aufgabenstellung verlangt und
- den Lernerfolg überprüft, indem es das tatsächliche Lernergebnis mit dem angestrebten Lernziel vergleicht.

Ähnliche Informationen lassen sich erheben, wenn das Kind beschreibt, was es tut, um sich vorgegebenen Lernstoff zu merken und wie es dabei genau vorgeht. Zusätzlich kann in diesem Fall das Lernverhalten des Kindes beobachtet werden, um aus seinem konkreten Vorgehen Rückschlüsse auf Defizite im strategischen Verhalten und in seinen Fähigkeiten, Lernvorgänge zu beobachten und zu regulieren, ziehen zu können. Bei jüngeren Kindern ist neben verhaltensanalytisch orientierten Berichten von Bezugspersonen die Verhaltensbeobachtung häufig die einzige Methode der Wahl, um strategische und metakognitive Defizite festzustellen.

Intervention

Das Ziel von Interventionen, die am Individuum ansetzen, besteht darin, jene kognitiven Kompetenzen zu verbessern, die das Einspeichern, das Behalten und die Wiedergabe von Informationen erleichtern. Dies erfolgt in mehreren Schritten (vgl. Mähler & Hasselhorn, 2001):

(1) *Vermittlung metamemorialen Strategiewissens.* Dem Kind wird das strategische Verhalten beschrieben und anhand von Beispielaufgaben demonstriert. Ihm wird deutlich gemacht, wie die Strategie im Einzelnen funktioniert, unter welchen Umständen (bei welchem Material, bei welcher Aufgabenstellung) sie sinnvoll angewandt werden kann, worin konkret ihr Nutzen besteht und worauf bei der Anwendung besonders zu achten ist. Wenn ein Kind z. B. speziell Probleme damit hat, Arbeitsaufträge zu behalten und auszuführen, wird ihm das *erhaltende Wiederholen* (Rehearsal) erläutert, das geeignet ist, die Zeitdauer auszudehnen, die eine Information im Arbeitsspeicher präsent bleibt. Erhaltendes Wiederholen meint, dass das Kind den Arbeitsauftrag mehrmals leise vor sich hin spricht, um ihn nicht zu vergessen.
Einem Kind, das sich schwer damit tut, neues Wissen zu erwerben, werden demgegenüber Formen *elaborierenden Wiederholens* beschrieben. Sie zielen darauf ab, den langfristigen Wissenserwerb durch Anreicherung des Lernmaterials zu fördern. Eine solche Anreicherung kann etwa darin bestehen, sich Lerninhalte durch eine bildhafte Vorstellung zu veranschaulichen. Die Information, dass Pinguine ihren Lebensraum am Südpol haben, kann zum Beispiel durch die Vorstellung einer kleineren Kolonie von Pinguinen elaboriert werden, die unter brütender Sonne schwitzend auf einer schmelzenden Eisscholle sitzt. Eine bildhafte Veranschaulichung dieser Art erleichtert in der Regel das Abspeichern und den Abruf neu zu lernender Wissensinhalte (Wolgemuth, Cobb & Alwell, 2008).
Als Besonderheiten, auf die bei der elaborierenden Wiederholung von Lernstoff zu achten ist, werden die Aufteilung des Lernstoffs und der zeitliche Abstand zwischen Wiederholungsdurchgängen angesprochen. Dem Kind wird erläutert, dass es grundsätzlich günstiger ist, eine größere Menge von Lernstoff in kleinere Bestandteile aufzuteilen und zu verschiedenen Zeitpunkten zu wiederholen als den gesamten Lernstoff auf einmal zu lernen (*verteilte* vs. *massierte Übung*). Darüber hinaus wird es darauf hingewiesen, dass der zeitliche Abstand zwischen zwei Wiederholungsdurchgängen zunehmend größer werden sollte (Expanding Rehearsal), weil die Behaltensleistung ansteigt, wenn die Wiederholungsdurchgänge nicht zu dicht aufeinander folgen (Spacing-Effekt). Als eine weitere Besonderheit wird besprochen, dass

aktive Formen des Wiederholens zu besseren Lernergebnissen führen als passive Formen. Mit „passiv“ ist gemeint, dass die Lerninhalte (z. B. die kennzeichnenden Merkmale von Säugetieren: Fell, Warmblüter, Lungenatmung, Säugen der Nachkommen) lediglich erneut gelernt werden. Aktive Formen der Wiederholung zeichnen sich dadurch aus, dass sich das Kind Fragen stellt („Wodurch sind Säugetiere gekennzeichnet?“) und zunächst versucht, die zu wiederholende Information abzurufen. Erst wenn ihm dies nicht gelingt, wird die fehlende Information neu gelernt. Hintergrund dieses Vorgehens ist, dass ein gelungener aktiver Abruf einer gelernten Information deren Gedächtnisspur mehr stärkt als die erneute Einspeicherung beim Wiederlernen.

(2) *Förderung strategischer Kompetenzen.* Nachdem eine Strategie beschrieben und demonstriert wurde, übt sie das Kind Schritt für Schritt ein. Dabei empfiehlt es sich, die einzelnen Bestandteile des strategischen Verhaltens zunächst vorzumachen, sie anschließend vom Kind nachahmen zu lassen und das Vorgehen gegebenenfalls zu korrigieren (Modelllernen). Zur Unterstützung des Strategieerwerbs werden im Anfangsstadium die Bearbeitungsschritte sowohl vom Erwachsenen als auch vom Kind laut kommentiert. Mit zunehmender Vertrautheit mit der Strategie geht das Verbalisieren der Bearbeitungsschritte in ein inneres Sprechen über (Verfahren der Selbstinstruktion) (vgl. Kap. 36). Mit dieser Vorgehensweise soll die Internalisierung des strategischen Verhaltens gefördert werden. Um den Transfer des strategischen Vorgehens auf andere Lernsituationen und Materialarten zu erleichtern, wird der Aufgabenkontext mehrfach variiert.

Zur Förderung von Gedächtnisprozessen stehen verschiedene strategische Verhaltensweisen zur Verfügung, deren Anwendbarkeit vom Alter des Kindes, von der Aufgabenstellung und von der Materialart beeinflusst wird. Folgende Prinzipien stehen bei der Anwendung von Strategien im Vordergrund:

- Grundsätzlich sollte versucht werden, geeignete Wege zur Anbindung neuer Informationen an das vorhandene Vorwissen zu finden. Eine günstige Voraussetzung hierzu kann geschaffen werden, indem durch Fragen („Was weiß ich bereits über …?“) das Vorwissen aktiviert wird. Darüber hinaus ist es für den Lernerfolg von Vorteil, wenn komplexere Lerninhalte vom Kind in eigenen Worten zusammengefasst und neu formuliert werden oder wenn es Beispiele und Analogien sucht („Kenne ich schon etwas Ähnliches?“). Häufig ist es auch hilfreich, bestimmte Fakten in einen größeren Kontext einzuordnen („Weshalb ist es sinnvoll, dass Nagetiere nachwachsende Zähne haben?“).

  In vielen Fällen muss Wissen erworben werden, das abstrakt und deshalb besonders schwer zu lernen ist. Hierzu zählen Assoziationen zwischen Wissensinhalten, die logisch *nicht* abgeleitet werden können (z. B. zwischen einem Objekt und seinem unvertrauten Namen oder zwischen einem Objekt und seinen Attributen). Wissenserwerb dieser Art wird erleichtert, wenn die zu lernende Information durch Mnemotechniken (z. B. bildhafte Assoziationen, Loci-Methode, Schlüsselwortmethode vgl. Kasten 1, Pegword-Methode, Merkverse) so bedeutungshaltig, so konkret und so anschaulich wie möglich gestaltet wird (Dorn, Eckart & Thieme, 2002).

Kasten 1: Lernen mit der Schlüsselwortmethode

Einen umfassenden Ansatz dieser Art haben Mastropieri und Scruggs (1991) entwickelt. Sie schlagen folgende Schritte vor: (1) Lerninhalte, die konkret sind, werden durch eine bildhafte Repräsentation veranschaulicht. Beispiel: Die geografische Gestalt von Italien wird durch das Bild eines Stiefels verdeutlicht. (2) Abstrakte und unvertraute Lerninhalte werden durch Repräsentationen, die den Kindern bereits vertraut sind, konkreter und bedeutungshaltiger gemacht. Beispiel: Das Konzept *Warmblüter* wird durch die Abbildung eines entsprechenden Tieres in einer sehr sonnigen, heißen Szene veranschaulicht. (3) Zum Lernen von vollständig unbekannten Fakten oder wenig geläufigen Begriffen wird die Schlüsselwortmethode empfohlen. Zu dem neu zu lernenden Wissensinhalt wird ein ähnlich klingendes (und bildlich gut darstellbares) Wort gesucht, das den Kindern gut bekannt ist und ihnen die Möglichkeit bietet, die unvertraute Information akustisch zu rekonstruieren. Die beiden Begriffe werden in einem Bild interaktiv in Beziehung gesetzt. Beispiel: Zu dem unvertrauten Begriff *Bankrott* wird als akustische Enkodierungshilfe das Wort *Bank* gesucht. Das interaktive Bild besteht darin, dass eine Bank unter einem Gewicht (z. B. dem eines schweren Menschen) zusammenbricht.

Der Abruf des Bedeutungsinhaltes von *Bankrott* kann zu einem späteren Zeitpunkt in zwei Schritten erfolgen: Zunächst wird über die akustische Ähnlichkeit der beiden Wörter das interaktive Bild aktiviert und anschließend kann über die Bildinformation die Bedeutung von *Bankrott* rekonstruiert werden.

- Komplexe Lerninhalte sollten reduziert werden. Lerntexte enthalten z. T. redundante Informationen. Von Bedeutung ist hier, dass das Kind sich fragt, was wirklich wichtig ist, die entsprechenden Schlüsselwörter markiert und sich auf die Weiterverarbeitung der wesentlichen Informationen konzentriert. Dabei sind verschiedene Lernwege (visuell, akustisch, motorisch) flexibel einzusetzen und im Bedarfsfall auch miteinander zu kombinieren. Dies kann z. B. bedeuten, dass die wesentlichen Informationen eines Textes nach dem Markieren separat auf ein Blatt geschrieben, in eigenen Worten zusammen gefasst und zusätzlich durch eine Zeichnung veranschaulicht werden.

- Neu erworbenes Wissen sollte nach dem Prinzip des *Expanding Rehearsal* in zunehmend größeren Abständen aktiv wiederholt werden. Ein gut geeignetes Hilfsmittel hierzu stellt ein Karteikasten mit mehreren Fächern dar, deren Größe ansteigt. Wird ein Lerninhalt beim Wiederholen gewusst, wandert das entsprechende Lernkärtchen in das nächst größere Fach, ansonsten wird es in das erste Fach zurück gelegt. Die Lernkartei ist ein sehr flexibles Instrument, die sich zum Wiederholen von Lernstoff aus ganz unterschiedlichen Fächern (Deutsch, Mathematik, Sachkunde u. a.) eignet (vgl. Kap. 32).

(3) *Förderung exekutiver Metakognitionen.* Die Kinder werden zunächst ausdrücklich darauf hingewiesen, dass das Lernverhalten durch die eigene Person kontrollierbar ist. Anschließend werden (ebenfalls wieder mithilfe von Modelllernen und Selbstinstruktion) allgemeine Techniken der Selbstbeobachtung, der Selbstkontrolle und der Lernregulation eingeübt. Eine Möglichkeit hierzu stellt die *Stop-Check-and-Study-Routine* dar, bei der die Kinder angeleitet werden, während der Aufgabenbearbeitung wiederholt inne zu halten und sich selbst zu prüfen, wie gut sie das bis dahin gelernte Material bereits beherrschen (Brown, Campione & Barclay, 1979). Die Maßnahmen zur Förderung exekutiver Metakognitionen sollen das Kind in die Lage versetzen, zu prüfen, ob die Lernaktivitäten noch den Zielvorgaben entsprechen, ob das gewählte strategische Verhalten modifiziert werden muss, ob die Lernanstrengungen zu intensivieren sind oder ob das Lernziel bereits erreicht ist.

In jüngerer Zeit wurden Ansätze entwickelt, die Funktionstüchtigkeit des *Arbeitsgedächtnisses* direkt zu fördern. Hierzu bearbeiten die Kinder über mehrere Wochen in täglichen Trainingssitzungen von ca. 30–45 Minuten am Computer eine große Anzahl von Aufgaben, die das kurzzeitige Speichern *und* die Manipulation von sequentieller visuell-räumlicher und/oder verbaler Information erfordern (z. B. Wiedergabc von Buchstaben in umgekehrter Darbietungsreihenfolge). Das Trainingsvorgehen ist adaptiv und die Aufgabenschwierigkeit wird von Trainingsdurchgang zu Trainingsdurchgang an die kognitive Leistungsfähigkeit (Gedächtnisspanne) angepasst.

Eine Alternative bzw. Ergänzung zu individuumbezogenen Interventionen stellen Aktivitäten dar, die sich auf die Lernumwelt beziehen. Kinder mit Gedächtnisproblemen können substanziell von adaptiven Lernumgebungen profitieren, die so gestaltet sind, dass die Lernanforderungen an die kognitive Leistungsfähigkeit der Kinder angepasst werden. Die primäre Zielsetzung besteht darin, die kognitiven Anforderungen beim Verarbeiten von Informationen so weit zu reduzieren, dass sie auch von Kindern mit Gedächtnisproblemen bewältigt werden können. Dies kann z. B. dadurch erreicht werden, dass komplexe Aktivitäten vereinfacht werden, indem sie in Teilschritte zerlegt werden, oder dass Instruktionen in kurzen Sätzen und mit einfachen Worten gegeben werden. Dadurch wird das Ausmaß an Information, das simultan behalten und verarbeitet werden muss, reduziert. Eine weitere Erleichterung für Kinder mit Gedächtnisproblemen kann dadurch erreicht werden, dass bevorzugt mit Materialien gearbeitet wird, die für die Kinder vertraut und bedeutungshaltig sind (Holmes, Gathercole & Dunning, 2010).

24.4 Hinweise für die organisatorische Umsetzung

Für den schulischen Alltag ist generell zu empfehlen, strategisches Verhalten und Fähigkeiten der Selbstkontrolle und der Selbstregulation im Klassenverband in vielfältigen Situationen einzuüben. Treten jedoch bei einzelnen Kindern gravierende Gedächtnisprobleme auf, lassen sich diese in größeren Gruppen nur schwer beheben. Befunde aus Trainingsstudien legen die Schlussfolgerung nahe, dass spezifische Fördermaßnahmen nicht bei allen Kindern gleich gut wirken. Daraus lässt sich die Empfehlung ableiten, Trainingsmaßnahmen auf der Grundlage einer vorausgehenden Individualdiagnostik an den spezifischen Schwierigkeiten eines Kindes zu orientieren und das Gedächtnistraining als Individualförderung oder bestenfalls in kleinen Gruppen durchzuführen. Dies kann in der Schule im Zuge einer inneren Differenzierung oder an Beratungsstellen in Form einer Fördergruppe geschehen. Ergänzend hierzu besteht die Möglichkeit, die Eltern als Co-Therapeuten einzubinden, die das Kind z. B. bei den Hausaufgaben beim Erwerb von Fertigkeiten der Selbstüberwachung und der Selbstregulation unterstützen. Generell ist von Bedeutung, dass die Maßnahmen zur Förderung von Gedächtnisprozessen regelmäßig und über einen längeren Zeitraum zur Anwendung kommen. Eine lediglich sporadische und unsystematische Übung einzelner Gedächtnisfertigkeiten ist wenig erfolgversprechend.

24.5 Wirksamkeit und Wirksamkeitsbedingungen

Die experimentelle Trainingsforschung hat gezeigt, dass durch entsprechende Fördermaßnahmen Gedächtnisleistungen substanziell verbessert werden können (Hasselhorn, 1987). Am ehesten versprechen solche Maßnahmen Erfolg, bei denen die Vermittlung von metamemorialem Strategiewissen und die Förderung strategischer Kompetenzen und exekutiver Metakognitionen kombiniert werden. Dabei sind entwicklungspsychologische und differentialpsychologische Erkenntnisse zu berücksichtigen. Kinder sind in der Regel bereits zu Beginn des Grundschulalters in der Lage, Wiederholungsstrategien gewinnbringend anzuwenden, während komplexere Strategieformen wie das Organisieren oder das Anreichern von Lernmaterial höhere kognitive Anforderungen stellen und erst im Verlaufe des Grundschulalters oder sogar noch später erworben werden und kompetent eingesetzt werden können. Bei lernbehinderten Kindern ist nicht so sehr das chronologische Alter, sondern das mentale Alter von Bedeutung. Sie weisen im Grundschulalter je nach Ausmaß der Lernbehinderung eine Entwicklungsverzögerung von 2½ bis 3 Jahren auf, was bei Trainingsmaßnahmen zu berücksichtigen ist, um Überforderungen zu vermeiden.

Von besonderer Bedeutung ist die Vermittlung von metamemorialem Wissen über den *Nutzen* strategischer Verhaltensweisen. Wenn die Nützlichkeit einer erworbenen Strategie nicht erkannt wird, besteht wenig Anlass, sie zukünftig einzusetzen. Es hat sich gezeigt, dass besondere Bedingungen gegeben sein müssen, damit deklaratives Wissen über die Zweckdienlichkeit einer Strategie tatsächlich zur Anwendung der Strategie führt. Als günstig hat sich erwiesen, wenn die trainierte Gedächtnisaktivität eine persönliche Bedeutung und einen funktionalen Wert für das Kind gewinnt. Die Gedächtnisaktivität wird dadurch mit einer persönlichen Zielmotivation des Kindes verknüpft. Hierzu reicht es in der Regel nicht aus, auf den Wert der Strategie lediglich verbal hinzuweisen. Vielmehr ist es erforderlich, die Kinder anhand von Lernergebnissen erfahren zu lassen, dass strategisches Verhalten ihre Gedächtnisleistung verbessert *und* ihnen den Lernerfolg explizit vor Augen zu führen bzw. sie darauf hinzuweisen, dass ihr verbesserter Lernerfolg mit der Anwendung der Strategie zusammenhängt. Ohne diesen expliziten Hinweis gelingt es ihnen nicht hinreichend, den Zusammenhang zwischen strategischem Verhalten und Lernergebnis zu erkennen. Je jünger die Kinder sind, um so notwendiger ist es, ihnen durch externe Hilfestellung diesen Zusammenhang deutlich vor Augen zu führen und sie immer wieder ausdrücklich zu ermuntern, bei Gedächtnisaufgaben strategisch vorzugehen (O'Sullivan & Pressley, 1984).

Die Wirksamkeit von Interventionen zur Verbesserung von Arbeitsgedächtnisfunktionen hat sich in jüngerer Zeit in mehreren Arbeiten nachweisen lassen. In Abgrenzung zu Ergebnissen früherer Studien konnten bei verschiedenen Altersgruppen und bei unterschiedlichen Zielpopulationen durch das wiederholte Üben von Arbeitsgedächtnisaufgaben substanzielle Steigerungen von Arbeitsgedächtnisleistungen erzielt werden. Die Wirkungsweise von direkten Arbeitsgedächtnistrainings ist noch vergleichsweise ungeklärt. Diskutiert wird, dass durch das wiederholte intensive Üben die neurale Plastizität in parietalen und präfrontalen Gehirnregionen, die an Leistungen des Arbeitsgedächtnisses beteiligt sind, gesteigert wird (Holmes, Gathercole & Dunning, 2010).

Die Idee, Lernumgebungen (z. B. in der Schulklasse) adaptiv so zu gestalten, dass Gedächtnisleistungen gesteigert werden, ist bisher in kontrollierten Studien nur selten umgesetzt und überprüft worden. Elliott, Gathercole, Alloway, Holmes und Kirkwood (2010) evaluierten die Wirksamkeit eines solchen Ansatzes in Grundschulklassen und fanden erste Hinweise darauf, dass Grundprinzipien, die darauf ausgerichtet sind, den kognitiven Anforderungsgehalt von Instruktionen und Aufgabenstellungen an die Verarbeitungskapazität von schwächeren Lernern anzupassen, im Unterricht mit Gewinn umgesetzt werden können. Das Ausmaß, in dem Lehrkräfte die Grundprinzipien *Analyse kognitiver Anforderungen von Lernaktivitäten* und *Reduktion der mit den Lernaktivitäten verbundenen kognitiven Belastungen* implementierten, wies einen bedeutsamen Zusammenhang zu den Lese- und mathematischen Fertigkeiten bei ihren Schülern auf.

24.6 Literatur

Grundlegende Literatur

Atkinson, R. C. & Shiffrin, R. M. (1968). Human Memory: A proposed system and its control processes. In K. W. Spence & J. T. Spence (Eds.), *The psychology of learning and motivation: Advances in research and theory* (Vol. 2, pp. 89–195). New York: Academic Press.

Baddeley, A. D. (2007). *Working memory, thought, and action*. Oxford: Oxford University Press.

Mähler, C. & Hasselhorn, M. (2001). Lern- und Gedächtnistraining bei Kindern. In K. J. Klauer (Hrsg.), *Handbuch Kognitives Training* (S. 407–429). Göttingen: Hogrefe.

Weiterführende Literatur

Brown, A. L., Campione, J. C. & Barclay, C. R. (1979). Training self-checking routines for estimating test-readiness: Generalization from list learning to prose recall. *Child Development, 50,* 501–512.

Elliott, J. G., Gathercole, S. E., Alloway, T. P., Holmes, J. & Kirkwood, H. (2010). An evaluation of a classroom based intervention to help overcome working memory difficulties and improve long-term academic achievement. *Journal of Cognitive Education and Psychology, 9,* 227–250.

Hasselhorn, M. (1987). Lern- und Gedächtnisförderung bei Kindern. Ein systematischer Überblick über die experimentelle Trainingsforschung. *Zeitschrift für Entwicklungspsychologie und Pädagogische Psychologie, 19,* 116–142.

Holmes, J., Gathercole, S. E. & Dunning, D. L. (2010). Poor working memory: Impact and interventions. In J. Holmes (Ed.), *Advances in child development and behavior. Vol. 39: Developmental disorders and interventions* (pp. 1–43). Amsterdam: Elsevier.

O'Sullivan, J. T. & Pressley, M. (1984). Completeness of instruction and strategy transfer. *Journal of Experimental Child Psychology, 38,* 275–288.

Wolgemuth, J. R., Cobb, R. B. & Alwell, M. (2008). The effects of mnemonic interventions on academic outcomes for youth with disabilities: A systematic review. *Learning Disabilities Research & Practice, 23,* 1–10.

Material

Buschke, H. (1973). Selective reminding analysis of memory and learning. *Journal of Verbal Learning and Verbal Behavior, 12,* 543–550.

Dorn, M., Eckart, M. & Thieme, A. (2002). *Lernmethodik in der Grundschule.* Weinheim: Beltz.

Hasselhorn, M., Schumann-Hengsteler, R., Grube, D., König, J., Mähler, C., Schmid, I., Seitz-Stein, K. & Zoelch, C. (2012). *Arbeitsgedächtnistestbatterie für Kinder von 5 bis 12 Jahren (AGTB 5–12).* Göttingen: Hogrefe.

Kaufman, A. S. & Kaufman, N. L. (1994). *Kaufman-Assessment Battery for Children (K-ABC).* Amsterdam: Swets & Zeitlinger.

Kautter, H. & Storz, L. (1993). *Schulleistungstestbatterie für Lernbehinderte Leistungsstufe II (SBL II).* Weinheim: Beltz.

Landerl, K., Wimmer, H. & Moser, E. (1997). *Der Salzburger Lese- und Rechtschreibtest (SLRT).* Göttingen: Hogrefe.

Linder, M. & Grissemann, H. (1996). *Züricher Lesetest (ZLT).* Bern: Huber.

Mastropieri, M. A. & Scruggs, T. E. (1991). *Teaching students ways to remember. Strategies for learning mnemonically.* Cambridge, MA: Brookline.

Schlagmüller, M., Visé, M. & Schneider, W. (2001). Zur Erfassung des Gedächtniswissens bei Grundschulkindern: Konstruktionsprinzipien und empirische Bewährung der Würzburger Testbatterie zum deklarativen Metagedächtnis. *Zeitschrift für Entwicklungspsychologie und Pädagogische Psychologie, 33,* 91–102.

Tewes, U., Rossmann, P. & Schallberger, U. (2000). *Hamburg-Wechsler-Intelligenztest für Kinder III (HAWIK-III).* Göttingen: Hogrefe.

Zimmermann, P. & Fimm, B. (1994). *Testbatterie zur Aufmerksamkeitsprüfung (TAP).* Herzogenrath: Psytest.

25. Förderung von Aufmerksamkeit und Konzentration

Gerhard W. Lauth

Fallbeispiel

Martin (11 Jahre) kann sich nur für kurze Zeit konzentrieren und gerät rasch an die Grenzen seiner Belastungsfähigkeit. Vor allem bei den Hausaufgaben kommt es deshalb immer wieder zu Schwierigkeiten. Er versucht sich davor zu drücken, weiß häufig nicht, was er zu tun hat, und kommt nur mühsam voran. Wenn ihn seine Mutter allzu sehr drängt, kommt es zu Wutausbrüchen und Aggression (etwa Hefte wegwerfen, lauter Protest). Eltern und Lehrkräfte sind über das Verhalten des Kindes verärgert und reagieren immer unwilliger. Die Probleme sind zuletzt so eskaliert, dass der Junge die Schule verlassen soll.

In der Diagnostik werden die bestehenden Verhaltensprobleme mit der Mutter sowie der Lehrerin verhaltensanalytisch abgeklärt. Die geschilderten Schwierigkeiten bestätigen sich und es zeigt sich, dass bei Martin eine Aufmerksamkeitsdefizit/Hyperaktivitätsstörung (DSM-IV Nr. 314.0; ICD-10, F90.0) vorliegt. Arbeitsverhalten und Grundfähigkeiten werden diagnostisch abgeklärt. Die Beobachtung zeigt, dass er Aufgaben, zunächst ruhig, konzentriert und gelassen angeht. Jedoch vermag er nur kurzzeitig aufmerksam zu sein. Er baut schnell ab, wenn er länger bei der Sache bleiben soll. Hingegen bestätigt sich eine überraschend hohe Intelligenz (IQ = 133 nach CFT 20-R, Weiß, 2006).

In einem Training werden dem Jungen von einer geschulten Therapeutin Fähigkeiten zur Reaktionskontrolle, Verhaltensorganisation und Handlungsorganisation vermittelt. Anhand exemplarischer Aufgaben werden beispielsweise innehalten, sich selbst Anweisungen geben, das Ziel genau bestimmen, einen Plan fassen und befolgen und das Überprüfen von Zwischenergebnisse eingeübt. Ferner werden die Mutter und die Klassenlehrerin beraten, wie sie Martin im Alltag anleiten können. Der Mutter wird vermittelt, genaue Anweisungen zu geben und auf deren Befolgung zu bestehen, mit Martin gemeinsam das Hausaufgabenheft einzusehen, eine Zeitspanne für das Anfertigen der Hausaufgaben zu vereinbaren, den Jungen aufzufordern anzufangen und bei definierten Schwierigkeiten sowie auf Anfrage zu helfen. Mit der Lehrerin werden konkrete Verhaltensziele vereinbart, die Martin mit ihrer Hilfe im Unterricht erreichen soll (etwa Martin hört im Unterricht zu, wartet ab). Außerdem wird besprochen, dass sie den Jungen durch Lob und Bestätigung verstärkt, ihn mit Teilaufgaben betreut und ihn gezielt in den Unterricht mit einbezieht (z. B. ihn im Unterricht direkt ansprechen und mit ihm vereinbaren, dass er sich pro Unterrichtsstunde dreimal meldet).

25.1 Kurzbeschreibung der Methode und ihres theoretischen Hintergrunds

Aufmerksamkeit ist insbesondere in unserer Zeit wichtig geworden. Denn der moderne Mensch tritt seiner Umgebung auswählend, zielgerichtet und teilinteressiert gegenüber. Dabei orientiert er sich an eigenen Bedürfnissen, Zielen und Absichten. Es ist die Aufmerksamkeit, die darüber entscheidet, was Beachtung findet und was draußen vor bleibt. Sie wählt aus, hebt hervor, richtet aus, wendet sich zu, während anderes vernachlässigt, flüchtig gemustert, als unwichtig verworfen und als uninteressant übergangen wird. Welche Informationen beachtet und hervorgehoben werden, hängt von den Vorerfahrungen des Einzelnen ab und spiegelt seine Absichten, Entscheidungen und Situationswahrnehmungen wider. Insofern setzt Aufmerksamkeit voraus, dass der Handelnde ein klares Ziel verfolgt, dass er seine Aktivitäten auf dieses Ziel hin koordiniert und dass er trotz Schwierigkeiten bei der Sache bleibt (und nicht beispielsweise das Ziel ständig ändert).

Das Ziel von Aufmerksamkeit besteht also darin, sich *einer* Sache intensiv und ausdauernd zu widmen, andere Dinge hingegen, unbeachtet zu lassen. Dazu muss eine Schülerin bzw. ein Schüler konkurrierende Tätigkeiten hemmen, sein physiologisches Aktivierungsniveau steuern und optimal halten (etwa durch Selbstanweisungen) sowie geplant und selbstgesteuert vorgehen (etwa eine möglichst genaue Zielvorstellung haben, einem Ziel folgen, einen Plan fassen, sich Rechenschaft über den zurückgelegten Weg geben). Hilfreich ist es auch, wenn die Sache, um die es geht, hinreichend beherrscht wird, weil das beabsichtigte Verhalten dann störungsfreier (automatisierter) ausgeführt werden kann. In diesem Ablauf spielen Anstrengungsbereitschaft und Selbstmotivierung (z. B. sich selbst Anweisungen geben, sich den angestrebten Erfolg gedanklich ausmalen) eine große Rolle. Weil das vermehrte Zeit und Energie erfordert, wird Aufmerksamkeit auch als Folge einer Ressourcenzuweisung (Ressourcenallokation) interpretiert.

Aufmerksamkeits- und Konzentrationsstörungen werden als eine funktionelle Beeinträchtigung gesehen und anhand spezieller Übungsprogramme behandelt. In der Entwicklung dieser Programme lassen sich vier Phasen untergliedern:

(1) Zunächst wurden sogenannte Konzentrationstrainings entwickelt, die noch sehr einfach gestaltet waren: Die Kinder lösten einfache Aufgaben, die sich ständig wiederholten (z. B. Zahlenreihen addieren, Unpassendes finden und durchstreichen). Fraglos erforderten diese Aufgaben Konzentration, fraglos – so die Erwartung – würden sie also auch das Konzentrationsvermögen der Trainingsteilnehmerinnen und Trainingsteilnehmer steigern.

(2) Mit der sogenannten „Kognitiven Wende“ in den 70er Jahren sah man Aufmerksamkeit als ein Geschehen, das sehr eng mit dem Denken verbunden ist. Dementsprechend

wurde den Kindern in Übungsprogrammen vermittelt, wie sie bei der Sache bleiben und gute Ergebnisse erreichen können (u. a. sich selbst Anweisungen geben, sich das Ziel klar machen, sich bei der Ausführung beobachten und ggf. korrigieren). Sie sollten ihren impulsiven Reaktionsstil aufgeben und stattdessen überlegt und bedacht vorgehen (z. B. Wagner, 1982).

(3) Mit der Verbreitung neuropsychologischer Erkenntnisse wurden Rehabilitationsprogramme für neurologisch geschädigte Patienten (z. B. Schädel-Hirn-Trauma, Schlaganfall) entwickelt, die oft auch unter Konzentrations- und Aufmerksamkeitsschwächen leiden. Diese Programme arbeiten gezielt darauf hin, Defizite in einzelnen Aufmerksamkeitsleistungen (z. B. geteilte Aufmerksamkeit, Daueraufmerksamkeit, Vigilanz, Umstellungsfähigkeit) zu beheben. Sie beginnen mit leichten Aufgaben, die aber stetig schwerer und alltagsnäher werden. Die Teilnehmerinnen und Teilnehmer werden sorgsam über ihre Fortschritte informiert und in ihrem Aufmerksamkeitsverhalten operant verstärkt. Am Anfang eines solchen Übungsprogrammes steht zudem eine genaue Diagnostik, in der die gestörten Funktionen sowie Ausgangspunkt und Ziel des Trainings bestimmt werden (Lehner & Eich, 1990).

(4) Moderne Trainingsprogramme für aufmerksamkeitsgestörte Kinder liegen seit Ende der 80er Jahre vor. Sie wenden sich vor allem Störungen in der selektiven und Daueraufmerksamkeit zu. Sie betrachten Aufmerksamkeit als eine Strategie der Informationsverarbeitung und üben systematisch, wie man sich selbst steuert oder wie man sein Handeln plant. Teilweise werden auch Leistungsvoraussetzungen (etwa Information auswählen und verarbeiten) geschult. Dabei kommen die gleichen Interventionsprinzipien zum Zuge, wie in den neuropsychologischen Übungsprogrammen.

Derzeit gibt es mehrere Trainingsprogramme für aufmerksamkeitsgestörte Kinder, die in Manualen beschrieben werden (z. B. Ettrich, 1998; Krowatschek, 1994, 1996; Lauth & Schlottke, 2009; Döpfner, Schürmann & Fröhlich, 2013). Diese Trainings unterscheiden sich im Ausmaß ihrer theoretischen Fundierung sowie in der Stimmigkeit ihres Vorgehens (z. B. Aufgabenauswahl, Modellierung von angemessenen Aufmerksamkeitsstrategien, Anwendung von verhaltenstherapeutischen Techniken). Empfehlenswerte Programme weisen folgende Merkmale auf:

- Es werden nicht vorrangig Aufgabenlösungen eingeübt, sondern Aufmerksamkeitsstrategien (z. B. Ziele setzen, sein eigenes Verhalten steuern, exekutive Kontrolle ausüben).
- Das Training beginnt mit leichteren Anforderungen, die Zug um Zug schwieriger, komplexer und alltagsnäher werden. Nach einer Weile wird an alltagsnahen Aufgaben (z. B. Lernaufgaben) geübt. Die schwierigeren Aufgaben werden aber erst dann vorgelegt, wenn sie die vorausgehenden, leichteren Aufgaben vollständig beherrscht werden.
- Das Aufmerksamkeitsverhalten der Kinder während des Trainings wird systematisch durch operante Verstärkung und regelmäßige Rückmeldungen unterstützt (etwa Tokens für positives Verhalten, Punktlisten, Auflistung der Trainingsfortschritte).
- Die Bezugspersonen (Eltern, Lehrkräfte) werden in das Training einbezogen; Sie sollen die im Training vermittelten Vorgehensweisen im Alltag unterstützen (z. B. Selbststeuerung und bedachtes Vorgehen anregen, Rückmeldungen geben, Aufgaben in Teilschritte teilen).

25.2 Indikation der Methode

Die Förderung von Aufmerksamkeit ist vor allem bei allgemeinen und überdauernden Lernstörungen sowie beim Vorliegen einer Aufmerksamkeitsdefizit/Hyperaktivitätsstörung angezeigt. Dies ist besonders bei folgenden ICD-10-Kategorien der Fall:

- Kombinierte Störungen schulischer Fertigkeiten (F81.3), die durch die gleichzeitige Beeinträchtigung von Rechen-, Lese- und Schreibfähigkeiten gekennzeichnet sind (s. Kapitel 5);
- Entwicklungsstörungen schulischer Fertigkeiten, nicht näher bezeichnet (F81.9), etwa bei einer Lernbehinderung, generalisierten Lernstörung oder Störungen des Wissenserwerbs (s. Kapitel 6);
- Einfache Aktivitäts- und Aufmerksamkeitsstörungen (F90.0), die sich durch eine Aufmerksamkeitsdefizit-/Hyperaktivitätsstörung auszeichnen;
- Hyperkinetische Störung, nicht näher bezeichnet (F90.9).

Ferner kann eine Förderung von Aufmerksamkeitsleistungen als zusätzliche Intervention bei Lese- und Rechtschreib-Störungen (ICD-10, F81.0; s. Kapitel 4), isolierten Rechtschreibstörungen (ICD-10; F81.1) und Rechenstörungen (ICD-10; F81.2; s. Kapitel 3) als ergänzende Maßnahme indiziert sein.

25.3 Detaillierte Beschreibung des Vorgehens

(1) *Diagnostik zur Indikation eines Aufmerksamkeitstrainings.* Die Intervention verspricht nur dann Erfolg, wenn funktionale Aufmerksamkeitsschwierigkeiten feststellbar sind. Hierzu ist eine umfangreichere Diagnostik notwendig, in der zunächst festgestellt wird, ob eine behandlungsbedürftige Aufmerksamkeitsschwäche vorliegt. Hierzu werden folgende Maßnahmen durchgeführt:

- Abklärung des allgemeinen (kognitiven) Entwicklungsstandes anhand eines mehrdimensionalen Intelligenztests (Kaufman Assessment Battery for Children, K-ABC, Kaufman & Kaufman, 2009; Wechsler Intelligence Scale for Children – Fourth Edition, WISC-IV, Petermann & Petermann, 2011).
- Verhaltensanalytische Abklärung der Verhaltensproblematik: In welchen Situationen wird mangelndes Aufmerksamkeitsverhalten beobachtet? Wie zeigt sich diese Auffälligkeit (etwa trödeln, träumen, übersehen von Details, Flüchtigkeitsfehler)? Wer beobachtet diese Schwierigkeiten? Wann gibt es keine oder geringere Auffälligkeiten? Welche Bedingungen herrschen dann vor? Ein ausführlicher Interviewleitfaden hierzu findet sich in Lauth und Schlottke (2009; s. a. Anhang A).
- Beobachtung des Verhaltens in kritischen Situationen (z. B. Schule, Hausaufgaben) bzw. bei typischen Arbeitsproben (z. B. ein Puzzle legen, Zahlen-Verbinden; s. a. Anhang B).
- Abklärung der Problematik mithilfe spezifischer Testverfahren (z. B. Dortmunder Aufmerksamkeitstest – DAT, Lauth, 2003; KiTAP, Zimmermann, Gondan & Fimm, 2003; d2-R, Brickenkamp, Schmidt-Atzert & Liepmann, 2010; KT 3-4 R, Nell, Bretz & Sniehotta, 2004). Der Verdacht auf eine mangelnde Aufmerksamkeitsleistung liegt dann vor, wenn sich das allgemeine Entwicklungsniveau des Kindes und seine Aufmerksamkeitsleistungen deutlich voneinander unterscheiden.

(2) *Diagnostik zur Bestimmung des Trainingsschwerpunktes.* Welche Teilprozesse der Aufmerksamkeit sollen nun eingeübt werden? Eine mangelnde Aufmerksamkeitsleistung kann ganz unterschiedliche Gründe haben und beispielsweise von Fertigkeitsdefiziten, unzureichender Selbststeuerung oder mangelndem Planungsverhalten verursacht sein. Um das zu klären, sind drei Fragen zu beantworten:

- Liegen Mängel in der Verfügbarkeit bzw. Anwendung von Operatoren vor? Dies ist dann der Fall, wenn eine Reihe von Basisprozessen unzureichend beherrscht wird. Hierzu zählen vor allem: genau *hinschauen* (visuelle Diskriminationsfähigkeit, Mustern von Reizvorlagen), genau *hinhören* (akustische Informationen aufnehmen und wiedergeben), genau *nacherzählen* (komplexe akustische Informationen verarbeiten und umsetzen). Hinweise dafür ergeben sich aus der Verhaltensanalyse mit Eltern und Lehrkräften. Zusätzlich werden Arbeitsproben durchgeführt, die Rückschlüsse auf die Beherrschung der wichtigsten Basisprozesse erlauben (z. B. Suchaufgaben, Instruktionen befolgen und umsetzen). Wenn dabei charakteristische Mängel beobachtet werden (s. Tabelle 1), fehlen die grundlegenden Voraussetzungen für das Entstehen von „höheren" Aufmerksamkeitsleistungen. Diese Voraussetzungen müssen dann in einem Training eingeübt werden (Therapiezuweisung zum Basistraining nach Lauth & Schlottke, 2009).
- Bestehen Mängel in der Verhaltensregulation? Jüngere, stark impulsive Kinder weisen zumeist grundlegende und weitreichende Mängel in der Handlungssteuerung sowie in der zielbezogenen Realisierung einer Handlung auf. Um das als Ursache abzuklären, werden auch hier Testverfahren und ergänzende Arbeitsproben vorgegeben (z. B. Dortmunder Aufmerksamkeitstest – DAT, Lauth, 2003; KiTAP, Zimmermann, Gondan & Fimm, 2003; Differix, „Schau genau", „Simile"), die nach Fehlern, Schnelligkeit des Antwortens (sogenannte Antwortlatenz), sowie Bearbeitungsmerkmalen ausgewertet werden. Falls sich eine ausgeprägte Neigung zum vorschnellen und unbedachten Handeln, eine Tendenz zu vermehrter Reizsuche und/oder rasch abfallende Leistungen bestätigen (s. Tabelle 1), ist hauptsächlich die Verhaltensregulation bei den Kindern zu üben.
- Sind Beeinträchtigungen in der Verhaltensorganisation festzustellen? Damit sind Mängel auf der Ebene der Handlungsorganisation angesprochen (z. B. unsystematisch vorgehen, Lösungswege nicht befolgen, nicht vorausschauend handeln, das eigene Handeln nicht überprüfen). Erste Hinweise in dieser Richtung ergeben sich aus der Verhaltensanalyse mit Lehrkräften und Eltern; darüber hinaus werden Arbeitsproben mit komplexen, mehrschrittigen Aufgaben (z. B. „DAT", „Differix", „Schau genau", Raven-Aufgaben, CFT) durchgeführt, bei denen die Therapeutin bzw. der Therapeut beobachtet, wie das Kind vorgeht. Falls keine Such-, Perzeptions- und Handlungsstrategien bei den Arbeitsproben sichtbar werden (s. Tabelle 1), werden diese in einem speziellen Training eingeübt.

(3) *Durchführung des Aufmerksamkeitstrainings.* Der Anwender kann hierfür auf bereits bestehende Trainingsprogramme zurückgreifen. Beispielsweise das Training von Lauth und Schlottke (2009) durchführen. Es besteht aus zwei Therapiebausteinen, die sich flexibel ergänzen (s. dazu Kasten 1 und 2). Dabei werden die Kinder im Wesentlichen in ihrer Selbststeuerung und Planungsfähigkeit geschult, Eltern und Lehrkräfte werden ergänzend miteinbezogen.

Tabelle 1: Hinweise auf therapierelevante Gründe für die Aufmerksamkeitsstörung

Informationsquelle	Fertigkeitsdefizite	Mängel in der Verhaltensregulation	Defizite in der Verhaltensorganisation
Verhaltensanalyse mit Eltern und Lehrkräften	Mängel bei – genauem Hinschauen – genauem Hinhören – genauem Nacherzählen	vorschnelles und unbedachtes Handeln; Tendenz zu vermehrter Reizsuche: – erhöhte Ablenkbarkeit – motorische Unruhe – Zappeligkeit	– unsystematisches Vorgehen – Lösungswege nicht einhalten – nicht vorausschauend planen – das eigene Vorgehen nicht überprüfen
Arbeitsproben und Testverfahren	– Reizvorlagen werden nicht ausreichend gemustert – einfache Suchaufgaben werden nicht gelöst – einfache Handlungen werden nicht nachgeahmt – Instruktionen werden nicht umgesetzt – eine Geschichte kann nicht in ihren Grundzügen nacherzählt werden	– viele irrelevante Antworten – viele Zusatzfehler – rasche und unbedachte Antworten – kein Innehalten bei Fehlern – das eigene Vorgehen und die Zwischenergebnisse werden nicht überprüft – rasch abfallende Leistungen	– unsystematisches Vorgehen – keine Überprüfung von Zwischenergebnissen – rasches und zufallsgesteuertes Arbeiten

Das Training besteht aus einzelnen Einheiten, die immer nur eine bestimmte Kompetenz ausbilden (z. B. Reaktionen mithilfe einer Signalkarte verzögern, das eigene Vorgehen planen, innehalten und überprüfen). Jede neue Trainingseinheit baut auf der vorausgehenden auf und setzt die Beherrschung der vorausgehenden Kompetenzen voraus. Deshalb wird erst dann zur nächsten Trainingseinheit übergegangen, wenn das vorangegangene Ziel sicher erreicht wurde. Das Training wird in Gruppen von 3 bis 4 Kindern durchgeführt, die sich in Bezug auf Alter, Fähigkeiten und Störungsmerkmale ähnlich sein sollten. Es kann aber auch mit einem Kind alleine stattfinden.

Das Üben wird durch operante Verstärkung (Münzverstärker-System) unterstützt, um das Aufmerksamkeitsverhalten der Kinder selektiv zu verändern und unter angemessene soziale Kontrolle zu bringen (s. a. Kapitel 18). Dabei können sowohl positive Verstärker vergeben als auch deponierte Verstärker weggenommen werden (Verstärker-Wegnahme). Jede einzelne Sitzung umfasst vier wiederkehrende Phasen: (a) einführende Erläuterungen beispielsweise zum Ziel der Sitzung; (b) Modellierungs- und Demonstrationsphasen, um das „richtige Vorgehen“ beim Lösen von Aufgaben vorzuführen;

(c) ein ca. 20-minütiges Üben; (d) Spielphasen am Ende jeder Therapiesitzung, die den Schwerpunkt der Trainingseinheit nochmals auf einem anderen „Sinneskanal" aufgreifen.

Kasten 1: Training von Basisfertigkeiten und einfacher Verhaltensregulation

Dieser Therapiebaustein fördert Basisfertigkeiten (genau hinschauen; genau zuhören; genau nacherzählen; Wahrgenommenes wiedergeben) sowie Reaktionskontrolle und einfache Formen verbaler Handlungsregulation. Dies erfolgt zunächst an weitgehend wissensfreiem Material, um das Erreichen des Behandlungszieles nicht durch Wissensdefizite zu gefährden. Die Vermittlung dieser Fertigkeiten wird durch operante Verstärkung unterstützt. Wesentliche Inhalte dieses Trainings sind:

- die Vermittlung eines praktikablen und handlungsrelevanten Wissens über Aufmerksamkeitsstörungen, wobei die Kinder eine bildhafte Vorstellung der Störung erhalten und lernen, die Trainingsziele als nützlich einzuschätzen (1. Trainingseinheit);
- das Einüben der Basisfertigkeiten „genau hinsehen", „genau beschreiben", „akustische Informationen aufnehmen und verarbeiten", „Informationen umsetzen" (1. bis 5. Trainingseinheit);
- die soziale Kontrolle des aufmerksamkeitsgestörten Verhaltens, was durch das Münzverstärkersystem angebahnt wird (1. bis 13. Trainingseinheit);
- die Ausbildung von „Reaktionsverzögerung" (nachdenken, prüfen); dazu setzen die Kinder zunächst eine Signalkarte (Halt, Stopp!) ein, die sie als Vorstellungsbild verinnerlichen sollen (ikonisch-verbale Reaktionskontrolle) (6. bis 11. Trainingseinheit);
- die Übertragung des aufmerksamkeitsorientierten Verhaltens auf schulische Inhalte (9. bis 12. Trainingseinheit).

Kasten 2: Einübung von Verhaltensorganisation (Planungsfertigkeiten)

Das Strategietraining ist für Kinder angemessen, die sich durch planloses Vorgehen und mangelnde Nutzung von übergeordneten Strategien auszeichnen. Daher werden ihnen ordnende Strategien und handlungsleitende Selbstinstruktionen vermittelt. Wesentliche Inhalte des Strategietrainings sind:

- die Vermittlung eines praktikablen und handlungsrelevanten Wissens über Aufmerksamkeitsstörungen und die Ableitung der Trainingsinhalte (1. Trainingseinheit);
- das Einüben einer verallgemeinerbaren Problemlösestrategie bei Zuordnungsaufgaben (1. bis 5. Trainingseinheit);
- die Übertragung dieser Strategie auf zunehmend komplexere Reihungsaufgaben (5. bis 10. Trainingseinheit);
- die Ableitung eigener Organisationsprinzipien, um komplexe Aufgaben lösen zu können (9. und 10. Trainingseinheit);
- die Übertragung dieses Vorgehens auf schulische Aufgaben (11. bis 13. Trainingseinheit) und ggf. auf soziales Verhalten.

(4) *Anleitung der Eltern.* Die begleitende Elternanleitung informiert über die Aufmerksamkeitsstörung sowie das Training. Die Eltern sollen wissen, welche Fähigkeiten (Basisprozesse, Selbststeuerung, Handlungsorganisation) im Training eingeübt werden und diese Fähigkeiten im Alltag unterstützen (z.B. daran erinnern, mit dem Kind darüber

sprechen, die gleichen Strategien bei den Hausaufgaben, beim Basteln oder Tischdecken abverlangen). Um das zu erreichen, wird den Eltern möglichst konkret demonstriert, wie man Aufgaben löst, wie man sein eigenes Handeln steuert (z. B. sich selbst beobachten, exekutive Kontrolle ausüben, den eigenen Lösungsweg beobachten) und wie man komplexere, mehrschrittige Aufgaben löst (z. B. das Ziel definieren, sich grob überlegen, was ein erfolgsversprechender Lösungsweg ist). Die Eltern sollen diese Erfahrungen nutzen, um ihr Kind bei Alltagsverrichtungen, wie den Hausaufgaben, Bastelarbeiten, Zimmeraufräumen prozessorientiert zu helfen.

(5) *Zusammenarbeit mit der zuständigen Lehrkraft*. Hier geht es darum, über Aufmerksamkeitsstörungen sowie die damit verbundenen Verhaltensschwierigkeiten von aufmerksamkeitsgestörten Kindern zu informieren. Er soll sich das unzureichende Aufmerksamkeitsverhalten mit konkreten Verhaltensweisen des Kindes erklären (Fertigkeitsdefizite, mangelnde Selbststeuerung, unzureichende Planung) und das Aufmerksamkeitsverhalten des Kindes dementsprechend unterstützen (z. B. Teilziele verabreden, das Kind beim Lernen strategisch anleiten, sich Zwischenergebnisse berichten lassen, den Plan für eine Aufgabenlösung mit dem Kind besprechen). Eine präventive, vorausschauende Lenkung des Kindes wird verabredet. Dafür gibt sich die Lehrkraft Rechenschaft, welche Schulsituationen für das aufmerksamkeitsgestörte Kind schwierig sind (z. B. Stillarbeit, Gruppenarbeit, Start nach der Pause – vgl. Lauth & Naumann, 2009). Für diese Situationen werden Lösungsmöglichkeiten entwickelt (z. B. vorrausschauende Anweisungen geben, das Kind direkt ansprechen, dem Kind einen geeigneteren Sitzplatz zuweisen). Ferner werden Maßnahmen verabredet, wie das Kind intensiver am Unterricht beteiligt werden kann (s. Kapitel 19).

25.4 Hinweise für die organisatorische Umsetzung

Das geschilderte Training kann auch in der Schule selbst durchgeführt werden, beispielweise im Förderunterricht.

Das Training kann zudem dazu eingesetzt werden, dem Auftreten von Aufmerksamkeits- und Lernstörungen frühzeitig entgegenzuwirken. Eine Lehrkraft führt das Basistraining beispielsweise zu Beginn des 1. Schuljahres im Klassenverband durch. Die Integration des Trainings in den Schulunterricht ist ökonomisch und unter präventiven Gesichtspunkten höchst effektiv. Hierzu liegt ein Schulungsprogramm vor, in dem Lehrkräfte in Gruppen zusammenarbeiten, um Aufmerksamkeitsschwächen und damit zusammenhängende Verhaltensprobleme ausgewählter Schülerinnen und Schüler ihrer Klasse zu verringern (Lauth & Naumann, 2009).

25.5 Wirksamkeit und Wirksamkeitsbedingungen

Metaanalysen (Durlak, Fuhrman & Lampman, 1991) bescheinigen kognitiven Therapien (z. B. Selbstinstruktionstraining, Selbstmanagementtraining, Problemlösetraining) im Allgemeinen eine Wirksamkeit von etwa einer Standardabweichung und eine befriedigende Langzeitwirkung ($d = 0.62$). Dies bedeutet, dass eine substanzielle Anpassung des aufmerksamkeitsgestörten Kindes erreicht wird und sich die gestörten Kinder dabei auch den unauffälligen Kindern in ihrem Aufmerksamkeitsverhalten annähern (ohne allerdings damit schon selbst unauffällig zu sein).

Wirksamkeitsnachweise konnten insbesondere für das „Training mit aufmerksamkeitsgestörten Kindern" von Lauth und Schlottke (2009) erbracht werden. Das „Training mit aufmerksamkeitsgestörten Kindern" führte in einer Untersuchung von Schlottke (zitiert nach Lauth & Schlottke, 2009) zu einer Verbesserung von Arbeitsverhalten und Arbeitsausdauer (aus Elternsicht) sowie zu einer Steigerung der selektiven Aufmerksamkeit. Weiterhin konnte gezeigt werden, dass Grundschülerinnen und Grundschüler mit einer Aufmerksamkeitsstörung nach Teilnahme am Training in ihren Leistungen in einem Aufmerksamkeitstest, in ihren Leistungen in einem Intelligenztest, in ihrem Arbeitsverhalten im Unterricht (Urteil der Lehrerinnen und Lehrer) und in ihren Schulkenntnissen signifikant größere Verbesserungen aufzeigten im Vergleich zu einer Kontrollgruppe (Lauth, 1996).

Diese Effekte treten vor allem dann ein, wenn Lehrkräfte und Eltern intensiv in das Training einbezogen werden. Verbesserungen im Unterrichtsverhalten aufmerksamkeitsschwacher Kinder sind umso eher zu erwarten, je stärker die Lehrkraft an der Intervention bzw. dem Training beteiligt werden kann. Hierfür ist eine direkte Verhaltensberatung der Lehrkraft nützlich. Wenn dies unterlassen wird, stellen sich oft nur vorübergehende Erfolge ein, die nach dem Ende des Trainings alsbald wieder verschwinden. Gleiches gilt auch für die Einbeziehung der Eltern. Dies wird auch durch neuere Metaanalysen bestätigt, die eine Kombination von Selbstmanagement- bzw. Selbstinstruktionsmethoden mit weiteren verhaltenstherapeutischen Maßnahmen (Beratung der Lehrkräfte, Training für Lehrerinnen und Lehrer, Elternberatung) als besonders wirksam empfehlen (Purdie, Hattie & Carroll, 2002).

25.6 Literatur

Grundlegende Literatur

Lauth, G.W. & Schlottke, P.F. (2009). *Training mit aufmerksamkeitsgestörten Kindern* (5., vollständig überarb. Aufl.). Weinheim: PVU.

Müller, H.J. & Krummenacher, J. (2008). Aufmerksamkeit. In J. Müsseler (Hrsg.), *Allgemeine Psychologie*. Heidelberg: Springer.

Purdie, N., Hattie, J. & Carroll, A. (2002). A review of the research on interventions for Attention Deficit Hyperactivity Disorder: What works best? *Review of Educational Research, 72,* 61–99. doi: 10.3102/00346543072001061

Weiterführende Literatur

Döpfner, M. & Lehmkuhl, G. (2010). Evidenzbasierte Therapie von Kindern und Jugendlichen mit Aufmerksamkeitsdefizit-/Hyperaktivitätsstörung (ADHS). *Praxis der Kinderpsychologie, 51,* 410–440.

Lauth, G.W. (1996). Effizienz eines metakognitiv-strategischen Trainings bei lern- und aufmerksamkeitsbeeinträchtigten Grundschülern. *Zeitschrift für Klinische Psychologie, 25,* 21–32.

Lauth, G.W. & Fellner, C. (2004) Katamnestische Evaluation eines multimodalen Therapieprogramms bei Aufmerksamkeitsdefizit-/Hyperaktivitätsstörungen über eine differenzierte Einzelfallforschung. *Kindheit und Entwicklung, 13,* 167–179.

Neumann, O. (1992). Theorien der Aufmerksamkeit – von Metaphern zu Mechanismen. *Psychologische Rundschau, 43,* 83–101.

Material

Brickenkamp, R., Schmidt-Atzert, L. & Liepmann, D. (2010). *Test d2 – Revision. Aufmerksamkeits- und Konzentrationstest (d2-R).* Göttingen: Hogrefe.

Döpfner, M., Schürmann, S. & Frölich, J. (2013). *Training für Kinder mit hyperaktivem und oppositionellem Trotzverhalten* (5., überarb. u. erw. Aufl.). Weinheim: Psychologie Verlags Union.

Durlak, J., Fuhrman,T. & Lampman, C. (1991). *Effectiveness of cognitive-behavior therapy for maladapting children: A meta-analysis.* Department of Psychology, Loyola University, Chicago, Illinois, USA.

Ettrich, C. (1998). *Konzentrationstrainings-Programm für Kinder* (Bd.I. Vorschulalter; Bd. II. 1. und 2. Schulklasse. Bd. III. 3. und 4. Schulklasse). Göttingen: Vandenhoeck & Ruprecht.

Kaufman, A.S. & Kaufman, N.L. (2009). *Kaufman Assessment Battery for Children (K-ABC)* (dt. Bearbeitung von P. Melchers & U. Preuß; *8. Aufl.*). Frankfurt: Pearson.

Krowatschek, D. (1994). *Marburger Konzentrationstraining.* Dortmund: Verlag modernes Lernen.

Krowatschek, D. (1996). *Überaktive Kinder im Unterricht.* Dortmund: Verlag modernes Lernen.

Lauth, G.W. (2003). *Dortmunder Aufmerksamkeitstest (DAT).* Göttingen: Hogrefe.

Lauth, G.W. & Knoop, M. (1998). Konzeption von Aufmerksamkeitsdefizit-/Hyperaktivitätsstörungen aus der Sicht des Lehrers. *Heilpädagogische Forschung, 24,* 21–28.

Lauth, G.W. & Naumann, K. (2009). *ADHS in der Schule. Übungsprogramm.* Weinheim: Psychologie Verlags Union.

Lauth, G.W., Schlottke, P.F. & Naumann, K. (2009). *Rastlose Kinder – ratlose Eltern* (8. Aufl.). München: DTV.

Lehner, B. & Eich, X. (1990). *Neuropsychologisches Funktionstraining für hirnverletzte Patienten.* München: Psychologie Verlagsunion.

Nell, V., Bretz, J. & Sniehotta, F.F. (2004). *Konzentrationstest für 3. und 4. Klassen: revidierte Fassung* (KT 3-4 R). Göttingen: Hogrefe.

Petermann, F. & Petermann, U. (Hrsg.). (2011). *Wechsler Intelligence Scale for Children – Fourth Edition (WISC-IV).* Frankfurt: Pearson.

Wagner, I. (1982). Konzentrationstraining bei impulsiven und „trödelnden“ Kindern. In H.-C. Steinhausen (Hrsg.), *Das konzentrationsgestörte Kind* (S. 166–179). Stuttgart: Kohlhammer.

Weiß, R.H. (2006). *Grundintelligenztest Skala 2* – Revision (CFT 20-R). Göttingen: Hogrefe.

Zimmermann, P. & Sturm, W. (2002). *Testbatterie zur Aufmerksamkeitsprüfung* (TAP). Version 1.7. Herzogenrath: Psytest.

26. Förderung begrifflich-kategorialer Verarbeitung

Matthias Grünke und Mark Stemmler

Fallbeispiel

Alisa (7;2 Jahre) besucht seit einigen Monaten die erste Klasse einer Grundschule. Körperlich und sprachlich erscheint sie normal entwickelt, allerdings gibt sie sich sehr schüchtern. Im Kindergarten war sie u. a. dadurch aufgefallen, dass sie sich die Abfolge der einzelnen Schritte bei Bastelarbeiten nicht vergegenwärtigen und sich die Regeln bei einfachen Brettspielen nicht merken konnte. In der Schule kann sie dem Klassentempo häufig nicht folgen. Wenn die Lehrerin ihr eine Aufgabe gibt, tut Alisa in vielen Fällen einfach nichts. Sie reagiert vielmehr verlegen oder hilflos und wirft der Lehrerin fragende Blicke zu.

Alisas Mutter machte sich Sorgen über die Entwicklung ihrer Tochter und wandte sich deswegen an eine Erziehungsberatungsstelle. Der dortige Psychologe führte mit Alisa u. a. die Wechsler Intelligence Scale for Children – Fourth Edition (WISC-IV) von Petermann und Petermann (2011) durch. Der Gesamt IQ betrug 84, jedoch ergab sich im Begabungsprofil ein recht uneinheitliches Bild: Aufgaben, die kaum logisches oder abstraktes Denken erfordern – also beispielsweise den allgemeinen Wissensumfang („Allgemeines Wissen“) oder die Konzentrations- bzw. auditive Merkfähigkeit („Zahlennachsprechen“) erfassen – wurden von Alisa gut gelöst. Untertests, die eine gewisse Fähigkeit zur Kategorisierung bzw. Ordnungsbildung verlangen (wie etwa „Gemeinsamkeiten finden“ oder „Bilder ordnen“), bewältigte sie hingegen schlecht. Unter Einbezug der Lehrerin und der Mutter wurde daraufhin eine Behandlung geplant, die Alisas Fähigkeit zur ökonomischen Strukturierung von Aufgabenstellungen steigern sollte. Die Förderung beinhaltete das Lösen von Aufgaben aus verschiedenen Intelligenztests, die das Erkennen von Regelhaftigkeiten und Beziehungen erfordern. Hierbei wurde auf die Coloured Progressive Matrices (CPM) von Raven, Bullheller & Häcker (2002) und eine computergestützte Version des Wisconsin Card Sorting Tests (WCST) von Schretlen (2012) zurückgegriffen. Außerdem war ein etwa 10-stündiges Training zur Förderung des induktiven Denkens vorgesehen (s. Kapitel 27). Schließlich sollte die Mutter ferner mit Alisa zu Hause alltagsnahe Übungen nach einem festgesetzten Plan durchführen und deren Verlauf in einem Tagebuch festhalten. Bei diesen Übungen ging es darum, aus einer Anzahl vorgegebener Elemente (z. B. Gegenstände) implizite Kategorien zu bilden und im Anschluss neue Elemente in die erarbeiteten Kategorien einordnen. So sollten Mutter und Tochter etwa von ihrem Wohnzimmerfenster aus den Straßenverkehr beobachten und darüber diskutieren, welche Verkehrsmittel als zusammengehörig betrachtet werden können, diese Gruppen benennen (z. B. Zweiräder, PKWs, LKWs, Luftfahrzeuge, Busse) und im Anschluss neu erscheinende Verkehrsmittel den gebildeten Klassen zuordnen. Sechs Wochen nach Behandlungsbeginn berichtet die Lehrerin, dass Alisa eine merklich schnellere Auffassungsgabe an den Tag legt und insgesamt selbstständiger arbeitet.

26.1 Kurzbeschreibung der Methode und ihres theoretischen Hintergrunds

Lernen gelingt umso leichter, je besser wir die jeweils relevanten Inhalte einordnen und kategorial erfassen können. Hätte hingegen jedes Objekt, dem wir begegnen, eine einzigartige Individualität für uns, so würde uns die Komplexität unserer Umwelt bald erdrücken (Bornstein & Arterberry, 2010). Deswegen entwickeln wir bereits als Kind eine geordnete Wahrnehmung der Umwelt. Dabei werden Objekte oder Ereignisse hinsichtlich bestimmter Merkmale oder Relationen in immer differenziertere Klassen (Begriffe) eingeordnet und als gleich erachtet. Die Ordnungsbildung ist durchaus abstrahierend, weil die Klassen (Begriffe) anhand jeweils unterschiedlicher Merkmale gebildet werden. Es liegt am Betrachter, welche Merkmale er als wesentlich oder unwesentlich für die Zuordnung hervorhebt.

Die Entwicklung von Kategorisierungsfähigkeiten vollzieht sich teilweise struktur-, teilweise prozessorientiert.

- Bei der *strukturorientierten Kategorisierung* lernen Kinder, Dinge nach bestimmten Merkmalen oder Beziehungen auf recht nachvollziehbare Weise in relativ universelle Über- und Unterkategorien einzuordnen. So wird ein Dobermann bereits im Kleinkindalter genauso wie ein Collie, ein Dackel, ein Terrier usw. gemeinhin als Hund (bzw. als „Wauwau") erkannt. Hunde gehören wiederum zu den Tieren. Eine derartige Klassifikation kann mit steigendem Alter und steigendem bereichsspezifischem Wissen natürlich weiter ausdifferenziert werden. So sind Dobermänner innerhalb der Kategorie der Hunde aufgrund ihrer Größe und der Art ihres Fells der Rasse der Pinscher und Schnauzer zuzurechnen. Innerhalb der verschiedenen Tierarten gehören Hunde gemeinsam mit Wölfen, Füchsen, Mardern und anderen Spezies zu den fleischfressenden (höheren) Säugetieren. Derartige Klassifikationen auf der Basis objektiver Charakteristika sind mehr oder minder allgemein nachvollziehbar und gut zu erläutern.
- Bei der *prozessorientierten Kategorisierung* ist die Ordnungsbildung u. a. viel stärker vom Kontext und von der zu bewältigenden Anforderung abhängig. Kriterien für die Bildung von Klassen sind in vielen Lebensbereichen so komplex und so flexibel, dass sie sich einer sprachlichen Formulierung entziehen.

Obwohl die Fähigkeit zur prozessorientierten Kategorisierung bei der Bewältigung kognitiver Aufgaben im Alltag eine mindestens ebenso wichtige Rolle spielt wie die zur strukturorientierten, lässt sie sich weder mittels regelgestützter Algorithmen ausdrücken, noch explizit vermitteln. Sie wird vielmehr implizit erworben (Huang-Pollock, Maddox & Karalunas, 2011).

Die Entwicklung der hier im Blickpunkt stehenden (weil förderbaren) Kompetenz zur strukturorientierten Ordnungsbildung lässt sich mithilfe eines Stufenmodells beschreiben, das auf gängigen Theorien (u. a. von Piaget, Bruner und Wygotski) aufbaut und von Probst (1981) ausformuliert wurde. Es gibt Altersgrenzen an, die als grobe Orientierung für die Zuordnungsmöglichkeiten der Kinder zu sehen sind. Ferner geht es davon aus, dass bei der Ordnungsbildung jede der nachstehenden Phasen durchlaufen werden muss. Obgleich dieses Modell relativ alt ist und keine Aspekte der prozessorientierten Kategorisierung berücksichtigt, bietet es eine wichtige Orientierungshilfe für die Planung der Förderung.

(1) *Egozentrische Phase.* Das Kind beginnt bereits auf der sensomotorischen (bis 2 Jahre) und der präoperationalen Stufe (2 bis 6 Jahre), die Dinge und Ereignisse in seiner Umwelt in Abhängigkeit ihres Belohnungs- oder Befriedigungswertes einzuordnen. Hierbei greift es auf die bisherigen Erfahrungen (angenehm oder unangenehm) zurück. In dieser Phase herrscht zumindest zu Beginn noch eine „affektive" Reaktionsweise vor, d. h. bei der Einordnung steht die subjektive Beziehung zum Gegenstand im Vordergrund. Beispielsweise werden eine Puppe und ein Kerzenständer dann als zusammengehörig betrachtet, wenn sie dem Kind beide gut gefallen.

(2) *Perzeptive Phase.* Mit dem Eintritt in die Grundschule (ca. 6 Jahre) orientiert sich das Kind an den äußerlichen Eigenschaften. Die Objekte werden nach ihrer Form, Größe, Farbe, Lokalisierung oder materiellen Beschaffenheit eingeteilt. Die Kinder sind also in erster Linie vom Aussehen der Dinge beeindruckt. Beispielsweise werden eine Melone und ein Stoffball aufgrund ihrer ähnlichen Form als zusammengehörig betrachtet.

(3) *Phase der funktionalen Orientierung.* Gegen Ende der Grundschulzeit (ca. 10 Jahre) beginnt das Kind, sich von reinen Äußerlichkeiten zu lösen und beurteilt Objekte zunehmend nach ihrem Verwendungszweck bzw. ihrer Funktion. Beispielsweise werden Säge und Axt als zusammengehörig betrachtet, weil sie sich zur Bearbeitung bzw. Zerkleinerung von Holz eignen.

(4) *Phase der kategorialen Gruppierung.* Auf der letzten Stufe der Entwicklung, etwa jenseits des 10. Lebensjahres, kommt es normalerweise zu einer Verwendung abstrakter Oberbegriffe. In dieser Phase erfolgt die Gruppierung von Gegenständen nicht mehr nur aufgrund ihrer gemeinsamen Funktion, sondern auch auf Basis übergeordneter abstrakter Kategorien (z. B. werden Zeitung und Fernseher als zusammengehörig betrachtet, da es sich in beiden Fällen um Medien handelt).

Personen, welche die höchste Stufe der kategorialen Oberbegriffsbildung erreicht haben, können in der Regel auch Objekte entsprechend den Merkmalen einer niedrigeren Entwicklungsstufe ordnen bzw. kategorisieren. Wer also mittels abstrakter Oberbegriffe kategoriale Gruppierungen bilden kann, erkennt fast immer auch funktionale Gemeinsamkeiten (Phase der funktionalen Orientierung) sowie äußerliche Ähnlichkeiten (perzeptive Phase) und kann natürlich auch angeben, wie gut ihm diese Objekte gefallen (egozentrische Phase). Die kategoriale Gruppierung anhand von abstrakten Oberbegriffen stellt somit die höchste und allgemeinste Form der Klassifizierung dar. Sie erweitert die Orientierungsmöglichkeiten und versetzt Menschen in die Lage, auch komplexe Sachverhalte sinnvoll ordnen zu können.

Durch flexible und rasche Kategorisierungen verbessert sich auch das Behalten. Aus der Grundlagenforschung ist hinlänglich bekannt, dass im Kurzzeitgedächtnis in der Regel lediglich fünf bis neun Einheiten gespeichert werden können. Ist eine Person jedoch in der Lage, die neuen Lerninhalte schnell auf wenige Oberbegriffe bzw. Chunks zu reduzieren, so nutzt sie hierdurch die begrenzte Kapazität ihrer Informationsverarbeitung besser aus und kann sich mehr merken. Außerdem können die neuen Lerninhalte besser im mehrdimensionalen und hierarchisch organisierten Netzwerk des Langzeitgedächtnisses gespeichert werden. Eine übersichtliche Organisation der abgelegten Informationen erleichtert wiederum den Abruf der so gespeicherten Gedächtnisinhalte.

Die eben dargestellte praktische Bedeutung der Kategorisierungsfähigkeit hat die Forschungstätigkeit seit Beginn der 80er stark angeregt. Allerdings sind daraus kaum Trainingskonzeptionen für die Behandlungspraxis hervorgegangen. Dennoch lassen sich aus den bisherigen Erkenntnissen Grundprinzipien für die Schulung der kategorialen Verarbeitung ableiten:

- *Orientierung am mentalen Alter der Kinder und Jugendlichen.* Die Kategorisierungsaufgaben werden so zusammengestellt, dass sie in ihrem Komplexitätsniveau und ihrer Darbietungsweise dem Entwicklungsstand der Schülerinnen und Schüler entsprechen. Kindern, die noch nicht die begrifflich-abstrakte Stufe der Ordnungsbildung erreicht haben, werden beispielsweise reale (Gebrauchs-) Gegenstände aus ihrer direkten Lebensumwelt präsentiert (z. B. Obstsorten, Verkehrsmittel). Kindern, die bereits auf der funktionalen Stufe der Ordnungsbildung stehen, werden hingegen vielfältigere, komplexere und abstraktere Begriffe zum Üben und sogar bloß vorgestellte Objekte als Aufgabe gegeben.
- *Zusätzliche Schulung von metamemorialem Wissen.* Kinder entwickeln mit zunehmendem Alter die Möglichkeit, über ihre eigenen kognitiven Fähigkeiten nachzudenken. Darüber optimieren sie auch ihr Herangehen an Aufgaben und setzen entsprechend der Aufgabenstellungen nutzbringende Strategien ein, die Aufnahme, Speicherung und Wiedergabe von Informationen vereinfachen. Dieser natürliche Prozess wird im Kategorisierungstraining unterstützt, indem ihnen die Nützlichkeit von Kategorisierungsstrategien erklärt und ihre adäquate Anwendung belohnt wird.
- *Begleitende Förderung von Motivations- und Aufmerksamkeitsprozessen.* Ein Entwicklungsrückstand beim begrifflich-kategorialen Ordnen hängt in vielen Fällen auch mit einer unzureichenden Motivation und Aufmerksamkeit zusammen. Beide Aspekte sind deshalb ebenfalls zu beachten und in den Übungen u. a. mittels operanter Methoden zu schulen (s. Kapitel 18).

26.2 Indikation der Methode

Lernerfolg hängt von der Fähigkeit ab, neue Lerninhalte in die eigene kognitive Struktur zu integrieren. Beim Lernen ist im hohen Maße eine aktive Informationsverarbeitung gefragt. Es geht um: Einordnen, begrifflich Fassen, Kategorisieren, Veranschaulichen, Assoziationen bilden etc. … Funktionen, die häufig mit der Allgemeinintelligenz verbunden sind. Wenn es hierbei Entwicklungsverzögerungen gibt, wird die Anregung der Lerninhalte erschwert. Langfristig werden Lernschwierigkeiten begünstigt. Probleme bei der Ausführung dieser Funktionen dokumentieren einen Rückstand in der kognitiven Entwicklung, der sich in unterschiedlichen Lernschwierigkeiten äußert. Somit ist eine Förderung der begrifflich-kategorialen Verarbeitung immer dann indiziert, wenn die beobachteten Leistungsprobleme primär als Ausdruck unzureichender grundlegender geistiger Prozesse betrachtet werden können. Dies ist v. a. bei folgenden Störungsbereichen der Fall:

- Lernbehinderung (s. Kapitel 6);
- Lernschwächen im Zuge von Entwicklungsverzögerungen (ICD-10, F8; s. Kapitel 7);
- Intelligenzminderung (ICD-10, F7).

26.3 Detaillierte Beschreibung des Vorgehens

(1) *Statusdiagnostik*. Zunächst wird die Fähigkeit des Kindes zur kategorialen Gruppierung im Vergleich zu einer Normalstichprobe erfasst. Hierfür bieten sich verschiedene Untertests aus gängigen Intelligenztests an, wie etwa die Skala „Gemeinsamkeiten finden“ aus dem WISC-IV von Petermann und Petermann (2011) oder der Teilbereich „Wörtergruppe“ aus dem Kombinierten Lern- und Intelligenztest (KLI 4-5) von Schröder (2005).

Kasten 1: Beispiele für das Vorgehen bei der Überprüfung des Niveaus der Ordnungsbildung
(modifiziert nach Probst, 1981, S. 43)

Im Rahmen der 17 Durchgänge werden jeweils folgende zentrale Objekte und zuzuordnende Gegenstände präsentiert:

Vorgabe	egozentrische Wahl	perzeptive Wahl	funktionale Wahl
1. Trinkglas	Lokomotive	Marmeladenglas	Tasse
2. Glühbirne	Plastik-Kuh	Obstbirne	Kerze
3. Streichhölzer	Plastik-Schwein	Schachtel	Feuerzeug
4. Nagel	Weintraube	Nadel	Reißnagel
5. Tischtennisball	Würfel	Holzkugel	Federball
6. Zahnpasta	Jojo	Senftube	Seife
7. Bleistift	Dose mit Früchten	Holzstab	Kugelschreiber
8. Socken	Bildkarte	Taschentuch	Handschuh
9. Flüssigkleber	Trillerpfeife	Cremetube	Klebestreifen
10. Knopf	Glasfrucht	schwarzer „Floh“	Reißverschluss
11. Kugelschreibermine	Plastik-Werkzeug	Messingrohr	Kreide
12. 10-Cent-Münze	Glasfrucht	Messingknopf	10-Euro-Schein
13. Comic-Heft	Kugelspiel	Schreibheft	Zeitung
14. Ansichtskarte	Flugzeug	buntes Bild	Postkarte
15. Apfelsine	Lokomotive	oranger Ball	Brötchen
16. Wachsapfel	Auto	graue Pappe	Schreibpapier
17. Korken	Rakete	gelber Zylinder	Kronkorken

Die Lehrkraft (oder ein Trainer bzw. eine Trainerin) kann die Aufgabe folgendermaßen einleiten: „Ich zeige Dir jetzt ein paar Gegenstände, nämlich eine Glühbirne eine Plastik-Kuh, eine Obstbirne und eine Kerze.“ Sie oder er nimmt daraufhin das zentrale Objekt (Glühbirne) heraus und erkundigt sich, welcher Gegenstand nach Ansicht des Kindes am besten zu der Vorgabe passt. Mit der Frage „Warum hast Du das genommen?“ wird zusätzlich eine Begründung für die Entscheidung eruiert.

Die Zuordnung eines Gegenstandes gibt nun Aufschluss über die Entwicklungsstufe des Kindes. In Abhängigkeit der Wahl des Objektes wird auf die Merkmale der Zuordnung bezüglich der Gemeinsamkeit geschlossen. Bei der *egozentrischen Stufe* steht der Belohnungs- oder Befriedigungswert im Vordergrund; also würde in dieser Phase die Wahl am ehesten auf die Plastik-Kuh fallen. Bei der *perzeptiven Stufe* steht die Form, Größe, Farbe oder materielle Beschaffenheit im Vordergrund; die Auswahl geschieht dann aufgrund der äußerlichen Ähnlichkeit, also würde auf dieser Entwicklungsstufe die Wahl am ehesten auf die Obstbirne fallen. Auf der *funktionalen Stufe* wird die Gemeinsamkeit aufgrund der ähnlichen Funktion bestimmt; die Wahl fiele dann am ehesten auf die Kerze. Auf Basis des Antwortverhaltens und der Begründungen für die getroffenen Entscheidungen lassen sich differenzierte Hypothesen über das Vorgehen bei der kategorialen Oberbegriffsbildung des Kindes formulieren. Bei der Beurteilung des Entwicklungsstandes einer Schülerin bzw. eines Schülers ist die Begründung im Übrigen wichtiger als die Wahl selbst. Denn auch eine von der Lehrkraft als egozentrisch angesehene Entscheidung kann von einem Kind u. U. kategorial begründet werden, was auf die Fähigkeit zur abstrakten Kategorisierung hindeutet.

(2) *Diagnostik der konkreten Ordnungsbildung*. Um die Denkvorgänge detaillierter analysieren zu können, werden dem Kind in mehreren Durchgängen je vier Gegenstände präsentiert. In allen Fällen steht der erste mit den anderen dreien in gewisser Weise in Beziehung (s. Kasten 1). Das Kind soll nun jeweils ein zur Vorgabe passendes Objekt auswählen und seine Entscheidung begründen. Auf diese Weise wird das Niveau des systematisierenden Kategorisierens erfasst.

(3) *Direkte Förderung der begrifflich-kategorialen Verarbeitung durch strukturierte Übungen*. Das begrifflich-kategoriale Ordnen kann sowohl im Unterricht als auch in der Einzelintervention geschult werden. In Anlehnung an ein von Probst (1981) beschriebenes Vorgehen empfiehlt sich folgender Ablauf:

- *Darbieten der Elemente eines bestimmten Gegenstandsbereichs* (z. B. Werkzeuge, Lebensmittel, Gebäude). Hier wird die Frage gestellt, was diese Gegenstände gemeinsam haben, ohne den eigentlichen Oberbegriff zu nennen (z. B. „Was kann man alles in einem Lebensmittelgeschäft kaufen?“)
- *Kategorisieren der Elemente*. Nach dem Benennen der einzelnen Ordnungskategorien werden den Schülerinnen und Schülern die entsprechenden Objekte zugeordnet (z. B. „Hier schreibe ich *Backwaren* hin!“; „Was gehört hier noch hin?“).
- *Herausstellen der Beziehung zwischen dem Oberbegriff und den Objekten*. In Vorbereitung auf die nächste Entwicklungsstufe (z. B. die der funktionalen Entwicklung) werden die funktionalen Gemeinsamkeiten der Gegenstände mit dem Oberbegriff erarbeitet („Der Bäcker backt Brot und Kuchen aus Teig!“). Dabei geht es sowohl um das Erkennen von Oberbegriffen aufgrund zusammenhängender Elemente (z. B. „Wel-

ches Wort passt für Brötchen, Schwarzbrot, Streuselkuchen") als auch um die Zuordnung von Elementen oder Gegenständen zu einem vorgegebenen Oberbegriff (z.B. „Brötchen, Schwarzbrot, Streuselkuchen sind Backwaren").

- *Vertiefung der erworbenen Fähigkeiten.* Um die Fähigkeit zur begrifflich-kategorialen Verarbeitung zu festigen, werden dem Kind Aufgaben in ansteigender Schwierigkeit präsentiert. Hierzu bietet sich insbesondere das Computerprogramm „Denkspielen mit Elfe und Mathis" von Lenhard, Lenhard und Klauer (2011) an. Es fördert die Fähigkeit zum induktiven Denken (also zum Schließen von Einzelfällen auf allgemeine Gesetzmäßigkeiten durch das Entdecken gemeinsamer Merkmale oder Relationen; s. Kapitel 27). Hierbei geht es in vielen Fällen um eine begrifflich-kategoriale Verarbeitung, wie Kasten 2 exemplarisch verdeutlicht.

Kasten 2: Screenshot aus den „Denkspielen mit Elfe und Mathis" von Lenhard, Lenhard und Klauer (2011)

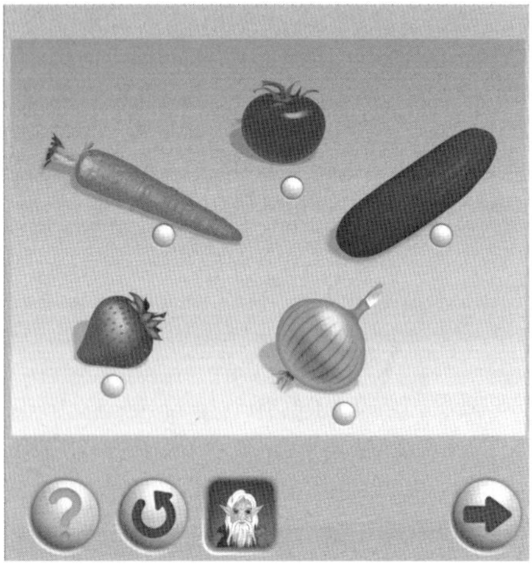

Das Kind soll von den fünf Objekten dasjenige identifizieren, das nicht zu den anderen passt. Zu diesem Zweck bestimmt es zunächst für jeden Gegenstand die ihn kennzeichnenden Merkmale und bildet eine durch einen gemeinsamen Oberbegriff gekennzeichnete Klasse aus vier Objekten (Gemüse). Im Anschluss prüft es, ob das nicht dazugehörige Element evtl. doch die fraglichen Kennzeichen aufweist (eine Erdbeere wächst zwar auch im Garten oder auf einem Feld, schmeckt jedoch im Gegensatz zu den anderen Objekten süß).

Die Übungen sollten in einer möglichst anregenden Situation durchgeführt werden. Dabei empfiehlt sich eine Gruppengröße von 6 bis 10 Kindern und eine Übungsdauer von 30 Minuten, die jeweils durch spielerische Erörterungen oder ein Gespräch über das „Sortieren" von Erfahrungen unterbrochen wird (s. Kasten 3).

Kasten 3: Förderung des Kategorisierens auf der Stufe der funktionalen Orientierung

Hier ein Vorschlag von Probst (1981) für eine Doppelstunde zum Oberbegriff „Nahrungsmittel“. Weitere mögliche Themen wären „Baumaterialien und -stoffe“, „Verkehr“ und „Wetter“. Insgesamt sind zirka 10 Förderstunden geplant.

- Die Lehrkraft stellt unterschiedliche Schilder für einzelne Abteilungen eines Supermarktes im Raum auf (z. B. Backwaren, Gemüse, Fleisch, Wurstwaren, Getränke) und platziert in deren Nähe jeweils entsprechende Nahrungsmittel. Die Präsentation der Gegenstände kann sowohl real, als auch auf Bildern/Fotos oder beschrifteten Zetteln erfolgen.
- Die Schülerinnen und Schüler erhalten ungeordnete Einkaufszettel mit dem Auftrag, die darauf vermerkten Artikel in einen Korb zu legen.
- Die einkaufenden Kinder sollen unter Vermeidung ständigen Hin- und Herlaufens zwischen den Lebensmittelabteilungen die auf ihrem Zettel notierten Lebensmittel sinnvoll strukturieren („Was passt zusammen?“).
- Mithilfe von Arbeitsblättern, die zu vervollständigende Sätze enthalten, festigen und überprüfen die Schülerinnen und Schülern die Strukturierung des erarbeiteten Wortfeldes. Sätze wie „Brot gehört zu …“ und „Apfelsaft gehört zu …“ fördern das induktive Ordnen. Sätze wie „… gehört zu Backwaren“ und „… gehört zu Getränken“ fördern das deduktive Ordnen.

(4) *Übertragung auf den Alltag.* Die bisherigen Trainingsgewinne sollten im Alltag auf informelle und spielerische Weise weiter ausgebaut werden. Für Eltern ergeben sich vielfältige Möglichkeiten, um das Bestimmen von Gemeinsamkeiten und Unterschieden bei diversen Gegenständen und Begriffen mit ihren Kindern zu üben und gemeinsam geeignete Bezeichnungen für die gebildeten Kategorien zu finden. Bei jüngeren Kindern bietet es sich z. B. an, die Paarlinge von Memory-Karten zu trennen und eines der Sets zu jeweils möglichst homogenen Gruppen zu ordnen. Ältere Kinder oder Jugendliche können hingegen mit anspruchsvolleren Anforderungen konfrontiert werden, wie etwa dem Sortieren von in Fernsehzeitungen angekündigten Sendungen zu Kategorien (Nachrichtensendungen, Talkshows, Spielfilme, Reportagen), die ihrerseits wieder in verschiedene Rubriken unterteilbar sind (z. B. gehören zur Kategorie der Spielfilme u. a. Western, Science-Fiction-Filme, Liebesfilme, Dramen oder Action-Filme). Die erworbenen begrifflich-kategorialen Verarbeitungskompetenzen lassen sich auch bei den täglichen Hausaufgaben gut einsetzen. Beispielsweise können die Eltern mit dem Kind übergeordnete Grundregeln entwickeln, etwa: a) „Sortiere vor dem Lernen“; b) „lerne nach Gruppen geordnet“; c) „benenne die Kategorien“; d) „kategorisiere bei der Wiedergabe“.

(5) *Aufbau von metamemorialem Wissen.* Gemäß der Strategie-Emergenz-Theorie (SET) von Hasselhorn (1996) verstehen Kinder in der Altersspanne zwischen 8 und 10 Jahren erstmals das Prinzip der begrifflich-kategorialen Verarbeitung. Dieses Verständnis soll in der Schule unterstützt werden. Denn selbst wenn die Kinder bereits Gegenstände oder

Begriffe mehr oder weniger sinnvoll ordnen und wiedererinnern können, bedeutet dies nicht notgedrungen, dass sie auch das Prinzip ihrer Ordnungsbildung durchschauen und reflektieren. Um ein planvolles und selbstregulatives Lernen auszubilden, ist dieses metakognitive Wissen jedoch notwendig. Deshalb sollten Mädchen und Jungen, die mindestens das mentale Alter von Drittklässlern haben, zur Selbstreflexion angehalten werden (jüngere Schülerinnen und Schüler profitieren von einer entsprechende Förderung normalerweise kaum). Dabei kann die Lehrkraft im Wesentlichen zwei Dinge tun: a) Sie informiert ihre Schülerinnen und Schüler, dass die ökonomische Organisation von Lerninhalten nützlich ist, weil sie im Gedächtnis gespeichert leichter wieder abgerufen werden können („Das Gedächtnis ist wie eine Bibliothek. Sie enthält die Bücher, die nach Themenbereichen geordnet sind. Wenn man dafür nachvollziehbare und klar bestimmte Rubriken verwendet, kann man die Bücher zielsicher und rasch wiederfinden. Bücher, die man hingegen nicht nach Themenbereichen einordnet, sondern achtlos wegsortiert, lassen sich nur sehr schwer und meist nur durch Zufall auffinden.“). b) Sie erteilt ihren Schülerinnen und Schülern zu allen Leistungsverbesserungen, die auf die korrekte Anwendung kategorialer Organisationsstrategien zurückgehen, positive Rückmeldungen.

(6) *Steigerung von Motivations- und Aufmerksamkeitsprozessen.* Die begrifflich-kategoriale Verarbeitung von Lerninhalten fordert ein motiviertes Vorgehen der Schülerin bzw. des Schülers. Deshalb steht am Ende der Schulung die Bemühung um eine Verbesserung der Motivation. Hierfür soll der Trainer bzw. die Trainerin (oder ggf. eine Lehrkraft) folgende Maßnahmen umsetzen:

- Leistungsverbesserungen der Schülerin bzw. des Schülers auf den Aufbau metamemorialem Wissens und die korrekte Strategieanwendung zurückführen;
- Mittelschwere Aufgaben stellen und erreichte Zwischenziele positiv verstärken;
- die Aufmerksamkeit fördern und einen rhythmischen Wechsel zwischen Aktivitäts- und Entspannungsphasen herbeiführen;
- die Lernzeit intensiv nutzen;
- die Einzelarbeit der Kinder überwachen;
- mehrerer Sinnesmodalitäten ansprechen.

26.4 Hinweise für die organisatorische Umsetzung

Die beschriebene Intervention eignet sich besonders für Fördergruppen in der Schule, in Beratungsstellen und im Hort. Sie sollten längerfristig und regelmäßig durchgeführt werden und Eltern sowie Lehrkräfte mit einbeziehen. Ferner soll in unterschiedlichen Situationen geübt werden. Der Förderung im Alltag kommt dabei ein besonders hoher Stellenwert zu. Hier bietet es sich an, die Bezugspersonen als *Mediatorinnen* bzw. *Mediatoren* zu nutzen (nach vorangehender Schulung; s. dazu Kapitel 29 und 37), um mit ihnen gemeinsam kindgerechte Übungen zu entwickeln, die sie selbstständig durchführen und in ihren Ergebnissen dokumentieren sollen.

26.5 Wirksamkeit und Wirksamkeitsbedingungen

Es gibt nur wenige Untersuchungen, die sich speziell mit der Förderung der begrifflich-kategorialen Verarbeitung bei Kindern und Jugendlichen mit Lernstörungen befassen (z. B. Gonser, Stemmler & Masendorf, 1999; Klauer, 1998; Sonntag, 2010). Die dort erprobten Interventionsansätze führten zu signifikant besseren Behaltensleistungen bei den trainierten Schülerinnen und Schülern, wobei dieses Ergebnis bei unterschiedlichen Stichproben repliziert werden konnte. Zwischen Trainingsgruppe und Kontrollgruppe (ohne Training) waren die Unterschiede in der Behaltensleistung dann am größten, wenn wenig strukturiertes Material verwendet wurde (d. h. solches Material, bei dem eine ordnende Kategorisierung besonders erforderlich war). Die förderlichen Effekte des Computerprogramms „Denkspielen mit Elfe und Mathis" von Lenhard, Lenhard und Klauer (2011) sind jüngst von Lenhard und Lenhard (2011) dokumentiert worden. Beiden Methoden (Förderung von induktivem und von begrifflich-kategorialem Denken) ist gemeinsam, dass Schülerinnen und Schülern Strategien vermittelt werden, wie man durch ein Zusammenziehen von Einzelinformationen zu größeren Verarbeitungseinheiten gelangt, dadurch die Denkkapazität erhöht und letztlich die Leistungen des Arbeitsgedächtnisses steigert. Es ist davon auszugehen, dass eine vorausgehende Förderung des induktiven Denkens vorteilhaft ist, um das Kategorisieren als Ordnungsstrategie einzuführen und die Nachhaltigkeit der Trainingseffekte zu erhöhen (Sonntag, 2010). Ein Training des begrifflich-kategorialen Denkens kann zudem bereichsübergreifende Effekte erzielen. Gonser et al. (1999) berichteten zum Beispiel über positive Effekte auf die Konzentration und die Leseleistung. Zusammenfassend unterstreichen die Befunde zum begrifflich-kategorialen Lernen den Stellenwert von Lernstrategien, die zur Ordnung, zum Vernetzen und zum Strukturierung von Lerninhalten beitragen.

26.6 Literatur

Grundlegende Literatur

Bornstein, M. H. & Arterberry, M. E. (2010). The development of object categorization in young children. *Developmental Psychology, 46,* 350–365. doi: 10.1037/a0018411

Hasselhorn, M. (1996). *Kategoriales Organisieren bei Kindern: Zur Entwicklung einer Gedächtnisstrategie.* Göttingen: Hogrefe.

Sonntag, W. (2010). Fördert induktives Denken die Gedächtnisstrategie des Kategorisierens bei lernbehinderten Sonderschülern? *Empirische Sonderpädagogik, 2,* 5–21.

Weiterführende Literatur

Gonser, S., Stemmler, M. & Masendorf, F. (1999). Lernen nach kategorialen Oberbegriffen bei Lernbehinderten: Ein experimentalpsychologischer Beitrag zur sonderpädagogischen Forschung. In L. Tent (Hrsg.), *Heinrich Düker: Ein Leben für die Psychologie und für eine gerechte Gesellschaft* (Band I) (S. 465–473). Lengerich: Pabst Science Publishers.

Huang-Pollock, C. L., Maddox, W. T. & Karalunas, S. L. (2011). Development of implicit and explicit category learning. *Journal of Experimental Child Psychology, 109,* 321–335. doi: 10.1016/j.jecp.2011.02.002

Klauer, K. J. (1998). Begünstigt induktives Denken den Erwerb der Gedächtnisstrategie des Kategorisierens? *Zeitschrift für Pädagogische Psychologie, 12,* 73–84.

Masendorf, F. & Walter, J. (1997). Die Bedeutung der Ausnutzung sprachlicher Redundanz für die Lese-Rechtschreibmethodik bei lernbehinderten Sonderschülern. In F. Masendorf (Hrsg.), *Experimentelle Sonderpädagogik: Ein Lehrbuch zur angewandten Forschung* (S. 175–189). Weinheim: Beltz.

Material

Lenhard, A. & Lenhard, W. (2011). Computerbasierte Intelligenzförderung mit den „Denkspielen mit Elfe und Mathis“: Vorstellung und Evaluation eines Computerprogramms für Vor- und Grundschüler. *Empirische Sonderpädagogik, 3,* 105–120.

Lenhard, A., Lenhard, W. & Klauer, K. J. (2011). *Denkspiele mit Elfe und Mathis.* Göttingen: Hogrefe.

Petermann, F. & Petermann, U. (Hrsg.). (2011). *Wechsler Intelligence Scale for Children – Fourth Edition (WISC-IV).* Frankfurt: Pearson.

Probst, H. (1981). *Zur Diagnostik und Didaktik der Oberbegriffsbildung.* Solms: Jarick-Oberbiel.

Raven, J. C., Bullheller, S. & Häcker, H. O. (2002). *Coloured Progressive Matrices (CPM).* Frankfurt: Pearson.

Schretlen, D. J. (2012). *Modified Wisconsin Card Sorting Test (M-WCST).* Lutz, FL: Psychological Assessment Resources.

Schröder, H. (2005). *Kombinierter Lern- und Intelligenztest (KLI 4-5).* Göttingen: Hogrefe.

27. Förderung des induktiven Denkens und Lernens

Karl Josef Klauer

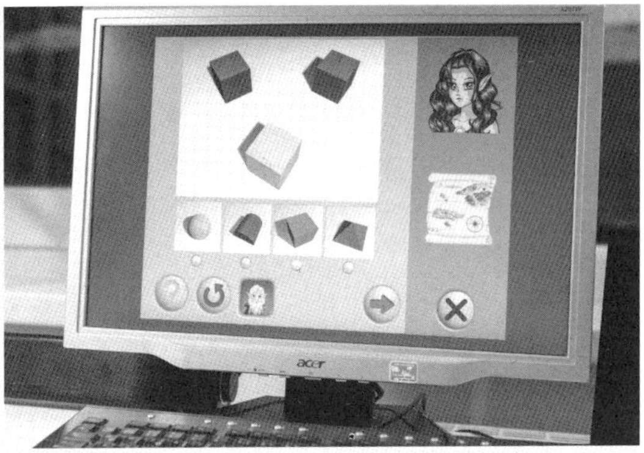

Fallbeispiel

Christian ist gerade 9 Jahre alt und besucht die 2. Klasse einer Grundschule. Im Lesen, Schreiben und Rechnen zeigt er durchgehend schwache Leistungen, und es besteht der Verdacht auf eine Entwicklungsverzögerung in Verbindung mit einer Aufmerksamkeitsdefizit- und Hyperaktivitätsstörung. Um die Ursachen seiner schulischen Leistungsschwächen abzuklären, wird mit ihm in einer Erziehungsberatungsstelle eine diagnostische Untersuchung durchgeführt. Im Hamburg-Wechsler-Intelligenztest für Kinder erzielt Christian einen Gesamtwert (IQ=78), der deutlich unter dem Durchschnitt seiner Altersgruppe liegt. Während der Testung verliert er rasch das Interesse, sucht allerlei Ablenkung, zeigt sich aber lebhaft interessiert und leistungstüchtig bei den zwischenmenschlichen Problemen, die das „Bilderordnen" bietet. Wenn Christian beispielsweise ein Bild malen darf, zeigt er sich äußerst aufmerksam und wenig ablenkbar. Daher wird vermutet, dass der gemessene IQ die tatsächliche Befähigung von Christian unterschätzt und dass seine Verhaltensauffälligkeiten eher eine Reaktion auf als eine Ursache für seine Leistungsschwierigkeiten darstellen. Christian erhält deswegen ein intensives Training des induktiven Denkens, das ihm anfangs ebenfalls wenig gefällt. Als er aber merkt, dass er die Strategie doch erlernen kann, macht ihm das Training mehr und mehr Freude. Mit zeitlicher Verzögerung kommen auch aus der Schule positive Rückmeldungen (Christian arbeitet jetzt konzentrierter mit; seine Leistungen im Lesen und Rechnen verbessern sich allmählich), so dass sich die Erfolgsaussichten des Jungen deutlich aufhellen.

27.1 Kurzbeschreibung der Methode und ihres theoretischen Hintergrunds

Im Mittelpunkt der Förderung steht die Vermittlung einer äußerst leistungsfähigen Strategie der Informationsverarbeitung, genauer einer Denkstrategie. Das induktive Denken bildet eine wichtige Komponente der allgemeinen Intelligenz. Wird die Strategie des induktiven Denkens erfolgreich vermittelt, bewirkt dies daher zunächst eine Stärkung der allgemeinen Intelligenz. Nun beeinflusst die allgemeine Intelligenz aber auch das *schulische Lernen* in besonderem Maße, denn nach dem fachspezifischen Vorwissen ist die

Intelligenz der stärkste Faktor, von dem der schulische Lernerfolg abhängt. Daher wird sich eine Förderung der allgemeinen intellektuellen Fähigkeit auch positiv auf das schulische Lernen auswirken. Die Vermittlung der Strategie des induktiven Denkens beeinflusst das Lernen auf zweierlei Weise (vgl. Abbildung 1):

(1) *indirekt* über die Förderung der allgemeinen intellektuellen Fähigkeit, die dann wiederum förderlich auf das schulische Lernen einwirkt,

(2) sowie *direkt* als Transfer auf das schulische Lernen, weil die meisten Lehrstoffe die Strategie des induktiven Denkens erfordern.

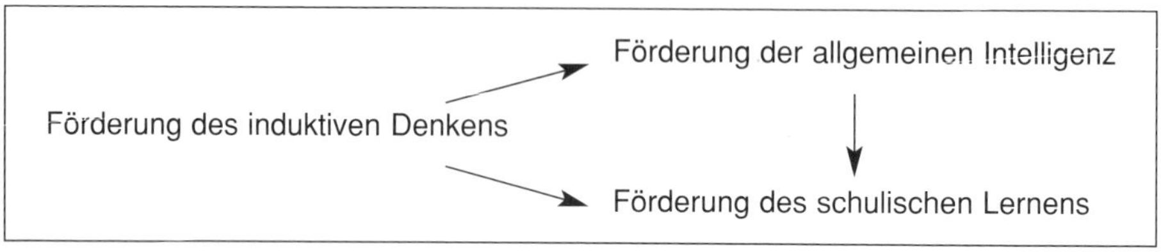

Abbildung 1: Förderung des schulischen Lernens durch die Strategie des induktiven Denkens

Worum geht es bei der Förderung induktiven Denkens? Zum besseren Verständnis muss man zwischen dem *induktivem Denken* und dem *induktivem Schließen* unterscheiden. Beim induktiven Schluss, mit dem wir es hier nicht zu tun haben, wird stets über die gegebenen Daten hinausgegangen und auf eine Grundgesamtheit verallgemeinert (zum Beispiel von der Beobachtung eines einzelnen Schwans auf alle Schwäne). Das geht bekanntlich oft daneben. Beim induktiven Denken, das durch das Strategietraining gefördert werden soll, geht es nie um Verallgemeinerungen auf eine unbekannte Grundgesamtheit. Vielmehr geht es darum, bei den hier und jetzt gegebenen Objekten *Regelhaftigkeiten* zu entdecken, aber auch darum, nur scheinbare Regelhaftigkeiten als solche zu entlarven und Lücken in der Gesetzmäßigkeit aufzudecken.

Regeln und Gesetzmäßigkeiten können darin bestehen, dass alle gegebenen Objekte etwas gemeinsam haben, beispielsweise ein bestimmtes Merkmal (z. B. der Verwendungszweck von Kleidungsstücken). In dem Falle gehören alle zu einer bestimmten Klasse von Objekten. Regeln oder Gesetzmäßigkeiten können aber auch darin bestehen, dass Objektpaare durch eine bestimmte Relation (Beziehung) verknüpft sind, etwa durch die *Ursache – Wirkung – Relation*, durch eine *Wenn – Dann – Folge* oder durch eine andere Relation wie etwa die *Mutter – Kind – Beziehung*. In praktisch allen schulischen Fächern spielen Allgemeinbegriffe (also Klassenbildungen) und andere Gesetzmäßigkeiten eine zentrale Rolle. Von daher wird verständlich, dass die Förderung des induktiven Denkens für schulisches Lernen besonders hilfreich ist.

Wie aber können Regelhaftigkeiten entdeckt werden? Die *Strategie des Vergleichens* besteht darin, Gemeinsamkeiten und Unterschiede festzustellen, denn Vergleichen bedeutet im Grunde nichts anderes als nach Gemeinsamkeiten und Unterschieden zu suchen. Entweder geht es darum, *Merkmale* von Objekten dahingehend zu vergleichen, ob sie Gemeinsamkeiten oder Unterschiede aufweisen, oder es geht darum, *Beziehungen* zwischen Objekten miteinander zu vergleichen, ob sie Gemeinsamkeiten aufweisen oder sich unterscheiden. Die Gemeinsamkeiten und Unterschiede beziehen sich also entweder auf Merkmale von Objekten oder auf Beziehungen zwischen Objekten. Die Strategie des *induktiven Denkens* lässt sich nun wie folgt definieren:

- Die Strategie des induktiven Denkens besteht in der Entdeckung von Regelhaftigkeiten durch Vergleichen, also durch Feststellung (a1) der Gleichheit, (a2) der Verschiedenheit oder (a3) der Gleichheit *und* Verschiedenheit entweder (b1) der Merkmale von Objekten oder (b2) der Beziehungen zwischen Objekten.

Wie aus der Definition herzuleiten ist, gibt es genau 3×2=6 Varianten von Aufgaben des induktiven Denkens, je nachdem ob Gemeinsamkeiten *oder* Unterschiede oder beides, Gemeinsamkeiten *und* Unterschiede, festzustellen sind und ob dies für Merkmale oder für Beziehungen gefordert wird. Die sechs Aufgabenklassen des induktiven Denkens sind in Tabelle 1 aufgeführt. In der letzten Spalte der Tabelle finden sich die induktiven Aufgabenklassen, die man aus Intelligenztests kennt.

Tabelle 1: Die sechs Kernaufgaben des induktiven Denkens

Name und Abkürzung	Festzustellen ist die	Beispielaufgaben aus Intelligenztests
Generalisierung (GE)	Gleichheit von Merkmalen	Klassen bilden Klassen ergänzen Gemeinsamkeiten finden
Diskrimination (DI)	Verschiedenheit von Merkmalen	Unpassendes streichen
Kreuzklassifikation (KK)	Gleichheit und Verschiedenheit von Merkmalen	Vierfelderschema
Beziehungserfassung (BE)	Gleichheit von Beziehungen	Folgen ergänzen Folgen ordnen Analogien
Beziehungsunterscheidung (BU)	Verschiedenheit von Beziehungen	Gestörte Folgen
Systembildung (SB)	Gleichheit und Verschiedenheit von Beziehungen	Matrizenaufgaben Komplexe Analogien

Vielfach sind die Objekte, um die es geht, unmittelbar in der Wahrnehmung gegeben. Dann besteht die Strategie des induktiven Denkens darin, die Objekte wahrnehmungsmäßig auf relevante Gemeinsamkeiten und Unterschiede hin zu vergleichen. In anderen Fällen sind die Objekte aus dem Gedächtnis abzurufen oder in der Vorstellung gegeben, so dass rein mental repräsentierte Gemeinsamkeiten oder Unterschiede entdeckt werden sollen.

Im Training üben die Kinder (oder auch Jugendlichen und älteren Erwachsenen) nichts anderes, als die Strategie des Vergleichens auf vielfältigstes Material anzuwenden, wie zum Beispiel auf verbales, figurales und numerisches Material aus den unterschiedlichsten Bereichen. Ein wesentlicher Grund für die Wirksamkeit des Trainings besteht gerade darin, dass die Teilnehmerinnen und Teilnehmer nur *eine* Strategie des Suchens von Gemeinsamkeiten und Unterschieden erlernen, diese Strategie aber auf verschiedenartigste Aufgaben und Probleme anwenden. Es wird also nicht nur die Strategie systematisch vermittelt, sondern auch ihr Transfer auf neues Material geübt.

Zusätzlich werden bei der Förderung des induktiven Denkens auch metakognitive Aktivitäten angeregt und eingeübt. Bei jüngeren Schülerinnen und Schülern (z. B. Kindern der Grundschule) geschieht das noch mehr oder minder intuitiv. Bei älteren Schülerinnen und Schülern erweist sich der systematische Abruf und die Anwendung von metakognitivem Wissen (z. B. „Vergleichen bedeutet, dass ich nach Gemeinsamkeiten und Unterschieden suchen muss“) als besonders nützlich. Gleiches gilt für die genaue Analyse der Aufgabenstellung („Erfordert die Aufgabe, dass ich auf Merkmale oder auf Beziehungen zu achten habe?“), für die Reflexion der richtigen Art des Vorgehens („Wo beginne ich am besten mit den Vergleichen?“) und für die Selbstkontrolle der Lösung („Habe ich die Lösung noch einmal gegengeprüft?“).

27.2 Indikation der Methode

Das Training des induktiven Denkens eignet sich besonders für:

- Kinder und Jugendliche mit einer allgemeinen Lern- und Leistungsschwäche überdauernder Art (s. Kapitel 5);
- Kinder und Jugendliche mit intellektuellen Beeinträchtigungen, sofern sie nicht geistig behindert sind (s. Kapitel 6);
- Kinder und Jugendliche, die normal begabt sind und zusätzlich gefördert werden sollen;
- für Kinder, die hoch begabt sind und ein Enrichment-Programm erhalten sollen;
- für ältere Menschen, die dem Abbau geistiger Funktionen entgegenwirken wollen.

Zudem kann das Training verwendet werden, um die Lernvoraussetzungen von Kindern mit umschriebenen Störungen schulischer Fertigkeiten (ICD, F81) zu verbessern und dadurch die Wirksamkeit störungsspezifischer Interventionen zu erhöhen. Dafür bietet es sich an, das Training mit Maßnahmen zur Förderung des Lesens, Rechtschreibens und Rechnens zu kombinieren oder das Training solchen Fördermaßnahmen zeitlich voranzustellen (vgl. Klauer, 1993, 1996).

Für unterschiedliche Altersgruppen liegen jeweils eigene Versionen des Denktrainings vor (s. Tabelle 2). Die Programme für Kinder I und II sind altersmäßig so einzustufen, dass sie dem kognitiven Niveau der Kinder entsprechen. Bei normal oder gar gut begabten Kindern können sie früher eingesetzt werden, bei schwächeren entsprechend später. Das Denktraining für Jugendliche ist von den Inhalten und den Anforderungen her auf lernschwache Jugendliche ausgerichtet, von denen zu erwarten ist, dass sie bei der beruflichen Eingliederung Schwierigkeiten haben werden. Das Seniorentraining wendet sich an ältere Menschen mit höherem Bildungsabschluss (von der Realschule aufwärts), denen es darum geht, sich geistig fit zu halten. Für den Anwendungsbereich des Denktrainings I (letztes Kindergartenjahr und Grundschulalter) liegt zudem eine Neubearbeitung als Computerversion vor (Lenhard, Lenhard & Klauer, 2012), bei der die Denkaufgaben in eine spielerische Rahmenhandlung aus dem „Elfenland" eingebettet werden.

Tabelle 2: Alterszuordnung der verfügbaren Trainingsprogramme

Altersbereich	Programm
5–6 Jahre	Keiner ist so schlau wie ich I, II und III
6–8 Jahre	Denktraining für Kinder I oder Computerversion
10–13 Jahre	Denktraining für Kinder II
14–17 Jahre	Denktraining für Jugendliche
55 Jahre und älter	Denksport für Ältere

27.3 Detaillierte Beschreibung des Vorgehens

(1) *Aufbau der Trainings für Kinder und Jugendliche*
Die Programme für Kinder und Jugendliche sind nach dem gleichen Konzept aufgebaut, wobei nur die Inhalte und das Anspruchsniveau an das Alter und die Interessen der Probanden angepasst sind. Jedes Programm besteht aus 120 Aufgaben, je 20 Aufgaben für jede der sechs Aufgabenklassen, die in Tabelle 1 aufgeführt sind. Jede Aufgabe ist durch eine der Abkürzungen aus Tabelle 1 gekennzeichnet, so dass die Trainerin oder der Trainer unmittelbar sieht, worum es geht. Die Kindergartenprogramme (Marx & Klauer, 2007, 2009, 2011) sind als Hefte zu je 60 Aufgaben verfügbar.

Es empfiehlt sich, das Training in zehn Sitzungen durchzuführen, am besten mit zwei Lektionen pro Woche, so dass es in fünf Wochen abgeschlossen ist. Eine dichtere Trainingsabfolge gefährdet die Konsolidierung der Strategie im Langzeitgedächtnis und damit den Gedächtnisabruf; wird das Training über einen längeren Zeitraum verteilt, besteht die Gefahr, dass nicht mehr ausreichend intensiv geübt wird und bereits Erlerntes zwischen den Sitzungen vergessen wird.

Für jede Sitzung (oder Lektion) gibt es ein klar umrissenes Trainingsziel (s. Tabelle 3). Ab der zweiten Lektion wird darauf geachtet, dass die Kinder (oder Jugendlichen) nicht einfach nur die Aufgaben lösen; vielmehr sollen sie in den Lektionen 2 bis 4 zusätzlich lernen, die sechs Aufgabenklassen verbal zu unterscheiden und vorher bereits gelöste Aufgaben dementsprechend zu klassifizieren („Um welche Art von Aufgabe hat es sich eben gehandelt?"). Dadurch werden metakognitive Verarbeitungen angeregt, die Kindern beispielsweise helfen, die Art der Aufgabe zu analysieren, die dazu passende Lösungsstrategie auszuwählen und das Ergebnis nochmals zu kontrollieren. Diese Aktivitäten stehen in den Lektionen 5 bis 7 dann ganz im Vordergrund. Während implizite Wiederholungen des Gelernten systematisch im Programm vorgesehen sind, geht es in den letzten drei Lektionen ausdrücklich darum, die gelernte Strategie zu festigen und zu vertiefen und sie dabei immer wieder auf neues Material anzuwenden.

(2) *Trainingsmethode*
Als Trainingsmethode haben sich zwei Verfahren bewährt: gelenktes Entdeckenlassen und verbale Selbstinstruktionen.

Tabelle 3: Trainingsziele der zehn Lektionen

Lektion	Trainingsziel	Erläuterung des Vorgehens
1	Naives Problemlösen.	Aufgaben lösen lassen, ohne auf die Art der Lösung oder der Aufgaben einzugehen. Vertraut werden mit dem Material.
2	Unterscheiden von Merkmalen und Relationen.	Einführung der Begriffe „Eigenschaft“ und „Beziehung“. Alle bisherigen Aufgaben werden entsprechend sortiert.
3	Die drei Merkmalsklassen kennen.	Die drei Klassen unterscheiden lernen. Alle bisherigen Merkmalsaufgaben werden entsprechend eingeordnet.
4	Die drei Relationsklassen kennen.	Die drei Klassen unterscheiden lernen. Alle bisherigen Relationsaufgaben werden entsprechend eingeordnet.
5	Lösungs- und Kontrollprozess bei Gleichheit von Merkmalen bzw. Relationen kennen.	Herausarbeiten, wie GE- und BE-Aufgaben gelöst werden und wie man die Lösung durch die Gegenoperation prüft.
6	Lösungs- und Kontrollprozess bei Verschiedenheit von Merkmalen bzw. Relationen kennen.	Herausarbeiten, wie DI- und BU-Aufgaben gelöst werden und wie man die Lösung durch die Gegenoperation prüft. Wiederholung des Sortierens.
7	Lösungs- und Kontrollprozess bei Gleichheit und Verschiedenheit kennen.	Herausarbeiten, wie KK- und SB-Aufgaben gelöst werden und wie man die Lösung überprüft. Wiederholung des Sortierens.
8	Merkmalsaufgaben wiederholen und Prozesse automatisieren.	Einübung und Festigung der Erkennens-, Lösungs- und Kontrollprozesse bei Merkmalsaufgaben.
9	Relationsaufgaben wiederholen und Prozesse automatisieren.	Einübung und Festigung der Erkennens-, Lösungs- und Kontrollprozesse bei Relationsaufgaben.
10	Gemischte Wiederholung zur Automatisierung der Prozesse.	Einübung und Festigung der Erkennens-, Lösungs- und Kontrollprozesse bei allen Arten von Aufgaben.

- Das *gelenkte Entdeckenlassen* empfiehlt sich immer dann, wenn die Kinder oder Jugendlichen damit zurechtkommen. Das Vorgehen besteht darin, dass man nur die Tipps, Anregungen und Hilfen gibt, die ein Kind braucht, um zu einer guten Lösung zu kommen und um die eigene Lösung zu kontrollieren („Überleg doch noch einmal: Um welche Art von Aufgabe handelt es sich hier?", „Erinnerst Du Dich noch, wie Du beim letzten Mal vorgegangen bist?" „Wie kannst Du prüfen, ob Dein Ergebnis auch stimmt?").
- Bei der *verbalen Selbstinstruktion* (s. Kapitel 36) wird das angemessene Vorgehen vom Trainingsleiter vorgemacht und verbal kommentiert. „Laut denkend" spricht er alle Überlegungen aus, welche für die Aufgabe relevant sind, und erläutert dem Kind dadurch Schritt für Schritt, wie es vorgehen muss, um die Lösung zu finden. Dieses Vorgehen eignet sich besonders für solche Schülerinnen und Schüler, die ohne intensive Anleitung kein Verständnis für die Aufgabenstellung und den zugehörigen Lösungsweg entwickeln würden. Dieses „kognitive Modellieren" umfasst auch die Verbalisierung metakognitiver Strategien (z. B. selbstgerichtete Anweisungen, bedacht vorzugehen, die Aufgabe genau zu analysieren und das Ergebnis nochmals zu kontrollieren). Die Kinder (oder Jugendlichen) sollen dann schrittweise lernen, selbst nach diesem Muster vorzugehen, um so – zunächst mit Anleitung, dann aber immer selbstständiger – ihr eigenes Verhalten beim Lösen der Aufgaben steuern zu können.

In jedem Fall, also auch bei der Methode des gelenkten Entdeckenlassens, empfiehlt es sich, ein Vorgehen anzustreben, wie es in Tabelle 4 dargestellt ist.

Tabelle 4: Angestrebte Endform der metakognitiven Selbststeuerung

Frage	Antwort
1. Was ist gesucht?	– Gemeinsamkeit oder Verschiedenheit oder beides.
2. Wie kann ich die Lösung finden?	– Durch Vergleichen, d. h. durch Suchen nach der richtigen Gemeinsamkeit und/oder Verschiedenheit. – Das mache ich gezielt nach Vermutung (Hypothese) oder systematisch der Reihe nach.
3. Wie kann ich meine Lösung kontrollieren?	– Durch den umgekehrten Vergleich.

27.4 Hinweise für die organisatorische Umsetzung

Die Förderung induktiven Denkens kann als Einzel-, Paar- oder Gruppentraining (mit ca. 4 bis 5 Schülerinnen bzw. Schülern) durchgeführt werden, hat sich aber auch als Training für ganze Schulklassen bewährt.

- Das *Einzeltraining* ist zweifellos besonders intensiv, natürlich auch besonders aufwändig und daher relativ kostspielig. Es ist angezeigt, wenn Kinder gravierende

Schwierigkeiten bei Aufgaben zum induktiven Denken aufweisen. Es wird beispielsweise im Rahmen einer Lerntherapie in einer Erziehungsberatungsstelle durchgeführt.

- Das *Paar- und Gruppentraining* bieten den Vorteil, dass sich die Schülerinnen und Schüler relativ zwanglos über metakognitive Inhalte austauschen können (zwei Kinder vergleichen und diskutieren beispielsweise, um welchen Aufgabentyp es sich handelt und wie dieser am besten zu lösen ist). Ein einzelnes Kind unternimmt zunächst einen Lösungsversuch und wird dann gebeten, seine Lösung, aber auch sein konkretes Vorgehen zu kommentieren und genauer zu begründen. Üben mehrere Kinder gemeinsam, so ist darauf zu achten, dass sie in etwa über den gleichen Leistungsstand verfügen. Der Trainingsleiter muss verhindern, dass ein Kind die anderen dominiert. Das lässt sich relativ leicht gewährleisten, wenn die Kinder abwechselnd an die Reihe kommen, wobei die anderen Kinder auf die Lösung des einen zu achten haben. Die Lösung wird dann mit allen Kindern besprochen.
- Das Gruppentraining bietet sich besonders für *Förderstunden* mit lern- und leistungsschwachen Kindern an. Gerade hier ist es wichtig, dass Lehrkräfte das gewünschte Vorgehen durch kognitives Modellieren zuerst vormachen, um das Kind dann intensiv anzuleiten (durch Hilfestellungen, Korrekturen und Lösungshinweise), bis es die Aufgaben allmählich auch alleine bearbeiten kann (zunächst noch begleitet von „lauten" Selbstinstruktionen). Das Denktraining kann auch mit ganzen *Schulklassen* durchgeführt werden. Es hat sich in Vorschul- und Sonderschulklassen ebenso wie in der Hauptschule und im Gymnasium bewährt. Die Paarform kann im Schulunterricht durch Lernpartnerschaften realisiert werden, wobei sich jeweils zwei Schülerinnen bzw. Schüler (eine Tutorin bzw. ein Tutor und eine Tutandin bzw. ein Tutand; s. Kapitel 38) bei der Bearbeitung der Aufgaben abwechselnd anleiten und korrigieren sowie ihre Lösungen miteinander diskutieren.
- Auch beim Einsatz der *PC-Version* („Denkspiele mit Elfe und Mathis") wird empfohlen, dass die Förderung in der oben beschriebenen Weise durch eine Trainingsleiterin bzw. durch einen Trainingsleiter angeleitet und begleitet wird.

27.5 Wirksamkeit und Wirksamkeitsbedingungen

Gegenwärtig liegen 91 Studien mit mehr als 3.500 Teilnehmerinnen und Teilnehmern vor, in denen die Wirksamkeit des Trainings in einem Prä-Post-Design mit mindestens einer Trainings- und einer Kontrollgruppe überprüft wurde. Die Ergebnisse lassen sich wie folgt zusammenfassen (vgl. dazu auch Klauer & Phye, 2008):

- Das Training fördert das induktive Denken, wie es in vielen Intelligenztests (z. B. Raven-Matrizen) erfasst wird. Abbildung 2 zeigt die Verteilung von 76 Effektstärken (korrigiert für Vortest-Unterschiede), die anhand geeigneter Intelligenztests ermittelt wurden. Eine Effektstärke von 1 bedeutet, dass ein trainiertes Kind ein nicht trainiertes Kind um durchschnittlich eine Standardabweichung übertrifft. Der Mittelwert der Effektstärken liegt bei 0.60 Standardabweichungen, der Median bei .53. Wie man aus Abbildung 2 sieht, kommen gelegentlich auch Fälle vor, in denen keine bedeutsame Verbesserung erzielt wird. In aller Regel hat man jedoch gute Chancen, Trainingseffekte in der Größenordnung von einer halben Standardabweichung und mehr zu er-

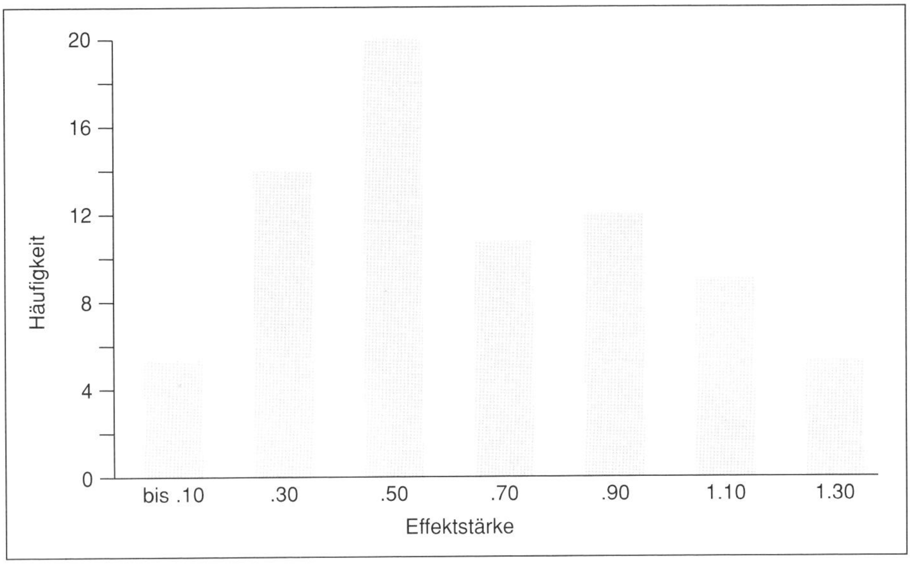

Abbildung 2: Verteilung von 76 Effektstärken für das Training zum induktiven Denken

reichen. Auf den Einzelfall bezogen lässt sich feststellen, dass zwei Drittel der trainierten Kinder bedeutsam von dem Training profitieren. Die drei Programme für Kinder (I und II) und Jugendliche sind in etwa gleich effektiv und variieren in der mittleren Effektstärke nur geringfügig (von 0.50 bis 0.66).

- Die Stabilität der Trainingseffekte ist erfreulich hoch. In 25 Studien wurde ein Intelligenztest mit deutlichem zeitlichem Abstand (3 bis 22 Monate) zum Abschluss des Trainings eingesetzt. Die Effektstärke blieb vom Posttest (unmittelbar nach dem Training) zum Follow-Up unverändert hoch ($d=0.78$). Man kann also davon ausgehen, dass mit dem Training dauerhafte Verbesserungen im induktiven Denken erzielt werden.
- Die Effekte des Trainings generalisieren auch auf den Bereich des schulischen Lernens. In 43 Fällen nahmen Kinder (bzw. Jugendliche) der Trainings- und der Kontrollgruppe nach dem Training *gemeinsam* an einer Unterrichtsstunde teil. Dabei stellte sich heraus, dass der Transfer auf den Lernerfolg ($d=0.67$) im Mittel noch geringfügig höher war als der auf den Intelligenztest ($d=0.54$). Die Strategie des induktiven Denkens ist somit nicht nur bei Intelligenztests hilfreich, sondern erweist sich auch in vielen schulischen Lehrstoffen – von der Mathematik über die Grammatik und Sprache bis hin zu den Naturwissenschaften – als nützlich, um die Leistung zu verbessern.
- Es hat sich als höchst effektiv erwiesen, das Denktraining mit einem Motivationstraining (z. B. zur Setzung realistischer Ziele und zur Anstrengungsattribution von Lernfortschritten; Fries, 2002) oder einem Lesetraining (Klauer, 1996) zu kombinieren. Die Nachhaltigkeit des Trainings wird erhöht, wenn es nach einigen Monaten in verkürzter Form aufgefrischt wird (Möller & Appelt, 2001).

27.6 Literatur

Grundlegende Literatur

Klauer, K. J. (2002). Wie viele haben denn nun wirklich von dem Training profitiert? *Psychologie in Erziehung und Unterricht, 49,* 210–218.

Klauer, K. J. & Phye, G. D. (2008). Inductive reasoning: A training approach. *Review of Educational Research, 78,* 85–123. doi: 10.3102/0034654307313402

Sonntag, W. (2002). Fördert ein Training des induktiven Denkens das Lösen mathematischer Textaufgaben? *Heilpädagogische Forschung, 28,* 24–37.

Weiterführende Literatur

Fries, S. (2002). *Wollen und Können. Ein Training zur gleichzeitigen Förderung des Leistungsmotivs und des induktiven Denkens.* Münster: Waxmann.

Klauer, K. J. (1993). Induktives Denken beeinflußt das Rechtschreiblernen. *Zeitschrift für Entwicklungspsychologie und Pädagogische Psychologie, 25,* 353–365.

Klauer, K. J. (1996). Denktraining oder Lesetraining? Über die Auswirkungen eines Trainings zum induktiven Denken sowie eines Lesetrainings auf Leseverständnis und induktives Denken. *Zeitschrift für Entwicklungspsychologie und Pädagogische Psychologie, 28,* 67–89.

Klauer, K. J. (Hrsg.). (2001). *Handbuch Kognitives Training.* Göttingen: Hogrefe.

Klauer, K. J., Willmes, K. & Phye, G. D. (2002). Inducing inductive reasoning: Does it transfer to fluid intelligence? *Contemporary Educational Psychology, 27,* 1–25. doi: 10.1006/ceps.2001.1079

Möller, J. & Appelt, R. (2001). Auffrischungssitzungen zur Steigerung der Effektivität des Denktrainings für Kinder. *Zeitschrift für Pädagogische Psychologie, 15,* 199–206. doi: 10.1024//1010-0652.15.34.199

Strathmann, A. (1999). Über die Effekte eines Strategietrainings bei verhaltensgestörten Schülern und Regelschülern. *Psychologie in Erziehung und Unterricht, 46,* 177–186.

Material

Klauer, K. J. (1989). *Denktraining für Kinder I.* Göttingen: Hogrefe.

Klauer, K. J. (1991). *Denktraining für Kinder II.* Göttingen: Hogrefe.

Klauer, K. J. (1993). *Denktraining für Jugendliche.* Göttingen: Hogrefe.

Klauer, K. J. (2002). *Denksport für Ältere – geistig fit bleiben.* Bern: Huber.

Lenhard, A., Lenhard, W. & Klauer, K. J. (2012). *Denkspiele mit Elfe und Mathis: Förderung des logischen Denkvermögens für das Vor- und Grundschulalter.* Göttingen: Hogrefe.

Marx, E. & Klauer, K. J. (2007). *Keiner ist so schlau wie ich.* Göttingen: Vandenhoeck & Ruprecht.

Marx, E. & Klauer, K. J. (2009). *Keiner ist so schlau wie ich II.* Göttingen: Vandenhoeck & Ruprecht.

Marx, E. & Klauer, K. J. (2010). *Kimse benim kadar zeki degil I* (türkische Ausgabe). Göttingen: Vandenhoeck & Ruprecht.

Marx, E. & Klauer, K. J. (2011). *Keiner ist so schlau wie ich III.* Göttingen: Vandenhoeck & Ruprecht.

28. Förderung von Metakognition und strategischem Lernen

Titus Guldimann und Gerhard W. Lauth

Fallbeispiel

Ralph (13 Jahre) besucht die 1. Realschulklasse in der Schweiz (7. Schuljahr, leistungsschwächere Klasse der Sekundarstufe I). Der Junge gilt als offen und sehr angenehm. Seine schulischen Leistungen sind jedoch so schwach, dass mit den Eltern bereits über eine Überweisung in eine Kleinklasse für lernschwache Kinder diskutiert wurde. Er kann seine Arbeit selten einmal selbstständig ausführen und seine Leistungen weisen viele Fehler auf. Besondere Probleme zeigt er in Deutsch und Mathematik. Bei der diagnostischen Abklärung erweisen sich die kognitiven Leistungsvoraussetzungen des Jungen als durchschnittlich und unauffällig; sein strategisches Lernverhalten ist allerdings deutlich eingeschränkt. Beispielsweise verfügt er über keine differenzierten Strategien, um einen Text zusammenzufassen. Vielmehr liest er den Text nur einmal durch und fasst ihn gleich zusammen. Es gelingt ihm auch nicht, den Text durch informationsreduzierende Strategien so zu verstehen, dass der Inhalt für ihn greifbar wird. (z. B. *Auslesestrategien:* „Unterstreiche die Textstellen, die zwingend in die Zusammenfassung gehören!"; *Weglass-Strategien:* „Streiche jene Textstellen durch, welche unwichtig sind!"; *Verallgemeinerungs-Strategien:* „Fasse mehrere Textaussagen zu einer zusammen!"). Bei Befragungen stellt sich heraus, dass er solche Strategien gar nicht kennt. Aber auch bei anderen Aufgaben zeigen sich ähnliche Schwierigkeiten. Ralph sitzt zunächst passiv da, beginnt dann konzeptlos zu arbeiten, unterbricht seinen Versuch aber bereits nach wenigen Augenblicken. Er steuert, plant und überwacht seine Lernaktivitäten nur unzureichend und kontrolliert das Lernergebnis nur selten.

Die Intervention soll dem Jungen metakognitives Wissen vermitteln (z. B. über Lernstrategien und deren Anwendungsbedingungen) und ihn zu metakognitiver Kontrolle anregen (z. B. geplant vorgehen, Selbstinstruktionen einsetzen, strategisches Wissen abrufen). Ferner soll er lernen, auf seine metakognitiven Empfindungen zu achten (z. B.: „Wenn ich eine Textstelle nicht verstehe, dann mache ich nicht einfach weiter, sondern überlege, was ich zu dem Thema schon weiß und bereits gelesen habe!"). Um das zu erreichen, bespricht der Klassenlehrer mit Ralph, welche Strategien er bei einer konkreten Aufgabe einsetzen will. Er fragt Ralph beispielsweise, wie er beim Zusammenfassen eines Sachtextes vorgehen wird. Zudem hält Ralph wichtige Lernerfahrungen während des Unterrichts und beim Lernen in einem Lerntagebuch fest. Seine Aufzeichnungen bespricht er mit dem Lehrer und einem Lernpartner, der Ralph zugesellt wird. Nach anfänglichen Schwierigkeiten denkt Ralph immer häufiger über seine Lernstrategien nach und verbessert sein Lernen Zug um Zug. Seine Leistungen verbessern sich allmählich.

28.1 Kurzbeschreibung der Methode und ihres theoretischen Hintergrunds

Seit Beginn der 1970er Jahre beschäftigt sich die Lernforschung mit dem Nutzen des metakognitiven Wissens beim Lernen. Es wurde rasch erkannt, dass „gute" Lernerinnen und Lerner bewusster an Aufgaben herangehen. Sie nehmen sich beispielsweise mehr Zeit, geben bei Schwierigkeiten nicht so schnell auf, setzen sich anspruchsvolle Ziele und entwickeln ein erfolgsorientiertes Interesse an den Lerninhalten. Gute Lernerinnen und Lerner arbeiten infolgedessen gründlicher und nachdrücklicher, beispielsweise stellen sie sich mehr Fragen zu ihrem Vorgehen, analysieren eine Aufgabe gründlicher, gehen planvoller an die Aufgaben heran und überwachen ihr Vorgehen besser – Tätigkeiten, die zur „Metakognition" gezählt werden. Selbstredend erreichen sie infolgedessen bessere Ergebnisse, die ihren Aufwand belohnen.

In der Definition von Hasselhorn (1992) umfasst Metakognition drei Formen der Reflexion und Lernsteuerung:

(1) *Wissen über eigene kognitive Funktionen* (Denken, Lernen, Gedächtnis). Wissen wie man spezifische Aufgaben bearbeitet.. Dazu gehören insbesondere:

- Metakognitives Wissen über sich selber als Lernenden (z. B. Kenntnisse über eigene Stärken und Schwächen beim Lernen: Wie kann ich neues Wissen erwerben? Welche Lücken habe ich? Wie kann ich mir Dinge am besten merken? Wie kann ich meine Lernbereitschaft erhöhen? Wie effektiv bin ich beim Lernen?).
- Metakognitives Wissen über Lernaufgaben (z. B. Erkennen des Aufgabentyps: Um welche Art von Aufgabe handelt es sich? Was weiß ich schon dazu? Was weiß ich über den Lösungsweg? Wie gehe ich am besten vor?).
- Metakognitives Wissen über Lernstrategien (z. B. Welche Strategie ist bei dieser Aufgabe erfolgsversprechend? Wann verwende ich welche Strategie? Worauf muss ich bei der Anwendung der Strategie achten?).

(2) *Steuerung und Kontrolle des eigenen Denkens und Lernens*, z. B.:

- Lernhandlungen planen (z. B. Zeitplanung, Vorstrukturierung, Sammlung von Ideen beim Aufsatzschreiben);
- Lernen überwachen (z. B. den Lernverlauf überprüfen, Schwierigkeiten erkennen, die Einhaltung einer zuvor gefassten Planes überwachen);

- die eigenen Lernhandlungen steuern (z. B. den Lernverlauf steuern, die eigene Anstrengung bei Schwierigkeiten verstärken).

(3) *Metakognitive Empfindungen,* die während einer Aufgabe auftreten (z. B. Gefühle der Verwirrung: „Da stimmt etwas nicht!“, „Ich verstehe es nicht!“, „Das passt nicht!“) und – sofern sie beachtet werden – zu einer tiefergehenden Verarbeitung führen (z. B. Nachdenken über den bisherigen Lösungsweg; erneute Analyse der Aufgabe).

Solche metakognitiven Aktivitäten unterstützen das strategische Lernen (s. dazu auch Kapitel 21). Sie bewirken, dass vorhandene Lernstrategien abgerufen und genutzt werden: Außerdem sind sie für deren Entwicklung und Vervollkommnung nützlich. Metakognitive Aktivitäten werden hauptsächlich bei schwierigen Lernaufgaben abgerufen (z. B. bei unbekannten Aufgaben, komplexeren Anforderungen). Eine gute Lernerin bzw. ein guter Lerner greift dann auf das eigene metakognitive Wissen zurück, um die anstehende Aufgabe zu verstehen und Lösungswege abzuleiten.

„Gute“ und „schlechte“ Lernerinnen bzw. Lerner unterscheiden sich deutlich im Ausmaß ihrer metakognitiven Reflexion. Gute Lernerinnen und Lerner verfügen nicht nur über ein wohl organisiertes Sachwissen, sondern sind besonders kompetent:
- beim Setzen eigener Ziele;
- im Wissen über Lernstrategien und deren Anwendungsbedingungen;
- beim Planen, Steuern und Kontrollieren des Einsatzes von Lernstrategien;
- im Verwenden verschiedener Lernmedien und Hilfsmittel;
- in der Reflexion eigener Stärken und Schwächen beim Lernen;
- beim Lernen von und mit anderen.

Schwache Lernerinnen und Lerner weisen hingegen Schwierigkeiten in diesen Bereichen auf. Bei einem Vergleich von lernbeeinträchtigen mit unauffälligen Lernerinnen und Lernern stellten Johnson et al. (2010) fest, dass erstere nicht nur deutlich schwächere Leistungen zeigten, sondern auch gravierende Defizite in kognitiven und metakognitiven Fähigkeiten aufwiesen (z. B. verbales Arbeitsgedächtnis; etwas planen, organisieren und dabei auf Strategien zurückgreifen).

In der gängigen Schulpraxis werden Schülerinnen und Schüler eher selten zu metakognitiven Aktivitäten angeregt und in ihrem Lernverhalten beraten. Vielmehr wird das Lernen überwiegend durch Vorgaben der Lehrkraft gesteuert. Sie bestimmt, was, wann, wo und wie gelernt wird. Außerdem bezieht sie ihre Bewertungen nahezu ausschließlich auf die Lernergebnisse, nicht aber auf die Art und Weise, wie sie zustande kommen. Gute Schülerinnen und Schüler erwerben das notwendige metakognitive Wissen aber dennoch, weil sie sich an Vorbildern orientieren, über ihr Lernen nachdenken und auf unterschwellige Hinweise von Lehrkräften und Eltern achten. Am meisten tragen wohl aber die Eltern dazu bei, die als „Lernberaterinnen“ bzw. als „Lernberater“ auftreten. Offensichtlich schaffen es die guten Lernerinnen und Lerner deshalb sowohl zu lernen als auch ihr Lernen im Blick zu haben und in kritischen Momenten zu reflektieren; ganz anders als die leistungsschwachen und lerngestörten Schülerinnen und Schüler, die dafür eine gezielte Förderung benötigen.

Weil Metakognition so sehr zum wirkungsvollen und eigenständigen Lernen beiträgt, wurden in den 1970er Jahren Trainingsmaßnahmen entwickelt, um die metakognitive Entwicklung anzuregen (Meichenbaum & Asarnow, 1979). Ihr Ziel bestand darin, Selbststeuerung, exekutive Kontrolle und durchdachtes Lernen zu fördern und den Unterricht „strategisch zu gestalten". Die damals ergriffenen Maßnahmen erwiesen sich als nützlich und erweiterten die therapeutischen Interventionsmöglichkeiten nachhaltig. Allerdings hatten sie den Nachteil, dass die vermittelten Strategien nicht immer in der gewünschten Weise auf den Alltag übertragen wurden und die Trainingserfolge nicht lange genug anhielten. Wie sich zeigte, lag das vor allem an drei Gründen: (a) Die vermittelten Fähigkeiten passten nicht gut genug zur einzelnen Schülerin bzw. zum einzelnen Schüler. (b) Im Training wurden schulferne Strategien eingeübt. (c) Die Trainingsbedingungen unterschieden sich zu stark vom der Unterricht. Die notwendige Schlussfolgerung war rasch klar: Das metakognitive Wissen sollte gleich an den Schulaufgaben vermittelt werden, die Intervention sollte also möglichst unterrichtsnah sein. Der persönliche Nutzen und die individuelle Ausgangssituation der Schülerinnen und Schüler sollten vorrangig sein. Heutige Maßnahmen folgen diesem Leitgedanken, indem sie:

- möglichst weitreichend in der Schule verankert werden (als ideal gilt die integrierte Vermittlung von Sachkenntnissen und zugehörigem metakognitiven Wissen);
- möglichst genau auf die einzelnen Lernvoraussetzungen der Schülerinnen und Schüler (Vorwissen, Motivation, Metakognition, Lernstrategien, Intelligenz) abgestimmt werden;
- an das schon bestehende metakognitive Wissen der Lernenden anknüpfen und sie dazu anregen, über ihr Lernen weiter nachzudenken;
- die Eigenverantwortung der Lernenden stärken (z. B. sich eigene Lernstrategien bewusst machen, verschiedene Lernstrategien bedenken, neue Strategien erproben).

Die Arbeitsgruppe von Guldimann (Beck, Guldimann & Zutavern, 1996; Guldimann, 1996) hat Interventionen entwickelt, in denen der Aufbau und die Anregung metakognitiven Wissens zu einem zentralen Prinzip des Schulunterrichts erhoben wird.

28.2 Indikation der Methode

Die Vermittlung von metakognitiver Aktivität und strategischem Lernen ist vor allem bei fachübergreifenden allgemeinen Lernstörungen angezeigt. Dazu gehören:

- Lernbehinderung sowie leichte Intelligenzminderung nach ICD-10, F70 (s. Kapitel 6);
- Allgemeine Lernschwäche (kombinierte Störung schulischer Fertigkeiten nach ICD-10, F81.3 (s. Kapitel 5);
- Underachievement (Schulschwierigkeit nach DSM-IV, V62.30; s. Kapitel 2).

Bei eher inhaltsspezifischen Lernstörungen (Lese-Rechtschreibstörung, ICD-10, F81.0; Rechenstörung, ICD-10, F81.2; isolierte Rechtschreibstörung ICD-10, F81.1) werden metakognitive Fertigkeiten erst in zweiter Linie und ergänzend zur Vermittlung inhaltlicher Kenntnisse geschult. Des Weiteren eignet sich das Vorgehen, um das Lernen zu verbessern, auch ohne dass bereits eine Lernstörung vorliegt.

28.3 Detaillierte Beschreibung des Vorgehens

Die Intervention umfasst die Förderung von metakognitivem Wissen sowie metakognitiver Kontrolle. Sie schult die Kinder in der Beachtung metakognitiver Empfindungen. Dadurch wird das eigene Lernen zum Lerninhalt; strategisches Lernen wird angeregt. Das Vorgehen umfasst folgende Schritte:

(1) *Diagnose der Lernvoraussetzungen und des (strategischen) Lernverhaltens.* Der Intervention geht eine Untersuchung der Lernvoraussetzungen anhand eines mehrdimensionalen Intelligenztestes (z. B. Kaufman-Assessment Battery for Children, K-ABC, Kaufman & Kaufman, 2009; Wechsler Intelligence Scale for Children – Fourth Edition, WISC-IV, Petermann & Petermann, 2011) voraus. Ferner wird die schulische Leistungsfähigkeit mittels eines standardisierten Schulleistungstests abgeklärt (s. dazu Anhang C). Zur Ermittlung metakognitiven Wissens eignet sich besonders der Meta-Gedächtnistest von Schlagmüller, Visé und Schneider (2001) für 3. und 4. Klassen. Ergänzend soll die Therapeutin bzw. der Therapeut anhand von Arbeitsproben beobachten, wie eine Schülerin bzw. ein Schüler lernt. Hierzu werden mehrschrittige Lernaufgaben vorgelegt (z. B. einen Aufsatz schreiben; einen Text sinnverstehend lesen; eine Textaufgabe lösen). Es wird protokolliert, wie das Kind diese Aufgaben löst (z. B. überlegen und nachdenken; sich Notizen machen; Fehler korrigieren; s. Anhang A). Um Genaueres über seine handlungsbegleitenden Gedanken bei der Aufgabenbearbeitung zu erfahren, wird die Methode des „lauten Denkens“ oder ein metakognitives Interview eingesetzt:

- Beim lauten Denken spricht das Schulkind alle Gedanken aus, welche seine Lösungsversuche begleiten und anleiten, während es eine Lernaufgabe löst (s. dazu Kapitel 33). Dieses Vorgehen stellt für jüngere Kinder eine ungewohnte Anforderung dar und ist in der Regel erst gegen Ende der Grundschulzeit erfolgversprechend.
- Beim metakognitiven Interview wird das Schulkind im Anschluss an die Aufgabe gefragt, wie es vorgegangen ist und welchen Weg es beschritten hat. Hierzu stellt die Lehrkraft strukturierende Fragen, mit deren Hilfe die gedanklichen (oder „inneren“) Anteile des Lernprozesses nachvollzogen werden sollen.

(2) *Wissen über das eigene Denken fördern.* Die Schülerinnen und Schüler sollen metakognitives Wissen über ihr eigenes Lernen, über die Beschaffenheit schulischer Lernaufgaben sowie über geeignete Lernstrategien kennen und anwenden. Hierzu werden folgende Methoden angewandt:

a) *Coaching.* Ein erfahrenes und ein weniger erfahrenes Kind tauschen sich über Lernaufgaben aus. Beispielsweise lösen beide gemeinsam Aufgaben und diskutieren (zuvor, während dessen und danach), was sie über diese Aufgabe wissen, woran sie die Aufgabe erinnert und welche Vorgehensweise ihnen erfolgversprechend ist. Wichtig ist, dass die Partnerinnen und Partner in einen Dialog über den Lösungsweg und ihre Assoziationen zur Aufgabe eintreten. Fuchs et al. (2001) haben hierzu eine Form des tutoriellen Lernens beschrieben, die diese Herangehensweise erklärt (s. Kapitel 38). Die Autorinnen und Autoren machen die Lehrkräfte, die das Programm im Unterricht anleiten sollen, mit dieser Methode vertraut und schlagen folgendes Vorgehen vor:

- Das Programm wird dreimal wöchentlich in jeweils 35-minütigen Sitzungen ausgeführt.
- Die Schülerinnen und Schüler werden von der Lehrkraft anhand von 6 bis 10 Lektionen in die tutorielle Zusammenarbeit eingeführt (Kurzvorträge der Lehrkraft; Wiedergabe von gelesenen Informationen durch die Schülerinnen und Schüler; Anwendung von Informationsentnahmestrategien; Rückmeldungen durch die Lehrkraft).
- Jeweils zwei Schülerinnen oder Schüler (ein schwächeres und ein leistungsstärkeres Kind) arbeiten in einem Tutorinnen- bzw. Tutoren-Paar zusammen.
- Jedes Paar wird einem von zwei großen Teams zugeteilt.
- Wenn die Tutorinnen- bzw. Tutoren-Paare kooperativ zusammenarbeiten und die tutoriellen Regeln (lautes und abwechselndes Lesen, Zusammenfassung des Textes, neue Textstellen vorhersagen) anwenden, erhalten sie Punkte, die ihrem Team gutgeschrieben werden.
- Alle vier Wochen werden neue Tutorinnen- bzw. Tutorenpaare gebildet.

b) *Lernpartnerschaften.* In Ergänzung hierzu schlägt Guldimann (1996) dauerhaftere und themenübergreifende Lernpartnerschaften vor: Eine Schülerin bzw. ein Schüler arbeitet z.B. über längere Zeit mit derselben Lernpartnerin oder demselben Lernpartner zusammen. Beide unterstützen sich gegenseitig, tauschen sich über ihre Erfahrungen aus und regen sich in ihrem strategischen Lernen wechselseitig an, indem sie ihre Vorgehensweisen diskutieren und deren Tauglichkeit und Übertragbarkeit auf andere Aufgabenstellungen bewerten. Die Lernpartnerinnen oder Lernpartner finden mittels einer Annonce zueinander (z.B. „So bin ich als Lehrkraft ...“, „So wünsche ich mir meinen Lernpartner bzw. meine Lernpartnerin ...“).

c) *Lernkonferenzen.* Hier tauschen Schülerinnen und Schüler ihre Lernerfahrungen aus. Beispielsweise besprechen sie, wie sie die vorausgehenden Lernaufgaben gelöst und dabei auftretende Probleme gemeistert haben (Guldimann, 1996). Dadurch kommt ein Austausch über kognitives und metakognitives Wissen zustande und es entwickelt sich eine gemeinsame Sprache über das Lernen. In solchen Konferenzen wird deutlich, dass es unterschiedliche Strategien gibt. Die einzelne Lernerin bzw. der einzelne Lerner wird veranlasst, das eigene Vorgehen in Worte zu fassen und zu präzisieren. Sie bzw. er kann auf dem „Ideenmarkt des Lernens“ herausfinden, welche Vorgehensweisen ihr bzw. ihm noch weiterhelfen könnten. Die Lehrkraft moderiert die Diskussion (s. Kasten 1).

Kasten 1: Aufrufen von metakognitivem Wissen durch den Klassenlehrer

Der Lehrer beobachtet, dass Ralph beim Zusammenfassen eines Sachtextes nicht weiterarbeitet. Auf die Frage des Lehrers, was los sei, antwortet Ralph: „Was soll ich tun, einfach den Text durchlesen?“ Der Lehrer bittet Ralph zu überlegen, wie er normalerweise beim Zusammenfassen vorgeht. Auf die Bemerkung „durchlesen“, unterbricht der Lehrer den Unterricht in der Klasse. Er richtet die Frage nach dem Vorgehen beim Zusammenfassen an die Klasse und bittet eine Mitschülerin (Christine) als *Ausführungsmodell* laut denkend vorzumachen, wie sie eine Zusammenfassung schreibt. Im Anschluss bittet der Lehrer die Mitschülerinnen und Mitschüler, das strategische Vorgehen von Christine in eigenen Worten wiederzugeben. Die Kinder diskutieren in einer *Klassenkonferenz* Christines Vorgehen, erörtern die Vor- und Nachteile und ziehen Vergleiche zu ihren eigenen Lernstrategien. Der Lehrer regt die Schülerinnen und Schüler an, die eigenen Lernstrategien nochmals zu überdenken. Danach fahren sie mit der Erarbeitung der Zusammenfassung fort.

Ergänzend fordert der Lehrer Ralph auf, sich zu überlegen, wie er beim Zusammenfassen am besten vorgehen könnte, und bittet ihn, sein Vorgehen im Lerntagebuch festzuhalten. Der Lehrer unterstützt Ralph darin, eigene Lernstrategien zu entwickeln. Dazu soll Ralph sein strategisches Vorgehen erläutern, seine Lernstrategien rückblickend bewerten und prüfen, ob er die Strategien, die er einsetzen wollte, auch tatsächlich verwendet hat. Ralph hält diese Reflexionen in einem Lerntagebuch fest. Was er notiert hat, bespricht er mit seinem Lehrer, und beide legen gemeinsam fest, wie Ralph das nächste Mal beim Schreiben einer Zusammenfassung vorgehen soll. In den folgenden zwei bis drei Unterrichtswochen fordert der Lehrer Ralph auf, vor dem Lösen von schwierigen Lernaufgaben zuerst im Lerntagebuch nachzulesen, welche Strategien sich als nützlich erwiesen haben, und sein aktuelles Lernverhalten dementsprechend zu planen. Von Fall zu Fall erkundigt sich der Lehrer bei Ralph, wie die ausgewählten Lernstrategien gewirkt haben und welche Erfahrungen Ralph damit gemacht hat. Zudem soll Ralph die Beobachtungen, die er bei seinem eigenen Lernen macht, mit seiner Lernpartnerin besprechen.

(3) *Förderung von metakognitiver Kontrolle* (Lernhandlungen planen, das Lernen überwachen, das eigene Lernen steuern). Hierfür liegen sowohl spezielle Trainings als auch Unterrichtsprogramme vor.

a) *Spezielle Trainings für metakognitives Wissen und Lernstrategien*. Hier wird den lerngestörten Schülerinnen und Schülern metakognitives Wissen vermittelt und ihre Erkenntnisse Zug um Zug auf den Unterricht übertragen. Man geht in der Regel in drei Schritten vor:

- Es werden Lernaufgaben zusammengestellt, die ein geplantes und strategisches Vorgehen erfordern. Daraus wird eine Übungsreihe gebildet, die mit leichteren Aufgaben beginnt und allmählich zu schwierigeren und schulnäheren Aufgaben überleitet.
- Danach wird ein kompetenteres und erfahrenes Kind als Modell eingesetzt. Es demonstriert, wie es vorgeht und verbalisiert sein dazugehöriges Denken. Dies wird von der Lernerin bzw. vom Lerner nachvollzogen, diskutiert und zunehmend selbstverantwortlich bei anderen (nun schwierigeren) Aufgaben ausprobiert.
- Zug um Zug werden unterrichtsnahe Aufgaben eingesetzt. Gemeinsam mit den Schülerinnen und Schülern werden die Strategien abgeleitet und hinsichtlich ihrer Reichweite und Nützlichkeit diskutiert („Wo kann man das Vorgehen sonst noch anwenden?", „Welche Erfahrungen hast du mit der Anwendung der Strategie gemacht?"). Ferner werden die Lehrkraft und die Eltern immer stärker einbezogen, um die Anwendung der Strategien zu unterstützen und zu verstärken. Hierdurch wird ein gleitender Übergang vom Training in den Alltag sichergestellt.

b) *Ausführungsmodelle* demonstrieren die Lernstrategien im Unterricht (Guldimann, 1996). Die Lehrkraft oder ein Schüler bzw. eine Schülerin treten im Unterricht als Ausführungsmodell auf. Sie machen laut denkend vor, wie sie an eine bestimmte Aufgabe herangehen und wie sie Aufgaben lösen. Wichtig ist dabei die Verbindung von lautem

Denken und Handeln. Je nach der Art der Aufgabe werden verschiedene Wissenskategorien verbalisiert, z. B.:
- Sachwissen („Die Schnecke hinterlässt eine schleimige Spur");
- Wissen über die eigene Person („Ich bin heute sehr unkonzentriert");
- Wissen über die Aufgabenstellung („Bei Sachtexten sind immer der erste und letzte Satz besonders wichtig");
- Strategiewissen („Ich könnte auch die wichtigsten Stellen markieren");
- Wissen über die Steuerung des Lernprozesses („Das habe ich nicht verstanden").

Die Mitschülerinnen und Mitschüler beobachten diese Demonstration. Sie werden sich dadurch der eigenen Kernstrategien bewusst, lernen andere Strategien kennen und vergleichen diese mit ihrem eigenen Vorgehen. Dadurch erweitert sich ihr Strategiewissen. Im Gegensatz zur herkömmlichen Vermittlung von Lernstrategien durch „Vorzeigen und Nachmachen" geht es beim Konzept des „Ausführungsmodells" nicht um das Kopieren eines möglichst idealen Vorgehens, sondern um den sinnvollen Ausbau und die Ausgestaltung des eigenen Strategierepertoires. Von daher könnte man auch von einem „Anregungsmodell" sprechen.

c) *Arbeitsrückblick (Lernkonferenz)*. Nach Abschluss einer Lerneinheit blicken die Schülerinnen und Schüler auf die eigene Arbeit zurück und diskutieren anhand ihrer Aufzeichnungen (Lerntagebuch), welche Lernwege sie beschritten haben (Guldimann, 1996). Diese Konferenz liefert wichtige Informationen und Einsichten, die dann für den Austausch zwischen den Lernenden genutzt werden. Der Arbeitsrückblick wird von der Lehrperson angebahnt und durch Leitfragen gesteuert, beispielsweise:
- Wie bist du vorgegangen?
- Was gelang Dir beim Lernen besonders gut?
- Wie bist du mit Schwierigkeiten und Fehlern umgegangen?
- Was kannst du jetzt besser als früher?
- Welche Vorsätze hast du für die kommenden Arbeiten?

Dieses Vorgehen wird als bereichernd empfunden, weil es die eigenen Lernerfahrungen verdichtet und sie strategischer macht.

(4) Die *Beachtung metakognitiver Empfindungen* beim Lernen (z. B. beim Versuch, eine Aufgabe zu lösen) wird den Lernenden über zwei verschiedene Wege nahe gebracht:
- *Vermittlung von Selbststeuerung und Vorstellungsbildern*. Hierzu werden der Schülerin bzw. dem Schüler Selbstinstruktionen vermittelt, die daran erinnern sollen, beim Lernen geplant und bedacht vorzugehen (z. B.: „Ich achte darauf, was in mir vorgeht, wenn ich lerne. Sobald ich ein komisches Gefühl habe, halte ich inne und überlege, warum das so ist."). Auch sogenannte Stopp-Regeln können hierbei hilfreich sein. Sie bewirken, dass der Lernprozess unterbrochen wird, um Zeit für metakognitive Überlegungen zu gewinnen (z. B.: „Stopp, habe ich den Text wirklich schon verstanden?").
- *Metakognitive Aufzeichnungen in einem Lerntagebuch*. Im Arbeitsheft hält die Schülerin bzw. der Schüler „denkwürdige" Metakognitionen fest. Wenn ihr bzw. ihm beim Lernen wichtige Dinge auffallen, wird der Lernvorgang unterbrochen, um diese Beobachtung zu notieren. Auf diese Weise erfolgt während des Arbeitsprozesses eine fortlaufende Dokumentation der zentralen Erfahrungen. Die Eintragungen werden ent-

weder von der Lehrkraft oder der zugeordneten Lernpartnerin bzw. dem Lernpartner aufgegriffen und diskutiert (vgl. Kasten 2).

Kasten 2: Führen eines Lerntagebuches

Carolin liest einen Sachtext und will ihn verstehen. Nach dem ersten Lesen bemerkt sie, dass sie die Bedeutung des gelesenen Inhalts nur sehr unvollständig erfasst hat. Sie liest den Text deshalb nochmals. Aber auch danach hat sie ihn nicht wirklich verstanden. Wenn sie in dieser Situation über ihr eigenes Lernen nachdenkt, so wird sie feststellen, dass die bloße Wiederholung der einmal eingeschlagenen Lernhandlung (wiederholtes Lesen) zumindest dieses Mal nicht zum gewünschten Ergebnis (Verstehen des Textes) geführt hat. Offensichtlich muss sie einen anderen Weg einschlagen. Diese Beobachtung trägt Carolin in ihr Lerntagebuch ein. Die dort notierten Erfahrungen bespricht sie bei nächster Gelegenheit mit ihren Mitschülerinnen bzw. Mitschülern, ihrem Lehrer oder ihrer Lernpartnerin. Auf der Grundlage dieser Selbstreflexion und der gemeinsamen Diskussion kann Carolin nun nach besseren Strategien suchen, um einen schwierigen Text zu verstehen. Ihre Notizen im Lerntagebuch dienen somit dazu, dass Carolin ihr eigenes Lernen reflektiert, dessen Unzulänglichkeiten registriert und auf dieser Basis in Zusammenarbeit mit ihrem Lehrer und ihren Mitschülerinnen bzw. Mitschülern wirksame Strategien entdeckt, erprobt und – sofern sie zielführend sind – dann auch dauerhaft einsetzt.

28.4 Hinweise für die organisatorische Umsetzung

Die Förderung von metakognitiver Aktivität sollte möglichst unterrichtsnah und am konkreten Lerngegenstand erfolgen. Dies setzt eine organisatorische Verankerung der Intervention in der Schule bzw. in der Zusammenarbeit mit den beteiligten Lehrkräften voraus. Einzelne Forschergruppen schlagen deshalb auch strukturelle Veränderungen in der Schule vor, in denen Gruppen aus Lehrkräften in Workshops über Metakognition und die Bedeutung von Lernstrategien informiert werden. Dieses Wissen wird reflektiert und auf seine Umsetzbarkeit im Unterricht geprüft (vgl. dazu den Anhang dieses Kapitels). Eine andere Möglichkeit besteht darin, Workshops für lernschwächere Schülerinnen und Schülern anzubieten, in denen Lernstrategien und Lernkompetenzen gezielt eingeübt und schrittweise auf das Lernen im Unterricht übertragen werden.

28.5 Wirksamkeit und Wirksamkeitsbedingungen

Zur Wirksamkeit der Förderung von Metakognition im Allgemeinen und zur Förderung von Lernstrategien im Besonderen liegen zahlreiche Forschungsbefunde vor. Im Projekt „Eigenständige Lernerinnen und Lerner" (Beck et al., 1992) wurden 27 Klassen der Realschule zwei Jahre lang im strategischen Lernen durch ihre Lehrkräfte angeleitet. Die Ergebnisse lassen sich wie folgt zusammenfassen:

- Die Lernleistungen und das Selbstvertrauen der lernschwächeren Schülerinnen und Schüler stiegen deutlich an.

- Vor allem schwächere Schülerinnen und Schülern erwarben vertiefte Kenntnisse über Lernstrategien.
- Die Tendenz, über das eigene Lernen nachzudenken, nahm spürbar zu.
- Die Schülerinnen und Schüler erwarben eine gemeinsame Sprache, um zusammen über das Lernen und dessen Bedingungen miteinander diskutieren zu können.
- Schwächere Schülerinnen und Schülern beurteilten die Einführung von Lernpartnerschaften und die Arbeitsrückschau als besonders hilfreich und wirkungsvoll.
- Nach Auskunft der Lehrkräfte führte das Nachdenken über das eigene Lernen und der Austausch der Lernerfahrungen in der Klasse zu einer Verbesserung des sozialen Klimas in der Klasse und förderte die Akzeptanz und Integration von Schülerinnen und Schülern mit Lernschwächen.

Diese Effekte bestätigen sich auch in Metaanalysen beispielsweise beim Schreiben lernen (Effektstärke, $d=0.82$, Graham & Perin, 2007) und in der Unterrichtung von lernbeeinträchtigten Schülerinnen und Schülern ($d=1.11$; vgl. Scruggs, Mastropieri, Barkley & Graetz, 2012). Prozessanalysen legen nahe, dass strategisches Lernen möglichst am Lerninhalt, um den es geht, ausgebildet werden sollte. Außerdem sind längere Übungen sowie ein hohes Ausmaß an metakognitiver Bewusstheit bei Lehrkräften förderlich (Hattie, Biggs & Purdie, 1996). Um eine große Wirksamkeit zu erzielen, sollte die Intervention über längere Zeit durchgeführt werden. Bei lernschwachen Schülerinnen und Schülern, die oft große Wissensdefizite aufweisen, muss der Erwerb des Sach- bzw. Fachwissens zusätzlich gefördert werden.

28.6 Literatur

Grundlegende Literatur

Beck, E., Bachmann, T., Geering, P., Guldimann, T., Niedermann, R., Uhland-Mogg, E., Wigger, A. & Zutavern, M. (1992). Projekt Eigenständige Lerner: Förderung des eigenständigen Lernens, Denkens und Problemlösens von Schülern durch die Erleichterung der Selbststeuerung, Selbstbeobachtung und Reflexion der eigenen Lernerfahrungen. Wissenschaftlicher Schlussbericht an den Schweizerischen Nationalfonds zur Förderung der wissenschaftlichen Forschung. Pädagogische Hochschule des Kantons St. Gallen.

Hasselhorn, M. (1992). Metakognition und Lernen. In G. Nold (Hrsg.), *Lernbedingungen und Lernstrategien. Welche Rolle spielen kognitive Verstehensstrukturen?* (S. 35–63). Tübingen: Narr.

Meichenbaum, D. & Asarnow, J. (1979). Cognitive-behavior modification and metacognitive development: Implications for the classroom. In P. C. Kendall & S. D. Hollon (Eds.), *Cognitive-behavioral interventions: Theory, research, and procedures* (pp. 11–35). New York: Academic Press.

Nold, G. (2008). *Lernbedingungen und Lernstrategien: welche Rolle spielen kognitive Verstehensstrukturen?* Tübingen: Narr.

Weiterführende Literatur

Beck, E., Guldimann, T. & Zutavern, M. (Hrsg.). (1996). *Eigenständig lernen*. St. Gallen, Konstanz: Universitätsverlag Konstanz.

Borkowski, J. G. & Muthukrishna, N. (1992). Moving metacognition in the classroom: „Working models“ and effective strategy teaching. In M. Pressley, K. R. Harris & J. T. Guthrie (Eds.),

Promoting academic competence and literacy in school (pp. 477–501). San Diego, CA: Academic Press.

Fuchs, D., Fuchs, L. S., Thompson, A., Svenson, E., Yen, L., Otaiba, S. A., Yang, N., McMaster, K. N., Prentice, K., Kazdan, S. & Saenz, L. (2001). Peer-assisted learning strategies in reading: Extensions for kindergarten, first grade, and high school. *Remedial & Special Education, 22,* 15–21. doi: 10.1177/074193250102200103

Graham, S. & Perin, D. (2007). A meta-analysis of writing instructions for adolescent students. *Journal of Educational Psychology, 99,* 445–476. doi: 10.1037/0022-0663.99.3.445

Guldimann, T. (1996). *Eigenständiger Lernen. Durch metakognitive Bewußtheit und Erweiterung des kognitiven und metakognitiven Strategierepertoires.* Bern: Haupt.

Hattie,J., Biggs, J. & Purdie, N. (1996). Effects of learning skills interventions on student learning: A meta-analysis. *Review of Educational Research, 66,* 99–136. doi: 10.3102/00346543 066002099

Johnson, E. S., Humphrey, M., Mellard, D. F., Woods, K. & Swanson, H. L. (2010). Cognitive processing deficits and students with specific learning disabilities: A selective meta-analysis of the literature. *Distabilitity Quarterly, Learning, 33,* 3–17.

Scruggs, T. E., Mastropieri, M. A., Barkley, S. & Graetz, J. (2012). Do special education interventions improve learning of secondary content? A meta-analysis. *Remedial and Special Education, 31,* 437–449. doi: 10.1177/0741932508327465

Material

Kaufman, A. S. & Kaufman, N. L. (2009). *Kaufman Assessment Battery for Children (K-ABC).* (dt. Bearbeitung von P. Melchers & U. Preuß; 8. Aufl.). Frankfurt: Pearson.

Petermann, F. & Petermann, U. (Hrsg.). (2011). Wechsler Intelligence Scale for Children – Fourth Edition (WISC-IV). Frankfurt: Pearson.

Schlagmüller, M., Visé, M. & Schneider, W. (2001). Zur Erfassung des Gedächtniswissens bei Grundschulkindern: Konstruktionsprinzipien und empirische Bewährung der Würzburger Testbatterie zum deklarativen Metagedächtnis. *Zeitschrift für Entwicklungspsychologie und Pädagogische Psychologie, 33,* 91–102. doi: 10.1026//0049-8637.33.2.91

28.7 Anhang

Strategien und metakognitives Wissen: Informationen für Lehrkräfte

Erfahrungsgemäß ist es am günstigsten, wenn metakognitives Wissen direkt am Lerngegenstand und im Unterricht angeregt und erworben wird. Dies erfordert, dass Lehrkräfte (und ggf. auch Eltern) angemessen über das Konzept der Metakognition bzw. des strategischen Lernens informiert werden. Borkowski und Muthukrishna (1992) schlagen vor, dabei wie folgt vorzugehen:

(1) Den Lehrkräften wird vermittelt, was Strategien sind, wie sie wirken und wozu sie nützlich sind.

(2) Die Lehrkräfte sollen aktives und zielbezogenes Lernverhalten („Good Information Processing") fördern und darauf hinwirken, dass ihre Schülerinnen und Schüler

- wirksame Strategien kennenlernen,
- wissen, wann, wo und warum Strategien wichtig sind,
- Strategien bedacht auswählen und ihren Einsatz sorgfältig überwachen,
- ihre Überzeugung stärken, dass Anstrengung nützlich und wirksam ist.

(3) Lehrkräften soll ein Arbeitsmodell zur metakognitiven Entwicklung vermittelt werden, das Strategien und deren Anwendung mit motivationalen Aspekten und persönlichen Erfahrungen verbindet. Dazu werden folgende Mittel eingesetzt:

- Erprobung von Strategien im Selbstversuch;
- Diskussion mit Lehrkräften über die Strategien, die sie jetzt selbst anwenden bzw. die sie früher (z. B. im Studium) eingesetzt haben;
- Definition der kritischen Begriffe (Strategie, Metakognition) anhand der einschlägigen Literatur sowie anhand von Anwendungsbeispielen.

(4) Letztlich sollen die Lehrkräfte die metakognitive Entwicklung ihrer Schülerinnen und Schüler im Unterricht anregen, also dafür sorgen, dass diese:

- Strategiekenntnisse (wiederholen, organisieren, verbal wiedergeben, zusammenfassen) erwerben;
- nützliche Strategien bei ausgewählten Aufgaben einsetzen;
- eine neu erlernte Strategie flexibel einsetzen und auf neuen Aufgaben generalisieren;
- exekutive Prozesse (z. B. Steuerung und Überwachung von Lernhandlungen) einsetzen, um ihr eigenes Lernen zu optimieren;
- Wissensgebiete strategisch erfassen und sich eigenständig Lernziele setzen können.

29. Anleitung von Eltern sowie Erzieherinnen und Erziehern zur Hausaufgabenbetreuung

Jürgen Bellingrath und Kerstin Naumann

Fallbeispiel

Die Hausaufgaben haben sich für den neunjährigen Mario und seine Mutter zu einer täglichen „Krisensituation“ entwickelt. Es vergeht kaum ein Tag ohne Konflikte. Eigentlich soll Mario seine Hausaufgaben gleich nach dem Mittagessen erledigen; er zögert den Beginn aber stets hinaus und verhandelt mit seiner Mutter um jede Viertelstunde Aufschub. Wenn er endlich angefangen hat, unterbricht er die Arbeit immer wieder, will etwas trinken, sucht seinen Radiergummi oder blättert in einem Comic-Heft. Seine Mutter ermahnt ihn dann zunehmend ärgerlich, wieder an die Arbeit zu gehen. Schließlich setzt sie sich neben ihn und passt auf, dass er dabei bleibt. Aber auch dann ist Marios Vorgehen häufig Anlass für Zurechtweisungen ihrerseits. Er lässt sich nur wenig Zeit, um die Arbeitsanweisungen zu verstehen, und probiert stattdessen sehr rasch einen Lösungsweg aus. Ist er damit nicht erfolgreich, wechselt er vorerst zu einem anderen Fach. Auch die einzelnen Teile einer Aufgabe löst er häufig nicht der Reihe nach. So kommt er sehr rasch durcheinander und macht infolgedessen viele Fehler. Wenn seine Mutter ihn auf einen Fehler hinweist, ist er sehr schnell entmutigt, wirft das Heft auf den Boden und bricht in Tränen aus. Ihre Versuche, ihn dann zur Weiterarbeit zu überreden, enden häufig im Streit. Insgesamt zieht sich die Erledigung der Hausaufgaben über den gesamten Nachmittag hin.

Hilfesuchend wendet sich Marios Mutter an die Verhaltenstherapeutin, bei der er seit kurzem eine Lese-Rechtschreibförderung erhält. Daraufhin wird ein systematischer Plan zur schrittweisen Bearbeitung der Hausaufgaben in Kombination mit einem Belohnungssystem zur Verbesserung der Lernmotivation eingeführt. Die gesamten Hausaufgaben werden dabei zuerst in kleinere, überschaubare Einheiten eingeteilt (z. B. erst die Rechenaufgaben, dann die Substantive und Verben in einem vorgegebenen Text unterstreichen und schließlich ein Bild zu Ende malen). Dann legen Mutter und Kind gemeinsam fest, wie lange jede Einheit dauern soll. Wenn Mario eine der Aufgaben beendet hat, bestimmen beide, ob dies in der vorgesehenen Zeit geschehen ist und ob eine zumindest ausreichende Qualität erreicht wurde. Ist das der Fall, erhält Mario Verstärker, die er in kleine Belohnungen eintauschen kann. Diese Maßnahme führt nach drei Wochen zu einer deutlichen Verbesserung in der Qualität der Hausaufgaben und zu weniger Konflikten.

29.1 Kurzbeschreibung der Methode und ihres theoretischen Hintergrunds

Die Hausaufgaben werden für lernbeeinträchtigte Kinder häufig zu einem massiven Problem. Das liegt wahrscheinlich daran, dass sie im Laufe ihres Lebens als Schülerinnen und Schüler fortlaufende Enttäuschungen und Fehlschläge erleiden und sie Schulaufgaben infolgedessen geradezu als „aversiv" erleben. Das Vermeiden und Aufschieben bringt dann eine negative Verstärkung mit sich, weil sie der Bedrohlichkeit und Aversion zumeist kurzfristig entgehen können. Die Kinder verbringen häufig viele Stunden am Schreibtisch, ohne aber wirklich zu arbeiten. Hingegen schieben sie ihre Aufgaben auf, weichen ihnen aus oder unternehmen nur halbherzige Arbeitsversuche.

In solchen Situationen kommt es häufig zum Streit mit der Bezugsperson, die die Hausaufgaben beaufsichtigt oder überprüft. Insofern können die Hausaufgaben rasch zu einer bedrückenden Belastung im familiären Zusammenleben werden.

Hausaufgaben sind aber für das schulische Lernen gleich mehrfach bedeutsam: Werden sie vollständig gemacht, besteht Aussicht auf eine Verbesserung der Schulleistungen (Cooper, Lindsay, Nye & Greathouse, 1998), die Eltern erhalten über die Hausaufgaben einen Einblick in die Lerninhalte, die gerade in der Schule behandelt werden; Schule und Eltern kommen über die Hausaufgaben miteinander ins Gespräch; Schule und Lehrkräfte sehen das Erledigen oder nicht Erledigen als Zeichen von Wertschätzung und Gelingen der einvernehmlichen Zusammenarbeit.

Aus all diesen Gründen ist es angebracht, die Bezugspersonen zu einer angemessenen Betreuung der Hausaufgaben anzuleiten. Sie sollen das erwünschte Verhalten operant verstärken, bei Schwierigkeiten angemessen helfen und insgesamt für förderliche Umstände (z. B. Zeit, Raum, Strukturierung) sorgen. Dies wird über eine Schulung der Eltern herbeigeführt, bei der sich drei Ansätze unterscheiden lassen:

- Der erste Ansatz beruht auf dem *klassischen Mediatorenkonzept:* Die Eltern werden dazu angeleitet, zunächst das Problemverhalten ihrer Kinder im Alltag zu beobachten und zu protokollieren. In einer anschließenden Verhaltensberatung wird sodann ein angemessenes Zielverhalten (z. B. das Kind beginnt zum vereinbarten Zeitpunkt mit den Hausaufgaben) festgelegt, das die Eltern von nun an systematisch verstärken sollen (z. B. durch Lob oder Vergabe von Münzverstärkern). Die Eltern werden ferner über angemessene situative Lernbedingungen (z. B. die Gestaltung des Arbeitsplatzes oder der Zeitpunkt, wann die Hausaufgaben gemacht werden sollten) beraten. Der Erfolg dieses Vorgehens wird an die Eltern zurückgemeldet und das Vorgehen, je nachdem welche Erfolge sich im Alltag einstellen, verändert.
- Der zweite Ansatz konzentriert sich auf die *Interaktion zwischen Eltern und Kindern*, insbesondere die Art und Weise wie die Eltern das Kind bei den Hausaufgaben anleiten. Hierzu wird das Verhalten in Problemsituationen beobachtet oder per Video aufgezeichnet und die Interaktion zwischen Kind und Betreuerin bzw. Betreuer analysiert (Werden geeignete Hilfen gegeben? Werden positive Verhaltensansätze angemessen verstärkt? Sind die Anweisungen knapp, klar und instruktiv? Gibt die Betreuerin bzw. der Betreuer weitschweifige und ablenkende Kommentare? Werden bestrafende Verhaltensweisen ersichtlich?). Diese Beratung bildet die Eltern (zumeist

der Mutter) darin aus, dass sie strukturierende Hilfen, im Sinne von Stützstrategien und genaue aber auch knappe Anweisung gibt, positive Ansätze beim Kind verstärkt und das überflüssige oder sogar abträgliche Äußerungen unterlässt (z. B. Unterbrechen, negative Bewertungen des Kindes).

- Der dritte Ansatz geht von der Erkenntnis aus, dass lerngestörte Kinder *Lernhilfen* benötigen, weil zumeist Wissenslücken und Verarbeitungsschwierigkeiten vorliegen, eine stärkere Strukturierung benötigen und die Betreuerinnen bzw. die Betreuer den Lernweg mitgestalten sollten (z. B. durch heuristische Fragen, Aufforderungen, die eigenen Lernergebnisse zu überprüfen, und positive Aussagen zu den Lernfortschritten des Kindes). Die Eltern werden so geschult, dass die den Lernweg der Kinder anleiten und strukturieren können. Sie geben Hilfen, die die Kinder zum Lernen hinführen und sie innerhalb der Vorgaben möglichst selbstständig arbeiten lassen (Lauth & Schlottke, 2009). Diese Interventionen sollen eine bessere Selbststeuerung beim Kind entstehen lassen. Deshalb wird es zu einer Selbstbeobachtung angeregt und es werden ihm zunehmend selbstständigere Aufgabenbearbeitungen abverlangt (Erhöhung von Selbstwirksamkeit und Eigenmotivation).

Die drei Ansätze ergänzen sich. Deshalb greift man bei Interventionen auf alle drei zurück. Je nach dominierender Problematik werden verschiedene Schwerpunkte gesetzt. Generelle Regelungen zur Anfertigung von Hausaufgaben sind in Kasten 1 aufgeführt.

Kasten 1: Rechtliche Grundlagen von Hausaufgaben

Das Grundgesetz der Bundesrepublik Deutschland stellt in Artikel 7 das gesamte Schulwesen unter die Aufsicht des Staates. Die Ausführungsbestimmungen werden hingegen in den Verfassungen der Bundesländer geregelt. Beispielsweise sieht das Bundesland Nordrhein-Westfalen in seiner Allgemeinen Schulordnung, §§3 IV Nr. 2, §8 I und in einem Runderlass des Kultusministeriums vom 02. 03. 1974 für Hausaufgaben folgende Regeln vor:

Wozu sollen Hausaufgaben vergeben werden? Hausaufgaben dienen dazu ...
- die Arbeit im Unterricht zu ergänzen,
- das im Unterricht Erarbeitete einzuprägen, einzuüben und anzuwenden,
- den Unterricht vorzubereiten,
- zur selbstständigen Arbeit hinzuführen.

Wie sollen die Hausaufgaben gestellt werden? Hausaufgaben müssen ...
- eindeutig und klar, ggf. schriftlich formuliert werden,
- in ihrem Schwierigkeitsgrad und ihrem Umfang die Leistungsfähigkeit der Schülerinnen und Schüler berücksichtigen,
- von diesen ohne fremde Hilfe in angemessener Zeit gelöst werden können,
- regelmäßig überprüft und für die weitere Arbeit im Unterricht ausgewertet werden.

Sind Schulkinder rechtlich dazu verpflichtet Hausaufgaben zu erledigen? Es gibt eine rechtliche Verpflichtung zur Erledigung von Hausaufgaben durch Schulkinder.

Wie lange dürfen Hausaufgaben dauern? Die Vorgaben für die Bearbeitungsdauer der Hausaufgaben unterscheiden zwischen den unterschiedlichen Jahrgangsstufen:

1. und 2. Klasse: 30 Minuten
3. und 4. Klasse: 60 Minuten
5. und 6. Klasse: 90 Minuten
7. bis 10. Klasse: 120 Minuten

Dürfen Hausaufgaben über das Wochenende vergeben werden? Die Zeit von Samstag bis Montag ist ohne Einschränkung aufgabenfrei. Dasselbe gilt für alle Tage, die auf einen Feiertag folgen. Nur in Schulen mit Samstagsunterricht dürfen von Freitag zu Montag Hausaufgaben vergeben werden, falls am Freitag nicht mehr als zwei Stunden Nachmittagsunterricht stattfinden.

29.2 Indikation der Methode

Eltern (aber auch Hortbetreuerinnen bzw. Hortbetreuer und Förderlehrkräfte) sollten immer dann in der Gestaltung der Hausaufgaben beraten werden, wenn die Qualität der Hausaufgabenbearbeitung oft unzureichend ist, die Bearbeitungsdauer weit über das normale Maß hinausgeht oder die Hausaufgaben häufig Anlass für Konflikte zwischen Betreuungsperson und Kind sind. Dies gilt sowohl für

- allgemeine Lernstörungen (z. B. Lernbehinderung) wie auch für
- inhaltlich begrenzte Lernstörungen (Lesestörung, Störung des schriftlichen Ausdrucks, Rechenstörung).

Tabelle 1 zeigt, welche Interventionsstrategie für welches Problem bei der Hausaufgabenbearbeitung geeignet ist.

Tabelle 1: Typische Probleme während der Hausaufgabenbearbeitung und darauf abgestimmte Interventionsmaßnahmen

Probleme (Beispiele in Klammern)	Maßnahmen
Unstrukturiertes Arbeitsverhalten (das Kind springt von einer Aufgabe zur anderen)	Strukturierende Maßnahmen, wie z. B.: – handlungssteuernde Fragen; – Einsatz optischer Strukturierungshilfen (etwa Abdeckblätter); – Unterteilung der gesamten Hausaufgaben in kürzere Segmente; – Einführung fester Rituale (derselbe Platz, dieselbe Zeit).
Ineffektive Lernaktivitäten (das Kind probiert spontan einen Lösungsweg aus, ohne die Fragestellung der Aufgabe hinreichend analysiert zu haben)	Strukturierende Maßnahmen (s. o.), insb. zur vorbeugenden Vermeidung von Fehlern: – handlungssteuernde Hilfen (etwa bei der Zielbestimmung oder Entwicklung eines Lösungsplanes); – Modellierung geeigneten Lösungsverhaltens (handlungsbegleitende Überwachung des eigenen Verhaltens, Einsatz von Prüfprozessen); – Schaffung von Anreizen für Lernerfolge.

Tabelle 1: Fortsetzung

Probleme (Beispiele in Klammern)	Maßnahmen
Vermeidungsverhalten bei der Vorbereitung der Hausaufgaben (das Kind verschweigt der Betreuungsperson Aufgaben)	Unterbindung des Vermeidungsverhaltens, z. B. durch: – Einführung eines Hausaufgabenheftes mit Signaturen der Lehrkräfte; – Schaffung von Anreizen für die Vollständigkeit der Aufgaben.
Vermeidungsverhalten während der Hausaufgabenbearbeitung (das Kind unterbricht die Bearbeitung häufig)	Bedingungsanalyse des Lernverhaltens, gefolgt von Maßnahmen wie: – Unterteilung der gesamten Hausaufgaben in kürzere Segmente; – Vereinbarung zeitlich umgrenzter Pausen; – Schaffung von Anreizen für Lernerfolge; – Hilfen zur Vermeidung von Fehlern.
Oppositionelles Verhalten (das Kind reagiert mit Wutausbrüchen auf Korrekturvorschläge)	Bedingungsanalyse des oppositionellen Verhaltens, gefolgt von Maßnahmen wie: – problemorientierte Beratung (z. B. Anleitung der Betreuerinnen bzw. Betreuer, Kritik sachlich zu äußern, Aufforderungen wirkungsvoll zu stellen); – Einführung eines Verstärker-Entzugssystems; – Strukturierende Hilfen zur Vermeidung von Fehlern.

29.3 Detaillierte Beschreibung des Vorgehens

Verhaltensorientierte Eingangsdiagnostik. Zunächst wird die bestehende Problematik mittels einer Verhaltensanalyse erfasst:

- Was wird als Problemverhalten beklagt?
- Gibt es positive Ansätze für ein gelingendes Arbeitsverhalten (z. B.: das Kind kontrolliert seine Aufgabenlösung selbstständig)?
- Welches Verhalten gilt als besonders problematisch (z. B.: das Kind geht oft vom Schreibtisch weg, schaut zwischendurch fern, telefoniert)?
- Welche Funktion hat das Problemverhalten (z. B.: das Kind gewinnt, wenn es seinen Arbeitsplatz verlässt, die Aufmerksamkeit der Betreuerin bzw. des Betreuers)?
- Wo und wann werden die Hausaufgaben angefertigt?

Gegebenenfalls werden die Eltern gebeten, das Problemverhalten aufzuzeichnen. Sie erhalten hierzu ein Fomular (vgl. Tabelle 2), in das sie ihre Alltagsbeobachtungen eintragen.

Die Anleitung der Bezugspersonen erfolgt als gezielte Verhaltensberatung. Entweder in Gruppen oder im Einzelkontakt werden die Bezugspersonen so angeleitet, dass sie die Hausaufgaben angemessen betreuen, strukturieren und das erwünschte Verhalten des Kindes verstärken sollen. Gearbeitet wird mit (Gruppen-)Diskussionen, Selbstversuchen,

Tabelle 2: Tagebuch zum Problemverhalten (ausgefüllt von Frau S., Mutter des 10-jährigen Marcel)

Datum	Was passierte vorher?	Problem-verhalten: Was tat das Kind?	Was tat ich daraufhin?	Wie reagierte das Kind auf diese Konsequenz?
13.05.	Marcel hat sich beim Abschreiben aus seinem Lesebuch in einer Reihe dreimal verschrieben.	Er hat das Heft beiseite geworfen und gesagt: „Ich kann das sowieso nicht."	Habe mich zu ihm gesetzt und versucht, ihn zu beruhigen.	Er hat nur kurze Zeit weiter gearbeitet, aber bald wieder die Bearbeitung unterbrochen.
14.05.	Er wusste nicht, wie er eine Textaufgabe lösen sollte.	Marcel fing an zu weinen.	Habe ihn in den Arm genommen.	Er hat gesagt, dass er nicht mehr könne, und hat die restlichen Hausaufgaben auf abends verschoben.
⋮	⋮	⋮	⋮	⋮

Rollenspielen und Kurzvorträgen zur Informationsvermittlung. Teilweise werden Videoaufzeichnungen vom häuslichen Arbeiten angefertigt und analysiert. Als Erinnerungsstütze und Gliederungshilfe erhalten die Teilnehmerinnen und Teilnehmer Arbeitsblätter, die alle wesentlichen Informationen in alltagssprachlicher Formulierung zusammenfassen.

Diese Beratung umfasst folgende Schritte:

(1) *Schaffung geeigneter Umgebungsbedingungen für die Hausaufgaben.* Es hängt sehr vom Ort, der Zeit und der Vorbereitung ab, wie die Hausaufgaben verlaufen.

- *Material vor Arbeitsbeginn herrichten.* Wenn die Arbeitsphase gut vorbereitet wird, steigt die Chance für einen geordneten Ablauf. Deshalb werden alle benötigten Materialien in einem einsatzfähigen Zustand sind (der Bleistift ist gespitzt, das Radiergummi liegt griffbereit usw.) bereitgestellt, andere, möglicherweise ablenkende Gegenstände (z. B. momentan nicht benötigte Schulbücher) werden hingegen vom Arbeitsplatz entfernt. Dieser „Material-Check" (s. Abbildung 1) wird zunächst von der Betreuerin bzw. vom Betreuer geregelt und dann vom Kind übernommen.
- *Ein festes Ritual für die Hausaufgaben.* Wenn das Kind seine Hausaufgaben immer an demselben Arbeitsplatz erledigt und diesen nicht für andere Aktivitäten nutzt (etwa: am Schreibtisch malen, Comics lesen), erhält er eine Signalwirkung für die Hausauf-

gabenerledigung und löst das erwünschte Verhalten eher aus. Dasselbe gilt für eine bestimmte Uhrzeit oder einen bestimmten Zeitpunkt im Tagesablauf (z. B. „immer nach dem Mittagessen“).

- *Einführung eines „Hausaufgabenheftes“ mit Signaturen durch die Lehrkraft.* Probleme bei den Hausaugaben entstehen meist aus Vermeidungsverhalten. Dies beginnt schon damit, dass die Hausaufgaben gegenüber den Eltern oder Hortbetreuerinnen bzw. Hortbetreuern verschwiegen werden. Zur Lösung wird deshalb mit dem Kind vereinbart, dass es jede Aufgabe in einem Hausaufgabenheft notiert und von der betreffenden Lehrkraft nach der Unterrichtsstunde abzeichnen lässt. Auch die Tatsache, dass in einem Fach keine Hausaufgaben aufgegeben wurden, ist explizit zu vermerken und zu bestätigen. Dem Kind wird dabei die Aufgabe übertragen, die Unterschrift der jeweiligen Fachlehrkraft einzuholen. Zunächst sollte diese Maßnahme unbedingt durch ein Belohnungssystem unterstützt werden.
- *Unterteilung der gesamten Aufgaben in einzelne Abschnitte.* Als Strukturierungshilfe hat es sich vor allem bewährt, die gesamten Arbeitsaufträge eines Tages in einzelne Abschnitte zu unterteilen. So werden die Aufgaben überschaubarer und das nächste Ziel rückt näher, was sich günstig auf die Motivation des Kindes auswirkt.
- *Zeitlich begrenzte Pausen vereinbaren.* Pausen erfolgen häufig unkontrolliert und werden von dem Kind nach Kräften ausgedehnt. Diesem Problem wird vorrausschauend begegnet, indem bereits zu Beginn der Hausaufgaben zeitlich begrenzte Pausen vereinbart werden. Während der Pause kann das Kind anderen Aktivitäten nachgehen (etwas erzählen, ein Glas Saft trinken, sich mit einem Gymnastikball beschäftigen). Die Pausen teilen die Hausaufgaben in Phasen ein. Dies hat den Vorteil, dass sie Hausaufgaben überschaubarer werden und zudem Aktivitäten, die der Unterbrechung des Arbeitsverhaltens dienen, auf die Pause gelegt werden können (z. B. „Oh, das interessiert mich sehr, erzähl’ mir das doch in der ‚Plapperpause‘“). Wesentlich ist, dass in der Pause keine Aktivitäten zugelassen werden, die über den vereinbarten zeitlichen Rahmen hinausgehen und deren Unterbrechung für das Kind als Strafreiz wirkt (etwa ein länger dauerndes Spiel beginnen, fernsehen).

(2) *Strukturierende Hilfen.* Lernschwache Kinder haben konkrete Lernschwierigkeiten, die auch bei den Hausaufgaben deutlich werden. Deshalb soll sich die Hausaufgabenbetreuung nicht ausschließlich auf eine Verhaltensanleitung beziehen, sondern auch lösungserleichternde Hilfen beinhalten. Dementsprechend werden die Eltern dazu angeleitet, folgendes Verhalten zu realisieren:

- *Handlungssteuernde Hilfen.* Lernbeeinträchtigte Kinder weisen charakteristischerweise Defizite in ihrer Handlungssteuerung auf. Die Aufgabenbearbeitung erfolgt vielfach ungeordnet. Lösungsansätze werden nicht aus den zur Verfügung stehenden Informationen abgeleitet, sondern spontan erprobt und wieder verworfen. Daher sollten die Betreuerinnen und Betreuer den Lösungsprozess strukturieren, ohne die Antworten aber bereits vorzugeben. Beispiele dafür sind Hilfen bei der Zielbestimmung („Was sollst Du denn genau herausfinden?“ Welche Informationen hast Du schon?“ „Ja, gut. Was fehlt also noch?“) oder bei der Entwicklung eines Lösungsplans („Wie bist Du denn eben vorgegangen?“ „Genau! Und was ist jetzt anders?“). Am einfachsten ist es, wenn die Beraterin bzw. der Berater das selbst vormacht und ein Modell dafür liefert. Dazu kommen Eltern und Kind zwei- bis dreimal in die Praxis. Die Beraterin bzw.

Material-Checkliste

für Petra

Ist vorhanden? Ja, ist da!

- **Stifte:**

Füller	☑
Bleistifte	☑
Buntstifte	☑

- **Zubehör:**

Tintenpatronen	☑
Anspitzer	☑
Radiergummi	☑

- **Sonstiges:**

Hausaufgabenheft	☑
Schmierpapier/Konzeptpapier	☑

- **Zeichenmaterial**
(falls Mathe- oder Kunsthausaufgaben zu machen sind):

Geo-Dreieck	☐
Lineal	☐
Zirkel	☐
Tuschkasten	☐
Zeichenblock	☐

Vorbereitung	**Ja, ist gemacht.**
Ich habe alle Bücher und Hefte raus-gesucht, die ich heute brauche.	☑
Ich habe alle Stifte gespitzt.	☑

Abbildung 1: Beispiel für eine Material-Checkliste

der Berater leitet die Hausaufgaben (z. B. Textaufgaben) an und die Mutter bzw. der Vater schauen sich das gewünschte Verhalten ab. Wird hingegen mit einer Gruppe von Eltern gearbeitet, tun sich zwei Teilnehmerinnen bzw. Teilnehmer zusammen. Eine Person erhält eine schwierige, mehrschrittige Aufgabe (etwa die Fortsetzung einer logisch-abstrakten Reihe). Die Interaktionspartnerin bzw. der Interaktionspartner wird in die Lösung eingeweiht und soll nun Hilfen geben, die zum Ziel führen, ohne dass das Ergebnis bekannt gegeben wird. Diese Rollenspiele können auf Video aufgezeichnet und analysiert werden.

- *Wünschenswertes Arbeitsverhalten,* wie Fragen klären, Lösungen prüfen und konzentriert an der Sache bleiben, wird mittels sozialer Verstärkung (Lob, Zuwendung) systematisch bekräftigt. Hierzu erhalten die Eltern eine Liste der Verhaltensweisen, die sie loben sollen, wenn ihr Kind z. B.:
  1. den Arbeitsplatz selbstständig vorbereitet;
  2. die Hausaufgaben in verschiedenen Fächern in eine sinnvolle Reihenfolge bringt (z. B. zuerst die Rechenaufgaben machen, dann ein Bild malen);
  3. die Aufgabenstellung sorgfältig durchliest;
  4. ordentlich und strukturiert arbeitet;
  5. Pausen erst zur vereinbarten Zeit anfängt;
  6. während der Arbeitsphasen keine Ablenkung sucht;
  7. abschließend seinen Arbeitsplatz aufräumt und alles Erforderliche für den nächsten Schultag vorbereitet.

(3) *Hausaufgabenmanagement.* Hierzu wird den Eltern ein Vorgehen nahegebracht, das die oben dargestellten Maßnahmen zu einem Gesamtprogramm verbindet (s. a. Power, Karustis & Habboushe, 2001; Kowalczyk & Ottich, 1999; Zentall & Goldstein, 1999). Das Vorgehen zeichnet sich dadurch aus, dass die Kinder die (zeitlichen) Ziele aktiv mitbestimmen, ihre Leistungen selbst bewerten, zeitnahe Rückmeldungen bzgl. ihrer Arbeitsergebnisse erhalten und für die Erreichung von klar definierten Zielen verstärkt werden. Die Bezugspersonen (Eltern, Erzieher, Lehrkraft) sollen wie folgt vorgehen:

- *Aufteilung der Hausaufgaben in Untereinheiten.* Auf der Grundlage des Hausaufgabenheftes geht die Betreuerin bzw. der Betreuer gemeinsam mit dem Kind alle anliegenden Aufgaben durch und unterteilt diese in einzelne Segmente, z. B. nach den Unterrichtsfächern oder Aufgabenblöcken innerhalb der Unterrichtsfächer (vgl. Abschnitt „Strukturierung“).
- *Festlegung der Bearbeitungsdauer.* Die Betreuungsperson und das Kind einigen sich für jede Untereinheit auf eine realistische Bearbeitungszeit. Der Zeitrahmen wird so gewählt, dass einerseits kein Spielraum für aufgabenirrelevantes Verhalten entsteht, das Kind andererseits aber auch nicht überhastet arbeiten muss, um die Zeitvorgabe einzuhalten.
- *Gemeinsame Vorbesprechung.* Vor dem Bearbeiten der ersten Lerneinheit werden die Aufgaben kurz durchgesprochen und geklärt, inwieweit das Kind die Aufgabenstellung verstanden hat und welche Lösungsmöglichkeiten es erkennt. Die Betreuerin bzw. der Betreuer unterstützt dies durch prozessorientierte Hilfen (s. o. „handlungserleichternde Hilfen“).
- *Durchführung der ersten Hausaufgabe (z. B. Aufgaben in Deutsch).* Das Kind beginnt nun mit der selbstständigen Bearbeitung der ersten Sequenz. Die Betreuerin bzw. der

Betreuer bleibt zunächst noch in der Nähe, um aufgabenbezogenes Arbeitsverhalten verbal verstärken zu können, greift aber während dieser kurzen Sequenzen nicht in den Arbeitsprozess ein.

- *Bewertung*. Nach der Beendigung einer Untereinheit wird die benötigte Arbeitszeit auf einem Protokollbogen vermerkt. Sodann setzen sich die Betreuungsperson und das Kind zusammen, um Fragen oder notwendige Korrekturen zu besprechen. Schließlich bewerten beide die Qualität der Ausführung auf einer notenähnlichen Skala von 1 bis 5, sie begründen und besprechen ihre Bewertungen. Wenn Übereinstimmung darin besteht, dass ein Ergebnis mindestens als ausreichend beurteilt werden kann, erhält das Kind einen ersten Münzverstärker für die Qualität der Ausführung. Ein weiterer Token wird für die Einhaltung der Zeitspanne vergeben, falls die Ausführung den Mindestansprüchen genügt.
- *Durchführung der weiteren Hausaufgaben*. In derselben Weise verfährt man nun mit allen weiteren Hausaufgaben. Bei zusätzlichen Verhaltensproblemen (z. B. nur unter lautem Schimpfen beginnen, die Hausaufgabenbearbeitung wiederholt unterbrechen) können Sonderpunkte eingeplant werden, die das Kind bei Ausbleiben dieser Verhaltensweisen erhält.
- *Einlösung von Wertpunkten (Tokens)*. Am Ende der Hausaufgabenbearbeitung werden alle vergebenen Punkte zusammengezählt und wochenweise in einen Protokollbogen eingetragen. Hat das Kind am Ende der Woche eine bestimmte Punktzahl erreicht, erfolgt möglichst umgehend der Eintausch in eine vorher vereinbarte Belohnung (z. B. Zoobesuch, Kekse backen). Bereits erarbeitete Punkte verfallen jedoch nicht, sondern werden in den Plan der nächsten Woche übertragen.

Das beschriebene Ablaufschema wird den Betreuerinnen und Betreuern zunächst vorgestellt (Kurzvortrag, Handout), gefolgt von der Klärung der sich daraus ergebenden offenen Fragen. Anschließend beraten Eltern und Therapeutin bzw. Therapeut zusammen, wie das Programm auf die spezielle Situation in der Familie übertragen werden kann. Ehe die Eltern das Programm dann zu hause alleine umsetzen, sollten sie es 2- bis 3-mal in der Praxis unter Aufsicht durchführen. Sie kommen dazu mit dem Kind in die Praxis und machen dort die Hausaufgaben unter Aufsicht der therapeutischen Fachkraft. Diese beobachtet das Vorgehen (Video, Einwegscheibe) und gibt optimierende bzw. korrigierende Hinweise.

29.4 Hinweise für die organisatorische Umsetzung

Eine Anleitung von Bezugspersonen lernbeeinträchtigter Kinder zur förderlichen Hausaufgabenbetreuung kann im Rahmen von Einzelsitzungen erfolgen, aber auch in der Gruppe. Bei der Umsetzung in Gruppen haben sich folgende Prinzipien als organisatorisch günstig bewährt:

- Die Termine werden mit den Teilnehmerinnen und Teilnehmern frühzeitig vereinbart.
- Die Termine sollten wegen der berufstätigen Mitglieder nach Möglichkeit in den Abendstunden liegen.

- Die einzelnen Sitzungen dauern jeweils 90 Minuten.
- Es werden Sitzungen im wöchentlichen Abstand angesetzt.
- Vor Beginn der Gruppensitzungen empfiehlt es sich, ein einführendes Einzelgespräch mit jedem Elternpaar zu führen.
- Väter sollten ebenso wie Mütter an den Gruppensitzungen teilnehmen. Hier gilt das Prinzip, dass häusliche Interventionen umso mehr Erfolg versprechen, je entschiedener sie von *beiden* Elternteilen (gleich, ob diese zusammen oder getrennt leben) gemeinsam verantwortet und umgesetzt werden.

Neben Eltern sind auch an Ganztagsschulen tätige Lehrerinnen und Lehrer sowie Betreuungspersonen von Hortgruppen Adressaten eines Hausaufgaben-Trainings. Gleich von wem und an welchem Ort die Hausaufgaben betreut werden, die dabei vergebenen Tauschverstärker sollten stets von den Eltern eingelöst werden, weil diese über mehr und für ihr Kind attraktivere Verstärker verfügen (z. B. Kinobesuche, Vorlesen).

29.5 Wirksamkeit und Wirksamkeitsbedingungen

Die Wirksamkeit einer solchen Anleitung zur Hausaufgabenbetreuung für lerngestörte Kinder wurde bislang kaum überprüft. Es liegen lediglich Studien mit kleinen Untersuchungsgruppen oder Einzelfallanalysen vor.

- Sah und Borland (1989) schulten neun Eltern lerngestörter Kinder im Einsatz von strukturierten Zeitplänen, was sich positiv auf die Vollständigkeit der Hausaufgabenbearbeitung auswirkte.
- Miller und Kelley (1994) stellten bei vier Einzelfällen fest, dass klare Zielformulierungen und Kontingenzverträge die Sorgfalt bei der Bearbeitung der Hausaufgaben verbesserten.
- Forgatch und Ramsey (1994) wiesen 49 leistungsschwache Schülerinnen und Schüler sowie deren Eltern per Zufall einer Trainings- und einer Kontrollgruppe ohne Behandlung zu. Die Trainingsgruppe erhielt eine verhaltensorientierte Hausaufgabenanleitung, die tägliche Routinen bei der Hausaufgabenbearbeitung (z. B. sorgfältiges Sortieren von Arbeitsblättern) einführte und die Eltern dazu anhielt, das Arbeitsverhalten ihrer Kinder zu kontrollieren. Zudem gaben die Lehrerinnen und Lehrer tägliche Rückmeldungen an die Eltern. Die Ergebnisse zeigten, dass die Maßnahmen von Eltern und Kindern gut akzeptiert wurden. Im Vergleich zur unbehandelten Kontrollgruppe verbesserte sich die Hausaufgabenqualität signifikant.

Aus einer Literaturübersicht zum Thema „Hausaufgaben bei Kindern mit Lernstörungen" zogen Cooper und Nye (1994) das Fazit, dass elterliche Unterstützung ein wesentliches Element für die sorgfältige Erledigung der Hausaufgaben ist. Eltern sollten das Lernverhalten ihres Kindes strukturieren, für eine günstige Arbeitssituation (z. B. förderliche Eltern-Kind-Interaktionen, Bereitstellung eines ruhigen Arbeitsplatzes) sorgen und erwünschtes Verhalten unmittelbar und kontinuierlich belohnen (durch Lob oder durch Tauschverstärker).

29.6 Literatur

Grundlegende Literatur

Cooper, H., Lindsay, J. J., Nye, B. & Greathouse, S. (1998). Relationships among attitudes about homework, amount of homework assigned and completed, and student achievement. *Journal of Educational Psychology, 90,* 70–83. doi: 10.1037/0022-0663.90.1.70

Cooper, H. & Nye, B. (1994). Homework for students with learning disabilities: The implications of research for policy and practice. *Journal of Learning Disabilities, 27,* 470–479. doi: 10.1177/002221949402700802

Jensen, W. R., Sheridan, S. M., Olympia, D. & Andrews, D. (1994). Homework and students with learning disabilities and behavior disorders: A practical, parent-based approach. *Journal of Learning Disabilities, 27,* 538–548. doi: 10.1177/002221949402700901

Weiterführende Literatur

Forgatch, M. S. & Ramsey, E. (1994). Boosting homework: A video-tape link between families and schools. *School Psychology Review, 23,* 472–484.

Miller, D. L. & Kelley, M. L. (1994). The use of goal setting and contingency contracting for improving children's homework performance. *Journal of Applied Behavior Analysis, 27,* 73–84. doi: 10.1901/jaba.1994.27-73

Sah, A. & Borland, J. H. (1989). The effects of a structured home plan on the home and school behaviors of gifted learning-disabled students with deficits in organizational skills. *Roeper Review, 12,* 54–57. doi: 10.1080/02783198909553231

Material

Kowalczyk, W. & Ottich, K. (Hrsg.). (1999). *Hausaufgaben – so klappt's besser. Hilfen und Anregungen für Schüler, Eltern und Lehrer.* Hamburg: Rowohlt Taschenbuch Verlag.

Lauth, G. W. & Schlottke, P. F. (2009). *Training mit aufmerksamkeitsgestörten Kindern* (6., vollständig überarb. Aufl.). Weinheim: Psychologie Verlags Union.

Power, T. J., Karustis, J. L. & Habboushe, D. F. (2001). *Homework success for children with ADHD: A family-school intervention program.* New York: The Guilford Press.

Zentall, S. S. & Goldstein, S. (1999). *Seven steps to homework success: A family guide for solving common homework problems.* Plantation, FL: Specialty Press.

Teil 3

Interventionsverfahren: Mittel und Formen der Lernförderung

30. Wirkfaktoren beim Lernen

Gerhard W. Lauth und Joachim C. Brunstein

30.1 Wann sind Interventionen wirksam?

Lernstörungen erfordern eine spezielle und unmittelbare Behandlung, die aus folgender Argumentationskette hervorgeht:

- Lernstörungen sind Minderleistungen, die sich plausibel und schlüssig durch fehlende Lernvoraussetzungen, instabiles Wissen, mangelnde Lernstrategien oder unzureichenden Lerneinsatz (Motivation) erklären lassen.
- Diese naheliegenden Verursachungen bilden die wichtigsten Angriffspunkte der Intervention, die entweder Lernvoraussetzungen fördert, sicheres Wissen vermittelt oder Lernstrategien schult und die Lernmotivation intensiviert. Je nach den besonderen Gegebenheiten des Einzelfalls werden Maßnahmen so miteinander kombiniert, dass auch mehrfache und miteinander vernetzte Verursachungen erfolgreich angegangen werden können (z. B. Konzentration schulen, Grundwissen vermitteln, Lernstrategien aufbauen, Arbeitsverhalten durch Belohnung verstärken).
- Die Intervention versucht nicht nur, gravierende Defizite im Lernen und Wissen einzudämmen, sondern ist grundsätzlich darauf angelegt, dass die Kinder und Jugendlichen durch eigene Lernfortschritte wieder Anschluss an die Leistungsentwicklung ihrer Altersgruppe finden. Denn dies ist die Voraussetzung dafür, dass junge Menschen ihre Bildungskarrieren erfolgreich abschließen (z. B. einen qualifizierten Schulabschluss erwerben) und dadurch ihre Lebenschancen (z. B. eine berufliche Ausbildung) wahrnehmen können. Maßnahmen, die dies zustande bringen, sind praktisch tauglich und wissenschaftlich zutreffend (valide).

Aus dieser Position heraus lassen sich vier Aussagen über die Ausgestaltung wirksamer Interventionen treffen, die in den folgenden Abschnitten genauer dargestellt werden.

30.2 Wirksame Interventionen fördern „störungsbezogen“

Lerngestörte Schülerinnen und Schüler sollen ernsthafte Lernfortschritte machen. Deshalb orientieren sich die Interventionen möglichst eng am Lerninhalt. Beispielsweise schließen sie Wissenslücken, korrigieren das ungeeignete Vorgehen beim Lernen und motivieren zum Lernen, sofern Lernunlust vorherrscht. Sie setzen also an den „unmittelbaren Ursachen“ und „spezifischen Symptomen“ der Lernstörung an. Bedingungen, die das Lernen direkt beeinträchtigen, sollen aufgehoben und durch Bedingungen ersetzt werden, die selbstständiges Weiterlernen ermöglichen. Je nach Einzelfall richtet sich die Intervention auf folgende Schwerpunkte:

- die *Verbesserung von Vorläuferfertigkeiten* möglichst noch vor oder gleich zu Beginn der Schullaufbahn, weil es lerngestörten Kindern häufig an den notwendigen Voraussetzungen fehlt, um die Unterrichtsinhalte sicher aufnehmen zu können. Beispielsweise fehlt es ihnen oft an pragmatischen Kenntnissen zum Aufbau der Sprache (s. Kapitel 10), was das Lesen- und Rechtschreiblernen erschwert; oder sie können dem Rechenunterricht nicht folgen, weil sie über keine sicheren Mengenvorstellungen und keine klaren Raumbegriffe verfügen und sie relationale Beziehungen (größer, kleiner, über, unter) nicht verstehen (s. Kapitel 15). Hieraus entwickeln sich Defizite, die mit der Zeit immer weiter zunehmen, bis sie sich schließlich zu wirklichen Lernstörungen auswachsen (s. Kapitel 1).
- die *Aufhebung von Wissenslücken*, weil lerngestörte Schülerinnen und Schüler oft so fundamentale Rückstände in ihren schulischen Kenntnissen aufweisen, dass jeglicher Lernfortschritt vereitelt wird. Beispielsweise beherrschen sie das 1×1 nicht sicher, verfügen über keine rechnerischen Routinen oder haben empfindliche Lücken im Bereich der Bruchrechnung oder der Bestimmung binomischer Gleichungen. Ihr Lesen ist nicht automatisiert und flüssig, sondern stockend, fehlerhaft und unsicher. Beim Schreiben werden wichtige Grapheme oder Wortbilder nicht gekonnt, was jede weitere Schreibleistung destabilisiert. In solchen Fällen soll ein sicherer Wissenszuwachs erreicht werden.
- die *Beseitigung von funktionellen Einschränkungen* im Sinne von Teilleistungsschwächen (z. B. können räumliche Vorstellungen nicht sicher entwickelt werden), weil grundlegende Fähigkeiten bei lerngestörten Schülerinnen und Schülern oft übungsbedingt nicht vorhanden sind, sodass auch „höherwertige“ Leistungen nicht erreicht werden können (z. B. das, was mühsam erlesen wurde, auch inhaltlich zu verstehen und mit eigenem Vorwissen so zu verbinden, dass der Sinnzusammenhang eines Sachtextes verstanden wird).
- die *Anregung von „Mitdenken“, Reflektieren und Überprüfen,* weil leistungsschwache Schülerinnen und Schüler oft zu wenig Zeit und Anstrengung auf das Lernen verwenden. Vielmehr praktizieren sie ein „verkürztes“ und peripheres Lernen. Aus einem Mangel an Strategien geben sie (zu) früh auf, wenn es beim Lernen schwierig wird. Ihnen fehlen die notwendigen Lernstrategien, die sie meistens nicht mehr selbst erlernen, weil sie gedanklich mit der Verwaltung und Vermeidung ihrer Misserfolge ausgelastet sind. Die Intervention nimmt sich hier die „guten Lernerinnen und Lerner“ zum Vorbild, die beim Eintreten von Schwierigkeiten auf Strategien zurückgreifen, über eine gute Wissensbasis verfügen und ihr Lernen mit eigenen Interessen verbinden. Zusammen mit der Erzeugung von Motivation sollen nützliche Lernaktivitäten herbeigeführt werden, sodass eine Schülerin oder ein Schüler beispielsweise mehr Zeit aufwendet, sich Qualitätsziele setzt, Lösungen überprüft, über Schwierigkeiten beim Lernen nachdenkt und Lernergebnisse auf Verbesserungsmöglichkeiten hin reflektiert.
- die *Behebung von Lernunlust und Passivität beim Lernen* durch die Herbeiführung von Lernerfolgen und die gezielte Belohnung auch kleiner Fortschritte (z. B. sich im

Unterricht melden, eine Aufgabe konzentriert zu Ende bringen). Damit ein Erfolg überhaupt eintreten kann, erhält die Schülerin bzw. der Schüler zusätzlich auch Hilfen für den Wissensaufbau und den korrekten Einsatz von Lernstrategien.
- die *Einbeziehung von Eltern und Lehrkräften,* welche die ausgewählte Maßnahme verstehen und nach Kräften durch eigenes Zutun unterstützen. Oft werden die Maßnahmen von Lehrkräften und Eltern selbst durchgeführt, wofür sie dann ihrerseits professionelle Anleitung und Unterstützung benötigen, etwa durch qualifizierte Fachleute aus den Bereichen Beratung, Lerntherapie, Heil- und Sonderpädagogik, Erziehungsberatung und Psychotherapie.

Die vorgenannten Schwerpunkte beziehen sich also auf wichtige Bedingungsmomente des Lernens, welche die Lernstörungen „naheliegend" und plausibel erklären. Es ist klar, dass die Intervention nur dann richtig ist, wenn sie in überschaubarer Zeit zu sichtbaren Lernerfolgen führt. Dann erweist sich sowohl der Ansatzpunkt als auch die angewandte Methode als zutreffend.

30.3 Wirksame Interventionen betonen die Bedeutung des Übens

Dem Üben kommt eine herausragende Bedeutung in der Intervention bei Lernstörungen zu. Dies geht schon aus der Definition von Lernen hervor. Danach wird Lernen als Verhaltensänderung definiert, die durch Üben zustande kommt. Das bedeutet nichts anderes, als dass das korrekte Schreiben von Wörtern, das flüssige Lesen eines Textes oder die sichere Anwendung der binomischen Formeln beim Rechnen in aller Regel erst durch wiederholtes und zielgerichtetes Üben sicher beherrscht werden kann. Deshalb müssen in der Intervention geeignete Übungen bereitgestellt werden, denn intensives und zielgerichtetes Üben wirkt unabhängig von den „tieferliegenden Ursachen" der Lernstörung. Beispielsweise
- profitiert ein leseschwaches Kind auch dann von systematischen Leseübungen (z.B. dem wiederholten Lesen eines Textes), wenn seine mangelnde Leseleistung „ursächlich" auf eine geringe familiäre Unterstützung zurückgeht;
- wird häufiges Üben für ein rechenschwaches Kind auch dann von Vorteil sein, wenn „eigentlich" krankheitsbedingte Fehlzeiten seinen Lernrückstand verursacht haben;
- vergrößert sich der Wortschatz und erhöht sich das Sprachvermögen eines entwicklungsverzögerten Vorschulkindes durch Vorlesen und elterliche Anregung auch dann, wenn in „Wirklichkeit" ein schwerer Unfall die Ursache dafür ist.

Mit Üben allein ist es allerdings nicht getan. Vielmehr muss das bereit gestellte Übungsprogramm überschaubar sein und systematisch durchlaufen werden. Hierzu tragen im Wesentlichen folgende Merkmale bei:
- Es werden Lernaufgaben eingesetzt, die für das lerngestörte Kind mittelschwer und damit prinzipiell lösbar sind.
- Das Lernen wird möglichst in sichtbarer Weise vollzogen (z.B. einen Text laut vorlesen, eine Buchrechenaufgabe laut vorrechnen). Dadurch kann das Lernen kontrolliert und verbessert werden (etwa indem systematische Fehler im rechnerischen Vorgehen bei Bruchrechenaufgaben erkennbar werden).

- Es wird ein weitestgehend fehlerfreies Lernen ermöglicht (z. B. durch Vormachen und lautes Denken bei der Bearbeitung einer Beispielaufgabe). Zudem werden Hilfen, wie eine große Schrift, die richtige Lösung vorrechnen oder Wörter zuerst von einer Vorlage abschreiben, eingeführt, die allmählich wieder ausgeblendet werden. Dadurch erreicht das lerngestörte Kind überwiegend richtige Aufgabenlösungen, was sichere Lerngewinne ermöglicht.
- Die Lernaufgaben sollen Nebensächliches, Detailverliebtheit und unnötige Umwege vermeiden und stattdessen auf möglichst direktem Wege zum Lernziel führen. Insofern sind Interventionen nicht als bloßes Nachvollziehen des schulischen Lehrplans zu verstehen. Vielmehr müssen sie sich auf den Kern derjenigen Kompetenzen konzentrieren, die ein Kind nicht hinreichend beherrscht (eine Rechenförderung im Grundschulalter sollte sich beispielsweise auf das System der Ganzen Zahlen und basale Rechenoperationen, wie Addition und Subtraktion, sowie deren visuelle Veranschaulichung konzentrieren; s. Gersten, Beckmann, Clarke, Foegen, Marsh, Star & Witzel, 2009). Ebenso sind langatmige und komplizierte Erklärungen zu vermeiden. Stattdessen sollten die Lernaufgaben für sich sprechen und in ihren Anforderungen an den Lernenden eindeutig sein (z. B. zweifelsfreie Aufgaben zur „Punkt-vor-Strich-Rechnung").
- Fortlaufend und möglichst unmittelbar werden Leistungsrückmeldungen gegeben, so dass das lerngestörte Kind rasch und unzweifelhaft erkennt, welche seiner Lösungen richtig und welche falsch sind.
- Die Aufgabenschwierigkeiten werden gemäß den Fortschritten, die das lerngestörte Kind auf seinem Wege macht, schrittweise erhöht.
- Die Lerninhalte werden auf diese Weise so lange geübt, bis sie sich gefestigt haben.

Bezeichnenderweise tauchen in dieser Aufzählung mehrmals Begriffe wie „eindeutig", „rasch", „direkt" und „unmittelbar" als Qualitätsmerkmale der Übungsaufgaben auf. Daraus wird ersichtlich, dass der Erfolg der Intervention ganz entscheidend vom Zuschnitt der Lernaufgaben abhängt: Eindeutige Lernaufgaben entlasten das lerngestörte Kind in seiner Informationsverarbeitung, weil der Lerninhalt ohne Nebensächliches in den Vordergrund tritt. Das lerngestörte Kind wird dadurch in die Lage versetzt, gezielt zu üben, mehr Erfolge zu haben und aufgrund seines eigenen Tuns dazuzulernen. Das Üben führt infolgedessen zuverlässiger zu einem Lerngewinn, der als (sicheres) Wissen abrufbar ist und dadurch erst die Grundlage für verallgemeinerte und übergeordnete Erkenntnisse schafft (z. B. die Bildung von Kategorien, Begriffen, Regelsystemen oder Varianten der Strategieanwendung). Zudem motivieren erfolgreiche Übungen und prägen Interessen.

Lerngewinne sind aber immer bereichsspezifisch. Man lernt, was man übt. Rechenübungen fördern Rechnen. Schwimmen übt nicht das Leseverständnis. Lernen hängt also vom Inhalt und Zuschnitt der Übungen ab. In aller Regel braucht man dafür eine Lehrkraft oder eine Therapeutin bzw. einen Therapeuten. Diese Person stellt die Übungsaufgaben zusammen, leitet die Übungen an, wertet sie aus und gibt dazu Rückmeldungen. Es ist nicht anders als bei einer Trainerin oder einem Trainer im Sport. Hier werden geeignete Übungseinheiten angesetzt, es wird auf die Fortschritte der Sportlerinnen und Sportler geachtet und es werden deren Fähigkeiten gezielt weiterentwickelt. Die ideale Lerntrainerin bzw. der ideale Lerntrainer ist deshalb keine Person, die lediglich „erklärt", sondern eine, die Übungen leitet und geeignete Aufgaben auswählt, anhand derer die Schülerin bzw. der Schüler Schritt für Schritt neue Fertigkeiten erwirbt und diese mit zunehmender Sicherheit ausführen kann.

Diese Lernbedingungen werden von verschiedenen Interventionsmethoden realisiert, wie z. B. verhaltenstherapeutischen Übungsprogrammen bei Lese-Rechtschreibschwäche oder bei Rechenstörungen. In folgenden Kapiteln dieses Bandes spielt das Übungsprinzip eine tragende Rolle:

- PC-gestützte Programme (Kapitel 31),
- Üben mit der Wortkartei (Kapitel 32),
- Komplexitätsreduktion (Kapitel 33),
- Direkte Instruktion (Kapitel 34)
- sowie teilweise in den Kapiteln über tutorielles Lernen (Kapitel 38), Frühprävention (Kapitel 41) und Förderunterricht (Kapitel 43).

30.4 Wirksame Interventionen vermitteln fundierte Kenntnisse, „wie“ man besser lernt

Lernen setzt Nachdenken, Konzentration, Zielgerichtetheit und Anstrengungsbereitschaft voraus. Gute Lernerinnen und Lerner verwenden Zeit, um die anstehende Aufgabe zu verstehen („Um welche Art der Bruchrechnung geht es bei dieser Textaufgabe?“), denken intensiv über Lösungswege nach, überwachen ihr Vorgehen und prüfen das erreichte Ergebnis selbstkritisch. Ganz anders lerngestörte Schülerinnen und Schüler: Sie gehen den Lernanforderungen immer mehr aus dem Weg. Beispielsweise lesen sie ungern, melden sich kaum im Unterricht, bereiten sich nicht auf Klassenarbeiten vor, sind schnell mit ihren Aufgaben fertig und überprüfen ihre Lösungen nicht. Sie „steigen nicht wirklich ein“, sondern praktizieren „peripheres Lernen“, das sich durch möglichst geringen Zeitaufwand und geringe Anstrengungsbereitschaft auszeichnet. Lehrkräfte und Eltern müssen „ständig dahinter her sein“, damit ein Kind bei der Aufgabe bleibt und ein zufriedenstellendes (Qualitäts-)Ziel erreicht (d. h. mit einer Aufgabe nicht nur möglichst schnell fertig zu sein, sondern auch ein ansprechendes und wohl durchdachtes Ergebnis erarbeitet zu haben). Oft genug geben sich lerngestörte Kinder mit einem überaus vorläufigen Ziel zufrieden und argumentieren, dass „sie sich ja schon 20 Minuten“ um die Aufgabe bemüht haben. Die Qualität des Lernergebnisses ist ihnen dabei weniger wichtig.

Dieses oberflächliche Lernverhalten ist dem Wissenserwerb zwar abträglich, motivational aber durchaus verständlich: Schülerinnen und Schüler mit Lernstörungen haben bisher nur wenig Erfolg gehabt und ihr Interesse an schulischen Aufgaben ist sehr gering. Aufgrund vieler Misserfolgserlebnisse sind die Lernaufgaben für sie aversiv geworden. Diese ablehnende Haltung führt dann zwangsläufig zu weiteren Lernrückständen. Deshalb gilt es hier, das Ausmaß und die Qualität der Lernaktivitäten zu erhöhen. Dies ist insbesondere bei fächerübergreifenden Lernstörungen notwendig (z. B. allgemeinen Lernschwächen, Underachievement und Lernbehinderungen; s. Kapitel 2, 5 und 6). Zur Intervention empfehlen sich folgende Maßnahmen:

Vermittlung von Lernstrategien. Bei den eher allgemeinen Lernstörungen kommt es darauf an, das Lernen als solches anzuleiten. Das Lernen wird also selbst zur Lernaufgabe.

Hierbei spielen „Wie-Prozesse" eine tragende Rolle: Wie versteht man einen Text? Wie löst man eine Textaufgabe? Wie schreibt man einen Aufsatz? Wie organisiert man sein Lernen vor Prüfungen? Wie merkt man sich die Vokabeln einer Fremdsprache?

Deshalb geht es in diesem Interventionsschwerpunkt hauptsächlich um die Steigerung der Qualität von Lernaktivitäten. Diese sollen gedanklich vertieft und mit größerer Systematik ausgeführt werden. Die Schülerinnen und Schüler sollen sich beispielsweise Fragen zum Vorgehen stellen, Qualitätsziele anstreben und ihr Arbeitsergebnis sorgfältig überprüfen. Dabei sollen sie weitestgehend selbstständig bzw. „selbstgesteuert" vorgehen. Die dazugehörigen Vorgehensweisen (Strategien) werden oft modellhaft vorgemacht und am praktischen Beispiel verdeutlicht. Danach kommt eine Phase des angeleiteten Übens, bei der die Nützlichkeit und Tragweite der Lernstrategie von der Schülerin bzw. vom Schüler erprobt und die Lernstrategie auf das individuelle Lernen zugeschnitten wird. Am Ende der Intervention steht die möglichst selbstständige und individualisierte Anwendung der neu erlernten Strategie.

Dieses Vorgehen wird in zahlreichen Behandlungsmethoden realisiert und im vorliegenden Band hauptsächlich in folgenden Beiträgen dargestellt:
- Förderungen des Leseverständnisses durch reziprokes Lehren (Kapitel 12),
- Förderung der Schreibkompetenz (Kapitel 14),
- Förderung von Unterrichtsbeteiligung (Kapitel 19),
- Vermittlung von Lernstrategien (Kapitel 21),
- Förderungen von Gedächtnisprozessen (Kapitel 24),
- Förderung von induktivem Denken (Kapitel 27),
- Förderung von Metakognition und strategischem Lernen (Kapitel 28),
- Selbstinstruktionstraining (Kapitel 36),
- Tutorielles Lernen (Kapitel 38).

Steigerung der Lernaktivität. Ein hinreichendes Maß an Motivation ist zum Lernen notwendig. Aber gerade bei Kindern und Jugendlichen mit Lernschwierigkeiten und entsprechend negativen Vorerfahrungen stellt sich die Frage: Wie motiviere ich eine Schülerin bzw. einen Schüler überhaupt dazu, ein mehr oder weniger aufwändiges Lernprogramm, wie z. B. eine langfristig angelegte Förderung der Rechtschreibung, zu beginnen und es durchzuhalten? Das ist zwar nicht leicht; dennoch gibt es hierfür praktisch bewährte Verfahren. Im Kern gehören dazu drei Maßnahmen:

(1) Motivierung erfolgt durch die *Auswahl der Lernaufgaben*. Gefragt sind Aufgaben, die (a) Interesse wecken und (b) von ihrer Schwierigkeit her auf den Kenntnisstand der Schülerin bzw. des Schülers abgestimmt sind. Im ersten Fall steht das Thema im Vordergrund, das langfristige Interesse aufbauen bzw. verstärken soll (s. Förderung von Interessen, Kapitel 20). Bei der Aufgabenschwierigkeit geht es darum, Aufgaben auszuwählen, die zur Lernfähigkeit des Kindes oder Jugendlichen passen. Im Unterschied zum Schulalltag, in dem lerngestörte Kinder häufig überfordert werden, werden ausschließlich (mittelschwere) Aufgaben gestellt, die für das einzelne Kind auch zu bewältigen sind. Bei Lernfortschritten wird die Aufgabenschwierigkeit angepasst und fortlaufend erhöht. Anweisungen hierzu finden sich vor allem in den Kapiteln zur Komplexitätsreduktion (Kapitel 33) und direkten Instruktion (Kapitel 34).

(2) Die Wahrscheinlichkeit von Lernhandlungen wird durch *operante Verstärker* erhöht (z. B. Aktivitäts- oder Tauschverstärker). Dabei werden der Lernvorgang selbst und seine einzelnen Lernschritte belohnt. Dies geschieht hauptsächlich durch kurze, knappe Rückmeldungen. Sie sollen informativ und anerkennend zugleich sein. Auf die korrekte Anwendung einer Strategie wird beispielsweise sofort positiv reagiert, ihre fehlerhafte Anwendung wird unmittelbar korrigiert. Auch kleine Lernfortschritte werden lobend anerkannt. Anleitungen hierfür finden sich in den Beiträgen über Motivierung zum Lernen (Kapitel 18), Förderung der Unterrichtsbeteiligung (Kapitel 19), Kontingenzmanagement (Kapitel 35) und Verhaltensverträge (Kapitel 39)

(3) Die *Selbstbewertung von Lernergebnissen* wird direkt verändert, indem die Schülerinnen und Schüler dazu angehalten werden, ihre Lernerfolge auf die eigene Person, das eigene strategische Vorgehen und den Einsatz von Lern- und Übungszeit zurückführen (s. Attributionstraining, Kapitel 40).

Fremdmotivierung ist in Schulen oft ein heikles Thema, weil die Furcht besteht, dass Schülerinnen und Schüler von nun an „von der Fremdbelohnung abhängig werden" und ohne äußere Anreize rein gar nichts mehr machen. Diese Furcht ist zwar übertrieben (Eisenberger, Pierce & Cameron, 1999), aber dennoch nicht ganz von der Hand zu weisen. Deshalb wird die Fremdmotivierung – nachdem die gewünschten Effekte erzielt worden sind – allmählich ausgeblendet und schrittweise auf den Lernenden übertragen. Eine bestimmte Schülerin oder ein bestimmter Schüler wird beispielsweise zum „Selbstmanagement" angehalten, indem vereinbart wird, dass sie oder er mehr Zeit für das Lernen aufwendet, Strategien einsetzt und Qualitätsziele anstrebt. Bei Einhaltung dieser Vornahmen soll sich das Kind oder der Jugendliche selbst verstärken (z. B. sich nach einer bestimmten Zeit des konzentrierten Lernens in einem ungeliebten Schulfach ein „Musikvideo ansehen" oder sich mit dem Lesen einer „Fußballzeitschrift" belohnen). Des Weiteren soll die Schülerin oder der Schüler mehr und mehr ohne Hilfestellung dazu in der Lage sein, Erfolge auf wachsende Fähigkeiten, Fehler hingegen auf unzureichende Bemühungen zurückzuführen. Um den Aufbau selbstmotivierenden Verhaltens zu fördern, werden anschauliche und praktikable Verfahren zur Selbstbeobachtung des eigenen Lernverhaltens eingeübt (z. B. durch Anleitungen, wie Lernprotokolle und Lerntagebücher anzufertigen sind). Insbesondere die Beiträge zur Vermittlung von Metakognition und strategischem Lernen (Kapitel 28), zur operanten Verstärkung (Kapitel 18) und Förderung von Interessen (Kapitel 20), zum Kontingenzmanagement (Kapitel 35) und zu Attributionstrainings (Kapitel 40) informieren darüber im Detail.

30.5 Wirksame Interventionen setzen frühzeitig an

Lernstörungen haben aber auch eine familiäre und persönliche Vorgeschichte. Ihr Ursprung liegt oft darin, dass den Kindern bei Schuleintritt bereits wichtige Lernvoraussetzungen fehlen, was nicht nur zu Startschwierigkeiten, sondern auch zu immer größeren Lernrückständen führt. Die Kinder können dem Unterricht recht bald nicht mehr folgen und bleiben immer weiter hinter dem Klassendurchschnitt zurück. Ohne ausreichendes Einhelfen stellen sich nur noch schwer aufholbare Lernrückstände ein. Die beiden folgenden Beispiele verdeutlichen dies:

- Marcel (7 Jahre) war als Kind sehr kränklich, litt häufig an fehlbehandelten Mittelohrentzündungen, blieb in seiner Entwicklung zurück, spielte wenig ausdauernd und fand im Kindergarten kaum Zugang zu anderen Kindern. Nach der Einschulung blieb er weiterhin für sich und machte kaum Fortschritte beim Lernen.
- Vanessa (8 Jahre) wirkte im Kindergarten sehr verträumt und hing dort häufig ihren eigenen Gedanken nach. Sie unternahm wenig von sich aus und wurde nur aktiv, wenn sie dazu ausdrücklich aufgefordert und von einer Betreuerin angeleitet wurde. Sie sprach wenig mit anderen und besaß einen sehr geringen Wortschatz. Dennoch wurde sie eingeschult. In der 1. Klasse stellten sich bei Vanessa alsbald Schwierigkeiten beim Lesen und Schreiben ein. Von ihren Mitschülerinnen und Mitschülern wurde sie gemieden. Vanessa wurde zunehmend ängstlicher. Von sich aus beteiligte sie sich gar nicht mehr am Unterricht.

In solchen Fällen liegen spezifische Risiken für Lernstörungen vor, die Swanson (1999) wie folgt zusammengefasst hat:

- *Mangelnde Gesundheit und unzureichende Sicherung von Grundbedürfnissen.* Häufige Erkrankungen in der frühen Kindheit, mangelnde Gesundheitsversorgung und häufige Klinikaufenthalte bilden gemeinsam einen Risikofaktor, der späteren Lernstörungen vorausgehen kann. Oft sind diese beeinträchtigenden Bedingungen mit mangelnden Entwicklungs- und Sprachanregungen verknüpft.
- *Geringes Sprachvermögen.* Ein geringer Wortschatz und ein mangelndes Sprachverständnis begünstigen die Ausbildung von Lernstörungen, teils weil den Kindern dann zentrale Lernvoraussetzungen fehlen und teils weil das Einprägen von Lerninhalten ohne sprachliche Kodierung kaum gelingen kann (beim Einprägen spricht man sich z. B. oft den Lerninhalt vor; oder man kann klarer denken, wenn man die Lernaufgabe sprachlich fasst).
- *Gedächtnisschwächen.* Lernen bedeutet immer auch, dass Inhalte im Gedächtnis aufbewahrt, bei einer neuen Aufgabe abgerufen und neu miteinander verknüpft werden. Lerngestörte Kinder nutzen ihr Arbeitsgedächtnis aber eher ungeschickt. Beispielsweise überlasten sie ihr Gedächtnis, weil sie sich nicht sicher sind, worauf es bei einer Aufgabe ankommt; oder sie rufen ihr Vorwissen nicht ab, um den neuen Lerninhalt daran anzubinden. Anspruchsvolle Leistungen (z. B. einen Text verstehen, einen Aufsatz verfassen, ein mathematisches Problem lösen), die mit hohen Anforderungen an das Arbeitsgedächtnis verbunden sind, werden so praktisch unerreichbar (Swanson & Sáez, 2003).
- *Funktionseinbußen.* Defizite in der Ausdauer, Konzentration und feinmotorischen Geschicklichkeit erhöhen ebenso wie Defizite in Vorläuferfertigkeiten des Lesens, Schreibens und Rechnens das Risiko für die Entwicklung von Lernstörungen.
- *Mangelnde kognitive Reife* oder *kognitive Entwicklungsverzögerungen.* Lerngestörte Schülerinnen und Schüler sind oft auf vielen Feldern im Rückstand: in der Kommunikation, in der Motorik, im sprachlichen Ausdrucksvermögen, in ihrer Konzentration und in ihrer Selbststeuerung. Werden sie dann mit ansteigenden Leistungsanforderungen konfrontiert, ist es oft nur eine Frage der Zeit, bis sie nicht mehr mitkommen.

Diese Risiken führen zu „Startschwierigkeiten" beim Schulbeginn und zu ersten, mitunter noch relativ geringen Lernrückständen. Weil der Unterricht aber voranschreitet und inhaltlich voraussetzungsvoller wird, kumulieren im Laufe der Zeit die Lernrückstände immer weiter. Die Minderleistungen stellen sich also „schleichend", quasi Zug um Zug ein. Zu einem beträchtlichen Teil entwickeln sie sich aus mangelnden Lernvoraussetzungen, die sich im Verlaufe des Schulbesuches verfestigen und ausweiten. Daraus ergeben sich hauptsächlich drei Ansatzpunkte für die Prävention (d. h. für Maßnahmen, die der Ausbildung von Lernstörungen bereits im Vorfeld ihrer Entstehung entgegenwirken sollen):

(1) *Die Entwicklungsbedingungen der Kinder und ihre Lernfähigkeit verbessern.* Hierzu gehören vor allem folgende Maßnahmen: Sprachanregungen geben (Vorlesen, Diskutieren, Zuwenden), ausdauerndes Spielverhalten unterstützen (Explorationsverhalten ermutigen, Spielverhalten strukturieren, Ausdauerverhalten belohnen) und Vorläuferfertigkeiten ausbilden. Genauere Ausführungen hierzu finden sich in diesem Band in den Beiträgen über die Förderung der phonologischen Bewusstheit (Kapitel 10), von Vorläuferfertigkeiten und Basiskompetenzen des Rechnens (Kapitel 15 und 16) sowie zur Förderung der Informationsverarbeitung (Kapitel 23) und zur Frühprävention (Kapitel 41).

(2) *Lernstörungen früh aufgreifen.* Besonders nachdrücklich wird diese Forderung in Interventionsprogrammen erhoben, die unter der Bezeichnung „Response to Intervention" in den letzten Jahren zunehmend Verbreitung gefunden haben (v. a. in den USA; s. dazu Jimerson, Burns & VanDerHeyden, 2007). Ausschlaggebend ist die Erkenntnis, dass sich eine Lernstörung selten „auswächst" oder sich ein Kind, das beispielsweise am Schulanfang nur unzureichend lernt, plötzlich „wieder fängt". Drastisch, aber zutreffend werden diese fälschlichen Erwartungen als „Wait-to-Fail" charakterisiert (d. h. es wird solange damit gewartet, etwas zu tun, bis sich anfängliche Schwierigkeiten im schulischen Lernen zu einem drohenden Schulversagen ausgewachsen haben). Das Motto muss stattdessen lauten, Lernschwächen und ihre Ursachen früh zu erkennen und dann auch unmittelbar konstruktive Abhilfe zu schaffen. In Kapitel 42 wird ein solcher Ansatz für das deutsche Schulsystem beschrieben.

(3) *Den Übergang vom Kindergarten in die Schule abflachen.* Beispielsweise können die Eltern systematisch in die Schule eingebunden und zur Unterstützung des schulischen Lernens herangezogen werden. Die zugehörigen Maßnahmen reichen von der Mitwirkung an schulischen Entscheidungen (z. B. hinsichtlich des Curriculums, der Lehrmethoden oder der Gestaltung des Förderunterrichts) bis hin zur Mitwirkung in der Ausgestaltung des Schulunterrichts (z. B. beim Erstlese-Unterricht oder der lebensnahen Ausgestaltung des Sachkunde-Unterrichts), indem dort auf berufliche Erfahrungen und Fertigkeiten der Eltern zurückgegriffen wird. Genauere Vorschläge, wie der Übergang vom Kindergarten in die Schule erleichtert werden kann, werden in Kapitel 44 unterbreitet.

Präventionsmaßnahmen finden in der Familie, aber auch in Kindergärten und Frühförderzentren sowie in Vorschuleinrichtungen statt. Sie wenden sich teils direkt an das Kind, dem beispielsweise Vorläuferfertigkeiten und Denkstrategien nahegebracht werden, teils aber auch an die Eltern, die beispielsweise ihr Erziehungs- und Kommunikationsverhalten verbessern sollen. Aktuelle Arbeiten belegen nicht nur die grundsätzliche Effektivität von präventiven Maßnahmen der „Frühförderung" (vgl. Ramey & Ramey, 2004; s. a. Kapitel 41), sondern unterscheiden auch genauer zwischen wirksamen und weniger wirksamen Programmen (Chambers, Cheung, Slavin, Smith & Laurenzano, 2010). Kennzeichnend für effektive Programme ist, dass die Förderung durch einen systematischen Lehrplan vorstrukturiert wird (mit genauen Angaben zu den Förderzielen, Aufgabenmaterialen, Lern- und Spielaktivitäten sowie zum zeitlichen Rahmen), zentrale Vorläuferfertigkeiten des schulischen Lernens im Mittelpunkt der Förderung stehen (z. B. Hörverständnis, Wortschatz, Buchstaben- und Lautkenntnisse), geschultes Personal (d. h. Vorschul-Lehrkräfte) für die Umsetzung verantwortlich ist und die Eltern in die Lernaktivitäten einbezogen werden. Zudem muss die Förderung regelmäßig (mehrmals die Woche) und über einen längeren Zeitraum erfolgen (möglicherweise über das gesamte 3. und/oder 4. Lebensjahr), um nachhaltig wirken zu können (d. h. die Lernvoraussetzungen bis zum Schuleintritt substanziell zu verbessern).

Aber auch die Schule kann im Rahmen eines gezielten Programms in das Elternhaus hineinwirken. Eltern erhalten beispielsweise systematische Anleitungen, um das Lernen ihrer Kinder zu Hause effektiver zu fördern (z. B. bei der Betreuung der Hausaufgaben und der Gestaltung häuslicher Leseaktivitäten; s. dazu Kapitel 29). Wichtig ist, dass diese Hilfen nicht gleichsam nebenbei von der unterrichtenden Klassenlehrkraft erteilt werden, sondern in ein wissenschaftlich begründetes Programm eingebettet sind. Darüber hinaus darf nicht übersehen werden, dass ungünstige Lernvoraussetzungen des Kindes häufig auch begrenzte Fördermöglichkeiten der Eltern widerspiegeln (z. B. geringe Sprachkompetenz). In diesem Fall ist es sinnvoll, die Eltern selbst zu „schulen" (z. B. in Form eines Elterntrainings), bevor diese dann als Mediatorinnen bzw. Mediatoren zur Förderung des schulischen Lernens ihrer Kinder tätig werden (s. Kapitel 37 und 44).

Die Wirksamkeit solcher Ansätze zeigt sich in Programmen zur elternhausbasierten Instruktion und Verstärkung von Lernaktivitäten (Topping, 1986). Hierbei erhalten Eltern lernschwacher Kinder detaillierte Anweisungen, wie sie z. B. beim gemeinsamen Lesen vorgehen sollen. Diese Anweisungen werden möglichst konkret solange eingeübt, bis die Eltern das erwünschte Vorgehen beherrschen und so zu effektiven Mediatorinnen oder Mediatoren der Interventionsmaßnahme werden. Grundvoraussetzung hierfür ist ein regelmäßiger Informationsaustausch zwischen Therapeutinnen bzw. Therapeuten, Eltern und Lehrkräften. Die Wirksamkeit von elternhausbasierten Instruktions- und Verstärkungsprogrammen konnte vielfach belegt werden (Wolfendale & Topping, 1996) und übertrifft dabei den Effekt „isoliert" durchgeführter Fördermaßnahmen (wenn Eltern z. B. irrtümlicherweise glauben, dass sich die Lernschwierigkeiten ihrer Kinder allein schon durch die Teilnahme an Förderstunden „beseitigen" lassen, ohne dass sie selbst einen eigenen Beitrag leisten müssten).

30.6 Wo stehen wir heute?

Um die Förderung lerngestörter Kinder steht es leider nicht sehr gut. Zunächst sind es zu viele Kinder, die in die Falle der Lernstörung geraten. Wenn sie darin erst einmal gefangen sind, wird ihre Lernstörung oft zu spät erkannt und selbst dann höchst ungenau und wenig verantwortlich erklärt. Beispielsweise meint der Mathematiklehrer von Martina (13 Jahre, 6. Klasse einer Hauptschule), dass ihre Rechenleistungen nicht ihrem wahren Können entsprechen. Bei näherer Analyse zeigt sich, dass das Mädchen weder das 1 × 1 noch die Grundrechenarten beherrscht. Angesichts dieser Feststellung wundert man sich über die pauschale und inhaltsleere „Erklärung" ihres Mathematiklehrers, so als hätte Martinas Rechenstörung nichts mit ihren unzureichenden Kenntnissen zu tun.

Neuere Metaanalysen zur Wirksamkeit von Interventionen bei Kindern und Jugendlichen mit Lernstörungen (bzw. „Learning Disabilities") zeichnen ein erfreulicheres Bild (s. dazu Tabelle 1). Sie stellen eine bemerkenswerte Wirksamkeit lernpsychologisch begründeter Interventionsprogramme fest. Als besonders wirksam haben sich die direkte Instruktion und die Strategieinstruktion erwiesen, zunächst bei Swanson und Hoskyn (1998) und später bei Gajria, Jitendra, Sood und Sacks (2007) sowie Gersten, Chard, Jayanthi, Baker, Morphy und Flojo (2009). Mit diesen Verfahren, besser noch mit ihrer Kombination, lassen sich starke Effekte auf die Lernentwicklung erzielen. Allerdings zeigt sich auch, dass der Erfolg der Intervention maßgeblich davon abhängt, ob die Förderung von kompetenten Fachleuten durchgeführt wird. Ise, Dolle, Pixner und Schulte-Körne (2012) fanden dies bei Programmen zur Förderung rechenschwacher Kinder; Slavin, Lake, Davis und Madden (2011) ermittelten den gleichen Effekt (höhere Wirksamkeit durch geschulte Lehrkräfte) für Programme zur Vermittlung sprachlicher Fertigkeiten an leseschwache Kinder. Positiv beeindruckt, dass lerngestörten Schülerinnen und Schülern nicht nur basale Fertigkeiten zuverlässig zu vermitteln sind (z. B. die Erweiterung ihres Wortschatzes; s. Jitendra, Edwards, Sacks & Jacobson, 2004), sondern dass sie sich bei gezielter Förderung auch „höhere" Leistungen, wie Leseverständnis (Gajria et al., 2007), Schreibkompetenzen (Graham & Harris, 2003) und generell einen planvollen und reflektierenden Zugang zum Lernen (Swanson, 2001) aneignen können. Dies gelingt selbst dann noch, wenn ihre Schullaufbahn bereits vorangeschritten ist (Scruggs, Mastropieri, Berkeley & Graetz, 2010; Swanson, 2001).

Praktisch alle wirksamen Interventionen zeichnen sich durch die Systematik der Förderung, durch ihren exakten Zuschnitt auf den jeweiligen Entwicklungsstand des Kindes, durch die Bereitstellung vielfältiger Lernhilfen (z. B. Gedächtnisstützen) und veranschaulichender Materialien sowie durch detaillierte Angaben über die einzusetzenden Vermittlungstechniken und Instruktionsweisen aus. Idealerweise werden diese Informationen in einem sorgfältig ausgearbeiteten Manual so zusammengestellt, dass sie leicht verfügbar sind. Zusammen mit Angaben zur (individualisierten) Anwendung (nicht alle Kinder müssen in exakt gleichen Schritten durch ein Standardprogramm geschleust werden) und Demonstrationen für die praktische Umsetzung (z. B. in Form von Videosequenzen, die kritische Passagen der Instruktion veranschaulichen) erreichen sie eine hohe Praxistauglichkeit und Nachvollziehbarkeit. Der Behandlungserfolg ist unter diesen Umständen deutlich höher als bei sporadischem „Nachhilfeunterricht" oder „situativem Einhelfen". Diese lernpsychologischen Programme erweisen sich sowohl in Gruppenuntersuchungen als auch in Studien am Einzelfall als nützlich, insbesondere, wenn die Förderung mit einer therapiebegleitenden Erfolgskontrolle verbunden wird (s. Kapitel 9 in diesem Band).

Die Anwendung von Programmen, die in diesem Sinne „ausgereift" sind, ist anspruchsvoll und sollte keinesfalls „ad hoc" erfolgen (etwa durch Zusammenstellen eines Sammelsuriums von mehr oder weniger eingängigen Aufgaben und Vermittlungstechniken). Zu fordern ist vielmehr eine gezielte Schulung qualifizierten Personals, das gut über die Lernausgangslage eines Kindes informiert ist (s. Stecker, Fuchs & Fuchs, 2005) und Eltern, Lehrkräfte sowie Tutorinnen und Tutoren wirksam in die Förderung einbinden kann (vgl. Scruggs et al., 2010; Slavin et al., 2011). Einige Maßnahmen greifen bereits im Schulunterricht (wenn leistungsschwache Schülerinnen und Schüler z. B. durch ein tutorielles Programm unterstützt werden; s. Kapitel 38). Andere werden in angeleiteten

Tabelle 1: Neuere Wirksamkeitsanalysen über Interventionen bei Lernstörungen und schulischen Leistungsschwächen: Befunde aus Metaanalysen und Forschungssynthesen

Autor(en)	Gruppe der untersuchten Schülerinnen und Schüler	Anzahl der Arbeiten	Thema und Schwerpunkt der Förderung	Ausgewählte Befunde	Mittlere Effektstärke	Anmerkung
Gajria, Jitendra, Sood & Sacks (2007)	Schulkinder und Jugendliche mit Lernstörungen und Leseschwierigkeiten	29	Förderung des Leseverständnisses beim Lesen von Sachtexten	– Strategieinstruktion (insgesamt) • Training von Einzelstrategien (z. B. Kernideen bestimmen) • Training von Strategiepaketen (z. B. Fragen stellen, Textpassagen zusammenfassen, eigenes Verständnis prüfen)	2.07 1.83 2.11	Die Vermittlung von Strategien stützte sich auf (a) direkte Strategieinstruktion und (b) reziproke Dialoge zwischen Schülerinnen bzw. Schülern in Kleingruppen (sogenanntes Reziprokes Lehren). Als höchst wirksam erwies sich zudem, wenn (a) bereits bestehendes Vorwissen abgerufen wurde, (b) Wortbedeutungen geklärt wurden und (c) zentrale Textinhalte und deren Beziehung zueinander visuell-grafisch veranschaulicht wurden.
Gersten, Chard, Jayanthi, Baker, Morphy & Flojo (2009)	Schülerinnen und Schüler mit Rechenstörungen	42	Wirksamkeit von Instruktionsansätzen zur Förderung von Rechenfertigkeiten	– Explizite Instruktion – Lernstrategien (Heuristiken) – Selbstverbalisierungen – Lernen mit (älteren) Tutorinnen und Tutoren	1.22 1.56 1.04 1.02	Die Befunde bestätigten frühere Ergebnisse von Swanson & Hoskyn (1998), wonach (a) direkte Instruktion in Verbindung mit (b) der Vermittlung kognitiver Strategien das Kernelement wirksamer Interventionen bei Kindern mit Lernstörungen bilden (ES = 0.84).

Tabelle 1: Fortsetzung

Autor(en)	Gruppe der untersuchten Schülerinnen und Schüler	Anzahl der Arbeiten	Thema und Schwerpunkt der Förderung	Ausgewählte Befunde	Mittlere Effektstärke	Anmerkung
Graham & Harris (2003)	Schülerinnen und Schüler der 4. bis 6. Klassenstufe mit durchschnittlichen oder schwachen Schreibleistungen sowie Schülerinnen und Schüler mit Lernstörungen	18	Wirksamkeit der Vermittlung von Schreibstrategien (z. B. für Aufsätze) in Kombination mit selbstreguliertem Lernen (z. B. Zielsetzung und Überwachung des Strategieeinsatzes bei der Planung eines Textes)	– Textqualität – Inhaltliche Vollständigkeit – Textlänge (Anzahl der Wörter)	1.47 2.00 1.86	Kinder mit Lernstörungen profitierten von der Förderung in etwa gleichem Umfang wie Kinder mit schwachen oder unauffälligen Schreibleistungen. Eine Metaanalyse von Einzelfall-Studien bestätigte die Wirksamkeit des Programms (s. a. Rogers & Graham, 2008).
Ise, Dolle, Pixner & Schulte-Körne (2012)	Grundschulkinder mit schwachen Rechenleistungen	8	Wirksamkeit von Förderprogrammen bei deutschsprachigen Kindern mit Rechenschwierigkeiten	– Lehrplanorientierte Programme – Entwicklungspsychologisch fundierte Programme – Neuropsychologisch fundierte Programme	0.50 0.43 1.08	Als besonders wirksam erwies sich die Intervention dann, wenn sie unter Anleitung geschulter Rechentherapeuten in Form einer Einzelförderung durchgeführt wurde.
Ise, Engel & Schulte-Körne (2012)	Schülerinnen und Schüler der Klassenstufen 2 bis 10 mit schwachen Lese- und/oder Rechtschreibleistungen	28	Wirksamkeit von Förderansätzen bei Lese-Rechtschreibstörungen	– Symptomspezifische Lesetrainings – Symptomspezifische Rechtschreibtrainings	0.64 0.78	Anders als symptomspezifische Trainings erwiesen sich Wahrnehmungs- und Funktionstrainings (z. B. Schulung visueller und auditiver Leistungen) praktisch als unwirksam.

Tabelle 1: Fortsetzung

Autor(en)	Gruppe der untersuchten Schülerinnen und Schüler	Anzahl der Arbeiten	Thema und Schwerpunkt der Förderung	Ausgewählte Befunde	Mittlere Effektstärke	Anmerkung
Jitendra, Edwards, Sacks & Jacobson (2004)	Schülerinnen und Schüler mit Lernstörungen in den Klassenstufen 4 bis 12 bzw. im Altersbereich zwischen 9 und 16 Jahren	19	Wirksamkeit von Trainings zur Erweiterung des Wortschatzes (Wörter kennen und deren Bedeutung bestimmen)	– Gedächtnisstrategien (z. B. Schlüsselwortmethode) – Lernstrategien (z. B. Strategien zur Bestimmung von Gemeinsamkeiten und Unterschieden in der Bedeutung neuer Wörter)	1.93 1.10	Als hochgradig effektiv erwies sich zudem die direkte Instruktion und systematische Einübung von neuen Wörtern und Wortbedeutungen, z. B. unmittelbar vor dem Lesen eines Textes, der die entsprechenden Wörter enthält.
Jimerson (2001)	Schülerinnen und Schüler mit versus ohne Klassenwiederholung bei schulischen Leistungsproblemen	20	Effekte der Klassenwiederholung auf die schulische Leistungsentwicklung und sozioemotionale Anpassung von Kindern und Jugendlichen	– Allgemeine Schulleistung • Lesen • Mathematik – Sozioemotionale Anpassung	–0.39 –0.54 –0.49 –0.22	Die Minuszeichen zeigen, dass sich Leistung und Anpassung im Fall der Klassenwiederholung eher noch verschlechtern. Ähnlich problematische Effekte des „Sitzenbleibens“ hat Klemm (2009) für das deutsche Schulsystem nachgewiesen.
Scruggs, Mastropieri, Berkeley & Graetz (2010)	Schülerinnen und Schüler der Sekundarstufe mit Lernstörungen	70	Wirksamkeit von Instruktionsverfahren in muttersprachlichen (hier: Englisch) sowie natur- und sozialwissenschaftlichen Unterrichtsfächern	– Explizite Instruktion – Gedächtnisstrategien – Lernstrategien – Tutorielles Lernen – Computer gestütztes Lernen	1.68 1.47 1.11 0.86 0.63	Die Interventionseffekte erwiesen sich in Nachuntersuchungen auch als zeitlich sehr stabil.

Tabelle 1: Fortsetzung

Autor(en)	Gruppe der untersuchten Schülerinnen und Schüler	Anzahl der Arbeiten	Thema und Schwerpunkt der Förderung	Ausgewählte Befunde	Mittlere Effektstärke	Anmerkung
Slavin, Lake, Davis & Madden (2011)	Schülerinnen und Schüler bis zur 5. Klassenstufe mit Leseschwierigkeiten sowie Vorschulkinder mit Defiziten in Vorläuferfertigkeiten des Schriftspracherwerbs	97	Wirksamkeit von Instruktionsverfahren zur Vermittlung von Lesefertigkeiten und zugehörigen Vorläuferfertigkeiten	– Optimierter Klassenunterricht (tutorielles und kooperatives Lernen sowie direkte Instruktion) – Zusatzförderung in Kleingruppen – Zusätzliche Einzelförderung	0.56 0.31 0.56	Besonders wirksam war die Förderung dann, wenn sie (a) auf die Schulung phonologischer Fertigkeiten ausgerichtet war (z. B. Lautbewusstheit, Buchstaben-Laut-Zuordnung) und (b) in einer 1-zu-1 Situation unter Anleitung einer eigens dafür qualifizierten Lehrkraft durchgeführt wurde.
Swanson (2001)	Schülerinnen und Schüler mit Lernstörungen im Altersbereich ab 11 Jahren	58	Wirksamkeit der Förderung von höheren geistigen Leistungen	– Textverständnis – Mathematik – Metakognition – Problemlösen – Attribution	0.73 0.60 0.57 0.47 0.41	Die Wirksamkeit stieg deutlich an, wenn die Intervention ausgedehnte Phasen intensiven Übens umfasste.

Anmerkung: Statistisch ausgedrückt beschreibt eine Effektstärke, wie sehr sich der Mittelwert einer Interventionsgruppe vom Mittelwert einer Kontrollgruppe unterscheidet, wobei diese beobachtbare Differenz in einer Maßeinheit ausgedrückt wird, die entweder der Streuung (oder Standardabweichung) der Kontrollgruppe oder der gemittelten Streuung beider Untersuchungsgruppen entspricht. Vereinfachend kann die Höhe einer Effektstärke wie folgt interpretiert werden: Effektstärken ab 0.80 werden üblicherweise als starke Effekte, Effektstärken zwischen 0.50 und 0.80 als mittelstarke Effekte und Effektstärken zwischen 0.20 und 0.50 als schwache Effekte bewertet. Ein negatives Vorzeichen vor einer Effektstärke beschreibt einen abträglichen Effekt in entsprechender Höhe. Eine weitere Möglichkeit, die Bedeutung von Effektstärken zu veranschaulichen, besteht darin, sie in Prozenträngen auszudrücken. Eine Effektstärke von +1.00 bedeutet beispielsweise, dass eine Schülerin oder ein Schüler, die bzw. der in der Interventionsgruppe exakt die durchschnittliche Leistung bei einem normalverteilen Test erzielt (also den Prozentrang 50 in der Interventionsbedingung erreicht), bei einer „Versetzung“ in die Kontrollgruppe dort den Prozentrang 84 erhalten würde (d. h. dass nur 16 Prozent der Schülerinnen und Schüler in der Kontrollgruppe bei dem betreffenden Test gleich gut oder besser abgeschnitten haben). Im Vergleich zur durchschnittlichen Schülerin bzw. zum durchschnittlichen Schüler der Kontrollgruppe hätte sich dieses betreffende Kind bzw. dieser betreffende Jugendliche bei dem entsprechenden Test dann also um 34 Prozentrangpunkte verbessert.

Lerngruppen umgesetzt (z. B. im Förderunterricht oder in außerschulischen Lerngruppen; s. Kapitel 43). In Fällen, die gravierend sind (so wie dies für Kinder mit Lernstörungen eher typisch ist) oder bei denen ein Kind auf keine der vorgenannten Maßnahmen in wünschenswerter Weise anspricht (s. dazu Kapitel 42), stellt die rasche Einleitung einer Einzelförderung und deren Durchführung durch therapeutisch qualifiziertes Personal das zu bevorzugende Mittel der Wahl dar (Ise, Dolle, Pixner & Schulte-Körne, 2012; Slavin et al., 2011).

Die dargestellten Wirksamkeiten zeigen also, *was möglich ist*, wenn Interventionen auf wissenschaftlich bewährten Kenntnissen und praktisch erprobten Erfahrungen aufgebaut sind. Sie verdeutlichen, dass eine Lernstörung nicht als schicksalhaft hinzunehmen ist, sondern dass sie verändert werden kann und sich in diesem Sinne auch beheben lässt. Sehr viel skeptischer sind schuladministrative Maßnahmen zu bewerten. Diese werden nur allzu oft ergriffen, wenn Schülerinnen bzw. Schüler zentrale Lernziele des (Regel-)Unterrichts verfehlen. Weder die Klassenwiederholung (Jimerson, 2001; Klemm, 2009) noch die Überweisung auf eine Sonder- oder Förderschule (Kavale & Forness, 1999) bieten eine Garantie dafür, dass Lernschwierigkeiten überwunden und Leistungsrückstände aufgeholt werden können.

30.7 Literatur

Chambers, B., Cheung, A., Slavin, R. E., Smith, D. & Laurenzano, M. (2010). *Effective early childhood education programs*. Best evidence encyclopedia. Johns Hopkins University. Center for data-driven reform in education. Download von http://www.bestevidence.org/word/early_child_ed_Sep_22_2010.pdf.

Eisenberger, R., Pierce, W. D. & Cameron, J. (1999). Effects of reward on intrinsic motivation: Negative, neutral, and positive. *Psychological Bulletin, 125*, 677–691. doi: 10.1037/0033-2909.125.6.677

Gajria, M., Jitendra, A. K., Sood, S. & Sacks, G. (2007). Improving comprehension of expository text in students with LD: A research synthesis. *Journal of Learning Disabilities, 40*, 210–225. doi: 10.1177/00222194070400030301

Gersten, R., Beckmann, S., Clarke, B., Foegen, A., Marsh, L., Star, J. R. & Witzel, B. (2009). *Assisting students struggling with mathematics: Response to intervention (RtI) for elementary and middle schools* (NCEE 2009–4060). Washington, DC: National Center for Educational Evaluation and Regional Assistance, Institute of Education Sciences, U. S. Department of Education. Download von http://ies.ed.gov/ncee/wwc/publications/practiceguides/.

Gersten, R., Chard, D. J., Jayanthi, M., Baker, S. C., Morphy, P. & Flojo, J. (2009). Mathematics instruction for students with learning disabilities: A meta-analysis of instructional components. *Review of Educational Research, 79*, 1202–1242. doi: 10.3102/0034654309334431

Graham, S. & Harris, K. (2003). Students with learning disabilities and the process of writing: A meta-analysis of SRSD studies. In H. L. Swanson, K. R. Harris & S. Graham (Eds.), *Handbook of learning disabilities* (pp. 323–344). New York: Guilford.

Ise, E., Dolle, K. Pixner, S. & Schulte-Körne, G. (2012). Effektive Förderung rechenschwacher Kinder. *Kindheit und Entwicklung, 21*, 181–192. doi: 10.1026/0942-5403/a000083

Ise, E., Engel R. R. & Schulte-Körne, G. (2012). Was hilft bei der Lese-Rechtschreibstörung? Ergebnisse einer Metaanalyse zur Wirksamkeit deutschsprachiger Förderansätze. *Kindheit und Entwicklung, 21*, 122–136. doi: 10.1026/0942-5403/a000077

Jimerson, S. R. (2001). Meta-analysis of grade retention research: Implications for practice in the 21st century. *School Psychology Review, 30,* 420–437.

Jimerson, S. R., Burns, M. K. & VanDerHeyden, A. M. (Eds.). (2007). *Response to intervention: The science and practice of assessment and intervention.* New York: Springer.

Jitendra, A. K., Edwards, L. L., Sacks, G. & Jacobson, L. A. (2004) What research says about vocabulary instruction for students with learning disabilities. *Exceptional Children, 70,* 299–322.

Kavale, K. A. & Forness, S. R. (1999). *Efficacy of special education and related services.* Washington, DC: American Association on Mental Retardation.

Klemm, K. (2009). *Klassenwiederholungen – teuer und unwirksam. Eine Studie zu den Ausgaben für Klassenwiederholungen in Deutschland.* Gütersloh: Stiftung Bertelsmann.

Ramey, C. T. & Ramey, S. L. (2004). Early learning and school readiness: Can early intervention make a difference? *Merrill Palmer Quarterly, 50,* 471–491. doi: 10.1353/mpq.2004.0034

Rogers, L. A. & Graham, S. (2008). A meta-analysis of single subject design writing intervention research. *Journal of Educational Psychology, 100,* 879–906. doi: 10.1037/0022-0663.100.4.879

Scruggs, T. E., Mastropieri, M. A., Berkeley, S. & Graetz, J. (2010). Do special education interventions improve learning of secondary content? A meta-analysis. *Remedial and Special Education, 31,* 437–449. doi: 10.1177/0741932508327465

Slavin, R. E., Lake, C., Davis, S. & Madden, N. A. (2011). Effective programs for struggling readers: A best-evidence synthesis. *Educational Research Review, 6,* 1–26. doi: 10.1016/j.edurev.2010.07.002

Stecker, P. M., Fuchs, L. S. & Fuchs, D. (2005). Using curriculum-based measurement to improve student achievement: Review of research. *Psychology in the Schools, 42,* 795–819. doi: 10.1002/pits.20113

Swanson, H. L. (1999). *Interventions for students with learning disabilities. A meta-analysis of treatment outcomes.* New York: Guilford Press.

Swanson, H. L. (2001). Research on interventions for adolescents with learning disabilities: A meta-analysis of outcomes related to higher-order processing. *The Elementary School Journal, 101,* 331–348. doi: 10.1086/499671

Swanson, H. L. & Hoskyn, M. (1998). A synthesis of experimental intervention literature for students with learning disabilities: A meta-analysis of treatment outcomes. *Review of Educational Research, 68,*271–321. doi: 10.3102/00346543068003277

Swanson, H. L. & Sáez, L. (2003). Memory difficulties in children and adults with learning disabilities. In H. L. Swanson, K. R. Harris & S. Graham (Eds.), *Handbook of learning disabilities* (pp. 182–198). New York: Guilford.

Topping, K. J. (1986). *Parents as educators: Training parents to teach their children.* Cambridge, MA: Brookline Books.

Wolfendale, S. & Topping, K. J. (Eds.). (1996). *Family involvement in literacy: Effective partnerships in education.* London: Cassell.

31. PC-gestützte Übungsprogramme

Udo Kullik

Fallbeispiel

Zahide (14;5 Jahre alt) besucht die sechste Klasse einer Förderschule. Ihre Eltern besitzen einen Schnellimbiss, der als Familienbetrieb ganztägig geöffnet ist. Daher bleibt ihnen kaum Zeit, sich um Zahides schulische Belange zu kümmern. Sie und ihre beiden Brüder waren bisher bei den Hausaufgaben ganz auf sich gestellt. Zahide zeigt sowohl beim Lesen als auch beim Schreiben gravierende Rückstände. Sie kann selbst einfache Wörter nicht korrekt buchstabieren und beherrscht auch nicht wichtige phonologische Regeln (z. B. die Maßgaben zur Verwendung der Auslautverhärtung, des Dehnungs-*h* oder der Konsonantenverdoppelung). Seit einem halben Jahr erhält Zahide zusätzlichen Förderunterricht, der ihre Rechtschreibkompetenzen verbessern soll.

Zur Unterstützung dieser Bemühungen soll sich die Schülerin nun zusätzlich auf der Internetseite www.orthografietrainer.net werktäglich 20 Minuten lang mit Übungen befassen, die speziell auf ihre Lernziele abgestimmt sind. Bei diesem Online-Lernprogramm werden die nach Themen gestaffelten Aufgaben in unterschiedlicher Schwierigkeit dargeboten. Die Kinder und Jugendlichen erhalten nach jeder Eingabe eine unmittelbare Rückmeldung darüber, ob sie richtig oder falsch war. Ist sie falsch, so wird der Schülerin oder dem Schüler das fragliche Wort im Sinne der sogenannten „Constant-Time-Delay"-Methode (Stevens & Schuster, 1988) vor einem erneuten Versuch als Teil eines Satzes präsentiert. Außerdem erhält sie die Möglichkeit, durch ein Klicken auf das Feld „Erläuterungen" eine Begründung für die Schreibweise des zur Disposition stehenden Wortes zu erhalten. Falls die Orthografie im konkreten Fall auf einer bestimmten Regel beruht, wird die Schülerin daran erinnert. Nach sechs Wochen ist Zahide in der Rechtschreibung deutlich sicherer geworden. Während sie vor Beginn der computergestützten Förderung in den eigens konzipierten lernzielorientierten Tests bestenfalls 30 % der diktierten Wörter richtig schrieb, erreichte sie am Ende Werte im Bereich von 80 %.

31.1 Kurzbeschreibung der Methode und ihres theoretischen Hintergrunds

Computergestützte Trainingsprogramme haben ihre Wurzeln in der programmierten Instruktion und in ersten „Lernmaschinen“: Richtig-Antworten wurden verstärkt, falsche durch Nicht-Beantwortung gelöscht, womit sich Wissensbestände vermitteln ließen. Mit der Entwicklung preiswerter PC-Modelle hielt der Computer Ende der 70er Jahre vermehrt Einzug in amerikanische Schulen. Mitte der 80er Jahre wurde in Deutschland erstmals spezielle Software zur Förderung lernschwacher Kinder entwickelt und evaluiert (z. B. Walter, 1986). Die Aufbereitung der Aufgaben erfolgte nach dem Paradigma der Informationsverarbeitung. Das bedeutet, dass:

- mittelschwere Aufgaben präsentiert wurden;
- der oder die Lernende von der Software zu sichtbaren Reaktionen veranlasst wurde;
- der Schwierigkeitsgrad der Aufgabenstellungen an das Verarbeitungsniveau der Lernerin bzw. des Lerners angepasst wurde;
- diese(r) eine sofortige Rückmeldung auf die Eingabe erhielt;
- Fehler zeitnah verbessert und richtige Antworten unmittelbar belohnt wurden (vgl. Baumgartner & Payr, 1994; Bonfranchi, 1994; Masendorf & Kullik, 1993; Greisbach, 2000).

Entsprechende Programme sind u. a. dazu geeignet, Kindern oder Jugendlichen dabei zu helfen, Rückstände im Bereich des Lesens, Rechtschreibens oder Rechnens aufzuholen. Zudem wurde deutlich, dass die computerunterstützte Förderung sehr motivierend sein kann und insbesondere lernschwache Schülerinnen und Schüler anspricht. Der Erfolg wird im Wesentlichen durch zwei Merkmale bestimmt (Kullik, 2000):

- *Rückmeldungen*. Die computerunterstützte Fördersoftware stellt im Prinzip Fragen und erwartet eine korrekte Antwort. Darauf gibt der Computer eine sofortige Rückmeldung und präsentiert je nach Reaktion des Lernenden eine neue Aufgabe bzw. fordert diesen zu einem weiteren Lösungsversuch auf. Die Rückmeldungen bestehen im einfachsten Fall aus „richtig-falsch“-Aussagen. Darüber hinaus präsentieren andere Programme auch Erläuterungen, warum die jeweilige Antwort korrekt oder nicht korrekt war. Gute Softwarehilfen passen die Aufgabenschwierigkeit automatisch den Fähigkeiten und den Lernfortschritten der Schülerin bzw. des Schülers an. So bieten sie stets ein Schwierigkeitsniveau, das dem Leistungsniveau des Kindes oder Jugendlichen entspricht.
- *Komplexität*. Wirksame Programme geben sich reizarm, sind übersichtlich gestaltet und sorgen so für eine „prägnante Lerngestalt“ und Eindeutigkeit der Aufgabe. Einige Programme bauen jedoch motivationsfördernde Elemente ein (z. B. multimediale Lernumgebungen, einrahmende „Anchor-Story“, belohnende Spielabschnitte), was nicht eben lernförderlich ist (s. Kasten 1).

Kasten 1: „Edutainment"-Programme

Diese Programme bemühen sich darum, die Schülerinnen und Schüler über eine Rahmenhandlung zu motivieren und bieten daher viele ablenkende Reize (z. B. eine Spielfigur, die das Lernen begleitet, unermüdlich „plappert", sehr „ungeduldig" vorandrängt und einseitige Hilfestellung gibt). Solche Programme bieten kaum Aufgaben an, die eindeutig und wirklich informationshaltig sind. Sie ermöglichen kein systematisches und gezieltes Lernen, wie es in der Lernintervention eigentlich angestrebt wird. Vielmehr steht der Lerninhalt hinter der medialen Aufbereitung des Programmes zurück, was insbesondere für schwache Lernerinnen und Lerner ungünstig ist, weil sie einen erhöhten kognitiven Aufwand leisten müssen, um Lerngewinne zu erreichen (s. Kapitel 33 und 34). Solche Programme geben häufig nur die Rückmeldung „falsch", aber keine weitere Hilfestellung zur Lösung der Aufgabe. Die Schülerin bzw. der Schüler muss dann oft alle Möglichkeiten durchprobieren, bis sie bzw. er die Lösung schließlich mehr oder weniger zufällig findet. Eingeübt wird also eher systematisches Raten als sichere Informationsverarbeitung. Als günstig erweist sich, die Aufgabenschwierigkeit an das Können der Lernenden anzupassen, den Lerngegenstand durch eine klare und prägnante Bildschirmgestaltung hervorzuheben, differenzierte Hilfestellungen zu erteilen und die Lernfortschritte anschaulich zu protokollieren.

Nach diesen informationstheoretischen Qualitätskriterien erweisen sich beispielsweise folgende Programme als empfehlenswert:

- *Verbesserung der phonologischen Bewusstheit.* Das Programm „Mimamo" von Traeger (2002) dient der Vorbereitung auf den Schriftspracherwerb. Das Kind kann sich hierbei Texte vorlesen lassen und wird angehalten, gehörte Laute, Silben oder Wörter über ein Multiple-Choice-Verfahren zu bestimmen. Wie bei allen Softwareprogrammen des Eugen Traeger-Verlags (die u. a. der Steigerung der Konzentration, der allgemeinen intellektuellen Leistungsfähigkeit, der Kompetenz zur Mengenerfassung, der Fertigkeit zum Erlesen von Silben und Sätzen u. v. m. dienen), ist auch bei „Mimamo" eine unmittelbare und konsequente Fehlerkontrolle integraler Bestandteil des Trainings.
- *Verbesserung von Rechtschreibkompetenzen.* Das „Grundwortschatz- und Transfertraining 1" (GUT 1) sowie das „Grundwortschatz- und Transfertraining 2" (GUT 2) von Grund (2012a; 2012b) verfolgen beide das Ziel, das korrekte Schreiben der häufigsten Wörter sowie der gebräuchlichsten Wortstämme und Wortbausteine zu vermitteln. Diese werden bis zur sicheren Speicherung eingeübt. Es erfolgt eine Korrektur fehlerhafter Eingaben. Gleiches gilt für die wichtigsten Rechtschreibregeln. GUT 1 wurde für die Klassen 2 bis 6, GUT 2 für die Klassen 3 bis 6 konzipiert. Der Einsatz orientiert sich am jeweiligen Leistungsniveau des Kindes.
- *Verbesserung des Leseverständnisses.* Das Programm „conText" von Lenhard, Baier, Lenhard, Hoffmann und Schneider (2013) ist ein tutorielles System, bei dem Schülerinnen und Schüler der Sekundarstufe unterschiedlich schwierige Sachtexte schriftlich zusammenfassen sollen. Die Software erteilt individualisierte Rückmeldungen über fehlende oder irrelevante Inhalte. Im Verlauf der Förderung werden die Schülerinnen und Schüler dazu angehalten, die Qualität ihrer Texte schrittweise zu verbessern.

- *Verbesserung des Verständnisses mathematischer Konzepte.* Die Programme „Rechenspiele mit Elfe und Mathis I" sowie „Rechenspiele mit Elfe und Mathis II" von Lenhard und Lenhard (2010) sowie Lenhard, Lenhard und Lingel (2010) sollen Kindern der 1. bis 5. Klasse einen grundlegenden Einblick in die Regeln der Mathematik geben. Dies geschieht über eine Auseinandersetzung mit immer neuen Übungen aus einem Pool von mehreren Tausend Aufgaben (aus den Bereichen Mengen, Zahlen, Sachaufgaben, Bilder, Rechnen und Geometrie).
- *Verbesserung grundlegender Rechenfertigkeiten.* Die Programme „Blitzrechnen – Kopfrechnen Klasse 1 + 2" sowie „Blitzrechnen – Kopfrechnen Klasse 3 + 4" von Wittmann und Müller (2007a; 2007b) sollen Grundschulkindern ein sicheres mathematisches Wissen über Addition, Subtraktion, Multiplikation und Division vermitteln. Dies geschieht über ein schnelles Automatisieren bei ständiger Fehlerkontrolle. Bevor die Software einsetzbar ist, muss das betreffende Kind ein ausreichendes Verständnis für grundlegende mathematische Konzepte besitzen.

Über die Wissensvermittlung hinaus wird Lernsoftware aber auch für die Förderung von grundlegenden Lernvoraussetzungen verwendet (z. B. zur Steigerung von Konzentrations- und Denkleistungen). Als ein geeignetes Beispiel lässt sich das Programm „Denkspiele mit Elfe und Mathis" von Lenhard, Lenhard und Klauer (2012) nennen, das auf dem bewährten Denktraining von Klauer (s. Kapitel 27) basiert. Es zielt darauf ab, das schlussfolgernde Denken bei Kindern zwischen fünf und zehn Jahren zu fördern. Eingebettet in eine kurze Rahmenhandlung, werden den Kindern nacheinander 120 Aufgaben gestellt, deren Schwierigkeit im Verlauf ansteigt. Bei Falschlösungen erfolgen eine unmittelbare Fehlerkorrektur und eine Hilfestellung.

31.2 Indikation der Methode

Computerunterstützte Förderung ist dann indiziert, wenn eine vorab vermittelte Kompetenz einschleifend geübt werden soll. In der Behandlung von Kindern und Jugendlichen mit den nachfolgend genannten Störungsbildern nimmt eine solche „Drill-and-Practice"-Komponente einen hohen Stellenwert in der Intervention ein:

- Lese-Rechtschreibstörungen (ICD-10, F81.0, s. Kapitel 4);
- Isolierte Rechtschreibstörungen (ICD-10, F 81.1);
- Rechenstörungen (ICD-10, F81.2, s. Kapitel 3);
- Kombinierte Störungen schulischer Fertigkeiten (ICD-10, F81.3, s. Kapitel 5);
- Lernbehinderung (s. Kapitel 6).

Ferner eignen sich computerunterstützte Programme für unmotivierte, lernunwillige und frustrierte Schülerinnen und Schüler, die überhaupt erst wieder an Lerninhalte herangeführt werden sollen. Durch die konkrete Anleitung und den adaptiven Charakter der Aufgaben lässt sich ihr Interesse oftmals wieder wecken. Lernsoftware sollte nicht als alleinige Interventionsmethode, sondern im Rahmen einer umfassenden Planung als ergänzende Maßnahme eingesetzt werden.

31.3 Detaillierte Beschreibung des Vorgehens

Eine Lernsoftware erfüllt im Wesentlichen die Funktion eines einschleifenden, kontrollierten und motivierenden Übens. Kasten 2 gibt einen Überblick zur prinzipiellen Eignung unterschiedlicher Lernprogramme für diesen Zweck.

Kasten 2: Eignung von Lernsoftware für die Intervention

- *Uneingeschränkt empfehlenswert (Kategorie A)* sind Programme mit hoher Rückmeldungsqualität und reizarmer, übersichtlicher Gestaltung. Sie eignen sich für Schülerinnen und Schülern mit ausreichender Lernmotivation (aber dennoch schwachen Schulleistungen).
- *Empfehlenswert (Kategorie B)* sind Programme mit geringerer Rückmeldungsqualität und reizarmer Gestaltung. Sie sind für motivierte Schülerinnen und Schülern geeignet, deren Leistungen oberhalb des 10. Perzentils eines standardisierten Verfahrens zur Überprüfung der jeweils relevanten Kompetenz liegen.
- *Bedingt empfehlenswert (Kategorie C)* sind Programme mit mittlerer bis guter Rückmeldungsqualität und multimedialer, stark motivationsfördernder Gestaltung. Sie eignen sich dafür, frustrierte und demotivierte Schülerinnen und Schüler wieder an das Lernen heranzuführen. Eltern können ihren Kindern diese Programme als Alternative zu reinen Computerspielen anbieten. Im Rahmen einer Förderung sollten sie nur als Einstieg in das Lernen mit dem PC verstanden werden und nach einiger Zeit durch Programme aus den Kategorien A und B ergänzt bzw. ersetzt werden.
- *Nicht empfehlenswert (Kategorie D)* sind Programme mit geringer Rückmeldungsqualität und starken motivationsfördernden Elementen. Sie wirken aufgrund des allzu großen Medienaufwandes eher ablenkend und sind daher kaum dafür geeignet, Wissenslücken zu schließen und systematische Lernfortschritte herbeizuführen.

Bei einer ergänzenden computerunterstützten Intervention ist folgendermaßen vorzugehen:

(1) *Diagnostik der Störung anhand von Schulleistungstests und Arbeitsproben.* Im Wesentlichen kommt es auf die Ermittlung der Lernbasis und des derzeitigen Wissenstandes an. Was kann die Schülerin bzw. der Schüler? Welche Wissensvoraussetzungen liegen vor? Es sollen solche Kompetenzen ermittelt werden, über die eine bestimmte Schülerin bzw. ein bestimmter Schüler zwar bereits verfügt, ohne dass sie jedoch bereits sicher beherrscht werden. Zeigt eine diagnostische Untersuchung beispielsweise, dass ein Kind das Prinzip der Addition zwar verstanden hat, entsprechende Aufgaben aber erst nach langem Überlegen lösen kann, ist eine computergestützte Förderung angezeigt.

(2) *Wahl eines geeigneten Förderprogramms.* Es ist festzustellen, inwieweit die fachlichen Inhalte des Programms den festgestellten Rückständen entsprechen oder ihnen zumindest nahe kommen. Konkret ist abzuklären, ob die gefragten Inhalte auch tatsächlich in der Software vorhanden sind. In Tabelle 1 werden die wichtigsten Übungsarten exemplarisch für den Bereich der Lese-Rechtschreibschwäche und der Rechenstörung vorgestellt.

Tabelle 1: Beispiele für Übungsformen computerunterstützter Trainingsprogramme

Art der Übung	Ziel der Übung
1. Lesen von Wörtern oder Texten	Kennenlernen von Texten für spätere Übungen
2. Wörter und Texte abschreiben	Allgemeine Schreibübungen, Anbahnung von Diktaten
3. Wörter aus einzelnen Elementen bilden	Verbesserung der Wortsynthesefähigkeit
4. Kognitive Spiele in der Art von „Memory“	Verbesserung der Merkfähigkeit
5. Wörter lesen, merken und die „xte“ Silbe niederschreiben	Verbesserung von Segmentierungsfähigkeiten
6. Wörter und Texte nach Kurzzeitdarbietung niederschreiben	Verbesserung der Rechtschreibung und der Merkfähigkeit
7. Plötzlich angebotene Buchstaben durch Drücken der entsprechenden Taste bestätigen	Wahrnehmungstraining, Auge-Hand-Koordinationstraining Tastaturtraining
8. Zeichenmuster vergleichen und gleiche kennzeichnen	Verbesserung der Wahrnehmung und der Segmentierungsfähigkeit
9. Wörter innerhalb von sinnlosen Zeichenketten identifizieren	Verbesserung der Wahrnehmung und der Segmentierungsfähigkeit
10. Mehrere Wörter gleichzeitig merken	Verbesserung der Speicherfähigkeit. Diktatübung
11. Wörter in Schreibsilben zerlegen	Verbesserung der Segmentierungsfähigkeit
12. Wörter raten mit Hilfestellung	Verbesserung der Wortsynthesefähigkeit
13. Gemerkte Wörter mit optischer Hilfestellung niederschreiben	Verbesserung der Wortsynthesefähigkeit
14. Wörter alphabetisch sortieren und andere Alphabet-Übungen	Festigung der Alphabet-Kenntnisse
15. Wörter vervollständigen mit Hilfestellung	Verbesserung der Wortsynthesefähigkeit
16. Wörter in Silben zerlegen nach Kurzzeitdarbietung eines Wortes	Verbesserung der Wortanalysefähigkeit
17. Ein auf dem Bildschirm stehendes Wort in Silben zerlegen	Verbesserung der Wortanalysefähigkeit

Tabelle 1: Fortsetzung

Art der Übung	Ziel der Übung
18. Zuordnung von Wörtern zu Bildern	Verbesserung der Lesefähigkeit
19. Akustische Darbietung von Textmaterial über Sprachausgabe	Wortdiktat
20. Einfache Textverarbeitung mit Rechtschreibhilfe	Anbahnung selbstständigen Arbeitens
21. Erfassen von Mengen	Training des kardinalen Zahlaspekts, Übungen teilweise mit Kurzzeitdarbietung
22. Reihenfolgen bilden	Training des ordinalen Zahlaspekts
23. Plättchenrechnen	Visualisierung von Zahlmengen
24. Kopfrechenaufgaben mit unterschiedlicher Veranschaulichung und Aufgabenstellung	Addieren und Subtrahieren im Zahlenraum bis 10, Zehner überschreitendes Rechnen, später Zahlenraum bis 100
25. Spielerische Übungen unter Zeitdruck	Kopfrechentrainings
26. Übungen mit Längenmaßen	Häufig in Verbindung mit einem Zahlenstrahl zur Visualisierung
27. Übungen mit Geldbeträgen	Ergänzung von Geldbeträgen durch weitere Geldstücke, Ordnen von Geldstücken
28. Übungen mit Uhrzeiten	Analoge und digitale Anzeigen ablesen; Zeitpunkt und Zeitdauer unterscheiden, Rechnen in Stunden und Minuten, Tageszeiten zuordnen
29. Übungen mit Gewichten	Meist mit einer Zahlenwaage
30. Kopfrechenmemory	Förderung der Merkfähigkeit: unterschiedliche Kopfrechenaufgaben mit dem gleichen Ergebnis gelten als gleichwertig
31. Schriftliche Rechenverfahren	Geführte Abarbeitung von schriftlichen Rechenaufgaben

Im Anschluss ist das ins Auge gefasste Programm anhand bestimmter Kriterien auf seine Tauglichkeit für das jeweilige Kind oder den jeweiligen Jugendlichen (bzw. für eine bestimmte Zielgruppe) zu prüfen. Tabelle 2 konkretisiert die Auswahlkriterien.

(3) *Durchführung der Fördermaßnahme*. Das Training wird über einen Zeitraum von vier bis sechs Wochen (20 bis 30 Sitzungen) durchgeführt. Dabei sind die Lernfortschritte fortlaufend zu protokollieren. Im Idealfall werden die Protokolle automatisch von der

Tabelle 2: Kategorien zur Bewertung der Eignung von Lernsoftware

Kategorie	Umgebung	Rückmeldungen	Vorteile	Nachteile
A	Einfache reizärmere Umgebung mit prägnanter Darstellung der Lerngestalt und schlichten motivationsfördernden Elementen, welche sich nicht „in den Vordergrund spielen"	Dem Fehler angepasste, abgestufte Rückmeldungen mit adaptiven Elementen welche u. U. bei größeren Problemen auch anschauliche Beispiele geben können	Hohe Effizienz für einen durchschnittlichen Fördertypus, hohe Aufgabenmenge pro Zeiteinheit mit adaptiven Elementen und zurückhaltender Darstellung	Für Schülerinnen und Schüler, die einen hohen Grad an „Förderverweigerung" zeigen, zumindest am Anfang weniger geeignet
B	Einfache reizärmere Umgebung mit prägnanter Darstellung der Lerngestalt und einfachen motivationsfördernden Elementen, die sich nicht „in den Vordergrund drängen"; manchmal auch Übungen unter Zeitdruck	Einfache Rückmeldungen, bei zunehmender Qualität auch abgestuft	Hohe Aufgabenmenge pro Zeiteinheit; für Schülerinnen und Schüler mit normaler Auffassungsgabe geeignet	Motivationsarm. Der Fördernde muss ggf. lenkend eingreifen, um den Schüler bzw. die Schülerin zu motivieren. Ungeeignet für sehr schwache Schülerinnen und Schüler
C	Komplexerer multimedialer Aufbau mit Anchor-Story und Sprachausgabe	Komplexe abgestufte Rückmeldungen mit adaptiven Elementen	Starke Motivationsanreize. Gut geeignet für Schülerinnen und Schüler mit mangelnder Lernbereitschaft	Aufgrund der dominierenden Anchor-Story geringere Aufgabenanzahl pro Zeiteinheit. Gefahr der Reizüberflutung bei leicht ablenkbaren Schülerinnen und Schülern

Tabelle 2: Fortsetzung

Kategorie	Umgebung	Rückmeldungen	Vorteile	Nachteile
D	Einfacher bis komplexer multimedialer Aufbau mit dominierender Anchor-Story	Schwache Rückmeldungen, bei multimedialer Software oftmals gesprochene Rückmeldungen, die sich durch ihre Häufigkeit und ihre Abwechslungslosigkeit störend bemerkbar machen	Keine Vorteile	Dieser Bereich ist für eine Förderung aufgrund einer Vielzahl von Schwächen gänzlich ungeeignet!

Lernsoftware erstellt und ausgegeben. Falls das nicht der Fall ist, sorgt die Lehrkraft für die Protokollierung. Als nützlich erweist sich das „Richtig-Prozedere" (die Anzahl der richtig gelösten Aufgaben wird durch die Anzahl der gestellten Aufgaben dividiert; das Ergebnis wird mit dem Faktor 100 multipliziert). Macht eine Schülerin bzw. ein Schüler keine ausreichenden Fortschritte, müssen die Lernprogramme auf ihre Tauglichkeit für den speziellen Einzelfall überprüft werden (z. B. bezüglich der Aufgabenschwierigkeit, der Eindeutigkeit der Rückmeldungen und der Eignung der Lerninhalte).

31.4 Wirksamkeit und Wirksamkeitsbedingungen

Der Nutzen von computerunterstützten Trainings wurde in zahlreichen Studien bestätigt. In einer Zusammenstellung von Metaanalysen schneiden PC-gestützte Programme insgesamt recht gut ab (vgl. dazu Grünke, 2006). Je nach Unterrichtsfach fällt die Wirksamkeit unterschiedlich aus: Beim Einüben grundlegender Lese-, Rechtschreib- und Rechenfertigkeiten liegen die Effektstärken auf einem akzeptablen Niveau, beim Leseverständnisses bei $d=0.88$ und beim Lösen von Textaufgabe sogar bei $d=1.80$.

In einer Metaanalyse von Liao (2007), in die Studien mit mehr als 5.000 taiwanischen Schülerinnen und Schülern eingingen, waren Interventionen mit dem PC einem traditionellen Frontalunterricht in Mathematik, Muttersprache und Naturwissenschaften mit einer mittleren Effektstärke von $d=0.55$ deutlich überlegen. Scruggs, Mastropieri, Berkeley und Graetz (2010) wiesen nach, dass eine computergestützte Förderung mit einer durchschnittlichen Effektstärke von $d=0.63$ beachtenswerte Verbesserungen im Geschichts- und Geografie-Unterricht in der Sekundarstufe bewirken kann. Selbst zur Steigerung der intellektuellen Leistungsfähigkeit eignen sich PC-Programme offenbar recht gut. In einer Untersuchung zur Beurteilung der Wirksamkeit der oben zitierten Computerversion des Denktrainings von Klauer (s. Kapitel 27) zeigten die geförderten Kinder deutliche Lernzuwächse ($d=0.83$; vgl. Lenhard & Lenhard, 2011).

Einschränkend muss jedoch darauf hingewiesen werden, dass viele der bisher durchgeführten Evaluationen labornah angelegt waren: Die Schülerinnen und Schülern wurden in kleinen Gruppen und in ruhiger Umgebung mit den Lernprogrammen gefördert und dann wieder in die normale Unterrichtssituation zurückgeschickt. Es ist davon auszugehen, dass die Effektivität der PC-gestützten Förderung im üblichen Schulalltag etwas geringer ausfällt.

Die Förderung mit PC-gestützten Lernprogrammen ist besonders erfolgversprechend (s. Kullik, 2007), wenn:

- noch nicht sicher beherrschte Fähigkeiten automatisiert werden sollen;
- der Lernstoff kurz und knapp dargeboten wird und den Lernenden direkte Rückmeldungen zu ihren Lösungen gegeben werden;
- der Schwierigkeitsgrad der Aufgaben an die vorherigen Leistungen der Lernerin bzw. des Lerners angepasst wird;
- die Lernfortschritte sorgfältig kontrolliert und dokumentiert werden.

31.5 Literatur

Grundlegende Literatur

Baumgartner, P. & Payr, S. (1994). *Lernen mit Software*. Innsbruck: Österreichischer Studienverlag.

Bonfranchi, R. (1994). *Computer-Didaktik in der Sonderpädagogik*. Luzern: Edition SZH.

Weiterführende Literatur

Greisbach, M. (2000). *Lernsoftware im Deutschunterricht an Schulen für Lernbehinderte*. Frankfurt: Peter Lang.

Grünke, M. (2006). Zur Effektivität von Fördermethoden bei Kindern und Jugendlichen mit Lernstörungen. *Kindheit und Entwicklung, 15*, 239–254. doi: 10.1026/0942-5403.15.4.239

Kullik, U. (2000). Interventionen bei behinderungsspezifischen Problemen: Lernbehinderungen. In J. Borchert (Hrsg.), *Handbuch der Sonderpädagogischen Psychologie* (S. 857–868). Göttingen: Hogrefe.

Kullik, U. (2007). PC-gestützte Schulleistungstrainings. In F. Linderkamp & M. Grünke (Hrsg.), *Lern- und Verhaltensstörungen* (S. 231–236). Weinheim: Beltz.

Lenhard, A. & Lenhard, W. (2011). Computerbasierte Intelligenzförderung mit den „Denkspielen mit Elfe und Mathies". *Empirische Sonderpädagogik, 3*, 105–120.

Liao, Y.-K. C. (2007). Effects of computer-assisted instruction on students' achievement in Taiwan: A meta-analysis. *Computers & Education, 48*, 216–233. doi: 10.1016/j.compedu.2004.12.005

Masendorf, F. & Kullik, U. (1993). Erfolgskontrolle des computerunterstützten Rechtschreibtrainings ALPHI 2.0 unter globaler und individueller Bezugsnorm. *Psychologie in Erziehung und Unterricht, 40*, 225–229.

Scruggs, T. E., Mastropieri, M. A., Berkeley, S. & Graetz, J. E. (2010). Do special education interventions improve learning of secondary content? A meta-analysis. *Remedial and Special Education, 31*, 437–449. doi: 10.1177/0741932508327465

Walter, J. (1986) Ergebnisse eines Morphem-orientierten Rechtschreibtrainings auf Computerbasis bei mehrfachbehinderten Schülern. *Unterrichtswissenschaft, 14,* 343–357.

Material

Grund, M. (2012a). *GUT 1: Rechtschreibtraining für Klasse 2–6.* Baden-Baden: GUT.

Grund, M. (2012b). *GUT 2: Rechtschreibtraining für Klasse 3–6.* Baden-Baden: GUT.

Lenhard, A., Lenhard, W. & Klauer, K. J. (2012). *Denkspiele mit Elfe und Mathis.* Göttingen: Hogrefe.

Lenhard, W., Baier, H., Lenhard, A., Hoffmann, J. & Schneider, W. (2013). *conText: Förderung des Leseverständnisses durch das Arbeiten mit Texten.* Göttingen: Hogrefe.

Lenhard, W. & Lenhard, A. (2010). *Rechenspiele mit Elfe und Mathis I.* Göttingen: Hogrefe.

Lenhard, W., Lenhard, A. & Lingel, K. (2010). *Rechenspiele mit Elfe und Mathis II.* Göttingen: Hogrefe.

Stevens, K. B. & Schuster, J. W. (1988). Time delay: Systematic instruction for academic tasks. *Remedial and Special Education, 9,* 16–21. doi: 10.1177/074193258800900505

Traeger, E. (2002). *Mimamo: Programm zum Training phonologischer Bewusstheit.* Lotte: Eugen Traeger.

Wittmann, E. C. & Müller, G. N. (2007a). *Blitzrechnen – Kopfrechnen Klasse 1+2.* Stuttgart: Klett.

Wittmann, E. C. & Müller, G. N. (2007b). *Blitzrechnen – Kopfrechnen Klasse 3+4.* Stuttgart: Klett.

32. Das Üben mit der Wortkartei

Margarete Labas und Heinz Bederski

Fallbeispiel

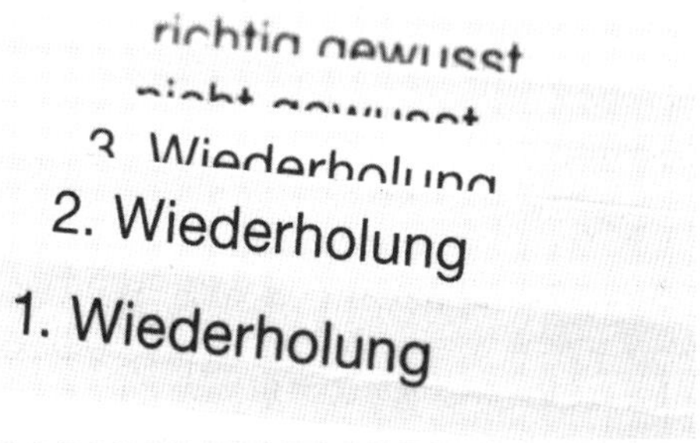

Hanna (9;6 Jahre) besucht die 4. Klasse einer Grundschule. Ihre Klassenlehrerin teilt mit, dass Hanna in den ersten beiden Schuljahren aufmerksam und interessiert gelernt habe. Sie sei freundlich und aufgeschlossen gewesen. Ihre Beiträge hätten gezeigt, dass sie Sachverhalte sorgfältig durchdacht und begriffen habe. Und ihr sprachlicher Ausdruck war klar und deutlich. Schriftliche Arbeiten habe sie nach Auskunft der Lehrerin konzentriert, ausdauernd und weitgehend selbstständig erledigt. Im Verlauf des 3. Schuljahres ist der Lehrerin jedoch aufgefallen, dass Hanna beim Lesen und Schreiben immer mehr zurückfiel. Ihre Unbefangenheit und unbeschwerte Lernfreude schwanden immer mehr. Weil sich diese Lage im 4. Schuljahr sogar noch verschärfte, riet die Lehrerin zur Abklärung eines Verdachts auf Lese-Rechtschreibstörung.

Im Hamburg Wechsler Intelligenztest für Kinder (WISC-IV; Petermann & Petermann, 2011) erwies sich Hanna als „sehr hoch" begabt. Im Konzentrationstest für 3. und 4. Klassen von Nell, Bretz und Sniehotta (2004) erreichte sie Werte im „gut-durchschnittlichen" Bereich und im Diagnostischen Rechtschreibtest für 4. Klassen (Grund, Haug & Naumann, 2003) einen Prozentrang zwischen 7 und 13 sowie im Salzburger Lese- und Rechtschreibtest (SLRT- II; Landerl, Wimmer & Moser, 2010) einen Prozentrang von 9 bei „häufigen Wörtern" und von 30 bei „Text lang". Sie sagt von sich selbst: „Ich bin sehr langsam, die anderen sind viel schneller. Ich gehe nicht gern an die Tafel, ich kann nicht gut schreiben, ich mache sehr viele Fehler. Ich mag keine Bücher, ich kann nicht gut lesen. Ich weiß nicht, warum das so ist." Bei Hanna wurde eine Lese-Rechtschreibschwäche diagnostiziert.

Zur Intervention wurde das *Üben mit der Wortkartei* ausgewählt, das zum Ziel hat, die Eltern zur selbstständigen Anwendung zu befähigen. Ergänzend wurde das „Marburger Rechtschreib-Training" (Schulte-Körne & Mathwig, 2009) herangezogen, um Hanna Strategien für die Rechtschreibung zu vermitteln.

32.1 Kurzbeschreibung der Methode und ihres theoretischen Hintergrunds

Beim *Üben mit der Wortkartei* steht die Förderung der gründlichen Worterarbeitung im Zentrum. Unsicher oder falsch geschriebene Wörter werden auf Karteikarten geschrieben, in einem Karteikasten gesammelt und von den Kindern so lange geübt bis sie die richtige Schreibweise regelbewusst beherrschen. Man beginnt mit mittelschweren Aufgaben, die für die Kinder eine bewältigbare Herausforderung darstellen. Durch die zu erwartenden Erfolge soll die Lernbereitschaft der Schülerinnen und Schüler erhöht werden, denn das Lesen und Schreiben ist für sie zumeist sehr aversiv besetzt.

Die Methode der Wortkartei geht auf Arbeiten des Psychologen *Peter Machemer* zurück. Er stellte 1972 ein verhaltenstherapeutisches Übungsprogramm für lese- und rechtschreibschwache Kinder vor, das die Eltern als Co-Therapeutinnen bzw. Co-Therapeuten einbezog. Sie wurden mit verhaltenstheoretischen Grundsätzen vertraut gemacht, in die praktische Erarbeitung von Rechtschreibwissen eingeführt und erhielten eine Anleitung, wie sie mit ihren Kindern täglich üben sollten.[1]

Die Methode gliedert sich in fünf Stufen:

1. *Übungsdurchgang*. Das Kind liest das Lernwort von der Wortkarte als Vorlage ab. Orthografische und morphematische Merkmale bespricht es mit der Mutter. Die Merkmale werden mit einem Farbstift markiert (z. B. das „tt“ im Wort „Mutter“, wenn das Kind ursprünglich „Muter“ geschrieben hatte); außerdem trägt das Kind Silbenbögen in die Wörter ein. Dann schreibt es das Wort auf und überprüft, ob es das Wort richtig geschrieben hat. Dieses Vorgehen macht die Therapeutin bzw. der Therapeut zunächst modellhaft vor (s. detaillierte Beschreibung des Vorgehens).
2. *Übungsdurchgang*. Das Kind liest das Wort, schreibt es auswendig und überprüft es.
3. *Übungsdurchgang:* Je nach Wortart erkundet das Kind im Duden weitere Zusammenhänge, z. B. die Wortfamilie, die Konjugation der Verben, die Steigerungsformen bei Adjektiven.
4. *Übungsdurchgang*. Die Mutter diktiert einen Satz, in dem das Übungswort eingebettet ist. Das Kind schreibt nur das betreffende Wort auf.
5. *Übungsdurchgang*. Das Kind schreibt Sätze, die das geübte Wort enthalten.

Die Wortkartei enthält 5 Fächer. Für jedes Wort sind fünf Übungsdurchgänge vorgesehen. Und je nach Übungserfolg durchwandert das Lernwort die Fächer 1 bis 5. Jedes Fach hat eine besondere Bedeutung:

- Im Fach 0 werden alle vorgesehenen Lernwörter gesammelt, es ist der Speicher für die Übungswörter.
- Fach 1 enthält die Wörter, die bisher einmal geübt und richtig geschrieben worden sind.
- Fach 2 beinhaltet die Wörter, die zweimal geübt und richtig geschrieben worden sind.
- Entsprechendes gilt für die Fächer 3 und 4, diese enthalten die Wörter, die drei bzw. viermal richtig geschrieben wurden.

1 Im Folgenden wird der besseren Lesbarkeit halber stets die Mutter als Lernpartner angenommen. Die Ausführungen gelten natürlich für Väter analog.

- Fach 5 enthält die Wörter, die sicher beherrscht werden. Diese Übungswörter verbleiben dort.

Diese Methode eignet sich sehr gut zum Üben, weil kurze und eindeutige Übungen durchgeführt werden, die an die Komplexitätsreduktion (s. Kapitel 33) bzw. direkte Instruktion (s. Kapitel 34) erinnern. Sie macht außerdem eine kognitive Überlastung des Kindes weniger wahrscheinlich. Das Üben mit der Wortkartei kann leicht mit anderen Programmen zur Lese-Rechtschreibförderung kombiniert werden (s. Kapitel 11 und 13), die das Üben heute stärker an kognitiv-entwicklungspsychologischen Erkenntnissen zum Lese- und Schriftspracherwerb orientieren und mehr Wert darauf legen, dass die Übungen dem kindlichen Entwicklungsstand entsprechen (Mannhaupt, 1994). Beispielsweise werden orthografische Trainingsinhalte erst dann mit dem Kind bearbeitet, wenn es die alphabetische Strategie (Phonem-Graphem-Zuordnung) bereits sicher beherrscht.

32.2 Indikation der Methode

Das Üben mit der Wortkartei ist dann angezeigt, wenn eine Lese- und Rechtschreibstörung (ICD-10: F81.0) oder eine isolierte Rechtschreibstörung (F81.1) vorliegt. Das Üben mit der Wortkartei setzt eine ausreichend entwickelte phonologische Bewusstheit voraus, die danach beurteilt wird, inwieweit das Kind mit dem Klang der gesprochenen Sprache vertraut ist und kleinere Einheiten wie z. B. Laute, Silben oder Reime erkennt (s. dazu Kapitel 10 und 11). Außerdem müssen die Schreibfertigkeiten des betroffenen Kindes über dem alphabetischen Niveau liegen, es muss also in der Lage sein, Laute mit Buchstaben zu verknüpfen und Buchstabenkombinationen sicher zu schreiben.

Grundsätzlich wird das Üben mit der Wortkartei zur Ergänzung eines Lese-Rechtschreibtrainings eingesetzt (z. B. Marburger Rechtschreib-Training von Schulte-Körne & Mathwig, 2009).

Die Methode eignet sich auch bei mangelnden Wortkenntnissen in den Fremdsprachen (Englisch, Französisch, Spanisch), wobei die eingangs genannten Übungsstufen und die Aufteilung der Kartei in fünf Fächer leicht beibehalten werden können.

32.3 Detaillierte Beschreibung des Vorgehens

Das Üben mit der Wortkartei soll sichere Rechtschreibfähigkeiten aufbauen. Dafür wird jedes Wort in einem Zeitraum von 4 bis 6 Wochen geübt, anfangs in Intervallen von 1 bis 3 Tagen. Danach können die Intervalle weiter gefasst werden (1 bis 3 Wochen). Für jedes Wort sind 5 Übungsdurchgänge vorgesehen. Bei Schwierigkeiten müssen einzelne Übungsdurchgänge wiederholt werden. Die Förderung umfasst folgende Abschnitte:

(1) *Eingangsdiagnostik*, die den derzeitigen Kenntnisstand des Kindes feststellt.
Dazu wird ein standardisierter Rechtschreib- und ein Lesetest für das entsprechende Schuljahr durchgeführt (z. B. der Diagnostische Rechtschreibtest für 4. Klassen, DRT 4, von Grund, Haug & Naumann, 2003; oder der Salzburger Lese- und Rechtschreibtest, SLRT, von Landerl, Wimmer & Moser, 2010). Auch wird ein Diktat geschrieben und ein weiterer Text von dem Kind abgeschrieben. Zudem werden Arbeitsproben aus der

Schule eingeholt (Diktate und Aufsätze) und die Hausaufgaben des Kindes gleichfalls überprüft. Aufgrund dieser Materialien werden Fehlerschwerpunkte analysiert wie z. B. fehlende Konsonantenverdoppelung oder Fehler in der Groß- und Kleinschreibung.

(2) *Beobachtung der Mutter-Kind-Interaktion.* Das Interaktionsverhalten von Mutter und Kind wird in einer Hausaufgabensituation überprüft (20 bis 30 Minuten), die per Video aufgezeichnet wird (Instruktion: „Stellen Sie sich und stelle Dir vor, demnächst werde dieser Text als Diktat in der Schule geschrieben!"). Die Verhaltensprobe soll dem gewohnten häuslichen Üben möglichst nahe kommen. Deshalb verbleiben Mutter und Kind während der Videoaufnahme alleine im Zimmer. Es werden keine Angaben zum Vorgehen gemacht. Das Verhalten der Mutter wird anhand folgender Fragen beurteilt:
- Wie leitet die Mutter das Kind an? Fördert oder hemmt sie seinen Erfolg?
- Wird der Text zuerst gelesen? Werden schwierige Wörter herausgesucht? Werden sie anschließend auch geübt?
- Wird der Text abgeschrieben oder diktiert? Falls die Mutter den Text diktiert, wie geht sie dabei vor (diktiert sie in Sinnabschnitten, mit angemessenem Tempo, akzentuiert sie besondere Rechtschreibmerkmale, gibt sie dem Kind Schreibhilfen)?
- Gibt sie ihrem Kind Rückmeldungen (verbal, mimisch, gestisch)?
- Wie kontrolliert sie das Diktat? Lässt sie das Kind den Text selbst kontrollieren und gibt sie ihm dabei Hinweise?
- Achtet sie bei der Kontrolle des Schreibergebnisses allein auf die Fehler? Wie kommentiert und bewertet sie das Ergebnis?

Das Verhalten des Kindes soll im Hinblick auf folgende Fragen beurteilt werden:
- Schreibt das Kind „drauflos" oder hält es inne und überlegt, wenn es unsicher ist, wie einzelne Wörter geschrieben werden?
- Ruft es sich Rechtschreibregeln in Erinnerung?
- Ersucht es die Mutter um Hilfe – oder zeigt es nur diffuse Unsicherheiten, die ungeklärt bleiben?
- Versucht es, zu einer Lösung zu gelangen? (Z. B. ein Wort vor sich hin sprechen, seine Schreibweise auf einem Extrablatt ausprobieren.)
- Welche Auswirkungen haben falsch geschriebene Wörter auf seine emotionale Verfassung und seine Motivation?

Das gemeinsame Üben von Mutter und Kind ist dann zu empfehlen, wenn:
- der Erziehungsstil der Mutter weder zu autoritär noch zu permissiv ist;
- die Mutter ein entspanntes und emotional warmes Arbeitsklima herstellen kann;
- die Mutter selbst über hinreichende eigene Rechtschreibfähigkeit verfügt;
- Mutter und Kind die Anleitungen verstehen und umsetzen können;
- Mutter und Kind über einen Zeitraum von ein bis zwei Jahren regelmäßig üben können.

(3) *Unterrichtung der Mutter.* Die Mutter erhält genaue Informationen zum Einsatz der Methode. Hierbei werden folgende Fragen geklärt:
- Welches Material wird zum Üben benötigt (s. Kasten 1)?
- Wo wird geübt? Mutter und Kind sollten ungestört arbeiten können. Bei der Gestaltung des Arbeitsplatzes sind Ordnung, Übersicht und Ruhe anzustreben.
- Wann wird geübt? Dies richtet sich nach den familiären Umständen. Es ist ein möglichst gleich bleibender und im Tageslauf nicht zu später Zeitpunkt zu wählen.

- Wie oft wird geübt? Es sollte werktags möglichst täglich, d. h. an 4 bis 5 Tagen in der Woche geübt werden.
- Wie lange wird geübt? Eine Übungsdauer von mindestens 10 bis höchstens 20 Minuten ist anzusetzen. Die Trainingsdauer umfasst in der Regel ein bis zwei Jahre.

Ferner werden *inhaltliche Informationen* zu Aufbau, Zweck und Durchführung der Übungen gegeben. Insbesondere wird mit der Mutter erörtert, dass sie erfolgreiches Üben belohnen soll. Mutter und Kind erhalten dafür die Aufgabe, zum nächsten Termin eine Liste mit erstrebenswerten Belohnungen zu erstellen.

Kasten 1: Für das Üben mit der Wortkartei werden folgende Materialien benötigt

1. Ein Karteikasten (DIN-A7), eingeteilt in fünf Fächer und die dazu passenden liniierten Karteikarten;
2. ein Schreibheft, ein Bleistift, mehrere Farbstifte;
3. ein Duden für Schülerinnen und Schüler (Grundwortschatz);
4. ein Kontrollblatt: „Mein Lernfortschritt“ (s. Abbildung 1);
5. eine Tabelle: „Richtig-Prozentwerte“ (s. Abbildung 2).

(4) *Festlegung der Belohnungen und der Übungsmenge*. Dabei wird konkret besprochen, was „Punkte“ bedeuten, wie sie erworben und schließlich gegen eine Belohnung eingetauscht werden können. Darüber wird für eine zeitlich begrenzte Dauer (z. B. drei Monate) eine vertragliche Vereinbarung schriftlich festgehalten. Nach Ablauf dieser Zeit werden die Bedingungen neu ausgehandelt. Zur Vergabe der Punkte werden spezielle

Mein Lernfortschritt

Datum	Zeit		geschriebene Wörter		Punkte	Lernerfolg
	Beginn	Ende	Anzahl insgesamt	Anzahl richtig		
						☺ 😐 ☹
						☺ 😐 ☹
						☺ 😐 ☹
						☺ 😐 ☹
						☺ 😐 ☹
						☺ 😐 ☹
						☺ 😐 ☹

Abbildung 1: Protokoll zur Registrierung von Lernfortschritten

Vereinbarungen getroffen. Beispielsweise wird vereinbart: „Wenn von sieben Wortkarten fünf erfolgreich bearbeitet werden, gibt es 1 Punkt; sind alle Wörter richtig, gibt es 2 Punkte.“ Zusätzlich können zeitlich begrenzte Vereinbarungen getroffen werden, wie z. B.: „Für Wörter, die ohne Radieren geschrieben wurden, gibt es 1 Pluszeichen; 3 Pluszeichen können für 1 Punkt eingetauscht werden.“

Die Auswahl der Belohnungen soll hinsichtlich ihres Wertes für den Punkte-Eintausch hierarchisch abgestuft sein, so dass die Möglichkeit besteht, innerhalb einer überschaubaren Zeit (z. B. einer Woche) Punkte einzutauschen oder diese für eine höherwertige Belohnung zu sammeln (z. B. gemeinsames Radfahren, Sammelbilder oder -figuren, Comic-Hefte, Kinobesuch, Freizeitparkbesuch, Essengehen, Schwimmen).

Die Anzahl der täglich zu bearbeitenden Wörter wird *individuell festgelegt*, variiert jedoch über den Verlauf der Übungen. Mit einem Grundschulkind werden bis zu fünf Lernwörter geübt; mit einem Kind, das die weiterführende Schule besucht sieben bis zehn Wortkarten. Auch lassen sich Regelungen treffen, dass an bestimmten Wochentagen nur Karten aus bestimmten Fächern bearbeitet werden.

(5) *Einübung der Methode in fünf beispielhaften Therapiesitzungen*. Die einzelnen Sitzungen umfassen folgende Aufgaben:

Sitzung 1. Die Therapeutin bzw. der Therapeut demonstriert das Vorgehen beim Üben eines Wortes. Mutter und Kind beobachten sie bzw. ihn dabei. Sie sollen an einem Beispiel lernen, wie das Üben vor sich geht. Die Therapeutin bzw. der Therapeut macht die Bearbeitung eines Worts aus Fach 0 modellhaft vor. Sie bzw. er nimmt eine Wortkarte mit dem Lernwort und demonstriert der Reihe nach folgendes Vorgehen:

- Ich nehme eine Karte aus Fach 1.
- Ich lese das Wort laut (z. B. „Wetter“).
- Ich achte auf die markierten Stellen im Wort und frage mich: „Schreibe ich das Wort groß oder klein?“, „Warum schreibe ich es mit *tt*?“.
- Ich denke mir einen Satz zu dem Wort aus.
- Ich drehe die Karte um. Ich schreibe das Wort in mein Heft und spreche es mir dabei langsam vor. Wenn ich unsicher bin, darf ich mir die Karte nochmals ansehen.
- Nun drehe ich die Karte um und vergleiche.
- Habe ich das Wort richtig geschrieben, vermerke ich auf der Kartenrückseite das Datum (oder ein Zeichen, z. B. ein Plus) und stecke es in Fach 2.
- Habe ich das Wort falsch geschrieben, radiere ich es aus und schreibe es richtig von der Karte ab; auf der Rückseite streiche ich das Datum durch (oder trage ein Zeichen für „nicht gekonnt“ ein, z. B. ein Minus) und stecke es in Fach 0 zurück (das Fach für neu zu lernende Wörter).

Während das Kind die nächsten Karten unter Anleitung der Therapeutin bzw. des Therapeuten bearbeitet, hat die Mutter die Aufgabe, dieses Vorgehen genau zu beobachten. Dabei soll sie darauf achten, wie die Therapeutin bzw. der Therapeut Verstärkungen einsetzt (z. B.: „Deine Schrift ist gut zu lesen!“ oder „Das kurzgesprochene /e/ hast du richtig erkannt!“).

Anschließend bearbeitet das Kind unter Anleitung ein neues Wort. Im Zuge des Lernfortschritts nimmt sich die Therapeutin bzw. der Therapeut mit Vorgaben zurück. För-

Kontrolle meines Lernfortschritts: Richtig-Prozentwerte									
100 %									
98 %									
96 %									
94 %									
92 %									
90 %									
88 %									
86 %									
84 %									
82 %									
80 %									
78 %									
76 %									
74 %									
72 %									
70 %									
68 %									
66 %									
64 %									
62 %									
60 %									
58 %									
Datum									
Wortanzahl									
Punkte									

Abbildung 2: Kontrolle meines Lernfortschritts: Richtig-Prozentwerte

derliches Lernverhalten wird bekräftigt. Danach führt die Mutter eine Übung mit dem Kind durch. Die Therapeutin bzw. der Therapeut beobachtet, wie sie vorgeht und wie sie das Kind anleitet. Nach Beendigung des Übens trägt das Kind die Uhrzeit, die Gesamtzahl der bearbeiteten Wörter und die Zahl der richtig geschriebenen Wörter sowie seine erreichte Punktzahl in die Tabelle „Mein Lernfortschritt“ ein. Für die Übungen stehen Lernwörter, die im Fach 0 der Wortkartei gesammelt sind, zur Verfügung. Sie wandern nach jeder erfolgreichen Überarbeitung ein Fach weiter. Wie in den einzelnen Übungsphasen gelernt wird, macht die Therapeutin bzw. der Therapeut jeweils vor.

Sitzung 2. Eine Woche später, nachdem Mutter und Kind zu Hause geübt haben, werden ihre Erfahrungen besprochen, eventuelle Missverständnisse geklärt und das geeignete Vorgehen mit einem neuen Wort geübt. Anschließend führt die Therapeutin bzw. der Therapeut modellhaft die Bearbeitung einer Wortkarte aus Fach 1 (Worte, die einmal geübt und richtig geschrieben wurden) vor.

- Die Wörter werden abgeschrieben. Anschließend werden folgende Übungen (jeweils passend zu den Wortarten) durchgeführt:
- Bei Nomen: die Mehrzahl bilden (z. B. „das Haus – die Häuser“) und aus dem Duden drei zu dieser Wortfamilie passende Wörter suchen (z. B. zu „Haus“: Hausboot, häuslich, Haushalt).
- Bei Verben: das Personalpronomen hinzufügen und darunter die Grundform setzen (z. B. „er geht, gehen“). Oder zur Grundform die 1., 2. und 3. Person Einzahl bilden („ich komme, du kommst, er kommt“).
- Bei Adjektiven: die Vergleichs- und Steigerungsform bilden (z. B. „schön, schöner, am schönsten“).

Sitzung 3. Mutter und Kind werden beim gemeinsamen Üben auf Video aufgezeichnet. So werden beiden ihre Fortschritte unmittelbar veranschaulicht und Schwierigkeiten können rechtzeitig Gegenstand weiterer Beratung werden. Anschließend kann die Bearbeitung der Wörter aus Fach 2 (Wörter, die zweimal geübt und richtig geschrieben wurden) besprochen und eingeübt werden.

- Das deutlich geschriebene Wort lese ich mir laut vor.
- Mit dem Bleistift fahre ich das Wort nach und spreche dabei laut mit.
- Ich frage mich, ob ich das Wort in Silben teilen kann und male Silbenbögen ein; dann spreche ich das Wort und (nur bei jüngeren Schülerinnen und Schülern) klatsche dazu die Silben.
- Ich frage mich, ob es bei dem Wort Besonderheiten gibt, auf die ich achten muss, wie z. B. Rechtschreibregeln (Groß- und Kleinschreibung, Konsonantenverdoppelung). Dann überlege ich, ob ich mir meine Fragen dazu selbst beantworten kann oder ob ich nachfragen muss. Anschließend kennzeichne ich die Besonderheiten farbig.
- Nun drehe ich die Wortkarte um. Ich versuche, mir das Wort genau vorzustellen und spreche es mir dazu leise vor. Bin ich unsicher, schaue ich mir das Wort erneut genau an.
- Nun bilde ich einen Satz zu dem Wort und schreibe es anschließend in meiner Schönschrift auswendig in mein Übungsheft und spreche dazu laut mit.
- Ich drehe die Wortkarte wieder um und vergleiche mein geschriebenes Wort mit der Vorlage.

- Habe ich es richtig geschrieben, lobe ich mich dafür. Auf die Rückseite der Wortkarte trage ich das Datum (oder ein Symbol, z. B. ein Pluszeichen) ein und sortiere diese in das Fach 1 ein.
- Habe ich das Wort falsch geschrieben, radiere ich es im Heft aus, schreibe es richtig von der Wortkarte ab und überlege nochmals, ob ich alle für mich wichtigen Stellen bei diesem Wort farbig markiert hatte oder dies nachholen muss. Dann stecke ich das Wort in das bisherige Fach zurück. Ich mache mir Mut, dass ich das Wort beim nächsten Üben richtig schreiben werde.

So werden alle Karten, die dem Fach 0 entnommen worden sind, bearbeitet. Generell gilt: ein Wort nicht isoliert, sondern immer in einem sinnfälligen Kontext üben!

Sitzung 4. Hier besteht die Möglichkeit, die früheren Übungsformen zu wiederholen und zu besprechen. Anschließend werden Wörter aus Fach 3 (Wörter, die dreimal geübt und richtig geschrieben wurden), eingebettet in einen Satz, diktiert.

- Jedes Wort wird zuerst gesprochen, dann in einen Satz (den auch das Kind bilden darf) eingebettet, dann noch einmal gesprochen und schließlich geschrieben (z. B. „kaufen – Wir kaufen Gummibärchen – kaufen“). Geschrieben wird nur das Wort „kaufen“.
- Jedes richtig geschriebene Wort wird kurz bestätigt, z. B. „prima“, „richtig“. Falsch geschriebene Wörter werden nicht kommentiert.
- Nachdem alle Wörter diktiert worden sind, überprüft sie das Kind auf richtige Schreibweise, zunächst ohne Vorlage. Dann streicht die Co-Therapeutin bzw. der Co-Therapeut falsch geschriebene Wörter durch. Nun schreibt das Kind das Wort von der Karteikarte ab. Es soll das falsch geschriebene Wort möglichst nicht nochmals betrachten, sondern das richtig geschriebene auf der Karteikarte genau ansehen und abschreiben. Damit soll verhindert werden, dass es die Falsch- *und* die Richtigschreibung zugleich abspeichert und sich infolgedessen Unsicherheiten einstellen.
- Abschließend werden die richtig geschriebenen Wörter gezählt und die erreichten Punkte in dem Kontrollblatt („Mein Lernfortschritt“) vermerkt.
- Die Wortkarten zu den falsch geschriebenen Wörtern werden in Fach 1 zurückgesteckt.

Sitzung 5. Alle bisher gelernten Übungsformen werden nun von der Mutter und dem Kind durchgeführt und mit der Therapeutin bzw. dem Therapeuten besprochen. Anschließend wird die Bearbeitung von Wortkarten aus Fach 4 erklärt. Zu den ausgewählten Wörtern aus Fach 4 werden Sätze gebildet und aufgeschrieben.

- Diese Sätze denkt sich das Kind selbst aus (es dürfen auch Nonsens-Sätze sein) oder die Co-Therapeutin bzw. der Co-Therapeut gibt sie vor.
- Das Kind schreibt diese Sätze.
- Anschließend soll es seinen Text sorgfältig überprüfen, indem es ihn einmal wie gewohnt vorwärts liest und einmal wortweise rückwärts, also vom Ende her, um sich vom Satzkontext zu lösen.
- Danach kontrolliert die Mutter das Satzdiktat und schreibt die falsch geschriebenen Wörter richtig unter den Text.
- Richtig geschriebene Wörter aus der Wortkartei erhalten auf ihrer Karte ein „+“ (oder Datum-Eintrag) und wandern ins letzte Fach. Falsch geschriebene erhalten ein „–“ und die Karte geht in Fach 1 zurück.

- Die richtig geschriebenen Wörter werden zusammengezählt, dann wird der „Richtig-Prozentwert“ errechnet: *100 x (Wörterzahl minus Fehlerzahl)/Wörterzahl.*
- Das Ergebnis wird in das Diagramm auf dem Kontrollbogen („Kontrolle meines Lernfortschritts: Richtig-Prozentwerte“) eingezeichnet. Im unteren Teil der Spalte werden das Datum, die Gesamt-Wortzahl des Diktates und die erreichten Punkte eingetragen.
- Aus den Richtig-Prozentwerten von fünf Satzdiktaten wird der Durchschnittswert errechnet und im Protokollbogen als Linie eingezeichnet. Als Orientierungsmarke hat er eine doppelte Funktion: Bei Erreichen bzw. Überschreiten des festgelegten Richtig-Prozentwertes erhält das Kind 1 Punkt als Verstärker; die variable Marke stellt zudem einen Ansporn für das Kind dar, seine Leistungen zu verbessern.
- Im Satzdiktat falsch geschriebene und noch nicht in der Wortkartei erfasste Wörter werden in Fach 0 aufgenommen.
- Abschließend können die Wörter, die in Fach 5 angekommen sind (also in fünf Übungsdurchgängen richtig geschrieben worden sind) alphabetisch oder nach anderen Gesichtspunkten (z. B. Regeln, Wortarten) sortiert werden. Der Inhalt dieses letzten Faches ist für das Kind ein augenfälliger Indikator für das Ausmaß seines Lernfortschritts.

Zur vertieften Einprägung von Rechtschreibregeln empfiehlt es sich auch eine Reihe von beispielhaften Wörtern, die das Kind schon richtig schreiben kann, in das Fach 0 aufzunehmen, z. B. mit Dehnungs-h, ie, ss, tt oder mit dem Anfangsbuchstaben v. Es erleichtert die Arbeit der Mutter, wenn ihr die Therapeutin bzw. der Therapeut Wortlisten zur Verfügung stellt. Anregungen dafür sind z. B. dem Anhang des „Diagnostischen Rechtschreibtests für 4. Klassen“ (Grund, Haug & Naumann, 2003) oder dem *Orientierungswortschatz* zu entnehmen (Naumann, 1999). Für die Anwendung speziell bei Grundschulkindern sei auf den *Modellwortschatz* in der Neuausgabe von „Lese- und Rechtschreibschwierigkeiten: vorbeugen und überwinden“ (Sommer-Stumpenhorst, 2006) hingewiesen.

Weitere Betreuung durch die Therapeutin bzw. den Therapeuten. In der Regel sind Mutter und Kind nach fünf Therapiesitzungen soweit aufeinander eingespielt, dass die Kontakte zur Therapeutin bzw. zum Therapeuten auf monatliche Supervisionssitzungen begrenzt werden können. Nicht selten kommt es jedoch zu Leistungseinbrüchen und Krisen, so dass die Therapeutin bzw. der Therapeut mit akuten Bedarfsmeldungen rechnen muss. Für einen Zeitraum von ein bis zwei Jahren sollte sich die Therapeutin bzw. der Therapeut auf variable Beratungskontakte einstellen.

32.4 Wirksamkeit und Wirksamkeitsbedingungen

Verspricht das Vorgehen Erfolg? Machemer (1972a, b) berichtete, dass zehn Legastheniker, die nach dem beschriebenen Vorgehen behandelt wurden, sich in ihrem Wortschatz und ihrer Rechtschreibung verbesserten, ihre Schulaufgaben sorgfältiger und selbstständiger bearbeiteten und einen Zuwachs an schulischem Selbstbewusstsein verzeichneten. Offensichtlich sind Eltern zu einer angemessenen Umsetzung der Methode in der Lage und erreichen bei guter Anleitung und Schulung auch einen beachtenswerten Erfolg. Andere Untersuchungen liefern ebenfalls Hinweise auf die Tauglichkeit der

Methode. Jedoch muss man einschränkend sagen, dass das Üben mit der Wortkartei dabei nicht als eigenständige Methode eingesetzt wurde. Empirische Untersuchungen (Swanson, 1999) zeigen, dass Kinder nachdrückliche Lernerfolge erzielen, wenn:

- komplexe Aufgaben in Teilschritte zerlegt und systematisch eingeübt werden;
- gezielte Hilfen gegeben und allmählich ausgeblendet werden;
- nahezu täglich geübt wird und dazu genaue Rückmeldungen gegeben werden;
- die Schwierigkeit der Lernaufgaben mit den Fortschritten des Kindes allmählich gesteigert wird.

Diese Prinzipien finden sich hauptsächlich in verhaltenstherapeutisch inspirierten Lernprogrammen, wie der direkten Instruktion (s. Kapitel 34) und der Komplexitätsreduktion (s. Kapitel 33), wo sie gute bis sehr gute Erfolge haben. Diese Prinzipien werden auch beim Lernen mit der Wortkartei systematisch genutzt. Es bleibt zu beachten, dass das Üben mit der Wortkartei bei Kindern mit ausgeprägter Lese-Rechtschreibschwäche ein wichtiger Bestandteil, aber kein Ersatz für eine systematische Lese- und Rechtschreibtherapie ist (s. dazu Kapitel 11 und 13).

32.5 Literatur

Grundlegende Literatur

Machemer, P. (1972a). Zum Problem der Legasthenie an der Oberschule. *Schule und Psychologie, 19,* 88–98.

Machemer, P. (1972b). Entwicklung eines Übungsprogramms für Eltern zur Behandlung von Legasthenikern nach verhaltenstherapeutischem Modell. *Schule und Psychologie, 19,* 336–346.

Weiterführende Literatur

Küspert, P. (2001). *Wie Kinder leicht lesen und schreiben lernen: neue Strategien gegen Legasthenie.* Ratingen: Oberstebrink.

Mannhaupt, G. (1994). Deutschsprachige Studien zur Intervention bei Lese-Rechtschreibschwierigkeiten: Ein Überblick zu neueren Forschungstrends. *Zeitschrift für Pädagogische Psychologie, 8,* 123–138.

Scheerer-Neumann, G. (1988). *Rechtschreibtraining mit rechtschreibschwachen Hauptschülern auf kognitionspsychologischer Grundlage: Eine empirische Untersuchung.* Opladen: Westdeutscher Verlag.

Swanson, H. L. (1999). *Interventions for students with learning disabilities.* London: Guilford Press.

Material

Grund, M., Haug, G. & Naumann, C. L. (2003). *Diagnostischer Rechtschreibtest für 4. Klassen (DRT 4)* (2., überarbeitete Aufl.). Weinheim: Beltz.

Landerl, K., Wimmer, H. & Moser, E. (2010). *Salzburger Lese- und Rechtschreibtest (SLRT-II).* Bern: Huber.

Naumann, C. L. (1999). *Orientierungswortschatz. Die wichtigsten Wörter und Regeln für die Rechtschreibung Klassen 1–6.* Weinheim: Beltz.

Nell, V., Bretz, H. J. & Sniehotta, F. F. (2004). *Konzentrationstest für 3. und 4. Klassen-Revision (KT 3-4 R)*. Göttingen: Hogrefe.

Petermann, F & Petermann, U. (Hrsg.). (2011). *Wechsler Intelligence Scale for Children – Fourth Edition (WISC-IV)*. Frankfurt: Pearson.

Schulte-Körne, G. & Mathwig, F. (2009). *Das Marburger Rechtschreibtraining – ein regelgeleitetes Förderprogramm für rechtschreibschwache Schüler*. Bochum: Winkler.

Sommer-Stumpenhorst, N. (2006). *Lese- und Rechtschreibschwierigkeiten: vorbeugen und überwinden* (überarbeitete Neuausgabe). Berlin: Cornelsen.

33. Komplexität reduzieren und kontinuierliche Fortschritte ermöglichen

Gerhard W. Lauth und Udo B. Brack †

Fallbeispiel

Antonia ist 14 Jahre alt und besucht die 8. Klasse eines Gymnasiums. Ihre Schulleistungen haben sich im letzten halben Jahr deutlich verschlechtert. Die Eltern beklagen die schlechten Schulnoten und die geringe Konzentration beim Lernen. Die Hausaufgaben führen fast täglich zu Auseinandersetzungen mit der Mutter. In der Schule gibt es die größten Schwierigkeiten in der Mathematik, allerdings wird Antonias Lernverhalten auch in Englisch, Deutsch und Physik immer ungünstiger. Die testdiagnostische Untersuchung stellt eine überdurchschnittliche Intelligenz (IQ = 112) fest. Besondere Schulleistungsstörungen sind bei ihren mathematischen Fähigkeiten festzustellen; insbesondere kann Antonia keine binomischen Formeln lösen. Ihr fällt es aber auch bereits schwer, mehrstellige Zahlen zu multiplizieren.

Die Intervention besteht aus einem häuslichen Übungsprogramm. Es soll die gravierendsten Lernrückstände in der Mathematik aufheben und eine bessere Lernhaltung entstehen lassen. Hierzu finden regelmäßige häusliche Übungen mit der Mutter statt. Im Rahmen eines einfachen Ausformungsprogrammes werden zunächst Multiplikationsaufgaben geübt (z. B. $23 \times 47 = ?$, $431 \times 728 = ?$, $ax(b+c) = ?$, $ax(a+b) = ?$, $(a+b)^2 = ?$, $(pu+xy)^2 = ?$, usw.). Nach dem Prinzip der Komplexitätsreduktion werden die angebotenen Informationen auf das Wesentlichste beschränkt und die Aufgabenschwierigkeit erst allmählich mit den Fortschritten des Kindes gesteigert. In den Übungen werden folgende Regeln verwirklicht:

- Es wird pro Übung immer nur eine Regel (bzw. ein Aufgabentypus) behandelt; erst später werden die verschiedenen Aufgabenarten gemischt.
- Zu jedem Aufgabentyp wird die entsprechende Erläuterung aus dem Schulbuch herauskopiert, vergrößert, ausgeschnitten und durch ein Rechenbeispiel ergänzt. Dieses Blatt dient Antonia als einzige Informationsquelle beim Üben.
- Äußere Hinweisreize (bzw. Störungen, zusätzliche Erklärungen) werden auf ein Minimum reduziert, jeder Wortwechsel zwischen Mutter und Kind wird unterbunden.

Die Mutter bereitet unter Anleitung einer Therapeutin eine größere Zahl von Übungsblättern zu den Aufgabentypen vor. Dafür erhält sie folgende Anweisung:

„Bitte üben Sie täglich, wie besprochen, um 16.00 Uhr mit Ihrem Kind. Bieten Sie Antonia *einmal* an, dass sie mit Ihnen üben *darf* (nicht *muss*). Begeben Sie sich dann an den vorgesehenen Platz und geben Sie dem Kind, wenn es kommt, ein Übungsblatt mit 10 Aufgaben. Stellen Sie den Küchenwecker auf 15 Minuten. Wenn der Wecker läutet oder wenn Antonia vorher signalisiert, dass sie fertig ist, nehmen Sie das Blatt an sich und prüfen die Aufgaben. Falsch gelöste Aufgaben rechnen Sie dem Kind bitte unmittelbar langsam und ohne sonstige Erläuterungen vor. Sollten Fragen von Antonia kommen, dann gehen Sie bitte nur ganz kurz darauf ein und nur insoweit, wie sie sich unmittelbar auf den Stoff beziehen.

Werfen Sie für jede richtige Lösung 10 Cent in das vorgesehene Glas. Geben Sie dann dem Kind das zweite Blatt und stellen Sie den Küchenwecker erneut. Nach 2 Blättern ist die Übung spätestens beendet. Bitte notieren Sie in Ihrem Registrierblatt wie viele von den angebotenen 20 Aufgaben richtig gelöst werden.

Bitte beachten Sie, dass Sie sonst mit dem Kind in den Übungen nicht sprechen! Vermeiden Sie insbesondere alle Versprechungen, Drohungen und weitere Erklärungen. Auch außerhalb der Übungen sollten Sie diese nicht ansprechen und sie insbesondere nicht in die üblichen Erziehungsmaßnahmen einbeziehen."

Antonias Lernen wird durch ein Münzverstärkungssystem unterstützt, dessen Ziel ein Fahrrad ist, das sich Antonia schon lange wünscht. Für jede richtig gelöste Aufgabe erhält Antonia 10 Cent als Rückmeldung. Bei guter Mitarbeit kann sie dadurch in 3 Monaten genug Geld für das gewünschte Fahrrad ansammeln.

Nach kurzer Zeit beginnt das Kind, gezielt zu lernen: Antonia überlegt bei den Aufgaben, sie vergleicht diese mit der Anleitung und sie prüft die Lösung der Aufgaben noch einmal nach. Sie äußert sich sehr erstaunt über die Art der Übungen, in denen es nur Belohnungen, aber keine Drohungen oder Erklärungen gibt. Auch die Mutter sieht die Sache ähnlich; ein so konfliktfreies Lernen des Kindes war bisher noch nie gelungen.

Antonia macht, zunächst in dem eingeengten Bereich des Übungsprogramms, schnelle Fortschritte, die sich allmählich auf ihr gesamtes Lernverhalten ausdehnen. Zunächst erhält sie positivere Rückmeldungen vom Mathematiklehrer; aber auch in Englisch und Deutsch erreicht sie zwischenzeitlich Lernerfolge (z. B. größere Unterrichtsbeteiligung, Erfolge in Zwischentests und bei einem Referat).

33.1 Kurzbeschreibung der Methode und ihres theoretischen Hintergrunds

Die Komplexitätsreduktion geht von zwei grundlegenden Fragen aus:

(1) *Warum machen bestimmte Kinder keine sicheren Lernfortschritte?* Sie gehen doch in den gleichen Unterricht, bearbeiten die gleichen Aufgaben und erhalten sogar zusätzliche Erklärungen oder Sonderaufgaben. Dennoch erreichen sie nur kurzfristige Lerngewinne und fallen oft noch weiter hinter ihre unauffälligen Mitschülerinnen und Mitschüler zurück. Die Gründe dafür liegen in der Verarbeitungsfähigkeit: a) Die Lernaufgaben führen zu keinen stimmigen Erkenntnissen, weil das Lernen vom Erfolg entkoppelt ist.

b) Die erläuternden Instruktionen sind zu komplex und vielschichtig, um in geordneter und vollständiger Weise aufgenommen werden zu können. In der Folge werden deshalb nur zufällige Ausschnitte aufgenommen. Dauerhafte Lerngewinne bleiben aus.

(2) *Wie kann man solchen Kindern zu einem sicheren Lerngewinn verhelfen?* Hauptsächlich dadurch, dass die Lernsituation überschaubar, klar und eindeutig gemacht wird. Sie wird der eingeschränkten Lernbasis des Kindes angepasst und so gestaltet, dass das Wesentliche eindeutig hervortritt und umstandslos geübt wird. Die Komplexität wird reduziert. Dadurch wird das Kind in seinen verringerten Verarbeitungsmöglichkeiten entlastet. Es entsteht eine Situation, in der es wieder erfolgreich und systematisch lernen kann.

Die Grundlagen für diese Intervention wurden in den 1960er und 1970er Jahren unter dem Stichwort der *überselektiven Wahrnehmung* (Stimulus Overselectivity) gelegt. Überselektive Wahrnehmung bezeichnet die Tatsache, dass jemand nicht die gesamte Reizsituation aufnimmt, sondern nur einen willkürlich und zufällig ausgewählten Ausschnitt. Zuerst wurde das bei autistischen, sprachverzögerten und retardierten Kindern festgestellt: Diese Kinder profitierten auch nicht mehr von den Entwicklungsanregungen um sie herum und entwickelten sich nicht mehr weiter. Offensichtlich war das Lernangebot ihrer Umgebung (Sprachverhalten, Anweisungen, Vorbilder) im Verhältnis zu ihren Verarbeitungsmöglichkeiten zu vielschichtig. Zunächst hielt man die überselektive Wahrnehmung noch für ein spezielles Merkmal der Entwicklungsverzögerung selbst. Bis man feststellte, dass sich entwicklungsverzögerte Kinder nicht anders als jüngere Kinder verhielten. Die zufällig-willkürliche Informationsauswahl wurde ihnen also nicht von der Störung auferlegt, sondern erwies sich als Folge zu großer Reizkomplexität und einer eingeschränkten Fähigkeit zur Informationsverarbeitung:

- Überfordernde Reizkomplexität begünstigt eine willkürlich-zufällige Informationsauswahl, was wiederum Entwicklungsfortschritte behindert.
- Die Fähigkeit zur Informationsverarbeitung hängt ihrerseits von Entwicklungsvoraussetzungen wie der kognitiven Reife, Sprachfähigkeit, Funktionsfähigkeit des verbalen Gedächtnissystems, Vorerfahrungen und Vorkenntnissen sowie vorhandenen Denkfertigkeiten ab. Bei Einschränkungen erhöht sich die willkürlich-zufällige Informationsauswahl.

Diese Untersuchungsergebnisse trugen zur Entwicklung von Trainingsprogrammen für entwicklungsverzögerte Kinder bei (Brack, 2001). Ihr gemeinsames Merkmal ist, dass sie sich auf das Wesentliche beschränken: Beispielsweise werden Anweisungen kurz und knapp gehalten. Stattdessen dominieren Übungen, die so sorgfältig geplant werden, dass ihre erfolgreiche Ausführung den gewünschten Lerngewinn erzeugt (sogenanntes „Within Stimulus Prompting“). Zusätzliche Erklärungen werden als überflüssig, wenn nicht gar schädlich erachtet und die Aufgabenschwierigkeit steigert sich mit dem Lernfortschritt. Es wird ein sorgfältig geplantes Lerndesign verwirklicht. Die Hauptaufgabe der Therapeutin bzw. des Therapeuten besteht darin, das Lernprogramm zusammenzustellen und seine Ausführung zu überwachen. Die Methode der Komplexitätsreduktion wird immer stärker als Grundprinzip für Interventionen bei Lernstörungen eingesetzt und mit Verfahren wie Modelllernen oder direkter Instruktion verbunden (Ploog, 2010; zur Veranschaulichung der Grundprinzipien dieses Vorgehens s. Kasten 1).

Kasten 1: Komplexitätsreduktion in zwei Alltagsbeispielen

Beispiel 1: Wie lernt man rasch und zuverlässig, dass „maison" Haus bedeutet? Stellen Sie sich dazu folgende Situation vor:

Ein französisches Kind, das kein Wort Deutsch spricht, versucht einem deutschen Kind, das kein Wort Französisch spricht, zu vermitteln, dass „maison" die Bedeutung von Haus hat. Die sicherste Art und Weise besteht darin, dass beide auf die Straße gehen und das französische Kind „maison" sagt, auf ein Haus zeigt und schweigt. Immer noch schweigend wird dieser Vorgang 2- bis 3-mal wiederholt. Es ist klar, das deutsche Kind soll das Wort nachsprechen und ebenfalls auf das Haus zeigen. Wichtig ist, dass das Lernwort nicht in einen zu komplexen Satz gekleidet wird oder zusätzliche Erklärungen (etwa über die Herkunft oder Verwendung des Wortes) gegeben werden. Sodann wird das französische Kind das Wort aufschreiben und vorsprechen. Das deutsche Kind soll das Wort nachsprechen und abschreiben. Auch hier werden keine weiteren Erklärungen gegeben. Das Wort wird sehr rasch gelernt sein.

In diesem Beispiel werden die wichtigsten Prinzipien der Komplexitätsreduktion sichtbar: Beschränkung des Lernens auf ein Ziel, Staffelung des Lernens nach Schwierigkeiten (zuerst die Aussprache und Wortbedeutung lernen, dann das Schreiben), Beschränkung der Information auf das Wesentlichste – hier vorsprechen, nachsprechen, vorschreiben, abschreiben.

Beispiel 2: Wie schult man junge Fußballer (Zeitmagazin Nr. 25 vom Juni 2012)?

Im Zeitmagazin wird anschaulich beschrieben, wie man junge Spieler schult (Seite 4–5): Zuerst wird das Fußballspielen in seine Einzelteile zerlegt. Diese Analyse geht von drei zentralen Fragen aus:

- Was ist Fußball? Angreifen, Umschalten, Verteidigen.
- Woraus besteht Angreifen, Umschalten und Verteidigen? Aus Handlungen mit und ohne Ball.
- Welche Handlungen sind fußballspezifisch und wichtig? Anbieten, Auftaktbewegung, Vororientierung, Stellung, Ballaktion, Folgehandlung.

Für diese Inhalte werden Übungseinheiten entwickelt und in einem Programm zusammengefasst. Die Spieler üben nun systematisch. Es ist leicht nachvollziehbar, dass sie dadurch besser werden. Dies liegt daran, dass es klare Zielgrößen und eindeutige Übungseinheiten gibt. Die Spieler erhalten konkrete Rückmeldungen darüber, wie gut sie die Übungen vollziehen. Dadurch lernen sie nahezu zwangsläufig. Und selbst wenn die Übungsgewinne ausbleiben, wird deutlich, woran es hängt und was bei den Übungen zu ändern ist.

Die Darstellung im Zeitmagazin macht aber auch deutlich, dass es inhaltsleere und unnütze „Anleitungen" gibt. Wenn beispielsweise bei den Übungen einem Spieler der Ball vom Fuß springt, ermahnten auch Profitrainer den Spieler gern, sich besser zu konzentrieren. Aber was ist Konzentration? Und woher weiß der Trainer überhaupt, dass es an der Konzentration liegt? Besser als solche unnützen Einlassungen ist es, wenn der Trainer aufschlüsselt, warum das Ballstoppen misslingt und er die richtige Handlung mit geeigneten Hilfen solange üben lässt bis sie sitzt.

Also gilt auch hier: Die Zielhandlung in zentrale Übungseinheiten aufspalten; sie systematisch unter Anleitung, Hilfen und mit genauer Rückmeldung üben lassen. Inhaltsleere Kommentare seinlassen und stattdessen an den Einzelfall angepasste Übungen anbieten.

Komplexitätsreduktion wird zunehmend auch zur Förderung bei inhaltsspezifischen Lernrückständen eingesetzt (z. B. Lese-Rechtschreibstörung, Rechenstörung). Denn auch hier fehlt zumeist die notwendige Ausgangsbasis, um die nächsten Lernschritte erfolgreich absolvieren zu können (ein Kind beherrscht beispielsweise die Phonem-Graphem-Zuordnung nicht, kann das Einmaleins nicht sicher, beherrscht die grundsätzlichen Regeln der Englischgrammatik nicht). Folglich kann es Lernangebote, die im Rahmen der Förderung gemacht werden, nicht ausreichend nutzen, weil sie für sein derzeitiges Verarbeitungsniveau zu komplex sind. Auch „gut gemeinte" Erklärungen helfen dann nicht weiter, sondern verwirren nur zusätzlich.

In den Interventionen wird das Schwierigkeitsniveau der Lernaufgabe so abgesenkt, dass das Angebot vom Lernenden aufgegriffen, verstanden, gespeichert und zur Ausgangsbasis für das weitere Lernen werden kann (vgl. Brack, 2001). Den Kindern wird weniger Information als unauffälligen Kindern angeboten; erst wenn eindeutige Lernfortfortschritte erkennbar sind, wird der Informationsgehalt (Reizkomplexität) allmählich gesteigert. Wesentliche Merkmale dieses Vorgehens sind:

- Das Lernangebot wird zunächst auf seine charakteristischen Reizmerkmale reduziert (z. B.: Welche Morpheme unterscheiden einzelne Wörter? Wie lassen sich die Unterschiede in der Schreibweise der Ziffern 1 bis 5 am deutlichsten herausarbeiten?). Das Lernangebot soll also auf einfachem Niveau zunächst vom Kind erfasst werden können. Nur schrittweise kommen dann zusätzliche Merkmale hinzu.
- Die Lernangebote werden auf die inhaltliche Verarbeitungsmöglichkeit des Kindes abgestimmt. Am Anfang der Förderung wird deshalb genau diagnostiziert, was das Kind kann und was es nicht mehr sicher beherrscht (z. B.: Welche Phoneme und Morpheme beherrscht es und welche nicht?).
- Äußere Hinweise (etwa zusätzliche Erklärungen, weitere Erläuterungen) werden hingegen vermieden. Das Lernangebot wird hauptsächlich durch die Übungsaufgaben bestimmt.
- Das Üben steht im Vordergrund und über den Übungserfolg stellen sich die angestrebten Kenntnisse und Fähigkeiten ein.
- Das Lernen findet nicht intern (verborgen) statt, sondern äußert sich in sichtbarer Weise (z. B. ein Ergebnis niederschreiben, einen englischen Text nachsprechen, einen Text zusammenfassen). Dadurch wird der Lernerfolg direkt beobachtbar, der Erfolg kann unmittelbar rückgemeldet und bestätigt werden, Fehler können bereits im Entstehen unterbunden werden (kontrolliertes Lernen).

Das Vorgehen bei der Komplexitätsreduktion überschneidet sich mit der direkten Instruktion (s. Kapitel 34), allerdings ist es methodischer und erfordert eine umfangreichere Planung und Vorbereitung. Außerdem beruht die Komplexitätsreduktion in deutlich höherem Maße auf den Lernprinzipien der Verhaltensausformung und der Bereitstellung von vorübergehenden Hilfen, die schrittweise zurückgenommen werden, sobald sich der Lernerfolg einstellt.

33.2 Indikation der Methode

Komplexitätsreduktion ist dann angezeigt, wenn die inhaltlichen Lernvoraussetzungen nicht vorhanden sind. Dies gilt hauptsächlich bei:

- isolierten und weitreichenden Lernstörungen (Lese-Rechtschreibstörung – F81.0; isolierte Rechtschreibstörung – F81.1; Rechenstörung – F81.2). In der Therapie werden bereichsspezifisches Wissen (z. B. Kenntnisse von Morphemen und Graphemen, Rechenoperationen, Schreibregeln) sowie die dafür notwendigen Grundlagen (z. B. Zahlbegriff, motorische Fertigkeiten) möglichst entschlossen, zielführend und punktgenau vermittelt.
- Lernstörungen, die auf umschriebene Entwicklungsstörungen (z. B. rezeptive Sprachstörungen – F80.2; expressive Sprachstörungen – F80.1; Intelligenzminderung – F7; vgl. Brack & Volpers, 1999) zurückgehen. Diese Lernstörungen werden zumeist bei der Einschulung, bei der schulärztlichen Untersuchung, in der Vorschule oder in schulischen Sondereinrichtungen auffällig.

Weniger geeignet, weil in der Regel zu aufwändig und detailliert, ist dieses Vorgehen hingegen bei allgemeinen Lernstörungen oder solchen Störungen, die auf mangelnde Lernaktivitäten zurückgehen.

33.3 Detaillierte Beschreibung des Vorgehens

Die Komplexitätsreduktion wird vor allem beim Aufbau von Rechen- und Lesefertigkeiten sowie sinnverstehendem Lesen und Rechtschreibkenntnissen angewandt. Dabei werden hauptsächlich drei „Techniken" eingesetzt:

- systematischer Aufbau der gewünschten Kenntnisse aus einfacheren Lernvoraussetzungen (Verhaltensaufforderung, Shaping);
- Erteilung von am Inhalt orientierten Hilfen (Prompts);
- allmähliches Ausblenden (Fading) der eingesetzten Hilfen.

Die Förderung startet mit gerade noch gekonnten Aufgaben (mittlerem Schwierigkeitsniveau). Mit den Fortschritten des Lernenden wird der Schwierigkeitsgrad allmählich gesteigert. Das Vorgehen umfasst folgende Schritte:

(1) *Analyse der inhaltsspezifischen Lernvoraussetzungen* und des derzeitigen wissensmäßigen Entwicklungsstandes des Kindes. Hierzu ist eine sorgfältige testpsychologische Untersuchung anhand von Intelligenz- und Schulleistungstests notwendig. Der derzeitige inhaltsspezifische Entwicklungsstand (z. B. die Zahl der sicher beherrschten Grapheme, die Rechtschreibleistung) muss möglichst exakt ermittelt werden.

(2) Zusammenstellung von – bezogen auf das vorhandene Lernniveau des Kindes – leichten, erst ganz allmählich schwerer werdenden und möglichst eindeutigen Aufgaben. Hierzu werden Lernaufgaben bereitgestellt, die in ihrer Schwierigkeit abgestuft sind und frühe sowie stetige Lernerfolge ermöglichen.

(3) Lernen über die Kontrolle *sichtbarer Reaktionen*. Dieses Prinzip bedeutet, dass das Lernen des Kindes sichtbare Ergebnisse hervorbringen soll. Beispielsweise wiederholt

das Kind ein vorgesprochenes Wort oder schreibt es nieder; oder das Kind wiederholt eine vorgesprochene Zahl und malt die entsprechende Punktmenge dazu. Jeder Lerndurchgang wird als möglichst eindeutige Handlung gestaltet, die sofort als richtig oder falsch erkennbar ist und entsprechend belohnt oder unterbrochen werden kann. Innere kognitive Aktivitäten, die nicht gezielt kontrolliert werden können (z. B. einen Text leise lesen), werden hingegen vermieden, weil sie nicht beurteilbar sind und Fehler deshalb ohne Folgen bleiben. Ferner unterlässt man es, zusätzliche Erklärungen zu geben, weil a) zusätzliche Informationen nichts nützen, eher verwirren und b) zusätzliche Informationen doch nur dann notwendig werden, wenn das Lernprogramm und die Lernaufgaben nicht für sich sprechen. Stattdessen ist man der Meinung, dass sich Lernfortschritte einstellen, wenn den Kindern überzeugende Übungen abverlangt werden, zu denen sofort Rückmeldungen erteilt werden (Lernen nach Versuch und Irrtum bei jeweils gezielten und genauen Rückmeldungen führt zum Erfolg). Wenn im Einklang mit den Lernfortschritten der Kinder allmählich schwierigere Lernaufgaben eingeführt werden, bilden sich „höherwertige" Lernergebnisse (Begriffe, Regeln) von selbst aus.

Wie können sichtbare Lernhandlungen veranlasst werden? Hierzu gibt es folgende Möglichkeiten (zur Verdeutlichung s. Kasten 2):

Kasten 2: Rechtschreibtraining im Rahmen der Komplexitätsreduktion (vgl. Brack, 2001)

Die Übungen finden in einem ablenkungsfreien Raum statt. Das Kind ist über das Vorgehen (s. u.) informiert. Die Komplexitätsreduktion wird folgendermaßen durchgeführt:

- Es wird einzeln mit dem Kind für etwa 15 Minuten geübt.
- Ihm werden etwa 100 Wörter, Wort für Wort diktiert. Beim Diktieren sitzt der Erwachsene seitlich hinter dem Kind.
- Wenn das Kind das Wort richtig geschrieben hat, wird ein Cent-Stück als positive Rückmeldung und Verstärkung in ein Glas geworfen (das Vorgehen ist so mit dem Kind besprochen, es darf die Münzen als Verstärker behalten).
- Macht das Kind während des Schreibens aber einen Fehler, wird es sofort und ohne Erklärung im Moment des Entstehens des Fehlers unterbrochen („falsch!"). Das Kind schreibt jetzt (so ist es vereinbart) das Wort noch einmal von neuem. Ist es dann richtig, erfolgt ein kurzes Lob („ja"). Tritt hingegen erneut ein Fehler auf, buchstabiert der Erwachsene das Wort Buchstabe für Buchstabe. Er gibt keinen weiteren Kommentar.
- Dann wird das nächste Wort diktiert.

- Die Therapeutin bzw. der Therapeut macht etwas vor und das Kind vollzieht es nach (z. B. spricht die Therapeutin oder der Therapeut ein Wort aus, das Kind spricht nach und sucht es aus einer Vorlage heraus).
- Eine Lernaufgabe wird nachvollzogen (z. B. ein Wort abgeschrieben, ein Wort „nachgezogen").
- Das Kind ordnet zu (z. B. die Zahlen 3 und 18 werden den entsprechenden Mengen zugeordnet).
- Falsche Antworten werden bereits im Entstehen verhindert (blockiert), richtige jedoch unmittelbar verstärkt (zum Verhalten der Trainerin bzw. des Trainers vgl. Kasten 3).

Kasten 3: Vier Maßnahmen, um Lernen zu fördern

Ausgangspunkt der Komplexitätsreduktion ist die Erkenntnis, dass die meisten Lernangebote für Kinder mit Lernproblemen zu komplex sind und sie deshalb zufällige Merkmale herausgreifen (Überselektivität). Alle Bemühungen bei der Komplexitätsreduktion laufen deshalb darauf hinaus, dass eindeutige und systematische Lernerfahrungen gemacht werden. Dazu dienen vor allem folgende Maßnahmen:

(1) *Falsche Antworten* werden bereits beim Entstehen *rückgemeldet und verhindert*, damit richtige Lernergebnisse erreicht werden. Das Lernen ist im Wesentlichen als Diskriminations- und darauf aufbauendes Begriffs- und Regellernen konzipiert. Voraussetzung dafür ist, dass einzelne Lerninhalte (z. B. Unterscheidung von b–d, Unterscheidung von Konsonant und Vokal, Unterscheidung von Objekt und Subjekt im Satz) sicher und differenziert aufgrund der ausschlaggebenden Merkmale unterschieden werden können. Daraus entwickeln sich allmählich abstrahierende Regeln und Begriffe. Wenn die Unterscheidung manchmal gelingt, manchmal aber auch nicht, baut sich nur mit geringer Wahrscheinlichkeit der Begriff auf. Fehler gefährden also den Fortschritt und werden deshalb bereits im Entstehen verhindert (z. B. blockieren, Unterbrechung durch die Therapeutin bzw. den Therapeuten, neu anfangen lassen).

(2) *Richtige Antworten* werden hingegen unmittelbar positiv rückgemeldet bzw. belohnt (z. B. mit Punktesystemen). Diese Rückmeldung erfolgt ohne zeitliche Verzögerung und ohne zusätzliche verbale Information.

(3) Es werden *eng am Inhalt orientierte Hilfen* (Prompts) eingeführt, die richtige Antworten erleichtern. Solche Hilfen bestehen in:
- Zwischenschritten (z. B. eine Wortkarte vor dem Niederschreiben aus dem Kopf bei Unsicherheit noch einmal einsehen, Butterbrotpapier über ein Wort legen und es zuerst nachfahren, mit den Fingern rechnen);
- vorgehenserleichternden Hilfsmitteln (z. B. Sichtfenster beim Lesen, logische Blöcke beim Zählen) oder lösungserleichternde Aufgabengestaltung (z. B. große Schrift beim Lesen, Vorgabe des Lösungsraumes bei einer Textaufgabe, Vorgabe der zugehörigen Menge beim Addieren).

Diese Hilfen werden bei hinreichenden Lernfortschritten allmählich ausgeblendet (Fading), indem man sie immer weniger werden lässt (z. B. die Schriftgröße von Vorlagen allmählich verkleinert).

(4) Die Trainerin bzw. der Trainer *enthält sich zusätzlicher und unnötiger Erklärungen*. Die meisten Lehrenden (z. B. Mütter beim Machen der Hausaufgaben, Väter beim Erklären von technischen Geräten, Lehrkräfte im Unterricht) reden schlicht zu viel. Ihre Erklärungen sind zwar meist wohlgemeint, aber das Kind sollte eigene Lernerfahrungen, v. a. durch Versuch und Irrtum, sammeln. Deshalb sind nur kurze Anweisungen zum Vorgehen zulässig.

(4) Mit fortschreitendem Lernerfolg werden *zunehmend schwierigere Aufgaben* eingeführt. Es wird aber erst dann zu den nächst schwierigeren Aufgaben übergegangen, wenn mindestens 80 % der vorherigen Schwierigkeitsstufe richtig gelöst werden konnte.

(5) Der *Lernfortschritt* des Kindes wird über die gesamte Laufzeit der Förderung (Therapie) detailliert in einer Lernkurve festgehalten, die beispielsweise die Zahl der richtig

gelösten Rechenaufgaben oder die Zahl der richtig gelesenen Wörter anschaulich abbildet (Tabelle, Kurve). Daraus ergibt sich unmittelbar eine Rückmeldung über den Erfolg des Vorgehens.

(6) Es werden *häufige* aber kurze und am besten tägliche *Übungssitzungen* durchgeführt (Dauer: 15 bis 25 Minuten). Dies ist eigentlich nur möglich, wenn die Aufgabe an eine Co-Therapeutin bzw. an einen Co-Therapeuten (z. B. Eltern, ältere Geschwister, Lehrkräfte) delegiert werden kann. Diese erhalten klare Anweisungen, wie die täglichen Übungssitzungen abgehalten und welche Aufgaben geübt werden sollen (s. o.). Der Verlauf der Übungssitzungen wird in einem Tagebuch (kurze Protokolle) festgehalten.

Gut konstruierte PC-gesteuerte Lernprogramme (s. Kapitel 31) greifen ebenfalls auf diese Methode zurück, indem sie die Lernschwierigkeiten des Kindes analysieren, mittelschwere Aufgaben zur Bearbeitung auswählen, falsche Antworten verhindern und die Schwierigkeit der Aufgaben (je nach den Fortschritten des Kindes) steigern. Weitere Aufgabenbeispiele finden sich in Kasten 4.

Kasten 4: Aufgabenbeispiele für die Vermittlung von Lese- und Rechtschreibkenntnissen

(1) Kenntnisse von Phonemen und Graphemen vermitteln (etwa die Gruppe *b, l, m*)
- Theurapeutin bzw. Therapeut spricht Phoneme deutlich vor und schreibt diese auf.
- Kind spricht nach, schreibt auf – falsche Reaktionen werden blockiert, richtige Antworten als korrekt bezeichnet.
- Bei 80 bis 90 % Sicherheit wird zur nächsten Phonemgruppe (etwa *d, k, o*) übergegangen.

(2) Kurze Wörter oder Phoneme schreiben.
- Die Wörter und Phoneme schriftlich (große Schrift) vorlegen.
- Kind schreibt ab – falsche Reaktionen blockieren, richtiges Abschreiben kurz rückmelden („korrekt!“).
- Bei hinreichender Sicherheit Übergang zur nächsten Schwierigkeitsstufe.

(3) Wörter und kleine Sätze (ab)schreiben.
- Kurze Wörter schriftlich (große Schrift) vorlegen.
- Kind schreibt ab; falsche Reaktionen blockieren, richtiges Abschreiben kurz rückmelden („korrekt!“).
- Bei hinreichender Sicherheit Übergang zu längeren Wörtern.

(4) (Bekannte) Wörter und kurze Sätze nach Diktat schreiben.
- Therapeutin bzw. Therapeut diktiert Wort für Wort.
- Kind ruft das Wortbild auf.
- Kind schaut in einer schriftlichen Vorlage nach.
- Kind nennt die dazugehörige Rechtschreibregel – Therapeutin bzw. Therapeut gibt Rückmeldung („falsch“, „richtig“), falls falsch, nennt die Therapeutin bzw. der Therapeut die richtige Regel.
- Kind schreibt – Therapeutin bzw. Therapeut verhindert falsche Schreibweise („Falsch, stopp“).

Für richtige Lösungen (Nennung der Rechtschreibregel, richtiges Schreiben) wird jeweils ein Punkt vergeben. Entscheidend ist, dass zusätzliche Informationen (Erläuterungen, Ermunterungen, Drohungen usw.) unter allen Umständen vermieden werden.

33.4 Wirksamkeit und Wirksamkeitsbedingungen

In dem eingangs beschriebenem Vorgehen (Brack, 2001, S. 68) zeigten die lese-rechtschreibschwachen Kinder nach weniger als vier Stunden Übung (etwa 15 Übungen von je 15 Minuten Dauer) eine erstaunliche Verbesserung ihrer Rechtschreibleistung. Am Anfang machten sie etwa 90 % der Fehler einer Vergleichsgruppe, was sich bis zur letzten Sitzung auf 38 % verringerte. Ähnlich positive Ergebnisse werden auch erreicht, wenn das Training von den Müttern durchgeführt wird.

Ansprechende (zumeist mittlere) Effektstärken werden auch in den verhaltenstherapeutischen Lese-Rechtschreibprogrammen festgestellt, die bei der Förderung von leserechtschreibschwachen Kindern auf einzelne Methoden der Komplexitätsreduktion zurückgreifen (z. B. operante Verstärkung, Kontrolle der Aufgabenschwierigkeit, kurze Übungszeiten, situationsbezogene Hilfen, gezieltes Training von einzelnen Fertigkeitsbereichen) und bei rechtschreibschwachen Kindern durchgeführt werden (Mannhaupt, 1994; Swanson, 1999). Unterstützung erhält die Methode auch durch Metaanalysen, die das „Herunterbrechen" der Aufgabenkomplexität in bearbeitbare Teilkomponenten und die Auswahl mittelschwerer Aufgaben als wirksame Interventionsprinzipien ausweisen.

In den einschlägigen Metaanalysen findet die Komplexitätsreduktion keine gesonderte Berücksichtigung, weil sie zu selten angewendet wird. Wohl aber finden sich verwandte Ansätze (etwa direkte oder explizite Instruktion, s. Kapitel 34), den in fast allen Metaanalysen große Wirksamkeit bescheinigt wird. Ein Beispiel dafür ist die Auswertung von 70 Studien mit mehr als 2.400 lerngestörten Schülerinnen und Schülern (Altersdurchschnitt rund 14.3 Jahre) durch Scruggs et al. (2010). Direkte Instruktion resultierte hier in einer überaus substanziellen Effektstärke von $d = 1.68$.

33.5 Literatur

Grundlegende Literatur

Brack, U. B. (2001). *Überselektive Wahrnehmung bei retardierten Kindern*. Göttingen: Hogrefe.

Dürr, H. (2001). Lese-Rechtschreibschwäche. In G. W. Lauth, U. Brack & F. Linderkamp (Hrsg.), *Verhaltenstherapie bei Kindern und Jugendlichen – ein Praxishandbuch* (S. 212–220). Weinheim: PVU.

Ploog, B. O. (2010). Stimulus overselectivity four decades later: A review of the literature and its implications for current research in autism spectrum disorder. *Journal of Autism and Developmental Disorders, 40,* 1332–1349. doi: 10.1007/s10803-010-0990-2

Weiterführende Literatur

Brack, U.B. & Volpers, F. (1999). Sprach- und Sprechstörungen. In H.-Ch. Steinhausen & M. v. Aster (Hrsg.), *Verhaltenstherapie und Verhaltensmedizin bei Kindern und Jugendlichen* (2., erweiterte Aufl., S. 95–130).

Mannhaupt, G. (1994). Deutschsprachige Studien zur Intervention bei Lese-Rechtschreibschwäche: Ein Überblick zu neueren Forschungstrends. *Zeitschrift für Pädagogische Psychologie, 8,* 123–138.

Scrugg, T.E., Mastropieri, M.A., Berkeley, S. & Graetz, J.E. (2010). Do special education interventions improve learning of secondary content? A meta-analysis. *Remedial and Special Education, 31,* 437–449. doi: 10.1177/0741932508327465

Swanson, H.L. (1999). Reading research for students with LD: A meta-analysis of intervention outcomes. *Journal of Learning Disabilities, 32,* 504–532. doi: 10.1177/002221949903200605

34. Direkte Instruktion

Morena Lebens und Gerhard W. Lauth

Fallbeispiel

Der achtzehnjährige Luis absolviert das erste Lehrjahr seiner Ausbildung zum Fachlageristen und besucht die Berufsschule. Die fachpraktische Ausbildung bereitet ihm Freude, er schätzt die Anleitung und die Übungsmöglichkeiten, die er von seinem Ausbilder bekommt. Seine schulischen Leistungen sind insgesamt schwach: Im fünften Schuljahr wurde eine Lese-Rechtschreibschwäche diagnostiziert und das zehnte Schuljahr an einer Hauptschule musste er wiederholen. Probleme hat Luis insbesondere beim Lesen und Verstehen von Sachtexten. Die ausgeprägte Beeinträchtigung gefährdet den Ausbildungserfolg; daher erhält Luis Förderunterricht.

Der Förderlehrer entscheidet sich, Lesefähigkeit und Textverständnis mittels der direkten Instruktion zu verbessern. Zu Beginn der Stunde gibt er das Ziel vor, bspw. eine Bedienungsanleitung flüssig zu lesen. Um das Vorwissen zu aktivieren, erinnert er zunächst an die Inhalte der vergangenen Sitzung und wiederholt besonders schwierige Sätze, indem er sie laut vorliest und von Luis wiederholen lässt. Nach dieser Rückschau werden neue Inhalte präsentiert. Beispielsweise wird ein neuer Text ausgeteilt, der in mehrere Abschnitte unterteilt ist. Der Förderlehrer macht die Vorgehensweise zuerst wieder vor, indem er einen Abschnitt laut und betont vorliest. Anschließend wird der soeben verlesene Abschnitt von Luis laut wiederholt. Luis nutzt ein Leselineal, um die Blickbewegung auf die jeweilige Zeile zu richten. Wenn er ins Stocken gerät oder fehlerhaft liest, folgt unmittelbare Hilfestellung („Prompt"), damit er keine Fehler verinnerlicht. Schwierige oder unklare Wörter werden nach jedem Abschnitt ausführlich erklärt. Mit steigendem Fortschritt werden diese Hilfestellungen ausgeblendet („Fading"). Den letzten Abschnitt liest Luis eigenständig, ohne vorheriges Vorlesen durch den Lehrer. Wird jeder Abschnitt sicher und verständlich gelesen, wird das Textverständnis durch gezielte Fragen überprüft. Nach jedem Abschnitt steht eine Frage zum Text, die Luis beantworten soll. Zur Beantwortung der Verständnisfrage wird der Text ein weiteres Mal gezielt gelesen. Informationen, die zur Beantwortung der Frage wichtig sind, werden unterstrichen. Der Förderlehrer erhält dadurch eine Rückmeldung zum Textverständnis und kann den Lernfortschritt anhand der flüssig gelesenen Abschnitte und der korrekt beantworteten Fragen überprüfen. Das Anforderungsniveau erhöht sich stetig innerhalb einer Sitzung, aber auch über die Sitzungen hinweg.

Luis erlangt dadurch eine verbesserte Lesefähigkeit. Er liest zügiger und kann entscheidende Informationen aus Sachtexten entnehmen. Obwohl sich seine Schulnote in Deutsch bislang nicht verbessert hat, wurde er für seine Fortschritte in der Berichtsheftführung gelobt.

34.1 Kurzbeschreibung der Methode und ihres theoretischen Hintergrunds

Die direkte Instruktion wird auch als explizite oder systematische Instruktion bezeichnet. Es handelt sich um ein Lernen, das zwar stark von der Lehrkraft gelenkt wird, sich aber sehr eng an den Lernvoraussetzungen und den Lernfortschritten der Schülerin bzw. des Schülers orientiert. Begründet wird es durch Erkenntnisse der Lern- und Gedächtnisforschung, die das Lernen als *aktive Verarbeitung von Informationen* ausweisen (Mayer, 2004). Das heißt nichts anderes, als dass Schülerinnen und Schüler Informationen auswählen, Lerninhalte in Wissenssysteme einordnen, eventuell veranschaulichen oder konkretisieren, Lernerfahrungen zu Kategorien und Begriffen verdichten sowie zu Regeln oder Strategien verallgemeinern. Es handelt sich um einen hochaktiven Vorgang, der besonders gut gelingt, wenn eine Schülerin bzw. ein Schüler das notwendige Vorwissen beherrscht und auf wirksame Verarbeitungsstrategien zurückgreifen kann.

Lernstörungen sind nach dieser Sichtweise die Folge einer gestörten Informationsverarbeitung: Lerninhalte werden nicht nach ihrem Bedeutungsgehalt ausgewählt, sondern nach sachfremden Kriterien (z. B. hervorstechenden Merkmalen, nach Zufall). Weil die Schülerin bzw. der Schüler wenig zielgerichtet (selektiv) vorgeht, kann er die wichtigen Lerninhalte nicht rasch und sicher erkennen und sie nicht zuverlässig abspeichern sowie sie nicht in der gewünschten Weise zu Wissensstrukturen und Kenntnishierarchien verdichten. Der erhoffte Lerngewinn bleibt also aus, weil das Vorwissen eingeschränkt oder lückenhaft ist bzw. Strategien zur Informationsverarbeitung nur unzureichend genutzt werden (Hasselhorn, Grube, Mähler & Roick, 2007).

Dieses Manko setzt sich weiter fort, wenn Schülerinnen und Schülern neue Lernaufgaben vorgelegt werden. Erneut stehen ihnen nur eingeschränkte Ressourcen für die Verarbeitung der Lerninformationen zur Verfügung: Ihre Wissensbasis ist eingeschränkt, lückenhaft oder instabil und ihre Lernstrategien sind entweder nicht entwickelt oder dysfunktional. Dementsprechend können sie sich die neuen Inhalte nicht aneignen und sie nicht sicher lernen.

Die *Cognitive Load Theory* (Sweller, 1994) hebt zusätzlich die kognitive Belastung hervor, denen lerngestörte und lernschwache Schülerinnen und Schüler beim Lernen ausgesetzt sind. Hierunter leidet insbesondere ihr Arbeitsgedächtnis, weil lernschwache Kinder:

- das grundlegende Wissen nicht sicher und nicht rasch abrufen können, sondern es oft erst aufwändig und störanfällig ableiten müssen. So zum Beispiel, wenn eine Schülerin oder ein Schüler die Aufgabe 5 + 9 durch Abzählen mit den Fingern zu lösen versucht, weil die Lösung nicht unmittelbar als Anschauung abgerufen werden kann (s. Kapitel 3; Rechenschwäche).

- unklare Lernaufgaben nicht verstehen und nicht wissen, wie sie vorgehen sollen, sondern sich in halbherzigen Probehandlungen oder kreisförmigen Gedankengängen verstricken. Beispielsweise wenn eine Textaufgabe nicht verstanden wird und gleich drei Lösungen vorgelegt werden, ohne dass die Schülerin bzw. der Schüler entscheiden kann, welche denn nun richtig ist. Das Lösen ist zum Raten geworden, das keinen Lerngewinn bringt.

In beiden Fällen verbleiben den lernschwachen Kindern kaum noch ausreichende Kapazitäten, um neues Wissen im Langzeitgedächtnis abspeichern und bereits existierendes Wissen von dort wieder abrufen zu können. Ein stabiler Lerngewinn ist so nicht möglich. Folgt man Vertreterinnen und Vertretern der Cognitive Load Theory, so erzeugt das Erlernen neuer Information eine kognitive Belastung, die je nach Vorwissen der Lernenden, inhaltlicher Komplexität und Geschick der Lehrkraft (Vermittlungskompetenz) unterschiedlich ausfällt. Lücken im Vorwissen, hohe inhaltliche Komplexität der Lernaufgabe und mangelnde Klarheit in der Aufgabenstellung addieren sich zu einer kognitiven Gesamtbelastung, die durch komplizierte Anweisungen oder verspielte, aber schwer zu durchschauende Lernmaterialen (überflüssigerweise) noch weiter erhöht wird. Bei ungünstigen Lernvoraussetzungen tritt rasch eine Überlastung ein, die den Lernverlauf beeinträchtigt und unzureichende Lernergebnisse bewirkt. Die Schlussfolgerung ist rasch klar: Lerngestörte und lernschwache Schülerinnen und Schüler sollen in ihrem Informationsverarbeitungssystem nachdrücklich entlastet werden. Sie sollen insbesondere:
- Grundkenntnisse bis zur sicheren Verfügbarkeit einüben, um die Lücken im Vorwissen zu schließen;
- durch die Vorbereitung des Lernstoffes von überflüssigen Lernaufgaben entlastet werden, um die zentralen Lernziele möglichst direkt und ohne Umwege anzusteuern;
- in ihrem zentralen Lernverhalten unmittelbar unterstützt und explizit angeleitet werden, um das Lernen zum Erfolg zu führen.

Durch diese Maßnahmen werden wertvolle, weil begrenzte Ressourcen für die Verarbeitung und Festigung des Lernstoffes freigemacht. Die jeweiligen Schülerinnen und Schüler sollen den Blick auf das Wesentliche richten und sichere Lerngewinne erreichen. Deshalb werden möglichst eindeutige Lernaufgaben gestellt. Durch die Art der Anleitung werden sie außerdem von Ungewissheiten über das Lernziel und den Lernweg befreit. Zudem geht es um den sicheren Erwerb von Grundkenntnissen und das Erlernen von förderlichen Lernstrategien, die das kognitive System der Schülerin bzw. des Schülers entlasten.

Dafür wird der Lernstoff in spezieller Weise aufbereitet. Kennzeichnend sind (Grünke, 2006; Swanson 2001; s. dazu Kasten 1):
- ausgearbeitete Lösungsbeispiele, d. h. paradigmatische Musterlösungen, die effektive Strategien vorgeben („Worked Out Examples“);
- ein hochstrukturiertes und planvolles Anleiten. Die Lehrkraft teilt dazu den Lernstoff in sinnvolle Einheiten auf. Sie beginnt die Anleitung mit den leichteren Aufgaben und steigert deren Schwierigkeit, wenn sich Lernerfolge einstellen.
- eine intensivere Anleitung bei Beginn der Lerntherapie, wobei die Lehrkraft teilweise als Modell auftritt und Lernvorgänge anhand ausgearbeiteter Lösungsbeispiele sowie durch ihr Vorbildverhalten verdeutlicht. Das Ausmaß der Anleitung wird im Verlaufe der Behandlung zunehmend verringert.

- die starke Betonung des automatisierenden Übens, das die kontinuierliche Wiederholung und Einübung neuer Fertigkeiten bis zu deren flüssigen Beherrschung umfasst. Im Verlaufe der Behandlung wird das eigenständige Üben zunehmend wichtiger. Die Lerninhalte werden so lange geübt, bis sie hinreichend automatisiert sind.
- die Steuerung des Lerngeschehens durch genaue und unmittelbare Rückmeldungen. Die Lehrkraft kommentiert beispielweise Lösungen der Schülerinnen bzw. der Schüler und überwacht dabei deren Lernfortschritte möglichst eng und genau. Dadurch kann das Anforderungsniveau der Lernaufgaben bedarfsgerecht an die jeweilige Lernerin bzw. den jeweiligen Lerner angepasst werden. Bei ausreichenden Fortschritten wird die Lehrkraft die Schwierigkeit der Aufgaben steigern, bei mangelnden Lernfortschritten wird sie hingegen leichtere Aufgaben vorlegen.
- die Kontrolle des Lernfortschrittes. Der Lerngewinn wird regelmäßig überwacht und kontrolliert. Hierfür eigenen sich kleinere Formen der Leistungsüberprüfung, wie Arbeitsproben, gezielte Fragen zum Wissensstand und Zwischentests, die innerhalb von Unterrichtseinheiten und Unterrichtsreihen zum Abgleich von Vorwissen und Lernzuwachs eingesetzt werden können.

Die Aufgabenschwierigkeit, der Grad der Komplexität, das Ausmaß der Unterstützung und die Zahl der Wiederholungen richten sich nach dem Vorwissen und nach dem Lernfortschritt des jeweiligen Kindes.

Kasten 1: Schlüsselmerkmale der direkten Instruktion

Swanson (2001, S. 4) nennt zwölf Schlüsselmerkmale für die direkte Instruktion. Wenn vier davon realisiert werden, sind die Kriterien der Methode erfüllt:

1. Zergliederung der Aufgabe in übersichtliche Teilschritte
2. Überprüfung des Lernstandes
3. Wiederholte Feedbackschleifen
4. Veranschaulichung von Inhalten durch Diagramme oder Bilder
5. Selbstständiges Üben und individuell adaptierbare Instruktion
6. Strukturierung der Lerneinheit in einfachere Phasen
7. Vermittlung von Inhalten in Kleingruppen
8. Modellierung der zu erlernenden Inhalte durch die Lehrkräfte
9. Zügige Bearbeitung vorbereiteter Lernmaterialien
10. Unterstützung einzelner Lernenden
11. Erfassung des Wissenstands durch Fragen der Lehrkraft
12. Darbietung der Inhalte durch die Lehrkraft

Die direkte Instruktion läuft auf „aktives" und „explizites" Lehren hinaus. Sie betont den Beitrag der Lehrkraft zum Lernprozess. Damit unterscheidet sie sich von sogenannten „minimalinvasiven" Interventionen, welche die Verantwortung für das Lernen und die Lernergebnisse zu wesentlichen Anteilen der Schülerin bzw. dem Schüler selbst anvertrauen, beispielsweise beim entdeckenden Lernen, selbstgesteuerten Lernen oder Projektunterricht. Die bisherigen Ergebnisse zeigen, dass sich diese Methoden für gute Schülerinnen und Schüler bzw. solche mit ausreichendem Vorwissen und einem Bestand an gesicherten Lernstrategien gut eignen, lerngestörten Kindern aber nur wenig helfen. Aus Sicht der direkten Instruktion sind diese minimalinvasiven Methoden zu komplex und zu voraussetzungsvoll, als dass sie sich als Interventionsmethode für lerngestörte Kinder empfehlen könnten. Die direkte Instruktion betont stattdessen den Beitrag der Lehrkraft zum Lerngewinn. Ist das Vorwissen lückenhaft, bietet die Lehrkraft Orientierung und Anleitung, damit Lernrückstände verringert werden können.

Die direkte Instruktion weist Ähnlichkeit mit der Komplexitätsreduktion auf (s. Kapitel 33). Beide Interventionsprinzipien orientieren sich daran, dass Lernen auf Informationsverarbeitung beruht und streben bei Lernstörungen eine Reduzierung der kognitiven Belastung an (bzw. eine Anpassung der Belastung an die Fähigkeiten des Kindes).

34.2 Indikation der Methode

Das Verfahren eignet sich für die Vermittlung von Grundkenntnissen und inhaltlichem Wissen, das sich in kleine Einheiten untergliedern und schrittweise erlernen lässt. Besonders bei den folgenden Lernstörungen (s. dazu auch die entsprechenden Kapitel in diesem Band) ist es nützlich und indiziert:

- Allgemeine Lernschwächen und Lernstörungen (Kombinierte Störung schulischer Fertigkeiten, ICD-10, F81.3);
- Nicht näher bezeichnete Entwicklungsstörungen schulischen Lernens (ICD-10, F81.9; signifikante Beeinträchtigung des Lernens bei unauffälliger Intelligenz);
- Bereichsspezifische Lernstörungen (z. B. Rechenstörung ICD-10, F81.1; Lese-Rechtschreibschwäche ICD-10, F81.0);
- Underachievement im Sinne einer Diskrepanz zwischen individueller Lernfähigkeit (ausgedrückt als Allgemeinintelligenz) und tatsächlicher schulischer Leistung.

Nachgewiesenermaßen beschränkt sich die Tauglichkeit jedoch nicht nur auf die therapeutische Anwendung; vielmehr kann direkte Instruktion auch im Förderunterricht, in Kleingruppen und im herkömmlichen Unterricht sehr erfolgreich eingesetzt werden.

34.3 Detaillierte Beschreibung des Vorgehens

Anleitung, Übung und Wiederholung sind Grundvoraussetzungen für das Erlernen neuer Fähigkeiten. Die direkte Instruktion gliedert den Lernprozess dafür in drei Abschnitte:

(1) *Feststellung des Lernstands.* Um zu wissen, was die Schülerin bzw. der Schüler kann und was nicht mehr hinreichend sicher beherrscht wird, ist eine sorgfältige Untersuchung des Kenntnisstandes notwendig. Diese Feststellung bestimmt den Startpunkt der Intervention. Sie erfolgt in der Hauptsache mittels standardisierter Schulleistungstests (s. Anhang C). Erste Anhaltspunkte für Lernrückstände lassen sich zudem aus Arbeitsproben, bspw. Schulheften oder Hausaufgaben herleiten.

Strategiedefizite werden mithilfe der Methode des „lauten Denkens“ untersucht. Die Lernenden werden aufgefordert, ihre Denk- und Problemlöseprozesse während der Bearbeitung einer Aufgabe laut auszusprechen. Die daraus resultierenden Denkprotokolle ermöglichen Schlussfolgerungen über die Art und die Güte der verwendeten Strategien.

(2) *Förderung des Lernens durch explizite Modellierung und Einübung der Inhalte*. Auf Grundlage des zuvor festgestellten Lernstandes bestimmt die Lehrkraft das Lernziel und untergliedert den neuen Lernstoff in überschaubare Teilschritte. In dieser Phase dient die Lehrkraft den Lernenden zunächst als Modell. Sie verdeutlicht wie sie

- sich den Lernstoff schrittweise veranschaulicht;
- die Lerninhalte systematisch wiederholt und diese sich einprägt;
- sich die Lerninhalte anhand ausgearbeiteter Lösungsbeispiele erschließt;
- solange selbstständig übt, bis der Lernstoff sicher verfügbar ist.

Dabei führt die Lehrkraft die einzelnen Schritte vor. Mit steigender Fähigkeit der Lernenden nimmt sie sich jedoch zurück. Die Lehrkraft

- stattet die Lernenden mit passendem Lernmaterial aus und steuert mithilfe kontinuierlicher Rückmeldung den Lernprozess bis hin zum eigenständigen Üben. Erst wenn eine Phase sicher bewältig wird, erhöht sie das Anforderungsniveau.
- gibt rasche, aussagefähige und ausdrückliche Rückmeldungen, die sich auf die Durchführung der Lernaufgabe sowie die Richtigkeit und Güte der Lösungsstrategie beziehen (s. Kasten 2).

Kasten 2: Rückmeldungen durch die Lehrkraft

Lernaufgabe im Englischunterricht: Es geht um die Konstruktion einfacher Fragen im *Simple Present*, die sich aus der konjugierten Form des Hilfsverbs *(do, does)* und dem Infinitiv des Verbs zusammensetzen.

Nach der Modellierung der Vorgehensweise anhand exemplarischer Lösungsbeispiele fordert die Lehrkraft die Schülerinnen und Schüler auf, mithilfe der Lernmaterialien eigene Beispiele zu formulieren und vorzustellen.

Anna: „Die Aussage lautet: *Andy goes to school every day.* Dann lautet die Frage: Does Andy go to school every day?“

Lehrkraft: „Richtig Anna, Du hast für die Fragestellung das Hilfsverb gebraucht und richtig konjugiert. Tim, kannst Du noch ein Beispiel geben?“

Tim: *„Jane walks home now. Does Jane walk home now?“*

Lehrkraft: „Gut Tim, die Frage enthält das Hilfsverb. Im Aussagesatz verwendest Du aber das Signalwort *now.* Signalwörter signalisieren uns, welche Zeitform wir verwenden wollen. *Now* ist das Signalwort für das *Present Continous*, die Verlaufsform. Die Verlaufsform bezieht sich auf Vorgänge und Aktivitäten, die gerade in diesem Moment ablaufen und noch nicht vollendet sind. Richtig wäre gewesen: *Jane is walking home now.* Sie läuft gerade jetzt nach Hause. Die Frage wäre dann also: *Is Jane walking home now?* Achtet bitte besonders auf die Signalwörter, die auf Seite 12 aufgelistet sind.“

(3) *Festigung des Lernens* durch selbstständige Übung, Wiederholung und Rückmeldung. Das automatisierende Üben wird betont, weil es für die dauerhafte Verankerung von Informationen im Langzeitgedächtnis sorgt. Wichtig ist es insbesondere für das Erlernen von Grundkenntnissen wie z. B.: kleines 1 × 1, Grundvokabular in Englisch, Kenntnis der wichtigsten Formeln in Physik, Grundwortschatz in Deutsch.

Praktische Umsetzung

Die direkte Instruktion beschreibt ein Grundkonzept, das flexibel auf das einzelne Kind übertragen wird. Dabei werden in einer sechststufigen Abfolge folgende Schlüsselmerkmale verwirklicht (Rosenshine, 1971; für ein Beispiel s. Kasten 3):

1. *Rückschau.* Jede Lerneinheit beginnt mit einer Zusammenfassung und Wiederholung bereits bekannter Inhalte durch die Lehrkraft (s. Fallbeispiel Luis).
2. *Präsentation.* In der Präsentationsphase werden neue Lerninhalte anhand ausgearbeiteter Lösungsbeispiele eingebracht und mit bereits existierendem Vorwissen verknüpft. Diese Lösungsbeispiele schlagen eine Brücke zwischen dem vorhandenen Wissen und den neuen Lerninhalten. Beispielsweise
   - wird die Konjugation eines unregelmäßigen französischen Verbs an der Tafel veranschaulicht und mit einem regelmäßigen Verb verglichen. Farbige Markierungen heben die Besonderheiten der unregelmäßigen Konjugation hervor.
   - werden die drei Lösungsschritte beim Dreisatz auf ein Plakat geschrieben.

   Mit solchen Musterbeispielen werden korrekte und wirksame Lösungsstrategien verdeutlicht.
3. *Angeleitetes Üben.* Nun bearbeitet die Schülerin bzw. der Schüler den Lernstoff. Das Vorgehen wird von der Lehrkraft engmaschig beobachtet und betreut. Sie bietet sogenannte Stützstrategien an, die bei Lernfortschritten schrittweise reduziert werden, um das selbstständige Üben zu fördern (s. Punkt 5).
4. *Korrektur und Feedback.* Die Schülerin bzw. der Schüler erhält direkte Rückmeldungen zur Richtigkeit der Lösungen und zur Güte der Lernwege (z. B.: „Sehr gut, ‚past tense‘ ist die richtige Antwort, [denn der Satz enthält das Signalwort ‚yesterday‘] oder „Present continuous ist falsch, weil der Satz das Signalwort ‚yesterday‘ enthält. Die Signalwörter müssen auswendig gelernt werden, damit ihr die richtigen Zeitformen erkennen und verwenden könnt.“).
5. *Selbstständiges Üben.* Wenn das Lernen unter Anleitung bisher erfolgreich verlaufen ist, reduziert die Lehrkraft ihre explizite Anleitung und ihre Hilfen, um ein zunehmend selbstständigeres Lernen herbeizuführen.
6. *Wöchentliche und monatliche Rückschau.* Zur Festigung der erlernten Fähigkeiten werden bereits vermittelte Lerninhalte in regelmäßigen Intervallen wiederholt.

Diese Phasen finden sich sowohl in der Struktur einer Behandlungsstunde als auch in der Gliederung einer ganzen Unterrichtseinheit wieder, die sich über mehrere Sitzungen hinweg erstreckt. Der Stellenwert der einzelnen Phasen richtet sich nach den Lernvoraussetzungen. Ist kaum Vorwissen vorhanden, erhalten die Präsentation (Phase 2) und das Vormachen (Modellierung) stärkeres Gewicht.

Die kleinschrittige Modellierung der Lernstrategie hat in der direkten Instruktion eine besondere Bedeutung: Sie dient dem Lernen am Modell und reduziert die kognitive Belastung. Ein Beispiel dafür zeigt Kasten 4.

Kasten 3: Beispiel für direkte Instruktion im Mathematikunterricht

Phase	Aufgabe für die Lehrkraft	Beispiel
Rückschau	Review	*„In der letzten Stunde hast Du gelernt, den Grundwert G mit dem Dreisatz zu berechnen.“* (Vorwissen aktivieren)
	Post Organiser	*„Kannst Du mir nochmal sagen, was der Grundwert G bedeutet?“* (Definition an die Tafel schreiben und „Grundwert“ farbig unterstreichen)
Präsentation neuer Inhalte	Zielvorgabe	*„Heute gehen wir einen Schritt weiter und üben den Prozentwert Pw.“*
	Advance Organiser	*„Der Prozentwert Pw bedeutet ...“* (Definition an die Tafel schreiben und „Prozentwert“ farbig unterstreichen)
Modellierung der Vorgehensweise	Worked Out Example	*„Hier ein Beispiel für die Berechnung des Prozentwerts, das wir Schritt für Schritt durchgehen. Schritt 1 ist ...“* (Ablauf demonstrieren, jeden Schritt benennen und erklären)
Angeleitetes Üben	Prompting	*„Die nächste Aufgabe lösen wir gemeinsam. Schaut euch das Lösungsbeispiel gut an. Tina, was ist der erste Schritt?“* (Richtige Antworten positiv verstärken, falsche Antworten blockieren, neu anfangen lassen, ggf. Hinweise und Hilfen geben)
Eigenständiges Üben	Fading	*„Das klappt richtig gut, doch achtet darauf, den Dreisatz ordentlich aufzuschreiben, damit die Zahlen nicht durcheinander kommen. Die nächsten 2 Aufgaben macht ihr selbstständig. Im Anschluss daran kontrollieren wir die Lösungen.“* (Hilfen allmählich ausblenden)
Sicherung	Review	*„Ihr habt konzentriert gearbeitet, das ist gut. Zum Schluss wollen wir nochmal den Unterschied zwischen Grundwert und Prozentwert festhalten.“* (Inhalte der Sitzung prägnant zusammenfassen).

Kasten 4: Vorgehen bei einer Aufgabe zum Rechnen mit Dezimalstellen

Schritt	Aufgabe: Wir addieren 14.2+5.3	Rechnung
1	Schreibe zunächst 14.2. Schreibe darunter dann 5.3. Denke an die richtige Position der Dezimalstellen.	14.2 + 5.3
2	Ziehe eine Ergebnislinie unter die beiden Zahlen. Setze dann den Dezimalpunkt schon in Deine Antwort.	14.2 + 5.3 .
3	Addiere als nächstes die Zahlen von rechts nach links. 2 plus 3 ergibt 5, also steht auf der rechten Seite des Dezimalpunkts die 5. 4 plus 5 sind 9, schreibe die 9 auf die linke Seite des Dezimalpunkts.	14.2 + 5.3 9.5
4	Zum Schluss steht die 1 allein, also stelle Dir eine 0 vor der 5 vor und rechne 1 plus 0.	14.2 + 05.3 9.5
5	Die Antwort ist 19.5	14.2 + 05.3 19.5

34.4 Wirksamkeit und Wirksamkeitsbedingungen

Die Wirksamkeit der direkten Instruktion ist in der Literatur umfassend belegt. Nur wenige andere Interventionsverfahren können sich auf eine derart breite Befundlage berufen. Hier einige der wichtigsten Ergebnisse:

- Die „Follow-Through“ Studie gilt als eine besonders aussagekräftige und umfangsreiche Untersuchung zur Wirksamkeit der direkten Instruktion. Sie wurde im Rahmen einer Bildungsinitiative zur Armutsbekämpfung durchgeführt und umfasste insgesamt 100.000 Kinder und Jugendliche aus 180 Schulbezirken (Becker & Engelmann, 1973; Stebbins, St. Pierre, Proper, Anderson & Cerva, 1977). Überprüft wurde die Leistung in verschiedenen Schulfächern anhand standardisierter Schulleistungstests und psychometrischer Skalen zur Erfassung kognitiver und affektiver Merkmale. Unter Kontrolle möglicher weiterer Einflussfaktoren bewirkte die direkte Instruktion gegenüber minimalinvasiven Verfahren einen signifikanten Leistungszuwachs bei Schülerinnen und Schülern mit Lernstörungen. In Folgestudien ließ sich der Lernerfolg selbst noch im Studium nachweisen (Meyer, 1984).
- Swanson (2001) ging in einer Metaanalyse der Frage nach, wie Kindern mit Lernstörungen erfolgreich geholfen werden kann. Die Resultate seiner Metaanalyse bescheinigen der Kombination aus direkter Instruktion und Strategieinstruktion eine besonders hohe Wirksamkeit ($d=0.84$). Als alleiniges Interventionsverfahren ohne zusätzliche Strategieinstruktion erzielte die direkte Instruktion eine Effektstärke von 0.68.

- Kroesbergen und van Luit (2003) untersuchten in einer sorgfältigen Metaanalyse die Eignung der direkten Instruktion bei mangelhaftem Vorwissen im Fach Mathematik. Auch sie stellten einen großen Effekt von $d = 0.91$ fest.
- Hattie (2009) fasste praktisch alle vorliegenden Metaanalysen zur Prognose der Schulleistung in einer gemeinsamen (Mega-)Analyse zusammen. In vier Metaanalysen wurde auch die Wirksamkeit der direkten Instruktion bei normalbegabten und lerngestörten Schulkindern untersucht. Die direkte Intervention erwies sich mit einer Effektstärke von 0.82 sowohl bei Kindern mit als auch ohne Lernstörungen als eine der effektivsten Techniken der Wissensvermittlung.

Dass sich die direkte Instruktion besonders für Kinder mit Lernstörungen eignet, zeigen auch folgende Ergebnisse:

- Tuovinen und Sweller (1999) berichteten, dass Lernende mit geringem Vorwissen wesentlich stärker von direkter als von minimalinvasiver Instruktion profitieren.
- Klar und Nigam (2004) belegten die Überlegenheit der direkten Instruktion gegenüber minimalinvasiver Instruktion.
- Lubienski (2006) kam zu dem Ergebnis, dass Schülerinnen und Schüler aus privilegierten (bzw. bildungsnahen) Milieus einen größeren Nutzen aus minimalinvasiven Methoden ziehen als Schülerinnen und Schüler aus einkommensschwachen Familien.

Weitere Studien zeigen, dass die direkte Instruktion nicht nur bei Lernstörungen wirksam ist, sondern darüber hinaus als Unterrichtsprinzip zur Förderung leistungsschwacher Schülerinnen und Schüler eingesetzt werden kann.

Ungeachtet der überzeugenden Datenlage, bietet die direkte Instruktion dennoch keine Patentlösung. Der Lernerfolg stellt sich nicht automatisch ein, sondern steht im Zusammenhang mit den Merkmalen der Lernenden, dem Lernziel und den Lerninhalten. Neben der Vermittlung von Basisfähigkeiten zählen die Entwicklung der Selbstregulationsfähigkeit und des fachspezifischen sowie fachübergreifenden Strategiewissens zu den wesentlichen Komponenten einer umfassenden und erfolgversprechenden Interventionsstrategie.

34.5 Literatur

Grundlegende Literatur

Grünke, M. (2006). Zur Effektivität von Fördermethoden bei Kindern und Jugendlichen mit Lernstörungen: Eine Synopse vorliegender Metaanalysen. *Kindheit und Entwicklung, 15,* 238–253. doi: 10.1026/0942-5403.15.4.239

Hasselhorn, M., Grube, D., Mähler, C. & Roick, T. (2007). Experimentelle Forschung: Was leistet sie für die Sonderpädagogik? In J. Walter & F. B. Wember (Hrsg.), *Handbuch der Pädagogik und Psychologie bei Behinderungen (Bd. 1): Förderschwerpunkt Lernen.* Göttingen: Hogrefe.

Mayer, R. E. (2004). Should there be a three strikes rule against pure discovery learning? The case for guided methods of instruction. *American Psychologist, 59,* 14–9. doi: 10.1037/0003-066X.59.1.14

Weiterführende Literatur

Becker, W.C. & Engelmann, S. (1973). *Summary analysis of five-year data on achievement and teaching progress with 14.000 children in 20 projects*. Washington, DC: Division of Compensatory Education. (Eric Document Reproduction Service No. ED 096 781).

Hattie, J. (2009). *Visible learning: A synthesis of over 800 meta-analyses relating to achievement.* London and New York: Routledge.

Klar, D. & Nigam, M. (2004). The equivalence of learning paths in early science instruction effects of direct instruction and discovery learning. *Psychological Science, 15,* 661–667. doi: 10.1111/j.0956-7976.2004.00737.x

Lubienski, S.T. (2006). Examining instruction, achievement, and equity with NAEP mathematics data. *Education Policy Analysis Archives, 14,* 1–33.

Meyer, L.A. (1984). Long-term academic effects of the direct instruction Project Follow Through. *The Elementary School Journal, 84,* 380–394. doi: 10.1086/461371

Rosenshine, B. (1971). *Teaching behaviours and student achievement*. London: National Foundation for Educational Research.

Stebbins, L.B., St. Pierre, R.G., Proper, E.C., Anderson, R.B. & Cerva, T.R. (1977). Education as experimentation: A planned variation model: VoI 4-A. *An evaluation of Follow Through*. Cambridge, MA: Abt Associates.

Swanson, H.L. (2001). Searching for the best model for instructing students with disabilities. *Focus on Exceptional Children, 34,* 1–15.

Sweller, J. (1994). Cognitive load theory, learning difficulty, and instructional design. *Learning and Instruction, 4,* 295–312. doi: 10.1016/0959-4752(94)90003-5

Tuovinen, J.E. & Sweller, J. (1999). A comparison of cognitive load associated with discovery learning and worked examples. *Journal of Educational Psychology, 91,* 334–341. doi: 10.1037/0022-0663.91.2.334

35. Lernerfolge belohnen: Kontingenzmanagement

Dirk Hillebrandt

Fallbeispiel

Die zehnjährige Monika geht in die 4. Klasse einer Grundschule. Seit mehreren Wochen fällt ihrer Klassenlehrerin auf, dass sie ihre Hausaufgaben entweder gar nicht oder nur sehr unvollständig anfertigt. Monika entschuldigt ihre Versäumnisse damit, dass die Bearbeitung der Hausaufgaben einfach zu lange dauert. Sie sei den ganzen Nachmittag nur mit den Hausarbeiten beschäftigt und könne nichts mehr unternehmen, was ihr wirklich Spaß macht. Nach Auffassung der Lehrerin fehlt es Monika nicht am erforderlichen Wissen, wohl aber an der notwendigen Motivation, sich den Hausaufgaben mit ausreichender Sorgfalt und Ausdauer zu widmen. Die Eltern sind von der Benachrichtigung der Lehrerin überrascht und reagieren besorgt. Sie waren davon ausgegangen, dass Monika ihre Hausaufgaben selbstständig macht. Gelegentlich hätten sie Monika gefragt, ob sie ihre Hausarbeiten schon erledigt habe, allerdings ohne zu überprüfen, ob dies auch tatsächlich der Fall war. Auf Anraten der Lehrerin suchen die Eltern gemeinsam mit Monika eine Erziehungsberatungsstelle auf. Auf Vorschlag der Therapeutin vereinbaren die Eltern mit Monika, dass sie zukünftig eine Belohnung erhalten wird, wenn sie ihre Hausaufgaben eigenständig beginnt und vollständig erledigt. Dies wird von den Eltern täglich kontrolliert. Monika schreibt am Ende der Schulstunde auf, was sie aufhat (v. a. in Deutsch und Mathematik), und die Lehrerin überprüft, ob sie auch nichts vergessen hat (damit die Eltern wissen, worin die Hausaufgaben bestehen). An jedem Tag, an dem Monika ihre Hausaufgaben vollständig bearbeitet, darf sie in einen Protokollbogen ein „Sternchen“ aufmalen. Wenn sie drei Sternchen gesammelt hat, kann sie diese gegen eine Wunscherfüllung eintauschen, z. B. einen Kinobesuch, den sie zuvor mit ihren Eltern als Belohnung vereinbart hat. Die Intervention bewirkt, dass Monika ihre Aufgaben von nun an regelmäßiger erledigt. Nach acht Wochen zeigt sie, bis auf Ausnahmefälle, keine Versäumnisse bei den Hausaufgaben mehr, was auch von ihrer Lehrerin bestätigt wird. Da die Hausaufgaben für Monika zu einer täglichen Routine geworden sind, wird das Belohnungsprogramm allmählich abgesetzt. Die Eltern kontrollieren die Hausaufgaben zunächst noch 1-mal wöchentlich, dann aber nur noch sporadisch, wobei sie Monika für ihr selbstständiges und sorgsames Arbeiten anerkennend loben.

35.1 Kurzbeschreibung der Methode und ihres theoretischen Hintergrunds

Kontingenzmanagement stellt ein Verfahren zur Verhaltensveränderung dar, das seinen Ursprung im operanten Konditionieren hat (Schott, 1976). Skinner entdeckte, dass der Aufbau von Verhalten, ebenso wie dessen Löschungsresistenz, maßgeblich davon abhängt, nach welchen Regeln (oder Verstärkerplänen) Konsequenzen (z. B. Belohnungen) auf ein bestimmtes Verhalten folgen. Zu den bekanntesten Erkenntnissen dieser Forschung gehört, dass es für einen raschen Verhaltensaufbau am effektivsten ist, Verhalten jedes Mal zu verstärken, sobald es gezeigt wird (kontinuierliche Verstärkung), während es für die anschließende Verfestigung des betreffenden Verhaltens günstiger ist, wenn es nur noch unregelmäßig verstärkt wird (intermittierende Verstärkung, z. B. nach einem variablen Quotenplan; s. u.). Diese Erkenntnisse werden im Kontingenzmanagement systematisch genutzt, um Verhalten in eine gewünschte Richtung zu verändern.

Dem Kontingenzmanagement liegt ein einfaches, aber höchst wirksames Prinzip zu Grunde: Die Wahrscheinlichkeit, mit der ein bestimmtes Verhalten auftritt, wird durch die darauf folgende Konsequenz entweder erhöht oder reduziert:

- Ist die Konsequenz auf das Verhalten positiv (Belohnung), so wird es verstärkt, d. h. die Häufigkeit, mit der das Verhalten neuerdings gezeigt wird, steigt als Folge der Belohnung an (ein Kind meldet sich z. B. häufiger im Unterricht, wenn es dafür von seiner Lehrkraft regelmäßig gelobt wird).
- Ist die Konsequenz negativ (Bestrafung), so verringert sich die Häufigkeit des Verhaltens (ein Kind meldet sich z. B. seltener im Unterricht, wenn es wegen einer falschen Antwort von seinen Mitschülerinnen und Mitschülern ausgelacht wird).

Die Vereinbarung: „Wenn Du Deine Hausaufgaben dreimal vollständig erledigt hast, gehen wir gemeinsam ins Kino" beinhaltet eine positive Verstärkung des erwünschten Verhaltens in dem oben dargestellten Fallbeispiel. Das gewünschte Verhalten wird in einen unmittelbaren Zusammenhang mit der nachfolgenden Belohnung gebracht, und zwar so, dass die Belohnung eindeutig vom gezeigten Verhalten abhängig ist. Die Verstärkung erfolgt nur dann, wenn sie auch „verdient" worden ist.

Kontingenz bedeutet, dass eine regelhafte Beziehung zwischen einem bestimmten Verhalten und der nachfolgenden Konsequenz klar erkennbar ist; Verhalten und Konsequenz stehen dann in einem Verhältnis der Kontingenz. Die Vereinbarung zwischen Monika und ihren Eltern besagt z. B., dass der Kinobesuch „erst dann" erfolgt, „wenn" die Hausaufgaben dreimal vollständig erledigt worden sind (gekennzeichnet durch die Sternchen im Hausaufgabenprotokoll); ansonsten (bzw. bis dahin) entfällt der Besuch im Kino. Durch die getroffene Vereinbarung wird für beide Seiten, d. h. für Monika ebenso wie für ihre Eltern, der belohnende Verstärker (Kino) in eine eindeutige Beziehung zum erwünschten Verhalten (Hausaufgaben) gesetzt. Kontingenz drückt somit die Regelmäßigkeit aus, mit der auf ein bestimmtes Verhalten eine klar definierte Konsequenz erfolgt (Maercker, 2009).

Kontingenz zwischen Verhalten und Verstärkung ist eine wichtige Bedingung für den Erfolg einer Verhaltensmodifikation. Würden sich die Eltern gelegentlich überreden lassen, trotz unvollständiger Hausaufgaben mit Monika ins Kino zu gehen, wäre die getroffene Vereinbarung hinfällig und wirkungslos; verstärkt würde dann höchstens die Überredungskunst Monikas, nicht aber ihre Bereitschaft, die Hausaufgaben zu erledigen. Beim Kontingenzmanagement wird die Beziehung zwischen Verhalten und Verstärkung nach einem vorgefassten Plan so gestaltet, dass das erwünschte Verhalten zuerst rasch aufgebaut und danach möglichst stabil gehalten wird. Dafür hat sich folgendes Vorgehen bewährt:

- Zum Aufbau des erwünschten Verhaltens sollte die Verstärkung (bzw. Belohnung) zunächst *kontinuierlich* erfolgen. Dies bedeutet, dass das erwünschte Verhalten sofort und immer dann belohnt wird, wenn es auftritt. Neben verbalem Lob sind dafür besonders Tokens (Münzverstärker) geeignet, weil sie leicht verfügbar sind und erst bei einer vereinbarten Anzahl gegen eine belohnende Tätigkeit eingetauscht werden.
- Im weiteren Verlauf der Verhaltensmodifikation erfolgt dann ein Wechsel von kontinuierlicher zu *intermittierender* Verstärkung. Dem erwünschten Verhalten folgt jetzt nicht mehr jedes Mal eine Belohnung; vielmehr wird das Verhalten erst nach einer bestimmten Zeit *(Intervallverstärkung)* oder nach einer bestimmten Auftretenshäufigkeit bzw. Verhaltensrate *(Quotenverstärkung)* verstärkt. Dies wäre beispielweise der Fall, wenn Monika von ihren Eltern bzw. von ihrer Lehrerin zwar noch gelegentlich, aber eben nicht mehr täglich für ihre vollständigen Hausaufgaben gelobt werden würde. Besonders effektiv, weil verhaltensstabilisierend wirkt, wenn die intermittierende Verstärkung unregelmäßig (*variabler* Verstärkungsplan) und daher auch unerwartet erfolgt (im Unterschied zu *fixierten* Plänen, in denen der Verstärker nach einem konstanten Zeitintervall oder nach gleichbleibender Verhaltensrate erteilt wird). Der Übergang von kontinuierlicher zu intermittierender Verstärkung dient dem Zweck, das erwünschte Verhalten – nachdem es aufgebaut worden ist – „löschungsresistent" zu machen, sodass es zunehmend auch unabhängig von Fremdverstärkungen gezeigt wird.

35.2 Indikation der Methode

Die wichtigste Anwendung des Kontingenzmanagements liegt in der Beeinflussung des Lern- und Arbeitsverhaltens von Schulkindern. Dies gilt besonders für:

- den Aufbau und die Steigerung der Häufigkeit förderlicher Lern- und Arbeitsaktivitäten, wie z. B.: aktive Mitarbeit im Unterricht, Anfertigen von Hausaufgaben und Einhaltung zusätzlicher Zeiten zum Lernen (s. Kapitel 18, 19 und 29);
- den Abbau und die Reduzierung der Häufigkeit von Aktivitäten, die das Lernen beeinträchtigen, wie z. B. störendes Verhalten im Unterricht (s. Kapitel 22).

35.3 Detaillierte Beschreibung des Vorgehens

Jedes Kontingenzmanagement umfasst vier Schritte, die in Kasten 1 im Überblick dargestellt werden (s. a. Brack, 2001; Rost & Buch, 2010; Schott, 1976).

(1) *Zielbestimmung*. Zu Beginn muss das Ziel der Intervention festgelegt und operationalisiert werden. Letzteres bedeutet, dass ein Ziel in konkreten Begriffen ausgedrückt wird, die sich stets auf beobachtbares Verhalten beziehen müssen.

Kasten 1: Verlauf des Kontingenzmanagements

1. Operationale Definition des angestrebten Zielverhaltens
Das Zielverhalten wird in verständlicher Form und mit wenig Interpretationsspielraum anhand verhaltensbezogener Begriffe beschrieben. Beispiel: Monika soll in Zukunft alle Hausaufgaben, die sie in ihr Heft eingetragen hat, vollständig bearbeiten. Sie beendet ihre Arbeit erst dann, wenn sie alle Aufgaben bearbeitet hat.

2. Bestimmung des Ausgangszustands
Vor Beginn der Intervention wird die Häufigkeit bestimmt, mit der das Zielverhalten aktuell ausgeführt wird (Grundrate). Beispiel: Die Eltern tragen in einer Strichliste ein, wie häufig Monika ihre täglichen Hausaufgaben vollständig bearbeitet hat.

3. Belohnung durch Eintauschverstärker

- Das Grundprinzip lautet: Die Verstärkung erfolgt nur nach einer erbrachten Leistung. Wird das Zielverhalten gezeigt, wird es sofort mit einem Token (z. B. „Sternchen") belohnt.
- Die Tokens werden nach vereinbarten Regeln gegen belohnende Aktivitäten getauscht. Beispiel: Wenn Monika drei „Sternchen" zusammen hat, darf sie ins Kino gehen.
- Die Auswahl der Eintauschverstärker richtet sich nach den Bedürfnissen des Kindes. Sie müssen möglichst einfach zu realisieren sein. Außerdem sollten unterschiedliche Eintauschverstärker zur Verfügung stehen. Beispiel: Neben dem Kinobesuch kann Monika eine größere Anzahl von „Sternchen" gegen einen Zoobesuch eintauschen.
- Die Intervention sollte möglichst zu einem natürlichen Zeitpunkt beginnen (nach den Schulferien).
- Sobald das erwünschte Verhalten mit hinreichender Häufigkeit und Regelmäßigkeit gezeigt wird, kann das Token-Programm ausgeblendet werden. Hierzu bietet sich der Einsatz verbaler Verstärker an. Beispiel: Nachdem Monika ihre Hausaufgaben regelmäßig macht, soll sie sich daran gewöhnen, diese Lernaktivität auch unabhängig von einer Fremdverstärkung auszuführen. Hierzu wird zunächst der Zeitabstand erhöht, in dem sie Belohnungen erhält. Außerdem werden die Münz- und Eintauschverstärker schrittweise durch Lob und Anerkennung ersetzt.

4. Erfolgskontrolle
Während der Intervention wird die aktuelle Verhaltensrate (Anzahl vollständiger Hausaufgaben während 1 Woche) notiert und mit der Grundrate verglichen. Für das Zielverhalten wird ein Erfolgskriterium definiert. Beispiel: Bei Monika wird als Kriterium festgelegt, dass sie ihre Hausaufgaben mindestens 4-mal pro Woche vollständig erledigen soll. Die Annäherung an dieses Ziel wird fortlaufend registriert. Dies sollte während der Ausblendung des Token-Programms fortgesetzt werden, denn nur so lässt sich feststellen, ob die Intervention auch dauerhaft wirkt.

Monika soll dahingehend gefördert werden, dass sie sich mit den Hausaufgaben selbstständig und konzentriert beschäftigt und sie zudem vollständig anfertigt. Dies soll täglich von ihren Eltern kontrolliert werden. Die Klassenlehrerin gibt den Eltern 1-mal wöchentlich Rückmeldungen, ob Monika ihre Hausaufgaben vollständig vorgelegt hat.

Bei der vorangehenden Zieldefinition sind die Begriffe „selbstständig", „konzentriert" sowie „vollständig" noch zu vage formuliert. Für Monika und ihre Eltern muss noch klarer werden, worum es dabei jeweils geht. Tabelle 1 zeigt, wie die genannten Ziele in Verhaltensbegriffen ausgedrückt (operationalisiert) werden können. Dabei wird jedem der drei Teilziele eine Anzahl spezifischer und möglichst leicht beobachtbarer Verhaltensmerkmale zugeordnet. Zudem ist es wichtig, für das angestrebte Endverhalten ein eindeutiges Kriterium anzugeben. Vorliegend besteht dieses darin, dass Monika mindestens 4-mal pro Woche ihre Hausarbeiten selbstständig, konzentriert und vollständig erledigen soll.

Tabelle 1: Operationalisierung von Interventionszielen am Beispiel der Hausaufgaben Monikas

Die Bearbeitung erfolgt:	Verhaltensmerkmale
„selbstständig"	– Monika fängt von sich aus mit den Hausaufgaben an, ohne dass sie dazu aufgefordert werden muss. – Monika legt selbst alle notwendigen Materialien für die Bearbeitung bereit.
„konzentriert"	– Monika arbeitet an ihren Hausaufgaben kontinuierlich, ohne ihre Arbeit zu unterbrechen (bis auf Pausen). – Monika sucht bei den Hausaufgaben nicht nach Ablenkungen.
„vollständig"	– Monika bearbeitet sämtliche Hausaufgaben, die sie im Unterricht erhalten und in ihrem Heft notiert hat. – Sie beendet ihre Arbeit erst dann, wenn sie mit allen Aufgaben fertig ist.

(2) *Bestimmung des Ausgangszustands (Grundrate).* Nachdem das Ziel der Intervention operationalisiert worden ist, muss festgestellt werden, wie weit man davon im Einzelfall entfernt ist. Zunächst wird der Ausgangszustand bestimmt. Dies geschieht, indem noch vor Beginn der Intervention die Grundrate (oder Baseline) des erwünschten Verhaltens ermittelt wird. Man beobachtet und registriert das Auftreten derjenigen Verhaltensmerkmale, die modifiziert werden sollen (s. S. 434).

Im Fall der Erledigung der Hausarbeiten können Monikas Eltern eine vollständige Grundrate bestimmen, sofern sie die Erledigung der Hausaufgaben täglich kontrollieren. Sollte eine ständige Beobachtung nicht möglich oder zu aufwändig sein (z. B. bei der Registrierung des Meldeverhaltens einer Schülerin oder eines Schülers im Unterricht), werden zu ausgewählten Zeitpunkten Verhaltensstichproben gezogen (das freiwillige Melden wird z. B. nur in einer Unterrichtsstunde pro Tag registriert). Bei der Bestimmung der Grundrate muss darauf geachtet werden, dass die Ermittlung möglichst objektiv erfolgt. So sollen z. B. beide Elternteile und die Lehrerin darin übereinstimmen, dass bzw. ob Monika ihre Aufgaben vollständig erledigt hat. Hierfür ist es erforderlich, dass unter den Beteiligten Ab- und Rücksprachen getroffen werden. In dem Fallbeispiel meldet die Lehrerin 1-mal wöchentlich an die Eltern zurück, wie oft Monika ihre Aufgaben in

Deutsch und Mathematik vollständig vorgelegt hat (bzw. wie häufig sie dies versäumt hat). Auch die Vereinbarung, dass Monika die Aufgabenstellungen in ein Heft einträgt, das von der Lehrerin abgezeichnet wird, dient dem Zweck, dass die Eltern zuverlässig beurteilen können, ob Monika zu Hause wirklich alle Aufgaben erledigt hat.

In der Arbeit mit Monika besteht das Ziel darin, dass sie ihre Hausaufgaben selbstständig, konzentriert und vollständig macht. Um die Grundrate festzustellen, wird ermittelt, wie häufig Monika dies bereits vor der Intervention tut. Möglicherweise ist die Bereitschaft Monikas, ihre Hausaufgaben zu erledigen, in unterschiedlichen Fächern unterschiedlich hoch. Dann wird die Grundrate für jedes Unterrichtsfach (z. B. Deutsch und Mathematik) getrennt bestimmt. Die folgende Strichliste zeigt den Ausgangszustand bei Monika. Über zwei Wochen haben ihre Eltern kontrolliert, wie häufig sie die Hausaufgaben selbstständig und vollständig bearbeitet hat. Dies war über beide Wochen hinweg nur jeweils 1-mal pro Fach der Fall (bei vier bis fünf wöchentlichen Hausaufgaben pro Fach):

Fach	Woche 1	Woche 2
Deutsch		/
Mathematik	/	

(3) *Vergabe von Münzverstärkern (Tokens) und Eintauschverstärkern.* Tokens stellen Objekte (Spielmarken, Chips, Striche, Sternchen) dar, die einen Tauschwert besitzen. Der Tauschwert besteht darin, dass eine festgelegte Anzahl von Tokens gegen eine greifbare Belohnung (den Eintauschverstärker) eingewechselt werden kann (z. B. gegen einen Kinobesuch). Die Vorteile von Tokens bestehen darin, dass sie leicht verfügbar sind und daher unmittelbar im Anschluss an das erwünschte Verhalten vergeben werden können. Dabei sind jedoch Regeln zu beachten:

- Es muss klar sein, welches Verhalten (z. B. selbstständiger Beginn der Aufgaben) und Kriterium (z. B. vollständige Anfertigung der Aufgaben) durch Tokens belohnt werden soll. Hierzu werden klare Absprachen und Vereinbarungen zwischen Eltern und Kindern bzw. Lehrkräften und Schülerinnen oder Schülern getroffen, die für beide Seiten einfach zu verstehen sind. Zumeist geschieht dies durch Verhaltensverträge, die in Kapitel 39 genauer beschrieben werden.
- Durch Tokens kann das erwünschte Endverhalten im Sinne einer *Verhaltensformung* (Shaping) allmählich aufgebaut werden. Monika könnte beispielsweise zunächst für den unaufgeforderten Beginn ihrer Hausaufgaben, danach für ausdauerndes und konzentriertes Arbeiten und schließlich für die vollständige Bearbeitung Tokens erhalten. Sind die Verhaltensprobleme weniger gravierend, können Tokens aber auch gleich für das angestrebte Endverhalten vergeben werden (d. h. hier: die selbstständige *und* konzentrierte *und* vollständige Bearbeitung der Aufgaben).
- Auch die Beziehung zwischen Münz- und Eintauschverstärker muss eindeutig geregelt werden. Für wie viele Tokens kann ein bestimmter Eintauschverstärker eingelöst werden? Hier gilt, dass der Eintauschverstärker in einem absehbaren Zeitraum erreich-

bar sein muss. Ein „Alles-oder-Nichts-Prinzip" ist fehlangezeigt (z. B. sechs Wochen lang die Erledigung der Hausarbeiten mit Tokens zu belohnen, um sie dann gegen ein Fahrrad einzutauschen). Wünschenswert ist eine langsame Anpassung, die es erlaubt, auch nach kürzeren Zeitabschnitten Tokens gegen eine Belohnung einzutauschen, um so dem Kind oder Jugendlichen aufzuzeigen, dass auch kleine Erfolge zielführend sind.

- Welche Eintauschverstärker verwendet werden, sollte zwischen Eltern und Kind gemeinsam vereinbart werden. Die Art der Eintauschverstärker richtet sich nach den Bedürfnissen des Kindes, denn die Eintauschverstärker müssen für das Kind belohnend sein. Die Eintauschverstärker müssen für die Eltern aber auch verfügbar und realisierbar sein (sie sollten z. B. keine überzogenen finanziellen Kosten mit sich bringen). Außerdem dürfen sie keine unerwünschten Nebenwirkungen nach sich ziehen (z. B. Belohnung durch exzessiven Fernsehkonsum). Am besten eignet sich eine gemeinsame Unternehmung von Eltern und Kind (sogenannte *Aktivitätsverstärker*). Um Sättigungseffekte zu vermeiden, sollte eine breite Palette unterschiedlicher Eintauschverstärker zur Verfügung stehen (z. B. neben dem Kinobesuch auch ein gemeinsamer Besuch im Zoo, Eiscafe usw.).
- Zwischen Eltern und Kind können auch Regelungen zu möglichen Kosten unerwünschten Verhaltens vereinbart werden. Bei solchen sogenannten *Response-Cost-Methoden* werden bei unerwünschtem bzw. nicht zielgerichtetem Verhalten bereits vergebene Tokens wieder entzogen. Dabei ist unbedingt zu beachten, dass die möglichen Gewinne die denkbaren Kosten überschreiten. Überwiegt der Verlust, so besteht die Gefahr, dass das Programm nicht mehr wirkt, weil es das Kind frustriert und von ihm abgelehnt wird.

Im Falle Monikas wird die vollständig abgeschlossene Bearbeitung der Hausaufgabe täglich mit einem Token belohnt. Monika und ihre Eltern vereinbaren, „Sternchen" als Tokens zu verwenden. Die Sternchen werden auf einem Protokollbogen aufgemalt, sobald Monika die Bearbeitung der Hausaufgaben vollständig abgeschlossen hat. Nur dieses, in verständlicher Form und mit wenig Interpretationsspielraum beschriebene Zielverhalten wird mit Tokens belohnt, die dann später eingetauscht werden. Hat Monika 3 „Sternchen" gesammelt, so kann sie sich einen Nachmittag aussuchen, an dem sie sich einen Kinofilm ansehen darf. Sie hat aber auch die Möglichkeit, mehr „Sternchen" zu sammeln, um sie gegen einen Besuch im Zoo mit anschließendem Eisessen einzutauschen. Hierfür benötigt sie 6 „Sternchen".

Im Anschluss an diese Vereinbarung kann das Token-Programm beginnen. Damit sind häufig Veränderungen im Tagesablauf (feste Zeiten für Hausaufgaben) und in den Interaktionen zwischen Eltern und Kind (die Eltern müssen jetzt die Hausaufgaben kontrollieren) verbunden. Deswegen ist es sinnvoll, das Programm am Beginn eines natürlichen Zeitabschnitts zu starten (z. B. beim Schulbeginn nach den Ferien). Die Rahmenbedingungen müssen so gestaltet werden, dass sie das Kind bei der Erreichung des Ziels unterstützen. Dazu gehört z. B. die Bereitstellung eines störungsfreien Arbeitsplatzes zum Lernen.

Die Eltern vereinbaren mit Monika, das Token-Programm nach den Sommerferien zu beginnen. Die Eltern stellen sicher, dass Monika ihre Hausaufgaben an einem festen Arbeitsplatz anfertigen kann, den sie ausschließlich für ihre Hausaufgaben nutzt (z. B. der Schreibtisch im Kinderzimmer). Alle nötigen Materialien liegen bereit. Störungen (z. B. durch spielende Geschwister) oder Unterbrechungen (Besucher, Telefonanrufe) werden von den Eltern unterbunden.

Zum Aufbau des erwünschten Verhaltens empfiehlt es sich, die Verstärkung kontinuierlich durchzuführen, d. h. im vorliegenden Fall: Monika darf jedes Mal, sobald sie ihre Hausaufgaben vollständig erledigt hat, ein Sternchen in ihr Hausaufgabenprotokoll eintragen. Zumindest zu Beginn des Programms sollte es für Monika möglich sein, im Verlauf einer Woche so viele Sternchen zu sammeln, dass sie diese gegen einen Eintauschverstärker einlösen kann (z. B. am Wochenende). Es ist aber unbedingt darauf zu achten, dass die Tokens wirklich erst *nach* der erbrachten Leistung vergeben werden. Keinesfalls darf die Vergabe eines Token an willkürlich gebrauchte Zusatzkriterien gebunden werden. Mit Monika wurde vereinbart, dass sie für vollständige Hausaufgaben belohnt wird. Ob die Aufgaben auch richtig gelöst und „sauber" aufgeschrieben werden, ist daher kein Kriterium für die Vergabe der Sternchen. Dazu müsste zuerst eine neue Absprache zwischen Monika und ihren Eltern getroffen werden. Für das Gelingen eines Token-Programms ist es zentral, dass die vereinbarten Bedingungen strikt und gleichbleibend eingehalten werden. Treten dabei Probleme auf, sollte es für die Eltern möglich sein, sich von der Therapeutin der Erziehungsberatungsstelle zusätzlich beraten und anleiten zu lassen (s. Kapitel 29).

Die Eltern achten darauf, dass Monika nur dann ein „Sternchen" auf den Protokollbogen malt, wenn sie ihre Hausaufgaben auch wirklich beendet hat und die Eltern die Erledigung kontrolliert haben. Die Vergabe eines Token erfolgt z. B. *nicht*, wenn Monika bloß verspricht, ihre bereits angefangenen Hausaufgaben zu einem späteren Zeitpunkt zu beenden.

(4) *Erfolgskontrolle und Ausblendung des Token-Programms*. Im Verlauf der Intervention wird kontinuierlich überprüft, wie sehr sich Monika dem Zielkriterium angenähert hat. Ohne eine genaue und möglichst objektive Erfolgskontrolle bleibt unklar, ob die im Rahmen des Kontingenzmanagements eingesetzten Verfahren (z. B. hier: das Token-Programm) den gewünschten Erfolg erbringen. Mithilfe des vorher festgelegten Ziels, der als Grundrate beschriebenen Ausgangssituation und der aktuellen Verhaltensrate wird die Erfolgskontrolle durchgeführt. Während in der Forschung relativ aufwändige, zumeist an der Inferenzstatistik orientierte Verfahren eingesetzt werden, ist es in der alltagsnahen Praxis üblich, die Verhaltensrate während und nach der Intervention mit der Grundrate und dem vorab definierten Zielkriterium zu vergleichen (zur Evaluation von Interventionen s. Kapitel 9). Dadurch wird festgestellt, ob die zu fördernde Verhaltensweise das gesetzte Ziel erreicht hat (hier: Monika soll ihre Hausaufgaben mindestens 4-mal pro Woche vollständig erledigen) und dieser Effekt auch stabil bleibt. Abbildung 1 zeigt das Verlaufsprotokoll für Monika als Liniendiagramm. Protokolliert wurde die Häu-

figkeit (pro Woche), mit der Monika ihre Hausaufgaben in den Fächern Deutsch und Mathematik vollständig bearbeitet hat.

Die Bestimmung des Ausgangszustands (Häufigkeit der vollständigen Bearbeitung der Hausaufgaben) ergab, dass Monika im Zeitraum von zwei Wochen nur jeweils eine der zu jedem Fach aufgegebenen Hausaufgaben vollständig bearbeitet hat (vgl. die Wochen 1 und 2 in Abbildung 1). Danach beginnt das Token-Programm. In Woche 7 erreicht Monika erstmals in beiden Fächern das Zielkriterium. In Woche 8 bleibt das Verhalten stabil. Monika äußert zudem, wie schön es sei, von ihren Eltern für die bearbeiteten Hausaufgaben gelobt und belohnt zu werden. In Absprache mit der Therapeutin beschließen die Eltern, das Programm bis zum Beginn der Ferien allmählich abzusetzen.

Durch die Ausblendung des Token-Programms soll erreicht werden, dass das erwünschte Verhalten zunehmend auch unabhängig von Fremdverstärkungen gezeigt wird. Von einem abrupten Abbruch ist allerdings abzuraten, da dies den Erfolg des Programms gefährdet. Stattdessen sollten die Eltern zunächst zwar nicht mehr täglich, aber doch zumindest 1-mal wöchentlich die Bearbeitung der Hausaufgaben kontrollieren (z. B. durch ein kurzes Gespräch mit der Lehrerin und durch Durchsicht der Schulhefte). Außerdem werden die Tokens zunehmend durch natürliche Verstärker, wie Lob und Anerkennung, ersetzt (z. B. wenn sich Monika freiwillig an den Schreitisch setzt, um ihre Hausaufgaben zu erledigen). Um die Nachhaltigkeit der Intervention zu überprüfen, sollte mit gebührendem zeitlichem Abstand eine Nachkontrolle durchgeführt werden. Bei Monika geschah dies zwei Monate nach dem Ende der Intervention. Das Ergebnis zeigte, dass Monikas Bereitschaft, ihre Hausaufgaben zu erledigen, auch nach den Ferien stabil geblieben ist (vgl. Abbildung 1).

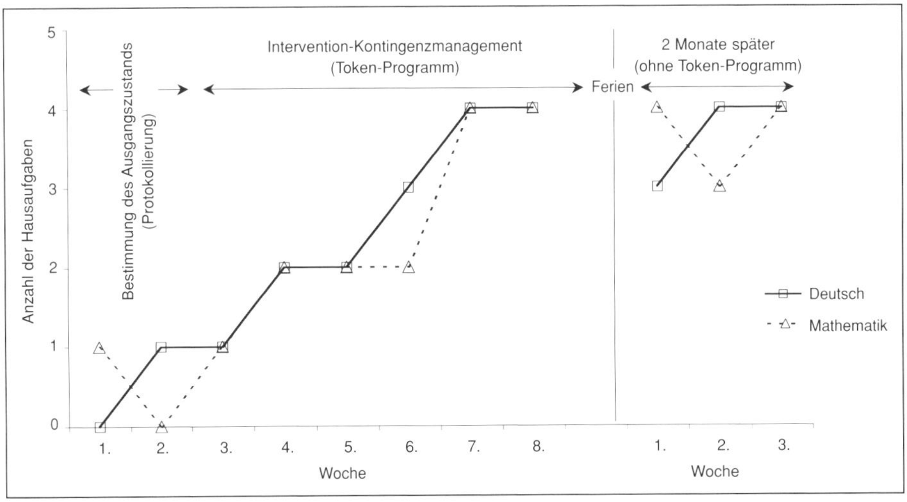

Abbildung 1: Protokollierung von Grundrate und Interventionserfolg

35.4 Wirksamkeit und Wirksamkeitsbedingungen

Kontingenzmanagement hat sich in zahlreichen Einzelfallstudien als wirksame Intervention erwiesen, um Lern- und Arbeitsverhalten zu fördern (Fliegel et al., 1998; Günther, Heinze & Schott, 1977; Maercker, 2009). Die Anwendungen reichen von der Förderung zu Hause (s. Fallbeispiel), über die Schule (Homme, Csany, Gonzales & Rechs, 1996) bis hin zum Studium (Holz-Ebeling & Buchloh, 1995). Noch besser ist es, wenn in die Planung und Durchführung des Kontingenzmanagements Eltern, Lehrkraft und Kind gemeinsam einbezogen werden; denn hierdurch wird die Zusammenarbeit zwischen Elternhaus und Schule gestärkt (Abramowitz & O'Leary, 1991). Die Wirksamkeit des Kontingenzmanagements hängt von folgenden Faktoren ab (vgl. Rost & Buch, 2010; Schott, 1976):

- Die Regeln für die Vergabe der Verstärker müssen von allen Beteiligten akzeptiert werden und möglichst einfach und klar definiert sein.
- Das zu verstärkende Verhalten muss präzise definiert werden, damit es von allen Beteiligten identifiziert werden kann. Dies erfordert, wie oben beschrieben, die Operationalisierung der Interventionsziele in der Form beobachtbarer Verhaltensmerkmale.
- Verhalten und Verstärkung müssen in einer eindeutig erkennbaren (d. h. kontingenten) Beziehung zueinander stehen. Dieses Prinzip wird verletzt, wenn die vereinbarten Verstärker auch nur gelegentlich unabhängig von dem angestrebten Zielverhalten vergeben werden.
- Die Verstärker müssen leicht verfügbar sein und so ausgewählt werden, dass sie für das Kind auch wirklich belohnend sind. Diese Bedingung erfüllen Freizeitaktivitäten, die ein Kind gerne ausführt, die ihm ggf. aber auch vorenthalten werden können (zumindest bis es das Verhalten mit ausreichender Häufigkeit zeigt), ohne dass dadurch nachteilige Konsequenzen entstehen (so wie dies z. B. für einen Kinobesuch gilt).

Der Vorteil des Kontingenzmanagements besteht darin, dass es vom konkret gezeigten Verhalten in Alltagssituationen ausgeht, realistische Zwischen- und Endziele benennt und ein ausdifferenziertes Methodeninventar zur Erreichung der definierten Ziele bereitstellt (Rost & Buch, 2010). Dennoch sollten Eltern und Lehrkräfte, die mit diesem Verfahren arbeiten, professionell angeleitet, beraten und supervidiert werden (s. Kapitel 29). Nur wenn Kontingenzmanagement konsequent und regelgeleitet durchgeführt wird, ist mit Interventionserfolgen zu rechnen.

35.5 Literatur

Grundlegende Literatur

Brack, U. B. (2001). Kontingenzmanagement. In G. W. Lauth, U. B. Brack & F. Linderkamp (Hrsg.), *Verhaltenstherapie mit Kindern und Jugendlichen: Praxishandbuch* (S. 525–532). Beltz & PVU: Weinheim.

Rost, D. H. & Buch, S. R. (2010). Pädagogische Verhaltensmodifikation. In D. H. Rost (Hrsg.), *Handwörterbuch Pädagogische Psychologie* (4. Aufl., S. 613–624). Weinheim: PVU & Beltz.

Schott, F. (1976). Verhaltensmodifikation durch Unterricht, Erziehung und Therapie. In W. Belschner, M. Hoffmann, F. Schott & C. Schulze (Hrsg.), *Verhaltenstherapie in Erziehung und Unterricht* (2. Aufl., S. 60–83). Stuttgart: Kohlhammer.

Weiterführende Literatur

Abramowitz, A. J. & O'Leary, S. G. (1991). Behavioral interventions for the classroom: Implications for students with ADHD. *School Psychology Review, 20,* 220–234.

Fliegel, S., Groeger, W., Künzel, R., Schulte, D. & Sorgatz, H. (1998). *Verhaltenstherapeutische Standardmethoden. Ein Übungsbuch* (4. Aufl.). Weinheim: PVU.

Holz-Ebeling, F. & Buchloh, B. (1995). Verbesserung des Arbeitsverhaltens von Studierenden: Evaluation von Maßnahmen am Beispiel eines Trainingsprogramms. *Zeitschrift für Pädagogische Psychologie, 9,* 197–209.

Maercker, A. (2009). Operante Verfahren. In J. Markgraf & S. Schneider (Hrsg.), *Lehrbuch der Verhaltenstherapie (Bd. 1). Grundlagen, Diagnostik, Verfahren, Rahmenbedingungen* (3. Aufl., S. 669–678). Heidelberg: Springer.

Material

Günther, M., Heinze, R. & Schott, F. (1977). *Konzentriert arbeiten – gezielt studieren.* München: Urban & Schwarzenberg.

Homme, L., Csany, A. P., Gonzales, M. A. & Rechs, J. R. (1996). *Verhaltensmodifikation in der Schulklasse. Ein praxisbezogenes Trainingsprogramm für Lehrer und Studenten* (3. Aufl.). Weinheim: Beltz.

Schott, F. (1979). Prüfungsangst, Arbeits- und Konzentrationsstörungen – ein Fallbericht. In V. Krumm (Hrsg.), *Handlungsrelevanz der Verhaltenstheorien und pädagogischer Verhaltensmodifikation* (Beiheft 2 von *Unterrichtswissenschaft).* München: Urban & Schwarzenberg.

36. Selbstinstruktionstraining

Gerhard W. Lauth

Fallbeispiel

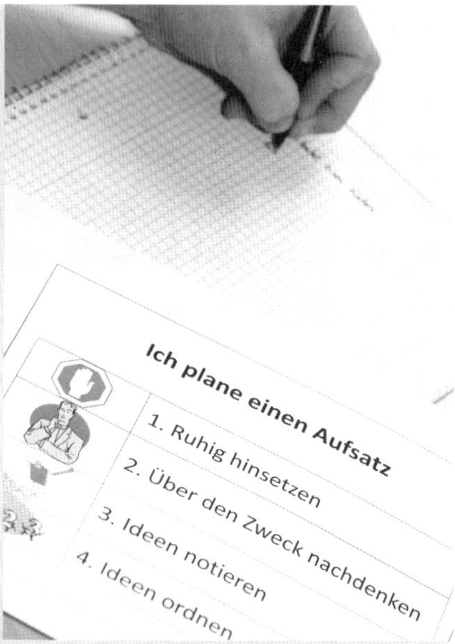

Marc (11 Jahre; 4. Klasse Grundschule) fällt immer wieder durch sein unbedachtes und vorschnelles Verhalten auf. Bei Aufgaben und Anweisungen hört er meist nicht bis zum Ende zu, sondern fängt gleich an. Er rät oft und denkt auch bei einem Misserfolg nicht nach, sondern macht einfach weiter. Bei Rechenaufgaben achtet er beispielsweise selten darauf, ob Multiplikationen, Additionen oder Subtraktionen gefordert werden; beim Lesen vertut er sich in den Zeilen; und im Sachkundeunterricht erinnert er sich nicht mehr an die vorausgegangenen Lerneinheiten. Seine Schulleistungen sind unbefriedigend (Noten zwischen 3 und 5). Selten einmal kommt er mit einer guten Note oder einem Lob des Lehrers nach Hause.

Eine Überprüfung der Intelligenz ergibt einen durchschnittlichen Intelligenzstatus (IQ = 106). Im Allgemeinen Schulleistungstest für 4. Klassen (AST 4) erreicht er als mittlere Leistung einen Prozentrang von 12 (Schwankungsbreite 4 bis 25). In Arbeitsproben bestätigt sich seine Unbedachtheit und Planlosigkeit: Er gibt eine erstbeste Antwort, beobachtet genau, wie der Versuchsleiter darauf reagiert, und nennt bei Missfallen und ohne groß nachzudenken sofort eine andere Lösung. Marc findet sein Verhalten durchaus erfolgreich, weil Nachdenken zu lange dauern würde. In einem 16-stündigen Selbstinstruktionstraining werden ihm Lernstrategien vermittelt. Er lernt, Aufgaben zunächst mit Bedacht zu analysieren, um sich dann verschiedene Lösungswege vorzustellen und den Verlauf seines Lernens in den Blick zu nehmen. Hierzu wird das strategische Vorgehen zunächst 5 Sitzungen lang an Zuordnungsaufgaben („Differix", „Schau genau"), Reihenbildungen und Problemlöseaufgaben eingeübt, um dann auf Schulanforderungen (eine Landkarte von Rheinland-Pfalz zeichnen, Bildergeschichten ordnen, eine Geschichte dazu erzählen, einen Aufsatz schreiben, ein Gedicht auswendig lernen) übertragen zu werden. Marc steuert sein Verhalten durch Selbstanweisungen, die an den Stadien des Problemlösens orientiert sind und metakognitive Überlegungen enthalten. Der Lehrer wird in diese Behandlung einbezogen. Er unterstützt die Anwendung der vermittelten Strategien im Unterricht durch Hinweise („Marc, zuerst nachdenken!" „Was ist die Aufgabe?"). Das gleiche gilt auch für die Eltern, die Marc durch Hinweise auf die „angesagte" Strategie zu einem bedachten Vorgehen anregen.

36.1 Kurzbeschreibung der Methode und ihres theoretischen Hintergrunds

Das Selbstinstruktionstraining gehört zu den bekanntesten Verfahren der kognitiven Verhaltensmodifikation. Mit ihm werden handlungsanleitende Selbstanweisungen und das dazugehörige Verhalten bis zur Gewohnheit eingeübt. Erlernt werden also Kompetenzen, um schwierigen kognitiven oder sozialen Herausforderungen (z. B. Lernen, Angst, Unsicherheit, Konflikte) besser und angemessener begegnen zu können. Dafür ist es wichtig, dass die Kinder die „richtigen Dinge" zu sich sagen und dadurch ihr Verhalten steuern. Das Training ist also sehr auf die Ausbildung von Verhaltenskompetenzen ausgerichtet. Wohl nicht zuletzt deshalb erfreut es sich großer Beliebtheit. Seine Anfänge liegen in der Philosophie und der Denkpsychologie. Als moderner Wiederentdecker gilt jedoch Donald Meichenbaum (1977).

Im Training beobachten die Kinder modellhafte Vorbilder, um deren gedankliche Vorgehensweise kennen zu lernen und sie allmählich zu übernehmen. In der ersten Interventionsstudie, die dazu vorliegt, ließ Selz (1935) geschicktere Schülerinnen und Schüler an die Tafel kommen und forderte sie auf, beim Lösen von Rechenaufgaben „laut zu denken". Sie demonstrierten ihr Vorgehen und sprachen laut aus, wie sie bei der Bearbeitung vorgingen. Selz hoffte, dass sich die schwächeren Rechnerinnen und Rechner das vorgemachte Verhalten zum Vorbild nehmen würden. Tatsächlich führte das „Hilfeverfahren" zur „einsichtigen Übernahme der erfolgreichen Verhaltensweisen" (Selz, 1935, S. 242). Die Kinder aus der so trainierten Schulklasse lösten zuletzt 67 Prozent der Rechenaufgaben richtig (am Anfang waren es nur 16 Prozent). Zu Beginn der 70er Jahre griffen Meichenbaum und Goodman (1971) diese Idee auf, um kognitiv impulsiven Kindern ein planendes, bedachtes und sorgsames Vorgehen nahe zu bringen. Die Kinder lernten, Selbstanweisungen so zu nutzen, dass sie sich einerseits selbst steuern und andererseits die anstehenden Aufgaben lösen konnten. Beide Autoren vertrauten nun aber nicht mehr darauf, dass sich die auffälligen Kinder das Vorbildverhalten durch bloße Beobachtung aneignen würden, sondern sahen ein Training in fünf Stufen vor, um die gelernten Fertigkeiten bei den trainierten Kindern zunehmend zur Routine werden zu lassen.

Das Selbstinstruktionstraining beruht auf der Handlungstheorie, die sich im Kern fragt, was einen Menschen zu einem selbstgesteuerten und sachgerechten Vorgehen befähigt: Wie erkennt er, was zu tun ist? Wie leitet er sich selbst an? Wie erkennt er, ob sein Tun noch angemessen ist? Die dazugehörigen Forschungsergebnisse besagen, dass das Handeln durch interne Abbilder (z. B. Vorstellungen, Erinnerungen, Anschauungen, Vorwissen) gesteuert wird. Sie lassen Ziele und Teilziele entstehen, die mittels mehr oder weniger ausgearbeiteter Pläne angestrebt werden. Außerdem wird das eigene Handeln ständig überwacht und daraufhin bewertet, inwieweit es den zuvor gefassten Absichten, Plänen oder Zielen entspricht. Letztlich hängt es auch noch davon ab, ob das notwendige Können (Skills) vorhanden ist, um die vorgefassten Pläne tatsächlich umsetzen zu können. Danach gibt es vier wesentliche Voraussetzungen für das erfolgreiche Handeln: (a) Selbststeuerung und Rückmeldungen; (b) Planen und Vorwissen bzw. Vorerfahrung; (c) Fertigkeiten und ausreichendes Können; (d) Zielsetzung und Überwachung der Zielerreichung. Da Ziele und komplexe Handlungen nicht in einem einzigen Schritt erreicht werden können, kommt noch ein Geschehensverlauf (Prozess) hinzu. Das Selbstinstruktionstraining widmet sich im Wesentlichen der Selbststeuerung und dem Planen. Es stellt geeignete Selbstanweisungen bereit und verknüpft sie mit dem dazugehörigen Verhalten. Die Selbstanweisungen beziehen sich vor allem auf die „Eckpunkte" für ein erfolgreiches Handeln, wie z. B.:

- *Vorüberlegung* und *Planung* („Wie gehe ich vor? Kenne ich etwas Ähnliches?");
- *Zielfindung* („Was liegt an? Und was soll ich hier tun?");
- begleitende *Überwachung des eigenen Tuns* („Wo stehe ich jetzt? Wie geht es weiter?");
- *Steuerung der Ausführung* („Das ist verdammt schwer! Langsam, nachdenken und achtgeben!").

Diesen Selbstanweisungen liegen Modellvorstellungen zum Denken und Problemlösen (z. B. Mittel- und Zielanalyse, exekutive Kontrolle, metakognitives Wissen, Stadien des Problemlöseprozesses) zugrunde. Das Selbstinstruktionstraining wird hauptsächlich genutzt, um Lernstrategien, planvolles Arbeiten, Reflexivität und Selbstkontrolle zu schulen sowie um mit Angst und Stress (z. B. bei Klassenarbeiten, beim mündlichen Vortrag, bei einer Präsentation vor der Klasse) umzugehen. Da es dabei um die Veränderung von handlungsleitenden „inneren Dialogen" geht, ist die informierte und aktive Mitarbeit der beteiligten Kinder unabdingbar notwendig.

36.2 Indikation der Methode

Das Selbstinstruktionstraining wird zur Steigerung von angemessenen Lernaktivitäten eingesetzt. Es ist also für Kinder geeignet, die nicht das angemessene Lernverhalten zeigen und nicht über die angemessenen Lernstrategien verfügen (vgl. das in Kapitel 1 beschriebene Modell des „Good Strategy User"). Dies ist vor allem der Fall bei:

- Allgemeinen Lernschwächen (Kombinierte Störung schulischer Fertigkeiten nach ICD-10, F81.3; s. Kapitel 5);
- Underachievement (Schulschwierigkeiten nach DSM IV als V62.30; s. Kapitel 2);
- Lernbehinderungen (leichte Intelligenzminderung nach ICD-10, F70; s. Kapitel 6);
- Hyperkinetischen Störungen (ICD-10, F 90) und deren subklinischen Erscheinungsformen (impulsives, unbedachtes Vorgehen in Anforderungssituationen).

Ein zweiter Anwendungsbereich ergibt sich daraus, dass die Lernstrategien zwar bekannt und verfügbar sind, aber wegen *emotionaler „Blockaden"* (z. B. Ängstlichkeit, Verwirrung, Prüfungsangst, Desorientierung) nicht genutzt werden. Im Falle einer solchen Leistungsstörung bezieht sich das Training hauptsächlich darauf, die Kinder so gegen Belastungssituationen zu immunisieren, dass sie ihre vorhandenen Kompetenzen abrufen und differenziert einsetzen können. Dies ist hauptsächlich der Fall bei:

- Sprechängsten;
- Prüfungsängstlichkeit;
- Leistungsängstlichkeit;
- Misserfolgsängstlichkeit.

Diese Ängste werden, wenn die Störung manifest genug ist, in der ICD-10 unter der Überschrift „soziale Phobie" (F40.1) zusammengefasst.

Das Selbstinstruktionstraining setzt in seiner Anwendung ein Intelligenzalter von mindestens 5 Jahren voraus und ist umso wirksamer, je kognitiv differenzierter (intelligenter, älter) die Kinder sind. Eine volle Wirksamkeit des Verfahrens kann man erst ab einem Alter von 7 bis 8 Jahren erwarten.

36.3 Detaillierte Beschreibung des Vorgehens

Aufbau und Einübung strategischen Lernverhaltens

Das Selbstinstruktionstraining wird im Wesentlichen für die *Vermittlung strategischer Lernkompetenzen* eingesetzt. Folgendes Vorgehen hat sich hierfür bewährt:

(1) Die *Eingangsdiagnostik* entspricht dem klassischen Vorgehen: Ausführliche Verhaltensanalyse mit der Klassenlehrkraft und gegebenenfalls den Eltern (s. Anhang A); Durchführung einer mehrdimensionalen Intelligenzdiagnostik (etwa mit der Kaufman Assessment Battery for Children; K-ABC-II; Kaufman & Kaufman, 2009), Überprüfung der Schulleistung anhand eines standardisierten und normierten Verfahrens (s. Anhang C). Ferner wird das Vorgehen des Kindes in verschiedenen Arbeitsproben beobachtet, wobei das strategische Vorgehen im Blickpunkt steht. Geeignete Aufgaben dafür sind u. a.: Bildersortieren (Papa Moll), Reihenbildung, Textaufgaben, einen Aufsatz schreiben, eine Textaufgabe lösen, einen Sachbuchtext lesen und wiedergeben, ein Gedicht lernen. Bei der Bearbeitung wird darauf geachtet, ob das Kind die Aufgabe analysiert, in schwierigen Situationen Selbstanweisungen benutzt, sein Vorgehen überprüft, bei Schwierigkeiten innehält und nachdenkt, bei Fehlern noch einmal anfängt (s. Anhang B). Als Ergebnis wird man feststellen, ob das Kind Strategien oder Teilstrategien nutzt oder ungeordnet vorgeht.

(2) *Ableitung der Lernstrategie*. Hier stellt sich die Frage, welche Strategie vermittelt werden soll und worin diese im Einzelnen besteht. Eine solche Strategie wird entweder aus bestehenden Funktionsmodellen (z. B. zur Strategie beim Aufsatzschreiben, Lösen von Textaufgaben, sinnverstehenden Lesen) direkt entnommen (vgl. Montague & Bos, 1986) oder von der Trainerin bzw. vom Trainer selbst mittels Selbstbeobachtung abgeleitet. Die Strategie besteht aus einer Abfolge, die Schritt für Schritt durchlaufen werden sollte. Kasten 1 gibt diese Schritte für das Legen einer Bildergeschichte wieder. Bei einer solchen Strategie handelt es sich um ein Vorgehen, das möglichst rasch und sicher zu dem gewünschten Erfolg (Ziel) führen soll. Zumeist werden diese Schritte in Selbstanweisungen übersetzt (z. B. „Ich schaue mir zuerst alle Karten an und beschreibe, was darauf zu sehen ist.“).

Um eine Lernstrategie herzuleiten, ist es hilfreich, sich an einer kognitiv-funktionalen Diagnostik zu orientieren, wie sie Meichenbaum bereits 1977 vorgeschlagen hat. Bei dieser Form der Diagnostik sind drei Fragen zu beantworten: a) Welche Anforderungen müssen bewältigt werden, um das angestrebte Zielverhalten bei einer Aufgabe zeigen zu können? (Analyse der Anforderungsstruktur). b) Welche dieser Anforderungen beherrscht das Kind bereits; bei welchen zeigt es Schwierigkeiten? (Analyse des inhaltlichen Entwicklungsniveaus). c) Welche spezifischen Fähigkeiten sollte das Training vermitteln und mit welchen Anforderungen sollte es beginnen? (Festlegung der Therapieinhalte).

Kasten 1: Schritte, die zum Legen einer Bildergeschichte durchlaufen werden

Insgesamt bilden diese Schritte eine Strategie, ein Vorgehen also, das vergleichsweise ökonomisch und zielführend ist.

Aufgabe: Dem Kind werden mehrere Bildkarten vorgelegt, aus denen es eine plausible Geschichte bilden soll.

A) *Ausgangssituation klären (definieren)*
- Karten auflegen
- Übersicht verschaffen
- Karten mustern, beschreiben
- Das Gemeinsame der einzelnen Karten bestimmen („eine Überschrift geben")

B) *Das Ziel definieren*
- Lege eine plausible Geschichte!

C) *Die Bilder anordnen (Ausführung)*
- Gedächtnisinhalte aktivieren
- Die Karten legen (z. B. vom Anfang zum Ende, einzelne Sequenzen legen)
- Die Lösung handlungsbegleitend überwachen (auf die eigenen Gefühle hören, bei Unstimmigkeit erneut nachschauen)

D) *Überprüfen*
- Die (gelegte) Geschichte nacherzählen (eine erneute und verkürzte Problemlösung vornehmen)

E) *Abstraktion/Schlussfolgerung*
- Persönliches Resümee („Was habe ich aus dieser Lernsituation entnommen?")

(3) *Kognitives Modellieren der Strategieanwendung.* Die Therapeutin bzw. der Therapeut zeigt nun als Modell, wie die fragliche Anforderung bewältigt werden kann. Dazu demonstriert sie oder er das entsprechende Verhalten und verbalisiert gleichzeitig die Regeln und Strategien, die dabei zum Zuge kommen, in Form von Selbstanweisungen (z. B. „Ich schaue mir die Aufgabe zuerst genau an, ..."). Die Kinder erlernen dadurch sowohl die kognitiven (verdeckten) als auch die offenen Bewältigungsfertigkeiten. Meistens wird die Modelldemonstration durch sogenannte Signalkarten unterstützt, welche die wichtigsten Inhalte der Selbstanweisungen hervorheben. Man greift dabei auf Comic-Figuren zurück, die das Kind schon kennt und schätzt (etwa Obelix, Superman, Kater Pluto, Majestix – s. Abbildung 1). Diese Signalkarten heben die wichtigsten Momente der Selbstanweisungen noch einmal hervor: Was ist Sache? Was will ich jetzt erreichen? Wie könnte ich vorgehen? Halt-Stopp! Nicht aufregen! Ich kriege das hin!

(4) *Allmähliche Übernahme des förderlichen Verhaltens* durch das Kind. Die Selbstanweisungen sollen nun vom Kind (bzw. dem Jugendlichen) zunehmend selbstgesteuert ausgeführt werden. Um das zu fördern, durchläuft das Training fünf Stufen:

- Stufe 1 entspricht der bereits genannten Demonstration durch die Therapeutin bzw. durch den Therapeuten *(kognitives Modellieren)*. Das Ziel der weiteren Trainingsstufen besteht darin, dass das modellierte Verhalten vom Kind übernommen und allmählich verinnerlicht wird.
- Auf Stufe 2 *(externe Verhaltenssteuerung)* handelt das Kind nach den Selbstanweisungen der Therapeutin bzw. des Therapeuten.

Abbildung 1: Beispiele für Signalkarten, wie sie in einem Selbstinstruktionsprogramm eingesetzt werden (aus Lauth & Schlottke, 2009; Abdruck mit freundlicher Genehmigung des Verlages)

- Auf Stufe 3 *(offene Selbstinstruierung)* lenkt das Kind sein Verhalten durch eigene Selbstanweisungen.
- Auf Stufe 4 *(ausgeblendete Selbstinstruierung)* lenkt das Kind sein Verhalten durch flüsternde Selbstanweisungen.
- Auf Stufe 5 *(verdeckte Selbstinstruierung)* soll das Kind sein Verhalten über verinnerlichte Selbstverbalisierungen (denken) steuern.

Man geht in der Regel erst dann zur nächsten Stufe über, wenn die vorausgehende ausreichend sicher beherrscht wird. Jedoch muss man diese Abfolge nicht zwingend einhalten, sondern kann die Stufen 4 und 5 verkürzen oder gar ganz wegfallen lassen, wenn zuvor bereits eine ausreichende Verhaltenssicherheit (Übernahme des Modellverhaltens) beobachtet wird.

Das strategische Vorgehen wird zuerst an *einfachen* und überschaubaren Aufgaben (etwa Zuordnungsaufgaben, Ausmalaufgaben, Puzzle) eingeübt, um dann auf zunehmend komplexere und schulnähere Anforderungen übertragen zu werden. Dadurch sollen übergreifende Fertigkeiten (etwa: schwierige, mehrstufige Aufgaben lösen, sein eigenes Lernen steuern) ausgebildet werden.

(5) *Vorgehen nach Maßgabe der Therapiefortschritte.* Die Therapie geht nach Maßgabe der Fortschritte, die das Kind bei einer Aufgabe macht, voran. Die einzelnen Anforderungen werden also nicht nach einem starren Plan eingeübt, sondern erst dann in ihrer Schwierigkeit „Schritt für Schritt" erhöht, wenn das Kind die vorgeordneten bzw. grundlegenderen Anforderungen sicher beherrscht.

(6) *Übertragung des Verhaltens auf den Alltag.* Erfahrungsgemäß erlernen die Kinder das geforderte Vorgehen relativ rasch. Das bedeutet aber noch nicht, dass sie es auch im Unterricht und bei den Hausaufgaben anwenden. Dieser Transfer muss aktiv herbeigeführt werden. Dies geschieht dadurch, dass Eltern, Lehrkräfte und gegebenenfalls Mitschülerinnen bzw. Mitschüler miteinbezogen werden. Sie sollen die gelernten Strategien im Unterricht oder bei den Hausaufgaben abrufen und lobend unterstützen. Des Weiteren kann man auch auf Selbstkontrollverfahren und Verhaltensvereinbarungen mit dem Kind zurückgreifen (s. dazu Kapitel 37). Darin wird vereinbart, dass sich ein Kind auch im Alltag an die eingeübten Verhaltensweisen hält und in der nächsten Therapiestunde darüber berichtet. Die Ausführung wird in Selbstbeobachtungsbögen („Ich bin mein eigener Detektiv!"), Verhaltensregistrierungen, freien Aufzeichnungen oder Berichten der Bezugspersonen festgehalten. In der nächsten Therapiesitzung wird die Ausführung des vereinbarten Verhaltens besprochen und positiv verstärkt, die Bedingungen für eine positive Umsetzung werden hervorgehoben und gegebenenfalls Hinweise für ein besseres Gelingen erarbeitet. Die strategischen Vorgehensweisen sollen aber letztlich auch im Unterricht und bei Klassenarbeiten rasch und flexibel eingesetzt werden.

Bewältigung emotionaler Belastungen

Wenn es um die *Bewältigung emotionaler Schwierigkeiten* geht, bedient man sich ebenfalls des Selbstinstruktionstrainings. Allerdings geht man hier individualisierter vor, indem die Selbstanweisungen stärker auf das einzelne Kind und seine jeweiligen Schwierigkeiten bezogen werden. In dieser Anwendung werden die folgenden Schritte durchlaufen:

(1) *Verhaltensorientierte Ausgangsdiagnose.* Dazu wird zunächst das „fehlerhafte Verhalten" anhand einer ausführlichen Verhaltensanalyse (mit den Bezugspersonen sowie dem Kind) und vorstrukturierender Verhaltensbeobachtungen bestimmt. Beispielsweise wird das Verhalten eines prüfungsängstlichen Kindes in Leistungssituationen (Klassenarbeit, mündlicher Vortrag) durch folgende Fragen abgeklärt:

- Welche Situationen sind belastend?
- Was daran belastet besonders (z. B. Zahl der anwesenden Personen, Art der Anforderung, Bedeutung der Leistung für die Benotung, Bewertungscharakter allgemein)?
- Wie verhält sich das Kind motorisch, verbal und kognitiv?
- Welche Ergebnisse werden erreicht?

- Gibt es auch einen weniger belastenden Umgang mit den fraglichen Situationen?
- Welche Bedingungen herrschen dann vor?
- Über welche Ressourcen verfügt das Kind, um mit den Belastungssituationen umzugehen?

(2) *Diskussion des bisherigen (fehlerhaften) Verhaltens.* Hier soll das Kind (oder der Jugendliche) erkennen, dass sein Verhalten in den belastenden Situationen unangemessen ist. Es soll sich seine Schwierigkeiten verhaltensbezogen erklären. Für diese Analyse des kindlichen Problemverhaltens wird das Verhalten in den wichtigsten Belastungssituationen anhand eines metakognitiven Interviews analysiert. Dabei geht es darum, was das Kind zu sich sagt, welche ängstigenden und ablenkenden Gedanken auftauchen, welche Ziele verfolgt werden, welche Pläne gefasst werden.

Die Therapeutin bzw. der Therapeut lenkt in dieser Phase die Aussagen des Kindes durch offene Fragen und veranschaulichende Erklärungen (etwa: „Wenn etwas schwierig ist, sagt man meistens etwas zu sich, ohne es aber wirklich auszusprechen. Geht es Dir auch manchmal so? Was sagst Du dann zu Dir, wenn Du vor der Klasse stehst und einen kurzen Vortrag hältst?"). Dieser innere Dialog wird in seinen Grundzügen entwickelt. Dabei ist es nicht so wichtig, dass die Gedankenkette Glied für Glied nachvollzogen wird. Vielmehr soll das Kind erkennen, dass sein Verhalten ungeeignet und dysfunktional ist. Die handlungsleitenden Überlegungen werden von der Therapeutin bzw. vom Therapeuten aktiv erfragt (etwa: „Als Du aufgerufen wurdest, was hast Du da gedacht? Was hast Du gedacht, bevor Du angefangen hast?"). Ein entsprechender interner Dialog ist in Kasten 2 wiedergegeben.

Kasten 2: Beispiel für einen dysfunktionalen internen Dialog eines 12-jährigen Mädchens (6. Klasse Realschule) mit Problemen in Deutsch
(aufgezeichnet nach der Unterrichtsstunde)

„Ich weiß, dass das heute eine schlimme Stunde werden wird. Deutsch liegt mir einfach nicht. Ich kann das nicht!

Wenn der Unterricht beginnt, reden alle noch herum. Nur ich bin still, sitze und schaue unter mich. Ich bin total verkrampft. Ich merke was in mir vorgeht. Alle anderen um mich herum sind guter Dinge. Nur ich sitze wie ein Stock da.

Ich bange und zittere innerlich, dass ich dran komme. Ich lass es mir aber nicht so sehr anmerken. Die anderen sollen es nicht merken. Jedes mal, wenn die Lehrerin in meine Richtung schaut, sehe ich weg. Bloß nicht dran kommen. Ich würde mich nur blamieren, rumstottern und so.

Als es dann klingelt, stürmen alle raus. Ich sitze noch auf meinem Platz, total benommen. Es hat mich angestrengt. Ich schleiche raus. Ich habe schlechte Laune und kann nichts sagen, weil mein Hals so trocken ist."

(3) *Ableitung des förderlichen Verhaltens und seiner „inneren" gedanklichen Anteile.* Was sollte das Kind stattdessen tun? (z. B. selbstbewusster auftreten, Bedenken überwinden, sich melden, einen kurzen Vortrag halten). Und wie kann es das alternative Verhalten durch Selbstanweisungen anleiten? Hierzu wird zunächst ein Verhaltensziel definiert,

das mit nahezu absoluter Wahrscheinlichkeit erreicht werden wird (z. B. die Lehrkraft anschauen; Antworten parat halten, ohne sich aber schon zu melden; vor Unterrichtsbeginn mit einer anderen Schülerin oder mit einem anderen Schüler sprechen; sich 1-Mal in der Unterrichtsstunde melden; einen kurzen Vortrag halten). Diese Ziele werden häufig der Schwierigkeit nach gestaffelt in einem Vertrag festgehalten (s. Kapitel 39). Der alternative Dialog dazu wird gemeinsam mit dem Kind entwickelt, wobei die Therapeutin bzw. der Therapeut immer zuerst nach den Vorschlägen des Kindes fragt (etwa: „Hättest Du auch etwas anderes zu Dir sagen können? Was denkst Du, dass die anderen zu sich selbst sagen? Was könntest Du zu Dir sagen, um Dich zu melden?“). Dieser alternative Dialog kann in aller Regel recht leicht als Umkehr des negativen internen Dialogs (s. Kasten 2) formuliert werden. Dabei wird ein sogenannter Bewältigungsdialog entwickelt, der die bestehenden Schwierigkeiten nicht unter den Tisch kehrt, sondern sie direkt benennt und anerkennt (z. B. „Es ist verdammt schwer. Aber heute werde ich mich wenigstens 1-Mal in der Unterrichtsstunde melden. Ich schaue die Lehrerin an und folge ihren Aussagen. Wenn ich etwas verstanden habe, melde ich mich. Das wird nicht leicht sein. Ich weiß aber, dass ich es schaffe, wenn ich mich innerlich entspanne und ich mit meinen Gedanken bei der Sache bin. Ich habe es ja geübt!“). Es ist sehr hilfreich, wenn der innere Dialog in der Sprache des Kindes bzw. Jugendlichen abgefasst ist und Symbole mit subjektiver Bedeutung (etwa: „Ich bleibe cool wie Poldi“) enthält.

(4) *Einübung des Bewältigungsverhaltens und der zugehörigen Selbstanweisungen im Rollenspiel und Verhaltensübungen*. In den Therapiesitzungen wird das Bewältigungsverhalten eingeübt, wobei eine immer größere Annäherung an die Realsituation stattfindet. Beispielsweise wird geübt, einen kurzen Vortrag zu halten, die Art und Weise der Präsentation wird abgesprochen und die Durchführung mit dem internen Dialog verbunden. Dabei wird der Bewältigungsdialog zunächst diskutiert und vom Kind als Selbstanweisung laut verbalisiert. Das entsprechende Verhalten wird vom Kind (teils unter lauter Selbstanweisung) ausgeführt. Am Ende wird diskutiert, ob und inwiefern sich der veränderte Dialog als hilfreich erwiesen hat. Bei Ängstlichkeit können auch Entspannungsübungen und bildliche Entspannungsvorstellungen vorgeschaltet werden.

(5) *Übertragung in den Alltag*. Bei hinreichender Verhaltenssicherheit wird das eingeübte Verhalten sodann in Realsituationen ausgeführt. Hierfür ist die Unterstützung durch Mediatorinnen oder Mediatoren (Lehrkräfte, Eltern, Freundinnen und Freunde) hilfreich, die das gelernte Vorgehen und den internen Dialog in Erinnerung rufen und positive Rückmeldung beim Gelingen des angestrebten Verhaltens geben (s. a. Kapitel 37).

36.4 Wirksamkeit und Wirksamkeitsbedingungen

Das Selbstinstruktionstraining schneidet in metaanalytischen Bewertungen zumeist gut ab. In einer Metaanalyse mit insgesamt 3.782 Grundschulkindern ermittelten Dignath, Büttner und Langfeldt (2008) für metakognitiv orientierte Programme eine mittlere Effektstärke von $d=0.59$; die größte Wirksamkeit wurde beim Zuwachs rechnerischer Fähigkeiten ($d=0.89$) und bei der Steigerung der Motivation erreicht ($d=1.06$).

Die Wirksamkeit ist bei lerngestörten Schülerinnen und Schülern besonders hoch und erreicht dabei Effektstärken von >1 (s. z. B. Scruggs et al., 2010). Bei leseschwachen Kindern ist gleichfalls eine große Effektstärke von $d = 0.94$ festzustellen (Swanson, 1999), was hauptsächlich auf die schrittweise Modellierung der Lernstrategie und das wiederholte Erinnern an das gelernte Vorgehen durch die Lehrkraft (z. B. „denk laut") zurückzuführen ist. Auch bei der Förderung von mathematischen Leistungen werden positive Ergebnisse berichtet – und zwar besonders dann, wenn die gelernten Strategien im Unterricht aufgegriffen und unterstützt werden (Mevarech, 1999). Teilweise werden die Trainings auch von den Klassenlehrkräften selbst durchgeführt, was zu bemerkenswerten Leistungssteigerungen bei rechenschwachen Kindern führt ($d = 3.4$, zwei Monate nach Trainingsende; Luit & Naglieri, 1999).

Metaanalysen (Durlack, Fuhrman & Lampman, 1991) zum Einsatz des Selbstinstruktionstrainings stellen eine Wirksamkeit von ca. einer Standardabweichung und eine befriedigende Langzeitwirkung ($d = 0.62$) fest. Dies bedeutet, dass sich das Verhalten der Kinder substanziell bei Therapieende verbessert hat und sich die Kinder ihren unauffälligen Altersgenossen annähern (ohne damit allerdings schon selbst unauffällig zu sein). Positive Effekte treten vor allem bei den Kindern ein, die bereits die Stufe der formalen Intelligenz erreicht haben und etwa 10 Jahre alt sind. Bei den jüngeren Kindern wird zwar eine beachtliche, vergleichsweise aber geringere Wirksamkeit ($d = 0.55$) beobachtet.

Das Selbstinstruktionstraining wird oft mit weiteren Maßnahmen (etwa Elterntraining, operante Methoden, Beratung durch eine Lehrkraft) kombiniert. Es ist zu einer Behandlungsroutine für die Therapie von allgemeinen Lernstörungen und für die Anregung von selbstgesteuertem Lernen geworden. Besonders wirksam ist es, wenn der Transfer des gelernten Vorgehens in den Alltag aktiv und gezielt angebahnt wird (z. B. zunehmend realitätsnähere Anforderungen; Einbeziehen von Eltern und Lehrkräften; Training in Realsituationen).

36.5 Literatur

Grundlegende Literatur

Luit, J. E. H. van & Naglieri, J. A. (1999). Effectiveness of the MASTER program for teaching special children multiplication and division. *Journal of Learning Disabilities, 32,* 98–107. doi: 10.1177/002221949903200201

Meichenbaum, D. (1977). *Cognitive-behavior modification: An integrative approach.* New York: Plenum Press (Deutsch: Kognitive Verhaltensmodifikation. München: Urban & Schwarzenberg, 1979).

Scrugg, T. E., Mastropieri, M. A., Berkeley, S. & Graetz, J. E. (2010). Do special education interventions improve learning of secondary content? A meta-analysis. *Remedial and Special Education, 31,* 437–449. doi: 10.1177/0741932508327465

Swanson, H. L. (1999). Reading research for students with LD: A meta-analysis of intervention outcomes. *Journal of Learning Disabilities, 32,* 504–532. doi: 10.1177/002221949903200605

Weiterführende Literatur

Durlack, J.A., Fuhrman, T. & Lampman, C. (1991). Effectiveness of cognitive-behavior therapy for maladapting children: A meta-analysis. *Psychological Bulletin, 110,* 204–214. doi: 10.1037/0033-2909.110.2.204

Meichenbaum, D. & Goodman, J. (1971). Training impulsive children to talk to themselves: A means of developing self-control. *Journal of Abnormal Psychology, 77,* 115–126.

Mevarech, Z.R. (1999). Effects of metacognitive training embedded in cooperative settings on mathematical problem solving. *The Journal of Educational Research, 92,* 195–205. doi: 10.1080/00220679909597597

Reinecker, H. & Schmelzer, D. (1995). (Hrsg.). *Verhaltenstherapie, Selbstregulation, Selbstmanagement.* Göttingen: Hogrefe.

Material

Dignath, C., Büttner, G. & Langfeldt, H.-P. (2008). How can primary school students learn self-regulated learning strategies most effectively? A meta-analysis on self-regulation training programmes. *Educational Research Review, 3,* 101–129. doi: 10.1016/j.edurev.2008.02.003

Kaufman, A. S. & Kaufman, N. L. (2009). *Kaufman-Assessment Battery for Children (K-ABC).* (dt. Bearbeitung von P. Melchers & U. Preuß; 8. Aufl.). Frankfurt: Pearson.

Lauth, G.W. & Schlottke, P.F. (2009). *Training mit aufmerksamkeitsgestörten Kindern* (5. Aufl.). Weinheim: Beltz PVU.

Montague, M. & Bos, C.S. (1986). The effect of cognitive strategy training on verbal math problem solving performance of learning disabled adolescents. *Journal of Learning Disabilities, 19,* 26–33. doi: 10.1177/002221948601900107

Selz, O. (1935). Versuche zur Hebung des Intelligenzniveaus. Ein Beitrag zur Theorie der Intelligenz und ihrer erzieherischen Beeinflussung. *Zeitschrift für Psychologie, 134,* 236–301.

37. Eltern und Lehrkräfte als Mediatorinnen und Mediatoren

Jürgen Bellingrath und Gerhard W. Lauth

Fallbeispiel

Als bei Laura im Alter von acht Jahren und zehn Monaten eine Rechenstörung (ICD-10; F81.2) diagnostiziert wird, haben sich schon erhebliche Lernrückstände im Fach Mathematik eingestellt. Zudem geht sie inzwischen schulischen Anforderungen aus dem Wege. Aufgaben, die geistige Anstrengung erfordern (auch solche, die sich nicht auf das Rechnen beziehen), beginnt sie nur sehr ungern und bringt sie selten zu Ende. Laura beteiligt sich mittlerweile kaum noch am Unterricht, sondern geht stattdessen eigenen Aktivitäten nach (malen, Haare kämmen, Papierflugzeuge falten).

Mit Bestürzung erfahren ihre Eltern vom Klassenlehrer, dass bereits eine Rückversetzung in die zweite Klasse im Gespräch ist. Vor allem aufgrund der freundschaftlichen Kontakte zwischen Laura und einigen ihrer Mitschülerinnen möchten die Eltern ihr diesen Wechsel nicht zumuten. Entsprechend aufgeschlossen reagiert Lauras Mutter auf den Vorschlag der zu Rate gezogenen Therapeutin, sich an der Förderung ihrer Tochter zu beteiligen. Nach einer sorgfältigen Analyse der derzeitigen Lernvoraussetzungen des Kindes wird ein Übungsprogramm entworfen, das die Mutter zu Hause mit Laura durchführt. Die Mutter erhält eine Anleitung, wie die häuslichen Übungen gestaltet werden sollen und wie sie auf Schwierigkeiten (z. B. Fehler, Unwillen des Kindes) reagieren soll. Die Übungen selbst folgen den Prinzipien der Komplexitätsreduktion (s. Kapitel 33): Sie führen Laura schrittweise an komplexe Anforderungen heran, verstärken richtige Lösungen unmittelbar und sehen erleichternde Hilfen (z. B. lösungsorientierte Fragen) vor. Um Lauras Motivation zu steigern, wird eine schriftliche Abmachung mit ihr getroffen. Darin wird festgelegt, dass sie für angemessenes Arbeiten (u. a. pünktliches Beginnen, jeweils 10 Minuten ohne Pause am Schreibtisch sitzen bleiben, Selbstinstruktionen einsetzen) Glasmurmeln erhält, die sie sammeln und nach festgelegten Vergaberegeln (z. B. gegen Besuche auf dem Reiterhof) einlösen kann.

37.1 Kurzbeschreibung der Methode und ihres theoretischen Hintergrunds

Die heutige Form des Trainings für Mediatorinnen und Mediatoren geht auf Tharp und Wetzel (1969) zurück. Ihr Beratungskonzept sieht vor, dass die Bezugspersonen von sozial- oder lerngestörten Kindern und Jugendlichen als „unmittelbare Therapeutinnen bzw. Therapeuten" *(Mediatorinnen bzw. Mediatoren)* tätig werden. Tharp und Wetzel gingen von der Annahme aus, dass Eltern und Lehrkräfte das Alltagsverhalten der Kinder am ehesten ändern können, weil sie doch über einzigartige Verstärkerqualitäten verfügen, viel Zeit mit den Kindern verbringen und die wichtigsten Umgebungsbedingungen (z. B. den Sitzplatz des Kindes im Unterricht, den Zeitpunkt für die Hausaufgaben) bestimmen. Um diese Möglichkeiten systematisch zu nutzen, schlugen Tharp und Wetzel *„Beratungstriaden"* vor, die aus einer Therapeutin bzw. einem Therapeuten, der ausführenden Mediatorin bzw. dem ausführenden Mediator (Eltern, Lehrkraft, Freundin oder Freund) und dem Zielkind bestehen. Die Zusammenarbeit dieser drei Personen soll das *„gestörte"* Verhalten systematisch ändern. Die Beteiligten haben unterschiedliche Rollen:

- Die *Therapeutin* bzw. der *Therapeut* fungiert als Beraterin bzw. Berater. Die betreffende Person gibt konkrete Anweisungen, wie Eltern und Lehrkräfte das Verhalten der Kinder gezielt beeinflussen können (z. B. Sorgfalt und Zuverlässigkeit bei Hausarbeiten, Mitarbeit im Unterricht). Meistens hat sie keinen unmittelbaren Kontakt zu der Zielperson (Kind, Jugendlicher). Vielmehr unterweist sie Eltern sowie Lehrerinnen und Lehrer in der konkreten Durchführung kontingenter Verhaltenssteuerung (s. Kapitel 35). Dazu gehört beispielsweise die Gestaltung von Übungseinheiten, die Festlegung von Lernzielen (z. B. Anzahl von „richtig" geschriebenen Wörtern im Wortdiktat) sowie die Auswahl und Vereinbarung angemessener Verstärkungen (z. B. Tokens oder soziale Verstärker) bei Erreichung des Zielkriteriums.
- Die *Mediatorin* bzw. der *Mediator* gibt möglichst genaue Auskünfte über das Problemverhalten. Außerdem soll die betreffende Person die Hinweise der Therapeutin bzw. des Therapeuten wirkungsvoll umzusetzen. Dazu benötigt sie Informationen zum Vorgehen sowie Störungs- und Änderungswissen. Diese Informationen müssen alltagspraktisch und unaufwändig vermittelt werden.
- Das *Zielkind* schließlich sollte konstruktiv in das Gesamtvorgehen einbezogen werden und große Teile der Intervention aus eigenem Entschluss mittragen.

Das Training für Mediatorinnen und Mediatoren beruht vor allem auf dem Prinzip der *operanten Verstärkung* und des *Kontingenzmanagements* (vgl. Homme, 1996; s. Kapitel 18 und 35). Das Verhalten der Kinder soll von den Mediatorinnen oder Mediatoren zeitnah, regelmäßig, konsistent und prägnant verstärkt werden. Welches Verhalten so beeinflusst werden soll und wie dies von statten zu gehen hat, wird zwischen Therapeutin bzw. Therapeut und Mediatorin bzw. Mediator ausgehandelt. Hierzu werden auch *Verhaltensverträge* mit den Kindern abgeschlossen (s. Kapitel 39). Mit dem Aufkommen der kognitiven Verhaltenstherapie wurde das Mediatorenkonzept „demokratisiert" und präventiver ausgerichtet. In Trainings für Eltern und Lehrkräfte wurden beispielsweise allgemeine Erziehungsfertigkeiten vermittelt, die alltagsnah umgesetzt werden sollen. Die Mediatorinnen und Mediatoren lernen beispielsweise, das Verhalten der Kinder systematisch zu beobachten, angemessene Hilfestellungen zu geben, gezielt Belohnung und Bestrafung anzuwenden, das Lernverhalten der Kinder gezielt anzuleiten, lösungsorientiert auf die Probleme der Kinder zu reagieren oder entwicklungsförderliche Aktivitäten zu unternehmen (s. Kapitel 41).

Für das Mediatorenkonzept sprechen seine Alltagstauglichkeit, Wirksamkeit und Kostengünstigkeit. Deshalb wurde das Konzept in der Ära der Gemeindepsychologie (1970–1984) mit großer Begeisterung aufgenommen und umgesetzt. Mit dem Aufkommen von eher am persönlichen Erleben und der individuellen Lebensgestaltung orientierten Psychotherapien (u. a. Gesprächspsychotherapie, Familientherapie, kognitive Verhaltenstherapie) geriet es zwischenzeitlich nahezu in Vergessenheit. Neuerdings wird es im Rahmen von Trainings für Eltern und Lehrkräfte wieder neu entdeckt, verspricht es doch einen unmittelbaren Einfluss auf das Alltagsverhalten der Kinder und unaufwändige sowie ökonomisch günstige Interventionen.

37.2 Indikation der Methode

Der Einsatz von Mediatorinnen und Mediatoren ist vor allem dann angezeigt, wenn eine zeitintensive und stark auf die individuellen Bedürfnisse des Kindes abgestimmte Unterstützung erforderlich ist. Dies gilt hauptsächlich bei:

- allgemeine Lernstörungen (ICD-10 F81.3) (z. B. Allgemeine Lernschwäche, s. Kapitel 5; Lernbehinderung, s. Kapitel 6);
- inhaltlich begrenzte Lernstörungen (Rechenschwäche, Lesestörung, Störung des schriftlichen Ausdrucks, s. Kapitel 3 und 4);
- Disziplinprobleme im Unterricht.

Tabelle 1 gibt Beispiele für den Einsatz und die Ziele der Förderung durch Mediatorinnen und Mediatoren an. Oft werden Mediatorinnen und Mediatoren zusätzlich zu einer Therapie oder Förderung herangezogen, um Maßnahmen „vor Ort“ (Familie, Schule, Kindergarten) zu unterstützen.

37.3 Detaillierte Beschreibung des Vorgehens

Die Arbeit der Mediatorinnen und Mediatoren wird in sieben Schritten vorbereitet und begleitet:

(1) *Allgemeine orientierende Analyse durch die Therapeutin bzw. durch den Therapeuten.* Ausgangspunkt für die Gestaltung der Intervention ist eine orientierende Einzelfalldiagnostik, die folgende Punkte umfasst:

- eine Verhaltens- und Problemanalyse mit Eltern und Lehrkräften (s. Anhang A);
- die Klärung der intellektuellen Leistungsfähigkeit des Kindes anhand eines mehrdimensionalen Intelligenztests (z. B. Kaufman-Assessment Battery for Children, K-ABC-II; Kaufman & Kaufman, 2009);

Tabelle 1: Charakteristika lernbeeinträchtigter Kinder und darauf bezogene Ziele der Intervention sowie Beispiele für die Arbeit von Mediatorinnen und Mediatoren

Probleme beim Kind	Ziele der Förderung	Beispiele für die Arbeit von Mediatorinnen und Mediatoren
Reduzierte Wissensbasis	Vermittlung entsprechenden Wissens (nach sorgfältiger Diagnostik der inhaltlichen Lernvoraussetzungen).	Die Lehrkraft vermittelt einem Kind im unterrichtsbegleitenden Förderunterricht Kenntnisse zum „Einmaleins“, bevor im Mathematikunterricht das Thema „Division“ eingeführt wird.
Defizitäre Informationsverarbeitung	Anbahnung von Basisfertigkeiten (z. B. visuelle Vorlagen analysieren, Informationen herauslösen).	Eltern und Kind üben spielerisch eine sorgfältige visuelle Bildanalyse. Dazu beschreiben sie schrittweise und im Wechsel einzelne Abbildungen aus einem Bilderbuch und versuchen dabei, möglichst viele Details zu benennen.
	Gezielte Vermittlung von Lerninhalten: schrittweises Heranführen an Anforderungen bei unmittelbarer Verstärkung richtiger Lösungen und Bereitstellung erleichternder Hilfen.	Im Rahmen kurzer, täglicher Übungen widmen sich Mutter und Kind dem Erlernen englischer Vokabeln (pro Sitzung werden nur drei neue Begriffe aufgenommen und sorgfältig eingeübt). Auf korrekte Antworten des Kindes folgt eine unmittelbare Verstärkung mittels Münzvergabe.
Unzureichende metakognitive Fertigkeiten	Vermittlung handlungssteuernder Strategien (z. B. Vorerfahrungen nutzen, einen Lösungsplan entwerfen, bewusstes Überwachen der eigenen Handlungen) durch Einsatz von Selbstinstruktionen.	Die Lehrkraft bespricht mit der gesamten Klasse die Vorteile der Selbstanweisung „Ich mache mir einen Plan“; anschließend werden von den Schülerinnen und Schülern schriftliche Lösungspläne für eine konkrete Aufgabe entworfen.
Geringe Lernmotivation/ Vermeidungsverhalten	Anreize für Lernerfolge schaffen, zeitnahe Verstärkung von Lernerfolgen, Anregung von Eigenaktivität beim Lernen, Einsatz motivierender Materialien.	Eltern, Klassenlehrkraft und Kind unterzeichnen eine schriftliche Vereinbarung, wonach das Kind von der Lehrkraft für Meldungen im Unterricht symbolische Verstärker erhält, die von den Eltern später in kleine Belohnungen eingetauscht werden.

- eine Untersuchung der Lese-, Rechtschreib- bzw. Rechenleistungen anhand von Schulleistungstests (s. Anhang C);
- Verhaltensbeobachtungen (Unterrichtssituation, Hausaufgaben; s. Anhang B);
- die Abklärung von komorbiden Auffälligkeiten (z. B. oppositionelles Trotzverhalten, Sozialangst, psychosomatische Störungen).

(2) *Klärung des Problemverhaltens mithilfe der Mediatorinnen und Mediatoren.* Die Mediatorinnen und Mediatoren analysieren unter Anleitung der Therapeutin bzw. des Therapeuten die Lernprobleme, wie sie beschaffen sind und wann sie auftreten. Hierzu beobachten sie das Verhalten im Alltag (z. B. bei den Hausaufgaben, im Unterricht, bei Gruppenarbeiten). Damit werden zwei wichtige Ziele erreicht:

- Das Problemverhalten wird möglichst genau und alltagsnah erfasst.
- Die Mediatorinnen oder Mediatoren erkennen selbst, wie das Problemverhalten entstanden ist und wodurch es aktuell aufrechterhalten wird.

Hierfür ist es besonders wichtig, dass das Problemverhalten gut aufgeschlüsselt wird, etwa: Wann tritt es auf? Was geht dem voraus? Welche Umstände herrschen dann vor? Bei diesen Beobachtungen „vor Ort" geht es vor allem um Fragen nach den Begleitumständen des Problemverhaltens, den Reaktionen der Bezugspersonen darauf und den Verhaltensmöglichkeiten (Ressourcen) des Kindes (s. Kasten 1). Konkret geht es hauptsächlich um folgende Fragen:

Kasten 1: Beobachtung des Arbeitsverhaltens während des Unterrichtes durch die Mediatorin

Beispiel: René (9 Jahre) beginnt nur ungern im Unterricht mit den Aufgaben. Infolgedessen wird er nur selten fertig.

Beobachtung: Seine Lehrerin dokumentiert die situativen Bedingungen für sein Trödeln und Nicht-fertig-werden (Wochentag, Uhrzeit, Unterrichtsfach, Merkmale der Aufgabenstellung, Unterrichtsform, unmittelbar vorausgehende Bedingungen und nachfolgende Konsequenzen des Zielverhaltens).

Analyse: Ihre Berichte werden im Gespräch mit der Therapeutin bzw. mit dem Therapeuten auf regelmäßig wiederkehrende Abfolgen hin analysiert. Dabei stellt sich heraus, dass René bei einfachen Wiederholungs- und Routineaufgaben jeweils problemfrei arbeitet, aber auf anspruchsvolle Anwendungsaufgaben regelmäßig mit Vermeidungsverhalten reagiert. Sein Vermeidungsverhalten steht mit sozialen Ängsten (ausgelöst durch die Kritik von Mitschülerinnen und Mitschülern) und einer unzureichender Anleitung durch die Lehrerin (z. B. in Phasen von Einzelarbeit) in Zusammenhang.

Hinweis: Bei Lehrkräften als Mediatorinnen bzw. Mediatoren empfiehlt es sich, das Alltagsverhalten zusätzlich durch eine Helferin bzw. einen Helfer beobachten zu lassen, weil die Verstärkungsbedingungen in der Klasse oft komplex sind.

Von welchen Signalen *(Hinweisreizen)* lässt sich das Kind in seinem Lernverhalten leiten (z. B. Ort der Übungen, der Zeitpunkt des Beginns)?

- Unter welchen Bedingungen zeigt das Kind positives Lernverhalten?
- Was führt zu einem unzureichenden Lernverhalten (z. B. Anlässe für Unterbrechungen, Abbruch der Arbeit)?
- Beginnt das Kind eine Arbeit selbst oder erst auf Druck durch einen Erwachsenen?
- Welche Konsequenzen halten das Problemverhalten aufrecht (z. B. Reaktionen der Eltern und Lehrkräfte auf Trödeln, Klagen, Hilfeappelle des Kindes)?
- Gibt es bereits Ansätze für angemessenes, effektives Arbeitsverhalten?

Zur Klärung dieser Fragen halten die zukünftigen Mediatorinnen und Mediatoren ihre Beobachtungen in tagebuchähnlichen oder tabellarischen Fragebögen fest (s. Abbildung 1 als Beispiel).

(3) *Aufklärung der Mediatorinnen und Mediatoren über die Störung*. Hier wird ein Störungskonzept erarbeitet, das genau über das Problemverhalten des Kindes informiert und die zukünftigen Mediatorinnen und Mediatoren mit dem aktuellen wissenschaftlichen Erkenntnisstand zur Entstehung und Aufrechterhaltung sowie zu den Auswirkungen des Problemverhaltens vertraut macht.

Hierzu wird die Diagnose erläutert, fehlgeleitete Vorstellungen über die Verursachung des Problemverhaltens sowie die eigene „Schuld" daran werden korrigiert und durch den Aufbau eines zweckdienlichen Wissens über die Bedingungen und Auslöser des betreffenden Verhaltens ersetzt. Anhand der Aufzeichnungen der Eltern und Lehrkräfte wird herausgearbeitet, welche besonderen Schwierigkeiten das Kind bei der Wissensaneignung und beim Problemlösen hat (etwa defizitäre Informationsverarbeitung, unzureichende metakognitive Fertigkeiten) und welches Gewicht motivationalen (z. B. fehlendes Interesse, geringe Leistungsmotivation) bzw. emotionalen Faktoren (z. B. Ängstlichkeit, mangelndes Selbstvertrauen) zukommt. Ferner sollte den Bezugspersonen eine realistische Einschätzung der Entwicklungschancen der betroffenen Kinder ermöglicht werden (etwa durch Erläuterung von Untersuchungsergebnissen zur intellektuellen Leistungsfähigkeit).

Arbeitet die Therapeutin bzw. der Therapeut mit einer Gruppe, können diese Informationen leicht in einem Kurzvortrag vermittelt werden. Hierbei sind Handouts mit den zentralen Informationen zu typischen Symptomen, Subtypen und komorbiden Auffälligkeiten hilfreich. Fallspezifische Informationen zum Störungsschwerpunkt des jeweiligen Kindes werden hingegen im Einzelgespräch unter Zuhilfenahme von Diagnostikergebnissen (Testergebnisse, Beobachtungsdaten, Videomaterial) vermittelt.

(4) *Zielbestimmung*. Worauf sollen die Mediatorinnen und Mediatoren nun achten? Welche Verhaltensweisen sollen gefördert werden? Welche Verhaltensweise soll hingegen nun von an außer Acht gelassen werden? Die genannten Interventionsziele ergeben sich aus der Problem- und Verhaltensanalyse:

- Bei mangelnder Unterrichtsbeteiligung wird beispielsweise angestrebt, dass eine Schülerin bzw. ein Schüler die Anzahl der eigenen unterrichtsbezogenen Beiträge erhöht.

Datum/Wochentag: 13.11.01, Dienstag				**Fach:** Mathematik		
Stunde/ Zeit	**Merkmale der Aufgabenstellung**	**Sozialform**	**Inhalt der Aufgabenstellung**	**Was passierte vorher?**	**Zielverhalten: Was tat das Kind?**	**Was tat ich daraufhin?**
1. Stunde/ 8.15 h	Wiederholungsaufgaben, schriftliche Bearbeitung, Bearbeitung eines Arbeitsblatts	Einzelarbeit	Schriftliche Multiplikation	Kurze Wiederholung des Lösungsweges der schriftlichen Multiplikation (Demonstration an Tafel)	René fing sofort mit der Aufgabenbearbeitung an.	Habe mich mit einem anderen „Problemkind" beschäftigt.
8.30 h	Wiederholungsaufgaben, kurze Segmente, Kopfrechnen	Bewegungsspiel, an dem alle Kinder der Klasse beteiligt sind („Ecken-Rechnen")	Multiplikation: Kopfrechnen	Phase von Stillarbeit	René beteiligt sich aufmerksam am Unterrichtsspiel. Er verfolgt den Stand der Kettenrechnung sorgfältig und antwortet stets korrekt.	Habe ihm immer 'mal freundlich zugelächelt.
8.50 h	Anwendungsaufgabe (Textaufgabe), schriftliche Bearbeitung, Arbeit mit dem Mathematikbuch	Einzelarbeit	Schriftliche Multiplikation	Streit mit dem Tischnachbarn, der ihn gegen Ende des Rechenspiels geneckt hatte	René verzögert den Aufgabenbeginn, schreibt die Aufgabe sehr langsam aus dem Buch ab und malt dann ein Auto in sein Heft.	Habe ruhig mit ihm gesprochen und angekündigt, dass er die Aufgabe in der Pause nacharbeiten muss.
....	....	....	....	....	....	....

Abbildung 1: Tagebuch zur Dokumentation der situativen Bedingungen des Zielverhaltens in der Schule: Ausgefüllt von Frau H., Lehrerin des 9-jährigen René

- Liegen die Schwierigkeiten in der Lösung offener und mehrschrittiger Probleme, wird die Förderung der handlungsorganisierenden Fertigkeiten des Kindes in den Mittelpunkt der Intervention gestellt.
- Bei unstetigem Lernverhalten wird Wert darauf gelegt, dass das Kind sich an den Tisch setzt und mit den Aufgaben anfängt.

Das Ziel wird positiv und entwicklungsanregend formuliert (etwa das Anfangen belohnen, das Dranbleiben unterstützen), weil die Aufmerksamkeit der Mediatorinnen und Mediatoren sonst auf das Fehlverhalten gelenkt werden würde (z. B. Schreib- und Lesefehler, motorische Unruhe, Ablenkbarkeit).

(5) *Anleitung der Mediatorinnen bzw. der Mediatoren.* Wie sollen die Mediatorinnen und Mediatoren (Eltern, Lehrkräfte) das gewünschte Verhalten in die Wege leiten? Sie erhalten eine Schulung und Verhaltensberatung, die folgende Maßnahmen umfasst (s. Kapitel 39):

- *Erarbeitung von Verhaltensverträgen unter Anleitung der Therapeutin bzw. des Therapeuten.* Hierzu werden Verhaltensweisen, die das Kind künftig häufiger zeigen soll, möglichst konkret beschrieben und festgehalten. Verhaltensverträge setzen voraus, dass das betreffende Verhalten zwar im Repertoire des Kindes enthalten ist und grundsätzlich ausgeführt werden kann, aber zu selten gezeigt wird. Deshalb werden nun Verstärkungsbedingungen schriftlich festgehalten, nach denen das Zielverhalten systematisch belohnt werden soll. Dieser Vertrag wird in der Regel von der therapeutischen Fachkraft und dem Kind zusammen ausgehandelt. Dabei achtet die Therapeutin bzw. der Therapeut sorgsam darauf, dass der Vertrag konkrete und unmittelbar beobachtbare Verhaltensweisen enthält. Beispielsweise wird vereinbart, dass das Kind:
  - „bei einer Rechenaufgabe das Ergebnis kontrolliert" (anstatt zu sagen, dass „es sich viel Mühe gibt");
  - unmittelbar und ohne Ausreden zu gebrauchen mit dem Lesen anfängt und „laut und deutlich liest" (anstatt zu sagen, dass „es kein Theater machen soll, wenn es vorlesen soll").
- Anschließend ist die Vergabe der Verstärker möglichst unmissverständlich zu regeln: Wann werden Tokens vergeben? Welche Voraussetzungen müssen erfüllt sein? Wann können sie gegen eine Belohnung eingetauscht werden? Dies muss im Vertrag eindeutig festgelegt werden. Ein Beispiel für einen Verhaltensvertrag ist in Kapitel 39 (Kasten 3) abgedruckt.

(6) *Einübung von förderlichen Verhaltensweisen.* Wenn die Mediatorinnen und Mediatoren einem Kind beispielsweise „strategisch" bei den Hausaufgaben helfen oder Sprachübungen mit ihm durchführen sollen, werden diese Vorgehensweisen zuvor eingeübt. Die Mediatorinnen und Mediatoren sehen der Therapeutin bzw. dem Therapeuten zunächst einfach zu und orientieren sich an diesem Vorbild. Anschließend führen sie die Aufgabe selbst aus und erhalten Rückmeldungen. Ein typisches Anwendungsbeispiel ist die Betreuung der Hausaufgaben. Das Kind soll z. B. durch heuristische Fragen dazu angeregt werden, bereits bekannte Lösungswege auf eine neue Aufgabenstellung anzuwenden:

- das Zielverhalten wird zunächst besprochen;
- anschließend wird es durch die Therapeutin bzw. durch den Therapeuten modellhaft demonstriert;
- und danach wird es von den Teilnehmerinnen und Teilnehmern selbst erprobt und durch Feedback solange korrigiert, bis es dem angestrebten Endverhalten entspricht.

Rückmeldung und Einübung können durch *Videoaufzeichnungen* unterstützt werden. Grundlegende Informationen zum Störungsverhalten oder zum notwendigen Fachwissen (z. B. Sprachentwicklung, Gedächtnisorganisation, Lese-Rechtschreibschwäche, Verstärkungsarten, Prinzipien des operanten Konditionierens), werden in Kurzvorträgen vermittelt. Allgemeine Hinweise zur Erziehung finden sich bei McNamara und McNamara (1995) oder Osman (1997).

(7) *Durchführung der Intervention.* Auf der Grundlage der Zielsetzung und der getroffenen Vereinbarung beginnen die Eltern oder Lehrkräfte nun mit der Durchführung der geplanten Intervention. Bei der Förderung von lerngestörten Kindern lassen sich hauptsächlich fünf Interventionsbereiche für die Zusammenarbeit mit Eltern oder Lehrkräften nennen:

- *Strukturierung von Lernaktivitäten.* Das Kind erhält Hilfen, wie es sich beim täglichen Lernen besser orientieren und seine Aktivitäten gezielter steuern kann. Hierzu gehören eine exakte Zeitplanung (wann wird begonnen, wie lange wird gearbeitet, in welche Zeitabschnitte wird der Arbeitsprozess eingeteilt), die Festlegung des üblichen Arbeitsplatzes (möglichst störungsfrei und von Spiel- und Freizeitorten deutlich unterscheidbar), die präzise Definition der Lernaktivität (eine Leseübung, etwas abschreiben, eine bestimmte Anzahl von Rechenaufgaben), eine Verständigung darüber, an welchen Arbeitseinheiten das Kind selbstständig arbeiten soll und unter welchen Bedingungen es die Hilfe der Mutter oder der Lehrkraft in Anspruch nehmen kann.
- *Verbesserung der allgemeinen Lernvoraussetzungen.* Die Tätigkeit der Mediatorin oder des Mediators konzentriert sich hier auf die Förderung grundlegender kognitiver Leistungen (z. B. genaues Hinschauen, systematisches Beschreiben). Diesem Zweck dienen Übungen, in denen die Kinder aufmerksamkeitsrelevante Aufgaben wie Zuordnungs- und Vergleichsaufgaben unter gezielter Anleitung bearbeiten. Ausschlaggebend ist die Demonstration des förderlichen Verhaltens (z. B.: sorgfältige visuelle Analyse einer Bildvorlage; systematisches Nacherzählen einer Geschichte), wozu die Technik des kognitiven Modellierens eingesetzt wird. Die Kinder werden angeregt, das gezeigte Lösungsverhalten schrittweise von der Moderatorin oder dem Moderator zu übernehmen und ihr eigenes Handeln sprachlich anzuleiten.
- *Verbesserung des Planungsverhaltens.* Zum besseren Lösen komplexer Lernaufgaben sind Fertigkeiten der Handlungsorganisation, wie „Ziele bestimmen" oder „Lernschritte planen", von elementarer Bedeutung. Da lernbeeinträchtigte Kinder nur in geringerem Maße über metakognitive Fertigkeiten verfügen, greifen sie zu selten auf solche Vorgehensweisen zurück (s. dazu Kapitel 21 und 28). Um eine Kompensation der genannten Defizite zu unterstützen, können Elemente aus standardisierten Trainingsprogrammen zur Vermittlung kognitiver Fertigkeiten (Lauth, 1988) eingesetzt werden. Im Einzelnen vermittelt der Mediator den Kindern eine Serie von Selbstinstruktionen (s. Kapitel 36), die den Weg einer erfolgreichen Problemlösung nachzeichnen („Ich fange jetzt an!", „Was ist meine Aufgabe?", „Halt-Stopp-Überprüfen!"). Diese Maßnahme wird in der Regel durch den Einsatz von Symbolkarten, die relevante Selbstinstruktionen bildhaft veranschaulichen, unterstützt.
- *Erhöhung der Lernaktivität.* Geht das Problemverhalten überwiegend auf motivationale Defizite (z. B. mangelnde Unterrichtsbeteiligung, Nichtbefolgen von Anweisungen, unvollständige Hausaufgaben) zurück, so muss die Therapeutin bzw. der Therapeut die Mediatorinnen und Mediatoren darin anleiten, die Arbeitshaltung der Kinder zu verbessern und ihr schulbezogenes Selbstvertrauen zu stärken. Im Rahmen eines Kontingenzmanagements (s. Kapitel 35) kommen hier vor allem Verhaltensverträge (s. Kapitel 39) und positive Verstärkung (s. Kapitel 18) der erwünschten Verhaltensweisen (Beachten von Regeln, Vollständigkeit der zu erledigenden Aufgaben, Sorgfalt bei der Durchführung) zum Einsatz.

- *Aufarbeitung von Lernrückständen und Wissenslücken.* Die möglichst frühzeitige Aufarbeitung vorhandener Wissenslücken ist insbesondere bei Rechenschwäche, Lese-Rechtschreibstörung aber auch bei Lernrückständen in Englisch oder Physik notwendig. Oft können diese Rückstände nicht durch schulische Hilfe aufgearbeitet werden, sondern fordern familiäre Maßnahmen. Verfügt ein Kind z. B. über zu geringe Rechtschreibkenntnisse (s. Kapitel 13) oder beherrscht es nicht das Einmaleins gegen Ende der Grundschulzeit (s. Kapitel 16), dann sind es diese inhaltlichen Zielbereiche, die regelmäßige, systematische, zeitlich überschaubare Übungseinheiten erforderlich machen.

(8) *Verlaufsevaluation und laufende Aktualisierung des Interventionsplanes.* Begleitend zur Förderung geben die Mediatorinnen und Mediatoren fortlaufende Rückmeldungen an die Therapeutin bzw. an den Therapeuten. Sie informieren darüber, inwieweit das erwünschte Zielverhalten erreicht wird. Diese Rückmeldungen dienen nun zur weiteren Planung der Intervention. Beispielsweise stellt ein Mediator fest, dass eine Schülerin bzw. ein Schüler in drei aufeinander folgenden Wochen in 90 % der Fälle das vereinbarte Verhaltensziel (eine Wortmeldung pro Unterrichtsstunde) erreicht hat. Daraufhin wird die zur Verstärker-Vergabe geforderte Anzahl der Meldungen auf drei pro Schulstunde erhöht. In einem anderen Fall zeigt sich, dass ein Kind das Zielverhalten „Fertigstellung einer Aufgabe in der vorgegebenen Zeit" nur in 10 % der Fälle bewältigt, so dass noch einmal auf das vorherige Ziel „sofort nach Aufgabenstellung mit der Bearbeitung beginnen" zurückgegangen werden muss. Die Verlaufsdokumentation sollte neben mündlichen Berichten auch strukturierte Einschätzungen (z. B. eine 6-stufige Skala, auf der täglich beurteilt wird, inwieweit das Zielverhalten vom Kind gezeigt worden ist), objektive Schulleistungen (z. B. die Fehlerzahl im Diktat) und standardisierte Verfahren (z. B. Rechtschreibtests) umfassen. Zur Evaluation des Endergebnisses können zusätzlich objektive Testdaten (etwa Ergebnisse von Schulleistungstests; s. Anhang C) herangezogen und im Prä-Post-Vergleich ausgewertet werden (zur Evaluation von Interventionen s. Kapitel 9).

37.4 Wirksamkeit und Wirksamkeitsbedingungen

Als besonders wirksam erweist sich bei der Förderung lernbeeinträchtigter Kinder durch Mediatorinnen und Mediatoren die kontingente Verstärkung der erfolgreichen Aufgabenbearbeitung. Bereits in frühen Studien (Ryback & Staats, 1970) konnten die Lernleistungen der beteiligten Kinder damit andauernd und nachdrücklich verbessert werden. Aber auch die Anleitung von Mediatorinnen und Mediatoren, strukturierte Zeitpläne zu erstellen, klare Vorgaben für Arbeits- und Spielphasen zu machen und eindeutige Anweisungen zu geben, trägt zur Verminderung häuslicher und schulischer Verhaltensprobleme und zur Verbesserung der Schulleistungen von Kindern mit Lernbeeinträchtigungen bei (Sah & Borland, 1989). Als nützlich (und effektiv) hat sich zudem das kognitive Modellieren durch Mediatorinnen und Mediatoren erwiesen. Hierdurch werden insbesondere aufgaben- und situationsübergreifende Fertigkeiten bei der Handlungsplanung und im problemlösenden Denken gefördert (Durlak, Fuhrmann & Lampman, 1991).

37.5 Literatur

Grundlegende Literatur

Homme, L. E. (1996). Contiguitiy theory and contingency management. *Psychological Records, 16,* 233–241.

Kretschmann, R., Dobrindt, Y. & Behring, K. (1997). Das Lernen lehren. *Zeitschrift für Heilpädagogik, 48,* 134–151.

Tharp, R. G. & Wetzel, R. J. (1969). *Behavior modification in the natural environment.* New York: Academic Press. [deutsch: (1975). Verhaltensänderungen im gegebenen Sozialfeld. München: Urban & Schwarzenberg.

Weiterführende Literatur

Durlak, J. A., Fuhrmann, T. & Lampman, C. (1991). Effectiveness of cognitive-behavior therapy for muladapting children. *Psychological Bulletin, 110,* 204 –214. doi: 10.1037/0033-2909.110.2.204

Ryback, D. & Staats, A. W. (1970). Parents as behavior therapy-technicians in treating reading deficits (dyslexia). *Journal of Behavior Therapy and Experimental Psychology, 1,* 109–119. doi: 10.1016/0005-7916(70)90034-0

Sah, A. & Borland, J. H. (1989). The effects of a structured home plan on the home and school behaviors of gifted learning-disabled students with deficits in organizational skills. *Roeper Review, 12,* 54–57. doi: 10.1080/02783198909553231

Material

Kaufman, A. S. & Kaufman, N. L. (2009). *Kaufman-Assessment Battery for Children (K-ABC).* (dt. Bearbeitung von P. Melchers & U. Preuß; 8. Aufl.). Frankfurt: Pearson.

Lauth, G. W. (1988). *Trainingsmanual zur Vermittlung kognitiver Fertigkeiten bei retardierten Kindern.* Tübingen: dgvt.

McNamara, B. E. & McNamara, F. J. (1995). *Keys to parenting a child with a learning disability.* Barron's Educational Series.

Osman, B. B. (1997). *Learning disabilities and ADHD. A family guide to living and learning together.* New York: Wiley.

38. Tutorielles Lernen

Ludwig Haag

Fallbeispiel

Eine Lehrerin unterrichtet an einer Fachoberschule eine Eingangsklasse im Fach Englisch. Nach sechs Wochen Unterricht wird die erste Klassenarbeit geschrieben. Acht Schülerinnen und Schüler erhalten die Note ungenügend. Die Lehrerin stellt bei den betreffenden Jugendlichen massive Lücken im Wortschatz und in der Kenntnis von Grammatikregeln fest. Um die acht Schülerinnen und Schüler an das Niveau der restlichen Klasse heranzuführen, ist ein gezielter Aufbau der Vokabel- und Grammatikkenntnisse erforderlich. Hierzu handelt die Lehrerin folgende Vereinbarung aus: Sie stellt den acht Schülerinnen und Schülern in zwei ihrer fünf Wochenstunden jeweils 30 Minuten für Wortschatz- und Grammatikübungen zur Verfügung. Im Gegenzug erklären diese sich bereit, an zwei Tagen pro Woche je 30 Minuten zusätzlich zum Unterricht in den Räumen der Schule zu üben. Diese Regelung soll zunächst für sechs Wochen gelten. Die Lehrerin stellt Arbeitsblätter mit dem Wortschatz und den wichtigsten Grammatikregeln bereit. Jeweils zwei Schülerinnen oder Schüler bilden ein Tandem und wechseln sich in ihren Rollen als Tutorin bzw. Tutor („Lehrkraft") und als Tutandin bzw. Tutand („Schülerin" bzw. „Schüler") ab. In jeder Sitzung fragt die Tutorin bzw. der Tutor die in Spalten alphabetisch angeordneten Vokabeln ab. Vokabeln, welche die Tutandin bzw. der Tutand nicht kennt, werden auf einem Merkzettel notiert und zu Beginn der nächsten Sitzung wiederholt. Für die Grammatikübung entwickeln beide Mitglieder des Lerntandems schriftliche Testfragen. Die Antworten werden gemeinsam diskutiert und ggf. von der jeweiligen Tutorin bzw. vom jeweiligen Tutor korrigiert. Bei offenen Fragen wenden sich die Tandems während der regulären Unterrichtszeit an ihre Lehrerin. Diese kontrolliert wöchentlich die korrigierten Testantworten und verhindert dadurch, dass sich Fehler verfestigen oder neu einschleichen. Die Tutorin bzw. der Tutor ist dafür verantwortlich, dass die Fehler, die der Tutandin bzw. dem Tutanden unterlaufen, in der folgenden Sitzung nochmals besprochen werden.

Da sich in der zweiten Klassenarbeit erste Erfolge einstellen, wird die vertragliche Vereinbarung um weitere sechs Wochen verlängert und später, weil die betreffenden Schülerinnen und Schüler davon immer mehr profitieren, bis zum Schuljahresende fortgesetzt. Dabei wird zunehmend auch neuer Lernstoff in die Übungen eingebunden. Die acht Schülerinnen und Schüler verbessern sich so weit, dass sie im Endzeugnis die Note „ausreichend" erhalten.

38.1 Kurzbeschreibung der Methode und ihres theoretischen Hintergrunds

Beim tutoriellen Lernen arbeiten zwei Schülerinnen bzw. Schüler gemeinsam an der Wiederholung, Vertiefung und Überprüfung ihrer Kenntnisse in einem Unterrichtsfach. Das eine Kind übernimmt die Rolle der Tutorin bzw. des Tutors, das andere die der Tutandin bzw. des Tutanden. Die Tutorin bzw. der Tutor fungiert als Lehrkraft, die Wissen vermittelt, abprüft und die Antworten der Tutandin bzw. des Tutanden korrigiert. Dazu stellt die Tutorin bzw. der Tutor Fragen, entwickelt Testaufgaben und erteilt Rückmeldungen zur Richtigkeit der Antworten. Die Tutandin bzw. der Tutand verhält sich wie eine Schülerin bzw. ein Schüler. Sie bzw. er beantwortet Fragen, bearbeitet Aufgaben und erläutert die Lösungen. Folgende Formen des tutoriellen Lernens werden unterschieden (Medway, 1995):

- Tandems mit konstanter versus variabler Rollenverteilung;
- leistungshomogene versus leistungsheterogene Tandems;
- altersgleiche versus altersverschiedene Tandems.

Bei altersgleichen Tandems (zwei Schülerinnen oder Schüler der gleichen Klasse bilden ein Team) ist darauf zu achten, dass die Partnerinnen und Partner ihre Rollen regelmäßig tauschen (möglichst innerhalb einer Sitzung), damit sie beide von den verschiedenen Rollen (Tutandin bzw. Tutand sowie Tutorin bzw. Tutor) profitieren (Renkl, 1997).

Tutorielles Lernen dient der Steigerung und Vertiefung der Lernaktivität. Im Vergleich zum Klassenunterricht handelt es sich um eine Lernform, die eine weit größere Chance zur aktiven Beteiligung bietet – angefangen mit der Vorbereitung eigener Fragen, über deren Beantwortung, bis hin zur gemeinsamen Reflexion zugehöriger Begründungen. Die Partnerinnen oder Partner geben sich wechselseitig ständig Rückmeldungen (auf der Grundlage von Anleitungen oder schriftlichem Material). Die Schwierigkeit der Aufgaben und das Lerntempo werden an ihren individuellen Kenntnisstand angepasst. Zudem diskutieren die Lernpartnerinnen und Lernpartner ihre Antworten sowie ihre Aufgabenlösungen, reflektieren dabei ihr eigenes Lernen und erörtern Möglichkeiten zu seiner Verbesserung (z. B. durch den Einsatz von Lernstrategien). Die Aufgabe als Tutorin bzw. als Tutor erfordert eine vertiefende Auseinandersetzung mit dem Unterrichtsstoff, etwa wenn verständliche und präzise Erklärungen an die Tutandin bzw. an den Tutanden gegeben werden sollen. Aber auch die Tutandin bzw. der Tutand muss ständig Arbeitsaufträge ausführen und kann sich nicht, wie im Klassenunterricht, in eine passive Lernhaltung zurückziehen.

Tutorielles Lernen nutzt die soziale Interaktion zwischen Schülerinnen bzw. Schülern als eine natürliche und leicht erschließbare Ressource für den Erwerb und die Festigung schulischer Fertigkeiten innerhalb und außerhalb des Klassenzimmers. Diese Form des „Lernens zu zweit" ergänzt die direkte Vermittlung von Wissen durch Lehrkräfte durch ein erarbeitendes, gemeinsames Lernen der Schülerinnen und Schüler. Damit erfüllt tutorielles Lernen sowohl die Forderung nach einer stärkeren Individualisierung des Unterrichts wie auch die nach der aktiven Beteiligung der Schülerinnen und Schüler beim Erwerb und bei der Anwendung neuen Wissens. Diese Art zu lernen ist nicht nur effektiv, sondern auch bildungsökonomisch preiswert (sofern Mitschülerinnen und Mitschüler oder freiwillige Helferinnen und Helfer als Tutorinnen und Tutoren eingesetzt werden). Tutorielles Lernen kann zur generellen Lernförderung ebenso wie zur spezifischen Förderung von leistungsschwachen Kindern, Jugendlichen und jungen Erwachsenen eingesetzt werden.

Tutorielles Lernen hat sich besonders bei Schülerinnen und Schülern mit Lese- und Rechtschreibproblemen bewährt (s. Kapitel 11 bis 13). Die Lernpartnerinnen und Lernpartner buchstabieren sich gegenseitig Wörter, lesen Wörterlisten laut vor, diktieren sich Texte und korrigieren ihre Fehler gemeinsam. Sehr erfolgreich ist tutorielles Lernen auch bei Rechenstörungen (s. Kapitel 16 und 17). Hier reicht die Anwendung vom intensiven Einüben grundlegender Rechenoperationen (z. B. Übung der Grundrechenarten) bis hin zur gemeinsamen Erörterung komplexer Probleme (z. B. im Physikunterricht). Nicht zuletzt wird tutorielles Lernen zur Vermittlung metakognitiver Fertigkeiten (planvolles und reflektierendes Lernen) und zur Verbesserung des Arbeitsverhaltens eingesetzt. Die wichtigste Anwendung liegt in der gemeinsamen Einübung von Lernstrategien (z. B. Strategien zum sinnverstehenden Lesen, wie Zusammenfassungen erstellen, Fragen formulieren und Verständnisprobleme klären; s. Kapitel 12).

38.2 Indikation der Methode

Tutorielles Lernen wird zur Förderung von Schülerinnen und Schülern mit folgenden Lernschwierigkeiten verwendet (Topping & Ehly, 1998):

- Lese- und Rechtschreibstörungen, inklusive Defiziten im sinnverstehenden Lesen (ICD-10: F81.0, F81.1; s. Kapitel 4);
- Rechenstörungen (ICD-10: F81.2; s. Kapitel 3);
- Defizite im Arbeitsverhalten (Underachievement; s. Kapitel 2).

Es kann auch zur allgemeinen Lernförderung bei unauffälligeren Kindern und Jugendlichen eingesetzt werden.

38.3 Detaillierte Beschreibung des Vorgehens

Tutorielles Lernen muss durch eine Lehrkraft sorgfältig vorbereitet, eingeführt und begleitet werden. Folgende Punkte sind bei der Planung und Durchführung zu beachten (s. Gordon, 2005; Topping, 2001; eine Illustration des Vorgehens findet sich in Kasten 1):

(1) *Bildung der Lerntandems: Wer soll wem helfen?* Tutorin bzw. Tutor und Tutandin bzw. Tutand können wie im Eingangsbeispiel von gleicher oder aber unterschiedlicher Leistungsfähigkeit sein. Traditionell geht man davon aus, dass als Tutorinnen oder Tutoren die leistungsstärksten Kinder infrage kommen. Dies macht vor allem dann Sinn, wenn die Methode bei jüngeren Schülerinnen und Schülern eingesetzt wird, ein gefestigtes Vorwissen bei den Tutorinnen und Tutoren vorausgesetzt wird oder keine detailliert ausgearbeiteten Materialien zur Verfügung stehen. Wenn beispielsweise Zehnerübergänge geübt werden und hierfür kein schriftlich fixiertes Material vorliegt, dann sollte die Tutorin bzw. der Tutor diese Aufgabe sicher beherrschen. Liegt jedoch Mate-

rial vor, können sich auch schwache Schülerinnen und Schüler gegenseitig helfen, indem die Tutorin bzw. der Tutor die mündlich gegebenen Lösungen anhand des Materials mitverfolgt. Bezüglich der Dauer der Zusammenarbeit hat sich folgendes Prinzip bewährt (s. Spörer & Brunstein, 2009): Je älter die Schülerinnen und Schülern sind, desto häufiger können die Tandems neu zusammengesetzt werden.

Kasten 1: Illustration der Arbeit als Tutorin oder Tutor anhand des Fallbeispiels

- Die Lehrkraft vereinbart mit den leistungsschwachen Schülerinnen und Schülern zunächst den Ort (Schulbibliothek), den Zeitpunkt (jede Woche 2 Mal nachmittags) und den Zeitraum (6 Wochen) für das tutorielle Lernen.
- Danach gibt sie den Schülerinnen und Schülern detaillierte Anweisungen zur Bearbeitung des Lernmaterials (z. B. zum Gebrauch der Vokabellisten). Sie teilt die 2er-Teams ein („Tom, Du arbeitest mit Kathrin zusammen!"), vereinbart mit den Schülern das Lernpensum (es sollen pro Sitzung 25 Vokabeln bearbeitet werden) und händigt ihnen Tabellen aus, in die sie ihre Lernfortschritte eintragen (die Anzahl der gekonnten Vokabeln pro Sitzung). Obgleich sich Schülerinnen und Schüler gerne mit Freundinnen und Freunden in 2er-Teams zusammenfinden, sollte die Lehrkraft dies unterbinden; ansonsten besteht die Gefahr, dass sich die Teams zu sehr mit aufgabenirrelevanten Themen beschäftigen.
- Die Übung zum Vokabellernen sieht wie folgt aus: Zunächst fängt eine Schülerin bzw. ein Schüler als Tutorin bzw. als Tutor an; nach 15 Minuten tauschen sie die Rollen. Die Tutorin bzw. der Tutor nennt ein deutschsprachiges Wort, das die Tutandin bzw. der Tutand auf Englisch niederschreibt. Im Anschluss liest die Tutorin bzw. der Tutor Wörter in Zehnerblöcken vor; die Tutandin bzw. der Tutand schreibt sie spaltenweise auf. Anschließend korrigiert die Tutorin bzw. der Tutor diesen Zettel, indem sie oder er in einer neuen Spalte die richtigen Antworten mit einem Haken abzeichnet. Jede richtige Vokabel wird mit einem verbalen Lob bekräftigt. Fehlt ein Wort oder ist es falsch, so gilt es, die Tutandin bzw. den Tutanden aufzufordern, nochmals zu überlegen. Danach wird eine Hilfestellung gegeben (die Tutorin bzw. der Tutor nennt z. B. den ersten Buchstaben der gesuchten Vokabel). Führt auch dies nicht zum Erfolg, nennt die Tutorin bzw. der Tutor das Wort, das die Tutandin bzw. der Tutand dann in eine dritte Spalte aufschreiben muss. In der nächsten Sitzung kann die Tutorin bzw. der Tutor anhand des Zettels sehen, welche Wörter auf Anhieb gewusst wurden und welche nochmals wiederholt werden müssen (die Wörter, hinter denen kein Haken steht bzw. die in der dritten Spalte stehen). Was nun gewusst wird, ist wiederum mit einem Haken zu markieren und dann nicht mehr weiter aufzurufen.
- Einmal pro Woche setzt sich die Lehrkraft nach einer Nachmittagssitzung mit den acht Schülerinnen und Schülern zusammen. Sie lässt sich die angefertigten Wortlisten zeigen, überprüft das erreichte Pensum und testet stichprobenweise die als gekonnt markierten Vokabeln. Besonders effektive Teams werden gelobt. Treten in einem Tandem Probleme auf (die Tutorin bzw. der Tutor kritisiert die Tutandin bzw. den Tutanden, die Tutandin bzw. der Tutand hört nicht richtig zu), so macht die Lehrerin das gewünschte Verhalten im Lerntandem mit einer Schülerin oder einem Schüler vor oder fordert ein besonders effektiv arbeitendes Team auf, das gemeinsame Lernen vor der übrigen Gruppe zu demonstrieren.

(2) *Zielvorgaben: Was soll erreicht werden?* Den Lernpartnerinnen und Lernpartnern muss klar vermittelt werden, was sie im Team erarbeiten sollen. Dazu werden Ziele in der Form des jeweils angestrebten Endverhaltens vorgegeben und mit den Lernteams verbindlich vereinbart. Konkret kann es z. B. darum gehen, den Grundwortschatz einer Jahrgangsstufe zu beherrschen (mit einer akzeptablen Fehlerquote) oder den Sinn der Aussagen von Texten aus dem Geschichtsbuch verständig widerzugeben (ermittelt über den Prozentsatz korrekter Antworten auf Verständnisfragen). Lernziele können sich auf ganz spezifische Fertigkeiten, wie das Beherrschen des Zehnerübergangs beim Rechnen, oder auf größere Wissenseinheiten, wie das Beherrschen des Zahlenraumes von 1 bis 100, beziehen. Je genauer die Lernziele definiert werden, desto besser lassen sich Lernfortschritte überwachen.

(3) *Zeitplanung: Wann und wie lange soll gelernt werden?* Es müssen präzise Vereinbarungen zum zeitlichen Umfang getroffen werden. Anfangs sollte mindestens 3 Mal pro Woche für 30 bis 45 Minuten in Lernteams gearbeitet werden. Der Zeitraum sollte keinesfalls weniger als sechs Wochen betragen.

(4) *Lernmaterial: Womit soll gelernt werden?* Tutorielles Lernen kann nur gelingen, wenn das Lernmaterial (Lerntexte, Arbeitsblätter, Aufgaben- und Regelsammlungen) absolut korrekt und klar strukturiert gestaltet ist. Soll z. B. sinnverstehendes Lesen eingeübt werden, so müssen Texte bereitgestellt werden, die klar gegliedert sind, Überschriften enthalten und in Abschnitte gleichen Umfangs unterteilt sind. Bei leistungsheterogenen Teams muss der Schwierigkeitsgrad an das Leistungsniveau des schwächeren Mitglieds angepasst werden. Ausgearbeitete Programme, die in klare und kleine Lernschritte unterteilt sind, eignen sich für tutorielles Lernen besonders gut. Zur Förderung rechnerischer Fertigkeiten finden sich umfangreiche Beispiele in einem von Ganser (2006) herausgegebenen Band der Akademie für Lehrerfortbildung Dillingen. Wenn immer möglich, sollten die Übungen in spielerische Tätigkeiten eingebettet werden. Kasten 2 zeigt Beispiele für Aufgaben, wie sie von tutoriellen Teams bearbeitet werden.

(5) *Einübung des Tutorinnen- bzw. Tutorenverhaltens.* Vor Beginn der eigentlichen Übungen erhalten beide Mitglieder des Tandems eine Verhaltensanleitung. Folgende Regeln werden vermittelt:

- klare Fragen stellen;
- eindeutige Rückmeldungen geben;
- erst dann zur nächsten Aufgabe überzugehen, wenn die vorangehende beherrscht ist;
- Geduld üben und jede positive Antwort lobend verstärken;
- die erreichten Lernfortschritte protokollieren (in Tabellen und Lernkurven);
- sich stets an die vereinbarten Aufgaben halten (einschließlich der im Material aufgeführten Lösungen).

Bevor ein Programm zum tutoriellen Lernen begonnen wird, macht die Lehrkraft diese Vorgehensweisen gemeinsam mit einer Schülerin oder einem Schüler vor. Danach lässt sie ein Team vor der gesamten Lerngruppe (z. B. der Klasse) agieren und gibt gezielte Anleitungen und Rückmeldungen zum korrekten Verhalten beim gemeinsamen Üben. Wichtige Interaktionsregeln („Ausreden lassen!", „Loben, statt Kritisieren!", „Geduld üben!") werden auf Kärtchen geschrieben, die während der Arbeit vor beiden Teammitgliedern liegen und auf die sie sich gegenseitig hinweisen können (z. B. wenn eine Regel verletzt wird).

Kasten 2: Beispiele für Aufgaben beim tutoriellen Lernen

- Eine Tutorin bzw. ein Tutor gibt ein Wort und einen Anfangsbuchstaben vor, welche die Tutandin oder der Tutand zu Reimwörtern ergänzen muss, wie z. B.: Der Witz, der S (itz), der Bl (itz), der Sp (itz).
- Eine gute Schülerin bzw. ein guter Schüler liest einer schwachen Schülerin bzw. einem schwachen Schüler einen Text vor; diese bzw. dieser verfolgt den Text auf dem eigenen Blatt und kreist zur Erfolgskontrolle alle schon bekannten Wörter ein.
- Die Tutorin bzw. der Tutor gibt die Zahl 100 vor, verbunden mit dem Auftrag, 8 abzuziehen, von diesem Ergebnis wieder 8 usw. Die Tutandin bzw. der Tutand rechnet laut in Achterschritten rückwärts und muss dabei auch die Zehnerübergänge vollziehen. Hierbei kontrolliert die Tutorin bzw. der Tutor die Richtigkeit der Antworten (am besten anhand einer Tabelle).
- Die Tutorin bzw. der Tutor wählt einen Text aus, der ihr bzw. ihm bereits bekannt ist. Nun soll die Tutandin bzw. der Tutand auf der Grundlage der Überschriften Vermutungen zum Inhalt äußern. Dann soll sie bzw. er Fragen im Hinblick darauf formulieren, was während des Lesens in Erfahrung gebracht werden könnte. Danach liest sie bzw. er den Text abschnittsweise und fasst jeden Abschnitt mit eigenen Worten zusammen. Am Ende soll die Tutandin bzw. der Tutand einen Gesamtüberblick geben. Die Tutorin bzw. der Tutor begleitet die einzelnen Etappen und verstärkt lobend jede sinnvolle Äußerung.

(6) *Registrierung von Lernfortschritten.* Für die Registrierung von Lernfortschritten sind die Tandems und die Lehrkräfte gleichermaßen zuständig. Während und nach den einzelnen Sitzungen sollen die Partnerinnen oder Partner ihre Leistungen festhalten. Bei einem Vokabeltraining tragen sie beispielsweise in eine vorbereitete Tabelle das bewältigte Pensum und die Anzahl der gekonnten Vokabeln ein. Jedes 2er-Team soll sich regelmäßig mit der Lehrkraft treffen. Findet tutorielles Lernen außerhalb des regulären Unterrichts statt, sollte die Lehrkraft mindestens einmal pro Woche Rückmeldungen einholen und kontrollieren, ob die Zusammenarbeit klappt; ob die Materialien verständlich und ansprechend sind; ob die angeordnete Stoffmenge zu schaffen ist; inwieweit Probleme beim gemeinsamen Lernen aufgetreten sind (bei dauerhaften Problemen werden Tandems ggf. aufgelöst und neue Lernpartnerschaften gebildet). Dabei sollte sich die Lehrkraft auch vom Lernfortschritt überzeugen. Dazu kann sie mündliche Stichproben nehmen; besser ist jedoch, wenn sie als Lernzielkontrolle ein Blatt mit Fragen zum bearbeiteten Stoff vorbereitet, es ausfüllen lässt und möglichst rasch korrigiert zurückgibt, um es gemeinsam mit beiden Mitgliedern des Teams zu besprechen.

Verknüpfung tutoriellen Lernens mit Schulunterricht und Elternhaus

Obgleich tutorielles Lernens auch außerhalb des regulären Unterrichts durchgeführt werden kann, ist es zumeist effektiver, wenn es direkt im *Schulunterricht* stattfindet, weil die Lehrkraft die Schülerinnen und Schüler hier besser anleiten, ihre Fortschritte genauer beobachten und ihre Fehler unmittelbarer korrigieren kann. Geht es allerdings um die Förderung einzelner oder nur weniger Schülerinnen und Schüler, die in einem Lernbereich auffallende Defizite zeigen (z. B. in der Rechtschreibung), so ist tutorielles Lernen auch außerhalb des Unterrichts angezeigt. Ein Beispiel, wie tutorielles Lernen in der Schulklasse umgesetzt werden kann, zeigt Kasten 3. Die dort beschriebene Vorgehensweise lehnt sich an ein von Fuchs, Fuchs, Mathes und Simmons (1997) entwickeltes Programm zur Förderung leseschwacher Kinder an („Peer Assisted Learning Strategies“ – PALS).

Kasten 3: Programm für Tutorinnen und Tutoren für ein Lesetraining im Schulunterricht (Peer-Assisted Learning Strategies)

Dauer
Die Schülerinnen bzw. die Schüler arbeiten 3-Mal wöchentlich für je 35 Minuten in Lerntandems (2er Teams) zusammen. Das Programm erstreckt sich über einen Zeitraum von 15 Wochen.

Zusammensetzung der Tandems
Die Klasse wird in zwei Hälften geteilt, wobei die Hälften zu gleichen Teilen leistungsstärkere, mittelstarke und leistungsschwächere Schülerinnen und Schüler umfassen. Innerhalb der Klassenhälften wird jedes Tandem aus einem leistungsstärkeren und einem leistungsschwächeren Mitglied gebildet.

Ablauf
1. Die Tutorin bzw. der Tutor beginnt damit, einen vorgegebenen Text zu lesen (5 Minuten). Dabei liest die Tutandin bzw. der Tutand leise mit. Danach liest sie oder er den Text laut vor. Die Tutorin bzw. der Tutor korrigiert jedes falsch gelesene Wort, ergänzt ausgelassene Wörter und ermutigt die Tutandin bzw. den Tutanden, es nochmals zu probieren.
2. Die schwächere Schülerin bzw. der schwächere Schüler erzählt das Gelesene nach. Die Tutorin bzw. der Tutor ergänzt und verbessert die Zusammenfassung. Danach liest sie bzw. er einen neuen Abschnitt vor und formuliert selbst eine Zusammenfassung, die dann gemeinsam mit der Tutandin bzw. mit dem Tutanden besprochen wird. Anschließend liest die Tutandin bzw. der Tutand weiter und fasst den nächsten Abschnitt zusammen, gefolgt von Verbesserungsvorschlägen der Tutorin bzw. des Tutors.
3. Die Tutorin bzw. der Tutor stellt Fragen zum gelesenen Text. Gibt die Tutandin bzw. der Tutand keine Antwort, wird der Text nochmals gelesen. Ist die Antwort falsch, verbessert sie die Tutorin bzw. der Tutor oder gibt selbst die richtige Antwort.
4. Die Tutorin bzw. der Tutor liest einen Abschnitt und macht dann eine Vorhersage, wie es in der darauf folgenden Passage weitergehen wird. Danach wird der nächste Abschnitt gelesen und die Richtigkeit der Vorhersage überprüft. Beim folgenden Teil übernimmt die Tutandin bzw. der Tutand die Aufgabe, eine Vorhersage zu treffen, um anschließend mit der Tutorin bzw. mit dem Tutor zu prüfen, ob sie stimmt.

Aufgaben der Lehrkraft
Die Lehrkraft teilt die Teams ein. Vor Beginn des tutoriellen Lernens macht sie selbst die anzuwendenden Lesestrategien vor (durch „lautes Vordenken“). Gemeinsam mit einem Kind, das die Rolle der Tutandin bzw. des Tutanden übernimmt, demonstriert sie vor der Klasse, wie sich die Tutorin bzw. der Tutor verhalten soll. Danach lässt sie das gewünschte Verhalten von einem Tandem vormachen und gibt dazu Anleitungen (z. B. zum Ermutigen und Loben). Während des tutoriellen Lernens steht die Lehrkraft für Rückfragen bereit und registriert, ob die Teams konzentriert arbeiten. Besonders effektive Teams werden „öffentlich“ gelobt. Die Klassenhälfte mit den bestens Teams erhält eine Auszeichnung. Nach mehreren Wochen werden die Teams neu zusammengesetzt.

Die *Eltern* sollten über das tutorielle Lernen in der Klasse gründlich informiert werden. Ansonsten besteht Gefahr, dass sie darüber besorgt (und aufgebracht) sind, warum ihr Kind von einem anderen Kind im Lernen angeleitet wird (und umgekehrt). Als besonders effektiv hat es sich erwiesen, Eltern aktiv in das tutorielle Lernen mit einzubeziehen (Heller & Fantuzzo, 1993). Eltern werden eingeladen, diese Lernform im Klassenzimmer selbst zu beobachten; sie werden als „Lernassistenten“ zur Betreuung der Teams im Unterricht eingesetzt; und sie werden angewiesen, ihre Kinder für Erfolge zu belohnen, die diese in ihren Lernteams erreicht haben (dazu erhalten die Kinder von der Lehrkraft Belohnungskarten, die sie zuhause bei ihren Eltern eintauschen können, z. B. gegen eine attraktive Freizeitaktivität). Hierdurch erhalten die Eltern Rückmeldungen zum Lernerfolg ihrer Kinder. Darüber hinaus können Eltern als „erwachsene“ Tutorinnen und Tutoren ausgebildet werden (z. B. um mit ihren Kindern zuhause effektiver zu üben). Geeignete Programme zur Hausaufgabenhilfe werden in einem andere Kapitel dieses Bandes beschrieben (s. Kapitel 29).

38.4 Wirksamkeit und Wirksamkeitsbedingungen

Tutorielles Lernen fördert sowohl den Erwerb schulischer Basiskompetenzen als auch die soziale Integration von Schulkindern. Die berichteten Effektstärken liegen im mittleren Bereich (vgl. Spörer, 2009). Die höchste Wirksamkeit wird erzielt, wenn die Tutorinnen und Tutoren in ihrer Tätigkeit geschult werden und die Mitwirkung der Eltern sichergestellt ist (Heller & Fantuzzo, 1993).

In einer Metaanalyse zum tutoriellen Lernen bei Grundschulkindern (Klassen 1 bis 6) ermittelten Rohrbeck, Ginsburg-Block, Fantuzzo und Miller (2003) für unterschiedliche Leistungskriterien eine mittlere Effektstärke von $d = 0.59$. Stärkere Effekte wurden bei jüngeren Kindern sowie bei Kindern aus sozialen Minderheiten und einkommensschwachen Familien festgestellt. Zudem erhöhte sich die Effektivität, wenn die Schülerinnen und Schüler an der Ausformung wichtiger Bestandteile des Programms beteiligt wurden (z. B. bei der Formulierung der Lernziele sowie der Auswahl und Vergabe von Belohnungen für gutes Teamverhalten).

Ein viel beachteter Ansatz zum tutoriellen Lernen ist das oben erwähnte, von Doug und Lynn Fuchs entwickelte PALS-Programm. Dessen Anwendungsbereich erstreckt sich von der Vorschule über die Grundschule bis hin zur Sekundarstufe (Fuchs, Fuchs, Thompson, Svenson, Yen et al., 2001). Neben sprachlichen Fertigkeiten ist PALS auch bei der Förderung mathematischer Fertigkeiten wirksam. Positive Effekte erzielt PALS bei Schülerinnen und Schülern praktisch aller Leistungsgruppen, insbesondere auch bei Kindern mit schwachen Schulleistungen. Zudem wirkt tutorielles Lernen vorbeugend dem Auftreten und der Verfestigung von Lernstörungen entgegen (z. B. beim Erlernen des Lesens; Mathes, Grek, Howard, Babyak & Allen, 1999). PALS hat sich nicht nur bei Kindern und Jugendlichen in den USA, sondern auch bei Schülerinnen und Schülern aus der Primar- und Sekundarstufe in Deutschland bewährt (Spörer, 2009; Spörer & Brunstein, 2009; s. a. Haag & Streber, 2011).

Die Wirksamkeit tutoriellen Lernens beruht darauf, dass die Lernpartnerinnen und Lernpartner:

- zusätzliche Zeit für das Lernen investieren, sodass Rückstände im Wissen aufgeholt werden können;
- den Lernstoff aktiver verarbeiten, weil sie ständig Gelegenheit haben, Fragen zu stellen, Antworten zu geben und Rückmeldungen zu erhalten;
- Techniken erwerben (z. B. die Verwendung einer Lernkurve), wie sie ihr Lernen selbst bewerten, überwachen und korrigieren können;
- sich wechselseitig dazu ermutigen, Schwierigkeiten beim Lernen zu überwinden;
- durch Übernahme der Tutorinnen- bzw. der Tutorenrolle an schulischem Selbstvertrauen dazugewinnen.

Diese Wirkfaktoren verdeutlichen, dass das Arbeiten in Tandems auch Fertigkeiten zum selbstregulierten Lernen fördern kann (Brunstein & Spörer, 2010; s. Kapitel 21 in diesem Band). Entsprechend positiv sind die Effekte, die tutorielles Lernen auf die selbstständige Anwendung neuen Wissens erzielt (z. B. beim Transfer von Mathematikkenntnissen auf neue Aufgabenstellungen; s. L. Fuchs, Fuchs, Prentice, Burch, Hamlett et al., 2003).

Trotz erwiesener Effektivität des tutoriellen Lernens ist bei Kindern mit Lernstörungen Folgendes zu beachten: Tutorielles Lernen soll weder die Lehrkraft im Klassenzimmer noch die Therapeutin bzw. den Therapeuten in der Lerntherapie ersetzen. Durch intensives und fehlerkorrigierendes Üben kann tutorielles Lernen professionelle Formen der Förderung und Intervention bei Kindern mit Lernstörungen unterstützen. Außerdem trägt es dazu bei, dass die Effekte einer Intervention auf den Schulalltag übertragen werden.

38.5 Literatur

Grundlegende Literatur

Fuchs, D., Fuchs, L. S., Mathes, P.-G. & Simmons, D.-C. (1997). Peer-assisted learning strategies: Making classrooms more responsive to diversity. *American Educational Research Journal, 34,* 174–206. doi: 10.3102/00028312034001174

Rohrbeck, C. A., Ginsburg-Block, M. D., Fantuzzo, J. & Miller, T. R. (2003). Peer-assisted learning interventions with elementary school students: A meta-analytic review. *Journal of Educational Psychology, 95,* 240–257. doi: 10.1037/0022-0663.95.2.240

Topping, K. & Ehly, S. (Eds.). (1998). *Peer-assisted learning*. Mahwah, NJ: Erlbaum.

Weiterführende Literatur

Brunstein, J. C. & Spörer, N. (2010). Selbstgesteuertes Lernen. In D. H. Rost (Hrsg.), *Handwörterbuch Pädagogische Psychologie* (4. Aufl., S. 751–759). Weinheim: Beltz & PVU.

Fuchs, D., Fuchs, L. S., Thompson, A., Svenson, E., Yen, L., Otaiba, S. A., Yang, N., McMaster, K. N., Prentice, K., Kazdan, S. & Saenz, L. (2001). Peer-assisted learning strategies in reading: Extensions for kindergarten, first grade, and high school. *Remedial & Special Education, 22,* 15–21. doi: 10.1177/074193250102200103

Fuchs, L. S., Fuchs, D., Prentice, K., Burch, M., Hamlett, C. L., Owen, R. & Schroeter, K. (2003). Enhancing third-grade students' mathematical problem solving with self-regulated learning. *Journal of Educational Psychology, 95,* 306–315. doi: 10.1037/0022-0663.95.2.306

Haag, L. & Streber, D. (2011). Tutorielles Lernen. *Empirische Pädagogik, 25,* 358–369.
Heller, L. R. & Fantuzzo, J. W. (1993). Reciprocal peer tutoring and parent partnership: Does parent involvement make a difference? *School Psychology Review, 22,* 517–534.
Mathes, P. G., Grek, M. L., Howard, J. K., Babyak, A. E. & Allen, S. H. (1999). Peer-Assisted learning strategies for first-grade readers: A tool for preventing early reading failure. *Learning Disabilities Research & Practice, 14,* 50–60. doi: 10.1207/sldrp1401_5
Medway, F. J. (1995). Tutoring. In L. W. Anderson (Ed.), *International encyclopedia of teaching and teacher education* (pp. 271–274). Cambridge, UK: Pergamon Press.
Renkl, A. (1997). *Lernen durch Lehren: Zentrale Wirkmechanismen beim kooperativen Lernen.* Wiesbaden: Deutscher Universitätsverlag.
Spörer, N. (2009). Festigung mathematischer Basiskompetenzen durch Peer-gestütztes Lernen: Ergebnisse einer Trainingsstudie in der Grundschule. *Empirische Pädagogik, 23,* 75–94.
Spörer, N. & Brunstein, J. C. (2009). Fostering the reading comprehension of secondary school students through peer-assisted learning: Effects on strategy knowledge, strategy use, and task performance. *Contemporary Educational Psychology, 34,* 289–297. doi: 10.1016/j.cedpsych.2009.06.004

Material

Ganser, B. (Hrsg). (2006). *Rechenstörungen: Unterrichtspraktische Förderung. Ein Fortbildungsmodell der Akademie für Lehrerfortbildung Dillingen* (3. Aufl.). Donauwörth: Auer Verlag.
Gordon, E. E. (2005). *Peer tutoring: A teacher's resource guide.* Lanham, MA: Rowman & Littlefield.
Topping, K. (2001). *Peer assisted learning: A practical guide for teachers.* Newton, MA: Brookline Books.

39. Verhaltensverträge

Jürgen Bellingrath

Fallbeispiel

Michael (9 Jahre) besucht jetzt die dritte Grundschulklasse. Er hat gerade noch die Versetzung in die dritte Klasse geschafft. Nun wird ihm der Schulbesuch immer mehr zur Qual. Im Unterricht wirkt er häufig abwesend, fast täglich vergisst er irgendwas, seine Hausaufgaben sind meist unvollständig, die Leistungen in den ersten ungeübten Diktaten sehr schlecht. Und bei den Hausaufgaben gibt es fast täglich gravierende Auseinandersetzungen mit der Mutter.

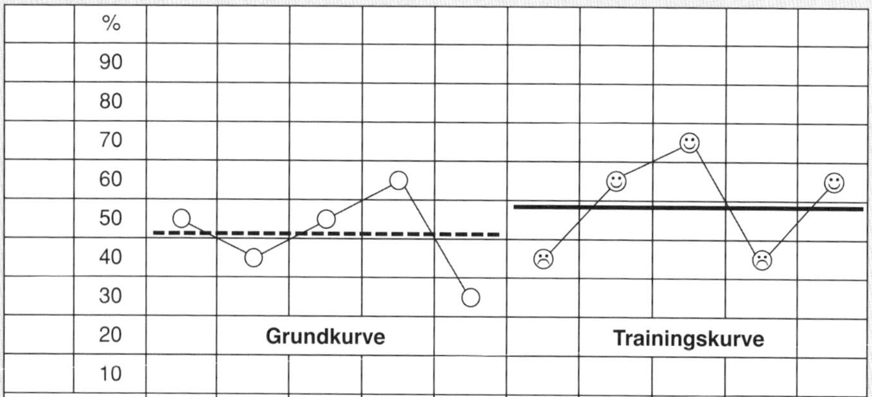

Datum		**1.5.**	**2.5.**	**3.5.**	**4.5.**	**5.5.**	**8.5.**	**9.5.**	**10.5.**	**11.5.**	**12.5.**
Zeit	von	16.00	16.20	16.05	16.30	16.00	16.35	16.10	16.10	16.10	16.30
	bis	16.15	16.35	16.25	16.50	16.25	16.50	16.25	16.30	16.25	16.50
	Min.	15	15	20	20	25	15	15	20	15	20
Belohnung								☺	☺		☺

Abbildung 1: Leistungs- und Belohnungsdiagramm für „Richtigprozente" im Wortdiktat

Eine Untersuchung beim Schulpsychologischen Dienst stellt eine Lese-Rechtschreibstörung mit einer ausgeprägten Sekundärsymptomatik (Schulunlust, geringe Leistungsmotivation, niedrige Selbstwirksamkeitseinschätzung, Unaufmerksamkeit) fest. Nach einer sorgfältigen Verhaltensanalyse wird ein häusliches Übungsprogramm vereinbart, das regelmäßige, 20-minütige Übungen mit der Mutter vorsieht. Es soll die Lese- und Rechtschreibfähigkeiten verbessern, die Leistungsmotivation erhöhen und die vorhandene Schulunlust verringern. Hierzu wird ein Verhaltensvertrag mit dem Jungen und seinen Eltern geschlossen. Der Vertrag regelt, dass tägliche Leseübungen mit der Mutter durchgeführt werden. Im Verlaufe einer Woche sollen etwa 120 Zeilen gelesen werden. Als Verstärker erhält Michael Punkte, die er gegen kleine Alltagsprivilegien (z. B. Lieblingsnachtisch, 20 Minuten länger aufbleiben) oder von ihm besonders geschätzte gemeinsame Spiele mit den Eltern einlösen kann. Verstärker gibt es für richtiges Lesen sowie engagierte Mitarbeit und Anstrengungsbereitschaft. Das richtige Lesen wird in einer „Erfolgskurve“ registriert (s. Abbildung 1). Hierdurch erhalten Mutter und Kind eine ständige Rückmeldung über die bisher schon erreichten Fortschritte. Ferner hält der Vertrag fest, wie lange die getroffenen Vereinbarungen gültig sind.

39.1 Kurzbeschreibung der Methode und ihres theoretischen Hintergrunds

Verhaltensverträge werden eingesetzt, um die Häufigkeit eines bestimmten Verhaltens zu steigern oder zu verringern. Eine Schülerin bzw. ein Schüler soll sich beispielsweise pro Unterrichtsstunde zweimal melden, nicht dazwischen rufen, die Hausaufgaben angemessen und regelmäßig anfertigen, viermal in der Woche mit der Mutter lesen üben, sich nur noch in einem bestimmten Bereich des Schulhofes aufhalten (weil dies das eigene expansive Verhalten eindämmt) oder die Unterrichtsstörungen unterlassen. Derartige Ziele werden in einem schriftlichen „Vertrag“ festgehalten. Zudem ist ein Programm zu entwerfen, mit dessen Hilfe das Interventionsziel erreicht werden soll. Es enthält beispielsweise genaue Angaben dazu, was als Unterrichtsbeteiligung gilt und wie sie registriert wird. Außerdem wird darin beschrieben, wie, wann und wie lange die Leseübungen durchzuführen sind.

Verhaltensverträge gehen ursprünglich auf die Arbeiten von Homme, Csanyi, Gonzales und Rechs (1974) zurück, die sich vornehmlich mit der Beeinflussung des Verhaltens von Schülerinnen und Schülern im Klassenzimmer auf der Grundlage des operanten Konditionierens beschäftigten. Dazu nutzten sie die Methode des Kontingenz-Managements (s. Kapitel 35), bei dem sich der Zusammenhang zwischen beobachtbarem Verhalten und dessen unmittelbaren Folgen in der Form von „Wenn-dann-Bedingungen“ beschreiben lässt. Ein Beispiel dafür ist „Großmutters Gesetz“: „Zuerst die Suppe, dann der Nachtisch!“ Solche einfachen Verhaltensregeln wurden von Homme und seinen Mitarbeiterinnen bzw. Mitarbeitern in systematischer Weise in den Unterrichtsalltag eingeführt (z. B.: „Löse die ersten beiden Aufgaben richtig, dann sehen wir uns fünf Minuten lang einen Film an!“; Homme et al., 1974, S. 40). Für den Umgang mit solchen Vereinbarungen werden zehn Regeln aufgestellt (s. Kasten 1).

Kasten 1: Regeln für Kontingenzverträge nach Homme et al. (1974)
1. Die Belohnung innerhalb des Vertrags sollte sofort erfolgen. 2. Erste Verträge sollten für kleine Schritte sorgen und sie belohnen. 3. Belohne häufig mit kleinen Beträgen. 4. Der Vertrag sollte eher Leistung ais Gehorsam fordern und sie belohnen. 5. Belohne die Leistung nach der Durchführung. 6. Der Vertrag muss fair sein. 7. Die Vertragsbedingungen müssen klar sein. 8. Der Vertrag muss ehrlich sein. 9. Der Vertrag muss positiv sein. 10. Der Vertragsabschluss muss als Methode systematisch angewendet werden.

Verträge werden in der Regel schriftlich abgefasst und von allen Beteiligten unterzeichnet. Notwendige Inhalte sind:

- Das gewünschte Zielverhalten wird möglichst klar und eindeutig beschrieben (operationalisiert).
- Die Umstände, unter denen das Zielverhalten erbracht werden soll, werden ebenso genannt (z. B. die Hausaufgaben werden vor dem Abendessen gemacht; täglich wird 15 Minuten lang mit der Mutter das Lesen geübt; Sedat hält sich in beiden großen Pausen in einem Areal vor der Eingangstür auf; Markus ruft im Unterricht nicht dazwischen und verlässt seinen Platz nicht ohne Befugnis).
- Es wird festgehalten, welche Folgen das Erfüllen bzw. Nichterfüllen des Zielverhaltens hat. Hierfür werden Anreize bzw. Belohnungen vereinbart und klar sowie unmissverständlich festgehalten. Infrage kommen die Vergabe von Tauschverstärkern (Token-Programm) aber auch der Entzug von Verstärkern (Response Cost), falls die getroffenen Vereinbarungen nicht eingehalten werden.
- Ferner wird beschrieben, wann, wie und durch wen das von der Schülerin bzw. vom Schüler erbrachte Zielverhalten registriert wird und wie lange der Vertrag gilt.

Der Vertragsabfassung gehen mehrere Entscheidungen voraus, die im Rahmen der Therapieplanung geklärt werden:

- Welches Zielverhalten wird angestrebt? Beispielsweise: Soll man mit Markus, der den Unterricht sehr stört, vereinbaren, dass er weniger stört oder sich mehr meldet; oder sollte eventuell beides zum Zielverhalten erklärt werden?
- Welche Belohnungen werden in Aussicht gestellt? Werden Tauschverstärker (Chips, Tokens) vergeben? Wenn ja, wann bzw. wofür werden sie eingetauscht? Werden Verstärker entzogen, wenn gegen die Vereinbarung verstoßen wird (Response Cost).
- Wer registriert wann, ob das Zielverhalten auch ausgeführt wurde?
- Wie gewinnt man die Bezugspersonen vor Ort (Eltern, Lehrkräfte) zur sachgerechten Mitarbeit?
- Wie lange soll der Vertrag gelten?

Diese Fragen werden nach Maßgabe einer genauen Verhaltensanalyse und von Beobachtungen des Problemverhaltens im Alltag entschieden.

Die erwachsenen Bezugspersonen (Eltern, Lehrkräfte, Erzieherinnen und Erzieher, Sonderpädagoginnen und Sonderpädagogen) werden ausdrücklich in die Vertragsgestaltung und deren Umsetzung mit einbezogen. Zunächst steuern sie Informationen über das Problemverhalten im Alltag bei (z. B. Art, Häufigkeit, Situationsbedingungen, Situationen ohne Verhaltensprobleme). Ihre Aufgabe ist es dann, die Ausführung des Zielverhaltens zu registrieren, bestimmte Übungen mit dem Kind durchzuführen, die vereinbarten Verstärker (Lob, Tadel, Tokens, Chips) zu geben und sie später einzutauschen. Hierdurch werden Verhaltensverträge mit dem Mediatorenkonzept verknüpft, bei dem die Bezugspersonen (Eltern, Klassenlehrkraft) das problematische Verhalten eines Kindes im Alltag mittels Übung oder Verstärkung direkt verändern (s. dazu Kapitel 37). Die Therapeutin bzw. der Therapeut entwickelt mit ihnen den besten Weg dafür.

Verträge können mit einzelnen Schülerinnen und Schülern, aber auch mit ganzen Schulklassen geschlossen werden:

- Bei Verträgen mit einer einzelnen Schülerin oder einem einzelnen Schüler geht es um Lösungen für ganz individuelle Lern- und Schulprobleme (z. B. die Hausaufgaben werden nicht gemacht; die Rechtschreibleistung ist unzureichend).
- Verträge, die mit einer ganzen Schulklasse geschlossen werden, regeln hingegen die Zusammenarbeit in der Klasse (z. B. sich melden, bevor man etwas sagt; während des Unterrichts nicht umherlaufen; andere nicht abträglich kritisieren).

Bereits Homme setzte sich mit der Frage auseinander, wie sich „erzieherinnen- bzw. erzieherkontrollierte" Verträge allmählich in „Eigenverträge" überführen lassen, bei denen die Schülerinnen und Schüler stärker in der Verantwortung stehen. Hierbei werden bestimmte Aufgaben und verstärkende Ereignisse zunächst von der Erzieherin bzw. vom Erzieher alleine, dann gemeinsam mit der Schülerin bzw. dem Schüler und schließlich vom Kind oder Jugendlichen selbst festgelegt. Solche Vorgehensweisen zur Förderung der Selbstkontrolle spielen in der kognitiven Verhaltenstherapie eine ganz wesentliche Rolle (vgl. Fliegel, Groeger, Künzel, Schulte & Sorgatz, 1989). Innerhalb dieses Behandlungsansatzes werden Abkommen, die eine Schülerin bzw. ein Schüler mit sich selbst schließt, als „implizite Verträge" bezeichnet. Sie sollen Schülerinnen und Schüler dazu animieren, sich selbst in die Pflicht zu nehmen und das Gelernte aus eigener Initiative anzuwenden.

39.2 Indikation der Methode

Im schulischen Anwendungsfeld dient der Abschluss von Verhaltensverträgen drei Zwecken (Murphy, 1988):

- Steigerung von Aktivitäten zum Erwerb von Wissen (Academic Productivity);
- Verbesserung der Sorgfalt bei der Ausführung von Aufgaben (Performance Accuracy);
- häufigere Anwendung von Lernstrategien (Study Skills).

Das Vorgehen ist demnach angebracht bei:

- sozialer Unsicherheit (ICD-10, F93: Emotionale Störung);
- aggressiven Verhaltensproblemen (ICD-10, F91, Störung des Sozialverhaltens; F91.3: Störung des Sozialverhaltens mit oppositionellem, aufsässigem Verhalten);
- Aufmerksamkeits- und Hyperaktivitätsstörungen (ICD-10, F90: Hyperkinetische Störung);
- Lernstörungen (ICD-10, F 81).

Ferner werden Verhaltensverträge im Rahmen von Lernprogrammen eingesetzt, wenn es vorrangig um das Einüben von (schulischen) Fertigkeiten geht. Dabei wird beispielsweise geregelt, dass bestimmte Übungsphasen eingehalten und vereinbarte Strategien angewendet werden.

Verhaltensverträge können unabhängig vom Alter der Zielpersonen (Grundschulkinder, Jugendliche) angewendet werden. Sie sind bei unterschiedlichen Verhaltensweisen wirksam, haben unbestreitbaren praktischen Wert (Hautzinger, 2011) und sind auf breiter Ebene anwendbar (Kanfer, Reinecker & Schmelzer, 2005). Die Anwendungsmöglichkeiten sind beträchtlich (s. Tabelle 1). Einschränkungen gelten nur für eine recht kleine Teilgruppe möglicher „Vertragspartnerinnen" bzw. „Vertragspartner" (sehr junge Kinder, geistig behinderte, autistische Kinder und Jugendliche) wegen Einschränkungen des Entwicklungsstandes und der kognitiv-verbalen Kompetenz.

Tabelle 1: Anwendungsbereiche und Beispiele für Verhaltensverträge

Problemverhalten	Zielverhalten	Verstärkungs-bedingungen
Internalisierende Störungen		
Angst, vor der Klasse zu sprechen, an die Tafel zu müssen, mündlich geprüft zu werden	Antworten auf Fragen der Lehrkraft, spontane Unterrichtsbeiträge, Sprechen in Gruppenarbeit	Token-System: Belohnung von Annäherungsverhalten; soziale Verstärkung durch Lehrkräfte und Gleichaltrige
Angst vor Klassenarbeiten, Tests, schriftlichen Prüfungen	Entspannung, positive Selbstinstruktion, Reizkonfrontation	negative Verstärkung (Angstreduzierung); positive Verstärkung von Bewältigungsverhalten
Selbstunsicherheit, geringe Selbstwirksamkeitseinschätzung hinsichtlich schulischer Leistungen	aktive Mitarbeit im Unterricht, schrittweise Übernahme von Aufgaben, Selbstbehauptung	positive Verstärkung von Annäherungsschritten; systematische Vermittlung von Erfolgen
Externalisierende Störungen		
Schulschwänzen, Verweigerung der Mitarbeit, Missachtung von Regeln, fehlende Hausaufgaben	Regeln beachten, regelmäßige Unterrichtspräsenz, Pünktlichkeit, Kooperation	Token-Programm mit positiver Verstärkung für Regelbeachtung und Verstärkerentzug bei Regelverstößen (Response Cost)
Unaufmerksamkeit, leichte Ablenkbarkeit, impulsiv-sprunghaftes Verhalten, Hypermotorik	genau hinschauen, genau zuhören, planvoll und selbstkontrolliert vorgehen, soziale Regeln beachten	gezielte positive Verstärkung von Regelbeachtung und planvoller Handlungssteuerung bei Arbeits- und sozialen Anforderungen (Token-Programm)

Tabelle 1: Fortsetzung

Problemverhalten	Zielverhalten	Verstärkungs-bedingungen
Umschriebene Entwicklungsstörungen, Lernstörungen		
mangelnde Lesekompetenz, geringe Lesemotivation	regelmäßige Leseübungen, Lexikonbenutzung, Lesen in Freizeit	gezielte Erfolgsverstärkung mittels Token-Programm und unmittelbarer sozialer Verstärkung in den Übungssitzungen
Versagen bei schriftlichen Leistungsanforderungen: Diktaten, Abschriften	Schreibübungen: Anwenden von Rechtschreibregeln, Arbeit mit Wortkartei	gezielte Erfolgsverstärkung mittels Token-Programm und unmittelbarer sozialer Verstärkung in den Übungssitzungen
Beeinträchtigung grundlegender Rechenfertigkeiten, geringes Zahlenverständnis, Schwierigkeiten, das Einmaleins zu lernen	regelmäßige Rechenübungen: Zählfertigkeit, Kopfrechnen, Übung schriftlichen Rechnens, Textaufgaben, Gedächtnisübungen	gezielte Erfolgsverstärkung mittels Token-Programm und unmittelbarer sozialer Verstärkung in den Übungssitzungen

39.3 Detaillierte Beschreibung des Vorgehens

Die nachfolgenden Ausführungen beschreiben, wie die Verhaltensverträge verhandelt, gestaltet und abgefasst werden (s. a. Bellingrath & Brack, 2008; Homme et al., 1974; Murphy, 1988). Hierzu empfiehlt sich folgendes Vorgehen:

(1) *Verhaltensanalyse*. Die Verhaltensanalyse erfasst das Problemverhalten und die dafür ausschlaggebenden Bedingungen: Worin besteht die beklagte Lernschwierigkeit? Wie äußert sie sich? Was tut die Schülerin oder der Schüler genau? Wann und in welchen Situationen werden diese Schwierigkeiten beobachtet? Es geht also um die Suche nach konkreten Ansatzpunkten für eine veränderungswirksame Intervention, z. B.: Wann beginnt das Kind täglich mit seinen Hausaufgaben, geschieht dies z. B. nur aufgrund nachdrücklicher Aufforderung durch die Mutter oder eigenständig? Wie geht das Kind mit Schwierigkeiten um – sucht es zunächst alleine nach einer Lösung, ruft es sofort nach der Mutter oder sitzt diese bereits an seiner Seite? Setzt das Kind bei schriftlichen Anforderungen sinnvolle Strategien ein (z. B. Markieren unbekannter Wörter, im Duden nachschlagen) oder arbeitet es einfach drauf los?

Auf der Grundlage dieser Analysen kommt es zu praktikablen Vorschlägen für wünschenswerte Zielalternativen bzw. eine Veränderung der jeweils auslösenden und verstärkenden Bedingungen. Diese Veränderungen werden gemeinsam mit den Beteiligten erörtert und einvernehmlich vereinbart (s. u. „Aushandeln des Vertrages").

(2) *Operationalisierung des Zielverhaltens.* Der Vertrag nennt als Ziel ein beobachtbares Verhalten, das ab jetzt entweder häufiger oder seltener realisiert werden soll. Per definitionem soll sich dadurch das zuvor in der Verhaltensanalyse benannte Problemverhalten verändern. Dafür muss das vereinbarte Zielverhalten mehrere Kriterien erfüllen (s. o. Kasten 1):

- es muss ein angemessenes Therapieziel sein;
- es muss vom Kind prinzipiell auch ausgeführt werden können;
- es dürfen nicht zu viele Verhaltensweisen auf einmal zum Zielverhalten erklärt werden (maximal 3);
- zumindest am Anfang werden eher leichter erreichbare Ziele gesetzt;
- die angestrebten Verhaltensziele werden am besten positiv formuliert (statt eines „Sündenregisters" von Verhaltensweisen, die das Kind unterlassen soll).

Damit eine eindeutige Verständigungsgrundlage für alle Beteiligten entsteht, werden beispielsweise auch einzelne Teilschritte des vereinbarten Zielverhaltens schriftlich festgelegt:

- die einzelnen Schritte bei der täglichen Durchführung der Hausaufgaben (wann, wo, wie lange, mit welchen Hilfen);
- das genaue Vorgehen bei Wortdiktatübungen im Rahmen eines Lese-Rechtschreibtrainings (z. B. Umgang mit unbekannten Wörtern, Üben von Wörtern anhand der Wortkartei, Einsatz von Merkkarten mit Rechtschreibregeln);
- der konkrete Ablauf abendlicher Leseübungen, an denen Mutter (oder ggf. Vater) und Kind beteiligt sind (z. B. Textauswahl, Länge der Passagen).

(3) *Aufzeichnung des erreichten Zielverhaltens.* Des Weiteren hält der Vertrag genau fest, wie das vereinbarte Zielverhalten registriert (beobachtet, gemessen, aufgezeichnet) wird. Es gilt ein Verfahren zu finden, das ökonomisch und leicht verständlich ist, aber dennoch verlässliche Rückmeldungen für alle Vertragsteilnehmerinnen bzw. Vertragsteilnehmer liefert. Dafür eignen sich einfache Kontrollbögen, mit denen einzelne Verhaltensweisen registriert werden, und Verlaufskurven, die Fortschritte eines regelmäßigen Leistungstrainings illustrieren (z. B. in der Förderung von Kindern mit Lese-Rechtschreibschwäche oder Rechenschwäche).

Beispiel: Die Erstellung einer Leistungskurve ist Bestandteil eines Verhaltensvertrages zwischen einem Therapeuten, einem 9-jährigen Grundschüler mit Lese- Rechtschreibschwäche und seiner Mutter (s. o. Abbildung 1). Dabei wird das Kriterium für die Belohnung wie folgt festgelegt: Jedes Mal, wenn er in der zweiten Woche der Diktatübungen die Durchschnittslinie (gestrichelte Linie) richtig geschriebener Wörter, die in der ersten Baseline-Woche ermittelt wurde, überschreitet, gibt es eine Belohnung, d. h. er kann sich für ein Smiley etwas aus einer vorher vereinbarten Belohnungsliste aussuchen. Im vorliegenden Beispiel steigt die durchschnittliche Quote richtiger Wörter von 46 auf 54 Prozent. Erweist sich das erreichte Leistungsniveau als stabil, kann ausgehend vom letzten Wochendurchschnitt die Ziellinie (durchgezogene Linie) für die folgende Woche erhöht werden. Eine solche neue Zielvereinbarung wird in den bestehenden Vertragstext aufgenommen. Die Mutter hingegen hat die Aufgabe, die Übungszeiten (15 bis 25 Minuten) und besondere Vorkommnisse beim Üben in einem Heft aufzuschreiben.

(4) *Festlegung der Verstärkungsbedingungen (Kontingenz).* Verhaltensverträge werden zumeist als Kontingenzverträge abgefasst. Sie kontrollieren also „Wenn-dann-Bedingungen", bei denen ein gewünschtes Verhalten die Voraussetzung (wenn) für eine Belohnung ist (dann). Diese Voraussetzung und die Belohnung (Verstärkung) werden im Vertragstext präzise beschrieben (s. Kapitel 22), z. B.: Paul erhält einen Verstärker, wenn er bis 15 h mit seinen Hausaufgaben begonnen hat; Miriam erhält eine Vergünstigung, wenn sie werktäglich 30 Minuten für die Spanischklausur übt.

(5) *Festlegung der Verstärker.* Die Auswahl der Verstärker wird mit dem Kind und seinen Bezugspersonen verhandelt (s. u. „Aushandeln des Vertrages"). Prinzipiell kommen folgende Verstärkerarten infrage:

- *Materielle Verstärker:* kleine Geldbeträge, Süßigkeiten, kleine Spielsachen.
- *Tokens:* Punkte, bunte Büroklammern, Plastikchips etc., die zu bestimmten Zeitpunkten gegen besonders geschätzte Gegenstände oder Privilegien eingetauscht werden können.
- *Aktivitätenverstärker:* das Klassenbuch eine Woche lang führen, Vorlesegeschichte für Klasse bestimmen, seinen Lieblingsnachtisch auswählen können.

Murphy (1988) empfiehlt, auf solche Belohnungen zurückzugreifen, die ohne großen Aufwand verfügbar und kostengünstig sind. Diese werden auch nach Beendigung des Vertrages eher angewandt, weil sie den natürlichen Verstärkerbedingungen entsprechen. Vieles spricht dafür, zumindest in der Anfangsphase darauf zu achten, dass die Kinder sich für solche Belohnungsformen entscheiden, die möglichst schnell und in kurzen Zeitabständen verfügbar sind. „Riesenwünsche" (z. B. ein neues Fahrrad, ein teures Fernlenkauto, ein neues Kindl), die über das Punktesammeln erfüllt werden sollen, sind hingegen zeitlich zu weit entfernt, um über eine längeren Interventionsverlauf hinweg wirksam werden zu können, selbst dann, wenn sie die Kinder zunächst sehr motivieren.

Da es bei der Behandlung von Lernstörungen in aller Regel um den Aufbau nicht vorhandener oder zu selten praktizierter Verhaltensweisen geht, wird hauptsächlich auf positive Verstärker zurückgegriffen. Hingegen eignet sich der Einsatz aversiver Konsequenzen (z. B. Verstärkerentzug – Response Cost) eher für die Behandlung von Disziplin- und Unterrichtsstörungen (vgl. Döpfner, Schürmann & Frölich, 2007; s. a. Kapitel 22).

(6) *Aushandeln und Abfassen des Vertrages.* Vereinbaren heißt Verhandeln und nicht einfach Diktieren. Der Vorteil eines einvernehmlichen Vorgehens beim Vertragsentwurf liegt darin, dass sich die Beteiligten stärker mit den Vertragszielen identifizieren, sodass die Wahrscheinlichkeit wächst, dass der Vertrag auch wirklich korrekt ausgeführt wird. Je älter die Kinder oder Jugendlichen sind, umso stärker werden ihre eigenen Vorstellungen Berücksichtigung finden müssen. Das Aushandeln bezieht sich auf folgende Vertragsaspekte:

- das Zielverhalten, mit dem die Betroffenen (das Kind selbst, die Eltern, die Lehrkraft) prinzipiell einverstanden sein müssen;
- die Begleitumstände, unter denen es erbracht werden soll (z. B. zu welcher Uhrzeit Mutter und Kind die gemeinsame Leseübung durchführen);

- die Art und Weise, wie das vereinbarte Zielverhalten registriert wird;
- die Vergabe der Belohnung bzw. Bestrafung (z. B. Wegnahme von Tokens im Rahmen eines Response-Cost-Programmes).

Die getroffenen Vereinbarungen müssen von den Beteiligten als fair und angemessen erlebt werden. Vor allem aber ist auf die Durchführbarkeit im Alltag zu achten (z. B.: Wann sollen die Hausaufgaben gemacht werden?). Bei jüngeren Kindern wird das Problemverhalten, das geändert werden soll, in der Regel von Eltern, Lehrkräften oder auch von Therapeutinnen bzw. Therapeuten benannt. Beim Aushandeln werden dem Kind aber zumindest Verhaltensalternativen angeboten, aus denen es sich zunächst einige wenige zu einer ersten Bearbeitung aussuchen soll (z. B. zur vereinbarten Zeit am Arbeitsplatz sein, die erforderlichen Arbeitsutensilien bereithalten, bis zu einer bestimmten Uhrzeit die Schultasche für den nächsten Tag einräumen). Letztlich muss der Vertrag klar verständlich, altersgemäß formuliert und im Umfang sowie von der Form her überschaubar und ansprechend sein (s. Kasten 2 und 3).

Kasten 2: Vereinbarung zur Verbesserung des Leseverhaltens bei Carla
(8 Jahre, zweite Grundschulklasse)

1. Ab Montag kommender Woche achtet Carla darauf, in jeder Deutschstunde die an der Tafel stehenden Hausaufgaben abzuschreiben und sie mir anschließend zu zeigen. Dafür darf sie sich einen Blümchenstempel in die Tabelle auf der letzten Heftseite drucken.
2. Mit ihrer Mutter übt sie jeden Tag zusätzlich einen kleinen von ihrer Lehrerin markierten Text aus ihrem augenblicklichen Lieblingsbuch. Diese Übungen dauern nicht länger als 10 Minuten und finden jeden Abend zwischen sechs und sieben Uhr, unmittelbar vor dem Abendessen, statt. Sie darf sich für jede Übungseinheit einen Elefantenstempel in ihrer Tabelle eintragen.
3. Vor dem Schlafengehen überlegt sie täglich gemeinsam mit ihrer Mutter, ob sie die Blümchen und Elefanten sofort gegen etwas aus ihrer Belohnungskiste eintauschen will oder ob sie für einen größeren Wunsch am Wochenende (Schwimmbad mit Papa, Kinderfilm im Kino mit der Schwester o. ä.) sparen will.
4. Diese Abmachung gilt zunächst für die ganze nächste Woche.
5. Unterschriften: ____________ Carla ____________ Lehrerin ____________ Mutter

Verhaltensverträge sollten langfristig so angelegt sein, dass sie mehr und mehr von der Schülerin bzw. vom Schüler selbst kontrolliert werden können und dadurch auch die Selbststeuerung stärken (Homme et al., 1974; Murphy, 1988). Deshalb empfiehlt es sich, vor allem den Umfang der Belohnung und die Registrierung des Zielverhaltens schrittweise in die Verantwortung des Kindes oder Jugendlichen zu übertragen. Beispielsweise kontrollieren Lehrkräfte und Schülerinnen bzw. Schüler ab einem bestimmten Zeitpunkt das Erreichen des Zielverhaltens (z. B. die Qualität und Vollständigkeit der Hausaufgaben) gemeinsam, bevor das Mädchen oder der Junge zum Schluss selbst über das Erreichen des Zielkriteriums und den Umfang der Verstärkung entscheidet.

Kasten 3: Vertrag mit Felix (10 Jahre, 4. Klasse) zur Durchführung der Hausaufgaben

Ausgangssituation für den Verhaltensvertrag: Felix schiebt die „problematischeren" Hausaufgabenanteile auf die lange Bank. Dies führt häufig zu endlos langen Trödelphasen, weil selbst die leichter fallenden Aktivitäten verschleppt werden, da er den ungeliebten Mathematik-Aufgaben solange wie möglich aus dem Weg gehen will. Dem soll unter Rückgriff auf das Premack-Prinzip (Premack, 1965) im nachfolgenden Vertrag entgegen gewirkt werden.

Ziel des Verhaltensvertrages: Hier geht es darum, die tägliche Hausaufgabendurchführung an ein klares und überschaubares Regelwerk zu binden. Der Schüler soll sein Arbeitsverhalten besser in den Griff bekommen.

VERTRAG
zwischen
Felix und seiner Mutter

1. Ziele des Vertrages
   Regelmäßige und vollständige Erledigung der Hausaufgaben.
2. Wie will ich das im Einzelnen erreichen?
   a) Durch sorgfältige Führung des Hausaufgabenheftes, d.h. ich achte darauf, die notwendigen Eintragungen täglich und vollständig zu machen.
   b) Spätestens 1 Stunde nach dem Mittagessen beginne ich mit den Hausaufgaben an dem dafür vorgesehenen Platz am Esstisch.
   c) Ich lege zu Beginn fest, womit ich anfange, wobei ich stets darauf achte, mit den schwierigeren Aufgaben anzufangen und die leichteren danach zu erledigen; d.h. für mich, dass ich meistens zuerst Rechnen mache und anschließend Schreiben, Lesen und Sachkunde oder Kunst.
   d) Ich nehme mir vor, solange es geht, selbstständig zu arbeiten. Aufgaben, bei denen ich Hilfe brauche, hebe ich mir für den Schluss auf, um sie mit meiner Mutter zu besprechen.
   e) Ich schätze ein, wie lange ich für jedes Fach brauche und stelle entsprechend den Küchenwecker.
   f) Bleibe ich mit einer Abweichung von plus/minus 5 Minuten innerhalb meiner Zeitvorgabe, erhalte ich eine Gutschrift von 5 Punkten.
3. Die Beachtung der Regeln a–e führt zu einer Gutschrift von 5 Punkten, sodass ich an einem Nachmittag maximal 10 Punkte verdienen kann.
4. Für die täglich erzielte Punktsumme suche ich mir aus der „Belohnungsliste" etwas aus, woran ich gerade besonders viel Freude habe.
5. Diese Vereinbarungen gelten zunächst für 14 Tage.

Köln, den .... Unterschriften: ....

39.4 Wirksamkeit und Wirksamkeitsbedingungen

Die Wirksamkeit von Verträgen für die Behandlung von schulischem Lern- und Verhaltensproblemen ist gut belegt. Kontingenzverträge verbessern beispielsweise die Lernmotivation und die Arbeitssorgfalt bei Jugendlichen (Kelley & Stokes, 1982), den Umfang und die Qualität der Hausaufgabenerledigung (Kahle & Kelley, 1994; Miller & Kelley, 1994), die Qualität des aufgabenbezogenen Verhaltens in schulischen Arbeitssituationen (On-Task-Behaviour), die Beachtung von Regeln der Zeichensetzung sowie der Groß- und Kleinschreibung (Newstrom, McLaughlin & Sweeney, 1999). Verhaltensverträge verbessern nicht nur nachweislich das Lernverhalten im Klassenzimmer, sondern auch die Effektivität des häuslichen schulbezogenen Arbeitens der Kinder. Ihre Wirksamkeit beruht hauptsächlich darauf, dass klare und für alle Beteiligten durchschaubare Regelungen getroffen und einvernehmliche (positive) Ziele gesetzt werden (Murphy, 1988). Zumeist kommt es auch zu einer Verbesserung der zeitlichen Effizienz (z. B. bei der Hausaufgabendurchführung) sowie zu einer merklichen Entlastung aller Beteiligten.

39.5 Literatur

Grundlegende Literatur

Bellingrath, J. & Brack, U. B. (2008). Therapeutische Hausaufgaben und Verhaltensverträge. In G. W. Lauth, U. B. Brack & F. Linderkamp (Hrsg.), *Verhaltenstherapie mit Kindern und Jugendlichen*. Weinheim: Psychologie Verlags Union.

Hautzinger, M. (2011). Verhaltensverträge. In M. Hautzinger & M. Linden (Hrsg.), *Verhaltenstherapeutische Techniken und Einzelverfahren* (S. 337–340). Berlin: Springer.

Murphy, J. J. (1988). Contingency contracting in schools: A review. *Education and Treatment of Children, 11*, 257–269.

Weiterführende Literatur

Kahle, A. L. & Kelley, M. L. (1994). Children's homework problems: A comparison of goal setting and parent training. *Behavior Therapy, 25*, 275–290. doi: 10.1016/S0005-7894(05)80288-6

Kanfer, F., Reinecker, H. & Schmelzer, D. (2005). *Selbstmanagement-Therapie*. Berlin, Heidelberg: Springer.

Miller, D. L. & Kelley, M. L. (1994). The use of goal setting and contingency contracting for improving children's homework performance. *Journal of Applied Behavior Analysis, 27*, 73–84. doi: 10.1901/jaba.1994.27-73

Newstrom, J., McLaughlin, T. F. & Sweeney, W. T. (1999). The effects of contingency contracting to improve the mechanics of written language with a middle school student with behavior disorders. *Child and Family Behavior Therapy, 21*, 39–48. doi: 10.1300/J019v21n01_03

Premack, D. (1965). Reinforcement theory. In D. Levine (Ed.), *Nebraska Symposium on Motivation* (Vol. 13, pp. 123–180). Lincoln: University of Nebraska Press.

Material

Döpfner, M., Schürmann, S. & Frölich, J. (2007). *Therapieprogramm für Kinder mit hyperkinetischem und oppositionellem Problemverhalten THOP* (4. Aufl.). Weinheim: PVU.

Fliegel, S., Groeger, N. M., Künzel, R., Schulte, D. & Sorgatz, H. (1989). *Verhaltenstherapeutische Standardmethoden. Ein Übungsbuch* (2. Aufl.). München: Urban & Schwarzenberg.

Homme, L., Csanyi, A. P., Gonzales, M. A. & Rechs, J. R. (1974). *Verhaltensmodifikation in der Schulklasse. Ein praxisbezogenes Trainingsprogramm für Lehrer und Studenten* (Übersetzung von D. H. Rost). Weinheim und Basel: Beltz. (Originalarbeit publiziert 1970)

Kelley, M. L. & Stokes, T. F. (1982). Contingency contracting with disadvantaged youths: Improving classroom performance. *Journal of Applied Behavior Analysis, 15,* 447–454. doi: 10.1901/jaba.1982.15-447

40. Attributionstraining

Matthias Grünke und Armin Castello

Fallbeispiel

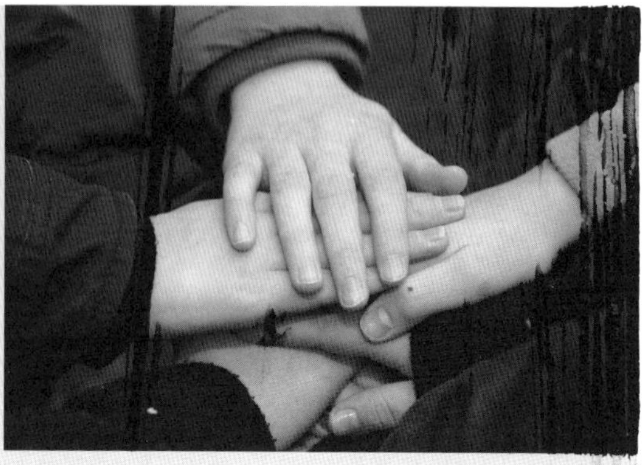

Alexander ist 13 Jahre alt und besucht die 7. Klasse einer Realschule. Bei schulischen Anforderungen erwartet er stets, schlecht abzuschneiden. Erfolge führt er auf Ursachen zurück, die mit ihm selbst nichts zu tun haben. Als ihn seine Mutter nach dem Ergebnis einer Schularbeit zum Bruchrechnen fragt, erwidert er ihr, dass sie sich die Frage eigentlich sparen könne; schließlich habe er praktisch immer schlechte Mathematikarbeiten geschrieben. Alexander fertigt seine Hausaufgaben sehr oberflächlich an und beginnt zumeist erst dann, wenn seine Mutter hartnäckig darauf besteht. Seine Leistungen in Mathematik haben sich seit dem Übertritt in die Realschule stetig verschlechtert. In der Klasse gehört er inzwischen zur Gruppe der Schwächsten. Seine kognitive Begabung, gemessen mit dem „Adaptiven Intelligenz Diagnostikum 2" (AID 2) von Kubinger (2009), liegt jedoch im durchschnittlichen Bereich.

Alexander lässt sich auf Drängen seiner Mutter auf eine Behandlung ein, die ihm entgegen seiner Erwartung „ganz vernünftig" vorkommt. In der Intervention erklärt ihm der Therapeut, dass er durch ein besseres Lernverhalten (regelmäßiges Nachbereiten des Unterrichtsstoffs, Überprüfen des eigenen Verständnisses, sorgfältige Vorbereitung auf Klassenarbeiten) seine schulischen Leistungen erheblich steigern kann. Der Therapeut übt mit Alexander Lernstrategien ein (s. Kapitel 21), was rasch zu besseren Noten in den Klassenarbeiten führt. Auf der Grundlage dieser positiven Erfahrung beginnt Alexander, die Gründe für seine schulischen Leistungen neu zu bewerten. Der Therapeut leitet ihn darin an, Erfolge auf interne (z. B. wachsende Kenntnisse und sorgfältigeres Arbeiten), Misserfolge hingegen auf variable Faktoren (z. B. unzureichende Bemühungen) zurückzuführen. Er gibt ihm entsprechende Rückmeldungen und klärt ihn zudem über „vorteilhafte" Ursachenzuschreibungen und deren Auswirkungen auf das Lernverhalten auf. Schon nach wenigen Wochen schreibt sich Alexander eine höhere schulische Kompetenz zu (v. a. in Mathematik). Er zeigt ein zunehmendes Interesse, sich freiwillig mit schulischen Fächern zu beschäftigen. Darüber hinaus investiert er jetzt mehr Zeit für das Lernen (z. B. für die Hausaufgaben oder für die Vorbereitung auf Klassenarbeiten) und holt in Mathematik (und den meisten anderen Fächern) seine Rückstände allmählich auf.

40.1 Kurzbeschreibung der Methode und ihres theoretischen Hintergrunds

Unter Attributionen versteht man die Ursachen, mit denen sich Menschen das Zustandekommen von Handlungsergebnissen erklären. Schreibt eine Schülerin oder ein Schüler beispielsweise eine besonders gute oder schlechte Note, so wird sie oder er sich vermutlich die Frage stellen, welche Faktoren dafür ausschlaggebend waren. Solche Ursachenerklärungen variieren von Person zu Person zwar ganz beträchtlich, lassen sich aber generell nach zwei Merkmalen charakterisieren: der *Lokalisation* (Liegt die Ursache innerhalb oder außerhalb der eigenen Person?) und der *Stabilität* (Ist die Ursache dauerhaft wirksam oder nur von vorübergehender Natur?). Kombiniert man beide Merkmale miteinander, so ergibt sich ein Vierfelder-Schema, wie es Weiner, Frieze, Kukla, Reed, Rest und Rosenbaum (1971) vorgelegt haben (s. Abbildung 1). Ihr Modell umfasst vier Faktoren (Begabung, Anstrengung, Schwierigkeit der Aufgabe und Glück bzw. Pech), mit denen sich Menschen Erfolge und Misserfolge erklären. Die Aspekte werden danach klassifiziert, ob sie (a) eher internal oder external verortet sind und (b) ob sie zeitlich eher stabil oder variabel auftreten.

Stabilität	Lokalisation	
	internal	**external**
stabil	Fähigkeit	Schwierigkeit
variabel	Anstrengung	Zufall

Abbildung 1: Vierfelder-Schema zur Klassifikation von Ursachenerklärungen

Erhält ein Kind oder ein Jugendlicher eine schlechte Note in einem Aufsatz, so kann dieses Ergebnis etwa auf die mangelnde Wortgewandtheit *(internal-stabil)*, die Unbekanntheit des Themas *(external-stabil)*, die unzureichende Vorbereitung *(internal-variabel)* oder auf die schlechte Laune der Lehrkraft am Tag der Korrektur *(external-variabel)* zurückgeführt werden. Wie aber kommen diese Unterschiede in der Ursachenerklärung zustande?

Wenn wir uns die erreichten Leistungen rein rational erklären würden, so müssten wir drei Arten von Informationen auswerten und systematisch miteinander kombinieren (Kovarianzmodell von Kelley, 1971):

- *Konsensusinformationen,* die sich auf das Verhalten anderer Personen in derselben Situation beziehen (Haben andere Schülerinnen und Schüler gleichfalls eine schlechte Aufsatznote erhalten?).
- *Distinktheitsinformationen,* die darüber Aufschluss geben, wie sich eine bestimmte Person in anderen Situationen verhält (Wie fallen die Zensuren einer Schülerin oder eines Schülers mit einer schlechten Deutschnote in den anderen Schulfächern aus?).
- *Konsistenzinformationen,* die angeben, wie sich eine Person zu verschiedenen Zeitpunkten und unter verschiedenen Umständen in einer sonst gleichbleibenden Situation verhält (Hat eine Schülerin oder ein Schüler auch schon früher schlechte Noten in Deutsch erhalten?).

Ist die Konsistenz hoch, der Konsensus hingegen gering, so wird das betreffende Handlungsergebnis mit hoher Wahrscheinlichkeit auf Eigenschaften der eigenen Person zurückgeführt (d. h. *internal-stabil* erklärt). Wenn ein Kind oder ein Jugendlicher durchweg schlechte Leistungen in Deutsch zeigt und viele seiner Mitschülerinnen und Mitschüler weitaus bessere Deutscharbeiten schreiben, liegt die Vermutung nahe, dass hier mangelhafte Fähigkeiten in Deutsch vorliegen. Noch klarer wird die Situation für das betreffende Mädchen oder den betreffenden Jungen, wenn sowohl bei Deutschaufsätzen als auch bei Prüfungen in anderen Fächern häufig schlechte Noten erzielt werden. Die Distinktheit des Ereignisses ist in diesem Falle niedrig; die Schülerin bzw. der Schüler „kennt das schon". Sie bzw. er wird wohl auch generell die eigenen schulischen Fähigkeiten in Zweifel ziehen. Anders sieht es hingegen aus, wenn sie bzw. er nur im Deutschunterricht schlecht abschneidet (hohe Distinktheit). Die schlechte Leistung ist nun eher ungewöhnlich für das Kind oder den Jugendlichen. Es wird demgemäß „nur" die *spezifische* Fähigkeit für den Deutschunterricht infrage gestellt. Das Vierfelder-Schema erhält folglich eine Ergänzung um das Merkmal der *Globalität* von Ursachen (vgl. Meyer, 2000).

Im Zuge der „Kognitiven Wende" in der Verhaltenstherapie begann man in den 1960er und 1970er Jahren, die Ursache vieler psychischer Störungen (v. a. Depressionen) vornehmlich in unrealistischen und den Selbstwert schädigenden Attributionen von Patienten zu suchen. Folgerichtig wurde abgeleitet, dass die Therapie eine kognitive Umstrukturierung oder *Reattribution* derartiger Ursachenzuschreibungen herbeizuführen hat. Seit Beginn der 1980er Jahre fand diese Überlegung unter dem Stichwort „Attributionstraining" auch Eingang in die Behandlung von Lernstörungen. Man erkannte, dass Kinder und Jugendliche mit gravierenden Schulschwierigkeiten ihre ohnehin eher seltenen Erfolge häufig nicht auf ihre eigene Anstrengung oder Fähigkeit zurückführen, sondern durch ihre externalen Erklärungen entwerten. Sie meinen beispielsweise: die Aufgabe war leicht; die Lehrerin oder der Lehrer mag mich halt; ich habe einfach Glück gehabt. Misserfolge führen sie hingegen bevorzugt auf internale Ursachen zurück, beispielswiese einen Mangel an Begabung und Fähigkeiten (Borchert, 2007; Meyer, 2000; Robertson, 2000). Als Folge eines solchen Erklärungsstils sinkt die Lernmotivation kontinuierlich ab und das Begabungsselbstbild wird geschädigt. Davon werden auch die Zielsetzungen negativ beeinflusst, denn Schülerinnen und Schüler mit einem ungünstigen Attributionsstil gehen entweder anspruchsvollen (aber realistischen) Aufgaben aus dem Weg oder wählen extrem schwierige Aufgaben, bei denen ein Misserfolg zwar wahrscheinlich, aber nicht selbstwertgefährdend ist (Borchert, 2007).

Das wichtigste Anliegen von Attributionstrainings besteht deshalb darin, Ursachenzuschreibungen für schulische Erfolge und Misserfolge aufzubauen, die das Lernen unterstützen. Erfolge sollen mit internalen Faktoren (z. B. gut ausgeprägte Fähigkeiten), Misserfolge hingegen mit variablen Faktoren (z. B. unzureichendes Bemühen) erklärt werden. Dadurch sollen die Lernmotivation einer Schülerin oder eines Schülers gesteigert und die Leistungsergebnisse verbessert werden. Eine besondere Rolle spielt dabei die Erklärung von Schulleistungen mittels der eigenen Anstrengung. Sie ist die einzige Ursache, die von einem Kind bzw. Jugendlichen selbst und ganz unmittelbar beeinflusst werden kann. Deshalb rücken die meisten einschlägigen Programme die Förderung der Anstrengungsattribution in den Mittelpunkt.

Um förderliche Ursachenerklärungen aufzubauen, werden in Attributionstrainings zwei Arten von Rückmeldungen eingesetzt:

(1) *Direkte Rückmeldungen*. Die Lehrkraft teilt der Schülerin bzw. dem Schüler direkt und persönlich die Ursache eines Handlungsergebnisses mit. Nach einer guten Leistung in einer Physikarbeit äußert sie beispielsweise anerkennend, dass das betreffende Kind bzw. der betreffende Jugendliche ein ausgezeichnet entwickeltes Verständnis für technische Zusammenhänge besitzt (internal-stabile Erklärung). Liefert eine Schülerin bzw. ein Schüler hingegen im Erdkundetest eine schlechte Leistung ab, so äußert die Lehrkraft die Vermutung, dass sie bzw. er sich nicht ausreichend vorbereitet hat (internal-variable Erklärung).

(2) *Indirekte Rückmeldungen*. Hier leitet die Lehrkraft die Schülerin bzw. den Schüler darin an, die Ursache eines Handlungsergebnisses selbst zu erschließen, wobei das oben beschriebene Kovarianzprinzip zur Hilfe genommen wird. Sie bietet dem Kind alle verfügbaren Informationen zu Konsensus, Distinktheit und Konsistenz an, sofern diese für die Steigerung der Lernmotivation geeignet sind. Sie verdeutlicht zum Beispiel, dass ein positives Ereignis (z. B. eine gute Note in Englisch) in der Person der Schülerin bzw. des Schülers selbst begründet ist (andere Mädchen und Jungen waren weniger erfolgreich; das betreffende Kind ist auch in anderen Fächern gut; es hat im laufenden Schuljahr schon einmal eine gute Englischzensur erhalten). Dieses Vorgehen wird so lange fortgesetzt, bis der Schülerin bzw. dem Schüler kaum mehr eine andere Wahl bleibt, als sich die gute Zensur selbst zuzuschreiben (d. h. sie auf die eigene Fähigkeit oder Anstrengung zurückzuführen). Nicht immer liegen Kovariationsinformationen vollständig vor. Bei lernschwachen Schülerinnen und Schülern können sie zudem belastend wirken (z. B. wenn ein Kind in einem oder mehreren Fächern ständig „versagt"). Daher sollten sie in der Lernförderung selektiv eingesetzt werden (z. B. um einen früheren Erfolg in Erinnerung zu rufen).

40.2 Indikation der Methode

Ein Attributionstraining ist angezeigt, wenn:

- sich ein Kind schulische Erfolge und Misserfolge in ungünstiger Weise erklärt, sodass sein Lernen dadurch gehemmt wird;
- die negativen Ursachenerklärungen mit Passivität beim Lernen einhergehen;
- gleichzeitig ausreichende Lernfähigkeiten vorliegen.

Diese Konstellation ist bei zwei Lernstörungen besonders häufig anzutreffen:

- bei Schülerinnen und Schülern mit erwartungswidrig schlechten Leistungen (Underachievement) (DSM-IV-TR, V62.30, s. Kapitel 2);
- bei Schülerinnen und Schülern mit allgemeiner Lernschwäche (ICD-10, F 81.3, s. Kapitel 5).

Wenn die schulischen Misserfolge durch kognitive Rückstände (z. B. Gedächtnisschwächen oder Wissenslücken) begründet sind, greift das Attributionstraining zu kurz. Es kann dann nur ergänzend wirken. Es ist für Schülerinnen und Schüler ab dem Ende der Grundschulzeit geeignet (Robertson, 2000).

40.3 Detaillierte Beschreibung des Vorgehens

Nach Ziegler und Schober (2001) umfasst ein Attributionstraining drei Phasen: Diagnostik, Training und Wirksamkeitskontrolle.

Diagnostik

Zunächst muss bestimmt werden, wie sich eine Schülerin bzw. ein Schüler Erfolge und Misserfolge in der Schule bzw. in einzelnen Fächern erklärt. Dies ist auf unterschiedliche Weise möglich. Spontane Äußerungen, die Schulkinder zu positiven oder negativen Leistungsergebnissen verlautbaren lassen (z. B. wenn eine Klassenarbeit zurückgegeben wird) können als eine erste Informationsquelle dienen. Die dabei gewonnenen Eindrücke sollten in explorierenden Gesprächen genauer erkundet werden. Dafür ist eine behutsame Gesprächsführung in einer persönlich geschützten und vertrauensvollen Atmosphäre zwingend erforderlich. Ansonsten wird sich eine Schülerin bzw. ein Schüler kaum dafür öffnen, selbstwertbelastende Gedanken über die eigenen schulischen Leistungen zu thematisieren (z. B. dass sie oder er sich selbst für „dumm" und „unbegabt" hält). Ergänzend bietet es sich an, standardisierte Fragebogen einzusetzen, wie zum Beispiel den Attributionsstil-Fragebogen für Kinder und Jugendliche (ASF-KJ) von Stiensmeier-Pelster, Schürmann, Eckert und Pelster (1994). Dieses Instrument gewährleistet eine recht objektive Einschätzung von Attributionstendenzen, kann in Einzel-, aber auch Gruppenuntersuchungen eingesetzt werden und erfordert keinen direkten Gesprächskontakt mit Lehrkräften.

Weisen Schüler oder Schülerinnen ungünstige bzw. unrealistische Attributionsmuster auf, so ist abzuklären, ob sie noch anderweitige Symptome erlernter Hilflosigkeit (vgl. Meyer, 2000) in der Schule zeigen (z. B. fehlende Mitarbeit, geringe Ausdauer, schnelles Aufgeben bei Schwierigkeiten, Äußerung von Lernunlust, Anzeichen für Depression). Außerdem ist es erforderlich, Informationen über die kognitive Leistungsfähigkeit der betreffenden Schülerinnen und Schüler einzuholen und sich ein genaues Bild von ihren Schulleistungen zu verschaffen. Erst auf dieser Grundlage lässt sich zuverlässig beurteilen, ob auffällige Diskrepanzen zwischen den geistigen Fähigkeiten (Intelligenz) und den schulischen Leistungen eines Kindes oder Jugendlichen bestehen.

Training

Anschließend geht es darum, realistische und für das Lernen förderliche Attributionsstile einzuüben (weil sie z. B. die Lernaktivität erhöhen). Dies geschieht mithilfe direkter und indirekter Rückmeldungen. Das Ziel besteht darin, dass die Schülerinnen und Schüler sich ihre Erfolge allmählich selbst zuschreiben und damit aufhören, Misserfolge als unvermeidbares Schicksal anzusehen. Um dies zu erreichen, empfehlen Ziegler und Schober (2001) folgendes Verfahren:

(1) *Modellierungstechniken*. Stellvertretend für die Person, deren Attributionsstil verändert werden soll, verbalisiert ein Modell erwünschte Ursachenzuschreibungen. Als Modelle bieten sich Lehrkräfte, Mitschülerinnen und Mitschüler, Eltern oder andere Per-

sonen mit einer Vorbildfunktion an. Die Darbietung des Modellverhaltens erfolgt über persönliche Berichte (inkl. solcher, die sich in Medien finden), Diskussionen und Rollenspiele. So kann eine Lehrkraft ihrer Klasse zum Beispiel erzählen, welche Schwierigkeiten sie selbst während der Schulzeit hatte und wie es ihr gelang, diese Schwierigkeiten durch Anstrengung und Ausdauer zu überwinden. Wichtig ist, dass solche Berichte glaubwürdig und ehrlich wirken und sich auch mit der Lebenswelt der Schülerinnen und Schüler vereinbaren lassen.

(2) *Kommentierungstechniken*. Hier werden Handlungsergebnisse so kommentiert, dass sie den Schülerinnen und Schülern die erwünschte Attribution nahe bringen. Zumeist geschieht dies durch die Lehrkraft während des Unterrichts (dort auch durch Mitschülerinnen und Mitschüler) oder durch Mutter, Vater und Geschwister im Elternhaus. Um Ursachenerklärungen zu modifizieren, bieten solche Kommentierungstechniken zwei Ansatzpunkte:

(a) *Verbales und schriftliches Attributionstraining:* Bei dieser Variante wird direktes Feedback erteilt. Die Lehrkraft bietet ihren Schülerinnen und Schülern motivationsfördernde Erklärungen für ihre Leistungen an, indem sie ihnen diese ganz direkt mitteilt („Du bist ein schlauer Rechner!“, „Versuche es noch einmal: Wenn du dich mehr anstrengst, klappt es bestimmt besser!“). Vorab muss entschieden werden, ob ein Ergebnis als Erfolg, Durchschnitt oder Misserfolg zu werten ist. Für eine wirksame Lernförderung ist es wichtig, dass dabei eine „individuelle Bezugsnorm“ (s. Rheinberg & Krug, 2004) angelegt wird und die Schülerinnen und Schüler für ihre *Zuwächse* und *Lernfortschritte* gelobt werden – unabhängig davon, wie diese Leistung im Verhältnis zum Klassendurchschnitt zu werten ist (Wilbert, 2010). Sind die Lernrückstände eines Mädchens oder Jungen im Vergleich zu den Leistungen der Mitschülerinnen und Mitschüler bereits extrem groß, so sollte ggf. ein Klassen- oder Schulwechsel in Betracht gezogen werden. Ansonsten können individuelle Lernfortschritte, die eine Schülerin oder ein Schüler mit viel Anstrengung erreicht, innerhalb des Klassenverbands nur noch schwer als Erfolg vermittelt werden. Die Wertung als Erfolg erscheint dann wenig glaubwürdig.

    Grundsätzlich gilt jedoch das Prinzip, dass
    - Erfolge internal („Du hast eine gute Auffassungsgabe und sehr viele gute Ideen“),
    - durchschnittliche Ergebnisse teils internal und teils variabel („Deine Kenntnisse sind sehr erfreulich; leider hast du dein Wissen aber noch zu wenig eingebracht“)
    - und schlechte Ergebnisse variabel („Du hast dieses Thema zu nachlässig bearbeitet“)

    erklärt werden. Die Kommentierung erfolgt entweder mündlich (z. B. nach einer Abfrage oder als Reaktion auf einen Unterrichtsbeitrag) oder schriftlich (z. B. nach einer Schul- oder Hausaufgabe).

(b) *Operante Methode:* Anders als bei direkten Rückmeldungen erfolgt die Kommentierung hier erst, nachdem sich ein Kind oder Jugendlicher selbst zu seiner Leistung (bzw. deren Erklärung) geäußert hat. Dazu muss die betreffende Schülerin oder der betreffende Schüler mitunter direkt angeregt werden (z. B. durch Nachfragen). Besonders geeignet ist hierfür ein Verfahren, das Emmer, Hofmann und Matthes (2001) beschrieben haben. Die Schülerinnen und Schüler werden darin angeleitet, ihre Leistungen nach folgenden Gesichtspunkten einzuordnen:

- *Bewertung der Leistung:* „Bist du mit dem, was du geschafft hast, zufrieden?"
- *Gründe für das Ergebnis:* „Woran lag es, dass du diese Aufgabe geschafft hast?", „Woran lag es, dass du die Aufgabe nicht so geschafft hast, wie du es eigentlich wolltest?"
- *Einordnung der Aufgabe:* „War das eine leichte oder eine schwere Aufgabe?", „War das eine Aufgabe, bei der man sich anstrengen muss?", „War das eine Aufgabe, bei der man sehr klug sein muss?"
- *Analyse der Ursachen:* „Was genau war schwer bzw. leicht an der Aufgabe?", „Erzähle mir genau, was du gemacht hast, um die Aufgabe zu lösen.".

Die Lehrkraft bekräftigt alle förderlichen Ursachenerklärungen. Internale Attributionen bei Erfolg und variable Attributionen bei Misserfolg werden sofort gelobt. Andere Antworten werden ignoriert oder, sofern sie für das Lernen besonders abträglich sind, durch direkte Rückmeldungen (s. o.) korrigiert.

Werden motivationsfördernde Ursachenzuschreibungen verinnerlicht, so bestehen auch realistische Aussichten, dass sich das Zielsetzungs- und Anstrengungsverhalten der Schülerinnen und Schüler verbessert. Fehler werden dann beispielsweise nicht mehr als Anzeichen der eigenen Unfähigkeit gewertet, sondern veranlassen vermehrte Anstrengungen. Dennoch empfiehlt es sich, zusätzlich auch das Zielsetzungsverhalten zu trainieren, da dies der Analyse der Aufgabe und der Reflexion des eigenen Leistungsvermögens zuträglich ist (vgl. Rheinberg & Krug, 2004). Hierfür bietet sich das Motivationstraining von Emmer et al. (2001) an, das sich speziell an Schülerinnen und Schüler mit Lernschwierigkeiten richtet (s. die veranschaulichende Darstellung in Kapitel 6, Kasten 2).

Wirksamkeitskontrolle

Um den Erfolg der Intervention zu überwachen, sollten immer wieder interventionsbegleitende Erhebungen zum Attributionsstil durchgeführt werden. Hierzu kann man sich am Vorgehen in der diagnostischen Phase zu Beginn des Trainings orientieren. Darüber hinaus sollte die Wirksamkeit eines Attributionstrainings immer auch mithilfe beobachtbarer Indikatoren des Lernverhaltens geprüft werden: Hat sich die Mitarbeit im Unterricht verbessert? Zeigt eine Schülerin bzw. ein Schüler jetzt größere Ausdauer? Strengt sie oder er sich mehr an, wenn ein Fehler begangen wurde oder etwas schief ging? Werden die Hausaufgaben zügiger und sorgfältiger erledigt? Der Erfolg sollte sowohl im Unterricht als auch im Elternhaus (z. B. bei den Hausaufgaben) feststellbar sein.

40.4 Wirksamkeit und Wirksamkeitsbedingungen

Die bestehende Befundlage spricht für die Wirksamkeit von Attributionstrainings. Verändert werden nicht nur Ursachenzuschreibungen für Erfolge und Misserfolge; zusätzlich steigt zumeist auch die Lernmotivation an und als Konsequenz davon kommt es häufig auch zu Verbesserungen in den schulischen Leistungen (Ziegler & Schober, 2001). Robertson (2000) analysierte die Ergebnisse aus 20 Untersuchungen, die sich mit dem Nutzen von Attributionstrainings speziell bei Schülerinnen und Schülern mit Lernschwierigkeiten beschäftigten. Diese waren zwischen 8 und 15 Jahren alt. Die Dauer der Trainings schwankte zwischen 3 Tagen und 12 Wochen. Die Anzahl der Sitzungen lag zwischen 6 und 25. Robertson gelangte zu folgenden Schlussfolgerungen:

- Direkte Rückmeldungen sind meistens wirksamer als indirekte. Modellierungstechniken erreichen zuweilen nicht die erwünschte Glaubwürdigkeit, wenn die Funktion des Modells von Erwachsenen übernommen wird.
- In kleineren Gruppen sind die Trainingsergebnisse meist besser als in größeren. Führt eine Lehrkraft die Intervention mit der ganzen Klasse durch, so ist es für sie schwierig, den Überblick zu behalten und jedem Schüler bzw. jeder Schülerin eigene Rückmeldungen zum Aufbau förderlicher Attributionen zu erteilen.
- Besonders wirksam ist die Verknüpfung des Attributionstrainings mit einem Lernstrategietraining. Der Erwerb und die Anwendung von Lernstrategien erhöht die Wahrscheinlichkeit von Lernerfolgen. Werden die Erfolge dann der eigenen Fähigkeit und Anstrengung zugeschrieben, wirkt sich dies wiederum motivierend auf die Lerntätigkeit aus.

40.5 Literatur

Grundlegende Literatur

Borchert, J. (2007). Motivationsförderung und Attributionstraining. In J. Walter & F. B. Wember (Hrsg.), *Sonderpädagogik des Lernens* (S. 338–349). Göttingen: Hogrefe.

Rheinberg, F. & Krug, S. (2004). *Motivationsförderung im Schulalltag* (3. Aufl.). Göttingen: Hogrefe.

Robertson, J. S. (2000). Is attribution training a worthwhile classroom intervention for K-12 students with learning difficulties? *Educational Psychology Review, 12*, 111–134. doi: 10.1023/A:1009089118008

Wilbert, J. (2010). *Förderung der Motivation bei Lernstörungen*. Stuttgart: Kohlhammer.

Weiterführende Literatur

Banks, M. & Woolfson, L. (2008). Why do students think they fail? The relationship between attributions and academic self-perceptions. *British Journal of Special Education, 35*, 49–56. doi: 10.1111/j.1467-8578.2008.00369.x

Dresel, M. (2000). Der Einfluss der motivationalen Orientierung auf den Erfolg eines Reattributionstrainings im Unterricht. *Zeitschrift für Entwicklungspsychologie und Pädagogische Psychologie, 32*, 192–206. doi: 10.1026//0049-8637.32.4.192

Kelley, H. H. (1971). *Attribution in social interaction*. New York: General Learning Press.

Meyer, W.-U. (2000). *Gelernte Hilflosigkeit: Grundlagen und Anwendungen in Schule und Unterricht*. Bern: Hans Huber.

Weiner, B., Frieze, I. H., Kukla, A., Reed, L., Rest, S. & Rosenbaum, R. M. (1971). *Perceiving the causes of success and failure*. New York: General Learning Press.

Material

Emmer, A., Hofmann, B. & Matthes, G. (2001). *Elementares Training bei Kindern mit Lernschwierigkeiten*. Neuwied: Luchterhand.

Grünke, M. (2008). Rational-emotive Erziehung. In H. Julius & B. Gasteiger-Klicpera (Hrsg.), *Handbuch der Pädagogik und Psychologie bei Behinderungen: Förderschwerpunkt soziale und emotionale Entwicklung* (S. 486–496). Göttingen: Hogrefe.

Kubinger, K. D. (2009). *Adaptives Intelligenzdiagnostikum 2 (AID 2)*. Göttingen: Beltz.

Stiensmeier-Pelster, J., Schürmann, M., Eckert, C. & Pelster, A. (1994). *Attributionsstil-Fragebogen für Kinder und Jugendliche (ASF-KJ)*. Göttingen: Hogrefe.

Ziegler, A. & Schober, B. (2001). *Theoretische Grundlagen und praktische Anwendung von Reattributionstrainings*. Regensburg: Roderer.

41. Frühprävention von Lernstörungen

Tanja Jungmann

Fallbeispiel

Paul ist mittlerweile vier Jahre alt. Vor drei Jahren wurde das Jugendamt auf ihn und seine Eltern aufgrund mehrerer Probleme aufmerksam (langjährige Arbeitslosigkeit des Vaters, geringes Einkommen, Alkoholabhängigkeit des Vaters, depressive Episoden der Mutter). Die Mutter war damals im 6. Monat schwanger und erwartete Zwillinge. Bei einem ersten Hausbesuch durch eine Familienbegleiterin fiel dieser auf, dass es für Paul nur wenige Anregungen im häuslichen Umfeld gab: Die Familie verfügte weder über Bilderbücher noch über adäquates Spielzeug. Paul saß während des Hausbesuchs vor dem Großbildfernseher und schaute sich einen Zeichentrickfilm an. Die Familienbegleiterin nahm auch Anhaltspunkte für einen wenig förderlichen kommunikativen Umgang im Alltag wahr. Beispielsweise unterstütze Pauls Mutter sein Explorationsverhalten beim gemeinsamen Betrachten eines Bilderbuches kaum.

Damals wurde eine Frühpräventionsmaßnahme eingeleitet. Sie verfolgte das Ziel, die häuslichen Lebensbedingungen langfristig zu verbessern (z. B. Umzug in eine größere Wohnung, Reduktion des väterlichen Alkoholkonsums) und die Entwicklung des Jungen zu unterstützen. Hierzu kam einmal wöchentlich eine Familienbegleiterin in die Wohnung. Sie brachte z. B. Bilderbücher mit, welche die Mutter und Paul gemeinsam mit ihr anschauten. Der Umgang der Mutter mit Paul wurde von der Familienbegleiterin aufgegriffen und korrigiert, sofern dies notwendig war. Beispielsweise zeigte die Mutter immer wieder auf einen im Buch abgebildeten Hundewelpen und forderte Paul auf, „Wauwau“ zu sagen, weil er das schon „so schön“ könne. Paul folgte dem nicht und fing nach mehrmaliger Aufforderung an zu quengeln. Er zog sich am Wohnzimmerstuhl hoch und wollte den Fernseher einschalten. Die Mutter berichtete, dass das häufig so gehe und Paul einfach keine Ausdauer habe. Die Familienbegleiterin griff diese Interaktionssequenz auf und betonte gegenüber der Mutter zunächst, was diese gut gemacht habe (Zeigegeste, Aufforderung an das Kind zur Verbalisierung). Sie schlug allerdings auch vor, dass die Mutter dem Interesse von Paul folgen sollte, um davon ausgehend die Geschichte zu erzählen, auf Bilder zu zeigen und sprachanregende Fragen einzustreuen. Ferner sollte sie Pauls Kommunikationsfertigkeiten durch gemeinsame Sing- und Reimspiele anregen. Hierzu übte die Familienbegleiterin den Singvers „Musik, Musik, wir machen heut Musik“ ein, worauf Paul sofort freudig in die Hände klatschte und seine Zunge gespitzt aus den Mundwinkeln streckte. Im Anschluss an das Singspiel griff Paul dann erneut nach dem Bilderbuch und begannt es durchzublättern. Er zeigte auf den Hund, strahlte seine Mutter an und lautierte „Wawa“.

Zwischenzeitlich konnten die Entwicklungsrückstände bei Paul im Zuge der eben beschriebenen frühpräventiven Maßnahmen in vielen Bereichen deutlich relativiert oder gar aufgeholt werden. Der Junge ist nun in der Lage, sich mitunter sogar mehr als eine Viertelstunde lang eigenständig mit Bilderbüchern zu beschäftigen. Zwar zeigt er noch Probleme bei der Aussprache schwieriger Konsonantenverbindungen (bl, kn, gr, ...), er artikuliert sich jedoch insgesamt in verständlicher Weise und verfügt über einen akzeptablen Wortschatz (schätzungsweise 1.500 diverse Begriffe).

41.1 Kurzbeschreibung der Methode und ihres theoretischen Hintergrunds

Frühprävention soll das Auftreten von kindlichen Störungen durch die Beseitigung von Risikofaktoren und den Aufbau von Schutzfaktoren verhindern. Sie richtet sich an

- die Familie als Einheit (z. B. Verbesserung der Wohnsituation, Änderung des allgemeinen Lebensstils).
- die Eltern bzw. die primären Bezugspersonen, die entweder (soziale) Unterstützung (z. B. Ausbildungsmaßnahmen für die Eltern, emotionale Unterstützung) erhalten oder in ihrem Erziehungsverhalten (z. B. Erziehungsstil, Erziehungspraktiken, Formen der Informationsvermittlung) gefördert werden. Diese Programme werden in der Regel innerhalb der ersten zwei bis drei Lebensjahre des Kindes in Form von wöchentlichen oder monatlichen Hausbesuchen durchgeführt (z. B. durch Gemeindegesundheitsschwestern, Familienbegleiterinnen oder Mitarbeiterinnen und Mitarbeiter aus Familien- und Erziehungsberatungsstellen).
- die Kinder selbst, die in grundlegenden Fähigkeitsbereichen (z. B. Vorläuferfähigkeiten zum Schreiben, Lesen und Rechnen; soziale oder sprachlich-kommunikative Kompetenzen) gefördert werden. Die Durchführung von solchen auf das Kind zentrierten Programmen erfolgt ab dem dritten oder vierten Lebensjahr bis zur Schulzeit.

Der kindliche Entwicklungsweg wird entscheidend durch das Verhältnis der vorherrschenden Risiko- und Schutzfaktoren gestaltet (vgl. Petermann, Niebank & Scheithauer, 2005). Risikofaktoren gehen mit der Entwicklung von abweichendem Verhalten einher, Schutzfaktoren beugen solchem Verhalten vor.

Als wichtigste *Risikofaktoren* gelten:

- ein niedriges Bildungsniveau der Eltern;
- eine frühe Elternschaft bzw. eine unerwartete Schwangerschaft;
- mangelnde Bewältigungsfähigkeiten der Eltern;
- problematische Lebensbedingungen (z. B. Armut, beengte Wohnverhältnisse, mangelnde soziale Integration, chronische Schwierigkeiten);

- psychische Auffälligkeiten der Eltern (z. B. Depression der Mutter, Delinquenz des Vaters, hyperkinetische Störung der Eltern).

Hingegen gibt es eine Reihe von *Schutzfaktoren*, die der Entwicklung von Störungen entgegenwirken. Dazu zählen:
- eine gute Beziehung des Kindes zu mindestens *einer* Bezugsperson;
- die Verfügbarkeit von weiteren Personen außer den Eltern, die sich dem Kind zuwenden (Großeltern, weitere Personen im Hause);
- eine gute soziale Einbettung der Familie;
- die Fähigkeit der Familie zum Lösen sozialer Probleme;
- die Verfügbarkeit von ausgleichenden Einrichtungen (Kindergarten, Schule);
- die Fähigkeit des betreffenden Kindes zur Bewältigung altersentsprechender Entwicklungsaufgaben.

Aus der Bilanz von Schutz- und Risikofaktoren ergibt sich die Gesamtbelastung des Kindes und seiner Familie. Das Wissen um die vorhandenen Schutz- und Risikofaktoren lässt auch eine Entwicklungsprognose für das Kind zu und bestimmt die Schwerpunkte, die in der Frühprävention gesetzt werden. Wichtig ist dabei, dass Entwicklungsstörungen nicht nur durch Risiken hervorgebracht werden, sondern auch durch mangelnde Fähigkeiten des Individuums zu deren Bewältigung. Soziale Unterstützung und Bewältigungskompetenzen sind Schutzfaktoren, welche die Wirkung von Risikofaktoren abpuffern oder sogar außer Kraft setzen können.

Die historischen Wurzeln der Frühprävention liegen in den „Head Start“ Programmen der 1960er Jahre, die ungleiche Entwicklungschancen ausgleichen und bessere schulische Erfolge herbeiführen wollten. In der Folge wurde diese Idee auf weitere Risikogruppen ausgedehnt (wie etwa auf behinderte oder chronisch kranke Mädchen und Jungen) und von der Förderung intellektueller Fähigkeiten auf die Unterstützung der gesamten Persönlichkeitsentwicklung des Kindes übertragen. Der Schutz von Mädchen und Jungen sowie die Wahrung ihrer Entwicklungs- und Bildungschancen wurde so zu einem wichtigen und anerkannten Ziel (vgl. Thyen, 2010), das von verschiedenen Fächern unter verschiedenen Begriffen verfolgt wird; so z. B. in der Medizin (Gesundheitsförderung, Früherkennung von Risiken, Primär- und Sekundärprävention), Jugendhilfe (Frühwarnsystem, frühe Hilfen) und Pädagogik (frühe Bildung, Frühförderung, Frühprävention von Lern- und Entwicklungsstörungen). Neuere Entwicklungen betonen die Widerstandsfähigkeit (Resilienz) und den Erwerb von Bewältigungsressourcen (Coping) als vorrangiges Ziel.

Frühpräventionsprogramme finden in Kindertageseinrichtungen derzeit bei pädagogischen Fachkräften und Eltern einen überraschend großen Anklang (Kalicki, Brandes & Schenker, 2009). Die Palette der Angebote reicht von der Sprachförderung und naturwissenschaftlichen Bildung über die Gesundheitserziehung und den gezielten Aufbau sozialer Kompetenzen bis hin zu Resilienztrainings für Kinder und Maßnahmen der Elternbildung. Neben ihrer jeweiligen inhaltlichen Ausrichtung unterscheiden sich Frühpräventionsprogramme darin, an wen sie sich richten:
- grundsätzlich an alle Kinder bzw. Familien (universelle Programme);
- an besondere Risikogruppen (selektive Programme);
- an Kinder mit Entwicklungs- oder Verhaltensauffälligkeiten (indizierte Programme).

Folgt man der gängigen Differenzierung des Präventionsbegriffs nach Zeitpunkten, so sind nur Programme der ersten beiden Ausrichtungen der Frühprävention zuzuordnen. Darunter fallen auch Maßnahmen, die sich an das Umfeld der Kinder wenden und dessen Entwicklungspotenzial anregen bzw. schädigende Einflüsse vermindern.

Der Entwicklung von Lernstörungen wirkt entgegen, wenn die Kinder beim Schuleintritt:

- über gut ausgebildete Vorläuferfertigkeiten für das Lesen, Schreiben und Rechnen verfügen;
- grundlegende Vorerfahrungen und ausreichend Geschicklichkeit mitbringen, um in der Gruppe und unter Anleitung der Lehrkraft arbeiten bzw. lernen zu können;
- ein hinreichendes Maß selbstregulatorischer Fertigkeiten (z. B. Fähigkeit zum Bedürfnisaufschub, Ausdauer, Konzentrationsfähigkeit) besitzen.

Bei der präventiven Vermeidung von Lernstörungen gilt es deshalb, die Bedingungen zu realisieren, die diese Fähigkeiten beim Kind entstehen lassen.

41.2 Indikation der Methode

Frühprävention ist besonders dann angezeigt, wenn die o. g. Risikofaktoren massiert vorliegen und Schutzfaktoren gleichzeitig fehlen. Die wichtigsten Risikofaktoren werden in der multiaxialen Diagnostik auf der Achse V (abnorme psycho-soziale Bedingungen) aufgelistet. Eine Frühprävention ist besonders bei folgenden Risiken angezeigt:

1. *abnorme intrafamiliäre Beziehungen*
   - feindliche Ablehnung oder Sündenbockzuweisung gegenüber dem Kind (ICD-10, Z62.3)
   - körperliche Kindesmisshandlung (Z61.6)
2. *psychische Störung, abweichendes Verhalten oder Behinderungen in der Familie*
   - psychische Störung/abweichendes Verhalten eines Elternteils (Z63.7)
   - Behinderung eines Elternteils (Z63.7)
3. *inadäquate oder verzerrte intrafamiliäre Kommunikation* (Z62.8) (beispielsweise wenn die Eltern sich getrennt haben oder vorhaben, sich zu trennen, und wegen ihrer Streitigkeiten nur noch schlechte oder gar keine Kommunikation stattfindet).
4. *abnorme Erziehungsbedingungen*
   - Erziehung, die eine unzureichende Erfahrung vermittelt (Z62.8) (beispielsweise wenn die Eltern sehr jung sind und aufgrund ihres Altes der Elternrolle nicht gewachsen sind).
   - unangemessene Anforderungen und Nötigungen durch die Eltern (Z62.6) (beispielsweise bei zu großen Erwartungen der Eltern an die Kinder, die bei Nichterfüllung dann mit viel zu hohen Strafen, manchmal sogar Handgreiflichkeiten, bestraft werden).
5. *abnorme unmittelbare Umgebung*
   - isolierte Familie (Z63.7) (beispielsweise Familien, die kaum soziale Kontakte pflegen, weil diese etwa aus dem Ausland kommen und aus Gründen der Sprachschwierigkeit isoliert sind).
6. *Lebensbedingungen mit möglicher psychosozialer Gefährdung (Z59.1) oder akute, belastende Lebensereignisse*

  - negativ veränderte familiäre Beziehungen durch neue Familienmitglieder (Z61.2) (beispielsweise durch eine neue Partnerin bzw. einen neuen Partner eines Elternteiles oder durch ein neues Geschwisterkind)
  - Ereignisse, die zur Herabsetzung der Selbstachtung führen (Z61.5)
7. *gesellschaftliche Belastungsfaktoren*
  - Verfolgung oder Diskriminierung (Z60.5)

Diese Bedingungen gelten als besonders problematisch, wenn sie mindestens sechs Monate lang vorherrschen. Ferner empfiehlt sich die Veranlassung frühpräventiver Maßnahmen bei folgenden Risikofaktoren:

- unerwünschte Schwangerschaft;
- Delinquenz des Vaters;
- elterliche Herkunft aus zerrütteten Familien;
- niedriges Bildungsniveau der Eltern.

41.3 Detaillierte Beschreibung des Vorgehens

In der Frühprävention von Lernstörungen sollen Entwicklungsrisiken bereits in ihrem Beginn erkannt und aufgehoben oder zumindest abgemildert werden. Dabei empfiehlt es sich, den Blick nicht ausschließlich auf die Risiken einzuengen, sondern auch Bewältigungskompetenzen zu erkennen, um diese dann als Schutzfaktoren nutzen und für die Schaffung entwicklungsförderlicher Umgebungsbedingungen einsetzen zu können. Für diesen Zweck können verschiedene Maßnahmen durchgeführt werden, die sich an die Familie, an die Eltern als primäre Bezugspersonen und an das entwicklungsverzögerte Kind selbst wenden. Für die einzelnen Ebenen haben sich folgende Programme als wirksam erwiesen:

41.3.1 Frühprävention auf der Ebene der Familie: Das Hausbesuchsprogramm „Pro Kind" (Jungmann, Kurtz & Brand, 2008)

Auswahl der Familien und Organisation. Das Hausbesuchsprogramm „Pro Kind" arbeitet nach dem Vorbild des US-amerikanischen, evidenzbasierten „Nurse-Family-Partnership" (NFP) Programms (Olds, 2006). Dieses entstand Ende der 1970er Jahre aus den sozialen Bewegungen der Gesundheitspsychologie und der gemeindenahen sozialen Arbeit und richtete sich dabei an sozial benachteiligte Frauen. „Pro Kind" wird seit 2006 im Rahmen eines Modellversuchs in Niedersachsen, Bremen und Sachsen umgesetzt. Die Familien werden größtenteils über Multiplikatoren (z. B. gynäkologische Praxen, Arbeitsagenturen/Jobcenter und Beratungsstellen) an das Modellprojekt vermittelt.

Familienanamnese und Risikoscreening. Neben der finanziellen Belastung (ALG-II-Bezug, Überschuldung) wird das Vorliegen mindestens eines weiteren persönlichen oder sozialen Belastungsfaktors als Aufnahmekriterium hinzugenommen (z. B. Minderjährigkeit, Abwesenheit des Kindsvaters, ungeplante Schwangerschaft, fehlender Schul- oder Ausbildungsabschluss, eine psychische oder physische gesundheitliche Belastung, s. Fallbeispiel und Kasten 1). Weitere Zielgruppenkriterien sind der Erstgebärenden-Status und eine Aufnahme in der 12. bis 28. Schwangerschaftswoche.

Kasten 1: Früherkennung von Risikofaktoren für die kindliche Entwicklung: Das Eltern-Belastungs-Screening zur Kindeswohlgefährdung (EBSK) von Deegener, Spangler, Körner und Becker (2009)

Das EBSK beruht auf dem „Child Abuse Potential Inventory" (CAPI) von Millner (1990). Es wird gemeinsam mit den Eltern ausgefüllt, um ihre persönlichen, finanziellen und sozialen Belastungen kennenzulernen, die sich wiederum negativ auf die Interaktion mit ihrem Kind und auf dessen Entwicklungschancen auswirken können. Ziel des EBSK ist es, das Ausmaß von Unterstützung sowie nötige Hilfen im Voraus abschätzen zu können. Folgende Risikofaktoren für eine gesunde Entwicklung von Paul (11 Monate) waren für den Einsatz des EBSK ausschlaggebend:

- niedriger sozioökonomischer Status;
- beengte Wohnverhältnisse;
- Belastungen der Eltern mit psychischen Störungen, einer Suchtproblematik, schlechter Schulbildung;
- chronische Disharmonie in der Familie (Erziehungsprobleme, Ehekonflikte durch die finanzielle Belastungssituation), fehlende soziale Unterstützung;
- Geschlecht des Kindes: Jungen sind vulnerabler als Mädchen.

Die 63 Aussagen aus dem EBSK werden von den Eltern alternativ mit „stimmt" oder „stimmt nicht" beantwortet. Die Durchführung dauert fünf bis zehn Minuten.

Aussagenbeispiele:

1. Ich fühle mich häufig aus der Fassung gebracht.
2. Kinder sollten still sein und zuhören.
3. Ich habe viele persönliche Probleme.
4. Ich lache fast jeden Tag.
5. Ich habe einige enge Freundinnen und Freunde in meiner Nachbarschaft.

Präventionsziele und Präventionsplanung. Während der Schwangerschaft sollen die Gesundheit und die psychische Stabilität der werdenden Mutter gefördert werden. Primäres Ziel ist die Geburt eines gesunden Kindes, was Kenntnisse über Schwangerschaftskomplikationen und entsprechende Interventionen voraussetzt. Außerdem sollen Mutter und Vater auf die Elternrolle vorbereitet werden und sich nach der Geburt möglichst gemeinsam um ihr Kind kümmern. Nach der Geburt wird zunächst die emotionale Bindung zwischen Mutter und Kind und, sofern dies möglich ist, auch die zwischen Vater und Kind gefördert. Dadurch soll eine gesunde Ernährung, angemessene Pflege und liebevolle Betreuung des Kindes sichergestellt werden. Mit zunehmendem Alter des Kindes geht es dann darum, elterliche Erziehungskompetenz zu stärken und die Eltern-Kind-Interaktion zu unterstützen. Dadurch soll die körperliche, sprachliche und kognitive Entwicklung des Kindes so gefördert werden, dass sich seine Persönlichkeit und seine Fähigkeiten optimal entfalten können und Lernstörungen oder Verhaltensauffälligkeiten (z. B. ADHS) seltener oder gar nicht auftreten.

Durchführung der Frühprävention. In Phase I (pränatale Intervention) motivieren Familienbegleiterinnen (Hebammen und/oder Sozialpädagoginnen) die Mütter zu einem gesunden Lebenswandel und zu einer konstruktiven Geburtsvorbereitung. Bis zum zweiten Geburtstag der Kinder (Phase II: frühkindliche Intervention) steht die Beratung und Unterstützung bei der Säuglingspflege und -ernährung, beim Bindungsaufbau zwischen Mutter und Kind und bei der Kindererziehung im Vordergrund (s. Kasten 2). Insgesamt werden sechs Themenbereiche bearbeitet (Persönliche Gesundheit, Gesundheitsförderliche Umgebung, Mutter-/Vater-/Elternrolle, Lebensplanung, Familien- und Freundeskreis, Formelle Netzwerke). Das Programm ist theoretisch fundiert. Es liegen Handbücher und Leitfäden für die Hausbesuche vor (Jungmann, Kurtz & Brand, 2008).

Kasten 2: Frühprävention am Beispiel des PIPE-Curriculums
(vgl. Jungmann & Reichenbach, 2009)

PIPE steht für „*P*artners *i*n *P*arenting *E*ducation" (Partnerschaften in der elterlichen Erziehung). Dabei fungieren die Familienbegleiterinnen als Partnerinnen bzw. Partner der Eltern bei der Beziehungsgestaltung zu ihrem Kind sowie der Erziehung ihres Kindes. Die wesentlichen Leitgedanken des PIPE-Curriculums sind:

- *Aktives Zuhören:* Die Bedeutung des aufmerksamen, aktiven Zuhörens und Hinsehens in der Kommunikation mit dem Kind wird betont.
- *Zuneigung und Liebe sind vielschichtig:* Liebe und Feinfühligkeit können sich durch die Herstellung von Nähe und Intimität äußern, aber auch durch das Loslassen des Kindes in seinen Explorations- und Autonomiephasen.
- *Gemeinsames Spiel und Sicherheit in der Exploration:* Das kindliche Spiel ist mit dem späteren Lernen gleichzusetzen und von besonderer Bedeutung für die kognitive, sprachliche und motorische Entwicklung.

Für jede der 28 PIPE Lerneinheiten wird ein Vorgehen in vier Schritten empfohlen, das sich stark an lernpsychologischen Gesetzmäßigkeiten orientiert.

- *Schritt 1 – Informationen geben:* Die Auswahl der Informationen und deren Vermittlung, z. B. zum spielerischen Lernen, richtet sich nach dem Lerntyp, der Persönlichkeit und dem kulturellen Hintergrund der Eltern.
- *Schritt 2 – Demonstration und Lernen am Modell:* Die ausgewählte Aktivität wird durch die Familienbegleiterin stets an einer Puppe, nicht an dem Kind selbst, beispielhaft vorgeführt. Die Puppe wird eingesetzt, um zu verhindern, dass das Kind im Kontakt mit der Familienbegleiterin positiver reagiert als bei der eigenen Mutter, was wiederum negative Auswirkungen auf das elterliche Selbstkonzept und die Beziehung zwischen Familienbegleiterin und Mutter haben könnte. Eine überzeugende Demonstration vertieft das theoretisch Vermittelte und trägt zur positiven Erfahrung des Zusammenspiels zwischen Eltern und Kind bei.
- *Schritt 3 – Begleitetes Ausprobieren in strukturierten Situationen:* Die Interaktion sollte an einem ruhigen Ort stattfinden und die elterliche Aufmerksamkeit voll auf das Kind gerichtet sein. Die Spielfläche kann durch eine Spieldecke definiert werden, die Eltern und Kind gemeinsam nutzen. Wichtig ist, dass das Spiel oder die praktische Aktivität beiden Seiten (Eltern und Kind) Spaß macht.
  Die Familienbegleiterin übernimmt in diesem Schritt die Rolle der Mentorin. Ist der Mutter oder dem Vater ein Signal entgangen, kann die Familienbegleiterin dem Kind „ihre Stimme leihen". Diese Methoden lenkt die elterliche Aufmerksamkeit auf das Kommunikationsverhalten des Kindes. Gemeinsam kann man die elterliche Deutung des Verhaltens ermitteln. Solche Strategien werden allerdings nur dann benutzt, wenn dies die emotionale Verbundenheit und Abstimmung zwischen Eltern und Kind verbessert.
- *Schritt 4 – Gemeinsame Auswertung:* Die gemeinsame Auswertung vervollständigt den Lernprozess. Besonders wertvoll ist an dieser Stelle eine Videoaufnahme der Interaktion, so dass die Eltern die Perspektive des Kindes einnehmen und seine Signale mit einbeziehen können: Hatten Eltern und Kind Freude an der Aktivität? Ging

es ihnen in der Interaktion gut? Wenn nicht, haben die Eltern eine Idee, woran dies lag und wie sie damit umgehen könnten? Wenn nicht, wie kann die Familienbegleiterin helfen? So können die Eltern und die Familienbegleiterin partnerschaftlich herausfinden, was funktioniert hat und woran noch gearbeitet werden sollte.

41.3.2 Lernstörungsspezifische Frühprävention, die sich an die Eltern als primäre Bezugspersonen richtet: das Heidelberger Elterntraining (Buschmann, 2009)

Auswahl der Eltern und Organisation. Das Elterntraining richtet sich an Eltern zwei- bis dreijähriger Kinder, die im Rahmen der pädiatrischen Vorsorgeuntersuchung U7 im Alter von 21 bis 24 Monaten einen aktiven Wortschatz im ELFRA-2 (Grimm & Doil, 2006) von weniger als 50 Wörtern haben, ohne dass eine Primärerkrankung (wie hochgradige Störungen der Intelligenz, Autismus, Zerebralparesen oder Schwerhörigkeit) vorliegt.

Entwicklungs- und Interaktionsdiagnostik. Eine differenzialdiagnostische Abklärung der verzögerten Sprachentwicklung erfolgt durch den Einsatz von Elternfragebögen (s. o.) mit pädaudiologischer Untersuchung vor Beginn des Trainings. Des Weiteren wird die nonverbale Intelligenz der Kinder mit dem SON-R 2½-7 Jahre (Tellegen, Laros & Petermann, 2007) und das kindliche Verhalten mit der CBCL 1½-5 Jahre (Achenbach, 2000) erfasst. Dabei werden auch der Lautbestand und der mundmotorische Status erfasst. Die Mutter-Kind-Interaktion in der Bilderbuchsituation wird per Video aufgezeichnet. Der Film wird später gemeinsam mit der Mutter reflektiert. Er stellt den Ausgangspunkt für das Training dar. Die kurzfristige Erfolgskontrolle nach Abschluss des Trainings sowie in einer Nachfolgeuntersuchung sechs Monate später erfolgt ebenfalls mit standardisierten Verfahren zur Erfassung des Sprachentwicklungsstandes (SETK-2, Grimm, 2000; SETK 3-5, Grimm, 2010) (vgl. Buschmann, Jooss & Pietz, 2009).

Präventionsziele und Präventionsplanung. Die Eltern sollen in ihrer Kompetenz als wichtigste Bezugspersonen und Interaktionspartnerinnen bzw. -partner des Kindes gestärkt werden und Möglichkeiten der Sprachförderung in der Bilderbuchsituation, im Alltag und im Spiel nutzen. Zu diesem Zweck werden sie gezielt im Einsatz von Sprachlehrstrategien geschult. Dabei sollen sprachhemmende Verhaltensweisen und bereits etablierte negative Interaktionsmuster erkannt und abgebaut werden. Das Ziel dieser Bemühungen besteht darin, beim Kind Sprech- und Kommunikationsfreude zu wecken, bei ihm eine schnelle Wortschatzerweiterung herbei zu führen und es beim Einstieg in die Grammatik zu unterstützen.

Durchführung der Frühprävention. Das Heidelberger Elterntraining ist als Gruppentraining konzipiert. Es besteht aus sieben aufeinander aufbauenden Bausteinen. In einem persönlichen Vorgespräch oder im Rahmen eines Informationsabends werden die Eltern über Inhalte und Ziele sowie die Organisation des Elterntrainings aufgeklärt. Im Vordergrund des anschließenden Trainings stehen das gemeinsame Erarbeiten von Wissen (z. B. über Voraussetzungen des gelungenen Spracherwerbs, Ursachen der verzögerten Sprachentwicklung, die Grundprinzipien sprachförderlicher Kommunikation) sowie das intensive Einüben sprachförderlicher Verhaltensweisen beim Bilderbuch-Anschauen, im Alltag und beim Spiel. Die Arbeitsmethoden sind sehr abwechslungsreich: Neben Vorträgen werden Videobeispiele über sprachförderliche Umgangsweisen angesehen und reflektiert; sprachförderliche Strategien werden in der Kleingruppe eingeübt und zu Hause angewendet.

Etwa ein halbes Jahr nach dem Elterntraining findet eine Nachschulung statt. Dabei wird das Elternverhalten optimal an den Sprachentwicklungsstand der Kinder angepasst. Die Mütter und Väter üben korrektives Feedback anhand von Beispielsätzen des eigenen Kindes (Videobeispiele). Abschließend erhalten sie Anregungen, wie sie die sprachliche Kompetenz ihres Kindes durch dialogisches Bilderbuchlesen erweitern und wie sie die Mundmotorik spielerisch fördern können.

41.3.3 Spezifische Frühprävention bei Lernstörungen (Würzburger Trainingsprogramme)

„Hören, lauschen, lernen" (Küspert & Schneider, 2006; s. Kapitel 10)

Ziele, Aufbau und Durchführung des Programms. Programmziele sind die Förderung der deutschen Sprache, der Vorläuferfertigkeiten des Schriftspracherwerbs, die Förderung grammatischer Lerninhalte und der sprachlichen Bewusstheit sowie die Reflexion sprachlicher Regeln. Die Förderung soll täglich 10 bis 20 Minuten in der Kindertagesstätte, aber außerhalb des Kindergartenalltags durchgeführt werden. Sie kann in Kleingruppen von fünf bis zehn Kindern stattfinden. Als optimal wird eine Gruppenstärke von vier bis acht Kindern erachtet, da in größeren Gruppen nur schwer auf individuelle Schwierigkeiten eingegangen werden kann. Die einzelnen Übungsbausteine sind darauf ausgerichtet, die teilnehmenden Kinder von phonologischer Bewusstheit im weiteren Sinne (z. B. Reime) zur phonologischen Bewusstheit im engeren Sinne (bewussterer Umgang mit Einzellauten und deren bedeutungsdifferenzierender Funktion) zu führen. Die sechs Programmmodule bauen inhaltlich aufeinander auf, steigen allmählich in ihrem Schwierigkeitsniveau an und zielen zunehmend auf die phonologische Bewusstheit im engeren Sinne ab. Jedes Modul besteht aus einer Auswahl von 7 bis 15 Spielen. Ein wesentliches Übungsprinzip ist, dass alle Kinder an allen Spielen beteiligt werden und sich das Lerntempo immer am schwächsten Kind orientiert. Das Programm ist auf einen Zeitraum von mindestens 20 Wochen angelegt und wird von Erzieherinnen der Kindertagesstätte durchgeführt. Es orientiert sich an den Arbeitsbüchern „Hören, lauschen, lernen" (Küspert & Schneider, 2006) und „Hören, lauschen, lernen 2" (Plume & Schneider, 2004).

„Mengen, zählen, Zahlen" (Krajewski, Nieding & Schneider, 2007; s. Kapitel 15)

Ziele, Aufbau und Durchführung des Programms. Dieses Programm ist für Gruppen bis zu neun Kindern im letzten Kindergartenjahr konzipiert und geht von drei Ebenen der mathematischen Kompetenzen im Vorschulalter aus (Ebene I: Mengenunterscheidung, Nennung von Zahlworten in stabilen Reihenfolgen; Ebene II: unpräzises Anzahlkonzept, d. h. Mengenbewusstsein für „viel" und „wenig" sowie Fähigkeit zum Mengenvergleich bei deutlichen Mengenunterschieden; Ebene III: Fähigkeit zum Zerlegen und Zusammensetzen von Mengen). Die Zusammenstellung der Übungen orientiert sich konsequent an diesen drei Ebenen der Entwicklung mathematischer Kompetenzen im Vorschulalter (vgl. Krajewski & Schneider, 2004). Den so gebildeten Förderschwerpunkten sind jeweils vier bis sechs Übungen zugeordnet, die in einer Förderstunde zu absolvieren sind. Dabei steht der handelnde Umgang mit verschiedenen Materialien zunächst im Vordergrund, bevor die Übergänge zu abstrakteren visuellen Darbietungsformen vollzogen werden. Außer in einer Gruppenförderung lässt sich das Programm auch im Rahmen einer

Einzelförderung einsetzen, wenn eingeschränkte numerische Basisfertigkeiten auf der Kompetenzebene I vorliegen. Zum Training gehört das Manual mit Zielen und Leitfragen für alle drei Förderschwerpunkte sowie eine Förderbox mit Materialien (Karten mit verschiedenen Mengendarstellungen, Holzchips, Zahlenstreifen, Zahlenhaus und Zahlentreppe) (vgl. Ricken, 2009).

41.4 Wirksamkeit und Wirksamkeitsbedingungen

Beelmann (2006) kommt in einer Metaanalyse zu dem Schluss, dass frühpräventive Maßnahmen unmittelbar zu durchschnittlichen Verbesserungen von ca. 15 bis 25 Prozent führen. Jungmann, Kurtz und Brand (2011) stellen in der Bewertung des Hausbesuchsprogrammes „Pro Kind" kleine positive Effekte ($d=0.13$) im Bereich der kognitiven und die sprachlichen Entwicklung der Kinder fest. Kurzfristige Wirkungen von Frühpräventionsprogrammen sind vor allem auf die intellektuelle Entwicklung nachweisbar. Spätere schulische Lern- und Berufserfolge scheinen aber eher auf eine höhere Motivation, stärkere Anstrengungsbereitschaft und Selbstwirksamkeit sowie verbesserte Bewältigungsressourcen zurückführbar zu sein, die Kinder unter günstigen Bedingungen in Frühpräventionsprogrammen erwerben (vgl. Barnett, 2011).

Nach den metaanalytischen Befunden von Nelson, Westhues und MacLeod (2003) zur Entwicklung benachteiligter Kinder vom Kindergarten bis zur Sekundarstufe und darüber hinaus, stellt sich die Wirksamkeit von Frühpräventionsprogrammen zeitlich gestaffelt wie folgt dar:

- Kurzfristig sind die größten Effekte noch während der Vorschulzeit auf kognitive Variablen zu verzeichnen ($d=0.53$). Kleinere Effekte sind aber auch auf das sozial-emotionale Verhalten der Kinder und das familiäre Wohlergehen nachweisbar.
- Mittelfristig halten sich die Wirkungen über die Kindergartenzeit bis zur achten Klasse, allerdings verringert sich die Effektstärke auf die kognitiven Variablen ($d=0.30$).
- Langfristig zeigen die metaanalytischen Befunde von Barnett (2011), dass die Kinder, die das Frühpräventionsprogramm erhalten hatten, bessere Chancen auf dem Arbeitsmarkt mit höheren Einstellungsquoten, eine bessere soziale Integration und geringere Kriminalitätsraten aufwiesen. Diese Ergebnisse legen nahe, dass nicht primär die kognitiven Fähigkeiten, sondern Motivation, Anstrengungsbereitschaft und Bewältigungsressourcen die vermittelnden Faktoren sind. In Übereinstimmung damit sprechen die Befunde von Nelson et al. (2003) für positive Effekte mittlerer Stärke auf das Sozialverhalten ($d=0.33$).

Für den Einsatz der frühpräventiven Würzburger Trainingsprogramme „Hören, lauschen, lernen" und „Mengen, zählen, Zahlen" liegen mittlerweile kontrollierte Evaluationsstudien mit längsschnittlichem Kontrollgruppendesign und erfolgversprechenden Nachfolgeuntersuchungen vor. Wirkbedingungen sind hier ebenfalls eine konsequente Durchführung der manualisierten Trainings, die aufmerksame Beobachtung der individuellen Schwierigkeiten einzelner Kinder, Kreativität im Umgang mit solchen Problemen sowie eine regelmäßige Reflexion im pädagogischen Team und Erfahrungsaustausch zwischen den Erzieherinnen, ggf. auch unter Supervision (vgl. Jungmann, 2009, s. a. Kapitel 10). Transfereffekte des Programms „Mengen, zählen, Zahlen" auf spätere Schulleistungen blieben aber trotz der gefundenen Leistungsanstiege im Kindergartenjahr zunächst aus (vgl. Ricken, 2009; s. a. Kapitel 15).

Kindzentrierte Programme können durch elternzentrierte Maßnahmen in ihrer Wirksamkeit erhöht werden. Als gutes Beispiel hierfür wurde das Heidelberger Elterntraining (Buschmann, Joos & Pietz, 2009) vorgestellt, das als einziges deutsches elternzentriertes Sprachförderprogramm bislang mit 26 Kindern in der Interventions- und 28 Kindern in der Kontrollgruppe evaluiert wurde. Bereits nach sechs Monaten zeigten die Kinder der trainierten Eltern eine deutlich beschleunigte Entwicklung. Im Alter von 37 Monaten lagen 77 % der geförderten Mädchen und Jungen im Vergleich zu 43 % der Kontrollgruppe im Normbereich des SETK 3-5. Eine früh einsetzende logopädische Behandlung unter Einbezug der Eltern zur Verbesserung der Eltern-Kind-Kommunikation führte auch in anglo-amerikanischen Studien zu Fördererfolgen bei Kindern mit Verzögerungen bzw. Störungen der Sprachentwicklung (Bernhardt & Major, 2005). Nachfolgeuntersuchungen bis ins Schulalter fehlen allerdings noch, sind aber unerlässlich, um zu überprüfen, ob Lernstörungen bei Mädchen und Jungen, deren Eltern das Training durchlaufen haben, seltener auftreten.

Naturgemäß hängt die Wirksamkeit von Frühpräventionsprogrammen (z. B. des Hausbesuchsprogramms „Pro Kind") von der Qualität und Intensität der Programmumsetzung und der Programmausstattung ab. Die Niederschwelligkeit der Maßnahme, die Beziehungsgestaltung, die Vernetzung des Angebotes und die Interaktionsqualität sowie die gewählten Methoden beeinflussen den Erfolg (Gomby, 2007; Barnett, 2011). Teilweise werden dann positivere Entwicklungsverläufe bis ins Erwachsenenalter festgestellt (vgl. Olds, 2006; Barnett, 2011).

41.5 Literatur

Grundlegende Literatur

Kalicki, B., Brandes, H. & Schenker, I. (2009). Strategien und Konzepte der Frühprävention in Kindertageseinrichtungen. In G. Robert, K. Pfeifer & T. Drösler (Hrsg.), *Aufwachsen in Dialog und sozialer Verantwortung. Bildung – Risiken – Prävention in der frühen Kindheit* (S. 153–168). Heidelberg: Springer.

Petermann, F., Niebank, H. & Scheithauer, H. (2005). *Risiken in der frühkindlichen Entwicklung. Entwicklungspsychopathologie der ersten Lebensjahre.* Göttingen: Hogrefe.

Remschmidt, H., Schmidt, M. H. & Poustka, F. (2006). (Hrsg.). *Multiaxiales Klassifikationssystem für psychische Störungen des Kindes- und Jugendalters nach ICD-10 der WHO.* Bern: Huber.

Weiterführende Literatur

Barnett, S. (2011). Effectiveness of early educational intervention. *Science, 333,* 975–978. doi: 10.1126/science.1204534

Beelmann, A. (2006). Wirksamkeit von Präventionsmaßnahmen bei Kindern und Jugendlichen: Ergebnisse und Implikationen der integrativen Erfolgsforschung. *Zeitschrift für Klinische Psychologie und Psychotherapie, 35,* 151–162. doi: 10.1026/1616-3443.35.2.151

Bernhardt, B. & Major, E. (2005). Speech, language and literacy skills 3 years later: A follow-up study of early phonological and metaphonological intervention. *International Journal of Language and Communication Disorders, 40* (1), 1–27. doi: 10.1080/13682820410001686004

Gomby, D. S. (2007). The promise and limitations of home visiting: Implementing effective programs. *Child Abuse & Neglect, 31,* 793–799. doi: 10.1016/j.chiabu.2007.07.001

Jungmann, T. & Reichenbach, C. (2009). *Bindungstheorie und pädagogisches Handeln: Ein Praxisleitfaden*. Dortmund: Verlag Modernes Lernen.

Nelson, G., Westhues, A & MacLeod, J. (2003). A meta-analysis of longitudinal research on preschool prevention programs for children. *Prevention and Treatment, 6,* 1–35. doi: 10.1037/1522-3736.6.1.631a

Thyen, U. (2010). Kinderschutz und Frühe Hilfen aus Sicht der Kinder- und Jugendmedizin. *Bundesgesundheitsblatt, 53,* 992–1001. doi: 10.1007/s00103-010-1126-8

Material

Achenbach, T. M. (2000). *Child Behavior Checklist 1½ bis 5 – Deutsche Fassung*. Göttingen: Hogrefe.

Buschmann, A. (2009). *Heidelberger Elterntraining zur frühen Sprachförderung. Trainermanual*. München: Elsevier.

Buschmann, A., Jooss, B. & Pietz, J. (2009). Frühe Sprachförderung bei Late Talkers – Effektivität einer strukturierten Elternanleitung. *Kinderärztliche Praxis, 80,* 404–414.

Deegener, G., Spangler, G., Körner, W. & Becker, N. (2009). *EBSK. Eltern-Belastungs-Screening zur Kindeswohlgefährdung*. Göttingen: Hogrefe.

Grimm, H. (2000). *SETK-2. Sprachentwicklungstest für zweijährige Kinder.* Göttingen: Hogrefe.

Grimm, H. (2010). *SETK 3-5. Sprachentwicklungstest für drei- bis fünfjährige Kinder* (2. Aufl.). Göttingen: Hogrefe.

Jungmann, T. (2009). Lese-Rechtschreib-Förderung. In A. Lohaus & H. Domsch (Hrsg.), *Psychologische Förder- und Interventionsprogramme für das Kindes- und Jugendalter* (S. 99–112). Heidelberg: Springer.

Jungmann, T., Kurtz, V. & Brand, T. (2008). Das Modellprojekt „Pro Kind“ – Eine Verortung in der Landschaft Früher Hilfen. *Frühförderung Interdisziplinär, 27,* 67–78.

Jungmann, T., Kurtz, V. & Brand, T. (2011). Entwicklungsförderung im Rahmen Früher Hilfen – Vorläufige Befunde aus dem Modellprojekt „Pro Kind“. *Verhaltenstherapie & Psychosoziale Praxis, 43,* 291–302.

Krajewski, K., Nieding, G. & Schneider, W. (2007). *Mengen, zählen, Zahlen: Die Welt der Mathematik verstehen (MZZ).* Berlin: Cornelsen.

Krajewski, K. & Schneider, W. (2004). Frühe Diagnose und Prognose von Rechenschwäche mit dem DEMAT. In Akademie für Lehrerfortbildung und Personalführung Dillingen (Hrsg.), *Rechenstörungen. Hilfen für Kinder mit besonderen Schwierigkeiten beim Erlernen der Mathematik* (S. 84–92). Donauwörth: Auer.

Küspert, P. & Schneider, W. (2006). *Hören, lauschen, lernen: Sprachspiele für Kinder im Vorschulalter. Würzburger Trainingsprogramm zur Vorbereitung auf den Erwerb der Schriftsprache* (5. Aufl.). Göttingen: Vandenhoeck & Ruprecht.

Milner, J. S., Robertson, K. R. & Rogers, D. L. (1990). Childhood history of abuse and adult child abuse potential. *Journal of Family Violence, 5,* 15–34. doi: 10.1007/BF00979136

Olds, D. L. (2006). The nurse-family partnership: an evidence-based preventive intervention. *Infant Mental Health Journal, 27,* 5–25. doi: 10.1002/imhj.20077

Plume, E. & Schneider, W. (2004). *Hören, lauschen, lernen 2: Spiele mit Buchstaben und Lauten für Kinder im Vorschulalter.* Göttingen: Vandenhoeck & Ruprecht.

Ricken, G. (2009). Dyskalkulie. In A. Lohaus & H. Domsch (Hrsg.), *Psychologische Förder- und Interventionsprogramme für das Kindes- und Jugendalter* (S. 113–127). Heidelberg: Springer.

Tellegen, P. J., Laros, J. A. & Petermann, F. (2007). *SON-R 2½-7. Non-verbaler Intelligenztest.* Göttingen: Hogrefe.

42. Response to Intervention als schulisches Förderkonzept

Marco Ennemoser

Fallbeispiel

Eine Grundschule in Mittelhessen versorgt ein sozial schwaches Einzugsgebiet und hat einen erhöhten Anteil an Schülerinnen und Schülern mit Migrationshintergrund. Neben dem niedrigen Leistungsniveau der einzelnen Klassen verzeichnet die Schule eine sehr hohe Wechselquote an Förderschulen. Deshalb arbeitet die Schule eng mit einem *Beratungs- und Förderzentrum*[1] (BFZ) zusammen, das im Bedarfsfall Aufgaben der Diagnostik und Förderung vor Ort übernimmt. Die leistungsschwächeren Kinder fallen zwar meist schon nach ihrem Schuleintritt auf; in der Regel gelingt es jedoch trotz der angebotenen Förderstunden nicht, sie an das Niveau ihrer Mitschülerinnen und Mitschüler heranzuführen. Das Kollegium bemüht sich seit längerer Zeit um die Entwicklung eines Förderkonzepts, um diese Problemlage zu verbessern. Motiviert durch die Teilnahme an einem Lehr-Forschungsprojekt der nahegelegenen Universität erwägt die Schule einen Strategiewechsel. In zwei Klassen der dritten Jahrgangsstufe soll ein Förderkonzept („Response to Intervention") erprobt werden, das in den USA zunehmend Verbreitung findet.

Inhaltlich konzentriert sich die Schule zunächst auf die Förderung der Lesekompetenz. Zu Schuljahresbeginn führen die beiden beteiligten Lehrkräfte in ihren Klassen einen standardisierten Test durch („ELFE 1-6"; Lenhard & Schneider, 2006), um Kinder mit einem schwachen Ausgangsniveau zu bestimmen. In den folgenden Wochen werden die Lernfortschritte der Kinder mit einem ökonomischen Kurztest kleinschrittig registriert („Lernfortschrittsdiagnostik Lesen" [LDL]; Walter, 2010). Bei ausbleibendem Lernerfolg werden spätestens nach acht Wochen Fördermaßnahmen eingeleitet. In den beiden beteiligten Klassen betrifft dies elf Kinder, die als sogenannte „Non-Responder" eingestuft werden, d.h. als Kinder, die vom angebotenen Regelunterricht nicht im erwarteten Umfang profitieren. In den folgenden Wochen erhalten die be-

---

1 Beratungs- und Förderzentren sind in Hessen für die sonderpädagogische Betreuung des Regelschulbereichs zuständig und werden auf Antrag an der jeweiligen Schule tätig. Sie übernehmen diagnostische Aufgaben, stehen Lehrkräften beratend zur Seite und unterstützen ggf. die Planung und Durchführung von Fördermaßnahmen.

treffenden Kinder eine inhaltsspezifische Kleingruppenförderung ihrer Lesefertigkeiten, die sich an empirisch bewährten Methoden orientiert. Im Zentrum stehen Übungen zum phonologischen Rekodieren und zum silbenweisen Lesen, die im weiteren Verlauf durch Übungen zur schnelleren Worterkennung und zur Verbesserung der Leseflüssigkeit ergänzt werden (s. Kapitel 11).

Sechs der elf Kinder erreichen dadurch ein zufriedenstellendes Leseniveau. Nach den Normen der „LDL" (Walter, 2010) liegen sie nun über einem Prozentrang von 25. Bei den fünf verbleibenden Non-Respondern wird die Förderung fortgesetzt. Auf der Grundlage einer Beratung im Kollegium und in Absprache mit der Sonderpädagogin des BFZ werden die Interventionen jetzt stärker auf die individuellen Lernvoraussetzungen dieser Schülerinnen und Schüler zugeschnitten. Die Förderung geht nun von individuellen Problemschwerpunkten aus und umfasst auch verhaltensregulatorische Maßnahmen. Die Durchführung erfolgt weiterhin in Kleingruppen, wird jedoch bei zwei Kindern um Einzelsitzungen ergänzt, die vom BFZ übernommen werden.

In den folgenden acht Wochen können zwei der Kinder an das oben genannte Kriterium (Prozentrang 25) herangeführt werden. Zwei weitere erzielen zwar sichtbare Fortschritte, bleiben aber mit Prozenträngen von 11 und 14 nach wie vor hinter den Erwartungen zurück. Ihre Förderung wird zeitlich verlängert. Eines der Kinder erzielt jedoch keinerlei sichtbaren Erfolg und kommt nicht über ein rudimentäres Leseniveau hinaus. Bei diesem Schüler handelt es sich um einen Jungen, der auch in anderen Schulfächern große Probleme hat und dem Unterricht nicht folgen kann. Bei ihm wird ein Verfahren zur Feststellung des sonderpädagogischen Förderbedarfs eingeleitet. Vor dem Hintergrund bisheriger Erfahrungen wertet das Kollegium die Vorgehensweise als deutlichen Erfolg und will sich schrittweise um eine umfassendere Einführung des gestuften Förderkonzepts bemühen.

42.1 Kurzbeschreibung der Methode und ihres theoretischen Hintergrunds

Internationale Vergleichsstudien belegen, dass es dem deutschen Bildungssystem nicht hinreichend gelingt, Schülerinnen und Schüler mit ungünstigen Lernvoraussetzungen mit Erfolg zu unterrichten. Wie Klemm und Klemm (2010) festgestellt haben, ist eine wirksame Förderung dieser Kinder oft genug nur mittels privat finanzierter Nachhilfe zu erlangen, was schon deshalb als bedenklich zu werten ist, weil originäre Aufgaben der Schule in ein privat finanziertes Nebenschulsystem ausgelagert werden und die damit verbundenen Kosten die Bildungsnachteile sozial schwächerer Bevölkerungsschichten weiter verfestigen.

Vor dem Hintergrund dieser Kritik sehen sich Schulen zunehmend mit der Anforderung konfrontiert, leistungsschwächere Schülerinnen und Schüler stärker in den Blick zu nehmen und wirksame Präventionskonzepte gegen schulisches Leistungsversagen zu entwickeln.

In der internationalen Forschung finden sich hierfür erfolgversprechende Präventionsstrategien, die auch in deutschen Schulen angewandt werden können. Beispielsweise haben Diskussionen um den Ausgleich von Bildungsnachteilen, wie sie derzeit in Deutschland geführt werden, in den USA bereits eine längere Tradition. Als Konsequenz der Debatte wurde dort in den letzten Jahren ein immer stärkeres Gewicht auf die Verantwortung der Schulen für den Bildungserfolg ihrer Schülerinnen und Schüler gelegt. In Verbindung mit genauen Zielvorgaben und zugehörigen Sanktionsmaßnahmen (bis hin zum Auswechseln des Lehrpersonals) wurde diese Verantwortlichkeit auch gesetzlich verankert. Zuschnitt und Grundsätze dieser Gesetze sind denkwürdig:

- Durch das im Jahr 2001 erlassene US-Bundesgesetz „No Child Left Behind" (NCLB) wurden Schulen dazu verpflichtet, die Bildungschancen von Minderheiten und sozial benachteiligten Bevölkerungsgruppen so weit zu verbessern, dass *alle* Kinder die Mindestkriterien des Bildungserfolgs erreichen können (insbesondere beim Lesen, Schreiben und Rechnen).
- Die Neufassung des „Individuals with Disabilities Education Improvement Act" (IDEA) von 2004 fordert darüber hinaus eine veränderte Vorgehensweise bei Kindern mit Lernstörungen.

Beide Gesetze heben die Prävention hervor und stellen Fördermaßnahmen in den Mittelpunkt, die im Verantwortungsbereich der Regelschule selbst liegen. Außerdem wird die Implementierung von „evidenzbasierten" Maßnahmen verlangt, deren präventive und remediale Wirksamkeit in umfangreichen Studien belegt wurde. Beide Regelungen haben umfangreiche Reformbemühungen ausgelöst, die teils bemerkenswerte Erfolge gebracht haben und dem Schulversagen wirksam entgegentreten (Borman, Hewes, Overman & Brown, 2003). Dennoch lassen sich solche Programme nicht ohne weiteres im Verhältnis 1 zu 1 auf die hiesige Schulpraxis übertragen. Da es sich um umfassende und kostenintensive Reformkonzepte handelt, wären dafür Weichenstellungen auf bildungspolitischer Ebene erforderlich.

Konkretere Möglichkeiten bietet deshalb der Ansatz „Response to Intervention" (RTI). RTI ist im vorgenannten IDEA-Gesetz verankert und zielt ebenfalls darauf ab, den Anteil von Kindern mit Lernstörungen und damit auch den Bedarf an Sonderbeschulung systematisch zu verringern.

RTI unterscheidet sich vom sonst üblichen Umgang mit Lernschwierigkeiten innerhalb unseres Bildungssystems durch drei Merkmale, die allesamt auf eine gestärkte Verantwortung der Regelschule abzielen: (1) Primat der Prävention; (2) Orientierung am individuellen Lernfortschritt; (3) Sicherung der Qualität des Unterrichts- und Förderangebots.

(1) *Prävention statt „Wait to Fail"*. Lernstörungen treten zumeist nicht plötzlich, gleichsam von heute auf morgen zutage, sondern können meist schon im Vorfeld erkannt werden. Trotzdem kommen gezielte Interventionen im Schulkontext typischerweise erst dann zum Einsatz, wenn der schulische Misserfolg bereits unübersehbar geworden ist. RTI

bedeutet eine Abkehr von diesem als „Wait to Fail" bezeichneten Ansatz. Das grundlegende Prinzip besteht darin, den Lernerfolg engmaschig zu überprüfen. Dabei wird in engen Zeitabständen dokumentiert, wie sich eine bestimmte Kompetenz (z. B. Lesen) bei den jeweiligen Schülerinnen und Schülern entwickelt. Bei erkennbarem Ausbleiben des Lernerfolgs werden möglichst rasch Fördermaßnahmen gestartet. Dabei wird auf solche Interventionsmaßnahmen zurückgegriffen, die sich in empirischen Untersuchungen als wirksam erwiesen haben. Zeigen die Maßnahmen dennoch keinen Erfolg (im Sinne einer ausbleibenden „Response to Intervention"), werden zunehmend intensivere und stärker individualisierte Interventionen eingesetzt.

(2) *Ausbleibender Lernfortschritt als Kriterium für die Veranlassung von Fördermaßnahmen.* Das RTI-Konzept ist eng mit der Kritik an traditionellen Definitionen von Lernstörungen verknüpft (Marx, 2004). Im Zentrum dieser Kritik steht das IQ-Diskrepanz-Kriterium: Lernstörungen werden in gängigen Klassifikationssystemen (z.B. ICD-10) als gravierende Abweichung schulischer Leistungen (z. B. beim Lesen und Rechnen) von den nach der Intelligenz zu erwartenden Schulleistungen definiert. Der RTI-Ansatz erhebt gegen dieses Kriterium zwei Kritikpunkte: Zum einen bleiben einem Großteil der Kinder mit Lernschwierigkeiten (nämlich jenen, die eine solche IQ-Diskrepanz nicht aufweisen) angemessene Fördermaßnahmen vorenthalten, obwohl sie einen klar erkennbaren Förderbedarf aufweisen. Zum anderen werden Diskrepanz-Diagnosen üblicherweise erst zu einem Zeitpunkt gestellt, an dem die Kinder bereits eine längere Geschichte schulischen Leistungsversagens hinter sich haben, sodass ihre Lernrückstände inzwischen gravierend und nur schwer wieder aufzuholen sind.

Im Rahmen von RTI werden diese Nachteile vermieden. Lernstörungen werden hier durch ausbleibende Lernerfolge charakterisiert, die selbst durch intensive und individuell angepasste Fördermaßnahmen nicht ausgeglichen werden können. Anstelle des IQ werden die Angemessenheit des Lernangebots sowie die Reaktion des Kindes auf die Fördermaßnahmen als Kriterien für das Vorliegen einer Lernstörung verwendet.

(3) *Überprüfung der Angemessenheit des schulischen Lernangebots.* Mangelnde Lerngelegenheiten oder eine unzureichende Beschulung sind Ausschlusskriterien für die Diagnose einer Lernstörung. In der Praxis werden jedoch weder die Angemessenheit des Unterrichts noch die Eignung vorangegangener Fördermaßnahmen ernsthaft hinterfragt. Vielmehr werden die Ursachen für den ausbleibenden Lernerfolg allein der betreffenden Schülerin bzw. dem betreffenden Schüler angelastet. Im Rahmen des RTI-Ansatzes liegt das Hauptaugenmerk auf den Handlungsmöglichkeiten der Schule. Dementsprechend werden mangelnde Lernfortschritte in erster Linie als Beleg dafür verstanden, dass die angebotene Instruktion relativ zu den Voraussetzungen und Bedürfnissen einzelner Schülerinnen bzw. Schüler nicht geeignet waren, Lernerfolge herbeizuführen. Entgegen der üblichen Praxis wird damit nicht die Eignung des betreffenden Kindes oder Jugendlichen für die Regelschule (und damit deren Zuständigkeit) auf den Prüfstand gestellt, sondern die Angemessenheit des Unterrichtsangebots. Erweist sich dieses als unwirksam, so werden Intensität und Qualität der schulischen Lernangebote so modifiziert, dass sie den jeweiligen Lernvoraussetzungen der Schülerinnen und Schüler besser gerecht werden. Die klassische Platzierungsentscheidung (Sonderschule vs. Regelschule) steht hier erst ganz am Ende einer systematischen Abfolge von Fördermaßnahmen.

42.2 Indikation der Methode

Indikation auf individueller Ebene. RTI dient der Prävention von Lernstörungen. Die Methode ist auf keinen Inhaltsbereich festgelegt, wird aber hauptsächlich dafür eingesetzt, Lernrückständen bzw. Lernstörungen beim Erwerb von Lesekompetenzen entgegenzuwirken. Obgleich weniger verbreitet, eignet sich RTI ebenso für die Prävention von Rechenstörungen. Sofern Lernstörungen mit komorbiden Störungen insb. im Sozialverhalten einhergehen, werden in die Interventionen auch Maßnahmen zur Verhaltensförderung mit einbezogen.

Indikation auf Systemebene. Im Falle von RTI ist es naheliegend, die Frage der Indikation auch auf Systemebene zu stellen: Inwieweit ist eine Übertragung von RTI in eine Schule oder gar in das deutsche Bildungssystem angezeigt? Kriterien für eine systembezogene Indikation liegen bislang nicht vor. Offensichtlich ist der Handlungsbedarf aber an Schulen, die in sozialen Brennpunkten liegen. Allerdings sind Lern- und Leistungsprobleme nicht auf bestimmte soziale Einzugsgebiete begrenzt, sondern treten grundsätzlich an jeder Schule auf, wenn auch in unterschiedlicher Häufigkeit. Vor diesem Hintergrund sind Konzepte für einen systematischen Umgang mit Lernschwierigkeiten in einem modernen Bildungssystem grundsätzlich indiziert, insbesondere aber dann, wenn es bei der Förderung schwächerer Schülerinnen und Schüler so wenig erfolgreich ist wie das deutsche Bildungssystem.

Prinzipiell erfordern Ansätze wie RTI keine Indikation für bestimmte Schulen im Einzelfall, sondern stellen vielmehr einen wünschenswerten Standard für das Regelschulsystem dar. Tatsächlich existiert kaum ein anderes Konzept zur Verminderung von Lernstörungen, das mit vergleichbarem Ressourcenaufwand ähnliche Erfolge erzielen würde.

42.3 Detaillierte Beschreibung des Vorgehens

Screening und Lernfortschrittsmessung

(1) *Screening.* In einem ersten Schritt wird zu Beginn des Schuljahres ein Screening durchgeführt, um „Risikokinder" zu identifizieren. Die Testverfahren sollten eine gute Prognose der zukünftigen Leistungsentwicklung erlauben und den Testgütekriterien genügen. Zur Erfassung der Lese- und Rechtschreibleistungen können beispielsweise der „ELFE-Lesetest" (Lenhard & Schneider, 2006), der „Salzburger Lese- und Rechtschreibtest II" (SLRT II; Moll & Landerl, 2010) oder die „Hamburger Schreibprobe" herangezogen werden, die in unterschiedlichen Versionen für die Klassenstufen 1–9 vorliegt (z. B. HSP 1+; May, 2012). Für den Bereich Mathematik hat sich die „DEMAT"-Serie bewährt (z. B. DEMAT 1+; Krajewski, Küspert & Schneider, 2002). Ein Kind, das mit seiner Leistung in den durchgeführten standardisierten Verfahren deutlich unter dem Normwert der jeweiligen Klassenstufe liegt, wird als Risikokind eingestuft. Häufig angelegte Kriterien sind Rückstände von mehr als einer Standardabweichung oder ein Prozentrang unterhalb 25.

(2) *Curriculumbasiertes Testen.* Im Anschluss an das Screening werden die Lernzuwächse der Risikokinder kleinschrittig, möglichst in wöchentlichen Abständen überwacht. Die

dazu einzusetzenden Verfahren sollten änderungssensitiv sein und sich eng an den Lehrplan anlehnen oder zumindest robuste Indikatoren für den betreffenden Kompetenzbereich erfassen (Walter, 2009). Da die Tests mehrfach zum Einsatz kommen, müssen Durchführung und Auswertungsaufwand ökonomisch sein. Die vorgenannten Kriterien werden durch *Curriculumbasierte Messungen* (CBM) erfüllt. Ein typisches Beispiel sind 1-Minuten-Lesetests (Walter, 2010). Den Kindern werden kurze Textpassagen mit einem für die jeweilige Klassenstufe angemessenen Schwierigkeitsgrad vorgelegt. Registriert wird die Anzahl der innerhalb einer festgelegten Zeitspanne korrekt gelesenen Wörter. Lernfortschritte, die zwischen den Messzeitpunkten erzielt worden sind, werden grafisch dargestellt. Die Ergebnisse werden mit den für die jeweilige Klassenstufe üblichen Leistungsentwicklungen verglichen. Auf ähnliche Weise können die Lernfortschritte in Mathematik oder in der Rechtschreibung erfasst werden. In diesen Fällen dienen die Zuwächse in der Anzahl korrekt ausgeführter Rechenoperationen oder richtig geschriebener Wörter als Kriterien des Lernfortschritts (Strathmann & Klauer, 2010).

(3) *Identifikation der Non-Responder*. In Abhängigkeit von den erzielten Lernfortschritten wird beurteilt, welche Kinder von den angebotenen Interventionen (s. u.) im erwarteten Umfang profitieren konnten (und in diesem Sinne „responsiv" waren) und bei welchen Kindern dies nicht der Fall ist. Letztere gelten als „Non-Responder", die nun eine weiterführende und intensivere Intervention erhalten. Auf die Frage, nach welchen Kriterien ein Kind als Non-Responder zu klassifizieren ist, finden sich in der Literatur unterschiedliche Antworten (Fuchs & Deshler, 2007). Je nach individueller Ausgangslage sollten zunächst die zu erwartenden Lernfortschritte eingeschätzt und ein realistisches Zielniveau festgelegt werden. Da diesbezüglich für den deutschen Sprachraum kaum empirische Studien vorliegen, kann sich der Praktiker bei der Zielfestlegung vorerst nicht auf etablierte Richtwerte stützen. Eine gute Orientierung bieten jedoch die Normwerte der verfügbaren curriculumbasierten Tests. Hier kann anhand der Normtabellen abgeschätzt werden, mit welchen Leistungszuwächsen in verschiedenen Alters- und Klassenstufen üblicherweise zu rechnen ist (Walter, 2010).

Hierarchische Staffelung der Interventionen

RTI sieht eine gestufte Abfolge von Interventionen vor, die bei ausbleibendem Lernerfolg zunehmend intensiver und exakter auf die individuellen Erfordernisse zugeschnitten werden. Typisch für dieses Vorgehen ist die Unterscheidung von drei Interventionsebenen, wie sie in Abbildung 1 dargestellt werden.

Ebene I: Der reguläre Unterricht als Intervention. Auf Ebene I besteht die Intervention in der Durchführung des regulären Unterrichts. Im RTI-Ansatz wird gefordert, dass sich der Unterricht an Methoden und Vorgehensweisen zu orientieren hat, die sich nach empirischer Überprüfung als wirksam erwiesen haben. Auf diese Weise soll die Gefahr reduziert werden, dass sich unter den Non-Respondern ein größerer Anteil von Kindern befindet, deren unzureichende Lernfortschritte eher auf Qualitätsmängel des Unterrichts als auf eigene Lernschwierigkeiten zurückzuführen sind. Den Fachkonferenzen kommt die Aufgabe zu, für die Qualitätssicherung im Unterricht Sorge zu tragen. Gut zugängliche Informationsquellen, die einen systematischen Überblick über evidenzbasierte Unterrichts- und Fördermethoden geben, sind bislang fast nur in englischer Sprache ver-

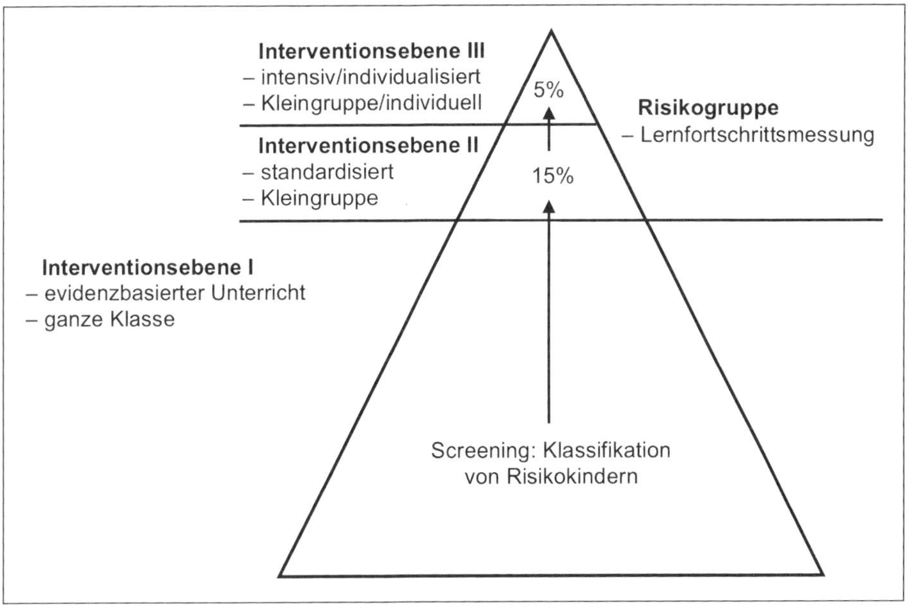

Abbildung 1: Hierarchisch gestufte Abfolge von drei Interventionsebenen im Rahmen von Response-to-Intervention (in Anlehnung an Fletcher & Vaughn, 2009)

fügbar. Ein bekanntes Beispiel ist die an der Johns-Hopkins University angesiedelte Internetseite „Best Evidence Encyclopedia", die neben Überblicken zur wissenschaftlichen Forschung auch Zusammenfassungen und Anleitungen für Praktiker enthält (s. Kasten 1). Aber auch im deutschsprachigen Bereich existieren erste Beispiele, wie Informationen über evidenzbasierte Unterrichts- und Förderprogramme gut verständlich und praxisorientiert formuliert und einer breiten Öffentlichkeit zugängig gemacht werden können (Huemer, Pointner & Landerl, 2009).

Kasten 1: Best Evidence Encyclopedia

Die *Best Evidence Encyclopedia* ist eine Internetseite *(*www.bestevidence.org*)*, die vom Zentrum für evidenzbasierte Reformen im Bildungswesen an der Johns Hopkins University in Baltimore betrieben und durch das U. S. Department of Education finanziert wird. Die Seite zielt darauf ab, den Transfer wissenschaftlicher Erkenntnisse in die Unterrichts- und Förderpraxis an Bildungseinrichtungen zu verbessern. Sie enthält umfängliche und fundierte Informationen über die Wirksamkeit verfügbarer Förderansätze, die fortlaufend aktualisiert werden. Die Informationen sollen für Forschung und Praxis gleichermaßen nutzbar sein. So finden sich neben ausführlichen wissenschaftlichen Überblicksarbeiten (Meta-Analysen) auch kompakte Zusammenfassungen für pädagogische Fachkräfte sowie tabellarische Überblicke über die Eignung der jeweiligen Methoden. Inhaltlich stehen die Bereiche Lesen und Mathematik im Vordergrund, wobei die Maßnahmen nach Alters- bzw. Zielgruppen differenziert behandelt werden (Elementar- und Schuleingangsbereich, Grundschule, Sekundarstufe sowie speziell leistungsschwache Schülerinnen und Schüler).

Ebene II: Kleingruppenintervention. Schülerinnen und Schüler, die trotz eines qualitativ hochwertigen Unterrichts nicht mit den für ihre Klassenstufe üblichen Leistungsentwicklungen Schritt halten können, werden Interventionen der Ebene II zugeführt. Auf dieser Ebene werden die Kinder in Kleingruppen gefördert. Die Maßnahmen werden ergänzend zum regulären Unterricht durchgeführt, sind mit mehreren Einheiten pro Woche vergleichsweise intensiv und dauern mindestens acht Wochen. Sie werden von einer regulären Lehrkraft oder Mitgliedern des Kollegiums, die für den jeweiligen Inhaltsbereich zuständig und entsprechend qualifiziert sind, durchgeführt.

Die Intervention ist inhaltsspezifisch auf die curricularen Anforderungen und die dafür erforderlichen Basiskompetenzen ausgerichtet. Je nach Inhaltsbereich sind dies beispielsweise Ansätze zur Förderung von Lese- und Rechtschreibfertigkeiten (s. Kapitel 10 bis 13) oder von mathematischen Basiskompetenzen (s. Kapitel 15 und 16). Für die Interventionen auf Ebene II bietet sich eine standardisierte Vorgehensweise an, die auf verfügbare Trainingsprogramme zurückgreift.

Für Kinder, die von der ergänzenden Maßnahme profitieren und schrittweise zum Klassenniveau aufschließen, wird die zusätzliche Förderung beendet. Da es erfahrungsgemäß Schülerinnen und Schüler gibt, die nach einiger Zeit wieder zurückfallen und erneut Unterstützung benötigen, wird deren Entwicklungsverlauf aber weiter beobachtet. Schülerinnen und Schüler, die von der Intervention auf Ebene II nicht profitieren, werden hingegen auf Ebene III überführt (s. Kasten 2).

Ebene III: Intensive und individualisierte Interventionsmaßnahmen. Interventionen auf Ebene III unterscheiden sich von den vorangegangenen Maßnahmen durch ihre stärkere Individualisierung sowie eine größere Intensität und längere Dauer der Förderung. Die spezifische Ausrichtung auf den anvisierten Lernbereich (im Fallbeispiel: Lesefertigkeiten) wird beibehalten; allerdings werden potenzielle Ursachen für den ausbleibenden Lernerfolg in die Planung der weiteren Förderung einbezogen (z. B. durch Diagnose metakognitiver und verhaltensregulatorische Kompetenzen, deren Fehlen den ausbleibenden Erfolg auf Ebene II bedingt haben könnte). Die Förderung wird erneut in Kleingruppen, ergänzend dazu jetzt aber auch in Einzelsitzungen durchgeführt. Die Fördermaßnahmen werden mit dem regulären Unterricht koordiniert und dort im Rahmen der Binnendifferenzierung fortgesetzt (s. a. Kapitel 43). In Kasten 2 wird ein Beispiel für einen Schüler gegeben, der auf Ebene II keine ausreichenden Verbesserungen erzielte. Im Anschluss an die vorgenommenen Anpassungen stiegen seine Leistungen auf Ebene III dann aber kontinuierlich an.

42.4 Hinweise für die organisatorische Umsetzung

Bei der organisatorischen Umsetzung von RTI-Maßnahmen sollten folgende Punkte beachtet werden:

(1) *Mobilisierung von Ressourcen.* Die größte Herausforderung bei der Umsetzung von RTI-Maßnahmen liegt in der Mobilisierung der erforderlichen Ressourcen (insb. für den Einsatz von qualifiziertem Personal) und in der Klärung von Zuständigkeiten. Interventionen der Ebene I, einschl. der Durchführung der Screening-Verfahren, sind in dieser

Kasten 2: Lernfortschritte eines Schülers (Anzahl korrekt gelesener Wörter pro Minute) im Verlauf der Fördermaßnahmen auf den Ebenen II und III

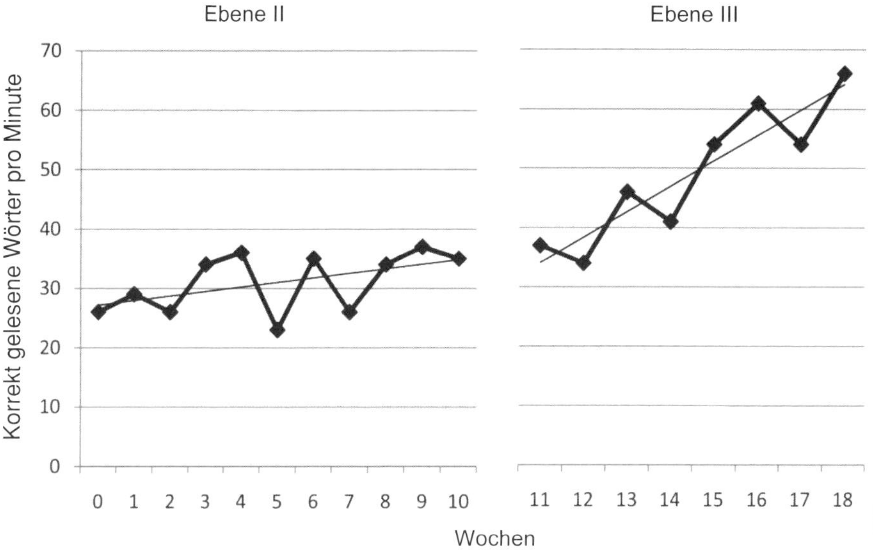

Das Diagramm zeigt die mithilfe eines curriculumbasierten Tests (LDL; Walter, 2010) erfasste Leistungsentwicklung eines Schülers im Verlauf der angebotenen Interventionen. Die Maßnahmen auf Ebene II zogen keinen nennenswerten Leistungszuwachs nach sich. Die Förderung zielte hier schwerpunktmäßig auf basale Lesefertigkeiten auf Silben- und Wortebene ab, wobei auf die Verwendung lautgetreuen Wortmaterials sowie eine systematische Steigerung des Schwierigkeitsgrades geachtet wurde. Obwohl der betreffende Schüler von den eingeübten Segmentierungsstrategien profitieren und die bearbeiteten Aufgaben auf Wort- und Silbenebene sicher bewältigen konnte, schlug sich dies nicht in Verbesserungen beim Lesen von Textabschnitten nieder. Stattdessen brach der Schüler beim Textlesen nach wenigen Wörtern ab, sprang unsystematisch an andere Textstellen, die ihm leichter schienen, und begann zu raten (selbst bei solchen Wörtern, die er ohne Texteinbettung problemlos lesen konnte). Auf der Grundlage dieser Beobachtungen wurde die Förderung auf Ebene III individuell angepasst und durch Einzelsitzungen ergänzt. Zu den lesespezifischen Übungen kam ein Selbstinstruktionstraining hinzu (s. Kapitel 36). Zudem wurden die inhaltlichen Schwerpunkte auf Übungen zur Verbesserung der Leseflüssigkeit verlagert. Diese Maßnahmen führten schließlich zu raschen Leistungszuwächsen.

Hinsicht unproblematisch, da sie den regulären Unterricht betreffen. Ab Interventionsebene II werden jedoch zusätzliche Ressourcen benötigt, die im günstigsten Fall durch das vorhandene Deputat an Förderstunden pro Klasse abgedeckt werden können. Je nach Anzahl der förderbedürftigen Kinder kann eine Kleingruppe auch aus Schülerinnen und Schülern verschiedener Klassen zusammengesetzt werden. In Abhängigkeit vom vorhandenen Ausgangsniveau und den jeweils vorgesehenen Interventionen sind grundsätzlich auch klassenstufenübergreifende Besetzungen der Lerngruppen möglich.

Bei der Durchführung von Interventionen auf Ebene III stoßen Schulen mit der hierzulande üblichen Personalausstattung schnell an Grenzen. Aus diesem Grunde müssen zur Versorgung von Schülerinnen und Schülern, die von Maßnahmen der Ebene II nicht hinreichend profitieren, externe Ressourcen mobilisiert werden. Im eingangs dargestellten Fallbeispiel geschah dies durch ein *Beratungs- und Förderzentrum*, d. h. eine Einrichtung, wie sie im Bundesland Hessen für die sonderpädagogische Betreuung des Regelschulbereichs zuständig ist. Ähnliche Einrichtungen bestehen auch in anderen Bundesländern oder sind dort gerade im Aufbau (z. B. in Bayern: *Mobiler Sonderpädagogischer Dienst;* oder in NRW: *Kompetenzzentren für Sonderpädagogische Forschung*). Entsprechende Zentren und Dienste sollten unbedingt als zusätzliche Ressource in die Konzeption und Durchführung von RTI-Maßnahmen eingebunden werden. Dazu gehört die Durchführung diagnostischer Maßnahmen, um das dauerhafte Ausbleiben des Lernerfolgs zu klären und eine fundierte Grundlage für die Planung der Interventionsstrategie zu schaffen. Darüber hinaus können die Mitarbeiterinnen und Mitarbeiter solcher Einrichtungen Schulen bei der Auswahl geeigneter Interventionen beraten und auch selbst Aufgaben bei der Durchführung der Fördermaßnahmen übernehmen (z. B. in der diagnostischen Begleitung oder in der Durchführung der Einzelfall-Förderung).

(2) *Kooperation und Information.* Die Implementierung des RTI-Ansatzes erfordert einen intensiven Informationsaustausch sowie eine enge Zusammenarbeit zwischen allen daran beteiligten Personen. Dies gilt sowohl für die Zusammenarbeit der pädagogischen Fachkräfte als auch für die Zusammenarbeit zwischen Schule und Elternhaus. Denn häufig wirken Interventionen, die außerhalb des Regelunterrichts durchgeführt werden, in den Unterricht hinein oder werden mit häuslichen Lernsituation (z. B. Hausaufgaben) verzahnt (z. B. im Rahmen des Kontingenzmanagements oder durch das Aufgreifen von Lernstrategien, die in der individuellen Förderung eingeübt wurden; s. Kapitel 21 und 35). Im Hinblick auf die Zuständigkeiten des Kollegiums ist es zwingend erforderlich, dass Interventionen auf den Ebenen II und III nicht als isolierte Maßnahmen außerhalb des Unterrichts betrachtet werden. Die gezielte Unterstützung der Fördermaßnahmen auch im Rahmen des Regelunterrichts muss explizit in den Aufgabenbereich der regulären Lehrkräfte fallen.

(3) *Realisierung evidenzbasierter Fördermaßnahmen.* Eine weitere Anforderung besteht darin, dass bereits im Regelunterricht Fördermethoden realisiert werden, die empirischen Befunden zufolge als wirksam gelten können. Wie bereits erwähnt, ist hier eine schrittweise Verbesserung des Theorie-Praxis-Transfers wünschenswert. Im Hinblick auf die außerhalb des Regelunterrichts angesiedelten Fördermaßnahmen der Ebenen II und III stellen die im Rahmen des vorliegenden Buches vorgestellten Interventionen eine hervorragende Grundlage dar. Im Übrigen ist ein Teil der beschriebenen Verfahren auch für den klassenintegrierten Einsatz gut geeignet und kann daher bereits auf Ebene I verwendet werden.

(4) *Evaluation und Qualitätssicherung.* Die Implementierung empirisch bewährter Fördermethoden bietet keine Garantie, dass die im Rahmen gut kontrollierter Studien belegten Förderpotenziale auch im Einzelfall voll zur Entfaltung kommen. In der Praxis findet die Durchführung von Fördermaßnahmen unter veränderten Rahmenbedingungen

statt; häufig fehlen notwendige Ressourcen oder es gelingt aus anderen Gründen nicht (z. B. wegen der mangelnde Vertrautheit mit den Fördermethoden), die Verfahren so umsetzen, dass der gewünschte Lernerfolg eintritt. Nicht selten genügen bereits kleinere Abweichungen von der vorgegebenen Vorgehensweise, um die Wirksamkeit einer Intervention zu gefährden. Gerade in dieser Hinsicht beinhaltet der RTI-Ansatz eine gute Kontrollmöglichkeit: Durch den systematischen Einsatz der Lernfortschrittsmessung können Maßnahmen, die im Einzelfall unwirksam sind, frühzeitig identifiziert und durch Alternativen ersetzt oder ergänzt werden. Die erzielten (oder ausbleibenden) Lernfortschritte dienen dabei als Feedback und sollten zum Anlass genommen werden, die bisherige Vorgehensweise zu hinterfragen und zu verbessern. Aus diesem Blickwinkel heraus stellt RTI ein Instrument zur Qualitätssicherung und Professionalisierung schulischer Fördermaßnahmen dar.

42.5 Wirksamkeit und Wirksamkeitsbedingungen

Mit der Orientierung an evidenzbasierten Maßnahmen setzt RTI auf Interventionen, die sich in empirischen Studien als wirksam erwiesen haben. Positiv wirkt zudem die systematische Rückmeldung der individuellen Leistungsentwicklung der Kinder an die Lehrkräfte. Wie aus einer Metaanalyse von Fuchs und Fuchs (1986) hervorgeht, ist es wichtig, die Lernfortschritte grafisch zu veranschaulichen (s. Kasten 2). Die Autorin und der Autor ermittelten diesbezüglich eine Effektstärke von $d = .70$ (gegenüber $d = .26$ ohne grafische Darstellung), und damit eine substanzielle Verbesserung der Schulleistung.

Die bisherigen Befunde zur Wirksamkeit des RTI-Modells sprechen für diesen Förderansatz. Dies gilt sowohl für Programme, die im Rahmen von Forschungsprojekten implementiert wurden, als auch für Maßnahmen, die durch Schulbehörden initiiert wurden. In einer Metaanalyse ermittelten Burns, Appleton und Stehouwer (2005) eine Effektstärke von $d = 1.02$ für Veränderungen auf der Ebene der Schülerinnen und Schüler (d. h. für die Ausprägung von Lernschwierigkeiten und Verhaltensproblemen). Erfolge auf der Systemebene (Quoten für Sonderschulüberweisungen, Klassenwiederholungen, Kinder mit diagnostizierten Lernstörungen) waren mit $d = 1.54$ sogar noch größer. Die drei Autoren weisen darauf hin, dass die Wirksamkeit der Programme von der Güte der Implementierung abhängt (d. h. wie genau und vollständig der RTI-Ansatz realisiert wurde). Mit wachsender Anwendungsdauer und Erfahrung des Fachpersonals steigen auch die erzielten Effekte an.

42.6 Literatur

Grundlegende Literatur

Burns, M., Appleton, J. J. & Stehouwer, J. D. (2005). Meta-analytic review of responsiveness-to-intervention research: Examining field-based and research-implemented models. *Journal of Psychoeducational Assessment, 23,* 381–394. doi: 10.1177/073428290502300406

Fletcher, J. M. & Vaughn, S. (2009). Response to intervention: Preventing and remediating academic difficulties. *Child Development Perspectives, 3,* 30–37. doi: 10.1111/j.1750-8606.2008.00072.x

Fuchs, D. & Deshler, D. D. (2007). What we need to know about responsiveness to intervention (and shouldn't be afraid to ask). *Learning Disabilities Research & Practice, 22,* 129–136. doi: 10.1111/j.1540-5826.2007.00237.x

Weiterführende Literatur

Borman, G. D., Hewes, G. M., Overman, L. T. & Brown, S. (2003). Comprehensive school reform and achievement: A meta-analysis. *Review of Educational Research, 73,* 125–230. doi: 10.3102/00346543073002125

Fuchs, L. S. & Fuchs, D. (1986). Effects of systematic formative evaluation: A meta-analysis. *Exceptional Children, 53,* 199–208.

Grünke, M. (2006). Zur Effektivität von Fördermethoden bei Kindern und Jugendlichen mit Lernstörungen. *Kindheit und Entwicklung, 15,* 238–253. doi: 10.1026/0942-5403.15.4.239

Klemm, K. & Klemm, A. (2010). *Ausgaben für Nachhilfe – teurer und unfairer Ausgleich für fehlende individuelle Förderung.* Bertelsmann Stiftung. Gütersloh.

Marx, P. (2004). *Intelligenz und Lese-Rechtschreibschwierigkeiten. Macht es Sinn, Legasthenie und allgemeine Lese-Rechtschreibschwäche zu unterscheiden?* Hamburg: Verlag Dr. Kovac.

Material

Huemer, S. M., Pointner, A. & Landerl, K. (2009). Evidenzbasierte LRS-Förderung. Bericht über die wissenschaftlich überprüfte Wirksamkeit von Programmen und Komponenten, die in der LSR-Förderung zum Einsatz kommen. Online in Internet: URL: www.schulpsychologie.at/uploads/media/lrs_evidenzbasiert.pdf (Stand 26.02.2012).

Krajewski, K., Küspert, P. & Schneider, W. (2002). *Deutscher Mathematiktest für erste Klassen (DEMAT 1+).* Göttingen: Belz Test.

Lenhard, W. & Schneider, W. (2006). *Ein Leseverständnistest für Erst- bis Sechstklässler: ELFE 1-6.* Göttingen: Hogrefe.

May, P. (2012). *Hamburger Schreib-Probe 1-9 (HSP 1-9)* (6. Aufl.). Hamburg: Verlag für pädagogische Medien.

Moll, K & Landerl, K. (2010). *Lese- und Rechtschreibtest (SLRT II).* Bern: Huber.

Strathmann, A. & Klauer, K. J. (2010). Lernverlaufsdiagnostik: Ein Ansatz zur längerfristigen Lernfortschrittsmessung. *Zeitschrift für Entwicklungspsychologie und Pädagogische Psychologie, 42,* 111–122. doi: 10.1026/0049-8637/a000011

Walter, J. (2009). Theorie und Praxis Curriculumbasierten Messens (CBM) in Unterricht und Förderung. *Zeitschrift für Heilpädagogik, 60,* 162–170.

Walter, J. (2010). *Lernfortschrittsdiagnostik Lesen (LDL). Ein curriculumbasiertes Verfahren.* Göttingen: Hogrefe.

43. Gestaltung von Förderunterricht

Gerald Matthes

Fallbeispiel

Lisa besucht die 2. Klasse einer Grundschule, in der die Kinder in altersgemischten Gruppen unterrichtet werden. Sie befindet sich beim Lesen und Schreiben in ei ner Phase, in der sie die meisten Buchstaben zwar richtig benennen und einige vertraute Wörter auch lesen kann. Beim Erlesen neuer Wörter hat sie aber große Schwierigkeiten. Als Lisa kürzlich das Wort „Winter" lesen sollte, nannte sie zuerst die einzelnen Buchstaben (als Laute), nutzte diese Information aber nicht und las anhand der bildlich angeregten Sinnerwartung: „Wasser". Solche Wortverwechslungen kommen bei ihr häufig vor. Sie lässt die Graphem-Phonem-Beziehung außer Acht und errät das Wort, nachdem sie dessen Anlaut erfasst hat. Diese Schwierigkeiten werden im Förderunterricht aufgegriffen. In Lisas Klasse umfasst der Förderunterricht sechs Schulstunden pro Woche, die innerhalb der normalen Unterrichtszeit abgehalten werden. Alle Schülerinnen und Schüler der Klasse sind daran beteiligt. Während der Förderstunden ist neben der Klassenlehrerin ein Sonderpädagoge in der Klasse tätig. In einer Stunde arbeiten die Kinder im Rahmen einer Lernstraße. Für die Stationen wurden kurze Texte und bildliche Darstellungen zum Thema „Herbst" vorbereitet. Diese Lernangebote nutzt der Sonderpädagoge, um Lisa die Graphem-Phonem-Beziehung zu verdeutlichen. Lisa wählt eine Aufgabe mit Bildern und Wörtern aus. Der Sonderpädagoge geht mit Lisa in einen abgegrenzten Teil des Klassenraums und geht dort wie folgt vor: Vor Lisa liegen Kärtchen mit je einem Herbst-Bild und dem zugehörigen Wort (Wolken, Regen, Wind). Lisa nimmt zuerst das Bildkärtchen mit dem Wort „Wolken". Gemeinsam mit dem Förderlehrer analysiert sie, welche Laute bei diesem Wort nacheinander zu hören sind. Für jeden Laut stellt Lisa ein Männchen (Spielfigur) über den entsprechenden Buchstaben des Worts: das erste Männchen steht für den Laut /W/, das zweite für den Laut /O/– und so fort. Nachdem die Wortanalyse (Zerlegen eines Wortes in seine Laute) abgeschlossen ist, wird das Wort wieder aufgebaut (Lautsynthese). Lisa verschmilzt die Laute miteinander, bis sie das Wort „Wolken" ausspricht. Bald gelingen ihr die Analyse und Synthese der Lautfolge schon besser. Jetzt deckt der Lehrer das Wort „Wolken" ab. Während Lisa das Wort „Wolken" ausspricht, zerlegt sie es erneut in seine Laute und stellt für jeden Laut das entsprechende Männchen hin. Bei jedem neuen Laut benennt sie die Zuordnung zwischen Laut und Buchstaben. Am Anfang sagt sie z. B.: „Ich höre (spreche) /W/ und ich sehe den Buchstaben „W". Später, im Sitzkreis, den die Klassenlehrerin mit den Schülerinnen und Schülern des ersten und zweiten Schuljahres durchführt, berichtet Lisa stolz, dass sie geübt hat, „was man hört und was man schreibt".

43.1 Kurzbeschreibung der Methode und ihres theoretischen Hintergrunds

Förderunterricht wird veranlasst, wenn die Lernrückstände der Kinder so tiefgreifend sind, dass ihnen weder mit der Differenzierung von Lernangeboten im Klassenunterricht noch durch Nachhilfe oder Hilfen im Elternhaus begegnet werden kann. Vielmehr müssen – so das Konzept – die individuellen Lernvoraussetzungen und spezifischen Schwierigkeiten der jeweiligen Kinder zur Grundlage des Unterrichtes werden. Hauptsächliches Ziel des Förderunterrichtes ist deshalb, grundlegende schulische Fertigkeiten außerhalb des Unterrichtes zu vermitteln. Förderunterricht bezeichnet eine Organisationform des Unterrichts, die gezielt der Verminderung gravierender Lerndefizite und Leistungsrückstände dient.

Die Idee ist im Wesentlichen in der Sonderpädagogik in den 1970er Jahren entstanden, als man sich im Zuge der Ablehnung von „Aussonderung" dem Prinzip der „Förderung" verschrieb. Lern- und leistungsschwache Kinder sollen durch Lernangebote, die auf ihre individuellen Bedürfnisse und Schwierigkeiten zugeschnitten sind, so weit gefördert werden, dass sie am Regelunterricht der Allgemeinen Schule mit Erfolg teilnehmen können. Dazu werden die Kinder zunächst auf ihre „Lernausgangslage" hin untersucht und danach gezielten Schulungsmaßnahmen zugeführt. Den verschiedenen Maßnahmen ist die Einsicht gemein, dass die Lernrückstände einer Schülerin bzw. eines Schülers zu gravierend sind, um im herkömmlichen Unterricht aufgeholt werden zu können.

In diesem Falle wird ein spezieller Unterricht veranlasst, der individuell auf den Kenntnis- und Entwicklungsstand des Kindes abgestimmt ist. Vermittelt werden zumeist grundlegende Fertigkeiten in den Bereichen Lesen, Schreiben und Rechnen (z. B. rhythmische Silbengliederung; Unterscheidung von Laut und Buchstabe; Bündelung von 10 „Einern" zu 1 „Zehner"), um ebenso grundlegende Lernziele erreichen zu können (z. B. Erwerb der Schriftsprache oder des Zahlbegriffs); oder es werden Defizite angegangen, die das Lernverhalten auf breiter Front beeinträchtigen (z. B. planloses Vorgehen; unkonzentriertes Arbeiten; mangelnde Fehlerkontrolle). Dafür werden eigene, individuell zugeschnittene Unterrichtspläne entwickelt und spezielle Hilfen bereitgestellt. Die Aufgaben werden klar strukturiert und so ausgestaltet, dass sie das Interesse des Kindes ansprechen und es zu aktiver Mitarbeit veranlassen.

Mit Lisa wird an Voraussetzungen zum Verstehen der Graphem-Phonem-Korrespondenz (oder Buchstaben-Laut-Zuordnung) gearbeitet, wodurch weitere Etappen des Schriftspracherwerbs vorbereitet werden. Innerhalb des Lernangebots hat Lisa die zu bearbeitenden Wort-Bild-Aufgaben selbst ausgewählt. Visualisierungshilfen erleichtern es ihr, sich selbstständig mit den Lerninhalten auseinanderzusetzen. Fortschritte, die sie im Förderunterricht erreicht, werden im normalen Klassenunterricht möglichst unmittelbar abgerufen, sodass Lisa auch dort den Erfolg ihrer Anstrengungen erlebt.

In der Praxis wird Förderunterricht einzeln oder in Kleingruppen durchgeführt. Lehrende können die Klassen- oder eine Fachlehrkraft, eine Sonderpädagogin bzw. ein Sonderpädagoge, eine Lerntherapeutin bzw. ein Lerntherapeut oder eine Schriftsprachberaterin bzw. ein Schriftsprachberater sein. Förderunterricht wird in folgenden Formen angeboten:

- Im *binnendifferenzierenden Förderunterricht* wird die Klassen- oder Fachlehrkraft durch eine zusätzliche Fachperson unterstützt, die mit den Förderschülerinnen und -schülern innerhalb des Klassenverbandes lernt.
- Im *extern differenzierenden Förderunterricht* gehen die Kinder für bestimmte Zeitabschnitte aus der Klasse heraus, um z. B. an einer Lese-Rechtschreibgruppe teilzunehmen.
- Im *zusätzlichen schulischen Förderunterricht* erhalten Kinder außerhalb der normalen Unterrichtszeit zusätzlichen Unterricht.
- *Außerschulischer Förderunterricht,* der in der Regel an Nachmittagen außerhalb der Schule erteilt wird, oft in Nachhilfeeinrichtungen, Beratungsstellen, Förderzentren oder lerntherapeutischen Praxen.

43.2 Indikation der Methode

Förderunterricht ist für Kinder angelegt, die dem fortlaufenden Klassengeschehen wegen konkreter Einschränkungen in ihren Lernvoraussetzungen nicht (mehr) ausreichend folgen können. Dies trifft vor allem auf Kinder mit Sprachdefiziten zu; betroffen sein können aber auch andere Fertigkeitsbereiche. Beispiele dafür sind:

- Kinder und Jugendliche mit nicht deutscher Muttersprache (z. B. bei Defiziten im deutschen Wortschatz);
- Schülerinnen und Schüler mit Schwierigkeiten beim Erwerb der Schriftsprache (z. B. beim flüssigen Lesen und beim Rechtschreiben);
- Grundschulkinder mit Defiziten in grundlegenden Rechenfertigkeiten (z. B. in der Beherrschung der Grundrechenarten);
- Schülerinnen und Schüler mit Problemen im Lern- und Arbeitsverhalten (z. B. bei Konzentrationsmängeln oder fehlender Ausdauer).

43.3 Detaillierte Beschreibung des Vorgehens

Einen Leitfaden für die Planung und Durchführung des Förderunterrichts bietet folgendes Vorgehen (s. Kasten 1):

(1) *Auswahl der Schulkinder und konzeptionelle Planung.* Welche Schülerinnen und Schüler besondere Förderung benötigen, ergibt sich aus systematischen Analysen der Lernausgangslage, der Beobachtung der Unterrichtsbeteiligung sowie der Ermittlung des Unterrichtserfolgs in Kontrollarbeiten, Diktaten, Hausaufgaben und Arbeitsproben. Wichtig ist, dass an Schulen ein differenziertes Förderangebot bereitgestellt wird, das von kurzfristigen Hilfen (z. B. bei momentanen Leistungseinbrüchen) bis zu langfristigen Maßnahmen (z. B. bei gravierenden Rückständen in grundlegenden schulischen Fertigkeiten) reicht. Daraufhin wird in den pädagogischen Teams Folgendes entschieden:

- In welcher Form wird der Förderunterricht durchgeführt (z. B. in zusätzlichen oder in unterrichtsbegleitenden Förderstunden) und wie soll die Arbeit konkret gestaltet werden? (In welchen Stunden soll die Förderlehrerin anwesend sein? Auf welche Schülerinnen und Schüler soll sie sich dabei konzentrieren? Wie arbeitet sie mit der Klassenlehrerin zusammen?)
- Welche Schwerpunkte werden im Förderunterricht gesetzt? Wichtig ist, dass Fördergruppen für spezifische Lernschwerpunkte angeboten werden (z. B. eine Rechen-, eine Lese- oder eine Rechtschreibgruppe). Die Eingrenzung des Förderschwerpunkts dient dazu, die einzelnen Schülerinnen bzw. Schüler nicht zu überfordern.
- In welchen Fällen ist zusätzlicher Einzelunterricht notwendig (z. B. bei Erstklässlern, die eine Intensivförderung der phonologischen Bewusstheit benötigen, um Defizite aus dem Vorschulalter ausgleichen zu können)?
- Welche übergreifenden zusätzlichen Förderkurse können genutzt werden (z. B. eine Sprachtherapie oder eine Förderung der Psychomotorik)?

Kasten 1: Arbeitsschritte für die Durchführung des Förderunterrichts

Auswahl der Schulkinder und konzeptionelle Planung

(1) *Feststellung des Lernrückstands:* Regelmäßige Einschätzung des Lernens und des Leistungsstands der Kinder, so dass ein Bedarf an Förderung frühzeitig festgestellt werden kann.

(2) *Teamberatung über die Bildung der Fördergruppen, Förderziele und Organisation:* Zusammenstellung der Fördergruppen; Entscheidung über Organisationsformen, Ziele und Inhalte; Sicherung der personellen, zeitlichen und räumlichen Voraussetzungen.

(3) *Vereinbarungen für die Zusammenarbeit:* Klare Definition der Aufgaben von Klassen-, Fach- und Förderlehrerin und Absprachen zur Unterstützung der Lernfortschritte der Kinder.

Förderdiagnostische Untersuchung

(4) *Auswahl der diagnostischen Lernaufgaben:* Zusammenstellung von repräsentativen Aufgaben, die einen Fertigkeitsbereich angemessen abbilden und mit denen der Kenntnisstand eines Schülers bzw. einer Schülerin zuverlässig eingeschätzt werden kann.

(5) *Ausgangsdiagnostik:* Erarbeitung eines detaillierten Überblicks über das Vorwissen und die Lernstrategien der Kinder. Dazu dienen die Analyse des Leistungsstands, informelle Testverfahren, standardisierte Tests und förderdiagnostische Unterstützungsdialoge.

(6) *Verlaufsdiagnostik und Erfolgskontrolle:* Im Verlauf der Förderung wird die Lerndiagnose laufend aktualisiert und das dazu passende Lernangebot ausgewählt.

Definition der individuellen Förderziele und Förderplanung

(7) *Konkretisierung der Förderziele:* Die Ziele der Förderung werden auf Inhalte und Strategien eingegrenzt, die bei einem bestimmten Kind eine Schlüsselfunktion für das weitere Lernen einnehmen.

(8) *Kriterien des Fördererfolgs:* Diese werden in Form von Aufgaben und Verhaltensmerkmalen operationalisiert, die während und besonders am Ende der Maßnahme von einem Kind gekonnt bzw. gezeigt werden sollen.

(9) *Unterrichtsplanung:* Die Planung bietet einen Orientierungsrahmen für die Ziele, Inhalte und Methoden der einzelnen Förderabschnitte. Sie muss aber ausreichend Raum lassen, damit der Unterricht situationsgerecht und an den individuellen Lernvoraussetzungen orientiert durchgeführt werden kann.

Durchführung der Förderung

(10) *Aufbau der Förderstunden:* Lernberatung, Erarbeitung von neuem und Festigung von vorhandenem Wissen, Vergabe von Haus- und Übungsaufgaben.

(11) *Grundprinzipien der Förderung:* individuelles Lerntempo, zielerreichendes Lernen und maßgeschneiderte Lernhilfen. Zudem werden kontinuierlich Erfolgsrückmeldungen erteilt und Lernfortschritte durch Lernerfolgskurven sichtbar gemacht. Die Kinder werden ermutigt und unterstützt. Die Schwierigkeit der Aufgaben wird ihrem Kenntnisstand angepasst, so dass sich die gestellte Anforderung mit hinreichender Anstrengung meistern lässt.

(2) *Förderdiagnostische Untersuchung.* Vor Beginn der eigentlichen Förderung muss der Entwicklungs- und Lernstand des einzelnen Kindes genau ermittelt werden. Daraus ergibt sich, auf welchen bereichsspezifischen und bereichsübergreifenden Kompetenzen des Kindes der Förderunterricht aufbauen kann und welche Lernziele dafür festgelegt werden sollen.

Für die Untersuchung (s. Kasten 2) werden Aufgaben ausgewählt, die nicht nur Auskunft über den Leistungsstand einer Schülerin bzw. eines Schülers in einem Unterrichtsfach geben, sondern auch das jeweilige Verhalten beim Lernen sichtbar machen (Wie geht das Kind bei der Lösung einer schriftlichen Rechenaufgabe vor? Wie konzentriert und ausdauernd arbeitet es dabei? Wie rasch lässt es sich entmutigen, wenn ihm die Lösung nicht sofort gelingt?). Für diesen Zweck sind die Aufgabensammlungen von Kretschmann, Dobrindt und Behring (1999) sowie von Behring, Kretschmann und Dobrindt (2001) besonders gut geeignet. Sie umfassen den Stoff der Schuljahre 1 und 2 und können bei Kindern mit Lernrückständen auch noch in höheren Klassen eingesetzt werden.

Die Aufgaben vermitteln einen ersten Einblick, was das Kind bereits kann (s. Aufgabenbeispiel zur Überprüfung der Zahlvorstellung in Kasten 3). Sie lassen auch erkennen, was nicht mehr gekonnt wird. Die Bearbeitung wird von einem förderdiagnostischen Unterstützungsdialog begleitet. Dieser dient dazu, genauere Informationen über das Wissen und Vorgehen des Kindes zu erhalten. Die Förderlehrerin gibt z. B. eine gezielte Hilfestellung und beobachtet dann, ob das Kind die Hilfe bei der Lösung einer Aufgabe nutzen kann. Das Vorgehen umfasst zwei Schritte:

- Zuerst werden die Lösungsstrategien beobachtet, die das Kind von sich aus verwendet. Seine Lösungswege, aber auch seine Fehler und Kommentare zum eigenen Vorgehen führen zu Hypothesen über die Art und Weise, wie es Informationen auffasst und Lösungsmöglichkeiten erkennt (z. B. bei der Bearbeitung einer schriftlichen Subtraktionsaufgabe).
- Danach werden die Anforderungen variiert und Hinweise, Anregungen und spezielle Hilfen zur Lösung erteilt (vgl. Moog, 1990). Die Lehrerin verändert die Schwierigkeit einer Aufgabe, spricht unterschiedliche Repräsentationsebenen an (z. B. eine bildhafte Vorstellung oder Veranschaulichung), demonstriert eine Lösungsstrategie und

schlägt der Schülerin bzw. dem Schüler vor, welche Hilfsmittel die Bearbeitung der Aufgabe erleichtern könnten (z. B. die Hundertertafel beim Rechnen).

Um den Kenntnisstand des Kindes gezielt zu überprüfen, können zusätzlich standardisierte diagnostische Instrumente eingesetzt werden (bei Lese- und Rechtschreibschwierigkeiten z. B.: Dummer-Smoch, 2000; Jansen, Mannhaupt, Marx & Skowronek, 2002; Martschinke, Kirschhock & Frank, 2001; Stock, Marx & Schneider, 2003).

Kasten 2: Eine förderdiagnostische Untersuchung

Zur Vorgeschichte: Ilka (3. Klasse) hatte seit ihrer Einschulung Lernschwierigkeiten. Die 2. Klasse musste sie bereits wiederholen. Aufgrund ihrer besonderen Schwächen in Mathematik erhielt sie einen Förderkurs im Rechnen.

Leistungsstand in Mathematik: Ilka zeigte gravierende Defizite beim Rechnen mit Zehnerüberschreitungen im Zahlenraum bis 100 (z. B. 52 minus 34). Von den hierzu vorgelegten Additionsaufgaben löste sie weniger als die Hälfte; die Subtraktion misslang ihr völlig. Auf geringste Variationen in der Darstellungsform der Aufgaben (z. B. beim Übergang von bildhaftem zu numerischem Material) reagierte sie hilflos. Die Erarbeitung der Zahlen von 100 bis 1.000 überforderte sie von Anfang an. Selbst beim Zählen zeigte sie oft noch Schwierigkeiten.

Aktuelle Beobachtungen: Die Förderlehrerin stellte auf der Grundlage von Unterrichtsbeobachtungen, Arbeitsergebnissen im Heft und einem Gespräch mit der Klassenlehrerin fest, dass Ilka im Zahlenraum bis 100 durch schnelles Abzählen (auch in Zehnerschritten) häufig zum richtigen Resultat kam, bei rein numerischen Aufgaben heimlich mit den Fingern zählte, zweistellige Zahlen der Größe nach ordnen konnte (allerdings mit geringem Tempo), diktierte Zahlen korrekt niederschrieb (auch im Bereich bis 1.000) und in der Abfolge der Zahlen sicher war.

Förderdiagnostische Untersuchung: In einer Einzelsitzung ermittelte die Förderlehrerin genauer, worin Ilkas Schwierigkeiten beim Rechnen bestanden. Zu Beginn teilte sie Ilka mit: „Wir haben heute Zeit, einmal auszuprobieren, was du im Rechnen schon alles kannst. Ich möchte mir auch ansehen, wie du die Aufgaben rechnest. Später wollen wir gemeinsam überlegen, welche Aufgaben du als Nächstes lernen kannst. Ich helfe dir dabei." Die Lehrerin legte Ilka fünf Kärtchen mit unterschiedlich schwierigen Aufgaben zur Addition und Subtraktion von zweistelligen Zahlen vor (teils mit bildlicher Darstellung von Objekten): „Sieh dir die Aufgaben in Ruhe an und suche dann eine Aufgabe aus, die ein bisschen schwierig ist, die du aber vielleicht schon kannst, wenn du dich anstrengst. Wenn du willst, kannst du diese Arbeitsmittel verwenden." Auf dem Seitentisch lagen Arbeitsmittel mit Fünfer- und Zehnerstrukturen bereit (Rechenkette, Einerwürfel, Zehnerstangen, Hunderterplatten). Ilka übertrug alle Aufgaben der Reihe nach sorgfältig in ihr Heft, rechnete die symbolisch dargestellten Aufgaben durch Abzählen mit den Fingern aus und löste die durch Bilder gestützten Aufgaben durch Abzählen der Objekte. Nur bei einer Aufgabe war das Resultat falsch. Die Förderlehrerin forderte Ilka nun auf, die falsche Aufgabe noch einmal mithilfe der Arbeitsmittel zu lösen. Damit gelang Ilka die Lösung schnell, wobei sie eine Abzählstrategie verwendete. Die Förderlehrerin überprüfte daher, ob Ilka über eine sichere Zahlvorstellung verfügte. Mithilfe der Hunderterplatten, Zehnerstangen und Einerwürfel stellte sie die Zahlen 54 und 215 dar. Ilka, die nun die Zahlen nennen sollte, meinte, dass sie das nicht könne. Erst nach Zuspruch fing sie an und nannte, abwechselnd in Zehner- und Einerschritten vorwärtsgehend, bei 54 das richtige Resultat, während sie die 215 „übersah". Als nächstes sollte Ilka mithilfe der Arbeitsmittel Zahlen darstellen, die auf Kärtchen standen. Ilka verweigerte jedoch die Mitarbeit. Abschließend wurde mit der Hundertertafel gearbeitet. Hier sollte Ilka auf mündlich genannte Zahlen Einerwürfel legen. Dieser Aufgabe widmete sie sich eifrig, wobei sie in Einerschritten zählte, dabei aber mehrfach wieder von vorn begann.

Resultat: Ilka konnte Rechenaufgaben nur mittels mechanischer Hilfsstrategien lösen. Eine gesicherte Vorstellung über Zahlen und Zahlenräume war nicht vorhanden. Sie zählte ab, statt zu rechnen. Bei Schwierigkeiten gab sie rasch auf (zur Förderung s. Kasten 3).

(3) *Definition der individuellen Förderziele und Förderplanung*. Gefördert werden hauptsächlich die Fertigkeiten, die ein Kind für ein erfolgreiches Weiterlernen besonders dringend benötigt. Liegen eng umgrenzte Defizite vor, so kann sich der Förderunterricht auf die systematische Einübung der im Klassenunterricht behandelten Fertigkeiten beschränken (z. B. Übungen zum Diktat, zusätzlich Hilfen für das Rechnen im Zahlenraum bis 1.000). Bei umfassenderen Defiziten muss der Förderunterricht hingegen umfassendere Lernvoraussetzungen schaffen. Beispiele dafür sind:

- Trainingsprogramme zur Förderung der phonologischen Bewusstheit (Kapitel 10) und darauf aufbauender Lese- und Rechtschreibfertigkeiten (Kapitel 11 und 13);
- Trainingsprogramme zur Förderung grundlegender Fertigkeiten des Rechnens (Kapitel 16) sowie der zugehörigen Vorläuferfertigkeiten (Kapitel 15);
- Interventionen, die gezielt höhere schulische Leistungen fördern, wie etwa sinnverstehendes Lesen (Kapitel 12), das Abfassen von Texten (Kapitel 14), elaboriertes Rechnen (Kapitel 16) oder der Erwerb metakognitiver Strategien zur Planung und Überwachung des eigenen Lernens (Kapitel 21 und 28).

Um den Erfolg eines Förderlehrgangs zu sichern, müssen die angestrebten Ziele soweit präzisiert werden, dass der spätere Lernerfolg abgebildet werden kann. Auch das Schulkind selbst sollte sich von seinen Lernfortschritten überzeugen können. Hierfür sind Zielerreichungsskalen besonders gut geeignet (Matthes, 2009). Diese sind in der Verhaltenstherapie weit verbreitet („Goal Attainment Scaling" nach Kiresuk, Smith & Cardillo, 1994). Dabei werden therapeutische Ziele vereinbart, wobei jedes Ziel mit sehr konkreten und einfach zu skalierenden Kriterien (oder Abstufungen) des Erfolgs verbunden wird. Die Methode regt dazu an, wohlüberlegte Förderziele zu entwickeln, sie klar zu formulieren und sie im Hinblick auf die erreichten Erfolge genau einschätzen zu können.

(4) *Durchführung der Förderung*. Jede Förderstunde gliedert sich in drei Phasen (s. Kasten 4):

- *Aktualisierung und Festigung bisheriger Inhalte*. Dazu wird geprüft, ob und wie Gelerntes im Regelunterricht angewandt worden ist. Die Förderlehrerin fragt beispielsweise: „Wir haben das letzte Mal gelernt, wie man die Wörter ‚in' und ‚ihn' und ‚im' und ‚ihm' unterscheiden kann. Sind diese Wörter im Diktat vorgekommen? Hast du dabei an unsere Übungen gedacht?"

Kasten 3: Aufgaben aus einem informellen Test „Zahlvorstellungen“
(vgl. Schulz, 1995, S. A3 ff.)

Bestimme, welche Zahlen als Bild dargestellt sind!

Folgende Zeichen werden verwendet: für 100: □ für 10: | für 1: o

Beispiel:

Stelle folgende Zahlen als Bild dar: 5; 12; 20; 35; 53; 105; 123; 132; ...!

Lege in einer Hundertertafel auf die angegebenen Zahlen Einerwürfel!
- 2; 12; 32; 52
- 31; 32; 33; 35; 39; 40
- 1; 12; 23; 45; 67; 100

Hier sind Zahlenfelder aus der Hundertertafel miteinander verbunden. Welche Zahlen gehören jeweils zum Z, zum W, zur Treppe, zum Haus?

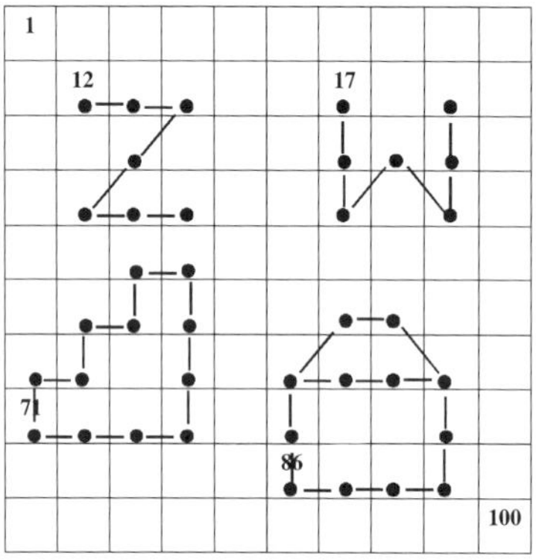

- *Erarbeitung des neuen Stoffs*. Mit einem Kind mit Leseschwierigkeiten wird beispielsweise der nächste Schritt zur Lautsynthese erarbeitet.
- *Vorbereitung der Anwendung im weiteren Unterricht*. Wurden beispielsweise Lautgebärden zur Unterscheidung von /m/ und /n/ erarbeitet, wird mit dem Kind nun eingeübt, wie es die Gebärden bei einem Diktat im Klassenunterricht benutzen kann.

Bei der Durchführung sind folgende Regeln zu beachten:
- Die Schülerinnen und Schüler sollen intensive persönliche Zuwendung erhalten. Hilfestellungen sollen es ihnen ermöglichen, Fehler zu korrigieren und eine Aufgabe schrittweise immer besser zu beherrschen. Auch kleine Lernfortschritte werden lobend anerkannt. Bei Fehlern erhalten die Kinder schnelle Rückmeldungen und gezielte Hinweise zur Verbesserung.

Kasten 4: Förderunterricht im Fallbeispiel Ilka

Förderschwerpunkte: Als Ergebnis der diagnostischen Untersuchung Ilkas wurde die Entwicklung der Zahlvorstellung im Bereich bis 100 (und darüber hinaus) als Schwerpunkt der Förderung bestimmt. Ilkas Sicherheit im Umgang mit rechnerischem Material und ihr Repertoire an Rechenstrategien sollten verbessert und erweitert werden.

Vorgehensweise: An einem Stützkurs, der sich über 30 Stunden erstreckte, nahmen neben Ilka noch fünf weitere Schülerinnen und Schüler aus drei verschiedenen Klassen teil. Jede Woche wurden dafür jeweils eine Mathematik- und eine zusätzliche Förderstunde verwendet. Das Lernniveau der Kinder der Fördergruppe war nicht homogen. Zwei Kinder hatten beim Rechnen ähnliche Probleme wie Ilka. Ein anderer Schüler hatte Schwierigkeiten in der Rechts-Links-Unterscheidung. Zwei weitere hatten Konzentrationsschwierigkeiten; sie wechselten ständig ihre Rechenstrategie, was zu vielen Fehlern führte. Unter anderem benötigten sie eine Förderung im Übertragen von Grundaufgaben sowie in der Anwendung des Kommutativgesetzes für Rechenvorteile. Die Mathematiklehrerin differenzierte ihren Unterricht in Abstimmung mit den speziellen Förderzielen.

Beobachtungen im Zeitraum der Förderung: Dass Ilka im Förderunterricht ohne Schwierigkeiten mitarbeiten konnte, war für sie eine ganz neue Erfahrung. Sie überwand ihre Zurückhaltung bereits in den ersten Stunden und verbesserte allmählich ihre Orientierung im Zahlenraum bis 100. Beim Lernen in der Gruppe und in 2er-Teams konnte sie den Weg erklären, wurde aber bei Nachfragen wieder unsicher. Auch bei gegenständlich und bildlich dargestellten Additions- und Subtraktionsaufgaben arbeitete sie eifrig mit und erreichte meist das richtige Ergebnis. Daraus ergaben sich Impulse zur Verbesserung ihrer Zahlvorstellung, aber noch keine Übertragungsleistungen für Aufgaben auf der symbolischen Ebene. Hier – ebenso wie bei mündlichen Rechenaufgaben – zeigten sich bei Ilka nach wie vor die alten Schwierigkeiten.

Ergebnisse der Förderung: Die 30 vorgesehenen Stunden reichten aus, um bei Ilka eine sichere Zahlvorstellung im Zahlenraum bis 100 aufzubauen, die sie auch auf den zweiten Hunderter noch übertragen konnte. Angesichts der langen Problemgeschichte war Ilkas Lerntempo erstaunlich hoch. In der Kontrollarbeit zur Orientierung im Zahlbereich bis 100 und darüber hinaus (s. Kasten 3) verbesserte sie sich von 12 Punkten im Vortest auf 36 Punkte nach den ersten 6 Wochen und auf 41 am Ende des 15-wöchigen Kurses (die maximal erreichbare Punktzahl betrug 45). Sie reagierte bei Aufgabenstellungen nicht mehr hilflos und resigniert. Durch die Verbesserung ihrer Rechenfertigkeit und das ermutigende Verhalten der Förderlehrerin war sie selbstsicherer geworden und zeigte mehr Freude beim Rechnen.

Im Mathematikunterricht der Klasse, die bereits im Zahlenbereich bis 1.000 und darüber hinaus arbeitete, konnte die Lehrerin keine wesentliche Leistungsverbesserung bei Ilka feststellen. Sie teilte jedoch mit, dass Ilka sich jetzt mehr Mühe gebe und für Hilfestellungen aufgeschlossener sei. Ilka wurde in das 4. Schuljahr versetzt. Hier sollte ihre Förderung in einem binnendifferenzierenden Unterricht fortgesetzt werden. Ist das nicht realisierbar, müsste der zusätzliche Förderunterricht fortgesetzt, gleichzeitig aber auch eine Anpassung der Anforderungen des Regelunterrichts an das Lernniveau Ilkas eingefordert werden.

- Die Aufgaben werden in gestufter Schwierigkeit bearbeitet. Und es werden genaue sowie leicht verständliche Hinweise und Unterstützungen gegeben, damit jede Schülerin bzw. jeder Schüler das Lernangebot wirksam für sich nutzen kann (s. Kapitel 34).
- Die Lernfortschritte werden fortlaufend überwacht und dokumentiert (etwa in der Form einer Lernkurve), damit die Lernangebote immer wieder an den Kenntnisstand der Kinder angepasst werden können. Durch die Dokumentation werden die Lernfortschritte auch für die Kinder „sichtbar", was ihr Lernverhalten entsprechend verstärkt.
- Die Aufgabenstellungen müssen knapp und möglichst einfach formuliert werden. Abschweifende Belehrungen irritieren die Kinder nur, weil sie zu komplex und unverständlich sind (s. Kapitel 33).
- Förderunterricht sollte auch kooperative Formen des Lernens nutzen. Die Schülerinnen und Schüler einer Fördergruppe üben z. B. in Lernpartnerschaften. Anhand vorbereiteter Materialien prüfen sie ihr Wissen ab und korrigieren ihre Fehler wechselseitig (s. Kapitel 12 und 38).
- Förderunterricht arbeitet mit wenigen, gut überschaubaren Arbeitsmitteln und Lernhilfen, wie z. B. bildlichen Darstellungen, Visualisierung von Schrittfolgen beim Rechnen, Lautgebärden und Merkkärtchen für Selbstinstruktionen (s. Kapitel 36). Zudem wird auf eine sorgfältige Arbeitsweise geachtet. Dazu gehören auch eine saubere Heftführung (richtig geschriebene Wörter werden z. B. in Schönschrift in ein Vokabelheft eingetragen) und die Führung eines Lerntagebuchs, in dem die Kinder notieren, was sie neu dazugelernt haben (vorausgesetzt, ein Kind verfügt über die dafür erforderlichen Schreibfertigkeiten).

43.4 Wirksamkeit und Wirksamkeitsbedingungen

Dass die schulische Leistungsentwicklung durch Förderunterricht positiv beeinflusst werden kann, zeigt ein von der Mercator-Stiftung gefördertes Projekt zur Herausbildung schriftsprachlicher Kompetenzen bei 11- bis 17-jährigen Schülerinnen und Schülern mit Zuwanderungshintergrund (Europäisches Forum für Migrationsstudien, 2009). Versetzungsgefährdete Schülerinnen und Schüler, die an Nachmittagen eine zusätzliche Sprachförderung erhielten, konnten ihre Deutschnoten im Zeitraum von eineinhalb Jahren um eine volle Notenstufe verbessern. Vorteilhaft wirkte sich aus, wenn der Zusatzunterricht von Förderlehrkräften der gleichen ethnischen Herkunft angeboten wurde.

Insgesamt ist die Forschungslage zum Förderunterricht aber noch sehr verbesserungswürdig. In der Realität existieren zahlreiche Varianten dieser Unterrichtsform. Bei der Prüfung der Wirksamkeit steht daher der Vergleich unterschiedlicher Vorgehensweisen im Vordergrund. Untersuchungen von May (2001), Matthes (2009) und Matthes, Hofmann und Emmer (2001) belegen, dass Förderunterricht umso wirksamer ist, je:

- präziser seine Ziele und Aufgaben definiert werden und sich die Klassen-, Fach- und Förderlehrkräfte wechselseitig darüber informieren, was eine Schülerin bzw. ein Schüler schon kann oder noch lernen muss;

- mehr die Schülerinnen und Schüler einen selbstständigen Umgang mit Schwierigkeiten erlernen und nach intensiver Anleitung zunehmend unabhängiger von Hilfestellungen werden;
- mehr die Lehrkraft unterstützendes und ermutigendes Verhalten gegenüber den Schülerinnen und Schülern zeigt und für den Einsatz im Förderunterricht besonders geschult worden ist.

Damit Förderunterricht nachhaltig wirkt und die erzielten Lernfortschritte auf den Klassenunterricht übertragen werden, ist es erforderlich, die Förderung durch eine gezielte Individualisierung der Anforderungen im Regelunterricht zu verstetigen. In einer Untersuchung mit Hamburger Grundschulklassen fand May (2001), dass leistungsschwache Kinder in ihren Lernfortschritten ganz besonders stark von der Qualität des Regelunterrichts abhängig sind (d. h. noch stärker als dies bei Kindern mit günstigeren Lernvoraussetzungen der Fall ist). Wird die Unterrichtszeit nicht effektiv genutzt, der Ablauf der Stunden nicht klar strukturiert und die Anforderungen, Hilfen und Ermutigungen nicht systematisch auf Kinder mit unterschiedlichen Lernvoraussetzungen abgestimmt, so werden vor allem Kinder mit Lernschwierigkeiten und Leistungsrückständen in ihrer schulischen Entwicklung (noch zusätzlich) gehemmt. Solche unterrichtsbedingten Defizite können durch Förderstunden nicht kompensiert werden. Vielmehr kommt es in solchen Fällen darauf an, den Regelunterricht so auszugestalten, dass auch Kinder mit Lernschwierigkeiten davon profitieren können.

43.5 Literatur

Grundlegende Literatur

Matthes, G. (2009). *Individuelle Lernförderung bei Lernstörungen*. Stuttgart: Kohlhammer.

May, P. (2001). *Lernförderlicher Unterricht. Teil 1. Untersuchungen zur Wirksamkeit von Unterricht und Förderunterricht für den sprachlichen Lernerfolg*. Frankfurt/M.: Peter Lang.

Weiterführende Literatur

Europäisches Forum für Migrationsstudien (2009). *Förderunterricht für Kinder und Jugendliche mit Migrationshintergrund: Evaluation des Projekts der Stiftung Mercator* (Kurzfassung). Universität Bamberg.

Heimlich, U. & Wember, F. B. (Hrsg.). (2011). *Didaktik des Unterrichts im Förderschwerpunkt Lernen: Ein Handbuch für Studium und Praxis*. Stuttgart: Kohlhammer.

Kiresuk, T. J., Smith, A. & Cardillo, J. E. (Eds.). (1994). *Goal attainment scaling: Applications, theory, and measurement*. London: Erlbaum.

Kretschmann, R. (2007). Lernschwierigkeiten, Lernstörung und Lernbehinderung. In J. Walter & F. B. Wember, *Sonderpädagogik des Lernens* (S. 4–32). Göttingen u. a.: Hogrefe.

Matthes, G., Hofmann, B. & Emmer, E. (2001). Brauchen wir ein spezielles Training zur Förderung des Lernverhaltens? *Zeitschrift für Heilpädagogik, 52*, 360–367.

Moog, W. (1990). Aneignungsprozessanalyse. Eine notwendige Ergänzung zum standardisierten Schulleistungstest. *Zeitschrift für Heilpädagogik, 41*, 73–87.

Material

Behring, K., Kretschmann, R. & Dobrindt, Y. (2001). *Prozessdiagnose mathematischer Kompetenzen in den Schuljahren 1 und 2* (Band 1–3) (3. Aufl.). Horneburg: Persen Verlag.

Born, A. & Oehler, C. (2009). *Lernen mit Grundschulkindern: Praktische Hilfen und erfolgreiche Fördermethoden für Eltern und Lehrer.* Stuttgart: Kohlhammer.

Breuer, H. & Weuffen, M. (2006). *Lernschwierigkeiten am Schulanfang – Lautsprachliche Lernvoraussetzungen und Schulerfolg: Eine Anleitung zur Einschätzung und Förderung lautsprachlicher Lernvoraussetzungen* (7. Aufl.). Weinheim: Beltz.

Dummer-Smoch, L. (2000). *Die Diagnostischen Bilderlisten. Siebungsverfahren zur Früherkennung von Leselernschwierigkeiten im Leselernprozess: Handanweisung* (2. Aufl.). Kiel: Veris.

Emmer, A., Hofmann, B. & Matthes, G. (2007). *Elementares Training bei Kindern mit Lernschwierigkeiten: Training der Motivation – Training der Lernfähigkeit* (2., neu ausgestatt. Aufl.). Weinheim: Beltz.

Jansen, H., Mannhaupt, G., Marx, H. & Skowronek, H. (2002). *Bielefelder Screening zur Früherkennung von Lese-Rechtschreibschwierigkeiten (BISC)* (2. Aufl.). Göttingen: Hogrefe.

Kretschmann, R., Dobrindt, Y. & Behring, K. (1999). *Prozessdiagnose der Schriftsprachkompetenz in den Schuljahren 1 und 2* (4. Aufl.). Horneburg: Persen Verlag.

Lippegaus, P. (2000). *Individuelle Förderung benachteiligter Jugendlicher und junger Erwachsener. Förderdiagnose, Förderplan und differenzierte Lernangebote*. Offenbach: INBAS.

Martschinke, S., Kirschhock, E. & Frank, A. (2011). *Diagnose und Förderung im Schriftspracherwerb. Band 1: Der Rundgang durch Hörhausen. Erhebungsverfahren zur phonologischen Bewusstheit* (7. Aufl.). Donauwörth: Auer.

Naegele, I. M. & Valtin, R. (Hrsg.). (2003). *LRS in den Klassen 1–10. Handbuch der Lese-Rechtschreibschwierigkeiten. Band 2: Schulische Förderung und außerschulische Therapien* (6., vollständ. überarb. Aufl.). Weinheim: Beltz.

Schulz, A. (1995). *Lernschwierigkeiten im Mathematikunterricht der Grundschule* (2. Aufl.). Berlin: Paetec.

Stock, C., Marx, P. & Schneider, W. (2003). *Basiskompetenzen für Lese-Rechtschreibleistungen (BAKO 1-4)*. Göttingen: Hogrefe.

44. Abflachung sozial-ökologischer Übergänge: Vom Kindergarten in die Schule

Andreas Beelmann

Fallbeispiel

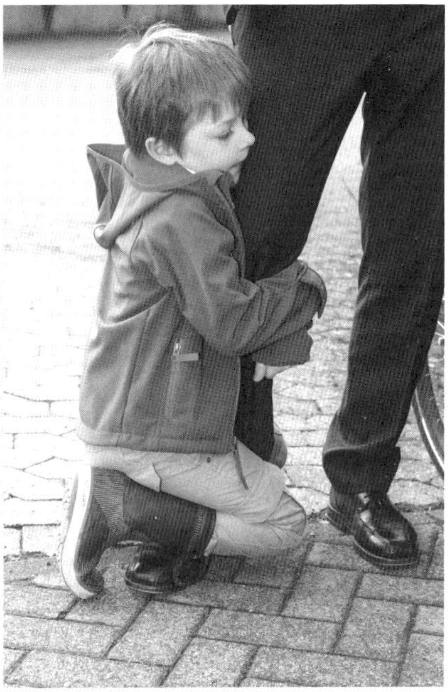

Florian ist 6;6 Jahre alt. Da er von der Einschulung zurückgestellt wurde, besucht er noch den Kindergarten. Kurz vor der erneuten Schuleingangsuntersuchung sucht die Mutter auf Anraten der Erzieherinnen eine psychologische Beratungsstelle auf, da zu befürchten ist, dass er erneut als „nicht schulreif" eingestuft werden wird. Florian besucht den Kindergarten nur unregelmäßig. Die dort tätigen Erzieherinnen schildern ihn als noch recht unreif und sehr anhänglich. Er spreche wenig und sei in seinem Spielverhalten sehr eingeschränkt, da er sich z. B. kaum an Rollenspielen im Kindergarten beteiligt. Im Alter von 6 Jahren war mit Florian ein Intelligenztest (K-ABC; Kaufman & Kaufman, 2009) durchgeführt worden. Auf der „Skala intellektueller Fähigkeiten" erzielte er einen durchschnittlichen IQ von 95. Seine Leistungen im Bereich erworbener Fertigkeiten („Fertigkeitenskala") lagen jedoch mit einem Standardwert von 81 Punkten im unterdurchschnittlichen Bereich.

Dieses Ergebnis sowie eine Exploration der familiären Situation legten die Vermutung nahe, dass Florians Probleme mit ungünstigen Lern- und Entwicklungsbedingungen im Elternhaus zusammenhängen. Seine Eltern haben sich vor drei Jahren getrennt. Die allein erziehende Mutter fühlt sich in der Erziehung Florians und seiner zwei jüngeren Geschwister überfordert. Mit dem Vater kommt es oft zu Streitigkeiten wegen Unterhaltszahlungen und Betreuungszeiten. Die Mutter hat große Schwierigkeiten, ihren Alltag zu organisieren. Häufig schafft sie es nicht, Florian rechtzeitig in den Kindergarten zu bringen. Auch während ihrer Freizeit beschäftigt sie sich wenig mit Florian, der meistens fernschaut, ohne dass die Mutter die Sendungen kontrolliert. Häufig kommt es zu Streitigkeiten zwischen Florian und seinem Bruder (5 Jahre), denen die Mutter hilflos gegenübersteht. Gelegentlich werde sie deshalb auch handgreiflich. Zudem könne sich die Mutter bei der Einhaltung von Regeln kaum durchsetzen (z. B. wenn Florian abends ins Bett gehen soll).

Das Ziel der Intervention besteht darin, das familiäre Umfeld von Florian zu stärken und seinen Übergang zur Schule vorzubereiten. Hierzu nimmt Florians Mutter an einem im Kindergarten angebotenen Elterntraining teil. Sie wird darin beraten, wie sie die Entwicklung Florians im häuslichen Umfeld fördern kann (z. B. durch entwicklungsangemessene Spiele). Kontakte zwischen der Mutter und den Betreuungspersonen im Kindergarten sowie der zukünftigen Lehrerin Florians werden aufgebaut. Und schließlich wird die Mutter angeleitet, wie sie Florian bei den Hausaufgaben unterstützen kann.

Ein halbes Jahr nach der Einschulung nimmt Florian zwar noch am Förderunterricht teil, kann aber, wie seine Klassenlehrerin mitteilt, dem Regelunterricht recht gut folgen und aktiv mitarbeiten. Die Konflikte zwischen Florian und seiner Mutter bzw. seinem Bruder haben sich entspannt. Die Hausaufgaben erledigt Florian ohne größere Schwierigkeiten.

44.1 Kurzbeschreibung der Methode und ihres theoretischen Hintergrunds

Der Wechsel vom Kindergarten in die Schule geht mit zahlreichen Veränderungen im Alltag eines Kindes einher: Es muss sich an einen fest strukturierten Tagesablauf gewöhnen, wird mit zahlreichen kognitiven und sozialen Anforderungen konfrontiert (Erledigung vorgegebener Aufgaben, längere Konzentrationsphasen, Einfügen in die Klassengemeinschaft), muss mit neuen Bezugspersonen in Beziehung treten (z. B. die Anweisungen der Lehrerin befolgen) und sich in einer formalisierten Lernumgebung zurecht finden (W. Beelmann, 2006; Hasselhorn & Lohaus, 2008; Nickel, 1996). Solche Veränderungen bringen häufig einen „Schub“ in der geistigen und sozialen Entwicklung des Kindes mit sich. Für manche Kinder stellt der Schuleintritt jedoch eine Überforderung dar, die mit Entwicklungsrisiken verbunden ist und zu Lernproblemen führen kann (Fabian & Dunlop, 2002; Sameroff & Haith, 1996). Florian und seine Mutter sind ein Beispiel dafür: Ungünstige Entwicklungsbedingungen in der Familie erschweren den Wechsel vom Kindergarten (bzw. vom Elternhaus) in die Schule und bergen das Risiko, dass der Start in der Schule misslingt.

Begreift man den Wechsel vom Kindergarten in die Schule als einen sozial-ökologischen Übergang, der für das Kind mit stark veränderten Erwartungen und Anforderungen verbunden ist, so bieten sich mehrere Ansatzpunkte an, um den Übergang für das Kind zu erleichtern bzw. „abzuflachen“ (Daseking, Oldenhage & Petermann, 2008; Hasselhorn & Lohaus, 2008; Nickel, 1996). Darunter fallen sowohl bildungspolitische Maßnahmen (z. B. die Zurückstellung des Kindes) als auch Interventionen zur Verbesserung der Lernvoraussetzungen (insbesondere in der Familie) sowie der Kooperation der beteiligten Ökosysteme (Familie, Kindergarten, Schule). Beispiele dafür sind:

- die zusätzliche vorschulische Förderung des Kindes durch kognitive oder andere Förderprogramme (Klauer, 2001; Langfeldt & Büttner, 2008);
- die Verbesserung der häuslichen Lern- und Entwicklungsbedingungen des Kindes (z. B. durch die Förderung der elterlichen Erziehungskompetenzen);

- die Veränderung (Liberalisierung, Flexibilisierung) der schulischen Eingangsvoraussetzungen und eine entsprechende Anpassung der Lehrpläne an den individuellen Entwicklungsstand;
- die stärkere Verknüpfung vorschulischer und schulischer Lernformen (z. B. durch Schulkontakte bereits vor der Einschulung; durch schulvorbereitende Übungen im Kindergarten; durch den Verzicht auf Noten und eine Versetzungspflicht in den ersten Grundschuljahren).

Seit den 1960er Jahren wurden vornehmlich in den USA Vorschul- und Frühförderprogramme eingerichtet (z. B. „Head Start"), um Kinder gezielt auf den Schuleintritt vorzubereiten (Shonkoff & Meisels, 2000). Ihr Ziel war es, durch die kognitive Förderung der Kinder sowie eine begleitende Anleitung der Eltern Entwicklungsdefizite aufzuheben. Vor allem Kindern aus sozial benachteiligten Schichten sollte der Schulstart erleichtert werden. Hierzu wurden zahlreiche Programme angeboten, um den Bildungsübergang begleitend zu unterstützen. Sie setzen auf verschiedenen Ebenen (z. B. Familie, Kindergarten, Schule) an und beinhalten unterschiedliche Angebote (Bildungstraining der Eltern, verbesserte Gesundheitsversorgung und Ernährung, kognitive Förderung der Kinder), die zu einem systematischen Förderprogramm zusammengefasst werden. Die Maßnahmen wenden sich also nicht nur an das Kind, sondern versuchen die Entwicklungsbedingungen in der Familie zu verbessern und die häusliche, vorschulische und schulische Lernumwelt miteinander zu verknüpfen.

44.2 Indikation der Methode

Schulvorbereitende Maßnahmen erleichtern Kindern den Schuleintritt. Deshalb gehören sie zum Standardrepertoire der Elementarpädagogik. Sie werden in vielen Kindergärten und Schulen angeboten (Griebel & Niesel, 2004; Merthan, 2001; Niesel, Griebel & Netta, 2008; Portmann, 1988). Spezielle Interventionen sind dann angezeigt, wenn Kinder ungünstige Lernvoraussetzungen aufweisen und ein erkennbares Risiko für das Auftreten von Lernproblemen in der Grundschule besitzen (Tröster & Reineke, 2006). Dies ist dann der Fall, wenn:

- erschwerende familiäre Entwicklungsbedingungen vorliegen (z. B. soziale oder finanzielle Probleme in der Familie, problematisches Erziehungsverhalten);
- die Kinder Rückstände in der kognitiven Entwicklung aufweisen (Defizite in basalen kognitiven Fähigkeiten);
- die Kinder nur geringe Ausdauer und mangelnde Konzentrationsfähigkeit zeigen;
- die Kinder eine geringe Sprachkompetenz besitzen;
- Unselbstständigkeit und geringe soziale Kontaktfähigkeit bei den Kindern vorliegt.

44.3 Detaillierte Beschreibung des Vorgehens

Im Falle Florians (s. Fallbeispiel) besteht die Intervention aus vier Komponenten: (1) individuelle Entwicklungsberatung zur Förderung Florians; (2) systematisches Elterntraining mit der Mutter; (3) Kontaktaufbau zur Schule; (4) schulbegleitende Hausaufgabenhilfe. Um diese Maßnahmen aufeinander abzustimmen, wird ein individualisierter

Förderplan aufgestellt, der von einer dafür verantwortlichen Person koordiniert wird. Ein solcher Förderplan enthält die Ziele der Intervention, die zugehörigen Einzelmaßnahmen (einschließlich ihrer Dauer), sowie die Personen und Institutionen, welche die Maßnahmen umsetzen sollen. Bei Florian und seiner Mutter wurde die Koordination von der Psychologin der Beratungsstelle übernommen, die auch die Entwicklungsberatung durchführte.

Individuelle Entwicklungsberatung

Zu Beginn erhält Florians Mutter eine individuelle Entwicklungsberatung, die im Rahmen von Hausbesuchen stattfindet (alle zwei Wochen) und ihr hauptsächlich konkrete Möglichkeiten vermittelt, wie sie Florians Lern- und Entwicklungsbedingungen verbessern kann (Oerter, 1989). Diese Beratung erfolgt in drei Schritten:

(1) *Systematische Erfassung der Lernbedingungen in der Familie*. Dabei werden drei Aspekte besonders hervorgehoben: die Organisation des Alltags (z. B. der typische Tagesablauf), Merkmale der Lernumgebung (z. B. Spielmaterialien) und bereits vorhandene Ansätze zu einem entwicklungsförderlichen Erziehungsverhalten (z. B. gemeinsam spielen, Bücher vorlesen, Gespräche mit dem Kind führen). Diese Inhalte werden bei einem Hausbesuch in explorierenden Gesprächen geklärt. Empfehlenswert ist es, wenn sich der Untersucher an einem standardisierten Verfahren orientiert (z. B. an den „Skalen zur Erfassung entwicklungsförderlichen Erziehungsverhaltens" nach Peterander, 1993; s. a. Daseking et al., 2008). Ergänzend werden das Erziehungs- und Interaktionsverhalten (z. B. bei einem Spiel) oder beispielhafte Lern-, Verhaltens- und Erziehungsprobleme beobachtet (A. Beelmann, Lösel, Stemmler & Jaursch, 2006; Petermann, Petermann & Krummrich, 2008).

Es wird festgestellt, dass Florian und seine Geschwister ständig fernsehen, wenn sie nicht gerade im Kindergarten sind, und außerdem für ihr Alter abends viel zu spät ins Bett gehen *(Alltagsorganisation)*. Ihre Spielmöglichkeiten sind sehr begrenzt. Konstruktionsspielzeug und Kinderbücher sind im Elternhaus kaum vorhanden *(äußere Lernumgebung)*. Auch die Ergebnisse zum konkreten Erziehungsverhalten sind ernüchternd. Die Mutter bekundet zwar Interesse, sich mit Florian und seinen Geschwistern zu beschäftigen, kann ihre Vorsätze aber kaum umsetzen, weil sie häufig zu müde und entnervt ist *(Defizite im Erziehungsverhalten)*.

(2) *Planung konkreter Maßnahmen zur Verbesserung der Lernbedingungen*. Mit den Eltern werden nun Maßnahmen erarbeitet, um angemessenere häusliche Entwicklungsbedingungen zu erreichen. Je nach Einzelfall geht es um die Gestaltung des Kinderzimmers, die Auswahl des Spielzeugs, die Durchführung von schulvorbereitenden Übungen oder die klarere Strukturierung des Familienalltags (s. Kasten 1). Die Auswahl richtet sich nach den Ergebnissen der diagnostischen Gespräche sowie den Fähigkeiten der Eltern (Bildungsniveau, Einkommen) und ihren konkreten Lebensumständen (z. B. Berufstätigkeit der Eltern). Hierüber werden klare Absprachen mit den Eltern getroffen, die schriftlich festgehalten, schrittweise umgesetzt und regelmäßig überprüft werden. Beispielsweise wurden mit der Mutter von Florian folgende Vereinbarungen getroffen:

Kasten 1: Maßnahmen zur Veränderung der häuslichen Lernbedingungen
Alltagsorganisation
• Klare Strukturierung und Gleichmäßigkeit im Tagesablauf (z. B. durch Routinen beim Zubettgehen) • Umsetzung von altersadäquaten sozialen Regeln (z. B. Festlegung von Fernsehzeiten) • Altersadäquate Aufgaben für Kinder (z. B. Tisch decken)
Äußere Lernumgebung
• Altersangemessene Spiele und Spielmaterialien (z. B. Konstruktionsspielzeug, Kinderbücher) • Räumliche Gelegenheit zum Spielen (z. B. Spielzimmer, Spielecke) • Gelegenheit zum „ruhigen“ Spiel (z. B. Puzzeln)
Entwicklungsförderliches Elternverhalten
• Vorlesen, Geschichten erzählen • Strukturierte Gespräche über Erlebnisse des Kindes (z. B. über den Tag im Kindergarten) • Gemeinsames Spiel in strukturierten Spielsituationen (z. B. Regelspiele wie „Mensch ärgere Dich nicht“) • Emotional positiver Erfahrungsaustausch (z. B. gemeinsame Erlebnisse, Spaß miteinander haben)

- *Alltagsorganisation:* Die Mutter sichert zu, dass sie Florian täglich in den Kindergarten bringen wird. Sollte sie einmal verschlafen, kann sie ihn auch verspätet vorbeibringen, wie mit der zuständigen Erzieherin abgesprochen wird. Außerdem wird sie Florian abends rechtzeitig zu Bett bringen. Sie macht das mit einer ritualisierten „Zu-Bett-Geh-Prozedur“, welche die Mutter in einem Elterntraining gelernt hat. Diese Prozedur folgt einem strukturierten und gleichbleibendem Ablauf (Mutter fordert Florian deutlich und klar auf, sich für das Schlafengehen fertig zu machen; Florian zieht den Schlafanzug an, geht zur Toilette; wäscht sich; putzt seine Zähne; legt sich ins Bett; hört 5 bis 10 Minuten CD; Mutter liest Gute-Nacht-Geschichte vor; sagt „Gute-Nacht“ und schaltet das Licht aus). Die Fernsehzeiten werden auf 45 Minuten pro Tag begrenzt und auf kindgerechte Sendungen eingeschränkt (Sesamstraße, Sendung mit der Maus). Die Mutter schaut sich die Sendung gemeinsam mit den Kindern an und spricht mit ihnen anschließend über die Inhalte.
- *Äußere Lernumgebung:* Angesichts des Mangels an förderlichem Spielmaterial, aber auch an Geld, wird der Mutter der Kontakt zur Kinderbibliothek (inkl. Spielothek) der Gemeinde vermittelt. Dort wird sie Konstruktionsspielzeug, Kinderbücher und Regelspiele ausleihen.
- *Entwicklungsförderliches Elternverhalten:* Die Mutter wird Florian mindestens zehn Minuten pro Tag kindgerechte Texte vorlesen (z. B. eine „Gute-Nacht-Geschichte“). Außerdem wird sie mit Florian täglich über dessen Erlebnisse im Kindergarten sprechen. Wie die Gespräche erfolgen sollen, wird vorab demonstriert und mit der Mut-

ter eingeübt. Sie soll (a) möglichst konkret fragen („Mit wem hast du heute gespielt?" statt „Was habt ihr heute denn so gemacht?"), sich (b) Details berichten lassen (z. B. die Regeln eines Spiels) und (c) die Darstellung des Kindes mit eigenen Worten wiederholen („Ihr habt heute also verstecken gespielt und du musstest alle Kinder suchen."). Dieses Vorgehen unterstützt die Konzeptbildung und Sprachentwicklung Florians. Zudem soll es die Beziehung zwischen Mutter und Kind positiv beeinflussen. Abschließend wird mit der Mutter vereinbart, dass sie täglich 15 Minuten mit Florian allein spielt (z. B. Lego).

(3) *Umsetzung und Begleitung*. Hier geht es hauptsächlich darum, wie zuverlässig und wie störungsfrei die vereinbarten Maßnahmen umgesetzt werden können. Dazu wird protokolliert, ob und wie die vereinbarten Abmachungen eingehalten werden. Bei Ausführungsschwierigkeiten (z. B. den Eltern fällt das Vorlesen schwer, sie können Texte nur unzureichend mit dem Kind besprechen) erhalten die Eltern Hilfe oder die Maßnahmen werden alltagspraktisch angepasst. Beispielsweise ist es notwendig, dass die Betreuung von Geschwisterkindern gesichert sein muss, bevor die Eltern gemeinsam mit dem „Zielkind" alleine spielen können. Nicht zuletzt deshalb wird versucht, das soziale Umfeld (Freundinnen und Freunde, Bekannte, Großeltern) zu aktivieren.

Systematisches Elterntraining

Als Ergänzung der individuellen Entwicklungsberatung nimmt Florians Mutter an einem Elterntraining teil. Dies war deshalb notwendig, weil sie große Schwierigkeiten hatte, sich bei ihren Kindern durchzusetzen und Streitigkeiten zwischen den Geschwistern zu schlichten.

Ein zusätzliches Elterntraining ist oft angezeigt, weil a) in Familien mit ungünstigen Lernvoraussetzungen häufig ein Mangel an Erziehungskompetenzen besteht; b) daraus Verhaltensprobleme beim Kind entstehen (z. B. oppositionelles Verhalten: Aufforderungen werden nicht befolgt; das Kind bekommt Wutanfälle, wenn es seinen Willen nicht bekommt), die sich c) wiederum ungünstig auf die kognitive und soziale Entwicklung auswirken. Entsprechend geht es darum, die erzieherischen Kompetenzen der Eltern in möglichst standardisierten aber auch alltagsorientierten Programmen zu verbessern (A. Beelmann, 2007a). Darin wird in einer Kombination von Kurzvorträgen, Beobachtungsübungen, Gruppendiskussionen und Rollenspielen gearbeitet. Zentrale Inhalte sind (s. Anhang 1):

- die *Vermittlung positiver Erziehungsmaßnahmen*, um erwünschtes Verhalten aufzubauen (z. B. Loben und Verstärken sowie Planung gemeinsamer Aktivitäten);
- der *Erwerb von Maßnahmen, störendes Verhalten zu verhindern oder zu unterbinden* (z. B. Grenzen setzen; frühzeitig eingreifen; keine körperlichen Strafen; stimmiges bzw. konsistentes Verhalten);
- die *Reflexion des eigenen Erziehungsverhaltens* insbesondere bei hohen Belastungen (z. B. bei beruflichen Problemen oder bei Konflikten in der Partnerschaft).

Das Training umfasst fünf Sitzungen von je 90 Minuten. Es wird von zwei Lehrkräften mit ca. zehn Teilnehmenden im wöchentlichen Rhythmus durchgeführt. Der Ablauf der Sitzungen regelt sich wie folgt:

- Übersicht zum Ablauf der Stunde;
- Besprechung der „Hausaufgaben" (s. u.);
- Kurzvortrag zum Thema der Stunde;
- Übungen zum Erziehungsverhalten (s. Kasten 2);
- Gruppendiskussion zu den Übungen und zum Thema der Stunde anhand praktischer Beispiele aus dem Erziehungsalltag der Eltern;
- Zusammenfassung der besprochenen Inhalte und Verteilung zugehöriger Informationsblätter (s. Anhang 2 zu diesem Kapitel);
- Vereinbarung von „Hausaufgaben", welche die Eltern zwischen den Sitzungen bearbeiten sollen (z. B. Übungen zur Selbstbeobachtung des eigenen Erziehungsverhaltens).

Kasten 2: Übung aus der zweiten Stunde des Elterntrainings: „Bitten und Auffordern"

Zwei Elternteile stellen eine Situation dar, die im Kinderzimmer spielt. Ein Elternteil übernimmt die Rolle des Kindes, der andere die des Vaters. Auf dem Boden wird Spielzeug verteilt und eine Spielzeugkiste aufgestellt. Der „Vater" wird angewiesen, inadäquate Aufforderungen zum Aufräumen an das „Kind" zu stellen (ungenaue Anweisungen, häufige Wiederholungen, fragende Aufforderungen, kritisieren und schimpfen). Diese Aufforderungen werden vom „Kind" nicht befolgt, das stattdessen einfach weiter spielt. Schließlich räumt der „Vater" unter verbal ausfallenden Bemerkungen selbst auf. Die beobachtenden Teilnehmerinnen und Teilnehmer sollen während der Szene alle Auffälligkeiten und Merkmale ineffektiven bzw. fehlgeleiteten Erziehungsverhaltens notieren. Nach dem Rollenspiel werden die Eindrücke in der Gruppe ausgetauscht sowie Richtlinien für die Formulierung angemessener und effektiver Aufforderungen erarbeitet (s. Anhang 2).

Um sicherzustellen, dass Eltern das Training regelmäßig in Anspruch nehmen, müssen Barrieren ausgeräumt werden, die diesem Ziel im Wege stehen (A. Beelmann, 2007a):

- Das Training muss wohnortnah angeboten werden (z. B. in Räumen des Kindergartens).
- Die Sitzungen werden mit zusätzlichen Anreizen verknüpft (gemeinsames Essen nach den Sitzungen).
- Die Betreuung des Kindes und seiner Geschwister muss gewährleistet sein.

Florians Mutter nahm an allen fünf Sitzungen des Trainings teil. Florian und seine beiden Geschwister wurden während dieser Zeit im Kindergarten von den Erzieherinnen betreut. Anfänglich hielt sich die Mutter bei den Gruppendiskussionen zurück, fand dann aber schnell Gefallen an den Übungen und arbeitete ab der 3. Sitzung engagiert mit. Zwei Fragen standen für sie im Vordergrund: „Wie stelle ich angemessene Aufforderungen?" und „Wie schlichte ich Streitigkeiten zwischen meinen Kindern?". Schritt für Schritt erarbeitete sie sich beispielsweise, wie sie das Zubettgehen erfolgreich gestalten konnte (s. u.).

Kooperation zwischen Familie, Kindergarten und Schule

Ein wichtiges Element zur Abflachung des sozial-ökologischen Übergangs bei der Einschulung besteht in der Einführung von Querverstrebungen zwischen den drei Ökosystemen Familie, Kindergarten und Schule. Dazu gehören folgende Maßnahmen:

- Fast alle Schulen bieten in zeitlicher Nähe zu Einschulungsuntersuchungen sogenannte Kennenlerntage an („Tag der offenen Tür"). Diese dienen dazu, dass Eltern, Kinder und Lehrkräfte erste Kontakte zueinander aufnehmen. Bei dieser Gelegenheit werden Eltern und Kinder auch mit den Räumlichkeiten der Schule und dem Schulweg vertraut gemacht. Probleme ergeben sich, wenn Eltern derartige Angebote nicht wahrnehmen. Sie sollten entsprechend informiert (z. B. im Kindergarten) und ggf. auch begleitet werden. Je mehr Kinder über Veränderungen wissen, die mit der Einschulung verbunden sind, desto eher erleben sie den Übergang als Herausforderung und nicht als Belastung (W. Beelmann, 2006; Sameroff & Haith, 1996).
- Im Einzelfall (wie z. B. bei Florian) sind jedoch über bloße Informationen und Erstkontakte hinaus weiterführende Kooperationen angezeigt. So können Eltern z. B. bereits während der Kindergartenzeit gemeinsam mit ihren Kindern spezielle Fördergruppen besuchen. Dort werden sie mit schulvorbereitenden Spielen und Übungen vertraut gemacht (z. B. Leseübungen), die sie auch zu Hause praktizieren können (Wolfram, 1995). Ähnliche Maßnahmen lassen sich auf den Beginn der Grundschulzeit ausdehnen. Eltern können den Unterricht besuchen und dort das Lernen der Kinder beobachten oder selbst im Unterricht mitarbeiten. Dies intensiviert die Kontakte zwischen Eltern und Lehrkräften. Schließlich ist es auch von Vorteil, wenn die Lehrkräfte die Kindergärten besuchen und z. B. gemeinsam mit Erzieherinnen und Erziehern Fortbildungen absolvieren (um z. B. das Vorschulprogramm des Kindergartens mit den Anforderungen der Schule abzustimmen; Kammermeyer, 2004; Knauf & Schubert, 2005; Portmann, 1988).

Es wurde einmal pro Monat ein Gespräch zwischen der Mutter und der Kindergartenleitung sowie der zuständigen Erzieherin vereinbart, in dem über die Entwicklung Florians und den Erfolg der bisher durchgeführten Maßnahmen geredet wurde. Durch die Gespräche sollte außerdem erreicht werden, dass sich die Mutter an den Aktivitäten des Kindergartens beteiligte (z. B. bei Elternnachmittagen).

Die beratende Psychologin begleitete die Mutter bei der Einschulungsuntersuchung, um ihr die „Scheu" davor zu nehmen. Zudem vereinbarte sie einen Termin für einen Besuch in der Schule. Dabei lernten Florian und seine Mutter die zukünftige Klassenlehrerin sowie die Schule selbst kennen. Bei dieser Gelegenheit wurde vereinbart, dass Florian vom Schulbeginn an am Förderunterricht teilnehmen sollte. Außerdem wurden monatliche Gespräche zwischen der Klassenlehrerin und Florians Mutter verabredet. Hierbei informierten sich Mutter und Klassenlehrerin wechselseitig über Florians Lernfortschritte (z. B. im Unterricht), aber auch über seine Schwierigkeiten beim Lernen (z. B. bei den Hausaufgaben).

Unterstützung der Hausaufgabenbetreuung

Nach der Einschulung kommt es darauf an, die begleitende Betreuung weiter zu führen. Eines der wichtigsten Aufgabenfelder ist die Hilfe bei der Erledigung der Hausaufgaben. Sollten Eltern Schwierigkeiten haben, ihre Kinder anzuleiten und adäquat zu unterstützen, ist eine entsprechende Ausbildung der Eltern angezeigt (s. Kapitel 29). Florians Mutter wurde das Vorgehen zunächst von der beratenden Psychologin vorgemacht, danach übernahm sie die Betreuung unter Supervision, um sie schließlich selbstständig durchzuführen. Zwei Aspekte standen dabei im Vordergrund: angemessene situative Bedingungen schaffen und strukturiert anleiten. Die zugehörigen Grundprinzipien sind in Kasten 3 aufgeführt (s. a. Döpfner, Schürmann & Lehmkuhl, 2000).

Kasten 3: Leitlinien für die Hausaufgabenbetreuung

- Ein Aufgabenheft anlegen, das dem Austausch von Informationen zwischen der Lehrkraft und den Eltern dient (und zusätzlich als Gedächtnisstütze für das Kind);
- für günstige räumliche Bedingungen sorgen (die Aufgaben werden in einem ruhigen Raum und am besten immer am gleichen Platz gemacht);
- feste Hausaufgabenzeiten einplanen (z. B. von 14:00 bis 14:30) und ungünstige Zeiten meiden (direkt nach dem Mittagessen, am späten Nachmittag oder gar erst abends);
- zu Beginn festlegen, in welcher Reihenfolge die Hausaufgaben erledigt werden (ggf. einen Plan machen); die maximale Zeit für die Erledigung festlegen;
- mit kleinen Arbeits- und Zeiteinheiten beginnen (ca. zehn Minuten), die später verlängert werden können; Pausen einplanen und strikt einhalten;
- die Aufgaben in kleine Schritte bzw. Teilaufgaben unterteilen;
- Kinder für die erfolgreiche Erledigung loben; ggf. einen Punkteplan einsetzen (inkl. Tauschverstärker; s. Kapitel 18 und 35).

44.4 Wirksamkeit und Wirksamkeitsbedingungen

Zur Wirksamkeit von Früherziehungsprogrammen liegen zahlreiche Untersuchungen vor, die positive Effekte sowohl im kognitiven Bereich (von schulischen Leistungen bis hin zum späteren Berufserfolg) als auch in der sozialen Entwicklung (z. B. geringere Kriminalitätsrate im Jugendalter) belegen. Beispielsweise erreichten *Einschulungs- und Schulübergangsprogramme* in einer Meta-Analyse von Durlak und Wells (1997) je nach Erfolgskriterium (z. B. Schulleistung, Verhaltensprobleme) mittlere Effektstärken. Entscheidend für die Effektivität ist die Frage, wie gut es gelingt, Eltern und Kinder für die regelmäßige Teilnahme zu motivieren (Kagan & Neuman, 1998).

Sehr positive Wirksamkeitsnachweise liegen für *Elterntrainingsprogramme* vor, in denen konkretes Erziehungsverhalten eingeübt wird (A. Beelmann, 2006; A. Beelmann, 2007a). Allerdings zeigt sich auch hier, dass Eltern aus sozial schwierigen Verhältnissen oder

Familien mit besonders großen Erziehungsproblemen solche Angebote häufig nicht ausreichend nutzen. Daher sind Strategien wichtig, um die Eltern für die Teilnahme zu gewinnen (z. B. das Training mit sozialen oder ggf. auch materiellen Anreizen verknüpfen). Sofern gravierende Lern- und Verhaltensprobleme bestehen, reichen kurzfristig angelegte Trainingsprogramme nicht aus, um angemessene Entwicklungsbedingungen für das Kind herzustellen. In solchen Fällen muss eine am Einzelfall orientierte und zeitlich intensivere Lerntherapie durchgeführt werden.

Eine günstige Bilanz haben Programme, die kontinuierlich über eine längere Zeit laufen (mehrere Jahre) sowie möglichst viele der beteiligten Personen (Eltern, Lehrkräfte, Kinder) in unterschiedlichen Kontexten (Kindergarten, Schule, Elternhaus) in die Förderung einbeziehen (A. Beelmann, 2006; Shonkoff & Meisels, 2000).

44.5 Literatur

Grundlegende Literatur

Hasselhorn, M. & Lohaus, A. (2008). Entwicklungsvoraussetzungen und Herausforderungen des Schuleintritts. In M. Hasselhorn & R. K. Silbereisen (Hrsg.), *Entwicklungspsychologie des Säuglings- und Kindesalter* (S. 409–428). Göttingen: Hogrefe.

Nickel, H. (1996). Einschulung. In C. Perleth & A. Ziegler (Hrsg.), *Pädagogische Psychologie. Grundlagen und Anwendungsfelder* (S. 149–159). Bern: Huber.

Oerter, R. (1989). Frühkindliche Entwicklung aus ökologischer Sicht: Früherkennung und Frühförderung. *Frühförderung interdisziplinär, 8,* 171–182.

Weiterführende Literatur

Beelmann, A. (2006). Wirksamkeit von Präventionsmaßnahmen bei Kindern und Jugendlichen. Ergebnisse und Implikationen der integrativen Erfolgsforschung. *Zeitschrift für Klinische Psychologie und Psychotherapie, 35,* 151–162. doi: 10.1026/1616-3443.35.2.151

Beelmann, W. (2006). *Normative Übergänge im Kindesalter. Anpassungsprozesse beim Eintritt in den Kindergarten, in die Grundschule und in die weiterführende Schule.* Hamburg: Dr. Kovač.

Daseking, M., Oldenhage, M. & Petermann, F. (2008). Der Übergang vom Kindergarten in die Grundschule – eine Bestandsaufnahme. *Psychologie in Erziehung und Unterricht, 55,* 84–99.

Durlak, J. A. & Wells, A. M. (1997). Primary prevention mental health programs for children and adolescents. A meta-analytic review. *American Journal of Community Psychology, 25,* 115–152. doi: 10.1023/A:1024654026646

Fabian, H. & Dunlop, A.-W. (Eds.). (2002). *Transitions in the early years. Debating continuity and progression for children in early education.* London: Routledge Falmer.

Kagan, S. L. & Neuman, M. J. (1998). Lessons from three decades of transition research. *The Elementary School Journal, 98,* 365–379. doi: 10.1086/461902

Knauf, T. & Schubert, E. (2005). Der Übergang vom Kindergarten in die Grundschule. Grundlagen, Lösungsansätze und Strategien für eine systematische Neustrukturierung des Schulanfangs. In M. R. Textor (Hrsg.), *Kindergartenpädagogik. Online-Handbuch.* http://kindergartenpaedagogik.de.

Sameroff, A. J. & Haith, M. M. (1996). *The five to seven year shift. The age of reason on responsibility.* Chicago: University of Chicago Press.

Shonkoff, J. P. & Meisels, S. J. (2000). *Handbook of early childhood intervention* (2nd ed.). Cambridge, UK: Cambridge University Press. doi: 10.1017/CBO9780511529320
Tröster, H. & Reineke, D. (2006). Wie gut können Entwicklungs- und Verhaltensauffälligkeiten von Schulanfängern bereits im Kindergarten entdeckt werden? *Psychologie in Erziehung und Unterricht, 53,* 23–34.

Material

Beelmann, A. (2007a). Elternberatung und Elterntraining. In F. Linderkamp & M. Grünke (Hrsg.), *Lern- und Verhaltensstörungen. Genese, Diagnostik und Intervention* (S. 298–311). Weinheim: Psychologie Verlags Union.
Beelmann, A. (2007b). Förderung von Erziehungskompetenzen bei Eltern: Konzeption und Beschreibung eines Elterntrainings zur Prävention von Verhaltensstörungen bei Vor- und Grundschulkindern. In B. Röhrle (Hrsg.), *Prävention und Gesundheitsförderung bei Kindern und Jugendlichen* (S. 277–294). Tübingen: dgvt.
Beelmann, A., Lösel, F., Stemmler, M. & Jaursch, S. (2006). Beurteilung von sozialen Verhaltensproblemen und Erziehungsschwierigkeiten im Vorschulalter. Eine Untersuchung zur deutschen Adaption des Eyberg Child Behavior Inventory (ECBI). *Diagnostica, 52,* 189–198.
Döpfner, M., Schürmann, S. & Lehmkuhl, G. (2000). *Wackelpeter und Trotzkopf. Hilfen für Eltern bei hyperkinetischem und oppositionellem Verhalten.* Weinheim: Beltz & PVU.
Griebel, W. & Niesel, R. (2004). *Transitionen. Fähigkeit von Kindern in Tageseinrichtungen fördern, Veränderungen erfolgreich zu bewältigen.* Weinheim: Beltz.
Kammermeyer, G. (2004). Fit für die Schule – oder nicht? Was ErzieherInnen über das heutige Verständnis von Schulfähigkeit wissen müssen. *Kindergarten heute, 10,* 6–12.
Kaufman, A. S. & Kaufman, N. L. (2009). *Kaufman Assessment Battery for Children (K-ABC).* (dt. Bearbeitung von P. Melchers & U. Preuß; 8. Aufl.). Frankfurt: Pearson.
Klauer, K. J. (Hrsg.). (2001). *Handbuch Kognitives Training* (2. Aufl.). Göttingen: Hogrefe.
Langfeldt, H.-P. & Büttner, G. (2008). *Trainingsprogramme zur Förderung von Kindern und Jugendlichen. Kompendium für die Praxis* (2. Aufl.). Weinheim: Beltz & PVU.
Merthan, B. (2001). *Spiele zur Schulvorbereitung.* Freiburg: Herder.
Niesel, R., Griebel, W. & Netta, B. (2008). *Nach der Kita kommt die Schule. Mit den Kindern den Übergang schaffen.* Freiburg: Herder.
Peterander, F. (1993). Skalen zur Messung entwicklungsförderlichen Elternverhaltens. *System Familie, 6,* 36–47.
Petermann, F., Petermann, U. & Krummrich, M. Z. (2008). Erfassung des Sozial- und Lernverhaltens vor dem Schuleintritt. *Psychologie in Erziehung und Unterricht, 55,* 114–122.
Portmann, R. (Hrsg.). (1988). *Kinder kommen in die Schule. Hilfen und Hinweise für eine kindorientierte Einschulungspraxis.* Frankfurt am Main: Arbeitskreis Grundschule e. V.
Wolfram, W. W. (1995). *Präventive Kindergartenpädagogik. Grundlagen und Praxishilfen für die Arbeit mit auffälligen Kindern.* Weinheim: Juventa.

44.6 Anhang 1

Übersicht zu den fünf Sitzungen des Elterntrainings nach Beelmann (2000)

1. *Einführung in den Kurs:*
   Entwicklung fördern – positiv erziehen
   - Begrüßung und Übersicht zum Ablauf und zu den Themen des Elternkurses (20 Min.)
   - Meta-Plan-Technik: Erwartungen der Teilnehmer (10 Min.)
   - Übungen zum Thema Entwicklung fördern durch Erziehung:
     a) Positives an meinem Kind, b) Was können Eltern tun? (20 Min.)
   - Vortrag und Gruppendiskussion: Regeln der Entwicklungsförderung und Methoden zur Förderung des Selbstvertrauens an Beispielen (20 Min.)
   - Hausarbeit: Wahrnehmungsübung zum eigenen Erziehungsverhalten (5 Min.)

2. *Spielregeln in der Familie:*
   Bitten und Aufforderungen stellen – Regeln lernen und Kooperation einüben
   - Begrüßung, Übersicht zur Stunde (5 Min.)
   - Gruppendiskussion: Besprechung der Hausarbeiten der 1. Stunde (10 Min.)
   - Vortrag zum Thema: Kooperation zwischen Eltern und Kindern (5 Min.)
   - Rollenspiel mit Gruppendiskussion: Bitten und Aufforderungen im Alltag stellen (40 Min.)
   - Vortrag: Verhaltensweisen einüben und Lernen von Regeln mithilfe eines Punkteplans (25 Min.)
   - Hausarbeit: Beobachtungsübung zum Thema Bitten und Aufforderungen, Erarbeitung eines Punkteplans (5 Min.)

3. *Grenzen setzen in der Erziehung:*
   Verhalten in schwierigen Erziehungssituationen – angemessenes Bestrafen bei Fehlverhalten
   - Begrüßung und Übersicht zum Thema der Stunde (5 Min.),
   - Gruppendiskussion: Besprechung der Hausaufgaben der 2. Stunde (10 Min.)
   - Vortrag: Einleitung zum Thema der Stunde (5 Min.)
   - Kleingruppenarbeit: Schwierige Erziehungssituationen (15 Min.)
   - Gruppendiskussion: Umgang mit schwierigen Erziehungssituationen (25 Min.)
   - Gruppenplenum: Exploration möglicher Strafen (10 Min.)
   - Vortrag: Angemessen Bestrafen (15 Min.)
   - Hausarbeit: Beobachtungsübung in schwierigen Erziehungssituationen (5 Min.)

4. *Überforderung in der Erziehung:*
   Umgang mit Ärger, Wut und Stress – Reaktionen auf Verhaltensprobleme des Kindes
   - Begrüßung und Übersicht zum Thema der Stunde (5 Min.),
   - Gruppendiskussion: Besprechung der Hausaufgaben der 3. Stunde (10 Min.)
   - Übung mit Gruppendiskussion: Umgang mit Ärger und Wut in der Erziehung (45 Min.)
   - Vortrag: Wahrnehmung und Reaktion auf Verhaltensprobleme des Kindes (15 Min.)
   - Hausarbeit: Selbstbeobachtung in Stresssituationen (5 Min.)

5. *Soziale Beziehungen stärken:*
   Freundschaften des Kindes unterstützen – Familienleben fördern
   - Begrüßung und Übersicht zum Thema der Stunde (5 Min.)
   - Gruppendiskussion: Besprechung der Hausaufgaben der 4. Stunde (10 Min.)
   - Vortrag mit Gruppendiskussion: Freundschaftsbeziehungen unterstützen (15 Min.)
   - Übung mit Gruppendiskussion: Techniken zur Förderung des Familienlebens (20 Min.)
   - Vortrag: Methode des Familienrats (10 Min.)
   - Abschlussrunde (30 Min.)

44.7 Anhang 2

Informationen für Eltern (nach Beelmann, 2000)

„Bitten und Aufforderungen formulieren“	„Grenzen setzen“	„Freundschaften unterstützen“
1. *Achten Sie darauf, dass Ihnen Ihr Kind aufmerksam zuhört.* • Schauen Sie Ihr Kind an. • Stellen Sie die Aufforderung zum richtigen Zeitpunkt. • Wiederholen Sie Ihre Bitte oder Aufforderung nicht zu oft. 2. *Sprechen Sie freundlich und ruhig.* Verbinden Sie Aufforderungen nicht mit Kritik. 3. *Beschreiben Sie genau, was Ihr Kind tun soll.* • Vermeiden Sie ungenaue Aufforderungen (z. B. Lass' den Unsinn!). • Formulieren Sie Ihre Aufforderung nicht als Frage (Könntest Du ...?). • Richten Sie nicht zu viele oder zu schwierige Aufforderungen an Ihr Kind. Beachten Sie Alter und Fähigkeiten Ihres Kindes. 4. *Belohnen Sie Ihr Kind*, wenn es einer Aufforderung nachgekommen ist. Regelmäßige Belohnungen führen dazu, dass Ihr Kind manches auch von allein macht. 5. *Beachten Sie:* Eine gut gestellte Aufforderung oder Bitte ist keine Garantie, dass Ihr Kind sie auch befolgt. Sie hilft aber Ihrem Kind zu lernen, was es tun kann und was es nicht tun soll.	1. *Was heißt „Grenzen setzen“?* Auf der Einhaltung von Regeln und Aufforderungen bestehen! Störendes Verhalten unterbinden! 2. *Warum ist „Grenzen setzen“ wichtig?* Kinder brauchen Regeln und Grenzen. Sie gewinnen damit Sicherheit, was sie tun können und was sie nicht tun dürfen. Klare Grenzen führen dazu, dass der Umgang mit Ihrem Kind leichter wird. Wenn Sie häufig Ausnahmen durchgehen lassen, wird Ihr Kind auf diesen Ausnahmen bestehen und alles, was Sie sagen, infrage stellen. 3. *Grenzen setzen ist mehr als nur bestrafen.* Grenzen setzen bedeutet nicht, ein „harter“ Vater oder eine „harte“ Mutter zu sein. Es schadet auch dem Verhältnis zu Ihrem Kind nicht. Im Gegenteil: Die Kinder lernen so, dass ihre Eltern wissen, was zu tun ist, und fragen sie dann auch um Rat. Verwechseln Sie Grenzen setzen nicht mit überstrenger Erziehung oder körperlicher Bestrafung. Konsequente Erziehung heißt Regeln und Grenzen setzen, aber auch Unterstützung und Fürsorge. 4. *Kinder sind unterschiedlich!* Kinder unterscheiden sich in ihrem Verhalten und hinsichtlich der Notwendigkeit, Grenzen zu setzen. Bei Kindern, die eher schüchtern, ruhig oder „lieb“ sind, sind besondere Maßnahmen zum Grenzen setzen (z. B. Strafankündigungen) oft nicht nötig. Andere Kinder sind eher aktiv und fordern Sie als Eltern häufig heraus. Stellen Sie Ihr Verhalten auf diese Unterschiede zwischen den Kindern ein.	Für die soziale Entwicklung des Kindes ist das Kindergartenalter ein wichtiger Lebensabschnitt. Es muss lernen, selbstständig und in sozial akzeptierter Weise mit anderen Kindern umzugehen und soll dabei erste Freundschaften schließen. Eltern können hierbei die Rolle eines „Vermittlers“ spielen: 1. *Soziale Kontakte ermöglichen* • den Kindergarten nutzen, um Kontakte zu anderen Kindern und Familien aufzubauen; • interessante Spiele und Aktivitäten mit anderen Kindern und Familien planen; • Ihr Kind auf Gelegenheiten zum sozialen Kontakt zu anderen Kindern hinweisen und zur Teilnahme an Spielen motivieren; • das Selbstvertrauen Ihres Kindes stärken, in dem erfreuliches Verhalten (z. B. im Spiel mit anderen Kindern) besonders belohnt wird; • mit dem Kind soziale Rollenspiele durchführen (Wie stelle ich einen Kontakt her? z. B. „Darf ich mitspielen?“). 2. *Bei Streitigkeiten und Konflikten zwischen Kindern vermitteln* • Strategien zur Lösung von Konflikten zwischen Kindern anwenden: z. B. die Sichtweisen aller Beteiligten herausfinden, ohne zu beschuldigen; mögliche Lösungsvorschläge sammeln; eine Lösung, die alle Beteiligten zufrieden stellt, auswählen; die ausgewählte Lösung überprüfen und die Beteiligten loben; • in sozialen Rollenspielen mit dem Kind die Bewältigung von Konflikten üben; • bei Streitigkeiten in der Familie Vorbild sein.

45. Gestaltung ökologischer Übergänge: Von der Schule in den Beruf

Roland Stein

Fallbeispiel

Gerhard (19 Jahre) absolviert seit zwei Jahren eine Ausbildung zum „Werkzeugmaschinenspaner (Drehen)" in einem Berufsbildungswerk. Er hatte die Schule für Lernbehinderte mit Abgangszeugnis verlassen. Danach wusste er erst einmal nicht wohin. Seine Mutter und ihr Freund haben sich nicht weiter um ihn gekümmert, außer, dass der Freund ihm empfohlen hat, er solle doch „auf Montage" gehen wie er selbst. Gerhard absolvierte eine Berufsvorbereitungsmaßnahme im Berufsbildungswerk. Danach wurde ihm durch die Agentur für Arbeit eine auf Jugendliche mit Lernbeeinträchtigungen abgestimmte Berufsausbildung nach § 66 Berufsbildungsgesetz vermittelt.

Gerhards größte Probleme liegen in seinen schwachen Rechen- und Rechtschreibleistungen, aber auch sinnerfassendes Lesen fällt ihm schwer. Auf Nachfragen sagt er zudem, dass er „keinen Bock mehr auf die Schule" hat.

In der Werkstatt zeigt sich Gerhard, anders als in der Berufsschule, recht motiviert. Allerdings betont der Ausbilder, dass Gerhard Probleme habe, Fragen zu formulieren und seine Schwierigkeiten genauer zu bezeichnen. Auch falle es ihm sehr schwer, einen Arbeitsplan zu erstellen und ihn anschließend auszuführen; oft wisse er nicht weiter oder vergesse wichtige Zwischenkontrollen. In regelmäßigen Gesprächen versuchen Ausbilder und Berufsschullehrerin, Gerhard zum Nachdenken über die Ausbildungsinhalte und seine Lernschritte anzuregen. Außerdem möchten sie ihm durch eine gemeinsame „Bestandsaufnahme" helfen, seinen Schwierigkeiten und Fragen Ausdruck zu verleihen (z. B. Was ist bei einer Arbeit gut gelaufen? Was war noch schwierig? Wie können diese Schwierigkeiten künftig behoben werden?). Neulich hat Gerhard mit einer Auszubildenden-Gruppe in einem Projekt eine Serie von Schraubstöcken gefertigt. Sie haben dabei etliche Fehler in der Planung und Ausführung gemacht. Es ging teilweise sehr chaotisch zu. Der Ausbilder musste mehrfach eingreifen. In der gemeinsamen Nachbesprechung des Projektablaufs bricht es plötzlich aus Gerhard heraus: „Wir hätten's besser planen sollen!" – und er schildert, wie es hätte sein müssen. Ausbilder und Berufsschullehrerin sprechen von einem „Aha-Effekt".

45.1 Kurzbeschreibung der Methoden und ihres theoretischen Hintergrunds

Der Übergang zwischen Schule und Beruf ist gerade für Jugendliche aus Förder- und Hauptschulen schwierig und risikoreich. Leicht kommt es dazu, dass der Neubeginn nicht gelingt und sich nicht nur Anpassungsstörungen, sondern weitreichende Probleme einstellen (Stein 1997, 71 ff.). Die Jugendlichen erhalten aber auch nur wenig Hilfe, die ihnen den Übergang erleichtern könnte.

Grundsätzlich gibt es eine solche Unterstützung jedoch schon seit den 1970er Jahren. Bereits damals wurden Konzepte zur Berufshinführung in der Schule entwickelt und seitdem auch ein flächendeckendes Netz von Berufsbildungswerken für die Berufsvorbereitung und Berufsausbildung aufgebaut. Auf Basis des Arbeitsförderungsgesetzes wurde die „Benachteiligtenförderung" gestartet, mittlerweile verankert im Sozialgesetzbuch III. Seit den 1980er Jahren sind insbesondere modellhafte Konzepte zur Abflachung der beiden Schwellen „Schule – Ausbildung" sowie „Ausbildung – Beruf" in den Vordergrund der Aufmerksamkeit gerückt.

Der Übergang Schule-Beruf umfasst vier Phasen:

- *Berufshinführung* in den letzten Schuljahren (z. B. im Fach Arbeitslehre, betriebsbezogene Praktika, Exkursionen in Betriebe).
- Zusätzliche *berufsvorbereitende Maßnahmen* für Jugendliche mit Lernstörungen, die keinen Ausbildungsplatz auf dem freien Markt finden (z. B. Berufsvorbereitungsjahr, Berufsgrundbildungsjahr, „Berufsvorbereitende Bildungsmaßnahmen"; vgl. Stein & Orthmann Bless, 2009).
- *Maßnahmenunterstützte Berufsausbildung* im Sinne von sogenannten „Ausbildungsbegleitende Hilfen" (abH) während einer betrieblichen Ausbildung (z. B. Stütz- und Förderunterricht, sozialpädagogische Begleitung).
- *Begleitung beim Berufseinstieg*. Nach abgeschlossener Ausbildung ist oft eine Begleitung wichtig. Dazu bestehen verschiedene Konzepte der unterstützten Arbeitsplatzsuche und der „nachgehenden Betreuung" (vgl. Stein & Orthmann Bless 2009).

Wichtig für die erfolgreiche Begleitung der ökologischen Übergänge ist zudem die institutionelle Vernetzung (vgl. Ellinger, Stein & Breitenbach, 2006):

- *Aufbau eines Kontaktfeldes zu Institutionen und Personen*, wie z. B. zu Berufsberaterinnen und Berufsberatern der Agentur für Arbeit, Mitarbeiterinnen und Mitarbeitern der Jugendhilfe, Kontaktpersonen in lokal ansässigen Betrieben mit Praktikums- und Ausbildungsplätzen sowie zu den Eltern (vgl. Hiller 1997).
- *Institutionelle Verschränkung der Maßnahmen*. Innovative Fördermodelle überschreiten die Grenzen zwischen Schule und Berufsausbildung und versuchen beispielsweise Schule, Berufsschule und Ausbildungswerkstatt eng miteinander zu verschränken und ihre jeweiligen Maßnahmen aufeinander abzustimmen (Hiller, 1997). Dadurch werden abrupte Übergänge, die junge Menschen mit Lernproblemen häufig überfordern, abgemildert.

45.2 Indikation der Methoden

Mit Blick auf die Person des Jugendlichen (gleich ob Mann oder Frau) sind übergangserleichternde Maßnahmen dann angezeigt, wenn

- gravierende Wissensdefizite beim Rechnen, sinnentnehmenden Lesen oder Schreiben bestehen und infolgedessen Probleme in Ausbildung und Beruf zu erwarten sind (etwa beim technischen Zeichnen oder in der technischen Mathematik);
- unzureichende metakognitive Kompetenzen vorliegen, welche aber für die Planung und geordnete Durchführung von Arbeitsaufgaben unverzichtbar sind;
- die Lernmotivation gering ausgeprägt ist (z. B. aufgrund geringen Vertrauens in die eigenen Fähigkeiten und rascher Entmutigung durch Schwierigkeiten);
- neben Lernschwierigkeiten zusätzlich gravierende soziale Defizite vorliegen (geringe kommunikative Kompetenz, geringe Selbstdisziplin, unangemessenes Sozialverhalten).

45.3 Detaillierte Beschreibung des Vorgehens

(1) *Eingangs- und Prozessdiagnostik.* Um den jeweiligen Förderbedarf und die vorliegenden Problemstellungen bestimmen zu können, steht am Beginn der Intervention die möglichst genaue Abklärung der intellektuellen und motivationalen Voraussetzungen. Dies erfolgt in aller Regel im Rahmen der psychologischen und medizinischen Diagnostik der lokalen Agentur für Arbeit. Dabei werden die Art der Lernstörung (Breite, Tiefe) und möglicherweise vorliegende Verhaltensauffälligkeiten abgeklärt. Sinnesbehinderungen und neurologische Störungen werden ebenso überprüft. Dies geschieht durch Gespräche, Auswertung vorliegender Akten sowie Durchführung spezifischer Untersuchungs- und Testverfahren (z. B. Intelligenzdiagnostik, Interessenfragebögen, Verfahren zu spezifischen Kompetenzen). Gegebenenfalls werden zusätzliche Maßnahmen der Arbeitserprobung und Berufsfindung zu diagnostischen Zwecken durchgeführt. Auf Basis einer solchen Diagnostik setzt die Planung geeigneter Maßnahmen ein. Wichtig ist, dass sowohl die persönliche Lernsituation als auch die Umfeldbedingungen für den beruflichen Übergang beurteilt werden.

Damit die getroffenen Maßnahmen auf ihre Wirksamkeit hin überprüft werden können, ist eine interventionsbegleitende (Prozess-)Diagnostik unverzichtbar. Veränderungen in der persönlichen Lebenssituation oder in den Umfeldbedingungen werden in regelmäßigen „Entwicklungsgesprächen" abgeklärt, die dann ggf. eine Anpassung oder Feinabstimmung der Maßnahmen veranlassen können.

(2) *Personenbezogene Interventionen.* Je nach Art der festgestellten Lernstörungen können folgende Vorgehensweisen ergriffen werden (s. dazu Kasten 1):

- *Stütz- und Förderunterricht.* Hier geht es darum, durch spezifische Lernangebote gravierende Wissenslücken, aber auch metakognitive und soziale Rückstände auszugleichen. Die in diesem Rahmen tätigen Stütz- und Förderlehrkräfte sollten möglichst engen Kontakt mit Werkstätten und Berufsschulen halten, um ihre Unterrichtsinhalte an der Berufspraxis ausrichten zu können. Dies fördert die Motivierung der Schülerinnen und Schüler, dient aber auch der Verschränkung von Unterricht und Ausbildung.

Kasten 1: Personenbezogene Interventionen bei Lernstörungen am Übergang Schule – Beruf

(1) Wissensrückstände

- *Ziele:* Aufbau von grundlegenden Kenntnissen und Fertigkeiten in den Bereichen Rechnen, sinnerfassendes Lesen, Schreiben.
- *Vorgehen:* praxisnahe Lernförderung unter Einbezug der Lernenden; Stütz- und Förderunterricht.
- *Probleme und Lösungen:* Abwehr schulnaher Lerninhalte, Frustrationen → Wecken von Einsicht durch die Inhalte selbst sowie deren gemeinsame Diskussion.
- *Beispiele:* Förderung von Basiswissen im Rahmen von Projekten in der schulischen Arbeitslehre; enge Zusammenarbeit von Stütz- und Förderlehrern mit Ausbildern; gezielte Auswahl praxisrelevanter Lerninhalte.

(2) Metakognitive Defizite

- *Ziele:* Aufbau von Kompetenzen zur Entwicklung von Handlungsplänen in Lernsituationen und zur kontrollierten Realisierung solcher Pläne.
- *Vorgehen:* Arbeit mit Selbstinstruktionen („Lern-Leit-Karten"); auch Selbsterstellung von Lern-Leit-Karten-Systemen; gemeinsame Planung und Durchführung von Projekten; Orientierungsgespräche.
- *Probleme und Lösungen:* unreflektierter Umgang mit Lern-Leit-Karten → im Kartensystem integrierte Reflexions-Anregungen sowie Anregungen von außen (etwa durch Ausbilder); Überforderung durch Projekte → ggf. Intervention von außen zur Orientierung.
- *Beispiele:* Einrichtung einer CNC-Drehmaschine mit einem Lern-Leit-Karten-Satz; Planung der Phasen eines Projektes zur Einrichtung eines Gartens, systematische Projektrealisierung.

(3) Mangelnde Lernmotivation

- *Ziele:* Aufbau von Motivation zum beruflichen Lernen; Aufbau der Bereitschaft zur Bearbeitung vorgegebener Aufgaben; Erleben von Selbstwirksamkeit und Kontrolle.
- *Vorgehen:* projektartige Aufgabenstellungen mit Produktcharakter und Planungsbeteiligung der Lernenden – bei Einbindung (berufs-)schulnaher Inhalte im praxisorientierten Rahmen.
- *Probleme und Lösungen:* Selbstüberforderung (aufgrund mangelnder Fähigkeit zur Selbsteinschätzung) → Intervention bei der Projektplanung; Demotivierung und mangelnder Überblick durch Projektlänge → zeitliche Staffelung von Projekten.
- *Beispiele:* Einrichtung einer Fahrrad-Reparaturwerkstatt in der Schule auf Wunsch der Schülerinnen und Schüler; Betrieb einer Schulcafeteria.

(4) Soziale Lerndefizite

- *Ziele:* Aufbau kommunikativer Kompetenzen (Ausdruck, Verständlichkeit); Aufbau sozial adäquater Verhaltenskompetenzen für berufliche Kontexte.
- *Vorgehen:* regelmäßige Orientierungsgespräche; Partnerarbeit; gruppenbezogene Projekte bei gezielter Gruppenzusammensetzung; soziale Trainingsmaßnahmen bei gut geplantem Transfer; „Schülerfirmen".

- *Probleme und Lösungen:* Dominanz von Lehrenden in Gesprächen → kontrollierte Zurücknahme der Lehrenden; Dominanz bestimmter Lernender bei Gruppenarbeiten → gezielte Zusammensetzung von Zweierteams und Projektgruppen, Einführung von Gesprächsregeln für Gruppen.
- *Beispiele:* Eine Gruppe von Auszubildenden trifft sich zur Reflexion des vergangenen Ausbildungsmonats und zur Planung der im nächsten Monat anstehenden Aufgaben gemeinsam mit verschiedenen Ansprechpartnerinnen und Ansprechpartnern (Ausbilderinnen und Ausbilder, Berufsschullehrkräfte, Sozialpädagoginnen und Sozialpädagogen). Gemeinsam wird ein Produktangebot zur Fertigung einer Stuhlgruppe für eine Auftraggeberin oder einen Auftraggeber formuliert.

- *Projektorientiertes Lernen* (z. B. Arbeit in „komplexen Unternehmungen" oder Schülerfirmen; vgl. Stein 2003). Hierdurch sollen die Lernenden zu einer weitestgehend selbstständigen Tätigkeit befähigt werden. Angesichts der Ausgangssituation der Jugendlichen (z. B. Lernschwächen, Selbstüberforderung, metakognitive sowie kommunikative Schwierigkeiten, mangelnde Kooperation) muss dieses Lernen jedoch systematisch angebahnt werden. Die notwendigen Fähigkeiten dafür werden daher Schritt für Schritt aufgebaut: Planung von Arbeitsschritten, Methoden der Kommunikation in der Gruppe und Verfahren zur Dokumentation von Planungs- und Arbeitsergebnissen. Zunächst wird in kürzeren und überschaubaren Projekten gearbeitet, später in umfangreicheren Unternehmungen (Projektmethode nach Frey, 1995). Wenn gravierendere Lernstörungen vorliegen, sind gut durchdachte Vereinfachungen des „klassischen" Projektablaufes vonnöten: etwa Vorgabe des Themas (z. B. die Vorbereitung und Durchführung einer dreitägigen Wanderung), Hilfen für die konkrete Planung (z. B. Erstellung von Plänen, Nutzung von Wandzeitungen) oder Vorgabe der Gruppenzusammensetzung. Die beteiligten Pädagogen müssen dabei einen schwierigen „Spagat" zwischen Anleitung und Hilfestellung auf der einen Seite und Hinführung zur Selbstständigkeit und Stärkung von Selbstvertrauen auf der anderen bewältigen. Strukturierte Hilfen zur projektorientierten Förderung von „Schlüsselqualifikationen" bietet das Projekt PETRA der Firma Siemens (vgl. Klein, 1990).
- *Orientierungsgespräche.* Gemeinsam mit den Lernenden werden die bisherigen Lernprozesse rückblickend bewertet („Was lief gut, was schlecht?") und die nächsten Lernschritte vorbereitet („Wie könnte es weitergehen? Was sollte verändert werden?"). Die Gespräche reichen von der Reflexion eng umschriebener Lernphasen (auch: „Wochenplan"-Arbeit) bis hin zur anspruchsvollen, selbstständigen Diskussion langfristig angelegter Aufgabenstellungen (z. B. Lehrplan eines Halbjahres; „Strukturierungsrunden"; s. Kleber & Stein 1996). Zunächst können Vorgaben für Inhalte („Was besprechen wir? Wo sind Probleme?") und Vorgehen (z. B. Regeln für Kommunikation) gemacht werden, um später größere Freiräume zu gewähren. Dabei sind motivierende und veranschaulichende Bedingungen wichtig, etwa durch Anregungen oder Beispiele (z. B. ein Produkt wie einen Schraubstock, ein Regal usw.).
- *Förderung von Selbstinstruktionen.* Dabei lernen die Jugendlichen, sich selbst bei der Planung und Durchführung von komplexen Lernhandlungen (z. B. einem Projekt) sprachlich anzuleiten, indem sie ihr eigenes Handeln zunächst durch „laut", später dann durch nur noch leise gesprochene oder gedachte Selbstanweisungen überwachen und kontrollieren („Erst nachdenken, dann handeln!", „Läuft noch alles so, wie wir

es geplant hatten?" „Welcher Schritt ist der nächste?"). Gerade die Anregung von Zwischenkontrollen ist bei Auszubildenden mit Lernstörungen wichtig, weil es Arbeitsfehlern und Gefährdungen entgegenzuwirken gilt. Das genaue Vorgehen (s. Kapitel 36) wird von einem „Modell" präsentiert, bevor die Lernenden es zunächst noch unter Anleitung selbst erproben. Von Vorteil ist der Einsatz von Instruktionskarten oder von Postern im Arbeitsraum (z. B. zum geplanten, schrittweisen Ablauf eines Arbeitsprojekts). Eine Gefahr besteht im gedankenlosen „Abarbeiten" der einzelnen Arbeitsschritte und im „Überblättern" der zur Selbstreflexion anregenden Karten. Deshalb müssen reflexive Tätigkeiten konsequent angeregt werden. Es empfiehlt sich, die Zahl der Selbstinstruktionskarten (Signalkarten) überschaubar und konkret zu halten.

- *Aktive Begleitung von Praxiserfahrungen.* Exkursionen und Praktika sollen gut vorbereitet werden. Bei Exkursionen werden beispielsweise Fragen gesammelt, wichtige Begriffe geklärt oder Verhaltensregeln vereinbart. Für das Praktikum sprechen die Schülerinnen und Schüler die zu erwartenden Aufgaben und Arbeiten miteinander durch, um herauszufinden, was sie von der Schule dafür mitbringen müssen, welche praxisbezogenen Erfahrungen sie schon haben und worin die Herausforderungen im Praktikum nun bestehen. Dafür sind Praktikumsbesuche von Lehrkräften wichtig. Zur Dokumentation des Praktikumsverlaufes sind vorbereitete Checklisten nützlich (Hohn, 2009). Mit den Jugendlichen werden vorab hilfreiche Schritte für den Fall auftretender Krisen besprochen. Aber die Betreuerinnen und Betreuer müssen auch vorbereitet sein, unmittelbaren Kontakt mit dem Betrieb aufzunehmen, wenn es Schwierigkeiten gibt. Nach Beendigung des Praktikums erfolgt eine gemeinsame gezielte Auswertung, die mit der Planung des weiteren Lernprozesses verbunden ist.
- *Übergangsbegleitung und Mentorenschaft.* Die Mentorinnen bzw. Mentoren begleiten Praktika, Berufserprobungen und Berufseinstiege. Wichtig ist, dass sie einen persönlichen Bezug zu den Jugendlichen herstellen können. Dazu müssen sie als Ansprechpartnerin bzw. Ansprechpartner auch in persönlichen Belangen akzeptiert werden. Zudem sollten sie rechtliche und organisatorische Möglichkeiten kennen und gute Kontakte zu den örtlichen Einrichtungen haben. Sie sollten den Jugendlichen eine „Hilfe zur Selbsthilfe" bieten, ihnen also nicht Verantwortung und Aufgaben abnehmen, sondern ihre Selbstständigkeit gezielt stärken.

(3) *Optimierung institutioneller Bedingungen:* Alle Maßnahmen zur Erleichterung des Übergangs von der Schule in den Beruf dienen letztlich dazu, eine nachhaltige Integration der jungen Menschen in die Arbeitswelt zu erreichen. Dafür genügt es nicht, „nur" an der Person der Lernenden anzusetzen; auch in den beteiligten Institutionen (Betrieben, Berufsschulen, Schulen usw.) müssen Voraussetzungen dafür geschaffen werden:

- *Aufbau eines Kontaktfeldes zu Institutionen und Personen.* In ein Netz von möglichst guten Kontakten sollten insbesondere Betriebe und Arbeitgeber, Schulen, soziale Einrichtungen und Bildungsinstitutionen, aber auch die Eltern der Lernenden eingebunden werden. Dies ist umso wichtiger, je ungünstiger die Zukunftschancen des Auszubildenden sind. Der erste Schritt zum Aufbau eines Kontaktfeldes besteht in einer Bestandsaufnahme, welche lokalen Institutionen und welche Personen vor Ort für den Übergang in den Beruf hilfreich sein können. Günstig ist, wenn man dafür eine Datenbank anlegt und bestehende Kontakte zu Betrieben, Berufsschulen, Ausbildern und Arbeitgebern durch regelmäßige Besuche pflegt. Diese Aufgabe kann am besten von einem Team (beispielsweise im Kollegium der Lehrkräfte in einer Schule) übernommen werden.

- *Institutionelle Verschränkung von Maßnahmen*. Basis ist eine Bestandsaufnahme der relevanten Einrichtungen vor Ort sowie die Kenntnis von juristischen Regelungen und von finanziellen Möglichkeiten. Erst dann können Erfolg versprechende Konzepte für weiterreichende institutionelle Verbindungen erarbeitet werden. Verschränkungen können aus einer Institution heraus erfolgen, indem beispielsweise Auszubildende aus einem Berufsbildungswerk bereits während ihrer Ausbildung in betriebliche Praxisphasen gehen. Solche externen Praxisphasen (z. B. in der industriellen Fertigung) sind auch für Ausbilder aus Berufsbildungswerken denkbar, um einen Anschluss an die betriebliche Realität zu halten, was der betrieblichen Nähe ihrer Ausbildung zugutekommt.

45.4 Wirksamkeit und Wirksamkeitsbedingungen

Die Datenbasis zur Wirksamkeit personenbezogener Maßnahmen ist zwar schmal, die vorliegenden Befunde sind dennoch vielversprechend (vgl. Stein, 1997; Biermann, 2008; Stein & Orthmann Bless, 2009). Beispielsweise nahmen im Rahmen einer Studie an der Universität London junge Erwachsene an einem siebenwöchigen Gruppentraining zur Förderung ihrer Motivation und Kommunikationsfähigkeit teil. Drei Monate nach Abschluss des Trainings stand fast die Hälfte der Teilnehmerinnen und Teilnehmer in einem festen Arbeitsverhältnis (Proudfoot, Guest, Carson, Dunn & Grey 1997). Auch die stark personenbezogene Förderung in den Berufsbildungswerken verbesserte den Berufseinstieg nach ein bis zwei Jahren in teilweise ermutigender Weise (Kleber & Stein, 1996; Fath & Walter, 2009; Grünke, Ketzinger & Hintz, 2009).

45.5 Literatur

Grundlegende Literatur

Biermann, H. (2008). *Pädagogik der beruflichen Rehabilitation*. Stuttgart: Kohlhammer.

Stein, R. (1997). *Technische Berufsausbildung Lernbeeinträchtigter. Pädagogische Konzepte und Organisation*. Bad Heilbrunn: Klinkhardt.

Stein, R. & Orthmann Bless, D. (Hrsg.). (2009). *Integration in Arbeit und Beruf bei Behinderungen und Benachteiligungen: Basiswissen Sonderpädagogik* (Bd. 4). Hohengehren: Schneider.

Weiterführende Literatur

Ellinger, S., Stein, R. & Breitenbach, E. (2006). Nischenarbeitsplätze für Menschen mit geringer Qualifikation. Forschungsstand und erste Ergebnisse eines Projektes im Kontext von Lernbeeinträchtigungen und Verhaltensauffälligkeiten. *Zeitschrift für Heilpädagogik, 57*, 122–132

Grünke, M., Ketzinger, W. J. & Hintz, A. M. (2009). Berufsbildungswerke und Berufsförderungswerke. In R. Stein & D. Orthmann Bless (Hrsg.), *Basiswissen Sonderpädagogik, Band 4: Integration in Arbeit und Beruf bei Behinderungen und Benachteiligungen* (S. 58–87). Hohengehren: Schneider.

Grünke, M. & Viganske, C. (2004). Ergebnisse der Jobcoaching-Projekte Nordrhein-Westfalen und die Konsequenzen. In M. Stach R. & Stein (Hrsg.), *Berufliche Rehabilitation in Netzwerken und mit Hilfe neuer Medien (*S. 149–162*)*. Bielefeld: Bertelsmann.

Hiller, G. G. (Hrsg.). (1994). *Jugendtauglich. Konzept für eine Sekundarschule*. Langenau-Ulm: Armin Vaas.

Hiller, G. G. (1997). *Ausbruch aus dem Bildungskeller: Pädagogische Provokationen*. Langenau-Ulm: Armin Vaas.

Proudfoot, J., Guest, D., Carson, J., Dunn, G. & Grey, J. (1997). Effect of cognitive-behavioral training on job-finding among long-term unemployed people. *The Lancet, 350,* 96–100. doi: 10.1016/S0140-6736(96)09097-6

Stein, R. (2003). Komplexe Unternehmungen in der beruflichen Bildung bei Lernbeeinträchtigungen. *Zeitschrift für Heilpädagogik, 54,* 224–233.

Material

Fath, K. & Walter, J. (2009). Ziel erster Arbeitsmarkt: Standards beruflicher Integration des Netzwerks Bayerischer Berufsbildungswerke. In Lernen fördern (Hrsg.), *Teilhabe ist Zukunft: Berufliche Integration junger Menschen mit Behinderung*. Freiburg i. Br.: Lambertus.

Frey, K. (1995). *Die Projektmethode* (6. Aufl.). Weinheim: Beltz.

Hohn, K. (2009). Qualitätskriterien für Betriebspraktika. In Lernen fördern (Hrsg.), *Teilhabe ist Zukunft: Berufliche Integration junger Menschen mit Behinderung*. Freiburg i. Br.: Lambertus.

Kleber, E. W. & Stein, R. (1996). *Die Ausbildung zu Werkzeugmaschinenspanerinnen und Werkzeugmaschinenspanern*. Bielefeld: Bertelsmann.

Klein, U. (Hrsg.). (1990). *PETRA – Projekt- und transferorientierte Ausbildung: Grundlagen, Beispiele, Planungs- und Arbeitsunterlagen* (2. Aufl.). München: Siemens AG.

Anhang

Anhang A: Interviewleitfaden

Anhang B: Beobachtung in Hausaufgabensituationen

Anhang C: Schulleistungstests

Anhang D: Normtabellen

Anhang E: Praxisseminare und Schulungskurse

Anhang A

Leitfaden „Verhaltensanalytisches Interview bei Lernstörungen“ zur Durchführung mit den Eltern bzw. Lehrerinnen und Lehrern

Der Leitfaden orientiert sich an einem funktionalen Modell der Verhaltensbeschreibung. Dazu gehören zunächst die beispielhafte Beschreibung der Lernschwierigkeiten und dann die Analyse der auslösenden und verstärkenden Bedingungen von erwünschtem und unerwünschtem Lernverhalten. In der Praxis unterscheidet man dabei:

- die Situation bzw. den Stimulus (S),
- das Verhalten (einschließlich Denkhandlungen) bzw. die Reaktion (R)
- und die darauf folgende Konsequenz (C);
- außerdem die Lernvoraussetzungen der Schülerin bzw. des Schülers (z. B. Vorkenntnisse, Arbeitshaltungen, Einstellungen), die unter dem Begriff der Organismusvariable (O) zusammengefasst werden
- und die Regelhaftigkeit oder Kontingenz (K), mit der eine Konsequenz auf ein bestimmtes Verhalten folgt.

Hieraus ergibt sich die von Kanfer und Saslow (1965) formulierte Verhaltensgleichung:

S – O – R – K – C

1. Allgemeine Problembeschreibung

- Wie werden die Lernschwierigkeiten des Kindes beschrieben? Wie wird das anstehende Problem definiert?
- Seit wann gibt es diese Lernschwierigkeiten? Worin bestehen sie im Einzelnen?
- Sind die Lernschwierigkeiten auf einzelne Inhaltsbereiche begrenzt (z. B. Lesen) oder treten sie allgemein auf (z. B. durchgängige Lernschwierigkeiten in den verschiedenen Unterrichtsfächern)?

2. Schilderung der Ausgangsschwierigkeiten (beispielhafte Lernschwierigkeiten)

Veranlassen Sie Lehrkräfte bzw. Eltern dazu, anhand der nachstehenden Fragen die Lernschwierigkeiten des Kindes möglichst konkret und verhaltensnah zu beschreiben:

- Können Sie mir sagen, wann (Name des Kindes) das letzte Mal in dem oben beschriebenen Sinne solche Lernschwierigkeiten zeigte?
- Wie hat er/sie sich da verhalten? Was hat sich konkret abgespielt?

- Welche Bedingungen lagen in dieser Situation vor (z. B. Personen, Lernbereich, Unterrichtsstunde)?
- Wie äußerte sich die Lernschwierigkeit (z. B. gehäufte Fehler, emotionale Reaktion, Ängstlichkeit, vorschnelle Reaktion, Raten, Kaspern, Vermeidung der Anforderung)?
- Äußern sich die Lernschwierigkeiten immer auf diese Weise? Wie äußern sie sich sonst noch?
- Gehen die Lernschwierigkeiten mit weiteren Schwierigkeiten einher (Aggression, soziale Isolierung, Schulunlust, Schule schwänzen, Ungehorsam)?

3. Analyse der situativen Umstände und Auslöser (S)

- In welchen Bereichen und Situationen werden die beschriebenen Lernschwierigkeiten beobachtet (z. B. in bestimmten Unterrichtsfächern, bei den Hausaufgaben, bei Stillarbeiten, im Frontalunterricht, in der Kleingruppenarbeit, bei Klassenarbeiten)?
- Wer beobachtet diese Probleme besonders (die Eltern, die Klassenlehrkraft, eine Fachlehrkraft)?
- Gibt es auch Personen, die diese Lernschwierigkeiten nicht beobachten? Welche Bedingungen liegen dann vor (z. B. andere Lernbereiche, andere Lehrkräfte, andere Anforderungen, vermehrte Hilfen)?
- Wann treten die beschriebenen Lernschwierigkeiten besonders auf? Entsprechende Situationen bzw. Lernbereiche schildern lassen!
- Gab es zeitweilige Belastungen oder außergewöhnliche Ereignisse, die beim erstmaligen Auftreten der Lernstörungen vorlagen (z. B. Wechsel einer Lehrkraft, Klassenwechsel, Umzug der Familie)?

4. Analyse der Lernaufgabe und des Lernverhaltens (R)

4.1 Vorausgehende Analyse des Lerninhaltes (intern von der Therapeutin bzw. vom Therapeuten zu beantworten)

- Welche Anforderungen stellen die Lerninhalte gegenwärtig an das Kind?
- Welche verhaltensbezogenen (z. B. Konzentration, Ausdauer) und kognitiven Voraussetzungen (z. B. Grundfertigkeiten, Vorkenntnisse, Lernstrategien) sind zur Ausführung notwendig?
- Welche einzelnen Verhaltensschritte (vom Instruktionsverständnis über die Aufgabenkonkretisierung bis zum Nachprüfen eines Lernergebnisses und Abstrahieren) gehören dazu?
- Welche Strategien fördern die Ausführung des Zielverhaltens (z. B. Vorerfahrungen aktivieren, die Lerntätigkeit vorausplanen, den Lernprozess überwachen, sich Fragen zum eigenen Vorgehen stellen)?

4.2 Analyse des Lernverhaltens

- Wie geht das Kind an die Lernaufgaben heran? Wie verhält es sich dabei konkret?
- Welche Schritte zur Lösung beherrscht es schon? Wobei macht es (welche) Fehler?
- Was geschieht, wenn das Kind nicht vorankommt? Wie verhält es sich dann?

5. Analyse der Lernvoraussetzungen (O)

- Über welche kognitiven Grundfähigkeiten (Intelligenz, Begabungen) verfügt das Kind?
- Wie gut ist die Konzentrationsfähigkeit und Ausdauer des Kindes?
- Welche Interessen hat das Kind?
- Wie viel Hilfe benötigt das Kind, um eine Aufgabe zu lösen?
- Gibt es krankheitsbedingte oder entwicklungsbedingte Handicaps (z. B. sprachliche Einschränkungen, neurologische Auffälligkeiten)?
- Wie beurteilen die Eltern und Lehrkräfte die Fähigkeit des Kindes, mit dem Problem selbstständig fertig zu werden?

6. Analyse der Konsequenzen (C) und Kontingenzbedingungen (K)

Die nachfolgenden Fragen sind daraufhin zu beantworten, wie häufig, regelmäßig und in welchen Situationen die beschriebenen Konsequenzen erfolgen.

- Wie reagiert der Lehrer bzw. die Lehrerin auf die geschilderten Schwierigkeiten?
- Wie reagieren die Mitschüler und Mitschülerinnen?
- Wie reagieren die Eltern auf schulische Erfolge und Misserfolge?
- Wie häufig und bei welchem Verhalten wird das Kind gelobt und getadelt?
- Welche langfristigen Konsequenzen sind aus den bestehenden Lernschwierigkeiten zu erwarten (z. B. Versetzungsgefährdung, weitere Lernrückstände, weitere Lernunlust des Kindes)?

7. Analyse der Kontextbedingungen und Ressourcen in Elternhaus und Schule

7.1 Elternhaus

- Anregungen (z. B. gemeinsame Aktivitäten, Spielmaterial, Kinderbücher);
- Wertvorstellungen (z. B. Wertschätzung für schulische Leistungen);
- Zeitperspektive;
- Kontrollüberzeugungen;
- Leistungsziele und Ansprüche an das Kind;
- Förderung und Gewährung von Selbstständigkeit;
- elterliche Unterstützung des Kindes in schulischen Belangen.

7.2 Schule

- Wie sieht der Lehrer bzw. die Lehrerin das Problem?
- Gibt es aus der Sicht des Lehrers bzw. der Lehrerin Gründe für die genannten Lernschwierigkeiten?
- Wo sitzt das Kind? Wie sind gegebenenfalls seine Tischnachbarn zu beurteilen (etwa positive Vorbilder, eher zurückgezogene Kinder)?
- Beteiligt sich das Kind am Unterricht? Wenn ja: in welchen Fächern, in welchen Situationen?
- Wie werden die Unterrichtsbeiträge des Kindes bewertet?
- Stört das Kind den Unterricht, zeigt es Verhaltensauffälligkeiten?
- Welche Stellung hat das Kind in der Klasse?

- Wie wird der Kenntnisstand des Kindes beurteilt? Sind Wissensdefizite bekannt? Wenn ja, worin bestehen sie?
- Gewährt die Lehrerin bzw. der Lehrer spezielle Hilfen? Ist sie bzw. er zu einer Zusammenarbeit bereit? Welche Maßnahmen erscheinen aus ihrer bzw. seiner Sichtweise wesentlich?

8. Sonstiges

- Was erwarten die Eltern, die Lehrkräfte an Hilfe?
- Welche Möglichkeiten sehen Eltern und Lehrkräfte, das bestehende Problemverhalten zu beeinflussen? Was haben sie bisher unternommen?
- Wurde schon eine spezielle Förderung von der Schule veranlasst bzw. durchgeführt? Wenn ja, worin besteht diese? Wie ist der bisherige Erfolg?
- Gibt es Aktivitäten der Eltern, auf die die Intervention zurückgreifen kann (z. B. Anleitung bei den Hausaufgaben, Gespräche über Schule, vertiefte Auseinandersetzung mit einzelnen Inhalten, gemeinsames Lernen)?

Literatur

Kanfer, F. H. & Saslow G. (1965). Behavioral analysis: An alternative to diagnostic classification. *Archives of General Psychiatry, 12*, 529–538.

Anhang B

Beobachtung des Lernverhaltens in einer Hausaufgabensituation

1. Rahmenbedingungen

1.1	Zeit	Montag, 14–15 Uhr
1.2	Arbeitsplatz	Küchentisch
1.3	Personen	Svenja und ihre Mutter
1.4	Aufgabe	Deutschaufsatz (eine Tiergeschichte schreiben)
1.5	Arbeitsmittel	Schreibheft, Notizzettel, Wörterbuch
1.6	Störungen	Anruf von Freundin; Bruder kommt in die Küche, um etwas zu essen.

2. Verhalten des Kindes: förderliche (+) und hinderliche (–) Merkmale

2.1 *Allgemeines Lernverhalten*

2.1.1 Beginn
+ beginnt selbstständig mit den Aufgaben (hält sich an einen festen Zeitplan)
– beginnt erst nach Aufforderung (fängt erst nach Ermahnungen an)

2.1.2 Planung
+ plant die Lösung der Aufgabe (macht sich Notizen zu Aufsatzideen)
– fängt überhastet an (beginnt gleich mit der Reinschrift)

2.1.3 Konzentration
+ arbeitet konzentriert und ausdauernd (überlegt sich einen guten Einleitungssatz)
– ist abgelenkt und unruhig (denkt zwischenzeitlich an eine Verabredung)

2.1.4 Strategisches Vorgehen
+ wendet Wissen, Regeln und Strategien an (etwa die Aufsatzregeln aus dem Unterricht)
– geht unsystematisch vor (achtet nicht auf die sachlogische Reihenfolge)

2.1.5 Selbstkontrolle
+ überprüft, korrigiert, verbessert die Arbeit (formuliert einen Satz neu)
– beendet die Aufgabe abrupt (sieht den Aufsatz nicht mehr durch)

2.1.6 Lernfreude
+ äußert Freude und Interesse an der Aufgabe („Tiergeschichten schreibe ich gern!")
– äußert Lustlosigkeit („Wann kann ich endlich aufhören?")

2.2 *Reaktionen auf Schwierigkeiten*

2.2.1 Lösungsverhalten
+ sucht nach besseren Lösungen („Wie mache ich die Geschichte spannender?")
– reagiert konfus und verwirrt („Jetzt verstehe ich gar nichts mehr!")

2.2.2 Selbstermutigung
+ spornt sich selbst an („Ich versuch's nochmal!")
– reagiert besorgt, ängstlich und mutlos („Das geht bestimmt wieder schief!")

2.2.3 Selbstbekräftigung
+ bekräftig eigene Fähigkeiten („Das kann ich doch!")
– äußert Selbstzweifel, gibt auf („Das krieg' ich sowieso nicht hin!")

2.2.4 Suche nach Unterstützung
+ bittet die Mutter um Hilfestellung („Kannst Du mir weiterhelfen?")
– ignoriert die Mutter (nimmt keinen Kontakt auf)

3. Verhalten der Mutter: förderliche (+) und hinderliche (–) Merkmale

3.1 *Strukturierung, Anleitung, Hilfestellung*

3.1.1 Erläuterungen
+ bespricht die Aufgabe zunächst mit dem Kind („Worum soll es denn gehen?")
– gibt Befehle („Fang endlich mit dem Schreiben an!")

3.1.2 Anregungen
+ regt das Kind zu eigenem Nachdenken an („Wie könnte die Geschichte beginnen?")
– besteht auf der Einhaltung von Anweisungen („Mach' es so, wie ich es sage!")

3.1.3 Erklärungen
+ erklärt eine Regel oder einen Lösungsweg (z. B. den Gebrauch der wörtlichen Rede)
– drängt und ist hektisch („Mach' jetzt weiter, sonst wirst Du nie fertig!")

3.1.4 Hilfestellung
+ hilft auf Nachfragen („Erinnere Dich: Wann gebraucht man die wörtliche Rede?")
– verweigert Hilfe („Du sollst nicht ständig fragen, sondern schreiben!")

3.1.5 Vorschläge
+ zeigt Verbesserungsmöglichkeiten auf („Das Ende der Geschichte ist noch nicht klar!")
– kritisiert Fehler („Das Wort hast Du jetzt zum dritten Mal falsch geschrieben.")

3.2 *Verstärkung (Lob und Tadel)*

3.2.1 Ermutigung
+ ermutigt und spornt an („Das nächste Mal klappt es bestimmt besser!")
– entmutigt das Kind („Hör' auf – besser wird es sowieso nicht mehr!")

3.2.2 Lob
+ lobt kleine und große Fortschritte („Das hast Du prima gemacht! Tolle Idee!“)
– tadelt das Kind („Das Wort ist schon wieder falsch! Pass' gefälligst besser auf!“)

3.2.3 Bekräftigung
+ bekräftigt die Fähigkeit ihres Kindes („Ich weiß, dass Du das kannst!“)
– zweifelt an ihrem Kind („Schreiben ist halt nicht Deine Stärke!“)

3.2.4 Ausdruck von Freude
+ äußert Freude und Anerkennung („Heute ist es toll gelaufen!“)
– reagiert verärgert („Jetzt verlier' ich die Geduld! Der Ausflug ist gestrichen!“)

Erläuterung

Das Kategoriensystem kann auf *zweierlei Weise* verwendet werden:
1. um die Häufigkeit des jeweils gezeigten förderlichen und hinderlichen Verhaltens zu bestimmen (z. B. mittels einer Strichliste, die während oder unmittelbar nach der Hausaufgabensituation ausgefüllt wird);
2. um das Interaktionsgeschehen zwischen den beiden Personen zu analysieren; hierzu wird das Verhalten in der Reihenfolge notiert, in der es auftritt (gekennzeichnet durch Ziffern).

Beispiel für die Interaktionsanalyse: Angenommen Svenja kommt bei einer Aufgabe nicht weiter, bittet daher ihre Mutter um Hilfe, die von dieser jedoch verweigert wird, woraufhin Svenja entmutigt aufgibt und die Mutter sie beschimpft, so wäre dementsprechend zu notieren: 1. Kategorie 2.2.4 (+); 2. Kategorie 3.1.4 (–); 3. Kategorie 2.2.3 (–); 4. Kategorie 3.2.4 (–).

Der Ablauf der beschriebenen Interaktion lässt sich aus Svenjas Sicht wie folgt skizzieren:

Situation 1:	Svenja hat Schwierigkeiten bei einer Aufgabe
Reaktion 1:	Svenja bitte ihre Mutter um Hilfe
Konsequenz 1:	Mutter verweigert Hilfe
Situation 2:	Svenja erhält keine Hilfe
Reaktion 2:	Svenja gibt auf
Konsequenz 2:	Mutter schimpft

Anhang C

Auswahl geeigneter Schulleistungstests

I. Lesefertigkeiten und Rechtschreibung

Test	Autor(en)	Altersziel-gruppe/ Schulklasse	Erhebung von	Untertests/ Auswertungskategorien	Testdauer	Besonder-heiten bei der Durch-führung	Ort/ Verlag
Basiskompetenzen für Lese-Rechtschreibleistungen (BAKO 1-4)	Stock, Marx & Schneider (2003)	1. bis 4. Klasse	– Überprüfung der phonologischen Bewusstheit – frühzeitige Diagnostik von Lese-Rechtschreibschwächen	– Pseudowort-Segmentierung – Vokalersetzung – Restwortbestimmung – Phonemvertauschung – Lautkategorisierung – Vokallängenbestimmung – Wortumkehr	30 Minuten	Einzeltest	Göttingen: Beltz
Bielefelder Screening zur Früherkennung von Lese-Rechtschreibschwierigkeiten (BISC)	Jansen, Mannhaupt, Marx & Skowronek (2002)	Vorschulkinder zu Beginn oder Mitte des letzten Vorschuljahres	– phonologische Bewusstheit – Aufmerksamkeits- und Gedächtnisleistungen	– Phonologische Bewusstheit – Abrufgeschwindigkeit aus dem Langzeitgedächtnis – Gedächtnisspanne und Artikulationsgenauigkeit – Visuelle Aufmerksamkeit	20–25 Minuten	Einzeltest	Göttingen: Hogrefe

Test	Autor(en)	Alterszielgruppe/ Schulklasse	Erhebung von	Untertests/ Auswertungskategorien	Testdauer	Besonderheiten bei der Durchführung	Ort/ Verlag
Diagnose und Förderung im Schriftspracherwerb: Der Rundgang durch Hörhausen	Martschinke, Kirschhock & Frank (2001)	Vorschulkinder und Schulanfänger	– Testung der phonologische Bewusstheit bei Vorschulkindern und Schulanfängern	– Phonologische Bewusstheit im weiteren Sinn – Phonologische Bewusstheit im engeren Sinn – Vorkenntnisse	30–40 Minuten	Einzeltest	Donauwörth: Auer
Diagnostischer Rechtschreibtest für 1. Klassen (DRT 1)	Müller (2003a)	Ende der 1., Anfang der 2. Klasse	– Quantitative Rechtschreibleistung – Fehleranalyse	– Erhebung von Rechtschreibleistung und Fehlerschwerpunkten	30–45 Minuten	Gruppentest	Göttingen: Beltz
Diagnostischer Rechtschreibtest für 2. Klassen (DRT 2)	Müller (2003b)	Ende der 2., Anfang der 3.Klasse	– Quantitative Rechtschreibleistung – Fehleranalyse	– Erhebung von Rechtschreibleistung und Fehlerschwerpunkten	25–45 Minuten	Gruppentest	Göttingen: Beltz
Diagnostischer Rechtschreibtest für 3. Klassen (DRT 3)	Müller (2003c)	Ende der 3., Anfang der 4. Klasse	– Quantitative Rechtschreibleistung – Fehleranalyse	– Erhebung von Rechtschreibleistung und Fehlerschwerpunkten	25–45 Minuten	Gruppentest	Göttingen: Beltz
Diagnostischer Rechtschreibtest für 4. Klassen (DRT 4)	Grund, Haug & Naumann (2003)	Anfang bis Mitte der 4. Klasse	– Rechtschreibleistung – Fehlerschwerpunkte	– Fehleranalyse nach Lautunterscheidung, Dehnung/Doppelung, Groß-Kleinschreibung	40–45 Minuten	Zwei Parallelformen gleicher Schwierigkeit	Göttingen: Beltz

Test	Autor(en)	Altersziel-gruppe/ Schulklasse	Erhebung von	Untertests/ Auswertungskategorien	Testdauer	Besonder-heiten bei der Durch-führung	Ort/ Verlag
Diagnostischer Rechtschreibtest für 5. Klassen (DRT 5)	Grund, Haug & Naumann (2003)	Mitte der 5. Klasse	– Rechtschreibleistung – Fehlerschwerpunkte	– Fehleranalyse orientiert sich an Lehrplänen	40–45 Minuten	Zwei parallele Formen gleicher Schwierigkeit	Göttingen: Beltz
Gruppentest zur Erfassung phonologischer Bewusstheit bei Kindergartenkindern und Schulanfängern	Barth & Gomm (2004)	Schuleingangsbereich	– Testung der phonologische Bewusstheit bei Kindergartenkindern und Schulanfängern	– Reimwörter erkennen – Silbensegmentieren – Anlautanalyse – Lautsynthese – Wortlänge erkennen – Identifikation des Endlautes	60 Minuten	Gruppentest	München: Reinhard
Hamburger Schreibprobe 1-9 (HSP 1-9)	May (2012)	1. bis 9. Klasse	– Rechtschreibleistung	– Überprüfung der Rechtschreibstrategien	30 Minuten	Gruppen- und Einzeltest	Dortmund: vpm
Knuspels Leseaufgaben (KNUSPEL-L)	Marx (1998)	Ende 1. bis Ende 4. Klasse	– Lesefertigkeit	– Rekodieren (Wortebene) – Dekodieren (Wortebene) – Leseverständnis (Satzebene) – Hörverstehen	35–50 Minuten, je nach Klassenstufe	Gruppen- und Einzeltest	Göttingen: Hogrefe

Test	Autor(en)	Altersziel-gruppe/ Schulklasse	Erhebung von	Untertests/ Auswertungskategorien	Testdauer	Besonder-heiten bei der Durch-führung	Ort/ Verlag
Lernfort-schrittsdiag-nostik Lesen (LDL)	Walter (2009)	Ende Klasse 1, Anfang Klasse 2 Klassen 2 bis 4 an Grund-schulen Klassen 5 bis 9 an Hauptschulen Altersklassen 10–11, 12–13 und 14–15 an Förderschulen	– Erfassen der allgemei-nen Lesefähigkeit – Niveau-Test und Lern-verlaufsdiagnostik	– Anzahl der richtig gele-senen Wörter	ca. 2 Minuten	Einzeltest	Göttin-gen: Hogrefe
Leseverständ-nistest für Erst- bis Sechstkläss-ler (ELFE 1-6)	Lenhard & Schneider (2006)	1. bis 6. Klasse	– Erfassung des Lesever-ständnisses – Basale Lesestrategien und Fähigkeit zum Ver-stehen von Sätzen und Texten	– Wortverständnis – Lesegeschwindigkeit – Satzverständnis – Textverständnis	Einzeltest: 10–15 Minu-ten Gruppentest: 20–30 Minu-ten	Einzel- und Gruppentest	Göttin-gen: Hogrefe
Lese- und Rechtschreib-test (SLRT II)	Moll & Landerl (2010)	Leseflüssigkeits-test: 1. bis 6. Klasse Rechtschreib-test: 2. bis An-fang 5. Klasse	– Diagnostik von Schwä-chen des Schriftspra-cherwerbs – Beurteilung von Teilkom-ponenten des Lesens und Schreibens	– Defizite des syntheti-schen, lautierenden Lesens und in der auto-matischen, direkten Worterkennung – Lauttreues Schreiben und orthografisch korrek-tes Schreiben	Lesetest: 5 Minuten, Auswertung: 5 Minuten Rechtschreib-test: 20 bis 30 Minuten, Auswertung. 5 bis 10 Mi-nuten	Einzel- oder Klassentest	Bern: Huber

Test	Autor(en)	Altersziel-gruppe/ Schulklasse	Erhebung von	Untertests/ Auswertungskategorien	Testdauer	Besonder-heiten bei der Durch-führung	Ort/ Verlag
Münsteraner Screening (MÜSC)	Mannhaupt, (2005)	Die ersten fünf Schulwochen	– Lernvoraussetzungen des Schriftsprach-erwerbs	– Phonologische Bewusst-heit – Kurzzeitgedächtnis-kapazität – Geschwindigkeit beim Abruf aus dem Langzeit-gedächtnis – visuelle Aufmerksamkeit	2 × 20 Minu-ten	Gruppentest Paralletests	Berlin: Cornel-sen
Salzburger Lese-Scree-ning für die Klassenstufen 1–4 (SLS 1-4)	Mayringer & Wimmer (2003)	Ende der 1. bis Ende der 4. Klassenstufe	– Basale Lesefertigkeit	– Lesegeschwindigkeit	15 Minuten	Klassenlese-test	Bern: Huber
Salzburger Lese-Scree-ning für die Klassenstufen 5–8 (SLS 5-8)	Auer, Gruber, Mayringer & Wimmer (2005)	Ende der 5. bis Ende der 8. Klassenstufe	– Basale Lesefertigkeit	– Lesegeschwindigkeit	10 Minuten	Klassenlese-test	Bern: Huber
Weingartener Grundwort-schatz Recht-schreib-Test für 1. und 2. Klassen (WRT 1+)	Birkel (2007)	Ende der 1. bis Mitte der 2. Klasse	– Überprüfung der Recht-schreibleistung beim Grundwortschatz – Ermittlung von Recht-schreibschwierigkeiten	– quantitative und qualita-tive Analyse der Recht-schreibfähigkeit – spezielle Normen für Kinder mit nicht-deut-scher Muttersprache	30 bis 45 Mi-nuten	Gruppentest	Göttin-gen: Hogrefe

Test	Autor(en)	Altersziel-gruppe/ Schulklasse	Erhebung von	Untertests/ Auswertungskategorien	Testdauer	Besonder-heiten bei der Durch-führung	Ort/ Verlag
Weingartener Grundwort-schatz Recht-schreib-Test für 2. und 3. Klas-sen (WRT 2+)	Birkel (2007)	Ende der 2. bis Mitte der 3. Klasse	– Überprüfung der Recht-schreibleistung beim Grundwortschatz – Ermittlung von Recht-schreibschwierigkeiten	– quantitative und qualita-tive Analyse der Recht-schreibfähigkeit – spezielle Normen für Kinder mit nicht-deut-scher Muttersprache	30 bis 45 Mi-nuten	Gruppentest	Göttin-gen: Hogrefe
Weingartener Grundwort-schatz Recht-schreib-Test für 3. und 4. Klas-sen (WRT 3+)	Birkel (2007)	Ende der 3. bis Mitte der 4. Klasse	– Überprüfung der Recht-schreibleistung beim Grundwortschatz – Ermittlung von Recht-schreibschwierigkeiten	– quantitative und qualita-tive Analyse der Recht-schreibfähigkeit – spezielle Normen für Kinder mit nicht-deut-scher Muttersprache	Lang: 45 Mi-nuten Kurz: 15 Mi-nuten	Gruppentest	Göttin-gen: Hogrefe
Weingartener Grundwort-schatz Recht-schreib-Test für 4. und 5. Klassen (GRT 4+)	Birkel (2007)	letzten drei Mo-nate der 4. Klasse Grund-schule; ersten drei Monate der 5. Klasse Haupt-schule	– Rechtschreibfähigkeit	– quantitative und qualita-tive Analyse der Recht-schreibfähigkeit – spezielle Normen für Kinder mit nicht-deut-scher Muttersprache	Langform: 40 bis 45 Minu-ten Kurzform: 15 bis 20 Minu-ten	Test liegt in zwei Kurz- und in zwei Langformen vor	Göttin-gen: Hogrefe
Wiener Früh-erkennungs-test (WFT), Funkelsteine 1	Klicpera, Humer, Gasteiger-Klicpera & Schabmann (2008a)	Schuleingangs-bereich	– Diagnostisches Verfah-ren zur Früherkennung von Schwierigkeiten im Lesen und Schreiben	– Lesetest (bekannte Buchstaben und Wörter, neue Wörter, Pseu-dowörter) – Schreibtest (bekannte Buchstaben, Diktat) – Phonologische Bewusst-heit (Laute verbinden, Lautposition bestimmen, Laute analysieren, iden-tifizieren und austau-schen)	30 bis 40 Mi-nuten	Einzeltest: konstruiert für die Funkel-steine-Fibel	Wien: Dorner

Test	Autor(en)	Alterszielgruppe/ Schulklasse	Erhebung von	Untertests/ Auswertungskategorien	Testdauer	Besonderheiten bei der Durchführung	Ort/ Verlag
Wiener Früherkennungstest (WFT), Mia und Mo	Klicpera, Humer, Gasteiger-Klicpera und Schabmann (2008b)	Schuleingangsbereich	– Diagnostisches Verfahren zur Früherkennung von Schwierigkeiten im Lesen und Schreiben	– Lesetest (bekannte Buchstaben und Wörter, neue Wörter, Pseudowörter) – Schreibtest (bekannte Buchstaben, Diktat) – Phonologische Bewusstheit (Laute verbinden, Lautposition bestimmen, Laute analysieren, identifizieren und austauschen)	30 bis 40 Minuten	Einzeltest: konstruiert für die Mia und Mo-Fibel	Wien: Dorner
Würzburger Leise Leseprobe – Revision (WLLP-R)	Küspert & Schneider (2011)	1. bis 4. Klasse	– Leseleistung	– Lesegeschwindigkeit	15 Minuten	Gruppentest	Göttingen: Hogrefe
Zürcher Lesetest – II (ZLT-II)	Petermann & Daseking (2012)	1. bis 8. Klasse	– schulischer Leistungsstand im Lesen	– Lesegenauigkeit – Automatisierungsgrad – auditive Merkfähigkeit – Benenngeschwindigkeit – phonologische Bewusstheit	15 bis 35 Minuten	Einzeltest	Bern: Huber
Zürcher Leseverständnistest für 4. bis 6. Schuljahr (ZLVT 4-6)	Grissemann & Baumberger (2000)	4. bis 6. Schuljahr	– Orales Leseverständnis – Dekodieren beim stillen Lesen	– Bilder-Auswahl-Aufgaben – Kombinationstest	50 Minuten	Einzeltest	Bern: Huber

II. Rechnen

Test	Autor(en)	Alterszielgruppe/ Schulklasse	Erhebung von	Untertests/ Auswertungskategorien	Testdauer	Besonderheiten bei der Durchführung	Ort/ Verlag
Basisdiagnostik Mathematik für die Klassen 4–8 (BASIS-MATH 4-8)	Moser Opitz, Reusser, Moeri Müller, Anliker, Wittich, Freesemann & Ramseier (2010)	Ende 4. bis 8. Klasse	– Kenntnisse der Grundschulmathematik	– Rechnerische Grundoperationen – Rechenwege – Verständnis des dezimalen Stellenwertsystems – Zählkompetenz – Operationsverständnis – Mathematisierungsfähigkeit	20 bis 45 Minuten	Einzeltest	Bern: Huber
Deutscher Mathematiktest für erste Klassen (DEMAT 1+)	Krajewski, Küspert & Schneider (2002)	Ende 1. Klasse und Anfang 2. Klasse	– Mathematische Kompetenzen – Dem Aufbau des Tests liegen die Mathematiklehrpläne der Bundesländer zugrunde – Frühzeitige Erkennung von besonders rechenschwachen und rechenstarken Kindern	– Mengen-Zahlen – Zahlenraum – Addition und Subtraktion – Zahlenzerlegung – Zahlenergänzung – Teil-Ganzes-Schema – Kettenaufgaben – Ungleichungen – Sachaufgaben	Gruppentest: 40 Minuten Einzeltest: 20 bis 35 Minuten	Klassentest Zwei Parallelformen	Göttingen: Hogrefe
Deutscher Mathematiktest für zweite Klassen (DEMAT 2+)	Krajewski, Liehm & Schneider (2004)	Ende 2. Klasse und Anfang 3. Klasse	– Mathematische Kompetenzen – Dem Aufbau des Tests liegen die Mathematiklehrpläne der Bundesländer zugrunde	– Zahleneigenschaften – Längenvergleich – Addition und Subtraktion – Verdoppeln und Halbieren – Division – Rechnen mit Geld – Sachaufgaben – Geometrie	Gruppentest: 45 Minuten Einzeltest: 20 bis 40 Minuten	Klassentest Zwei Parallelformen	Göttingen: Hogrefe

Test	Autor(en)	Altersziel-gruppe/ Schulklasse	Erhebung von	Untertests/ Auswertungskategorien	Testdauer	Besonder-heiten bei der Durch-führung	Ort/ Verlag
Deutscher Mathematiktest für dritte Klassen (DEMAT 3+)	Roick, Gölitz & Hasselhorn (2004)	Ende 3. Klasse und Anfang 4. Klasse	– Mathematische Kompetenzen – Dem Aufbau des Tests liegt die Schnittmenge der Mathematiklehrpläne der Bundesländer zugrunde	– Arithmetik – Sachrechnen – Geometrie	45 Minuten	Klassentest Zwei Parallelformen	Göttingen: Hogrefe
Deutscher Mathematiktest für vierte Klassen (DEMAT 4)	Gölitz, Roick & Hasselhorn (2006)	2. Halbjahr der 4. Klasse	– Mathematische Kompetenzen – Dem Aufbau des Tests liegt die Schnittmenge der Mathematiklehrpläne der Bundesländer zugrunde	– Arithmetik – Sachrechnen – Geometrie	45 Minuten	Klassentest Zwei Parallelformen	Göttingen: Hogrefe
Diagnostisches Inventar zu Rechenfertigkeiten im Grundschulalter (DIRG)	Grube, Weberschock, Blum, Hasselhorn & Gölitz (2010)	1. bis 4. Klasse	– Grundrechenarten	– Addition – Subtraktion – Multiplikation – Division	7 bis 30 Minuten	Gruppen- und Einzeltest Zwei Parallelformen	Göttingen: Hogrefe
Heidelberger Rechentest (HRT 1-4)	Haffner, Baro, Parzer & Resch (2005)	Ende der 1. bis Anfang der 5. Klassenstufe	– Mathematische Basiskompetenzen	– Rechenoperationen (sechs Untertests) – Numerisch-logische und räumlich visuelle Fähigkeiten (fünf Untertests) – Gesamtleistung	50 bis 60 Minuten	Gruppen- und Einzeltest	Göttingen: Hogrefe

Test	Autor(en)	Altersziel-gruppe/ Schulklasse	Erhebung von	Untertests/ Auswertungskategorien	Testdauer	Besonder-heiten bei der Durch-führung	Ort/ Verlag
Osnabrücker Test zur Zahl-begriffsent-wicklung (OTZ)	van Luit, van de Rijt & Hase-mann (2001)	Kinder zwischen 4;6 und 7;6 Jah-ren	– Niveau in der Zahlbe-griffsentwicklung – Frühe Identifikation von Kindern mit Entwick-lungsrückständen	– Unterscheidung von acht Komponenten des Zahlbegriffs	25 Minuten	Einzeltest Parallelformen	Göttin-gen: Hogrefe
Rechenfertig-keiten- und Zahlenverar-beitungs-Diagnostikum für die 2. bis 6. Klasse (RZD 2-6)	Jacobs & Petermann (2005)	2. bis 6. Klasse	– basale Zahlenverarbei-tung – Rechenfertigkeiten	– Zählfertigkeiten – Zahlenwissen – visuell-räumliche Menge-naspekte – Kopfrechnen – schriftliches Rechnen – Textaufgaben – Wissen und flexible Anwenden von Rechen-regeln	30 bis 45 Mi-nuten	Einzeltest	Göttin-gen: Hogrefe
Testverfahren zur Dyskalku-lie (ZAREKI-R)	von Aster, Weinhold Zulauf & Horn (2005)	2. bis 4. Klasse	– Zahlenverarbeitung – Rechnen	– Abzählen – Zählen rückwärts – Zahlen schreiben – Kopfrechnen – Zahlenlesen – Zahlenstrahl – Zahlenvergleich – Mengenbeurteilung – Kognitive Mengenbeur-teilung – Textaufgaben – Zahlenvergleich	15 bis 30 Mi-nuten	Einzeltest	Frank-furt: Pearson

III. Allgemeine Schulleistung

Test	Autor(en)	Alterszielgruppe/ Schulklasse	Erhebung von	Untertests/ Auswertungskategorien	Testdauer	Besonderheiten bei der Durchführung	Ort/ Verlag
Hamburger Schulleistungstest für vierte und fünfte Klassen (HST 4/5)	Mietzel & Willenberg (2001)	Ende der 4. und Anfang der 5. Klasse	– Bilanzierung wesentlicher Aspekte schulischen Lernens	– Sprachverständnis – Leseverständnis – Rechtschreibung – Informationsentnahme aus Karten, Tabellen und Diagrammen – Mathematik	2 Stunden	Einzeltest	Göttingen: Hogrefe
Kognitiver Fähigkeitstest für 4. bis 12. Klassen, Revision (KFT 4-12+R)	Heller. & Perleth (2000)	4- bis 12. Klasse	– Differenzierte Bestimmung kognitiver Fähigkeiten, die schulrelevant sind – Verarbeitungskapazität	– sprachliches Denken – numerische Fähigkeiten – figurales Denken – intellektuelles Gesamtleistungsniveau	3 Schulstunden jeder Testteil ist in einer Schulstunde durchführbar	Einzel- und Gruppentest Zwei Parallelformen	Göttingen: Beltz
Kombiniertes Leistungsinventar zur allgemeinen Schulleistung und für Schullaufbahnempfehlungen in der vierten Klasse (KLASSE 4)	Lenhard, Hasselhorn & Schneider (2011)	4. Klasse	– Leistungen in einem breiten Spektrum schulischer Anforderungen – Diskrepanzen zwischen der Selbsteinschätzung und den tatsächlichen Leistungen	– Akademisches Selbstkonzept in Deutsch und Mathematik – Lesen – Textverständnis – Sachrechnen – Geometrie – Schreiben	45 Minuten	Einzel- und Gruppentest	Göttingen: Hogrefe

Test	Autor(en)	Altersziel-gruppe/ Schulklasse	Erhebung von	Untertests/ Auswertungskategorien	Testdauer	Besonder-heiten bei der Durch-führung	Ort/ Verlag
Schultestbatterie zur Erfassung des Lernstandes in Mathematik, Lesen und Schreiben I (SBL I)	Kautter, Storz & Munz (2000)	Ende 1. Klasse	– Mathematik – Schreiben – Lesen	– Untertests für Mathematik, Schreiben und Lesen	Mathematik 90 Minuten; Lesen 45 Minuten; Lesen (individuell) 20 bis 30 Minuten	Zwei Parallelformen Gruppen- und Einzeltests	Göttingen: Hogrefe
Schultestbatterie zur Erfassung des Lernstandes in Mathematik, Lesen und Schreiben II (SBL II)	Kautter, Storz & Munz (2002)	Ende 2. Klasse	– Mathematik – Schreiben – Lesen	– Untertests für Mathematik, Schreiben und Lesen	Mathematik 90 Minuten; Lesen 45 Minuten; Lesen (individuell) 20 bis 30 Minuten	Zwei Parallelformen Gruppen- und Einzeltests	Göttingen: Hogrefe

Anhang D

Normtabellen zur Umrechnung von verschiedenen Leistungsinformationen

Beispiel 1:

Michael (11 Jahre) erreicht im WISC-IV einen Gesamt-IQ von 106 und im Diagnostischen Rechtschreibtest für vierte Klassen (DRT 4) einen mittleren T-Wert von 35.

Frage: Liegt seine Rechtschreibleistung bedeutsam unter seinem intellektuellen Leistungsvermögen?

Ermittlung der Diskrepanz: a) Umrechnung der beiden Werte in z-Werte (IQ 106 = 0.4 z; T-Wert 35 = –1.5 z). b) Ermittlung der Differenz: $z = 1.9$.

Antwort: Beide Leistungen liegen um mehr als 1.5 Standardabweichungen (nämlich $z = 1.9$) auseinander. Der Unterschied ist diagnostisch bedeutsam.

Beispiel 2:

Sabine (9 Jahre) erzielt im K-ABC einen Gesamt-IQ (Skala intellektueller Fähigkeiten) von 82 und im Untertest Zahlennachsprechen einen Skalenwert von 4 (entspricht einem z-Wert von –2.0).

Frage: Liegt ihre Gedächtnisleistung bedeutsam unter ihrem allgemeinen Leistungsvermögen?

Ermittlung der Diskrepanz: a) Umrechnung des Gesamt-IQ in einen z-Wert (IQ 82 = –1.2 z). b) Ermittlung der Differenz zwischen dem Gesamt-IQ und der Gedächtnisleistung: $z = 0.8$.

Antwort: Beide Leistungen liegen um weniger als eine Standardabweichung (nämlich $z = 0.8$) auseinander. Der Unterschied ist klinisch nicht bedeutsam.

Literatur

Grund, M., Haug, G. & Naumann, C. L. (2003). *Diagnostischer Rechtschreibtest für 4. Klassen (DRT 4; 2. Aufl.)*. Weinheim: Beltz.

Kaufman, A. S. & Kaufman, N. L. (2009). Kaufman Assessment Battery for Children (K-ABC; dt. Bearbeitung von P. Melchers & U. Preuß; 8. Aufl.). Frankfurt: Pearson.

Petermann, F. & Petermann, U. (Hrsg.). (2011). *Wechsler Intelligence Scale for Children – Fourth Edition (WISC-IV)*. Frankfurt: Pearson.

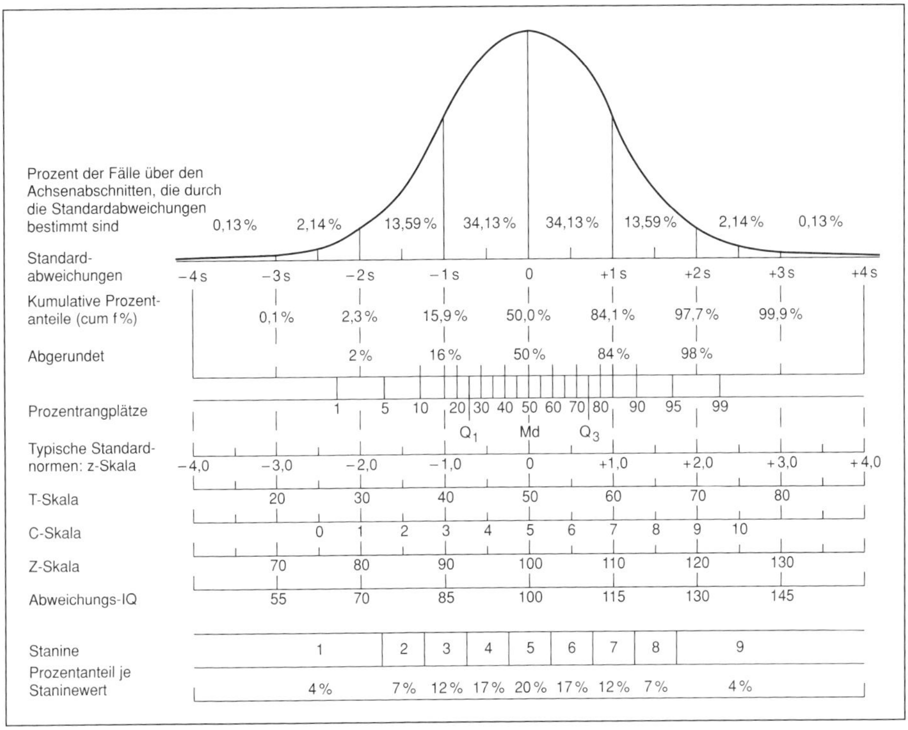

Prozent der Fälle über den Achsenabschnitten, die durch die Standardabweichungen bestimmt sind
0,13 %
2,14 %
13,59 %
34,13 %
34,13 %
13,59 %
2,14 %
0,13 %
Standard-abweichungen
−4 s −3 s −2 s −1 s 0 +1 s +2 s +3 s +4 s
Kumulative Prozent-anteile (cum f %)
0,1 % 2,3 % 15,9 % 50,0 % 84,1 % 97,7 % 99,9 %
Abgerundet
2 % 16 % 50 % 84 % 98 %
Prozentrangplätze
1 5 10 20 30 40 50 60 70 80 90 95 99
Q1 Md Q3
Typische Standard-normen: z-Skala
−4,0 −3,0 −2,0 −1,0 0 +1,0 +2,0 +3,0 +4,0
T-Skala
20 30 40 50 60 70 80
C-Skala
0 1 2 3 4 5 6 7 8 9 10
Z-Skala
70 80 90 100 110 120 130
Abweichungs-IQ
55 70 85 100 115 130 145
Stanine
1 2 3 4 5 6 7 8 9
Prozentanteil je Staninewert
4 % 7 % 12 % 17 % 20 % 17 % 12 % 7 % 4 %

Abbildung 1: Normskalen und ihr Bezug zur Normalverteilung

Tabelle 1: Transformation von Testnormen

T	cum f %	PR	z	Z	IQ	Schulnoten	C
20	0,13	0	–3,0	70	65		–1
21	0,19	0	–2,9	71	–		
22	0,26	0	–2,8	72	58		
23	0,33	0	–2,7	73	–		
24	0,47	0	–2,6	74	51		
25	0,62	1	–2,5	75	–		0
26	0,82	1	–2,4	76	84		
27	1,07	1	–2,3	77	–		
28	1,39	1	–2,2	78	67		
29	1,79	2	–2,1	79	–		
30	2,28	2	–2,0	80	70	5	1
31	2,67	3	–1,9	81	–		
32	3,59	3	–1,8	82	73		
33	4,45	4	–1,7	83	–		
34	5,46	5	–1,6	84	76		
35	6,69	7	–1,5	85	–		2
36	8,08	8	–1,4	88	79		
37	9,68	10	–1,3	87	–		
38	11,51	12	–1,2	88	82		
39	13,57	13	–1,1	89	–		
40	15,89	18	–1,0	90	85	4	3
41	18,41	18	–0,9	91	–		
42	21,19	21	–0,8	92	88		
43	24,20	24	–0,7	93	–		
44	27,43	27	–0,6	94	91		
45	30,85	31	–0,5	95	–		4
46	34,46	34	–0,4	96	94		
47	98,21	38	–0,3	97	–		
48	42,07	42	–0,2	98	97		
49	46,02	46	–0,1	99	–		
50	50,00	50	0,0	100	100	3	5
50+10z	$\frac{\text{cum f} - ½}{N}$	**dlto**	$\frac{X-M}{s}$	**100+10z**	**100+15z**	**3–z**	**5+2z**

Tabelle 1: Fortsetzung

T	cum f %	PR	z	Z	IQ	Schulnoten	C
50	50,00	50	0,0	100	100	3	5
51	53,98	54	0,1	101	–		
52	57,93	58	0,2	102	103		
53	61,79	62	0,3	103	–		
54	85,54	66	0,4	104	106		
55	69,15	69	0,5	105	–		6
56	72,57	73	0,6	106	109		
57	75,80	76	0,7	107	–		
58	78,81	79	0,8	108	112		
59	81,59	82	0,9	109	–		
60	84,20	84	1,0	110	115	2	7
61	86,43	86	1,1	111	–		
62	88,49	88	1,2	112	116		
63	90,32	90	1,3	113	–		
64	91,92	92	1,4	114	121		
65	93,32	93	1,5	115	–		8
66	94,52	95	1,8	116	124		
67	95,64	96	1,7	117	–		
68	96,43	96	1,8	118	127		
69	97,13	97	1,9	119	–		
70	97,72	98	2,0	120	130	1	9
71	98,21	98	2,1	121	–		
72	98,61	99	2,2	122	133		
73	98,93	99	2,3	123	–		
74	99,18	99	2,4	124	136		
75	99,38	100	2,5	125	–		10
76	99,58	100	2,6	126	139		
77	99,85	100	2,7	127	–		
78	98,74	100	2,8	128	142		
79	99,81	100	2,9	129	–		
80	99,87	100	3,0	130	145		11
50+10z	$\frac{\text{cum f} - \frac{1}{2}}{N}$	**dito**	$\frac{X-M}{s}$	**100+10z**	**100+15z**	**3−z**	**5+2z**

Anhang E

Praxisseminare und Schulungskurse „Interventionen bei Lernstörungen“

Im Zuge der Verbreitung wissenschaftlich-praktischer Erkenntnisse bieten die Autorinnen und Autoren *Praxisseminare* für Lehrinnen und Lehrer, Schulberater, Lerntherapeuten, Psychotherapeuten oder ganze Schulen und Schulverwaltungen an.

Damit sollen wissenschaftliche Erkenntnisse verbreitet und in die Praxis „vor Ort“ gebracht werden.

Angebote und Termine erfahren Sie unter den nachstehenden Adressen (alphabetische Reihenfolge):

Prof. Dr. Barbara Gasteiger Klicpera

Homepage: http://www.uni-graz.at/paedywww/paedywww_team/paedywww_ma_gasteiger.htm
http://www.dbs-ev.de/119.html
E-Mail: barbara.gasteiger@uni-graz.at
Telefon: 0043 (0)316 380 25 40

Themen: Zertifizierte Fortbildungsreihe LRS-Therapie des DBS

Prof. Dr. Michaela Greisbach

Homepage: www.uni-giessen.de
http://www.uni-giessen.de/cms/fbz/fb03/institute/IfHSP/abteilungen/lbh/Team/view?set_language=en
E-Mail: Michaela.Greisbach@erziehung.uni-giessen.de
Telefon: 0641/99 241 51

Themen: Diagnose- und Interventionsmöglichkeiten bei Lesestörungen und bei Rechtschreibstörungen

Prof. Dr. Titus Guldimann

Homepage: www.phsg.ch
E-Mail: titus.guldimann@phsg.ch
Telefon: 0041 (0)71 858 71 20

Themen:
- Lernen lernen durch Förderung der Metakognition
- Eigenständiges Lernen
- Weiterentwicklung von Lernstrategien durch Förderung der Metakognition

Prof. Dr. Bodo Hartke

Homepage: rim.uni-rostock.de
E-Mail: bodo. hartke(at)uni-rostock.de

Telefon: 03 81/4 98 26 79
Themen: – Unterrichtsbeteiligung und unterrichtsinterrichtsintegrierte Verhaltensförderung
– Schwierige Schüler – 49 Handlungsmöglichkeiten bei Verhaltensauffälligkeiten
– Rügener Inklusionsmodell: Mehrebenenprävention im Bereich emotionale soziale Entwicklung

Dr. Claus Jacobs

Fortbildungshaus des Dyskalkulie und Legasthenieinstituts
Homepage: www.dulib.de
E-Mail: Info@dulib.de
Telefon: 04 21/56 63 60 00
Themen: – Dyskalkulie II
– visuell-räumliche Therapie

Prof. Dr. Henri Julius

Homepage: www.aibipi.de
E-Mail: henri.julius@uni-rostock.de
Telefon: 01 57/37 73 28 35
Themen: Weiterbildung zur entwicklungsfördernden Gestaltung der Lehrer-Schüler-Beziehung

Prof. Dr. Tanja Jungmann

Homepage: www.sopaed.uni-rostock.de/personal/professorinnen/prof-dr-tanja-jungmann/
E-Mail: tanja.jungmann@uni-rostock.de
Telefon: 03 81/4 98 26 72 (Direktdurchwahl) bzw. -26 78 (Durchwahl: Sekretariat)
Themen: – Frühe Hilfen
– Frühe Bildung
– Frühe sprachliche Bildung und Förderung
– Prävention von Störungen in den Entwicklungsbereichen Sprache, Kognition und sozial-emotionale Entwicklung

Prof. Dr. Kristin Krajewski

Homepage: http://www.uni-giessen.de/cms/fbz/fb06/psychologie/abt/paed-psy/krajewski
E-Mail: kristin.krajewski@psychol.uni-giessen.de
Telefon: 06 41/99-2 62 90
Themen: Entwicklung, Diagnostik und Förderung mathematischer Kompetenzen; „Mengen, zählen, Zahlen“; Entwicklungs- und ressourcenorientierte Lernförderung

Dr. Petra Küspert

Homepage: www.petra-kuespert.de
E-Mail: info@petra-kuespert.de

Telefon: 09 31/3 53 52 80
Themen:
– Vorschulische bzw. schulische Förderung der phonologischen Bewusstheit
– LRS: Prävention, Diagnostik und Intervention
– Rechenschwäche: Prävention, Diagnostik und Intervention

Prof. Dr. Gerhard Lauth

Homepage: www.weiterbildung-lauth.de
E-Mail: info@weiterbildung-lauth.de
Telefon: 02 21/20 42 46 06
Telefax: 02 21/4 70 55 76
Themen:
– Zertifizierte Weiterbildung zum ADHS-Trainer Kinder
– Zertifizierte Weiterbildung zum ADHS-Trainer Erwachsene
– Dyskalkulie-Trainer nach Lauth
– LRS-Trainer nach Lauth
– Modulares Programm Inhouse Kurse Schulen (Schilf)
– ADHS-Berater für Schulen

Prof. Dr. Roland Stein

Sonderpädagogische Beratungsstelle für Erziehungshilfe der Universität Würzburg (SBfE)
Homepage: www.sbfe-wuerzburg.de
E-Mail: sbfe@uni-wuerzburg.de
Telefon: 09 31/31-8 07 79
Themen:
– individuelle Beratung, Fort- und Weiterbildung
– Begleitung von Maßnahmen der Organisationsentwicklung in Einrichtungen zu sonderpädagogischen Fragen mit dem Schwerpunkt Verhaltensstörungen und Erziehungshilfe und entsprechenden Schnittbereichen zu Lernschwierigkeiten und Lernstörungen (etwa: Klassen- und Unterrichtsmanagement, ADHS usw.)

Aktuelle Informationen und Zusatzinformationen über die weiterführenden Angebote finden Sie unter: www.weiterbildung-lauth.de/ibl

Autorinnen und Autoren des Bandes

Dipl.-Psych. Heinz Bederski
Geranienweg 4
53819 Neunkirchen-Seelscheid
E-Mail: heinz-bederski@t-online.de

Prof. Dr. Andreas Beelmann
Friedrich-Schiller-Universität Jena
Institut für Psychologie
Abteilung Forschungssynthese, Intervention und Evaluation
Humboldtstraße 26
07743 Jena
E-Mail: andreas.beelmann@uni-jena.de

Dipl.-Psych. Jürgen Bellingrath
Pehlengarten 17
51429 Bergisch Gladbach
E-Mail: juergen.bellingrath@t-online.de

Prof. Dr. Johann Borchert
Steffensbrook 64
24226 Heikendorf
E-Mail: borchert@uni-flensburg.de

Prof. Dr. Joachim C. Brunstein
Justus-Liebig Universität Gießen
Fachbereich Psychologie und Sportwissenschaft
Pädagogische Psychologie
Otto-Behaghel-Straße 10F
35394 Gießen
E-Mail: Joachim.C.Brunstein@psychol.uni-giessen.de

Prof. Dr. Gerhard Büttner
Goethe Universität Frankfurt
Institut für Psychologie
Arbeitsbereich Pädagogische Psychologie
Senckenberganlage 15
60325 Frankfurt am Main
E-Mail: buettner@paed.psych.uni-frankfurt.de

Prof. Dr. Armin Castello
Universität Flensburg
Sonderpädagogische Psychologie
Auf dem Campus 1
24943 Flensburg
E-Mail: armin.castello@uni-flensburg.de

Dr. Anke Demmrich
Kinder- und Jugendpsychotherapeutin
Bleibtreustraße 6
10623 Berlin
E-Mail: demmrich@praxis-dr-shaw.de

Prof. Dr. Marco Ennemoser
Justus-Liebig-Universität Gießen
Fachbereich Psychologie und Sportwissenschaft
Schulische Prävention und Evaluation
Otto-Behaghel-Straße 10F
35394 Gießen
E-Mail: marco.ennemoser@psychol.uni-giessen.de

Prof. Dr. Barbara Gasteiger-Klicpera
Universität Graz
Institut für Erziehungs- und Bildungswissenschaft
Merangasse 70/II
8010 Graz
Österreich
E-Mail: barbara.gasteiger@uni-graz.at

Prof. Dr. Cornelia Glaser
Pädagogische Hochschule Heidelberg
Institut für Psychologie
Keplerstraße 87
69120 Heidelberg
E-Mail: cornelia.glaser@ph-heidelberg.de

Prof. Dr. Michaela Greisbach
Justus-Liebig-Universität Gießen
Institut für Heil- und Sonderpädagogik
Erziehungswissenschaften mit dem Schwerpunkt Beeinträchtigung des Lernens
Karl-Glöckner-Straße 21B
35394 Gießen
E-Mail: michaela.greisbach@erziehung.uni-gießen.de

Prof. Dr. Michael Grosche
Universität Potsdam
Humanwissenschaftliche Fakultät
Profilbereich Empirische Bildungswissenschaften
Karl-Liebknecht-Straße 24–25
14469 Potsdam
E-Mail: michael.grosche@uni-potsdam.de

Prof. Dr. Matthias Grünke
Universität zu Köln
Humanwissenschaftliche Fakultät
Department Heilpädagogik und Rehabilitation
Klosterstraße 79b
50931 Köln
E-Mail: matthias.gruenke@uni-koeln.de

Prof. Dr. Titus Guldimann
Pädagogische Hochschule St. Gallen
Müller-Friedbergstrasse 34
9400 Rorschach
Schweiz
E-Mail: titus.guldimann@phsg.ch

Prof. Dr. Ludwig Haag
Universität Bayreuth
Lehrstuhl Schulpädagogik
Universitätsstraße 30
95447 Bayreuth
E-Mail: ludwig.haag@uni-bayreuth.de

Prof. Dr. Bodo Hartke
Universiät Rostock
Philosophische Fakultät
Institut für Sonderpädagogische Entwicklungsförderung
und Rehabilitation
August-Bebel-Str. 28
18055 Rostock
E-Mail: bodo.hartke@uni-rostock.de

Prof. Klaus Hasemann
Leibniz Universität Hannover
Institut für Didaktik der Mathematik und Physik
AG Didaktik der Mathematik
Welfengarten 1
30167 Hannover
E-Mail: hasemann@idmp.uni-hannover.de

Dr. Claus Jacobs
Psychotherapeutische Praxis
Haferwende 31
28357 Bremen
E-Mail: cjacobs@dulib.de

Prof. Dr. Henri Julius
Universität Rostock
Philosophische Fakultät
Institut für Sonderpädagogische Entwicklungsförderung und Rehabilitation
August-Bebel-Str. 28
18055 Rostock
E-Mail: henri.julius@uni-rostock.de

Prof. Dr. Tanja Jungmann
Universiät Rostock
Philosophische Fakultät
Institut für Sonderpädagogische Entwicklungsförderung und Rehabilitation
August-Bebel-Str. 28
18055 Rostock
E-Mail: tanja.junjmann@uni-rostock.de

Prof. Dr. Karl Joseph Klauer
Robert-Stolz-Weg 15
42781 Haan
E-Mail: josef.klauer@uni-duesseldorf.de

Prof. Dr. Kristin Krajewski
Justus-Liebig Universität Gießen
Fachbereich Psychologie und Sportwissenschaft
Pädagogische Psychologie
Otto-Behaghel-Straße 10F
35394 Gießen
E-Mail: kristin.krajewski@psychol.uni-giessen.de

Dr. Udo Kullik
Universität zu Köln
Humanwissenschaftliche Fakultät
Netzwerk Medien
Frangenheimstraße 4
50931 Köln
E-Mail: udo.kullik@uni-koeln.de

Dr. Petra Küspert
Würzburger Institut für Lernförderung
Balthasar-Neumann-Promenade 11
97070 Würzburg
E-Mail: info@petra-kuespert.de

Margarete Labas
Echternacher Straße 4
50933 Köln
E-Mail: margarete.labas@googlemail.com

Prof. Dr. Gerhard W. Lauth
Universität zu Köln
Humanwissenschaftliche Fakultät
Department Heilpädagogik und Rehabilitation
Klosterstraße 79b
50931 Köln
E-Mail: gerhard.lauth@uni-koeln.de

Dr. Morena Lebens
Universität zu Köln
Humanwissenschaftliche Fakultät
Department Heilpädagogik und Rehabilitation
Klosterstraße 79b
50931 Köln
E-Mail: morena.lebens@uni-koeln.de

Prof. Dr. Friedrich Linderkamp
Bergische Universität Wuppertal
Institut für Bildungsforschung in der School of Education
Gaußstraße 20
42119 Wuppertal
E-Mail: linderkamp@uni-wuppertal.de

Prof. Dr. Holger Lorenz
Goethe-Universität Frankfurt
Institut für Didaktik der Mathematik
Robert-Mayer-Straße 6–8
60325 Frankfurt
E-Mail: jens.lorenz@t-online.de

Prof. Dr. Claudia Mähler
Universität Hildesheim
Institut für Psychologie
Marienburger Platz 22
31141 Hildesheim
E-Mail: claudia.maehler@uni-hildesheim.de

Prof. Dr. Gerald Matthes
Universität Potsdam
Humanwissenschaftliche Fakultät
Allgemeine Sonderpädagogik
Karl-Liebknecht-Str. 24–25
14476 Potsdam
E-Mail: gerald.matthes@uni-potsdam.de

Prof. Dr. Franz Petermann
Zentrum für Klinische Psychologie und Rehabilitation der Universität Bremen
Grazer Straße 2 und 6
28359 Bremen
E-Mail: fpeterm@uni-bremen.de

Prof. Dr. Ulrich Schiefele
Universität Potsdam
Pädagogische Psychologie
Karl-Liebknecht-Str. 24–25
14476 Potsdam
E-Mail: Ulrich.Schiefele@uni-potsdam.de

Prof. Dr. Wolfgang Schneider
Universität Würzburg
Lehrstuhl Psychologie IV
Wittelsbacherplatz 1
97074 Würzburg
E-Mail: schneider@psychologie.uni-wuerzburg.de

Prof. Dr. Nadine Spörer
Universität Potsdam
Humanwissenschaftliche Fakultät
Psychologische Grundschulpädagogik
Karl-Liebknecht-Str. 24–25
14476 Potsdam
E-Mail: nadine.spoerer@uni-potsdam.de

Prof. Dr. Roland Stein
Universität Würzburg
Lehrstuhl für Sonderpädagogik V:
Pädagogik bei Verhaltensstörungen
Wittelsbacherplatz 1
97074 Würzburg
E-Mail: roland.stein@uni-wuerzburg.de

Prof. Dr. Mark Stemmler
Universität Nürnberg Erlangen
Lehrstuhl für psychologische Diagnostik
Nägelsbachstraße 49c
91052 Erlangen
E-Mail: mark.stemmler@uni-erlangen.de

Prof. Dr. Elsbeth Stern
ETH Zürich
Institut für Verhaltenswissenschaften
UNO C 11
Universitätstrasse 41
8092 Zürich
Schweiz
E-Mail: elsbeth.stern@ifv.gess.ethz.ch

Prof. Dr. Jürgen Wilbert
Universität Potsdam
Humanwissenschaftliche Fakultät
Professur für Inklusionspädagogik
Karl-Liebknecht-Straße 24–25
14476 Potsdam
E-Mail: jwilbert@uni-potsdam.de

Stichwortverzeichnis

Claus Jacobs · Franz Petermann

Diagnostik von Rechenstörungen

(Reihe: »Kompendien Psychologische Diagnostik«, Band 7) 2., überarb. u. erw. Aufl. 2012, 187 Seiten, € 24,95 / CHF 35,50
ISBN 978-3-8017-2429-0

Die Neubearbeitung des Bandes liefert eine Übersicht über die Entwicklung der Zahlenverarbeitung und der Rechenfertigkeiten. Die Verbreitung, Ursachen und Subtypen der Dyskalkulie werden beschrieben. Aktuelle Rechentests (Individual- und Gruppentests) werden vorgestellt. Die verschiedenen Ebenen des diagnostischen Vorgehens werden erläutert. Diese Ebenen umfassen neben Anamnese und Basisdiagnostik von Rechenstörungen auch Schritte zur Abklärung von Komorbiditäten. Zwei ausführliche Fallbeispiele veranschaulichen den mehrstufigen diagnostischen Prozess.

Verhaltenstrainings

im Kindergarten, für Schulanfänger und in der Grundschule

€ 34,95 / CHF 46,90
ISBN 978-3-8017-2488-7

€ 29,95 / CHF 39,90
ISBN 978-3-8017-2485-6

€ 39,95 / CHF 53,90
ISBN 978-3-8017-2487-0

Mit Hilfe der Verhaltenstrainings können die emotionalen und sozialen Kompetenzen von Kindern im Kindergarten und der 1. bis 4. Klasse gefördert werden.

Günter Esser
Franz Petermann

Entwicklungsdiagnostik

(Reihe: »Kompendien Psychologische Diagnostik«, Band 13). 2010, 169 Seiten, € 24,95 / CHF 35,50
ISBN 978-3-8017-2232-6

Der Band liefert einen Überblick über wichtige standardisierte Verfahren zur Entwicklungsdiagnostik, mit deren Hilfe Entwicklungsstörungen bei Kindern frühzeitig aufgedeckt werden können. Einleitend erläutert der Band die besonderen Anforderungen an die Untersuchung von Säuglingen und Kleinkindern. Im Zentrum stehen Konzepte und Anwendungsbereiche sowie Durchführung, Auswertung und Interpretation der wichtigsten Instrumente zur Erhebung der allgemeinen Entwicklung sowie der spezifischen Erfassung sprachlicher, motorischer und räumlich-visueller Fähigkeiten.

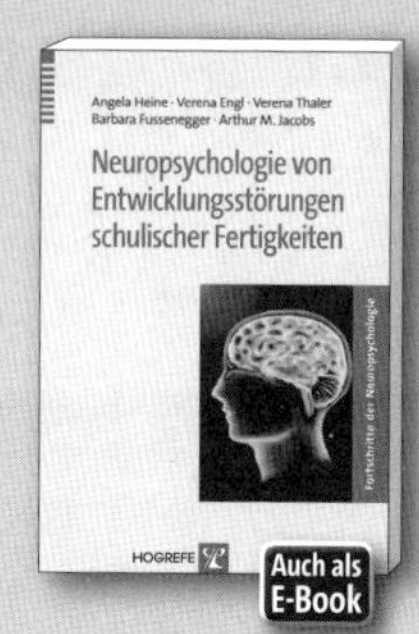

Angela Heine et al.

Neuropsychologie von Entwicklungsstörungen schulischer Fertigkeiten

(Reihe: »Fortschritte der Neuropsychologie«, Band 12) 2012, VIII/106 Seiten, € 22,95 / CHF 32,90 (Im Reihenabonnement € 15,95 / CHF 22,90)
ISBN 978-3-8017-2245-6

Viele Kinder leiden unter einer isolierten oder einer kombinierten Entwicklungsstörung schulischer Fertigkeiten, also unter Störungen des Schriftspracherwerbs oder der Zahlenverarbeitung. Der Band beschreibt die verschiedenen Ausprägungsmuster und Ursachen dieser Störungen und liefert einen Überblick zur Diagnostik und zu therapeutischen Ansätzen.

www.hogrefe.de

HOGREFE

Hogrefe Verlag GmbH & Co. KG
Merkelstraße 3 · 37085 Göttingen · Tel.: (0551) 99950-0 · Fax: -111
E-Mail: verlag@hogrefe.de · Internet: www.hogrefe.de